NomosPraxis

Prof. Dr. Heribert Ostendorf [Hrsg.]
Universität Kiel, Generalstaatsanwalt a.D.

Untersuchungshaft und Abschiebehaft

Anordnung | Vollzug | Rechtsmittel

Dr. jur. Christian Bochmann, Referent Rechtsfragen, Dresden | **Dipl.-Jur. Lorenz Nicolai Frahm,** Wissenschaftlicher Mitarbeiter, Universität Kiel | **Dr. jur. Henning Hadeler,** Staatsanwalt, Kiel | **Dr. jur. Julian Krüger,** Rechtsreferendar, Hamburg | **Prof. Dr. jur. Heribert Ostendorf,** Leiter der Forschungsstelle für Jugendstrafrecht und Kriminalprävention, Universität Kiel | **Dr. jur. Aiko Petersen,** Rechtsanwalt, München | **Dr. jur. Carolin Röthel,** Rechtsanwältin, Hamburg | **Dr. jur. Jan Schady,** Richter am AG Schleswig | **Dr. jur. Christopher Sievers,** Staatsanwalt, Kiel | **Dr. jur. Natalie Willsch,** Wissenschaftliche Mitarbeiterin, Universität Kiel

Nomos

Die Deutsche Nationalbibliothek verzeichnet diese Publikation in der Deutschen Nationalbibliografie; detaillierte bibliografische Daten sind im Internet über http://dnb.d-nb.de abrufbar.

ISBN 978-3-8329-4762-0

1. Auflage 2012

Vorwort

Die sogenannte Föderalismusreform aus dem Jahr 2006 hat bekanntlich die Gesetzgebungskompetenz für den Strafvollzug und den Untersuchungshaftvollzug auf die Länder übertragen. Infolgedessen wurden zwischenzeitlich 16 Jugendstrafvollzugsgesetze verabschiedet (s. hierzu Ostendorf, Jugendstrafvollzugsrecht, 2009, demnächst in 2. Aufl.). Einige Bundesländer haben mit eigenen Strafvollzugsgesetzen das Bundes-Strafvollzugsgesetz, in Kraft getreten am 1.1.1977, abgelöst, die anderen Länder bereiten eine abgestimmte Neuregelung vor. Nunmehr liegen auch die Ländergesetze zum Vollzug der Untersuchungshaft vor.

Es ist zu begrüßen, dass endlich der Vollzug der Untersuchungshaft gesetzlich im Einzelnen geregelt worden ist. Damit wird ein verfassungsrechtliches Gebot eingelöst, weil für Eingriffe in Grundrechte von Gefangenen eine detaillierte gesetzliche Grundlage notwendig ist. Bislang wurde die Untersuchungshaft weitgehend nach der Verwaltungsvorschrift „Untersuchungshaftvollzugsordnung“ vollzogen. Die unterschiedlichen Gesetzeswerke in den Ländern verkomplizieren allerdings die Rechtsanwendung, auch wenn sich zwölf Bundesländer zu einem „Musterentwurf“ verabredet hatten, von dem bei der Umsetzung ins Landesrecht z.T. allerdings nicht unerheblich abgewichen wurde. Hinzu kommt, dass aufgrund der Restzuständigkeit des Bundes in Zukunft in jedem Bundesland zwei Gesetze für den Vollzug der Untersuchungshaft zu beachten sind.

In dieser Situation will das vorliegende Handbuch Antworten für die Praxis geben und informativer Ratgeber sein. Es werden die Ländergesetze im Einzelnen dargestellt, miteinander verglichen und bewertet. Die wichtigsten Regelungen werden in synoptischer Form vorgestellt. Die Regeln der StPO werden mit einbezogen. Bei der Bewertung werden internationale und verfassungsrechtliche Vorgaben, die Rechtsprechung und Kommentierung zum bisherigen Untersuchungshaftvollzug sowie die rechtstatsächlichen und kriminologischen Grundlagen beachtet.

Zusätzlich wird der Vollzug der Abschiebehaft erläutert. Außer der Tatsache, dass dieses Rechtsgebiet wie auch der Vollzug der Untersuchungshaft in der rechtlichen Diskussion vernachlässigt wird, zeigt sich eine Verwandtschaft zum Vollzug der Untersuchungshaft, wobei die Abschiebehaft sogar gegen Unverdächtige einer Straftat vollzogen wird.

Das Handbuch wurde interdisziplinär von Wissenschaftlern und Praktikern erstellt. Sie stammen alle aus der „Schule“ Ostendorf, d.h. die Co-Autoren sind ehemalige Doktoranden von mir, ein Co-Autor „sitzt“ noch an seiner Doktorarbeit. Die studentischen Mitarbeiter Sandra Petersen und Felix Doege haben die redaktionelle Bearbeitung durchgeführt. Dies hat die notwendige Abstimmung erleichtert im Interesse des Vollzugs der Untersuchungshaft sowie der Abschiebehaft, bei dem Freiheitseinschränkungen auf das unbedingt Notwendige begrenzt werden. Der Alltag im Vollzug muss von der Unschuldsvermutung bestimmt werden: „Es ist Sache des Staates, im Rahmen des Zumutbaren alle Maßnahmen zu treffen, die geeignet und nötig sind, um Verkürzungen der Rechte von Untersuchungsgefangenen zu vermeiden; die dafür erforderlichen sachlichen und personellen Mittel hat er aufzubringen, bereitzustellen und einzusetzen“ (BVerfG StV 2008, 2059 (2060) = NStZ 2008, 521 (522)).

Kiel, im September 2011
Heribert Ostendorf

Inhaltsübersicht

Inhaltsverzeichnis

Autorenverzeichnis

Bochmann, Dr. jur. Christian
Referent Rechtsfragen, Dresden

Frahm, Dipl.-Jur. Lorenz Nicolai
Wissenschaftlicher Mitarbeiter, Universität Kiel

Hadeler, Dr. jur. Henning
Staatsanwalt, Kiel

Krüger, Dr. jur. Julian
Rechtsreferendar, Hamburg

Ostendorf, Prof. Dr. jur. Heribert
Leiter der Forschungsstelle für Jugendstrafrecht und Kriminalprävention, Universität Kiel

Petersen, Dr. jur. Aiko
Rechtsanwalt, München

Röthel, Dr. jur. Carolin
Rechtsanwältin, Hamburg

Schady, Dr. jur. Jan
Richter am AG Schleswig

Sievers, Dr. jur. Christopher
Staatsanwalt, Kiel

Willsch, Dr. jur. Natalie
Wissenschaftliche Mitarbeiterin, Universität Kiel

Abkürzungsverzeichnis

a.A.	anderer Ansicht
a.a.O.	am angegebenen Ort
a.E.	am Ende
a.F.	alte Fassung
a.M.	anderer Meinung
AG	Amtsgericht
AnwBl	Anwaltsblatt
APVO	Ausländerpolizeiverordnung
Art.	Artikel
AsylbLG	Asylbewerberleistungsgesetz
Asylmagazin	Asylmagazin
AsylVfG	Asylverfahrensgesetz
AufenthG	Aufenthaltsgesetz
AuslG	Ausländergesetz
BAföG	Berufsausbildungsförderungsgesetz
Ba-Wü	Baden-Württemberg
BayLSG	Bayerisches Landessozialgericht
BayPAG	Bayerisches Polizeiaufgabengesetz
BayVerfGH	Bayerischer Verfassungsgerichtshof
BDSG	Bundesdatenschutzgesetz
BerlVerfGH	Verfassungsgerichtshof des Landes Berlin
BewH	Bewährungshilfe
BGB	Bürgerliches Gesetzbuch
BGBl.	Bundesgesetzblatt
BGH	Bundesgerichtshof
BlStVK	Blätter für Strafvollzugskunde
BMJ	Bundesministerium der Justiz
BR-Drucks.	Bundesratsdrucksachen
BSHG	Bundessozialhilfegesetz
BT-Drucks.	Bundestagsdrucksachen
BtMG	Gesetz über den Verkehr von Betäubungsmitteln (Betäubungsmittelgesetz)
Bürgerschafts-Drucks.	Bürgerschaftsdrucksachen
BVerfG	Bundesverfassungsgericht
BVerfGE	Entscheidungen des Bundesverfassungsgerichts
BVerfSchG	Gesetz über die Zusammenarbeit des Bundes und der Länder in Angelegenheiten des Verfassungsschutzes und über das Bundesamt für Verfassungsschutz
CPT	Europäischer Ausschuss zur Verhütung von Folter und unmenschlicher oder erniedrigender Behandlung oder Strafe
DRiZ	Deutsche Richterzeitung
DSG	Datenschutzgesetz, Landes-, Bundes-
DVJJ	Deutsche Vereinigung für Jugendgerichte und Jugendgerichtshilfe
EGGVG	Einführungsgesetz zum Gerichtsverfassungsgesetz
EGMR	Europäischer Gerichthof für Menschenrechte
EMRK	Konvention zum Schutz der Menschenrechte und Grundfreiheiten (Europäische Menschenrechtskonvention)
EZAR	Entscheidungssammlung zum Ausländer- und Asylrecht
FamFG	Gesetz über das Verfahren in Familiensachen und in Angelegenheiten der freiwilligen Gerichtsbarkeit

FEVG	Gesetz über das gerichtliche Verfahren bei Freiheitsentziehungen
FGG	Gesetz über die Angelegenheiten der freiwilligen Gerichtsbarkeit
FGPrax	Praxis der freiwilligen Gerichtsbarkeit
FoR	Forum Recht
FreizügG/EU	Freizügigkeitsgesetz/EU
GA	Goltdammer's Archiv für Strafrecht
GewArch	Gewerbearchiv
GG	Grundgesetz
GVG	Gerichtsverfassungsgesetz
h.M.	herrschende Meinung
HRRS	Online-Zeitschrift für höchstrichterliche Rechtsprechung im Strafrecht
Hrsg./hrsg.	Herausgeber/herausgegeben
HStKiR	Handbuch des Staatskirchenrechts der Bundesrepublik Deutschland
i.d.R.	in der Regel
i.S.d	im Sinne des/der
i.w.S.	im weiteren Sinne
InfAuslR	Informationsbrief Ausländerrecht
InfoStVollzPR	Info zum Strafvollzug in Praxis und Rechtsprechung
IPBPR	Internationaler Pakt über bürgerliche und politische Rechte
JA	Juristische Arbeitsblätter
JGG	Jugendgerichtsgesetz
JMBl.	Justizministerialblatt
JR	Juristische Rundschau
JStVollzG	Jugendstrafvollzugsgesetz
JURA	Juristische Ausbildung
JVA	Justizvollzugsanstalt
JZ	Juristenzeitung
KG	Kammergericht
KJHG	Kinderjugendhilfegesetz = SGB VIII
KritV	Kritische Vierteljahresschrift für Gesetzgebung und Rechtswissenschaft
KRK	Übereinkommen über die Rechte der Kinder (UN-Kinderrechtskonvention)
LDSG	Landesdatenschutzgesetz
LG	Landgericht
lit.	Litera
LT-Drucks.	Landtagsdrucksachen
MDR	Monatsschrift für deutsches Recht
MschrKrim	Monatsschrift für Kriminologie
M-V	Mecklenburg-Vorpommern
n.F.	neue Fassung
NGefAG	Niedersächsische Gefahrenabwehrgesetz
NJ	Neue Justiz
NJOZ	Neue Juristische Online-Zeitschrift
NJW	Neue Juristische Wochenschrift
NK	Neue Kriminalpolitik
NRW	Nordrhein-Westfalen
NStZ	Neue Zeitschrift für Strafrecht
NStZ-RR	Neue Zeitschrift für Strafrecht-Rechtsprechungsreport
NVwZ	Neue Zeitschrift für Verwaltungsrecht
NVwZ-Blg.	Beilageheft zur neuen Zeitschrift für Verwaltungsrecht

NVwZ-RR	Neue Zeitschrift für Verwaltungsrecht, Rechtsprechungs-Report
OLG	Oberlandesgericht
OVG	Oberverwaltungsgericht
RdJB	Recht der Jugend und des Bildungswesens
RegE	Regierungsentwurf
RelKErzG	Gesetz über die religiöse Kindererziehung
RGBl.	Reichsgesetzblatt
Richtlinienumsetzungsgesetz (vom 19.8.2007)	Das Gesetz zur Umsetzung aufenthalts- und asylrechtlicher Richtlinien der Europäischen Union
Rn.	Randnummer
R&P	Recht und Psychiatrie (Zeitschrift)
s.	siehe
S.	Seite/Satz
s.o.	siehe oben
s.u.	siehe unten
SchlHA	Schleswig-Holsteinische Anzeigen
SGB	Sozialgesetzbuch
SH	Schleswig-Holstein
st. Rspr.	ständige Rechtsprechung
StGB	Strafgesetzbuch
StPO	Strafprozessordnung
StV	Strafverteidiger
StVollzG	Gesetz über den Vollzug der Freiheitsstrafe und der freiheitsentziehenden Maßregeln der Besserung und Sicherung – Strafvollzugsgesetz
SvEV	Sozialversicherungsentgeltverordnung
UHaftVollzG	Untersuchungshaftvollzugsgesetz
UHaftVollzO	Untersuchungshaftvollzugsordnung
v.a.	vor allem
VBlBW	Verwaltungsblatt Baden-Württemberg
VerwArch	Verwaltungsarchiv
VG	Verwaltungsgericht
Vorbem.	Vorbemerkungen
VV	Verwaltungsvorschrift
VwGO	Verwaltungsgerichtsordnung
WRV	Weimarer Reichsverfassung
ZAR	Zeitschrift für Ausländerrecht und Ausländerpolitik
ZevKR	Zeitschrift für evangelisches Kirchenrecht
ZfStrVo	Zeitschrift für Strafvollzug und Straffälligenhilfe
ZIS	Zeitschrift für Internationale Strafrechtsdogmatik
ZJJ	Zeitschrift für Jugendkriminalrecht und Jugendhilfe (früher: DVJJ-Journal)
ZPO	Zivilprozessordnung
ZRP	Zeitschrift für Rechtspolitik
ZStW	Zeitschrift für die gesamte Strafrechtswissenschaft
zT	zum Teil

Teil 1 Untersuchungshaftvollzug

Grundlagen

I. Historische Entwicklung der U-Haft

Die Geschichte der U-Haft ist eng mit der Geschichte des Strafvollzugs verknüpft, weil die 1
U-Haft in Strafvollzugsanstalten vollzogen wurde und heute ganz überwiegend auch noch in Strafvollzugsanstalten, z.T. in denselben Hafthäusern, vollzogen wird. So werden beispielsweise in der größten Justizvollzugsanstalt Schleswig-Holsteins, in der JVA Lübeck mit 477 Haftplätzen für Männer, die U-Gefangenen zusammen mit den Strafgefangenen – zunächst – im Hafthaus D untergebracht. Die enge Verknüpfung von U- und Strafhaft zeigt sich auch darin, dass einmal die U-Haft häufig – zu 53,7 % im Jahre 2006 – in die Strafhaft nach rechtskräftiger Verurteilung zu einer unbedingten Freiheitsstrafe „einmündet", zum anderen umgekehrt darin, dass mit Rücksicht auf eine verbüßte U-Haft auf eine Verurteilung zu einer unbedingten Freiheitsstrafe verzichtet wird. Gerade für die Anordnung der U-Haft gegen junge Menschen wird sogar begründet vermutet, dass – contra legem – die U-Haft angeordnet wird, um später auf eine unbedingte Jugendstrafe verzichten zu können.[1] Allerdings beginnt die Geschichte der U-Haft vor dem Strafvollzug, vor dem Vollzug der Freiheitsstrafe. Diese wurde erst um 1600 „erfunden"[2], während die U-Haft in Form der Kerkerhaft schon seit dem Mittelalter vollzogen wurde.[3] Die Kerkerhaft war allerdings auch eine Form der Leibesstrafe. Dies gilt erst recht für den mit der peinlichen Befragung und der Folter verbundenen Freiheitsentzug. „Der mittelalterliche Kerker war unter dem aller Rechtsmittel entbehrenden summarischen Folterprozess nur zu kurzem Aufenthalt bestimmt und in der Regel die Vorkammer des Grabes".[4] Die peinliche Gerichtsordnung Karls V. von 1532 (Carolina) kannte noch nicht die Freiheitsstrafe, sondern nur Strafen an Leib, Leben und Gut. Soweit von Gefängnis und Kerker die Rede ist, war damit das Untersuchungsgefängnis, der Ort, wo der angegebene Übeltäter angenommen werden soll (Art. 11 Carolina), gemeint. Der Auftakt des Prozesses „beginnt mit dem Verhör des bereits im Turm sitzenden Verdächtigen".[5] Dies konnte aufgrund privater Initiative oder auch von Amts wegen geschehen. Die Gründe für die Turmhaft waren vielfältig. Ausdrücklich wird in einer Kölner Untersuchung auch die Internierung wegen Fluchtgefahr genannt.[6] Allerdings galt zur Zeit der Privatklage die U-Haft auch dem Ankläger, wenn er die für die Durchführung des Prozesses erforderliche Sicherheitsleistung nicht erbringen konnte (Art. 12, 13, 14, 61 Carolina). In Köln mussten sich so in drei untersuchten Zeiträumen von je fünf Jahren (1568 - 1572; 1588 - 1592; 1608 - 1612) nach den Turmbüchern in 160 Verfahren 9,8 % der Kläger zu

1 Zu den sogenannten apokryphen Haftgründen im Jugendstrafrecht s. Ostendorf, JGG, § 72 Rn. 4 m.w.N.
2 S. hierzu Rusche/Kirchheimer, Sozialstruktur und Strafvollzug, S. 89 ff. In Frankreich fand der Übergang zur Freiheitsstrafe an der Wende vom 18. zum 19. Jahrhundert statt, s. Foucault, Überwachen und Strafen, in dt. Übersetzung S. 294.
3 Schild, Alte Gerichtsbarkeit, S. 210.
4 Streng ZStW 2 (1982), S. 218.
5 Schwerhoff, Köln im Kreuzverhör, S. 85.
6 Schwerhoff a.a.O., S. 87.

Beginn des Verfahrens sozusagen in Gegenhaftung auf dem Turm einstellen.[7] Die Entscheidung über die Verhaftung traf vormals der Schöffe, ein angesehenes Mitglied der Gemeinschaft als Laienrichter,[8] später unter Geltung der Carolina ein juristisch gebildeter, beauftragter Beamter mit festem Gehalt, dem es ausdrücklich verboten war, eine Belohnung vom Ankläger anzunehmen (Art. 105 Carolina).[9] In der anschließenden Zeit des Absolutismus wurde die Richterkompetenz eingegrenzt; die Territorialfürsten nahmen sich das Recht, Untertanen zu verhaften und einzusperren.[10] Delegiert wurde das Verhaftungsrecht auf die Polizei. Erst durch die Aufklärung[11] inspiriert gelang es im „Vormärz", das Verhaftungsrecht rechtsstaatlich zu legalisieren. So hieß es in der bayrischen Verfassung von 1818:

„Niemand darf verfolgt oder verhaftet werden als in den durch Gesetz bestimmten Fällen und in der gesetzlichen Form."

Die Form wurde in der hessischen Verfassung von 1831 konkretisiert und die richterliche Entscheidungskompetenz begründet:

„Niemand darf anders als in den durch die Gesetze bestimmten Fällen und Formen zur gerichtlichen Untersuchung gezogen, zu gefänglicher Haft verbracht, darin zurück gehalten oder gestraft werden. Jeder Verhaftete muss, womöglich, sofort, jedenfalls binnen den nächsten 48 Stunden, von der Ursache seiner Verhaftung in Kenntnis gesetzt und durch einen Gerichtsbeamten verhört werden."

In der Paulskirchenverfassung wurde das Grundrecht auf Freiheit begründet und die Verhaftungskompetenz weiter eingeschränkt. Die Haftverschonung wurde eingeführt ebenso eine Entschädigungspflicht für unschuldig erlittene Gefangenschaft:

„Die Freiheit der Person ist unverletzlich. Die Verhaftung einer Person soll, außer im Falle der Ergreifung auf frischer Tat, nur geschehen in Kraft eines richterlichen, mit Gründen versehenen Befehls. Dieser Befehl muss im Augenblick der Verhaftung oder innerhalb der nächsten 24 Stunden dem Verhafteten zugestellt werden.

Die Polizei muss jeden, den sie in Verwahrung genommen hat, im Laufe des folgenden Tages entweder freilassen oder der richterlichen Behörde übergeben.

Jeder Angeschuldigte soll gegen Bildung einer vom Gericht zu bestimmenden Kaution oder Bürgschaft aus der Haft entlassen werden, sofern nicht dringende Anzeichen eines schweren peinlichen Verbrechens gegen denselben vorliegen.

Im Fall einer widerrechtlich verfügten oder verlängerten Gefangenschaft ist der Schuldige und notfalls der Staat dem Verletzten zur Genugtuung und Entschädigung verpflichtet." (§ 138 Paulskirchenverfassung)

2 Diese Grundsätze fanden in den Ländergesetzen zur Strafprozessordnung (z.B. §§ 159 - 184 Badische StPO vom 15.3.1865) sowie in der Reichsstrafprozessordnung von 1877 Eingang, die zusammen mit den übrigen Reichsjustizgesetzen am 1.10.1879 in Kraft getreten ist. Der Vollzug wurde in § 119 StPO nur marginal geregelt. Mit der sog. „lex Höfle" vom 27.12.1926 aus Anlass des Todes vom Reichspostminister a.D. Dr. Höfle, MdR, am 20.4.1925 während der Untersuchungshaft wurde die mündliche Verhandlung über die U-Haft sowie die obligatorische gerichtliche Haftprüfung eingeführt. In der Zeit der nationalsozialistischen Diktatur wurden die Haftgründe erweitert (s.u. Rn. 6) und das richterliche Haftprüfungsverfahren wieder abgeschafft. Polizei und Staatsanwaltschaft erhielten das eigenständige Recht zur Verhaftung, wobei faktisch mit der millionenfachen Verbringung in die Konzentrationslager das Grundrecht auf Freiheit (Art. 114 Weimarer Reichsverfassung) nicht mehr galt.

7 Schwerhoff a.a.O., S. 89.
8 Amelung JURA 2005, 449.
9 S. Merzbacher in: Strafjustiz in alter Zeit, Bd. III der Schriftenreihe des mittelalterlichen Kriminalmuseums Rothenburg ob der Tauber, S. 97.
10 S. Ollinger, Die Entwicklung des Richtervorbehalts im Verhaftungsrecht, S. 65 ff.; Amelung JURA 2005, 452.
11 Zur „aufrechten" Rolle des Berliner Kammergerichtsrats E.T.A. Hoffmann in den Demagogenprozessen s. Mückenberger in: Streitbare Juristen, hrsg. von Kritische Justiz, 1988, S. 23 ff.

Mit dem Vereinheitlichungsgesetz vom 12.9.1950 wurden die nationalsozialistischen Änderungen des Haftrechts wieder außer Kraft gesetzt, mit dem Strafprozessänderungsgesetz vom 19.12.1964 zwar das Verhältnismäßigkeitsprinzip betont, gleichzeitig aber die Haftgründe der Schwere der Tat sowie der Wiederholungsgefahr eingeführt. Der Haftgrund der Wiederholungsgefahr wurde mit Gesetz vom 7.8.1972 ausgeweitet. Auch weitere ausweitende Veränderungen bei den Voraussetzungen der U-Haft – zuletzt mit Gesetz vom 22.3.2007 zur Strafbarkeit beharrlicher Nachstellung gem. § 238 StGB und der Einführung der sog. Deeskalationshaft gem. § 112 a Abs. 1 Nr. 1 StPO (s.u. Rn. 5) – haben die marginale Regelung des Vollzugs der U-Haft bestehen lassen. 3

II. Die gesetzlichen Voraussetzungen für die Anordnung der U-Haft

In der wissenschaftlichen wie in der kriminalpolitischen Diskussion haben immer die Voraussetzungen für die Anordnung der U-Haft im Mittelpunkt gestanden. Der U-Haft-Vollzug hat wenig Interesse gefunden, er gilt als „Stiefkind der Strafrechtspflege". Die gesetzlichen Voraussetzungen für die Anordnung der U-Haft bestimmen naturgemäß den U-Haft-Vollzug: Werden die Möglichkeiten, die U-Haft anzuordnen sowie die Dauer zu verlängern, ausgeweitet, wächst die U-Haft-Population, umgekehrt verringert sich die U-Haft-Population, wenn die Voraussetzungen für die Anordnung und Verlängerung erschwert werden. Die Formulierung gesetzlicher Voraussetzungen der U-Haft, insbesondere auch die Einführung der richterlichen Entscheidungskompetenz[12] sind das Ergebnis der Aufklärung und der Formulierung der Menschenrechte. So hat Cesare Beccaria in seinem Traktat über Verbrechen und Strafen (dei delitti e delle pene) im Jahre 1764 die Untersuchungshaft im Kapitel XXIX thematisiert. Er fordert, dass die Voraussetzungen für die U-Haft gesetzlich bestimmt sein müssen und beklagt, dass „man unterschiedslos Untersuchungshäftlinge und Strafgefangene in dasselbe Verlies wirft" (S. 134). 4

1. Materielle Voraussetzungen. Materielle Voraussetzungen für die Anordnung der Untersuchungshaft sind: 5

- **Dringender Tatverdacht**
- **Haftgrund**
- **Verhältnismäßigkeit** von Straftat bzw. zu erwartender Strafe und Freiheitsentziehung (§ 112 Abs. 1 StPO) – nach wohl h.M. soll die Verhältnismäßigkeit keine Haftvoraussetzung, sondern nur ein Haftausschließungsgrund sein, was Folgen für die Behandlung von Zweifelsfällen haben kann.[13] Bei Jugendlichen ist eine „verschärfte" Verhältnismäßigkeitsprüfung gem. § 72 Abs. 1, Abs. 2 JGG[14] geboten.

Der dringende Tatverdacht ist zu unterscheiden von dem Anfangsverdacht für die Einleitung eines Ermittlungsverfahrens gem. § 152 Abs. 2 StPO sowie vom hinreichenden Tatverdacht für die Eröffnung des Hauptverfahrens (§ 203 StPO). Der dringende Tatverdacht ist somit die intensivste Verdachtsform im Ermittlungsverfahren, steht „kurz" vor der Überzeugung des Gerichts von der Schuld des Beschuldigten i.S.d. § 261 StPO. Dringender Tatverdacht liegt vor, wenn nach dem bisherigen Ermittlungsergebnis eine große Wahrscheinlichkeit dafür besteht, dass der Beschuldigte als Täter oder Teilnehmer eine Straftat begangen hat.[15]

Die **Haftgründe** sind abschließend in den §§ 112 Abs. 2 und 3, 112 a StPO sowie im § 127 b Abs. 2 S. 1 StPO aufgeführt. Es sind dies:

- Flucht bzw. Untertauchen (§ 112 Abs. 2 Nr. 1 StPO),
- Fluchtgefahr (§ 112 Abs. 2 Nr. 2 StPO), im Jugendstrafrecht spezifiziert durch § 72 Abs. 2 JGG,
- Verdunkelungsgefahr (§ 112 Abs. 2 Nr. 3 StPO),

---

12 S. hierzu Ollinger, Die Entwicklung des Richtervorbehalts im Verhaftungsrecht; hierauf stützend Amelung JURA 2005, 447 ff.

13 S. hierzu Kindhäuser, Strafprozessrecht, § 9 Rn. 35.

14 S. hierzu Ostendorf, JGG, § 72 Rn. 5 ff.

15 BGH NJW 1992, 1975 (1976); BVerfG NJW 1996, 1049 (1050).

- Schwere der Tat (§ 112 Abs. 3 StPO),
- Wiederholungsgefahr (§ 112 a StPO), wobei im Fall der Nachstellung (§ 238 Abs. 2 und 3 StGB) die Untersuchungshaft auch Deeskalationshaft genannt wird,
- Befürchtung des Fernbleibens von der Hauptverhandlung im beschleunigten Verfahren (§ 127 b Abs. 2 S. 1 StPO).

Der Haftgrund des § 127 b Abs. 2 S. 1 StPO ist ein Spezialfall des Haftgrundes der Fluchtgefahr gem. § 112 Abs. 2 Nr. 2 StPO.

Zusätzlich kann ein Haftbefehl gem. § 230 Abs. 2 StPO angeordnet werden, wenn der Angeklagte nicht zur Hauptverhandlung erschienen ist.

6 Dem Wortlaut des § 112 Abs. 3 nach ist bei den dort aufgeführten schweren Delikten kein Haftgrund erforderlich. Nach der Auslegung des Bundesverfassungsgerichts[16] setzt aber auch § 112 Abs. 3 StPO einen Haftgrund voraus, d.h., es müssen stets Umstände vorliegen, „die die Gefahr begründen, dass ohne Festnahme des Beschuldigten die alsbaldige Aufklärung und Ahndung der Tat gefährdet sein könnte". Die Annahme, es sei für die Bevölkerung unerträglich, dass ein Mörder frei herumlaufe, reicht hiernach für eine Verhaftung allein nicht aus. Damit ist ein Haftgrund der „kochenden Volksseele" verfassungsrechtlich untersagt. Allerdings hat das Bundesverfassungsgericht es genügen lassen, dass nach den konkreten Umständen des Einzelfalls eine Flucht- oder Verdunkelungsgefahr nicht auszuschließen ist. Insoweit werden bei Vorliegen eines dringenden Tatverdachts für die in § 112 Abs. 3 StPO aufgeführten Straftatbestände die Anforderungen an den Haftgrund deutlich herabgesetzt. Damit hat sich das Bundesverfassungsgericht gleichzeitig von der ursprünglichen im Jahre 1935 eingeführten Gesetzesformulierung distanziert.

„Der Angeschuldigte darf nur dann in Untersuchungshaft genommen werden, wenn dringende Verdachtsgründe gegen ihn vorhanden sind und entweder er der Flucht verdächtigt ist oder Tatsachen vorliegen, aus denen zu schließen ist, dass er Spuren der Tat vernichten oder dass er Zeugen oder Mitschuldige zu einer falschen Aussage oder Zeugen dazu verleiten werde, sich der Zeugnispflicht zu entziehen **oder dass er die Freiheit zu neuen strafbaren Handlungen missbrauchen werde oder wenn es mit Rücksicht auf die Schwere der Tat und die durch sie hervorgerufene Erregung der Öffentlichkeit nicht erträglich wäre, den Angeschuldigten in Freiheit zu lassen.** Diese Tatsachen sind aktenkundig zu machen" (§ 112 Abs. 1 StPO [in der Fassung von 1934 mit Änderungen vom 5.7.1935, RGBl. 1935, 847]).

7 Während die Haftgründe der Flucht, der Flucht- und Verdunkelungsgefahr der Durchführung des Strafverfahrens dienen, soll mit dem Haftgrund der Wiederholungsgefahr zukünftigen Straftaten vorgebeugt werden. Dieser – subsidiäre (s. § 112 a Abs. 2 StPO) – Haftgrund ist somit ein „Fremdkörper" in der StPO und verfassungsrechtlich umstritten.[17] Faktisch wird hiermit eine **Verdachtsstrafe** eingeführt.

8 Für das beschleunigte Verfahren (§§ 417 ff. StPO) hat der Gesetzgeber die sogenannte **Hauptverhandlungshaft** bis zu einer Woche eingeführt, wenn aufgrund bestimmter Tatsachen zu befürchten ist, dass der Festgenommene der Hauptverhandlung fernbleiben wird (§ 127 b Abs. 2 S. 1 StPO). Im Vergleich zu dem Haftgrund der Fluchtgefahr gem. § 112 Abs. 2 Nr. 2 StPO werden insoweit weniger strenge Voraussetzungen aufgestellt, während dringender Tatverdacht und Verhältnismäßigkeit ebenfalls Voraussetzung sind.

9 Entgegen einer teilweisen Gerichtspraxis darf ein Haftbefehl wegen Fluchtgefahr nicht allein mit der Höhe der zu erwartenden Strafe begründet werden; ebenso besteht bei Ausländern nicht allein aufgrund ihres Ausländerstatus eine Fluchtgefahr.[18]

10 Die Verhältnismäßigkeitsprüfung wird für die Kleinkriminalität durch § 113 StPO sowie für Jugendliche durch § 72 JGG, speziell für Jugendliche, die das 16. Lebensjahr noch nicht vollendet haben, durch § 72 Abs. 2 JGG konkretisiert. Die Aussetzung des Vollzugs des

16 BVerfGE 19, 342, 350 ff.
17 S. hierzu grundlegend BVerfGE 19, 342, 349 f.; BVerfGE 35, 185, 191 ff.
18 OLG Saarbrücken StV 2000, 208; OLG Köln NStZ 2003, 219; LG München StV 2005, 38. Zur Notwendigkeit, die Haftgründe restriktiv zu interpretieren s. Kazele, Untersuchungshaft, S. 38 ff.

Haftbefehls gem. § 116 StPO ist ebenfalls Ausfluss des Verhältnismäßigkeitsgrundsatzes. Alternativen müssen „ausgereizt" sein. Im Jugendstrafrecht ist hierfür ausdrücklich eine **Haftentscheidungshilfe** durch die Jugendgerichtshilfe vorgesehen (§ 72 a JGG), im Erwachsenenstrafrecht wird hierzu teilweise die Gerichtshilfe bzw. der Soziale Dienst in der Strafrechtspflege eingesetzt. Die Verhältnismäßigkeitsprüfung begrenzt auch die **Dauer** der U-Haft. Mit Ausnahme eines Haftbefehls, der auf § 112 a StPO gestützt wird (§ 122 a StPO), ist die Länge der U-Haft formal nicht absolut begrenzt. Mit der Haftprüfung von Amts wegen gem. § 117 Abs. 5 StPO nach drei Monaten sowie der Haftprüfung durch das Oberlandesgericht nach sechs Monaten gem. den §§ 121, 122 StPO wird die Verhältnismäßigkeitsprüfung intensiviert.

Aus dem Verhältnismäßigkeitsgrundsatz folgt das **Beschleunigungsgebot in Haftsachen**, das in Art. 2 Abs. 2 S. 2 GG verfassungsrechtlich abgesichert ist.[19] „Die ‚angemessene Frist' für die U-Haft ist dabei wesentlich kürzer bemessen und unterliegt strengeren Anforderungen als die Frist, binnen der das Strafverfahren durchgeführt sein muss. Während für die Unangemessenheit der Verfahrensdauer als Maßstab der Zeitraum gilt, der für die sachgerechte Erledigung des jeweiligen Verfahrens bei ordnungsgemäßer Bearbeitung im normalen Verfahrensbetrieb notwendig ist, ist bei der Frage der weiteren Haftfortdauer regelmäßig nur die bei größtmöglicher Beschleunigung erreichbare Minimaldauer hinnehmbar.[20] Damit können die Fristen für die Verfahrenserledigung nach Art. 6 Abs. 1 S. 1 EMRK, Art. 2 Abs. 1 i.V.m. Art. 20 Abs. 3 GG länger sein als die von Art. 5 Abs. 3 S. 1 Hs. 2 EMRK, Art. 2 Abs. 2 S. 2 GG gesetzten, in denen über eine Freiheitsentziehung zu entscheiden ist."[21]

Je länger die U-Haft andauert, umso strengere Anforderungen sind an den zügigen Fortgang des Verfahrens zu richten.[22]

2. Formelle Voraussetzungen. Die Untersuchungshaft darf nur durch einen Richter ange- 11
ordnet werden (§ 114 Abs. 1 StPO, Art. 104 Abs. 2 S. 1 GG). Voraussetzung ist ein Antrag der Staatsanwaltschaft, bei Gefahr im Verzug kann auch von Amts wegen der Haftbefehl ausgestellt werden (§ 125 Abs. 1 StPO). Es genügt nicht, dass die Polizei einen Haftbefehl für erforderlich hält, sie hat kein unmittelbares Antragsrecht. Der Haftbefehl ist aufzuheben, wenn die Voraussetzungen nicht mehr gegeben sind, er ist auch aufzuheben, wenn die Staatsanwaltschaft es vor Erhebung der öffentlichen Klage beantragt (§ 120 Abs. 1, 3 StPO).

Da der Vollzug der U-Haft auf der Grundlage des Haftbefehls erfolgt, sind die inhaltlichen 12
Anforderungen bedeutsam. Diese finden sich im § 114 Abs. 2 und 3 StPO:

- Personalangaben (§ 114 Abs. 2 Nr. 1 StPO): Der Beschuldigte ist so genau zu bezeichnen, dass an seiner Identität kein Zweifel besteht (Vor- und Nachname, gegebenenfalls Alias-Name, Geburtstag, Geburtsort, letzte bekannte Wohnung, Beruf).
- Straftat (§ 114 Abs. 2 Nr. 2 StPO): Es müssen weiterhin der strafrechtliche Vorwurf angeführt werden, Zeit und Ort der Tatbegehung, soweit bereits aufgeklärt, die gesetzlichen Tatbestandsmerkmale mit Angaben zum vollendeten Delikt bzw. Versuch, zu Teilnahmeformen und zu Straferschwerungen. Es müssen alle Taten angeführt werden, denen der Beschuldigte verdächtigt wird.[23] Die vorgeworfenen Straftaten können Auswirkungen auf die Unterbringung des U-Gefangenen haben.
- Haftgrund (§ 114 Abs. 2 Nr. 3 StPO): Der Haftgrund ist für die Ausgestaltung der U-Haft bedeutsam, insbesondere für interne wie externe Kommunikationsmöglichkeiten. Es müssen auch hier alle **Haftgründe** angegeben werden.
- Tatsachengrundlage (§ 114 Abs. 2 Nr. 4 StPO): Diese Angabe ist insbesondere für den Beschuldigten im Interesse seiner Verteidigungsmöglichkeiten geboten.

---

19 BVerfGE 46, 194 (195); BVerfG StV 2006, 248 (249); OLG Naumburg StV 2009, 143.

20 Vgl. Gollwitzer in: Löwe/Rosenberg, StPO, 25. Aufl., Art. 5 MRK Rn. 114; Schlothauer/Weider, Untersuchungshaft, 3. Aufl., Rn. 828.

21 BGH StV 2008, 633 (634).

22 BVerfG StV 2006, 248 (249).

23 OLG Hamm NJW 1971, 1325; Hilger in: Löwe/Rosenberg, StPO, Vor § 112 Rn. 23; Deckers in: AK-StPO, § 114 Rn. 6.

- Begründung der Verhältnismäßigkeit (§ 114 Abs. 3 StPO):Unabhängig von der Rechtsfrage, ob die Verhältnismäßigkeit eine U-Haft-Voraussetzung oder „nur“ einen U-Haftausschluss darstellt (s. Rn. 5), ist die Verhältnismäßigkeit der U-Haft zu begründen, wenn die Unverhältnismäßigkeit „nahe liegt“ oder der Beschuldigte hierauf verweist.[24] Bei Jugendlichen ergibt sich eine spezifizierte Prüfungspflicht gem. § 72 Abs. 1 JGG.

13 „Unverzüglich“ nach Beginn der Vollstreckung muss ein **Pflichtverteidiger** bestellt werden, wenn der U-Gefangene noch keinen Verteidiger gewählt hat (§§ 140 Abs. 1 Nr. 4, 141 Abs. 3 S. 4 StPO; § 68 Nr. 5 JGG). Die Strafverteidigervereinigungen haben gefordert, dem Beschuldigten eine Frist von zwei Wochen einzuräumen, einen Verteidiger seiner Wahl entsprechend § 142 Abs. 1 StPO zu bezeichnen.[25] Eine einwöchige Frist sollte in der Regel genügen, um den anwaltlichen Beistand möglichst frühzeitig einsetzen zu lassen. Angehörige oder eine Vertrauensperson sind unverzüglich zu benachrichtigen (§ 114 c Abs. 2 StPO). Weitergehende Informations- und Benachrichtigungspflichten ergeben sich für die Situation der Verhaftung (§§ 114 a, b StPO). Gem. § 115 StPO ist der Beschuldigte, der aufgrund eines Haftbefehls ergriffen wird, unverzüglich dem zuständigen Richter vorzuführen, der den Beschuldigten unverzüglich nach der Vorführung, spätestens am nächsten Tage, zu vernehmen hat (§ 115 Abs. 2 StPO). Kann der Beschuldigte nicht spätestens am Tag nach der Ergreifung dem zuständigen Gericht vorgeführt werden, so ist er unverzüglich, spätestens am Tag nach der Ergreifung, dem nächsten Amtsgericht vorzuführen (§ 115 a Abs. 1 StPO).[26] Gegen den Haftbefehl gibt es zwei Rechtsmittel: die Haftprüfung (§ 117 Abs. 1 StPO) und die Haftbeschwerde (§§ 117 Abs. 2, 304 Abs. 1, Abs. 4 S. 2 Nr. 1 StPO).

14 Der **Europäische Haftbefehl** (Europäisches Haftbefehlsgesetz vom 20.7.2006, BGBl. I, Nr. 36) ist kein Haftbefehl, der von einem europäischen Gericht ausgestellt wird. Er ist ein Haftbefehl, der von einem Gericht der Mitgliedstaaten der EU ausgestellt wird und mit dem eine europäische Fahndung in die Wege geleitet und das Auslieferungsverfahren zwischen den Mitgliedstaaten der EU vereinfacht und verkürzt werden soll. Das 1. Europäische Haftbefehlsgesetz vom 16.6.2004, BGBl. I, 1748) wurde vom Bundesverfassungsgericht für verfassungswidrig erklärt.[27]

III. Internationale und europäische Vorgaben

15 **1. Die Bedeutung für das Untersuchungshaftrecht.** In der Entscheidung des BVerfG vom 31.5.2006 zum Erfordernis einer gesetzlichen Grundlage für den Jugendstrafvollzug wird die Bedeutung völkerrechtlicher Vorgaben sowie internationaler Standards ausdrücklich angesprochen: „Auf eine den grundrechtlichen Anforderungen nicht genügende Berücksichtigung vorhandener Kenntnisse oder auf eine den grundrechtlichen Anforderungen nicht entsprechende Gewichtung der Belange der Inhaftierten kann es hindeuten, wenn völkerrechtliche Vorgaben oder internationale Standards mit Menschenrechtsbezug, wie sie in den im Rahmen der Vereinten Nationen oder von Organen des Europarats beschlossenen einschlägigen Richtlinien und Empfehlungen enthalten sind, nicht beachtet bzw. unterschritten werden.“[28] Damit wird einmal der gesetzgeberische Gestaltungsraum eingegrenzt, zum anderen folgt hieraus für die Gesetzesanwendung, im Rahmen der Auslegung Rücksicht zu nehmen. Dies ist für internationale und europäische Vorgaben, die durch ein Bundesgesetz in innerdeutsches Recht umgesetzt wurden, verbindlich („Hard-Law“). Dies gilt auch für die Ländergesetze zum Vollzug der Untersuchungshaft. Abgesehen von der bundesstaatsfreundlichen Rechtspflicht, aus der eine Verpflichtung der Länder zur Beachtung von völ-

24 Nach einer Aktenuntersuchung wurden in 14,6 % der Fälle hierzu Ausführungen gemacht, s. Geiter, Untersuchungshaft in Nordrhein-Westfalen, S. 240.
25 Veröffentlicht in StV 2010, 109.
26 Zur in der Praxis unverhältnismäßigen Dauer des Transports s. Mroß StV 2008, 611.
27 BVerfG StV 2005, 505; zu weiter bestehenden verfassungsrechtlichen Bedenken bzw. Einwänden s. Ahlbrecht u.a., Internationales Strafrecht in der Praxis, S. 245.
28 BVerfG NJW 2006, 2093 (2097) mit Fundstellenhinweisen.

kerrechtlichen Verträgen des Bundes resultiert,[29] folgt dies aus Art. 31 GG, da trotz der Abgabe der Gesetzgebungskompetenz für den Untersuchungshaftvollzug an die Länder (Art. 74 Abs. 1 Nr. 1 GG) der Bund zuständig ist für die auswärtigen Beziehungen (Art. 73 Nr. 1, Art. 32 GG). Für so einen Kollisionsfall beiderseitiger Kompetenzen bricht Bundesrecht Landesrecht. Soweit es sich „nur" um Empfehlungen handelt („Soft-Law"), drückt sich darin doch eine internationale Anerkennung aus, die auch für die nationale Anwendung eine richtungsweisende Bedeutung im Sinne eines rechts- und sozialstaatlichen Umgangs mit Untersuchungsgefangenen erlangt. Im Rahmen einer teleologischen Norminterpretation ist die internationale Rechtsposition ein wichtiger Faktor. Hierbei ist zu beachten, dass es sich bei den internationalen Vorgaben allesamt um **Minima** handelt, also um den kleinsten gemeinsamen Nenner, auf den man sich unter sehr unterschiedlichen Staaten im Hinblick auf rechts- und sozialstaatliche Anforderungen hat einigen können.

2. Rechtsquellen. a) Hard-Law. Erste Rechtsquelle mit Hard-Law-Charakter ist die **Konvention zum Schutze der Menschenrechte und Grundfreiheiten** (EMRK) aus dem Jahre 1950, durch Bundesgesetz vom 7.8.1952 transformiert (BGBl. II 1952, 685 ff.; letzte Fassung vom 17.5.2002, BGBl. II 2002, 1054). Verboten sind damit Folter und eine unmenschliche oder erniedrigende Behandlung im Untersuchungshaftvollzug (Art. 3 EMRK). Dieses Folterverbot ist durch das europäische Übereinkommen zur Verhütung von Folter und unmenschlicher und erniedrigender Behandlung und Strafe aus dem Jahre 1987, in Kraft gesetzt seit dem 1.2.1989 (BGBl. II 1989, 946), konkretisiert, vor allem durch die Kontrolle einer unabhängigen Expertenkommission in Ausübung eines jederzeitigen Besuchsrechts der Anstalten. Eine besondere Bedeutung für den Vollzug der Untersuchungshaft hat **Art. 6 Abs. 2 EMRK: „Jede Person, die einer Straftat angeklagt ist, gilt bis zum gesetzlichen Beweis ihrer Schuld als unschuldig."** Diese **Unschuldsvermutung** hat die gesamte Gestaltung des Untersuchungshaftvollzugs zu prägen. Noch deutlicher gesagt: Mit dem U-Gefangenen muss so umgegangen werden, als wenn sich später tatsächlich – durch Freispruch – seine Unschuld herausstellt. Untersuchungshaftvollzugsrechtliche Bedeutung haben weiterhin Art. 8 EMRK (Recht auf Achtung des Privat- und Familienlebens), Art. 13 EMRK (Recht auf wirksame Beschwerde) und Art. 14 EMRK (Diskriminierungsverbot). Indizielle Auswirkungen auf den Vollzugsalltag hat auch die Pflicht, den Beschuldigten in einer verständlichen Sprache über die Gründe der Strafverfolgung zu informieren (Art. 5 Abs. 2). 16

Zweite verbindliche Rechtsquelle ist der **Internationale Pakt über bürgerliche und politische Rechte** aus dem Jahre 1966 (BGBl. II 1973, 1534). Neben der Wiederholung des Folterverbots in Art. 7 mit dem zusätzlichen Verbot, medizinische oder wissenschaftliche Versuche ohne freiwillige Zustimmung durchzuführen, was selbstverständlich auch für Gefangene gilt, ist Art. 10 unmittelbar einschlägig:

„Abs. 1: Jeder, dem seine Freiheit entzogen ist, muss menschlich und mit Achtung vor der dem Menschen innewohnenden Würde behandelt werden.

Abs. 2 a: Beschuldigte sind, abgesehen von außergewöhnlichen Umständen, von Verurteilten getrennt unterzubringen und so zu behandeln, wie es ihrer Stellung als Nichtverurteilte entspricht.

Abs. 2 b: Jugendliche Beschuldigte sind von Erwachsenen zu trennen, und es hat so schnell wie möglich ein Urteil zu ergehen."

Indirekte Auswirkungen hat das **Europäische Übereinkommen zur Verhütung von Folter und unmenschlicher oder erniedrigender Behandlung oder Strafe**, durch Gesetz vom 29.11.1989 (BGBl. II, 946) verabschiedet. Mit dem gem. Art. 1 eingerichteten Ausschuss – Commitee for the Prevention of Torture (CPT) – sollen die Freiheitsentzugsanstalten kontrolliert werden. Zu diesem Zweck hat der Ausschuss die Befugnis, die Anstalten zu besuchen (Art. 2, Art. 8 Abs. 2 c) und ohne Zeugen die Gefangenen zu befragen (Art. 8 Abs. 3). Aus den Kontrollberichten wurden sog. CPT-Standards entwickelt, denen ein politisches Ge-

29 BVerfGE 6, 309, 361 f.

wicht beigemessen wird.[30] So hat das CPT Belehrungsverpflichtungen und Benachrichtigungsrechte bereits bei der Festnahme gefordert, die die Bundesregierung nunmehr mit ihrem Gesetzesentwurf umgesetzt hat (§§ 114 b, c StPO).[31]

17 b) **Soft-Law.** Auf internationaler Ebene finden sich insbesondere Empfehlungen zur Untersuchungshaft bei jungen Menschen. So heißt es in den **Mindestgrundsätzen der Vereinten Nationen für die Jugendgerichtsbarkeit** vom 29.11.1985 neben dem Trennungsgebot in Ziffer 13.4 in der Ziffer 13.5: „Während der Haft erhalten die Jugendlichen Betreuung, Schutz und jede notwendige individuelle Hilfe sozialer, pädagogischer, beruflicher, psychologischer, ärztlicher und leiblicher Art, derer sie aufgrund ihres Alters, ihres Geschlechts und ihrer Persönlichkeit bedürfen." Mit „Haft" ist hier ausdrücklich die Untersuchungshaft gemeint.

In den **Regeln der Vereinten Nationen zum Schutz von Jugendlichen unter Freiheitsentzug,** verabschiedet mit der Resolution 45/113 der Generalversammlung vom 14.12.1990,[32] heißt es unter der Ziffer 18:

„Die Haftbedingungen für jugendliche Untersuchungsgefangene müssen den nachstehenden Regeln entsprechen. Soweit erforderlich und angebracht, sind darüber hinaus besondere Bestimmungen nötig, die sich mit der Wahrung der Unschuldsvermutung, der Dauer der Inhaftierung sowie mit der Rechtsstellung und persönlichen Lage des Jugendlichen befassen. Diese Bestimmungen sollen mindestens die folgenden Rechte regeln:

a. Jugendliche sollen das Recht auf einen Verteidiger haben, sollen einen kostenfreien Rechtsbeistand, soweit dies vorgesehen ist, selbst beantragen können und mit ihren Rechtsberatern regelmäßig in Verbindung treten dürfen; hierfür sind Vertraulichkeit und Wahrung der Privatsphäre zu gewährleisten;

b. Jugendliche sollen, wo immer dies möglich ist, Gelegenheit zu bezahlter Arbeit sowie zur Fortsetzung ihrer schulischen oder beruflichen Ausbildung erhalten, ohne hierzu verpflichtet zu sein. Arbeit und Ausbildung dürfen die Dauer der Haft nicht verlängern;

c. Für Freizeit und Erholung sind den Jugendlichen solche Gegenstände zu überlassen, die mit den Belangen der Rechtspflege vereinbar sind."

Weiter heißt es in der Nr. 65: „In freiheitsentziehenden Einrichtungen für Jugendliche sind das Tragen und der Gebrauch von Waffen zu verbieten."

18 Auf europäischer Ebene ist die **Empfehlung „Rec(2006)2" des Ministerkomitees** an die Mitgliedsstaaten **über die europäischen Strafvollzugsgrundsätze** vom 11.1.2006 zu beachten.[33] In der Nr. 11.3 ist das Trennungsgebot für U-Gefangene und Strafgefangene enthalten. Weitere speziellere Regelungen für Untersuchungsgefangene finden sich im Teil V der Europäischen Strafvollzugsgrundsätze, wonach u.a. Untersuchungsgefangenen die Möglichkeit der Einzelunterbringung zu geben ist, es sei denn, die Umstände lassen dies als nicht angezeigt erscheinen (Nr. 94).

19 Weitere Empfehlungen sind in der **Empfehlung Rec(2006)13 des Ministerkomitees** an die Mitgliedsstaaten **betreffend die Anwendung von Untersuchungshaft, die Bedingungen, unter denen sie vollzogen wird, und Schutzmaßnahmen gegen Missbrauch** vom 27.9.2006 enthalten, wonach u.a. die Fortführung einer ärztlichen Behandlung geregelt wird (Nr. 37).[34]

20 Auch die **Empfehlung Rec (2008)11 des Ministerkomitees des Europarats** vom 5.11.2008 **„Europäische Grundsätze für die von Sanktionen und Maßnahmen betroffenen jugendlichen**

30 Calliess/Müller-Dietz, StVollzG, Einl. Rn. 57; Pollähne in: Goerdeler/Walkenhorst, Jugendstrafvollzug in Deutschland, S. 145 m.w.N.

31 Entwurf eines Gesetzes zur Änderung des Untersuchungshaftrechts, s. auch Begründung BT-Drucks. 16/11644, S. 13 f.

32 Veröffentlicht in: Internationale Menschenrechtsstandards und das Jugendkriminalrecht, zusammengestellt von Höynck, Neubacher, Schüler-Springorum, hrsg. vom BMJ, 2001, S. 94 ff.

33 http://www.ejpd.admin.ch/content/dam/data/sicherheit/straf_und_massnahmen/documentation/empfehlung-europarat-d.pdf, abgerufen am 1.9.2011.

34 http://www.bfm.admin.ch/content/dam/data/sicherheit/straf_und_massnahmen/documentation/empfehlung-europarat-jugendstraftaeter-d.pdf, abgerufen am 1.9.2011.

Straftäter und Straftäterinnen“[35] enthält im Abschnitt F einige Hinweise für die U-Haft, wonach u.a. Jugendliche nicht zur Arbeit oder Teilnahme an einer Maßnahme oder Tätigkeit gezwungen werden dürfen, deren Erfüllung außerhalb des Vollzuges von Jugendlichen nicht verlangt werden kann (Nr. 112).

IV. Verfassungsrechtliche Vorgaben

Mit dem Untersuchungshaftvollzug wird in eine Vielzahl von Grundrechten des gefangenen Bürgers eingegriffen, vornehmlich natürlich in das Grundrecht auf Freiheit (Art. 2 Abs. 2 S. 2 GG) und damit gleichzeitig der Freizügigkeit gem. Art. 11 GG, die mit der Aufhebung der körperlichen Bewegungsfreiheit automatisch mit erfasst wird. Hassemer hat es drastisch formuliert: „Untersuchungshaft ist Freiheitsberaubung gegenüber einem Unschuldigen“[36] – moderater im Rechtssinn formuliert: **Untersuchungshaft ist legalisierter Freiheitsentzug gegenüber einem dringend Tatverdächtigen, für den aber die Unschuldsvermutung weiterhin gilt.** Die Durchbrechung der Unschuldsvermutung im Wege des Freiheitsentzuges wird vom Bürger zur Sicherung des Strafverfahrens abverlangt, das als Sonderopfer bezeichnet wird.[37] Dementsprechend erlaubt auch die EMRK (Art. 5 Abs. 1 S. 2 c EMRK) einen solchen Freiheitsentzug. Im Weiteren wird mit der Trennung vom Ehepartner und der Familie in Art. 6 GG, mit der Brief- und Paketkontrolle, mit der Regelung des Telefonverkehrs in Art. 10 GG, mit der Anstaltsordnung in Art. 2 Abs. 1 und Art. 8 GG eingegriffen. Auch kann die freie Meinungsäußerung gem. Art. 5 Abs. 1 S. 1 GG betroffen sein, wenn Briefe angehalten werden.[38] Mit dem Vorenthalt von Zeitungen und Zeitschriften wird die Informationsfreiheit gem. Art. 5 Abs. 1 S. 1 GG eingeschränkt.[39] Mit der Anwendung unmittelbaren Zwangs ist die körperliche Unversehrtheit gem. Art. 2 Abs. 2 Satz 1 GG betroffen. Mit Durchsuchungen der Zelle, mit visueller und akustischer Überwachung kann die Unverletzlichkeit der Wohnung betroffen sein, wenn der Zelle ein Wohnungscharakter zukommt.[40] Untersuchungen im Intimbereich (Anus-Inspektion) bei Aufnahme in die U-Haft können das Persönlichkeitsrecht des Gefangenen verletzen.[41] Bei zu geringer Haftraumgröße, insbesondere auch bei nicht abgetrenntem Waschbecken und nicht abgetrennter Toilette, kann ein Verstoß gegen die Menschenwürde (Art. 1 Abs. 1 GG) vorliegen.[42] 21

Dementsprechend wird in den Ländergesetzen entsprechend dem Zitiergebot gem. Art. 19 Abs. 1 GG die Einschränkung von Grundrechten benannt, allerdings begrenzt auf die Grundrechte aus Art. 2 Abs. 2 S. 1 und 2 und Art. 10 Abs. 1 GG. Auch wenn nach der Rechtsprechung des BVerfG das Zitiergebot eng auszulegen ist, damit es „nicht zu einer leeren Förmlichkeit erstarrt und den die verfassungsmäßige Ordnung konkretisierenden Gesetzgeber in seiner Arbeit unnötig behindert“,[43] erscheint diese Begrenzung äußerst bedenklich, weil die mit dem Zitiergebot bezweckte Warnfunktion für den Gesetzgeber hier besonders geboten ist, um nicht scheinbar Selbstverständliches im Umgang mit U-Gefangenen aus Tradition fortzuschreiben. Der U-Gefangene bleibt Bürger mit grundrechtlichen Verbürgungen. Dementsprechend ist seine Menschenwürde zu achten: „Der Täter darf nicht zum bloßen Objekt der Verbrechensbekämpfung unter Verletzung seines verfassungsrechtlich geschützten sozialen Wert- und Achtungsanspruchs gemacht werden. Die grundlegenden

35 Veröffentlicht bei Dünkel ZJJ 2011. 140 ff.; http://www.bfm.admin.ch/content/dam/data/sicherheit/straf_und_massnahmen/documentation/empfehlung-europarat-jugendstraftaeter-d.pdf, abgerufen am 1.9.2011.

36 Hassemer StV 1984, 38 (40).

37 S. Meyer-Goßner, StPO, Vor § 112 Rn. 3; Hassemer StV 1984, 38 (40); Arbeitskreis Strafprozessreform, Die Untersuchungshaft, 1983, S. 30; a.M. Paeffgen, Vorüberlegungen zu einer Dogmatik des Untersuchungshaftrechts, S. 211 ff.

38 BVerfGE 35, 5.

39 S. hierzu BVerfG NStZ 1994, 145; BVerfG NStZ-RR 1996, 55; BVerfGE 34, 384 (402); BVerfGE 35, 321.

40 Abgelehnt von BVerfG NJW 1996, 2643; a.M. Bernsmann in: FS für Schwind, 2006, S. 515 ff.

41 BVerfG StV 2009, 253.

42 BVerfGE 45, 187 (228); 72, 105 (115); OLG Karlsruhe StV 2006, 706; OLG Hamm StV 2006, 706.

43 BVerfGE 35, 185 (188).

Voraussetzungen individueller und sozialer Existenz des Menschen müssen erhalten bleiben."[44] Die Grundrechtsverbürgungen gelten grundsätzlich auch für gefangene Menschen. Die **Beachtung der Menschenwürde** ist im Alltag des Vollzugs fortwährende Verpflichtung, die konkret zum Beispiel eine menschenunwürdige Unterbringung verbietet.[45] Eine grundrechtliche Abwehr von unverhältnismäßigen Eingriffen folgt explizit aus dem Grundsatz der Verhältnismäßigkeit, der aus dem Rechtsstaatsprinzip gem. Art. 20 Abs. 3 GG abgeleitet wird. Im Rahmen der Verhältnismäßigkeitsprüfung stehen den Grundrechtsverbürgungen das Anliegen einer funktionstüchtigen Strafrechtspflege und einer effektiven Strafverfolgung gegenüber.[46] Im Hinblick auf die **Unschuldsvermutung** ist der Grundsatz der Verhältnismäßigkeit im U-Haftvollzug „in besonderem Maße" zu beachten.[47] Die Unschuldsvermutung, die neben der Normierung im Art. 6 Abs. 2 EMRK verfassungsrechtlich ebenfalls mit dem Rechtsstaatsprinzip verbürgt ist,[48] verbietet darüber hinaus Eingriffe mit ausdrücklichem Strafcharakter. Eingriffe im U-Haftvollzug müssen somit möglichst auf den damit notwendigerweise verbundenen Freiheitsentzug begrenzt werden. Die Unschuldsvermutung verbietet, „im konkreten Strafverfahren ohne gesetzlichen, prozessordnungsgemäßen – nicht notwendigerweise rechtskräftigen – Schuldnachweis, Maßnahmen gegen den Beschuldigten zu verhängen, die in ihrer Wirkung einer Strafe gleichkommen und ihn verfahrensbezogen als schuldig zu behandeln."[49]

Mit der Unschuldsvermutung ist zwar der verfassungsrechtlich verbürgte Resozialisierungsauftrag für Strafgefangene[50] nicht vereinbar, das **Sozialstaatsprinzip** (Art. 20 Abs. 1, Art. 28 Abs. 1 GG) verlangt aber auch für U-Gefangene soziale Hilfen anzubieten, die insbesondere aufgrund der Inhaftierung erforderlich werden. Diese besondere Fürsorgepflicht erfasst auch den Schutz der U-Gefangenen vor Übergriffen anderer Gefangener.[51] Das Sozialstaatsprinzip verpflichtet den Staat zur Verwirklichung von Chancengleichheit und zu staatlicher Vor- und Fürsorge für solche Gruppen, die in ihrer persönlichen oder sozialen Entfaltung behindert sind. Hierzu zählen gerade auch (U-)Gefangene.[52] Sie werden in der Regel von heute auf morgen daran gehindert, ihre persönlichen und wirtschaftlichen Angelegenheiten zu regeln. Hinzu kommen in nicht wenigen Fällen der Inhaftierungsschock und die psychische Belastung der Ungewissheit über den Ausgang des Strafverfahrens. Viele leiden unter Ängsten. Dementsprechend hoch ist die Suizidrate: Nach einer Länderumfrage für das Jahr 2008 wurden in den Bundesländern ohne Bayern, das keine gesonderte Erhebung zur U-Haft durchführt, 27 Suizide verübt.[53] U-Gefangene haben so einen gesteigerten Anspruch auf soziale Betreuung und Hilfe.[54]

V. Vorläufer der neuen Gesetze zum Vollzug der Untersuchungshaft

22 Während die rechtlichen Voraussetzungen für die Anordnung der U-Haft häufig vom Gesetzgeber verändert wurden, hat der Vollzug der U-Haft seit 1879 bis zum Jahre 2009 keine gesetzliche Änderung erfahren. Grundlage war durchgehend der § 119 StPO. Mit dem Strafvollzugsgesetz vom 16.3.1976 wurden zusätzlich das Arbeitsentgelt während der U-Haft

44 BVerfGE 45, 187 (228).
45 BVerfG StV 2002, 661; s. auch Köhne StV 2009, 215; das BVerfG hat allerdings zivilrechtliche Konsequenzen, d.h. einen Schadensersatzanspruch gem. § 839 BGB i.V.m. Art. 34 GG für verfassungsrechtlich nicht geboten angesehen, s. BVerfG StV 2006, 708 mit kritischer Anm. von Ostendorf/Nolte; demgegenüber sprechen OLG Karlsruhe VersR 2009, 360 und OLG Hamm StV 2009, 262 einen Schadensersatzanspruch zu.
46 BVerfGE 51, 325 (343 f.).
47 BVerfG StV 2008, 259 (260).
48 BVerfGE 35, 311 (320); 82, 106 (114); Kindhäuser, Strafprozessrecht, § 18 Rn. 3.
49 BVerfGE 74, 358 (371).
50 S. hierzu Ostendorf in: Ostendorf, Jugendstrafvollzugsrecht, Vorbem. Rn. 13.
51 S. BVerfG NJW 2006, 2093 (2096).
52 BVerfGE 35, 202 (236).
53 Zur Suizidrate im Straf- und U-Haftvollzug zusammen s. Ostendorf in: Ostendorf, Jugendstrafvollzugsrecht, Vorbem. Rn. 25.
54 Seebode, Der Vollzug der Untersuchungshaft, S. 13.

(§ 177 StVollzG) sowie der unmittelbare Zwang (§ 178 i.V.m. §§ 94 - 101 StVollzG) gesetzlich geregelt. Ansonsten galt die Verwaltungsvorschrift der Untersuchungshaftvollzugsordnung vom 12.2.1953, in der Fassung vom 15.12.1976. Dieser Rechtszustand wurde seit Jahren als rechtsstaatliches Manko kritisiert. So hat die Strafvollzugskommission im Jahre 1971 gefordert, den Vollzug der Untersuchungshaft umfassend zu regeln. Allerdings hat das BVerfG in der Regelung des § 119 Abs. 3 StPO bislang „eine verfassungsrechtlich zureichende gesetzliche Grundlage für Einschränkungen grundrechtlicher Freiheiten des Untersuchungsgefangenen“ gesehen.[55]

Einen ersten „Anlauf“ gab es bereits mit dem Amtlichen Entwurf eines Einführungsgesetzes zum Entwurf eines Allgemeinen Deutschen Strafgesetzbuches des Reichsministeriums aus dem Jahr 1929. Insbesondere infolge der Entscheidung des BVerfG zur Verfassungswidrigkeit der gesetzlichen Nichtregelung des Strafvollzugs[56] wurden Gesetzesentwürfe aus der Wissenschaft und Praxis und schließlich auch aus dem Bundesjustizministerium eingebracht: 1981 der Entwurf des Strafrechtsprofessors Jürgen Baumann, 1982 der Entwurf der Anstaltsleiter, 1985 der Entwurf der Arbeitsgemeinschaft sozialdemokratischer Juristen (AsJ). In diesem zeitlichen Kontext steht auch die Habilitationsschrift von Manfred Seebode „Der Vollzug der Untersuchungshaft“ aus dem Jahr 1985. 1986 legte das Bundesjustizministerium einen Arbeitsentwurf vor, 1996 einen vorläufigen Referentenentwurf. Ein Gesetzentwurf zur Regelung des Vollzugs der Untersuchungshaft folgte im Jahr 1999,[57] dessen Verabschiedung insbesondere auch aufgrund fiskalischer Einwände der Länder hinausgezögert wurde – bis zum Inkrafttreten der sog. Föderalismusreform und der Zuständigkeitsverlagerung auf die Bundesländer. Die bisherigen Gesetzesentwürfe werden zusammenfassend von Friedrich in seiner Dissertation „Die Normierung des Untersuchungshaftvollzugs“ mit der Ausarbeitung eines Alternativentwurfs (2004) diskutiert und bewertet.

VI. Neue gesetzliche Regelungen

Es ist zu begrüßen, dass endlich der Vollzug der Untersuchungshaft gesetzlich im Einzelnen 23
geregelt worden ist. Damit wird ein verfassungsrechtliches Gebot eingelöst, weil für Eingriffe in Grundrechte von Gefangenen (s. Rn. 21) eine **detaillierte gesetzliche Grundlage notwendig** ist.[58] Allerdings hat das Bundesverfassungsgericht in der Regelung des § 119 Abs. 3 StPO a.F. bislang „eine verfassungsrechtlich zureichende gesetzliche Grundlage für Einschränkungen grundrechtlicher Freiheiten des Untersuchungsgefangenen“ gesehen.[59] Die andere praktizierte Lösung, nämlich die Verwaltungsvorschriften der Untersuchungshaftvollzugsordnung in dem Aufnahmeersuchen über § 119 Abs. 6 StPO a.F. richterlich „in Kraft zu setzen“, muss als juristischer Kunstgriff gewertet werden.[60] Demgegenüber wurde in der UVollzO (Ziff. 2 Abs. 2 UVollzO) sogar eine Vermutung dafür aufgestellt, dass die UVollzO „auch im Einzelfall gelten soll“, wenn der Richter keine besonderen Verfügungen trifft. Es ist auch zu begrüßen, dass sich zwölf Bundesländer (Berlin, Brandenburg, Bremen, Hamburg, Hessen, Mecklenburg-Vorpommern, Rheinland-Pfalz, Saarland, Sachsen, Sachsen-Anhalt, Schleswig-Holstein, Thüringen) zusammengetan haben, um eine möglichst einheitliche Regelung zu schaffen und um so einer Rechtszersplitterung aufgrund der sogenannten Föderalismusreform entgegenzuwirken.[61] Gem. Art. 74 Abs. 1 Nr. 1 GG ist das Recht des Untersuchungshaftvollzugs ausdrücklich aus der konkurrierenden Gesetzgebung herausge-

55 BVerfGE 57, 170 (177); s. auch bereits BVerfGE 35, 311 (316); zuletzt BVerfG StV 2009, 253 (254).
56 BVerfGE 33, 1.
57 BR-Drucks. 249/99.
58 S. BVerfGE 33, 1; 58, 358; zuletzt BVerfG NJW 2006, 2093 zur Verfassungswidrigkeit des früheren Jugendstrafvollzugs; s. auch die Begründung zum Gesetzesentwurf der Bundesregierung vom 30.4.1999, BR-Drucks. 249/99, S. 41.
59 BVerfGE 35, 311(316); 57, 170 (177); BVerfG StV 2008, 259.
60 So bereits Seebode, Vollzug der Untersuchungshaft, S. 51; ebenso Czerner, Vorläufige Freiheitsentziehung bei delinquenten Jugendlichen zwischen Repression und Prävention, S. 428.
61 Zur einhelligen Kritik an dieser Zuständigkeitsverlagerung s. Paeffgen GA 2009, 450; s. auch bereits Ostendorf in: Ostendorf, Jugendstrafvollzugsrecht, 1. Abschnitt Rn. 2.

nommen. Allerdings wurden bei der Umsetzung des Musterentwurfs zum Teil Abweichungen vorgenommen, dies gilt insbesondere für Hessen. Deutliche Abweichungen gibt es in den Gesetzen von Baden-Württemberg, Bayern, Niedersachsen und Nordrhein-Westfalen, die auch zu einer unterschiedlichen Praxis der Untersuchungshaft in der Bundesrepublik Deutschland führen werden.

Baden-Württemberg

Gesetzbuch über den Justizvollzug in Baden-Württemberg (Justizvollzugsgesetzbuch – JVollzGB) vom 10.11.2009 (GBl. Nr. 19 vom 17.11.2009, S. 545)

http://www.landesrecht-bw.de/jportal/?quelle=jlink&docid=jlr-JVollzGBBW2009rahmen&psml=bsbawueprod.psml&max=true (abgerufen am 26.8.2011)

Berlin

Gesetz über den Vollzug der Untersuchungshaft in Berlin (Berliner Untersuchungshaftvollzugsgesetz – UVollzG Bln) vom 3.12.2009 (GVBl. S. 686)

http://www.berlin.de/imperia/md/content/senatsverwaltungen/justiz/justizvollzug/recht/uvollzg_bln_mit_aven_stand_01_03_2011.pdf?start&ts=1304501001&file=uvollzg_bln_mit_aven_stand_01_03_2011.pdf (abgerufen am 26.8.2011)

Brandenburg

Gesetz über den Vollzug der Untersuchungshaft im Land Brandenburg (Brandenburgisches Untersuchungshaftvollzugsgesetz – BbgUVollzG) vom 8.7.2009 (Gesetz- und Verordnungsblatt für das Land Brandenburg Teil I – Nr. 12 vom 16.7.2009, S. 271)

http://www.parldok.brandenburg.de/parladoku//gvbl/2009/12.pdf (abgerufen am 26.8.2011)

Bremen

Bremisches Gesetz über den Vollzug der Untersuchungshaft (Bremisches Untersuchungshaftvollzugsgesetz – BremUVollzG) vom 2.3.2010 (Gesetzblatt der Freien Hansestadt Bremen Nr. 12 vom 15.3.2010, S. 191)

http://bremen.beck.de/default.aspx?vpath=bibdata\ges\BrUVollzG\cont\BrUVollzG.htm&mode=all (abgerufen am 26.8.2011)

Hamburg

Gesetz über den Vollzug der Untersuchungshaft (Hamburgisches Untersuchungshaftvollzugsgesetz – HmbUVollzG) vom 15.12.2009 (HmbGVBl. I, Nr. 56 vom 29.12.2009, S. 473)

http://www.landesrecht.hamburg.de/jportal/portal/page/bshaprod.psml?showdoccase=1&doc.id=jlr-UVollzGHArahmen&doc.part=X&doc.origin=bs&st=lr (abgerufen am 26.8.2011)

Hessen

Gesetz zur Schaffung und Änderung hessischer Vollzugsgesetze Hessisches Untersuchungshaftvollzugsgesetz (HUVollzG) vom 28.6.2010 (Gesetz- und Verordnungsblatt für das Land Hessen, Teil I, Nr. 12 vom 6.7.2010, S. 185)

http://beck-online.beck.de/?vpath=bibdata%2Fges%2FHES_160_2010_0185%2Fcont%2FHES_160_2010_0185.A2.htm (abgerufen am 26.8.2011)

Mecklenburg-Vorpommern

Gesetz über den Vollzug der Untersuchungshaft in Mecklenburg-Vorpommern (Untersuchungshaftvollzugsgesetz Mecklenburg-Vorpommern – UVollzG M-V) vom 17.12.2009 (GVOBl. M-V 2009, S. 763)

http://mv.juris.de/mv/gesamt/UVollzG_MV.htm#UVollzG_MV_rahmen (abgerufen am 26.8.2011)

Niedersachsen

Niedersächsisches Justizvollzugsgesetz (NJVollzG) vom 14.12.2007 (Nds. GVBl. Nr. 41/2007, S. 720), zuletzt geändert durch Gesetz vom 20.2.2009 (Nds. GVBl. Nr. 3/2009, S. 32) und Art. 2 des Gesetzes v. 25.3.2009 (Nds. GVBL. Nr. 6/2009, S. 72)

http://www.recht-niedersachsen.de/34210/njvollzg.htm (abgerufen am 26.8.2011)

Nordrhein-Westfalen

Gesetz zur Regelung des Vollzuges der Untersuchungshaft in Nordrhein-Westfalen (Untersuchungshaftvollzugsgesetz Nordrhein-Westfalen – UVollzG NRW) vom 27.10.2009 (Gesetz- und Verordnungsblatt NRW 2009, S. 540 - 553)

http://www.landtag.nrw.de/portal/WWW/dokumentenarchiv/Dokument/XMMGV-B0927.pdf?von=540&bis=553 (abgerufen am 26.8.2011)

Rheinland-Pfalz

Landesuntersuchungshaftvollzugsgesetz Rheinland-Pfalz (LUVollzG) vom 15.9.2009 (Gesetz- und Verordnungsblatt 2009 Nr. 16 vom 22.9.2009, S. 317 - 332)

http://rlp.juris.de/rlp/gesamt/UVollzG_RP_2009.htm#UVollzG_RP_2009_rahmen (abgerufen am 26.8.2011)

Saarland

Gesetz über den Vollzug der Untersuchungshaft im Saarland (Untersuchungshaftvollzugsgesetz – SUVollzG) vom 1.7.2009 (Amtsbl. Saarland, S. 1219)

http://sl.juris.de/sl/gesamt/SUVollzG_SL.htm#SUVollzG_SL_P89 (abgerufen am 26.8.2011)

Sachsen

Gesetz über den Vollzug der Untersuchungshaft im Freistaat Sachsen (Sächsisches Untersuchungshaftvollzugsgesetz – SächsUHaftVollzG) vom 14.12.2010 (Sächsisches GVBl. Nr. 17 vom 30.12.2010, S. 414)

http://www.sachsen-gesetze.de/shop/saechsgvbl/2010/17/read_pdf (abgerufen am 26.8.2011)

Sachsen-Anhalt

Gesetz über den Vollzug der Untersuchungshaft in Sachsen-Anhalt (Untersuchungshaftvollzugsgesetz Sachsen-Anhalt – UVollzG LSA) vom 22.3.2010 (GVBl. LSA Nr. 9/2010 vom 30.3.2010, S. 157)

http://www.landesrecht.sachsen-anhalt.de/jportal/?quelle=jlink&query=UVollzG+ST&psml=bssahprod.psml&max=true (abgerufen am 26.8.2011)

Thüringen

Thüringer Untersuchungshaftvollzugsgesetz (ThürUVollzG) vom 8.7.2009 (Gesetz- und Verordnungsblatt für den Freistaat Thüringen Nr. 10, S. 553)

http://landesrecht.thueringen.de/jportal/?quelle=jlink&query=UHaftVollzuaG+TH&psml=bsthueprod.psml&max=true (abgerufen am 26.8.2011)

Gesetze noch nicht erlassen in (Stand 10.5.2011):

Bayern

Gesetzentwurf der Staatsregierung über den Vollzug der Untersuchungshaft (Bayerisches Untersuchungshaftvollzugsgesetz – BayUVollzG) vom 23.3.2011, Drucks. 16/1319

http://www.justiz.bayern.de/imperia/md/content/stmj_internet/ministerium/ministerium/gesetzgebung/gesetzentwurf_bayuvollzg_1_.pdf (abgerufen am 26.8.2011)

Schleswig-Holstein

Gesetzentwurf der Landesregierung für ein Gesetz über den Vollzug der Untersuchungshaft in Schleswig-Holstein (Untersuchungshaftvollzugsgesetz – UVollzG) vom 2.2.2011 http://www.landtag.ltsh.de/infothek/wahl17/drucks/1200/drucksache-17-1255.pdf (abgerufen am 26.8.2011)

24 Die Bundesländer Baden-Württemberg und Niedersachsen haben den Vollzug der Untersuchungshaft im Rahmen eines allgemeinen Gesetzes zur Regelung des Freiheitsentzuges als Teilgebiet mitgeregelt. Eine solche Gesamtregelung kann nur auf den ersten Blick Zustimmung erfahren. Aus rechtlicher Sicht spricht dagegen, dass damit die Gefahr begründet wird, den grundsätzlichen Unterschied zwischen U-Haft und Strafhaft im Hinblick auf die Unschuldsvermutung aus den Augen zu verlieren. Weiterhin ist aus Gründen der Handhabbarkeit einer solchen Gesamtregelung zu widersprechen. In dem Teilgebiet „Untersuchungshaft" wird vielfach auf Regelungen in den Abschnitten zum Strafvollzug verwiesen. Dies geschieht auch im Bayerischen Untersuchungshaftvollzugsgesetz. Eine solche Verweisungstechnik ist für Nichtjuristen, damit auch für die betroffenen Gefangenen sowie die Anstaltsbediensteten, schwer nachvollziehbar, es sind „Gesetzeswerke von Juristen für Juristen". Gerade aber auch die betroffenen Gefangenen sollten sich mithilfe der Gesetze über ihre Rechte und Pflichten informieren können. Hessen hat zwar in einem „Gesetz zur Schaffung und Änderung hessischer Vollzugsgesetze" vom 28.6.2010 auch den Untersuchungshaftvollzug mitgeregelt (Art. 2), das Hessische Untersuchungshaftvollzugsgesetz ist aber ein eigenständiges Gesetz.

VII. Restzuständigkeit des Bundes

25 Hinzu kommt, dass aufgrund der **Restzuständigkeit des Bundes** in Zukunft zwei Gesetze für den Vollzug der Untersuchungshaft zu beachten sind. Insbesondere im Hinblick auf Einschränkungen der Außenkommunikation (Besuche, Telekommunikation, Brief- und Paketverkehr), die sowohl auf Grundlage des Bundesgesetzes zur Änderung des Untersuchungshaftrechts vom 29.7.2009 (BGBl. I, 2274) (§ 119 StPO n.F.) als auch auf Grundlage der Ländergesetze angeordnet werden können, verkompliziert sich die Rechtslage. Hierbei ist umstritten, ob und wie weit in diesem Bereich eine Restzuständigkeit des Bundes gilt (näher hierzu § 6, Rn. 10, 11). Die 12er-Regelung versucht, die richterliche Entscheidungskompetenz gem. § 119 StPO mit dem Hinweis „wenn es zur Umsetzung einer verfahrenssichernden Anordnung erforderlich ist" einzubeziehen. Dies geschieht jedoch nicht immer, so dass für die Mitarbeiter im Vollzug sowie insbesondere für die U-Gefangenen Unklarheiten und Unsicherheiten entstehen können, wenn nicht beide Gesetze zur Hand genommen werden. Im UVollzG Sachsen (§ 1 Abs. 2) wird generell auf die Geltung des § 119 StPO verwiesen. Im UVollzG S-H (§ 32 Abs. 2) hat die Anstaltsleitung die Zustimmung des Gerichts einzuholen, wenn eine Entscheidung über Außenkontakte „den der Untersuchungshaft zugrunde liegenden Haftgrund oder verfahrenssichernde Anordnungen berühren könnten".

VIII. Regelung bei jungen U-Gefangenen

26 Alle Bundesländer haben davon abgesehen, eigenständige Gesetze zum Vollzug der U-Haft bei jungen Gefangenen in Kraft zu setzen. Stattdessen werden nur einige gesonderte Regelungen im Rahmen der allgemeinen Gesetze getroffen. In der 12er-Regelung ist dies mit den §§ 66 - 75 geschehen, abweichend in Hamburg mit den §§ 72-83 sowie in Hessen mit den §§ 43 - 53, in Baden-Württemberg in den §§ 69 - 80 [Buch 2], in Bayern in den Art. 29 - 40, in Niedersachsen in den §§ 157 - 166 und in Nordrhein-Westfalen in den §§ 48-53. Bislang bestand insoweit mit § 93 JGG a.F. eine – unzulängliche[62] – Spezialnorm. Auch im Entwurf der Bundesregierung vom 30.4.1999 (BR-Drucks. 249/99) wurde dementsprechend mit den §§ 31 – 35 verfahren. Eine andere Lösung wäre gewesen, im Rahmen der Jugendstrafvollzugsgesetze die Untersuchungshaft mitzuregeln.[63] Hiergegen sprechen aber die bereits gegen die Gesamtlösung vorgetragenen Einwände (s.o. Rn. 24), insbesondere die Unschuldsver-

62 S. Ostendorf, JGG, § 93 Rn. 2, 3.

63 Zu derartigen Vorschlägen s. Friederich, Die Normierung des Untersuchungshaftvollzuges, S. 217 ff.

mutung. Aus Praktikabilitätsgründen erscheint die Lösung, den Vollzug der Untersuchungshaft an jungen Gefangenen im Rahmen eines allgemeinen U-Haftvollzugsgesetzes mitzuregeln, vertretbar. Die Besonderheiten in den einzelnen Gesetzen werden dementsprechend bei den allgemeinen Regelungen mit erläutert.

Die Definition von jungen Gefangenen ist in den Gesetzen unterschiedlich. Nach der **12er-Regelung** sind junge Gefangene Personen, die zur Tatzeit das 21. Lebensjahr und die im Vollzug das 24. Lebensjahr noch nicht vollendet haben (§ 66 Abs. 1; Hamburg § 72 Abs. 1). Es kann von den Sonderbestimmungen für junge U-Gefangene bei volljährigen U-Gefangenen abgesehen werden, wenn die erzieherische Ausgestaltung des Vollzugs für diese nicht oder nicht mehr angezeigt ist (§ 66 Abs. 2 S. 1; Hamburg § 72 Abs. 2 S. 1). Ausnahmsweise können die Sonderbestimmungen auch über die Vollendung des 24. Lebensjahres hinaus angewendet werden, wenn dies im Hinblick auf die voraussichtlich nur noch geringe Dauer der U-Haft zweckmäßig erscheint (§ 66 Abs. 2 S. 1; Hamburg § 72 Abs. 2 S. 2). Auch in **Bayern** werden Untersuchungsgefangene, die zur Tatzeit das 21. Lebensjahr noch nicht vollendet haben und das 24. Lebensjahr noch nicht vollendet haben als junge Untersuchungsgefangene definiert (Art. 29), für die Sonderbestimmungen – allerdings ohne Ausnahme – gelten. In **Hessen** sind junge U-Gefangene Personen, die zu Beginn des Untersuchungshaftvollzugs das 21. Lebensjahr noch nicht vollendet haben (§ 43 Abs. 1). An U-Gefangenen, die zur Tatzeit das 21. Lebensjahr noch nicht vollendet hatten und zu Beginn des Untersuchungshaftvollzugs schon vollendet haben, kann nach Maßgabe des § 89 c S. 3 und 4 JGG die Untersuchungshaft bis zur Vollendung des 24. Lebensjahres in den für junge U-Gefangene vorgesehenen Anstalten vollzogen werden, wenn die erzieherische Ausgestaltung des Vollzugs für diese angezeigt ist. Dann gelten diese U-Gefangenen auch als junge U-Gefangene. Die Vorschriften für junge U-Gefangene können darüber hinaus auch über die Vollendung des 24. Lebensjahres hinaus angewendet werden, wenn dies im Hinblick auf die voraussichtlich nur noch geringe Dauer der U-Haft zweckmäßig erscheint. Auch dann gelten diese U-Gefangenen als junge U-Gefangene. In **Niedersachsen** sind junge U-Gefangene Personen, die zur Tatzeit Jugendliche und Heranwachsende i.S.d. JGG sind und die das 21. Lebensjahr noch nicht vollendet haben sowie zur Tatzeit Heranwachsende, die 21 aber noch nicht 24 Jahre alt sind und für die nach den Vorschriften des JGG der Vollzug der Untersuchungshaft nach den für den Vollzug an Jugendlichen geltenden Vorschriften angeordnet worden ist (§ 157). In **NRW** sind junge U-Gefangene Personen, die das 21. Lebensjahr noch nicht vollendet haben (§ 2 Abs. 3). In **Ba-Wü** sind junge U-Gefangene Personen, die zur Tatzeit noch nicht 18 Jahre alt waren und die das 24. Lebensjahr noch nicht vollendet haben (II § 69 Abs. 1). Soweit Sonderregelungen für minderjährige Gefangene getroffen werden, gelten diese für Gefangene bis zur Vollendung des 18. Lebensjahres (§ 2 BGB). 27

Mit der Regelung in **Ba-Wü**, d.h. mit der Herausnahme der zur Tatzeit Heranwachsenden aus dem Sonderregelungsbereich für junge U-Gefangene, wird von der abweichenden Regelung des Bundesgesetzgebers im § 89 c JGG i.V.m. § 110 Abs. 2 JGG – dies gilt auch für NRW – sowie der grundsätzlichen Zuständigkeit des Jugendstrafrechts für Heranwachsende (§ 2 Abs. 1 JGG) sowie der Jugendstrafjustiz (§§ 33 Abs. 1, 107 JGG) abgewichen und für den Teilbereich „Vollzug der U-Haft" die in der Fachwelt einhellig abgelehnte Forderung, Heranwachsende strafrechtlich wie Erwachsene zu behandeln,[64] „durch die Hintertür"[65] umgesetzt. Dem ist nicht nur aus kriminalpolitischen Gründen zu widersprechen, sondern auch aus vollzugspraktischen Gründen. So macht es keinen Sinn, die U-Haft bei Heranwachsenden zunächst in Anstalten für Erwachsene zu vollstrecken, die anschließende Jugendstrafe in speziellen Jugendstrafanstalten. Vor allem wird so eine **Rechtszersplitterung** eingeführt und die verfassungsrechtliche Kompetenz des Bundes „für das gerichtliche Verfahren" gem. Art. 74 Abs. 1 Nr. 1 GG i.V.m. Art. 72 Abs. 1 GG nicht beachtet, mit der Folgewirkung „Bundesrecht bricht Landesrecht" (Art. 31 GG). Die Reichweite der Länder- 28

64 S. Ostendorf, JGG, Grdl. z. §§ 105 und 106 Rn. 11 m.w.N.

65 Jung-Pätzold/Pruin/Jetter-Schröder ZJJ 2010, 306; ebenso Arbeitskreis 15 des 28. Dt. Jugendgerichtstags, 2010.

kompetenz für „das Recht des Untersuchungshaftvollzugs" (Art. 74 Abs. 1 Nr. 1 GG) ist zwar umstritten, die grundsätzliche Einbeziehung der Heranwachsenden in den Regelungsbereich der Untersuchungshaft für Jugendliche ist aber eine Frage des „Ob" und nicht des „Wie", d.h. der Ausgestaltung des Vollzugs.[66]

IX. Daten zum U-Haftvollzug und zum Vollzug der Abschiebehaft[67]

29 **Tab. 1: Bestand und Art des Vollzuges* – Bundesrepublik Deutschland gesamt – (2010)**

Art des Vollzugs	insgesamt	männlich	weiblich
insgesamt	69 385	68 258	3 794
Untersuchungshaft	10 781	10 161	620
Jugendstrafe	5 782	5 556	226
Freiheitsstrafe (einschließlich Ersatzfreiheitsstrafe)	50 451	47 671	2 780
Sicherungsverwahrung	503	501	2
sonstige Freiheitsentziehung	1 868	1 741	127
davon:			
■ Strafarrest	1	1	0
■ Abschiebungshaft	515	472	43

Quelle: Statistisches Bundesamt, Rechtspflege, Bestand der Gefangenen und Verwahrten, Stichtag 30.11.2010
* ohne die vorübergehend Abwesenden (n=7 559) laut monatlicher Belegungsstatistik des BMJ.

Die Untersuchungshaftpopulation ist zu 94,2 % männlich und zu 5,8 % weiblich. Diese Geschlechterverteilung entspricht der im Strafvollzug.

30 **Tab. 2: Belegungsentwicklung in der BRD**

Jahr	Gefangene insgesamt*	U-Gefangene	Anteil U-Haft in %	Erwachsene	Heranwachsende	Jugendliche
1980	51 889	14 929	28,8	12 267	2 040	622
1981	53 597	15 636	29,2	12 743	2 141	752
1982	57 277	16 539	28,9	13 638	2 040	861
1983	55 816	14 600	26,2	12 269	1 714	617
1984	53 166	13 303	25,0	11 313	1 513	477
1985	50 255	12 254	24,4	10 346	1 446	462
1986	45 666	11 373	24,9	9 687	1 319	367
1987	44 903	11 527	26,1	9 922	1 188	417
1988	44 804	11 703	26,1	10 314	1 010	379
1989	43 900	12 222	27,8	10 811	1 087	324
1990	44 355	14 070	31,7	12 380	1 309	381
1991**	45 892	14 415	31,4	12 480	1 532	403
1992	49 106	18 370	37,4	15 354	2 323	693

66 Wie hier im Ergebnis Eisenberg, JGG, § 89 c Rn. 4, 7; Harms Forum Strafvollzug 2009, 13; Kazele StV 2010, 258 (260); Jung-Pätzold/Pruin/Jetter-Schröder ZJJ 2010, 304; s. auch § 3 Rn. 3.
67 S. auch Ostendorf NK 2009, 126 ff.

Jahr	Gefangene insgesamt*	U-Gefangene	Anteil U-Haft in %	Erwachsene	Heranwachsende	Jugendliche
1993	59 833	21 787	36,4	18 516	2 359	912
1994***	60 289	20 203	33,5	17 159	2 210	834
1995	61 108	19 787	32,3	16 696	2 199	892
1996	64 680	20 440	31,6	17 274	2 232	934
1997	68 029	19 935	29,3	16 848	2 154	933
1998	69 917	19 049	27,2	15 979	2 216	854
1999	69 214	17 661	25,5	14 633	2 135	893
2000	70 252	17 524	24,9	14 501	2 120	903
2001	70 203	17 431	24,8	14 411	2 097	923
2002	70 977	16 853	23,7	14 175	1 864	814
2003	79 153	16 785	21,2	14 206	1 837	742
2004	79 452	15 783	19,8	13 512	1 586	685
2005	78 664	15 228	19,3	13 029	1 547	652
2006	76 629	13 330	17,3	11 414	1 319	597
2007	72 656	12 357	17,0	10 608	1 205	544
2008	72 259	11 577	16,0	9 915	1 166	496
2009	70 817	11 138	15,7	9 706	1 017	415
2010	69 385	10 781	15,5	9 398	1 009	374

Quelle: Strafvollzugsstatistiken der Jahre 1980 bis 2002, Statistisches Bundesamt Fachserie 10/ Reihe 4.2, ab 2003 Statistisches Bundesamt, Rechtspflege, Bestand der Gefangenen und Verwahrten, Stichtag bis 2002 jeweils 31.12. ab 2003 jeweils 30.11.

* Straf- und Untersuchungshäftlinge

** früheres Bundesgebiet ohne Hamburg

*** Gesamtdeutschland

Die Zahl der U-Gefangenen ist in den letzten Jahren deutlich zurückgegangen, gegenüber 1994 um 46,6 %, bei Erwachsenen um 45,2 %, bei Heranwachsenden um 54,3 % und bei Jugendlichen um 55,2 %. Auch der prozentuale Anteil an den Gefangenen hat mit 15,5 % im Jahr 2010 den niedrigsten Wert. Hinzuweisen ist aber darauf, dass die Zahlen sich auf einen Stichtag beziehen und keine Jahrgangszahlen darstellen. Die frühere Kritik „Es wird viel zu schnell in der BRD verhaftet“[68] sowie die einschränkende Rechtsprechung der Beschwerdeinstanzen und die Haftprüfungen durch die Oberlandesgerichte haben offensichtlich eine rechtsstaatlich heilsame Wirkung gezeigt. Auch der Rückgang der Tatverdächtigenzahlen nach der Polizeilichen Kriminalstatistik wirkt sich – naturgemäß – auf die U-Haftzahlen aus.

68 Forum des Deutschen Anwaltsvereins 1983, s. Stab NJW 1983, 1039; s. auch Bleckmann StV 1995, 552; Deckers NJW 1994, 2261.

31 Tab. 3: Jugendliche, Heranwachsende und Erwachsene in Untersuchungshaft

Jugendliche, Heranwachsende und Erwachsene in Untersuchungshaft pro 100 000 der Altersgruppe						
Jahr	Jugendliche		Heranwachsende		Erwachsene	
	absolut	pro 100 000	absolut	pro 100 000	absolut	pro 100 000
1970	761	23,4	1 754	71,2	10 523	24,8
1980	822	19,3	2 124	61,7	12 267	27,6
1990	381	15,1	1 309	53,2	12 380	25,0
1995	892	24,9	2 199	85,4	16 696	26,4
2000	903	24,7	2 120	74,3	14 501	22,7
2005	652	17,2	1 545	53,9	13 029	20,0
2006	597	16,4	1 319	45,0	11 414	17,5
2007	544	15,5	1 205	41,0	10 608	16,2
2008	496	14,9	1 166	39,7	9 915	15,2
2009	415	12,8	1 017	35,9	9 706	14,8

Quelle: Statistisches Jahrbuch 2009, Tabellen 2.8, 10.17 Gebiet: bis 1990 alte Länder; ab 2000 Gesamtdeutschland

Die Heranwachsenden weisen die höchste U-Haftrate auf, fast 3-mal so viel wie bei den Jugendlichen und Erwachsenen. Auch bei Berücksichtigung demographischer Veränderungen sind die U-Haftraten für alle drei Altersgruppen stark gesunken.

Tab. 4: Haftgründe (2009) 32

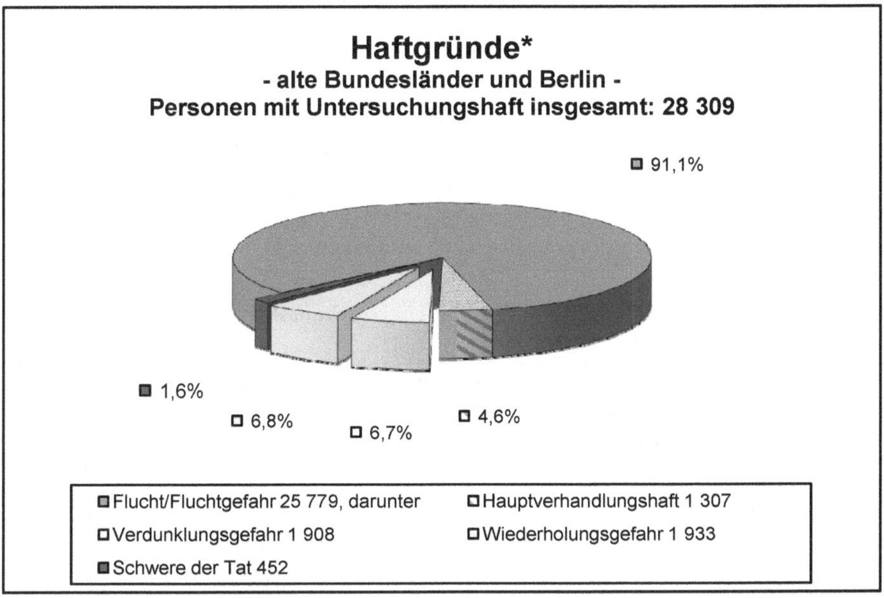

Quelle: Strafverfolgungsstatistik 2009 (Fachserie 10 Reihe 3), hrsg. vom Statistischen Bundesamt Wiesbaden, Tab. 6.1; Strafgerichte 2009 (Fachserie 10 Reihe 2.3), hrsg. vom Statistischen Bundesamt Wiesbaden, Tab. 2.1

* auch mehrere nebeneinander möglich; deshalb ergibt das Gesamt der **Haftgründe** mehr als 100%.

Bei den **Haftgründen** dominiert der Haftgrund der Flucht/Fluchtgefahr, obwohl faktisch eine Flucht aufgrund der heute möglichen und internationalen Fahndungsmethoden immer schwieriger geworden ist.

Als Flucht/Fluchtgefahr wird auch die sog. Hauptverhandlungshaft registriert. Die Anzahl der Verfahren mit sog. Hauptverhandlungshaft gem. § 127 b StPO ist stark abnehmend und in den Bundesländern sehr unterschiedlich:[69]

Tab. 5: Hauptverhandlungshaft gem. § 127 b StPO

Jahr	Anzahl Beschuldigter in Hauptverhandlungshaft (§ 127 b StPO)
2005	2 294
2006	1 821
2007	1 345
2008	1 061
2009	1 307

Quelle: Strafgerichte (Fachserie 10 Reihe 2.3), Tab. 2.1; hrsg. vom Statistischen Bundesamt Wiesbaden

69 S. auch Geusen, Die Hauptverhandlungshaft (§ 127 b II StPO), S. 157, 158.

Ebenfalls nicht gesondert ausgewiesen werden Verhaftungen gem. § 230 Abs. 2 StPO, die dementsprechend auch unter dem Haftgrund „Flucht/Fluchtgefahr" registriert werden.[70]

Bemerkenswert ist, dass Haftbefehle gem. § 112 Abs. 3 StPO (Schwere der Tat) in den letzten Jahren deutlich angestiegen sind: Im Jahr 2000 275 Haftbefehle (0,7 %), im Jahr 2006 1124 Haftbefehle (4,6 %). Zu den offiziellen Haftgründen, die im Haftbefehl angegeben werden, kommen sog. **apokryphe Haftgründe**, verdeckt-unechte Haftgründe.[71] Dies gilt insbesondere im Jugendstrafrecht, wo das Erziehungsstrafrecht seit eh und je eine scheinbare Legitimation lieferte,[72] was heute als Krisenintervention bezeichnet wird, womit contra legem der Haftgrund der Wiederholungsgefahr des § 112 a StPO ausgedehnt wird.[73] Weitere Gründe sind ein mit einkalkulierter „Geständniszwang"[74] sowie das fürsorgliche Anliegen, mit Rücksicht auf die Erfahrung des Freiheitsentzuges im Strafurteil noch eine Bewährungsstrafe zu ermöglichen.

33 **Tab. 6: Belegungsentwicklung von Straf- und Untersuchungshaft in den alten und neuen Bundesländern im Vergleich**

Jahr	Alte Bundesländer	Alte Bundesländer	Neue Bundesländer	Neue Bundesländer
	Strafhaft*	U-Haft**	Strafhaft	U-Haft
1992***	30 506	16 413	1 721	1 957
1993	34 585	18 897	3 461	2 890
1994	35 509	17 056	4 577	3 147
1995	35 737	16 725	5 584	3 062
1996	37 833	17 424	6 407	3 016
1997	40 624	16 954	7 470	2 981
1998	42 440	16 246	8 428	2 803
1999	42 910	14 921	8 643	2 740
2000	43 103	14 729	9 625	2 795
2001	43 237	14 897	9 535	2 534
2002	44 316	14 615	9 808	2 238
2003	51 601	14 623	10 767	2 162
2004	52 722	13 651	10 947	2 132
2005	52 489	13 444	10 867	1 844
2006	52 744	11 792	10 555	1 538
2007	50 566	11 019	9 733	1 338
2008	51 212	10 236	9 470	1 341
2009	50 501	9 911	9 178	1 227

70 Zu einer empirischen Erhebung s. Triltsch, Die Zwangsmittel des § 230 Abs. 2 StPO unter besonderer Berücksichtigung des Haftbefehls. Hiernach wurden im Durchschnitt in Schleswig-Holstein im Zeitraum 2002 - 2007 10 Haftbefehle gem. § 230 Abs. 2 StPO ausgestellt (S. 133), wobei die Haftdauer zwar überwiegend kurz (bis 30 Tage), bei 32% aber über 30 Tage ausfiel (S. 191).

71 Schlothauer/Weider, Untersuchungshaft, Rn. 661 ff.

72 S. heute noch Wiesneth, Die Untersuchungshaft, Rn. 164: Bei Jugendlichen und Heranwachsenden ist „weiteres Anordnungskriterium der Erziehungsgedanke".

73 Heinz BewH 1987, 5 (24); Ostendorf, JGG, § 72 Rn. 4.

74 Seebode, Der Vollzug der Untersuchungshaft, S. 66.

Jahr	Alte Bundesländer	Alte Bundesländer	Neue Bundesländer	Neue Bundesländer
	Strafhaft*	U-Haft**	Strafhaft	U-Haft
2010	49 629	9 522	8 975	1 259

Quelle: Strafvollzugsstatistiken der Jahre 1992 bis 2002, Statistisches Bundesamt Fachserie 10/ Reihe 4.2, ab 2003 Statistisches Bundesamt, Rechtspflege, Bestand der Gefangenen und Verwahrten, Stichtag bis 2002 jeweils 31.12. ab 2003 jeweils 30.11.

* Freiheitsstrafe, Jugendstrafe, Sicherungsverwahrung und sonstige Freiheitsentziehung

** Jugendliche, Heranwachsende und Erwachsene

*** ohne Hamburg und Brandenburg

Der gemeinsame „Höhepunkt" in der Belegung der U-Haft waren in den alten wie neuen Bundesländern die Jahre 1994 - 1996. Seitdem ist die Belegung deutlich zurückgegangen.

Tab. 7: Straf- und Untersuchungsgefangene im europäischen Vergleich (2007/2008) 34

	Stichtag	Gefangenenrate (pro 100.000 der Wohnbevölkerung)	Anteil von U-Gefangenen (%)	Inhaftierungsrate (Inhaftierungen pro 100.000 der Wohnbevölkerung (2005)	Indikator für die durchschnittliche Inhaftierungszeit (Monate) (2005)
Albanien	1.6.2008	159	39,0	-	-
Belgien	17.6.2008	93	36,1	145,7	7,3
Bosnien u. Herzegowina	30.4.2008	67	19,4	-	-
Bulgarien	1.1.2008	134	9,3	-	-
Dänemark	4.9.2008	63	34,4	340,3	2,6
Deutschland	31.3.2008	91	17,0	149,1	6,8 (2001)
England/Wales	26.9.2008	153	16,5	-	-
Estland	1.1.2008	259	26,4	-	-
Finnland	1.1.2008	64	14,0	143,5	6,2
Frankreich	1.9.2007	91	27,7	135,4	8,4
Georgien	31.1.2008	415	16,1	-	-
Griechenland	1.11.2007	99	28,6	-	-
Irland	26.10.2007	76	20,0	258,8	3,5
Island	1.9.2008	44	7,1	108,2	4,3
Italien	1.1.2008	83	58,1	152,9	-
Kroatien	1.7.2007	93	29,9	292,8	2,9
Lettland	1.1.2008	288	26,6	-	-
Litauen	1.1.2008	234	12,1	335,6	8,4
Luxemburg	1.9.2007	155	42,0	281,6	6,3
Malta	1.7.2007	95	31,3	154,9	-

	Stichtag	Gefangenenrate (pro 100.000 der Wohnbevölkerung)	Anteil von U-Gefangenen (%)	Inhaftierungsrate (Inhaftierungen pro 100.000 der Wohnbevölkerung (2005)	Indikator für die durchschnittliche Inhaftierungszeit (Monate) (2005)
Mazedonien	1.3.2008	107	15,9	358,2	4,0
Moldawien	1.9.2006	246	20,6	631,2	-
Montenegro	1.9.2008	108	38,1	-	-
Niederlande	31.8.2008	100	34,7	273,0	4,2
Nordirland	29.9.2008	88	37,3	279,9	2,2
Norwegen	1.8.2008	69	21,1	253,2	3,1
Österreich	1.8.2008	95	20,0	172,7	7,8
Polen	31.8.2008	222	11,3	247,9	9,9
Portugal	15.9.2008	103	28,9	53,1	9,9 (2001)
Rumänien	16.9.2008	126	10,0	73,2	29,1
Russland	1.9.2008	630	15,6	478,4	-
Schottland	26.9.2008	155	21,2	753,9	2,1
Schweden	1.10.2007	74	22,2	240,7	3,6
Schweiz	5.9.2007	76	37,9	-	-
Serbien	1.3.2007	116	30,4	180,6	-
Slowakei	1.1.2008	148	23,2	131,8	-
Slowenien	1.9.2007	66	25,1	258,5	6,2
Spanien	26.9.2008	157	25,0	89,3	18,6
Tschechien	1.1.2008	182	11,9	185,9	-
Türkei	1.4.2008	135	60,9	161,4	6,7
Ukraine	1.1.2008	323	21,5	-	-
Ungarn	2.9.2008	149	28,9	124,2	16,9
Weißrussland	1.1.2006	426	19,6	-	-
Zypern	31.8.2008	83	15,4	261,7	2,9 (2001)

Quelle: Dünkel, Greifswalder Inventar zum Strafvollzug, Lehrstuhl für Kriminologie, http://www.rsf.uni-greifswald.de/duenkel/gis/internationale-daten/europa.html, zuletzt abgerufen am 22.11.2011

Zu den Gefangenenzahlen im europäischen Vergleich im Jahr 2009 s. Dünkel NK 2010, 4 ff. Ein Ländervergleich ist schwierig. Einmal müssen die Gefangenenraten vor dem Hintergrund unterschiedlicher Strafgesetze und vor allem unterschiedlicher Kriminalitätsbelastungen betrachtet werden, zum anderen findet z.T. ein „Austausch" zwischen U-Haftraten und Straf-Haftraten statt. Unberücksichtigt bleiben auch Unterbringungen von Straftätern in psychiatrischen Einrichtungen. Nichtsdestotrotz sind die hohen Gefangenenraten in den Baltischen Staaten sowie in Osteuropa mehr als auffallend. Umgekehrt fallen die Skandinavischen Staaten sowie die Schweiz, Irland und insbesondere Island durch ihre niedrigen Gefangenenraten auf. Im Hinblick hierauf sind Bemühungen um eine weitere Senkung der Gefangenenraten und hier insbesondere der U-Haftraten in Deutschland angezeigt.

Tab. 8: Untersuchungshaftraten in den Ländern nach Jugendstrafrecht und nach allgemeinem Strafrecht (2004) 35

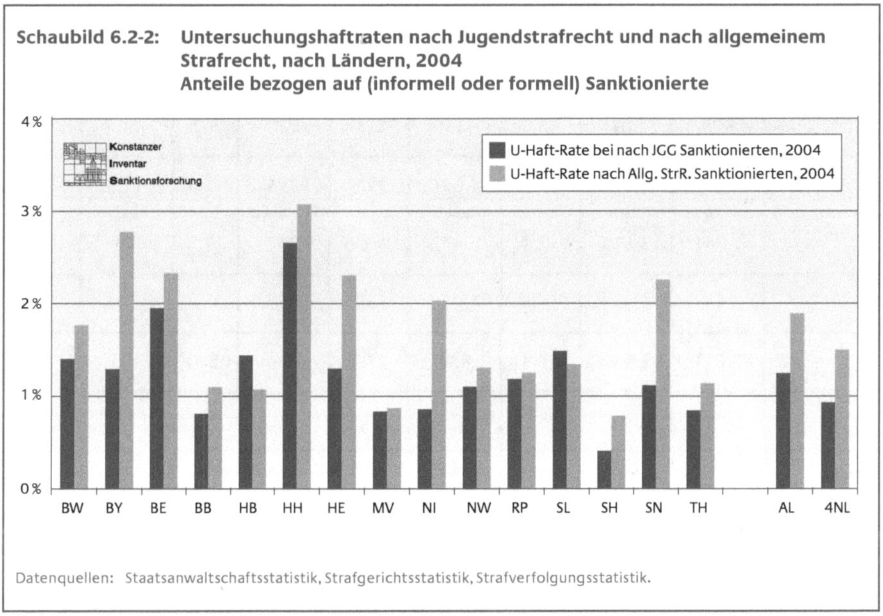

Quelle: Zweiter Periodischer Sicherheitsbericht, S. 552

Auch der innerstaatliche Ländervergleich ist vor dem Hintergrund unterschiedlicher Kriminalitätsbelastungen schwierig. So ist nicht verwunderlich, dass die Stadtstaaten Berlin und Hamburg aufgrund der hohen Kriminalitätsdichte erhöhte U-Haftzahlen aufweisen. Aber bereits die im Vergleich hierzu geringe U-Haftrate von Bremen ist insoweit bemerkenswert. Von den Flächenländern fallen Bayern, Hessen, Niedersachsen sowie Sachsen mit hohen U-Haftraten bei Erwachsenen auf, umgekehrt Schleswig-Holstein mit einer besonders niedrigen U-Haftrate. Weiterhin auffällig ist die höhere U-Haftrate im Jugendstrafrecht im Vergleich zum Erwachsenenstrafrecht im Saarland. Ganz offensichtlich ist hier ein unterschiedliches justizielles Entscheidungsverhalten ausschlaggebend, eine **„justizielle U-Haftpolitik"**.

36 Tab. 9: Abgeurteilte mit Untersuchungshaft nach der Art der Entscheidung – alte Bundesländer und Berlin – (2009)

Delikte	Abgeurteilte insgesamt	ART DER SANKTION							
		Freiheitsstrafe* ohne Bewährung		Freiheitsstrafe* mit Bewährung		Strafarrest, Geldstrafe, Zuchtmittel, Maßregel, Erziehungsmaßregel		Freispruch, Einstellung, Absehen v. Strafe	
	abs.	abs.	%	abs.	%	abs.	%	abs.	%
Straftaten insgesamt	28 206	14 792	52,4	9 241	32,8	3 404	12,1	771	2,7
§§ 174 - 184 e	1 195	773	64,7	308	25,7	47	3,9	67	5,6
§§ 211 - 222	600	501	83,5	15	2,5	55	9,2	30	5,0
§§ 223 - 231	2 939	1 403	47,7	1 046	35,6	378	12,9	113	3,8
§§ 242 - 248 c	7 351	3 828	52,1	2 492	33,9	857	11,7	174	2,4
§§ 243, 244	2 885	1 632	56,6	1 058	36,7	117	4,1	78	2,7
§§ 249 - 255, 316 a	3 011	2 030	67,4	834	27,7	64	2,1	103	3,4
§§ 263 - 266 b	2 150	1 051	48,9	814	37,9	213	9,9	72	3,3
Verkehr	365	123	33,7	111	30,4	124	34,0	7	1,9
BtMG	6 599	3 766	57,1	2 034	30,8	711	10,7	88	1,3
andere	1 184								

Quelle: Strafverfolgungsstatistik (Fachserie 10/Reihe 3) 2009, Tab. 6.2 (eigene Berechnungen)
* Freiheitsstrafe i.w.S. (einschließlich Jugendstrafe, Strafarrest)
Anm.: Entscheidungen nach §§ 59, 27, 45 JGG wurden nicht berücksichtigt.

Jahr	Personen mit Untersuchungshaft	Freispruch	%
2002	34 510	197	0,57
2003	34 414	240	0,7
2004	31 854	316	0,99
2005	27 252	243	0,89
2006	24 352	224	0,92
2007	26 739	265	0,99
2008	29 532	330	1,12
2009	28 309	305	1,08

Tab. 9 a: Freisprüche nach Untersuchungshaft 37

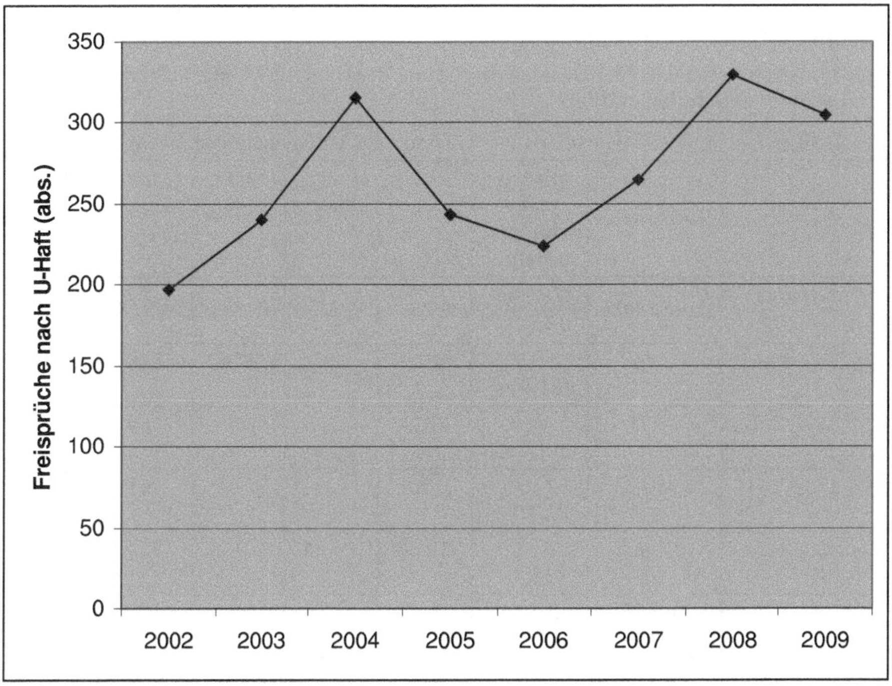

Quelle: Statistisches Bundesamt, Fachserie 10 Reihe 3, Strafverfolgung, Tab. 6.2

Im Hinblick auf den Verhältnismäßigkeitsgrundsatz – U-Haft „darf nicht angeordnet werden, wenn sie zu der Bedeutung der Sache **und der zu erwartenden Strafe oder Maßregel der Besserung und Sicherung außer Verhältnis steht**" (§ 112 Abs. 1 S. 2 StPO) – ist der Prozentsatz von 52,6 der Fälle, in denen eine Freiheitsstrafe ohne Bewährung angeordnet wurde, problematisch. Auf der einen Seite darf im Strafurteil nicht auf Freiheitsstrafe erkannt werden, nur weil bereits U-Haft vollstreckt wurde – entsprechend dem sarkastischen Kalauer „U-Haft schafft Rechtskraft". Auf der anderen Seite wäre in vielen Fällen im Hinblick auf die zu erwartende Strafe offensichtlich U-Haft vermeidbar gewesen. Dies gilt nach einer Untersuchung bei jugendlichen/heranwachsenden U-Gefangenen. Im Jahr 1989 haben bei diesen nur 39,6%, im Jahr 1990 nur 33,9% und im Jahr 1991 nur 36,2% eine Jugend- oder Freiheitsstrafe ohne Bewährung erhalten.[75] Besonders auffällig ist der Ausgang von Verkehrsstrafverfahren mit U-Haft. Bemerkenswert ist weiterhin, dass sich bei Sexualdelikten der angenommene dringende Tatverdacht zu 5,6% nicht bestätigt hat.

Bei der Bewertung der Freisprüche, Einstellungen und Absehen von Strafe ist allerdings klarzustellen, dass auch in diesen Fällen die Haftbefehle nicht „falsch" gewesen sein müssen. Dringender Tatverdacht z.Z. des Haftbefehls kann vorgelegen haben, die Widerlegung der Unschuldsvermutung gem. Art. 6 Abs. 2 EMRK stellt höhere Anforderungen. Aber auch dann erscheint es rechtsstaatlich bedenklich, dass ca. 300 Personen vorläufigen Freiheitsentzug in Form der U-Haft erdulden müssen, obwohl es letztlich zu keiner Verurteilung kommt. Hierbei ist zusätzlich zu berücksichtigen, dass nicht in allen Verurteilungen der qualitative Unrechtsvorwurf aus dem Haftbefehl bestätigt wird, d.h. dass auch in diesen

75 Jehle, Entwicklung der Untersuchungshaft bei Jugendlichen und Heranwachsenden vor und nach der Wiedervereinigung, S. 79.

Fällen der dringende Tatverdacht nicht nachgewiesen werden konnte. Diese Ergebnisse unterstützen die Forderung, die Freiheitsrechte des Bürgers, soweit es möglich ist, auch in der U-Haft zu gewährleisten (s.o. Rn. 21).

38 **Tab. 10: Abgeurteilte nach der Deliktsstruktur und der Dauer der Untersuchungshaft – alte Bundesländer und Berlin – (2009)**

Delikte	Abgeurteilte		Dauer der Untersuchungshaft (in Monaten)				
	insgesamt	mit Untersuchungshaft	<1	>1 bis 3	>3 bis 6	>6 bis 12	über 12
Straftaten insgesamt	1 056 809	28 206 (2,7%)	8 151	6 277	7 353	4 918	1 428
§§ 174 - 184 e	10 019	1 195 (11,9%)	192	157	354	346	149
§§ 211 - 222	1 425	600 (42,1%)	21	21	78	269	211
§§ 223 - 231	132 593	2 939 (2,2%)	1 008	629	740	468	108
§§ 242 - 248 c	187 627	7 351 (3,9%)	2 130	2 304	1 966	833	153
§§ 243, 244	20 632	2 885 (14,0%)	602	920	918	387	71
§§ 249 - 256, 316 a	13 678	3 011 (22,0%)	522	700	1 023	616	170
§§ 263 - 266 b	211 313	2 150 (1,0%)	714	513	516	312	103
Verkehr	214 467	365 (0,2%)	239	53	39	30	4
BtMG	67 025	6 599 (9,8%)	1 800	994	1 986	1 469	360
andere	58 883	1 184 (2,0%)					

Quelle: Statistisches Bundesamt Strafverfolgungsstatistik 2009 (Fachserie 10/Reihe 3), Tab. 2.1, 6.1 und 6.2 (eigene Berechnungen)

Die höchsten U-Haftraten weisen Verfahren wegen Tötungsdelikten auf (s. auch § 112 Abs. 3 StPO). Bemerkenswert ist der hohe Anteil beim qualifizierten Diebstahl (§§ 243, 244 StGB), der noch höher liegt als bei den Sexualdelikten. Die Dauer korreliert mit der Schwere des Tatvorwurfs: Bei Verfahren wegen Tötungsdelikten dauerte die U-Haft im Jahr 2007 zu 36,3 %, im Jahr 2006 zu 43,2 % über 12 Monate; bei Verfahren wegen eines Diebstahls dauerte die U-Haft im Jahr 2007 zu 2,1 %, im Jahr 2006 zu 2,5 % über 12 Monate.

Tab. 11: Dauer der Untersuchungshaft (2009) 39

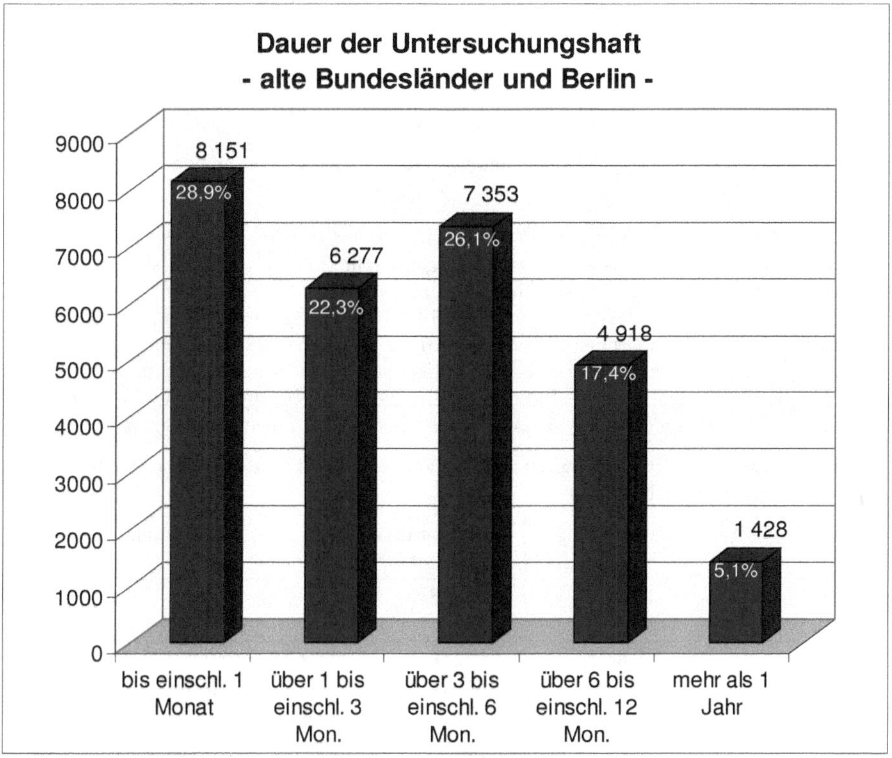

Quelle: Strafverfolgungsstatistik 2009 hrsg. vom Statistischen Bundesamt Wiesbaden.

Die Dauer der U-Haft erscheint zu lang. Damit wird nicht dem Beschleunigungsgebot entsprochen, das mit Art. 2 Abs. 2 S. 2 GG, dem Grundrecht auf Freiheit, verfassungsrechtlich abgesichert ist.[76] Mit § 121 Abs. 1 StPO macht der Gesetzgeber deutlich, dass eine U-Haft nur ausnahmsweise länger als sechs Monate dauern darf. Diese Ausnahmeregelung wird mit 23,2% der Verfahren, die über sechs Monate dauern und hiervon 5,8%, die über zwölf Monate dauern, nicht eingehalten. Beim Haftgrund des § 112 a StPO darf die U-Haft nicht länger als ein Jahr dauern (§ 122 a StPO).

Tab. 12: Dauer der Untersuchungshaft in % der abgeurteilten Untersuchungsgefangenen in den Jahren 1980, 1990, 2000, 2006, 2007, 2008 und 2009

Haftdauer	1980	1990	2000	2006	2007	2008	2009
bis 1 Monat	40,7	37,8	35,6	25,8	28,2	27,9	28,9
1 bis 3 Monate	26,6	24,0	23,3	24,1	23,7	22,6	22,3
3 bis 6 Monate	18,6	19,5	22,4	25,6	24,8	25,8	26,1
6 bis 12 Monate	11,2	13,0	14,5	18,4	17,4	17,7	17,4
mehr als 12 Monate	3,4	4,9	4,3	6,1	5,8	6,3	5,1

76 So nachdrücklich BVerfG StV 2006, 249 m.w.N.; s. auch oben Rn. 10.

Haftdauer	1980	1990	2000	2006	2007	2008	2009
U-Haft insgesamt (N=100 %)	37 238	27 553	36 683	24 352	26 793	29 435	28 206
davon mehr als 6 Monate	14,6	17,9	18,8	24,5	23,2	24,0	22,5

Quelle: Statistisches Bundesamt Strafverfolgungsstatistiken der jew. Jahrgänge (Fachserie 10/Reihe 3)

Die Dauer der U-Haft hat sich seit 1980 deutlich verlängert. Im Jahr 1980 betrug die U-Haftdauer zu 40,7 % nur bis zu einem Monat, im Jahr 2007 verringerte sich dieser Prozentsatz auf 28,2 %. Umgekehrt war die Haftzeit im Jahr 1980 in 3,4 % der Verfahren mehr als zwölf Monate lang, im Jahr 2007 aber in 5,8 % der Verfahren. Allerdings wird dieses Ergebnis durch die verringerte Anzahl der U-Haft relativiert, da davon auszugehen ist, dass vormals eine kurze U-Haft in Verfahren registriert wurde, in denen heute überhaupt keine U-Haft angeordnet wird. Diese Relativierung gilt aber nicht für die längeren U-Haftzeiten, für die nur die Erhöhung des Schwierigkeitsgrades der Ermittlungen angeführt werden kann.

40 **Tab. 13: Belegung, Belegungsfähigkeit und das Verhältnis von Straf- und Untersuchungshaft im Bundesländervergleich (2010)**

Land	Belegungsfähigkeit	Belegung insgesamt	Strafhaft	Untersuchungshaft
Ba-Wü	8 126	7 187 (88,4 %)	5 794	1 393
Bayern	11 869	12 002 (101,1 %)	9 580	2 422
Berlin	5 106	4 602 (90,1 %)	4 064	538
Brandenburg	2 123	1 520 (71,6 %)	1 306	214
Bremen	748	576 (77 %)	500	76
Hamburg	2 548	1 749 (68,6 %)	1 361	388
Hessen	5 726	5 180 (90,5 %)	4 262	918
M-V	1 547	1 394 (90,1 %)	1 206	188
Niedersachsen	7 107	5 626 (79,2 %)	4 867	759
NRW	18 405	16 630 (90,4 %)	14 402	2 228
Rheinl.-Pfalz	3 804	3 445 (90,6 %)	2 966	479
Saarland	896	819 (91,4 %)	701	118
Sachsen	3 723	3 503 (94,1 %)	3 054	449
Sachsen-Anh.	2 487	2 036 (81,9 %)	1 852	184

Land	Belegungsfähigkeit	Belegung insgesamt	Strafhaft	Untersuchungshaft
S-H	1 695	1 335 (78,8 %)	1 132	203
Thüringen	2 034	1 781 (87,6 %)	1 557	224
Alte Länder*	66 030	59 151 (89,6 %)	49 629	9 522
Neue Länder	11 914	10 234 (85,9 %)	8 975	1 259

Quelle: Statistisches Bundesamt, Rechtspflege, Bestand der Gefangenen und Verwahrten 2010 (Stichtag 30.11.2010), Spalte 4 eigene Berechnungen
* früheres Bundesgebiet einschl. Berlin-Ost

Formal rechnerisch ist nur – noch – der Freiheitsentzug in Bayern überbelegt. Im Hinblick darauf, dass nicht immer alle Gefangenen „am Platze“ sind, z.B. wegen Verschub, wegen Urlaub bei Strafgefangenen, ist der Prozentsatz für eine Überbelegung niedriger anzusetzen, zumindest ab 95%.[77] So werden mit der Überbelegung auch Einschränkungen von Gefangenenrechten im Einzelfall begründet.[78] Da hinsichtlich der Belegungsfähigkeit Straf- und U-Haft zusammengefasst sind, geben die Zahlen hinsichtlich der tatsächlichen Situation im U-Haftvollzug keinen Aufschluss. Eine Länderumfrage zum Stichtag 31.3.2009 hatte für folgende Bundesländer dieses Ergebnis:[79]

Tab. 13 a: Belegungsfähigkeit und tatsächliche Belegung in der U-Haft nach Bundesländern (Stichtag 31.3.2009) 41

Bundesland	Belegungsfähigkeit in der U-Haft	Tatsächliche Belegung in der U-Haft
Brandenburg	419	197
Bremen	126	71
Hamburg	596	338
Hessen	1 322	901
Sachsen-Anhalt	367	226
Schleswig-Holstein	408	223

Die anderen Bundesländer sahen sich aufgrund einer Mischkalkulation aus Straf- und U-Haft hinsichtlich der Belegungsfähigkeit nicht in der Lage, hierzu Angaben zu machen. Dementsprechend wurde die Frage „Stellen die U-Haft-Vollzugseinrichtungen

a) eigenständige Anstalten dar,
b) sind sie Teilanstalten bzw. Abteilungen in einer Strafvollzugsanstalt oder
c) wird der U-Haft-Vollzug in einem Haus mit Strafgefangenen durchgeführt?“

wie folgt beantwortet:

77 In der Lit. wird bereits ab 90 % von Überbelegung ausgegangen, s. Walter, Strafvollzug, Rn. 106 m.w.N.
78 OLG Köln StV 2006, 537; dagegen Seebode StV 2006, 552 ff.
79 Eine spezielle Untersuchung zur Praxis des Vollzugs der Jugenduntersuchungshaft haben Villmow/Savinsky/Woldmann durchgeführt; die Ergebnisse erfassen 13 Bundesländer (nicht Bayern, Berlin und Thüringen).

Tab. 13 b: Art der U-Haftvollzugseinrichtungen in den einzelnen Bundesländern (Stichtag 31.3.2009)

Bundesland	Antwort a) Eigenständige Anstalten	Antwort b) Teilanstalten/Abteilungen	Antwort c) in einem Haus mit Strafgefangenen
Baden-Württemberg	ja	ja	ja
Bayern	nein	ja	ja
Berlin	nein	ja	ja
Brandenburg	nein	ja	ja
Bremen	nein	ja	ja
Hamburg	ja	ja	ja
Hessen	nein	ja	ja
M-V	nein	ja	ja
Niedersachsen	ja	ja	nein
Nordrhein-Westfalen	nein	ja	ja
Rheinland-Pfalz	nein	ja	ja
Saarland	nein	ja	ja
Sachsen	nein	ja	ja
Sachsen-Anhalt	nein	ja	nein
Schleswig-Holstein	ja	ja	ja
Thüringen	nein	ja	ja

Insgesamt wird U-Haft in der Bundesrepublik in 145 Anstalten vollzogen.

42 **Tab. 14: Ausländeranteil in der Untersuchungshaft**

Jahr	absolut	in %
1998	10 154	51,2
1999	9 019	48
2000	8 623	48
2001	6 423	37,3
2002	8 077	46,2
2003	7 563	44,2
2004	7 169	45,4
2005	6 954	45,2
2006*	6 483	45,3
2007*	5 569	43,2
2008*	5 297	42,9

Quelle: Bundesministerium der Justiz, Stichtag jeweils 31.03.
* Datenerhebung aus 15 Bundesländern ohne Schleswig-Holstein

Der Ausländeranteil ist zwar in den letzten Jahren leicht, im Vergleich zu 1998 deutlich gesunken, ist aber nominal nach wie vor im Vergleich zu dem registrierten(!) Ausländeranteil in der Bundesrepublik deutlich überhöht (1.10.2008: 8,8 %). Auch gegenüber dem prozentualen Anteil der Nichtdeutschen an der polizeilich registrierten Kriminalität – im Jahr 2007 21,4 % – ist der Anteil der U-Gefangenen überproportional hoch. Hierfür können schwergewichtige Straftaten, insbesondere aber die „leichtere“ Annahme von Haftgründen ursächlich sein.[80] Der Anteil der ausländischen Untersuchungsgefangenen ist in den einzelnen Bundesländern sehr unterschiedlich:

Tab. 15: Ausländische Untersuchungsgefangene in den Bundesländern 2008

Bundesland	Untersuchungsgefangene	ausländische Untersuchungsgefangene	
	absolute Zahl	absolute Zahl	Anteil (von Spalte 2)
Ba-Wü	1 600	763	48 %
Bayern	2 537	1 095	43 %
Berlin	739	406	55 %
Brandenburg	220	50	23 %
Bremen	97	53	56 %
Hamburg	359	205	57 %
Hessen	950	523	55 %
M-V	215	21	10 %
NRW	2 843	1 125	40 %
Niedersachsen	917	322	35 %
Rheinland-Pfalz	357	137	38 %
Saarland	136	38	28 %
Sachsen	491	136	27 %
Sachsen-Anhalt	202	34	17 %
Schleswig-Holstein	203	69	34 %
Thüringen	220	26	12 %
insgesamt	12 086	5 005	41,4 %

Quelle: Morgenstern Informationsdienst Straffälligenhilfe, hrsg. von BAG-S, 3/2009, 5.

Tab. 16: Belegungsentwicklung in der Abschiebungshaft 43

Jahr	Gefangene insgesamt
1997	2 283
1998	1 938
1999	1 923
2000	2 001
2001	1 824

80 Dies trifft nach einer empirischen Untersuchung gerade für sich illegal aufhaltende junge Ausländer zu, bei denen 61 % wegen ausländertypischer Bagatelldelikte in U-Haft genommen wurden, s. Staudinger, Untersuchungshaft bei jungen Ausländern, S. 121; s. weiterhin Henniger, Nichtdeutsche Beschuldigte im Jugendstrafverfahren, S. 206.

Jahr	Gefangene insgesamt
2002	1 655
2003	1 622
2004	1 416
2005	1 113
2006	798
2007	694
2008	701
2009	725
2010	515

Quelle: Strafvollzugsstatistiken der Jahre 1997 bis 2002, Statistisches Bundesamt Fachserie 10/ Reihe 4.2, ab 2003 Statistisches Bundesamt, Rechtspflege, Bestand der Gefangenen und Verwahrten, Stichtag bis 2002 jeweils 31.12. ab 2003 jeweils 30.11.

Die Gefangenen in Abschiebehaft haben sich zwar in den letzten Jahren deutlich verringert. Erfasst werden allerdings nur die Personen, die sich in Strafvollzugsanstalten in Abschiebehaft befinden. In einigen Bundesländern wird die Abschiebehaft in selbstständigen Einrichtungen vollzogen.

44 **Tab. 17: Anzahl der Abschiebehäftlinge nach Geschlecht und nach den Bundesländern**

Abschiebungshaft	1992	1994	1995	2000	2002	2005	2006	2007	2008	2009
Anzahl insgesamt	557	2 600	2322	1 924	1 824	1 302	947	762	701	725
Männer insgesamt	503	2 373	2135	1 681	1 627	1 101	820	684	636	668
Frauen insgesamt	54	227	187	243	197	201	127	78	65	57
Ba-Wü	37	115	220	145	134	111	76	87	58	65
Bayern	137	512	476	435	388	314	181	137	159	189
Berlin	9	14	18	-	1	3	3	1	-	-
Brandenburg	-	9	4	-	-	-	-	-	-	-
Bremen	1	14	2	-	1	-	-	-	-	-
Hamburg	-	83	103	83	93	55	82	68	44	33
Hessen	27	169	152	214	206	137	122	87	84	69
M-V	6	33	43	14	14	18	10	14	7	7
Niedersachsen	94	283	239	206	212	94	55	43	51	33
Nordrhein-Westfalen	160	872	696	633	609	411	322	233	227	248
Rheinland-Pfalz	18	50	46	1	6	-	-	-	-	-
Saarland	13	58	58	47	1	1	1	-	-	-
Sachsen	30	118	71	56	87	64	37	45	29	32
SA	2	94	24	39	34	22	20	10	9	8

Abschiebungshaft	1992	1994	1995	2000	2002	2005	2006	2007	2008	2009
Anzahl insgesamt	557	2 600	2322	1 924	1 824	1 302	947	762	701	725
Männer insgesamt	503	2 373	2135	1 681	1 627	1 101	820	684	636	668
Frauen insgesamt	54	227	187	243	197	201	127	78	65	57
S-H	21	140	111	8	16	39	26	30	27	37
Thüringen	2	45	57	43	22	13	12	7	6	4

Jeder „Fall" ist nicht nur mit besonderen psychischen Belastungen verknüpft, sondern die Abschiebung und in Vorbereitung hierfür die Abschiebehaft hat für die Betroffenen eine **existenzielle Bedeutung**. Die Verknüpfung von U-Haft und Abschiebung bzw. Abschiebehaft wird auch dadurch deutlich, dass nach einer Untersuchung junge Ausländer, die sich illegal bei uns aufhalten, zu einem Drittel in direktem Anschluss an die U-Haft abgeschoben bzw. in Abschiebehaft genommen werden.[81]

81 S. Staudinger, Untersuchungshaft bei jungen Ausländern, S. 121.

§ 1 Allgemeine Bestimmungen

I. Bedeutung der Allgemeinen Bestimmungen

1 Mit den Allgemeinen Bestimmungen werden die für das gesamte Gesetz relevanten Regelungen in einem Allgemeinen Teil „vor die Klammer gezogen". Diesen ist bereits deshalb ein besonderes Augenmerk zu widmen, weil sie die Grundlage für die folgenden Detailregelungen bilden und als Grundgedanken bei Auslegungsfragen Bedeutung erlangen.

II. Anwendungsbereich

2

Länder	Allgemeine Bestimmungen – *Anwendungsbereich*
12er-Regelung Berlin Brandenburg Bremen Hamburg Hessen Mecklenburg-Vorpommern Rheinland-Pfalz Saarland Sachsen Sachsen-Anhalt Schleswig-Holstein Thüringen	***§ 1 12er-Regelung: Anwendungsbereich*** **(1) Dieses Gesetz regelt den Vollzug der Untersuchungshaft.** **(2) Es gilt entsprechend für den Vollzug der Haft nach § 127 b Abs. 2, § 230 Abs. 2, den §§ 236 und 329 Abs. 4 Satz 1, § 412 Satz 1 und § 453 c der Strafprozessordnung (StPO) sowie der einstweiligen Unterbringung nach § 275 a Abs. 5 StPO.** **Abweichende Regelungen:** ***Bremen, § 1 BremUVollzG, zusätzlich:*** (3) Für den Vollzug der einstweiligen Unterbringung nach § 126 a der Strafprozessordnung gelten, soweit eine verfahrenssichernde Anordnung (§ 3 Absatz 2) nicht entgegensteht, die Vorschriften über den Vollzug der Unterbringung gemäß den §§ 63 und 64 des Strafgesetzbuchs entsprechend. ***Hamburg, § 1 HmbUVollzG, zusätzlich:*** (3) Für den Vollzug der einstweiligen Unterbringung nach § 126 a der Strafprozessordnung gilt, soweit eine verfahrenssichernde Anordnung (§ 3 Absatz 2) nicht entgegensteht, das Hamburgische Maßregelvollzugsgesetz vom 7. September 2007 (HmbGVBl. S. 301), geändert am 17. Februar 2009 (HmbGVBl. S. 29, 34), in der jeweils geltenden Fassung entsprechend. ***Sachsen, § 1SächsUHaftVollzG, zusätzlich:*** (3) § 119 StPO bleibt unberührt. ***Sachsen-Anhalt,§ 1 UVollzG LSA, zusätzlich:*** (3) Für den Vollzug der einstweiligen Unterbringung nach § 126 a der Strafprozessordnung gelten die Bestimmungen des Maßregelvollzugsgesetzes für das Land Sachsen-Anhalt vom 9. Oktober 1992 (GVBl. LSA S. 736). Hiervon abweichend finden die Bestimmungen dieses Gesetzes Anwendung, soweit sie der Durchführung eines geordneten Strafverfahrens dienen. § 3 Abs. 2 gilt entsprechend.
Baden-Württemberg	***§ 1 JVollzGB I JVollzGB: Anwendungsbereich*** **(1) Dieses Gesetz regelt den Vollzug der Untersuchungshaft, der einstweiligen Unterbringung, der sichernden Unterbringung bei vorbehaltener oder nachträglicher Sicherungsverwahrung, der Sicherungshaft, der Haft nach § 127 b Abs. 2, § 230 Abs. 2, §§ 236, 275 a Abs. 5, § 329 Abs. 4 Satz 1, § 412 Satz 1 und § 453 c Abs. 1 der Strafprozessordnung (StPO), [...]** **(2) Die Regelungen der Strafprozessordnung zur Vollziehung der Untersuchungshaft, namentlich zur Abwehr einer Flucht-, Ver-**

Länder	Allgemeine Bestimmungen – *Anwendungsbereich*
	dunkelungs- oder Wiederholungsgefahr (§ 119 StPO), sowie die Vorschriften über die Kontaktsperre (§§ 31 bis 38 a des Einführungsgesetzes zum Gerichtsverfassungsgesetz) bleiben unberührt.
Bayern	Art. 1 BayUVollzG: Anwendungsbereich (1) Dieses Gesetz regelt den Vollzug der Untersuchungshaft nach §§ 112, 112 a, 127 b Abs. 2, § 230 Abs. 2, §§ 236, 329 Abs. 4 Satz 1, § 412 Satz 1 der Strafprozessordnung (StPO) sowie § 72 des Jugendgerichtsgesetzes (JGG). Die Vorschriften dieses Gesetzes gelten entsprechend für den Vollzug 1. der in § 275 a Abs. 5 und § 453 c StPO geregelten freiheitsentziehenden Maßnahmen, 2. der Haft aufgrund vorläufiger Festnahme nach § 127 StPO, die in einer Justizvollzugsanstalt vollzogen wird, soweit es mit der Eigenart dieser Haft vereinbar ist, 3. der einstweiligen Unterbringung nach § 126 a StPO. Der Vollzug der einstweiligen Unterbringung in einer Justizvollzugsanstalt ist nur für einen Zeitraum von 24 Stunden und nur dann zulässig, wenn eine sofortige Überführung in ein psychiatrisches Krankenhaus oder eine Entziehungsanstalt nicht möglich ist; in diesem Fall sind alle Sicherungsmaßnahmen zu treffen, die sich aus dem Zweck der Anordnung der einstweiligen Unterbringung ergeben.
Niedersachsen	*§ 1 NJVollzG: Anwendungsbereich* Dieses Gesetz regelt den Vollzug der Freiheitsstrafe, der Jugendstrafe, der Unterbringung in der Sicherungsverwahrung und der Untersuchungshaft in den dafür bestimmten Anstalten des Landes Niedersachsen. *§ 169 NJVollzG: Ergänzende Anwendung von Vorschriften des Zweiten Teils und der Strafprozessordnung* (1) Für den Vollzug der Untersuchungshaft gelten die Vorschriften des Zweiten Teils über die Vorführung (§ 14 Abs. 3 Satz 3), die Anstaltsverpflegung (§ 23), die Gutschrift als Eigengeld (§ 48 Abs. 1 Satz 1), die Religionsausübung (§§ 53 bis 55), die Besonderheiten des Vollzuges an weiblichen Gefangenen (§§ 71 bis 73), die Aufhebung von Verwaltungsakten (§ 100) sowie die Beschwerde (§ 101) entsprechend. (2) Bei der Ausübung von Ermessen und der Ausfüllung von Beurteilungsspielräumen sind im Untersuchungshaftvollzug der Zweck der Untersuchungshaft nach § 133 sowie die weiteren in § 134 b genannten Gesichtspunkte besonders zu beachten. (3) Auf die den Vollzug der Untersuchungshaft betreffenden gerichtlichen Entscheidungen mit Ausnahme der Entscheidungen nach § 134 Abs. 1 Satz 2, Abs. 3 Satz 1 und Abs. 5 Satz 1 finden die Vorschriften der Strafprozessordnung entsprechende Anwendung, soweit in diesem Gesetz nichts anderes bestimmt ist.

Länder	Allgemeine Bestimmungen – *Anwendungsbereich*
Nordrhein-Westfalen	***§ 76 UVollzG NRW: Entsprechende Anwendung*** **Die Vorschriften dieses Gesetzes finden entsprechende Anwendung auf den Vollzug** **1. der gemäß § 127 b Absatz 2, § 230 Absatz 2, §§ 236, 329 Absatz 4 Satz 1 und § 412 Satz 1 der Strafprozessordnung angeordneten Haft,** **2. der Unterbringung gemäß § 275 a Absatz 5 der Strafprozessordnung und** **3. der Sicherungshaft gemäß § 453 c Absatz 1 der Strafprozessordnung.**

Zunächst wird der Anwendungsbereich der gesetzlichen Regelungen abgesteckt.

Über den Hauptgegenstandsbereich der U-Haft hinaus gelten die Gesetze übereinstimmend

- für die sogenannte Hauptverhandlungshaft zur Durchführung des beschleunigten Verfahrens gem. § 127 b StPO,[1]
- für die sogenannte Zwangshaft zur Durchführung der Hauptverhandlung gem. den §§ 230 Abs. 2, 236, 239 Abs. 4 S. 1, 412 S. 1 StPO,
- für die sogenannte Sicherungshaft bei einem bevorstehenden Widerruf der Strafaussetzung zur Bewährung gem. § 453 c StPO,
- für die sogenannte Unterbringungshaft bei einer bevorstehenden nachträglichen Sicherungsverwahrung gem. § 275 a Abs. 5 StPO.

In Bayern ist der Anwendungsbereich – unter bestimmten Voraussetzungen – erweitert auf die Haft nach vorläufiger Festnahme gem. § 127 StPO sowie auf den Vollzug der einstweiligen Anordnung gem. § 126 a StPO. Die Unterbringung gem. § 126 a StPO wird auch in Bremen, Hamburg und Sachsen-Anhalt erfasst.

In der Praxis wird der Vollzug dieser weiteren Haftfälle durch die in der Regel sehr kurze Verweildauer bestimmt, so dass insbesondere Arbeits-, Schul- und Bildungsmaßnahmen hier kaum durchgeführt werden können.

Nicht erfasst wird die Abschiebungshaft von den Untersuchungshaftvollzugsgesetzen; insoweit gilt § 422 Abs. 3 und Abs. 4 FamFG (s. § 18 Rn. 1 ff.).

Das Verhältnis der U-Haft zu anderen freiheitsentziehenden Maßnahmen ist in § 116 b StPO geregelt. Ist gleichzeitig Freiheits-, Ersatzfreiheitsstrafe oder Jugendstrafe zu vollstrecken, so hat dieser Vollzug Vorrang, d.h. die „anvollstreckte" U-Haft wird kraft Gesetzes unterbrochen und der U-Gefangene ist somit als Strafgefangener zu behandeln (s. § 8, § 9 Abs. 3, 4 UVollzG NRW). Der Zeitpunkt der Rechtskraft des Urteils ist der Vollzugsanstalt vom Gericht mitzuteilen (§ 114 d Abs. 1 S. 2 Nr. 6 StPO).

3 Räumlich erstreckt sich der Anwendungsbereich auf das jeweilige Bundesland, da insoweit nur die Gesetzgebungskompetenz der einzelnen Bundesländer reicht.

4 Sachlich gelten die Bestimmungen sowohl für Gefangene als auch für Anstalten mit ihren Bediensteten, zusätzlich für Dritte, soweit diese in den Bestimmungen angesprochen werden. Dies gilt unabhängig von der Unterbringungsform, d.h. auch dann, wenn U-Gefangene nicht gesondert untergebracht sind (s. hierzu § 3).

1 S. auch Grdl. Rn. 27.

III. Aufgaben, Zweck

1. Die gesetzlichen Regeln 5

Länder	Allgemeine Bestimmungen – *Aufgaben, Zweck*
12er-Regelung Berlin Brandenburg Bremen Hamburg Hessen Mecklenburg-Vorpommern Rheinland-Pfalz Saarland Sachsen Sachsen-Anhalt Schleswig-Holstein Thüringen	***§ 2 12er-Regelung: Aufgabe des Untersuchungshaftvollzugs*** **Der Vollzug der Untersuchungshaft hat die Aufgabe, durch sichere Unterbringung der Untersuchungsgefangenen die Durchführung eines geordneten Strafverfahrens zu gewährleisten und der Gefahr weiterer Straftaten zu begegnen.** **Abweichende Regelungen:** ***Hamburg, § 2 HmbUVollzG: Aufgabe des Vollzugs*** [...] zu gewährleisten und den in den gesetzlichen Haftgründen zum Ausdruck kommenden Gefahren zu begegnen. ***Hessen, § 2 HUVollzG: Aufgabe des Untersuchungshaftvollzugs*** Der Vollzug der Untersuchungshaft hat die Aufgabe, die Untersuchungsgefangenen sicher unterzubringen und zu beaufsichtigen, um die Durchführung eines geordneten Strafverfahrens zu gewährleisten und, soweit der Haftgrund des § 112 a der Strafprozessordnung besteht, der Gefahr weiterer Straftaten zu begegnen. ***Sachsen, § 3 Abs. 1 SächsUHaftVollzG: Grundsätze des Untersuchungshaftvollzugs*** (1) Die Untersuchungsgefangenen sind zur Erfüllung des Haftzwecks sicher unterzubringen.
Baden-Württemberg	***§ 2 Abs. 2 JVollzGB I: Aufgaben*** **(2) Der Vollzug der Untersuchungshaft dient dem Zweck, durch sichere Unterbringung der Untersuchungsgefangenen die Durchführung eines geordneten Strafverfahrens zu gewährleisten und eine spätere Strafvollstreckung sicherzustellen.**
Bayern	***Art. 2 BayUVollzG: Zweck der Untersuchungshaft*** **Der Vollzug der Untersuchungshaft dient dem Zweck, durch sichere Unterbringung der Untersuchungsgefangenen die Durchführung des geordneten Strafverfahrens zu gewährleisten und den in den gesetzlichen Haftgründen zum Ausdruck kommenden Gefahren zu begegnen.**
Niedersachsen	***§ 133 NJVollzG: Zweck der Untersuchungshaft*** **Der Vollzug der Untersuchungshaft dient dem Zweck, den in den gesetzlichen Haftgründen zum Ausdruck kommenden Gefahren zu begegnen.**
Nordrhein-Westfalen	**keine Regelung**

2. Definitionen. Ganz überwiegend wird in den Gesetzen von der Aufgabe bzw. den Aufgaben des Untersuchungshaftvollzugs gesprochen. Gleichbedeutend ist die Verwendung des Begriffs Zweck. Klarstellend ist allerdings darauf hinzuweisen, dass diese Aufgaben- bzw. Zweck-Definition nur für den Vollzug der Untersuchungshaft und nicht für den Vollzug der weiteren Haftfälle (s.o. Rn. 2) gilt. 6

3. Bedeutung. Mit der gesetzlichen Aufgabenbeschreibung bzw. Zweckdefinition wird eine verbindliche Orientierung für die Gesetzesadressaten aufgestellt. Die Definitionen gelten sowohl für den aktiven Umsetzer wie für den passiv Betroffenen. Die Aufgabenbeschreibung 7 bzw. Zieldefinition ist im Rahmen der juristischen Auslegungsmethoden maßgebend für die Normanwendung im Einzelnen. Sie stellt gleichsam die **Vollzugsphilosophie** dar. Aus diesem Grunde ist es zu kritisieren, dass im UVollzG NRW keine Aufgaben- bzw. Zweckdefinition vorgegeben wird.

8 **4. Inhalt.** In der 12er-Regelung werden als Aufgaben definiert: Die Gewährleistung der Durchführung eines geordneten Strafverfahrens durch sichere Unterbringung des Beschuldigten sowie die Begegnung der Gefahr weiterer Straftaten. Die erstgenannte Aufgabe kommt der Untersuchungshaft im Falle eines Haftgrundes nach § 112 StPO zu, die zweitgenannte im Falle des § 112 a StPO (so ausdrücklich § 2 UVollzG Hessen). Die alternative Formulierung („oder") in der Ziff. 1 Abs. 1 der UVollzO war dementsprechend korrekter. Demgegenüber wird im JVollzGB Ba-Wü auf den Präventionszweck verzichtet und stattdessen die Sicherstellung der späteren Strafvollstreckung mit aufgeführt. Diese letztgenannte Zweckbestimmung lehnt sich an Entscheidungen des Bundesverfassungsgerichts an. Nach BVerfGE 19, 342 (348) dient die Untersuchungshaft „grundsätzlich allein dem Zweck vollständiger Tataufklärung und rascher Bestrafung". In der Entscheidung BVerfGE 20, 45 (49) fehlt die Einschränkung „grundsätzlich". Der Zweck der späteren Strafvollstreckung widerspricht der Unschuldsvermutung des U-Gefangenen. Für die spätere Strafvollstreckung hat der Gesetzgeber zudem eigenständige Zwangsmittel geschaffen (§ 457 StPO). Gegen die kumulative allgemeine Aufgabenbeschreibung der 12er-Regelung ist einzuwenden, dass diese zu unbestimmt erscheint. **Konkretisiert wird die Aufgabe der Untersuchungshaft deshalb erst durch die Angabe der Haftgründe** im Haftbefehl,[2] die auch Auswirkungen auf die konkrete Vollzugsgestaltung haben. Im UVollzG Hamburg, im UVollzG Bayern sowie im niedersächsischen Gesetz wird zwar auf die gesetzlichen Haftgründe Bezug genommen, wie auch im § 1 des Gesetzesentwurfes vom 30.4.1999 (BR-Drucks. [249/99]). Auch Sachsen verweist allgemein auf den Haftzweck, der erst durch die Haftgründe konkretisiert wird. Es fehlt insoweit aber eine Bezugnahme auf die im Haftbefehl genannten Haftgründe. Demgegenüber dürfen nach verbreiteter Auffassung auch im Haftbefehl nicht angeführte Haftgründe für Beschränkungen herangezogen werden.[3] Richtig ist, das aus der – gleich, ob weiten oder engen – Aufgabenbeschreibung nicht konkrete Eingriffsbefugnisse abgeleitet werden können (s. hierzu Rn. 22-24). Richtig ist aber auch, dass Einschränkungen, z.B. in der Kommunikation nach außen, über den im Haftbefehl hinausgehenden Haftgrund zwar zulässig sind, aber – wie auch Einschränkungen aufgrund des Haftgrundes – im Einzelfall richterlich angeordnet und begründet bzw. nach vorläufigen Anordnungen im Wege der Eilkompetenz richterlich genehmigt werden müssen (s. § 6 Rn. 22).

9 Eindeutig ist nach dem Wortlaut der Bestimmungen eine Resozialisierungsaufgabe[4] ausgeschlossen. Damit entfällt auch eine eventuelle Mitwirkungspflicht des U-Gefangenen. Dieser Ausschluss folgt letztlich aus der Unschuldsvermutung gem. Art. 6 Abs. 2 EMRK. Damit sind erst recht Sühne und Vergeltung keine Aufgaben im Vollzug der Untersuchungshaft.

10 Fraglich erscheint, welche Rechtfertigung es dafür gibt, dass nach den Ländergesetzen[5] auf junge Untersuchungsgefangene erzieherisch eingewirkt werden soll, auch wenn die erzieherische Einwirkung nicht als Vollzugsziel, sondern „nur" als Aufgabe im Rahmen der Vollzugsgestaltung formuliert wird. Ebenso war nach der Ziff. 1 Abs. 4 UVollzO bei U-Gefan-

---

2 Wie hier bereits Seebode, Untersuchungshaft und ihre Reform an der Schwelle zum 21. Jahrhundert in: Koop/Kappenberg, Untersuchungshaft – eine vergessene Reform? S. 24, ebenso gemeinsame Stellungnahme, ZfStrVo 1997, 236 (237); Stellungnahme der BAGS, ZfStrVo 1997, 231 (232); Friedrich, Die Normierung des Untersuchungshaftvollzuges, S. 44; Piel/Püschel/Tsambikakis/Wallau ZRP 2009, 34; Höflich NK 2009, 133; Paeffgen GA 2009, 450 (466).

3 Münchhalffen/Gatzweiler, Das Recht der Untersuchungshaft, Rn. 552; Lemke in: HK-StPO, § 119 Rn. 18; Meyer-Goßner, StPO, § 119 Rn. 12; OLG Hamm StV 1998, 35 mit abl. Anm. von Paeffgen; OLG Hamburg StV 1998, 34; a.M. Hilger in: Löwe/Rosenberg, StPO, § 119 Rn. 29; Paeffgen in: SK-StPO, § 119 Rn. 11.

4 S. hierzu § 2 Abs. 1 StVollzG, zu der entsprechenden Aufgabenstellung im Jugendstrafvollzug in den Ländergesetzen s. Ostendorf, Jugendstrafvollzugsrecht, 1. Abschnitt Rn. 18 ff.

5 S. die 12er-Regelung im § 67 Abs. 1; § 73 UVollzG Hamburg; Art. 30 Abs. 1 UVollzG Bayern; § 72 Abs. 2 JVollzGB II Ba-Wü; § 44 UVollzG Hessen; § 158 Abs. 1 NJVollzG; § 49 Abs. 1 UVollzG NRW.

genen unter 21 Jahren die U-Haft erzieherisch zu gestalten. Man mag bei jugendlichen U-Gefangenen einen besonderen Erziehungsbedarf konstatieren. Aber auch dann ist die Unschuldsvermutung zu beachten. Die Legitimation für eine erzieherische Ausgestaltung des Untersuchungshaftvollzuges an Jugendlichen, wie sie auch § 93 Abs. 2 JGG a.F. vorsah, darf nicht als zusätzliche Eingriffsermächtigung verstanden werden,[6] sondern **nur als Hilfestellung bei der Entwicklung des Jugendlichen.**[7] In diesem Sinne ist der Erziehungsauftrag im UVollzG Sachsen (§ 67 Abs. 1) als **Förderauftrag** definiert. Die erzieherische Einwirkung auf junge Untersuchungsgefangene ist nur aus der sozialstaatlichen Verpflichtung abzuleiten, die in der Haftsituation bestehende akute Gefährdung des Jugendlichen auszugleichen, soweit die Eltern ihr Erziehungsrecht nicht wahrnehmen können.[8] Untersuchungshaft schafft keine originäre Erziehungsermächtigung, auch nicht bei einem Haftgrund gem. § 112 a StPO. Die Eltern sind deshalb bei der erzieherischen Einwirkung zuvorderst zu befragen. Dies gilt insbesondere, wenn sich diese als grundrechtsrelevanter Eingriff darstellt. Die Deduktion der Erziehungsbefugnis der Mitarbeiter des Untersuchungshaftvollzugs aus dem elterlichen Erziehungsrecht nach Art. 6 Abs. 2 und 3 GG verdeutlicht gleichzeitig, dass diese Kompetenz mit der Volljährigkeit des Untersuchungsgefangenen endet (s. § 1626 Abs. 1 BGB). Dementsprechend beschränkt sich diese Eingriffskompetenz in der 12er-Regelung (§ 67 Abs. 3; im UVollzG Hamburg: § 73 Abs. 3), im § 49 Abs. 5 UVollzG NRW sowie im § 72 Abs. 3 JVollzGB II Ba-Wü im Unterschied zu § 158 Abs. 2 NJVollzG auf minderjährige bzw. jugendliche U-Gefangene. Hieraus ergibt sich ein weiterer Praxiseinwand. Da auch in den speziellen U-Haftanstalten für Jugendliche und Heranwachsende entsprechend § 89 c S. 2 JGG z.T. auch 21-24-Jährige in diesen Haftanstalten untergebracht sind und da mehr als doppelt so viele Heranwachsende, d.h. Volljährige, im Vergleich zu Jugendlichen sich in der U-Haft befinden (s. Grdl. Rn. 30), Volljährige aber von Gesetzes wegen nicht mehr von den Eltern und damit auch nicht vom Staat erzogen werden dürfen, müsste die jeweilige Anstalt unterschiedliche Regeln aufstellen und einen unterschiedlichen Umgang mit den U-Gefangenen praktizieren. Dies erscheint schwer praktikabel.

Die Tatsache, dass nach gesicherten empirischen Erkenntnissen U-Haft gegen junge Men- 11
schen auch aus sog. apokryphen Haftgründen, insbesondere auch zur sofortigen Krisenintervention, d.h. zur Abwehr weiterer Straftaten, ohne dass die Voraussetzungen des § 112 a StPO vorliegen, verhängt wird,[9] darf keine Legitimation abgeben, diese ungesetzliche Inhaftierung aus erzieherisch-präventiven Gründen dann auch „mit Leben zu erfüllen", d.h. die vorweggenommene Strafhaft zu erzieherischen Eingriffen zu nutzen. Dies gilt umso mehr, weil der Erziehungsauftrag sich auch für den Jugendstrafvollzug auf ein Fördern des jungen Gefangenen reduziert, in Zukunft ein Leben ohne Straftaten zu führen bzw. führen zu können.[10]

Vermisst wird in den Gesetzen die Aufgabenzuweisung, den Untersuchungsgefangenen **vor** 12
Übergriffen anderer Gefangener zu schützen – Ausnahmen Ba-Wü[11] und Hamburg[12] sowie

6 So aber ausdrücklich in dringenden Fällen § 67 Abs. 3 12er-Regelung; § 72 Abs. 3 JVollzGB II Ba-Wü; § 49 Abs. 5 UVollzG NRW; Art. 30 Abs. 3 S. 2 UVollzG Bayern; noch weitergehend § 158 Abs. 2 NJVollzG, wo nicht nur eine Anordnungskompetenz, sondern auch eine Befolgungsverpflichtung für aus erzieherischen Gründen erteilte rechtmäßige Anordnungen aufgestellt wird; s. auch Brunner/Dölling, JGG, § 93 Rn. 5; Meyer-Goßner, StPO, § 119 Rn. 11; OLG Stuttgart NJW 1974, 759: Pornographische Post darf bei einem Heranwachsenden(!) aus erzieherischen Gründen angehalten werden; zu erwachsenen U-Gefangenen anders OLG Nürnberg MDR 1969, 501; LG Offenburg NStZ 2007, 229: Die erzieherische Gestaltung der U-Haft kann nur bei Beeinträchtigung im Einzelfall, z.B. Ausfall bei der Arbeit oder Schule aufgrund von Übermüdung, zu einer gänzlichen oder teilweisen Untersagung des Betriebs eines Fernsehgerätes führen.

7 Näher Rn. 29; s. auch Rotthaus NJW 1973, 2269 (2272); Ostendorf, JGG, § 93 Rn. 6.

8 So auch Wiesneth, Die Untersuchungshaft, Rn. 269.

9 S. Ostendorf, JGG, § 72 Rn. 4 m.w.N.

10 S. Ostendorf in: Ostendorf, Jugendstrafvollzugsrecht, 1. Abschnitt Rn. 23, 24. S. auch die Begründung im Bayerischen Gesetzesentwurf zu Art. 30 Abs. 1, S. 80.

11 § 1 Abs. 3 S. 2 JVollzGB II Ba-Wü.

12 § 5 Abs. 2 S. 2 UVollzG Hamburg: „Ein besonderes Augenmerk ist auf die Schaffung und die Bewahrung eines gewaltfreien Klimas im Vollzug zu richten."

Niedersachsen für den Wohngruppenvollzug.[13] Erniedrigungen, sexuelle und körperliche Gewalt sind mehr oder weniger Alltag im Strafvollzug, tendenziell weniger aber auch im Untersuchungshaftvollzug. Der Staat steht hier in einer besonderen Fürsorgepflicht, da er mit dem Freiheitsentzug die Voraussetzungen für derartige Übergriffe schafft. Der einzelne Gefangene ist vielfach machtlos. Diese Schutzaufgabe hat das Bundesverfassungsgericht in seiner Entscheidung zur Verfassungswidrigkeit des bisherigen Jugendstrafvollzugs ausdrücklich benannt.[14] Spezielle Anti-Mobbing-Programme können nicht nur während der U-Haft, sondern auch später in Freiheit präventive Wirkungen entfalten.[15] Selbstverständlich gilt dieser Schutzauftrag erst recht vor eventuellen Übergriffen von Seiten der Anstaltsbediensteten. Über den Schutz der U-Gefangenen hinausgehend muss der Vollzug besonderen Hilfebedürfnissen, insbesondere wenn diese durch die U-Haft bedingt sind, nachkommen und entsprechende Unterstützungs- und Hilfemaßnahmen anbieten.[16]

IV. Zuständigkeit und Zusammenarbeit

1. Die gesetzlichen Regeln

13

Länder	Allgemeine Bestimmungen – *Zuständigkeit und Zusammenarbeit*
12er-Regelung Berlin Brandenburg Bremen Hamburg Hessen Mecklenburg-Vorpommern Rheinland-Pfalz Saarland Sachsen Sachsen-Anhalt Schleswig-Holstein Thüringen	***§ 3 12er-Regelung: Zuständigkeit und Zusammenarbeit*** **(1) Entscheidungen nach diesem Gesetz trifft die Justizvollzugsanstalt, in der die Untersuchungshaft vollzogen wird (Anstalt). Sie arbeitet eng mit Gericht und Staatsanwaltschaft zusammen, um die Aufgabe des Untersuchungshaftvollzugs zu erfüllen und die Sicherheit und Ordnung der Anstalt zu gewährleisten.** **(2) Die Anstalt hat Anordnungen, die das Gericht oder die an dessen statt zum Handeln ermächtigte Behörde[17] trifft, um einer Flucht-, Verdunkelungs- oder Wiederholungsgefahr zu begegnen (verfahrenssichernde Anordnungen), zu beachten und umzusetzen** **Abweichende Regelungen:** *Sachsen, § 2 SächsUHaftVollzG: Zuständigkeit und Zusammenarbeit* (1) Soweit nicht anderes bestimmt ist, trifft Entscheidungen nach diesem Gesetz die Justizvollzugsanstalt, in der die Untersuchungshaft vollzogen wird (Anstalt). (2) Die Anstalt arbeitet eng mit Gericht und Staatsanwaltschaft zusammen. Sie berücksichtigt bei ihren Entscheidungen die Belange des Strafverfahrens.

13 § 159 i.V.m. § 120 Abs. 1 S. 2 NJVollzG.
14 BVerfG NJW 2006, 2093 (2096).
15 Zu einem entsprechenden Programm in der Freiburger U-Haftanstalt s. Volk-Eisemann ZJJ 2010, 202 ff.
16 S. Begründung zum Entwurf eines Gesetzes zur Änderung des Untersuchungshaftrechts vom 27.10.2008, S. 24; s. näher hierzu unten Rn. 30 ff.; § 2 Rn. 9.
17 Hessen, § 3 Abs. 2 HUVollzG, zusätzlich: „[...] oder die Staatsanwaltschaft [...]".

Länder	Allgemeine Bestimmungen – *Zuständigkeit und Zusammenarbeit*
	Ergänzende Bestimmungen für junge Untersuchungsgefangene ***§ 68 12er-Regelung: Zusammenarbeit und Einbeziehung Dritter*[18]** **(1) Die Zusammenarbeit der Anstalt mit staatlichen und privaten Institutionen erstreckt sich insbesondere auch auf Jugendgerichtshilfe, Jugendamt, Schulen und berufliche Bildungsträger[19].** **(2) Die Personensorgeberechtigten sind, soweit dies möglich ist und eine verfahrenssichernde Anordnung nicht entgegensteht, in die Gestaltung des Vollzugs einzubeziehen.** **(3) Die Personensorgeberechtigten und das Jugendamt[20] werden von der Aufnahme, von einer Verlegung und der Entlassung unverzüglich unterrichtet, soweit eine verfahrenssichernde Anordnung nicht entgegensteht.** **Abweichende Regelungen:** ***Hessen, § 45 HUVollzG: Zusammenarbeit und Einbeziehung Dritter*** (1) Die Zusammenarbeit der Anstalt mit öffentlichen Stellen sowie privaten Organisationen erstreckt sich insbesondere auch auf Jugendgerichtshilfe, Jugendamt, Schulen und berufliche Bildungsträger. (2) Die Personensorgeberechtigten und die Träger der öffentlichen Jugendhilfe werden in die Planung und erzieherische Gestaltung des Untersuchungshaftvollzugs angemessen einbezogen, soweit eine verfahrenssichernde Anordnung nicht entgegensteht. (3) Die Personensorgeberechtigten und das Jugendamt werden von der Aufnahme, von einer Verlegung und der Entlassung unverzüglich unterrichtet, soweit eine verfahrenssichernde Anordnung nicht entgegensteht.
Baden-Württemberg	***§ 3 JVollzGB II: Zuständigkeit*** **Die nach diesem Gesetz notwendigen Entscheidungen trifft die Justizvollzugsanstalt unter Beachtung der Belange des Strafverfahrens.**
Bayern	***Art. 6 BayUVollzG: Zuständigkeit*** **Die nach diesem Gesetz notwendigen Entscheidungen trifft der Anstaltsleiter oder die Anstaltsleiterin unter Beachtung der Belange des Strafverfahrens.** ***Art. 7 BayUVollzG: Zusammenwirken der beteiligten Stellen*** **(1) Der Anstaltsleiter oder die Anstaltsleiterin hat verfahrenssichernde Anordnungen zu beachten und umzusetzen.** **(2) Der Anstaltsleiter oder die Anstaltsleiterin unterrichtet das Gericht oder die Staatsanwaltschaft über Erkenntnisse oder Maßnahmen, die aus Sicht der Anstalt für das Verfahren von Bedeutung sein können. Die beteiligten Stellen arbeiten eng zusammen, um den Zweck des Untersuchungshaftvollzugs zu erfüllen und die**

18 In Hamburg: § 74 HmbUVollzG; in Sachsen: § 68 SächsUHaftVollzG: geringfügig abweichend.
19 Zusätzlich in Hamburg, § 74 Abs. 1 HmbUVollzG: „[...] anerkannte freie Träger der Jugendhilfe"; in Schleswig-Holstein, § 68 Abs. 1 UVollzG SH: „[...] Träger der freien Wohlfahrtsverbände".
20 Abweichend in Hamburg, § 74 Abs. 3 HmbUVollzG: „[...] die Jugendgerichtshilfe werden [...]".

Länder	Allgemeine Bestimmungen – *Zuständigkeit und Zusammenarbeit*
	Sicherheit und Ordnung der Anstalt sowie die Wahrung der Rechte der Untersuchungsgefangenen zu gewährleisten.
Niedersachsen	*§ 134 NJVollzG: Zuständigkeiten* (1) [1]Die Vollzugsbehörde ist für alle im Vollzug der Untersuchungshaft zu treffenden Entscheidungen und sonstigen Maßnahmen zuständig, soweit nicht die Zuständigkeit des Gerichts vorgesehen ist. [2]Das Gericht kann sich in jeder Lage des Strafverfahrens durch schriftliche Erklärung gegenüber der Vollzugsbehörde die Zuständigkeit für in deren Zuständigkeit fallende Entscheidungen und sonstige Maßnahmen allgemein oder im Einzelfall widerruflich vorbehalten. (2) Soweit in den Vorschriften dieses Teils nichts anderes bestimmt ist, ist das Gericht zuständig für Entscheidungen und sonstige Maßnahmen, die der Abwehr einer Verdunkelungsgefahr dienen. (3) [1]Das Gericht kann, soweit es für Entscheidungen und sonstige Maßnahmen nach den Vorschriften dieses Teils zuständig ist, seine Zuständigkeit bis zur Erhebung der öffentlichen Klage ganz oder teilweise schriftlich und widerruflich auf die Staatsanwaltschaft übertragen. [2]In den Fällen des Absatzes 1 Satz 2 ist eine Übertragung ausgeschlossen. (4) [1]Die Staatsanwaltschaft kann sich, soweit ihr die Zuständigkeit nach Absatz 3 übertragen wurde, zur Durchführung von Maßnahmen der Hilfe der Ermittlungspersonen der Staatsanwaltschaft bedienen. [2]Die Ermittlungspersonen unterliegen insoweit den Weisungen der Staatsanwaltschaft. [3]Die von ihnen getroffenen Maßnahmen gelten als solche der Staatsanwaltschaft. (5) [1]Das Gericht kann, soweit es für Entscheidungen und sonstige Maßnahmen nach den Vorschriften dieses Teils zuständig ist, seine Zuständigkeit in jeder Lage des Strafverfahrens ganz oder teilweise schriftlich und widerruflich auf die Vollzugsbehörde übertragen, soweit dies der Zweck der Untersuchungshaft zulässt. [2]Eine Übertragung der Zuständigkeit nach Satz 1 bedarf der widerruflichen Zustimmung der Vollzugsbehörde. (6) [1]In dringenden Fällen kann die Staatsanwaltschaft oder die Vollzugsbehörde vorläufige Entscheidungen und sonstige Maßnahmen treffen. [2]Diese bedürfen der unverzüglichen Genehmigung der zuständigen Stelle. *§ 134 a NJVollzG: Gericht, Staatsanwaltschaft und Ermittlungspersonen* (1) [1]Gericht im Sinne der Vorschriften dieses Teils ist das für die Haftprüfung (§ 117 StPO) zuständige Gericht. [2]Handelt es sich bei dem Gericht nach Satz 1 nicht um ein Gericht des Landes Niedersachsen, so ist Gericht im Sinne der Vorschriften dieses Teils das Amtsgericht, in dessen Bezirk sich die oder der Gefangene in Untersuchungshaft befindet; Überstellungen berühren die gerichtliche Zuständigkeit nicht. [3]Einzelne Maßnahmen trifft die oder der Vorsitzende; dies gilt nicht für Entscheidungen nach § 134 Abs. 1 Satz 2, Abs. 3 Satz 1 und Abs. 5 Satz 1. (2) [1]Staatsanwaltschaft im Sinne der Vorschriften dieses Teils ist die Staatsanwaltschaft, die in dem der Inhaftierung der oder des

Länder	Allgemeine Bestimmungen – *Zuständigkeit und Zusammenarbeit*
	Gefangenen zugrunde liegenden Strafverfahren die Ermittlungen führt. 2Handelt es sich bei der Staatsanwaltschaft nach Satz 1 nicht um eine Staatsanwaltschaft des Landes Niedersachsen, so finden die Vorschriften dieses Teils über Zuständigkeiten der Staatsanwaltschaft für Maßnahmen nach diesem Gesetz keine Anwendung. [...] *§ 134 b NJVollzG: Zusammenarbeit der beteiligten Stellen* [1]Das Gericht, die Staatsanwaltschaft und die Vollzugsbehörde treffen ihre Entscheidungen und sonstigen Maßnahmen unter Beachtung der Belange des der Inhaftierung der oder des Gefangenen zugrunde liegenden Strafverfahrens sowie der Sicherheit und Ordnung der Anstalt. [2]Sie unterrichten sich gegenseitig unverzüglich über Umstände, deren Kenntnis erforderlich ist, um die Untersuchungshaft ihrem Zweck entsprechend zu vollziehen, Möglichkeiten der Haftvermeidung zu ergreifen sowie die Sicherheit und Ordnung der Anstalt zu wahren und über Umstände, die das der Inhaftierung der oder des Gefangenen zugrunde liegende Strafverfahren betreffen können. [3]Handelt es sich bei dem für die Haftprüfung (§ 117 StPO) zuständigen Gericht nicht um ein Gericht des Landes Niedersachsen oder werden die Ermittlungen in dem der Inhaftierung der oder des Gefangenen zugrunde liegenden Strafverfahrens nicht von einer Staatsanwaltschaft des Landes Niedersachsen geführt, so sind auch diese Stellen entsprechend Satz 2 zu unterrichten.
Nordrhein-Westfalen	*§ 4 UVollzG NRW: Zuständigkeit* Die nach diesem Gesetz notwendigen Entscheidungen trifft die Anstaltsleitung unter Beachtung der Belange des Strafverfahrens und des Zwecks der Untersuchungshaft. *§ 5 UVollzG NRW: Mitwirkung der Anstalt* Die Anstalt wirkt dabei mit, dass die Untersuchungshaft ihrem Zweck entsprechend vollzogen und Möglichkeiten der Haftvermeidung ergriffen werden. Während des Vollzugs gewonnene Erkenntnisse, die zur Erfüllung der in Satz 1 genannten Aufgabe erforderlich sind, werden unverzüglich an das Gericht oder die Staatsanwaltschaft weitergeleitet.

2. Zuständigkeit der Anstalt. In den Ländergesetzen ist eine grundsätzliche und generelle 14
Zuständigkeit der Anstalt, in der die U-Haft vollzogen wird, festgelegt. Nur soweit das Gericht gesonderte Anweisungen zur Verfahrenssicherung trifft, sind diese zu beachten. Dies gilt auch gem. § 3 Abs. 2 12er-Regelung für eine anstelle des Gerichts ermächtigte Behörde.[21] Diese Ermächtigung muss der StPO entnommen werden. Insoweit finden sich in § 119 Abs. 1 S. 4 StPO hinsichtlich der Anordnungen von Beschränkungen und in § 119 Abs. 2 S. 2 StPO hinsichtlich der Ausführung derartiger Anordnungen Delegationsermächtigungen. Mit der grundsätzlichen und generellen Zuständigkeit der Anstalt erfolgt eine **Kompetenzverlagerung von der Judikative auf die Exekutive**. Gem. § 119 Abs. 6 StPO a.F. war grundsätzlich der Richter für die Entscheidung über erforderliche Maßnahmen im U-Haftvollzug zuständig, auch wenn diese Entscheidungskompetenz in der Praxis weitgehend auf die Anstalt delegiert wurde (s. Grdl. Rn. 1). Dementsprechend werden Praxisbelange für diese neue Regelung angeführt, Vereinfachung und Beschleunigung vollzuglicher Entscheidungen, zu-

21 S. auch § 134 Abs. 3, Abs. 5 NJVollzG.

sätzlich die Entlastung der Gerichte. Diese Gesichtspunkte sind beachtlich. Eine solche generelle Kompetenzverschiebung kann aber für schwerwiegende Eingriffe, die über den Freiheitsentzug hinausgehend grundrechtsrelevant sind, nicht akzeptiert werden.[22] Die Möglichkeit, eine gerichtliche Entscheidung von Seiten des U-Gefangenen zu beantragen (§ 119 a StPO), stellt kein ausreichendes Äquivalent dar, da die Beschwerdemacht der U-Gefangenen faktisch, wenn auch unterschiedlich eingeschränkt ist. Immer haben die Gerichte hinsichtlich der Verfahrenssicherung das Sagen; verfahrenssichernde Anordnungen durch die Gerichte sind von den Anstalten zu beachten und umzusetzen.

15 **3. Zusammenarbeit.** In den Gesetzen wird ein **Kooperationsgebot** aufgestellt. Das ist zu begrüßen, auch um divergierende Entscheidungen von Gerichten und Anstalten zu vermeiden (s. hierzu § 6 Rn. 14). Konkretisiert wird das Kooperationsgebot durch Informationsverpflichtungen gem. § 114 d Abs. 1 StPO (Übersendung des Haftbefehls von Seiten des Gerichts an die Anstalt sowie Mitteilung weiterer Informationen), gem. § 114 d Abs. 2 StPO (Übersendung der Anklageschrift von der Staatsanwaltschaft an die Anstalt sowie Weitergabe weiterer Informationen) und gem. § 114 e StPO (Übermittlung von im Vollzug der U-Haft erlangten Erkenntnissen, die für Gericht und Staatsanwaltschaft von Bedeutung sind, von Seiten der Anstalt).

16 Ergänzt wird das Kooperationsgebot für Gericht, Staatsanwaltschaft und Anstalt in § 6 Abs. 2 der 12er-Regelung im Rahmen der sozialen Hilfe, ebenso gem. § 29 Abs. 3 UVollzG NRW und Art. 26 Abs. 4 UVollzG Bayern. Hiernach soll die Anstalt mit außervollzuglichen Einrichtungen und Organisationen sowie mit Personen und Vereinen, die soziale Hilfestellung leisten können, eng zusammenarbeiten. Gem. § 6 Abs. 4 12er-Regelung (§ 6 Abs. 3 UVollzG Hamburg; § 6 Abs. 2 UVollzG Sachsen) gilt diese Zusammenarbeitsverpflichtung auch für Institutionen, die sich um eine Haftvermeidung[23] oder einen Ausgleich mit dem Tatopfer bemühen. In Art. 26 Abs. 3 UVollzG Bayern wird die Anstalt nur auf eine Benennung entsprechender Stellen und Einrichtungen verpflichtet. Auch in § 134 b NJVollzG sowie im § 5 UVollzG NRW wird die Haftvermeidung als Ziel der Kooperationsverpflichtung aufgestellt. Es wird darauf zu achten sein, dass diese Aufgabenstellung der Anstalt in der Praxis mit Leben erfüllt wird.

17 Soweit eine Kooperation mit Täter-Opfer-Ausgleichsstellen verlangt wird, ist Folgendes zu beachten: Es ist zu begrüßen, wenn der **Täter-Opfer-Ausgleich** auch im Strafvollzug angesteuert wird. In der U-Haft ist dies im Hinblick auf die Unschuldsvermutung nur statthaft, wenn vorher der U-Gefangene um seine Zustimmung befragt wird. Ansonsten könnte nicht nur der Verdacht einer Vorverurteilung begründet werden, sondern auch, soweit das Gericht hierbei eingebunden ist, ein Befangenheitsvorwurf.[24] Zu begrüßen ist daher die Regelung in § 30 UVollzG NRW, wonach Voraussetzung für Täter-Opfer-Ausgleichs-Bemühungen ist, dass der U-Gefangene die Tatvorwürfe einräumt und einen entsprechenden Wunsch für die Durchführung eines Täter-Opfer-Ausgleichs stellt.[25]

18 Für den Vollzug der U-Haft bei jungen Gefangenen wird gem. § 68 der 12er-Regelung das Kooperationsgebot ausgeweitet auf die Jugendgerichtshilfe, das Jugendamt, Schulen und berufliche Bildungsträger, in Hamburg auch auf anerkannte Träger der Jugendhilfe, in Schleswig-Holstein auch auf Träger der freien Wohlfahrtsverbände. Gem. § 72 Abs. 1 S. 3 JVollzGB II Ba-Wü wird eine Zusammenarbeit mit der Jugendgerichtshilfe nur hinsichtlich

22 S. demgegenüber Kirschke/Brune Forum Strafvollzug 2009, 19: „Verfassungsrechtlich unbedenklich", ebenso AnwK U-Haft/Meinen, § 3 Rn. 7. Bezeichnend ist auch die Formulierung von Schneider Forum Strafvollzug 2009, 25, wonach die geplante neue Kompetenzverteilung im Bayerischen Untersuchungshaftvollzugsgesetz „für die Anstalten gegenüber dem status quo ein deutlicher Gewinn" darstellt. Auch Höflich plädiert für eine umfassende Anstaltskompetenz, auch bei der Außenkommunikation, im Interesse des U-Gefangenen, NK 2009, 134. Wie hier Paeffgen GA 2009, 450 (457) für Kommunikationsbeschränkungen; grundsätzlich wie hier Weider StV 2010, 108 und Schlothauer/Weider, Untersuchungshaft, Rn. 1022.

23 In diesem Sinne auch Höflich NK 2009, 132 (134); s. auch Rn. 34.

24 S. bereits Ostendorf/Rose SchlHA 2009, 205.

25 S. auch die Begründung zum schleswig-holsteinischen Gesetzesentwurf, S. 66, wo eine vorhergehende Initiative des U-Gefangenen verlangt wird.

der Persönlichkeitserforschung des jungen Untersuchungsgefangenen gefordert. Die notwendige Kooperationsverpflichtung wird aber durch den Datenschutz begrenzt.

Die **Personensorgeberechtigten** sind nach allen Gesetzen in die Gestaltung des Vollzugs einzubeziehen. Gem. § 68 Abs. 2 12er-Regelung (§ 74 Abs. 2 UVollzG Hamburg, ähnlich § 45 Abs. 3 UVollzG Hessen) gilt dies allerdings nur, „soweit dies möglich ist und eine verfahrenssichernde Anordnung nicht entgegensteht" (gem. § 68 Abs. 2 UVollzG Sachsen nur: „soweit dies möglich ist"). Gem. Art. 30 Abs. 4 S. 2 UVollzG Bayern sind die Personensorgeberechtigten nur auf Antrag über grundlegende Fragen der Vollzugsgestaltung zu unterrichten; gleichzeitig soll ihnen Gelegenheit für Anregungen gegeben werden. Damit wird der Anstalt ein sehr großer Entscheidungsraum zugebilligt. Die Rechtsstellung der Eltern bzw. Personensorgeberechtigten für den Vollzug der Untersuchungshaft gilt es zu konkretisieren.[26] 19

V. Stellung der Untersuchungsgefangenen

1. Die gesetzlichen Regeln

20

Länder	Allgemeine Bestimmungen – *Stellung der Untersuchungsgefangenen*
12er-Regelung Berlin Brandenburg Bremen Hamburg Hessen Mecklenburg-Vorpommern Rheinland-Pfalz Saarland Sachsen Sachsen-Anhalt Schleswig-Holstein Thüringen	***§ 4 12er-Regelung: Stellung der Untersuchungsgefangenen*** **(1) Die Untersuchungsgefangenen gelten als unschuldig. Sie sind so zu behandeln, dass der Anschein vermieden wird, sie würden zur Verbüßung einer Strafe festgehalten.** **(2) Soweit das Gesetz eine besondere Regelung nicht enthält, dürfen den Untersuchungsgefangenen nur Beschränkungen auferlegt werden, die zur Aufrechterhaltung der Sicherheit, zur Abwehr einer schwerwiegenden Störung der Ordnung der Anstalt oder zur Umsetzung einer verfahrenssichernden Anordnung unerlässlich sind. Sie müssen in einem angemessenen Verhältnis zum Zweck der Anordnung stehen und dürfen die Untersuchungsgefangenen nicht mehr und nicht länger als notwendig beeinträchtigen.** Abweichende Regelungen: *Hamburg, § 4 Abs. 3 HmbUVollzG, zusätzlich:* (3) Vollzugsmaßnahmen sollen den Untersuchungsgefangenen erläutert werden. *Hessen, § 4 HUVollzG: Stellung der Untersuchungsgefangenen* (1) Die Untersuchungsgefangenen gelten als unschuldig. (2) Sie unterliegen den in diesem Gesetz vorgesehenen Freiheitsbeschränkungen. Soweit das Gesetz eine besondere Regelung nicht enthält, dürfen den Untersuchungsgefangenen nur Beschränkungen auferlegt werden, die zur Aufrechterhaltung der Sicherheit, zur Abwehr einer schwerwiegenden Störung der Ordnung der Anstalt oder zur Umsetzung einer verfahrenssichernden Anordnung unerlässlich sind. *Sachsen, § 3 Abs. 2 SächsUHaftVollzG: Grundsätze des Untersuchungshaftvollzugs* (2) Sie gelten als unschuldig und sind so zu behandeln, dass selbst der Anschein vermieden wird, sie würden zur Verbüßung einer Strafe festgehalten.

26 S. insoweit § 72 Abs. 4 JVollzGB II Ba-Wü; s. auch unten § 2 Rn. 7.

Länder	Allgemeine Bestimmungen – *Stellung der Untersuchungsgefangenen*
	Sachsen, § 4 SächsUHaftVollzG: Vollzugsmaßnahmen (1) Soweit das Gesetz keine besondere Regelung enthält, dürfen den Untersuchungsgefangenen nur Beschränkungen auferlegt werden, die zur Aufrechterhaltung der Sicherheit oder zur Abwehr einer schwerwiegenden Störung der Ordnung in der Anstalt unerlässlich sind. (2) Vollzugsmaßnahmen sollen den Untersuchungsgefangenen erläutert werden.
Baden-Württemberg	*§ 2 JVollzGB II: Stellung der Untersuchungsgefangenen* **(1) Untersuchungsgefangene gelten als unschuldig.** **(2) Soweit das Gesetz eine besondere Regelung nicht enthält, dürfen den Untersuchungsgefangenen nur Beschränkungen auferlegt werden, die zur Aufrechterhaltung der Sicherheit oder zur Abwendung einer schwerwiegenden Störung der Ordnung der Justizvollzugsanstalt unerlässlich sind.**
Bayern	*Art. 3 BayUVollzG: Stellung der Untersuchungsgefangenen* **(1) Die Untersuchungsgefangenen gelten als unschuldig und sind entsprechend zu behandeln.** **(2) Annehmlichkeiten und Beschäftigungen dürfen sie sich auf ihre Kosten verschaffen, soweit sie mit dem Zweck der Untersuchungshaft vereinbar sind und nicht die Sicherheit oder Ordnung der Anstalt stören.** **(3) Soweit Bundes- oder Landesrecht eine besondere Regelung nicht enthält, dürfen den Untersuchungsgefangenen nur solche Beschränkungen auferlegt werden, die zur Aufrechterhaltung der Sicherheit, zur Abwendung einer schwerwiegenden Störung der Ordnung der Anstalt oder zur Umsetzung von Anordnungen nach § 119 StPO zur Bekämpfung einer Flucht-, Verdunkelungs- oder Wiederholungsgefahr (verfahrenssichernde Anordnungen) unerlässlich sind.** **(4) Die Beschränkungen müssen in einem angemessenen Verhältnis zu Zweck der Anordnung stehen und dürfen die Untersuchungsgefangenen nicht mehr und nicht länger als notwendig beeinträchtigen.** **(5) Das Verteidigungsinteresse der Untersuchungsgefangenen ist angemessen zu berücksichtigen.**
Niedersachsen	*§ 135 NJVollzG: Rechtsstellung der Gefangenen* **(1) Gefangene gelten als unschuldig.** **(2) Soweit dieses Gesetz eine besondere Regelung nicht enthält, können der oder dem Gefangenen über § 3 Satz 2 hinaus Beschränkungen auferlegt werden, die der Zweck der Untersuchungshaft erfordert.** *§ 3 NJVollzG: Rechtsstellung der Gefangenen und Sicherungsverwahrten* **(2) [...] [2]Soweit das Gesetz eine besondere Regelung nicht enthält, können ihr oder ihm die Beschränkungen auferlegt werden, die zur Aufrechterhaltung der Sicherheit oder Ordnung der Anstalt erforderlich sind.**

Länder	Allgemeine Bestimmungen – *Stellung der Untersuchungsgefangenen*
	(3) [1]Wird Untersuchungshaft zum Zwecke der Vollstreckung einer anderen freiheitsentziehenden Maßnahme unterbrochen oder wird gegen eine Gefangene oder einen Gefangenen oder eine Sicherungsverwahrte oder einen Sicherungsverwahrten in anderer Sache Untersuchungshaft angeordnet, so unterliegt die oder der Gefangene oder die oder der Sicherungsverwahrte auch den in diesem Teil vorgesehenen Beschränkungen, die der Zweck der Untersuchungshaft erfordert; die erforderlichen Entscheidungen und sonstigen Maßnahmen trifft die nach den Vorschriften dieses Teils zuständige Stelle. [2]§ 148 Abs. 2 und § 148 a StPO sind anzuwenden.
Nordrhein-Westfalen	*§ 1 UVollzG NRW: Stellung der Untersuchungsgefangenen* (1) Untersuchungsgefangene gelten als unschuldig und sind entsprechend zu behandeln, so dass nicht der Anschein entsteht, sie würden zur Verbüßung einer Strafe festgehalten. (2) Bequemlichkeiten und Beschäftigungen dürfen sie sich auf ihre Kosten verschaffen, soweit sie mit dem Zweck der Haft vereinbar sind und nicht die Sicherheit oder Ordnung der Justizvollzugsanstalt (Anstalt) stören. (3) Soweit das Gesetz eine besondere Regelung nicht enthält, dürfen den Untersuchungsgefangenen Beschränkungen nach diesem Gesetz nur auferlegt werden, die zur Aufrechterhaltung der Sicherheit oder zur Abwehr einer schwerwiegenden Störung der Ordnung der Anstalt unerlässlich sind. Sie müssen in einem angemessenen Verhältnis zum Zweck der Anordnung stehen und dürfen die Untersuchungsgefangenen nicht mehr und nicht länger als notwendig beeinträchtigen.

2. Betonung der Unschuldsvermutung. In allen Gesetzen wird die Unschuldsvermutung gem. Art. 6 Abs. 2 EMRK betont. Dies erfolgt in § 4 Abs. 1 S. 2 12er-Regelung (nicht im § 4 UVollzG Hessen; s. aber § 5 Abs. 1 S. 1 UVollzG Hessen) mit der klarstellenden und für die Vollzugsbediensteten bedeutsamen Formulierung: „Sie sind so zu behandeln, dass der Anschein vermieden wird, sie würden zur Verbüßung einer Strafe festgehalten". Entsprechend lautet die Formulierung in § 1 Abs. 1 UVollzG NRW. Ebenso hieß es bereits in der Ziff. 1 Abs. 3 S. 2 UVollzO. In Sachsen ist noch der verstärkende Zusatz aufgenommen, „dass selbst der Anschein vermieden wird" (§ 3 Abs. 2 UVollzG Sachsen). Die Bedeutung der Unschuldsvermutung wird in Art. 3 Abs. 5 UVollzG Bayern verstärkt, wonach das Verteidigungsinteresse der U-Gefangenen angemessen zu berücksichtigen ist. Eine Folge der Unschuldsvermutung ist der Bequemlichkeitsgrundsatz (s. hierzu Rn. 26). 21

3. Allgemeine Eingriffsbefugnis. In allen Gesetzen findet sich eine allgemeine Eingriffsbefugnis für Maßnahmen gegen U-Gefangene. Gem. § 4 Abs. 2 S. 1 12er-Regelung dürfen den Untersuchungsgefangenen nur Beschränkungen auferlegt werden, „die zur Aufrechterhaltung der Sicherheit, zur Abwehr einer schwerwiegenden Störung der Ordnung der Anstalt oder zur Umsetzung einer verfahrenssichernden Anordnung unerlässlich sind". Ähnlich lautet die Formulierung in § 2 Abs. 2 JVollzGB II Ba-Wü sowie Art. 3 Abs. 3 UVollzG Bayern. Bei minderjährigen U-Gefangenen bzw. bei jungen U-Gefangenen (Niedersachsen) werden zusätzliche Eingriffsbefugnisse aus erzieherischen Gründen eingeräumt (s. hierzu Rn. 10). Demgegenüber war nach § 119 Abs. 3 StPO a.F. neben dem Haftzweck nur die Anstaltsordnung unter Verzicht auf die Sicherheit der Anstalt als Eingriffsermächtigung vorgesehen. Deshalb sind frühere Gerichtsentscheidungen nur bedingt für die heutige Gesetzesanwendung nutzbar. Zu beachten ist, dass hier die Eingriffsbefugnis auf unerlässliche Maßnahmen 22 begrenzt wird. Dies stellt eine engere Formulierung im Vergleich zu erforderlichen Maßnahmen dar. Eine allgemeine Verhältnismäßigkeitsprüfung genügt nicht, schon gar nicht der Hinweis, dass der U-Gefangene „selbst schuld sei", dass gegen ihn Untersuchungshaft vollstreckt werde.[27] Demgegenüber werden in § 3 S. 2 NJVollzG erforderliche Maßnahmen legitimiert. Deshalb darf für die Anstalt keine **zumutbare Alternative zur Abhilfe** zur Verfügung stehen. Die Zumutbarkeit wird nicht durch den bisher üblichen Verwaltungsbrauch bestimmt:[28] „Es ist Sache des Staates, im Rahmen des Zumutbaren alle Maßnahmen zu treffen, die geeignet und nötig sind, um Verkürzungen der Rechte von Untersuchungsgefangenen zu vermeiden; die dafür erforderlichen sachlichen und personellen Mittel hat er aufzubringen, bereitzustellen und einzusetzen."[29] Auch wenn nicht alle Eingriffssituationen vorausschauend vom Gesetzgeber im Einzelnen geregelt werden können, so gilt es zu beachten, dass diese allgemeine Eingriffsbefugnis nicht zu Einschränkungen mit grundrechtsrelevantem Charakter legitimiert, soweit spezielle Grundrechte betroffen sind und nicht nur die allgemeine Handlungsfreiheit gem. Art. 2 Abs. 1 GG. Derartige schwerwiegende Eingriffe in Rechtspositionen des U-Gefangenen sind vom Gesetzgeber geregelt worden. Der Ausschluss der allgemeinen Eingriffsbefugnis „soweit das Gesetz keine besondere Regelung enthält" durch den Gesetzgeber darf nicht durch den erweiternden Zusatz „abschließende Regelung" durch die normanwendende Exekutive eingeschränkt werden.[30] In jedem Fall gilt es, die Unerlässigkeitsvoraussetzung, insbesondere auch im Hinblick auf die Dauer der Maßnahmen, zu beachten. Dies wird mit § 4 Abs. 2 S. 2 12er-Regelung sowie in § 1 Abs. 3 S. 2 UVollzG NRW und Art. 3 Abs. 4 UVollzG Bayern ausdrücklich gefordert.

23 Insbesondere die **Störung der Anstaltsordnung darf nicht zum Einfallstor für Beschränkungen von Gefangenenrechten führen.** Anstaltsordnung meint nicht die Autorität der Anstalt, will nicht die Anstalt als solche zu einem besonderen Schutzgut erhöhen. **Anstaltsordnung meint das Zusammenleben der Gefangenen und Bediensteten.**[31] Das enge Miteinander vieler, unterschiedlich sozialisierter Menschen verlangt insoweit einzuhaltende Regeln, ohne die das Leben in der Anstalt unerträglich würde. Dem dienen die vielfachen Einzelregelungen über Rechte und Pflichten des U-Gefangenen. Wenn der Gesetzgeber ausdrücklich Eingriffsbefugnisse bestimmt hat und nicht auf diese Eingriffsermächtigung erweiternd verweist, gelten nur die speziellen Eingriffsbefugnisse. Auf die allgemeine Eingriffsbefugnis darf darüber hinaus nur „zur Abwehr einer schwerwiegenden Störung" zurückgegriffen werden.[32]

24 Störung ist hierbei im Vergleich zu Gefährdung der engere Begriff. Die Eingriffsbefugnis wird darüber hinaus durch den Zusatz „schwerwiegend" noch weiter eingegrenzt. Es müssen insoweit konkrete Anhaltspunkte bestehen.[33] Hierbei kommt es auf den konkreten Einzelfall an. Dies hat Konsequenzen für die Abfassung von **Hausordnung.**[34] In ihr dürfen Regelungen mit Eingriffscharakter in grundgesetzlich geschützte Freiheiten nur aufgenommen werden, die für die Aufrechterhaltung der Anstaltssicherheit und der Abwehr einer schwerwiegenden

27 So auch ausdrücklich BVerfG StV 2008, 259 (261) mit der Aufhebung einer generellen Stromabschaltung in den Nachtstunden. S. auch BVerfG StV 2009, 253 (254), wonach einem Eingriff in das allgemeine Persönlichkeitsrecht des U-Gefangenen aufgrund einer Generalklausel „enge Grenzen" gesetzt sind.

28 BVerfGE 15, 288 (296); 34, 369 (380 f.); 35, 307 (310).

29 BVerfG StV 2008, 259 (260) unter Hinweis auf BVerfGE 36, 264 (275); 42, 95 (101 f.).

30 So aber AnwK U-Haft/Rubbert, § 4 Rn. 19, 20; wie hier Callies/Müller-Dietz, StVollzG, § 4 Rn. 20.

31 Für eine enge Auslegung Paeffgen GA 2009, 450 (466 f.); für eine Ersetzung des Begriffs der Anstaltsordnung durch den Begriff „Zusammenleben" Baumann, Entwurf eines Untersuchungshaftvollzugsgesetzes, 1981, § 3 Abs. 1, Begründung S. 13; ebenso Arbeitsgemeinschaft sozialdemokratischer Juristen, Diskussionsentwurf eines Untersuchungshaftvollzugsgesetzes, 1985, S. 63.

32 De lege ferenda wollen einige Autoren ganz auf die Eingriffsbefugnis wegen Gefährdung der Anstaltsordnung verzichten, s. Friedrich, Die Normierung des Untersuchungshaftvollzugs, 2004, S. 51; Paeffgen StV 2009, 50.

33 So schon die Rspr. zur Konkretisierung einer „Gefährdung" der Anstaltsordnung, BVerfGE 35, 5 (10); 42, 234 (236); 57, 170 (177); BVerfG StV 2008, 259 (260). Ebenso Münchhalffen/Gatzweiler, Das Recht der Untersuchungshaft, Rn. 554.

34 S. näher § 11 Rn. 24-26.

Störung der Anstaltsordnung unerlässlich sind. Das BVerfG weist in diesem Zusammenhang darauf hin, dass bei derartigen Regelungen Ausnahmen im Einzelfall zuzulassen sind.[35]

VI. Vollzugsgestaltung

1. Die gesetzlichen Regeln

25

Länder	Allgemeine Bestimmungen – *Vollzugsgestaltung*
12er-Regelung Berlin Brandenburg Bremen Hamburg Hessen Mecklenburg-Vorpommern Rheinland-Pfalz Saarland Sachsen Sachsen-Anhalt Schleswig-Holstein Thüringen	*§ 5 12er-Regelung: Vollzugsgestaltung* **(1) Das Leben im Vollzug ist den allgemeinen Lebensverhältnissen anzugleichen, soweit die Aufgabe des Untersuchungshaftvollzugs und die Erfordernisse eines geordneten Zusammenlebens in der Anstalt dies zulassen.** **(2) Die unterschiedlichen Lebenslagen und Bedürfnisse von weiblichen und männlichen Untersuchungsgefangenen werden bei der Vollzugsgestaltung und bei Einzelmaßnahmen berücksichtigt.** **Abweichende Regelungen:** ***Berlin, § 5 Abs. 1 UVollzG Bln, zusätzlich:*** (1) [...] Ein besonderes Augenmerk ist auf die Verhütung von Selbsttötungen zu legen. ***Bremen, § 5 BremUVollzG, zusätzlich:*** (1) [...] Der Verhütung von Selbsttötungen kommt hierbei eine besondere Bedeutung bei. (2) [...] Dies gilt auch für junge Untersuchungsgefangene. ***Hamburg,§ 5 HmbUVollzG, zusätzlich:*** (1) [...] Der Verhütung von Selbsttötungen kommt hierbei eine besondere Bedeutung bei. (2) [...] Ein besonderes Augenmerk ist auf die Schaffung und die Bewahrung eines gewaltfreien Klimas im Vollzug zu richten. ***Hessen, § 5 HUVollzG: Vollzugsgestaltung, Maßnahmen*** (1) Die Gestaltung des Vollzugs ist am Grundsatz der Unschuldsvermutung auszurichten, soweit die Aufgabe des Untersuchungshaftvollzugs, die Sicherheit und Ordnung der Anstalt sowie die Erfordernisse eines geordneten Zusammenlebens in der Anstalt dies zulassen und verfahrenssichernde Anordnungen nicht entgegenstehen. Schädlichen Folgen des Freiheitsentzugs ist entgegenzuwirken. (2) Die unterschiedlichen Lebenslagen und Bedürfnisse der Untersuchungsgefangenen werden bei der Vollzugsgestaltung und bei Einzelmaßnahmen berücksichtigt. (3) Den Untersuchungsgefangenen sollen zur sinnvollen Nutzung der Zeit der Untersuchungshaft vollzugliche Maßnahmen angeboten werden. (4) Für den Widerruf und die Rücknahme von Maßnahmen nach diesem Gesetz gelten die Vorschriften der §§ 48 bis 49 a des Hessischen Verwaltungsverfahrensgesetzes entsprechend, soweit dieses Gesetz keine abweichende Regelung enthält.

35 BVerfG StV 2008, 259 (260).

Länder	Allgemeine Bestimmungen – *Vollzugsgestaltung*
	(5) Vollzugliche Maßnahmen sollen den Untersuchungsgefangenen erläutert werden. ***Sachsen, § 5 Abs. 1 SächsUHaftVollzG:*** (1) Das Leben in Untersuchungshaft darf sich von einem Leben in Freiheit nur insoweit unterscheiden, wie der Zweck der Untersuchungshaft und die Erfordernisse eines geordneten Zusammenlebens in der Anstalt es unabdingbar erforderlich machen. Schädlichen Folgen des Freiheitsentzugs ist entgegenzuwirken. ***Sachsen-Anhalt,§ 5 UVollzG LSA, zusätzlich:*** (1) [...] Insbesondere hat die Anstalt durch geeignete Maßnahmen Vorsorge zu treffen, damit die Untersuchungsgefangenen Übergriffen anderer Gefangener nicht ausgesetzt sind und Selbstverletzungen oder Selbsttötungen verhindert werden. (2) Die unterschiedlichen Bedürfnisse der Untersuchungsgefangenen werden bei der Vollzugsgestaltung und bei Einzelmaßnahmen berücksichtigt. ***Schleswig-Holstein, § 5 Abs. 2 UVollzG SH:*** (2) Die unterschiedlichen Bedürfnisse von weiblichen und männlichen Untersuchungsgefangenen werden bei der Vollzugsgestaltung und bei Einzelmaßnahmen berücksichtigt. **Ergänzende Bestimmungen für junge Untersuchungsgefangene** ***§ 67 12er-Regelung: Vollzugsgestaltung***[36] **(1) Der Vollzug ist erzieherisch zu gestalten. Die Fähigkeiten der jungen Untersuchungsgefangenen zu einer eigenverantwortlichen und gemeinschaftsfähigen Lebensführung in Achtung der Rechte Anderer sind zu fördern.** **(2) Den jungen Untersuchungsgefangenen sollen neben altersgemäßen Bildungs-, Beschäftigungs- und Freizeitmöglichkeiten auch sonstige entwicklungsfördernde Hilfestellungen angeboten werden. Die Bereitschaft zur Annahme der Angebote ist zu wecken und zu fördern.** **(3) In diesem Gesetz vorgesehene Beschränkungen können minderjährigen Untersuchungsgefangenen auch auferlegt werden, soweit es dringend geboten ist, um sie vor einer Gefährdung ihrer Entwicklung zu bewahren.** **Abweichende Regelungen:** ***Bremen, § 67 Abs. 4 BremUVollzG, zusätzlich:*** (4) Das im Untersuchungshaftvollzug an jungen Untersuchungsgefangenen eingesetzte Personal muss für die erzieherische Gestaltung des Vollzugs geeignet und qualifiziert sein. ***Sachsen,§ 67 Abs. 1, 4 SächsUHaftVollzG:*** (1) Die jungen Untersuchungsgefangenen sind in der Entwicklung ihrer Fähigkeiten und Fertigkeiten so zu fördern, dass sie zu einer eigenverantwortlichen und gemeinschaftsfähigen Lebensführung in Achtung der Rechte Anderer befähigt werden (Erziehungsauftrag).

36 In Hamburg: § 73 HmbUVollzG; in Hessen: § 44 HUVollzG ohne Abs. 3 der 12er-Regelung.

Länder	Allgemeine Bestimmungen – *Vollzugsgestaltung*
	(4) Das im Untersuchungshaftvollzug an jungen Untersuchungsgefangenen eingesetzte Personal muss für die erzieherische Gestaltung des Vollzugs geeignet und qualifiziert sein.
Baden-Württemberg	*§ 1 JVollzGB II: Gestaltung des Vollzugs* (1) Die Untersuchungsgefangenen sind unter Achtung ihrer Grund- und Menschenrechte zu behandeln. Niemand darf unmenschlicher oder erniedrigender Behandlung unterworfen werden. (2) Das Leben im Untersuchungshaftvollzug soll den allgemeinen Lebensverhältnissen soweit wie möglich angeglichen werden. (3) Schädlichen Folgen des Freiheitsentzugs ist entgegenzuwirken. Die Untersuchungsgefangenen sind vor Übergriffen zu schützen. Die Justizvollzugsanstalten bieten den Untersuchungsgefangenen Hilfen zur Verbesserung ihrer sozialen Situation an, soweit dies die besonderen Bedingungen der Untersuchungshaft zulassen. (4) Bei der Gestaltung des Vollzugs und bei allen Einzelmaßnahmen werden die unterschiedlichen Lebenslagen und Bedürfnisse der weiblichen und männlichen Untersuchungsgefangenen berücksichtigt. Junge Untersuchungsgefangene *§ 72 JVollzGB II: Gestaltung des Vollzugs* (1) Die Justizvollzugsanstalt soll sich mit der Erforschung der Persönlichkeit junger Untersuchungsgefangener befassen. Die Persönlichkeitserforschung dient der Gestaltung des Untersuchungshaftvollzugs. Sie soll in Zusammenarbeit mit der Jugendgerichtshilfe durchgeführt werden. (2) Während des Vollzugs der Untersuchungshaft sind die jungen Untersuchungsgefangenen in der Entwicklung ihrer Fähigkeiten und Fertigkeiten sowie in ihrer Bereitschaft zu einer eigenverantwortlichen und gemeinschaftsfähigen Lebensführung zu fördern. Hierzu sollen den jungen Untersuchungsgefangenen neben altersgemäßen Bildungs-, Beschäftigungs- und Freizeitmöglichkeiten auch sonstige entwicklungsfördernde Hilfestellungen angeboten werden. Die Bereitschaft zur Annahme der Angebote ist zu wecken und zu fördern. Auf die körperliche, geistige und seelische Entwicklung der jungen Untersuchungsgefangenen ist Rücksicht zu nehmen. (3) In diesem Buch vorgesehene Beschränkungen können jugendlichen Untersuchungsgefangenen auch auferlegt werden, soweit dies dringend geboten ist, um sie vor einer Gefährdung ihrer Entwicklung zu bewahren.
Bayern	*Art. 4 BayUVollzG: Gestaltung des Vollzugs* (1) Das Leben im Vollzug ist den allgemeinen Lebensverhältnissen anzugleichen, soweit der Zweck der Untersuchungshaft und die Erfordernisse eines geordneten Zusammenlebens in der Anstalt dies zulassen. (2) Schädlichen Folgen des Freiheitsentzugs ist entgegenzuwirken. Den Untersuchungsgefangenen sollen Hilfen zur Verbesserung ihrer sozialen Situation angeboten werden, soweit es die besonderen Bedingungen der Untersuchungshaft zulassen.

Länder	Allgemeine Bestimmungen – *Vollzugsgestaltung*
	(3) Die Persönlichkeit der Untersuchungsgefangenen ist zu achten und ihr Ehrgefühl zu schonen. Junge Untersuchungsgefangene *Art. 30 BayUVollzG: Gestaltung des Vollzugs* (1) Der Vollzug der Untersuchungshaft an jungen Untersuchungsgefangenen soll erzieherisch gestaltet werden. (2) Hierzu sollen den jungen Untersuchungsgefangenen neben altersgemäßen Beschäftigungs-, Bildungs- und Freizeitmöglichkeiten auch sonstige entwicklungsfördernde Hilfestellungen angeboten werden. Die Bereitschaft zur Annahme der Angebote ist zu wecken und zu fördern. (3) Die jungen Untersuchungsgefangenen unterliegen den in diesem Gesetz vorgesehenen Beschränkungen ihrer Freiheit. Soweit dieses Gesetz Beschränkungen vorsieht, können diese jungen Untersuchungsgefangenen auch auferlegt werden, soweit es dringend geboten ist, um sie vor einer Gefährdung ihrer Entwicklung zu bewahren. (4) Die Personensorgeberechtigten sind von der Inhaftierung, der Verlegung und der Entlassung minderjähriger Untersuchungsgefangener unverzüglich zu unterrichten, soweit sie noch keine Kenntnis davon haben. Auf Antrag sind sie über grundlegende Fragen der Vollzugsgestaltung nach Abs. 1 zu unterrichten; gleichzeitig soll ihnen die Gelegenheit gegeben werden, hierzu Anregungen zu geben. (5) Art. 128 Satz 2 und Art. 131 Abs. 4 Satz 1 BayStVollzG gelten entsprechend.
Niedersachsen	*§ 2 NJVollzG: Allgemeine Gestaltungsgrundsätze* (1) Das Leben im Vollzug soll den allgemeinen Lebensverhältnissen soweit wie möglich angepasst werden. (2) Schädlichen Folgen des Freiheitsentzuges ist entgegenzuwirken. (3) Der Vollzug der Freiheitsstrafe, der Jugendstrafe und der Unterbringung in der Sicherungsverwahrung soll die Mitarbeitsbereitschaft der Gefangenen und Sicherungsverwahrten im Vollzug fördern, ihre Eigenverantwortung stärken und ihnen helfen, sich in das Leben in Freiheit einzugliedern. Junge Gefangene *§ 158 NJVollzG: Gestaltung des Vollzuges* (1) [1]Der Vollzug soll erzieherisch gestaltet werden. [2]Die oder der junge Gefangene soll in der Entwicklung von Fähigkeiten und Fertigkeiten sowie in der Bereitschaft zu einer eigenverantwortlichen und gemeinschaftsfähigen Lebensführung in Achtung der Rechte anderer gefördert werden. [3]Dem dienen altersgemäße Beschäftigungs-, Bildungs- und Freizeitmöglichkeiten sowie sonstige entwicklungsfördernde Maßnahmen. [4]Die Bereitschaft zur Teilnahme ist zu wecken und zu fördern. 5§ 114 Abs. 1 Sätze 3 und 4 gilt entsprechend.

Länder	Allgemeine Bestimmungen – *Vollzugsgestaltung*
	§ 114 NJVollzG: Gestaltung und Mitwirkung (1) [...] [3]Die Förderung der oder des Gefangenen ist insbesondere auf soziales Lernen und die Ausbildung von Fähigkeiten und Kenntnissen, die einer künftigen beruflichen Integration dienen, auszurichten. [4]Auf die besonderen altersbedingten Bedürfnisse und Empfindlichkeiten der oder des Gefangenen ist Rücksicht zu nehmen.] (2) Die oder der junge Gefangene ist verpflichtet, die ihr oder ihm aus erzieherischen Gründen erteilten rechtmäßigen Anordnungen zu befolgen. (3) [1]Die Personensorgeberechtigten sind von der Inhaftierung, dem jeweiligen Aufenthaltsort und der bevorstehenden Entlassung zu unterrichten, soweit sie noch keine Kenntnis darüber haben; über vorübergehende Veränderungen des Aufenthaltsortes während des Vollzuges sind die Personensorgeberechtigten nur zu unterrichten, soweit dies mit Rücksicht auf die Dauer des anderweitigen Aufenthaltes der oder des jungen Gefangenen angezeigt ist. [2]Sie sind auf Antrag oder bei Bedarf über grundlegende Fragen der Vollzugsgestaltung zu unterrichten; gleichzeitig soll ihnen Gelegenheit gegeben werden, hierzu Anregungen zu geben. [3]Diese sind nach Möglichkeit zu berücksichtigen.
Nordrhein-Westfalen	*§ 2 UVollzG NRW: Gestaltung des Vollzuges* (1) Das Leben im Vollzug ist den allgemeinen Lebensverhältnissen anzugleichen, soweit der Zweck der Untersuchungshaft und die Erfordernisse eines geordneten Zusammenlebens in der Anstalt dies zulassen. (2) Schädlichen Folgen des Freiheitsentzuges ist entgegenzuwirken. Den Untersuchungsgefangenen werden Hilfen zur Verbesserung ihrer sozialen Situation angeboten, soweit es die besonderen Bedingungen der Untersuchungshaft zulassen. (3) Die unterschiedlichen Lebenslagen und Bedürfnisse der weiblichen und männlichen Untersuchungsgefangenen sowie der Untersuchungsgefangenen, die das einundzwanzigste Lebensjahr noch nicht vollendet haben (junge Untersuchungsgefangene), werden bei der Gestaltung des Vollzuges und bei allen Einzelmaßnahmen berücksichtigt. Vorschriften für junge Untersuchungsgefangene *§ 49 UVollzG NRW: Gestaltung des Vollzuges* (1) Der Vollzug der Untersuchungshaft an jungen Untersuchungsgefangenen soll erzieherisch gestaltet werden. (2) Den jungen Untersuchungsgefangenen sollen neben altersgemäßen Beschäftigungs-, Bildungs- und Freizeitmöglichkeiten auch sonstige entwicklungsfördernde Hilfestellungen angeboten werden. Die Bereitschaft zur Annahme der Angebote ist zu wecken und zu fördern. (3) Schulpflichtige Untersuchungsgefangene nehmen in der Anstalt am allgemein- oder berufsbildenden Unterricht teil. (4) Die Personensorgeberechtigten sind von der Inhaftierung und dem jeweiligen Aufenthaltsort der minderjährigen Untersuchungs-

Länder	Allgemeine Bestimmungen – *Vollzugsgestaltung*
	gefangenen zu unterrichten, soweit sie noch keine Kenntnis darüber haben. Sie sollen in die Gestaltung des Vollzuges in angemessener Weise einbezogen werden. **(5) Die in diesem Gesetz vorgesehenen Beschränkungen können minderjährigen Untersuchungsgefangenen auch auferlegt werden, soweit es dringend geboten ist, einer Gefährdung ihrer Entwicklung entgegen zu wirken.**

26 **2. Grundsätze. a) Angleichungsgrundsatz.** Mit Ausnahme Hessens gilt nach allen anderen Gesetzen der Angleichungsgrundsatz wie im Strafvollzug: Das Leben im Vollzug ist den allgemeinen Lebensverhältnissen anzugleichen (s. auch § 3 Abs. 1 StVollzG). Sachsen stellt nicht nur einen Angleichungsgrundsatz auf, sondern auch ein tendenzielles **Unterscheidungsverbot**. Selbstverständlich kann dies unter den Bedingungen des Freiheitsentzugs nur annähernd geschehen. Der Wegweiser hat aber konkrete Auswirkungen auf den Alltag der U-Gefangenen, z.B. für die Ausstattung des Haftraums und für die Verpflegung (s. § 19 12er-Regelung). Noch plastischer heißt es deshalb in § 1 Abs. 2 UVollzG NRW: „Bequemlichkeiten und Beschäftigungen dürfen sie sich auf ihre Kosten verschaffen, soweit sie mit dem Zweck der Haft vereinbar sind und nicht die Sicherheit oder Ordnung der Justizvollzugsanstalt (Anstalt) stören." (ähnlich § 19 UVollzG Hamburg und Art. 3 Abs. 2 UVollzG Bayern). Dieser **Bequemlichkeitsgrundsatz** galt schon nach altem Recht (§ 119 Abs. 4 StPO a.F.; Ziff. 18 Abs. 3 UVollzO). Das „Sonderopfer" (s. Grdl. Rn. 21) soll möglichst minimiert werden. Das **Minimalisierungsprinzip**[37] für eine Reduzierung von Strafübel im Strafvollzug gilt im U-Haftvollzug in besonderer Weise.[38]

Zur **Gefangenenmitverantwortung** i.S.d. Ermöglichung, das Anstaltsleben mitzugestalten, s. § 10 Rn. 18.

27 **b) Gegensteuerungsgrundsatz.** Auch dieser im Strafvollzug geltende Grundsatz (§ 3 Abs. 2 StVollzG) erlangt im U-Haftvollzug besondere Bedeutung. Die Gegensteuerung ist deshalb verpflichtend und nicht nur eine Sollensbestimmung wie im § 3 Abs. 3 des Gesetzesentwurfs 1999. Auch kurzzeitige U-Haft bringt regelmäßig schwere persönliche und soziale Nachteile mit sich. Deprivation, d.h. Verlust von Privatheit mit Einschluss von privaten Beziehungen, von Freundschaft und Partnerschaft, ist auch mit U-Haft verbunden. Prisonisierung im Sinne einer Anpassung an die von der Anstalt, aber vor allem von Mitgefangenen, von dominanten Gefangenengruppen bestimmten Verhaltensregeln (s. auch § 1 Rn. 12), die häufig in eine Subkultur, in eine von gesellschaftlichen Verhaltensnormen abweichende Anstaltskultur einmünden, ist auch mit der U-Haft verbunden. Die Gegensteuerungsaufgabe betrifft so einmal die Innensphäre der Anstalt, betrifft aber auch die Außensphäre, d.h. es ist der Auflösung von sozialen Beziehungen, soweit sich diese nicht negativ auf den U-Gefangenen auswirken, entgegenzuwirken sowie finanziellen Einbußen aufgrund der U-Haft gegenzusteuern. Im Berliner, Bremer, Hamburger Gesetz sowie im Gesetz von Sachsen-Anhalt (§ 5 Abs. 1 S. 3) wird ausdrücklich die Verhütung von Selbsttötungen zur Aufgabe erklärt.

28 **c) Berücksichtigung von geschlechtsspezifischen Bedürfnissen.** U-Haftvollzug ist ganz überwiegend Männervollzug (s. Grdl. Rn. 29). Nur ca. 5% der U-Gefangenen sind weiblich. Der Vollzug ist deshalb traditionell auf Männer ausgerichtet. In Befolgung des Gleichbehandlungsgrundsatzes gem. Art. 3 Abs. 2 GG sind unterschiedliche geschlechtliche Bedürfnisse zu beachten. Dies hat beispielsweise Auswirkungen auf den Einsatz beider Geschlechter bei den Anstaltsbediensteten.

29 **d) Erzieherisches Angebot für jugendliche U-Gefangene.** Wie bereits bei der Erläuterung von Aufgaben und Zweck ausgeführt (s. Rn. 10), ist für jugendliche U-Gefangene die Haft unter Beachtung des vorrangigen elterlichen Erziehungsrechts (Art. 6 Abs. 2 S. 1 GG) erzieherisch

37 S. Ostendorf in: Ostendorf, Jugendstrafvollzugsrecht, 1. Abschnitt Rn. 34.
38 S. hierzu Seebode, Der Vollzug der Untersuchungshaft, S. 145 ff.

zu gestalten. Dies geschieht zunächst durch den strukturierten Vollzugsalltag sowie durch die persönliche Ansprache durch die Vollzugsbediensteten. Erzieherische Gestaltung bedeutet dann im Weiteren ein Beschäftigungs- und Freizeitangebot, das auf die Bedürfnisse junger Menschen abgestellt ist. Hierzu gehören insbesondere auch sportliche Aktivitäten sowie ein musisches Angebot, das über den Fernsehempfang hinausgeht und bislang unentdeckte bzw. nicht entwickelte Interessen weckt. Mit Rücksicht auf die Unschuldsvermutung darf die erzieherische Gestaltung **aber keine zusätzliche Eingriffsermächtigung** neben Eingriffsermächtigungen zur Verfahrenssicherung und zur Aufrechterhaltung von Sicherheit und Ordnung werden.[39] Abgesehen von rechtlichen Einwänden gegen eine solche zusätzliche Eingriffsermächtigung bietet gerade die kurze Dauer der U-Haft, die Bewältigung akuter Umstellungsprobleme von der Freiheit in die plötzliche Unfreiheit sowie die Anspannung im Hinblick auf den Ausgang des Strafverfahrens nur geringe Chancen einer dauerhaften erzieherischen Beeinflussung. Diese könnte realistischer Weise nur unter Einbeziehung des Elternhauses sowie des sozialen Umfeldes des U-Gefangenen geschehen. Die Anstalten müssen sich somit darauf konzentrieren, durch ein umfassendes Angebot von altersgemäßen Bildungs-, Beschäftigungs- und Freizeitmöglichkeiten (s. § 67 Abs. 2 12er-Regelung; § 73 UVollzG Hamburg; § 44 Abs. 2 UVollzG Hessen; Art. 30 Abs. 2 UVollzG Bayern) diese Problem- und Gefährdungssituation zu überbrücken. Hierbei gilt es darauf zu achten, dass trotz des vorgegebenen strukturierten Vollzugsalltags die Autonomie der jungen Gefangenen gefördert wird und Zukunftsperspektiven eröffnet werden. Dies ist dann allerdings keine spezifische Aufgabenstellung für junge U-Gefangene, sondern eine sozialstaatliche Verpflichtung für alle U-Gefangenen in Form von sozialen Hilfen.

VII. Soziale Hilfen

1. Die gesetzlichen Regeln

Länder	Allgemeine Bestimmungen – *Soziale Hilfe*	
12er-Regelung Berlin Brandenburg Bremen Hamburg Hessen Mecklenburg-Vorpommern Rheinland-Pfalz Saarland Sachsen Sachsen-Anhalt Schleswig-Holstein Thüringen	***§ 6 12er-Regelung: Soziale Hilfe*** **(1) Die Untersuchungsgefangenen werden darin unterstützt, ihre persönlichen, wirtschaftlichen und sozialen Schwierigkeiten zu beheben. Sie sollen dazu angeregt und in die Lage versetzt werden, ihre Angelegenheiten selbst zu regeln.** **(2) Die Anstalt arbeitet mit außervollzuglichen Einrichtungen und Organisationen sowie mit Personen und Vereinen[40], die soziale Hilfestellung leisten können, eng zusammen.** **(3) Die Untersuchungsgefangenen sind, soweit erforderlich, über die notwendigen Maßnahmen zur Aufrechterhaltung ihrer sozialversicherungsrechtlichen Ansprüche zu beraten. [41]** **(4) Die Beratung soll die Benennung von Stellen und Einrichtungen außerhalb der Anstalt umfassen, die sich um eine Vermeidung der weiteren Untersuchungshaft bemühen. [42]** **Abweichende Regelungen:** ***Berlin, § 6 Abs. 4 UVollzG Bln, zusätzlich:*** (4) [...] Die Anstalt wirkt darauf hin, dass die Untersuchungsgefangenen frühzeitig Kontakt zu einer Verteidigerin oder einem	30

39 So aber in dringenden Fällen § 67 Abs. 3 12er-Regelung, § 72 Abs. 3 JVollzGB II Ba-Wü , Art. 30 Abs. 3 S. 2 UVollzG Bayern, § 49 Abs. 4 UVollzG NRW sowie weitergehend § 158 Abs. 2 NJVollzG. In Hessen ist diese Eingriffsermächtigung im § 44 UVollzG Hessen nicht enthalten!

40 Zusätzlich in Mecklenburg-Vorpommern, § 6 Abs. 2 UVollzG M-V: „[...] und Verbänden [...]".

41 In Hamburg,§ 6 HmbUVollzG: ohne Abs. 3.

42 In Schleswig-Holstein, § 6 UVollzG SH: ohne Abs. 4.

Länder	Allgemeine Bestimmungen – *Soziale Hilfe*
	Verteidiger herstellen können. Auf Wunsch sind den Untersuchungsgefangenen Stellen und Einrichtungen zu benennen, die sie in ihrem Bestreben unterstützen können, einen Ausgleich mit dem Tatopfer zu erreichen. ***Bremen, § 6 Abs. 2 BremUVollzG, zusätzlich:*** (2) [...] Der in Satz 1 genannte Personenkreis ist verpflichtet, außerhalb seiner Tätigkeit im Rahmen dieses Gesetzes über alle Angelegenheiten, die ihrer Natur nach vertraulich sind, besonders über Namen der Untersuchungsgefangenen, Verschwiegenheit zu bewahren. Dies gilt auch nach Beendigung der Tätigkeit. ***Hessen, § 19 HUVollzG: Soziale Hilfe*** (1) Die Untersuchungsgefangenen werden durch die Anstalt darin unterstützt, ihre persönlichen, wirtschaftlichen und sozialen Schwierigkeiten zu beheben, und angeregt, ihre Angelegenheiten selbst zu regeln. (2) Die Anstalten arbeiten mit öffentlichen Stellen sowie privaten Organisationen und Personen, die soziale Hilfestellung leisten können, zusammen. (3) Die Beratung soll insbesondere die Benennung von Stellen und Einrichtungen außerhalb der Anstalt umfassen, die sich um eine Vermeidung der weiteren Untersuchungshaft bemühen. ***Sachsen, § 6 SächsUHaftVollzG: Soziale Hilfe*** (1) Die Untersuchungsgefangenen werden durch die Anstalt darin unterstützt, den persönlichen, wirtschaftlichen und sozialen Auswirkungen der Haft zu begegnen und angeregt, ihre Angelegenheiten selbst zu regeln. Zu diesem Zweck arbeitet die Anstalt mit außervollzuglichen Einrichtungen und mit Personen und Vereinen, die soziale Hilfestellung leisten können, zusammen. (2) Die Beratung soll die Benennung von Stellen und Einrichtungen außerhalb der Anstalt umfassen, die sich um eine Vermeidung der weiteren Untersuchungshaft bemühen. Auf Wunsch sind den Untersuchungsgefangenen Stellen und Einrichtungen zu benennen, die sie in ihrem Bestreben unterstützen können, einen Ausgleich mit dem Tatopfer zu erreichen. ***Schleswig-Holstein, § 6 Abs. 2 UVollzG SH, zusätzlich:*** (2) Die Anstalt arbeitet mit außervollzuglichen Einrichtungen und Organisationen sowie mit Personen und Vereinen eng zusammen, die soziale Hilfestellung leisten können, Die sich um eine Haftvermeidung oder einen Ausgleich mit dem Tatopfer bemühen. Die Untersuchungsgefangenen sind zu beraten. Insbesondere sind ihnen Stellen und Einrichtungen außerhalb der Anstalt zu benennen.
Baden-Württemberg	***§ 32 JVollzGB II: Soziale Hilfe*** **(1) Untersuchungsgefangenen wird die soziale Hilfe der Justizvollzugsanstalt angeboten, um ihre persönlichen Schwierigkeiten zu lösen und sie in die Lage zu versetzen, ihre Angelegenheiten selbst zu regeln. Bei der Aufnahme wird ihnen geholfen, die notwendigen Maßnahmen für hilfsbedürftige Angehörige zu veranlassen und ihre Habe außerhalb der Justizvollzugsanstalt sicherzustellen. Ihnen soll während des Vollzugs geholfen werden, soziale Beziehungen aufrechtzuerhalten, Arbeitsplatz und Wohnung zu erhalten**

Länder	Allgemeine Bestimmungen – *Soziale Hilfe*
	und für Unterhaltsberechtigte zu sorgen. Angebote zur Vermeidung oder Bewältigung persönlicher Krisen sind vorzusehen. (2) Die Beratung soll die Benennung von Stellen und Einrichtungen außerhalb der Justizvollzugsanstalt umfassen, die sich um eine Vermeidung der weiteren Untersuchungshaft bemühen oder Hilfen in besonderen sozialen oder gesundheitlichen Problemlagen anbieten. Auf Wunsch sind Untersuchungsgefangenen Einrichtungen und Organisationen zu benennen, die sie in ihrem Bemühen unterstützen können, einen Ausgleich mit dem Tatopfer zu erreichen.
Bayern	*Art. 26 BayUVollzG: Soziale Hilfe* (1) Den Untersuchungsgefangenen sind nach Möglichkeit bei der Aufnahme, während des Vollzugs der Untersuchungshaft und bei der Entlassung soziale Hilfen in der Anstalt anzubieten, um zur Lösung ihrer persönlichen Schwierigkeiten beizutragen. Die Hilfe soll darauf gerichtet sein, die Untersuchungsgefangenen in die Lage zu versetzen, ihre Angelegenheiten selbst zu ordnen und zu regeln. (2) Alsbald nach der Aufnahme sind die Untersuchungsgefangenen über die Hilfeangebote zu unterrichten. Art. 77 und 78 Abs. 1 BayStVollzG gelten entsprechend. (3) Die Beratung soll die Benennung von Stellen und Einrichtungen außerhalb der Anstalt umfassen, die sich um eine Vermeidung der weiteren Untersuchungshaft bemühen oder Hilfen in besonderen sozialen oder gesundheitlichen Problemlagen anbieten. Auf Wunsch sind den Untersuchungsgefangenen Stellen und Einrichtungen zu benennen, die sie in ihrem Bemühen unterstützen können, einen Ausgleich mit dem Tatopfer zu erreichen. (4) Die Anstalten arbeiten mit außervollzuglichen Einrichtungen und Organisationen sowie mit Personen und Vereinen, die soziale Hilfestellung leisten können, eng zusammen.
Niedersachsen	*§ 155 NJVollzG: Soziale Hilfen* Für soziale Hilfen gelten § 68 Abs. 1 und § 69 Abs. 1 und 2 Sätze 1 und 3 unter Berücksichtigung des Zwecks der Untersuchungshaft entsprechend mit der Maßgabe, dass sich die Hilfe auch auf die Vermeidung der weiteren Untersuchungshaft erstrecken soll. *§ 68 Abs. 1 NJVollzG: Soziale Hilfen* (1) Soziale Hilfen sollen darauf gerichtet sein, die Gefangene oder den Gefangenen in die Lage zu versetzen, ihre oder seine Angelegenheiten selbst zu ordnen und zu regeln. *§ 69 NJVollzG: Hilfen im Vollzug* (1) [1]Bei der Aufnahme wird die oder der Gefangene insbesondere dabei unterstützt, notwendige Maßnahmen für hilfsbedürftige Angehörige zu veranlassen und ihre oder seine Habe außerhalb der Anstalt sicherzustellen. [2]Die oder der Gefangene ist über die Aufrechterhaltung einer Sozialversicherung zu beraten. (2) [1]Während des Vollzuges wird die oder der Gefangene insbesondere in dem Bemühen unterstützt, ihre oder seine Rechte und Pflichten wahrzunehmen, namentlich das Wahlrecht auszuüben sowie für Unterhaltsberechtigte zu sorgen. […] [3]In geeigneten Fäl-

Länder	Allgemeine Bestimmungen – *Soziale Hilfe*
	len sollen der oder dem Gefangenen zur Durchführung eines Täter-Opfer-Ausgleichs Stellen und Einrichtungen benannt werden.
Nordrhein-Westfalen	*§ 29 UVollzG NRW: Soziale Hilfe* **(1) Untersuchungsgefangene werden in ihrem Bestreben nach der Bewältigung ihrer persönlichen und sozialen Schwierigkeiten unterstützt. Die Hilfe ist darauf gerichtet, sie in die Lage zu versetzen, ihre Angelegenheiten selbst zu ordnen und zu regeln.** **(2) Zu diesem Zweck werden ihnen auch Stellen und Einrichtungen außerhalb der Anstalt benannt, die sich um eine Vermeidung der weiteren Untersuchungshaft bemühen oder Hilfen in besonderen sozialen oder gesundheitlichen Problemlagen anbieten.** **(3) Die Anstalten arbeiten mit außervollzuglichen Einrichtungen und Organisationen sowie mit Personen und Vereinen, die soziale Hilfestellung leisten können, eng zusammen. [...]** § 30 UVollzG NRW: Täter-Opfer-Ausgleich **Auf Wunsch der die Tatvorwürfe einräumenden Untersuchungsgefangenen fördert die Anstalt die Durchführung eines Täter-Opfer-Ausgleichs. Hierzu benennt sie insbesondere Stellen und Einrichtungen, die die Untersuchungsgefangenen in ihren Bemühungen unterstützen.**

31 **2. Der Grundsatz.** Alle Ländergesetze sehen soziale Hilfen für die Untersuchungsgefangenen zur Behebung persönlicher, wirtschaftlicher und sozialer Schwierigkeiten vor. Diese ausdrückliche Verpflichtung ist durch das Sozialstaatsprinzip begründet.[43] Hierbei bleibt der U-Gefangene in der primären Verantwortung zur Regelung „seiner Angelegenheiten“. Seine Kompetenz hierzu soll gerade gestärkt werden. Aufgrund der faktischen Einschränkungen durch die Inhaftierung und der persönlichen Schwierigkeiten sind U-Gefangene aber vielfach auf Unterstützung und Hilfe angewiesen. Ein Anspruch auf bestimmte soziale Hilfen wird mit der Verpflichtung zur Unterstützung nicht begründet.[44]

32 Soziale Hilfen haben sich an den jeweiligen Bedürfnissen der Gefangenen zu orientieren.[45] Hierbei gilt selbstverständlich das **Freiwilligen-Prinzip**. Nicht alle U-Gefangenen sind aber in der Lage, ihre Hilfebedürfnisse zu formulieren, einige schämen sich hierfür. Es hat insoweit bereits eine Hilfe bei der Feststellung des Hilfebedarfs zu erfolgen. Signale, sich aus kriminellen Cliquen und Gruppierungen zu lösen, müssen aufgegriffen werden, einem entsprechenden Druck ist entgegenzuwirken. Hierzu kann die Vermittlung in Aussteigerprojekte gehören.[46] Die Verweigerung, Hilfeangebote anzunehmen, darf nicht zu nachteiligen Folgen während der U-Haft oder später im Verlauf der Strafhaft führen.[47]

33 **3. Ausgestaltung.** a) **Aufrechterhaltung sozialversicherungsrechtlicher Ansprüche.** Ausdrücklich wird in § 6 Abs. 3 12er-Regelung, § 7 Abs. 2 Nr. 1 UVollzG Hamburg die Beratung über notwendige Maßnahmen zur Aufrechterhaltung sozialversicherungsrechtlicher Ansprüche als eine Form der sozialen Hilfe benannt ebenso im § 68 Abs. 1 S. 2 NJVollzG.

43 S. auch die Begründung zu § 6 12er-Regelung, im schleswig-holsteinischen Gesetzesentwurf S. 66.
44 So ausdrücklich die Begründung zur 12er-Regelung, im schleswig-holsteinischen Gesetzesentwurf S. 66. Weitergehend lautete die Formulierung in § 53 des Gesetzesentwurfs der Anstaltsleiter, 1982: „Der Untersuchungsgefangene kann soziale Hilfen durch die Anstalt beanspruchen.“.
45 Bundeszusammenschlusses für Straffälligenhilfe, Fachausschuss „Strafrecht und Strafvollzug“, Reform der Untersuchungshaft, 1983, S. 21.
46 S. Rieker ZJJ 2010, 130 (133).
47 Bundeszusammenschlusses für Straffälligenhilfe, Fachausschuss „Strafrecht und Strafvollzug“„ Reform der Untersuchungshaft, 1983, S. 21.

b) Beratung zur Vermeidung der U-Haft. Ausdrücklich wird weiterhin die Beratung zur Vermeidung der weiteren U-Haft genannt (§ 6 Abs. 4 12er-Regelung; § 6 Abs. 3 UVollzG Hamburg; § 19 Abs. 3 UVollzG Hessen; § 32 Abs. 2 JVollzGB II Ba-Wü; Art. 26 Abs. 3 S. 1 UVollzG Bayern; § 155 NJVollzG; § 29 Abs. 2 UVollzG NRW). Diese Verpflichtung der Anstalt zur U-Haftabkürzung ist bemerkenswert, da damit anerkannt wird, dass die U-Haft im Einzelfall überflüssig sein kann. Im Jugendstrafrecht soll gem. § 72 a JGG die Jugendgerichtshilfe schon vorher, d.h. vor Entscheidung über die U-Haft zur Haftvermeidung herangezogen werden. Der Vermeidung der U-Haft dient gerade auch ein frühzeitiger Kontakt zu einem Verteidiger (so ausdrücklich § 6 Abs. 4 S. 2 UVollzG Berlin). 34

c) Spezielle Aufnahme- und Entlassungshilfen. Alle Gesetze sehen spezielle Aufnahme- und Entlassungshilfen vor, die im Rahmen der Erläuterungen zum Vollzugsverlauf dargestellt werden (s. § 2 Rn. 9, 14). 35

4. Kooperationsgebot. Bei der Durchführung der sozialen Hilfen ist das allgemeine Kooperationsgebot (s.o. Rn. 15) in besonderer Weise zu beachten, schon deshalb, weil außenstehende Institutionen für diese sozialen Hilfen primär zuständig sind. Hierbei kommen sowohl staatliche Stellen als auch private Hilfeeinrichtungen in Betracht. In der Begründung zum schleswig-holsteinischen Gesetzesentwurf werden als Kooperationspartner u.a. aufgeführt: Straffälligenhilfe, Agenturen für Arbeit, Gesundheits- und Ausländerbehörden, Integrationsbeauftragte, Suchtberatungsstellen und Schuldnerberatungsstellen, Träger der Sozialversicherung, Hilfeeinrichtungen anderer Behörden, Träger der freien Wohlfahrtspflege, Bewährungshilfe und Jugendgerichtshilfe, Schulen und Schulbehörden, Einrichtungen für berufliche Bildung, Stellen der öffentlichen und freien Jugendhilfe und Jugendämter. Unverständlich ist allerdings die Nennung der Polizei als Kooperationspartner für soziale Hilfen. Zur Einschaltung von Täter-Opfer-Ausgleichsstellen s.o. Rn. 17. Insbesondere müssen bestehende Kontakte zu derartigen Hilfeeinrichtungen und angelaufene Hilfen während der U-Haft fortgesetzt werden. 36

§ 2 Vollzugsverlauf

I. Aufnahme

1. Die gesetzlichen Regeln

1

Länder	Vollzugsverlauf – *Aufnahme*
12er-Regelung Berlin Brandenburg Bremen Hamburg Hessen Mecklenburg-Vorpommern Rheinland-Pfalz Saarland Sachsen Sachsen-Anhalt Schleswig-Holstein Thüringen	***§ 7 12er-Regelung: Aufnahme*** **(1) Mit den Untersuchungsgefangenen wird unverzüglich ein Zugangsgespräch geführt, in dem ihre gegenwärtige Lebenssituation erörtert wird und sie über ihre Rechte und Pflichten informiert werden. Ihnen ist die Hausordnung auszuhändigen. Dieses Gesetz, die von ihm in Bezug genommenen Gesetze sowie die zu seiner Ausführung erlassenen Rechtsverordnungen und Verwaltungsvorschriften sind den Untersuchungsgefangenen auf Verlangen zugänglich zu machen.** **(2) Beim Zugangsgespräch[1] dürfen andere Gefangene in der Regel nicht zugegen sein.** **(3) Die Untersuchungsgefangenen werden alsbald ärztlich untersucht.** **(4) Den Untersuchungsgefangenen ist Gelegenheit zu geben, einen Angehörigen oder eine Vertrauensperson von der Aufnahme in die Anstalt zu benachrichtigen, soweit eine verfahrenssichernde Anordnung nicht entgegensteht.** **(5) Die Untersuchungsgefangenen sollen dabei unterstützt werden, etwa notwendige Maßnahmen für hilfsbedürftige Angehörige, zur Erhaltung des Arbeitsplatzes und der Wohnung und zur Sicherung ihrer Habe außerhalb der Anstalt zu veranlassen.** **Abweichende Regelungen:** ***Bremen, § 7 BremUVollzG:*** (1) Mit den Untersuchungsgefangenen wird unverzüglich ein Zugangsgespräch geführt, in dem ihre gegenwärtige Lebenssituation erörtert wird und sie über ihre Rechte und Pflichten in einer für sie verständlichen Form informiert werden. Ihnen ist die Hausordnung auszuhändigen. Dieses Gesetz, die von ihm in Bezug genommenen Gesetze sowie die zu seiner Ausführung erlassenen Rechtsverordnungen und Verwaltungsvorschriften sind den Untersuchungsgefangenen auf Verlangen zugänglich zu machen. (2) Beim Zugangsgespräch dürfen andere Gefangene nicht zugegen sein. (3) Die Untersuchungsgefangenen werden alsbald ärztlich untersucht. § 5 Abs. 1 Satz 3 ist zu beachten. i.V.m. § 5 Abs. 1 Satz 3 BremUVollzG: Der Verhütung von Selbsttötungen kommt hierbei eine besondere Bedeutung zu. (4) Den Untersuchungsgefangenen ist Gelegenheit zu geben, einen Angehörigen, eine Verteidigerin oder einen Verteidiger oder eine Vertrauensperson von der Aufnahme in die Anstalt zu benachrichtigen, soweit eine verfahrenssichernde Anordnung nicht entgegensteht.

1 In Berlin, § 7 Abs. 2 UVollzG Bln: „Beim Aufnahmeverfahren […]“.

Länder	Vollzugsverlauf – *Aufnahme*
	(5) Die Untersuchungsgefangenen sollen dabei unterstützt werden, etwa notwendige Maßnahmen für hilfsbedürftige Angehörige, zur Erhaltung des Arbeitsplatzes und der Wohnung und zur Sicherung ihrer Habe außerhalb der Anstalt zu veranlassen. ***Hamburg, § 7 HmbUVollzG: Aufnahme*** (1) Mit den Untersuchungsgefangenen wird unverzüglich ein Aufnahmegespräch geführt. Sie werden umgehend ärztlich untersucht, insbesondere um die Haftfähigkeit festzustellen sowie das Vorliegen ansteckender Krankheiten auszuschließen, die eine Gefahr für andere Personen bedeuten können und daher besondere Schutzmaßnahmen erforderlich machen würden. (2) Die Untersuchungsgefangenen werden bei der Aufnahme 1. über ihre Rechte und Pflichten und über die Möglichkeiten der Aufrechterhaltung einer Sozialversicherung unterrichtet, 2. darin unterstützt, die notwendigen Maßnahmen für hilfsbedürftige Angehörige und zur Erhaltung des Arbeitsplatzes und der Wohnung zu veranlassen und ihre Habe außerhalb der Anstalt sicherzustellen. (3) Den Untersuchungsgefangenen ist Gelegenheit zu geben, eine Angehörige oder einen Angehörigen oder eine Vertrauensperson von der Aufnahme in die Anstalt zu benachrichtigen, soweit eine verfahrenssichernde Anordnung nicht entgegensteht. (4) Beim Aufnahmeverfahren dürfen andere Gefangene in der Regel nicht zugegen sein. Ausnahmen bedürfen der schriftlichen Einwilligung der aufzunehmenden Untersuchungsgefangenen. ***Hessen, § 6 HUVollzG: Aufnahme*** (1) Mit den Untersuchungsgefangenen wird unverzüglich ein Aufnahmegespräch geführt, bei dem andere Gefangene nicht zugegen sein dürfen, es sei denn die Untersuchungsgefangenen stimmen dem zu. Dabei wird die aktuelle Lebenssituation erörtert und die Untersuchungsgefangenen werden über ihre Rechte und Pflichten informiert. Ihnen ist die Hausordnung sowie ein Exemplar dieses Gesetzes zugänglich zu machen. Die Untersuchungsgefangenen sind verpflichtet, die für den Vollzug erforderlichen Angaben über ihre persönlichen Verhältnisse zu machen. (2) Die Untersuchungsgefangenen werden alsbald ärztlich untersucht. (3) Den Untersuchungsgefangenen ist Gelegenheit zu geben, einen Angehörigen oder eine Vertrauensperson von der Aufnahme in die Anstalt zu benachrichtigen, soweit eine verfahrenssichernde Anordnung nicht entgegensteht. (4) Die Untersuchungsgefangenen sollen dabei unterstützt werden, etwa notwendige Maßnahmen für hilfsbedürftige Angehörige, zur Erhaltung des Arbeitsplatzes und der Wohnung, zur Sicherung ihrer Vermögensgegenstände außerhalb der Anstalt und zur Aufrechterhaltung ihrer sozialversicherungsrechtlichen Ansprüche zu veranlassen.

Länder	Vollzugsverlauf – *Aufnahme*
	Mecklenburg-Vorpommern, § 7 Abs. 2 UVollzG M-V: (2) Beim Zugangsgespräch dürfen andere Gefangene nur zugegen sein, wenn anders eine sprachliche Verständigung nicht möglich ist. ***Sachsen, § 7 SächsUHaftVollzG: Aufnahme*** (1) Mit dem Untersuchungsgefangenen wird unverzüglich ein Zugangsgespräch geführt, in dem seine gegenwärtige Lebenssituation erörtert und er über seine Rechte und Pflichten informiert wird. Ihm ist die Hausordnung auszuhändigen. Dieses Gesetz, die von ihm in Bezug genommenen Gesetze sowie die zu seiner Ausführung erlassenen Rechtsverordnungen und Verwaltungsvorschriften sind dem Untersuchungsgefangenen auf Verlangen zugänglich zu machen. (2) Im Zugangsgespräch ist auch zu klären, ob in seiner Obhut stehende Minderjährige ohne Betreuung und Versorgung zurückgelassen worden sind. In diesem Fall ist unverzüglich das zuständige Jugendamt zu unterrichten. (3) Beim Zugangsgespräch dürfen andere Gefangene nicht zugegen sein. (4) Der Untersuchungsgefangene wird alsbald ärztlich untersucht. (5) Dem Untersuchungsgefangenen ist Gelegenheit zu geben, Angehörige oder eine Vertrauensperson von der Aufnahme in die Anstalt zu benachrichtigen. (6) Der Untersuchungsgefangene soll dabei unterstützt werden, etwa notwendige Maßnahmen für hilfsbedürftige Angehörige, zur Erhaltung des Arbeitsplatzes und der Wohnung, zur Sicherung seiner Vermögensgegenstände außerhalb der Anstalt und zur Aufrechterhaltung seiner sozialversicherungsrechtlichen Ansprüche zu veranlassen. ***Sachsen-Anhalt, § 7 UVollzG LSA: Aufnahme*** (1) Untersuchungsgefangene werden aufgrund eines schriftlichen Aufnahmeersuchens des Gerichts in die Justizvollzugsanstalt aufgenommen. (2) Beim Aufnahmeverfahren dürfen andere Gefangene nicht zugegen sein. Der Untersuchungsgefangene ist über seine Rechte und Pflichten zu unterrichten. Bei einem Untersuchungsgefangenen, der der deutschen Sprache nicht hinreichend mächtig ist, ist ein Dolmetscher oder Übersetzer hinzuzuziehen. (3) Nach der Aufnahme wird der Untersuchungsgefangene unverzüglich ärztlich untersucht. (4) Verlangt der Untersuchungsgefangene die Untersuchung durch einen Arzt seiner Wahl, gilt § 22 Abs. 2 entsprechend. (5) Unabhängig von der Benachrichtigung von Amts wegen ist dem Untersuchungsgefangenen Gelegenheit zu geben, einen Angehörigen oder eine Vertrauensperson von der Aufnahme in die Anstalt zu benachrichtigen, soweit eine verfahrenssichernde Anordnung nicht entgegensteht. (6) Der Untersuchungsgefangene soll dabei unterstützt werden, etwa notwendige Maßnahmen für hilfsbedürftige Angehörige, zur

Länder	Vollzugsverlauf – *Aufnahme*
	Erhaltung des Arbeitsplatzes und der Wohnung und zur Sicherung seiner Habe außerhalb der Anstalt zu veranlassen.
Baden-Württemberg	*§ 4 JVollzGB II: Aufnahme in die Justizvollzugsanstalt* Bei der Aufnahme werden die Untersuchungsgefangenen über ihre Rechte und Pflichten in einer für sie verständlichen Form unterrichtet. Nach der Aufnahme werden sie alsbald ärztlich untersucht und der Anstaltsleiterin oder dem Anstaltsleiter oder den von diesen beauftragten Bediensteten vorgestellt. Beim Aufnahmeverfahren und bei der ärztlichen Untersuchung dürfen andere Gefangene nicht zugegen sein; Ausnahmen bedürfen der Zustimmung der oder des Untersuchungsgefangenen. *§ 32 Abs. 1 JVollzGB II: Soziale Hilfe* (1) [...] [2]Bei der Aufnahme wird ihnen geholfen, die notwendigen Maßnahmen für hilfsbedürftige Angehörige zu veranlassen und ihre Habe außerhalb der Justizvollzugsanstalt sicherzustellen. [3]Ihnen soll während des Vollzugs geholfen werden, soziale Beziehungen aufrechtzuerhalten, Arbeitsplatz und Wohnung zu erhalten und für Unterhaltsberechtigte zu sorgen. Angebote zur Vermeidung oder Bewältigung persönlicher Krisen sind vorzusehen. [...]
Bayern	*Art. 8 BayUVollzG: Aufnahme in die Anstalt* (1) Die Untersuchungsgefangenen werden auf Grund eines schriftlichen Aufnahmeersuchens in die nach dem Vollstreckungsplan (Art. 42 Satz 1 in Verbindung mit Art. 174 BayStVollzG) zuständige Anstalt aufgenommen, soweit das Gericht nicht im Einzelfall eine andere Anstalt bestimmt hat. (2) Die neu aufgenommenen Untersuchungsgefangenen werden über ihre Rechte und Pflichten in einer für sie verständlichen Form unterrichtet. Mit ihnen wird ein Zugangsgespräch geführt. Die Untersuchungsgefangenen werden alsbald ärztlich untersucht. (3) Beim Aufnahmeverfahren ist das Persönlichkeitsrecht der Untersuchungsgefangenen in besonderem Maße zu wahren.
Niedersachsen	*§ 136 NJVollzG: Aufnahme in die Anstalt* Für die Aufnahme gilt § 8 entsprechend, Absatz 3 Satz 3 jedoch mit der Maßgabe, dass der Zweck der Untersuchungshaft nich gefährdet werden darf. *§ 8 NJVollzG: Aufnahme in die Anstalt* (1) Bei der Aufnahme in die Anstalt wird die oder der Gefangene über ihre oder seine Rechte und Pflichten unterrichtet. (2) [1]Die oder der Gefangene und ihre oder seine Sachen werden durchsucht. [2]Mit der oder dem Gefangenen wird unverzüglich ein Zugangsgespräch geführt. [3]Sie oder er wird alsbald ärztlich untersucht. (3) [1]Während des Aufnahmeverfahrens dürfen andere Gefangene nicht anwesend sein. [2]Erfordert die Verständigung mit der oder dem aufzunehmenden Gefangenen die Zuziehung einer Dolmetscherin oder eines Dolmetschers, so ist diese unverzüglich zu veranlassen. [3]Ist die sofortige Verständigung mit der oder dem aufzunehmenden Gefangenen in ihrem oder seinem Interesse oder zur Gewährleistung der Sicherheit der Anstalt erforderlich, so können

Länder	Vollzugsverlauf – *Aufnahme*
	andere Gefangene zur Übersetzung herangezogen werden, wenn die Zuziehung einer Dolmetscherin oder eines Dolmetschers nach Satz 2 nicht rechtzeitig möglich ist.
Nordrhein-Westfalen	***§ 6 UVollzG NRW: Aufnahme in die Anstalt*** **(1) Untersuchungsgefangene werden auf Grund eines schriftlichen Aufnahmeersuchens des Gerichts in die nach dem Vollstreckungsplan zuständige Anstalt aufgenommen, soweit das Gericht nicht im Einzelfall eine andere Anstalt bestimmt hat.** **(2) Neu aufgenommene Untersuchungsgefangene werden alsbald ärztlich untersucht, der Anstaltsleitung oder von ihr bestimmten Bediensteten zu einem Aufnahmegespräch vorgestellt und über ihre Rechte und Pflichten informiert. Diese Information kann auch mittels eines in einer ihnen verständlichen Sprache abgefassten Merkblatts erfolgen.** **(3) Bei der Aufnahme, der ärztlichen Untersuchung und dem Aufnahmegespräch dürfen andere Gefangene nicht anwesend sein. Ausnahmen bedürfen der Zustimmung der betroffenen Untersuchungsgefangenen.**

2 **2. Aufnahmeersuchen.** Die Aufnahme erfolgt aufgrund eines schriftlichen Aufnahmeersuchens des zuständigen Haftgerichts mit einer Abschrift des Haftbefehls (§ 114 d Abs. 1 S. 1 StPO; s. auch Art. 8 Abs. 1 UVollzG Bayern und § 6 Abs. 1 UVollzG NRW). Die Zuständigkeit der Anstalt richtet sich nach dem Vollstreckungsplan, von dem das Gericht aus besonderen Gründen (s. auch § 119 Abs. 1 S. 2 Nr. 4, 5 StPO) abweichen kann.[2] In diesem Aufnahmeersuchen sind die Angaben gem. § 114 d Abs. 1 S. 2 StPO zu machen, insbesondere auch Entscheidungen und Maßnahmen zur Kommunikation mit Außenstehenden und anderen Gefangenen gem. § 119 Abs. 1 StPO. Die allgemeine Eingriffsbefugnis (s. § 1 Rn. 22) rechtfertigt keine generelle Entkleidung des U-Gefangenen zum Zwecke der Durchsuchung; im Einzelfall, d.h. wenn aufgrund des Überraschungsmoments der Festnahme der Gefangene keine gefährlichen oder verbotenen Gegenstände (Drogen) bei sich versteckt haben kann, ist eine Ausnahme zu machen.[3] Dementsprechend heißt es in Art. 8 Abs. 3 UVollzG Bayern, dass beim Aufnahmeverfahren das **Persönlichkeitsrecht der U-Gefangenen** in besonderem Maße zu wahren ist.

Zur Durchsuchung ansonsten s. § 7 Rn. 27 ff.

3 **3. Zugangsgespräch und ärztliche Untersuchung.** Gem. § 7 Abs. 1 12er-Regelung (§ 6 Abs. 1 UVollzG Hessen) wird mit dem U-Gefangenen „unverzüglich" ein Zugangsgespräch geführt, ebenso gem. § 8 Abs. 2 S. 2 i.V.m. § 136 NJVollzG. Im § 4 JVollzGB II Ba-Wü heißt es „alsbald" ebenso in § 6 Abs. 2 S. 1 UVollzG NRW. Insbesondere die letzte Formulierung erscheint zu unverbindlich. Das Zugangsgespräch sollte innerhalb von 24 Stunden nach Einlieferung geführt werden.[4] Bayern verzichtet gänzlich auf eine zeitliche Vorgabe. Bei der ärztlichen Untersuchung ist insbesondere auf psychische Auffälligkeiten sowie auf Medikamenten- und Drogenabhängigkeit zu achten, auch um so einer **Suizidgefahr** vorzubeugen (s. auch § 1 Rn. 27). Bei schweren Entzugsfällen ist eine kontinuierliche Beobachtung sicherzustellen. Insoweit ist eine psychologische Test-Diagnostik einzusetzen, auch um gewaltsame Übergriffe auf andere Gefangene bzw. auf das Anstaltspersonal auszuschließen. Wurde der drogenabhängige U-Gefangene in Freiheit mit Ersatzdrogen im Rahmen einer Methadon-Therapie behandelt, kann die Fortführung – auch i.S. des Angleichungsgrundsatzes (s. § 1

2 S. Schlothauer/Weider, Untersuchungshaft, Rn. 1037.

3 BVerfG StV 2009, 253; ebenso Schlothauer/Weider, Untersuchungshaft, Rn. 1039; s. auch § 44 Abs. 2 und Abs. 3 UVollzG SH mit Begründung S. 88; a.M. Wiesneth, Die Untersuchungshaft, Rn. 253.

4 So auch die Begründung zur 12er-Regelung, s. Begründung zum schleswig-holsteinischen Gesetz S. 62.

Rn. 26) geboten sein. Bei **Haftunfähigkeit,** die auch in einem Anstaltskrankenhaus nicht aufgehoben werden kann, ist Rücksprache mit dem Haftrichter geboten, in dringenden Fällen ist analog § 455 Abs. 2 StPO die Vollstreckung aufzuschieben. Sachsen schreibt zusätzlich vor, dass zu klären ist, ob eine zu betreuende minderjährige Person zurückgelassen wurde (§ 7 Abs. 2 UVollzG Sachsen).

Nach den Gesetzen mit Ausnahme § 7 Abs. 3 UVollzG Sachsen, das keine Ausnahme zulässt, 4 und mit Ausnahme des UVollzG Bayern, in dem keine Regelung enthalten ist, sollen beim Zugangsgespräch andere Gefangene in der Regel nicht zugegen sein. Ausnahmen werden nach der Begründung der 12er-Regelung (s. Begründung zum schleswig-holsteinischen Gesetz S. 62) sowie ausdrücklich in § 8 Abs. 3 S. 3 NJVollzG und § 7 Abs. 2 UVollzG M-V erlaubt, um eventuelle mit Dolmetschereinsatz nicht behebbare Verständigungsschwierigkeiten auszuräumen. Hierfür sollte aber immer die Zustimmung des U-Gefangenen eingeholt werden (so ausdrücklich § 4 S. 3 JVollzGB II Ba-Wü, § 7 Abs. 4 S. 2 UVollzG Hamburg, § 6 Abs. 1 UVollzG Hessen sowie § 6 Abs. 3 S. 2 UVollzG NRW).[5] Dies gilt insbesondere für eine Anwesenheit bei der ärztlichen Eingangsuntersuchung. Aber auch dann darf diese Zuhilfenahme nur ganz ausnahmsweise – in Sachsen ausgeschlossen – herangezogen werden, da die Gefahr von Fehlinformationen nicht ausgeschlossen werden kann und die Zustimmungserklärung in einer Drucksituation abgegeben wird.[6]

Im Zugangsgespräch ist der U-Gefangene über seine Rechte und Pflichten zu informieren, 5 insbesondere ist ihm eine Hausordnung **in einer ihm verständlichen Sprache** auszuhändigen (so ausdrücklich § 6 Abs. 2 S. 2 UVollzG NRW; s. auch § 4 S. 1 JVollzGB II Ba-Wü sowie § 15 Abs. 3 JVollzGB I Ba-Wü).[7] Darüber hinaus sind ihm auf Verlangen die „einschlägigen" Gesetze, insbesondere das Untersuchungshaftvollzugsgesetz, auszuhändigen (so ausdrücklich § 7 Abs. 1 S. 3 12er-Regelung; § 6 Abs. 1 S. 3 UVollzG Hessen).

Die „Internationalisierung in der U-Haft" stellt die Anstalten vor große praktische Probleme. 6 So waren in der Hamburger Untersuchungshaftanstalt am 24.7.2008 54 verschiedene Nationalitäten, in der Berliner Untersuchungshaftanstalt Moabit waren am 31.7.2008 Gefangene aus allen 26 anderen EU-Staaten vertreten. Zur Bewältigung dieser Situation sind entsprechende Übersetzungen und Dolmetscher in Rufbereitschaft vorzuhalten.[8]

4. Benachrichtigungsmöglichkeiten von der Inhaftierung. In allen Gesetzen mit Ausnahme 7 Baden-Württembergs wird die Benachrichtigung von der Inhaftierung an Angehörige oder eine Vertrauensperson ermöglicht, im UVollzG Bayern (Art. 9 Abs. 4 S. 2), im NJVollzG (§ 137 Abs. 3) sowie im UVollzG NRW (§ 7 Abs. 2) ausdrücklich nur über die Verlegung oder Überstellung. Dies schließt aber die Information über die Inhaftierung als solche mit ein. Die Benachrichtigung von Angehörigen oder einer Person des Vertrauens ist bereits vom Haftgericht anzuordnen (§ 114 c Abs. 2 S. 1 StPO). Über eine solche Benachrichtigung ist die Vollzugsanstalt zu unterrichten (§ 114 d Abs. 1 S. 1 Nr. 2 StPO). Bei Jugendlichen ist darüber hinaus die **Information der Personensorgeberechtigten verpflichtend** (s. Art. 30 Abs. 4 S. 1 UVollzG Bayern).

Nur in § 7 Abs. 4 UVollzG Bremen ist eine entsprechende **Benachrichtigungsmöglichkeit** 8 **einer Verteidigerin oder eines Verteidigers** enthalten, gem. Art. 9 Abs. 4 S. 1 UVollzG Bayern ist die Verteidigung von einer Verlegung oder Überstellung unverzüglich zu unterrichten. Dies erscheint in Befolgung des Fair-trial-Prinzips[9] geboten, auch wenn der U-Gefangene in der Regel dies selbst veranlassen wird. Dieser Weg kann aber länger dauern und nicht alle U-Gefangenen werden diese Benachrichtigung unverzüglich in die Wege leiten. Die Benachrichtigung eines Wahlverteidigers erscheint zusätzlich auch deshalb geboten, weil mit Voll-

5 Ebenso Wiesneth, Die Untersuchungshaft, Rn. 178.
6 Wie hier AnwK U-Haft/Rubbert, § 7 Rn. 12.
7 Zu entsprechenden Informationen über den Haftbefehl und zur entsprechenden Belehrung durch das Gericht s. §§ 114 a, b Abs. 1 S. 1 StPO.
8 Angaben bei Morgenstern Informationsdienst Straffälligenhilfe, hrsg. von BAG-S, 3/2009, Fn 3; s. auch Grdl. Rn. 35.
9 S. Art. 6 Abs. 1 S. 1 EMRK; hierzu Beulke, Strafprozessrecht, Rn. 28; Kindhäuser, Strafprozessrecht, § 18 Rn. 11.

streckung des Haftbefehls immer ein Pflichtverteidiger zu bestellen ist, wenn kein Wahlverteidiger vorhanden ist (§ 140 Abs. 1 Nr. 4 StPO; § 68 Nr. 5 JGG).

9 **5. Hilfeangebote.** Positiv ist die Bestimmung in § 7 Abs. 5 12er-Regelung (§ 6 Abs. 4 UVollzG Hessen) sowie in Art. 26 Abs. 2 S. 2 UVollzG Bayern i.V.m. Art. 77 Abs. 1 BayStVollzG zu bewerten, wonach notwendige Maßnahmen für hilfsbedürftige Angehörige sowie zur Sicherung von Arbeit, Wohnung und Habe unterstützt werden sollen. In Berlin und Hamburg ist diese Aufgabe noch verbindlicher formuliert. In § 32 Abs. 1 S. 3 JVollzGB II Ba-Wü ist zusätzlich die Hilfeverpflichtung der Anstalt aufgenommen, soziale Beziehungen aufrechtzuerhalten und für Unterhaltsberechtigte zu sorgen. Eine entsprechende Regelung fehlt in den Gesetzen von Niedersachsen und Nordrhein-Westfalen.

10 Nicht vorgesehen ist in den Gesetzen ein **Vollzugsplan** oder **Vollstreckungsplan**, wie er in früheren Entwürfen vorgeschlagen wurde.[10] Dies schließt aber die Erstellung in der Praxis nicht aus, erscheint bei voraussichtlich längerer Dauer der U-Haft, insbesondere bei Haftgründen gem. § 112 Abs. 3 und § 112 a StPO geboten.[11] (Zum Förder- bzw. Erziehungsplan für junge U-Gefangene s. Rn. 11). Auch wenn bei U-Gefangenen keine Behandlung im Sinne von Resozialisierung stattfindet (s. § 1 Rn. 9), kann sich der Inhalt des Vollzugsplans an § 7 Abs. 2 StVollzG anlehnen.[12] Von Bedeutung sind insbesondere Arbeitsmöglichkeiten, Freizeitgestaltung und hier insbesondere Sportangebote, soziale Hilfeangebote und Besuchsregelungen. Es ist allerdings darauf zu achten, dass für den U-Gefangenen nicht der Eindruck entsteht, dass mit der Erstellung des Vollzugsplans die U-Haft auf Dauer gestellt und eine alsbaldige Entlassung verhindert wird.

11 **6. Aufnahme junger U-Gefangener.** Nach den Gesetzen (§ 69 Abs. 1 12-er Regelung, § 75 Abs. 1 UVollzG Hamburg, § 46 Abs. 1 UVollzG Hessen; § 53 UVollzG NRW i.V.m. § 11 Abs. 2 JStVollzG NRW; keine Regelung in Bayern und Niedersachsen; s. auch Nr. 79 UVollzO) ist bei jungen Untersuchungsgefangenen nach der Aufnahme der **Förder- und Erziehungsbedarf**[13] zu ermitteln. In Baden-Württemberg (§ 72 Ab. 1 JVollzGB II Ba-Wü) soll eine „Persönlichkeitserforschung" die Gestaltung des U-Haftvollzugs bestimmen. Einer umfassenden Persönlichkeitsanalyse stehen aber sowohl rechtsstaatliche als auch faktische Hindernisse entgegen (s. § 1 Rn. 29). Es darf nicht der Anschein einer Vorverurteilung durch die Einleitung von Resozialisierungsmaßnahmen geweckt werden, nur vollzugsbedingten Nachteilen muss mit Hilfeangeboten entgegengewirkt werden. Der in den Gesetzen geforderte Förder- bzw. Erziehungsplan hat sich dementsprechend auf diese Gegensteuerung mit Hilfeangeboten zu beschränken[14].

II. Anstalts- und Ortswechsel (Verlegung und Überstellung)

12 Im Unterschied zur dauerhaften Verlegung des U-Gefangenen bedeutet die Überstellung der vorübergehende Wechsel der Anstalt; Vorführung, Ausführung und Ausantwortung regeln die kurzzeitige Verbringung von U-Gefangenen aus der Anstalt, deren Zuständigkeit bestehen bleibt. Gem. § 8 Abs. 1 12er-Regelung (§ 7 Abs. 2 UVollzG Hessen) werden dem Gericht und der Staatsanwaltschaft nur Gelegenheit zur Stellungnahme zur Verlegung oder Überstellung eingeräumt (s. auch Art. 9 Abs. 3 UVollzG Bayern und § 137 Abs. 2 NJVollzG). Demgegenüber bedürfen Überstellung oder Verlegung gem. § 5 Abs. 2 JVollzGB II Ba-Wü der vorherigen Zustimmung des Gerichts. Nach § 7 Abs. 1 UVollzG NRW hat die Anstaltsleitung bei dem zuständigen Gericht auf die Verlegung oder Überstellung des U-Gefangenen hinzuwirken, d.h. es entscheidet das Gericht. Da eine Verlegung oder Überstellung einmal

10 S. § 7 Entwurf Baumann (1981); § 12 Entwurf ASJ (1985). Ebenso Friedrich, Die Normierung des Untersuchungshaftvollzuges, S. 76; Höflich NK 2009, 132 (133).

11 Wiesneth, Die Untersuchungshaft, Rn. 175 geht wie selbstverständlich von der Erstellung eines Vollstreckungsplans aus.

12 Zum Vollzugsplan im Jugendstrafvollzug s. Ostendorf in: Ostendorf, Jugendstrafvollzugsrecht, 2. Abschnitt Rn. 9.

13 In Hessen heißt es korrekterweise nur „Förderbedarf".

14 S. auch Eisenberg, JGG, § 89 c Rn. 34; Hintz, Untersuchungshaft und Erziehung, S. 91 ff.

die Ermittlungstätigkeit der Staatsanwaltschaft und Polizei für den Fall weiterer Vernehmungen erschweren könnte und zum anderen damit die Aufrechterhaltung sozialer Beziehungen erschwert werden könnte, sollte eine solche Verlegung bzw. Überstellung auch in den anderen Bundesländern von der Zustimmung des Gerichts abhängig gemacht werden. Vorab sollte wie im UVollzG Berlin (§ 8 Abs. 1 S. 3) der Verteidigung regelmäßig Gelegenheit zur Stellungnahme gegeben werden. Verlegung, Überstellung und Ausführung zur medizinischen Behandlung sind in den Gesetzen gesondert geregelt (s. § 23 12er-Regelung; § 45 UVollzG Hamburg; § 63 i.V.m. § 154 NJVollzG; § 24 Abs. 4 UVollzG NRW).

Ein kurzzeitiger Ortswechsel wird durch Vorführung, Ausführung und Ausantwortung im Einzelnen geregelt.

Zur Unterbrechung der U-Haft s.o. § 1 Rn. 2 am Ende.

III. Entlassung

1. Die gesetzlichen Regeln 13

Länder	Vollzugsverlauf – *Entlassung*
12er-Regelung Berlin Brandenburg Bremen Hamburg Hessen Mecklenburg-Vorpommern Rheinland-Pfalz Saarland Sachsen Sachsen-Anhalt Schleswig-Holstein Thüringen	***§ 10 12er-Regelung: Entlassung*** **(1) Auf Anordnung des Gerichts oder der Staatsanwaltschaft entlässt die Anstalt die Untersuchungsgefangenen unverzüglich aus der Haft, es sei denn, es ist in anderer Sache eine richterlich angeordnete Freiheitsentziehung zu vollziehen.** **(2) Aus fürsorgerischen Gründen kann Untersuchungsgefangenen der freiwillige Verbleib in der Anstalt bis zum Vormittag des zweiten auf den Eingang der Entlassungsanordnung folgenden Werktags gestattet werden. Der freiwillige Verbleib setzt das schriftliche Einverständnis der Untersuchungsgefangenen voraus, dass die bisher bestehenden Beschränkungen aufrechterhalten bleiben.** **(3) Bedürftigen Untersuchungsgefangenen[15] kann[16] eine Entlassungsbeihilfe in Form eines Reisekostenzuschusses, angemessener Kleidung oder einer sonstigen notwendigen Unterstützung gewährt werden.[17]** **Abweichende Regelungen:** ***Hessen, § 9 HUVollzG: Entlassung und Hilfen*** (1) Auf Anordnung des Gerichts oder der Staatsanwaltschaft entlässt die Anstalt die Untersuchungsgefangenen unverzüglich aus der Haft, es sei denn, es ist in anderer Sache ein richterlich angeordneter Freiheitsentzug zu vollziehen. (2) Bedürftigen Untersuchungsgefangenen kann eine Entlassungsbeihilfe, insbesondere ein Reisekostenzuschuss oder angemessene Kleidung gewährt werden.
Baden-Württemberg	***§ 7 JVollzGB II: Beendigung der Untersuchungshaft*** **(1) Untersuchungsgefangene sind ausschließlich auf gerichtliche oder staatsanwaltschaftliche Anordnung hin unverzüglich aus der Haft zu entlassen, es sei denn, es ist in anderer Sache eine richterlich angeordnete Freiheitsentziehung zu vollstrecken. Die schriftliche Anordnung ist mit einem Dienstsiegel zu versehen. Im Fall**

15 In Sachsen, § 10 Abs. 3 SächsUHaftVollzG: „Einem bedürftigen Untersuchungsgefangenen [...]".
16 In Bremen, § 10 Abs. 3 BremUVollzG: „Bedürftigen Untersuchungsgefangenen soll [...]".
17 In Hamburg, § 10 Abs. 3 HmbUVollzG: ähnlich; in Sachsen-Anhalt, § 10 UVollzG LSA: ohne Abs. 3.

Länder	Vollzugsverlauf – *Entlassung*
	einer fernmündlichen, durch Telefax oder elektronisch übermittelten Anordnung ist deren Echtheit vor der Entlassung zu prüfen. (2) Aus fürsorgerischen Gründen kann Untersuchungsgefangenen auf Kosten der Justizvollzugsanstalt der freiwillige Verbleib in der Anstalt bis zum Vormittag des zweiten auf den Eingang der Entlassungsanordnung folgenden Werktags gestattet werden. Die oder der Untersuchungsgefangene ist darauf hinzuweisen, dass in diesen Fällen kein Anspruch auf eine Entlassung in der Zeit zwischen 18.00 Uhr und 8.00 Uhr besteht. (3) Bei Verurteilung zu einer Freiheits- oder Jugendstrafe, deren Vollstreckung nicht zur Bewährung ausgesetzt wird und die nicht durch Anrechnung der Untersuchungshaft bereits erledigt ist, sind Untersuchungsgefangene mit Rechtskraft des Urteils als Strafgefangene zu behandeln, soweit sich dies schon vor der Aufnahme zum Strafvollzug durchführen lässt. Die Justizvollzugsanstalt ist von dem für die Erteilung der Rechtskraftbescheinigung zuständigen Gericht über den Eintritt der Rechtskraft unverzüglich zu unterrichten. Satz 1 gilt nicht, wenn auf Grund eines anderen Haftbefehls weiterhin Untersuchungshaft zu vollziehen ist. (4) Absatz 3 gilt bei rechtskräftiger Anordnung einer mit Freiheitsentziehung verbundenen Maßregel der Besserung und Sicherung entsprechend. *§ 33 JVollzGB II: Entlassungsbeihilfe* (1) Untersuchungsgefangene erhalten, soweit ihre eigenen Mittel nicht ausreichen, bei ihrer Entlassung aus der Haft von der Justizvollzugsanstalt eine Beihilfe zu den Reisekosten sowie erforderlichenfalls ausreichende Kleidung. Bedürftige Untersuchungsgefangene erhalten darüber hinaus eine Beihilfe, die sie in die Lage versetzt, ohne Inanspruchnahme fremder Hilfe ihren notwendigen Lebensunterhalt zu bestreiten, bis sie ihn voraussichtlich anderweitig decken können (Überbrückungsbeihilfe). Die Justizvollzugsanstalt kann die Überbrückungsbeihilfe ganz oder teilweise der Bewährungshilfe oder einer mit der Entlassenenbetreuung befassten Stelle überweisen, die darüber entscheidet, wie das Geld nach der Entlassung an die Untersuchungsgefangenen ausbezahlt wird. Die Bewährungshilfe und die mit der Entlassenenbetreuung befasste Stelle sind verpflichtet, die Überbrückungsbeihilfe von ihrem Vermögen gesondert zu halten. (2) Der Anspruch auf Beihilfe zu den Reisekosten und die ausgezahlte Reisebeihilfe sind unpfändbar. Für den Anspruch auf Überbrückungsbeihilfe und für Bargeld nach Auszahlung einer Überbrückungsbeihilfe an Untersuchungsgefangene gilt § 52 Abs. 4 Satz 1 und 3, Abs. 5 des Dritten Buchs entsprechend. *§ 52 Abs. 4, 5 JVollzGB III: Überbrückungsgeld* [...] (4) [1]Der Anspruch auf Auszahlung des Überbrückungsgelds ist unpfändbar. [...] [3]Bargeld entlassener Gefangener, an die wegen der nach Satz 1 oder Satz 2 unpfändbaren Ansprüche Geld ausgezahlt worden ist, ist für die Dauer von vier Wochen seit der Entlassung insoweit der Pfändung nicht unterworfen, als es dem Teil

Länder	Vollzugsverlauf – *Entlassung*
	der Ansprüche für die Zeit von der Pfändung bis zum Ablauf der vier Wochen entspricht. (5) Absatz 4 gilt nicht bei einer Pfändung wegen der in § 850 d Abs. 1 Satz 1 der Zivilprozessordnung (ZPO) bezeichneten Unterhaltsansprüche. Entlassenen Gefangenen ist jedoch so viel zu belassen, als sie für ihren notwendigen Unterhalt und zur Erfüllung ihrer sonstigen gesetzlichen Unterhaltspflichten für die Zeit von der Pfändung bis zum Ablauf von vier Wochen seit der Entlassung bedürfen.
Bayern	*Art. 10 BayUVollzG: Beendigung der Untersuchungshaft* (1) Auf Anordnung des Gerichts oder der Staatsanwaltschaft gemäß § 120 Abs. 3 Satz 2 StPO entlässt der Anstaltsleiter oder die Anstaltsleiterin die Untersuchungsgefangenen unverzüglich aus der Haft, es sei denn, es ist in anderer Sache eine richterlich angeordnete Freiheitsentziehung zu vollziehen. (2) Aus fürsorgerischen Gründen und auf Kosten der Anstalt kann Untersuchungsgefangenen auf Antrag der freiwillige Verbleib in der Anstalt bis zum Vormittag des zweiten auf den Eingang der Entlassungsanordnung folgenden Werktags gestattet werden. Der freiwillige Verbleib setzt das schriftliche Einverständnis der Untersuchungsgefangenen voraus, dass die bisher bestehenden Beschränkungen bis zur Entlassung aufrechterhalten bleiben. Ein Widerruf des Antrags darf nicht zur Unzeit erfolgen. (3) Bei Verurteilung zu einer Freiheits- oder Jugendstrafe, Sicherungsverwahrung oder Strafarrest, bei denen die Vollstreckung nicht zur Bewährung ausgesetzt wird, sind die Untersuchungsgefangenen mit Rechtskraft des Urteils nach den Vorschriften des Bayerischen Strafvollzugsgesetzes zu behandeln, soweit sich dies schon vor der Aufnahme zum Strafvollzug durchführen lässt. Der Anstaltsleiter oder die Anstaltsleiterin wirkt auf eine umgehende Verlegung in die zuständige Anstalt hin. Satz 1 gilt nicht, wenn auf Grund eines anderen Haftbefehls weiterhin Untersuchungshaft zu vollziehen ist. (4) Abs. 3 gilt bei rechtskräftiger Anordnung einer mit Freiheitsentziehung verbundenen Maßregel nach § 63 oder § 64 des Strafgesetzbuches (StGB) entsprechend.
Niedersachsen	*§ 139 NJVollzG: Beendigung der Untersuchungshaft* Ist die Entlassung angeordnet, so ist die oder der Gefangene unverzüglich aus der Haft zu entlassen, es sei denn, es ist in anderer Sache eine richterlich angeordnete Freiheitsentziehung zu vollziehen.
Nordrhein-Westfalen	*§ 9 UVollzG NRW: Beendigung der Untersuchungshaft* (1) Untersuchungsgefangene sind zu entlassen, wenn das Gericht oder die Staatsanwaltschaft der Anstalt eine mit Dienstsiegel versehene Entlassungsanordnung zugeleitet hat. Ein elektronisches Dokument, das mit einer qualifizierten elektronischen Signatur nach dem Signaturgesetz versehen ist, ist einer solchen Anordnung gleichgestellt. Fehlt es an einer Übermittlung der schriftlichen oder der nach Satz 2 gleichgestellten Entlassungsanordnung, so hat die Anstalt bei einer fernmündlichen, durch einen Telefaxdienst oder

Länder	Vollzugsverlauf – *Entlassung*
	elektronisch übermittelten Anordnung deren Echtheit vor der Entlassung zu prüfen. (2) Erfolgt die Entlassungsanordnung zu einem Zeitpunkt, der es den Untersuchungsgefangenen unmöglich macht, dringende Angelegenheiten, auf die sie zu ihrer sozialen Sicherung angewiesen sind, zu erledigen, kann ihnen der freiwillige Verbleib in der Anstalt bis zum Vormittag des zweiten auf den Eingang der Entlassungsanordnung folgenden Werktages gestattet werden. Bei der Entscheidung ist § 29 Absatz 4 zu berücksichtigen. Sie können zum Kostenersatz herangezogen werden. Dieser bemisst sich nach der Höhe des Betrages, der nach § 17 Absatz 1 Nummer 3 des Vierten Buchs Sozialgesetzbuch durchschnittlich zur Bewertung der Sachbezüge festgesetzt worden ist. Das Justizministerium stellt den Betrag jährlich fest. (3) Bei Verurteilung zu einer Freiheits- oder Jugendstrafe, deren Vollstreckung nicht zur Bewährung ausgesetzt wird und die nicht durch Anrechnung der Untersuchungshaft bereits erledigt ist, sind die Untersuchungsgefangenen mit Rechtskraft des Urteils nach den Vorschriften des Strafvollzugsgesetzes oder des Jugendstrafvollzugsgesetzes Nordrhein-Westfalen zu behandeln. Dies gilt nicht, wenn aufgrund eines anderen Haftbefehls weiterhin Untersuchungshaft zu vollziehen ist. (4) Sobald die Anstalt über den Eintritt der Rechtskraft unterrichtet worden ist, veranlasst sie die Verlegung der Gefangenen in die für die Strafvollstreckung zuständige Anstalt. *§ 29 Abs. 4 UVollzG NRW: Soziale Hilfe* (4) Untersuchungsgefangene erhalten bei der Entlassung aus der Untersuchungshaft, soweit ihre eigenen Mittel nicht ausreichen, von der Anstalt eine Beihilfe zu den Reisekosten sowie eine Überbrückungsbeihilfe und erforderlichenfalls ausreichende Kleidung. Die Überbrückungsbeihilfe soll Untersuchungsgefangene in die Lage versetzen, ihren notwendigen Lebensunterhalt bis zu dem auf die Entlassung folgenden Werktag zu sichern.

14 **2. Sofortige Entlassung auf Anordnung.** Auf Anordnung des Gerichts oder der Staatsanwaltschaft (s. auch § 120 Abs. 3 S. 2 StPO) hat die Anstalt den U-Gefangenen unverzüglich, d.h. ohne schuldhaftes Verzögern zu entlassen, es sei denn, in anderer Sache ist eine richterlich angeordnete Freiheitsentziehung zu vollstrecken. Nur Gericht und Staatsanwaltschaft dürfen die Entlassung anordnen. Die Unverzüglichkeit folgt letztlich aus Art. 104 Abs. 2 S. 1 GG. Wird diesem Gesetzesbefehl nicht Folge geleistet, droht die Strafbarkeit wegen Vollstreckung gegen Unschuldige (§ 345 StGB). Aus fürsorglichen Gründen kann dem U-Gefangenen auf seinen ausdrücklichen Wunsch hin der **vorübergehende Verbleib** in der Anstalt gestattet werden (s. § 10 Abs. 2 12er-Regelung; § 7 Abs. 2 JVollzGB II Ba-Wü; Art. 10 Abs. 2 UVollzG Bayern; § 9 Abs. 2 UVollzG NRW; nicht in Hessen). Dies wird insbesondere in Betracht kommen, wenn für den U-Gefangenen keine Wohnung zur Verfügung steht.

15 **3. Entlassungsbeihilfe.** Bei Mittellosigkeit erhalten U-Gefangene bei ihrer Entlassung Beihilfe zu den Reisekosten, ausreichende Kleidung sowie Überbrückungsbeihilfe (§ 10 Abs. 3 12er-Regelung; § 9 Abs. 2 UVollzG Hessen; § 33 Abs. 1 S. 1, 2 JVollzGB II Ba-Wü; § 29 Abs. 4 UVollzG NRW). In Bayern sind die sozialen Hilfen bei der Entlassung (s. Art. 26 Abs. 1 S. 1 UVollzG Bayern) nicht konkretisiert. In Niedersachsen fehlt eine entsprechende Regelung für die Entlassung aus dem U-Haftvollzug; eine Entlassungsbeihilfe ist nur bei der

Entlassung aus dem Strafvollzug vorgesehen (§ 70 Abs. 2 NJVollzG). Während diese Beihilfe in der 12er-Regelung als Kann-Bestimmung formuliert ist, ist sie – unter den benannten gesetzlichen Voraussetzungen – in Baden-Württemberg und Nordrhein-Westfalen verpflichtend. Diese Verpflichtung gründet sich auf dem Sozialstaatsprinzip.

§ 3 Unterbringung und Versorgung

I. Trennungsgrundsätze

1. Die gesetzlichen Regeln

1

Länder	Unterbringung und Versorgung – *Trennungsgrundsätze*
12er-Regelung Berlin Brandenburg Bremen Hamburg Hessen Mecklenburg-Vorpommern Rheinland-Pfalz Saarland Sachsen Sachsen-Anhalt Schleswig-Holstein Thüringen	***§ 11 12er-Regelung: Trennungsgrundsätze*** **(1) Untersuchungsgefangene werden von Gefangenen anderer Haftarten, namentlich von Strafgefangenen, getrennt untergebracht. Ausnahmen sind zulässig** **1. mit Zustimmung der einzelnen Untersuchungsgefangenen,** **2. zur Umsetzung einer verfahrenssichernden Anordnung oder** **3. aus Gründen der Sicherheit oder Ordnung der Anstalt.** **Darüber hinaus können Untersuchungsgefangene ausnahmsweise mit Gefangenen anderer Haftarten untergebracht werden, wenn die geringe Anzahl der Untersuchungsgefangenen eine getrennte Unterbringung nicht zulässt.** **(2) Junge Untersuchungsgefangene (§ 66 Abs. 1)[1] werden von den übrigen Untersuchungsgefangenen und von Gefangenen anderer Haftarten getrennt untergebracht. Hiervon kann aus den in Absatz 1 Satz 2 und 3[2] genannten Gründen abgewichen werden, wenn eine Vollzugsgestaltung nach § 67[3] gewährleistet bleibt und schädliche**

1 In Hamburg, § 11 Abs. 2 S. 1 HmbUVollzG: „Junge Untersuchungsgefangene (§ 72 Abs. 1) […]".
2 In Bremen, § 11 Abs. 2 S. 2 BremUVollzG: ohne „[…] und 3 […]" der 12er-Regelung.
3 In Hamburg, § 11 Abs. 2 S. 2 HmbUVollzG: „[…] Vollzugsgestaltung nach § 73 […]"; in Sachsen, § 11 Abs. 2 S. 2 SächsUHaftVollzG: „[…] Vollzugsgestaltung nach den Bestimmungen des Teils 11 […]".

Länder	Unterbringung und Versorgung – *Trennungsgrundsätze*
	Einflüsse auf die jungen Untersuchungsgefangenen nicht zu befürchten sind.[4] **(3) Männliche und weibliche Untersuchungsgefangene werden getrennt untergebracht.** **(4) Gemeinsame Maßnahmen, insbesondere gemeinsame Arbeit und eine gemeinsame Berufs- und Schulausbildung, sind zulässig.** **Abweichende Regelungen:** ***Hessen, § 62 Abs. 2-5 HUVollzG: Vollstreckungsplan, Trennungsgrundsätze*** (2) Untersuchungsgefangene werden von Gefangenen anderer Haftarten, namentlich von Strafgefangenen, getrennt untergebracht. Ausnahmen sind zulässig 1. mit Zustimmung der einzelnen Untersuchungsgefangenen, 2. zur Umsetzung einer verfahrenssichernden Anordnung, 3. aus Gründen der Sicherheit oder Ordnung der Anstalt oder 4. wenn die geringe Anzahl der Untersuchungsgefangenen eine getrennte Unterbringung nicht zulässt. (3) Junge Untersuchungsgefangene werden von den übrigen Untersuchungsgefangenen und von Gefangenen anderer Haftarten getrennt untergebracht. Hiervon kann aus den in Abs. 2 genannten Gründen abgewichen werden, wenn eine Vollzugsgestaltung nach den §§ 43 bis 53 gewährleistet bleibt und schädliche Einflüsse auf die jungen Untersuchungsgefangenen nicht zu befürchten sind. (4) Gemeinsame Maßnahmen, insbesondere gemeinsame Arbeit und eine gemeinsame Berufs- und Schulausbildung, sind zulässig. (5) Männliche und weibliche Untersuchungsgefangene werden getrennt untergebracht.
Baden-Württemberg	*§ 4 Abs. 1, 2 JVollzGB I: Trennungsgrundsätze* **(1) Frauen sind getrennt von Männern in besonderen Justizvollzugsanstalten für Frauen oder in getrennten Abteilungen in Justizvollzugsanstalten für Männer unterzubringen. Sie sind auch sonst von den männlichen Gefangenen getrennt zu halten.** **(2) Untersuchungsgefangene sollen soweit möglich von anderen Gefangenen, insbesondere Strafgefangenen, getrennt gehalten werden. Mit ihrer Zustimmung darf hiervon abgewichen werden.** *§ 70 Abs. 3 JVollzGB II: Trennungsgrundsätze* **(3) Untersuchungsgefangene, die das achtzehnte Lebensjahr noch nicht vollendet haben (jugendliche Untersuchungsgefangene) sollen nach Möglichkeit von den übrigen jungen Untersuchungsgefangenen getrennt werden.**
Bayern	*Art. 5 BayUVollzG: Trennung des Vollzugs* **(1) Die Untersuchungsgefangenen dürfen nicht mit Gefangenen anderer Haftarten in demselben Raum untergebracht werden. Sie sind auch sonst von Gefangenen anderer Haftarten zu trennen. Art. 11 Abs. 2 bleibt unberührt. Ausnahmen sind zulässig, wenn die Untersuchungsgefangenen zustimmen. Ausnahmen sind ferner jeweils vor-**

4 In Sachsen-Anhalt, § 11 Abs. 2 UVollzG LSA: ohne Abs. 2 Satz 2; in Schleswig-Holstein, § 11 UVollzG SH: ohne Abs. 2.

Länder	Unterbringung und Versorgung – *Trennungsgrundsätze*
	übergehend zulässig, wenn dies aus Gründen der Sicherheit und Ordnung der Anstalt oder anderen dringenden Gründen der Vollzugsorganisation erforderlich ist. (2) Männliche und weibliche Untersuchungsgefangene sind getrennt voneinander in gesonderten Anstalten oder Abteilungen unterzubringen. Ausnahmen sind zulässig, um den Untersuchungsgefangenen die Teilnahme an Behandlungsangeboten in einer anderen Anstalt oder einer anderen Abteilung zu ermöglichen. *Art. 1 Abs. 2 BayUVollzG: Anwendungsbereich* (2) Die Untersuchungshaft wird in Justizvollzugsanstalten nach Art. 165 des Bayerischen Strafvollzugsgesetzes (BayStVollzG), vorrangig in einer besonderen Abteilung, vollzogen.
Niedersachsen	Keine Regelung
Nordrhein-Westfalen	*§ 3 UVollzG NRW: Trennung des Vollzuges* (1) Zur Trennung von anderen Gefangenen, namentlich von Strafgefangenen, erfolgt der Vollzug der Untersuchungshaft in besonderen Abteilungen der Anstalten oder in Untersuchungshaftanstalten. Männer und Frauen sind entsprechend zu trennen. (2) Ausnahmen von Absatz 1 Satz 1 sind mit Zustimmung der Untersuchungsgefangenen zulässig oder wenn sie zur Erreichung des Zwecks der Untersuchungshaft, aus Gründen der Sicherheit oder Ordnung, aus Gründen der Vollzugsorganisation oder anderen wichtigen Gründen erforderlich sind. *§ 50 UVollzG NRW: Trennung des Vollzuges* (1) Bei jungen Untersuchungsgefangenen erfolgt der Vollzug der Untersuchungshaft in besonderen Abteilungen der Anstalten oder sonstiger Einrichtungen. (2) Von einer getrennten Unterbringung nach Absatz 1 darf zur Erreichung des Zwecks der Untersuchungshaft oder aus Gründen der Sicherheit oder Ordnung abgewichen werden, wenn die erzieherische Gestaltung des Vollzugs nach § 49 gewährleistet ist und die jungen Untersuchungsgefangenen vor schädlichen Einflüssen geschützt bleiben. (3) Minderjährige Untersuchungsgefangene sind von den übrigen Gefangenen zu trennen, es sei denn, zwingende Gründe lassen eine Trennung vorübergehend nicht zu. Ausnahmen von Satz 1 sind zulässig, wenn dies dem Wohl der betroffenen Jugendlichen dient.

2 **2. Trennung von Strafgefangenen.** Alle Gesetze sehen grundsätzlich die Trennung der U-Gefangenen von Gefangenen anderer Haftarten, namentlich von Strafgefangenen vor, wie dies bereits in § 119 Abs. 1 StPO a.F. geregelt war. Entscheidend sind die Ausnahmen. Ein Absehen aus Gründen der Sicherheit und Ordnung oder aus organisatorischen Gründen darf nur ausnahmsweise und vorübergehend geschehen. Die Erlaubnis „aus anderen wichtigen Gründen" (§ 3 Abs. 2 UVollzG NRW) erscheint insoweit zu weit gefasst. Wird der Trennungsgrundsatz über derartige Ausnahmen hinausgehend nicht realisiert, gerät die Unschuldsvermutung beim Umgang mit U-Gefangenen in Vergessenheit und es werden die Haftbedingungen angeglichen.[5] Dementsprechend fordert Art. 10 Abs. 2 a Internationaler Pakt über bürgerliche und politische Rechte die grundsätzliche Trennung von U-Gefangenen

5 Wie hier Dünkel/Vagg, Untersuchungshaft und Untersuchungshaftvollzug, S. 99.

und Strafgefangenen „abgesehen von außergewöhnlichen Umständen" (s. Grdl. Rn. 16). Dies liegt z.B. bei einer Unterbringung in einem gemeinsamen Anstaltskrankenhaus vor.[6] Darüber hinaus wird die gesetzlich proklamierte **Trennung** in der Praxis teilweise dadurch **unterlaufen**, dass die U-Gefangenen in einer Anstalt mit Strafgefangenen, z.T. nicht einmal in gesonderten Häusern, sondern nur in gesonderten Abteilungen untergebracht sind (s. z.B. Art. 1 Abs. 2 UVollzG Bayern und § 3 Abs. 1 UVollzG NRW). Gänzlich unhaltbar ist die Regelung für junge U-Gefangene in Schleswig-Holstein. Gem. § 70 Abs. I S. 1 UVollzG SH können junge U-Gefangene gemeinsam mit Jugendstrafgefangenen oder Gefangenen, die im Anschluss an eine Jugendstrafe in Abschiebehaft sind, gemeinsam untergebracht werden, wenn dies aus erzieherischen Gründen geboten ist und eine schädliche Einflussnahme nicht zu befürchten ist (s. Rn. 14). In der Praxis geschieht dies in der Jugendanstalt Schleswig regelmäßig – in gemeinsamen Wohngruppen!

3. Trennung von jungen und älteren Untersuchungsgefangenen. „Junge" U-Gefangene sollen grundsätzlich von älteren U-Gefangenen getrennt werden.[7] Hierbei ist schon die Definition des jungen Gefangenen uneinheitlich, ja widersprüchlich (s. auch Grundlagen Rn. 5). Nach § 89 c S. 1 JGG wird die U-Haft bei zur Tatzeit Jugendlichen, solange diese das 21. Lebensjahr noch nicht vollendet haben, nach Möglichkeit in den für junge Gefangene vorgesehenen Einrichtungen vollzogen. Nach § 66 Abs. 1 12er-Regelung, § 72 Abs. 1 UVollzG Hamburg, Art. 29 UVollzG Bayern, § 43 Abs. 2 UVollzG Hessen wird dieser Personenkreis generell erweitert auf U-Gefangene, die zur Tatzeit das 21. Lebensjahr noch nicht vollendet hatten und die zum Vollzugszeitpunkt das 24. Lebensjahr noch nicht vollendet haben (§ 11 Abs. 2 i.V.m. § 66 Abs. 1). Der Bundesgesetzgeber formuliert in § 89 c S. 2 JGG insoweit nur eine Kann-Bestimmung, über die der Richter zu entscheiden hat (§ 89 c S. 3 JGG). Da Bundesrecht Landesrecht bricht (Art. 31 GG), ist entscheidend, ob insoweit dem „Bund" die Gesetzgebung noch zusteht. Hierzu heißt es in der Begründung zum Entwurf eines Gesetzes zur Änderung des Untersuchungshaftrechts: „Für die Bestimmung verfügt der Bund über die Gesetzgebungskompetenz aus Art. 74 Abs. 1 Nr. 1 GG. Die Regelung bezieht sich nicht auf das allein von den Ländern zu regelnde „Wie", d.h. die konkrete Ausgestaltung des Vollzugs der Untersuchungshaft, sondern auf die übergeordnete Art des Vollzugs der Untersuchungshaft an jungen Gefangenen im Hinblick auf die gebotene jugendgemäße Ausgestaltung des Strafverfahrens." (S. 52). Dieser Argumentation wird zugestimmt, auch um eine Gleichbehandlung junger U-Gefangener zu erreichen. So begrenzen Baden-Württemberg (§ 70 Abs. 3 JVollzGB II Ba-Wü) und Nordrhein-Westfalen (§ 50 Abs. 3) den Trennungsgrundsatz auf U-Gefangene, die das 18. Lebensjahr noch nicht vollendet haben (s. hierzu im Einzelnen unten Rn. 14 und 16; s. auch Grdl. Rn. 27). Die in den Gesetzen erlaubten Ausnahmen müssen – auch zahlenmäßig – Ausnahmen bleiben. 3

4. Trennung von Männern und Frauen. Vom Trennungsgrundsatz von Männern und Frauen werden abgesehen von gemeinsamen Maßnahmen (s. Rn. 5) keine Ausnahmen gemacht.[8] Die Unterbringung einer transsexuell geprägten Person in eine U-Haftanstalt für Personen des angestrebten Geschlechts hat zur Voraussetzung, dass die Zugehörigkeit zu diesem Geschlecht gerichtlich nach § 8 Abs. 1 Transsexuellengesetz festgestellt wird.[9] Vorher ist aber der Schutz vor Übergriffen anderer Gefangener zu verstärken.[10] 4

5. Gemeinsame Maßnahmen. In der 12er-Regelung sind ausdrücklich für alle getrennten Gruppen von U-Gefangenen gemeinsame Maßnahmen, insbesondere gemeinsame Arbeit und eine gemeinsame Berufs- und Schulausbildung für zulässig erklärt (§ 11 Abs. 4; § 11 Abs. 3 UVollzG SH; § 62 Abs. 4 UVollzG Hessen). Nach der Gesetzesbegründung (Gesetzesbegründung zum schleswig-holsteinischen Gesetzesentwurf S. 64) sollen diese gemeinsa- 5

6 Hilger in: Löwe/Rosenberg, StPO, § 119 Rn. 15.
7 So auch Art. 10 Abs. 2 b Internationaler Pakt über bürgerliche und politische Rechte, s. Grdl. Rn. 16.
8 Anders der Gesetzesentwurf der Bundesregierung vom 30.4.1999 im § 4; dagegen die Stellungnahme des Bundesrates vom 11.6.1999, BR-Drucks. 249/99, S. 1.
9 KG NStZ 2003, 50.
10 BerlVerfGH LVerfGE 13, 62 ff.

men Maßnahmen ermöglicht werden, wenn ein eigenständiges Angebot wegen der kleinen Gruppe nicht machbar erscheint. Derartige gemeinsame Maßnahmen sollten aber von der Zustimmung des jeweiligen Gefangenen abhängig gemacht werden mit Ausnahme eines schulpflichtigen U-Gefangenen, wenn eine getrennte Beschulung in der Anstalt nicht möglich ist.

II. Unterbringung während der Arbeit, Bildung und Freizeit

1. Die gesetzlichen Regeln

6

Länder	Unterbringung und Versorgung – *Unterbringung während der Arbeit, Bildung und Freizeit*
12er-Regelung Berlin Brandenburg Bremen Hamburg Hessen Mecklenburg-Vorpommern Rheinland-Pfalz Saarland Sachsen Sachsen-Anhalt Schleswig-Holstein Thüringen	***§ 12 12er-Regelung: Unterbringung während der Arbeit, Bildung und Freizeit*** **(1) Arbeit und Bildung finden grundsätzlich[11] in Gemeinschaft statt.** **(2) Den Untersuchungsgefangenen kann gestattet werden, sich während der Freizeit in Gemeinschaft mit anderen Gefangenen aufzuhalten. Für die Teilnahme an gemeinschaftlichen Veranstaltungen kann der Anstaltsleiter mit Rücksicht auf die räumlichen, personellen oder organisatorischen Verhältnisse der Anstalt besondere Regelungen treffen.** **(3) Die gemeinschaftliche Unterbringung kann eingeschränkt werden, soweit es zur Umsetzung einer verfahrenssichernden Anordnung oder zur Gewährleistung der Sicherheit oder Ordnung der Anstalt erforderlich ist.[12]** **Abweichende Regelungen:** ***Hessen, § 10 Abs. 2, 3 HUVollzG: Unterbringung*** (2) Soweit Untersuchungsgefangene arbeiten oder an einer Bildungsmaßnahme teilnehmen, geschieht dies in der Regel gemeinsam. Den Untersuchungsgefangenen kann gestattet werden, sich während der Freizeit in Gemeinschaft aufzuhalten. (3) Die gemeinschaftliche Unterbringung kann ausgeschlossen oder eingeschränkt werden, soweit es zur Umsetzung einer verfahrenssichernden Anordnung oder zur Gewährleistung der Sicherheit oder Ordnung der Anstalt erforderlich ist. ***Sachsen, § 12 SächsUHaftVollzG: Unterbringung während der Arbeit, Bildung und Freizeit*** (1) Soweit Untersuchungsgefangene arbeiten oder an einer Bildungsmaßnahme teilnehmen, geschieht dies in der Regel gemeinsam. (2) Den Untersuchungsgefangenen kann gestattet werden, sich während der Freizeit im Rahmen der räumlichen, personellen und organisatorischen Verhältnisse in Gemeinschaft mit anderen Untersuchungsgefangenen aufzuhalten. (3) Die gemeinschaftliche Unterbringung kann eingeschränkt werden, soweit es zur Gewährleistung der Sicherheit oder Ordnung in der Anstalt erforderlich ist.

11 In Bremen, § 12 Abs. 1 BremUVollzG: „Arbeit und Bildung finden regelmäßig […]".
12 In Hamburg, § 12 HmbUVollzG: ähnlich.

Länder	Unterbringung und Versorgung – *Unterbringung während der Arbeit, Bildung und Freizeit*
	Sachsen-Anhalt, § 12 Abs. 3 UVollzG LSA: (3) Die gemeinschaftliche Unterbringung kann eingeschränkt oder ausgeschlossen werden, soweit es zur Gewährleistung der Sicherheit oder Ordnung der Anstalt erforderlich ist.
Baden-Württemberg	*§ 4 Abs. 7 JVollzGB I: Trennungsgrundsätze* **(7) Beim Vollzug der Untersuchungshaft darf von der getrennten Unterbringung nach den Absätzen 1 und 2 abgesehen werden, um es Untersuchungsgefangenen zu ermöglichen, zu arbeiten oder an Bildungsmaßnahmen oder Freizeitangeboten teilzunehmen. Ausnahmen von der getrennten Unterbringung nach Absatz 2 sind darüber hinaus zulässig** **1. im Fall der Unterbringung von Untersuchungsgefangenen in einer Krankenabteilung einer Justizvollzugsanstalt oder in einem Justizvollzugskrankenhaus** **oder** **2. wenn dies aus Gründen der Sicherheit oder Ordnung der Justizvollzugsanstalt, der Vollzugsorganisation oder aus anderen wichtigen Gründen erforderlich ist.**
Bayern	*Art. 11 Abs. 2 BayUVollzG: Unterbringung* **(2) Den Untersuchungsgefangenen kann Gelegenheit gegeben werden, sich außerhalb der Ruhezeiten in Gemeinschaft mit anderen Gefangenen, auch anderer Haftarten, aufzuhalten, soweit es die räumlichen, personellen und organisatorischen Verhältnisse der Anstalt gestatten.**
Niedersachsen	*§ 141 Abs. 2, 3 NJVollzG: Unterbringung* **(2) Der oder dem Gefangenen wird Gelegenheit gegeben, sich außerhalb der Ruhezeit in Gemeinschaft mit anderen Gefangenen aufzuhalten.** **(3) Soweit es der Zweck der Untersuchungshaft oder die Sicherheit oder Ordnung der Anstalt erfordert, kann der gemeinschaftliche Aufenthalt außerhalb der Ruhezeit ausgeschlossen oder eingeschränkt werden.**
Nordrhein-Westfalen	*§ 10 Abs. 3 UVollzG NRW: Unterbringung* **(3) Untersuchungsgefangene dürfen sich außerhalb ihrer Hafträume in Gemeinschaft aufhalten, soweit es die räumlichen, personellen und organisatorischen Verhältnisse der Anstalt gestatten.**

2. Gemeinsame Arbeit und Bildung. Gem. § 12 Abs. 1 12er-Regelung (§ 10 Abs. 2 UVollzG Hessen) ist die gemeinsame Arbeit und Bildung als gesetzlicher Grundfall vorgesehen (in Sachsen als Regelfall). Die Regelungen in den anderen Bundesländern sind weniger konkret und dementsprechend weniger verbindlich. Gemeinsame Arbeit und Bildung ist sinnvoll, um den psychischen Belastungen der durch die U-Haft bedingten Isolierung entgegenzuwirken, zumal auch außerhalb der Anstalt dies der Regelfall ist und Übergriffe durch andere Gefangene durch die anwesenden Lehr- und Ausbildungspersonen verhindert werden können. Hierauf ist gerade bei gemeinsamer Arbeit und Bildung mit Strafgefangenen zu achten, die aufgrund ihrer längeren „Knasterfahrungen“ den Ton angeben. Einschränkungen von gemeinsamer Arbeit und Bildung sind möglich. 7

8 **3. Gemeinsame Freizeit.** Eine gemeinsame Freizeit der U-Gefangenen wird nach allen Gesetzen ermöglicht. Während in § 141 NJVollzG und § 10 Abs. 3 UVollzG NRW insoweit ein Rechtsanspruch formuliert wird,[13] ist nach den anderen Gesetzen eine Ermessensentscheidung vorgesehen. Immer – mit Ausnahme Bayern – ist nach den Gesetzesformulierungen eine Zustimmung des U-Gefangenen erforderlich. Eine selbst gewählte Isolierung ist zu achten, sie sollte aber in Gesprächen versucht werden aufzubrechen. Dies gebietet aber auch, Schutz vor Übergriffen in der Praxis sicherzustellen. Eine „Tyrannei der Kameradschaft"[14] darf es nicht geben.[15]

III. Unterbringung während der Ruhezeit

1. Die gesetzlichen Regeln

9

Länder	Unterbringung und Versorgung – *Unterbringung während der Ruhezeit*
12er-Regelung Berlin Brandenburg Bremen Hamburg Hessen Mecklenburg-Vorpommern Rheinland-Pfalz Saarland Sachsen Sachsen-Anhalt Schleswig-Holstein Thüringen	***§ 13 12er-Regelung: Unterbringung während der Ruhezeit***[16] **(1) Während der Ruhezeit werden die Untersuchungsgefangenen in ihren Hafträumen einzeln untergebracht. Mit ihrer Zustimmung können sie gemeinsam untergebracht werden. Bei einer Gefahr für Leben oder Gesundheit oder bei Hilfsbedürftigkeit[17] ist die Zustimmung der gefährdeten oder hilfsbedürftigen[18] Untersuchungsgefangenen zur gemeinsamen Unterbringung entbehrlich.[19]** **(2) Darüber hinaus ist eine gemeinsame Unterbringung nur vorübergehend und aus zwingenden Gründen zulässig.[20]** **Abweichende Regelungen:** ***Berlin, § 13 Abs. 1 UVollzG Bln, zusätzlich:*** (1) […] Außer im Justizvollzugskrankenhaus Berlin dürfen nicht mehr als zwei Gefangene in einem Haftraum untergebracht werden. ***Hessen, § 10 Abs. 1 HUVollzG: Unterbringung*** (1) Während der Ruhezeit werden die Untersuchungsgefangenen einzeln im Haftraum untergebracht. Mit ihrer Einwilligung können sie gemeinsam untergebracht werden. Auch ohne Zustimmung der Untersuchungsgefangenen ist eine gemeinsame Unterbringung zulässig, wenn sie hilfsbedürftig sind oder eine Gefahr für Leben oder Gesundheit besteht. Eine Belegung mit mehr als drei Untersuchungsgefangenen in einem Haftraum ist unzulässig. Abweichend von Satz 2 und 4 ist eine gemeinsame Unterbringung ohne Einwilligung oder eine Belegung mit mehr als drei Gefangenen ausnahmsweise kurzzeitig zulässig, wenn hierfür aufgrund außergewöhnlicher Umstände eine unabweisbare Notwendigkeit besteht.

13 Ebenso § 11 Abs. 2 Entwurf der Bundesregierung vom 30.4.1999; dagegen die Stellungnahme des Bundesrates vom 11.6.1999, BR-Drucks. 249/99, S. 6.
14 Radbruch ZStW 32 (1911), 339 (340) unter Bezugnahme auf Dostojewski.
15 Weitergehend Piel/Püschel/Tsambikakis/Wallau ZRP 2009, 33 (34), die grundsätzlich auch außerhalb der Ruhezeit eine Einzelunterbringung verlangen.
16 In Sachsen, § 13 SächsUHaftVollzG: in anderer Formulierung aber inhaltlich gleich wie 12er-Regelung.
17 In Bremen, § 13 Abs. 1 BremUVollzG: ohne „[…] oder bei Hilfsbedürftigkeit […]".
18 In Bremen, § 13 Abs. 1 BremUVollzG: ohne „[…] oder hilfsbedürftigen […]".
19 In Hamburg, § 13 Abs. 1 HmbUVollzG: ähnlich der 12er-Regelung.
20 In Hamburg, § 13 HmbUVollzG: ohne Abs. 2.

Länder	Unterbringung und Versorgung – *Unterbringung während der Ruhezeit*
	Sachsen-Anhalt, § 13 UVollzG LSA: Unterbringung der Untersuchungsgefangenen (1) Die Untersuchungsgefangenen werden in ihren Hafträumen einzeln untergebracht. Mit ihrer Zustimmung können sie gemeinsam untergebracht werden. Bei einer Gefahr für Leben oder Gesundheit oder bei Hilfsbedürftigkeit ist die Zustimmung der gefährdeten oder hilfsbedürftigen Untersuchungsgefangenen zur gemeinsamen Unterbringung entbehrlich. (2) Darüber hinaus ist eine gemeinsame Unterbringung nur vorübergehend und aus zwingenden Gründen zulässig.
Baden-Württemberg	***§ 8 JVollzGB II: Unterbringung*** **(1) Während der Ruhezeit werden Untersuchungsgefangene allein in ihren Hafträumen untergebracht. Mit ihrer Zustimmung können Untersuchungsgefangene auch während der Ruhezeit gemeinsam untergebracht werden. Auch ohne ihre Zustimmung ist eine gemeinsame Unterbringung zulässig, wenn Untersuchungsgefangene hilfsbedürftig sind oder eine Gefahr für Leben oder Gesundheit Gefangener besteht. Unter den Voraussetzungen des Satzes 3 ist auch eine gemeinsame Unterbringung mit Strafgefangenen zulässig, bis die Gefahr auf andere Weise abgewendet oder der Hilfsbedürftigkeit begegnet werden kann.** **(2) Untersuchungsgefangenen soll Gelegenheit gegeben werden, sich außerhalb der Ruhezeit in Gemeinschaft mit anderen Untersuchungsgefangenen aufzuhalten, soweit es die räumlichen, personellen und organisatorischen Verhältnisse der Justizvollzugsanstalt gestatten.** **(3) Soweit es die Sicherheit oder Ordnung der Justizvollzugsanstalt erfordert, kann** **1 die gemeinschaftliche Unterbringung während der Ruhezeit ausgeschlossen,** **2. der gemeinschaftliche Aufenthalt außerhalb der Ruhezeit eingeschränkt sowie** **3. die Trennung von einzelnen anderen Gefangenen, insbesondere solchen, die der Täterschaft, Teilnahme, Begünstigung, Strafvereitelung oder Hehlerei bezüglich derselben Tat verdächtig oder bereits abgeurteilt sind oder als Zeuginnen oder Zeugen in Betracht kommen,** **angeordnet werden.**
Bayern	***Art. 11 BayUVollzG: Unterbringung*** **(1) Während der Ruhezeit werden die Untersuchungsgefangenen allein in ihren Hafträumen untergebracht. Mit ihrer Zustimmung können sie mit anderen Untersuchungsgefangenen gemeinsam untergebracht werden. Auch ohne ihre Zustimmung ist eine vorübergehende gemeinsame Unterbringung zulässig,** **1. bei Gefahr für Leben oder Gesundheit oder bei Hilfsbedürftigkeit von Untersuchungsgefangenen oder**

Länder	Unterbringung und Versorgung – *Unterbringung während der Ruhezeit*
	2. wenn und solange die räumlichen Verhältnisse der Anstalt dies zwingend erfordern. Art. 5 Abs. 1 bleibt unberührt. [...] (3) Soweit es die Sicherheit oder Ordnung der Anstalt erfordert, kann 1. die gemeinschaftliche Unterbringung während der Ruhezeit eingeschränkt oder ausgeschlossen werden, 2. der gemeinschaftliche Aufenthalt außerhalb der Ruhezeit eingeschränkt oder ausgeschlossen werden oder 3. die Trennung von einzelnen anderen Gefangenen angeordnet werden. (4) Art. 20 Abs. 3 BayStVollzG gilt entsprechend.
Niedersachsen	*§ 141 Abs. 1 NJVollzG: Unterbringung* (1) [1]Die oder der Gefangene wird während der Ruhezeit allein in ihrem oder seinem Haftraum untergebracht. [2]Mit ihrer oder seiner Zustimmung kann die oder der Gefangene auch gemeinsam mit anderen Gefangenen untergebracht werden, wenn eine schädliche Beeinflussung nicht zu befürchten ist. [3]Ohne Zustimmung der betroffenen Gefangenen ist eine gemeinsame Unterbringung zulässig, sofern eine oder einer von ihnen hilfsbedürftig ist oder für eine oder einen von ihnen eine Gefahr für Leben oder Gesundheit besteht. [4]Darüber hinaus ist eine gemeinsame Unterbringung nur vorübergehend aus zwingenden Gründen zulässig.
Nordrhein-Westfalen	*§ 10 Abs. 1, 2 UVollzG NRW: Unterbringung* (1) Untersuchungsgefangene werden in ihren Hafträumen allein untergebracht. (2) Eine gemeinsame Unterbringung ist unter besonderen Umständen zulässig. Diese liegen insbesondere vor, wenn a) Untersuchungsgefangene eine gemeinsame Unterbringung beantragen, b) eine Gefahr für Leben oder Gesundheit besteht, c) Untersuchungsgefangene hilfsbedürftig sind oder d) die gemeinsame Unterbringung geeignet erscheint, schädlichen Folgen der Inhaftierung entgegen zu wirken. Dem Schutz Untersuchungsgefangener vor schädlicher Beeinflussung ist bei der Unterbringung Rechnung zu tragen.

10 **2. Grundsatz der Einzelunterbringung.** Nach allen Gesetzen ist grundsätzlich die Einzelunterbringung während der Ruhezeit vorgesehen. Diese Gewährleistung ist aus der Sicht der Gefangenen für die Wahrung der Privatsphäre und den Schutz vor Übergriffen elementar, für die Vollzugsverwaltung allerdings mit erheblichen Kosten verbunden. Der Anspruch auf Einzelunterbringung des U-Gefangenen zwingt die Justizverwaltung zu „gewaltigen“ Baumaßnahmen.[21] Zu beachten sind hierbei allerdings Übergangsbestimmungen. Gem. § 78 UVollzG NRW ist eine gemeinsame Unterbringung von U-Gefangenen, „solange die räumlichen Verhältnisse der Anstalt dies erfordern“, bis längstens zum 31.12.2014 gestattet; gem.

21 Zu den Baumaßnahmen in den neuen Bundesländern s. Dünkel/Lang in: Bereswill/Höynck, Jugendstrafvollzug in Deutschland/Grundlagen, Konzepte, Handlungsfelder, S. 42 ff.

§ 113 Abs. 2 UVollzG Hamburg ist die gemeinsame Unterbringung bis zum 31.12.2014 mit Zustimmung des U-Gefangenen zulässig.

3. Ausnahmen von der Einzelunterbringung. In den Gesetzen sind vielfache unterschiedliche Ausnahmen von der Einzelunterbringung während der Ruhezeit aufgenommen, wobei eine gemeinschaftliche Unterbringung mit Strafgefangenen nach dem Wortlaut und Sinnzusammenhang ausgeschlossen bleibt.[22] Es besteht die Gefahr, dass eine Mehrfachbelegung von Hafträumen entgegen dem Grundsatz der Einzelunterbringung durch eine extensive Anwendung dieser Ausnahmen mit Rücksicht auf „Praxisbelange" unterlaufen wird.[23] Demgegenüber ist eine restriktive Anwendung dieser Ausnahmen geboten, von der Suizidprophylaxe abgesehen. Das wird auch in der Begründung des 12er-Entwurfs betont.[24] Dies gilt insbesondere für eine nicht näher bestimmte Ausnahme, die „vorübergehend und aus zwingenden Gründen zulässig" sein soll (s. § 13 Abs. 2 12er-Regelung; § 13 Abs. 3 UVollzG Sachsen; § 10 Abs. 1 S. 4 UVollzG Hessen; § 141 Abs. 1 S. 4 NJVollzG) bzw. „wenn und solange die räumlichen Verhältnisse der Anstalt dies zwingend erfordern" (Art. 11 Abs. 1 S. 3 Nr. 2 UVollzG Bayern). Auch im UVollzG NRW sind die Ausnahmen von der Einzelunterbringung nicht abschließend formuliert (§ 10 Abs. 2 S. 2: „Diese liegen insbesondere vor"). Hinsichtlich der Ausnahme aufgrund der Zustimmung der U-Gefangenen ist darauf zu achten, dass diese nicht durch Zusagen von Vergünstigungen „erkauft" werden, um so räumlichen Engpässen zu begegnen. Die Zustimmung sollte deshalb in schriftlicher Form unter Hinweis auf den grundsätzlichen Anspruch auf Einzelunterbringung erfolgen (so auch § 119 Abs. 2 S. 1 StPO a.F.). Eine Rücknahme ist möglich (so auch § 119 Abs. 2 S. 2 StPO a.F.). Hierbei soll nicht das Bedürfnis vieler gerade junger U-Gefangener nach Gemeinschaftsunterbringung übersehen werden, um so den psychologischen Belastungen besser begegnen zu können.[25] Diesem Bedürfnis ist durch die **Wahlmöglichkeit** des Gefangenen zu entsprechen.[26] 11

Sofern ausnahmsweise eine gemeinschaftliche Unterbringung während der Ruhezeit erfolgt, ist diese auf zwei Gefangene zu begrenzen. Eine entsprechende gesetzliche Regelung, wie sie in einigen Jugendstrafvollzugsgesetzen der Länder enthalten ist,[27] wird mit Ausnahme von Berlin vermisst. Nur in der Begründung zur 12er-Regelung für junge U-Gefangene wird diese Forderung erhoben, in Schleswig-Holstein gesetzlich bestimmt (§ 70 Abs. 3 S. 5 UVollzG SH). In Hessen wird eine Belegung mit drei Gefangenen zugelassen, ausnahmsweise auch mit mehr Gefangenen (§ 10 Abs. 1 S. 3, 4 UVollzG Hessen). In Bayern wird sogar eine gemeinschaftliche Unterbringung von bis zu acht Gefangenen erlaubt (Art. 11 Abs. 4 UVollzG Bayern i.V.m. Art. 20 Abs. 3 BayStVollzG), wobei in der Gesetzesbegründung des Regierungsentwurfs (S. 56) von einer „bewährten Regelung" gesprochen wird.

Zur Belegungsfähigkeit der Anstalten und zum Verbot einer Überbelegung s. § 10 Rn. 6, 7.

Die getrennte Unterbringung während der Ruhezeit gerade auch zur Sicherung der Privatsphäre des U-Gefangenen hat zur Folge, dass dieser die Ausgestaltung seiner Ruhezeit selbst bestimmt, d.h., es muss ihm überlassen werden, welcher Beschäftigung er in dieser Zeit nachgeht und wann er sich zur Ruhe begibt.[28] Damit ist eine Stromsperre zur Nachtzeit nicht vereinbar.[29] Auch bei gemeinschaftlicher Unterbringung müssen sich die Gefangenen über das Ausschalten des Lichts bzw. des Fernsehers grundsätzlich selbst einigen. 12

22 Anders noch die Stellungnahme des Bundesrates zum Gesetzesentwurf der Bundesregierung vom 11.6.1999 zu § 11 Abs. 1 S. 2, BR-Drucks. 249/99, S. 5.

23 Kritisch zur Ausweitung der Mehrfachbelegung im Vergleich zu § 119 Abs. 2 StPO a.F. Brune/Müller ZRP 2009, 143 (144).

24 S. Begründung zum schleswig-holsteinischen Entwurf S. 71.

25 S. bereits Radbruch ZStW 32 (1911), 339 ff.

26 Ebenso Wiesneth, Die Untersuchungshaft, Rn. 169.

27 S. Sachsen-Anhalt, Schleswig-Holstein, Thüringen, Berlin jeweils im § 25.

28 Anders Ziff. 54 Abs. 2 UVollzO.

29 S. insoweit BVerfG StV 2008, 259 ff.; s. auch Paeffgen in: SK-StPO, § 119 Rn. 51 a.

IV. Unterbringung von Müttern mit Kindern

13 In § 14 der 12er-Regelung sowie in § 10 JVollzGB I Ba-Wü ist gesondert die gemeinsame Unterbringung von Müttern mit Kleinkindern bis zu drei Jahren geregelt. Dies ist zu begrüßen, auch wenn diese Situation sich in der Praxis selten ergibt. Allerdings müssen dann auch die baulichen Voraussetzungen bzw. muss durch eine schnelle „Umrüstung" ein entsprechender Platz geschaffen werden. Zusätzlich ist in diesen Fällen eine sozialpädagogische Betreuung sicherzustellen.[30] In Brandenburg und Sachsen ist diese Regelung im Interesse der Gleichbehandlung der Elternteile auf die Väter ausgeweitet. Dies erscheint auch geboten, wobei die Altersgrenze auf bis zu sechs Jahren (Schulbeginn) zu erweitern ist.

V. Junge Untersuchungsgefangene

1. Die gesetzlichen Regeln

14

Länder	Unterbringung und Versorgung – *Unterbringung von jungen U-Gefangenen*
12er-Regelung Berlin Brandenburg Bremen Hamburg Hessen Mecklenburg-Vorpommern Rheinland-Pfalz Saarland Sachsen Sachsen-Anhalt Schleswig-Holstein Thüringen	*§ 70 12er-Regelung: Unterbringung* **(1) Die jungen Untersuchungsgefangenen können in Wohngruppen untergebracht werden, zu denen neben den Hafträumen weitere Räume zur gemeinsamen Nutzung gehören.** **(2) Die gemeinschaftliche Unterbringung während der Bildung, Arbeit und Freizeit kann über § 12 Abs. 3 hinaus auch eingeschränkt oder ausgeschlossen werden, wenn dies aus erzieherischen Gründen angezeigt ist, schädliche Einflüsse auf die jungen Untersuchungsgefangenen zu befürchten sind oder während der ersten zwei Wochen nach der Aufnahme.** **(3) Eine gemeinsame Unterbringung nach § 13 Abs. 1 Satz 2 ist nur zulässig, wenn schädliche Einflüsse auf die jungen Untersuchungsgefangenen nicht zu befürchten sind.** Abweichende Regelungen: *Hamburg, § 76 HmbUVollzG: Unterbringung, Einkauf* (1) Die jungen Untersuchungsgefangenen können in Wohngruppen untergebracht werden. (2) Wohngruppen sollen in der Regel mindestens mit acht und höchstens mit zwölf Gefangenen belegt werden. Eine Belegung mit mehr als fünfzehn Gefangenen darf nicht erfolgen. Die Belegung soll sich an erzieherischen Grundsätzen orientieren. (3) Wohngruppen werden von erzieherisch befähigten Bediensteten geleitet, verfügen über Gruppenräume für gemeinschaftliche Beschäftigung und bieten besondere Erziehungs- und Freizeitangebote. (4) Die gemeinschaftliche Unterbringung während der Bildung, Arbeit und Freizeit kann über § 12 Absatz 3 hinaus auch eingeschränkt oder ausgeschlossen werden, wenn dies aus erzieherischen Gründen angezeigt ist, schädliche Einflüsse auf die jungen Untersuchungsgefangenen zu befürchten sind oder während der ersten zwei Wochen nach der Aufnahme. [...]

30 Zur entsprechenden Forderung für den Strafvollzug s. Callies/Müller-Dietz, StVollzG, § 80 Rn. 1 unter Hinweis auf Modellversuche in Frankfurt-Preungesheim und Berlin-Tegel.

Länder	Unterbringung und Versorgung – *Unterbringung von jungen U-Gefangenen*
	Hessen, § 47 HUVollzG: Unterbringung (1) Die jungen Untersuchungsgefangenen sind regelmäßig in Wohngruppen unterzubringen, zu denen neben den Hafträumen weitere Räume zur gemeinsamen Nutzung gehören. Eine Wohngruppe soll in der Regel aus nicht mehr als acht jungen Untersuchungsgefangenen bestehen. Aus erzieherischen Gründen oder Gründen der Vollzugsorganisation können bis zu zwei weitere junge Untersuchungsgefangene aufgenommen werden. (2) Junge Untersuchungsgefangene, die aufgrund ihres Verhaltens nicht gruppenfähig sind, eine Gefahr für die Sicherheit oder Ordnung der Anstalt oder für die Mitgefangenen darstellen oder die Freiräume der Wohngruppe wiederholt missbraucht haben, können aus der Wohngruppe ausgeschlossen werden. Eine Wiederaufnahme erfolgt, wenn die Gruppenfähigkeit wieder hergestellt ist. Davon unberührt bleiben Maßnahmen nach § 40 in Verbindung mit § 53. (3) In der Wohngruppe sollen insbesondere Werte, die ein sozialverträgliches Zusammenleben ermöglichen, gewaltfreie Konfliktlösungen, gegenseitige Toleranz und Verantwortung für den eigenen Lebensbereich vermittelt und eingeübt werden. (4) Die gemeinschaftliche Unterbringung während der Bildung, Arbeit und Freizeit kann über § 10 Abs. 3 hinaus auch eingeschränkt oder ausgeschlossen werden, wenn dies aus erzieherischen Gründen angezeigt ist, schädliche Einflüsse auf die jungen Untersuchungsgefangenen zu befürchten sind oder während der ersten zwei Wochen nach der Aufnahme. (5) Eine gemeinsame Unterbringung nach § 10 Abs. 1 Satz 2 ist nur zulässig, wenn schädliche Einflüsse auf die jungen Untersuchungsgefangenen nicht zu befürchten sind. ***Sachsen, § 70 SächsUHaftVollzG: Unterbringung*** (1) Die gemeinschaftliche Unterbringung während der Bildung, Arbeit und Freizeit kann über § 12 Abs. 3 hinaus auch eingeschränkt oder ausgeschlossen werden, wenn dies aus erzieherischen Gründen angezeigt ist oder wenn schädliche Einflüsse auf die jungen Untersuchungsgefangenen zu befürchten sind. (2) Eine gemeinsame Unterbringung nach § 13 Abs. 2 Nr. 1 ist nur zulässig, wenn schädliche Einflüsse auf die jungen Untersuchungsgefangenen nicht zu befürchten sind. ***Schleswig-Holstein, § 70 UVollzG SH: Unterbringung*** (1) Junge Untersuchungsgefangene können mit Jugendstrafgefangenen oder Gefangenen, die im Anschluss an eine Jugendstrafe in Abschiebungshaft sind, gemeinsam untergebracht werden, wenn dies aus erzieherischen Gründen geboten ist und eine schädliche Einflussnahme nicht zu befürchten ist. In den ersten zwei Wochen nach der Aufnahme kann die gemeinsame Unterbringung eingeschränkt oder ausgeschlossen werden. Von einer gemeinsamen Unterbringung ist abzusehen, wenn eine verfahrenssichernde Anordnung oder Gründe der Sicherheit oder Ordnung entgegenstehen.

Länder	Unterbringung und Versorgung – *Unterbringung von jungen U-Gefangenen*
	(2) Von Gefangenen im Erwachsenenvollzug werden junge Untersuchungsgefangene getrennt untergebracht. Gleiches gilt für Gefangene von Haftarten, die nicht in Absatz 1 erwähnt sind. Für Ausnahmen vom Trennungsgebot gilt § 11 Abs. 1 Satz 2 und 3. Junge Untersuchungsgefangene können mit Gefangenen im Erwachsenenvollzug gemeinsam an Freizeit- und Bildungsmaßnahmen teilnehmen sowie gemeinsam arbeiten, wenn dies aus erzieherischen Gründen angezeigt ist und keine schädlichen Einflüsse auf die jungen Untersuchungsgefangenen zu befürchten sind und wenn keine verfahrenssichernde Anordnung oder Gründe der Sicherheit oder Ordnung der Anstalt entgegenstehen. (3) Während der Ruhezeit werden die jungen Untersuchungsgefangenen in ihren Hafträumen einzeln untergebracht. Mit ihrer Zustimmung können sie mit einem anderen jungen Untersuchungsgefangenen oder einem anderen Jugendstrafgefangenen gemeinsam untergebracht werden, wenn schädliche Einflüsse nicht zu befürchten sind. Eine gemeinsame Unterbringung ist auch zulässig, wenn Gefangene hilfsbedürftig sind oder eine Gefahr für Leben oder Gesundheit besteht. Darüber hinaus ist eine gemeinsame Unterbringung nur vorübergehend und aus zwingenden Gründen zulässig. Es dürfen nicht mehr als zwei Gefangene in einem Haftraum untergebracht werden.
Baden-Württemberg	**Junge Untersuchungsgefangene** ***§ 70 JVollzGB II: Trennungsgrundsätze*** **(1) Bei jungen Untersuchungsgefangenen erfolgt der Vollzug der Untersuchungshaft nach Möglichkeit in besonderen Justizvollzugsanstalten, anderenfalls in Außenstellen oder in getrennten Abteilungen von Jugendstrafanstalten oder anderen Justizvollzugsanstalten. Sie sind soweit möglich von anderen Gefangenen getrennt zu halten.** **(2) Von Absatz 1 darf aus den in § 4 Abs. 7 des Ersten Buchs genannten Gründen abgewichen werden, wenn eine Vollzugsgestaltung nach § 72 Abs. 2 gewährleistet bleibt und die jungen Untersuchungsgefangenen vor schädlichen Einflüssen geschützt sind.** **(3) Untersuchungsgefangene, die das achtzehnte Lebensjahr noch nicht vollendet haben (jugendliche Untersuchungsgefangene) sollen nach Möglichkeit von den übrigen jungen Untersuchungsgefangenen getrennt werden.** ***§ 73 JVollzGB II: Betreuung und Unterbringung*** **(1) Jungen Untersuchungsgefangenen soll eine ständige Betreuungsperson oder Betreuungsgruppe aus dem Kreis der Vollzugsbediensteten zugeordnet werden.** **(2) Junge Untersuchungsgefangene sollen nach Möglichkeit in Wohngruppen untergebracht werden, zu denen neben den Hafträumen zur Unterbringung während der Nachtzeit die für die gemeinsame Benutzung notwendigen weiteren Räume und Einrichtungen gehören.** **(3) Junge Untersuchungsgefangene können aus der Wohngruppe ausgeschlossen werden, wenn dies die Sicherheit oder Ordnung der**

Länder	Unterbringung und Versorgung – *Unterbringung von jungen U-Gefangenen*
	Justizvollzugsanstalt erfordert, sie auf Grund ihres Verhaltens nicht gruppenfähig sind oder sie die Freiräume der Wohngruppe wiederholt missbraucht haben. Eine Wiederaufnahme kann erfolgen, wenn die Gruppenfähigkeit wieder hergestellt ist. (4) In der Wohngruppe sollen insbesondere Werte, die ein sozialverträgliches Zusammenleben ermöglichen, gewaltfreie Konfliktlösungen, gegenseitige Toleranz und Verantwortung für den eigenen Lebensbereich vermittelt und eingeübt werden. (5) Während der Ruhezeit werden die jungen Untersuchungsgefangenen einzeln in ihren Hafträumen untergebracht; § 8 bleibt unberührt.
Bayern	*Art. 34 BayUVollzG: Trennung des Vollzugs* (1) Bei jungen Untersuchungsgefangenen wird die Untersuchungshaft nach Möglichkeit in einer besonderen Abteilung einer Jugendstrafvollzugsanstalt oder einer Anstalt für den Vollzug von Freiheitsstrafe vollzogen. (2) Art. 5 bleibt unberührt. Im Übrigen darf von einer getrennten Unterbringung nach Abs. 1 aus den in Art. 5 Abs. 1 Sätze 4 und 5, bs. 2 Satz 2 genannten Gründen nur abgewichen werden, wenn eine Vollzugsgestaltung nach Art. 30 Abs. 1 gewährleistet bleibt und die jungen Untersuchungsgefangenen vor schädlichen Einflüssen geschützt werden. *Art. 35 BayUVollzG: Wohngruppe* Geeignete junge Untersuchungsgefangene können in Wohngruppen (Art. 140 BayStVollzG) untergebracht werden. Art. 11 Abs. 3 bleibt unberührt.
Niedersachsen	Junge Gefangene *§ 159 NJVollzG: Unterbringung* Für die Unterbringung der oder des jungen Gefangenen gilt § 120 entsprechend mit der Maßgabe, dass eine Unterbringung in einer Wohngruppe, eine gemeinschaftliche Unterbringung während der Arbeitszeit und Freizeit sowie eine gemeinsame Unterbringung während der Ruhezeit ausgeschlossen oder eingeschränkt werden können, wenn es der Zweck der Untersuchungshaft erfordert.
Nordrhein-Westfalen	Vorschriften für junge Untersuchungsgefangene *§ 50 UVollzG NRW: Trennung des Vollzuges* (1) Bei jungen Untersuchungsgefangenen erfolgt der Vollzug der Untersuchungshaft in besonderen Abteilungen der Anstalten oder sonstiger Einrichtungen. (2) Von einer getrennten Unterbringung nach Absatz 1 darf zur Erreichung des Zwecks der Untersuchungshaft oder aus Gründen der Sicherheit oder Ordnung abgewichen werden, wenn die erzieherische Gestaltung des Vollzugs nach § 49 gewährleistet ist und die jungen Untersuchungsgefangenen vor schädlichen Einflüssen geschützt bleiben. (3) Minderjährige Untersuchungsgefangene sind von den übrigen Gefangenen zu trennen, es sei denn, zwingende Gründe lassen eine

Länder	Unterbringung und Versorgung – *Unterbringung von jungen U-Gefangenen*
	Trennung vorübergehend nicht zu. Ausnahmen von Satz 1 sind zulässig, wenn dies dem Wohl der betroffenen Jugendlichen dient. ***§ 51 UVollzG NRW: Betreuung*** **Den jungen Untersuchungsgefangenen sind bei Aufnahme in den Vollzug als ständige Ansprechpartner bestimmte Personen oder eine Personengruppe aus dem Kreis der Vollzugsbediensteten zuzuordnen.**

15 **2. Wohngruppenvollzug.** Mit Ausnahme von NRW, Sachsen und SH ist in allen Ländergesetzen der Wohngruppenvollzug für junge Gefangene vorgesehen. Dies ist zu begrüßen, entspricht auch der Bedeutung, die das BVerfG dem Wohngruppenvollzug im Jugendstrafvollzug zugewiesen hat.[31] In der Praxis gibt es nach einer Befragung in der Mehrheit der Anstalten allerdings noch keinen Wohngruppenvollzug.[32] Eine nähere Ausgestaltung eines solchen Wohngruppenvollzugs erfolgt allerdings nur in Hamburg und Hessen. Klargestellt wird nur, dass neben den Hafträumen zur Unterbringung während der Nachtzeit weitere Räume zur Verfügung gestellt werden sollen. Der Grundsatz der Einzelunterbringung während der Ruhezeit bleibt insoweit bestehen (s. ausdrücklich § 73 Abs. 5 JVollzGB II Ba-Wü).

Eine Überschneidung zur Einrichtung des Wohngruppenvollzugs stellt die gesetzliche Forderung dar, jungen Untersuchungsgefangenen ständige Betreuungspersonen bzw. Ansprechpartner aus dem Kreis der Vollzugsbediensteten zuzuordnen (s. § 73 Abs. 1 JVollzGB II Ba-Wü, § 51 UVollzG NRW), da für den Wohngruppenvollzug Vollzugsbedienstete eingesetzt werden müssen, die dort kontinuierlich präsent sind und so eine Beziehungskontinuität aufbauen.[33] Zur näheren Ausgestaltung des Wohngruppenvollzugs im Hinblick auf Größe, Ausstattung und Betreuungspersonal ist über die gesetzlichen Regelungen in Hamburg und Hessen[34] hinausgehend auf die entsprechenden Anforderungen im Jugendstrafvollzug zu verweisen.[35]

16 **3. Sonderregelungen zur Trennung bzw. zur gemeinsamen Unterbringung für junge U-Gefangene.** In den Gesetzen werden Sonderregelungen zur Trennung bzw. zur gemeinsamen Unterbringung aus jugendspezifischen Gründen aufgestellt. Soweit dies geschieht, um schädlichen Einflüssen auf junge U-Gefangene zu begegnen, ist dies im Hinblick auf die sozialstaatliche Verpflichtung, Schädigungen, die gerade aufgrund der Inhaftierung eintreten können, zu vermeiden, anzuerkennen. Soweit dies darüber hinaus aus allgemeinen erzieherischen Gründen geschieht, ist dies mangels einer inhaltlichen Legitimation zu beanstanden (s. § 1 Rn. 10). Hinzu käme ein Verstoß gegen das jugendstrafrechtliche Prinzip der Nichtschlechterstellung, d.h. gegen das „Verbot der Benachteiligung junger Menschen gegenüber Erwachsenen in vergleichbarer Verfahrenslage“.[36] Nicht akzeptabel ist insoweit insbesondere, dass gem. § 70 Abs. 2 12er-Regelung, § 47 Abs. 4 UVollzG Hessen (in Schleswig-Holstein darüber hinaus generell, § 70 Abs. 1 S. 2 UVollzG SH) eine gemeinsame Unterbringung während der Bildung, Arbeit und Freizeit grundsätzlich während der ersten zwei Wochen nach der Aufnahme eingeschränkt oder ausgeschlossen werden kann. Die Gesetzesbegründung[37], wonach diese Regelung erforderlich sei, um der Anstalt zu ermöglichen, sich ein Bild von der Persönlichkeit neu aufgenommener junger Untersuchungsgefangener machen zu können, überzeugt nicht. Auch bei erwachsenen Untersuchungsgefangenen muss sich die

31 BVerfG NJW 2006, 2093 (2096).
32 S. Villmow/Savinsky/Woldmann in: Dokumentation des 28. Dt. Jugendgerichtstages.
33 Zur entsprechenden Forderung für den Wohngruppenvollzug im Jugendstrafvollzug s. Kirchner in: Ostendorf, Jugendstrafvollzugsrecht, 3. Abschnitt Rn. 48.
34 S. hier zusätzlich § 176 Abs. 4 NJVollzG.
35 S. hierzu Kirchner in: Ostendorf, Jugendstrafvollzugsrecht, 3. Abschnitt Rn. 39 ff.
36 S. hierzu Ostendorf, Jugendstrafrecht, Rn. 56 m.w.N.
37 S. Begründung zum schleswig-holsteinischen Gesetzesentwurf S. 98.

Anstalt ein Bild von der Persönlichkeit dieser Gefangenen machen. Umgekehrt ist insbesondere in den ersten Tagen der Untersuchungshaft einer Isolierung gerade junger Gefangener entgegenzuwirken. Eine zweiwöchige Isolierung des U-Gefangenen kann gesundheitsschädigende Folgen, ja todesbringende Folgen nachsichziehen. Im Übrigen kann gerade bei der gemeinsamen Unterbringung während der Arbeit, Bildung und Freizeit der Gefangene hinsichtlich seiner Persönlichkeit beobachtet und beurteilt werden.

VI. Persönlicher Gewahrsam, Haftraum, Kleidung, Verpflegung und Einkauf

1. Die gesetzlichen Regeln

17

Länder	Unterbringung und Versorgung – *Persönlicher Gewahrsam, Ausstattung des Haftraums, Kleidung, Verpflegung, Einkauf*
12er-Regelung Berlin Brandenburg Bremen Hamburg Hessen Mecklenburg-Vorpommern Rheinland-Pfalz Saarland Sachsen Sachsen-Anhalt Schleswig-Holstein Thüringen	***§ 15 12er-Regelung: Persönlicher Gewahrsam, Kostenbeteiligung***[38] **(1) Die Untersuchungsgefangenen dürfen nur Sachen in Gewahrsam haben oder annehmen, die ihnen von der Anstalt oder mit deren Zustimmung überlassen werden. Ohne Zustimmung dürfen sie Sachen von geringem Wert von anderen Gefangenen annehmen; die Annahme dieser Sachen und der Gewahrsam daran können von der Zustimmung der Anstalt abhängig gemacht werden.**[39] **(2) Eingebrachte Sachen, die die Untersuchungsgefangenen nicht in Gewahrsam haben dürfen, sind für sie aufzubewahren, sofern dies nach Art und Umfang möglich ist. Den Untersuchungsgefangenen wird Gelegenheit gegeben, ihre Sachen, die sie während des Vollzugs und für ihre Entlassung nicht benötigen, zu verschicken.** **(3) Werden eingebrachte Sachen, deren Aufbewahrung nach Art oder Umfang nicht möglich ist, von den Untersuchungsgefangenen trotz Aufforderung nicht aus der Anstalt verbracht, so ist die Anstalt berechtigt, diese Sachen auf Kosten der Untersuchungsgefangenen aus der Anstalt entfernen zu lassen.** **(4) Aufzeichnungen und andere Sachen, die Kenntnisse über Sicherungsvorkehrungen der Anstalt vermitteln oder Schlussfolgerungen auf diese zulassen, dürfen vernichtet oder unbrauchbar gemacht werden.** **(5) Die Zustimmung nach Absatz 1 kann widerrufen werden, wenn es zur Umsetzung einer verfahrenssichernden Anordnung oder zur Aufrechterhaltung der Sicherheit oder zur Abwendung einer erheblichen Störung der Ordnung der Anstalt erforderlich ist.** **(6) Die Untersuchungsgefangenen können an den Betriebskosten der in ihrem Gewahrsam befindlichen Geräte beteiligt werden.**[40]

38 In Sachsen, § 15 SächsUHaftVollzG: Formulierung geringfügig abweichend von der 12-er Regelung.
39 In Sachsen-Anhalt, § 15 Abs. 1 UVollzG LSA: ohne Abs. 1 Satz 2.
40 In Berlin, § 15 UVollzG Bln: ohne Abs. 6.

Länder	Unterbringung und Versorgung – *Persönlicher Gewahrsam, Ausstattung des Haftraums, Kleidung, Verpflegung, Einkauf*
	Abweichende Regelungen: ***Hamburg, § 15 HmbUVollzG: Ausstattung des Haftraumes, persönlicher Besitz*** (1) Die Untersuchungsgefangenen dürfen ihre Hafträume in angemessenem Umfang mit eigenen Sachen ausstatten. Lichtbilder nahe stehender Personen und Erinnerungsstücke von persönlichem Wert werden ihnen belassen. Vorkehrungen und Gegenstände, deren Überlassung eine verfahrenssichernde Anordnung entgegensteht oder die geeignet sind, die Sicherheit oder Ordnung der Anstalt zu gefährden, sind ausgeschlossen. (2) Die Anstaltsleitung kann besondere Regelungen zum angemessenen Umfang der Haftraumausstattung und zu Art und Umfang der Vorkehrungen und Gegenstände nach Absatz 1 Satz 3, insbesondere zu Wertgrenzen für Armbanduhren, Schmuckgegenstände und Elektrogeräte, treffen. ***Hessen, § 12 HUVollzG: Persönlicher Besitz*** (1) Die Untersuchungsgefangenen dürfen nur Gegenstände in Besitz haben oder annehmen, die ihnen von der jeweiligen Anstalt oder mit deren Erlaubnis überlassen wurden. Ohne Erlaubnis dürfen sie Gegenstände von geringem Wert von anderen Untersuchungsgefangenen annehmen; die Anstalt kann Annahme und Besitz auch dieser Gegenstände von ihrer Erlaubnis abhängig machen oder weitere Ausnahmen zulassen. § 11 Abs. 2 gilt entsprechend. Die Erlaubnis kann unter den Voraussetzungen des § 11 Abs. 1 Satz 2 und Abs. 2 widerrufen werden. (2) Eingebrachte Gegenstände, die die Untersuchungsgefangenen nicht in Besitz haben dürfen, sind für sie aufzubewahren, sofern dies nach Art und Umfang möglich ist. Andernfalls ist den Untersuchungsgefangenen Gelegenheit zu geben, die Gegenstände außerhalb der Anstalt aufbewahren zu lassen. Das Gleiche gilt für Gegenstände, die die Untersuchungsgefangenen während des Vollzugs und für ihre Entlassung nicht benötigen. Geld wird ihnen gutgeschrieben. (3) Eingebrachte Gegenstände, deren Aufbewahrung nach Art oder Umfang nicht möglich ist und die von den Untersuchungsgefangenen trotz Aufforderung nicht aus der Anstalt verbracht werden, können auf Kosten der Untersuchungsgefangenen aus der Anstalt entfernt werden. § 37 Abs. 2 gilt entsprechend. ***Sachsen-Anhalt, § 15 Abs. 2 UVollzG LSA:*** (2) Eingebrachte Sachen, die die Untersuchungsgefangenen nicht in Gewahrsam haben dürfen, sind für sie aufzubewahren, sofern dies nach Art und Umfang möglich ist. Den Untersuchungsgefangenen wird Gelegenheit gegeben, ihre Sachen, die sie während des Vollzugs und für ihre Entlassung nicht benötigen, zu verschicken oder mit Zustimmung der Anstalt beim Besuch zu übergeben. Geld wird ihnen gutgeschrieben. Der Untersuchungsgefangene kann über rechtmäßig eingebrachtes und für ihn eingezahltes Geld verfügen. Der Einkauf nach § 18 Abs. 2 und 3 kann der Höhe nach beschränkt werden.

Länder	Unterbringung und Versorgung – *Persönlicher Gewahrsam, Ausstattung des Haftraums, Kleidung, Verpflegung, Einkauf*
	§ 16 12-er Regelung: Ausstattung des Haftraums[41] **Die Untersuchungsgefangenen dürfen ihren Haftraum in angemessenem Umfang mit eigenen Sachen ausstatten. Sachen, deren Überlassung eine verfahrenssichernde Anordnung entgegensteht[42] oder die geeignet sind, die Sicherheit oder Ordnung der Anstalt zu gefährden, sind ausgeschlossen.** Abweichende Regelungen: *Hessen, § 11 HUVollzG:* (1) Die Untersuchungsgefangenen dürfen ihren Haftraum in angemessenem Umfang mit eigenen Gegenständen ausstatten. Die Übersichtlichkeit des Haftraums darf nicht behindert und Kontrollen nach § 31 Abs. 1 dürfen nicht unzumutbar erschwert werden. (2) Gegenstände, deren Besitz, Überlassung oder Benutzung mit Strafe oder Geldbuße bedroht ist, deren Überlassung eine verfahrenssichernde Anordnung entgegensteht oder die geeignet sind, die Sicherheit oder die Ordnung der Anstalt zu gefährden, sind ausgeschlossen. *Sachsen-Anhalt, § 16 UVollzG LSA:* (1) Der Untersuchungsgefangene darf seinen Haftraum in angemessenem Umfang mit eigenen Sachen ausstatten. Lichtbilder nahe stehender Personen und Erinnerungsstücke von persönlichem Wert werden ihm belassen. (2) Sachen, deren Überlassung eine verfahrenssichernde Anordnung entgegensteht, sind ausgeschlossen. Vorkehrungen und Gegenstände, die die Übersichtlichkeit des Haftraums behindern oder die in anderer Weise die Sicherheit oder Ordnung der Anstalt gefährden, können ausgeschlossen werden. *§ 17 12er-Regelung: Kleidung*[43] **(1) Die Untersuchungsgefangenen dürfen eigene Kleidung tragen, soweit sie für Reinigung, Instandhaltung und regelmäßigen Wechsel sorgen.[44] Der Anstaltsleiter kann anordnen, dass Reinigung und Instandhaltung nur durch Vermittlung der Anstalt erfolgen dürfen.** **(2) Soweit es zur Umsetzung einer verfahrenssichernden Anordnung oder zur Gewährleistung der Sicherheit oder Ordnung der Anstalt erforderlich ist, kann das in Absatz 1 genannte Recht eingeschränkt oder ausgeschlossen werden.**

41 In Hamburg siehe § 15 HmbUVollzG: Ausstattung des Haftraumes, persönlicher Besitz, Abdruck bereits unter § 15 12er-Regelung.
42 In Sachsen, § 16 SächsUHaftVollzG: ohne „[…] Sachen, deren Überlassung eine verfahrenssichernde Anordnung entgegensteht […]“.
43 In Hessen: § 13 HUVollzG.
44 In Hessen, § 13 Abs. 1 HUVollzG, zusätzlich S. 2: „[…] § 11 Abs. 2 gilt entsprechend.“

Länder	Unterbringung und Versorgung – *Persönlicher Gewahrsam, Ausstattung des Haftraums, Kleidung, Verpflegung, Einkauf*
	Abweichende Regelungen: *Hamburg, § 16 HmbUVollzG:* (1) Die Untersuchungsgefangenen dürfen eigene Kleidung tragen, wenn sie für Reinigung und Instandsetzung auf eigene Kosten sorgen. (2) Soweit es zur Umsetzung einer verfahrenssichernden Anordnung oder zur Gewährleistung der Sicherheit oder Ordnung der Anstalt erforderlich ist, kann das in Absatz 1 genannte Recht eingeschränkt oder ausgeschlossen werden. *Sachsen-Anhalt, § 17 Abs. 1 UVollzG LSA:* (1) Der Untersuchungsgefangene darf eigene Kleidung tragen. Soweit er nicht über vollständige Kleidung verfügt oder nicht in der Lage ist, für regelmäßigen Wechsel und für die Reinigung und Instandhaltung der eigenen Sachen zu sorgen, wird er mit Anstaltskleidung und Anstaltswäsche ausgestattet. Insoweit ist er verpflichtet, Anstaltskleidung zu tragen. Der Anstaltsleiter kann anordnen, dass Reinigung und Instandhaltung nur durch Vermittlung der Anstalt erfolgen dürfen. ***§ 18 12er-Regelung: Verpflegung und Einkauf*** **(1) Zusammensetzung und Nährwert der Anstaltsverpflegung entsprechen den Anforderungen an eine gesunde Ernährung und werden ärztlich überwacht.[45] Auf ärztliche Anordnung wird besondere Verpflegung gewährt. Den Untersuchungsgefangenen ist zu ermöglichen, Speisevorschriften ihrer Religionsgemeinschaft zu befolgen.** **(2) Die Untersuchungsgefangenen können aus einem von der Anstalt vermittelten Angebot einkaufen. Die Anstalt soll für ein Angebot sorgen, das auf Wünsche und Bedürfnisse der Untersuchungsgefangenen Rücksicht nimmt.** **(3) Den Untersuchungsgefangenen soll die Möglichkeit eröffnet werden, unmittelbar oder über Dritte Gegenstände über den Versandhandel zu beziehen. Zulassung und Verfahren des Einkaufs über den Versandhandel regelt der Anstaltsleiter[46].** **(4) Gegenstände, deren Überlassung eine verfahrenssichernde Anordnung entgegensteht[47] oder die geeignet sind, die Sicherheit oder Ordnung der Anstalt zu gefährden, sind vom Einkauf ausgeschlossen.** **Abweichende Regelungen:** *Hamburg, § 17 HmbUVollzG: Verpflegung* Die Untersuchungsgefangenen erhalten Anstaltsverpflegung. Zusammensetzung und Nährwert der Anstaltsverpflegung werden ärztlich überwacht. Religiöse Speisegebote werden beachtet.

45 In Sachsen-Anhalt, § 18 Abs. 1 UVollzG LSA: ähnlich der 12er-Regelung; in Sachsen, § 18 Abs. 1 SächsUHaftVollzG: eine ärztliche Überwachung ist nicht vorgesehen.
46 In Bremen, § 18 Abs. 3 BremUVollzG: „[…] Anstaltsleiterin oder der Anstaltsleiter."
47 In Sachsen, § 18 Abs. 4 SächsUHaftVollzG: ohne „[…] deren Überlassung eine verfahrenssichernde Anordnung entgegensteht […]"

Länder	**Unterbringung und Versorgung –** ***Persönlicher Gewahrsam, Ausstattung des Haftraums, Kleidung, Verpflegung, Einkauf***
	Hamburg, § 18 HmbUVollzG: Einkauf (1) Die Untersuchungsgefangenen können regelmäßig aus einem von der Anstalt vermittelten Angebot einkaufen (Regeleinkauf). (2) Die Untersuchungsgefangenen können in angemessenem Umfang dreimal jährlich zusätzlich zu dem Regeleinkauf einkaufen. Geld, das für die Untersuchungsgefangenen ausdrücklich für einen zusätzlichen Einkauf eingezahlt wird, ist für den folgenden zusätzlichen Einkauf als zweckgebundenes Geld gutzuschreiben. (3) Für die Organisation des Einkaufs und den Inhalt des Warenangebots kann die Anstaltsleitung unter Würdigung der Wünsche und Bedürfnisse der Untersuchungsgefangenen besondere Regelungen treffen. (4) Gegenstände, deren Überlassung eine verfahrenssichernde Anordnung entgegensteht oder die geeignet sind, die Sicherheit oder Ordnung der Anstalt zu gefährden, sind vom Einkauf ausgeschlossen. Auf ärztliche Anordnung kann den Untersuchungsgefangenen der Einkauf einzelner Nahrungs- und Genussmittel ganz oder teilweise untersagt werden, wenn zu befürchten ist, dass sie ihre Gesundheit ernsthaft gefährden. In Krankenhäusern und Krankenabteilungen kann der Einkauf einzelner Nahrungs- und Genussmittel auf ärztliche Anordnung allgemein untersagt oder eingeschränkt werden. ***Hessen, § 14 HUVollzG:*** (1) Die Untersuchungsgefangenen erhalten Verpflegung durch die Anstalt. Zusammensetzung und Nährwert müssen den Anforderungen an eine gesunde Ernährung entsprechen und ärztlich überwacht werden. Auf ärztliche Anordnung wird besondere Verpflegung gewährt. Den Untersuchungsgefangenen ist zu ermöglichen, Speisevorschriften ihrer Religionsgemeinschaft zu befolgen. (2) Die Untersuchungsgefangenen können in angemessenem Umfang von ihrem Geld oder zweckgebunden überwiesenem Geld aus einem von der Anstalt vermittelten Angebot einkaufen. § 11 Abs. 2 gilt entsprechend. Die Anstalt soll für ein Angebot sorgen, das auf Wünsche und Bedürfnisse der Untersuchungsgefangenen Rücksicht nimmt. ***Sachsen-Anhalt, § 18 Abs. 2-4 UVollzG LSA:*** (2) Die Untersuchungsgefangenen können auf eigene Kosten aus einem von der Anstalt vermittelten Angebot einkaufen. [...] (3) Dem Untersuchungsgefangenen soll die Möglichkeit eröffnet werden, Gegenstände über den Versandhandel zu beziehen. Der Bezug erfolgt über den Anstaltsleiter, der auch Zulassung und Verfahren regelt. (4) Gegenstände, deren Überlassung eine verfahrenssichernde Anordnung entgegensteht oder die geeignet sind, die Sicherheit oder Ordnung der Anstalt zu gefährden, sind vom Einkauf und Versandhandel ausgeschlossen.

Länder	Unterbringung und Versorgung – *Persönlicher Gewahrsam, Ausstattung des Haftraums, Kleidung, Verpflegung, Einkauf*
	§ 19 12er-Regelung: Annehmlichkeiten **Von den §§ 16 bis 18 nicht umfasste Annehmlichkeiten dürfen sich die Untersuchungsgefangenen auf ihre Kosten verschaffen, soweit und solange weder eine verfahrenssichernde Anordnung entgegensteht[48] noch die Sicherheit oder Ordnung der Anstalt gefährdet wird.** **Abweichende Regelungen:** *Hessen, § 15 HUVollzG: Zusatzleistungen* Über die Grundversorgung hinausgehende zusätzliche Leistungen dürfen sich die Untersuchungsgefangenen auf ihre Kosten verschaffen, soweit und solange weder eine verfahrenssichernde Anordnung entgegensteht noch die Sicherheit oder Ordnung der Anstalt gefährdet wird. An Betriebskosten der in ihrem Besitz befindlichen selbst genutzten Gegenstände und Geräte können sie angemessen beteiligt werden. **Sachsen-Anhalt, § 19 UVollzG LSA: Annehmlichkeiten** Annehmlichkeiten, die nicht in den §§ 16 bis 18 geregelt sind, darf sich der Untersuchungsgefangene auf seine Kosten verschaffen, soweit und solange weder eine verfahrenssichernde Anordnung entgegensteht noch die Sicherheit oder Ordnung der Anstalt gefährdet wird.
Baden-Württemberg	*§ 9 JVollzGB I: Ausgestaltung der Räume* **Räume für den Aufenthalt während der Ruhe- und Freizeit sowie Gemeinschafts- und Besuchsräume sind wohnlich oder sonst ihrem Zweck entsprechend auszustatten. Sie müssen hinreichend Luftinhalt haben und für eine gesunde Lebensführung ausreichend mit Heizung und Lüftung sowie Fensterfläche ausgestattet sein.** *§ 7 Abs. 2 JVollzGB I: Festsetzung der Belegungsfähigkeit* **(2) In Justizvollzugsanstalten, mit deren Errichtung vor Inkrafttreten dieses Gesetzes begonnen wurde, haben Gemeinschaftshafträume bei Doppelbelegung eine Nettogrundfläche von mindestens 4,5 Quadratmetern, bei einer höheren Belegung mindestens sechs Quadratmeter je Gefangener oder Gefangenem aufzuweisen. Für An- und Zubauten bei Anstalten nach Satz 1, mit deren Errichtung nach Inkrafttreten dieses Gesetzes begonnen wurde, gilt Absatz 3 entsprechend.** *§ 9 JVollzGB II: Ausstattung des Haftraums* **Untersuchungsgefangene dürfen ihren Haftraum in angemessenem Umfang mit eigenen Gegenständen ausstatten. Hierdurch darf die Übersichtlichkeit des Haftraums sowie die Sicherheit und Ordnung der Justizvollzugsanstalt nicht beeinträchtigt werden.** *§ 10 JVollzGB II: Wäsche* **(1) Untersuchungsgefangene dürfen eigene Kleidung tragen und eigene Bettwäsche benutzen, sofern sie für Reinigung, Instandhaltung und regelmäßigen Wechsel sorgen. Hierzu dürfen für Untersuchungsgefangene Kleidungsstücke und Bettwäsche in der Jus-**

48 In Sachsen, § 19 SächsUHaftVollzG: ohne „[...] eine verfahrenssichernde Anordnung entgegensteht [...]".

Länder	Unterbringung und Versorgung – *Persönlicher Gewahrsam, Ausstattung des Haftraums, Kleidung, Verpflegung, Einkauf*
	tizvollzugsanstalt abgegeben und von dort abgeholt oder von den Gefangenen versandt werden. Die Justizvollzugsanstalt kann anordnen, dass abweichend von Satz 2 Reinigung und Instandhaltung der Wäsche durch ihre Vermittlung auf Kosten der Untersuchungsgefangenen erfolgen. (2) Untersuchungsgefangene, die keine geeignete eigene Kleidung oder Bettwäsche besitzen, erhalten diese von der Justizvollzugsanstalt. *§ 11 JVollzGB II: Verpflegung, Einkauf und Fernsehen* (1) Die Verpflegung wird in Übereinstimmung mit den jeweils gültigen Werten für eine ausreichende und ausgewogene Ernährung in Gemeinschaftsverpflegung angeboten. Den Untersuchungsgefangenen soll ermöglicht werden, religiöse Speisevorschriften zu befolgen. (2) Untersuchungsgefangene können aus einem von der Justizvollzugsanstalt vermittelten Angebot Waren kaufen sowie auf eigene Kosten fernsehen. Hierzu können sie monatlich einen Betrag verwenden, der im Regelfall den 20-fachen Tagessatz der Eckvergütung nicht übersteigen soll. Erhalten Untersuchungsgefangene Bezüge nach diesem Gesetz, soll der Betrag nach Satz 2 den 30-fachen Tagessatz der Eckvergütung nicht übersteigen. Das Warenangebot ist auf die Bedürfnisse der Untersuchungsgefangenen abzustimmen. Gegenstände, die die Sicherheit oder Ordnung der Justizvollzugsanstalt gefährden, sind vom Verkauf ausgeschlossen. Der Einkauf kann in Form eines Listeneinkaufs durchgeführt werden. (3) In begründeten Ausnahmefällen, insbesondere wenn ein zugelassener Artikel sonst nicht beschafft werden kann, kann die Justizvollzugsanstalt einen Einkauf über andere sichere Bezugsquellen gestatten.
Bayern	*Art. 14 BayUVollzG: Lebenshaltung* (1) Die Untersuchungsgefangenen dürfen eigene Kleidung und Wäsche tragen sowie eigenes Bettzeug benutzen, soweit sie auf eigene Kosten für Reinigung, Instandsetzung und regelmäßigen Wechsel sorgen. Hierzu dürfen für die Untersuchungsgefangenen Kleidung, Wäsche und Bettzeug in der Anstalt abgegeben und dort abgeholt werden. Der Anstaltsleiter oder die Anstaltsleiterin kann anordnen, dass Reinigung und Instandsetzung nur durch Vermittlung der Anstalt erfolgen dürfen. (2) Die Untersuchungsgefangenen dürfen ihren Haftraum in angemessenem Umfang mit eigenen Sachen ausstatten, die ihnen mit Zustimmung oder auf Vermittlung der Anstalt überlassen worden sind. (3) Sie dürfen durch Vermittlung der Anstalt regelmäßig Nahrungs- und Genussmittel sowie andere Gegenstände des persönlichen Bedarfs in angemessenem Umfang kaufen. Die Anstalt soll für ein Einkaufsangebot sorgen, das auf Wünsche und Bedürfnisse der Untersuchungsgefangenen Rücksicht nimmt. (4) Die Untersuchungsgefangenen dürfen sich in angemessener Weise auf eigene Kosten durch Vermittlung der Anstalt selbst ver-

Länder	Unterbringung und Versorgung – *Persönlicher Gewahrsam, Ausstattung des Haftraums, Kleidung, Verpflegung, Einkauf*
	pflegen. Die Verpflegung darf nur von Speise- oder Gastwirtschaften bezogen werden, die der Anstaltsleiter oder die Anstaltsleiterin bestimmt. (5) Soweit es die Sicherheit oder Ordnung der Anstalt erfordert, können 1. die Rechte aus Abs. 1 ausgeschlossen oder eingeschränkt und 2. die in Abs. 2, 3 Satz 1 und Abs. 4 Satz 1 genannten Rechte eingeschränkt werden. (6) Art. 24 Abs. 2 Sätze 2 und 3 BayStVollzG gelten entsprechend.
Niedersachsen	*§ 142 NJVollzG: Ausstattung des Haftraums und persönlicher Besitz, Kleidung und Einkauf* (1) Die oder der Gefangene darf ihren oder seinen Haftraum in angemessenem Umfang mit eigenen Sachen ausstatten, die ihr oder ihm mit Zustimmung oder auf Vermittlung der Vollzugsbehörde überlassen worden sind. (2) Die oder der Gefangene darf eigene Kleidung, eigene Wäsche und eigenes Bettzeug benutzen, wenn sie oder er für Reinigung und Instandsetzung auf eigene Kosten sorgt; anderenfalls erhält sie oder er Kleidung, Wäsche oder Bettzeug von der Vollzugsbehörde. (3) [1]Die oder der Gefangene kann sich aus einem von der Vollzugsbehörde vermittelten Angebot regelmäßig in angemessenem Umfang Nahrungs- und Genussmittel sowie Gegenstände des persönlichen Bedarfs kaufen. [2]Die Ausgaben für Einkäufe sollen monatlich den 30-fachen Tagessatz der Eckvergütung (§ 152 Abs. 3 Satz 2) nicht übersteigen. [3]Es soll für ein Angebot gesorgt werden, das auf Wünsche und Bedürfnisse der Gefangenen Rücksicht nimmt. (4) [1]Soweit es der Zweck der Untersuchungshaft oder die Sicherheit oder Ordnung der Anstalt erfordert, können 1. die Rechte aus Absatz 1 eingeschränkt, 2. die Rechte aus Absatz 2 ausgeschlossen oder eingeschränkt und 3. Gegenstände vom Einkauf ausgeschlossen werden. [2]§ 24 Abs. 2 Satz 2 gilt entsprechend. *§ 24 Abs. 2 NJVollzG: Einkauf* (2) [...] [2]In Anstaltskrankenhäusern und Krankenabteilungen kann der Einkauf einzelner Nahrungs- und Genussmittel auf ärztliche Anordnung allgemein untersagt oder eingeschränkt werden.
Nordrhein-Westfalen	*§ 13 UVollzG NRW: Persönlicher Bereich* (1) Untersuchungsgefangene dürfen eigene Kleidung tragen und eigene Bettwäsche benutzen, soweit sie für Reinigung, Instandhaltung und regelmäßigen Wechsel auf eigene Kosten sorgen. Hierzu können in Ausnahmefällen für die Untersuchungsgefangenen Kleidungsstücke und Bettwäsche in der Anstalt abgegeben und dort abgeholt werden. (2) Untersuchungsgefangene dürfen ihren Haftraum in angemessenem Umfang mit eigenen Sachen ausstatten. Sie dürfen nur Sa-

Länder	Unterbringung und Versorgung – *Persönlicher Gewahrsam, Ausstattung des Haftraums, Kleidung, Verpflegung, Einkauf*
	chen in Gewahrsam haben, die ihnen von der Anstalt oder mit deren Zustimmung überlassen werden. Geld und Wertsachen dürfen Untersuchungsgefangene nicht in Gewahrsam haben. (3) Sie dürfen aus einem von der Anstalt vermittelten Angebot Nahrungs- und Genussmittel sowie andere Gegenstände des persönlichen Bedarfs kaufen. Die Anstalt soll für ein Einkaufsangebot sorgen, das auf Wünsche und Bedürfnisse der Untersuchungsgefangenen Rücksicht nimmt. Das Nähere regelt die Anstalt. (4) Soweit es die Sicherheit oder Ordnung der Anstalt erfordert, können 1. die Rechte aus Absatz 1 ausgeschlossen oder eingeschränkt und 2. die in den Absätzen 2 und 3 Satz 1 genannten Rechte eingeschränkt werden. *§ 14 UVollzG NRW: Anstaltsverpflegung* Zusammensetzung und Nährwert der Anstaltsverpflegung entsprechen den Empfehlungen der Deutschen Gesellschaft für Ernährung e.V. und werden ärztlich überwacht. Auf ärztliche Anordnung wird besondere Verpflegung gewährt. Untersuchungsgefangenen ist zu ermöglichen, Speisevorschriften ihrer Religionsgemeinschaften zu befolgen.

2. Haftraum. Auffällig ist, dass in den Ländergesetzen zwar Regelungen zum persönlichen Gewahrsam und zur Ausstattung des Haftraums enthalten sind, aber eine Regelung zum Haftraum selbst mit Ausnahme Baden-Württembergs (§ 7 Abs. 2 JVollzGB I Ba-Wü) fehlt. Im § 63 Abs. 3 UVollzG Hessen heißt es nur, dass die Räume für den Aufenthalt während der Ruhezeit eine „hinreichende Grundfläche und lichte Höhe" haben müssen. Dies ist ein rechtsstaatliches Manko. 18

Zur **Größe des Haftraums** ist so auf die Rechtsprechung zu den Mindestanforderungen für den Strafvollzug, die sich aus der Beachtung der Menschenwürde gem. Art. 1 Abs. 1 GG ergeben, zurückzugreifen. Danach wird ein Mindestmaß von 7 qm Bodenfläche pro Gefangenen für unbedingt erforderlich gehalten.[49] Bei der – regelmäßigen – Unterbringung des U-Gefangenen in einer Einzelzelle sollten 9 qm Bodenfläche vorhanden sein.[50] Für zukünftige Justizvollzugsanstalten ist dies die Vorgabe des Gesetzgebers in Baden-Württemberg (§ 7 Abs. 3 S. 2 JVollzGB I Ba-Wü).[51] Eine Orientierung an einem Mindestrauminhalt von Kubikmetern[52] erscheint nicht zweckmäßig, da dieser auch durch die Höhe des Raums bestimmt wird, die aber für den Gefangenen ab einer Normalhöhe keine Nutzung ermöglicht.

Wichtig ist für die Haftraumgestaltung, dass **natürliches Licht** in den Haftraum fällt und ein **„Blick ins Freie"** gewährt wird. Dementsprechend sind die Fenster zu gestalten, womit zugleich eine ausreichende Belüftung des Haftraums sichergestellt wird.[53] Bei konkreten Anhaltspunkten für eine Flucht- oder Verdunklungsgefahr können Hafträume mit Fenstern zugewiesen werden, die durch besondere Vorkehrungen eine Kommunikation nach außen, 19

49 BVerfG ZfStRVO 1994, 377; OLG Frankfurt NStZ 2003, 622; OLG Hamm StV 2009, 264; s. auch BVerfG StV 2002, 661 sowie BVerfG, 22.2.2011, 1 BvR 409/09; § 7 Abs. 2 JVollzGB I Ba-Wü begnügt sich demgegenüber mit 4,5 qm.

50 Huchting/Lehmann in: AK-StVollzG, § 144 Rn. 3.

51 Zur entsprechenden Forderung für den Jugendstrafvollzug s. Kirchner in: Ostendorf, Jugendstrafvollzugsrecht, 3. Abschnitt Rn. 15.

52 So Schlothauer/Weider, Untersuchungshaft, Rn. 1060 m.w.N.

53 BVerfG EuGRZ 2008, 83 ff.; Böhm/Koop in: Schwind/Böhm/Jehle/Laubenthal, StVollzG, § 144 Rn. 2; Arloth, StVollzG, § 144 Rn. 2.

das Hinauswerfen von Gegenständen oder ein Pendeln zwischen zwei Fenstern mithilfe von Bettlaken nicht zulassen.[54]

20 Zu einer menschenwürdigen Unterbringung gehört es, dass der **Wasch- und Toilettenbereich vom übrigen Haftraum separiert** wird, dies gilt insbesondere und unabdingbar bei gemeinschaftlichen Hafträumen.[55] So müssen nach den Empfehlungen des Ministerkomitees des Europarates zum Freiheitsentzug vom 11.1.2006 alle Häftlinge jederzeit Zugang zu sanitären Einrichtungen haben, die hygienisch sind und die Intimsphäre schützen (Nr. 19.3). Soweit dies baulich noch nicht so eingerichtet ist, ist zumindest eine Schamwand aufzustellen.[56] Dies gilt auch bei Einzelzellen, da der Gefangene immer mit einem unangekündigten Besuch von Seiten des Personals rechnen muss.[57] Allerdings ist gerade bei nicht separierten Wasch- und Toilettenbereichen ein frühzeitiges Anklopfen des Vollzugspersonals geboten.[58]

21 Es erscheint in diesem Zusammenhang unzulässig, die U-Haftzelle mittels eines **Türspions** generell und ohne einen konkreten Gefahrverdacht einsehbar zu halten.[59] Soweit entsprechende Türspione angebracht sind, muss es dem U-Gefangenen erlaubt sein, durch Verhängen oder Zukleben einen solchen Eingriff in seine Privat- und Intimsphäre abzuwehren, solange nicht eine konkrete Gefährdungssituation, insbesondere eine Suizidgefahr, gegeben ist.

22 **3. Persönlicher Gewahrsam und Ausstattung des Haftraums.** Die Mitnahme von persönlichen Gegenständen, insbesondere von Fotos, ist für U-Gefangene von besonderer Bedeutung, um ein Stück Privatsphäre mit in die Anstalt zu nehmen und ihre persönliche Beziehung zu Partnern und Angehörigen zu pflegen. Insoweit besteht ein Rechtsanspruch, der letztlich in der Beachtung der Menschenwürde gem. Art. 1 Abs. 1 S. 2 GG begründet ist (so auch § 15 Abs. 1 S. 2 UVollzG Hamburg und § 16 Abs. 1 S. 1 UVollzG Sachsen-Anhalt). Diesem Anspruch genügen die Regelungen in den Ländergesetzen nur bedingt, so wenn in § 15 Abs. 1 12er-Regelung, Art. 14 Abs. 2 UVollzG Bayern, § 12 Abs. 1 S. 1 UVollzG Hessen die Mitnahme allein von der Entscheidung der Anstaltsleitung abhängig gemacht wird.[60] Frühere Gesetzesvorschläge wurden dem Rechtsanspruch des U-Gefangenen gerechter.[61] In der Praxis wird die Mitnahme auch kleiner Haustiere wie Zierfische oder eines Wellensittichs nicht gestattet.[62] Die Argumentation „drohende Folgelasten“ überzeugt insoweit jedoch nicht, wenn sich der Aufwand in Grenzen hält.

Im engen Zusammenhang hiermit steht die Ausstattung des Haftraums nach eigenem Geschmack.[63]

Grenzen ergeben sich aus Sicherheitsgründen, z.B. für die Mitnahme von Messern oder anderer gefährlicher Gegenstände. Dazu gehören **nicht** eine elektronische Schreibmaschine[64], eine Kaffeefiltermaschine[65], im Regelfall **nicht** ein Rundfunkgerät und ein Fernseher.[66] Umgekehrt wird die Benutzung eines Computers sowie eines Laptops mit Internetanschluss im Hinblick auf die Haftzwecke „Verhinderung einer Flucht“ bzw. einer „Verdunkelung“ regelmäßig nicht gestattet sein. Ein Laptop ohne Internetanschluss ist, wie vormals eine elek-

54 Seebode, Der Vollzug der Untersuchungshaft, S. 171.
55 Seebode, Der Vollzug der Untersuchungshaft, S. 173; OLG Frankfurt NJW 2003, 2843 (2845); BVerfG EuGRZ 2008, 83 ff.; VerfGH Berlin StV 2010, 374; BVerfG, 22.2.2011, 1 BvR 409/09.
56 BGH StV 2006, 149 m.w.N.
57 A.M. Wiesneth, Die Untersuchungshaft, Rn. 190.
58 BVerfG EuGRZ 2008, 83 ff.; a.M. Wiesneth, Die Untersuchungshaft, Rn. 192.
59 Paeffgen in: SK-StPO, § 119 Rn. 51; s. bereits Seebode, Der Vollzug der Untersuchungshaft, S. 172.
60 Ebenso Ziff. 53 Abs. 1 UVollzO. Es wurde sogar für notwendig erachtet, das Tragen eines Eheringes zu gestatten, s. Ziff. 53 Abs. 2 S. 3 UVollzO.
61 S. Friedrich, Die Normierung des Untersuchungshaftvollzuges, S. 94 f.
62 Paeffgen in: SK-StPO, § 119 Rn. 51.
63 So wörtlich § 15 Abs. 1 Entwurf Baumann, 1981 sowie § 19 Entwurf Friedrich, s. Friedrich, Die Normierung des Untersuchungshaftvollzuges, S. 253.
64 BVerfG NStZ 1994, 604 m. Anm. Rotthaus.
65 A.M. OLG Düsseldorf NStZ 1986, 93; Meyer-Goßner, StPO, § 119 Rn. 29.
66 S. BVerfGE 15, 288 (293); Paeffgen in: SK-StPO, § 119 Rn. 49; s. auch ausdrücklich in Hessen: § 22 Abs. 4 HUVollzG; im Einzelnen s.u. § 4 Rn. 235 ff.

tronische Schreibmaschine, demgegenüber erlaubt, insbesondere auch zum Zwecke der Strafverteidigung.[67] Allerdings ist die Missbrauchsgefahr über das Herein- bzw. Herausbringen eines USB-Sticks groß.

Auch die Einbringung von Unterhaltungselektronik ist in der Untersuchungshaft möglich. Erlaubt ist etwa der Betrieb von Videospielkonsolen oder eines „Gameboys".[68] Einschränkungen können sich dann ergeben, wenn die Konsole über eine eigene Datenübertragungsvorrichtung zur Sicherung von Spielinhalten verfügt, da diese verschiedene missbräuchliche Kommunikationsmöglichkeiten eröffnet. Derartige Konsolen werden dem Häftling oft untersagt, was allerdings dazu führt, dass dann nur veraltete Technik eingebracht werden darf. Milderes Mittel wäre je nach Bauart eine Verplombung oder schlicht die Einbehaltung der externen Speichermedien. Bedenken ergeben sich häufig im Zusammenhang mit Kassettenrekordern und ähnlichen Aufnahme- und Abspielgeräten, da diese eine Vielfalt an Missbrauchsmöglichkeiten beinhalten.[69] Dennoch müssen auch hier für eine Versagung konkrete Anhaltspunkte festgestellt und stets mildere Mittel, wie eine Versiegelung, in Betracht vorgezogen werden.[70] Geräte, die lediglich über eine Abspielfunktion verfügen (z.B. ein „Walkman"), dürften demnach mangels entsprechender Risiken ohnehin eingebracht werden.[71] Videorekorder werden zumeist nicht gestattet.[72] Gegen den Betrieb eines DVD-Abspielgerätes ohne Festplattenrekorder oder Brennfunktion dürften jedoch keine Bedenken bestehen, zumal dem Häftling auch Bequemlichkeiten zugestanden werden müssen, die dem derzeitigen Stand der Technik entsprechen.

Soweit eine Einzelunterbringung erfolgt bzw. keine Einwände eines Mitgefangenen erfolgen, sollte die Anstaltsordnung kein Grund für Beschränkungen bei der gestalterischen Ausstattung des Haftraumes sein, z.B. für das Aufhängen von Sexfotos, sofern nicht die Verbotsgrenze des § 184 b StGB (kinderpornographische Schriften) überschritten wird.

Empfehlenswert ist es, dass U-Gefangene Wertgegenstände zur Aufbewahrung abgeben, um sie so vor Diebstahl zu schützen.[73] Geld wird für Einkäufe gutgeschrieben.[74]

Die Ausstattung des Haftraums „im angemessenen Umfang" soll die Übersichtlichkeit des 23
Haftraums für Kontrollen einer verfahrenssichernden Anordnung sowie im Interesse der Sicherheit und Ordnung der Anstalt gewährleisten. In einigen Anstalten (Rheinland-Pfalz und Thüringen) wird für die Begrenzung der Ausstattungsgegenstände nach einem sog. REFA-System verfahren. Hiernach werden sämtliche Gegenstände im Haftraum mit einer vorgegebenen Punktzahl versehen, die der Zeitdauer entspricht, welche die Kontrolle des jeweiligen Gegenstandes regelmäßig in Anspruch nimmt (1 Minute = 10 Punkte). Die Gesamtpunktzahl für die im Haftraum befindlichen Gegenstände darf in der Regel 2.400 nicht überschreiten, was einen Zeitaufwand von insgesamt 4 Stunden für die Haftkontrolle entspricht. Innerhalb dieses Rahmens darf der Gefangene wählen, mit welchen Gegenständen er seinen Haftraum ausstattet. Diese standardisierte Methode für die Konkretisierung des Anstaltsermessens für die Ausstattung des Haftraums „im angemessenen Umfang" wird von der Rechtsprechung anerkannt, wobei aber eine besondere Interessenlage des Gefangenen, z.B. umfangreiches Aktenmaterial zur Vorbereitung der Hauptverhandlung, zu berücksichtigen ist.[75]

---

67 S. OLG Koblenz StV 1995, 86; OLG Hamm NStZ 1997, 566 m. Anm. Böttger, falls das Diskettenlaufwerk ausgebaut wird; OLG Stuttgart NStZ-RR 2003, 347; LG Mannheim StraFo 2008, 469; a.M. OLG Düsseldorf StV 1999, 610 m. Anm. Staechlin und OLG Hamm StV 1997, 197; wie hier Schlothauer/Weider, Untersuchungshaft, Rn. 1096; s. auch u. § 4 Rn. 211.

68 OLG Düsseldorf StV 1992, 477.

69 OLG Karlsruhe MDR 1975, 72.

70 Hilger in: Löwe/Rosenberg, StPO, § 119 Rn. 114.

71 OLG Koblenz NStZ 1985, 528.

72 Paeffgen in: SK-StPO, § 119 Rn. 49.

73 Ebenso Münchhalffen/Gatzweiler, Das Recht der Untersuchungshaft, Rn. 622.

74 S. § 15 Abs. 2 S. 3 12er-Regelung, § 12 Abs. 2 S. 4 UVollzG Hessen. Gem. § 13 Abs. 2 S. 2 UVollzG NRW dürfen die dortigen U-Gefangenen Geld und Wertsachen nicht in Gewahrsam haben; ebenso Ziff. 53 Abs. 2 S. 1 UVollzO.

75 OLG Zweibrücken, 19.12.2000, 1 Ws 605/00; Thüringisches OLG StV 2011, 37.

Nach § 15 Abs. 6 12er-Regelung (§ 15 S. 2 UvollzG Hessen) ist mit Ausnahme von Berlin eine Beteiligung an den Betriebskosten der im Gewahrsam der U-Gefangenen befindlichen Geräte möglich. Nach der Gesetzesbegründung (s. Gesetzesbegründung zum schleswig-holsteinischen Entwurf S. 67) soll die Vorschrift nur Anwendung finden, wenn der Gefangene das „angemessene Maß" überschreitet und dazu dienen, bei dem Untersuchungsgefangenen ein Kostenbewusstsein für den Betrieb seiner Geräte zu schaffen, wodurch dem Angleichungsgrundsatz Rechnung getragen werde. Insbesondere der damit verbundene Verwaltungsaufwand sowie die vielfach bestehenden finanziellen Nöte der U-Gefangenen sprechen gegen eine solche Handhabung.

24 **4. Kleidung, Verpflegung, Einkauf.** U-Gefangene dürfen eigene Kleidung tragen, dies ist ein Ausdruck des Persönlichkeitsrechts gem. Art. 2 Abs. 1 i.V.m. Art. 1 Abs. 1 GG. Voraussetzung ist, dass sie für Reinigung und Instandsetzung auf eigene Kosten sorgen. Die Reinigung erfolgt entweder über den Austausch der Kleidung im Rahmen von Besuchen („Wäschetausch") oder wird von der Anstalt organisiert.[76] Zusätzlich kann gem. § 10 Abs. 1 JVollzGB II Ba-Wü, Art. 14 Abs. 1 S. 1 UVollzG Bayern, § 142 Abs. 2 NJVollzG, § 13 Abs. 1 UVollzG NRW auch eigene Bettwäsche genutzt werden.[77] Auch die eigene Bettwäsche gehört zum persönlichen Lebensbereich, sie sollte deshalb auch in den anderen Bundesländern gestattet werden. Werden keine eigene Kleidung bzw. Bettwäsche genutzt, werden diese von der Anstalt zur Verfügung gestellt.

Die Verpflegung erfolgt grundsätzlich von Seiten der Anstalt. Hierbei ist eine gesunde Ernährung sicherzustellen ebenso sind die Speisevorschriften von Religionsgemeinschaften zu berücksichtigen. Dies folgt aus Art. 4 Abs. 1 GG. Die Regelung im § 11 Abs. 1 S. 2 JVollzGB II Ba-Wü ist insoweit nicht verbindlich genug gefasst (Soll-Vorschrift). In der Praxis betrifft dies vor allem Muslime. Hierbei ist darauf zu achten, dass auch keine Kochgeräte verwendet werden, in denen unmittelbar vorher „unreine" Speisen zubereitet wurden. Für die Zeit des Ramadans sollte es muslimischen Gefangenen freigestellt werden, am gemeinsamen Essen, soweit so organisiert, teilzunehmen. Alkohol ist nach den Anstaltsordnungen grundsätzlich untersagt.[78] Für kleinere Mengen sollte anlässlich bestimmter Festtage (Geburtstag, Weihnachten, Sylvester) eine Ausnahme geprüft werden.[79]

Zur Ergänzung des Nahrungsangebots sowie für sonstige persönliche Bedarfe wird dem U-Gefangenen ein Einkauf ermöglicht, der für die Gefangenen von großer Bedeutung ist. Die Begrenzung auf dreimal jährlich für Gefangene ab dem 24. Lebensjahr in Hamburg erscheint insoweit als zu eng; für junge Gefangene besteht die Möglichkeit sechsmal jährlich zusätzlich zum Regeleinkauf einzukaufen (§ 76 Abs. 5 UVollzG Hamburg). Demgemäß soll gem. § 18 Abs. 2 S. 2 12er-Regelung, § 18 Abs. 3 UVollzG Hamburg, § 14 Abs. 2 S. 2 UVollzG Hessen, § 11 Abs. 2 S. 3 JVollzGB II Ba-Wü, § 13 Abs. 3 S. 2 UVollzG NRW, § 142 Abs. 3 S. 3 NJVollzG die Anstalt für ein Angebot sorgen, das auf Wünsche und Bedürfnisse der U-Gefangenen Rücksicht nimmt. Die Begrenzung des Einkaufs auf finanzielle Höchstsätze[80] erscheint erzieherisch anmaßend und ist im Hinblick auf die Unschuldsvermutung nicht zu rechtfertigen.[81] Die zwangsweise Schaffung gleichwertiger Lebensverhältnisse ist kein Anliegen des U-Haftvollzuges, zumal auch in Freiheit unterschiedliche ökonomische Möglichkeiten bestehen.[82]

---

76 S. § 17 Abs. 1 S. 2 12er-Regelung, Art. 14 Abs. 1 S. 2 UVollzG Bayern, § 142 Abs. 2 NJVollzG, § 13 Abs. 1 UVollzG NRW.

77 Ebenso bereits Ziffer 52 Abs. 1 UVollzO.

78 Hilger in: Löwe/Rosenberg, StPO, § 119 Rn. 130; s. auch Ziff. 51 Abs. 3 S. 1 UVollzO.

79 Hennerkes, Die Grundrechte des Untersuchungsgefangenen, S. 131.

80 § 11 Abs. 2 S. 2, 3 JVollzGB II Ba-Wü; § 142 Abs. 3 S. 2 NJVollzG.

81 Ablehnend wie hier Paeffgen StV 1999, 46 (50 f.); Seebode, Der Vollzug der Untersuchungshaft, S. 150, 160; Grunau JR 1983, 437 (438); Friedrich, Die Normierung des Untersuchungshaftvollzuges, S. 102; Schlothauer/Weider, Untersuchungshaft, Rn. 1072.

82 S. auch Hilger in: Löwe/Rosenberg, StPO, § 119 Rn. 129; Schlothauer/Weider, Untersuchungshaft, Rn. 989; Piel/Püschel/Tsambikakis/Wallau ZRP 2009, 33 (35): keine „Nivellierungsbefugnis".

VII. Gesundheitsfürsorge

1. Die gesetzlichen Regeln

Länder	Unterbringung und Versorgung – *Gesundheitsfürsorge*	25
12er-Regelung Berlin Brandenburg Bremen Hamburg Hessen Mecklenburg-Vorpommern Rheinland-Pfalz Saarland Sachsen Sachsen-Anhalt Schleswig-Holstein Thüringen	***§ 20 12er-Regelung: Gesundheitsfürsorge*[83]** **(1) Die Anstalt unterstützt die Untersuchungsgefangenen bei der Wiederherstellung und Erhaltung ihrer körperlichen und geistigen[84] Gesundheit. Die Untersuchungsgefangenen haben die notwendigen Anordnungen zum Gesundheitsschutz und zur Hygiene zu befolgen.** **(2) Den Untersuchungsgefangenen wird ermöglicht, sich täglich mindestens eine Stunde im Freien aufzuhalten.** **(3) Erkranken Untersuchungsgefangene schwer oder versterben sie, werden die Angehörigen benachrichtigt.[85] Dem Wunsch, auch andere Personen zu benachrichtigen, soll nach Möglichkeit entsprochen werden.** [86] **Abweichende Regelungen:** ***Berlin, § 20 Abs. 4 UVollzG Bln, zusätzlich:*** (4) Bei einer Schwangeren oder einer Untersuchungsgefangenen, die unlängst entbunden hat, ist auf ihren Zustand Rücksicht zu nehmen. Die Bestimmungen des Mutterschutzgesetzes über die Gestaltung des Arbeitsplatzes sind entsprechend anzuwenden. ***Bremen, § 20 Abs. 3, 4 BremUVollzG, zusätzlich:*** (3) Erkranken Untersuchungsgefangene schwer oder versterben sie, werden die Angehörigen benachrichtigt, sofern die Untersuchungsgefangenen dem nicht widersprochen haben. [...] (4) Eine Benachrichtigung nach Absatz 3 Satz 1 setzt die Einwilligung des Untersuchungsgefangenen voraus. Kann die Einwilligung nicht erlangt werden, erfolgt die Benachrichtigung, wenn der Untersuchungsgefangene einer Benachrichtigung nicht widersprochen hat und keine sonstigen Anhaltspunkte dafür bestehen, dass eine Benachrichtigung nicht angebracht ist. ***Hessen, § 16 HUVollzG:*** (1) Die Anstalt unterstützt die Untersuchungsgefangenen bei der Erhaltung ihrer körperlichen und geistigen Gesundheit. Die Untersuchungsgefangenen haben an Maßnahmen zum allgemeinen Gesundheitsschutz und zur Hygiene mitzuwirken. (2) Die Anstalt kann Anordnungen zum Gesundheitsschutz und zur Hygiene treffen. (3) Den Untersuchungsgefangenen wird ein Aufenthalt im Freien von mindestens einer Stunde täglich ermöglicht, wenn die Witterung dem nicht zwingend entgegensteht. ***Sachsen, § 20 Abs. 3 SächsUVollzG, zusätzlich:*** (3) Der Nichtraucherschutz ist angemessen zu gewährleisten.	

83 In Hamburg in ähnlicher Form in den §§ 42 - 47, 80 HmbUVollzG.
84 In Schleswig-Holstein, § 20 Abs. 1 UVollzG SH, zusätzlich: „[...] seelischen [...]".
85 In Schleswig-Holstein, § 20 Abs. 3 UVollzG SH: ähnliche Formulierung wie in der 12er-Regelung; in Mecklenburg-Vorpommern, § 20 Abs. 3 UVollzG MV und Sachsen, § 20 Abs. 4 SächsUVollzG, zusätzlich: „[...] der Verteidiger [...]".
86 In Sachsen, § 20 SächsUVollzG: Abs. 4 entspricht dort Abs. 3.

Länder	Unterbringung und Versorgung – *Gesundheitsfürsorge*
	Sachsen-Anhalt, § 20 Abs. 3 UVollzG LSA: (3) Wird ein Untersuchungsgefangener schwer krank, so sind die Gesundheitssorgeberechtigten oder, soweit diese nicht erreichbar sind, ein Angehöriger oder eine Person seines Vertrauens unverzüglich zu benachrichtigen. Dasselbe gilt, wenn ein Untersuchungsgefangener verstirbt. Dem Wunsch, auch andere Personen zu benachrichtigen, soll nach Möglichkeit entsprochen werden. ***§ 22 12er-Regelung: Medizinische Leistungen, Kostenbeteiligung*[87]** **(1) Die Untersuchungsgefangenen haben einen Anspruch auf notwendige, ausreichende und zweckmäßige medizinische Leistungen unter Beachtung des Grundsatzes der Wirtschaftlichkeit. Der allgemeine Standard der gesetzlichen Krankenkassen ist zu berücksichtigen.** **(2) Der Anspruch umfasst auch Untersuchungen zur Früherkennung von Krankheiten und Vorsorgeleistungen entsprechend dem allgemeinen Standard der gesetzlichen Krankenkassen.** **(3) Der Anspruch umfasst entsprechend dem allgemeinen Standard der gesetzlichen Krankenkassen auch die Versorgung mit Hilfsmitteln wie Seh- und Hörhilfen, Körperersatzstücken, orthopädischen und anderen Hilfsmitteln, die im Einzelfall erforderlich sind, um den Erfolg der Krankenbehandlung zu sichern, eine Behinderung auszugleichen oder einer drohenden Behinderung vorzubeugen, sofern dies mit Rücksicht auf die voraussichtliche Dauer des Untersuchungshaftvollzugs zwingend geboten ist und soweit die Hilfsmittel nicht als allgemeine Gebrauchsgegenstände des täglichen Lebens anzusehen sind.** **(4) An den Kosten für Leistungen nach den Absätzen 1 bis 3 können die Untersuchungsgefangenen in angemessenem Umfang beteiligt werden.** **(5) Für Leistungen, die über die in Absatz 1 Satz 1 sowie den Absätzen 2 und 3 genannten Leistungen hinausgehen, können den Untersuchungsgefangenen[88] die gesamten Kosten auferlegt werden.** **(6) Der Anstaltsleiter soll nach Anhörung des ärztlichen Dienstes der Anstalt den Untersuchungsgefangenen auf ihren Antrag hin gestatten, auf ihre Kosten externen ärztlichen Rat einzuholen. Die Erlaubnis kann versagt werden, wenn die Untersuchungsgefangenen die gewählte ärztliche Vertrauensperson und den ärztlichen Dienst der Anstalt nicht wechselseitig von der Schweigepflicht entbinden oder wenn es zur Umsetzung einer verfahrenssichernden Anordnung oder zur Aufrechterhaltung der Sicherheit oder Ordnung der Anstalt erforderlich ist. Die Konsultation soll in der Anstalt stattfinden.**

87 In Berlin, § 22 UVollzG Bln: Abweichungen in Abs. 1, 3, 6.
88 In Schleswig-Holstein, § 22 Abs. 5 UVollzG SH: „[…] volljährige Untersuchungsgefangene […]".

Länder	Unterbringung und Versorgung – *Gesundheitsfürsorge*
	Abweichende Regelungen: ***Brandenburg, § 22 Abs. 3 BbgUVollzG, Hamburg, § 42 Abs. 3 S. 3 HmbUVollzG, Rheinland-Pfalz, § 22 Abs. 3 LUVollzG, Schleswig-Holstein, § 22 Abs. 3 UVollzG SH, zusätzlich:*** (3) [...] Ein erneuter Anspruch auf Versorgung mit Sehhilfen besteht nur bei einer Änderung der Sehfähigkeit um mindestens 0,5 Dioptrien. Anspruch auf Versorgung mit Kontaktlinsen besteht nur in medizinisch zwingend erforderlichen Ausnahmen. ***Bremen, § 22 BremUVollzG, Schleswig-Holstein, § 22 Abs. 3 UVollzG SH, zusätzlich:*** (3) [...] Der Anspruch umfasst auch die notwendige Änderung, Instandsetzung und Ersatzbeschaffung von Hilfsmitteln sowie die Ausbildung in ihrem Gebrauch. ***Hessen, § 17 HUVollzG: Medizinische Versorgung*** (1) Untersuchungsgefangene haben einen Anspruch auf notwendige, ausreichende und zweckmäßige medizinische Versorgung unter Beachtung des Grundsatzes der Wirtschaftlichkeit. Der Anspruch umfasst auch Untersuchungen zur Früherkennung von Krankheiten und Vorsorgeleistungen. Die Beurteilung der Notwendigkeit orientiert sich an der Versorgung der gesetzlich Versicherten. (2) Der Anspruch umfasst weiter die Versorgung mit Hilfsmitteln nach § 33 des Fünften Buchs Sozialgesetzbuch vom 20. Dezember 1988 (BGBl. I S. 2477, 2482), zuletzt geändert durch Gesetz vom 14. April 2010 (BGBl. I S. 410), sofern dies mit Rücksicht auf die voraussichtliche Dauer des Untersuchungshaftvollzugs zwingend geboten ist. (3) An den Kosten für Leistungen nach den Abs. 1 und 2 können Untersuchungsgefangene in angemessenem Umfang beteiligt werden, höchstens jedoch bis zum Umfang der Beteiligung vergleichbarer gesetzlich Versicherter. (4) Kranke oder hilfsbedürftige Untersuchungsgefangene können in eine zur Behandlung ihrer Krankheit oder ihrer Versorgung besser geeignete Justizvollzugsanstalt oder in ein Justizvollzugskrankenhaus überstellt oder verlegt werden. Erforderlichenfalls können Untersuchungsgefangene auch in ein Krankenhaus außerhalb des Vollzugs gebracht werden. § 6 Abs. 3 und § 7 Abs. 2 gelten entsprechend. (5) Die Anstaltsleitung soll nach Anhörung des ärztlichen Dienstes der Anstalt den Untersuchungsgefangenen auf ihren Antrag hin gestatten, auf ihre Kosten externen ärztlichen Rat einzuholen, wenn eine verfahrenssichernde Anordnung oder Gründe der Sicherheit oder Ordnung der Anstalt nicht entgegenstehen. Die Untersuchungsgefangenen haben die gewählte ärztliche Vertrauensperson und den ärztlichen Dienst der Anstalt wechselseitig von der Schweigepflicht zu entbinden, um der Anstalt die weitere Erfüllung ihrer Aufgaben nach Abs. 1 bis 4 zu ermöglichen. (6) Werden Untersuchungsgefangene während einer Behandlung aus der Haft entlassen, so hat die Anstalt nur die Kosten zu tragen, die bis zu diesem Zeitpunkt angefallen sind.

Länder	Unterbringung und Versorgung – *Gesundheitsfürsorge*
	(7) Bei schwerer Erkrankung oder Tod von Untersuchungsgefangenen werden die der Anstalt bekannten nächsten Angehörigen unverzüglich benachrichtigt. Dem Wunsch der Untersuchungsgefangenen, auch andere Personen zu benachrichtigen, soll nach Möglichkeit entsprochen werden. *Sachsen, § 22 SächsUHaftVollzG:* (1) Die Untersuchungsgefangenen haben einen Anspruch auf notwendige medizinische Leistungen unter Beachtung des Grundsatzes der Wirtschaftlichkeit nach dem allgemeinen Standard der gesetzlichen Krankenkassen. (2) Der Anspruch umfasst die Versorgung mit Hilfsmitteln wie Seh- und Hörhilfen, Körperersatzstücken, orthopädischen und anderen Hilfsmitteln, die im Einzelfall erforderlich sind, um den Erfolg der Krankenbehandlung zu sichern, eine Behinderung auszugleichen oder einer drohenden Behinderung vorzubeugen, sofern dies mit Rücksicht auf die voraussichtliche Dauer des Untersuchungshaftvollzugs zwingend geboten ist und soweit die Hilfsmittel nicht als allgemeine Gebrauchsgegenstände des täglichen Lebens anzusehen sind. Der Anspruch umfasst auch die notwendige Änderung, Instandsetzung und Ersatzbeschaffung von Hilfsmitteln sowie die Ausbildung in ihrem Gebrauch. (3) An den Kosten für Leistungen nach den Absätzen 1 und 2 kann der Untersuchungsgefangene in angemessenem Umfang beteiligt werden, höchstens jedoch bis zum Umfang der Beteiligung vergleichbarer gesetzlich Versicherter. (4) Für Leistungen, die über die in den Absätzen 1 und 2 genannten Leistungen hinausgehen, können den Untersuchungsgefangenen die gesamten Kosten auferlegt werden. (5) Dem Untersuchungsgefangenen ist auf seine Kosten die Untersuchung durch einen Arzt seiner Wahl zu gestatten. Die Erlaubnis kann versagt werden, wenn es zur Aufrechterhaltung der Sicherheit oder Ordnung in der Anstalt erforderlich ist. Die Konsultation soll in der Anstalt stattfinden. *Sachsen-Anhalt, § 22 UVollzG LSA: Medizinische Leistungen* (1) Untersuchungsgefangene haben Anspruch auf medizinische Leistungen nach den §§ 33 bis 38 des Jugendstrafvollzugsgesetzes Sachsen-Anhalt. (2) Der Anstaltsleiter soll dem Untersuchungsgefangenen gestatten, auf eigene Kosten einen beratenden Arzt seiner Wahl hinzuzuziehen, wenn der Anstaltsarzt dies befürwortet. Die Erlaubnis kann versagt werden, wenn der Untersuchungsgefangene den gewählten Arzt und den Anstaltsarzt nicht wechselseitig von der Schweigepflicht entbindet oder wenn es zur Umsetzung einer verfahrenssichernden Anordnung oder zur Aufrechterhaltung der Sicherheit oder Ordnung der Anstalt erforderlich ist. (3) […] Der Anspruch umfasst auch die notwendige Änderung, Instandsetzung und Ersatzbeschaffung von Hilfsmitteln sowie die Ausbildung in ihrem Gebrauch. […]

Länder	Unterbringung und Versorgung – *Gesundheitsfürsorge*
	(5) Für Leistungen, die über die in Absatz 1 Satz 1 sowie den Absätzen 2 und 3 genannten Leistungen hinausgehen, können den volljährigen Untersuchungsgefangenen die gesamten Kosten auferlegt werden. *§ 23 12er-Regelung: Verlegung, Überstellung und Ausführung zur medizinischen Behandlung*[89] **(1) Kranke oder hilfsbedürftige Untersuchungsgefangene können in eine zur Behandlung ihrer Krankheit oder zu ihrer Versorgung besser geeignete Anstalt oder in ein Vollzugskrankenhaus verlegt oder überstellt werden.** **(2) Erforderlichenfalls können Untersuchungsgefangene zur medizinischen Behandlung ausgeführt oder in ein Krankenhaus außerhalb des Vollzugs gebracht werden.** **(3) Zuvor ist dem Gericht und der Staatsanwaltschaft nach Möglichkeit Gelegenheit zur Stellungnahme zu geben. Bei Verlegungen und Überstellungen gilt § 7 Abs. 4 entsprechend.** **(4) Werden Untersuchungsgefangene während einer Behandlung aus der Haft entlassen, hat das Land nur diejenigen Kosten zu tragen, die bis zur Entlassung angefallen sind.**[90] Abweichende Regelungen: *Sachsen-Anhalt, § 23 Abs. 3 UVollzG LSA:* (3) Zuvor ist dem Gericht und der Staatsanwaltschaft nach Möglichkeit Gelegenheit zur Stellungnahme zu geben. In dringenden Fällen kann der Anstaltsleiter das Gericht und die Staatsanwaltschaft nachträglich benachrichtigen. Bei Verlegungen und Überstellungen gilt § 7 Abs. 5 entsprechend.
Baden-Württemberg	***§ 25 JVollzGB II: Gesundheitsschutz und Aufenthalt im Freien*** **(1) Die Justizvollzugsanstalt kann Anordnungen zum Gesundheitsschutz und zur Hygiene treffen.** **(2) Untersuchungsgefangenen wird täglich mindestens eine Stunde Aufenthalt im Freien ermöglicht, wenn die Witterung dem nicht zwingend entgegensteht.** ***§ 26 JVollzGB II: Anspruch auf medizinische Leistung*** **(1) Untersuchungsgefangene haben einen Anspruch auf notwendige, ausreichende und zweckmäßige medizinische Versorgung unter Beachtung des Grundsatzes der Wirtschaftlichkeit. Der Anspruch umfasst Untersuchungen zur Früherkennung von Krankheiten und Vorsorgeleistungen. Die Beurteilung der Notwendigkeit orientiert sich an der Versorgung der gesetzlich Versicherten. Leistungen zur medizinischen Rehabilitation und ergänzende Leistungen werden erbracht, soweit die Belange des Vollzugs dem nicht entgegenstehen.** **(2) Der Anspruch nach Absatz 1 umfasst nicht die Versorgung mit Hilfsmitteln (§ 33 des Fünften Buchs Sozialgesetzbuch).**

89 In Sachsen, § 23 SächsUHaftVollzG: ähnliche Regelung wie in der 12er-Regelung.
90 In Hessen, § 18 HUVollzG, in Sachsen-Anhalt, § 23 UVollzG LSA: Abs. 4 gilt so nicht in Hessen und Sachsen-Anhalt.

Länder	Unterbringung und Versorgung – *Gesundheitsfürsorge*
	(3) An den Kosten für medizinische Leistungen können die Untersuchungsgefangenen in angemessenem Umfang beteiligt werden, höchstens jedoch bis zum Umfang der Beteiligung gesetzlich Versicherter. Kosten für Zahnersatz einschließlich Zahnkronen und Suprakonstruktionen werden nicht übernommen. (4) Über Ausnahmen von Absatz 2 und Absatz 3 Satz 2 in besonderen Fällen entscheidet die Anstaltsleiterin oder der Anstaltsleiter mit Zustimmung der Aufsichtsbehörde und nach Anhörung der Ärztin oder des Arztes. *§ 27 JVollzGB II: Verlegung aus medizinischen Gründen* (1) Kranke, pflegebedürftige oder hilfsbedürftige Untersuchungsgefangene können in eine zur Behandlung ihrer Krankheit oder in eine für ihre Versorgung besser geeignete Justizvollzugsanstalt oder in ein Justizvollzugskrankenhaus überstellt oder verlegt werden. (2) Erforderlichenfalls können Untersuchungsgefangene für die notwendige Dauer der Behandlung oder Versorgung in ein Krankenhaus außerhalb des Vollzugs gebracht werden. Eine möglichst rasche Rückverlegung in ein Justizvollzugskrankenhaus oder eine Justizvollzugsanstalt ist anzustreben. (3) Vor der Durchführung von Maßnahmen nach Absatz 1 oder 2 sind nach Möglichkeit die Staatsanwaltschaft und das Gericht zu unterrichten. *§ 28 JVollzGB II: Leistungen bei Schwangerschaft und Mutterschaft* (1) Auf den gesundheitlichen Zustand einer schwangeren Untersuchungsgefangenen oder einer Untersuchungsgefangenen, die unlängst entbunden hat, ist Rücksicht zu nehmen. Die Vorschriften des Mutterschutzgesetzes über die Gestaltung des Arbeitsplatzes und über das Bestehen von Beschäftigungsverboten gelten entsprechend. (2) Die Untersuchungsgefangene hat während der Schwangerschaft sowie bei und nach der Entbindung Anspruch auf ärztliche Betreuung einschließlich der Untersuchungen zur Feststellung der Schwangerschaft und zur Schwangerenvorsorge sowie auf Hebammenhilfe. Die ärztliche Betreuung umfasst die Beratung der Schwangeren zur Bedeutung der Mundgesundheit für Mutter und Kind einschließlich des Zusammenhangs zwischen Ernährung und Krankheitsrisiko sowie die Einschätzung oder Bestimmung des Übertragungsrisikos von Karies. (3) Bei Schwangerschaftsbeschwerden und im Zusammenhang mit der Entbindung werden Arznei-, Verbands- und Heilmittel geleistet. *§ 29 JVollzGB II: Entbindung und Geburtsanzeige* (1) Eine schwangere Untersuchungsgefangene ist zur Entbindung in ein Krankenhaus außerhalb des Vollzugs zu bringen. Ist dies aus besonderen Gründen nicht angezeigt, ist die Entbindung in einer Justizvollzugsanstalt mit Entbindungsabteilung vorzunehmen. Bei der Entbindung wird Hilfe durch eine Hebamme und falls erforderlich durch eine Ärztin oder einen Arzt gewährt.

Länder	Unterbringung und Versorgung – *Gesundheitsfürsorge*
	(2) In der Anzeige der Geburt an das Standesamt dürfen die Justizvollzugsanstalt als Geburtsstätte des Kindes, das Verhältnis der anzeigenden Person zur Justizvollzugsanstalt und die Gefangenschaft der Mutter nicht vermerkt sein. *§ 30 JVollzGB II: Wahlärztliche Behandlung* (1) Die Justizvollzugsanstalt soll nach Anhörung der Anstaltsärztin oder des Anstaltsarztes Untersuchungsgefangenen auf ihren Antrag hin gestatten, sich nach eigener Wahl und auf eigene Kosten ärztlich behandeln zu lassen. Die Behandlung soll in der Justizvollzugsanstalt stattfinden. (2) Die Erlaubnis kann versagt werden, wenn Untersuchungsgefangene die gewählte Ärztin oder den gewählten Arzt sowie den ärztlichen Dienst der Justizvollzugsanstalt nicht wechselseitig von der Schweigepflicht entbinden oder wenn es die Sicherheit oder Ordnung der Justizvollzugsanstalt erfordert. *§ 31 JVollzGB II: Benachrichtigung bei Erkrankung oder Todesfall* (1) Erkranken Untersuchungsgefangene schwer, ist eine Angehörige oder ein Angehöriger, eine Vertrauensperson oder eine gesetzliche Vertreterin oder ein gesetzlicher Vertreter unverzüglich zu benachrichtigen. Hiervon kann auf Wunsch der oder des Untersuchungsgefangenen abgesehen werden. Im Fall des Todes von Untersuchungsgefangenen ist eine der in Satz 1 genannten Personen unverzüglich zu benachrichtigen. (2) Dem Wunsch von Untersuchungsgefangenen, auch andere Personen zu benachrichtigen, soll nach Möglichkeit entsprochen werden.
Bayern	*Art. 25 BayUVollzG: Gesundheitsfürsorge* (1) Die Art. 58 Abs. 1 Satz 1, Abs. 2 und 3, Art. 59 bis 61, 63, 66 und 68 BayStVollzG über die Gesundheitsfürsorge und Krankenbehandlung, den Aufenthalt im Freien und über die Pflichten zur Benachrichtigung bei Erkrankung oder im Todesfall gelten entsprechend. Über Satz 1 in Verbindung mit Art. 66 BayStVollzG hinaus soll Untersuchungsgefangenen, die an keiner Beschäftigung oder Bildungsmaßnahme nach Art. 12 teilnehmen, täglich eine weitere Stunde Aufenthalt im Freien ermöglicht werden, soweit es die räumlichen, personellen und organisatorischen Verhältnisse der Anstalt gestatten. (2) Nach Anhörung des Anstaltsarztes oder der Anstaltsärztin kann den Untersuchungsgefangenen auf ihren Antrag gestattet werden, auf eigene Kosten externen ärztlichen Rat einzuholen. Die Konsultation erfolgt in der Regel in der Anstalt. Die Erlaubnis kann versagt werden, wenn die betroffenen Untersuchungsgefangenen die gewählte ärztliche Vertrauensperson und den Anstaltsarzt oder die Anstaltsärztin nicht wechselseitig von der Schweigepflicht entbinden oder wenn es zur Aufrechterhaltung der Sicherheit oder Ordnung der Anstalt erforderlich ist. (3) Für Zwangsmaßnahmen auf dem Gebiet der Gesundheitsfürsorge gilt Art. 108 BayStVollzG entsprechend. Zuvor ist dem Gericht, der Staatsanwaltschaft und der Verteidigung Gelegenheit zur

Länder	Unterbringung und Versorgung – *Gesundheitsfürsorge*
	Stellungnahme zu geben. Hiervon kann bei Gefahr im Verzug abgesehen werden; in diesem Fall sind das Gericht, die Staatsanwaltschaft und die Verteidigung unverzüglich zu unterrichten.
Niedersachsen	*§ 154 NJVollzG: Gesundheitsfürsorge* (1) [1]Für die Gesundheitsfürsorge gelten die §§ 56, 57, 59, 62 und 63 entsprechend. [2]Das Fachministerium wird ermächtigt, durch Verordnung zu regeln, unter welchen Voraussetzungen und in welcher Höhe die oder der Gefangene in entsprechender Anwendung des § 52 Abs. 3 Satz 2 Nr. 2 an den Kosten für Leistungen auf dem Gebiet der Gesundheitsfürsorge beteiligt werden kann. (2) [1]Der oder dem Gefangenen kann nach Anhörung der Anstaltsärztin oder des Anstaltsarztes oder der Anstaltszahnärztin oder des Anstaltszahnarztes gestattet werden, auf eigene Kosten weiteren ärztlichen oder zahnärztlichen Rat hinzuzuziehen. [2]Die Konsultation soll in der Anstalt erfolgen. *§ 52 Abs. 3 NJVollzG: Kostenbeteiligung der Gefangenen* (3) [...] [2]Dies gilt insbesondere [...] 2. für Leistungen auf dem Gebiet der Gesundheitsfürsorge, soweit das Fünfte Buch des Sozialgesetzbuchs, die Reichsversicherungsordnung und die aufgrund dieser Gesetze erlassenen Regelungen eine Kostenbeteiligung der oder des Versicherten zulassen und die besonderen Verhältnisse des Strafvollzuges einer Übertragung nicht entgegenstehen, sowie für ärztliche Behandlungen nach § 61, [...]. *§ 56 NJVollzG: Allgemeine Bestimmungen* (1) Die Vollzugsbehörde sorgt für die Gesundheit der oder des Gefangenen. (2) Die oder der Gefangene hat die notwendigen Maßnahmen zum Gesundheitsschutz und zur Hygiene zu unterstützen. *§ 57 NJVollzG: Medizinische Leistungen* (1) [1]Die oder der Gefangene hat Anspruch auf Schutzimpfungen, medizinische Vorsorgeleistungen, Gesundheitsuntersuchungen und Krankenbehandlung. [2]Eine Gefangene hat für ihre Kinder, die mit ihr in der Anstalt untergebracht sind und das sechste Lebensjahr nicht vollendet haben, auch Anspruch auf Kinderuntersuchungen. (2) [1]Krankenbehandlung umfasst 1. ärztliche Behandlung einschließlich Psychotherapie als ärztliche und psychotherapeutische Behandlung, 2. zahnärztliche Behandlung, 3. Versorgung mit Zahnersatz einschließlich Zahnkronen und Suprakonstruktionen, soweit diese nicht mit Rücksicht auf die Kürze des Freiheitsentzuges unverhältnismäßig ist, insbesondere weil die Behandlung bis zum voraussichtlichen Entlassungszeitpunkt nicht abgeschlossen werden kann, 4. Versorgung mit Arznei-, Verband- und Heilmitteln,

Länder	Unterbringung und Versorgung – *Gesundheitsfürsorge*
	5. Versorgung mit Hilfsmitteln, soweit dies nicht mit Rücksicht auf die Kürze des Freiheitsentzuges unverhältnismäßig ist, und 6. Leistungen zur medizinischen Rehabilitation und ergänzende Leistungen. [2]Leistungen nach Satz 1 Nrn. 5 und 6 werden nur gewährt, soweit Belange des Vollzuges nicht entgegenstehen. [3]Der Anspruch auf Leistungen nach Satz 1 Nr. 5 umfasst auch die ohne Vorsatz oder grobe Fahrlässigkeit der oder des Gefangenen verursachte notwendige Änderung, Instandsetzung und Ersatzbeschaffung von Hilfsmitteln sowie die Ausbildung in ihrem Gebrauch. (3) [1]Medizinische Vorsorgeleistungen umfassen die ärztliche Behandlung und Versorgung mit Arznei-, Verband-, Heil- und Hilfsmitteln nur nach Maßgabe des § 23 Abs. 1 des Fünften Buchs des Sozialgesetzbuchs. [2]Für die Versorgung mit Hilfsmitteln gilt Absatz 2 Satz 1 Nr. 5, Sätze 2 und 3 entsprechend. *§ 59 NJVollzG: Leistungen, Art und Umfang* [1]Für Art und Umfang der in § 57 Abs. 1 genannten Leistungen gelten die Vorschriften des Fünften Buchs des Sozialgesetzbuchs und die aufgrund dieser Vorschriften getroffenen Regelungen entsprechend, soweit nicht in diesem Gesetz etwas anderes bestimmt ist. [2]Nach dem Fünften Buch des Sozialgesetzbuchs von der Versorgung ausgeschlossene Arznei-, Heil- oder Hilfsmittel können der oder dem Gefangenen zur Verfügung gestellt werden, soweit dies medizinisch angezeigt ist. *§ 62 NJVollzG: Aufenthalt im Freien* Arbeitet die oder der Gefangene nicht im Freien, so wird ihr oder ihm täglich mindestens eine Stunde Aufenthalt im Freien ermöglicht, wenn die Witterung dies zu der festgesetzten Zeit zulässt. *§ 63 NJVollzG: Überstellung, Verlegung* (1) Eine kranke Gefangene oder ein kranker Gefangener kann in ein Anstaltskrankenhaus oder in eine für die Behandlung der Krankheit besser geeignete Anstalt überstellt oder verlegt werden. (2) Kann eine Krankheit in einer Anstalt oder einem Anstaltskrankenhaus nicht erkannt oder behandelt werden oder ist es nicht möglich, die Gefangene oder den Gefangenen rechtzeitig in ein Anstaltskrankenhaus zu überstellen oder zu verlegen, so ist sie oder er in ein Krankenhaus außerhalb des Vollzuges zu bringen. Junge Gefangene *§ 162 Abs. 1 NJVollzG: Gesundheitsfürsorge* (1) [1]Für die Gesundheitsfürsorge der jungen Gefangenen gelten die §§ 56, 57, 59, 62 und 63 sowie § 154 Abs. 2 entsprechend. [2]Das Fachministerium wird ermächtigt, durch Verordnung zu regeln, unter welchen Voraussetzungen und in welcher Höhe die oder der junge Gefangene in entsprechender Anwendung des § 52 Abs. 3 Satz 2 Nr. 2 an den Kosten für Leistungen auf dem Gebiet der Gesundheitsfürsorge beteiligt werden kann. (2) Die oder der minderjährige Gefangene hat über die Ansprüche nach § 57 hinaus auch Anspruch auf Leistungen zur Verhütung von Zahnerkrankungen in entsprechender Anwendung des § 22 Abs. 1 bis 3 des Fünften Buchs des Sozialgesetzbuchs.

Länder	Unterbringung und Versorgung – *Gesundheitsfürsorge*
	(3) Bei der Anwendung des § 57 Abs. 2 Satz 3 kann ein Verschulden der oder des jungen Gefangenen im Einzelfall unberücksichtigt bleiben. (4) [1]Vor ärztlichen Eingriffen bei der oder dem jungen Gefangenen sind die Rechte ihrer oder seiner Personensorgeberechtigten zu beachten. [2]Dies gilt insbesondere im Hinblick auf deren Aufklärung und Einwilligung.
Nordrhein-Westfalen	*§ 24 UVollzG NRW: Gesundheitsfürsorge* (1) Für die körperliche und geistige Gesundheit der Untersuchungsgefangenen ist zu sorgen. Untersuchungsgefangene haben die notwendigen Maßnahmen zum Gesundheitsschutz und zur Hygiene zu unterstützen. (2) Ihnen wird täglich mindestens eine Stunde Aufenthalt im Freien ermöglicht, wenn die Witterung dies zu der festgesetzten Zeit zulässt; es sei denn, sie arbeiten im Freien. (3) Untersuchungsgefangenen kann nach Anhörung des ärztlichen Dienstes der Anstalt gestattet werden, auf eigene Kosten externen ärztlichen Rat einzuholen. Die Erlaubnis ist zu versagen, wenn die betroffenen Untersuchungsgefangenen die gewählte ärztliche Vertrauensperson und den ärztlichen Dienst der Anstalt nicht wechselseitig von der Schweigepflicht entbinden. Sie kann aus räumlichen, organisatorischen oder personellen Gründen oder zur Aufrechterhaltung der Sicherheit oder Ordnung der Anstalt versagt werden. (4) Erkrankte Untersuchungsgefangene können in ein Anstaltskrankenhaus überstellt oder in eine für die Behandlung ihrer Krankheit besser geeignete Anstalt verlegt werden. Können Krankheiten von Untersuchungsgefangenen in einer Anstalt oder einem Anstaltskrankenhaus nicht erkannt oder behandelt werden, oder ist es nicht möglich, Untersuchungsgefangene rechtzeitig in ein Anstaltskrankenhaus zu überstellen, sind sie in ein Krankenhaus außerhalb des Vollzuges zu bringen. Gericht und Staatsanwaltschaft sind unverzüglich zu unterrichten. *§ 25 UVollzG NRW: Krankenbehandlung* (1) Untersuchungsgefangene haben Anspruch auf Krankenbehandlung, wenn sie notwendig ist, um eine Krankheit zu erkennen, zu heilen, ihre Verschlimmerung zu verhüten oder Krankheitsbeschwerden zu lindern. Die Krankenbehandlung umfasst insbesondere die ärztliche und zahnärztliche Behandlung sowie die Versorgung mit Arznei-, Verband- und Heilmitteln. (2) Für die Art der Gesundheitsuntersuchungen und medizinischen Vorsorgeleistungen sowie für den Umfang dieser Leistungen und der Leistungen zur Krankenbehandlung gelten die entsprechenden Vorschriften des Fünften Buchs Sozialgesetzbuch und die auf Grund dieser Vorschriften getroffenen Regelungen. (3) Volljährige Untersuchungsgefangene können an den Kosten der Gesundheitsfürsorge in angemessener Weise beteiligt werden. Näheres wird durch Verwaltungsvorschriften geregelt. *§ 26 UVollzG NRW: Leistungen bei Schwangerschaft und Mutterschaft, Geburtsanzeige*

Länder	Unterbringung und Versorgung – *Gesundheitsfürsorge*
	(1) Bei einer Schwangeren oder einer Untersuchungsgefangenen, die unlängst entbunden hat, ist auf ihren Zustand Rücksicht zu nehmen. (2) Die Untersuchungsgefangene hat während der Schwangerschaft, bei und nach der Entbindung Anspruch auf ärztliche Betreuung und auf Hebammenhilfe in der Anstalt. Zur ärztlichen Betreuung während der Schwangerschaft gehören insbesondere Untersuchungen zur Feststellung der Schwangerschaft sowie Vorsorgeuntersuchungen einschließlich der labor-ärztlichen Untersuchungen. § 24 Absatz 3 und § 25 gelten entsprechend. (3) Zur Entbindung ist die Schwangere in ein Krankenhaus außerhalb des Vollzugs zu bringen. (4) Entbindet die Untersuchungsgefangene in der Anstalt, dürfen in der Anzeige der Geburt an den Standesbeamten die Anstalt als Geburtsstätte des Kindes, das Verhältnis der Anzeigenden zur Anstalt und die Gefangenschaft der Mutter nicht vermerkt sein. *§ 27 UVollzG NRW: Benachrichtigung bei Erkrankung oder Todesfall* (1) Erkranken Untersuchungsgefangene schwer oder versterben sie, so sind Gericht und Staatsanwaltschaft, Angehörige, die gesetzliche Vertreterin oder der gesetzliche Vertreter oder sonstige Personen ihres Vertrauens sowie bei Jugendlichen die Personensorgeberechtigten unverzüglich zu benachrichtigen. (2) Dem Wunsch der Untersuchungsgefangenen, auch andere Personen zu benachrichtigen, soll nach Möglichkeit entsprochen werden. *§ 58 UVollzG NRW: Medizinische Versorgung* (1) Die ärztliche Versorgung ist durch hauptamtliche Ärztinnen oder Ärzte sicherzustellen. Sie kann aus besonderen Gründen nebenamtlichen oder vertraglich verpflichteten Ärztinnen oder Ärzten übertragen werden. (2) Die Pflege der Kranken soll von Personen ausgeübt werden, die eine Erlaubnis nach dem Krankenpflegegesetz besitzen. Solange Personen im Sinne von Satz 1 nicht zur Verfügung stehen, können Bedienstete des allgemeinen Vollzugsdienstes eingesetzt werden, die in der Krankenpflege ausgebildet sind.

2. Grundsätze. Wie im Strafvollzug hat die Gesundheitsfürsorge in der U-Haft eine noch größere Bedeutung als in Freiheit. Einmal sind viele U-Gefangene schon vor Beginn der U-Haft in besonderer Weise gesundheitlich belastet durch einen ungesunden Lebenswandel, insbesondere durch Alkohol- und Drogenmissbrauch,[91] durch ungesunde Ernährung, durch zu wenig Bewegung. Hinzukommen Belastungen durch die U-Haft, neben mangelnder Bewegung insbesondere psychische Beeinträchtigungen.[92] Viele U-Gefangene zeigen massive **psychische Auffälligkeiten,** die bei einigen in einen Suizid bzw. Suizidversuch einmünden (s. Grdl. Rn. 21). Die Bedingungen des Vollzugs, seine Enge, die totale Reglementierung, das Gefühl der völligen Abhängigkeit von der Anstaltsinstitution, den Bediensteten, z.T. auch 26

91 Zum Drogenkonsum bzw. zur Drogenabhängigkeit im Strafvollzug s. Ostendorf in: Ostendorf, Jugendstrafvollzugsrecht, Vorbem. Rn. 24; speziell zu Drogen- und Suchtproblemen im Jugendstrafvollzug s. Wössner/Vogt MschrKrim 2010, 382 ff.

92 Zu psychischen Störungen im Strafvollzug s. Ostendorf in: Ostendorf, Jugendstrafvollzugsrecht, Vorbem. Rn. 25.

von Mitgefangenen, die Verunsicherung über den Ausgang des Strafverfahrens, Ängste hinsichtlich der persönlichen, familiären/partnerschaftlichen, beruflichen, wirtschaftlichen Zukunft sind insoweit bedeutsam. Diesen negativen Auswirkungen muss gegengesteuert werden (s. § 1 Rn. 27). Die Anstalt hat insoweit eine **Fürsorgepflicht.**[93] Die Fürsorgepflicht umfasst die Gesundheitsprävention, hier insbesondere durch ein gesundheitsförderndes Essensangebot und durch Bewegung und Sport, sowie durch eine „gute" medizinische Versorgung. Dies schließt eine Suizidprophylaxe mit ein, die sich nicht nur auf das Beobachten beschränkt.[94] In Niedersachsen können aus diesem Grund im Rahmen eines Projekts U-Gefangene aus ihren Zellen zwischen 21 und 6 Uhr per Telefon Kontakt mit Gefängnisseelsorgern aufnehmen.[95] Auch der Nichtraucherschutz ist zu gewährleisten (so ausdrücklich § 20 Abs. 3 UVollzG Sachsen und Art. 25 Abs. 1 S. 1 UVollzG Bayern i.V.m. Art. 58 Abs. 3 BayStVollzG).

Zur Gesundheitsfürsorge gehört die Verhinderung von HIV- und Hepatitis-Infektionen durch gemeinsame Nutzung von Drogen-Spritzbestecken. Neben der primären Aussonderung von Spritzbestecken, die aber niemals 100-prozentig gelingt, sind Ersatzdrogen[96] und Spritzenaustausch – wie in Freiheit – bei Bedarf im Rahmen ärztlicher Betreuung anzubieten.[97] Zur Verhinderung von HIV-Übertragung ist auch die Beschaffung von Kondomen zu ermöglichen.[98]

27 **3. Aufenthalt im Freien.** In allen Gesetzen wird ein Aufenthalt im Freien von mindestens einer Stunde pro Tag, auch an Wochenenden(!) zugesichert,[99] in Niedersachsen (§ 62) sowie in NRW (§ 24 Abs. 2) nur, soweit der Gefangene nicht im Freien arbeitet. In Bayern soll U-Gefangenen, die an keiner Beschäftigung oder Bildungsmaßnahme teilnehmen, eine weitere Freistunde gewährt werden (Art. 24 Abs. 1 S. 2 UVollzG Bayern). Dieser Aufenthalt im Freien sollte tunlichst mit einer sportlichen Betätigung verknüpft werden.

28 **4. Medizinische Versorgung. a) Anspruch auf umfassende ärztliche und medizinische Versorgung.** Die Gefangenen haben einen Anspruch auf die notwendige ärztliche und medizinische Versorgung mit Einschluss der Früherkennung. Der Anspruch erstreckt sich auch auf eine psychotherapeutische Behandlung (so ausdrücklich § 57 Abs. 2 Nr. 1 NJVollzG). Der Umfang der Leistungen richtet sich nach dem Leistungskatalog der gesetzlichen Krankenkassen (Äquivalenzprinzip). Zumindest missverständlich ist die Gesetzesformulierung, wenn „notwendige, ausreichende und zweckmäßige medizinische Leistungen unter Beachtung des Grundsatzes der Wirtschaftlichkeit" gewährt werden.[100] Allein entscheidend muss die Notwendigkeit einer medizinischen Versorgung sein. Notwendige Leistungen dürfen nicht durch die Zweckmäßigkeit oder Wirtschaftlichkeit begrenzt werden – im Rahmen des Leistungskatalogs der Krankenkassen.

29 **b) Arztversorgung und freie Arztwahl.** Grundsätzlich hat die Anstalt das ärztliche Behandlungsangebot sicherzustellen durch Anstaltsärzte oder Vertragsärzte, notfalls auch eine Krankenhausbehandlung. Die ärztliche Versorgung in der Praxis wird z.T. als unzulänglich beklagt.[101] Daneben haben U-Gefangene einen Anspruch darauf, auf ihre Kosten einen Arzt ihrer Wahl heranzuziehen. Dies gilt insbesondere, um eine angefangene Behandlung fortzusetzen. Diese freie Arztwahl wird in der Empfehlung des Ministerkomitees an die Mitglieds-

93 So ausdrücklich § 56 Abs. 1 NJVollzG; § 24 Abs. 1 S. 1 UVollzG NRW; § 20 Abs. 1 S. 1 UVollzG Sachsen-Anhalt.

94 S. auch ausdrücklich § 5 Abs. 1 S. 3 UVollzG Bln, UVollzG Hmbg, UVollzG Bremen und UVollzG LSA.

95 Informationsdienst Strafauffälligenhilfe, hrsg. v. Bundesarbeitsgemeinschaft für Strafauffälligenhilfe, 1/2011, S. 25.

96 S. § 2 Rn. 13.

97 Umstr., befürwortend wie hier Callies/Müller-Dietz, StVollzG, § 56 Rn. 13.

98 Wie hier AnwK U-Haft/Harrendorf, § 20 Rn. 10.

99 § 20 Abs. 2 12er-Regelung; § 44 UVollzG Hamburg; § 16 Abs. 3 UVollzG Hessen, „wenn die Witterung dem nicht zwingend entgegensteht"; § 25 Abs. 2 JVollzGB II Ba-Wü.

100 So § 22 Abs. 1 S. 1 12er-Regelung; ähnlich § 22 Abs. 1 UVollzG Sachsen; § 42 Abs. 1 S. 1 UVollzG Hamburg; § 17 Abs. 1 S. 1 UVollzG Hessen; § 26 Abs. 1 S. 1 JVollzGB II Ba-Wü.

101 Schlothauer/Weider, Untersuchungshaft, Rn. 1110.

staaten über die Europäischen Strafvollzugsgrundsätze vom 11.1.2006 (Ziff. 98: „auf begründeten Antrag“) sowie in der Empfehlung des Ministerkomitees an die Mitgliedsstaaten betreffend die Anwendung von Untersuchungshaft vom 27.9.2006 (Ziff. 37 Abs. 2: „wenn eine ärztliche oder zahlärztliche Notwendigkeit hierfür besteht“) garantiert (s. Grdl. Rn. 18, 19). Diesem Rechtsanspruch auf Behandlung durch einen Arzt freier Wahl genügt es nicht, wenn in § 22 Abs. 6 12er-Regelung (§ 17 Abs. 5 UVollzG Hessen; § 22 Abs. 5 UVollzG Sachsen) sowie in Art. 25 Abs. 2 UVollzG Bayern und in § 154 Abs. 2 NJVollzG nur eine Konsultation eines externen Arztes gewährt wird.[102] Nur aus Sicherheitsgründen darf eine Behandlung durch einen Arzt freier Wahl verwehrt werden, wenn begründete Zweifel an der Zuverlässigkeit des Arztes bestehen, dass er sich nicht eventuellen Bemühungen des Gefangenen, die dem Haftzweck entgegenstehen, verweigert. Der weitere Versagungsgrund für einen Arzt freier Wahl, wenn nicht der frei gewählte Arzt und der ärztliche Dienst der Anstalt wechselseitig vom Untersuchungsgefangenen von der Schweigepflicht entbunden werden, mag im Regelfall für die ärztliche Behandlung sinnvoll, wenn nicht notwendig sein.[103] Die in § 24 Abs. 3 UVollzG NRW bestimmte zwingende Versagung eines Arztes freier Wahl, wenn nicht von der Schweigepflicht wechselseitig entbunden wird, geht aber zu weit, da es im Einzelfall gute Gründe geben mag (begründetes Misstrauen gegenüber dem Anstaltsarzt), nicht von der Schweigepflicht zu entbinden.[104] Dementsprechend wird im UVollzG Berlin (§ 22 Abs. 6) eine Entbindung von der Schweigepflicht nur „in dem für die Behandlung erforderlichen Maße“ verlangt. In § 43 UVollzG Hamburg sowie in § 22 Abs. 5 UVollzG Sachsen wird gänzlich auf eine Entbindung von der Schweigepflicht verzichtet.

c) **Krankenhausbehandlung.** In allen Gesetzen ist die Verlegung von kranken U-Gefangenen 30
in ein Anstaltskrankenhaus bei Bedarf vorgesehen. Selbstverständlich kann der kranke U-Gefangene auch in eine für die Behandlung besser geeignete Anstalt verlegt werden. Darüber hinaus können U-Gefangene zur medizinischen Behandlung ausgeführt und notfalls auch in ein Krankenhaus außerhalb des Vollzugs gebracht werden. Gesundheits- und Lebensschutz haben Vorrang vor der Sicherstellung der Strafverfolgung. Insoweit muss das Votum des behandelnden Arztes maßgebend sein, auch wenn formal die Anstaltsleitung entscheidet. Gericht und Staatsanwaltschaft sind nach Möglichkeit vorher zu unterrichten, Angehörige sind auf Wunsch des U-Gefangenen zu benachrichtigen.

d) **Kostenbeteiligung bzw. Kostentragung des U-Gefangenen.** In den Gesetzen ist eine an- 31
gemessene Kostenbeteiligung der U-Gefangenen vorgesehen. Für eine über das gesetzliche Leistungsangebot hinausgehende Behandlung können dem U-Gefangenen die Kosten gänzlich auferlegt werden. Im Hinblick auf die vielfach bestehenden finanziellen Probleme der U-Gefangenen sollte die in diesen Fällen zu treffende Ermessensentscheidung in der Regel dazu führen, von einer Kostenbeteiligung bzw. Kostentragung abzusehen.[105] Auf der anderen Seite darf bei eigenem finanziellen Leistungsvermögen die U-Haft nicht dazu führen, sich auf Kosten des Staates „gesund zu stoßen“.

5. Zwangsbehandlung

Spezielle Literatur: *Arloth, F.*, Statement (zur Zwangsbehandlung im Strafvollzug), in: T. Hillenkamp/B. Tag [Hrsg.], Intramurale Medizin – Gesundheitsfürsorge zwischen Heilauftrag und Strafvollzug, Berlin u.a. 2005, S. 239 – 246; *Hillenkamp, T.*, Der Arzt im Strafvollzug – Rechtliche Stellung und medizinischer Auftrag, in: T. Hillenkamp/B. Tag [Hrsg.], Intramurale Medizin – Gesundheitsfürsorge zwischen Heilauftrag und Strafvollzug, Berlin u.a. 2005, S. 11 – 30; *Hillgruber, C.*, Der Schutz des Menschen vor sich selbst, München 1992; *Laubenthal, K.*, Sucht- und Infektionsgefahren im Strafvollzug, in: T. Hillenkamp/B. Tag [Hrsg.], Intramurale Medizin – Gesundheitsfürsorge zwischen Heilauftrag und Strafvollzug, Berlin u.a. 2005, S. 195 – 212; *Laue, C.*, Zwangsbehandlung im Strafvollzug, in: T. Hillenkamp/

102 Wie hier Piel/Püschel/Tsambikakis/Wallau ZRP 2009, 33 (36).
103 So die Begründung zur 12er-Regelung, s. Begründung zum schleswig-holsteinischen Entwurf, S. 75.
104 Wie hier Piel/Püschel/Tsambikakis/Wallau ZRP 2009, 33 (36).
105 Nach BayVerfGH, NJOZ 2009, 2540 (2549) ist bei der Ermessensausübung über eine Kostenbeteiligung die besondere, d.h. in der Regel bedürftige Situation der Gefangenen, zu berücksichtigen.

B. Tag [Hrsg.], Intramurale Medizin – Gesundheitsfürsorge zwischen Heilauftrag und Strafvollzug, Berlin u.a. 2005, S. 217 – 238; *Ostendorf, H.*, Das Recht zum Hungerstreik, GA 1984, S. 308 – 329; *Ostendorf, H.*, Das Recht zum Hungerstreik: Verfassungsmäßige Absicherung und strafrechtliche Konsequenzen, Frankfurt a.M. 1983; *Riekenbrauck, W.*, Statement (zu: Der Arzt im Strafvollzug – Rechtliche Stellung und medizinischer Auftrag), in: T. Hillenkamp/B. Tag [Hrsg.], Intramurale Medizin – Gesundheitsfürsorge zwischen Heilauftrag und Strafvollzug, Berlin u.a. 2005, S. 31 – 34.

32

Länder	Unterbringung und Versorgung – *Zwangsmaßnahmen auf dem Gebiet der Gesundheitsfürsorge*
12er-Regelung Berlin Brandenburg Bremen Hamburg Hessen Mecklenburg-Vorpommern Rheinland-Pfalz Saarland Sachsen Sachsen-Anhalt Schleswig-Holstein Thüringen	***§ 21 12er-Regelung: Zwangsmaßnahmen auf dem Gebiet der Gesundheitsfürsorge***[106] **(1) Medizinische Untersuchung und Behandlung sowie Ernährung sind unbeschadet der Rechte Personensorgeberechtigter**[107] **zwangsweise nur bei Lebensgefahr, bei schwerwiegender Gefahr für die Gesundheit der Untersuchungsgefangenen oder bei Gefahr für die Gesundheit anderer Personen zulässig; die Maßnahmen müssen für die Beteiligten zumutbar und dürfen nicht mit erheblicher Gefahr für Leben oder Gesundheit der Untersuchungsgefangenen verbunden sein. Zur Durchführung der Maßnahmen ist die Anstalt nicht verpflichtet, solange von einer freien Willensbestimmung der Untersuchungsgefangenen ausgegangen werden kann.**[108] **(2) Zum Gesundheitsschutz und zur Hygiene ist die zwangsweise körperliche Untersuchung außer im Fall des Absatzes 1 zulässig, wenn sie nicht mit einem körperlichen Eingriff verbunden ist.** **(3) Die Maßnahmen dürfen nur auf Anordnung und unter Leitung eines Arztes durchgeführt werden, unbeschadet der Leistung Erster Hilfe für den Fall, dass ein Arzt nicht rechtzeitig erreichbar und mit einem Aufschub Lebensgefahr verbunden**[109] **ist.** **Abweichende Regelungen:** ***Hessen, § 18 HUVollzG:*** (1) Medizinische Untersuchung und Behandlung einschließlich einer hierfür erforderlichen Ausführung sowie Ernährung sind zwangsweise nur bei Lebensgefahr, bei schwerwiegender Gefahr für die Gesundheit der Untersuchungsgefangenen oder bei Gefahr für die Gesundheit anderer Personen zulässig. Die Maßnahmen müssen für die Beteiligten zumutbar und dürfen nicht mit erheblicher Gefahr für Leben oder Gesundheit der Untersuchungsgefangenen verbunden sein. Zur Durchführung der Maßnahmen ist die Anstalt nicht verpflichtet, solange von einer freien Willensbestimmung der Untersuchungsgefangenen ausgegangen werden kann. § 6 Abs. 3 und § 7 Abs. 2 gelten für die Ausführung entsprechend. (2) Darüber hinaus ist zur Gewährleistung des Gesundheitsschutzes und der Hygiene die zwangsweise körperliche Untersuchung zulässig, wenn sie nicht mit einem körperlichen Eingriff verbunden ist.

106 In Hamburg in ähnlicher Form in § 63 HmbUVollzG geregelt.
107 In Sachsen, § 21 Abs. 1 SächsUHaftVollzG: ohne „unbeschadet der Rechte Personensorgeberechtigter".
108 In Sachsen-Anhalt, 21 Abs. 1 UVollzG LSA: ähnliche Regelung wie 12er-Regelung.
109 In Schleswig-Holstein, § 21 Abs. 3 UVollzG SH: „[...] zu befürchten ist."

Länder	Unterbringung und Versorgung – *Zwangsmaßnahmen auf dem Gebiet der Gesundheitsfürsorge*
	(3) Maßnahmen nach den Abs. 1 und 2 dürfen nur auf Anordnung der Anstaltsleitung im Einvernehmen mit einem Arzt oder einer Ärztin und unter dessen oder deren Leitung durchgeführt werden.
Baden-Württemberg	*§ 61 JVollzGB II: Zwangsmaßnahmen auf dem Gebiet der Gesundheitsfürsorge* (1) Medizinische Untersuchung und Behandlung sowie Ernährung sind zwangsweise nur bei Lebensgefahr, bei schwerwiegender Gefahr für die Gesundheit von Untersuchungsgefangenen oder bei Gefahr für die Gesundheit anderer Personen zulässig; die Maßnahmen müssen für die Beteiligten zumutbar und dürfen nicht mit erheblicher Gefahr für Leben oder Gesundheit der Untersuchungsgefangenen verbunden sein. Zur Durchführung der Maßnahmen ist die Justizvollzugsanstalt nicht verpflichtet, solange von einer freien Willensbestimmung der oder des Untersuchungsgefangenen ausgegangen werden kann. (2) Zum Gesundheitsschutz und zur Hygiene ist die zwangsweise körperliche Untersuchung außer im Fall des Absatzes 1 zulässig, wenn sie nicht mit einem körperlichen Eingriff verbunden ist. (3) Die Maßnahmen dürfen nur auf Anordnung und unter Leitung einer Ärztin oder eines Arztes durchgeführt werden, unbeschadet der Leistung erster Hilfe für den Fall, dass eine Ärztin oder ein Arzt nicht rechtzeitig erreichbar und mit einem Aufschub Lebensgefahr verbunden ist.
Bayern	*Art. 25 Abs. 3 BayUVollzG: Gesundheitsfürsorge* (3) Für Zwangsmaßnahmen auf dem Gebiet der Gesundheitsfürsorge gilt Art. 108 BayStVollzG entsprechend. Zuvor ist dem Gericht, der Staatsanwaltschaft und der Verteidigung Gelegenheit zur Stellungnahme zu geben. Hiervon kann bei Gefahr im Verzug abgesehen werden; in diesem Fall sind das Gericht, die Staatsanwaltschaft und die Verteidigung unverzüglich zu unterrichten. *Art. 108 BayUVollzG: Zwangsmaßnahmen auf dem Gebiet der Gesundheitsfürsorge* (1) Medizinische Untersuchung und Behandlung einschließlich einer hierfür erforderlichen Ausführung sowie Ernährung sind zwangsweise nur bei Lebensgefahr, bei schwerwiegender Gefahr für die Gesundheit der Gefangenen oder bei Gefahr für die Gesundheit anderer Personen zulässig; die Maßnahmen müssen für die Beteiligten zumutbar und dürfen nicht mit erheblicher Gefahr für Leben oder Gesundheit der Gefangenen verbunden sein. Zur Durchführung der Maßnahmen ist die Anstalt nicht verpflichtet, solange von einer freien Willensbestimmung der Gefangenen ausgegangen werden kann. (2) Zum Gesundheitsschutz und zur Hygiene ist die zwangsweise körperliche Untersuchung außer im Fall des Abs. 1 zulässig, wenn sie nicht mit einem körperlichen Eingriff verbunden ist. (3) Die Maßnahmen dürfen nur auf Anordnung und unter Leitung eines Arztes oder einer Ärztin im Einvernehmen mit dem Anstaltsleiter oder der Anstaltsleiterin durchgeführt werden, unbeschadet der Leistung erster Hilfe für den Fall, dass ein Arzt oder eine Ärztin

Länder	Unterbringung und Versorgung – *Zwangsmaßnahmen auf dem Gebiet der Gesundheitsfürsorge*
	nicht rechtzeitig erreichbar und mit einem Aufschub Lebensgefahr verbunden ist.
Niedersachsen	*§ 93 NJVollzG: Zwangsmaßnahmen auf dem Gebiet der Gesundheitsfürsorge (i.V.m. § 156 NJVollzG)* (1) [1]Bei Lebensgefahr, schwerwiegender Gefahr für die Gesundheit der oder des Gefangenen oder Gefahr für die Gesundheit anderer Personen sind medizinische Untersuchung und Behandlung sowie Ernährung zwangsweise zulässig. [2]Die Maßnahmen müssen für die Beteiligten zumutbar und dürfen nicht mit erheblicher Gefahr für Leben oder Gesundheit der oder des Gefangenen verbunden sein. [3]Solange von einer freien Willensbestimmung der oder des Gefangenen ausgegangen werden kann, ist die Vollzugsbehörde nicht zu Zwangsmaßnahmen verpflichtet. (2) Zum Gesundheitsschutz und zur Hygiene ist die zwangsweise körperliche Untersuchung außer im Fall des Absatzes 1 zulässig, wenn sie nicht mit einem körperlichen Eingriff verbunden ist. (3) Die Maßnahmen dürfen nur auf Anordnung und unter Leitung einer Ärztin oder eines Arztes durchgeführt werden, unbeschadet der Leistung erster Hilfe für den Fall, dass eine Ärztin oder ein Arzt nicht rechtzeitig erreichbar und mit einem Aufschub Lebensgefahr verbunden ist.
Nordrhein-Westfalen	*§ 28 UVollzG NRW: Zwangsmaßnahmen auf dem Gebiet der Gesundheitsfürsorge* Hält der ärztliche Dienst die Durchführung von Zwangsmaßnahmen auf dem Gebiet der Gesundheitsfürsorge für unerlässlich und ordnet das Gericht diese an, so dürfen die Maßnahmen nur unter ärztlicher Leitung durchgeführt werden, unbeschadet der Leistung erster Hilfe für den Fall, dass eine Ärztin oder ein Arzt nicht rechtzeitig erreichbar und mit einem Aufschub Lebensgefahr verbunden ist. Zur Durchführung der Maßnahmen besteht keine Verpflichtung, solange von einer freien Willensbestimmung der Untersuchungsgefangenen ausgegangen werden kann.

33 a) **Systematische Einordnung.** Zwangsmaßnahmen auf dem Gebiet der Gesundheitsfürsorge werden in den Ländergesetzen z.T. im Rahmen der Gesundheitsfürsorge (12-er Regelung mit Ausnahme Hamburgs; Nordrhein-Westfalen), z.T. im Rahmen des „Unmittelbaren Zwangs“ (so neben Hamburg in Baden-Württemberg und Niedersachen) geregelt. Im Strafvollzugsgesetz (§ 101) und den Jugendstrafvollzugsgesetzen ist die Regelung im Rahmen des „Unmittelbaren Zwangs“ getroffen. Die Einordnung bei den Regeln des unmittelbaren Zwangs hat zur Konsequenz, dass auch die allgemeinen Anwendungsvoraussetzungen zu beachten sind, so die vorherige Androhung.

34 b) **Begriffsbestimmung. Maßnahmen auf dem Gebiet der Gesundheitsfürsorge** durch einen Arzt sind („einfache“) körperliche Untersuchung, medizinische Untersuchung, Behandlung und Ernährung. Eine derartige ärztliche Maßnahme **erfolgt zwangsweise, wenn sie mit den Anwendungsformen unmittelbaren Zwangs gegen den ausdrücklich erklärten oder konkludent durch Gegenwehr geäußerten Willen des Gefangenen durchgeführt wird.**[110]

110 S. Calliess/Müller-Dietz, StVollzG, § 101 Rn. 1; Arloth, StVollzG, § 101 Rn. 4; Laubenthal, Strafvollzug, Rn. 724.

Beispiele: Auf die Waage stellen mittels Armhebelgriff (zwangsweise körperliche Untersuchung), Magen-/Darmspiegelung während Fixierung durch Bedienstete (zwangsweise medizinische Untersuchung); Vernähen aufgeschnittener Pulsadern während Fixierung durch Bedienstete (Zwangsbehandlung) oder Zwangsernährung mittels Magensonde nach Fesselung.

c) **Zielsetzung.** Die ärztlichen Zwangsmaßnahmen erfolgen nach allen Gesetzen entweder zum Gesundheitsschutz und zur Hygiene oder zur Abwendung einer für den betroffenen Gefangenen selbst bestehenden Lebens- oder schwerwiegenden Gesundheitsgefahr oder zur Abwendung einer für andere Personen bestehenden, von dem betroffenen Gefangenen ausgehenden Gesundheitsgefahr. Verglichen mit dem Zweck unmittelbaren Zwangs auf anderen Gebieten liegt damit eine gesetzlich vorgegebene, spezielle und abschließende Zielsetzung für Zwangsmaßnahmen auf dem Gebiet der Gesundheitsfürsorge vor. Sie ist abschließend, weil medizinische Zwangsmaßnahmen in besonderem Maße die Menschenwürde (Art. 1 Abs. 1 GG) und Entscheidungsfreiheit des Gefangenen (Art. 2 Abs. 1 GG) sowie eventuell weltanschauliche oder religiöse Überzeugungen (Art. 4 Abs. 1 GG) tangieren können. Auch können mit derartigen Zwangsmaßnahmen zum Gesundheitsschutz selbst wiederum Gefährdungen für die Gesundheit verbunden sein. Folglich können weitergehende Zweckbestimmungen – etwa der Schutz staatlicher Autorität oder der Schutz des Strafvollzuges vor Diskreditierung und Erpressung – nicht in die Gesetze hineingelesen werden.[111] Auch aus der Pflicht zum Gesundheitsschutz kann keine Ermächtigung für Zwangsmaßnahmen auf dem Gebiet der Gesundheitsfürsorge abgeleitet werden. Ermächtigungsgrundlagen müssen eindeutig hinsichtlich Form und Inhalt bestimmt sein. 35

d) **Voraussetzungen.** Inhaltlich lehnen sich die Regelungen an die Formulierung des § 101 StVollzG an, wie auch die Regelungen in den Jugendstrafvollzugsgesetzen, wobei hier z.T. auf die Rechte der Personensorgeberechtigten verwiesen wird. Lediglich die Regelung für Zwangsmaßnahmen auf dem Gebiet der Gesundheitsfürsorge im § 28 UVollzG NRW weicht hiervon ab, wobei als Voraussetzung hier nur die Unerlässlichkeit formuliert wird. 36

aa) **Maßnahmen ohne körperlichen Eingriff. Maßnahmen ohne körperlichen Eingriff** sind in Form der zwangsweisen körperlichen Untersuchung zulässig, und zwar zum Gesundheitsschutz (des Gefangenen, von Mitgefangenen oder Dritten) und zur Hygiene. 37

Beispiel: Die Aufnahmeuntersuchung kann zwangsweise durchgesetzt werden; der Gefangene kann zwangsweise entkleidet, gewogen und gemessen werden, wenn das für den Gesundheitsschutz und zur Hygiene erforderlich ist (s. aber auch § 2 Rn. 2).

bb) **Maßnahmen mit körperlichem Eingriff.** Maßnahmen mit körperlichem Eingriff sind nach allen Untersuchungshaftvollzugsgesetzen die **medizinische Zwangsuntersuchung, Zwangsbehandlung** und **Zwangsernährung.** Sie sind nur zulässig: 38

- bei Lebensgefahr oder schwerwiegender Gefahr für die Gesundheit des Gefangenen oder
- bei Gefahr für die Gesundheit anderer Personen,
- wenn die Maßnahmen für die Beteiligten zumutbar sind und
- wenn die Maßnahmen nicht mit erheblicher Gefahr für Leben oder Gesundheit des Gefangenen verbunden sind.

Die **Voraussetzungen** bedeuten im Einzelnen:

1) **Lebensgefahr oder schwerwiegende Gesundheitsgefahr des Gefangenen.** Die Lebensgefahr oder schwerwiegende Gesundheitsgefahr muss dem Gefangenen selbst drohen.[112] **Lebensgefahr** setzt die Feststellung voraus, dass der Tod unmittelbar bevorsteht. Eine **schwerwiegende Gesundheitsgefahr** liegt vor, wenn gravierende gesundheitliche Folgen drohen, also wichtige Körperfunktionen von einer dauerhaften Schädigung bedroht sind. 39

2) **Alternativ: Gesundheitsgefahr für andere Personen.** Diese **Alternative** bezieht sich insbesondere auf Seuchen- und Infektionskrankheiten, die eine Ansteckungsgefahr für andere 40

111 So aber zu § 101 StVollzG Kaiser/Schöch, Strafvollzug, § 8 Rn. 18, die das selbst als „weite Ausdehnung" bezeichnen und Arloth, StVollzG, § 101 Rn. 1.

112 Dazu und zu den Definitionen Calliess/Müller-Dietz, StVollzG, § 101 Rn. 7.

Personen begründen.[113] Überwiegend wird vertreten, dass hierbei „jegliche" „einfache", also eine „abstrakte" Gesundheitsgefahr anderer Personen ausreicht.[114] Nach dem Verhältnismäßigkeitsgrundsatz und im Hinblick auf die mit den Zwangsmaßnahmen verbundenen Eingriffe in die Grundrechte des betroffenen Gefangenen kann es jedoch nur um die Abwehr solcher Infektionskrankheiten gehen, die eine gewisse **Erheblichkeitsschwelle** überschreiten, sprich das Leben oder die Gesundheit anderer Menschen erheblich gefährden. Ein Schnupfen reicht also trotz abstrakter Ansteckungsgefahr nicht aus.

41 3) **Zumutbarkeit für alle Beteiligten.** Nach allen Untersuchungshaftvollzugsgesetzen muss die medizinische Zwangsmaßnahme **für alle Beteiligten zumutbar** sein. Beteiligte sind der betroffene Gefangene selbst, der Arzt und sein medizinisches Hilfspersonal sowie die Anstaltsbediensteten.[115] Die Zumutbarkeit ist für jeden Beteiligten einzeln zu beantworten. Von vornherein unzumutbar sind Zwangsmaßnahmen, die gegen die Menschenwürde verstoßen (Art. 1 Abs. 1 GG). Für Ärzte unzumutbar sind Maßnahmen, die gegen den hippokratischen Eid verstoßen. Für Gefangene können unter dem Blickwinkel des Art. 4 Abs. 1 GG auch religiöse oder weltanschauliche Gründe die Unzumutbarkeit begründen.

42 4) **Keine erhebliche Gefahr für den Gefangenen.** Weitere Voraussetzung aller Untersuchungshaftvollzugsgesetze ist, dass die medizinischen Zwangsmaßnahmen nicht mit einer erheblichen Gefahr für Leben oder Gesundheit des betroffenen Gefangenen verbunden sind. Das ist eine **Konkretisierung des Verhältnismäßigkeitsgrundsatzes.** Damit wird festgelegt, welche Eingriffe dem Gefangenen trotz Vorliegen der vorstehenden Voraussetzungen nicht zugemutet werden können. Nicht zumutbar sind beispielsweise Operationen, die nach derzeitigem medizinischem Kenntnisstand nicht risikofrei sind.[116]

43 5) **Verhältnismäßigkeit.** Daneben müssen die allgemeinen, zum Verhältnismäßigkeitsgrundsatz aufgestellten Konkretisierungen zur Anwendung unmittelbaren Zwangs beachtet werden: Der Zweck darf auf keine andere Weise erreicht werden können, das am wenigsten beeinträchtigende Mittel muss gewählt werden und medizinische Zwangsmaßnahmen müssen unterbleiben, wenn der durch sie zu erwartende Schaden erkennbar außer Verhältnis zu dem angestrebten Erfolg steht.

44 **6. Recht und Pflicht zur Vornahme medizinischer Zwangsmaßnahmen.** Nach allen Gesetzen ist die **Untersuchungshaftanstalt** zur Durchführung ärztlicher Zwangsmaßnahmen **nicht verpflichtet, solange** von einer **freien Willensbestimmung des Gefangenen** ausgegangen werden kann. Im **Umkehrschluss** folgt daraus eine **Pflicht** der Anstalt zur Durchführung von Zwangsmaßnahmen auf dem Gebiet der Gesundheitsfürsorge, **wenn die freie Willensbestimmung fehlt.** Hier ist es die fehlende freie Willensbestimmung, die die Eingriffsverpflichtung begründet. Bei minderjährigen Gefangenen sind die Eltern einzuschalten.

45 Die wohl herrschende Meinung geht noch weiter und leitet daraus das prinzipielle **Recht** der Anstalt ab, auch solche Gefangene zwangszubehandeln, die zur freien Willensbestimmung fähig sind:[117] Aus Gründen der sozialstaatlichen Fürsorgepflicht könne sich die Anstalt über den entgegenstehenden freien Willen des Gefangenen hinwegsetzen.[118] Weil die Fürsorgepflicht aber keine Duldungspflichten auferlegen kann, muss hier jedoch **differenziert** werden.[119] Eine Zwangsbehandlung ist nur zulässig, wenn entweder die freie Willensbestimmung zum Zeitpunkt der zu ergreifenden Maßnahme nicht mehr vorliegt oder wenn eine Gesundheitsgefahr für andere Personen gegeben ist. Dagegen ist die Maßnahme unter dem Blickwinkel des Verfassungsrechts nicht haltbar, wenn sie ausschließlich dem Eigenschutz

113 Ausführlich zu Infektionsgefahren Laubenthal in: Intramurale Medizin, hrsg. von Hillenkamp/Tag, S. 195 ff.
114 Calliess/Müller-Dietz, StVollzG, § 101 Rn. 7 („jegliche"); Riekenbrauck/Keppler in: Schwind/Böhm/Jehle/Laubenthal, StVollzG, § 101 Rn. 13 („einfache"); Arloth, StVollzG, § 101 Rn. 4 („abstrakte").
115 Calliess/Müller-Dietz, StVollzG, § 101 Rn. 10; Riekenbrauck/Keppler in: Schwind/Böhm/Jehle/Laubenthal, StVollzG, § 101 Rn. 15; Arloth, StVollzG, § 101 Rn. 4.
116 Wie hier Brühl/Walter in: AK-StVollzG, § 101 Rn. 15; enger Böhm, Strafvollzug, Rn. 352.
117 Calliess/Müller-Dietz, StVollzG, § 101 Rn. 3; Riekenbrauck/Keppler in: Schwind/Böhm/Jehle/Laubenthal, StVollzG, § 101 Rn. 18; Arloth, StVollzG, § 101 Rn. 4.
118 Laubenthal, Strafvollzug, Rn. 726; Calliess/Müller-Dietz, StVollzG, § 101 Rn. 3.
119 Ebenso Brühl/Walter in: AK-StVollzG, § 101 Rn. 18 ff.

des Gefangenen dienen soll, der die Eigengefährdung aus freien Stücken in Kauf nehmen will. Nach dem Bundesverfassungsgericht steht es jedermann frei, Hilfe zurückzuweisen, sofern dadurch den Rechtsgütern anderer oder der Allgemeinheit keine Nachteile entstehen.[120]

Daraus folgt, dass **„der Schutz des Menschen vor sich selbst“**[121] **durch staatliche Eingriffe in seine Grundrechte nicht legitimierbar** ist. Eine andere Beurteilung ergibt sich auch nicht aus dem Schutzgut des unmittelbaren Zwangs, dem störungsfreien Vollzugsverlauf.[122] Damit soll die Vollstreckung der Untersuchungshaft sichergestellt werden. Der Gefangene muss sich aber für die Durchführung des Strafverfahrens nicht gesund erhalten. Damit kann der Staat auch in der Untersuchungshaft Grundrechtsgüter gegen den Willen ihres Trägers nicht um jeden Preis schützen.

7. Einzelfälle. a) **Zwangsernährung bei Hungerstreik.** Der **Hungerstreik,** mit dem ein Gefangener ein **„Forderungsverhalten“** zum Ausdruck bringt, ist über Art. 2 Abs. 1 GG (allgemeine Handlungsfreiheit, freie Bestimmung über Leben und Gesundheit) und Art. 5 Abs. 1 GG (freie Meinungsäußerung) **grundrechtlich geschützt.**[123] Zwangsernährung kommt beim Hungerstreik nur in Betracht, wenn der freie Wille des Gefangenen fehlt. Medizinisch wird das ab dem Stadium der Somnolenz angenommen.[124] Hat der Gefangene davor lebenserhaltende Maßnahmen ausdrücklich abgelehnt, ist sein Wille zu respektieren. 46

b) **Suizidprophylaxe**[125] Gleiches gilt im Grundsatz auch für **Selbstmord,** der von der allgemeinen Handlungsfreiheit (Art. 2 Abs. 1 GG) umfasst wird.[126] Davon unberührt bleiben Maßnahmen zur Suizidvorbeugung – auch durch besondere Sicherungsmaßnahmen. Das Problem besteht beim Selbstmord darin, dass sich nach einem Suizidversuch nicht feststellen lässt, ob dieser auf freiem und damit zu respektierendem Willensentschluss fußt oder nicht. Damit sind medizinische Zwangsmaßnahmen einzuleiten, weil nicht auszuschließen ist, dass der Gefangene sich für das Leben entscheiden würde. Hierbei ist auch die besondere psychische Belastung gerade durch die Untersuchungshaft zu berücksichtigen.[127] 47

c) **Aids-Test.** Speziell bei Angehörigen von **Risikogruppen** (Fixer, Prostituierte, Tätowierte) interessiert den Vollzug die Frage, ob der betreffende Gefangene mit HIV infiziert ist. Für die zwangsweise Durchführung von Aids-Tests bieten die Zwangsmaßnahmen auf dem Gebiet der Gesundheitsfürsorge jedoch **keine Rechtsgrundlage.**[128] Aids-Tests sind bis dato nur mittels Blutentnahme, mithin eines körperlichen Eingriffs möglich. Es fehlt aber eine konkrete Lebensgefahr bzw. schwerwiegende Gefahr für die Gesundheit des Betroffenen oder anderer Personen angesichts der nach heutigem Kenntnisstand eingeschränkten Möglichkeiten einer Infizierung mit Aids-Viren.[129] Überdies würde es sich bei der Zwangsuntersuchung um einen **unerlaubten Gefahrerforschungseingriff** handeln, weil damit erst die Tatbestandsvoraussetzung des Vorliegens einer Gesundheitsgefahr ermittelt werden soll. 48

d) **Beruhigungsmittel/Psychopharmaka.** Die zwangsweise Verabreichung von Beruhigungsmitteln oder Psychopharmaka **durch Ärzte** setzt eine **medizinische Notwendigkeit** voraus. Darüber hinaus kann sie nur zulässig sein, wenn von dem betroffenen Gefangenen eine erhebliche Gefahr für das Leben oder die Gesundheit anderer Personen ausgeht sowie bei 49

120 BVerfGE 58, 208 (225).
121 Grundlegend Hillgruber, Der Schutz des Menschen vor sich selbst.
122 In diesem Sinne aber Arloth in: Intramurale Medizin, hrsg. von Hillenkamp/Tag, S. 239 ff.
123 Instruktiv Ostendorf, Das Recht zum Hungerstreik,; Ostendorf GA 1984, 308 ff.
124 Brühl/Walter in: AK-StVollzG, § 101 Rn. 22; Riekenbrauck/Keppler in: Schwind/Böhm/Jehle/Laubenthal, StVollzG, § 101 Rn. 27.
125 S. hierzu auch § 1 Rn. 27; § 2 Rn. 3; § 3 Rn. 26.
126 BVerfGE 32, 110; 45, 187 (227 f.) (keine Sittenwidrigkeit des Selbstmords).
127 Zur „knastbedingten“ Suizidanfälligkeit s. Ostendorf in: Ostendorf, Jugendstrafvollzugsrecht, Vorbem. Rn. 25.
128 Riekenbrauck/Keppler in: Schwind/Böhm/Jehle/Laubenthal, StVollzG, § 101 Rn. 39; Brühl/Walter in: AK-StVollzG, § 101 Rn. 35; Laubenthal, Strafvollzug, Rn. 727, jeweils mit ausführlicher Begründung; s. auch Calliess/Müller-Dietz, StVollzG, § 101 Rn. 7.
129 OLG Koblenz ZfStrVo 1989, 182.

Ausschluss der freien Willensbestimmung auch bei Lebensgefahr oder schwerwiegender gesundheitlicher Gefahr für ihn selbst.

50 e) **Urintest/Rektoskopie.** Für die zwangsweise Urinentnahme durch Katheter zur Kontrolle von Drogenkonsum bieten die Zwangsmaßnahmen auf dem Gebiet der Gesundheitsfürsorge **keine Rechtsgrundlage.** Das Katheterlegen ist ein körperlicher Eingriff, wobei weder Lebens- oder schwerwiegende Gesundheitsgefahr für den Gefangenen, noch Gefahr für die Gesundheit anderer Personen besteht. Nur im Rahmen einer ärztlichen Behandlung mit Ersatzdrogen wird der Gefangene zur Urinkontrolle verpflichtet, d.h. er verpflichtet sich selbst, sonst wird die Behandlung abgebrochen. Etwas anderes ist die Anordnung einer Urinkontrolle zur Feststellung eines Drogenkonsums aus Gründen der Sicherung und Ordnung der Anstalt (s. hierzu unten § 7 Rn. 86).

Eine zwangsweise Untersuchung des Afters (Rektoskopie) zum Auffinden darin vermuteter Drogen oder Sägeblätter ist nur bei medizinischer Notwendigkeit, also zur Abwendung von Lebens- oder schwerer Gesundheitsgefahr für den betroffenen Gefangenen, denkbar.[130]

51 **8. Leitungs- und Anordnungskompetenz.** Die Untersuchungshaftvollzugsgesetze regeln übereinstimmend, dass die **Leitungskompetenz** – das „Wie" der Durchführung ärztlicher Zwangsmaßnahmen – immer beim Arzt liegt.[131]

Das „Ob" der Durchführung, also die **Anordnungskompetenz** ärztlicher Zwangsmaßnahmen, liegt mit Ausnahme von Hessen und NRW ebenfalls beim Arzt, ausgenommen in Fällen erster Hilfeleistung. Gem. § 28 UVollzG NRW ist neben einem positiven Votum durch den ärztlichen Dienst für Zwangsmaßnahmen eine ausdrückliche Anordnung des Gerichts erforderlich. Eine solche richterliche Entscheidungsbefugnis ist im Hinblick auf die Schwere des grundrechtsrelevanten Eingriffs bei Weitergeltung der Unschuldsvermutung zu begrüßen. Die Anordnungskompetenz der Anstaltsleitung gem. § 18 Abs. 3 UVollzG Hessen erscheint sachfremd, auch wenn insoweit ein Einvernehmen mit einem Arzt hergestellt werden muss.

---

130 S. OLG Stuttgart ZfStrVo 1991, 308; Böhm, Strafvollzug, Rn. 352; Riekenbrauck/Keppler in: Schwind/Böhm/Jehle/Laubenthal, StVollzG, § 101 Rn. 14.

131 Zur rechtlichen Stellung und zum medizinischen Auftrag des Arztes s. Hillenkamp in: Hillenkamp/Tag, Intramurale Medizin, S. 11 ff. sowie Riekenbrauck in: Intramurale Medizin, hrsg. von Hillenkamp/Tag, S. 31 ff. S. auch § 1 Rn. 27

§ 4 Arbeit, Bildung, Freizeit

Spezielle Literatur: *Bader, J./Ronellenfitsch, M. (Hrsg.)*, Beck'scher Online-Kommentar VwVfG, Edition 10, Stand 1. Januar 2011 (zitiert: Bearbeiter in: BeckOK-VwVfG); *Eicher, W./Spellbrink, W.*, SGB II Grundsicherung für Arbeitsuchende, 2. Auflage, München 2008 (zitiert: Bearbeiter in: Eicher/Spellbrink); *Eisenberg, U.*, Jugendgerichtsgesetz, 13. Auflage (Vorauflage), München 2009 (zitiert: Eisenberg, JGG, 13. Aufl.); *Fluhr, H.*, Die Pfändbarkeit der Forderungen eines zum Freigang zugelassenen Strafgefangenen, in: NStZ 1994, S. 115-118; *Gagel, A. (Begr.)*, SGB II/ SGB III, 40. Ergänzungslieferung Nov. 2010 (zitiert: Bearbeiter in: Gagel); *Grube, C./Wahrendorf, V. (Hrsg.)*, SGB XII Sozialhilfe mit Asylbewerberleistungsgesetz, 3. Auflage, München 2010 (zitiert: Bearbeiter in: Grube/Wahrendorf); *Leitherer, S. (Hrsg.)*, Kasseler Kommentar, Sozialversicherungsrecht, 68. Ergänzungslieferung Dez. 2010 (zitiert: Bearbeiter in: Kasseler Kommentar Sozialversicherungsrecht); *Lohmann, H. C.*, Arbeit und Arbeitsentlohnung des Strafgefangenen, Frankfurt am Main 2002; *Mößle, T./Kleimann, M./Rehbein, F.*, Bildschirmmedien im Alltag von Kindern und Jugendlichen, problematische Mediennutzungsmuster und ihr Zusammenhang mit Schulleistungen und Aggressivität, Baden-Baden 2007; *Mößle, T./Kleimann, M./Rehbein, F./Pfeiffer, C.*, Mediennutzung, Schulerfolg, Jugendgewalt und die Krise der Jungen, in: Zeitschrift für Jugendkriminalrecht und Jugendhilfe (ZJJ) 2006, S. 295-309; *Ramsauer, U./Stallbaum, M./Sternal, S.*, Bundesausbildungsförderungsgesetz (BAföG), 4. Auflage, München 2005; *Rolfs, C./Giesen, R./Kreikebohm, R./Udsching, P. (Hrsg.)*, Beck'scher Online-Kommentar Sozialrecht: SGB II, Edition 21, Stand 1.3.2011 (zitiert: Bearbeiter in: BeckOK-SGB II); *Rolfs, C./Giesen, R./Kreikebohm, R./Udsching, P. (Hrsg.)*, Beck'scher Online-Kommentar Sozialrecht: SGB XII, Edition 21, Stand 1.3.2011 (zitiert: Bearbeiter in: BeckOK-SGB XII); *Stern, K.*, Das Staatsrecht der Bundesrepublik Deutschland, Bd. 4: Die einzelnen Grundrechte, Halbband 1 (zitiert: Bearbeiter in: Stern, Staatsrecht IV/1); *Schellhorn, W./Schellhorn, H./Hohm, K.-H.*, SGB XII: Kommentar zum Sozialgesetzbuch XII – Sozialhilfe, 18. Auflage, Köln 2010 (zitiert: Bearbeiter in: Schellhorn/Schellhorn/Hohm); *Seebode, M.*, Anmerkung zu OLG Celle, Beschluss vom 23.2.1984 – Az. 3 Ws 41/84, NStZ 1984, S. 335-336; *Walkenhorst, P.*, Bestandsaufnahme und Perspektiven zur Schule im Jugendstrafvollzug, DVJJ-Journal 2002, S. 404-416.

I. Arbeit und Bildung

1. Verfassungsrechtliche Vorgaben. In Bezug auf die Arbeit finden sich Vorgaben in Art. 12 Abs. 3 GG. Ein Recht auf Bildung wird vom Grundgesetz nicht ausdrücklich gewährt.[1] Es findet sich jedoch in vielen Landesverfassungen. 1

2. Internationale Vorgaben. Auf europäischer Ebene finden sich Regelungen zu Arbeit und Bildung bei Untersuchungsgefangenen in den europäischen Strafvollzugsgrundsätzen von 2006, der Empfehlung Rec(2006)13 und der Empfehlung Rec(2008)11. Weitere Regelungen 2

1 Vgl. Badura in: Maunz/Dürig, GG, Art. 7 Rn. 2; Robbers in: Mangoldt/Klein/Starck, GG, Art. 7 Rn. 31.

sind mit den Regeln der Vereinten Nationen zum Schutz von Jugendlichen unter Freiheitsentzug (45/113.United Nations Rules for the Protection of Juveniles Deprived of their Liberty) sowie den Rahmenbestimmungen der Vereinten Nationen für die Jugendgerichtsbarkeit („Beijing-Regeln", A/RES/40/33) vorhanden.

3. Die gesetzlichen Regeln

a) Allgemeine Regelungen

3

Länder	Arbeit und Bildung - *Allgemeine Regelungen*
12er-Regelung Berlin Brandenburg Bremen Hamburg Hessen Mecklenburg-Vorpommern Rheinland-Pfalz Saarland Sachsen Sachsen-Anhalt Schleswig-Holstein Thüringen	***§ 24 12er-Regelung: Arbeit und Bildung*** **(1) Die Untersuchungsgefangenen[2] sind nicht zur Arbeit verpflichtet.** **(2) Ihnen soll nach Möglichkeit Arbeit oder eine sonstige Beschäftigung angeboten werden, die ihre Fähigkeiten, Fertigkeiten und Neigungen berücksichtigt. Nehmen sie eine Arbeit auf, gelten die von der Anstalt festgelegten Arbeitsbedingungen. Die Arbeit darf nicht zur Unzeit niedergelegt werden.** **(3) Geeigneten Untersuchungsgefangenen soll nach Möglichkeit Gelegenheit zum Erwerb oder zur Verbesserung schulischer und beruflicher Kenntnisse oder zur Teilnahme an Maßnahmen zur Förderung ihrer persönlichen Entwicklung[3] gegeben werden, soweit es die besonderen Bedingungen der Untersuchungshaft zulassen.** **(4) Das Zeugnis oder der Nachweis über eine Bildungsmaßnahme darf keinen Hinweis auf die Inhaftierung enthalten.** **Abweichende Regelungen:** ***Hamburg, § 29 HmbUVollzG: Arbeit und Bildung*** (1) Die Untersuchungsgefangenen sind nicht zur Arbeit verpflichtet. (2) Ihnen soll nach Möglichkeit Arbeit oder sonstige Beschäftigung angeboten werden, die ihre Fähigkeiten, Fertigkeiten und Neigungen berücksichtigt. Nehmen sie eine Arbeit auf, gelten die von der Anstalt festgelegten Arbeitsbedingungen. Die Arbeit darf nicht zur Unzeit niedergelegt werden. (3) Geeigneten Untersuchungsgefangenen soll nach Möglichkeit Gelegenheit zum Erwerb oder zur Verbesserung schulischer und beruflicher Kenntnisse gegeben werden, soweit es die besonderen Bedingungen der Untersuchungshaft zulassen. ***Hamburg, § 30 HmbUVollzG: Zeugnisse*** Aus Zeugnissen oder Bescheinigungen über die Teilnahme an Bildungsmaßnahmen darf nicht erkennbar sein, dass sie während des Vollzuges von Untersuchungshaft erworben wurden. ***Hessen, § 20 HUVollzG: Arbeit und Bildung*** (1) Die Untersuchungsgefangenen sind nicht zur Arbeit verpflichtet. (2) Ihnen soll nach Möglichkeit Arbeit oder eine sonstige Beschäftigung angeboten werden, die ihre Fähigkeiten, Fertigkeiten und Neigungen berücksichtigt. Nehmen sie eine Arbeit auf, gelten die von der Anstalt festgelegten Arbeitsbedingungen. Die Arbeit darf nicht zur Unzeit niedergelegt werden.

2 In Sachsen-Anhalt: „Der Untersuchungsgefangene [...]".
3 Die Variante „[...]Teilnahme an Maßnahmen zur Förderung ihrer persönlichen Entwicklung[...]" nur in Bremen.

Länder	Arbeit und Bildung - *Allgemeine Regelungen*
	(3) Geeigneten Untersuchungsgefangenen soll nach Möglichkeit Gelegenheit zum Erwerb oder zur Verbesserung schulischer und beruflicher Kenntnisse gegeben werden, soweit es die besonderen Bedingungen der Untersuchungshaft zulassen. (4) Untersuchungsgefangene können von der zugewiesenen Arbeit oder sonstigen Beschäftigung abgelöst werden, wenn 1. sie den Anforderungen nicht gewachsen sind, 2. sie die Aufnahme oder Ausübung der Beschäftigung verweigern, 3. dies zur Umsetzung einer verfahrenssichernden Anordnung erforderlich ist oder 4. dies aus Gründen der Sicherheit und Ordnung erforderlich ist. (5) Zeugnisse oder Nachweise über eine Bildungsmaßnahme dürfen keinen Hinweis auf die Inhaftierung enthalten.
Baden-Württemberg	***§ 34 JVollzGB II: Arbeit, Bildungsmaßnahmen und Selbstbeschäftigung*** **(1) Untersuchungsgefangene sind nicht zur Arbeit verpflichtet.** **(2) Die Justizvollzugsanstalt soll Untersuchungsgefangenen nach Möglichkeit wirtschaftlich ergiebige Arbeit anbieten und dabei ihre Fähigkeiten und Neigungen nach Möglichkeit berücksichtigen. Untersuchungsgefangene können auch zu Hilfstätigkeiten in der Justizvollzugsanstalt herangezogen werden.** **(3) Gehen Untersuchungsgefangene einer Arbeit oder Hilfstätigkeit nach, dürfen sie diese nicht zur Unzeit niederlegen.** **(4) Geeigneten Untersuchungsgefangenen soll nach Möglichkeit Gelegenheit zum Erwerb oder zur Verbesserung schulischer oder beruflicher Kenntnisse gegeben werden, soweit es die besonderen Bedingungen der Untersuchungshaft zulassen. Aus dem Zeugnis über eine Bildungsmaßnahme darf die Inhaftierung einer Teilnehmerin oder eines Teilnehmers nicht erkennbar sein.** **(5) Untersuchungsgefangenen kann gestattet werden, sich selbst zu beschäftigen.**
Bayern	***Art. 12 BayUVollzG: Beschäftigung, Bildungsmaßnahmen*** **(1) Die Untersuchungsgefangenen sind nicht zur Arbeit verpflichtet.** **(2) [1] Ihnen soll auf Verlangen nach Möglichkeit eine wirtschaftlich ergiebige Arbeit angeboten werden, die ihre Fähigkeiten, Fertigkeiten und Neigungen berücksichtigt. [2] Untersuchungsgefangenen, die zu wirtschaftlich ergiebiger Arbeit nicht fähig sind, kann eine sonstige geeignete Beschäftigung angeboten werden. [3] Die Untersuchungsgefangenen können sich auf ihre Kosten innerhalb der Anstalt selbst beschäftigen, soweit die Selbstbeschäftigung nicht die Sicherheit oder Ordnung der Anstalt beeinträchtigt. [4] Mit ihrer Zustimmung können Untersuchungsgefangene zu Hilfstätigkeiten in der Anstalt herangezogen werden.** **(4) [1] Geeigneten Untersuchungsgefangenen kann Gelegenheit zum Erwerb oder zur Verbesserung schulischer und beruflicher Kenntnisse gegeben werden, soweit es die besonderen Bedingungen der Untersuchungshaft zulassen. [2] Art. 41 BayStVollzG gilt entsprechend.** **(5) Art. 39 Abs. 5 und Art. 44 BayStVollzG gelten entsprechend.**

Länder	Arbeit und Bildung - *Allgemeine Regelungen*
	Art. 41: BayStVollzG Aus dem Zeugnis über eine Bildungsmaßnahme darf die Inhaftierung eines Teilnehmers oder einer Teilnehmerin nicht erkennbar sein. *Art. 39: BayStVollzG* (5)[1]Maßnahmen nach Abs. 1 (d.h. Arbeit, arbeitstherapeutische Beschäftigung, Ausbildung und Weiterbildung) können in von privaten Unternehmen unterhaltenen Betrieben und sonstigen Einrichtungen durchgeführt werden. [2]Hierbei kann die technische und fachliche Leitung Angehörigen dieser Unternehmen übertragen werden. *Art. 44: BayStVollzG* Gefangene können von einer Beschäftigung oder einem Unterricht nach Art. 39 [...] abgelöst werden, wenn dies aus Gründen der Sicherheit oder Ordnung der Anstalt [...] erforderlich ist oder wenn sich herausstellt, dass sie den Anforderungen nicht genügen.
Niedersachsen	*§ 152 Abs. 1, 2, 4 NJVollzG: Beschäftigung, Bildungsmaßnahmen* (1) Die oder der Gefangene ist nicht zur Arbeit verpflichtet. (2) Ihr oder ihm soll auf Antrag nach Möglichkeit der Vollzugsbehörde Arbeit oder eine angemessene Beschäftigung in der Anstalt angeboten werden, soweit der Zweck der Untersuchungshaft nicht entgegensteht. (4) Einer oder einem geeigneten Gefangenen soll auf ihre oder seine Kosten Gelegenheit zum Erwerb oder zur Verbesserung schulischer oder beruflicher Kenntnisse gegeben werden, soweit es die Möglichkeiten der Vollzugsbehörde und die besonderen Bedingungen der Untersuchungshaft zulassen.
Nordrhein-Westfalen	*§ 11 Abs. 1, 2, 4 UVollzG NRW: Beschäftigung, Bildungsmaßnahmen* (1) Untersuchungsgefangene sind nicht zur Arbeit verpflichtet. (2) Ihnen soll auf Nachfrage eine wirtschaftlich ergiebige Arbeit angeboten werden, die ihre Fähigkeiten, Fertigkeiten und Neigungen berücksichtigt. Untersuchungsgefangenen, die zu wirtschaftlich ergiebiger Arbeit nicht fähig sind, kann eine sonstige geeignete Beschäftigung angeboten werden. Mit ihrer Zustimmung können Untersuchungsgefangene auch zu Hilfstätigkeiten in der Anstalt herangezogen werden. (4) Geeigneten Untersuchungsgefangenen soll Gelegenheit zum Erwerb oder zur Verbesserung schulischer und beruflicher Kenntnisse gegeben werden, soweit es die Möglichkeiten der Anstalt und die besonderen Bedingungen der Untersuchungshaft zulassen.

b) Ergänzende Bestimmungen für junge Untersuchungsgefangene

4

Länder	Arbeit und Bildung - *junge Untersuchungsgefangene*
12er-Regelung Berlin Brandenburg Bremen Hamburg	*§ 67 Abs. 2 12er-Regelung: Vollzugsgestaltung*[4] (2) Den jungen Untersuchungsgefangenen[5] sollen neben altersgemäßen Bildungs-, Beschäftigungs- und Freizeitmöglichkeiten auch sonstige entwicklungsfördernde Hilfestellungen angeboten werden. Die Bereitschaft zur Annahme der Angebote ist zu wecken und zu fördern.

Länder	Arbeit und Bildung - *junge Untersuchungsgefangene*
Hessen Mecklenburg-Vorpommern Rheinland-Pfalz Saarland Sachsen Sachsen-Anhalt Schleswig-Holstein Thüringen	***§ 71[6] 12er-Regelung: Schulische und berufliche Aus- und Weiterbildung, Arbeit*** **(1) Schulpflichtige Untersuchungsgefangene[7] nehmen in der Anstalt am allgemein- oder berufsbildenden Unterricht[8] in Anlehnung an die[9] für öffentliche Schulen geltenden Bestimmungen[10] teil[11].** **(2) Minderjährige Untersuchungsgefangene können zur Teilnahme an schulischen und beruflichen Orientierungs-[12], Aus- und Weiterbildungsmaßnahmen oder speziellen Maßnahmen zur Förderung ihrer schulischen, beruflichen oder persönlichen Entwicklung verpflichtet werden.** **(3) Den übrigen jungen Untersuchungsgefangenen soll[13] die Teilnahme an den in Absatz 2 genannten Maßnahmen angeboten[14] werden.** **(4) Im Übrigen bleibt § 24 Abs. 2[15] (nach Möglichkeit Angebot von Arbeit oder sonstiger Beschäftigung unter Berücksichtigung ihrer Fähigkeiten, Fertigkeiten, Neigungen, keine Arbeitsniederlegung zur Unzeit) unberührt.** **Abweichende Regelungen:** ***Hamburg, § 77 HmbUVollzG (statt § 71 wie vorstehend): Schulische und berufliche Aus- und Weiterbildung, Arbeit*** (1) Schulpflichtige Untersuchungsgefangene erhalten nach Möglichkeit Unterricht in Anlehnung an die für öffentliche Schulen geltenden Vorschriften. (2) Den übrigen jungen Untersuchungsgefangenen soll nach Möglichkeit die Teilnahme an schulischen und beruflichen Orientierungs-, Aus- und Weiterbildungsmaßnahmen oder speziellen Maßnahmen zur Förderung ihrer schulischen, beruflichen oder persönlichen Entwicklung angeboten werden. Sie sind zur Teilnahme zu motivieren. (3) Im Übrigen bleibt § 29 Absatz 2 unberührt.
Baden-Württemberg	***§ 72 Abs. 2, 4 JVollzGB II: Gestaltung des Vollzugs*** **(2) Während des Vollzugs der Untersuchungshaft sind die jungen Untersuchungsgefangenen in der Entwicklung ihrer Fähigkeiten und Fertigkeiten sowie in ihrer Bereitschaft zu einer eigenverantwortlichen und gemeinschaftsfähigen Lebensführung zu fördern Hierzu sollen den jungen Untersuchungsgefangenen neben altersgemäßen Bildungs-, Beschäftigungs- und Freizeitmöglichkeiten auch sonstige entwicklungsfördernde Hilfestellungen angeboten werden. Die Be-**

4 In Hamburg, § 73 HmbUVollzG: Gestaltung des Vollzuges; Hessen: § 44 HUVollzG.
5 In Sachsen-Anhalt, § 67 UVollzG LSA: „Dem jungen Untersuchungsgefangenen […]".
6 In Hessen: § 48 HUVollzG.
7 In Sachsen-Anhalt, § 71 UVollzG LSA: „Ein schulpflichtiger Untersuchungsgefangener […]".
8 In Hessen, § 48 HUVollzG: „[…] am Unterricht […]".
9 In Brandenburg, § 71 BbgUVollzG: „[…] nach den für öffentliche Schulen geltenden Bestimmungen[…]".
10 In Hessen, § 48 HUVollzG: „[…] Vorschriften[…]"; in Sachsen, § 71SächsUHaftVollzG: „[…] untergesetzlichen Bestimmungen[…]".
11 Sachsen-Anhalt, § 71 UVollzG LSA: „[…], sofern geeigneter Unterricht angeboten werden kann[…]".
12 In Brandenburg, § 71 BbgUVollzG: „[…]sowie Berufsvorbereitungsmaßnahmen […]".
13 In Berlin, Bremen, M-V, Rheinland-Pfalz, Sachsen: „[…] nach Möglichkeit […]".
14 In Hessen, § 48 HUVollzG: „[…] nahe gebracht […]".
15 In Hessen: § 20 Abs. 2 HUVollzG:.

Länder	Arbeit und Bildung - *junge Untersuchungsgefangene*
	reitschaft zur Annahme der Angebote ist zu wecken und zu fördern Auf die körperliche, geistige und seelische Entwicklung der jungen Untersuchungsgefangenen ist Rücksicht zu nehmen. [...] (4) [...] [2]Die Personensorgeberechtigten erhalten Gelegenheit, Anregungen und Vorschläge zur Gestaltung des Vollzugs der Untersuchungshaft anzubringen. Diese sollen, soweit sie mit dem Zweck der Untersuchungshaft und der Vollzugsgestaltung nach Absatz 2 vereinbar sind, berücksichtigt werden. *§ 75 JVollzGB II: Bildung und Arbeit* (1) Schulpflichtige junge Untersuchungsgefangene nehmen in der Justizvollzugsanstalt an Unterricht teil. (2) Jungen Untersuchungsgefangenen soll die Teilnahme an schulischen und beruflichen Orientierungs-, Aus- und Weiterbildungsmaßnahmen, speziellen Fördermaßnahmen, insbesondere sozialem Training, Arbeit, arbeitspädagogischer oder sonstiger ihren Fähigkeiten entsprechender Beschäftigung oder Hilfstätigkeit angeboten werden. (3) Jugendliche Untersuchungsgefangene können zur Teilnahme an den in Absatz 2 genannten Maßnahmen verpflichtet werden, soweit dies nach ihrem Entwicklungsstand angezeigt ist und ihre Personensorgeberechtigten nicht widersprechen.
Bayern	*Art. 30 BayUVollzG: Gestaltung des Vollzugs* (1) Der Vollzug der Untersuchungshaft an jungen Untersuchungsgefangenen soll erzieherisch gestaltet werden. (2) [1]Hierzu sollen den jungen Untersuchungsgefangenen neben altersgemäßen Beschäftigungs- und Bildungsmöglichkeiten auch sonstige entwicklungsfördernde Hilfestellungen angeboten werden. [2]Die Bereitschaft zur Annahme der Angebote ist zu wecken und zu fördern. *Art. 33 BayUVollzG: Schulische und berufliche Aus- und Weiterbildung; Arbeit* (1) Schulpflichtige junge Untersuchungsgefangene nehmen in der Anstalt am allgemein- oder berufsbildenden Unterricht in Anlehnung an die für öffentliche Schulen geltenden Vorschriften teil, soweit die räumlichen und organisatorischen Verhältnisse in der Anstalt dies zulassen. (2) Junge Untersuchungsgefangene sind nach den Vorgaben der Anstalt zur Teilnahme an schulischen und beruflichen Maßnahmen oder zu arbeitstherapeutischer oder sonstiger Beschäftigung verpflichtet, soweit sie dazu körperlich und geistig in der Lage sind. (3) Junge Untersuchungsgefangene, die nicht an Maßnahmen nach Abs. 2 teilnehmen, sind aus erzieherischen Gründen zur Arbeit verpflichtet, soweit sie dazu körperlich und geistig in der Lage sind.
Niedersachsen	*§ 158 NJVollzG: Gestaltung des Vollzuges* (1) Der Vollzug soll erzieherisch gestaltet werden. Die oder der junge Gefangene soll in der Entwicklung von Fähigkeiten und Fertigkeiten sowie in der Bereitschaft zu einer eigenverantwortlichen und gemeinschaftsfähigen Lebensführung in Achtung der Rechte anderer

Länder	Arbeit und Bildung - *junge Untersuchungsgefangene*
	gefördert werden. Dem dienen altersgemäße Beschäftigungs-, Bildungs- und Freizeitmöglichkeiten sowie sonstige entwicklungsfördernde Maßnahmen. Die Bereitschaft zur Teilnahme ist zu wecken und zu fördern. § 114 Abs. 1 Sätze 3 und 4 gilt entsprechend. *§ 114 NJVollzG: Gestaltung und Mitwirkung* (1) 3 Die Förderung der oder des Gefangenen ist insbesondere auf soziales Lernen und die Ausbildung von Fähigkeiten und Kenntnissen, die einer künftigen beruflichen Integration dienen, auszurichten. 4 Auf die besonderen altersbedingten Bedürfnisse und Empfindlichkeiten der oder des Gefangenen ist Rücksicht zu nehmen. *§ 161 Abs. 1 NJVollzG: Schulische und berufliche Aus- und Weiterbildung, Arbeit, Selbstbeschäftigung* (1) Die oder der junge Gefangene kann aus erzieherischen Gründen zur Teilnahme an schulischen oder beruflichen Orientierungs-, Aus- und Weiterbildungsmaßnahmen, zur Arbeit, angemessenen oder arbeitstherapeutischen Beschäftigung verpflichtet werden. Ihr oder ihm kann eine Selbstbeschäftigung in der Anstalt gestattet werden. Der Teilnahme an schulischen oder beruflichen Orientierungs-, Aus- oder Weiterbildungsmaßnahmen soll Vorrang eingeräumt werden, soweit diese Maßnahmen der künftigen beruflichen Integration der oder des jungen Gefangenen dienlich sind.
Nordrhein-Westfalen	*§ 49 UVollzG NRW: Gestaltung des Vollzuges* (1) Der Vollzug der Untersuchungshaft an jungen Untersuchungsgefangenen soll erzieherisch ausgestaltet werden. (2) Den jungen Untersuchungsgefangenen sollen neben altersgemäßen Beschäftigungs-, Bildungs- und Freizeitmöglichkeiten auch sonstige entwicklungsfördernde Hilfestellungen angeboten werden. Die Bereitschaft zur Annahme der Angebote ist zu wecken und zu fördern. (3) Schulpflichtige Untersuchungsgefangene nehmen in der Anstalt am allgemein- oder berufsbildenden Unterricht teil.

4. Arbeit. **a) Grundaussagen der Gesetze.** Alle Gesetzestexte enthalten die folgenden Aussagen: 5

- Erwachsene Untersuchungsgefangene sind nicht zur Arbeit verpflichtet.
- Die Anstalten sollen Untersuchungsgefangenen nach Möglichkeit Arbeit oder eine sonstige Beschäftigung (Niedersachsen: angemessene Beschäftigung) anbieten.
- Dabei sollen die Fähigkeiten, Fertigkeiten und Neigungen der Untersuchungsgefangenen berücksichtigt werden.

b) Spezielle Regelungen

- Ba-Wü, Bayern, NRW: Wirtschaftlich ergiebige Arbeit. 6
- In allen Ländern außer in Ba-Wü, Bayern, Niedersachsen, NRW: Für eine aufgenommene Arbeit gelten die von der Anstalt festgelegten Arbeitsbedingungen.
- Die Arbeit darf nicht zur Unzeit niedergelegt werden (nicht in Bayern, Niedersachsen, NRW).
- Ba-Wü, Bayern: Ausdrückliche Möglichkeit der Selbstbeschäftigung.
- Ba-Wü, Bayern, NRW: Möglichkeit der Heranziehung zu Hilfstätigkeiten.
- Bayern, Hessen: Ablösung von der Arbeit oder sonstigen Beschäftigung, wenn die Untersuchungsgefangenen den Anforderungen nicht gewachsen sind, sie die Arbeit verwei-

gern oder es zur Umsetzung einer verfahrenssichernden Anordnung (dies wird in Bayern hier nicht genannt, ergibt sich aber aus der Vorschrift des Art. 3 Abs. 3 UVollzG Bayern zur Stellung der Untersuchungsgefangenen und der ihnen zulässigerweise auferlegbaren Beschränkungen) oder aus Gründen der Sicherheit oder Ordnung erforderlich ist.

- Bayern: Angebot von Arbeit nur „auf Verlangen", Art. 12 Abs. 2 S. 1 UVollzG Bayern.
- Niedersachsen: Angebot von Arbeit nur „auf Antrag", § 152 Abs. 2 NJVollzG.
- NRW: Angebot von Arbeit nur „auf Nachfrage", § 11 Abs. 2 S. 1 UVollzG NRW.

7 c) **Im Einzelnen.** Arbeit und Bildungsmaßnahmen im Untersuchungshaftvollzug dienen dazu, den Untersuchungsgefangenen Fähigkeiten für eine Erwerbstätigkeit in Freiheit zu vermitteln, zu fördern oder zu erhalten, um der kriminogenen Wirkung von Defiziten im Bereich von Beruf und Ausbildung entgegenzuwirken. Arbeit und Ausbildung sind im Untersuchungshaftvollzug wie im Strafvollzug öffentlich-rechtlicher Natur; die Untersuchungsgefangenen sind keine Arbeitnehmer. Zwischen Untersuchungsgefangenen und den Anstalten werden keine Arbeitsverträge oder Berufsausbildungsverträge geschlossen, damit ist für Streitigkeiten nicht der Arbeitsrechtsweg eröffnet ist.[16]

8 Ergänzend finden sich für Sachsen-Anhalt Konkretisierungen in Bezug auf Arbeit und Bildung in Nr. 16 der Allgemeinen Verwaltungsvorschriften zum Untersuchungshaftvollzug Sachsen-Anhalt.[17]

9 aa) **Keine Verpflichtung zur Arbeit bei Erwachsenen.** Die Bestimmungen stellen klar, dass Untersuchungsgefangene im Gegensatz zu Strafgefangenen nicht zur Arbeit verpflichtet sind. Dies steht im Einklang mit den Vorgaben des Grundgesetzes und den internationalen Vorgaben.

10 Die Unschuldsvermutung darf sich nicht zulasten der Untersuchungsgefangenen auswirken. Auch im Interesse einer sinnvollen Haftgestaltung sollen arbeitswillige Untersuchungsgefangene daher so weit wie möglich Arbeitsmöglichkeiten oder Gelegenheiten sonstiger Beschäftigungen wahrnehmen können. Um dies zu ermöglichen, sehen die Regelungen der 12er-Gruppe - wie bereits der gemeinsame Entwurf - gemeinsame Maßnahmen von Untersuchungs- und Strafgefangenen in Form gemeinsamer Arbeit vor.[18]

11 **bb) Angebot einer Arbeit oder sonstigen Beschäftigung; Selbstbeschäftigung.** Die Formulierungen in den Gesetzen von Bayern, Niedersachsen und NRW, dass ein Angebot von Arbeit nur „auf Verlangen", „auf Nachfrage" bzw. „auf Antrag" der Untersuchungsgefangenen erfolgt, beruht offenbar nicht auf einem sachlichen Unterschied zu den anderen Ländern, in deren Gesetzen sich diese Formulierung nicht findet, sondern dient der nochmaligen Betonung, dass die Untersuchungsgefangenen nur dann arbeiten, wenn sie dies ausdrücklich selbst wünschen.[19]

12 Die meisten Gesetze zum Untersuchungshaftvollzug enthalten keine Regelung über die **Selbstbeschäftigung** der Untersuchungsgefangenen. Lediglich in Ba-Wü, Bayern und Niedersachsen ist für junge Untersuchungsgefangene die Möglichkeit der Selbstbeschäftigung ausdrücklich normiert. In Bezug auf die Selbstbeschäftigung erwachsener Untersuchungsgefangener heißt es in der niedersächsischen Gesetzesbegründung, sie bedürfe keiner gesonderten Regelung, weil die Untersuchungsgefangenen keiner Arbeitspflicht unterlägen und es ihnen daher frei stehe, sich selbst zu beschäftigen, wenn sie vom Arbeitsangebot der Anstalt keinen Gebrauch machen wollen oder die Anstalt ihnen keine Arbeit anbieten könne.[20] Bei der Selbstbeschäftigung ist danach in Niedersachsen lediglich zu beachten, dass für den Besitz bestimmter Gegenstände eine Erlaubnis erforderlich ist, die sich nach den einschlägigen Vorschriften für den Besitz von Gegenständen richtet.[21]

16 Vgl. Arloth, StVollzG, § 37 Rn. 6.
17 VV UVollzG Sachsen-Anhalt, AV des MJ vom 28.5.2010 – 4420-306.454/09.
18 Vgl. auch Kirschke/Brune Forum Strafvollzug 2009, 18.
19 Vgl. Gesetzesbegründung NRW, LT-Drucks. 14/8631, S. 51.
20 Entwurfsbegründung Niedersachsen, LT-Drucks. 13/3565, S. 194.
21 Entwurfsbegründung Niedersachsen, LT-Drucks. 13/3565, S. 194.

In **Ba-Wü** sieht § 34 Abs. 5 JVollzGB II vor, dass Untersuchungsgefangenen gestattet werden kann, sich selbst zu beschäftigen. Dazu heißt es in der Gesetzesbegründung lediglich, dass mit dieser Regelung klargestellt werde, dass Untersuchungsgefangene auch einer Selbstbeschäftigung, etwa einer künstlerischen Tätigkeit, nachgehen dürfen. Die Anstalt entscheidet nach dem Wortlaut der Vorschrift nach pflichtgemäßem Ermessen über die Gestattung der Selbstbeschäftigung. Dabei ist zu berücksichtigen, dass eine Selbstbeschäftigung schwerer zu beaufsichtigen ist als die Arbeit in der Anstalt. Die Anstalt kann die Gestattung einer Selbstbeschäftigung, die die Ausübung des früheren Berufs bedeutet, bei einem berufsbezogenen Straftatverdacht versagen. Da es sich bei der Gestattung der Selbstbeschäftigung um einen begünstigenden Verwaltungsakt handelt, ist ein Widerruf mangels spezialgesetzlicher Regelung nach den Grundsätzen des § 49 Abs. 2 VwVfG möglich. 13

In **Bayern** können sich die Untersuchungsgefangenen gemäß Art. 12 Abs. 2 S. 3 UVollzG Bayern selbst beschäftigen, sie benötigen also nicht wie in Ba-Wü eine (vorherige) Gestattung, d.h. eine Erlaubnis, die durch entsprechenden Vollzugsverwaltungsakt erteilt wird. Das Gesetz eröffnet den Anstalten die Möglichkeit, die Selbstbeschäftigung (nachträglich oder auch sobald sie von der Selbstbeschäftigung oder der entsprechenden Absicht des Betroffenen Kenntnis erlangt) zu untersagen, indem es die Einschränkung enthält, dass die Selbstbeschäftigung nicht die Sicherheit oder Ordnung der Anstalt beeinträchtigen darf. 14

Die bayerische Regelung ist praktisch die weniger aufwändige. Durch sie wird den Anstalten die vorhergehende Prüfung, ob die Gestattung erfolgen kann, erspart. Ein Tätigwerden der Anstalten erfolgt erst beim Vorliegen konkreter Anhaltspunkte, die einer Fortführung der Selbstbeschäftigung entgegenstehen und damit die Begründung der Entscheidung bereits vorgeben. 15

Im Untersuchungshaftvollzug ist in Ansehung der Haftgründe eine Selbstbeschäftigung nur innerhalb der Anstalt denkbar. Sie zeichnet sich gegenüber Freizeitbeschäftigungen dadurch aus, dass sie mindestens genauso ernsthaft und anspruchsvoll ist wie die Arbeit in der Anstalt. Sie betrifft vor allem die klassischen freiberuflichen Tätigkeiten. 16

In den Gesetzen der **anderen Bundesländer** wird die Selbstbeschäftigung im Gesetz nicht genannt, es heißt, den Untersuchungsgefangenen soll nach Möglichkeit „Arbeit oder sonstige Beschäftigung" bzw. „angemessene" Beschäftigung angeboten werden. In den Gesetzesbegründungen heißt es dazu, arbeitswilligen Untersuchungsgefangenen müsse im Interesse einer sinnvollen Haftgestaltung so weit wie möglich Arbeit angeboten oder Gelegenheit zur Beschäftigung gegeben werden. Die Selbstbeschäftigung findet auch in den Gesetzesbegründungen keine Erwähnung.[22] Ob sie unter die „Beschäftigung" fällt, bleibt unklar. Es ist davon auszugehen, dass in diesen Bundesländern die Selbstbeschäftigung bei Erwachsenen generell erlaubt ist, da sich auch in den Gesetzesbegründungen kein Hinweis darauf findet, dass sie im Untersuchungshaftvollzug verboten sein soll.[23] Naheliegend erscheint, dass die Gesetzgeber wegen der Unschuldsvermutung eine entsprechende Regelung für unnötig hielten, eine Selbstbeschäftigung also wie in Bayern grundsätzlich uneingeschränkt zulässig ist und nur in entsprechenden Einzelfällen über die allgemeine Regelung des § 4 Abs. 2 des 12er-Entwurfs[24] die Untersagung erfolgen darf. Demgemäß nimmt auch Wiesneth an, dass er- 17

22 Vgl. Berlin, Abgeordnetenhaus, Drucks. 16/2491, S. 78 f.; Brandenburg, LT-Drucks. 4/7334, S. 94; Bremen, Bürgerschafts-Drucks. 17/914, S. 43 f.; Hamburg, Bürgerschafts-Drucks. 19/4451, S. 34; Hessen, LT-Drucks. 18/1396, S. 136, M-V, LT Drucks. 5/2764, S. 69; NRW, LT-Drucks. 14/8631, S. 51: „sinnvolle Beschäftigung"; Rheinland-Pfalz, LT-Drucks. 15/3292, S. 42; Saarland, LT-Drucks. 13/2310, S. 60; Sachsen, LT-Drucks. 5/2590, S. 59; Sachsen-Anhalt, LT-Drucks. 5/2019, S. 64; SH, LT-Drucks. 17/1255 S. 76; Thüringen, LT-Drucks. 4/4803, S. 59.

23 A.A. Feest, der von einem gesetzgeberisch gewollten Verbot der Selbstbeschäftigung durch die Regelungen in den neuen Gesetzen ausgeht (Strafvollzugsarchiv, Gesetzgebung: Vollzug der Untersuchungshaft, Modellentwurf von zwölf Bundesländern, Eintrag v. 19.10.2008, Ziff. 4; Untersuchungshaftgesetzgebung, Eine Zwischenbilanz von Johannes Feest, Eintrag v. 7.12.2008, Ziff. 1; Vollzug der Untersuchungshaft – Kriterien für die Gesetzgebung der Länder, Eintrag v. 2.4.2009, Ziff. 3, zu finden unter www.strafvollzugsarchiv.de).

24 Wonach den Untersuchungsgefangenen bei Fehlen einer besonderen Regelung nur solche Beschränkungen auferlegt werden dürfen, die zur Aufrechterhaltung der Sicherheit, zur Abwehr einer schwerwiegenden Störung der Ordnung der Anstalt oder zur Umsetzung einer verfahrenssichernden Anordnung unerlässlich sind.

wachsene Untersuchungsgefangene sich in der Untersuchungshaft selbst beschäftigen können, unter anderem indem sie sich durch Lektüre von Fachbüchern und Fachzeitschriften fortbilden.[25]

18 Des Weiteren finden sich die unterschiedlichen Formulierungen **„angemessene Beschäftigung“** und **„sonstige Beschäftigung“**. In der Sache ist damit kein Unterschied bezweckt. „Sonstige Beschäftigung“ bezeichnet schlicht die Tätigkeiten, die keine Arbeit in der Anstalt darstellen. Mit der Formulierung „angemessene Beschäftigung“ soll in Niedersachsen offenbar betont werden, dass keine Hilfstätigkeiten[26] ausgeübt werden sollen, wie es der niedersächsische Entwurf zunächst vorsah. Als Definition der angemessenen Beschäftigung kann die in Nr. 2 der Verwaltungsvorschrift zu § 37 StVollzG enthaltene Beschreibung übernommen werden, wonach eine Beschäftigung angemessen ist, wenn ihr Ergebnis wirtschaftlich verwertbar ist und in einem vertretbaren Verhältnis zum Aufwand steht.

19 **cc) Verhältnis von Arbeit bzw. Bildungsmaßnahmen zu sonstiger Beschäftigung.** Außer in Ba-Wü, Bayern, Niedersachsen und NRW soll den Untersuchungsgefangenen nach den Gesetzen Arbeit oder eine „sonstige“ Beschäftigung angeboten werden. Der Arbeit oder den Bildungsmaßnahmen gebührt also der Vorrang. Entsprechend war im StVollzG die angemessene Beschäftigung als Auffanglösung für den Fall konzipiert, dass weder für Arbeit noch für Ausbildung oder Arbeitstherapie genügend Plätze zur Verfügung stehen.[27] Auch im Untersuchungshaftvollzug bestehen nur beschränkte Arbeitsplatzkapazitäten und wegen konjunktureller Schwankungen ist die Auftragslage teilweise schlecht. Hinzu kommen die untersuchungshaftspezifischen Besonderheiten in Form der vergleichsweise kurzen Verweildauer der Gefangenen sowie der Organisations- und Einarbeitungszeiten.[28]

20 In Niedersachsen darf der Zweck der Untersuchungshaft einer Arbeit oder sonstigen Beschäftigung der Untersuchungsgefangenen nicht entgegenstehen. Der Zweck der Untersuchungshaft besteht in der Sicherung des geordneten Ablaufs des Strafverfahrens sowie der Verhinderung einer Wiederholung der wahrscheinlich begangenen Tat. Dieser Zweck steht zum Beispiel einem freien Beschäftigungsverhältnis in der Untersuchungshaft entgegen, denn die Untersuchungshaft wird gerade nur in den Fällen verhängt, in denen ein Verbleiben des Betroffenen in Freiheit diesen Zweck vereiteln würde, etwa durch Flucht des Untersuchungsgefangenen oder Verdunkelungshandlungen. Auch der Haftgrund der Wiederholungsgefahr schließt ein freies Beschäftigungsverhältnis bei Untersuchungsgefangenen aus.

21 **dd) Berücksichtigung der Fähigkeiten, Fertigkeiten und Neigungen.** Die Anstalten sollen bei der Vergabe von Arbeit an die Untersuchungsgefangenen deren Fähigkeiten, Fertigkeiten und Neigungen berücksichtigen. Die **Fähigkeiten** beziehen sich auf das, zu dem die Untersuchungsgefangenen geistig und körperlich im Stande sind. Hierzu gehören auch allgemeine Fähigkeiten wie etwa die Erfahrung im Umgang mit Menschen.[29] Unter **Fertigkeiten** ist das für die Ausübung einer bestimmten Tätigkeit erforderliche Können zu verstehen, das basierend auf der notwendigen Fähigkeit erworben worden ist. Der Begriff der **Neigungen** umfasst die subjektiven, also persönlichen Präferenzen, der Betroffenen.[30]

Bei den drei Begriffen handelt es sich um unbestimmte Rechtsbegriffe, die vom Gericht vollumfänglich überprüfbar sind. Auf der Rechtsfolgenseite ist die gesetzliche Regelung als Soll-Vorschrift ausgestaltet, sie gewährt der Anstalt damit ein intendiertes Ermessen. Das bedeutet, dass die Berücksichtigung im Regelfall, also so weit dies möglich ist, zu erfolgen hat, mithin bei der Auswahl unter den zur Verfügung stehenden Arbeitsplätzen. Übt die Anstalt ihr Ermessen entsprechend der gesetzlichen Anordnung aus, muss sie keine eigenen Ermessenserwägungen anstellen. Lediglich in atypischen Ausnahmefällen ist Raum für eine ab-

25 Wiesneth, Die Untersuchungshaft, Rn. 195.
26 Worunter offenbar sonstige Beschäftigungen verstanden wurden, vgl. Niedersachsen, LT-Drucks. 15/3565, S. 193.
27 Arloth, StVollzG, § 37 Rn. 16.
28 Vgl. Gesetzesbegründung Ba-Wü, LT-Drucks. 14/5012, S. 196.
29 Vgl. Däubler/Spaniol in: AK-StVollzG, § 37 Rn. 3.
30 Vgl. Däubler/Spaniol in: AK-StVollzG, § 37 Rn. 3.

weichende Entscheidung, die zu begründen ist. Die Untersuchungsgefangenen haben dabei ein Recht auf ermessensfehlerfreie Entscheidung.[31]

ee) Geltung der von der Anstalt festgelegten Arbeitsbedingungen. Aus Gründen einer ordnungsgemäßen Arbeitsorganisation sind die Untersuchungsgefangenen nach freiwilliger Aufnahme der Arbeit an die von der Anstalt festgelegten Arbeitsbedingungen gebunden.[32] 22

Die Arbeitsbedingungen legt jeweils die Vollzugsanstalt fest. Dies erfolgt unter Berücksichtigung der jeweiligen örtlichen Gegebenheiten und Besonderheiten zur Konkretisierung der gesetzlichen Vorgaben und wird zur Information der Untersuchungsgefangenen in die Hausordnung aufgenommen. Die festgelegten Arbeitsbedingungen dürfen nicht gegen die Regelungen der UVollzGe verstoßen oder zulasten der Untersuchungsgefangenen über diese hinausgehen. Mit ihnen begeben sich die Anstalten in eine Art Selbstbindung dergestalt, dass die Untersuchungsgefangenen damit aus ihnen Ansprüche zu ihren Gunsten ableiten können, umgekehrt jedoch die Anstalten Anordnungen gegenüber den Untersuchungsgefangenen nicht allein auf die Arbeitsbedingungen als selbstständige Eingriffsgrundlage stützen können.

ff) Keine Arbeitsniederlegung zur Unzeit. Zwar steht es den Untersuchungsgefangenen frei, ob sie in der Untersuchungshaft arbeiten möchten. Wenn sie sich jedoch dafür entschieden haben, können sie wegen des erheblichen Organisations- und Planungsaufwandes des Arbeitsbetriebes in der Vollzugsanstalt die Ausübung der Arbeit nicht zu einem beliebigen Zeitpunkt beenden. Vielmehr sind sie verpflichtet, der Arbeit weiter nachzukommen, bis die Vollzugsanstalt die Möglichkeit hatte, die Arbeit an einen anderen Untersuchungshäftling zu vergeben oder in sonstiger Weise ohne die Arbeitsleistung des die Arbeit Niederlegenden auszukommen. 23

Es empfiehlt sich, den Wunsch der Untersuchungsgefangenen, zu arbeiten und eine bestimmte Arbeit auszuüben, schriftlich festzuhalten und dieses Schriftstück zur Gefangenenpersonalakte zu nehmen. Die damit erfolgte Selbstbindung der Untersuchungsgefangenen kann zur Beweisführung bei einer im Wiederholungsfall verhängten Disziplinarmaßnahme bzw. einer als milderes Mittel erfolgenden Verwarnung gemäß § 60 Abs. 2 der UVollzGe der 12er-Gruppe genutzt werden.

gg) Wirtschaftlich ergiebige Arbeit in Ba-Wü, Bayern, NRW. Unter wirtschaftlich ergiebiger Arbeit ist wie im Rahmen von § 37 StVollzG eine sinnvolle, produktive, möglichst gewinnbringende Tätigkeit zu verstehen, die es ihrer Art nach auch in Freiheit gibt und die dort einen Verdienst ermöglichen würde. Dies können Dienstleistungen oder handwerkliche bzw. industrielle Fertigungen sein. Das Arbeitsprodukt soll mit einem Erlös verwertbar sein, der nach Möglichkeit auch einen Gewinn enthält.[33] Die Untersuchungsgefangenen sollen dadurch in die Lage versetzt werden, beispielsweise weiterhin zum Unterhalt ihrer Angehörigen beizutragen.[34] Möglich sind mit Zustimmung der Betroffenen auch wenig abwechslungsreiche monotone Arbeiten wie Fließband- und Akkordarbeit sowie schmutzige und schwere Arbeiten, solange sie nicht gesundheitsschädlich sind. Die angebotene Arbeit kann dann auch unter dem beruflichen und bildungsmäßigen Niveau der Untersuchungsgefangenen liegen[35] oder unproduktiv und abstumpfend sein, wenn die Untersuchungsgefangenen sie ausüben möchten.[36] 24

hh) Heranziehung zu Hilfstätigkeiten in Ba-Wü, Bayern, NRW. In Ba-Wü, Bayern und NRW können Untersuchungsgefangene auch zu Hilfstätigkeiten herangezogen werden (§ 34 Abs. 2 S. 2 JVollzGB II; § 11 Abs. 2 S. 3 UVollzG NRW). In NRW ist dazu ausdrücklich ihre Zustimmung erforderlich, in Ba-Wü ergibt sich dies aus dem Gesamtkontext der Regelung zur Arbeit (keine Verpflichtung zur Arbeit und daher frei von den Gefangenen annehmbare Angebote der Anstalt von wirtschaftlich ergiebiger Arbeit, hilfsweise von Hilfstätigkeiten. 25

31 Vgl. Arloth, StVollzG, § 37 Rn. 10.
32 Vgl. Gesetzesbegründung Rheinland-Pfalz, S. 81; Sachsen, S. 58; Sachsen-Anhalt, S. 64; Thüringen, S. 88.
33 Laubenthal in: Schwind/Böhm/Jehle/Laubenthal, StVollzG, § 37 Rn. 11.
34 Calliess/Müller-Dietz, StVollzG, § 37 Rn. 4.
35 Vgl. Arloth, StVollzG, § 37 Rn. 10.
36 Anders im Strafvollzug, vgl. dazu Calliess/Müller-Dietz, StVollzG, § 37 Rn. 4.

Die Regelung richtet sich vielmehr an die Anstalten und besagt, dass die Gefangenen auch Hilfstätigkeiten, also Tätigkeiten, die nicht als wirtschaftlich ergiebige Arbeit gelten, ausführen dürfen).

Hilfstätigkeiten, auch Kalfaktorenposten genannt, zeichnen sich dadurch aus, dass die Gefangenen Hilfsdienste für die Vollzugsbeamten insb. in der Verwaltung in einer JVA leisten. Es geht zumeist um die Erfüllung von Gemeinschaftsaufgaben, die das Mitverantwortungsgefühl der Gefangenen für ihr Zusammenleben in der Anstalt stärken können, wie z.B. Tätigkeiten in Küche oder Kleiderkammer, in der Krankenabteilung, den Unterkünften oder im Freigelände sowie die Reinigung der Gemeinschaftsräume, aber auch die Wartung von technischen Geräten, wie etwa der Heizung.[37] So werden den Untersuchungsgefangenen soziale Verhaltensweisen abverlangt.

Hilfstätigkeiten verrichten häufig Gefangene, die keine Arbeitserfahrung haben bzw. keiner qualifizierten Beschäftigung nachgehen können. Hilfstätigkeiten haben eine beschäftigungstherapeutische Funktion und werden von der Anstaltsleitung auch als Alternative genutzt, um Zeiten von Auftragsmangel in den Anstaltsbetrieben zu überbrücken.[38]

Die Hilfstätigkeiten, erfüllen regelmäßig nicht die Anforderungen, die an eine Arbeit gestellt werden. Durch Hilfstätigkeiten wird der Alltag im Untersuchungshaftvollzug aber wie durch Arbeit etwas weniger eintönig. Die Ausübung von Hilfstätigkeiten bietet sich auch insbesondere dann an, wenn die Anstalt den Untersuchungsgefangenen mangels vorhandener Möglichkeiten keine Arbeit geben kann. Die Verrichtung von Hilfstätigkeiten stellt allerdings stets eine Notlösung dar.[39]

Die Vollzugsanstalten müssen darauf achten, dass die Untersuchungsgefangenen die Hilfstätigkeiten nicht zu subkulturellen Aktivitäten nutzen, auch wenn der Aufbau und die Unterhaltung organisierter krimineller Strukturen im Untersuchungshaftvollzug wegen der kürzeren Verweildauer nicht im selben Maße zu befürchten sind wie im Strafvollzug. Auch dürfen den Häftlingen keine Tätigkeiten übertragen werden, die Einblick in die persönlichen Verhältnisse von Bediensteten, Mithäftlingen oder Dritten bzw. in Gerichts- oder Verwaltungsakten ermöglichen.[40]

26 **ii) Möglichkeit der Ablösung von der Arbeit oder Beschäftigung (Bayern, Hessen).** In Bayern (Art. 12 Abs. 5 UVollzG Bayern i.V.m. Art. 44 StVollzG Bayern) und in Hessen (§ 20 Abs. 4 HUVollzG) können Untersuchungsgefangene von der Arbeit oder sonstigen Beschäftigung abgelöst werden, wenn sie den Anforderungen nicht genügen bzw. gewachsen sind oder dies aus Gründen der Sicherheit und Ordnung der Anstalt erforderlich ist. In Hessen ist die Möglichkeit der Ablösung zusätzlich unter den Voraussetzungen vorgesehen, dass die Untersuchungsgefangenen die Aufnahme oder Ausübung der Beschäftigung verweigern oder die Ablösung zur Umsetzung einer verfahrenssichernden Anordnung erforderlich ist. In der hessischen Gesetzesbegründung heißt es dazu, die Vorschrift schaffe eine rechtliche Grundlage für die Ablösung von der zugewiesenen Arbeit oder sonstigen Beschäftigung soweit dies aus Gründen, die in der Person der Untersuchungsgefangenen liegen (Nr. 1 und Nr. 2), aus Gründen der Verfahrenssicherung (Nr. 3) oder aus vollzuglichen Gründen (Nr. 4) erforderlich ist.

27 Wie im Strafvollzug gilt auch im Untersuchungshaftvollzug, dass „Ablösung" der Ausschluss eines Gefangenen von einer zugewiesenen Arbeit oder Ausbildungsmaßnahme gegen seinen Willen ist.[41] Dabei handelt es sich um den Widerruf eines begünstigenden Verwaltungsaktes. § 20 Abs. 4 HUVollzG ist lex specialis zu § 49 Abs. 2 Nr. 3 VwVfG. Eine Ablösung ist im Untersuchungshaftvollzug nicht aus betriebsbedingten Gründen wie Arbeitsmangel zu-

37 Vgl. Däubler/Spaniol in: AK-StVollzG, § 41 Rn. 7.
38 Vgl. Laubenthal in: Schwind/Böhm/Jehle/Laubenthal, StVollzG, § 41 Rn. 8.
39 Vgl. Laubenthal in: Schwind/Böhm/Jehle/Laubenthal, StVollzG, § 41 Rn. 9.
40 Vgl. Arloth, StVollzG, § 37 Rn. 11.
41 Vgl. Arloth, StVollzG, § 37 Rn. 4.

lässig. Ansonsten sind im HUVollzG die Voraussetzungen normiert, die für die Ablösung im Strafvollzug nach der Rspr. bislang bereits vorliegen mussten.[42]

Bei den Gründen für die Ablösung handelt es sich um unbestimmte Rechtsbegriffe. Hinsichtlich der Beurteilung des Vorliegens dieser Gründe, also entweder der Beeinträchtigung von Sicherheitsinteressen der Anstalt oder der anderen für eine Ablösung von der Arbeit in Betracht kommenden Gründe, steht den Vollzugsanstalten wegen ihrer besonderen Sachnähe und der ihnen obliegenden Verantwortung für die Anstaltssicherheit ein Beurteilungsspielraum zu.[43] 28

Der Anstaltsleiter entscheidet nach seinem Ermessen, ob er eine Disziplinarmaßnahme oder die Ablösung oder beides anordnet. Um die Überprüfung dieser Ermessensentscheidung zu ermöglichen, sind die wesentlichen Entscheidungsgrundlagen zu dokumentieren. 29

Den Anforderungen nicht zu genügen bzw. nicht gewachsen zu sein, bedeutet, dass der Betroffene die Arbeit aufgrund körperlicher, gesundheitsbedingter oder geistiger bzw. Defizite nicht in der mindestens erforderlichen Weise ausführen kann. In diesem Fall fehlt es dauerhaft an der fachlichen Eignung des Untersuchungsgefangenen.[44] 30

Zudem können Untersuchungsgefangene in Hessen von der Arbeit abgelöst werden, wenn sie deren **Aufnahme oder Ausübung verweigern.** In diesem Fall ergibt sich nachträglich, dass sie dauerhaft nicht bereit sind, der ihnen zugewiesenen Arbeit nachzukommen oder sich in das Zusammenleben der Beschäftigten einzugliedern, insbesondere auch, sich gegenüber Vorgesetzten korrekt zu verhalten und hierdurch der „Betriebsfrieden“ nachhaltig gestört wird. In diesem Fall fehlt die Zuverlässigkeit des Untersuchungsgefangenen. Disziplinarische Einzelverfehlungen sind in der Regel kein Grund für eine verhaltensbedingte Entfernung vom Arbeitsplatz, wenn dadurch die Eignung für eine bestimmte Tätigkeit nicht generell aufgehoben wird.[45] Die Verweigerung der Aufnahme einer Arbeit wird nur selten vorkommen. Häufiger hingegen dürfte die Nichtausübung erfolgen, weil sich der Betroffene ein falsches Bild von der Arbeit gemacht hat und nach der Aufnahme keine Lust hat, sich regelmäßig in der erforderlichen Weise anzustrengen oder auf die Mithäftlinge zu treffen. Auf die tatsächliche Nichtausübung der Arbeit folgt dann nach der gesetzlichen Regelung die „Ablösung“, also die offizielle Bestätigung, dass der Betroffene nicht mehr an seinem Arbeitsplatz zu erscheinen braucht. 31

Des Weiteren kann die Ablösung **zur Umsetzung einer verfahrenssichernden Anordnung** erforderlich sein. 32

Untersuchungsgefangene können zudem gemäß § 20 Abs. 4 Nr. 4 HUVollzG von der Arbeit abgelöst werden, wenn dies **aus Gründen der Sicherheit und Ordnung der Anstalt erforderlich** ist. 33

Der Begriff der **Sicherheit der Anstalt** ist zu verstehen als die äußere Sicherheit in Form der Gewährleistung des sicheren Anstaltsaufenthaltes der Gefangenen und der Verhinderung und Abwehr von Angriffen auf die Anstalt von außen sowie die innere Sicherheit in Form der Abwendung von Gefahren für Personen und Sachen innerhalb der Anstalt. Der Begriff der **Ordnung der Anstalt** umfasst die Voraussetzungen für ein geordnetes und menschenwürdiges Zusammenleben in der Anstalt.[46]

Legt man die hessische Regelung ihrem Sinn und Zweck nach aus, kommt man zu dem Ergebnis, dass auch hier eine Ablösung von der Arbeit im Untersuchungshaftvollzug in Betracht kommt, wenn entweder Gründe der Sicherheit der Anstalt oder Gründe der Ordnung der Anstalt dies erfordern. Es müssen nicht die Voraussetzungen beider Begriffe erfüllt sein. Dies steht im Einklang mit § 30 Abs. 2 HUVollzG, der davon spricht, dass den Untersuchungsgefangenen Pflichten und Beschränkungen zur Aufrechterhaltung der Sicherheit oder

42 Vgl. hierzu Arloth, StVollzG, § 37 Rn. 4.
43 Vgl. für den Strafvollzug OLG Hamm, 29.10.2009, 1 Vollz (Ws) 641/09.
44 Vgl. OLG Celle NStZ 2000, 464 (465).
45 Vgl. OLG Celle NStZ 2000, 464 (465).
46 Vgl. für den Strafvollzug wie hier Arloth, StVollzG, § 81 Rn. 2; Näheres zu den Begriffen § 1 Rn. 22 ff.

Ordnung der Anstalt auferlegt werden können, obwohl diese Vorschrift als Grundsatzregelung im Abschnitt „Sicherheit und Ordnung“ steht. Die Formulierungen „Sicherheit oder Ordnung“ und „Sicherheit und Ordnung“ werden also synonym gebraucht. Bei der praktischen Anwendung führt die Wortlautauslegung zu wenig brauchbaren Ergebnissen, da beide Teilbereiche (also Sicherheit sowie Ordnung) jeweils für sich gestört werden können und aufrechterhalten werden sollen. Daher können die Anstalten nach dem Sinn und Zweck der Vorschrift entsprechende Maßnahmen bei Beeinträchtigung lediglich eines der beiden Teilbereiche anordnen.

34 **Beispiele für die aus Gründen der Sicherheit und Ordnung erforderliche Ablösung von der Arbeit sind etwa:**

- eine besondere Fluchtgefahr[47],
- das In-Kenntnis-Setzen außerhalb der Anstalt befindlicher Personen über den inneren Aufbau der Anstalt und andere Informationen für Befreiungshandlungen u.Ä. vom Arbeitsplatz aus,
- Absprachen mit Außenstehenden oder Mithäftlingen über Revolten,
- Drangsalierung von Arbeitskollegen oder Vorgesetzten mit physischen oder psychischen Folgen für diese.

35 Die Ablösung von der Arbeit erfolgt **mit sofortiger Wirkung**, wenn dies erforderlich ist, um Störungen der Sicherheit und Ordnung der Anstalt zu verhindern oder zu beenden. Es ist die für den Betroffenen mildeste Maßnahme aller gleich geeigneten zu wählen, das heißt, wenn die entsprechenden Gründe eine Ablösung erst später erforderlich machen, ist die Ablösung auch erst zu diesem Zeitpunkt durchzuführen. Nach der Regelung in § 5 Abs. 5 HUVollzG soll die Ablösung dem Betroffenen erläutert werden.

Die Ablösung ist auch möglich, wenn noch nicht gleich ein Ersatz zur Verfügung steht. Die Aufrechterhaltung der Sicherheit und Ordnung steht im Vordergrund.

5. Bildung

a) Grundaussagen der Gesetze

36
- Geeigneten Untersuchungsgefangenen soll nach Möglichkeit Gelegenheit zum Erwerb oder zur Verbesserung schulischer oder beruflicher Kenntnisse gegeben werden, soweit es die besonderen Bedingungen der Untersuchungshaft zulassen.
- Aus einem Zeugnis über eine Bildungsmaßnahme darf die Inhaftierung des Betroffenen nicht hervorgehen.

b) Spezielle Regelungen

37
- Berlin: Ermöglichung der Teilnahme an Deutschkursen zur Vorbereitung von Bildungsmaßnahmen.
- Bremen: Gelegenheit zur Teilnahme an Maßnahmen zur Förderung der persönlichen Entwicklung.
- Niedersachsen: Erwerb oder Verbesserung schulischer oder beruflicher Kenntnisse auf eigene Kosten der Untersuchungsgefangenen. Erwerb von Fähigkeiten und Kenntnissen, die einer künftigen beruflichen Integration dienen.

38 c) **Im Einzelnen.** Das Angebot von Maßnahmen der schulischen und beruflichen Bildung im Untersuchungshaftvollzug trägt der Tatsache Rechnung, dass bei vielen Untersuchungsgefangenen **erhebliche Bildungsdefizite** bestehen.[48]

Die Gesetze betonen die Bedeutung von Bildungs- und Weiterbildungsmaßnahmen für Untersuchungsgefangene, berücksichtigen dabei aber gleichzeitig, dass wegen des durchschnittlich nur wenige Monate dauernden Untersuchungshaftvollzuges und mit Rücksicht auf den ungewissen Entlassungszeitpunkt dem Angebot von Bildungsmaßnahmen Grenzen gesetzt

47 Vgl. dazu auch Laubenthal in: Schwind/Böhm/Jehle/Laubenthal, StVollzG, § 41 Rn. 17.
48 Vgl. auch Kirschke/Brune Forum Strafvollzug 2009, 18 (19).

sind. In erster Linie können die Maßnahmen daher nur grundlegende Kenntnisse und Fähigkeiten vermitteln oder verbessern, um Bildungsmaßnahmen in einer sich anschließenden Strafhaft oder in Freiheit vorzubereiten.[49]

aa) Geeignetheit der Untersuchungsgefangenen. Die Gesetze enthalten die Regelung, dass geeigneten Untersuchungsgefangenen möglichst Gelegenheit zu Ausbildungsmaßnahmen zu geben ist. Die Regelung ist dahin zu verstehen, dass Gefangene in bildungsmäßiger und beruflicher Hinsicht nach Maßgabe ihrer Eignung zu fördern sind. Eignung meint individuelle Begabung und Leistungsfähigkeit.[50] Die Eignung ist ein unbestimmter Rechtsbegriff, der umfassend im Sinne fachlicher, persönlicher und vollzuglicher Eignung zu verstehen ist. Teilweise wird er dahingehend aufgefasst, dass er der Anstalt einen Beurteilungsspielraum lasse, teilweise wird nur von einem Ermessensspielraum ausgegangen.[51] 39

bb) Gelegenheit zum Erwerb oder zur Verbesserung schulischer oder beruflicher Kenntnisse. In Niedersachsen wird diese Gelegenheit nur auf eigene Kosten der Untersuchungsgefangenen gegeben. Im Rahmen der Gelegenheit zum Erwerb oder zur Verbesserung schulischer bzw. beruflicher Kenntnisse ist in Anbetracht der Hintergründe für die Anordnung und den Vollzug von Untersuchungshaft die einschränkende Formulierung „soweit es die besonderen Bedingungen der Untersuchungshaft zulassen" erforderlich. Diese Bedingungen betreffen einerseits die baulichen und organisatorischen Gegebenheiten in den Anstalten, andererseits die Lernmaterialien und sich ergebenden Kontakte. 40

Die Verbesserung beruflicher Kenntnisse kann auch durch Fernunterricht und Fernstudien erfolgen. Hierfür geeignet sind nur Untersuchungsgefangene, die sowohl über die erforderlichen intellektuellen Voraussetzungen als auch über große Arbeitsdisziplin, erhöhtes Leistungsstreben, starkes Durchhaltevermögen und eigenkontrollierte Stetigkeit verfügen.

Probleme können sich auch hier dadurch ergeben, dass die konkrete Anstalt die organisatorische Durchführung nicht leisten kann. Das Gelegenheitgeben zur Verbesserung der Kenntnisse umfasst nicht die Übernahme von Kosten, die im Rahmen eines Fernlehrgangs oder Fernstudiums anfallen.

cc) Kein Hinweis auf Inhaftierung im Zeugnis oder Nachweis über eine Bildungsmaßnahme. Die Regelung soll Benachteiligungen der Untersuchungsgefangenen durch die Vorlegung des Zeugnisses bzw. Nachweises bei der späteren Arbeitssuche verhindern. Umfasst sind lediglich die im Arbeitsleben üblicherweise verwendeten Bescheinigungen über Aus- und Weiterbildungsmaßnahmen, jedoch nicht Arbeitszeugnisse, da ein wahrheitsgemäßes Arbeitszeugnis die Mitteilung des Arbeitgebers und die Beschreibung der ausgeführten Tätigkeit gehören, was bei einer Arbeit im Untersuchungshaftvollzug notwendigerweise die Inhaftierung offenbaren würde. Die Aus- und Weiterbildungszeugnisse können zum Beispiel durch die für die Anstalt örtlich zuständigen Haupt- und Berufsschulen und durch sonstige mit den Anstalten kooperierende Bildungsträger wie Volkshochschulen oder Bildungswerke, erforderlichenfalls aber auch durch Einzelpersonen wie Handwerksmeister als Betriebsbeamte oder Anstaltslehrer ohne Offenlegung ihrer Dienststellung ausgestellt werden. Es ist auch darauf zu achten, dass die Adresse der Anstalt nicht angegeben wird.[52] 41

dd) Vorbereitende Deutschkurse in Berlin. Das Berliner Gesetz sieht vor, dass den Untersuchungsgefangenen die Teilnahme an Deutschkursen angeboten werden soll. Diese Regelung ist sinnvoll, gerade in Berlin lebt eine besonders hohe Zahl von Menschen nichtdeutscher Herkunft. Für diese ist es eine wichtige Voraussetzung, dass sie die deutsche Sprache beherrschen, um eine möglicherweise nicht vorhandene Schul- oder Berufsausbildung nachzuholen und ihrer Schul- und Berufsausbildung entsprechende Chancen auf dem Arbeitsmarkt zu haben – den Aspekt fehlender Arbeitserlaubnisse einmal ausgeblendet. Positive Auswirkungen hat das Beherrschen der deutschen Sprache auch auf die Verständigung im 42

49 Vgl. Gesetzesbegründung Ba-Wü, LT-Drucks. 14/5012, S. 196.
50 Calliess/Müller-Dietz, StVollzG, § 37 Rn. 4.
51 Vgl. dazu Calliess/Müller-Dietz, StVollzG, § 37 Rn. 15.
52 Vgl. für den Strafvollzug Calliess/Müller-Dietz, StVollzG, § 41 Rn. 1 ff.

Alltag. Angesichts dieses Ausgangspunktes ist die Berliner Regelung zu begrüßen. Die effektive Umsetzung in die Praxis wird aber durch die regelmäßig nicht lange Dauer der Untersuchungshaft erschwert werden. Sinnvoll ist hier, die Möglichkeit zu schaffen, dass die Kurse nach dem Ende der Haft weitergeführt werden können – eine Verpflichtung dazu ist im Lichte der Unschuldsvermutung unzulässig.

43 **ee) Gelegenheit zur Teilnahme an Maßnahmen zur Förderung der persönlichen Entwicklung in Bremen.** Das Bremer UVollzG lässt offen, wie solche Maßnahmen aussehen sollen. Die Gesetzesbegründung wiederholt lediglich die gesetzliche Formulierung. Der Sinn und Zweck der Regelung lässt es denkbar erscheinen, dass die Regelung die Situation erfassen will, dass die Untersuchungsgefangenen nicht aus fachlich-intellektuellen Gründen in der Schule oder bei der Berufsausbildung gescheitert sind, sondern wegen von Dritten als unzulänglich empfundenen Sozialverhaltens, das beispielsweise auf Schüchternheit oder Unsicherheit zurückzuführen war. Das heißt, die Regelung will Fällen nicht optimaler Persönlichkeitsentwicklung begegnen und soweit wie möglich Abhilfe schaffen, um eine aus diesen Gründen fehlende Qualifikation für den Arbeitsmarkt und Probleme im zwischenmenschlichen Zusammenleben zu beheben.

44 **6. Regelungen für junge Untersuchungsgefangene. Leitgedanke** der Sonderegeln für junge Untersuchungsgefangene ist, dass im Alter zwischen Kindheit und Erwachsenenalter besondere Bedürfnisse gegeben sind und die Betroffenen ihre Rolle erst im Leben finden müssen. In **Ba-Wü** ist dementsprechend im Gesetz ausdrücklich angeordnet, dass auf die Entwicklung der jungen Untersuchungsgefangenen Rücksicht zu nehmen ist. Dies ist angesichts der mit der Pubertät einhergehenden Verhaltensweisen an sich selbstverständlich. Ziel aller besonderen Regelungen für junge Gefangene im Bereich Bildung und Arbeit ist insbesondere ein soziales Lernen, das die künftige berufliche Integration erleichtert.

Der in Ba-Wü gewählte Begriff der „sonstigen entwicklungsfördernden Hilfestellungen" meint allgemein Maßnahmen, die innerhalb einer relativ kurzen Zeit sinnvoll durchgeführt werden können oder Maßnahmen, die längerfristige Maßnahmen vorbereiten. Hierbei ist unter anderem besonders an Anti-Aggressions- und Konfliktbewältigungstraining zu denken. Wegen der Unschuldsvermutung haben die entsprechenden Maßnahmen jedoch lediglich Angebotscharakter. Die Anstalten werden gleichwohl von den Gesetzgebern aufgefordert, entsprechende Angebote nicht bloß bereitzustellen, sondern die Untersuchungsgefangenen auch zu motivieren, die Angebote in Anspruch zu nehmen.[53]

45 Die **altersgemäßen Beschäftigungs- und Bildungsmöglichkeiten** sollen haftbedingte Gefährdungen auf ein Minimum reduzieren und gleichzeitig die Entwicklung von Fähigkeiten und Fertigkeiten sowie die Bereitschaft zu einer eigenverantwortlichen und gemeinschaftsfähigen Lebensführung der jungen Menschen fördern. Wichtiger noch als Beschäftigungsmöglichkeiten sind bei jungen Untersuchungsgefangenen Bildungsmöglichkeiten, um fehlende Grundfertigkeiten entstehen zu lassen und die Chancen auf dem Arbeitsmarkt zu verbessern bzw. die Gewöhnung an geregelte Arbeit und regelmäßiges Lernen zu schaffen oder aufrechtzuerhalten. Die schlechteste Lösung ist die totale Untätigkeit der Betroffenen, also das Fehlen jeglicher Bildung oder Beschäftigung.

46 In **Ba-Wü** trägt das Gesetz dem Umstand Rechnung, dass ungeachtet der häufig schwierigen Familienverhältnisse von Untersuchungsgefangenen den Personensorgeberechtigten, also regelmäßig den Eltern, auch im Untersuchungshaftvollzug vorrangig das Erziehungsrecht zusteht.

47 Das Angebot an altersgemäßen Bildungsmöglichkeiten ist wegen der hohen Fluktuation im Untersuchungshaftvollzug nur eingeschränkt umzusetzen. Günstiger gestaltet sich die Lage hinsichtlich der sonstigen entwicklungsfördernden Hilfestellungen. Diese können darin bestehen, dass die Notwendigkeit weiterer Bildungsmaßnahmen festgestellt und mit den Betroffenen erörtert wird. Sie können über Möglichkeiten des weiteren Vorgehens informiert und in sonstiger Weise beraten sowie motiviert werden. Auch kann die Durchführung dieser

53 Vgl. insgesamt dazu LT-Drucks. Ba-Wü 14/5012, S. 205.

Maßnahmen organisatorisch vorbereitet werden.[54] Auf dieses Ziel ist die Regelung des sozialen Lernens und der künftigen beruflichen Integration gerichtet.

Ergänzend zu den nachfolgenden Ausführungen finden sich für Sachsen-Anhalt Konkretisierungen in Bezug auf Arbeit und Bildung für junge Untersuchungsgefangene in Nr. 46 der Allgemeinen Verwaltungsvorschriften zum Untersuchungshaftvollzug Sachsen-Anhalt.[55] 48

a) **Erfüllung der Schulpflicht.** Schulpflichtige junge Untersuchungsgefangene nehmen in der Anstalt am Unterricht teil. Die Vorschriften in den Untersuchungshaftvollzugsgesetzen sind Sonderregelungen zu den Schulgesetzen. Der von den Anstalten angebotene Unterricht tritt für die Zeit des Untersuchungshaftvollzugs an die Stelle des Unterrichts an den vom Schulgesetz erfassten Schulen.[56] 49

b) **Arbeitspflicht bei jungen Untersuchungsgefangenen?** Nr. 80 Abs. 2 S. 1 UVollzO sah aus erzieherischen Gründen eine **Verpflichtung junger Gefangener zur Arbeit** vor. Diese Regelung findet sich in den meisten UVollzGen nicht mehr. Lediglich in **Ba-Wü** und **Niedersachsen** können junge Untersuchungsgefangene weiterhin zur Arbeit verpflichtet werden, allerdings unter einschränkenden Voraussetzungen. 50

In **Ba-Wü** muss nach § 75 Abs. 3 JVollzGB die Arbeit nach dem Entwicklungsstand der jungen Untersuchungsgefangenen angezeigt sein und die Personensorgeberechtigten dürfen nicht widersprechen. In **Niedersachsen** ist in § 161 Abs. 1, Alt. 3 NJVollzG statt der alten zwingenden Regelung der Nr. 80 UVollzO eine Kann-Regelung enthalten.[57] Danach können die jungen Untersuchungsgefangenen aus „erzieherischen Gründen" zur Arbeit verpflichtet werden. Mit dieser Ermessensvorschrift, die zusätzlich einen unbestimmten Rechtsbegriff enthält, existiert eine Regelung, die in nahezu beliebiger Weise angewendet werden kann. Es sollte daher zumindest durch eine landeseinheitliche Verwaltungsvorschrift festgelegt werden, in welchen Fällen derartige „erzieherische Gründe" vorliegen, d.h. also, wie sich dieser unbestimmte Rechtsbegriff definiert, unter welchen Voraussetzungen demnach die Verpflichtung ausgesprochen werden kann. 51

Nach der Begründung des Entwurfes des NJVollzG dient die Arbeit im Untersuchungshaftvollzug bei jungen Gefangenen ebenso wie qualifizierende Maßnahmen der **Erziehung**. Diese sei dem Ziel der sozialen Integration bei Strafgefangenen vergleichbar, weshalb der Entwurf auf die Bestimmungen für Jugendstrafgefangene verweise und damit im Wesentlichen den bisherigen Regelungen in § 177 S. 4 StVollzG, §§ 93 Abs. 2, 110 Abs. 2 JGG a.F. sowie Nr. 80 Abs. 2 und 3 UVollzO entspreche. Diese Argumentation lässt die Frage der Zulässigkeit der erzieherischen Ausgestaltung des Untersuchungshaftvollzuges bei Heranwachsenden unberücksichtigt. Einerseits ist fraglich, ob Arbeit im Untersuchungshaftvollzug überhaupt positive erzieherische Wirkungen entfalten kann und nicht vielmehr die Betroffenen wegen des Kontaktes zu Mithäftlingen erst richtig in die Kriminalität hineinzieht bzw. ihre mitunter bestehende labile Konstitution noch verschlechtert.[58] Zum anderen ist die erzieherische Ausgestaltung der Untersuchungshaft für Heranwachsende unzulässig (siehe hierzu § 1 Rn. 10). 52

Nach **Art. 6 Abs. 2 GG** sind Minderjährige zu erziehen, das heißt, eine Erziehungsbefugnis besteht also nur gegenüber Jugendlichen im Sinne des Jugendstrafrechts, nicht aber gegenüber Heranwachsenden. Das BVerfG hat demgegenüber die Auffassung vertreten, jugendliche und heranwachsende Untersuchungsgefangene könnten aus erzieherischen Gründen zur Arbeit angehalten und bei mangelhafter Erfüllung der Arbeitspflicht mit einer Hausstrafe belegt werden.[59] Das Verhältnis des staatlichen zum elterlichen Erziehungsrecht wird durch die Untersuchungshaft nicht verändert. So verleiht sie dem Staat keine weitergehenden er- 53

54 Vgl. Ostendorf, JGG, § 93 Rn. 11; auch noch Eisenberg, JGG, 13. Aufl., § 93 Rn. 19.
55 VV UVollzG Sachsen-Anhalt, AV des MJ vom 28.5.2010 – 4420-306.454/09.
56 Wiesneth, Die Untersuchungshaft, Rn. 271.
57 Für einen gleichlautenden Entwurf in einem bayerischen Untersuchungshaftvollzugsgesetz vgl. Schneider Forum Strafvollzug 2009, 24 (26).
58 Dazu Ostendorf, JGG, § 72 Rn. 7.
59 BVerfG JA 1979, 611.

zieherischen Eingriffsrechte, als er sie auch bei in Freiheit befindlichen Jugendlichen hat. Das Elternrecht aus Art. 6 Abs. 2 GG hat demnach stets Vorrang. Dies berücksichtigt die Regelung in Ba-Wü, nach der die Erziehungsberechtigten widersprechen können. Damit ist dem Vorrang des elterlichen Erziehungsrechts aus Art. 6 Abs. 2 GG Rechnung getragen. Die niedersächsische Regelung wird dem nur gerecht, wenn das von ihr eingeräumte Ermessen entsprechend ausgeübt wird.

54 c) **Bildungs-, Fördermaßnahmen.** Nicht mehr schulpflichtige, aber noch minderjährige Untersuchungsgefangene können von den Anstalten zur Teilnahme an Bildungs- oder Fördermaßnahmen verpflichtet werden. Auch bereits volljährige junge Untersuchungsgefangene weisen häufig erhebliche Bildungsdefizite auf. Daher soll auch ihnen die Teilnahme an Bildungs- oder Fördermaßnahmen ermöglicht werden. Diese Maßnahmen haben jedoch einen bloßen Angebotscharakter, da der Staat bei Volljährigen ebenso wie die Erziehungsberechtigten keine (nachrangige) Erziehungsbefugnis hat.[60]

Die schulischen Orientierungsmaßnahmen **in Niedersachsen** dienen wie die Arbeit der Erziehung, die dem Ziel der sozialen Integration bei Strafgefangenen vergleichbar sein soll.[61] Orientierungsmaßnahmen sind in den verschiedensten Formen denkbar. Ihre konkrete Form kann von den Anstalten bzw. dem Justizministerium als der Aufsichtsbehörde gemäß § 184 Abs. 1 NJVollzG gestaltet werden.

55 d) **Arbeitspädagogische Beschäftigung in Ba-Wü und Bayern; arbeitstherapeutische Beschäftigung in Niedersachsen.** In **Ba-Wü** soll jungen Untersuchungsgefangenen neben schulischen und beruflichen Orientierungs-, Aus- und Weiterbildungsmaßnahmen gemäß § 75 Abs. 2 JVollzGB II u.a. die Teilnahme an **arbeitspädagogischer Beschäftigung** angeboten werden. Sie können dazu verpflichtet werden, wenn die Beschäftigung nach ihrem Entwicklungsstand angezeigt ist und die Personensorgeberechtigten nicht widersprechen. Mit der Regelung wird betont, dass jungen Untersuchungsgefangenen bestimmte Maßnahmen angeboten werden sollen, um ihre Entwicklung zu fördern. Die Maßnahmen sollen den Entwicklungsprozess der jungen Menschen positiv beeinflussen.[62] Welche Art von Arbeit bzw. Beschäftigung einen erzieherischen Wert hat, ergibt sich weder aus dem Gesetz noch aus seiner Begründung namentlich. Abzustellen ist hier nicht zuletzt auf die konkreten Umstände des einzelnen Falles unter Berücksichtigung der für den Untersuchungshaftvollzug an jungen Menschen geltenden allgemeinen Grundsätze des § 72 JVollzGB II. Das heißt, auch die arbeitspädagogische Beschäftigung muss sich innerhalb relativ kurzer Zeit sinnvoll durchführen lassen oder längerfristige Maßnahmen vorbereiten, einen persönlichkeitsfördernden Wert besitzen und den Gefährdungen und Belastungen entgegenwirken, die eine Inhaftierung für junge Menschen mit sich bringt.[63]

56 In Bayern sind junge Untersuchungsgefangene gemäß Art. 33 Abs. 2 UVollzG Bayern nach den Vorgaben der Anstalt zu arbeitstherapeutischer Beschäftigung als Alternative zu schulischen und beruflichen Maßnahmen oder sonstiger Beschäftigung verpflichtet, soweit sie dazu körperlich und geistig in der Lage sind.

57 In **Niedersachsen** können junge Untersuchungsgefangene gemäß § 161 Abs. 1 S. 1 9. Alt. NJVollzG aus erzieherischen Gründen zu **arbeitstherapeutischer Beschäftigung** verpflichtet werden. Der Begriff der arbeitstherapeutischen Beschäftigung ist für den Untersuchungshaftvollzug unglücklich gewählt. Bei Untersuchungsgefangenen besteht, wenn sie noch minderjährig sind und damit ein Erziehungsrecht der Eltern und dahinter des Staates besteht, zwar ein Erziehungsauftrag, in Anbetracht der Unschuldsvermutung jedoch kein Behandlungsauftrag des Staates.

58 Indes wird **in der Praxis** kein großer Unterschied bestehen zwischen arbeitspädagogischer und arbeitstherapeutischer Beschäftigung. Beide verfolgen das Ziel, die Arbeitsfähigkeit der

60 Vgl. Entwurfsbegründung der 12er-Gruppe zu § 71.
61 Entwurfsbegründung Niedersachsen, LT-Drucks. 15/3565, S. 200.
62 Gesetzesbegründung zu § 75 JVollzGB II Ba-Wü, LT-Drucks. 14/5012, S. 206.
63 Vgl. auch Gesetzesbegründung zu § 75 JVollzGB II Ba-Wü, LT-Drucks. 14/5012, S. 204 f.

Betroffenen herzustellen. Zudem sind gemeinsame Maßnahmen für Untersuchungsgefangene und andere Gefangene zulässig, vgl. § 141 Abs. 2 NJVollzG. Im Strafvollzug ist die arbeitstherapeutische Beschäftigung eine Behandlungsmaßnahme. Sie lässt sich untergliedern in Arbeits- und Beschäftigungstherapie und soll bei den Gefangenen ein verbessertes Arbeits- und Leistungsverhalten begründen, etwa Durchhaltefähigkeit an einem Arbeitsplatz über mehrere Stunden schaffen. Dabei können anfangs einfache Tätigkeiten und dadurch vermittelte Erfolgserlebnisse eventuelle Ängste vor Misserfolgen im Beruf abbauen, aber auch helfen, Begabungen zu entdecken und so eine erfolgreiche Aufnahme in berufliche Bildungsmaßnahmen bzw. die dauerhafte Arbeitsaufnahme ermöglichen. Die Beschäftigungstherapie ist auf diejenigen Gefangenen zugeschnitten, die zu der stärker zielgerichteten Arbeitstherapie noch nicht in der Lage sind. Dabei wird durch sehr leichte und sich wiederholende Tätigkeiten ein zeitlicher Tagesablauf eingeübt, der den allgemeinen Lebensverhältnissen außerhalb der Anstalt möglichst entspricht. Gleichzeitig werden die Gefangenen psychisch stabilisiert.[64]

e) **Möglichkeit der Selbstbeschäftigung in Niedersachsen.** Im NJVollzG findet sich für junge 59
Untersuchungsgefangene die ausdrückliche Regelung, dass ihnen eine Selbstbeschäftigung in der Anstalt gestattet werden kann. Bei jungen Gefangenen wird also die Einschränkung gemacht, dass eine Selbstbeschäftigung der Gestattung durch die Anstalt bedarf.

In der Gesetzesbegründung findet sich zudem der Hinweis, dass bei schulpflichtigen Untersuchungsgefangenen die Erfüllung der Schulpflicht auch im Untersuchungshaftvollzug allen anderen Beschäftigungen vorgehe, was keiner ausdrücklichen Regelung im Gesetz bedurft habe.[65] Damit kann jungen Untersuchungsgefangenen in Niedersachsen lediglich ausnahmsweise gestattet werden, im Untersuchungshaftvollzug einer Selbstbeschäftigung nachzugehen, ihre Gestattung erfolgt aufgrund der vorrangig zu erfüllenden Schulpflicht also nur bei denjenigen, die der Schulpflicht nicht mehr unterliegen.

Nach der aus dem NJVollzG und seiner Begründung hervorgehenden Konzeption kommt der Selbstbeschäftigung generell eine nachrangige Stellung zu. Das bedeutet, dass sie zwar auch bei jungen Untersuchungsgefangenen wie bei erwachsenen Gefangenen möglich ist (siehe Rn. 12), aber nur in sehr engen Grenzen. Hintergrund ist auch der mit ihr verbundene höhere Aufwand (höhere Personalkosten zur Überwachung).

II. Gelder (Arbeitsentgelt, Ausbildungsbeihilfe, andere Gelder, Taschengeld)

1. Arbeitsentgelt und Ausbildungsbeihilfe. a) Europarechtliche Vorgaben. Regelungen in 60
Bezug auf Gelder finden sich in den Europäischen Strafvollzugsgrundätzen von 2006 (Empfehlung Rec(2006)2 des Ministerkomitees des Europarates vom 11.1.2006).

Nach Nr. 100.2 gelten für Untersuchungsgefangene die Bestimmungen von Grundsatz 26 über das Gehalt. Nach Nr. 26.10 ist die Gefangenenarbeit angemessen zu vergüten. Nr. 26.11 bestimmt, dass den Gefangenen zu gestatten ist, zumindest einen Teil ihres Verdienstes für zugelassene und zur eigenen Verwendung bestimmte Gegenstände auszugeben sowie einen Teil ihren Familien zukommen zu lassen. Nach Nr. 26.12 sind die Gefangenen anzuregen, einen Teil ihres Verdienstes zu sparen. Derartige Ersparnisse sind ihnen bei der Entlassung auszuhändigen oder für andere erlaubte Zwecke zu verwenden. Nach Nr. 26.17 sind arbeitende Gefangene so weit wie möglich in das staatliche Sozialversicherungssystem einzubeziehen.

64 Vgl. Laubenthal in: Schwind/Böhm/Jehle/Laubenthal, StVollzG, § 37 Rn. 8 f.
65 Entwurfsbegründung Niedersachsen, LT-Drucks. 15/1365, S. 200.

b) Die gesetzlichen Regeln

aa) Allgemeine Regelungen

61

Länder	Arbeitsentgelt und Ausbildungsbeihilfe - *Allgemeine Regelungen*
12er-Regelung Berlin Brandenburg Bremen Hamburg Hessen Mecklenburg-Vorpommern Rheinland-Pfalz Saarland Sachsen Sachsen-Anhalt Schleswig-Holstein Thüringen	*§ 25 12er-Regelung: Arbeitsentgelt und Ausbildungsbeihilfe, Taschengeld* (1) Wer eine Arbeit oder sonstige Beschäftigung ausübt, erhält Arbeitsentgelt. (2) Der Bemessung des Arbeitsentgelts sind neun vom Hundert[66] der Bezugsgröße nach § 18 SGB IV[67] zugrunde zu legen (Eckvergütung). Ein Tagessatz ist der 250. Teil der Eckvergütung; das Arbeitsentgelt kann nach einem Stundensatz bemessen werden. (3) Das Arbeitsentgelt kann je nach Leistung der Untersuchungsgefangenen und der Art der Arbeit gestuft werden. 75 vom Hundert[68] der Eckvergütung dürfen nur dann unterschritten werden, wenn die Arbeitsleistungen der Untersuchungsgefangenen den Mindestanforderungen nicht genügen. Die Senatsverwaltung für Justiz[69] wird ermächtigt, eine Rechtsverordnung über die Vergütungsstufen zu erlassen[70]. (4) Die Höhe des Arbeitsentgelts ist den Untersuchungsgefangenen schriftlich bekannt zu geben. (5)[71] Soweit Beiträge zur Bundesagentur für Arbeit zu entrichten sind, kann vom Arbeitsentgelt ein Betrag einbehalten werden, der dem Anteil der Untersuchungsgefangenen am Beitrag entsprechen würde, wenn sie diese Bezüge als Arbeitnehmer[72] erhielten. (6)[73] Nehmen Untersuchungsgefangene während der Arbeitszeit an einer Bildungsmaßnahme teil[74], erhalten sie eine Ausbildungsbeihilfe. Die Absätze 2 bis 5 gelten entsprechend. Abweichende Regelungen: *Hamburg, § 31 HmbUVollzG: Vergütung der Arbeitsleistung* (1) Wer eine Arbeit oder sonstige Beschäftigung ausübt, erhält ein Arbeitsentgelt.

66 In Brandenburg, M-V, Saarland, Sachsen: „[...] Prozent„[...]

67 In Sachsen, § 25 Abs. 2 SächsUHaftVollzG: „[...] § 18 Abs. 1 des Vierten Buches Sozialgesetzbuch- Gemeinsame Vorschriften für die Sozialversicherung – (SGB IV) in der Fassung der Bekanntmachung vom 23. Januar 2006 (BGBl. I S. 86, 466), das zuletzt durch Artikel 2 des Gesetzes vom 26. August 2008 (BGBl. I S. 1728, 1730) geändert worden ist, in der jeweils geltenden Fassung [...]".

68 In Brandenburg, M-V, Saarland, Sachsen: „[...] Prozent [...]".

69 In Brandenburg, § 25 Abs. 3 BbgUVollzG: „[...] Das für den Justizvollzug zuständige Mitglied der Landesregierung [...]"; Bremen, § 25 Abs. 3 BremUVollzG: „[...] Der Senator für Justiz und Verfassung [...]"; M-V, § 25 Abs. 3 UVollzG MV: „[...] Das Justizministerium [...]"; Saarland, „ 25 Abs. 3 SUVollzG: „[...] Das Ministerium für Justiz, Arbeit, Gesundheit und Soziales [...]"; Sachsen, § 25 Abs. 2 SächsUHaftVollzG: „[...] Das Staatsministerium der Justiz[...]"; Sachsen-Anhalt § 25 Abs. 3 UVollzG LSA: „[...] Das für Justiz zuständige Ministerium [...]"; Thüringen, § 25 Abs. 3 ThürUVollzG und Schleswig-Holstein, § 25 Abs. 3 UVollzG SH: „[...] Das für den Justizvollzug zuständige Ministerium [...]".

70 In Bremen, § 75 Abs. 3 BremUVollzG: „[...] wird ermächtigt, die Vergütungsstufen durch Rechtsverordnung zu regeln [...]"; Rheinland-Pfalz, § 75 Abs. 3 LUVollzG: „[...] Das Nähere über die Vergütungsstufen bestimmt das für den Strafvollzug zuständige Ministerium durch Rechtsverordnung [...]"; Sachsen, § 25 Abs. 2 SächsUHaftVollzG: „[...] im Einvernehmen mit dem Staatsministerium für Wirtschaft und Arbeit [...]".

71 In Sachsen: Absatz 5 fehlt.

72 In Bremen, Rheinland-Pfalz: „[...] Arbeitnehmerinnen und Arbeitnehmer [...]".

73 In Sachsen: Absatz 6 ist Absatz 5.

74 In Sachsen-Anhalt: „[...], kann er eine Ausbildungsbeihilfe erhalten [...]".

Länder	Arbeitsentgelt und Ausbildungsbeihilfe - *Allgemeine Regelungen*
	(2) Das Arbeitsentgelt 1. ist unter Zugrundelegung von 9 vom Hundert der Bezugsgröße nach § 18 SGB IV in der Fassung vom 23. Januar 2006 (BGBl. I S. 89, 466), zuletzt geändert am 28. März 2009 (BGBl. I S. 634), in der jeweils geltenden Fassung zu bemessen (Eckvergütung); ein Tagessatz ist der zweihundertfünfzigste Teil der Eckvergütung; ein Stundensatz kann ermittelt werden, 2. kann je nach Leistung der Untersuchungsgefangenen und der Art der Arbeit gestuft werden; 75 vom Hundert der Eckvergütung dürfen nur dann unterschritten werden, wenn die Arbeitsleistungen der Untersuchungsgefangenen den Mindestanforderungen nicht genügen, 4. ist den Untersuchungsgefangenen schriftlich bekannt zu geben. ***Hamburg, § 32 HmbUVollzG: Ausbildungsbeihilfe*** (1) Nehmen die Untersuchungsgefangenen während der Arbeitszeit an einer Bildungsmaßnahme teil, so erhalten sie eine Ausbildungsbeihilfe. (2) Für die Bemessung der Ausbildungsbeihilfe gilt § 31 Abs. 2 entsprechend. (3) Nehmen die Untersuchungsgefangenen während der Arbeitszeit stunden- oder tageweise an einer Bildungsmaßnahme teil, so erhalten sie in Höhe des ihnen dadurch entgehenden Arbeitsentgelts eine Ausbildungsbeihilfe. ***Hamburg, § 33 HmbUVollzG: Arbeitslosenversicherung*** Soweit die Vollzugsbehörden Beiträge zur Bundesagentur für Arbeit zu entrichten haben – § 347 Nummer 3 SGB III vom 24. März 1997 (BGBl. I S. 594, 595), zuletzt geändert am 28. März 2009 (BGBl. I S. 634, 640), in der jeweils geltenden Fassung, können sie von dem Arbeitsentgelt oder der Ausbildungsbeihilfe einen Betrag einbehalten, der dem Anteil der Untersuchungsgefangenen am Beitrag entspräche, wenn sie diese Bezüge als Arbeitnehmerinnen oder Arbeitnehmer erhielten. ***Hamburg, § 34 HmbUVollzG: Vergütungsordnung*** Der Senat wird ermächtigt, durch Rechtsverordnung nähere Bestimmungen zur Vergütung nach den §§ 31 und 32 zu erlassen (Vergütungsordnung). Der Senat kann die Ermächtigung nach Satz 1 durch Rechtsverordnung auf die zuständige Behörde weiter übertragen. ***Hessen, § 21 HUVollzG: Arbeitsentgelt und Ausbildungsbeihilfe*** (1) Wer eine Tätigkeit nach § 20 Abs. 2 Satz 1[75] ausübt, erhält Arbeitsentgelt. Untersuchungsgefangene, die während der Arbeitszeit ganz oder teilweise an einer Maßnahme nach § 20 Abs. 3[76] teilnehmen, erhalten hierfür eine Ausbildungsbeihilfe, soweit kein Anspruch auf andere Leistungen besteht, die freien Personen aus solchem Anlass zustehen. (2) Der Bemessung der Vergütung nach Abs. 1 ist der zweihundertfünfzigste Teil (Tagessatz) von neun vom Hundert der Bezugsgröße nach § 18 SGB IV in der Fassung vom 23. Januar 2006 (BGBl. I S. 89,

75 § 20 Abs. 2 Satz 1 HUVollzG: „[…] Arbeit oder sonstige Beschäftigung […]".
76 § 20 Abs. 3 HUVollzG: „[…] Maßnahmen zum Erwerb oder zur Verbesserung schulischer und beruflicher Kenntnisse […]".

Länder	Arbeitsentgelt und Ausbildungsbeihilfe - *Allgemeine Regelungen*
	466), zuletzt geändert durch Gesetz vom 21. Dezember 2008 (BGBl. I S. 2940), zugrunde zu legen (Eckvergütung). (3) Die Vergütung kann je nach Art der Maßnahme und der Leistung der Untersuchungsgefangenen gestuft werden. Die für Strafvollstreckungs- und Strafvollzugsrecht zuständige Ministerin oder der hierfür zuständige Minister wird ermächtigt, durch Rechtsverordnung entsprechende Vergütungsstufen festzusetzen. (4) Die Höhe der Ausbildungsbeihilfe oder des Arbeitsentgelts wird den Untersuchungsgefangenen schriftlich bekannt gegeben. (5) Soweit Beiträge zur Arbeitslosenversicherung zu entrichten sind, kann vom Arbeitsentgelt oder der Ausbildungsbeihilfe ein Betrag einbehalten werden, der dem Anteil der Untersuchungsgefangenen am Beitrag entsprechen würde, wenn sie diese Bezüge als Arbeitnehmerin oder Arbeitnehmer erhielten. ***Schleswig-Holstein, § 25 UVollzG SH: Arbeitsentgelt und Ausbildungsbeihilfe, Taschengeld*** (1) Wer eine Arbeit oder sonstige Beschäftigung ausübt, erhält Arbeitsentgelt. (2) [1]Der Bemessung des Arbeitsentgelts sind 5 % der Bezugsgröße nach § 18 des Vierten Buches Sozialgesetzbuch- Gemeinsame Vorschriften für die Sozialversicherung – (SGB IV) in der Fassung der Bekanntmachung vom 12. November 2009 (BGBl. I S. 3710, 3973), zuletzt geändert durch Artikel 4 des Gesetzes vom 22. Dezember 2010 (BGBl. I S. 2309) zugrunde zu legen (Eckvergütung). [2]Ein Tagessatz ist der zweihundertfünfzigste Teil der Eckvergütung; das Arbeitsentgelt kann nach einem Stundensatz bemessen werden. (3) [1]Das Arbeitsentgelt kann je nach Leistung der Untersuchungsgefangenen und der Art der Arbeit gestuft werden. [2]75 % der Eckvergütung dürfen nur dann unterschritten werden, wenn die Arbeitsleistungen der Untersuchungsgefangenen den Mindestanforderungen nicht genügen. [3]Das für den Justizvollzug zuständige Ministerium wird ermächtigt, eine Rechtsverordnung über die Vergütungsstufen zu erlassen. (4) Die Höhe des Arbeitsentgelts ist den Untersuchungsgefangenen schriftlich bekannt zu geben. (5) Soweit Beiträge zur Bundesagentur für Arbeit zu entrichten sind, kann vom Arbeitsentgelt ein Betrag einbehalten werden, der dem Anteil der Untersuchungsgefangenen am Beitrag entsprechen würde, wenn sie diese Bezüge als Arbeitnehmerinnen oder Arbeitnehmer erhielten. (6) [1]Nehmen Untersuchungsgefangene während der Arbeitszeit an einer Bildungsmaßnahme teil, erhalten sie eine Ausbildungsbeihilfe. [2]Die Absätze 2 bis 5 gelten entsprechend.
Baden-Württemberg	*§ 35 JVollzGB II: Arbeitsentgelt* **(1) Üben Untersuchungsgefangene eine angebotene Arbeit oder Hilfstätigkeit aus, so erhalten sie ein Arbeitsentgelt. Der Bemessung des Arbeitsentgelts sind fünf Prozent der Bezugsgröße nach § 18 SGB IV zu Grunde zu legen (Eckvergütung). Ein Tagessatz ist der 250. Teil der Eckvergütung; das Arbeitsentgelt kann nach einem Stundensatz bemessen werden.**

Länder	Arbeitsentgelt und Ausbildungsbeihilfe - *Allgemeine Regelungen*
	(2) Das Arbeitsentgelt kann je nach Leistung der Untersuchungsgefangenen und der Art der Arbeit gestuft werden. 75 Prozent der Eckvergütung dürfen nur dann unterschritten werden, wenn die Arbeitsleistung der oder des Untersuchungsgefangenen den Mindestanforderungen nicht genügt. (3) Die Höhe des Arbeitsentgelts ist den Untersuchungsgefangenen schriftlich bekannt zu geben. (4) Das Justizministerium wird ermächtigt, zur Durchführung von Absatz 1 und 2 sowie § 75 Abs. 4, im Einvernehmen mit dem Finanzministerium, die Vergütungsstufen und die Höhe der Vergütung in den einzelnen Vergütungsstufen einschließlich der Gewährung von Zulagen durch Rechtsverordnung zu regeln. *§ 36 JVollzGB II: Haftkostenbeitrag* Nach rechtskräftiger Verurteilung von Untersuchungsgefangenen sind die nach den gleichen Grundsätzen wie die Haftkostenbeiträge von Strafgefangenen zu ermittelnden Kosten der Untersuchungshaft umgehend an die Vollstreckungsbehörde mitzuteilen. Die Kostenermittlung unterbleibt, wenn auf eine Rechtsfolge nach dem JGG erkannt ist. Sind zu Jugendstrafe verurteilte Untersuchungsgefangene vom Jugendstrafvollzug ausgenommen, findet Satz 1 Anwendung. *§ 37 JVollzGB II: Sondergeld* (1) Für Untersuchungsgefangene kann monatlich ein Betrag in angemessener Höhe einbezahlt werden, der als Sondergeld gutzuschreiben ist und für den Einkauf oder anderweitig verwendet werden kann. (2) Über Absatz 1 hinaus kann Sondergeld in angemessener Höhe für folgende Zwecke eingezahlt werden: 1. Maßnahmen der Eingliederung, insbesondere Kosten der Gesundheitsfürsorge und der Aus- und Fortbildung sowie 2. Maßnahmen zur Pflege sozialer Beziehungen, insbesondere Telefonkosten. (3) Soweit das Guthaben des Sondergelds nach Absatz 1 die Summe von drei Monatseinzahlungen übersteigt, ist es dem Eigengeld zuzuschreiben. Sondergeld im Sinne von Absatz 2 ist dem Eigengeld zuzuschreiben, wenn es zum bezeichneten Zweck nicht eingesetzt werden kann und eine Rückerstattung an die Einzahler nicht möglich ist. (4) Der Anspruch auf Auszahlung des Sondergelds nach Absatz 1 und 2 ist unpfändbar. *§ 38 JVollzGB II: Einbehaltung von Beitragsteilen* Soweit die Justizvollzugsanstalt Beiträge zur Bundesagentur für Arbeit zu entrichten hat, kann sie von dem Arbeitsentgelt einen Betrag einbehalten, der dem Anteil der oder des Untersuchungsgefangenen am Beitrag entsprechen würde, wenn sie oder er diese Bezüge als Arbeitnehmer erhielte.
Bayern	*Art. 12 Abs. 3 BayUVollzG:* (3) [1]Üben die Untersuchungsgefangenen eine ihnen angebotene Arbeit, Beschäftigung oder Hilfstätigkeit aus, so erhalten sie ein nach Art. 46 Abs. 2 bis 5 BayStVollzG sowie der Verordnung über die Vergütungsstufen des Arbeitsentgelts und der Ausbildungsbeihilfe nach dem Bayerischen Strafvollzugsgesetz (Bayerische Strafvollzugs-

Länder	Arbeitsentgelt und Ausbildungsbeihilfe - *Allgemeine Regelungen*
	vergütungsverordnung- BayStVollzVergV) vom 15.1.2008 (GVBl. S. 25, BayRS 312-2-3-J) in der jeweils geltenden Fassung zu bemessendes und bekannt zu gebendes Arbeitsentgelt. [2]Der Bemessung des Arbeitsentgelts sind 5 v.H. der Bezugsgröße nach § 18 des Vierten Buches Sozialgesetzbuch (SGB IV) zugrunde zu legen (Eckvergütung). *Art. 46 Abs. 2-5 BayStVollzG:* (2) [...] [3]Ein Tagessatz ist der zweihundertfünfzigste Teil der Eckvergütung; das Arbeitsentgelt wird nach einem Stundensatz bemessen. (3) [1]Das Arbeitsentgelt kann je nach Leistung der Gefangenen und der Art der Arbeit gestuft werden. [2]75 v. H. der Eckvergütung dürfen nur dann unterschritten werden, wenn die Arbeitsleistungen der Gefangenen den Mindestanforderungen nicht genügen. (4) Üben Gefangene eine zugewiesene arbeitstherapeutische Beschäftigung aus, erhalten sie ein Arbeitsentgelt, soweit dies der Art der Beschäftigung und ihrer Arbeitsleistung entspricht. (5) Das Arbeitsentgelt ist den Gefangenen schriftlich bekannt zu geben. *Art. 42 BayUVollzG:* [1]Art. [...] 206 BayStVollzG über [...] die Einbehaltung von Beitragsteilen finden entsprechende Anwendung, soweit Zweck und Eigenart der Untersuchungshaft nicht entgegenstehen. [...] *Art. 206 BayStVollzG:* Soweit die Anstalt Beiträge zur Bundesagentur für Arbeit zu entrichten hat, hat sie von dem Arbeitsentgelt oder der Ausbildungsbeihilfe einen Betrag einzubehalten, der dem Anteil der Gefangenen am Beitrag entsprechen würde, wenn sie diese Bezüge als Arbeitnehmer erhielten.
Niedersachsen	*§ 152 Abs. 3, 4 NJVollzG: Beschäftigung, Bildungsmaßnahmen* (3) [1]Für die Ausübung einer angebotenen Arbeit oder angemessenen Beschäftigung erhält die oder der Gefangene ein Arbeitsentgelt. [2]Der Bemessung sind fünf vom Hundert der Bezugsgröße nach § 18 SGB IV zugrunde zu legen (Eckvergütung). 3§ 40 Abs. 2 und 4[77] sowie die §§ 42 und 44[78] gelten entsprechend. (4) Einer oder einem geeigneten Gefangenen soll auf ihre oder seine Kosten Gelegenheit zum Erwerb oder zur Verbesserung schulischer oder beruflicher Kenntnisse gegeben werden, soweit es die Möglichkeiten der Vollzugsbehörde und die besonderen Bedingungen der Untersuchungshaft zulassen.
Nordrhein-Westfalen	*§ 11 Abs. 3 UVollzG NRW: Beschäftigung, Bildungsmaßnahmen, Taschengeld* (3) [1]Bei Ausübung einer angebotenen Arbeit, Beschäftigung oder Hilfstätigkeit erhalten die Untersuchungsgefangenen ein Arbeitsentgelt, das mit fünf Prozent der Bezugsgröße nach § 18 SGB IV zu be-

77 § 40 NJVollzG: „[...] Möglichkeit der Stufung des Arbeitsentgeltes; schriftliche Bekanntgabe an die Untersuchungsgefangenen [...]".

78 §§ 42 NJVollzG: „[...] Einbehaltung von Beitragsteilen [...]"; § 44 NJVollzG: „[...] Verordnungsermächtigung [...]".

Länder	Arbeitsentgelt und Ausbildungsbeihilfe - *Allgemeine Regelungen*
	messen ist. [2]Ein Tagessatz ist der zweihundertfünfzigste Teil der Eckvergütung. ***§ 75 UVollzG NRW: Einbehaltung von Beitragsteilen*** **Soweit die Vollzugsbehörde Beträge zur Kranken- und Rentenversicherung sowie zur Bundesagentur für Arbeit zu entrichten hat, kann sie von dem Arbeitsentgelt einen Betrag einbehalten, der dem Anteil des oder der Untersuchungsgefangenen an dem Beitrag entsprechen würde, wenn sie oder er diese Bezüge als Arbeitnehmer erhielte.**

bb) Ergänzende Bestimmungen für junge Untersuchungsgefangene

62

Land	Arbeitsentgelt, Ausbildungsbeihilfe - *junge Untersuchungsgefangene*
12er-Regelung Berlin Brandenburg Bremen Hamburg Hessen Mecklenburg-Vorpommern Rheinland-Pfalz Saarland Sachsen Sachsen-Anhalt Schleswig-Holstein Thüringen	**Keine Regelung** **Abweichende Regelungen:** ***Hessen, § 48 Abs. 5 HUVollzG. Schulische und berufliche Aus- und Weiterbildung, Arbeit*** (5) Aus vier Siebtel der Bezüge junger Untersuchungsgefangener nach § 21 Abs. 1[79] wird ein Überbrückungsgeld gebildet. § 41 Abs. 1, Abs. 2 Satz 1 und Abs. 4 des Hessischen Jugendstrafvollzugsgesetzes gilt entsprechend. ***Hessen, § 41 HessJStVollzG: Überbrückungsgeld*** (1) Aus den in diesem Gesetz geregelten Bezügen und aus den Bezügen der Gefangenen, die in einem freien Beschäftigungsverhältnis stehen, ist ein Überbrückungsgeld zu bilden, das den notwendigen Lebensunterhalt der Gefangenen und der Unterhaltsberechtigten für die ersten vier Wochen nach der Entlassung sichern soll. (2) [1]Das Überbrückungsgeld wird den Gefangenen bei der Entlassung in die Freiheit ausgezahlt.
Baden-Württemberg	***§ 75 Abs. 4, 5 JVollzGB II: Bildung und Arbeit*** **(4) [1]Üben junge Untersuchungsgefangene eine Arbeit, sonstige Beschäftigung oder eine Hilfstätigkeit aus, sind der Bemessung des Arbeitsentgelts neun Prozent der Bezugsgröße nach § 18 SGB IV zu Grunde zu legen. [2]Üben sie eine arbeitstherapeutische Beschäftigung aus, erhalten sie ein Arbeitsentgelt, soweit dies der Art ihrer Beschäftigung und Arbeitsleistung entspricht.** **(5) [1]Nehmen junge Untersuchungsgefangene während der Arbeitszeit an einer Berufsausbildung, beruflichen Weiterbildung, an Unterricht, am sozialen Training, an Deutschkursen oder an vergleichbaren Maßnahmen teil, erhalten sie eine Ausbildungsbeihilfe, soweit ihnen keine Leistungen zum Lebensunterhalt zustehen, die freien Personen aus solchem Anlass gewährt werden. [2]Der Nachrang der Sozialhilfe nach § 2 Abs. 2 des SGB XII wird nicht berührt. [3]Für die Bemessung der Ausbildungsbeihilfe gelten § 35 sowie für die Einbehaltung von Beitragsteilen § 38 entsprechend. [4]Nehmen junge Untersuchungsgefangene während der Arbeitszeit stunden- oder tageweise an Maßnahmen nach Satz 1 teil, so erhalten sie in Höhe des ihnen dadurch entgehenden Arbeitsentgelts eine Ausbildungsbeihilfe.**

79 § 21 Abs. 1 HUVollzG: „[…] Arbeitsentgelt und Ausbildungsbeihilfe […]".

Land	Arbeitsentgelt, Ausbildungsbeihilfe - *junge Untersuchungsgefangene*
Bayern	*Art. 33 Abs. 4 BayUVollzG: Schulische und berufliche Aus- und Weiterbildung; Arbeit* (4) [1]Art. 149 Abs. 1 Sätze 1 und 2 sowie Abs. 2 und Art. 46 Abs. 5 BayStVollzG über das Arbeitsentgelt und die Ausbildungsbeihilfe sowie die Bayerische Strafvollzugsvergütungsverordnung in der jeweils geltenden Fassung gelten entsprechend. [2]Vier Siebtel des Arbeitsentgelts oder der Ausbildungsbeihilfe sind wie Überbrückungsgeld nach Art. 150 Nr. 2 in Verbindung mit Art. 51 BayStVollzG zu behandeln. *Art. 149 BayStVollzG:* (1) [1]Üben junge Gefangene eine ihnen zugewiesene Arbeit aus, so erhalten sie unbeschadet der Vorschriften des Jugendarbeitsschutzgesetzes über die Akkordarbeit und tempoabhängige Arbeit ein nach Art. 46 Abs. 2 und 3 zu bemessendes Arbeitsentgelt. [2]Üben sie eine sonstige zugewiesene Beschäftigung oder Hilfstätigkeit aus, so erhalten sie ein Arbeitsentgelt nach Satz 1, soweit dies der Art ihrer Beschäftigung und ihrer Arbeitsleistung entspricht. (2) Art. 47 gilt entsprechend mit der Maßgabe, dass der Anstaltsleiter oder die Anstaltsleiterin den jungen Gefangenen auch dann eine Ausbildungsbeihilfe gewähren kann, wenn sie an therapeutischen Maßnahmen teilnehmen. *Art. 46 Abs. 2, 3, 5 BayStVollzG:* (2) [1]Üben Gefangene eine zugewiesene Arbeit oder eine Hilfstätigkeit [...] aus, so erhalten sie ein Arbeitsentgelt. [2]Der Bemessung des Arbeitsentgelts sind 9 v.H. der Bezugsgröße nach § 18 des Vierten Buches Sozialgesetzbuch (SGB IV) zugrunde zu legen (Eckvergütung). [3]Ein Tagessatz ist der zweihundertfünfzigste Teil der Eckvergütung; das Arbeitsentgelt wird nach einem Stundensatz bemessen. (3) [1]Das Arbeitsentgelt kann je nach Leistung der Gefangenen und der Art der Arbeit gestuft werden. [2]75 v.H. der Eckvergütung dürfen nur dann unterschritten werden, wenn die Arbeitsleistungen der Gefangenen den Mindestanforderungen nicht genügen. (5) Das Arbeitsentgelt ist den Gefangenen schriftlich bekannt zu geben. *Art. 47 BayStVollzG:* (1) [1]Nehmen Gefangene an einer Berufsausbildung, beruflichen Weiterbildung oder an einem Unterricht teil und sind sie zu diesem Zweck von der Arbeitspflicht freigestellt, so erhalten sie eine Ausbildungsbeihilfe, soweit ihnen keine Leistungen zum Lebensunterhalt zustehen, die freien Personen aus solchem Anlass gewährt werden. [2]Der Nachrang der Sozialhilfe nach § 2 Abs. 2 des Zwölften Buches Sozialgesetzbuch wird nicht berührt. (2) Für die Bemessung der Ausbildungsbeihilfe gelten Art. 46 Abs. 2 und 3 entsprechend. (3) Nehmen Gefangene während der Arbeitszeit stunden- oder tageweise am Unterricht oder an anderen zugewiesenen Maßnahmen [...] teil, so erhalten sie in Höhe des ihnen dadurch entgehenden Arbeitsentgelts eine Ausbildungsbeihilfe.

Land	Arbeitsentgelt, Ausbildungsbeihilfe - *junge Untersuchungsgefangene*
	Art. 150 BayStVollzG: Art. 51 gilt entsprechend mit der Maßgabe, dass [...] 2. die Jugendstrafvollzugsanstalt das Überbrückungsgeld ganz oder teilweise auch den Personensorgeberechtigten überweisen kann, die darüber entscheiden, wie das Geld innerhalb der ersten vier Wochen nach der Entlassung an die jungen Gefangenen ausgezahlt wird. *Art. 51 BayStVollzG:* (1) Aus den [...] Bezügen der Gefangenen [...] ist ein Überbrückungsgeld zu bilden, das den notwendigen Lebensunterhalt der Gefangenen und ihrer Unterhaltsberechtigten für die ersten vier Wochen nach der Entlassung sichern soll. (2) [1]Das Überbrückungsgeld wird den Gefangenen bei der Entlassung in die Freiheit ausgezahlt. [2]Die Anstalt kann es auch ganz oder zum Teil den Bewährungshelfern oder einer mit der Entlassenenbetreuung befassten Stelle überweisen, die darüber entscheiden, wie das Geld innerhalb der ersten vier Wochen nach der Entlassung an die Gefangenen ausgezahlt wird. [3]Die Bewährungshelfer und die mit der Entlassenenbetreuung befasste Stelle sind verpflichtet, das Überbrückungsgeld von ihrem Vermögen gesondert zu halten. [4]Mit Zustimmung der Gefangenen kann das Überbrückungsgeld auch den Unterhaltsberechtigten überwiesen werden. (3) Der Anstaltsleiter oder die Anstaltsleiterin kann gestatten, dass das Überbrückungsgeld für Ausgaben in Anspruch genommen wird, die der Eingliederung der Gefangenen dienen.
Niedersachsen	*§ 161 NJVollzG: Schulische und berufliche Aus- und Weiterbildung, Arbeit, Selbstbeschäftigung* (1) [...] [4]§ 36 Abs. 3, § 40 Abs. 1 bis 4, §§ 41, 42 und 44 gelten entsprechend. (2) Auf einem gesonderten Konto werden für die junge Gefangene oder den jungen Gefangenen gutgeschrieben 1. vier Siebtel von Ansprüchen auf Ausbildungsbeihilfe oder Arbeitsentgelt sowie 2. ein angemessener Teil des Anspruchs aus einer Selbstbeschäftigung, der der Vollzugsbehörde zur Gutschrift für die junge Gefangene oder den jungen Gefangenen entsprechend § 36 Abs. 3 überwiesen worden ist. Das Guthaben wird der oder dem jungen Gefangenen bei der Entlassung ausgezahlt. Der Anspruch auf das Guthaben ist nicht übertragbar. *§ 36 Abs. 3 NJVollzG: Freies Beschäftigungsverhältnis, Selbstbeschäftigung* (3) Die Vollzugsbehörde kann verlangen, dass ihr aus den Tätigkeiten nach Abs. 1 (Freies Beschäftigungsverhältnis) oder 2 (Selbstbeschäftigung) erzielte Einkünfte der oder des Gefangenen zur Gutschrift überwiesen werden. *§ 40 NJVollzG: Anerkennung von Arbeit und Beschäftigung* (1) [1]Übt die oder der Gefangene eine zugewiesene Arbeit oder angemessene Beschäftigung aus, so erhält sie oder er ein Arbeitsentgelt.

Land	Arbeitsentgelt, Ausbildungsbeihilfe - *junge Untersuchungsgefangene*
	[2]Der Bemessung des Arbeitsentgelts sind neun vom Hundert der Bezugsgröße nach § 18 des Vierten Buchs des Sozialgesetzbuchs zugrunde zu legen (Eckvergütung). (2) [1]Das Arbeitsentgelt kann je nach Leistung der oder des Gefangenen und der Art der Arbeit gestuft werden. [2]75 vom Hundert der Eckvergütung dürfen nur dann unterschritten werden, wenn die Arbeitsleistungen der oder des Gefangenen den Mindestanforderungen nicht genügen. (3) Übt die oder der Gefangene eine arbeitstherapeutische Beschäftigung aus, so erhält sie oder er ein Arbeitsentgelt, soweit dies der Art der Beschäftigung und der Arbeitsleistung entspricht. (4) Die Höhe des Arbeitsentgeltes ist der oder dem Gefangenen schriftlich bekannt zu geben. *§ 41 NJVollzG: Anerkennung von Aus- und Weiterbildung* [1]Nimmt die oder der Gefangene an einer zugewiesenen beruflichen Aus- oder Weiterbildung oder an zugewiesenem Unterricht teil, so erhält sie oder er eine Ausbildungsbeihilfe, soweit ihr oder ihm keine Leistungen zum Lebensunterhalt zustehen, die freien Personen aus solchem Anlass gewährt werden. [2]Der Nachrang der Sozialhilfe nach § 2 Abs. 2 des Zwölften Buchs des Sozialgesetzbuchs bleibt unberührt. [3]Für die Ausbildungsbeihilfe gilt im Übrigen § 40 mit Ausnahme des Absatzes 3 entsprechend. *§ 42 NJVollzG: Einbehaltung von Beitragsteilen* Soweit die Vollzugsbehörde Beiträge an die Bundesagentur für Arbeit zu entrichten hat, hat sie von dem Arbeitsentgelt oder der Ausbildungsbeihilfe einen Betrag einzubehalten, der dem Anteil der oder des Gefangenen am Beitrag entspräche, wenn sie oder er diese Bezüge als Arbeitnehmerin oder Arbeitnehmer erhielte. *§ 44 NJVollzG: Verordnungsermächtigung* Das Fachministerium wird ermächtigt, zur Durchführung der §§ 40, 41 und 43 eine Verordnung über die Vergütungsstufen sowie die Bemessung des Arbeitsentgeltes, der Ausbildungsbeihilfe und des Taschengeldes zu erlassen.

c) **Grundaussagen der Gesetze**

63
- Zugrundeliegen einer Eckvergütung,
- Bemessung nach Tagessätzen (außer Niedersachsen),
- Möglichkeit der Bemessung des Arbeitsentgelts nach einem Stundensatz (12er-Gruppe außer Hessen),
- Stufung des Arbeitsentgelts nach der Leistung der Untersuchungsgefangenen und der Art der Arbeit,
- Mindestentgelt, das nur unterschritten werden darf, wenn die Arbeitsleistung den Mindestanforderungen nicht genügt,
- Schriftliche Bekanntgabe der Höhe des Entgelts an die Untersuchungsgefangenen,
- Ermächtigung des zuständigen Ministeriums zum Erlass einer Verordnung bzgl. der Vergütungsstufen,
- Einbehaltung von Beitragsteilen zur Entrichtung an die Bundesagentur für Arbeit,
- Ausbildungsbeihilfe (nicht in NRW; in Ba-Wü und in Niedersachsen nur für junge Gefangene).

d) **Spezielle Regelungen**

- Eckvergütung in Höhe von 9 Prozent der Bezugsgröße nach § 18 SGB IV (Berlin, Brandenburg, Bremen, Hamburg, Hessen, M-V, Rheinland-Pfalz, Saarland, Sachsen, Sachsen-Anhalt, Thüringen sowie Ba-Wü und Niedersachsen für junge Untersuchungsgefangene), 64
- Eckvergütung in Höhe von 5 Prozent der Bezugsgröße nach § 18 SGB IV (NRW und SH insgesamt sowie in Ba-Wü, Bayern und Niedersachsen für erwachsene Untersuchungsgefangene),
- Überbrückungsgeld für junge Untersuchungsgefangene (Bayern, Hessen, Niedersachsen).

e) **Arbeitsentgelt: Einzelheiten. aa) Bemessung des Arbeitsentgeltes.** Die Regelungen über das Arbeitsentgelt orientieren sich unter Berücksichtigung der Besonderheiten der Untersuchungshaft an den entsprechenden Vorschriften des StVollzG. 65

1) **Eckvergütung in unterschiedlicher Höhe.** Die Eckvergütung ist in allen Bundesländern ein bestimmter Teil der **Bezugsgröße nach § 18 SGB IV.** Diese Bezugsgröße ist nach der Legaldefinition in § 18 Abs. 1 SGB IV das Durchschnittsentgelt der gesetzlichen Rentenversicherung im vorvergangenen Kalenderjahr, aufgerundet auf den nächsthöheren, durch 420 teilbaren Betrag. Maßgebend ist dafür das durchschnittliche Arbeitsentgelt aller Versicherten der Rentenversicherung der Arbeiter und der Angestellten während des vorvergangenen Kalenderjahres. Die Bezugsgröße wird nach § 17 Abs. 2 SGB IV vom Bundesministerium für Arbeit und Soziales durch Rechtsverordnung festgesetzt.[80] Für das Gebiet der neuen Bundesländer gilt nach § 18 Abs. 2 SGB IV die sog. Bezugsgröße Ost. Für das Jahr 2010 beträgt die Bezugsgröße nach § 2 der Sozialversicherungs-Rechengrößenverordnung 2010 vom 7.12.2009 (BGBl. I, 3846) 30.660,- EUR jährlich, die Bezugsgröße Ost 26.040,- EUR. 66

In den Bundesländern sind für erwachsene Untersuchungsgefangene Eckvergütungen in **zwei unterschiedlichen Höhen** vorgesehen (**neun** Prozent bzw. **fünf** Prozent). Hinter der Eckvergütung von neun Prozent steht die Erwägung, dass Untersuchungsgefangene nicht schlechter stehen sollen als rechtskräftig verurteilte Strafgefangene, für die nach § 43 Abs. 2 S. 2 StVollzG eine Bemessung des Arbeitsentgelts nach einer Eckvergütung in Höhe von neun Prozent der Bezugsgröße nach § 18 SGB IV gilt. 67

Mit der unterschiedlichen Eckvergütung liegt kein Verstoß gegen den Gleichbehandlungsgrundsatz aus Art. 3 Abs. 1 GG vor.[81] Art. 3 Abs. 1 GG gebietet es, Gleiches gleich und Ungleiches seiner Eigenart entsprechend verschieden zu behandeln. Art. 3 Abs. 1 GG ist verletzt, wenn für eine vom Gesetzgeber vorgenommene Differenzierung kein einleuchtender Grund vorliegt. Für die unterschiedliche Entlohnung der Arbeit Strafgefangener und Untersuchungsgefangener liegt der Grund darin, dass Untersuchungs- und Strafhaft unterschiedliche Funktionen haben. Die **Untersuchungshaft** dient der Sicherung des Strafverfahrens und einer eventuell nachfolgenden Strafvollstreckung. Sie ist auf diesen **Sicherungszweck** beschränkt. Für dessen Verwirklichung kommt es nicht darauf an, dass die Untersuchungsgefangenen arbeiten. Der **Strafvollzug** ist demgegenüber vom verfassungsrechtlich verankerten **Resozialisierungsgebot** geprägt, wobei die Arbeit für das Resozialisierungsziel zentrale Bedeutung hat. 68

In Bayern heißt es, zu der Tatsache, dass Untersuchungsgefangene freiwillig arbeiteten, komme hinzu, dass erwachsene Untersuchungsgefangene kein Überbrückungsgeld zu bilden haben und ihnen daher im Gegensatz zu Strafgefangenen, die lediglich drei Siebtel ihrer Bezüge monatlich als Hausgeld für den Einkauf verwenden dürfen, ihr Arbeitsentgelt im vollen Umfang für den Einkauf zur Verfügung stehe. Die Erfahrung der vollzuglichen Praxis zeige, dass für Gefangene gleich welcher Haftart der ihnen für den Einkauf innerhalb der Anstalt zur Verfügung stehende Betrag entscheidend ist. Für Strafgefangene wäre es daher kaum verständlich, wenn freiwillig arbeitende Untersuchungsgefangene bei derselben Ar-

80 Vgl. Seewald in: Kasseler Kommentar Sozialversicherungsrecht, 68. Erg., § 18 SGB IV Rn. 3.
81 Zu der Thematik BVerfG NStZ 2004, 514 f.

beitsleistung wie Strafgefangene einen über die Hälfte höheren Betrag für den Einkauf zur Verfügung hätten. Eine Angleichung des Arbeitsentgelts für erwachsene Untersuchungsgefangene an die Regelung für erwachsene Strafgefangene schürte deshalb sozialen Neid, erhöhte die Gefahr subkultureller Abhängigkeitsverhältnisse deutlich und beeinträchtigte damit die Sicherheit oder Ordnung der Anstalt massiv.[82]

Trotz der vom BVerfG bestätigten Verfassungsmäßigkeit der unterschiedlichen Eckvergütungen für Untersuchungs- und Strafgefangene ist es fraglich, ob die Fünf-Prozent-Eckvergütung rechtspolitisch vertretbar ist,[83] die von Bayern genannten Argumente sie also erfordern. Die Betroffenen empfinden die Untersuchungshaft vielfach als vorweggenommene Strafe, zumal regelmäßig eine Anrechnung der Untersuchungshaft auf die Freiheits- bzw. Jugendstrafe gemäß § 51 StGB bzw. § 52 a JGG erfolgt. Insoweit werden Verurteilte, bei denen zuvor Untersuchungshaft vollzogen wurde, im Vergleich zu den anderen Verurteilten benachteiligt.

Auch aus sozialstaatlicher Sicht ist die Anhebung der Eckvergütung auf neun Prozent der Bezugsgröße richtig. Sie bereitet in der derzeitigen Vollzugspraxis jedoch Probleme. Diesen ist durch die Schaffung separater Anstalten für den Untersuchungshaftvollzug abzuhelfen.

69 Dass Ba-Wü, Bayern und Niedersachsen für erwachsene Untersuchungsgefangene lediglich fünf Prozent der Bezugsgröße als Eckvergütung vorsehen, für junge Untersuchungsgefangene hingegen neun Prozent, entspricht der bisherigen Rechtslage. Dies steht wiederum vor dem Hintergrund, dass erwachsene Untersuchungsgefangene nicht zur Arbeit verpflichtet sind, Jugendliche hingegen aus erzieherischen Gründen zur Arbeit verpflichtet werden können.

70 Die unterschiedliche Höhe der Eckvergütung wirkt sich im **tatsächlich ausgezahlten Betrag** erheblich aus, immerhin unterscheidet sie sich fast um die Hälfte. Nach den oben genannten Beträgen der Sozialversicherungs-RechengrößenVO beträgt die Eckvergütung in Höhe von neun Prozent für das Jahr 2010 2.759,40 EUR (bei Bezugsgröße Ost: 2.343,60 EUR), die fünfprozentige Eckvergütung in Ba-Wü, Niedersachsen und NRW demgegenüber lediglich 1.533,- EUR. Auf den Monat umgerechnet sind das 229,95 EUR (Ost: 195,30 EUR) zu 127,75 EUR.

71 2) **Bemessung nach Tagessätzen.** Die Berechnung des Arbeitsentgeltes erfolgt für den einzelnen Arbeitstag nach einem Tagessatz. Nach den Gesetzen der Länder ist ein Tagessatz der 250. Teil der Eckvergütung. Dies ergibt sich daraus, dass ein Kalenderjahr abgerundet 250 Arbeitstage hat. Die Eckvergütung bezieht sich also auf das Kalenderjahr.[84]

Ein Tagessatz beträgt nach der Sozialversicherungs-Rechengrößenverordnung 2010 bei neun Prozent Eckvergütung 11,04 EUR bzw. 9,37 EUR nach Bezugsgröße Ost und bei fünf Prozent Eckvergütung 6,13 EUR (kein Bundesland, in dem die Bezugsgröße Ost gilt, hat eine fünfprozentige Eckvergütung vorgesehen).

72 3) **Bemessung des Arbeitsentgeltes nach einem Stundensatz.** Das Arbeitsentgelt kann in den Ländern der 12er-Gruppe mit Ausnahme von Hessen sowie in Ba-Wü nach einem Stundensatz bemessen werden. Zur Ermittlung des Stundensatzes werden die Tagessätze einer Woche durch die im jeweiligen Bundesland im öffentlichen Dienst zu leistende Wochenarbeitszeit geteilt.[85] Diese variiert zwischen 38,5 und bis zu 42 Stunden.[86] Die Untersuchungsgefangenen erhalten diesen Stundensatz entsprechend ihrer tatsächlich geleisteten Arbeitszeit.[87]

Die Bemessung des Arbeitsentgeltes nach einem Stundensatz gewährleistet einerseits eine gerechte Entlohnung der Untersuchungsgefangenen nach der tatsächlich geleisteten Arbeit, ist andererseits für sie jedoch ungünstig, da sich ihre Stundensätze mit steigender Wochen-

82 Entwurfsbegründung Bayern, S. 58.
83 Zum Teil wird ein noch höheres Arbeitsentgelt für Untersuchungsgefangene für erforderlich halten, um der Unschuldsvermutung Rechnung zu tragen, vgl. z.B. Feest/Pollähne Forum Strafvollzug 2009, 30 (31).
84 Vgl. insoweit identisch für den Strafvollzug Däubler/Spaniol in: AK-StVollzG, § 43 Rn. 9.
85 Vgl. für den Strafvollzug Däubler/Spaniol in: AK-StVollzG, § 43 Rn. 9.
86 Vgl. etwa Tarifvertrag für den öffentlichen Dienst der Länder vom 12.10.2006 in der Fassung des Änderungstarifvertrages Nr. 2 vom 1.3.2009.
87 Vgl. für den Strafvollzug Laubenthal in: Schwind/Böhm/Jehle/Laubenthal, StVollzG, § 43 Rn. 8.

arbeitszeit im öffentlichen Dienst reduzieren und zudem in den Vollzugsanstalten selten die sonst übliche Arbeitszeit erbracht wird. Sie wird für den Strafvollzug auf 32 bis 35 Stunden pro Woche geschätzt.[88] Im Untersuchungshaftvollzug ist dies nicht anders, insbesondere, wenn er nicht in einer eigenen Anstalt, sondern nur in einer besonderen Abteilung einer Strafvollzugsanstalt erfolgt. Das kann zur Folge haben, dass Untersuchungsgefangene trotz voller Arbeitsbereitschaft und ohne eigenes Verschulden ein geringeres Arbeitsentgelt erhalten als den gesetzlichen Tagessatz.[89]

Die Anwendung des Stundensatzsystems steht im Ermessen der Vollzugsbehörde.[90]

4) **Stufung des Arbeitsentgeltes, Unterschreitung von 75 % der Eckvergütung, Verordnungsermächtigung.** Untersuchungsgefangene erhalten wie Strafgefangene Arbeitsentgelt nur für tatsächlich geleistete Arbeit.[91] Außer in NRW kann das Arbeitsentgelt nach den Gesetzen aller Bundesländer nach der Art der Maßnahme und der Leistung der Untersuchungsgefangenen **gestuft** werden. Entsprechende Vergütungsstufen kann das zuständige Ministerium jeweils durch Rechtsverordnung festsetzen. Dies ist für den Untersuchungshaftvollzug bislang in noch keinem Bundesland außer in Bayern geschehen. In Bayern gilt gemäß Art. 12 Abs. 3 S. 1 UVollzG Bayern die Bayerische Strafvollzugsvergütungsverordnung auch für den Untersuchungshaftvollzug. In Niedersachsen (§ 201 Abs. 1 NJVollzG) und Hessen (Art. 5 des Gesetzes vom 28.6.2010) gilt nach den Übergangsbestimmungen der UVollzGe bis dahin die StVollzVergO direkt bzw. entsprechend fort. 73

Die Stufung der Vergütung führt faktisch zu der Möglichkeit der **Unterschreitung der Eckvergütung.** Dies ergibt sich daraus, dass in allen Ländern, die eine Stufung vorsehen, mit Ausnahme von Hessen und NRW, geregelt ist, dass bei der Stufung 75 % der Eckvergütung nur dann unterschritten werden dürfen, wenn die Arbeitsleistung der Untersuchungsgefangenen den Mindestanforderungen nicht genügt. In Hessen und NRW besteht keine Regelung, inwieweit und in welchen Fällen eine Stufung nach unten zulässig ist. Hierzu finden sich auch keine Anhaltspunkte in den Gesetzesbegründungen. Näheres wird der Rechtsverordnung zu den Vergütungsstufen zu entnehmen sein. 74

Was unter dem Genügen der **Mindestanforderungen** zu verstehen ist, ergibt sich nicht aus den Gesetzen selbst. Auch die Gesetzesbegründungen liefern hierfür keine Anhaltspunkte. Es bietet sich eine Festlegung der Mindestanforderungen anhand von Verordnungen über die Vergütungsstufen an, die die Tätigkeiten, die den einzelnen Vergütungsstufen unterfallen, nennen. Da diese noch in keinem Bundesland für die Untersuchungshaft erlassen worden sind, kann man zunächst einmal auf die Strafvollzugsvergütungsordnung des Bundes zum StVollzG (**StVollzVergO**) zurückgreifen, da insoweit keine Unterschiede zwischen Strafhaft und Untersuchungshaft bestehen. Hamburg hat die StVollzVergO bereits durch eine eigene Vergütungsordnung für die Arbeit Strafgefangener (HmbStVollzVergO) ersetzt, die von der des Bundes zum Teil abweicht, grundsätzlich aber genauso aufgebaut ist. Die StVollzVergO legt verschiedene Vergütungsstufen für die verschiedenen Tätigkeiten fest und beschreibt dabei jeweils die Tätigkeiten, für die die Vergütung nach einer bestimmten Vergütungsstufe gewährt wird. Aus der Beschreibung dieser Tätigkeiten lässt sich für jede Vergütungsstufe ableiten, wie insoweit die Anforderungen aussehen. Nach den UVollzGen dürfen 75 % der Eckvergütung nur unterschritten werden, wenn die Arbeitsleistung der Untersuchungsgefangenen den Mindestanforderungen nicht genügt. 75 % der Eckvergütung werden nach der StVollzVergO als Grundlohn für die niedrigste Vergütungsstufe, Vergütungsstufe I, gezahlt. Für die Vergütungsstufen II, III, IV und V werden als Grundlohn 88, 100, 112 und 125 % der Eckvergütung gezahlt (§ 1 Abs. 2 StVollzVergO). Gemäß Nr. 2 Abs. 3 VV zu § 43 StVollzG kann dieser Grundlohn unterschritten werden, wenn die Arbeitsleistung den Anforderungen der jeweiligen Vergütungsstufe nicht genügt und zunächst während der Einarbeitungs- oder Anlernzeit um bis zu 20 % verringert werden (§ 1 Abs. 3 StVollzVergO). Die 75

88 So Lohmann, Arbeit und Arbeitsentlohnung des Strafgefangenen, S. 102 f.
89 Vgl. für den Strafvollzug OLG Dresden NStZ 2000, 391.
90 Vgl. für den Strafvollzug Laubenthal in: Schwind/Böhm/Jehle/Laubenthal, StVollzG, § 43 Rn. 8.
91 Vgl. für den Strafvollzug Laubenthal in: Schwind/Böhm/Jehle/Laubenthal, StVollzG, § 43 Rn. 6.

Mindestanforderungen sind mithin die Anforderungen für Tätigkeiten, die der niedrigsten Vergütungsstufe unterfallen, also die geringsten Anforderungen. In diesem Fall wird der Grundlohn von 75 % der Eckvergütung bei einer Verringerung sofort unterschritten.

76 Vergütungsstufe I wird nach § 1 Abs. 1 StVollzVergO für Arbeiten einfacher Art gewährt, die keine Vorkenntnisse und nur eine kurze Einweisungszeit erfordern und die nur geringe Anforderungen an die körperliche oder geistige Leistungsfähigkeit oder an die Geschicklichkeit stellen. Eine Einarbeitungs- oder Anlernzeit gibt es dabei nicht, so dass die 20 %-Verringerung nach § 1 Abs. 3 StVollzVergO entfällt. Aus der Beschreibung der Tätigkeit lässt sich ableiten, dass die **Mindestanforderungen erfüllt** sind, wenn die Untersuchungsgefangenen bei der Arbeit eine gewisse, wenn auch geringe körperliche oder geistige Leistungsfähigkeit bzw. Geschicklichkeit an den Tag legen und diese Ausdruck im Ergebnis der Arbeit findet, wenn also die Untersuchungsgefangenen eine – wenn auch geringe – Leistung erbringen. Den Mindestanforderungen von Tätigkeiten, die der Vergütungsstufe I unterfallen, genügen demnach Untersuchungsgefangene nur dann nicht, wenn das Ergebnis ihrer Tätigkeit unbrauchbar ist.

77 Bei der Berechnung des Arbeitsentgelts können sich Schwierigkeiten ergeben, wenn ein Untersuchungsgefangener in einem Abrechnungszeitraum Tätigkeiten ausübt, die verschiedenen Vergütungsstufen zuzuordnen sind.[92] Wie dieser Fall zu behandeln ist, wird sich aus den Rechtsverordnungen zu den Vergütungsstufen ergeben. Bis zu deren Erlass kann vorgegangen werden wie im Strafvollzug. Hier ist, wenn ein Gefangener während eines Abrechnungszeitraumes **Tätigkeiten verschiedener Vergütungsstufen** verrichtet, nach Nr. 1 VV zu § 43 StVollzG das Arbeitsentgelt aus der Vergütungsstufe zu ermitteln, die dem überwiegenden Teil der Tätigkeiten entspricht, allerdings nur, wenn der Gefangene in einem einzigen Betrieb tätig ist. Bei einem Betriebswechsel ist eine neue Einstufung vorzunehmen.[93] Auf jeden Fall ist eine transparente Berechnung des Arbeitsentgeltes geboten.

78 **bb) Entrichtung von Beiträgen zur Bundesagentur für Arbeit.** In den Gesetzen ist die Einbehaltung eines Betrages vom Arbeitsentgelt oder der Ausbildungsbeihilfe der Untersuchungsgefangenen durch die Vollzugsbehörde geregelt, wenn sie Beiträge an die Bundesagentur für Arbeit zu entrichten hat. Der Anteil entspricht dem Anteil, den die Gefangenen zu entrichten hätten, wenn sie die Bezüge als Arbeitnehmer erhielten.

79 Die Einbehaltung ist in Bayern (Art. 42 UVollzG Bayern i.V.m. Art. 206 BayStVollzG) und Niedersachsen als zwingende Regelung ausgestaltet („...hat sie ... einen Betrag einzubehalten...“). In den anderen Ländern handelt es sich dem Wortlaut nach um eine Kann-Regelung, also eine Ermessensvorschrift; in Hessen, NRW und Sachsen fehlt eine entsprechende Regelung ganz.

Die Gesetzesbegründungen aus Bremen, Berlin, Brandenburg, Hamburg (§ 42 HmbStVollzG), Mecklenburg-Vorpommern, Niedersachsen (§ 152 Abs. 3 S. 3 NJVollzG verweist auf § 42 NJVollzG), Rheinland-Pfalz, Sachsen-Anhalt und Thüringen verweisen in diesem Zusammenhang auf die Regelung in § 195 StVollzG. Diese Vorschrift steht vor dem Hintergrund, dass das Gesetz mit Rücksicht auf die Besonderheiten des Strafvollzuges keine direkte Beteiligung der Gefangenen an Beiträgen zur Sozialversicherung vorsieht.[94] Beitragsschuldner in Bezug auf die Beiträge zur Arbeitslosenversicherung ist also die Vollzugsbehörde und nicht der einzelne Gefangene.[95] § 195 StVollzG ermächtigt die Vollzugsbehörde zum Rückgriff auf die Gefangenen, nachdem sie zunächst die Beiträge an die Agentur für Arbeit gezahlt hat. Nach der bundesgesetzlichen Regelung steht die Einbehaltung im Ermessen der Vollzugsbehörde („kann“), jedoch bestimmt die Verwaltungsvorschrift zu § 195 StVollzG: „Der in § 195 bestimmte Beitragsanteil wird einbehalten. Bei unbilliger Härte kann von der Einbehaltung des Beitrages abgesehen werden.“ Damit ist die Einbehaltung auf Bundesebene

92 Vgl. für den Strafvollzug Laubenthal in: Schwind/Böhm/Jehle/Laubenthal, StVollzG, § 43 Rn. 10.
93 Vgl. Laubenthal in: Schwind/Böhm/Jehle/Laubenthal, StVollzG, § 43 Rn. 10.
94 So der RegE, BT-Drucks. 7/918, S. 106.
95 Vgl. OLG Koblenz NStZ 1985, 48.

die Regel (gewesen), von der nur in dem genannten Ausnahmefall abgesehen werden kann. Diese Wandlung einer Ermessensvorschrift in eine zwingende Regelung wird von Teilen der Literatur und Rspr. für rechtswidrig gehalten.[96] Diese Ansicht überzeugt mit ihren Argumenten jedoch nicht. Mit der Regelung in der Verwaltungsvorschrift zu § 195 StVollzG ist keine unzulässige Ermessensbeschränkung verbunden, § 195 ist lediglich eine Ermächtigungsgrundlage für die Landesjustizverwaltungen, von der diese durch die Verwaltungsvorschrift einheitlich im Sinne einer gleichmäßigen Belastung aller Gefangenen Gebrauch gemacht haben. Auch werden die Gefangenen nicht stärker belastet als Arbeitnehmer mit geringfügiger Beschäftigung, die nach § 346 Abs. 2 Nr. 1 SGB III beitragsfrei sein können. Denn die Beitragsfreiheit soll das Existenzminimum sichern, das bei Gefangenen gesichert ist.[97] Die zum Erwachsenenstrafvollzug ergangenen Ländergesetze haben die Einbehaltung von Beitragsteilen gleichfalls zwingend ausgestaltet.[98]

Mit der Begründung zu § 195 StVollzG übereinstimmend heißt es in der Begründung von Ba-Wü, die Vorschrift bezüglich der Einbehaltung von Beitragsteilen trage den Besonderheiten des Untersuchungshaftvollzugs im Zusammenhang mit der Arbeitslosenversicherung Rechnung, wobei Beitragsschuldner im Verhältnis zur Bundesagentur für Arbeit nur die Vollzugsbehörde sei, nicht aber die einzelnen Untersuchungsgefangenen. Die Vorschrift über die Einbehaltung des Betrages vom Arbeitsentgelt der Untersuchungsgefangenen durch die Vollzugsbehörde ermögliche einen Rückgriff der Vollzugsbehörde auf die Untersuchungsgefangenen und stelle insoweit die Ermächtigungsgrundlage dar.[99] Das Verb „ermöglichen" bestätigt, dass die Einbehaltung in das Ermessen der Vollzugsbehörde gestellt ist. Es gelten also diesbezüglich für die Vollzugsbehörde die allgemeinen Grundsätze zur Ermessensbetätigung. 80

cc) Schriftliche Bekanntgabe der Höhe des Arbeitsentgelts. Die schriftliche Bekanntgabe soll die Untersuchungsgefangenen laut den Gesetzesbegründungen in die Lage versetzen, ihre Ansprüche zu überprüfen. Damit wird die Berechnung des Arbeitsentgeltes transparent, etwa durch Nennung der zugrunde gelegten Vergütungsstufe und der geleisteten Arbeitszeit sowie der Bemessungsgrundlagen und Bewertungskriterien im Berechnungszeitraum. 81

Die Untersuchungsgefangenen sollten die entsprechenden Schriftstücke sorgfältig aufbewahren, um die Berechnung überprüfen zu lassen oder auch anfechten zu können. Auch gegenüber dem Arbeitsamt kann ein derartiger Nachweis hilfreich sein, etwa bei Streitigkeiten über den Umfang der versicherungspflichtigen Zeiten.[100]

dd) Arbeitsentgelt bei arbeitstherapeutischer Beschäftigung. Ob einem Untersuchungsgefangenen auch bei einer arbeitstherapeutischen Beschäftigung ein Arbeitsentgelt gezahlt wird, hängt davon ab, inwieweit dies der Art seiner Beschäftigung sowie seiner Arbeitsleistung entspricht. Darüber entscheidet in Übertragung der für den Strafvollzug geltenden Grundsätze der sich aus der Beschäftigung ergebende Produktionswert.[101] 82

Auch wenn der Betroffene statt einer Arbeit oder einer Ausbildung (etwa mangels Angebotes) arbeitstherapeutisch beschäftigt wird, ist ihm ein Arbeitsentgelt zu zahlen. Dies steigert die Motivation und den Ehrgeiz, auch durch vermehrte Anstrengung und vermehrten Einsatz seine Arbeitsfähigkeit und -willigkeit zu verbessern oder dafür zunächst bei Gelegenheit eine entsprechende Ausbildung zu beginnen.

f) Ausbildungsbeihilfe: Einzelheiten. Für die Ausbildungsbeihilfe **verweisen** die genannten UVollzGe auf die Regelungen zum **Arbeitsentgelt.** Dahinter steht die Erwägung, dass die Untersuchungsgefangenen zur Teilnahme an Bildungsmaßnahmen motiviert werden sol- 83

96 So OLG Hamburg NStZ 1992, 352; Brühl in: AK-StVollzG, § 195 Rn. 2; Laubenthal in: Schwind/Böhm/Jehle/Laubenthal, StVollzG, § 195 Rn. 1.
97 So OLG Koblenz NStZ 1985, 48; Calliess/Müller-Dietz, StVollzG, § 195 Rn. 1.
98 Vgl. etwa § 44 HmbStVollzG, § 42 NJVollzG.
99 Vgl. die Gesetzesbegründung Ba-Wü, LT-Drucks. 14/5012, S. 198, zu § 38.
100 Vgl. Däubler/Spaniol in: AK-StVollzG, § 43 Rn. 13.
101 So BT-Drucks. 7/918, S. 68.

len.[102] Da die Bildungsmaßnahmen während der Arbeitszeit stattfinden, können die Untersuchungsgefangenen nicht gleichzeitig arbeiten und an Bildungsmaßnahmen teilnehmen. Mit der Regelung über die Ausbildungsbeihilfe soll also gewährleistet werden, dass sich die Untersuchungsgefangenen nicht aus finanziellen Gründen gegen die Teilnahme an Bildungsmaßnahmen entscheiden: Für die Arbeit erhalten die Untersuchungsgefangenen ein Entgelt, das ihnen entgeht, wenn sie stattdessen während der Arbeitszeit an einer Bildungsmaßnahme teilnehmen. Da eine derartige Benachteiligung die Motivation zur Weiterbildung auf der einen Seite erheblich dämpft, andererseits aber gerade die Vermittlung von beruflichem Wissen die Berufschancen verbessert und damit einer weiteren Begehung von Straftaten vorbeugt, sehen die UVollzGe eine nach denselben Kriterien wie das entgangene untersuchungshaftvollzugliche Arbeitsentgelt gestaltete Ausbildungsbeihilfe für die Untersuchungsgefangenen vor.

84 **aa) Ba-Wü, Bayern und Niedersachsen: Für junge Untersuchungsgefangene.** In Ba-Wü, Bayern und Niedersachsen wird eine Ausbildungsbeihilfe (Ba-Wü: § 75 Abs. 5 JVollzGB II; Bayern: Art. 33 Abs. 4 S. 1 UVollzG Bayern i.V.m. Art. 149 Abs. 2, 47 BayStVollzG; Niedersachsen: § 161 Abs. 1 S. 4 i.V.m. § 41 S. 1 NJVollzG) nur **jungen Untersuchungsgefangenen** gewährt. Die Gewährung erfolgt unter einschränkenden Voraussetzungen.

85 **bb) Niedersachsen: Ausdrückliche Eigenfinanzierung von Bildungsmaßnahmen bei Erwachsenen.** In Niedersachsen soll **erwachsenen Untersuchungsgefangenen** gemäß § 152 Abs. 4 NJVollzG nur **auf ihre Kosten** Gelegenheit zum Erwerb oder zur Verbesserung schulischer oder beruflicher Kenntnisse gegeben werden. Dies steht laut der Begründung des Gesetzentwurfs vor dem Hintergrund, dass zahlreiche Untersuchungsgefangene zwar erhebliche Bildungsdefizite aufweisen und daher bei der Gestaltung des Lebens in der Anstalt auch der Bereich der schulischen und beruflichen Bildung mit einbezogen werden könne, dabei jedoch die Kürze der während der Untersuchungshaft zur Verfügung stehenden Zeit berücksichtigt werden müsse. Daher setzten nicht nur die Möglichkeiten der Vollzugsbehörde, sondern auch die besonderen Bedingungen der Untersuchungshaft den Bildungsmöglichkeiten Grenzen. Aus diesem Grund habe der Entwurf von einer Entlohnung der Untersuchungsgefangenen, die sich um Fort- oder Weiterbildung bemühen, Abstand genommen und festgeschrieben, dass entsprechende Angebote nicht auf Kosten der Vollzugsbehörde zur Verfügung gestellt werden müssen. Dazu wird auf § 130 Abs. 2 des Entwurfs verwiesen, der genau dies enthielt, aber keinen Eingang in das Gesetz gefunden hat.[103] § 130 Abs. 2 hatte im Entwurf den Wortlaut „Annehmlichkeiten und Beschäftigungen dürfen sie [die Gefangenen] sich im Rahmen der Vorschriften dieses Teils des NJVollzG auf ihre Kosten verschaffen.“.[104]

Diese Begründung vermag nicht zu überzeugen. Hinter der von den Betroffenen selbst vorzunehmenden Finanzierung von Bildungsmaßnahmen stehen allein fiskalische Erwägungen, denn für die Arbeit im Untersuchungshaftvollzug steht dieselbe, eventuell kurze Zeit zur Verfügung, für diese gewährt Niedersachsen jedoch auch Erwachsenen ein Arbeitsentgelt (das allerdings im Vergleich zu den meisten anderen Bundesländern wiederum auf einen bescheidenen Betrag beschränkt ist).

Zu beachten ist bei alledem, dass erwachsene Untersuchungsgefangene auch in Niedersachsen **nicht gänzlich ohne finanzielle Unterstützung** bleiben, wenn sie sich im Untersuchungshaftvollzug weiterbilden möchten. Es besteht, wie nachfolgend dargelegt, die Möglichkeit, Ausbildungsförderung nach dem BAföG, eine Berufsausbildungsbeihilfe nach § 59 SGB III oder das Arbeitslosengeld bei beruflicher Weiterbildung nach § 124 a SGB III zu erhalten, wenn die jeweiligen Voraussetzungen vorliegen.

86 **cc) Subsidiarität der Ausbildungsbeihilfe gegenüber SGB III?** Die Ausbildungsbeihilfe wird in Ba-Wü, Bayern, Hessen und Niedersachsen nur gezahlt, soweit den Untersuchungsgefan-

102 Vgl. auch Kirschke/Brune Forum Strafvollzug 2009, 18 (19).
103 So die Gesetzesbegründung Niedersachsen, LT-Drucks. 15/3565, S. 194.
104 Vgl. Niedersachsen, LT-Drucks. 15/3565, S. 43.

genen keine **Leistungen zum Lebensunterhalt** zustehen, die **freien Personen aus diesem Anlass gewährt** werden. Es ist in diesen Ländern also ein **Nachrang des Anspruchs auf Ausbildungsbeihilfe** nach den UVollzGen normiert. In Bezug auf den Strafvollzug gehen gemäß **§ 22 Abs. 3 SGB III** Leistungen zur Förderung der Berufsausbildung und zur Förderung der beruflichen Weiterbildung nach dem SGB III der Ausbildungsbeihilfe nach § 44 StVollzG vor, soweit sie der Sicherung des Lebensunterhaltes dienen (Grundsatz des **Vorrangs arbeitsförderungsrechtlicher Leistungen vor der strafvollzugsgesetzlichen Ausbildungsbeihilfe**). Derartige Leistungen sind die Gewährung einer Berufsausbildungsbeihilfe nach § 59 SGB III und das Arbeitslosengeld bei beruflicher Weiterbildung nach § 124 a SGB III (früher: Unterhaltsgeld nach § 153 SGB III a.F.).[105]

Fraglich ist, ob der Vorrang arbeitsförderungsrechtlicher Leistungen aus § 22 Abs. 3 SGB III auch gegenüber der Ausbildungsbeihilfe nach den UVollzGen gilt. Untersuchungsgefangene unterfallen ebenso wie Strafgefangene dem SGB III, denn nach der Legaldefinition in § 26 Abs. 1 Nr. 4 S. 2 SGB III sind **Gefangene im Sinne des SGB III** unter anderem Personen, die im Vollzug von Untersuchungshaft untergebracht sind. Jedoch bezieht sich § 22 Abs. 3 SGB III seinem Wortlaut nach nur auf die **Ausbildungsbeihilfe nach § 44 StVollzG.** Hieraus folgt, dass die Strafgefangenen in der Sache denselben Betrag erhalten, egal, ob dies auf § 22 Abs. 3 S. 3 SGB III beruht oder auf § 44 StVollzG. Der einzige **Unterschied** betrifft die für die Zahlung **zuständige Stelle**: Die Leistungen nach § 22 Abs. 3 SGB III werden den Gefangenen gemäß § 22 Abs. 3 S. 3 SGB III nach einer Förderungszusage der zuständigen Agentur für Arbeit **in Vorleistung von den Ländern erbracht** und diesen anschließend von der **Bundesagentur für Arbeit** erstattet.[106] Demgegenüber wird die strafvollzugsgesetzliche Ausbildungsbeihilfe aus dem Haushalt der Justizministerien als Träger des Justizvollzugs gezahlt. Es werden also im Ergebnis **unterschiedliche Haushalte** belastet, so dass es im finanziellen Interesse der Länder liegt, dass die Zahlung an die Strafgefangenen als Gewährung einer Berufsausbildungsbeihilfe nach § 59 SGB III oder als Arbeitslosengeld bei beruflicher Weiterbildung nach § 124 a SGB III erfolgt, da in diesem Fall nicht der Landeshaushalt belastet wird, sondern der Etat der Bundesagentur für Arbeit.

Hätten also auch die **Untersuchungsgefangenen** Ansprüche nach dem SGB III, wäre auch insoweit die Bundesagentur für Arbeit anstelle der Länder zur Zahlung der Leistungen zur Sicherung des Lebensunterhalts verpflichtet.[107] Diese doppelte Nachrang-Regelung ist unnötig umständlich und für den rechtsunkundigen Bürger schwer verständlich. Ob § 22 Abs. 3 SGB III tatsächlich auch für Untersuchungsgefangene Anwendung finden soll, wird sich anhand des künftigen gerichtlichen oder gesetzgeberischen Tätigwerdens zeigen. Ihrem Wortlaut nach (Vorrang gegenüber der Ausbildungsbeihilfe nach § 44 StVollzG) bezieht sich die geltende Regelung (noch) nicht auf die Ausbildungsbeihilfe nach den UVollzGen. Ob sie sie ihrem Sinn und Zweck nach erfassen sollte, ist fraglich: Einerseits ist die Untersuchungshaft der Strafhaft ähnlich. Andererseits dauert die Untersuchungshaft im Regelfall wesentlich kürzer als die Strafhaft, so dass es angezeigt erscheint, dass die Vollzugsbehörde als die sachnähere Stelle zeitnah über die Gewährung einer Ausbildungsbeihilfe entscheidet. Jedenfalls sollte eine klar abgegrenzte Zuständigkeitsregelung getroffen werden, um unnötige Verzögerungen zulasten der Untersuchungsgefangenen bei der Zahlung der Ausbildungsbeihilfe zu vermeiden.

dd) Subsidiarität der Ausbildungsbeihilfe gegenüber BAföG. Fraglich ist des Weiteren, ob 87
die Ausbildungsbeihilfe nach den UVollzGen in Ba-Wü, Bayern, Hessen und Niedersachsen gegenüber der Ausbildungsförderung nach dem **BAföG** subsidiär ist. Die **Ausbildungsbeihilfe für Strafgefangene** nach § 44 StVollzG ist **nicht subsidiär** gegenüber der Ausbildungsförderung nach dem BAföG.[108] In § 44 Abs. 1 S. 1 StVollzG findet sich zwar wie in den

105 Vgl. Calliess/Müller-Dietz, StVollzG, § 44 Rn. 3; Steinmeyer in: Gagel, SGB III, § 22 Rn. 60 f.
106 So Steinmeyer in: Gagel, SGB III, § 22 Rn. 3.
107 So für den Strafvollzug Steinmeyer in: Gagel, SGB III, § 22 Rn. 59.
108 A.A. Arloth, StVollzG, § 44 Rn. 2 mit Verweis auf Laubenthal, Strafvollzug, S. 264, Rn. 456; Laubenthal in: Schwind/Böhm/Jehle/Laubenthal, StVollzG, § 44 Rn. 4; Däubler/Spaniol in: AK-StVollzG, § 44 Rn. 2.

UVollzGen von Ba-Wü, Hessen und Niedersachsen die Subsidiaritätsklausel, jedoch greift sie in Bezug auf das BAföG nicht. Dies ergibt sich daraus, dass nach § 2 Abs. 6 Nr. 4 BAföG Ausbildungsförderung nicht geleistet wird, wenn der Auszubildende als Gefangener Anspruch auf Ausbildungsbeihilfe nach den §§ 44, 176 Abs. 4 StVollzG hat. In diesem Fall ist BAföG mithin ausgeschlossen. Dies wird bestätigt durch die Entstehungsgeschichte des § 2 Abs. 6 BAföG: Bis zum Inkrafttreten des 12. BAföGÄndG im Mai 1990 hatten Strafgefangene einen **ungekürzten Anspruch auf Ausbildungsförderung** nach dem BAföG. Dies wurde für problematisch gehalten, da Strafgefangene von der JVA Unterkunft und Verpflegung erhalten, also insgesamt ein Mehr an Leistungen erhielten als freie Personen.[109] Daher ist mit dem **12. BAföGÄndG** in § 2 Abs. 6 BAföG der Satz 2 eingefügt worden, dass Gefangenen Leistungen nach dem BAföG höchstens **bis zur Höhe der Ausbildungsbeihilfe nach § 44 StVollzG** gewährt werden. Der Anspruch nach BAföG wurde damit vom Gesetzgeber gekürzt. Mit dem **17. BAföGÄndG** vom Juli 1995 wurde § 2 Abs. 6 BAföG ein weiteres Mal modifiziert, und zwar dahingehend, dass in Satz 1 als Nummer 4 die Regelung eingefügt wurde, dass an Auszubildende, die als **Gefangene** Anspruch auf Ausbildungsbeihilfe nach den §§ 44, 176 Abs. 4 StVollzG haben, **keine Ausbildungsförderung** nach dem BAföG geleistet wird. Damit wurde der Anspruch nach dem BAföG für Strafgefangene vollständig ausgeschlossen, denn § 2 Abs. 6 BAföG ist keine Vorrang-, sondern eine Ausschlussnorm, das heißt, wenn die in ihm normierten Voraussetzungen vorliegen, entfällt der Förderungsanspruch nach dem BAföG bereits dem Grunde nach. Es besteht insbesondere kein Aufstockungsanspruch, wenn die in § 2 Abs. 6 BAföG genannten anderen Leistungen für Auszubildende niedriger sind, als es die Ausbildungsförderung nach dem BAföG wäre.[110] Insofern steht die Ausbildungsförderung nach dem BAföG Strafgefangenen nicht zu, ist also keine auch Strafgefangenen zustehende Leistung, die freien Personen aus solchem Anlass gewährt wird. Daher ist die Ausbildungsbeihilfe nach § 44 StVollzG gegenüber dem BAföG nicht subsidiär. Eine entsprechende ausdrückliche Regelung existiert im **BAföG** in Bezug auf **Untersuchungsgefangene** nicht. Dem Wortlaut des § 2 Abs. 6 Nr. 4 BAföG nach ist die Ausbildungsförderung nach dem BAföG mithin für Untersuchungsgefangene nicht ausgeschlossen, selbst wenn man von derselben Definition des Begriffs des Gefangenen wie im SGB III ausginge. § 26 Abs. 1 Nr. 4 S. 2 SGB III erfasst Untersuchungsgefangene wie Strafgefangene, da nur von der **Ausbildungsbeihilfe nach § 44 StVollzG** die Rede ist, nicht aber von einer Ausbildungsbeihilfe nach den UVollzGen. Das Ergebnis dieser Auslegung wird bestätigt, wenn man sich vor Augen führt, dass Untersuchungsgefangene nach der bisherigen Rechtslage (nach der es für Untersuchungsgefangene in § 177 StVollzG lediglich eine Sonderregelung bezüglich des Arbeitsentgeltes gab, nicht aber für die Ausbildungsbeihilfe) keinen Anspruch auf Ausbildungsbeihilfe nach dem StVollzG hatten und Ausbildungsförderung nach dem BAföG mangels Ausschlussregelung möglich war. Auch seinem Sinn und Zweck nach ist § 2 Abs. 6 Nr. 4 BAföG in seiner geltenden Fassung nicht anders zu interpretieren. Mithin haben Untersuchungsgefangene im Gegensatz zu Strafgefangenen einen **Anspruch auf Ausbildungsförderung nach dem BAföG,** wenn die Voraussetzungen dafür erfüllt sind. Das BAföG gewährt nach seinem § 11 Abs. 1 Ausbildungsförderung für den Lebensunterhalt und für die Ausbildung. Der Anspruch ist mangels entsprechender Regelung nicht auf die Höhe der untersuchungshaftvollzugsgesetzlichen Ausbildungsbeihilfe beschränkt.[111]

88 Zu diesem Anspruch nach dem BAföG ist die **Ausbildungsbeihilfe nach den UVollzGen** von **Ba-Wü, Hessen** und **Niedersachsen** sowie in **Bayern** nach Art. 33 Abs. 4 S. 1 UVollzG Bayern i.V.m. Art. 149 Abs. 2, 47 Abs. 1 S. 1 BayStVollzG (mithin wegen der Regelung „soweit den Untersuchungsgefangenen keine Leistungen zum Lebensunterhalt zustehen, die freien Personen aus diesem Anlass gewährt werden“) **subsidiär.** Liegen die Voraussetzungen für die Ausbildungsförderung nach dem BAföG demgegenüber nicht vor, erhalten die Untersuchungsgefangenen auch in diesen Ländern eine Ausbildungsbeihilfe nach den UVollzGen.

109 Vgl. Begründung zum 12. BAföGÄndG-E, BT-Drucks. 11/5961, S. 18.
110 So Ramsauer/Stallbaum/Sternal, BAföG, § 2 Rn. 113.
111 Vgl. für den Strafvollzug so auch – i.E. fälschlicherweise- Däubler/Spaniol in: AK-StVollzG, § 44 Rn. 2.

In den **anderen Bundesländern** besteht bei BAföG-Berechtigung der Untersuchungsgefangenen **Anspruchskonkurrenz** zwischen dem Anspruch auf Ausbildungsförderung nach BAföG und dem Anspruch auf Ausbildungsbeihilfe nach dem UVollzG. Der Betroffene hat insoweit ein Wahlrecht, er kann beide Ansprüche jedoch nicht nebeneinander geltend machen. Dies verstieße gegen § 138 Abs. 1 BGB bzw. den Rechtsgedanken des § 242 BGB. Regelmäßig dürfte die Entscheidung für das BAföG wegen der Möglichkeit eines höheren Förderungsbetrages vorzugswürdig sein. 89

ee) Nachrang der Sozialhilfe. Nach den Gesetzen von Ba-Wü (§ 75 Abs. 5 JVollzGB II), Bayern (Art. 33 Abs. 4 S. 1 UVollzG Bayern i.V.m. Art. 149 Abs. 2, 47 Abs. 1 S. 2 BayStVollzG) und Niedersachsen (§§ 161 Abs. 1 S. 4, 41 S. 2 NJVollzG) wird der Nachrang der Sozialhilfe aus § 2 Abs. 2 SGB XII nicht berührt. Das bedeutet, dass die Subsidiarität der Ausbildungsbeihilfe nicht gegenüber Sozialhilfeleistungen gilt. Letztere bleiben also nachrangig und kommen damit faktisch für Untersuchungsgefangene in zugewiesenen Ausbildungsmaßnahmen nicht in Betracht.[112] 90

ff) Ausbildungsbeihilfe in Bayern. Nach der bayerischen Gesetzesbegründung kann den Untersuchungsgefangenen eine Ausbildungsbeihilfe gewährt werden, soweit dies der Billigkeit entspricht. Eine gesetzliche Regelung sei dafür mangels Eingriffscharakters nicht erforderlich, anderes gelte für junge Untersuchungsgefangene, bei denen die Erhöhung des Bildungsstandes sowohl wegen der erzieherischen Ausgestaltung der Untersuchungshaft als auch in der Praxis eine größere Rolle spiele als bei Erwachsenen (Entwurfsbegründung Bayern zu Art. 12 – Beschäftigung, Bildungsmaßnahmen -, S. 58). 91

Nähere Erläuterungen, wann die Gewährung einer Ausbildungsbeihilfe der Billigkeit entspricht, finden sich nicht. In Bezug auf das „Ob" der Gewährung dürfte es dann der Billigkeit entsprechen, wenn der Betroffene keine anderweitigen Bezüge hat, also nicht über Vermögen oder anderweitiges Einkommen verfügt und damit an sich sozialhilfeberechtigt wäre. Insoweit greift dann wiederum der Nachrang der Sozialhilfe.

gg) Höhe der Ausbildungsbeihilfe nach den UVollzGen. Die Höhe der Ausbildungsbeihilfe im Einzelfall wird sich, wie die Ausbildungsbeihilfe für Strafgefangene, nach der für den Untersuchungshaftvollzug noch zu erlassenden, wünschenswerterweise in allen Ländern einheitlichen **Verordnung über die Vergütungsstufen** oder zunächst nach einer entsprechenden Verwaltungsvorschrift richten. Im Strafvollzug wird die Ausbildungsbeihilfe gemäß § 4 StVollzVergO in der Regel zunächst nach der dritten von fünf Vergütungsstufen gewährt und kann nach einer bestimmten Zeit auf die vierte erhöht werden. 92

g) Einkünfte aus Selbstbeschäftigung: Überweisung an die Vollzugsbehörde. Nach §§ 161 Abs. 1 S. 4, 36 Abs. 3 NJVollzG kann die Vollzugsbehörde verlangen, dass ihr aus Selbstbeschäftigung erzielte Einkünfte zur Gutschrift überwiesen werden. Die Regelung entspricht dem wortgleichen § 39 Abs. 3 StVollzG. Sie dient dazu sicherzustellen, dass die durch die Selbstbeschäftigung erzielten Einkünfte zu untersuchungshaftkonformen Zwecken verwendet werden. Die Überweisung auf ein Anstaltskonto kann dazu führen, dass Dritte unnötig von der Inhaftierung des Betroffenen erfahren und so die Einkunftsquellen gefährdet werden. Als Alternative bietet sich die Überweisung auf ein Konto des Gefangenen an, für das er der Anstalt unwiderruflich die alleinige Verfügungsbefugnis einräumt.[113] 93

h) Anspruch der Untersuchungsgefangenen auf Auszahlung oder Gutschrift? § 13 Abs. 2 S. 3 UVollzG NRW enthält die ausdrückliche Regelung, dass Untersuchungsgefangene **Geld nicht in Gewahrsam** haben dürfen. Dazu führt die Gesetzesbegründung lediglich aus, dass diese Regelung der Regelung des StVollzG (§ 83 Abs. 1) und des JStVollzG NRW (§ 73 Abs. 1 S. 1) entspricht.[114] 94

Auch nach dem 12er-Entwurf (§ 15 Abs. 2 S. 3) wird Geld den Untersuchungsgefangenen gutgeschrieben. Laut der Begründung regelt die Vorschrift allerdings nur die **Gutschrift** ein- 95

112 Vgl. für den Strafvollzug Arloth, StVollzG, § 44 Rn. 2 a.E.
113 Vgl. für den Strafvollzug Arloth, StVollzG, § 39 Rn. 8.
114 NRW, LT-Drucks. 14/8631, S. 53 f.

gebrachten Geldes in Euro. Geld in anderen Währungen wird zur Habe genommen. Die Vorschrift ist die einzige des 12er-Entwurfs, die eine Regelung über Geld und den persönlichen Gewahrsam der Untersuchungsgefangenen generell enthält. Ihrem Sinn und Zweck nach bezieht sie sich somit auf den persönlichen Gewahrsam der Untersuchungshäftlinge im Ganzen und damit nicht nur auf eingebrachtes Geld, sondern auch auf das Geld, das während des Untersuchungshaftvollzuges etwa als Arbeitsentgelt, Ausbildungsbeihilfe oder Taschengeld hinzukommt. Auch diese Gelder werden den Untersuchungsgefangenen demnach gutgeschrieben. Dies ist konform zu der niedersächsischen Regelung, dass die Untersuchungsgefangenen kein Bargeld in Besitz haben dürfen, ihnen Geld daher als Guthaben auf einem Eigengeldkonto gutgeschrieben wird, über das sie nach den Vorschriften des Gesetzes verfügen können.[115] Folglich laufen alle Zahlungen der Untersuchungsgefangenen über das für sie von der Anstalt geführte Konto.[116] Damit sind die Ansprüche der Untersuchungsgefangenen auf Arbeitsentgelt und Ausbildungsbeihilfe ebenso wie die der Strafgefangenen nach den §§ 43, 44 StVollzG[117] nicht auf Barauszahlung, sondern **auf Gutschrift gerichtet.**[118] Sie erlöschen mit der Gutschrift auf dem Konto der Untersuchungsgefangenen infolge Erfüllung analog § 362 Abs. 1 BGB.[119]

96 **Im Gegensatz dazu** wird sogar für den Strafvollzug (was bezüglich des Ergebnisses erst recht für den Untersuchungshaftvollzug gelten muss) vertreten, dass die Vollzugsbehörde den Gefangenen den **Besitz von und den Umgang mit Bargeld gestatten kann**, und zwar im Interesse des sozialen Trainings und der Einübung des Lebens in Freiheit. Gestützt wird dies auf die Regelung über den persönlichen Gewahrsam in § 83 Abs. 1 StVollzG, wonach die Gefangenen generell nur Sachen in Gewahrsam haben oder annehmen dürfen, die ihnen von der Vollzugsbehörde oder mit ihrer Zustimmung überlassen werden (S. 1) und Sachen von geringem Wert auch ohne die Zustimmung der Vollzugsbehörde annehmen dürfen, wobei letzteres auch von ihrer Zustimmung abhängig gemacht werden kann (S. 2). Dem stehe die auf ein gegenteiliges Ergebnis hindeutende Regelung in § 52 StVollzG nicht entgegen, wonach den Gefangenen bestimmte (verbleibende) Bezüge „zum Eigengeld gutzuschreiben" sind.[120] Zum Teil wird sogar vertreten, dass die Vollzugsbehörde darüber hinaus unter Beachtung der Sicherheit und Ordnung der jeweiligen Anstalt gestatten kann, dass Gefangene **auch höhere Bargeldbeträge** in die Anstalt mitführen bzw. von anderen annehmen dürfen. Eine solche Regelung stelle einen sinnvollen Beitrag zur Angleichung der Lebensverhältnisse und zum Abbau des Schwarzmarktes mit allen damit verbundenen Auswirkungen dar. Die Vertreter dieser Ansicht sehen, dass in der Praxis bislang nur in wenigen Anstalten Bargeld zugelassen worden ist und gehen davon aus, dass diese „bedauerlich geringe" Angleichung auf „nicht unbegründeten Befürchtungen vor dem illegalen Handel im Gefängnis" beruhe, der jedoch auch ohne Bargeld floriere. Diese Nichtzulassung von Bargeld könne nicht dergestalt begründet werden, dass das Gesetz es angesichts des § 83 Abs. 2 S. 2 StVollzG verbiete, Geld selbst in geringen Mengen in die Hände von Gefangenen gelangen zu lassen. Diese Regelung habe vielmehr einen gänzlich anderen Sinn.[121] Dies ist nicht richtig. Wenn Gefangene tatsächlich Bargeld in Gewahrsam haben dürften, läge es nahe, dass sie gerade das eingebrachte Geld bei sich behielten. Dies ist aber angesichts der klaren Fassung des § 83 Abs. 2 S. 2 StVollzG nicht der Fall. Daher gilt selbiges erst recht für während des Vollzuges erworbenes Geld. Zudem ist es nicht richtig, dass der Schwarzmarkt ohne Bargeld ebenso floriere wie mit Bargeld. Und selbst wenn dies so sein sollte, wird er durch das Verbot des Besitzes von Bargeld zumindest insoweit eingedämmt.

---

115 Vgl. Gesetzesbegründung Niedersachsen, LT-Drucks. 15/3565, S. 204.
116 Vgl. so auch Arloth, StVollzG, § 83 Rn. 7, für den Strafvollzug.
117 Vgl. Arloth, StVollzG, § 43 Rn. 10; Calliess/Müller-Dietz, StVollzG, § 43 Rn. 1.
118 So auch Fluhr NStZ 1994, 115 f.; Laubenthal in: Schwind/Böhm/Jehle/Laubenthal, StVollzG, § 43 Rn. 6.
119 Vgl. BGH StV 2004, 558, Ziff. 2; Laubenthal in: Schwind/Böhm/Jehle/Laubenthal, StVollzG, § 43 Rn. 16.
120 So Calliess/Müller-Dietz, StVollzG, § 52 Rn. 2; Brühl/Feest in: AK-StVollzG, § 83 Rn. 6.
121 So Brühl/Feest in: AK-StVollzG, § 83 Rn. 6, der diese Auffassung von Arloth, StVollzG, § 83 Rn. 5 a.E. ablehnt.

Auch das JVollzGB II von Ba-Wü regelt ausdrücklich die Gutschrift von Sondergeld, was für alle Gelder der Untersuchungsgefangenen gilt. Demnach dürfen Untersuchungsgefangene Bargeld nicht in Gewahrsam haben. Dies begegnet auch keinen Bedenken, da es im Vollzug keinen Unterschied ergibt, ob man über Bargeld oder ein entsprechendes Guthaben auf seinem Konto verfügt. 97

2. Andere Gelder: Haftkostenbeitrag, Sondergeld, Überbrückungsgeld, Eigengeld. Der Haftkostenbeitrag wird erst nach rechtskräftiger Verurteilung relevant, das Sondergeld betrifft die Zeit des Vollzuges, das Überbrückungsgeld wird während des Vollzuges für die Zeit danach angespart und das Eigengeld hat eine Auffangfunktion. Als solches werden alle Gelder bezeichnet, die keinen besonderen Zwecken dienen. Im Folgenden wird mangels geltender Besonderheiten nicht weiter auf das Eigengeld eingegangen. 98

a) Haftkostenbeitrag in Ba-Wü. In Ba-Wü werden gemäß § 36 S. 1 JVollzGB II die Kosten der Untersuchungshaft nach rechtskräftiger Verurteilung der Untersuchungsgefangenen nach den gleichen Grundsätzen wie die Haftkostenbeiträge von Strafgefangenen ermittelt und umgehend an die Vollstreckungsbehörde mitgeteilt. Für Strafgefangene gilt insoweit § 51 JVollzGB III. Vollstreckungsbehörde ist gemäß § 451 Abs. 1 StPO die Staatsanwaltschaft. 99

Die Kosten für die Untersuchungshaft werden erst nach der rechtskräftigen Verurteilung der Untersuchungsgefangenen ermittelt, denn allein in diesem Fall ist eine Kostenerhebung gerechtfertigt, da sich der zur Anordnung der Untersuchungshaft erforderliche dringende Tatverdacht bestätigt hat und der Betroffene damit berechtigt inhaftiert war.

Werden Untersuchungsgefangene nach dem **JGG** sanktioniert, unterbleibt gemäß § 36 S. 2 JVollzGB II die Kostenermittlung. Dies beruht darauf, dass nach § 46 Abs. 1 JVollzGB IV von jungen Gefangenen nur im Fall eines freien Beschäftigungsverhältnisses ein Beitrag zu den Kosten des Jugendstrafvollzugs verlangt wird, ein solches freies Beschäftigungsverhältnis aber im Untersuchungshaftvollzug nicht eingegangen werden kann.

Wird der Betroffene jedoch nach einer Verurteilung zu Jugendstrafe **vom Jugendstrafvollzug ausgenommen,** sind gemäß § 36 S. 3 JVollzGB II die Kosten der Untersuchungshaft zu ermitteln. Der Verurteilte soll gemäß § 92 Abs. 2 S. 3 JGG vom Jugendstrafvollzug ausgenommen werden, wenn er das 24. Lebensjahr vollendet hat. In diesem Fall wird die Jugendstrafe nach den Vorschriften des Strafvollzugs für Erwachsene vollzogen, § 92 Abs. 2 S. 2 JGG. Auch bei Verurteilten, die das 18. Lebensjahr vollendet haben, braucht die Strafe nach § 92 Abs. 2 S. 1 JGG nicht in einer Jugendstrafanstalt vollzogen zu werden, wenn sie sich nicht für den Jungendstrafvollzug eignen. Das bedeutet, dass bei denjenigen, deren Jugendstrafe nach rechtskräftiger Verurteilung in einer Justizvollzugsanstalt und nicht in einer Jugendstrafanstalt vollzogen wird, die Kosten der Untersuchungshaft zu ermitteln sind, da sich der gesamte Vollzug in diesem Fall nach den Vorschriften des JVollzGB über den Strafvollzug für Erwachsene richtet.

aa) Voraussetzungen für die Erhebung eines Haftkostenbeitrages. Nach § 51 Abs. 1 JVollzGB III erhebt die JVA einen Haftkostenbeitrag, wenn Gefangene 100

- in einem freien Beschäftigungsverhältnis stehen (Nr. 1; dies ist jedoch im Untersuchungshaftvollzug in Anbetracht der Haftgründe ausgeschlossen),
- sich selbst beschäftigen (Nr. 2) oder
- während eines zusammenhängenden Zeitraums von mehr als einem Monat keine Bezüge nach dem JVollzGB erhalten und in dieser Zeit Einkünfte erzielen (Nr. 3).

Die Selbstbeschäftigung kann gemäß § 51 Abs. 4 JVollzGB III davon abhängig gemacht werden, dass die Gefangenen den Haftkostenbeitrag **monatlich im Voraus** entrichten. Damit wird der Anspruch auf Zahlung eines Haftkostenbeitrages gesichert und für die Ermessensentscheidung über die Genehmigung einer Selbstbeschäftigung nach § 34 Abs. 5 JVollzGB II ein zusätzliches Kriterium geschaffen.[122] 101

122 Vgl. für den Strafvollzug Arloth, StVollzG, § 50 Rn. 11.

102 **Einkünfte im Sinne der Nr. 3** sind außervollzugliche Einnahmen wie etwa Mieten, Zinseinkünfte oder Renten.[123]

103 Mit den **Bezügen nach dem JVollzGB** sind Arbeitsentgelt und Ausbildungsbeihilfe gemeint.[124] Die Betroffenen dürfen nach dem Wortlaut des § 51 Abs. 1 S. 1 Nr. 3 JVollzGB III gar keine Bezüge nach dem JVollzGB erhalten. Erhalten sie geringfügige Einkünfte nach dem JVollzGB, erhebt die Vollzugsanstalt demnach keinen Haftkostenbeitrag.

104 Von der Geltendmachung des Anspruchs auf Zahlung des Haftkostenbeitrags ist nach § 51 Abs. 1 S. 4 JVollzGB III abzusehen, soweit dies notwendig ist, um die **Wiedereingliederung** des Betroffenen in die Gemeinschaft **nicht zu gefährden**. Diese Regelung ist auf den Untersuchungshaftvollzug übertragbar, auch wenn der Resozialisierungsgedanke die Untersuchungshaft nicht wie den Strafvollzug prägt. Die Regelung bezweckt, dass der Eintritt besonderer Nachteile vermieden wird, etwa dergestalt, dass der Betroffene sein Studium nicht fortsetzen könnte, der Unterhalt seiner Familie gefährdet wäre oder sein Vermieter ihm wegen ausbleibender Mietzahlungen die Wohnung kündigte, die er in absehbarer Zeit wieder beziehen würde. Hinzu kommt der Fall, dass der Betroffene die bereits begonnene Entschädigung des Opfers (etwa in Form einer Zahlung von Schmerzensgeld) nicht weiterführen könnte[125] oder die ernsthafte Bemühung des Betroffenen, seine hohen Schulden in Teilzahlungen abzutragen, andernfalls scheiterte.[126] Dies muss in gleicher Weise für den Untersuchungshaftvollzug gelten.

105 **bb) Höhe des Haftkostenbeitrages.** Über § 36 S. 1 JVollzGB II findet für die Höhe der Kosten der Untersuchungshaft der § 51 Abs. 2 JVollzGB III Anwendung, wonach der Haftkostenbeitrag in Höhe des Betrags erhoben wird, der nach **§ 17 Abs. 1 Nr. 4 SGB IV** durchschnittlich zum 1. Oktober des vorhergehenden Jahres zur Bewertung der Sachbezüge festgesetzt ist, wobei bei Selbstverpflegung die für die Verpflegung vorgesehenen Beträge entfallen und für den Wert der Unterkunft die **festgesetzte Belegungsfähigkeit** maßgebend ist.

106 Nach § 17 Abs. 1 Nr. 4 SGB IV wird die Bundesregierung ermächtigt, durch Rechtsverordnung mit Zustimmung des Bundesrates zur Wahrung der Belange der Sozialversicherung und der Arbeitsförderung, zur Förderung der betrieblichen Altersversorgung oder zur Vereinfachung des Beitragseinzugs den **Wert der Sachbezüge** nach dem tatsächlichen Verkehrswert im Voraus für jedes Kalenderjahr zu bestimmen. Aufgrund dieser Ermächtigung hat die Bundesregierung für 2010 in der **Sozialversicherungsentgeltverordnung (SvEV)** den Wert von Verpflegung, Unterkunft und Wohnung als Sachbezug festgesetzt. Danach beträgt der Wert für Verpflegung monatlich 215 EUR (47 EUR für Frühstück und jeweils 84 EUR für Mittag- sowie Abendessen), § 2 Abs. 1 SvEV. Der Wert einer Unterkunft wird gemäß § 2 Abs. 3 S. 1 SvEV auf **monatlich** 204 EUR festgesetzt, vermindert sich jedoch gemäß § 2 Abs. 3 S. 2 SvEV in den folgenden Fällen: Für Jugendliche und Auszubildende um 15 % (demnach verbleibender Betrag: 173,40 EUR), bei Belegung mit zwei Personen um 40 % (verbleibender Betrag: 122,40 EUR), bei Belegung mit drei Personen um 50 % (verbleibender Betrag: 102 EUR) und bei Belegung mit mehr als drei Personen um 60 % (verbleibender Betrag: 81,60 EUR). Bei der Berechnung des Wertes für kürzere Zeiträume als einen Monat ist nach § 2 Abs. 6 SvEV **für jeden Tag ein Dreißigstel** der Werte zugrunde zu legen.

Mit dem Begriff der **Belegungsfähigkeit** ist die Zahl verfügbarer Haftplätze gemeint.[127] Die Belegungsfähigkeit wird gemäß § 7 Abs. 1 S. 1 JVollzGB I von der Aufsichtsbehörde festgesetzt. Die tatsächliche Belegung der Vollzugsanstalt und der Hafträume ist demnach unbeachtlich. Aufsichtsbehörde ist gemäß § 19 S. 1 JVollzGB I das Justizministerium. Die Festsetzung der Belegungsfähigkeit geschieht in der Regel einmal pro Jahr. Sie hat als innerorganisatorische, vollzugsinterne Maßnahme keine Regelungswirkung gegenüber den (Untersuchungs-)Gefangenen und ist insgesamt keine Rechtsetzung, ist also von den Untersu-

123 So Arloth, StVollzG, § 50 Rn. 7 bzw. die Gesetzesbegründung Ba-Wü, LT-Drucks. 14/5012, S 226.
124 So die Gesetzesbegründung Ba-Wü, LT-Drucks. 14/5012, S. 226.
125 Vgl. Däubler/Spaniol in: AK-StVollzG, § 50 Rn. 8.
126 Vgl. Laubenthal in: Schwind/Böhm/Jehle/Laubenthal, StVollzG, § 50 Rn. 6.
127 Vgl. Huchting/Lehmann in: AK-StVollzG, § 145 Rn. 1.

chungsgefangenen nicht angreifbar und bindet die Gerichte nicht. Sie darf die von § 144 StVollzG bzw. den Landesstrafvollzugsgesetzen aufgestellten Voraussetzungen bezüglich der Größe und Ausgestaltung der Hafträume allerdings nicht unterlaufen.[128]

Im Falle des § 51 Abs. 1 S. 1 Nr. 3 JVollzGB III erhalten Strafgefangene in einem zusammenhängenden Zeitraum von mehr als einem Monat keine Bezüge nach dem JVollzGB, erzielen aber anderweitig Einkünfte. In diesem Fall haben sie nach § 51 Abs. 1 S. 2 JVollzGB III den Haftkostenbeitrag für diese Zeit bis zur Höhe der auf diesen Zeitraum entfallenden Einkünfte zu entrichten. Dabei muss ihnen jedoch ein Betrag verbleiben, der dem mittleren Arbeitsentgelt in den Justizvollzugsanstalten des Landes entspricht, es sei denn, sie arbeiten schuldhaft nicht. Demnach braucht **Strafgefangenen**, die verschuldet nicht arbeiten und über Einkünfte verfügen, der genannte **Mindestbetrag nicht** zu verbleiben.[129] Dies gilt für **Untersuchungsgefangene** nicht, da sie gemäß § 34 Abs. 1 JVollzGB II nicht wie die Strafgefangenen zur Arbeit verpflichtet sind, ein schuldhaftes Nichtarbeiten bei ihnen also nicht möglich ist. Mithin verbleibt ihnen **stets der Mindestbetrag**. 107

Die Regelung in § 51 Abs. 1 S. 1 Nr. 3, S. 2 JVollzGB III, dass die Gefangenen den Haftkostenbeitrag für den genannten Zeitraum **bis zur Höhe der auf ihn entfallenden Einkünfte** zu entrichten haben, bestimmt die in ihrem Rahmen geltende **Obergrenze** des Haftkostenbeitrags.[130] 108

Die **Untergrenze** legt § 51 Abs. 1 S. 2 JVollzGB II generell, also für die Nummern 1 bis 3, dahingehend fest, dass den Gefangenen immer ein Betrag verbleiben muss, der dem mittleren Arbeitsentgelt in den Justizvollzugsanstalten des Landes entspricht. Das bedeutet, dass der Haftkostenbeitrag nur anteilig zu zahlen ist, wenn die Untersuchungsgefangenen im Falle der Nr. 3 Einkünfte haben, die zwar höher als das mittlere Arbeitsentgelt sind, aber dieses nicht um die Gesamtsumme des in der SvEV genannten Betrages übersteigen. 109

Mit dem Haftkostenbeitrag werden die Untersuchungsgefangenen finanziell in Anspruch genommen, um die staatlichen **Aufwendungen für ihren Lebensunterhalt**, also Verpflegung und Unterbringung, abzudecken. Nicht erfasst sind die Kosten für die Gebäude und das Personal des Untersuchungshaftvollzugs. Der Haftkostenbeitrag bleibt auf die Mittel beschränkt, die der Untersuchungsgefangene **während der Haftzeit** erhält.[131] Er wird nur in den Fällen erhoben, in denen der Gefangene über ausreichende Einkünfte verfügt. Dies ist nicht der Fall, wenn der Gefangene ein Arbeitsentgelt oder eine Ausbildungsbeihilfe nach den Strafvollzugsgesetzen erhält.[132] 110

b) Kostenermittlung in den anderen Ländern. Nach § 177 StVollzG hat der Untersuchungsgefangene keine Haftkosten zu tragen. Dies wird damit begründet, dass ihm der Freiheitsentzug im Interesse der Verfolgung des öffentlichen Strafanspruchs auferlegt werde. Daher sei die Einbehaltung eines Haftkostenbeitrages nicht vorgesehen.[133] Damit ist der sofortige Abzug des Haftkostenbeitrages von den Einkünften gemeint, sobald diese auf dem Konto der Vollzugsanstalt eingehen, so dass den Untersuchungsgefangenen nur der verbleibende Rest gutgeschrieben wird. Nach rechtskräftiger Verurteilung hat der Betroffene die Kosten der Untersuchungshaft gemäß § 465 Abs. 1 S. 1 StPO als Auslagen gemäß Nr. 9010, 9011 KV-GKG und damit als Teil der Verfahrenskosten i.S.d. § 464 a Abs. 1 S. 1 StPO zu tragen,[134] wobei Nr. 9010, 9011 KV GKG die vom Verurteilten zu erstattenden Auslagen auf den Haftkostenbeitrag nach § 50 Abs. 2 und 3 StVollzG beschränken. 111

Unter dem Strich bedeutet dies, dass der rechtskräftig Verurteilte von den Kosten der Untersuchungshaft in allen Bundesländern einen Teil zu tragen hat, in Ba-Wü als Haftkostenbeitrag gemäß § 36 JVollzGB II und in den anderen Ländern als Kosten des Strafverfahrens 112

128 Vgl. Huchting/Lehmann in: AK-StVollzG, § 145 Rn. 6.
129 So die Gesetzesbegründung Ba-Wü, LT-Drucks. 14/5012, S. 226.
130 Vgl. auch Arloth, StVollzG, § 50 Rn. 7.
131 Laubenthal, Strafvollzug, Rn. 470.
132 Vgl. Däubler/Spaniol in: AK-StVollzG, § 50 Rn. 2.
133 Vgl. BT-Drucks. 7/918, S. 101; Calliess/Müller-Dietz, StVollzG, § 177 Rn. 2.
134 Vgl. hierzu Feest/Köhne in: AK-StVollzG, § 177 Rn. 4.

nach § 465 Abs. 1 S. 1 StPO, die in ihrer Höhe beschränkt sind auf ebenfalls den Haftkostenbeitrag nach § 50 Abs. 2 und 3 StVollzG.[135] Im Ergebnis besteht also in allen deutschen Bundesländern eine Kostentragungspflicht für rechtskräftig verurteilte Straftäter bezüglich der Untersuchungshaft. Der Unterschied liegt allein darin, dass in Ba-Wü der Haftkostenbeitrag monatlich im Voraus zu zahlen ist als Voraussetzung für eine Selbstbeschäftigung, womit der Anspruch auf Zahlung des Haftkostenbeitrages gesichert, die Wahrscheinlichkeit seiner Erfüllung also erhöht wird.

113 c) **Sondergeld in Ba-Wü.** Nach § 37 Abs. 1 JVollzGB II kann für Untersuchungsgefangene monatlich ein **„Betrag in angemessener Höhe"** einbezahlt werden, der als Sondergeld gutzuschreiben ist und **für den Einkauf** oder **anderweitig verwendet** werden kann. In der Entwurfsbegründung heißt es, Abs. 1 verfolge den Zweck, einen Ausgleich dafür zu schaffen, dass den Untersuchungsgefangenen der Empfang von Lebensmittelpaketen aus Gründen der Sicherheit und Ordnung der JVA untersagt ist. Über das Sondergeld können die Untersuchungsgefangenen, vergleichbar dem Hausgeld der Strafgefangenen, danach zwar nicht bar verfügen, ihr Guthaben auf ihrem Sondergeldkonto aber für beliebige legale Zwecke innerhalb der JVA verwenden, etwa für Fernsehen, Telefonkosten oder den Einkauf. Unter der „anderweitigen Verwendung" ist also der Einsatz für alle möglichen Zwecke innerhalb der JVA, die legal sind, zu verstehen. Im Rahmen des Absatzes 1 brauchen die verfolgten Zwecke also nicht besonders förderungswürdig zu sein. Man kann dieses Sondergeld damit als **„allgemeines" Sondergeld** bezeichnen.

114 Die Bedeutung des Sondergeldes besteht darin, dass es pfändungsfrei ist, Gläubiger der Untersuchungsgefangenen also keinen Zugriff darauf haben.[136] In Bezug auf Pfändungsvorschriften ist zu beachten, dass die Zwangsvollstreckung Teil des gerichtlichen Verfahrens und damit Gegenstand der konkurrierenden Gesetzgebung gemäß Art. 74 Abs. 1 Nr. 1, 72 Abs. 1 GG ist. Nach den grundgesetzlichen Regelungen sind landesrechtliche Regelungen neben bundesrechtlichen Regelungen verfassungswidrig und damit nichtig.[137]

115 Zum Begriff der Angemessenheit der Höhe des Betrages findet sich im Gesetz sowie in der Entwurfsbegründung nichts. In der Begründung heißt es lediglich, dass die Festsetzung der **genauen Höhe** landeseinheitlich erfolgen soll und einer entsprechenden Verwaltungsvorschrift vorbehalten bleibe.[138] Allerdings werden als Sondergeld gemäß § 37 Abs. 3 S. 1 JVollzGB II höchstens drei Monatseinzahlungen gutgeschrieben, alles, was darüber hinausgeht, wird dem Eigengeld zugeschrieben. Das Eigengeld ist im Gegensatz zum Sondergeld pfändbar.

116 Nach § 37 Abs. 2 JVollzGB II kann **über Absatz 1 hinaus** (also zusätzlich zum „allgemeinen" Sondergeld) Sondergeld in angemessener Höhe eingezahlt werden für „Maßnahmen der Eingliederung, insbesondere für Kosten der Gesundheitsfürsorge und der Aus- und Fortbildung" (Nr. 1) sowie für „Maßnahmen zur Pflege sozialer Beziehungen, insbesondere Telefonkosten" (Nr. 2). Hierzu heißt es in der Entwurfsbegründung, damit werde den Untersuchungsgefangenen die Möglichkeit gewährt, sich für **besondere förderungswürdige Zwecke** Sondergeld überweisen zu lassen. Dieses Sondergeld kann man daher als **„spezielles" Sondergeld** bezeichnen. Das „spezielle" Sondergeld ist gemäß § 37 Abs. 3 S. 2 JVollzGB II dem Eigengeld zuzuschreiben, wenn es zu dem bezeichneten Zweck nicht eingesetzt werden kann und eine Rückerstattung an die Einzahler nicht möglich ist. D.h., wenn die besonders förderungswürdige Zweckbestimmung nicht erreicht werden kann, erfolgt vorrangig die Rückerstattung an den Einzahler. Ist dies nicht möglich, wird das Geld dem Eigengeldkonto der Untersuchungsgefangenen gutgeschrieben. In diesem Fall entfällt die besondere Förderungswürdigkeit der Zweckbestimmung des Geldes, so dass aus dem Sondergeld gewisser-

135 Vgl. dazu auch Arloth, StVollzG, § 50 Rn. 4.

136 Vgl. Entwurfsbegründung Ba-Wü, LT-Drucks. 14/5012, S. 197, zu § 37.

137 BVerfGE 109, 190 (230) = NJW 2004, 750 (755) „Bayerisches Straftäterunterbringungsgesetz"; Seiler in: BeckOK-GG, Art. 72 Rn. 3.

138 Ba-Wü, LT-Drucks. 14/5012, S. 197.

maßen „allgemeines Geld“ (Eigengeld) der Untersuchungsgefangenen wird, auf das die Gläubiger Zugriff haben.

Die Formulierung „**Maßnahmen der Eingliederung**“ in § 37 Abs. 2 JVollzGB II ist im Hinblick auf die für Untersuchungsgefangene geltende **Unschuldsvermutung** problematisch und in der Sache auch nicht erforderlich. Kosten für die Gesundheitsfürsorge sind nur dann Maßnahmen der „Eingliederung“, wenn es sich um Kosten für die Behandlung kriminalitätsfördernder Erkrankungen, wie beispielsweise Drogen- oder Alkoholabhängigkeit, handelt. Jedoch stellt die Begleichung von Kosten für die Gesundheitsfürsorge generell einen besonders förderungswürdigen Zweck dar, so dass **für die Behandlung jeglicher Erkrankungen** spezielles Sondergeld eingezahlt werden kann. Damit stehen die Untersuchungsgefangenen in Ba-Wü insoweit auf den ersten Blick besser als in den anderen Ländern. Dort kann eine teilweise oder vollständige Kostenauferlegung erfolgen,[139] ohne dass dafür zu verwendendes Geld dem Zugriff der Gläubiger entzogen ist. Allerdings steht diese Kostenauferlegung im Ermessen der Vollzugsbehörde und erfolgt in Bezug auf Maßnahmen notwendiger medizinischer Leistungen auch nur in „angemessenem“ Umfang. 117

d) **Überbrückungsgeld bei jungen Untersuchungsgefangenen.** In **Hessen** ist gemäß § 48 Abs. 5 HUVollzG i.V.m. § 41 Abs. 1, 2 und 4 HessJStVollzG für junge Untersuchungsgefangene aus vier Siebteln ihrer Einkünfte, d.h. aus Arbeitsentgelt und Ausbildungsbeihilfe, ein Überbrückungsgeld zu bilden. In **Niedersachsen** erfolgt bei jungen Untersuchungsgefangenen gemäß § 161 Abs. 2 NJVollzG die Gutschrift von ebenfalls vier Siebteln der Ansprüche auf Arbeitsentgelt oder Ausbildungsbeihilfe (Nr. 1) bzw. eines „angemessenen Teils“ des Anspruchs gegen die Vollzugsbehörde auf Gutschrift von Geldern aus einer Selbstbeschäftigung (Nr. 2) und bei Entlassung die Ausbezahlung des so zusammengekommenen Geldes. Hierbei handelt es sich in der Sache ebenfalls um ein Überbrückungsgeld. Erwachsene Untersuchungsgefangene haben kein Überbrückungsgeld zu bilden.[140] 118

Das Überbrückungsgeld wird den Untersuchungsgefangenen zunächst gutgeschrieben und bei Entlassung ausgezahlt. Alternativ können die Gefangenen es auch schon während des Vollzugs für Ausgaben in Anspruch nehmen, die ihrer problemlosen Wiedereingliederung in die Gesellschaft nach Haftentlassung dienen. Hierunter fallen etwa Aufwendungen zur Erlangung einer Wohnung oder eines Arbeitsplatzes.[141] Es handelt sich um einen **Zahlungsanspruch der Gefangenen gegen die Vollzugsanstalt**, der bei der Haftentlassung fällig wird.[142] 119

Die Bedeutung des Überbrückungsgeldes liegt darin, dass es **nicht gepfändet** werden kann (hierzu verweist die Regelung des hessischen UVollzG auf das hessische JStVollzG, das seinerseits auf das StVollzG verweist). Es soll den Betroffenen vielmehr im vollen Umfang zur Verfügung stehen, damit sie für ihre finanzielle Ausstattung unmittelbar nach Haftentlassung – zumindest teilweise – **selbst verantwortlich** sind und ein entsprechendes Bewusstsein entwickeln.[143] Gleichzeitig ist eine **Entlastung der öffentlichen Haushalte** bezweckt, indem das Überbrückungsgeld einen Anspruch auf Arbeitslosengeld II oder Sozialhilfe beseitigt.[144]

NRW hat ausdrücklich von einem Überbrückungsgeld für Untersuchungsgefangene abgesehen mit der Begründung, dies komme im Hinblick auf den lediglich verfahrenssichernden Charakter der Untersuchungshaft nicht in Betracht.[145]

Nach dem NJVollzG wird bei Einkünften der jungen Untersuchungsgefangenen aus einer Selbstbeschäftigung ein „angemessener Teil“ als Überbrückungsgeld gutgeschrieben. Nach der Legaldefinition des § 36 Abs. 2 S. 1 NJVollzG ist eine Selbstbeschäftigung das selbst- 120

139 Z.B. gemäß § 22 Abs. 4 und 5 des 12er-Entwurfs.
140 Wiesneth, Die Untersuchungshaft, Rn. 199.
141 Vgl. Sandmann in: Ostendorf, Jugendstrafvollzugsrecht, 4. Abschnitt Rn. 32.
142 Sandmann in: Ostendorf, Jugendstrafvollzugsrecht, 4. Abschnitt Rn. 32.
143 Seebode NStZ 1984, 335: Anm. zu OLG Celle NStZ 1984, 334 f.
144 S.u.; vgl. auch für den Strafvollzug Laubenthal in: Schwind/Böhm/Jehle/Laubenthal, StVollzG, § 51 Rn. 1 m.w.N.
145 NRW, LT-Drucks. 14/8631, S. 52.

ständige Nachgehen einer Beschäftigung. Hierbei können höhere oder auch niedrigere Einkünfte als bei einer Arbeit oder Ausbildung erzielt werden. Daher ist die flexible Regelung des Gesetzes über den unbestimmten Rechtsbegriff der Angemessenheit im Ausgangspunkt sinnvoll. Das Gesetz konkretisiert allerdings in keiner Weise näher, welcher konkrete Betrag oder welcher Bruchteil der Einkünfte als „angemessener Teil" zu betrachten ist. Auch die Gesetzesbegründung geht darauf nicht ein. Ein angemessener Teil dürfte gegeben sein, wenn er in gleicher Weise wie der Betrag des Überbrückungsgeldes bei Arbeitsentgelt oder Ausbildungsbeihilfe in einem bestimmten Verhältnis zu den erzielten Einkünften steht. Dabei ist zu berücksichtigen, dass das Überbrückungsgeld für die ersten vier Wochen nach Haftentlassung ausreichen soll, nicht aber darüber hinaus. Diese Prämisse beschränkt seine Höhe sowohl nach oben als auch nach unten. Als näheren Anhaltspunkt kann man die Verwaltungsvorschrift zu § 51 StVollzG (VV) heranziehen, die auf die Regelung zum Hausgeld Strafgefangener verweist. Im gebotenen Interesse einer Gleichbehandlung aller Gefangenen ist der „angemessene Teil" der Einkünfte in Ansehung der für Strafgefangene geltenden Grundsätze auch auf die Untersuchungsgefangenen nach oben hin auf den Betrag zu begrenzen, der sich rechnerisch aus vier Siebteln des höchstmöglichen Arbeitsentgeltes ergibt, auch wenn damit nicht der Lebensunterhalt für die ersten vier Wochen nach Haftentlassung gedeckt wird. Eine Begrenzung nach unten ergibt sich auf diese Weise ebenfalls: Den Betroffenen müssen mindestens drei Siebtel ihrer Einkünfte zur freien Verfügung verbleiben, aus dem Rest kann ein Überbrückungsgeld gebildet werden.

121 aa) **Regelung zum Nachteil der Untersuchungsgefangenen?** Die Bildung des Überbrückungsgeldes bei Untersuchungsgefangenen ist in anderer Hinsicht in mehreren Punkten problematisch, ganz abgesehen davon, dass angesichts der regelmäßig kurzen Dauer der Untersuchungshaft selten ein wirklich brauchbarer Betrag angespart wird, insbesondere in den Bundesländern, in denen das Arbeitsentgelt lediglich 5 % der Bezugsgröße nach § 18 SGB IV beträgt.

122 Es ist fraglich, ob mit dem Überbrückungsgeld die bezweckte Absicherung nach der Entlassung erreicht wird oder ob es andere finanzielle Hilfen ausschließt, die die Gefangenen andernfalls erhielten.[146] Als solche kommen Ansprüche der Betroffenen auf Arbeitslosengeld II oder Sozialhilfe in Betracht.

Gemäß **§ 9 Abs. 1 SGB II** und **§ 2 Abs. 1, 19 Abs. 1 S. 1 SGB XII** muss für einen Anspruch auf **Arbeitslosengeld II** bzw. **Sozialhilfe Bedürftigkeit** gegeben sein. Diese liegt nur vor, wenn der Betroffene seinen Lebensunterhalt nicht mit eigenem Einkommen oder Vermögen sichern bzw. – insbesondere bei Minderjährigen – vorrangige Unterhaltsansprüche nicht realisieren kann. **Einkommen** sind dabei Einnahmen in Geld oder Geldeswert, die der Betroffene in der Bedarfszeit wertmäßig dazu erhält.[147] Beim ALG II können davon im Wesentlichen nur Steuern, Sozialversicherungsbeiträge und Unterhaltszahlungen **abgesetzt** werden. Bei der Sozialhilfe in Form von Hilfe zum Lebensunterhalt nach § 8 Nr. 1 SGB XII kann darüber hinaus gemäß § 82 Abs. 3 SGB XII ein Betrag von 30 % des Bruttoeinkommens – der wiederum grundsätzlich höchstens 50 % des Eckregelsatzes betragen darf – abgesetzt werden.[148] Unter **Vermögen** ist jeweils all das an finanziellen Mitteln zu verstehen, was der Betroffene zu Beginn der Bedarfszeit bereits hat.[149] Bei Vermögen besteht gemäß **§ 12 SGB II** ein bestimmter **Grundfreibetrag** bzw. gemäß **§ 90 Abs. 2 SGB XII** ein bestimmtes **Schonvermögen.**[150]

146 So Sandmann in: Ostendorf, Jugendstrafvollzugsrecht, 4. Abschnitt Rn. 33: es stelle ein Wiedereingliederungshindernis dar.

147 § 11 Abs. 1 SGB II/ § 82 Abs. 1 SGB XII; dazu Mecke in: Eicher/Spellbrink, SGB II, § 11 Rn. 11; Wahrendorf in: Grube/Wahrendorf, SGB XII Sozialhilfe, § 82 Rn. 32 und Rn. 61 zur Gleichsetzung von Einkünften mit Einnahmen.

148 Wahrendorf in: Grube/Wahrendorf, SGB XII Sozialhilfe, § 82 Rn. 88.

149 Mecke in: Eicher/Spellbrink, SGB II, § 11 Rn. 18; Wahrendorf in: Grube/Wahrendorf, SGB XII Sozialhilfe, § 82 Rn. 18.

150 Vgl. zu letzterem Wahrendorf in: Grube/Wahrendorf, SGB XII Sozialhilfe, § 90 Rn. 29 ff.

Wenn man unzutreffender Weise davon ausginge, dass das Überbrückungsgeld Einkommen darstellte, wäre es beim Arbeitslosengeld II kein absetzungsfähiger Posten. Es unterfällt insbesondere nicht § 11 Abs. 2 SGB II, womit es grundsätzlich anzurechnen wäre. Zudem könnte es nicht nach § 11 Abs. 3 SGB II unberücksichtigt bleiben als sog. zweckbestimmte Einnahme, da diese nicht demselben Zweck dienen darf wie das ALG II. Das Überbrückungsgeld dient jedoch wie das ALG II der Sicherung des Lebensunterhaltes aus eigenen Mitteln sowie der Erlangung eines Arbeitsplatzes.[151]

Beim **Überbrückungsgeld** handelt es sich vielmehr um **Vermögen der Haftentlassenen** im Sinne der oben genannten Definition, denn sie haben es bereits vor der mit Haftentlassung beginnenden Bedarfszeit angespart und nicht in der Bedarfszeit dazu erhalten, auch wenn es ihnen erst bei der Haftentlassung ausgezahlt wird. Der beim ALG II bestehende Grundfreibetrag des § 12 Abs. 2 SGB II wird nur in den seltensten Fällen überschritten, somit ist die Einordnung als Vermögen für die Betroffenen vorteilhaft, da das Vorhandensein des Überbrückungsgeldes nicht dazu führt, dass der Betroffene einen niedrigeren Betrag erhält.

In Bezug auf die **Sozialhilfe** stellt das Überbrückungsgeld häufig einen sog. „kleineren Barbetrag" dar und unterfällt damit dem **Schonvermögenstatbestand** des **§ 90 Abs. 2 Nr. 9, Var. 1 SGB XII**, so dass es unberücksichtigt bleibt. Einzelheiten dazu ergeben sich aus der Verordnung zur Durchführung des § 90 Abs. 2 Nr. 9 des SGB XII (der sog. BarbetrV). 123

Folgendes Beispiel zur Veranschaulichung: Der aus der Untersuchungshaft Entlassene hat keine Angehörigen, die für seinen Lebensunterhalt aufkommen, maßgeblich ist also allein sein Vermögen. Er zahlt niemandem Unterhalt. In diesem Fall beträgt nach § 1 Abs. 1 S. 1 Nr. 1 BarbetrV der nicht einzusetzende Barbetrag (das sog. „Schonvermögen") 1.600,- EUR (Grundbetrag bei der Hilfe zum Lebensunterhalt allgemein). Er hatte im Untersuchungshaftvollzug eine Arbeit, für die er ein Arbeitsentgelt nach der höchsten Vergütungsstufe (Stufe V = 125 % bei der Eckvergütung in Höhe von 9 % der Bezugsgröße West) erhielt. Die Untersuchungshaft hat sechs Monate gedauert (die ohne Vorliegen besonderer Umstände nicht überschritten werden sollen, § 121 Abs. 1 StPO). Die genannte Eckvergütung für das Jahr 2010 beträgt 2.759,40 EUR. Der Tagessatz beträgt demnach unter den genannten Voraussetzungen 13,80 EUR. Sechs Monate haben pauschal 125 Arbeitstage. Der Betroffene hat mithin in dieser Zeit ein Arbeitsentgelt in Höhe von 125 x 13,80 EUR = 1.725,- EUR erhalten. Davon wird aus vier Siebteln das Überbrückungsgeld gebildet. Dieses beträgt somit 985,72 EUR für sechs Monate (164,29 EUR pro Monat) und liegt damit unter der Grenze des Schonvermögens aus § 90 Abs. 2 Nr. 9 SGB XII. Es ist also nicht einzusetzen. Das Vorhandensein eines Überbrückungsgeldes schließt mithin die Gewährung von ALG II nach dem SGB II bzw. Sozialhilfe nach dem SGB XII entgegen der eingangs dargestellten Kritik nicht aus.

Exkurs: Haben die Untersuchungshaftentlassenen unabhängig vom Vorhandensein eines Überbrückungsgeldes keinen Anspruch auf ALG II oder Sozialhilfe (weil die Voraussetzungen hierfür aus anderen Gründen unabhängig vom Überbrückungsgeld nicht erfüllt sind), sind sie, wenn keine vorrangigen Regelungen greifen, **gesetzlich krankenversicherungspflichtig** nach **§ 5 Abs. 1 Nr. 13 SGB V**. Damit haben sie in den ersten vier Wochen nach Haftentlassung im Unterschied zu Empfängern von Arbeitslosengeld I oder II oder auch von Sozialhilfe gemäß **§ 249 Abs. 1 S. 1 SGB V** die Hälfte des um 0,9 % Prozentpunkte verminderten allgemeinen Beitragssatzes (der 15,5 % beträgt) zuzüglich dieser 0,9 Prozentpunkte, also im Ergebnis 8,2 %, zu tragen. Die Bezieher von ALG I oder II oder Sozialhilfe haben keinen Teil der Beiträge selbst zu tragen. Für sie ist § 5 Abs. 1 Nr. 2 bzw. 2 a SGB V einschlägig. Dabei trägt für Empfänger von ALG I gemäß § 251 Abs. 4 a SGB V die Bundesagentur für Arbeit die Beiträge. Für Empfänger von ALG II trägt der Bund die Beiträge, § 251 Abs. 4 SGB V. Für Sozialhilfeempfänger übernehmen die Sozialhilfeträger (regelmäßig die kreisfreien Städte, die Kreise oder die Gemeinden als örtliche Sozialhilfeträger i.S.d. § 97 Abs. 1 SGB XII) die Krankenversicherungsbeiträge, § 32 Abs. 1 S. 1 SGB XII. 124

bb) Verfassungsrechtliche Überlegungen. Die Regelung des Überbrückungsgeldes weckt auf den ersten Blick verfassungsrechtliche Bedenken einerseits im Hinblick auf die damit verbundene Verfügungsbeschränkung für die Untersuchungsgefangenen sowie die Einschrän- 125

151 Vgl. § 1 Abs. 1 SGB II, § 51 StVollzG; Fahlbusch in: BeckOK-SGB II, § 11 SGB II Rn. 25.

kung der Pfändungsmöglichkeiten der Vollstreckungsgläubiger (Art. 14 GG) sowie andererseits in Bezug auf den Gleichheitsgrundsatz (Art. 3 GG), indem lediglich Hessen und Niedersachsen diesbezüglich Regelungen auch für erwachsene Untersuchungsgefangene getroffen haben. Allerdings können diese Bedenken bei näherer Betrachtung ausgeräumt werden. In Bezug auf Art. 14 GG stellt insbesondere die Sozialhilfe nach dem SGB XII keine Alternative dar. Die Ungleichbehandlung von jungen im Vergleich zu erwachsenen Untersuchungsgefangenen rechtfertigt sich dadurch, dass insoweit wesentliche Unterschiede gegeben sind.

Das Vorhandensein bzw. Fehlen der Regelung des Überbrückungsgeldes für junge Untersuchungsgefangene in den UVollzGen der verschiedenen Bundesländer ist Folge der Föderalismusreform. Seitdem steht es im Ermessen jedes einzelnen Bundeslandes, wie es von seiner Gesetzgebungskompetenz Gebrauch macht, solange die in diesem Zuge entstandenen Gesetze verfassungskonform sind.

Im Vergleich der jungen zu den erwachsenen Untersuchungsgefangenen besteht der wesentliche Unterschied, dass bei den **jungen Untersuchungsgefangenen** der Untersuchungshaftvollzug[152] **erzieherisch zu gestalten** ist.

Die Unpfändbarkeit des Überbrückungsgeldes bedeutet eine Benachteiligung der Vollstreckungsgläubiger der Untersuchungsgefangenen. Der übrige Teil des Arbeitsentgelts/der Ausbildungsbeihilfe bzw. in den anderen Ländern der Gesamtbetrag ist grundsätzlich pfändbar. Allerdings betragen sogar sieben Siebtel, also das gesamte höchsterreichbare Arbeitsentgelt bzw. die Ausbildungsbeihilfe, monatlich lediglich 287,50 EUR als Arbeitseinkommen[153] und bleiben damit unterhalb der Pfändungsfreigrenze des § 850 c Abs. 1 S. 1 ZPO in Höhe von 985,15 EUR.

126 Die Regelung in § 161 Abs. 2 S. 2 NJVollzG ist wegen Verletzung des Verhältnismäßigkeitsgrundsatzes dem Wortlaut nach verfassungswidrig, indem sie auf eine Beschränkung der Zeit verzichtet, für die das Überbrückungsgeld dienen soll. So ist nicht festgelegt, bis zu welcher Höhe das Überbrückungsgeld gebildet, also der Verfügungsgewalt der Untersuchungsgefangenen und dem Vollstreckungszugriff der Gläubiger entzogen werden darf.[154]

Allerdings ist die Vorschrift damit nicht per se nichtig, sondern im Wege der verfassungskonformen Auslegung anzuwenden,[155] indem das Überbrückungsgeld auf einen bestimmten Zeitraum nach Haftentlassung beschränkt wird.

127 Die Bildung eines Überbrückungsgeldes liegt nicht im Interesse der staatlichen Gemeinschaft, ist nicht aus vollzuglichen Gründen erforderlich und stellt auch keine Ausübung des elterlichen Erziehungsrechts durch den Staat bei minderjährigen Untersuchungsgefangenen dar. Die Regelung verletzt zudem das Verbot der Schlechterstellung Jugendlicher gegenüber Erwachsenen in vergleichbarer Verfahrenslage. Die Rechte Jugendlicher dürfen nicht aus angeblich erzieherischen Gründen stärker eingeschränkt werden, als es aus Gründen des Vollzugsziels der Untersuchungshaft geboten ist.[156] Das Verbot gilt auch in Bezug auf Heranwachsende und junge Erwachsene. Die Bildung des Überbrückungsgeldes ist damit als zwingend ausgestaltete Regelung unzulässig. Zulässig wäre eine Regelung, die die Bildung eines Überbrückungsgeldes auf Wunsch der Eltern minderjähriger Untersuchungsgefangener oder auf eigenen Wunsch der anderen jungen Untersuchungsgefangenen ermöglicht.

152 Etwa nach § 67 Abs. 1 S. 1 des 12er-Entwurfs.
153 Smid in: MüKo-ZPO, § 850 Rn. 24.
154 Vgl. für den Strafvollzug Laubenthal in: Schwind/Böhm/Jehle/Laubenthal, StVollzG, § 51 Rn. 2 mit Verweis auf OLG Hamm ZfStrVo 1985, 380.
155 Vgl. hierzu Heintschel-Heinegg in: BeckOK-StGB, § 1 Rn. 21 ff.
156 Vgl. zu dem Verbot Ostendorf, JGG, § 5 Rn. 4 und § 18 Rn. 5.

3. Taschengeld

a) Die gesetzlichen Regeln

128

Länder	Taschengeld
12er-Regelung Berlin Brandenburg Bremen Hamburg Hessen Mecklenburg-Vorpommern Rheinland-Pfalz Saarland Sachsen Sachsen-Anhalt Schleswig-Holstein Thüringen	***§ 25 Abs. 7 12er-Regelung: Arbeitsentgelt und Ausbildungsbeihilfe, Taschengeld*** **(7) Kann Untersuchungsgefangenen weder Arbeit noch die Teilnahme an einer Bildungsmaßnahme angeboten werden, wird ihnen bei Bedürftigkeit auf Antrag ein Taschengeld gewährt. Bedürftig sind Untersuchungsgefangene, soweit ihnen im laufenden Monat nicht ein Betrag bis zur Höhe des Taschengeldes aus eigenen Mitteln zur Verfügung steht. Das Taschengeld beträgt 14 vom Hundert[157] der Eckvergütung.** **Abweichende Regelungen:** ***Brandenburg, § 25 Abs. 7 BbgUVollzG; Mecklenburg-Vorpommern, § 25 Abs. 7 UVollzG M-V: Arbeitsentgelt und Ausbildungsbeihilfe, Taschengeld*** (7) Untersuchungsgefangenen, denen weder Arbeit noch die Teilnahme an einer Bildungsmaßnahme angeboten werden kann, kann auf Antrag zur Vermeidung einer unbilligen Härte ein Taschengeld gewährt werden. Das Taschengeld beträgt 14 Prozent der Eckvergütung. Eine unbillige Härte ist gegeben, wenn und solange Untersuchungsgefangenen im laufenden Monat ein Betrag bis zur Höhe des Taschengeldes nicht aus eigenen Mitteln zur Verfügung steht und sie diesen Betrag ohne ihr Verschulden auch von einer dritten Stelle nicht rechtzeitig erlangen können. ***Hamburg, § 35 HmbUVollzG: Taschengeld*** Kann Untersuchungsgefangenen weder Arbeit noch die Teilnahme an einer Bildungsmaßnahme angeboten werden, wird ihnen bei Bedürftigkeit auf Antrag ein Taschengeld gewährt. Bedürftig sind Untersuchungsgefangene, soweit ihnen im laufenden Monat nicht ein Betrag bis zur Höhe des Taschengeldes aus eigenen Mitteln zur Verfügung steht. Das Taschengeld beträgt 14 vom Hundert der Eckvergütung (§ 31 Absatz 2 Nummer 1). ***Hessen: ggf. vom Sozialhilfeträger*** ***Sachsen, § 25 Abs. 6 SächsUHaftVollzG: Arbeitsentgelt und Ausbildungsbeihilfe, Taschengeld*** (6) Kann Untersuchungsgefangenen weder Arbeit noch die Teilnahme an einer Bildungsmaßnahme angeboten werden, wird ihnen ein angemessenes Taschengeld gewährt, falls sie bedürftig sind. Bedürftig sind Untersuchungsgefangene, soweit ihnen im laufenden Monat nicht ein Betrag bis zur Höhe des Taschengeldes aus eigenen Mitteln zur Verfügung steht. Das Taschengeld beträgt 14 Prozent der Eckvergütung. ***Sachsen-Anhalt, § 25 Abs. 7 UVollzG LSA: Arbeitsentgelt und Ausbildungsbeihilfe, Taschengeld*** (7) Erhält ein Untersuchungsgefangener ohne sein Verschulden weder Ausbildungsbeihilfe noch Arbeitsentgelt, wird ihm bei Bedürftigkeit auf Antrag ein angemessenes Taschengeld gewährt.

157 Im Saarland, § 25 Abs. 7 SUVollzG: „[…] Prozent […]“.

Länder	Taschengeld
	Bedürftig ist ein Untersuchungsgefangener, soweit ihm im laufenden Monat nicht ein Betrag bis zur Höhe des Taschengeldes aus eigenen Mitteln zur Verfügung steht. Das Taschengeld beträgt 14 v.H. der Eckvergütung. ***Schleswig-Holstein, § 25 Abs. 7 UVollzG SH: Arbeitsentgelt und Ausbildungsbeihilfe, Taschengeld*** (7) Kann Untersuchungsgefangenen weder Arbeit noch die Teilnahme an einer Bildungsmaßnahme angeboten werden, wird ihnen zur Überbrückung einer unverschuldeten Bedürftigkeit zu Beginn der Inhaftierung auf Antrag darlehensweise ein Taschengeld gewährt. Bedürftig sind Untersuchungsgefangene, soweit ihnen im laufenden Monat nicht ein Betrag bis zur Höhe des Taschengeldes aus eigenen Mitteln zur Verfügung steht. Das Taschengeld beträgt 14 % der Eckvergütung nach Abs. 2.
Baden-Württemberg	**Keine Regelung**
Bayern	**Keine Regelung**
Niedersachsen	**Keine Regelung**
Nordrhein-Westfalen	***§ 11 Abs. 5 UVollzG NRW: Beschäftigung, Bildungsmaßnahmen, Taschengeld*** **(5) In Ausnahmefällen, namentlich zur Überbrückung einer unverschuldeten Bedürftigkeit zu Beginn der Inhaftierung, kann die Anstaltsleitung Untersuchungsgefangenen auf Antrag darlehensweise Taschengeld gewähren. Die Höhe des Taschengeldes beträgt pro Arbeitstag 7 Prozent des Tagessatzes der Eckvergütung nach Absatz 3 Satz 2.**

129 b) **Allgemeines und Fehlen einer Regelung in einigen Ländern.** In Ba-Wü, Hessen und Niedersachsen besteht nach den UVollzGen kein Taschengeldanspruch. Die anderen Länder haben einen Taschengeldanspruch in ihre Gesetze aufgenommen. Ergänzend finden sich für Sachsen-Anhalt Konkretisierungen in Nr. 17 der Allgemeinen Verwaltungsvorschriften zum Untersuchungshaftvollzug Sachsen-Anhalt.[158]

130 Hintergrund dieser unterschiedlichen Regelung ist, dass Untersuchungsgefangene formal einen **ähnlichen Anspruch nach Sozialrecht** geltend machen können. Die Gesetzesbegründungen der 12er-Gruppe weisen darauf hin, dass sich dieser Anspruch jedoch wegen der regelmäßig kurzen Dauer der Untersuchungshaft und des langwierigen Bewilligungsverfahrens meist nicht realisieren lasse. Dadurch verfügten die Untersuchungsgefangenen über Monate über keinerlei eigene finanzielle Mittel zur Befriedigung privater Bedürfnisse, was die Entstehung subkultureller Abhängigkeiten begünstige und zu einer nicht zu unterschätzenden Gefahr für die Sicherheit der Anstalt führe. Das Taschengeld solle schuldlos mittellosen Untersuchungsgefangenen in entsprechender Anwendung des Rechtsgedankens der Sozialhilfe eine Mindestausstattung zur Befriedigung solcher Bedürfnisse ermöglichen, die über die Grundversorgung der Anstalt hinausgehen. So könnten die Untersuchungsgefangenen ihr Taschengeld beispielsweise verwenden, um Telefongebühren zu begleichen oder Zeitungen oder Briefmarken zu erwerben.[159]

158 VV UVollzG Sachsen-Anhalt, AV des MJ vom 28.5.2010 – 4420-306.454/09.

159 Entwurfsbegründung Berlin, S. 26 f., ebenso Brandenburg, S. 95 f., Bremen, S. 44, Hamburg, S. 34 f., M-V, S. 70; Rheinland-Pfalz, S. 83, Sachsen, S. 59, Thüringen, S. 90; vgl. auch Kirschke/Brune Forum Strafvollzug 2009, 18 (20).

Hessen geht davon aus, dass sich der Anspruch unverschuldet bedürftiger Untersuchungsgefangener auf Taschengeld aus § 35 Abs. 2 S. 1 SGB XII ergebe.[160] Dies ist nicht richtig. **§ 35 SGB XII** betrifft den **notwendigen Lebensunterhalt in Einrichtungen.** Wie der Begriff der Einrichtungen in diesem Sinne zu verstehen ist, ergibt sich aus § 13 SGB XII. Nach **§ 13 Abs. 2 SGB XII** sind Einrichtungen in diesem Sinne alle Einrichtungen, die der Pflege, der Behandlung oder sonstigen nach dem SGB XII zu deckenden Bedarfe oder der Erziehung dienen. Untersuchungshaftvollzugsanstalten bzw. besondere Abteilungen von Justizvollzugsanstalten sind keine Einrichtungen in diesem Sinne.[161] 131

Ein Anspruch auf Taschengeld ergibt sich auch nicht aus dem SGB II, da diejenigen, die in einer Einrichtung zum Vollzug richterlich angeordneter Freiheitsentziehung untergebracht sind, gemäß **§ 7 Abs. 4 SGB II** keine Leistungen nach dem SGB II erhalten. Die Untersuchungshaft wird gemäß § 114 Abs. 1 StPO durch einen Richter angeordnet, sie ist eine richterlich angeordnete Freiheitsentziehung in diesem Sinne.[162] 132

Der sozialrechtliche Anspruch auf Zahlung eines Taschengeldes ergibt sich vielmehr aus **§ 19 Abs. 1 i.V.m. §§ 27 Abs. 1, 28 Abs. 1 S. 2 SGB XII**, also dem allgemeinen Sozialhilferecht.[163] Nach § 19 Abs. 1 SGB XII wird **Hilfe zum Lebensunterhalt** gewährt, wenn eine Person ihren notwendigen Lebensunterhalt nicht aus eigenen Kräften und Mitteln, insbesondere aus ihrem Einkommen und Vermögen, beschaffen kann. Der notwendige Lebensunterhalt umfasst nach § 27 Abs. 1 S. 1 SGB XII insbesondere Ernährung, Unterkunft, Kleidung, Körperpflege, Hausrat, Heizung und persönliche Bedürfnisse des täglichen Lebens. Der gesamte Bedarf des notwendigen Lebensunterhaltes wird gemäß § 28 Abs. 1 S. 1 SGB XII nach Regelsätzen erbracht, jedoch werden gemäß § 28 Abs. 1 S. 2 SGB XII die Bedarfe abweichend festgelegt, wenn im Einzelfall ein Bedarf ganz oder teilweise anderweitig abgedeckt ist. Dabei sind die vorgenannten Teile des notwendigen Lebensunterhaltes jeweils für sich ein Bedarf, mehrere nebeneinander also mehrere Bedarfe im Sinne des § 28 Abs. 1 S. 2 SGB XII. 133

Untersuchungsgefangenen steht demnach gegen den Träger der Sozialhilfe ein **Anspruch auf Sozialhilfe** zu, soweit ein **ungedeckter Bedarf** besteht. Begehrt ein Untersuchungsgefangener ein Taschengeld, also einen Geldbetrag zur persönlichen freien Verfügung, besteht ein derartiger sozialhilferechtlich anzuerkennender ungedeckter Bedarf, wenn die Vollzugsanstalt ein solches nicht zahlt, denn in der Untersuchungshaft erhalten die Untersuchungsgefangenen zwar Unterkunft, Heizung, Verpflegung sowie Mittel zur Körperpflege und Kleidung. Damit wird der wesentliche Teil der zum notwendigen Lebensunterhalt gehörenden Bedürfnisse befriedigt, der Bedarf des notwendigen Lebensunterhaltes ist also insoweit abgedeckt. Ungedeckt bleibt aber ein Teil des Bedarfs, der der Bedarfsgruppe der persönlichen Bedürfnisse des täglichen Lebens zuzuordnen ist, etwa der an Zeitungen bzw. Zeitschriften sowie Genussmitteln[164] oder, wie die Gesetzesbegründungen beispielhaft nennen, Telefonate und Briefmarken. Ein Taschengeld gehört demnach zur Befriedigung der sozialhilferechtlich anzuerkennenden Bedürfnisse des täglichen Lebens, die nicht durch Sachleistungen der Justizverwaltung gedeckt sind, dazu.[165] 134

In den Ländern, die in ihren UVollzGen einen Taschengeldanspruch nicht nur darlehensweise (vgl. hierzu unten Rn. 152 ff.) normiert haben, greift im Hinblick auf den sozialhilferechtlichen Anspruch das **Prinzip des Nachranges der Sozialhilfe** aus § 2 Abs. 1 SGB XII, das auch bei Untersuchungshaft Anwendung findet.[166] Nach § 2 Abs. 1 SGB XII erhält derjenige keine Sozialhilfe, der sich vor allem durch Einsatz seiner Arbeitskraft, seines Einkommens 135

160 So die Gesetzesbegründung Hessen, LT-Drucks. 18/1396, S. 137.
161 Vgl. BayLSG, Beschluss v. 22.9.2008, Az. L 8 B 590/08 SO ER, juris, Rz. 19.
162 Vgl. dazu auch Spellbrink in: Eicher/Spellbrink, SGB II, § 7 Rn. 64.
163 So auch W. Schellhorn in: Schellhorn/Schellhorn/Hohm, SGB XII, § 2 Rn. 46.
164 Vgl. hierzu, allerdings noch zum BSHG, OVG Lüneburg, 13.5.1992, 4 L 149/90, juris, Rz. 4 f.
165 So auch, noch zum BSHG, aber übertragbar auf das SGB XII, BVerwG, 12.10.1993, 5 C 38/92, juris, Rz. 14.
166 Vgl. BayLSG, 15.1.2009, L 8 B 834/08 SO ER, juris, Rz. 48.

und seines Vermögens selbst helfen kann oder die erforderliche Leistung von anderen, insbesondere von Angehörigen oder von Trägern anderer Sozialleistungen, erhält. Die JVA ist „Andere" in diesem Sinne.

136 In Ländern ohne Taschengeldanspruch nach dem UVollzG steht der Nachranggrundsatz dem Sozialhilfeanspruch dann nicht entgegen, wenn die Untersuchungsgefangenen nicht die Möglichkeit haben zu arbeiten, sie also ihren Bedarf nicht durch Einsatz ihrer Arbeitskraft decken können und auch nicht über Einkommen aus Selbstbeschäftigung, der Teilnahme an einer Bildungsmaßnahme oder Vermögen verfügen.[167]

137 c) **Voraussetzungen für die Gewährung eines Taschengeldes nach den UVollzGen.** In **Brandenburg** und **Mecklenburg-Vorpommern** setzt die Gewährung eines Taschengeldes die Vermeidung einer unbilligen Härte voraus, in **SH** die Überbrückung einer unverschuldeten Bedürftigkeit zu Beginn der Inhaftierung ebenso in **Nordrhein-Westfalen**, wo dieser Fall aber nur als Beispiel genannt wird („namentlich"). Die übrigen Länder der 12er-Gruppe setzen schlicht eine Bedürftigkeit des Untersuchungsgefangenen voraus. In Nordrhein-Westfalen und SH erfolgt die Gewährung darlehensweise.

138 aa) **Keine angebotene Arbeit, keine angebotene Teilnahme an einer Bildungsmaßnahme.** Die Gewährung eines Taschengeldes setzt zunächst voraus, dass den Betroffenen weder Arbeit noch die Teilnahme an einer Bildungsmaßnahme angeboten werden kann. Im UVollzG Sachsen-Anhalt wird vorausgesetzt, dass Untersuchungsgefangene ohne ihr Verschulden weder Ausbildungsbeihilfe noch Arbeitsentgelt erhalten. Diese Formulierung ist inhaltsgleich mit der Regelung in den anderen Ländern, da die Betroffenen ein Arbeitsentgelt oder eine Ausbildungsbeihilfe nur dann unverschuldet nicht erhalten, wenn ihnen keine Arbeit und auch nicht die Teilnahme an einer Bildungsmaßnahme angeboten werden kann, sei es aus organisatorischen oder in ihrer Person liegenden (z.B. gesundheitlichen) Gründen. Andernfalls, also wenn sie entsprechende Angebote ablehnen, trifft sie ein Verschulden.

139 bb) **Bedürftigkeit der Untersuchungsgefangenen bzw. Vermeidung einer unbilligen Härte.** 1) **Bedürftigkeit.** Für den Begriff der **Bedürftigkeit** findet sich in den genannten Gesetzen der 12er-Gruppe eine **Legaldefinition**. Danach sind Untersuchungsgefangene bedürftig, soweit ihnen im laufenden Monat nicht ein Betrag bis zur Höhe des Taschengeldes aus eigenen Mitteln zur Verfügung steht. Dies ist der Fall, wenn die Betroffenen unverschuldet kein Einkommen haben, also kein Arbeitsentgelt und keine Ausbildungsbeihilfe erhalten, keine Einkünfte aus einer Selbstbeschäftigung haben und ihnen ein entsprechender Betrag auch nicht aus sonstigen (eigenen oder von dritter Seite gewährten) Mitteln zur Verfügung steht.

140 „Eigene Mittel" sind also Gelder, die die Betroffenen selbst bereits haben (Vermögen) oder – ggf. von Dritten – rechtzeitig zur freien Verfügung erhalten. Die „eigenen Mittel" umfassen also auch außerhalb des Untersuchungshaftvollzuges vorhandene Gelder der Betroffenen, die in die Anstalt eingebracht und dort gutgeschrieben werden können.[168]

141 Die Gefangenen trifft eine Darlegungslast für ihre Bedürftigkeit mit der Folge, dass sich eine mangelnde Mitwirkung bei der Ermittlung der Vermögensverhältnisse zu ihren Lasten auswirkt.[169] Unberücksichtigt bleiben Gelder, die der freien Verfügung der Untersuchungsgefangenen während der Haft entzogen sind. In Bezug auf den Vollzug einer Freiheitsstrafe ist umstritten, ob auch Geldmittel zu berücksichtigen sind, die den Gefangenen von Dritten zweckgebunden zur Verfügung gestellt werden. Dies wird zum Teil mit dem Argument bejaht, die Gefangenen könnten nicht mit Dritten Vereinbarungen zulasten der Staatskasse schließen.[170] Von anderen wird die Berücksichtigung abgelehnt, da damit ohne rechtliche Grundlage in die Verfügungsbefugnis des Dritten eingegriffen werde.[171] Die letztgenannte

167 Vgl. auch Wahrendorf in: Grube/Wahrendorf, SGB XII, § 2 Rn. 17.
168 Vgl. für den Strafvollzug BVerfG ZfStrVo 1996, 315; OLG Koblenz ZfStrVo 1996, 118.
169 Vgl. für den Strafvollzug BVerfG ZfStrVo 1996, 315; Laubenthal in: Schwind/Böhm/Jehle/Laubenthal, StVollzG, § 46 Rn. 6; Arloth, StVollzG, § 46 Rn. 4.
170 Arloth, StVollzG, § 46 Rn. 4.
171 Däubler/Spaniol in: AK-StVollzG, § 46 Rn. 11; Laubenthal in: Schwind/Böhm/Jehle/Laubenthal, StVollzG, § 46 Rn. 6, ohne Begründung.

Ansicht steht im Einklang mit dem Charakter des Taschengeldes, das ein Geldbetrag zur freien Verfügung sein soll.[172] Über einen solchen verfügt ein Untersuchungsgefangener nicht, wenn er zweckgebundene Gelder erhalten hat, so dass diese keine Berücksichtigung finden kann.

Es besteht also ähnlich dem Subsidiaritätsprinzip der Sozialhilfe eine Nachrangigkeit des 142
Taschengeldes, die seine Funktion als finanzielle Mindestausstattung verdeutlicht.[173]

Verbrauchen Untersuchungsgefangene das Taschengeld eines Monats nicht vollständig, 143
wird dieses im Folgemonat bei der Prüfung der Bedürftigkeit ebenso wie übrig gebliebenes Arbeitsentgelt oder Ausbildungsbeihilfe berücksichtigt.[174] **Übrig gebliebenes Taschengeld** zählt zu den eigenen Mitteln der Untersuchungsgefangenen. Anders als bei Strafgefangenen, bei denen im Interesse der Resozialisierung das Ansparen eines größeren Betrages gefördert werden soll, dient das Taschengeld bei Untersuchungsgefangenen lediglich dazu, ihnen eine finanzielle Mindestausstattung zur Befriedigung solcher Bedürfnisse zu verschaffen, die über die Grundversorgung der Anstalt hinausgehen, wie etwa die Bezahlung von Telefonkosten oder den Erwerb von Briefmarken,[175] nicht jedoch dazu, auf Kosten der Staatskasse bzw. der Steuerzahler Ersparnisse anzulegen.[176] Jedoch erfolgt nach den UVollzGen **keine anteilige Anrechnung** vorhandener eigener Mittel. Vielmehr besteht eine Alles-oder-Nichts-Regelung. Entweder ist ein Untersuchungsgefangener bedürftig oder nicht. Eine teilweise Bedürftigkeit kennen die Gesetze nicht. Mithin ist ein Untersuchungsgefangener bedürftig, wenn nicht das gesamte Taschengeld des Vormonats übrig ist.

2) **Vermeidung einer unbilligen Härte.** Eine **unbillige Härte** ist nach der Legaldefinition in 144
§ 25 Abs. 7 der UVollzGe von Brandenburg und M-V gegeben, wenn und solange Untersuchungsgefangenen im laufenden Monat nicht ein Betrag bis zur Höhe des Taschengeldes aus eigenen Mitteln zur Verfügung steht und sie diesen Betrag ohne ihr Verschulden auch von einer dritten Stelle nicht rechtzeitig erlangen können. Die unbillige Härte unterscheidet sich also von der Bedürftigkeit dadurch, dass sie ausdrücklich auf von einer dritten Stelle rechtzeitig gezahlte Geldbeträge Bezug nimmt. Allerdings hat diese ausdrückliche Regelung mehr klarstellende als inhaltliche Funktion, da von einer dritten Stelle rechtzeitig erhaltene Mittel zu den eigenen Mitteln der Untersuchungsgefangenen gehören.

cc) **Unverschuldetes Nichterhalten von Ausbildungsbeihilfe und Arbeitsentgelt** (**Sachsen-** 145
Anhalt). In Parallele zum Strafvollzug liegt ein fehlendes Verschulden der Untersuchungsgefangene in diesem Sinne vor, wenn sie aus Gründen, die sie nicht zu vertreten haben, keine Bezüge nach dem UVollzG erhalten, da ihnen noch keine Arbeit oder Beschäftigung zugewiesen werden konnte. Dies kann auf wirtschaftlicher Rezession mit Auftragsmangel und Arbeitslosigkeit in der Anstalt oder fehlenden Arbeits- bzw. Ausbildungsplätzen beruhen oder auch auf der Arbeitsunfähigkeit der Untersuchungsgefangenen infolge Krankheit, Alter oder Gebrechlichkeit. **Verschuldet** ist die Bedürftigkeit beispielsweise, wenn ein Untersuchungsgefangener vorsätzlich oder fahrlässig verursacht hat, dass ihm keine Arbeit zugewiesen wird oder ihm die zugewiesene Arbeit im Wege einer Disziplinarmaßnahme entzogen worden ist, etwa wegen eines durch ihn verursachten Sicherheitsrisikos wie z.B. einem Ausbruch(sversuch) oder einer (versuchten) Gefangenenbefreiung. In diesem Fall ist der Gefangene so lange schuldhaft ohne Arbeit, wie der durch ihn selbst veranlasste Arbeitsentzug mit dem damit verbundenen Wegfall der Bezüge andauert. Dies ist nach den UVollzGen bis zu vier Wochen möglich.[177] Für die Zeit nach dem Ende des Arbeitsentzuges ist für die Frage, ob der Gefangene „ohne Verschulden" kein Arbeitsentgelt bezieht, allein die seitdem gegebene Situation entscheidend. Ist der Gefangene seither bereit zu arbeiten oder an einer Bil-

172 So auch Däubler/Spaniol in: AK-StVollzG, § 46 Rn. 2.
173 Vgl. für den Strafvollzug Laubenthal in: Schwind/Böhm/Jehle/Laubenthal, StVollzG, § 46 Rn. 2.
174 Vgl. für den Strafvollzug OLG Celle, 7.5.2010, Az. 1 Ws 123/10 (StrVollz).
175 Vgl. die Gesetzesbegründungen der 12er-Gruppe.
176 Anders für den Strafvollzug die einschlägige Kommentarliteratur, z.B. Arloth, StVollzG, § 46 Rn. 4.
177 Vgl. etwa § 61 Abs. 1 Nr. 6 UVollzG der 12er-Gruppe; § 63 Abs. 1 Nr. 6 JVollzGB II Ba-Wü; § 95 Abs. 1 Nr. 6 NJVollzG; § 45 Abs. 2 Nr. 6 UVollzG NRW.

dungsmaßnahme teilzunehmen und ist die JVA außerstande, ihm eine Arbeit oder Bildungsmaßnahme zuzuweisen, ist die Arbeitslosigkeit des Betroffenen nicht von ihm verschuldet.[178]

146 Das Verschulden verlangt **kein rechtswidriges Verhalten.**[179] Es muss aufgrund **positiver Feststellung** feststehen. Ein bloßer Verdacht reicht nicht aus, da die Formulierung „unverschuldet" keine Umkehr der Beweislast zum Nachteil des Betroffenen bedeutet.[180]

147 **dd) Unverschuldete Bedürftigkeit der Untersuchungsgefangenen, namentlich genannter Ausnahmefall in NRW.** Der Begriff der unverschuldeten Bedürftigkeit, wie ihn SH verwendet, ist eine doppelte Nennung desselben Inhaltes. Wie gezeigt, ist Bedürftigkeit nur gegeben, wenn den Betroffenen kein Verschulden trifft in Bezug auf den Nichterhalt finanzieller Mittel. Insofern hat die schleswig-holsteinische Regelung insoweit vornehmlich klarstellenden Charakter. Die Gesetzesbegründung verweist darauf, dass eine unverschuldete Bedürftigkeit dann nicht mehr angenommen werden könne, wenn Untersuchungsgefangene auch auf Aufforderung hin keinen Antrag auf Sozialhilfe beim Sozialhilfeträger stellen.[181]

In NRW stellt nach dem Gesetzeswortlaut die unverschuldete Bedürftigkeit zu Beginn der Inhaftierung einen namentlich genannten „Ausnahmefall" dar, in dem die Untersuchungsgefangenen Taschengeld erhalten können.

Das UVollzG NRW enthält keine Legaldefinition des Begriffes der Bedürftigkeit. Auch der Gesetzesbegründung ist hierzu nichts zu entnehmen. Daher ist ein anderes Verständnis des Begriffes möglich als das der Legaldefinitionen der anderen Länder. Bedürftigkeit könnte schlicht das Angewiesensein auf den Erhalt finanzieller Mittel bedeuten. Bei dieser Auslegung käme der Voraussetzung „unverschuldet" eine eigenständige Bedeutung zu. Allerdings gelten der Sache nach die obigen Ausführungen zur Bedürftigkeit, die ebenfalls das Merkmal „unverschuldet" enthalten. Zum Nichterhalt von Arbeitsentgelt oder Ausbildungsbeihilfe kommt in NRW hinzu, dass den Betroffenen auch keine Hilfstätigkeit übertragen werden konnte.

148 Andere **Ausnahmefälle** liegen vor allem bei einer Bedürftigkeit der Untersuchungsgefangenen vor, die nicht zu Beginn der Inhaftierung besteht, sondern erst später eintritt oder über den Beginn der Inhaftierung hinaus andauert. Es handelt sich um Fallkonstellationen, die dem namentlich genannten Fall ähneln. Abstrahieren lässt sich dies dahin, dass die Bedürftigkeit unverschuldet sein muss. Der nordrhein-westfälische Gesetzgeber ist offensichtlich davon ausgegangen, dass die Untersuchungsgefangenen einschließlich der jungen Untersuchungsgefangenen regelmäßig ein Arbeitsentgelt für eine Arbeit, eine Beschäftigung oder eine Hilfstätigkeit erhalten, so dass sie nur in Ausnahmefällen bedürftig sind. Dies erstaunt insbesondere vor dem Hintergrund, dass NRW keine Ausbildungsbeihilfe zahlt.

149 **ee) Antrag des Betroffenen.** Die Antragsvoraussetzung entspringt der Nachrangigkeit des Taschengeldes, das keinem Untersuchungsgefangenen aufgedrängt werden soll.[182] Der Antrag muss keinen besonderen Formerfordernissen genügen. Nach dem Wortlaut der Gesetze muss er nicht schriftlich gestellt werden. Denkbar ist daher auch der mündliche Antrag. Aus Beweisgründen ist den Betroffenen allerdings zu raten, ihn schriftlich abzufassen und ein weiteres Exemplar zu den eigenen Unterlagen zu nehmen. Wer ganz sicher gehen will, sollte sich die Einreichung schriftlich bescheinigen lassen.

150 Es ist zu beachten, dass das Taschengeld nicht rückwirkend gewährt wird. Daher ist der Antrag so rechtzeitig zu stellen, dass das Taschengeld noch im laufenden Monat gezahlt werden kann.[183] Im Antrag ist wegen der Darlegungslast für die Bedürftigkeit bzw. das Vorliegen einer unbilligen Härte anzugeben, ob dem Antragsteller außerhalb der Anstalt

178 Vgl. den Parallelfall aus dem Bereich des Strafvollzuges OLG Koblenz NStZ 1987, 576.
179 Arloth, StVollzG, § 46 Rn. 2.
180 Vgl. für den Strafvollzug OLG Zweibrücken NStZ 1994, 102.
181 SH, LT-Drucks. 17/1255, S. 78.
182 Vgl. für den Strafvollzug Laubenthal in: Schwind/Böhm/Jehle/Laubenthal, StVollzG, § 46 Rn. 2.
183 Vgl. für den Strafvollzug Arloth, StVollzG, § 46 Rn. 7.

Geldmittel zur Verfügung stehen.[184] Der Antrag muss nicht gegenüber einer bestimmten Person in der Anstalt gestellt werden. Die Gesetze enthalten keine Regelung etwa dahingehend, dass nur der Anstaltsleiter zur Entgegennahme der Anträge auf Taschengeld zuständig wäre. Nach § 3 Abs. 1 der UVollzGe der 12er-Gruppe trifft Entscheidungen nach dem UVollzG die Anstalt. Daher kann der Antrag jedem Vollzugsbediensteten übergeben werden, der ihn dann ggf. an die zur Bearbeitung zuständige Person weiterleitet.

d) **Entscheidung über die Gewährung eines Taschengeldes.** Die Entscheidung über die Gewährung des Taschengeldes ist in allen Ländern außer Ba-Wü, Bayern, Brandenburg, M-V und NRW als gebundene Entscheidung ausgestaltet. In diesen Ländern haben die Untersuchungsgefangenen also einen Anspruch auf Taschengeld, wenn die genannten Voraussetzungen vorliegen. Den Vollzugsbehörden steht insoweit kein Ermessen zu.[185] 151

In Brandenburg, Mecklenburg-Vorpommern und Nordrhein-Westfalen ist eine Kann-Entscheidung vorgesehen. Dies indiziert eine Entscheidung der Anstalt nach pflichtgemäßem Ermessen. In NRW sind allerdings auch die Tatbestandsvoraussetzungen dehnbar („in Ausnahmefällen"). In den Gesetzen der anderen beiden Länder soll durch die Formulierung augenscheinlich nur deutlich zum Ausdruck gebracht werden, dass die Taschengeldzahlung gegenüber allen anderen möglichen Geldern nachrangig ist. Selbst wenn die Gesetzgeber den Anstalten für ihre Entscheidung tatsächlich ein Ermessen einräumen wollten, wird im Lichte von Art. 3 Abs. 1 GG regelmäßig eine Ermessensreduzierung auf Null gegeben sein.

e) **Höhe des Taschengeldes.** In NRW erhalten Untersuchungsgefangene lediglich ein Taschengeld in Höhe von **7 % der Eckvergütung,** in Berlin, Brandenburg, Bremen, Hamburg, M-V, Rheinland-Pfalz, Saarland, Sachsen, Sachsen-Anhalt, SH und Thüringen demgegenüber in Höhe von **14 % der Eckvergütung**. Die 14 % der Eckvergütung entsprechen der Regelung in Abs. 2 S. 1 der VV zu § 46 StVollzG, die die Formulierung des StVollzG „angemessenes Taschengeld" konkretisiert. 152

Vor dem Hintergrund, dass in NRW die Eckvergütung bereits niedriger ist als in den anderen Ländern, ergeben sich erhebliche Unterschiede im **auszuzahlenden Betrag**:

In **NRW** beträgt das Taschengeld gemäß § 11 Abs. 5 UVollzG NRW pro Arbeitstag 7 % des Tagessatzes (= der 250. Teil) der Eckvergütung. Die Eckvergütung beträgt gemäß § 11 Abs. 3 UVollzG NRW 5 % der Bezugsgröße nach § 18 SGB IV[186] und damit 1.533 EUR für das Kalenderjahr 2011. Der Tagessatz beträgt 6,13 EUR. Pro Arbeitstag beträgt das Taschengeld in NRW danach 0,43 EUR, das heißt im Monat **minimal 8,17 EUR** (bei 19 Arbeitstagen im April und im Juni) und **maximal** (bei 23 Arbeitstagen im März und August) **9,89 EUR.**

In den anderen Bundesländern, in denen ein Taschengeld nach den UVollzGen gewährt wird, beträgt das Taschengeld 14 % der Eckvergütung. Diese kann sowohl für das Kalenderjahr als auch für den Kalendermonat berechnet werden, hier ist aber allein der Betrag für den Monat heranzuziehen, weil die Gesetze sich auf den Monat beziehen („soweit ihnen im laufenden Monat nicht ein Betrag bis zur Höhe des Taschengeldes ... zur Verfügung steht"). Die Eckvergütung beträgt im Jahr 2011 bei 9 % der monatlichen Bezugsgröße 229,95 EUR bzw. 201,60 EUR bei Bezugsgröße Ost und in SH bei 5 % der Bezugsgröße 127,75 EUR. Damit beträgt das Taschengeld monatlich **32,19 EUR** (Bezugsgröße Ost: **28,22 EUR**) bzw. **17,89 EUR** in SH. Untersuchungsgefangene in NRW erhalten also grob gesagt lediglich knapp ein Drittel bzw. die Hälfte des Betrages, den die Untersuchungsgefangenen in den anderen Bundesländern bekommen.

Die Frage, ob das Taschengeld wöchentlich oder monatlich gezahlt wird, lässt sich mit einem Rückschluss aus dem Wortlaut der UVollzGe dahingehend beantworten, dass das **Taschen-** 153

184 So für den Strafvollzug Arloth, StVollzG, § 46 Rn. 7

185 Wie im Strafvollzug, vgl. dazu Däubler/Spaniol in: AK-StVollzG, § 46 Rn. 5; OLG Zweibrücken ZfStrVo 1994, 116 (117).

186 Vgl. dazu § 2 Abs. 1 Sozialversicherungs-RechengrößenVO 2011.

geld monatlich gezahlt wird („…soweit ihnen im laufenden Monat nicht ein Betrag bis zur Höhe des Taschengeldes aus eigenen Mitteln zur Verfügung steht.“).

154 **f) In NRW und SH darlehensweise Gewährung.** In NRW erfolgt die Gewährung des Taschengeldes laut der CDU-Landtagsfraktion darlehensweise, da auf diese Weise sichergestellt werde, dass Leistungen des Sozialhilfeträgers nicht aufgrund der Taschengeldzahlung der Anstalt gemindert werden.[187] Dies steht im Einklang mit der Ansicht der evangelischen Konferenz für Gefängnisseelsorge in Deutschland, die dadurch die grundsätzliche Zuständigkeit der Sozialleistungsträger als gewahrt ansieht und gleichzeitig eine zeitnahe Gewährung der Hilfe für die Untersuchungsgefangenen für möglich hält.[188]

SH verweist auf die nordrhein-westfälische Regelung und führt zudem für die darlehensweise Gewährung die **Haushaltskonsolidierung** an. Nach der Regelung in § 25 Abs. 7 UVollzG SH[189] soll ein Anspruch der Untersuchungsgefangenen auf darlehensweise Gewährung eines Taschengeldes nur bis zur Erbringung von Zahlungen durch den Sozialhilfeträger bestehen.[190]

155 Ein von der Vollzugsanstalt darlehensweise gewährtes Taschengeld lässt den **Anspruch des Betroffenen auf Sozialhilfe** unberührt. In diesem Fall ist die **Sozialhilfe nicht** gemäß § 2 Abs. 1 SGB XII **nachrangig.** Ein darlehensweise gewährtes Taschengeld ist nicht als Einkommen oder Vermögen des Betroffenen einzusetzen. Zwar unterfallen auch Darlehen eines Dritten wegen ihres Zuflusscharakters dem sozialhilferechtlichen Einkommensbegriff. Nicht erfasst sind jedoch Darlehen, die ein Dritter gewährt, weil er für das Sozialamt „einspringt“.[191] Die darlehensweise Gewährung eines Taschengeldes für Untersuchungsgefangene ist auch nicht als die von Anderen erhaltene erforderliche Leistung i.S.d. § 2 Abs. 2 S. 1 SGB XII einzuordnen. Hierunter fallen nur Geldleistungen, die ein Dritter von vornherein schenkweise oder als sogenannten verlorenen Zuschuss erbringt. Nur dann ist der sozialhilferechtliche Bedarf gedeckt, unabhängig davon, ob der Dritte zur Leistung verpflichtet gewesen wäre oder nicht. Springt ein Dritter jedoch nur im Wege der „Nothilfe“ mit darlehensweise erbrachten Leistungen ein, weil der eigentlich zuständige Sozialhilfeträger die erforderlichen Hilfen trotz Kenntnis des Hilfefalls nicht oder nicht rechtzeitig erbringt, ist der Bedarf nicht gedeckt.[192]

156 Die schleswig-holsteinische Darlehensregelung entlastet damit wie beabsichtigt den Landeshaushalt bzw. den Justizetat und geht zulasten des Haushalts der Kreise und kreisfreien Städte. Diese tragen die Aufwendungen für die ihnen als örtlichen Trägern der Sozialhilfe obliegenden Aufgaben (§ 26 S. 1 FAG SH).

157 Das Taschengeld ist nach den UVollzGen von NRW und SH mangels einer Verzinsungsregelung als **zinsloses Darlehen** ausgestaltet. Eine Verzinsung stellt zwar gemäß § 488 Abs. 1 S. 2 BGB den gesetzlichen Regelfall dar. Nach der Regelung ist jedoch ein geschuldeter Zins zu zahlen. Damit beinhaltet ein Darlehensvertrag ohne eine entsprechende Klausel keine Verzinsung des Darlehens.

158 Die Regelung in den beiden Ländern enthält zudem keine Bestimmung über die **Rückzahlung** des darlehensweise gewährten Taschengeldes. Ein Darlehen ist gemäß § 488 Abs. 1 S. 2 BGB bei Fälligkeit zurückzuerstatten. Zur Frage des Zeitpunktes der Fälligkeit und zu den Einzelheiten der Rückerstattung enthalten die beiden UVollzGe keine Regelung. Damit findet die allgemeine zivilrechtliche Regelung des **§ 488 Abs. 3 S. 1 BGB** Anwendung, wonach die Fälligkeit des Darlehens von der Kündigung einer der Parteien abhängt, wenn ein Zeitpunkt für die Rückerstattung nicht bestimmt ist. Nach § 488 Abs. 3 S. 2 BGB beträgt

187 Vgl. Redemanuskript des rechtspolitischen Sprechers der CDU-Landtagsfraktion NRW Giebels vom 7.10.2009, damals abrufbar unter www.nrwcdu-fraktion.de/news-anzeige0.pdf?tx_ttnews[pS]=1255540609&tx_ttnews[tt_news]=9546&tx_ttnews[backPid]=429&cHash=dd48921e3b.

188 Mitteilungsblatt Gefängnisseelsorge 70/2005, S. 38.

189 Gesetzentwurf der Landesregierung vom 2.2.2011, LT-Drucks. 17/1255.

190 SH, LT-Drucks. 17/1255, S. 6.

191 Wahrendorf in: Grube/Wahrendorf, SGB XII Sozialhilfe, § 82 Rn. 47.

192 Groth in: BeckOK-SGB XII, § 2 Rn. 10.

die Kündigungsfrist drei Monate. Sind Zinsen nicht geschuldet, so ist der Darlehensnehmer gemäß § 488 Abs. 3 S. 3 BGB auch ohne Kündigung zur Rückerstattung berechtigt. Im Untersuchungshaftvollzug sollte die Anstalt sogleich einen **Zeitpunkt für die Rückerstattung** bestimmen, um nicht die Kündigungsfrist einhalten zu müssen. Dafür bietet sich der **Tag der Auszahlung der Sozialhilfe** an den Untersuchungsgefangenen an. Angezeigt wäre eine für die beiden Länder zumindest jeweils einheitliche Regelung durch Verwaltungsvorschrift.

Überweist der Sozialhilfeträger dann nach Abschluss des Bewilligungsverfahrens die bewilligte Sozialhilfe an die Vollzugsanstalt zur Gutschrift für den Untersuchungsgefangenen, ist der Darlehensrückerstattungsanspruch der Anstalt gegen den Untersuchungsgefangenen fällig, so dass die Anstalt gegen den Anspruch des Untersuchungsgefangenen auf Gutschrift oder Auszahlung die **Aufrechnung** mit ihrem Darlehensrückzahlungsanspruch erklären und das Konto des Betroffenen sogleich mit dem entsprechenden Betrag belasten kann bzw. ihm das Geld nicht erst gutschreibt.

g) Auszahlung oder Gutschrift des Taschengeldes. Es existiert keine ausdrückliche Regelung, ob das Taschengeld den Untersuchungsgefangenen gutgeschrieben oder direkt ausgezahlt wird. Insoweit gilt dasselbe wie für die anderen Gelder der Untersuchungsgefangenen. Auch das Taschengeld wird angesichts der Gefahren, die der Besitz von Bargeld im Untersuchungshaftvollzug mit sich bringen kann (Bedrohungspotenzial, subkulturelle Abhängigkeiten, unerwünschter Tauschhandel), im Interesse der Sicherheit und Ordnung der Anstalt ebenso wie das Arbeitsentgelt, die Ausbildungsbeihilfe und Einkünfte aus einer Selbstbeschäftigung den Untersuchungsgefangenen gutgeschrieben. 159

III. Freizeit und Sport

1. Internationale Vorgaben. International finden sich Regelungen zu Freizeit und Sport im Untersuchungshaftvollzug in den Europäischen Strafvollzugsgrundsätzen von 2006 (Empfehlung Rec(2006)2), den Europäischen Grundsätzen für die von Sanktionen und Maßnahmen betroffenen jugendlichen Straftäter und Straftäterinnen (Empfehlung Rec(2008)11) und den Regeln der Vereinten Nationen zum Schutz von Jugendlichen unter Freiheitsentzug (45/113. United Nations Rules for the Protection of Juveniles Deprived of their Liberty) 2008)11). 160

2. Die gesetzlichen Regeln

a) Allgemeine Regelungen

161

Länder	Freizeit und Sport - *Allgemeine Regelungen*
12er-Regelung Berlin Brandenburg Bremen Hamburg Hessen Mecklenburg-Vorpommern Rheinland-Pfalz Saarland Sachsen Sachsen-Anhalt Schleswig-Holstein Thüringen	***§ 26 12er-Regelung: Freizeit und Sport*** **Zur Freizeitgestaltung sind geeignete Angebote vorzuhalten. Insbesondere sollen Sportmöglichkeiten und Gemeinschaftsveranstaltungen angeboten werden.** **Abweichende Regelungen:** ***Hamburg, § 36 HmbUVollzG: Allgemeines*** Zur Freizeitgestaltung sind geeignete Angebote vorzuhalten. Insbesondere sollen Sportmöglichkeiten und Gemeinschaftsveranstaltungen angeboten werden. ***Hessen, § 22 Abs. 1, 2, 4 HUVollzG: Gestaltung der freien Zeit*** (1) Die Untersuchungsgefangenen erhalten Gelegenheit, sich in ihrer Freizeit zu beschäftigen. Geeignete Angebote sind vorzuhalten. (2) [1]Die Anstalt hat eine angemessen ausgestattete Bücherei vorzuhalten.

Länder	Freizeit und Sport - *Allgemeine Regelungen*
	(4) [1]Die Untersuchungsgefangenen dürfen [...] in angemessenem Umfang Bücher und andere Gegenstände zur Fortbildung oder zur Freizeitbeschäftigung besitzen. [2]Andere elektronische Geräte in den Hafträumen können zu den in Satz 1 genannten Zwecken im Einzelfall zugelassen werden. [3]Das Einbringen der in Satz 1 und 2 genannten Gegenstände wird durch die Anstalt geregelt. [4]§ 11 gilt entsprechend. ***Hessen, § 11 HUVollzG: Ausstattung des Haftraums*** (1) [1]Die Untersuchungsgefangenen dürfen ihren Haftraum in angemessenem Umfang mit eigenen Gegenständen ausstatten. [2]Die Übersichtlichkeit des Haftraums darf nicht behindert und Kontrollen nach § 31 Abs. 1 (Durchsuchungen) dürfen nicht unzumutbar erschwert werden. (2) Gegenstände, deren Besitz, Überlassung oder Benutzung mit Strafe oder Geldbuße bedroht ist, deren Überlassung eine verfahrenssichernde Anordnung entgegensteht oder die geeignet sind, die Sicherheit oder die Ordnung der Anstalt zu gefährden, sind ausgeschlossen. ***Hessen, § 23 HUVollzG: Sport*** [1]Die Untersuchungsgefangenen erhalten Gelegenheit, in ihrer Freizeit Sport zu treiben. [2]Hierfür sind ausreichende Angebote vorzuhalten. ***Sachsen-Anhalt (zusätzlich zu § 26), § 28 Abs. 1, 2, 3, 6 UVollzG LSA: Besitz von Gegenständen für die Freizeitbeschäftigung, Radio und Fernsehen*** (1) Der Untersuchungsgefangene darf Bücher und andere Gegenstände zur Fortbildung oder zur Freizeitbeschäftigung besitzen. (2) Dies gilt nicht, wenn der Besitz, die Überlassung oder die Benutzung des Gegenstandes 1. mit Strafe oder Geldbuße bedroht wäre, 2. verfahrenssichernde Anordnungen entgegenstehen oder 3. die Sicherheit oder Ordnung der Anstalt gefährdet würde. (3) Elektronische Medien können zugelassen werden, wenn verfahrenssichernde Anordnungen oder Gründe der Sicherheit oder Ordnung der Anstalt nicht entgegenstehen. (6) Eine nach den Absätzen 1, 3 und 5 erteilte Erlaubnis kann unter den Voraussetzungen des Absatzes 2 widerrufen werden.
Baden-Württemberg	***§ 39 JVollzGB II: Allgemeines*** **Untersuchungsgefangenen ist Gelegenheit zu geben, sich in ihrer Freizeit zu beschäftigen. Insbesondere sollen Sportmöglichkeiten, Freizeitgruppen, Gemeinschaftsveranstaltungen, Veranstaltungen zur Weiterbildung und die Benutzung einer Anstaltsbücherei angeboten werden.** ***§ 40 JVollzGB II: Besitz von Gegenständen zur Freizeitbeschäftigung*** **(1) Untersuchungsgefangene dürfen in angemessenem Umfang Gegenstände zur Freizeitbeschäftigung besitzen. Die Angemessenheit des Umfangs kann auch an der in der Justizvollzugsanstalt verfügbaren Kapazität für Haftraumkontrollen und am Wert eines Gegenstands ausgerichtet werden.**

Länder	Freizeit und Sport - *Allgemeine Regelungen*
	(2) Absatz 1 Satz 1 gilt nicht, wenn der Besitz, die Überlassung oder die Benutzung eines Gegenstands 1. mit Strafe oder Geldbuße bedroht wäre, 2. die Sicherheit oder Ordnung der Justizvollzugsanstalt gefährden würde oder 3. die Überprüfung des Gegenstands auf eine mögliche missbräuchliche Verwendung mit vertretbarem Aufwand von der Justizvollzugsanstalt nicht leistbar wäre. (3) Die Zulassung von bestimmten Gerätetypen, insbesondere der elektronischen Unterhaltungsmedien, durch die Justizvollzugsanstalt kann der Zustimmung der Aufsichtsbehörde vorbehalten sein. Die Aufsichtsbehörde kann allgemeine Richtlinien für die Gerätebeschaffenheit erlassen. Eine ohne Zustimmung nach Satz 1 erfolgte Zulassung kann zurückgenommen werden. (4) Die Erlaubnis kann unter den Voraussetzungen des Absatzes 2 widerrufen werden.
Bayern	*Art. 13 Abs. 1 BayUVollzG: Freizeit* (1) [1]Den Untersuchungsgefangenen ist Gelegenheit zu geben, sich in ihrer Freizeit zu beschäftigen. [2]Insbesondere sollen Sportmöglichkeiten, Freizeitgruppen, Gemeinschaftsveranstaltungen, Veranstaltungen zur Weiterbildung und die Benutzung einer Anstaltsbücherei angeboten werden. [3]Dieses Recht kann eingeschränkt oder aufgehoben werden, soweit die Sicherheit oder Ordnung der Anstalt gefährdet ist.
Niedersachsen	*§ 153 NJVollzG: Freizeit* Für die Gestaltung der Freizeit der oder des Gefangene gelten die §§ 64 bis 67 entsprechend mit der Maßgabe, dass die sich daraus ergebenden Rechte auch eingeschränkt oder ausgeschlossen werden können, soweit es der Zweck der Untersuchungshaft erfordert. *§ 64 NJVollzG: Sport* Die oder der Gefangene erhält Gelegenheit, in der Freizeit Sport zu treiben. *§ 67 NJVollzG: Besitz von Gegenständen zur Fortbildung oder zur Freizeitbeschäftigung* (1) Die oder der Gefangene darf mit Erlaubnis[193] der Vollzugsbehörde in angemessenem Umfang sonstige Geräte der Informations- und Unterhaltungselektronik, Bücher sowie andere Gegenstände zur Fortbildung oder zur Freizeitbeschäftigung besitzen. Die Erlaubnis ist zu versagen, wenn die Erreichung des Vollzugszieles nach § 5 Satz 1 oder die Sicherheit oder Ordnung der Anstalt gefährdet würde. Die Erlaubnis kann unter den Voraussetzungen des Satzes 2 widerrufen werden. (2) Im Übrigen gilt § 66 Abs. 2 Satz 2 für Geräte der Informations- und Unterhaltungselektronik entsprechend.

193 In der Erlaubnis kann die oder der Gefangene darauf verwiesen werden, anstelle eigener von der Vollzugsbehörde überlassene Geräte zu verwenden; eine solche Bestimmung kann auch nachträglich getroffen werden.

Länder	Freizeit und Sport - *Allgemeine Regelungen*
Nordrhein-Westfalen	*§ 12 UVollzG NRW: Freizeit* (1) Untersuchungsgefangenen ist Gelegenheit zu geben, sich in ihrer Freizeit zu beschäftigen. Insbesondere sollen Sportmöglichkeiten, Freizeitgruppen, Gemeinschaftsveranstaltungen, Veranstaltungen zur Weiterbildung und die Benutzung einer Anstaltsbücherei angeboten werden. (2) Untersuchungsgefangene dürfen [...] 4. Bücher und andere Gegenstände zur Fortbildung oder zur Freizeitbeschäftigung besitzen. (3) Diese Rechte können eingeschränkt oder aufgehoben werden, wenn a) die Sicherheit oder Ordnung der Anstalt gefährdet wird oder b) in den Fällen des Absatzes 2 Nummer 1, 3 und 4 der Besitz, die Überlassung oder die Benutzung des Gegenstandes mit Strafe oder mit Geldbuße bedroht ist.

b) Ergänzende Bestimmungen für junge Untersuchungsgefangene

162

Länder	Vollzugsgestaltung - *junge Untersuchungsgefangene*
12er-Regelung Berlin Brandenburg Bremen Hamburg Hessen Mecklenburg-Vorpommern Rheinland-Pfalz Saarland Sachsen Sachsen-Anhalt Schleswig-Holstein Thüringen	*§ 67 12er-Regelung: Vollzugsgestaltung*[194] (1) Der Vollzug ist erzieherisch zu gestalten. Die Fähigkeiten der jungen Untersuchungsgefangenen[195] zu einer eigenverantwortlichen und gemeinschaftsfähigen Lebensführung in Achtung der Rechte Anderer sind zu fördern.[196] (2) Den jungen Untersuchungsgefangenen[197] sollen neben altersgemäßen (...) Freizeitmöglichkeiten auch sonstige entwicklungsfördernde Hilfestellungen angeboten werden. Die Bereitschaft zur Annahme der Angebote ist zu wecken und zu fördern. (3) In diesem Gesetz vorgesehene Beschränkungen können minderjährigen Untersuchungsgefangenen auch auferlegt werden, soweit es dringend geboten ist, um sie vor einer Gefährdung ihrer Entwicklung zu bewahren. *§ 73 12er-Regelung: Freizeit und Sport*[198] (1) Zur Ausgestaltung der Freizeit sind geeignete Angebote vorzuhalten. Die jungen Untersuchungsgefangenen[199] sind zur Teilnahme und Mitwirkung an Freizeitangeboten zu motivieren[200]. (2) Über § 16 Satz 2[201] hinaus ist der Besitz (...) elektronischer Medien ausgeschlossen, wenn erzieherische Gründe entgegenstehen.

194 In Hamburg: § 73 HmbUVollzG: Gestaltung des Vollzuges.
195 In Sachsen-Anhalt, § 67 UVollzG LSA: „[...] des jungen Untersuchungsgefangenen [...]".
196 In Brandenburg, § 67 BbgUVollzG: Es folgt Satz 3: „[...] Die besonderen Lebenslagen und Bedürfnisse von minderjährigen Untersuchungsgefangenen sind zu berücksichtigen [...]"; Sachsen, § 67 SächsUHaftVollzG: Satz 2 lautet: „[...] Die jungen Untersuchungsgefangenen sind in der Entwicklung ihrer Fähigkeiten und Fertigkeiten so zu fördern, dass sie zu einer eigenverantwortlichen und gemeinschaftsfähigen Lebensführung in Achtung der Rechte Anderer befähigt werden (Erziehungsauftrag) [...]".
197 In Sachsen-Anhalt, § 67 UVollzG LSA: „Dem jungen Untersuchungsgefangenen [...]".
198 In Hamburg: § 79 HmbUVollzG: Freizeit.
199 In Sachsen-Anhalt, § 67 UVollzG LSA: Der junge Untersuchungsgefangene [...]".
200 In Sachsen, § 67 SächsUHaftVollzG: „[...] und anzuleiten [...]".
201 In Hamburg, § 79 HmbUVollzG: „[...] § 15 Absatz 2 [...]".

Länder	Vollzugsgestaltung - *junge Untersuchungsgefangene*
	(3) Dem Sport[202] kommt bei der Gestaltung des Vollzugs an jungen Untersuchungsgefangenen besondere Bedeutung zu.[203] Es sind ausreichende und geeignete Angebote vorzuhalten, um den jungen Untersuchungsgefangenen[204] eine sportliche Betätigung von mindestens zwei[205] Stunden wöchentlich zu ermöglichen. Abweichende Regelungen: ***Hessen, § 44 Abs. 2 HUVollzG: Vollzugsgestaltung*** (2) Den jungen Untersuchungsgefangenen sollen neben altersgemäßen [...] Freizeitmöglichkeiten auch sonstige entwicklungsfördernde Hilfestellungen angeboten werden. Die Bereitschaft zur Annahme der Angebote ist zu wecken und zu fördern. ***Hessen, § 50 HUVollzG: Gestaltung der freien Zeit*** (1) Zur Ausgestaltung der Freizeit sind geeignete Angebote vorzuhalten. (2) Über § 22 Abs. 4 Satz 2 hinaus ist der Besitz elektronischer Medien nur zugelassen, wenn ihre Nutzung erzieherischen Zwecken dient. ***Hessen, § 51 HUVollzG: Sport*** Dem Sport kommt bei der Gestaltung des Vollzugs an jungen Untersuchungsgefangenen besondere Bedeutung zu. Es sind ausreichende und geeignete Angebote vorzuhalten, um den jungen Untersuchungsgefangenen eine sportliche Betätigung von mindestens zwei Stunden wöchentlich zu ermöglichen.
Baden-Württemberg	*§ 72 Abs. 2, 3 JVollzGB II: Gestaltung des Vollzugs* **(2) Während des Vollzugs der Untersuchungshaft sind die jungen Untersuchungsgefangenen in der Entwicklung ihrer Fähigkeiten und Fertigkeiten sowie in ihrer Bereitschaft zu einer eigenverantwortlichen und gemeinschaftsfähigen Lebensführung zu fördern. Hierzu sollen den jungen Untersuchungsgefangenen neben altersgemäßen [...] Freizeitmöglichkeiten auch sonstige entwicklungsfördernde Hilfestellungen angeboten werden. Die Bereitschaft zur Annahme der Angebote ist zu wecken und zu fördern. Auf die körperliche, geistige und seelische Entwicklung der jungen Untersuchungsgefangenen ist Rücksicht zu nehmen.** **(3) In diesem Buch vorgesehene Beschränkungen können jugendlichen Untersuchungsgefangenen auch auferlegt werden, soweit dies dringend geboten ist, um sie vor einer Gefährdung ihrer Entwicklung zu bewahren.** *§ 76 JVollzGB II: Freizeit* **Junge Untersuchungsgefangene sind zur Teilnahme und Mitwirkung an Angeboten der Freizeitgestaltung zu motivieren und dabei anzuleiten. Jugendgemäße Angebote zur sportlichen Betätigung, insbesondere während des Aufenthalts im Freien, sind vorzuhalten, um jungen Untersuchungsgefangenen eine sportliche**

202 In Hamburg, § 79 HmbUVollzG: „[...] Sportlicher Betätigung [...]“.
203 In Sachsen, Sachsen-Anhalt: Satz 1 fehlt.
204 In Sachsen-Anhalt, § 67 UVollzG LSA: „[...] dem jungen Untersuchungsgefangenen [...]“.
205 In Sachsen, § 67 SächsUHaftVollzG: „[...] vier [...]“.

Länder	Vollzugsgestaltung - *junge Untersuchungsgefangene*
	Betätigung von mindestens zwei Stunden wöchentlich zu ermöglichen.
Bayern	*Art. 30 BayUVollzG: Gestaltung des Vollzugs* (1) Der Vollzug der Untersuchungshaft an jungen Untersuchungsgefangenen soll erzieherisch gestaltet werden. (2)[1]Hierzu sollen den jungen Untersuchungsgefangenen neben altersgemäßen [...] Freizeitmöglichkeiten auch sonstige entwicklungsfördernde Hilfestellungen angeboten werden. [2]Die Bereitschaft zur Annahme der Angebote ist zu wecken und zu fördern. *Art. 36 BayUVollzG: Freizeitgestaltung* Art. 152 Abs. 1 und 2 Sätze 2 und 3 und Art. 153 BayStVollzG gelten entsprechend. *Art. 152 BayUVollzG:* (1)[1]Junge Gefangene sind zur Teilnahme und Mitwirkung an Angeboten der Freizeitgestaltung zu motivieren und anzuleiten. [2]Sie sollen insbesondere am Unterricht, am Fernunterricht, an Lehrgängen und sonstigen Veranstaltungen der Fortbildung, an Freizeitgruppen und Gruppengesprächen teilnehmen und ermutigt werden, eine Bücherei zu benutzen sowie den verantwortungsvollen Umgang mit neuen Medien zu erlernen, soweit dies mit der Sicherheit in der Jugendstrafvollzugsanstalt vereinbar ist. (2) Art. [...] 72 gelten entsprechend. *Art. 72 BayStVollzG: Besitz von Gegenständen für die Freizeitbeschäftigung* (1) Gefangene dürfen in angemessenem Umfang Bücher und andere Gegenstände zur Fortbildung oder zur Freizeitbeschäftigung besitzen. (2) Dies gilt nicht, wenn der Besitz, die Überlassung oder die Benutzung des Gegenstandes 1. mit Strafe oder Geldbuße bedroht wäre oder 2. [...] die Sicherheit oder Ordnung der Anstalt gefährden würde; eine solche Gefährdung liegt in der Regel bei elektronischen Unterhaltungsmedien vor. (3) Die Erlaubnis kann unter den Voraussetzungen des Abs. 2 widerrufen werden. *Art. 153 BayStVollzG:* (1)[1]Der sportlichen Betätigung kommt im Jugendstrafvollzug besondere Bedeutung zu. [2]Hierfür sind ausreichende Angebote vorzuhalten. (2) Junge Gefangene sind, soweit sie dazu körperlich in der Lage sind, zur Teilnahme an Sportveranstaltungen anzuhalten. (3) Insbesondere während des Aufenthalts im Freien ist den jungen Gefangenen Gelegenheit zur sportlichen Betätigung zu geben.
Niedersachsen	*§ 158 Abs. 1 NJVollzG: Gestaltung des Vollzuges* (1) Der Vollzug soll erzieherisch gestaltet werden. Die oder der junge Gefangene soll in der Entwicklung von Fähigkeiten und Fertigkeiten sowie in der Bereitschaft zu einer eigenverantwortlichen und gemeinschaftsfähigen Lebensführung in Achtung der Rechte anderer gefördert werden. Dem dienen altersgemäße Be-

Länder	Vollzugsgestaltung - *junge Untersuchungsgefangene*
	schäftigungs-, Bildungs- und Freizeitmöglichkeiten sowie sonstige entwicklungsfördernde Maßnahmen. Die Bereitschaft zur Teilnahme ist zu wecken und zu fördern. § 114 Abs. 1 Sätze 3 und 4 ([3]Die Förderung der oder des Gefangenen ist insbesondere auf soziales Lernen und die Ausbildung von Fähigkeiten und Kenntnissen, die einer künftigen beruflichen Integration dienen, auszurichten. [4]Auf die besonderen altersbedingten Bedürfnisse und Empfindlichkeiten der oder des Gefangenen ist Rücksicht zu nehmen) gilt entsprechend. *§ 166 NJVollzG: Ergänzende Anwendung der Vorschriften der übrigen Kapitel dieses Teils* Die Vorschriften der übrigen Kapitel dieses Teils (5. Teil des NJVollzG, Vollzug der Untersuchungshaft) sind anzuwenden, soweit in diesem Kapitel nichts anderes bestimmt ist.
Nordrhein-Westfalen	*§ 49 UVollzG NRW: Gestaltung des Vollzuges* (1) Der Vollzug der Untersuchungshaft an jungen Untersuchungsgefangenen soll erzieherisch ausgestaltet werden. (2) Den jungen Untersuchungsgefangenen sollen neben altersgemäßen Beschäftigungs-, Bildungs- und Freizeitmöglichkeiten auch sonstige entwicklungsfördernde Hilfestellungen angeboten werden. Die Bereitschaft zur Annahme der Angebote ist zu wecken und zu fördern. (3) Schulpflichtige Untersuchungsgefangene nehmen in der Anstalt am allgemein- oder berufsbildenden Unterricht teil. *§ 53 UVollzG NRW: Ergänzende Anwendung des Jugendstrafvollzugsgesetzes Nordrhein-Westfalen* Die Vorschriften [...] der §§ 54, 55 [...] des Jugendstrafvollzugsgesetzes Nordrhein-Westfalen gelten entsprechend. *§ 54 JStVollzG NRW: Sport* Der sportlichen Betätigung kommt besondere Bedeutung zu. Es sind ausreichende und namentlich unter freizeitpädagogischen Aspekten gezielte Sportangebote vorzuhalten, und zwar auch an den Wochenenden und Feiertagen. Den Gefangenen ist mindestens drei Stunden wöchentlich eine Teilnahme an diesen Angeboten zu ermöglichen. *§ 55 JStVollzG NRW: Gestaltung der freien Zeit, Förderung der Kreativität* (1) Die Ausgestaltung der Freizeit orientiert sich am Vollzugsziel. Ausreichende Freizeitangebote sind vorzuhalten, und zwar auch an den Wochenenden und Feiertagen sowie in den frühen Abendstunden. (2) Angebote zur Förderung der Kreativität im Rahmen kultureller Formen sind zu entwickeln. Hierfür können Freizeitgruppen in ästhetischen Bereichen, namentlich in denen der Literatur, des Theaters, der Musik und des Malens eingerichtet werden. (3) Die Gefangenen sind zur Teilnahme und Mitwirkung an Angeboten der Freizeitgestaltung, insbesondere an Gruppenveranstaltungen, zu motivieren und anzuleiten. Sie sollen auch Gelegenheit erhalten, den verantwortungsvollen Umgang mit neuen

Länder	Vollzugsgestaltung - *junge Untersuchungsgefangene*
	Medien zu erlernen und auszuüben sowie eine Bücherei zu benutzen.

3. Grundaussagen der Gesetze

163
- Gelegenheit zur Beschäftigung,
- insbesondere Soll-Angebot von Sportmöglichkeiten und Gemeinschaftsveranstaltungen,
- altersgemäße Freizeitmöglichkeiten für junge Untersuchungsgefangene,
- Einschränkungen für den Besitz von Gegenständen zur Freizeitbeschäftigung,
- Möglichkeit der Auferlegung von Beschränkungen an minderjährige Untersuchungsgefangene auch, soweit es dringend geboten ist, um sie vor einer Gefährdung ihrer Entwicklung zu bewahren (außer Hessen, Niedersachsen).

4. Spezielle Regelungen

164
- Vorhaltung „geeigneter" Angebote in Berlin, Brandenburg, Bremen, Hessen, Hamburg, M- V, Rheinland-Pfalz, Saarland, Sachsen, Sachsen-Anhalt, SH, Thüringen,
- Soll-Angebot von Freizeitgruppen in Ba-Wü, NRW,
- Soll-Angebot von Veranstaltungen zur Weiterbildung in Ba-Wü, NRW,
- Soll-Angebot der Benutzung einer Anstaltsbücherei in Ba-Wü, Bayern, Hessen und NRW.

165 **5. Im Einzelnen.** In der Freizeit im Untersuchungshaftvollzug ist es wichtig, dass die Untersuchungsgefangenen sich regelmäßig gemeinsam mit anderen aufhalten können, um dem Bedürfnis nach Kontakt zu anderen Menschen Rechnung zu tragen. Dabei ist aber zu berücksichtigen, dass dabei subkulturelle Strukturen entstehen können.[206] Angesichts der von Untersuchungshaft ausgehenden Belastungen für die Betroffenen und dadurch verursachter Störungen des Schlaf-Wach-Rhythmusses ist es ihnen von der Anstalt zu ermöglichen, sich auch nachts bei Licht beschäftigen zu können.

166 Ergänzend zu den nachfolgenden Ausführungen finden sich für Sachsen-Anhalt Konkretisierungen in Bezug auf den Besitz von Gegenständen für die Freizeitbeschäftigung, Radio und Fernsehen in Nr. 19 und in Bezug auf Freizeit und Sport für junge Untersuchungsgefangene in Nr. 48 der Allgemeinen Verwaltungsvorschriften zum Untersuchungshaftvollzug Sachsen-Anhalt.[207]

167 **a) Gelegenheit zur Beschäftigung in der Freizeit, „geeignete Angebote". aa) Gelegenheit zur Beschäftigung in der Freizeit.** Mit der Gelegenheit zur Beschäftigung schaffen die Gesetze für die Untersuchungsgefangenen das Recht, sich in der Freizeit individuell nach den eigenen Wünschen und Neigungen zu beschäftigen. Die Anstalten sind verpflichtet, ein möglichst umfassendes und differenziertes Angebot zu schaffen.[208] Die in den UVollzGen jeweils nachfolgenden Vorschriften konkretisieren diesen allgemeinen Rechtsanspruch der Untersuchungsgefangenen in einzelnen Hinsichten, indem sie ein Recht zum Bezug von Zeitungen und Zeitschriften, zur Teilnahme am Rundfunk sowie zum Teil explizit das Recht zum Besitz von Gegenständen zur Freizeitbeschäftigung normieren.

In der allgemeinen Regelung werden beispielhaft Sportmöglichkeiten, Freizeitgruppen, Gemeinschaftsveranstaltungen sowie Veranstaltungen zur Weiterbildung und die Benutzung einer Anstaltsbücherei als Freizeitbeschäftigungen genannt, vgl. z.B. § 39 S. 2 JVollzGB II Ba-Wü („insbesondere"). Die Aufzählung der Freizeitangebote ist nicht abschließend.

Der Begriff „Gelegenheit" betont den Angebotscharakter der Freizeitgestaltungsmaßnahmen. Den Untersuchungsgefangenen muss es unbenommen bleiben, die Freizeit lesend, fernsehend, kartenspielend oder schlafend zu verbringen, ohne dass ihnen daraus Nachteile er-

206 Wiesneth, Die Untersuchungshaft, Rn. 195.
207 VV UVollzG Sachsen-Anhalt, AV des MJ vom 28.5.2010 – 4420-306.454/09.
208 Vgl. für den Strafvollzug Calliess/Müller-Dietz, StVollzG, § 67 Rn. 2 f.

wachsen.[209] Gleichzeitig wird mit der Formulierung des Gelegenheitgebens ein Rechtsanspruch der Betroffenen auf eine Beschäftigung in ihrer Freizeit festgeschrieben.[210] Ihr Recht auf eine bestimmte, individuell gewünschte Beschäftigung findet seine Grenzen jedoch nach den gesetzlichen Regelungen einerseits dort, wo Gründe der Verfahrenssicherung entgegenstehen, andererseits in der Sicherheit und Ordnung der Anstalt. Zudem scheitern diverse Angebote seitens der Anstalt an fehlenden Personal- und Sachmitteln. Dadurch wird die Gestaltung der freien Zeit (die diejenigen Untersuchungsgefangenen, die weder arbeiten noch an Bildungsmaßnahmen teilnehmen, den ganzen Tag haben) immer weniger vielfältig, es tritt eine zunehmende Verödung ein.[211] Daher sollten die Anstalten die vorhandenen Arbeits- und Ausbildungsmöglichkeiten mit den Freizeitmöglichkeiten abstimmen.

bb) „Geeignete Angebote". Die Gesetze verwenden den unbestimmten Rechtsbegriff der 168
„geeigneten Angebote". Dies ist dahingehend zu verstehen, dass die Angebote mit den räumlichen, personellen und organisatorischen Verhältnissen in der Untersuchungshaftanstalt vereinbar sein müssen.[212]

Die Aufzählung der Freizeitangebote ist nicht abschließend. Die denkbaren Maßnahmen sind – zumindest theoretisch – vielfältig. Die Anstalt ist verpflichtet, für ein möglichst umfassendes und differenziertes Freizeitangebot zu sorgen,[213] wobei ihr sowohl für die Ausgestaltung des Angebots als auch für die Entscheidung über die Zulassung des einzelnen Gefangenen ein Ermessen zusteht. Untersuchungsgefangenen kann wegen Ausbruchsgefahr die Teilnahme an Veranstaltungen versagt werden, die in einem weniger gesicherten Bereich der Anstalt stattfinden. Der Zugang zu Literatur ist für geistig interessierte Gefangene von großer Bedeutung, so dass eine ermessensfehlerfreie Verweigerung des Zugangs zu einer anstaltseigenen Bücherei kaum denkbar ist; die Art und Weise der Ausleihmöglichkeiten steht jedoch im Ermessen der Anstalt, mithin besteht kein Anspruch auf Zugang zu einer Freihandbibliothek.[214] Gegen Fernleihe bestehen im Untersuchungshaftvollzug Sicherheitsbedenken, mehr noch jedoch gegen eigene Bücher der Gefangenen oder andere Bücher, die ihnen Angehörige bei Besuchen mitbringen, denn Bücher sind ein ideales Versteck für Kassiber, das heißt heimliche Mitteilungen der Gefangenen oder der in Freiheit befindlichen Kollegen auf einem in das Buch gelegten, für das Anstaltspersonal nur schwer zu findenden Zettel.[215]

In einigen Gesetzen werden die Freizeitangebote noch näher bestimmt. In den Gesetzen der 169
12er-Gruppe werden lediglich Sportmöglichkeiten und Gemeinschaftsveranstaltungen explizit genannt. Die anderen Gesetze nennen darüber hinaus Freizeitgruppen, Veranstaltungen zur Weiterbildung und die Benutzung einer Anstaltsbücherei.

Art und Umfang der vorzuhaltenden Freizeitangebote richten sich nach der Funktion, die 170
die Freizeit im Untersuchungshaftvollzug hat. Ebenso wie das StVollzG gehen die Untersuchungshaftvollzugsgesetze von einer bestimmten Tageseinteilung der Anstalt aus. Nach § 43 Abs. 1 S. 2 des 12er-Entwurfs wird wie in § 82 Abs. 1 StVollzG in Arbeitszeit, Freizeit und Ruhezeit unterteilt. Aus diesen Phasen ergibt sich ihre Funktionsbestimmung, die in den Gesetzen auch explizit benannt ist. Die Arbeitszeit dient nach den Vorschriften über Arbeit und Bildung dem Erwerb des Lebensunterhaltes bzw. dazu, die Voraussetzungen dafür durch berufliche Ausbildung zu schaffen. Alle weiteren Tätigkeiten fallen in den Zeitraum, der als Freizeit zur Verfügung steht. Hierzu gehört, in Hessen oder Ba-Wü sogar ausdrücklich, die Weiterbildung. Die Differenzierung zwischen Arbeitszeit und Freizeit hat im Untersuchungshaftvollzug nicht dieselbe Bedeutung wie im Strafvollzug, da die Untersuchungsgefangenen gerade nicht zur Arbeit verpflichtet sind und daher, wenn sie nicht freiwillig arbeiten, die

209 Vgl. für den Strafvollzug Arloth, StVollzG, § 67 Rn. 3.
210 Koepsel in: Schwind/Böhm/Jehle/Laubenthal, StVollzG, § 67 Rn. 3.
211 Koepsel in: Schwind/Böhm/Jehle/Laubenthal, StVollzG, § 67 Rn. 1.
212 Koepsel in: Schwind/Böhm/Jehle/Laubenthal, StVollzG, § 67 Rn. 15.
213 Gesetzesbegründung in Ba-Wü, LT-Drucks. 14/5012, S. 198.
214 Vgl. für den Strafvollzug Arloth, StVollzG, § 67 Rn. 4.
215 Vgl. für den Strafvollzug Arloth, StVollzG, § 67 Rn. 4.

gesamte Zeit, die nicht Ruhezeit ist, als Freizeit zur Verfügung haben und sich nach den eigenen Wünschen und Bedürfnissen unreglementiert beschäftigen können.[216] Im Untersuchungshaftvollzug besteht im Gegensatz zum Strafvollzug kein Behandlungsauftrag. Daher können die Untersuchungsgefangenen im Rahmen des im Vollzug Zulässigen ihre Freizeit auch sinnlos gestalten. Mit Blick auf die besondere psychische und physische Belastung in der Untersuchungshaft ist den Untersuchungsgefangenen jedoch die Gelegenheit zu geben, die Freizeit sinnvoll gestalten zu können.[217]

171 Dem einzelnen Untersuchungsgefangenen steht kein Anspruch darauf zu, seine gesamte Freizeit oder ihren überwiegenden Teil gemeinsam mit anderen zu verbringen. Er hat lediglich einen Anspruch auf gemeinsame Freizeit überhaupt.[218]

172 Die praktische Ausgestaltung der Freizeitmöglichkeiten sollte auch durch eine Optimierung der Organisation verbessert werden. Es sollte eine zu starke Reglementierung vermieden werden, damit die Gefangenen ihre Freizeit nicht nur mit einer Beschäftigung verbringen, aus der sie keinerlei Motivation und Antrieb schöpfen, oder möglicherweise nur vor ihrem Fernseher sitzen, sondern die Möglichkeit haben, eigene Kreativität beizubehalten oder zu entwickeln. Dadurch wird ein Freizeitverhalten gefördert, das einer zunehmenden Lebensuntüchtigkeit und einer Entfernung von der Realität im normalen Alltag entgegenwirkt. Wenig förderlich ist es, wenn etwa in der Anstaltsbibliothek ausschließlich Bücher vorhanden sind, die kitschig-rührselige Geschichten unverhofften Glückes enthalten, da dies Tagträume von einer selbsttätig besser werdenden Zukunft nach sich ziehen kann und einer realistischen Betrachtung der eigenen Situation abträglich ist. Ziel aller Freizeitbeschäftigungen sollte es unter anderem sein, selbstkritisches Verhalten, sozial erwünschtes Freizeitverhalten und Realitätsbezug zu fördern. Um Problemen bis hin zur totalen Unfähigkeit der Freizeitgestaltung zu begegnen, die sich in Freiheit etwa im „Abhängen" zeigt, sollten die Vollzugsbediensteten positiv motivierend auf die Gefangenen zugehen und insgesamt ein positives und anregendes Klima in der Anstalt zu schaffen versuchen.

173 **b) Sportmöglichkeiten. aa) Allgemeines.** Sportmöglichkeiten sind im Untersuchungshaftvollzug von großer Bedeutung. Sie fördern und erhalten nicht nur während der Untersuchungshaft die körperliche und mentale Gesundheit der Untersuchungsgefangenen, sondern können auch für die Zeit nach dem Ende der Haft andauernde positive Wirkungen haben, indem der Einzelne die Sportausübung beibehält und damit seine Freizeit sinnvoll gestaltet. Das Vorhandensein einer Beschäftigung verhindert gerade bei jungen Menschen die Begehung von Straftaten, die zumeist in der Freizeit oder während des Fernbleibens vom Schulunterricht stattfindet. Sport kann zudem dadurch kriminalpräventive Wirkungen haben, dass er dazu beiträgt, Aggressionen abzubauen und das Sozialverhalten auch in angespannten Situationen, wie im sportlichen Kampf um Sieg und gegen Niederlage, unter Kontrolle zu behalten. Vor diesem Hintergrund sind zwei Stunden Sport pro Woche in der Untersuchungshaft für junge Gefangene wesentlich zu wenig. NRW mit drei Stunden und Sachsen mit vier Stunden fallen hierbei positiv auf. Da es sich bei dieser Regelung um eine Sonderregelung für junge Gefangene handelt, wird deutlich, dass die Gesetzgeber für erwachsene Untersuchungshäftlinge eine noch geringere Zeit sportlicher Betätigung pro Woche für ausreichend erachten. Dies erscheint im Hinblick auf die Unschuldsvermutung problematisch. In Freiheit betreiben viele Menschen mehrmals pro Woche mindestens eine Stunde Sport. Im abwechslungsarmen Untersuchungshaftvollzug ist es sinnvoll, allen, zumindest aber den jungen Untersuchungsgefangenen so oft wie möglich, am besten jeden Tag, eine sportliche Betätigung zu ermöglichen, um zu einer positiven Lebenseinstellung der Betroffenen beizutragen. Das zu realisieren ist jedoch angesichts der knappen zur Verfügung stehenden Sach- und Personalmittel der Anstalten schwierig bis unmöglich.

216 Vgl. für den Strafvollzug Calliess/Müller-Dietz, StVollzG, § 67 Rn. 7.
217 So auch Gesetzesbegründung Thüringen, LT-Drucks. 4/4803, S. 60.
218 Vgl. für den Strafvollzug OLG Koblenz ZfStrVo 1995, 243; Calliess/Müller-Dietz, StVollzG, § 67 Rn. 2.

Welche Sportarten angeboten werden, hängt von den Gegebenheiten der Anstalt ab. Der 12er-Entwurf spricht lediglich von „Sportmöglichkeiten". In der Praxis gibt es oftmals eine kleine Sporthalle, in der Handball oder Badminton gespielt werden können, und einen Grandplatz im Freien, auf dem Fußball stattfindet. Da die Gesetze von Möglichkeiten im Plural sprechen, sind mehrere Sportarten anzubieten. Das Gesetz sieht ein intendiertes Ermessen der Anstalt vor („sollen"), so dass die Untersuchungsgefangenen einen Anspruch auf ermessensfehlerfreie Entscheidung haben, wenn sie beantragen, dass eine bestimmte Sportart angeboten wird. 174

In den UVollzGen sind Sportmöglichkeiten bzw. die Gelegenheit zum Sporttreiben genannt. Im StVollzG heißt es demgegenüber in § 67, die Gefangenen sollen Gelegenheit erhalten, am Sport sowie an Sportveranstaltungen teilzunehmen. Dies macht deutlich, dass im Untersuchungshaftvollzug das Training im Vordergrund steht und weniger die Teilnahme an Wettkämpfen und die Durchführung von Sportfesten.[219] Die unterschiedlichen Regelungen im Untersuchungshaftvollzug und im Strafvollzug sind den unterschiedlichen Zielrichtungen geschuldet. Bei Untersuchungsgefangenen dürften Sportwettkämpfen und -festen in vielen Fällen die Haftgründe entgegenstehen, da derartige Veranstaltungen anstaltsintern zumeist nicht in verhältnismäßiger Weise zu bewerkstelligen sind und es zudem bei Sportarten, die vom Mainstream abweichen, an einer ausreichenden Anzahl von Teilnehmern fehlen dürfte. Der Teilnahme an anstaltsexternen Veranstaltungen stehen die Haftgründe der Flucht- und Verdunkelungsgefahr und eventuell auch der Wiederholungsgefahr entgegen, denn gerade bei Anwesenheit vieler Menschen ist es schwerlich möglich, eine Flucht oder das Kontaktieren von anderen Personen zu verhindern. Zudem gilt es im Hinblick auf die Unschuldsvermutung, Vorverurteilungen durch die Mitmenschen zu vermeiden, was schlicht unmöglich ist, wenn ein Wettkampfteilnehmer in Handschellen und in Begleitung von u.U. sogar mehreren uniformierten Beamten erscheint. 175

bb) Regelung in Hessen. In Hessen sind „ausreichende Angebote" vorzuhalten, damit die Untersuchungsgefangenen in ihrer Freizeit Sport treiben können (§ 23 S. 2 HUVollzG). Hierzu heißt es in der Gesetzesbegründung lediglich: „Aufgrund der besonderen Bedeutung des Sports wird der Bereich auch in der Untersuchungshaft durch eine eigene Vorschrift geregelt."[220] Wie die vorgehaltenen Angebote ausgestaltet sein müssen, um „ausreichend" zu sein, wird nicht näher ausgeführt. 176

Dass Sportangebote vorhanden sind, ist nach der Regelung zwingend. Im Hinblick auf die konkrete Ausgestaltung steht den Vollzugsanstalten ein Ermessen zu. Im Interesse einer einheitlichen Handhabung in der Praxis bietet sich eine verbindliche Vorgabe durch eine Verwaltungsvorschrift für die 16 Vollzugsanstalten an. Solange eine solche noch nicht existiert, gelten die hessischen Ausführungsbestimmungen (HAB) zum StVollzG fort. Dort heißt es zu § 67 StVollzG (Freizeit – Allgemeines): „Soweit nicht in der Anstaltskonzeption enthalten, erstellt jede Vollzugsanstalt eine Sportkonzeption. Der Aufsichtsbehörde (also dem Justizministerium, § 71 Abs. 1 HUVollzG) sind jeweils zum 1. Oktober eines Jahres die Fortschreibung der Sportkonzeption und ein Jahresbericht vorzulegen. Sportprojekte – innerhalb und außerhalb der Anstalt – sind mit Finanz- und Materialbedarf darzustellen. Der Verlauf des sportpädagogischen Projekts ist zu dokumentieren und in die Fortschreibung des Vollzugsplans aufzunehmen. Die Gefangenen sind an den Kosten zu beteiligen. Im Regelfall haben teilnehmende Gefangene einen Kostenanteil von 5 v.H. ihres monatlichen Nettolohns je Projekttag und Maßnahme selbst zu tragen. Die Eigenbeteiligung kann in Ausnahmefällen (etwa bei Arbeitslosigkeit) reduziert werden oder unterbleiben, wenn hierfür besondere Umstände vorliegen."

Die vorgehaltenen Angebote dürften nur dann ausreichend sein, wenn alle interessierten Untersuchungsgefangenen die Möglichkeit haben, den gewünschten Sport oder zumindest

219 Im Strafvollzug sollen die drei Möglichkeiten in gleicher Weise umfasst sein, vgl. Boetticher in: AK-StVollzG, § 67 Rn. 19.

220 Hessen, LT-Drucks. 18/1396, S. 137.

überhaupt einen Sport zu betreiben. Ein derartiges Verständnis der Regelung trägt den positiven Wirkungen des Sporttreibens Rechnung, gleichzeitig aber auch der Tatsache, dass die Angebote nur „ausreichend" sein, nicht aber darüber hinausgehen müssen.

177 c) **Gemeinschaftsveranstaltungen und Freizeitgruppen.** Die Bildung von Freizeitgruppen bedeutet, dass die Freizeit gemeinsam verbracht wird. Freizeitgruppen können ganz unterschiedliche Aktivitäten zum Inhalt haben. Die Untersuchungsgefangenen können sich etwa mit Musik, Theater, Basteln oder Spielen beschäftigen, und zwar in der Anstalt und, wenn die Haftgründe nicht entgegenstehen, auch außerhalb. So kann durch Freizeitgruppen wenigstens teilweise die Isolation in der Untersuchungshaft aufgehoben werden. Dabei können Einzelgänger erfahren, dass man in der Gruppe Spaß und Rückhalt haben kann.[221] Diese Erfahrung kann für die Zukunft kriminalpräventiv wirken.

Die Begriffe „Gemeinschaftsveranstaltungen" und „Freizeitgruppen" sind zumindest zum Teil deckungsgleich. Beiden ist gemein, dass die Untersuchungsgefangenen in ihrem Rahmen ihre Freizeit mit Mithäftlingen bei einer gemeinsamen Tätigkeit verbringen. Eine Differenzierung lässt sich dahin vornehmen, dass mehrere Freizeitgruppen gleichzeitig mit unterschiedlichen Tätigkeiten angeboten werden, hingegen immer nur eine Gemeinschaftsveranstaltung zu einer Zeit stattfindet, die sich an alle Häftlinge wendet.

Bei den gemeinschaftlichen, für alle Untersuchungsgefangenen oder zumindest eine bestimmte Personenzahl offenen Freizeitveranstaltungen hat der Einzelne kein Recht auf Teilnahme, sondern lediglich ein Recht auf eine ermessensfehlerfreie Entscheidung. Eine Rechtsposition entsteht allerdings durch eine Einzelanordnung des Anstaltsleiters.[222]

Die Bildung von Freizeitgruppen, die von Externen angeleitet werden, etwa von Studierenden der Rechtswissenschaft wie am Institut für Sanktionenrecht und Kriminologie an der Christian-Albrechts-Universität zu Kiel, ist im Untersuchungshaftvollzug nicht unproblematisch aufgrund der dadurch möglichen Verbindungen aus der Anstalt nach außen.

178 d) **Veranstaltungen zur Weiterbildung.** Die Weiterbildung kann beruflicher oder auch sozialer Art sein. Die sich kontinuierlich ändernden Verhältnisse der heutigen Gesellschaft führen dazu, dass einmal erworbenes Wissen schnell veraltet, so dass der Einzelne sich anpassen muss, um nicht auf der Strecke zu bleiben. Erforderlich ist eine stetige Lernbereitschaft in wirtschaftlichen, gesellschaftlichen und privaten Angelegenheiten. Der Einzelne hat sich dabei beständig neue Verhaltensmuster zu erarbeiten. Die von der Anstalt anzubietenden Weiterbildungsangebote haben mithin die Allgemeinbildung sowie das Sozialverhalten zu umfassen mit dem Ziel, Fertigkeiten für den privaten Bereich und die Arbeitswelt sowie das öffentliche Leben zu vermitteln. In den Bereich der sozialen Weiterbildung fällt auch das Erlernen von Techniken, wie man sich als Tatverdächtiger bei Diskriminierungen verhält.[223]

179 e) **Angemessen ausgestattete Anstaltsbücherei.** In Ba-Wü, Bayern, Hessen und NRW soll es in den Untersuchungshaftvollzugsanstalten jeweils eine (in Ba-Wü eine „angemessen ausgestattete") Anstaltsbibliothek geben.

Im Untersuchungshaftvollzug besteht wie im Strafvollzug **kein Rechtsanspruch** eines Gefangenen auf Einrichtung einer „Freihandbibliothek".[224] Die Gesetzesformulierung „angemessene Ausstattung" besagt noch einmal explizit, was auch nach den anderen Gesetzen gilt. Angemessen ausgestattet ist die Bücherei, wenn ihr Bücherbestand nach den Gegebenheiten der Anstalt so gut wie möglich beschaffen ist, sowohl hinsichtlich seiner Quantität als auch seiner Qualität. Die Anstalten haben also ein möglichst breit gefächertes Spektrum an Büchern in brauchbarem Erhaltungszustand anzubieten und bei Werken, deren Aktualität von Bedeutung ist, für die Beschaffung möglichst aktueller Auflagen zu sorgen.

221 Vgl. für den Strafvollzug Boetticher in: AK-StVollzG, § 67 Rn. 17.
222 Vgl. für den Strafvollzug Calliess/Müller-Dietz, StVollzG, § 67 Rn. 2.
223 Vgl. für den Strafvollzug Calliess/Müller-Dietz, StVollzG, § 67 Rn. 4.
224 Zum Strafvollzug vgl. OLG Nürnberg NStZ 1993, 382; Calliess/Müller-Dietz, StVollzG, § 67 Rn. 2; dagegen: Boetticher in: AK-StVollzG, § 67 Rn. 20.

f) Besondere Regelungen für den Besitz von Gegenständen zur Freizeitbeschäftigung, Einschränkungsmöglichkeiten. aa) Gegenstände allgemein; Verbot, Erlaubnispflicht und Einschränkungsmöglichkeiten. Die Untersuchungsgefangenen dürfen in den genannten Ländern nach der allgemeinen Regelung zur Freizeit **in angemessenem Umfang** Gegenstände zur Freizeitbeschäftigung besitzen (§ 40 JVollzGB II **Ba-Wü,** § 22 Abs. 4 S. 1 HUVollzG, §§ 153, 67 Abs. 1 S. 1 NJVollzG **Niedersachsen,** § 12 Abs. 2 Nr. 4 UVollzG **NRW,** § 28 Abs. 1 UVollzG **Sachsen-Anhalt**). In **Ba-Wü** kann die Angemessenheit des Umfangs nach § 40 Abs. 1 S. 2 JVollzGB II auch an der in der Anstalt verfügbaren Kapazität für Haftraumkontrollen und am Wert eines Gegenstands ausgerichtet werden. Bei der Auslegung dieses unbestimmten Rechtsbegriffs spielen Gesichtspunkte der konkreten Anstaltsverhältnisse wie die Ausstattung der Anstalt mit allgemein zugänglichen Fortbildungs- und Freizeitmöglichkeiten, z.B. Freihandbücherei, Lese- und Schreibräume mit elektronischen Schreibgelegenheiten und nicht zuletzt Aspekte der Sicherheit und des geordneten Zusammenlebens eine Rolle. Der Begriff ist von der Vollzugsbehörde für jeden Einzelfall unter Beachtung verfassungsrechtlicher Vorgaben, insbesondere des Verhältnismäßigkeitsgrundsatzes, auszufüllen und gerichtlich voll überprüfbar.[225] Bei der Auslegung und Anwendung der Bestimmung stehen wegen der Unschuldsvermutung im Zweifel die Rechte der Untersuchungsgefangenen im Vordergrund.[226] Dabei werden Bücher explizit genannt in § 22 Abs. 4 S. 1 HUVollzG sowie §§ 153, 67 Abs. 1 S. 1 NJVollzG. In Sachsen-Anhalt findet sich der explizite Hinweis, dass das durch § 28 Abs. 1 UVollzG Sachsen-Anhalt gewährte Recht auf den Besitz der genannten Gegenstände sich nur auf den Besitz zum Zwecke des Fortbildens oder der Freizeitbeschäftigung bezieht. Dient demgegenüber der Besitz von Gegenständen der Verbesserung des allgemeinen Lebenskomforts, richtet sich die Zulassung des Gegenstandes nach § 16 UVollzG Sachsen-Anhalt.[227] Danach sind Sachen ausgeschlossen, deren Überlassung eine verfahrenssichernde Anordnung entgegensteht, bei Behinderung der Übersichtlichkeit des Haftraums oder Gefährdung der Sicherheit und Ordnung der Anstalt können sie ausgeschlossen werden. Es fehlt die Einschränkungsmöglichkeit für den Fall, dass der Besitz, die Überlassung oder die Benutzung des Gegenstandes mit Strafe oder Geldbuße bedroht ist. 180

Unzulässig ist der Besitz von Gegenständen nach den gesetzlichen Regelungen, wenn er (bzw. die Überlassung oder Benutzung des Gegenstands) mit Strafe oder Geldbuße bedroht wäre oder die Sicherheit oder Ordnung der Anstalt gefährden würde. 181

Mit Strafe oder Geldbuße bedroht ist der Besitz etwa folgender Gegenstände: 182

- Sachen, die ein anderer gestohlen oder sonst durch eine gegen fremdes Vermögen gerichtete rechtswidrige Tat (etwa Raub, Betrug oder räuberische Erpressung) erlangt hat (gehehlte Sachen, § 259 StGB), wenn der Untersuchungsgefangene hiervon weiß und die Sache dennoch in seiner Herrschaftsgewalt haben möchte, also einen entsprechenden Vorsatz hat.
- Waffen (§§ 51 ff., 1 Abs. 2 WaffG), wenn die Untersuchungsgefangenen keine Erlaubnis hierfür haben bzw. es sich um eine verbotene Waffe handelt.
- Drogen (Betäubungsmittel wie Cannabis oder Heroin, siehe Anlage I zum BtMG; Amphetamine, siehe Anlage II zum BtMG) ohne Besitz einer schriftlichen Erlaubnis für den Erwerb oder den Verkehr, § 29 Abs. 1 S. 1 Nr. 3 bzw. § 29 a Abs. 1 Nr. 2 BtMG.

Die Überlassung ist z.B. in folgenden Fällen mit Strafe oder Geldbuße bedroht: 183

- bei Hehlerei-Gegenständen, deren Herkunft die Vollzugsbediensteten kennen und die diese den Untersuchungsgefangenen unrechtmäßigerweise dennoch zukommen lassen wollen (§ 259 StGB);

225 OLG Jena, 23.8.2010, Az. 1 Ws 296/10.
226 Vgl. auch für den Strafvollzug Calliess/Müller-Dietz, StVollzG, § 70 Rn. 2.
227 Gesetzesbegründung Sachsen-Anhalt, LT-Drucks. 5/2019, S. 66.

- bei Raubkopien von Filmen oder Musik, die die Untersuchungsgefangenen an Mithäftlinge verkaufen wollen, § 106 Abs. 1 Alt. 2 bzw. § 108 a Abs. 1 UrhG ([gewerbsmäßige] unerlaubte Verwertung urheberrechtlich geschützter Werke);
- bei Drogen (§§ 29 Abs. 1 Nr. 1, 29 a Abs. 1, 30 Abs. 1 Nr. 1, 30 a BtMG).

184 In Bezug auf die Benutzung gilt grundsätzlich Selbiges wie zum Besitz verbotener Gegenstände.

185 Die **Sicherheit oder Ordnung der Anstalt** wird durch den Besitz von Gegenständen **gefährdet** etwa bei Waffen oder anderen gefährlichen Werkzeugen zur Verletzung von Personen[228], bei Drogen sowie bei Sachen, mit denen Vorkehrungen und Einrichtungen in der Anstalt beschädigt oder zerstört oder die als Fluchtmittel genutzt werden sollen.[229] Die Rechtsprechung hat eine Gefährdung der Sicherheit oder Ordnung der Anstalt auch angenommen bei elektrischen Geräten, die eine Brand- oder Verletzungsgefahr begründen oder das Stromnetz der Anstalt überlasten könnten, wie etwa Tauchsieder oder Höhensonne.[230]

186 In **Ba-Wü** ist der Besitz eines Gegenstandes gemäß § 40 Abs. 2 Nr. 3 JVollzGB II auch dann unzulässig, wenn die Überprüfung des Gegenstandes auf eine mögliche missbräuchliche Verwendung von der Anstalt mit vertretbarem Aufwand nicht leistbar wäre. „Vertretbar" ist der Aufwand für eine Überprüfung, wenn die Anstalt über entsprechende Personalkapazitäten verfügt, die die erforderliche Sachkunde besitzen. Sobald Personal von anderen Aufgaben entbunden werden müsste und dadurch die Sicherheit oder Ordnung der Anstalt gefährdet würde,[231] ist der Aufwand unvertretbar hoch. Bei der Prüfung der Vertretbarkeit hat die Anstalt eine Interessenabwägung vorzunehmen zwischen den mit der Überprüfung für sie einhergehenden Belastungen und den Interessen der Untersuchungsgefangenen, Gegenstände wie in Freiheit nach Belieben zu besitzen. Zu berücksichtigen ist wiederum, dass die Beschränkung der Rechte der Untersuchungsgefangenen nur zulässig ist, soweit sie unerlässlich ist. Die Anstalt hat damit eine strenge Verhältnismäßigkeitsprüfung vorzunehmen. Es handelt sich bei der Vertretbarkeit des Aufwandes um einen unbestimmten Rechtsbegriff, dessen Voraussetzungen vom Gericht uneingeschränkt überprüft werden können. Unvertretbar hoch ist der Aufwand, wenn der in Rede stehende Gegenstand zwar auf eine zweckentfremdete Benutzung kontrolliert werden könnte, der mit der Kontrolle verbundene Aufwand aber außer Verhältnis zum Interesse des Untersuchungsgefangenen am Besitz dieses Gegenstandes steht.

187 In Niedersachsen dürfen die Gefangenen die Geräte nur mit **Erlaubnis** der Vollzugsbehörde besitzen. Die Erlaubnis ist von Anfang an zu versagen, wenn die Erreichung des Vollzugszieles oder die Sicherheit oder Ordnung der Anstalt gefährdet würde. Sie kann aus diesen Gründen auch nachträglich widerrufen werden (§§ 153, 67 Abs. 1 NJVollzG). Bei beiden Maßnahmen handelt es sich um Vollzugsverwaltungsakte. Die Untersuchungsgefangenen beantragen in Niedersachsen also zunächst die entsprechende Erlaubnis, stellen also einen Antrag auf Zulassung der gewünschten Geräte. In Ba-Wü erfolgt eine Zulassung der Geräte (vgl. § 40 Abs. 3 S. 1 JVollzGB II), die eine Erlaubnis darstellt. Dies ergibt sich aus dem Zusammenspiel der Abs. 3 und Abs. 4 des § 40 JVollzGB II. In Hessen heißt es, die Anstalt regelt das Einbringen der Gegenstände (§ 22 Abs. 4 S. 3 HUVollzG). Dies geschieht ebenfalls durch einen entsprechenden Vollzugsverwaltungsakt.

188 In **Nordrhein-Westfalen** existiert dabei in § 12 Abs. 3 UVollzG NRW eine besondere Regelung für Gegenstände zur Freizeitbeschäftigung. In **den anderen Ländern** findet die Vorschrift zum persönlichen Gewahrsam Anwendung. Danach dürfen die Untersuchungsgefangenen nur Gegenstände in Gewahrsam haben, die ihnen von der Anstalt oder mit deren Zustimmung überlassen werden. Einschränkungsmöglichkeiten werden von den Gesetzen

228 Vgl. dazu z.B. die Aufzählung in § 250 Abs. 1 Nr. 1 StGB.
229 Für Letzteres: Textilien mit Gummizügen: OLG Zweibrücken ZfStrVo 2004, 315; vgl. auch Böhm/Laubenthal in: Schwind/Böhm/Jehle/Laubenthal, StVollzG, § 19 Rn. 5.
230 OLG Frankfurt/M. ZfStrVo 1979, 186; OLG München NStZ 1981, 214 f.; Böhm/Laubenthal in: Schwind/Böhm/Jehle/Laubenthal, StVollzG, § 19 Rn. 5.
231 Hierzu OLG Jena, 23.8.2010, 1 Ws 296/10.

nicht namentlich benannt. Die Anstalten werden aber ihre Zustimmung unter den Voraussetzungen, die nach den UVollzGen allgemein für die Auferlegung von Beschränkungen vorgesehen sind (Unerlässlichkeit zur Aufrechterhaltung der Sicherheit, zur Abwehr einer schwerwiegenden Störung der Ordnung der Anstalt oder zur Umsetzung einer verfahrenssichernden Anordnung, vgl. die jeweilige Vorschrift zur Stellung der Untersuchungsgefangenen), verweigern. Dies steht im Einklang mit der Regelung der **UVollzGe der 12er-Gruppe** zum Widerruf der Zustimmung. Nach § 15 Abs. 5 der meisten dieser Gesetze kann die Zustimmung widerrufen werden, wenn es zur Umsetzung einer verfahrenssichernden Anordnung oder zur Aufrechterhaltung der Sicherheit oder zur Abwendung einer erheblichen Störung der Ordnung der Anstalt erforderlich ist.

bb) Besondere Gerätetypen; Verbot, besondere Erlaubnispflicht bzw. Einschränkungsmöglichkeiten. Besondere Regelungen gelten für besondere Gerätetypen, namentlich elektronische Geräte (v.a. Unterhaltungselektronik). Dass diese Geräte einer besonderen Zulassung bedürfen, steht vor dem Hintergrund, dass sich die Marktentwicklung insbesondere in Bezug auf die bei den Untersuchungsgefangenen sehr beliebten Spielekonsolen sehr rasch vollzieht und es daher schwierig ist, das Gefährdungspotenzial derartiger Geräte im Voraus so exakt einzuschätzen, dass bestimmte Geräte laut dem Gesetz generell zulässig sein können und andere unzulässig.[232] 189

In **Ba-Wü** nennt das Gesetz „elektronische Unterhaltungsmedien“, § 40 Abs. 3 JVollzGB II, in **Hessen** „andere elektronische Geräte“, § 22 Abs. 4 HUVollzG. In **Niedersachsen** heißt es „Geräte der Informations- und Unterhaltungselektronik“, §§ 153, 67 Abs. 2 NJVollzG. Regelmäßig werden auch Computer oder Laptops dazu gezählt. Bei ihnen soll ein Diskettenaustausch nicht auszuschließen sein. Dies ist zweifelhaft. Berechtigt ist demgegenüber das Argument, dass elektronische Geräte, die Datenverarbeitungs-, übermittlungs- und –speichermöglichkeiten bieten. Die wirksame Kontrolle soll auch geschulten Anstaltsmitarbeitern nicht möglich sein, sondern nur von Fachleuten geleistet werden können, die von den Anstalten nicht allein aus dem Grund beschäftigt werden können.[233] Der Besitz eines „Nintendo DS Lite“ etwa soll eine Gefahr für die Sicherheit der Anstalt darstellen, weil durch diese eine unkontrollierte Datenübertragung möglich ist, die weder technisch noch durch Kontrollmaßnahmen hinreichend sicher verhindert werden könne, ohne das Gerät zu zerstören.[234] Nach der Rspr. zum Strafvollzug, die für den Untersuchungshaftvollzug ebenso gilt, kann der Besitz eines CD-Players nach den Vorschriften über den Besitz von Gegenständen, hier Art. 72 BayStVollzG, wegen Gefährdung der Sicherheit oder Ordnung der Anstalt verboten werden, da eine Versiegelung oder Verplombung des Gehäuses bei neueren Modellen als Maßnahme zur Verhinderung von Missbrauch nicht mehr möglich sei.[235] Der EGMR hat das Verbot, einen CD-Player nebst CDs sowie eine Spielekonsole zu besitzen, für mit der EMRK vereinbar erachtet.[236] 190

In **Ba-Wü** kann gemäß § 40 Abs. 3 JVollzGB II die Zulassung bestimmter Gerätetypen, insbesondere der elektronischen Unterhaltungsmedien durch die Vollzugsanstalt der Zustimmung der Aufsichtsbehörde (also des Justizministeriums, § 19 S. 1 JVollzGB I) vorbehalten sein. Diese Regelung sieht eine vorherige Zustimmung vor und soll damit dazu beitragen, eine in den verschiedenen Justizvollzugsanstalten des Landes vergleichbare Zulassungspraxis für derartige Geräte sicherzustellen.[237] Das Justizministerium kann allgemeine Richtlinien für die Gerätebeschaffenheit erlassen. Eine ohne diese Zustimmung erfolgte Zulassung kann zurückgenommen werden. Nach § 40 Abs. 4 JVollzGB II kann die Erlaubnis widerrufen werden, wenn der Besitz oder die Benutzung die Sicherheit oder Ordnung der Anstalt gefährden würde. 191

232 Vgl. dazu auch die Gesetzesbegründung in Ba-Wü, LT-Drucks. 14/5012, S. 198.
233 Wiesneth, Die Untersuchungshaft, Rn. 195.
234 OLG Celle, 13.10.2010, 1 Ws 488/10 (StrVollz).
235 OLG München, 12.1.2010, Az. 3 Ws 1005/09 (R).
236 EGMR, Entscheidung v. 22.5.2008, Nr. 20579/04.
237 Dazu auch die Gesetzesbegründung Ba-Wü, LT-Drucks. 14/5012, S. 198.

192 In **Hessen** können andere elektronische Geräte in den Hafträumen zur Freizeitbeschäftigung im Einzelfall zugelassen werden, § 22 Abs. 4 HUVollzG. Das Einbringen dieser Geräte wird nach der Vorschrift durch die Anstalt geregelt, wobei § 11 entsprechend gilt. Danach dürfen die Gefangenen ihre Hafträume im angemessenen Umfang mit eigenen Gegenständen ausstatten, wobei die Übersichtlichkeit des Haftraumes nicht beeinträchtigt und die Sicherheit und Ordnung der Anstalt nicht gefährdet werden dürfen.

193 In **Niedersachsen** gilt für den Besitz von Geräten der Informations- und Unterhaltungselektronik, dass die Untersuchungsgefangenen darauf verwiesen werden können, anstelle eigener Geräte solche Geräte zu verwenden, die ihnen von der Vollzugsbehörde überlassen werden (§§ 153, 67 Abs. 2 NJVollzG).

194 In den anderen Ländern findet wiederum die Vorschrift zum persönlichen Gewahrsam Anwendung (siehe § 3 Rn. 22).

195 g) **Sonderregelungen für junge Untersuchungsgefangene.** Für junge Untersuchungsgefangene gilt auch in Bezug auf die Freizeit, dass der Vollzug erzieherisch ausgestaltet werden soll. Es ist zu beachten, dass wegen der Unschuldsvermutung die Erziehung nicht auf die Auseinandersetzung mit den der Inhaftierung zugrunde liegenden Tatvorwürfen gerichtet sein darf.[238]

Es wird oftmals notwendig sein, Gefangene zur Teilnahme an Angeboten der Freizeitgestaltung zunächst zu motivieren und anzuleiten, wobei Veranstaltungen im Vordergrund stehen sollten, die dem Erlernen bzw. Verbessern von Sozialverhalten dienen. Das sind in erster Linie Gruppenveranstaltungen. Die jungen Untersuchungsgefangenen sollten nicht eine passive Teilnehmerrolle einnehmen, sondern aktiv an den Maßnahmen mitwirken, etwa durch eigene Initiativen, Gestaltung und Organisation.[239]

196 Die **altersgemäßen Freizeitmöglichkeiten** für junge Untersuchungsgefangene sollen dazu dienen, die Entwicklung der Fähigkeiten und Fertigkeiten sowie die Bereitschaft zu einer eigenverantwortlichen Lebensführung zu fördern. Dabei sollen sie auf den noch bestehenden Erziehungsbedarf Rücksicht nehmen.[240] Viele junge Untersuchungsgefangene wissen nichts Sinnvolles mit ihrer Freizeit anzufangen.[241] Die jungen Untersuchungsgefangenen sollen daher durch die Möglichkeiten im Untersuchungshaftvollzug eigene positive Neigungen und Begabungen entwickeln können, wobei wegen der Unschuldsvermutung keine Pflicht zur Teilnahme besteht, sondern die jungen Untersuchungsgefangenen lediglich durch die Anstalt zur Teilnahme und Mitwirkung motiviert, also positiv bestärkt werden sollen.[242] Zumindest sollten die jungen Untersuchungsgefangenen lernen, dass freie Zeit nicht nur zum „Herumgammeln“ und Müßiggang genutzt werden kann, sondern auch für verantwortungsvolle (z.B. ehrenamtliche) Tätigkeiten oder für sinnvolle und ausfüllende Hobbies.[243]

197 Der **sportlichen Betätigung** kommt bei Jugendlichen besondere Bedeutung zu. Daher sind „jugendgemäße“, „geeignete“ bzw. „ausreichende“ Sportangebote vorzuhalten. Jungen Untersuchungsgefangenen soll in den meisten Ländern mindestens zwei Stunden wöchentlich eine sportliche Betätigung, vorzugsweise während des Aufenthalts im Freien, ermöglicht werden. In NRW (§§ 53 UVollzG, 54 S. 3 JStVollzG) sollen es drei, in Sachsen (§ 73 Abs. 3 S. 2 UVollzG Sachsen) vier Stunden wöchentlich sein. In NRW sind stets ausreichende und namentlich unter freizeitpädagogischen Aspekten gezielte Sportangebote vorzuhalten (§ 54 S. 2 JStVollzG NRW). In Ba-Wü spricht das Gesetz von „jugendgemäßen Angeboten zur

238 Vgl. die Gesetzesbegründungen der 12er-Gruppe zu § 67 bzw. in Hamburg zu § 73, Bürgerschafts-Drucks. 19/4451, S. 40.
239 Vgl. dazu auch die Begründung zu § 55 JStVollzG NRW, LT-Drucks. 14/4412, S. 92.
240 So die Gesetzesbegründungen zu § 67 UVollzG, etwa in Brandenburg, LT-Drucks. 4/7334, S. 116.
241 Vgl. die Gesetzesbegründungen der 12er-Gruppe, etwa Hamburg, Gesetzesbegründung zu § 73, Bürgerschafts-Drucks. 19/4451, S. 40.
242 Statt vieler die Begründung zum UVollzG Thüringen zu § 73, LT-Drucks. 4/4803, S. 75.
243 Wiesneth, Die Untersuchungshaft, Rn. 273.

sportlichen Betätigung" (§ 76 S. 2 JVollzGB II). Dahinter steht die Erwägung, dass der Sport für die Persönlichkeitsentwicklung junger Menschen eine besondere Bedeutung hat.[244]

Nach der Gesetzesbegründung von Ba-Wü enthält § 72 Abs. 2 JVollzGB II („Gestaltung des Vollzugs") die Grundsätze, die zu einer jungen Untersuchungsgefangenen gerecht werdenden Gestaltung des Untersuchungshaftvollzugs führen sollen. Im Hinblick auf den bei jungen Menschen noch nicht abgeschlossenen bzw. noch nicht gefestigten Entwicklungs- und Reifungsprozess bringt eine Inhaftierung erhebliche Gefährdungen und Belastungen mit sich, weshalb die Untersuchungshaft bei Jugendlichen nach § 72 JGG auch explizit subsidiär ist. Lässt sich eine Inhaftierung dennoch nicht vermeiden, sieht das JVollzGB II es als sozialstaatliche Verpflichtung der Anstalten an, haftbedingten Gefährdungen soweit wie möglich durch eine Vollzugsgestaltung aufzufangen, die einen positiven Beitrag zur Persönlichkeitsentwicklung junger Untersuchungsgefangener anstrebt. Es stellte deshalb eine Fehlinterpretation der Unschuldsvermutung dar, junge Untersuchungsgefangene in einem pädagogischen Vakuum zu belassen. Daraus ergibt sich der Leitgedanke für den Untersuchungshaftvollzug an jungen Untersuchungsgefangenen, den die Regelung in § 72 Abs. 2 JVollzGB II formuliert. Satz 2 der Regelung nennt die Maßnahmen, die der Entwurf zur Erfüllung dieses Auftrags als grundlegend erachtet, wobei eine auf die Förderung der Persönlichkeitsentwicklung bedachte Vollzugsgestaltung nicht abschließend gesetzlich geregelt werden kann, sondern einen Gestaltungsspielraum für die Vollzugsanstalten erfordert. Bei den deshalb erwähnten **„sonstigen entwicklungsfördernden Hilfestellungen"** ist an Maßnahmen zu denken, die auch innerhalb der i.d.R. relativ kurzen Zeit der Untersuchungshaft sinnvoll durchgeführt werden können oder längerfristige Maßnahmen vorbereiten.[245] 198

Konkrete **altersgemäße Freizeitmöglichkeiten** werden in der Gesetzesbegründung von Ba-Wü nicht namentlich oder beispielhaft aufgeführt. Altersgemäß können alle der für Untersuchungsgefangene im Allgemeinen genannten Freizeitbeschäftigungen (§ 39 JVollzGB II) ausgerichtet werden. Das heißt, Sportmöglichkeiten, Freizeitgruppen, Gemeinschaftsveranstaltungen, Veranstaltungen zur Weiterbildung und die Nutzung der Anstaltsbücherei sind neben der Ausgestaltung für die Erwachsenen auch auf die Interessen und Belange junger Gefangener auszurichten. In Bezug auf den Sport werden insoweit keine entscheidenden Abweichungen von den Angeboten für die Erwachsenen angezeigt sein. Freizeitgruppen und Gemeinschaftsveranstaltungen könnten entweder für junge Untersuchungsgefangene separat angeboten werden (soweit entsprechende Personal- und Sachmittel sowie Interessenten vorhanden sind), wobei Wünsche der jungen Untersuchungsgefangenen berücksichtigt werden sollten, um gerade das aktive Sich-Einbringen und Mitgestalten bei gemeinschaftlichen Ereignissen zu fördern. Daneben finden diverse mögliche Themenbereiche für Freizeitgruppen wie etwa Automobilbezogene Themen (z.B. Tuning, Motorentechnik) bei jungen, v.a. männlichen Untersuchungsgefangenen genauso Anklang wie bei erwachsenen. In Bezug auf die Weiterbildung ist an Angebote zu denken, die an die schulischen Unterrichtsinhalte für die einschlägigen Klassenstufen angelehnt sind. In Bezug auf berufsorientierte Maßnahmen ist eine Jugend/jungerwachsenengemäße Ausrichtung tendenziell weniger erforderlich. Die Anstaltsbüchereien sollten entsprechend mit Literatur ausgestattet werden, die das Interesse junger Menschen findet. Das Personal sollte zumindest zum Teil Kenntnisse und Erfahrungen mit jungen Menschen allgemein sowie unter Freiheitsentzug aufweisen, um die Freizeitbeschäftigungen dem Entwicklungsstand der jungen Untersuchungsgefangenen anpassen zu können. In diesem Sinne stellt § 67 Abs. 4 UVollzG Sachsen klar, dass Bedienstete für den Untersuchungshaftvollzug an jungen Untersuchungsgefangenen geeignet und qualifiziert sein müssen. Sinnvoll ist es, wie die Gesetzesbegründung zutreffend ausführt, die Bediensteten bereits vor Dienstantritt in der Anstalt durch gezielte Aus- und Fortbildungsmaßnahmen auf die Arbeit vorzubereiten. Fortbildungsmaßnahmen sichern dann in der Folgezeit 199

244 Vgl. die Gesetzesbegründung Ba-Wü, LT-Drucks. 14/5012, S. 207.
245 Vgl. die Gesetzesbegründung Ba-Wü, LT-Drucks. 14/5012, S. 204 f.

einen angemessenen Qualitätsstandard und gewährleisten einen professionellen Umfang mit den jungen Untersuchungsgefangenen.[246] In den anderen Ländern fehlt diese Regelung.

200 In NRW verweist § 53 UVollzG auf die Regelungen des JStVollzG. Nach § 55 JStVollzG sind ausreichende Freizeitangebote vorzuhalten, wobei **Angebote zur Förderung der Kreativität** im Rahmen kultureller Formen zu entwickeln sind, namentlich Freizeitgruppen in ästhetischen Bereichen, etwa der Literatur, des Theaters, der Musik und des Malens (§ 55 Abs. 2 JStVollzG NRW). Durch die Formulierung des Gesetzes („sind zu entwickeln") wird deutlich, dass es sich um eine zwingende Regelung handelt. Es liegt also nicht im Ermessen der Anstalten, ob sie Angebote zur Förderung der kulturellen Kreativität anbieten. Ein Ermessen steht ihnen jedoch zu in Bezug auf die konkrete Ausgestaltung, also dahingehend, ob sie Freizeitgruppen einrichten, die sich mit Literatur befassen, oder lieber solche für Theater, für Musik oder für Malen. Sie können die beispielhafte Aufzählung im Gesetz („namentlich") auch durch eigene Ideen ergänzen. Die Untersuchungsgefangenen haben demzufolge einen Rechtsanspruch darauf, dass die Anstalt ein Angebot zur Förderung der kulturellen Kreativität macht, nicht aber etwa darauf, dass eine bestimmte Freizeitgruppe eingerichtet wird. Insoweit sollten die Anstalten die Wünsche der Gefangenen jedoch erfragen und ihnen nach Möglichkeit nachkommen.

201 Nach § 72 Abs. 2 S. 4 JVollzGB II ist bei der Vollzugsgestaltung für junge Untersuchungsgefangene auf ihre körperliche, geistige und seelische Entwicklung Rücksicht zu nehmen. Die Regelung mahnt noch einmal ausdrücklich an, was für diejenigen Vollzugsbediensteten, die erzieherisch geschult sind, eine Selbstverständlichkeit ist. Etwas anders formuliert heißt es in Niedersachsen in §§ 158 Abs. 1 S. 5, 114 Abs. 1 S. 4 NJVollzG, es ist auf die besonderen altersbedingten Bedürfnisse und Empfindlichkeiten der jungen Gefangenen Rücksicht zu nehmen.

202 Die nach den UVollzGen möglichen Beschränkungen können jugendlichen Untersuchungsgefangenen in den meisten Ländern auch auferlegt werden, wenn dies dringend geboten ist, um sie vor einer Gefährdung ihrer Entwicklung zu bewahren (so die jeweilige Vorschrift zur Vollzugsgestaltung bei jungen Untersuchungsgefangenen; bei der 12er-Gruppe zumeist § 67, in Ba-Wü § 72 Abs. 3 JVollzGB II). Während Rechte der volljährigen Untersuchungsgefangenen nur zur Umsetzung verfahrenssichernder Anordnungen oder zur Aufrechterhaltung der Sicherheit oder Ordnung der Anstalt eingeschränkt werden dürfen, ist dies bei minderjährigen Untersuchungsgefangenen auch zur Abwehr von Gefahren für eine positive Persönlichkeitsentwicklung zulässig. Zu den Grenzen unter Berücksichtigung des elterlichen Erziehungsrechts siehe § 1 Rn. 10, 29.

203 Nach den Gesetzen der Länder der 12er-Gruppe ist der Besitz elektronischer Medien ausgeschlossen, wenn erzieherische Gründe entgegenstehen (§ 73 Abs. 2 bzw. § 79 UVollzG Hamburg). Dabei ist der Vorrang des elterlichen Erziehungsrechts aus Art. 6 Abs. 2 GG zu beachten, die Entscheidung also soweit möglich mit den Erziehungsberechtigten abzustimmen. Erzieherische Gründe stehen dem Besitz elektronischer Medien entgegen, wenn andernfalls die Entwicklung der Persönlichkeit der jungen Untersuchungsgefangenen negativ beeinflusst würde, also beispielsweise Verhaltensweisen beibehalten würden, die die Begehung weiterer Straftaten erwarten ließen. Strikt zu beachten ist hierbei der Grundsatz der Verhältnismäßigkeit, der den Ausschluss des Besitzes elektronischer Medien nur bei dringender Gebotenheit zulässt.[247] Es handelt sich stets um absolute Ausnahmefälle, so dass der Ausschluss des Besitzes eines Fernsehers aus erzieherischen Gründen stets einer ausführlichen tragfähigen Begründung bedarf.

204 In Hessen ist der Besitz elektronischer Medien gemäß § 50 Abs. 2 HUVollzG über § 22 Abs. 4 S. 2 HUVollzG hinaus nur zugelassen, wenn ihre Nutzung erzieherischen Zwecken dient. Nach § 22 Abs. 4 S. 2 HUVollzG können andere elektronische Geräte als Hörfunk- und Fernsehgeräte in den Hafträumen zur Fortbildung oder zur Freizeitbeschäftigung im

246 Gesetzesbegründung Sachsen, LT-Drucks. 5/2590, S. 78.
247 Hierzu die Gesetzesbegründungen, etwa Bremen, Bürgerschafts-Drucks. 17/914, S. 55.

Einzelfall zugelassen werden. Die Nutzung elektronischer Medien dient dann erzieherischen Zwecken, wenn sie zur Entwicklung positiver Neigungen, Begabungen und Fertigkeiten sowie eines angemessenen Sozialverhaltens beiträgt. Ein weiterer erzieherischer Zweck liegt darin, den jungen Untersuchungsgefangenen Gelegenheit zu geben, den **verantwortungsvollen Umgang mit den neuen Medien** zu erlernen und sich dabei der möglichen Gefahren für das Sozialverhalten bewusst zu sein. So formuliert es in NRW die über § 53 UVollzG NRW auch für den Untersuchungshaftvollzug geltende Regelung des § 55 Abs. 3 S. 2 JStVollzG NRW.[248]

IV. Zeitungen und Zeitschriften

Als Leitlinie für den Bezug von Zeitungen und Zeitschriften sollte die Tatsache dienen, dass 205
die Lektüre von Tageszeitungen oder Politik-, Wirtschafts-, Gesellschafts- und kulturbezogenen Zeitschriften im Untersuchungshaftvollzug eine begrüßenswerte Beschäftigung ist. Daher und im Hinblick auf das Grundrecht auf Informationsfreiheit aus Art. 5 Abs. 1 GG sind Beschränkungen möglichst zu vermeiden.

1. Verfassungsrechtliche Vorgaben. Das Vorenthalten und der Ausschluss von Zeitungen 206
und Zeitschriften greifen in das Grundrecht auf Informationsfreiheit aus Art. 5 Abs. 1 S. 1 GG ein und bedürfen daher nach Art. 5 Abs. 2, 1. Var. GG der verfassungsrechtlichen Rechtfertigung durch ein „allgemeines Gesetz".[249] Die Untersuchungshaftvollzugsgesetze als formelle Gesetze, die sich nicht gegen die Nutzung von Informationsquellen als solche richten, erfüllen die hieran gestellten Anforderungen.

Die Informationsfreiheit umfasst auch das Recht, solche Druckerzeugnisse zu beziehen, die die Anstaltsleitung missbilligt.

2. Internationale Vorgaben. Internationale Vorgaben finden sich in den Europäischen Straf- 207
vollzugsgrundätzen von 2006 (Empfehlung Rec(2006)2 des Ministerkomitees des Europarates vom 11.1.2006) und den Regeln der Vereinten Nationen für den Schutz von Jugendlichen, denen ihre Freiheit entzogen ist (45/113. United Nations Rules for the Protection of Juveniles Deprived of their Liberty).

3. Die gesetzlichen Regeln

Länder	Zeitungen und Zeitschriften	
12er-Regelung Berlin Brandenburg Bremen Hamburg Hessen Mecklenburg-Vorpommern Rheinland-Pfalz Saarland Sachsen Sachsen-Anhalt Schleswig-Holstein Thüringen	***§ 27 12er-Regelung: Zeitungen und Zeitschriften*** **(1) Die Untersuchungsgefangenen dürfen auf eigene Kosten Zeitungen und Zeitschriften in angemessenem Umfang durch Vermittlung der Anstalt beziehen. Ausgeschlossen sind Zeitungen und Zeitschriften, deren Verbreitung mit Strafe oder Geldbuße bedroht ist.** **(2) Zeitungen oder Zeitschriften können den Untersuchungsgefangenen vorenthalten werden, wenn dies zur Umsetzung einer verfahrenssichernden Anordnung erforderlich ist. Für einzelne Ausgaben gilt dies auch dann, wenn deren Inhalte die Sicherheit oder Ordnung der Anstalt erheblich gefährden würden.** **Abweichende Regelungen:** ***Hamburg, § 37 HmbUVollzG: Zeitungen und Zeitschriften*** (1) Die Untersuchungsgefangenen dürfen auf eigene Kosten Zeitungen und Zeitschriften in angemessenem Umfang durch Vermittlung der Anstalt beziehen.	208

248 Vgl. auch die Begründung zu § 55 JStVollzG NRW, LT-Drucks. 14/4412, S. 92.
249 Vgl. dazu BVerfG NStZ 1994, 145; NStZ-RR 1996, 55; BVerfGE 34, 384 (402); 35, 321.

<table>
<tr><th>Länder</th><th>Zeitungen und Zeitschriften</th></tr>
<tr><td></td><td>(2) Ausgeschlossen sind Zeitungen und Zeitschriften, deren Verbreitung mit Strafe oder Geldbuße bedroht ist. Zeitungen oder Zeitschriften, einzelne Ausgaben oder Teile hiervon können den Untersuchungsgefangenen vorenthalten werden, wenn dies zur Umsetzung einer verfahrenssichernden Anordnung erforderlich ist oder deren Inhalte die Sicherheit oder Ordnung der Anstalt erheblich gefährden würden.
Hessen, § 22 Abs. 2 HUVollzG: Gestaltung der freien Zeit
(2) […] 2Die Untersuchungsgefangenen dürfen auf eigene Kosten Zeitungen und Zeitschriften in angemessenem Umfang durch Vermittlung der Anstalt beziehen. 3§ 11 Abs. 1 Satz 2 gilt entsprechend. 4Ausgeschlossen sind Zeitungen und Zeitschriften, deren Verbreitung mit Strafe oder Geldbuße bedroht ist. 5Einzelne Ausgaben oder Teile von Zeitungen oder Zeitschriften können den Untersuchungsgefangenen vorenthalten werden, wenn dies zur Umsetzung einer verfahrenssichernden Anordnung erforderlich ist oder die Sicherheit oder Ordnung der Anstalt erheblich gefährdet würde.
Sachsen-Anhalt, § 27 UVollzG LSA: Zeitungen und Zeitschriften
(1) Der Untersuchungsgefangene kann durch Vermittlung der Anstalt auf eigene Kosten oder auf Kosten Dritter Zeitungen und Zeitschriften durch den Verlag, die Post oder den Handel beziehen. Vom Bezug ausgeschlossen sind Zeitungen und Zeitschriften, auch einzelne Ausgaben davon, deren Verbreitung mit Strafe oder Geldbuße bedroht ist.
(2) Zeitungen oder Zeitschriften, auch einzelne Ausgaben davon, können dem Untersuchungsgefangenen vorenthalten werden, wenn dies zur Umsetzung einer verfahrenssichernden Anordnung erforderlich ist oder wenn deren Inhalte die Sicherheit und Ordnung der Anstalt gefährden würden.</td></tr>
<tr><td>Baden-Württemberg</td><td>§ 42 JVollzGB II: Zeitungen und Zeitschriften
Untersuchungsgefangene dürfen Zeitungen und Zeitschriften in angemessenem Umfang durch Vermittlung der Justizvollzugsanstalt beziehen. § 40 Abs. 1 Satz 2 und Abs. 2 und 4 gilt entsprechend.
§ 40 Abs. 1, 2, 4 JVollzGB II:
(1) […] 2Die Angemessenheit des Umfangs kann auch an der in der Justizvollzugsanstalt verfügbaren Kapazität für Haftraumkontrollen und am Wert eines Gegenstands ausgerichtet werden.
(2) Absatz 1 Satz 1 („Untersuchungsgefangene dürfen in angemessenem Umfang Gegenstände zur Freizeitbeschäftigung besitzen“) gilt nicht, wenn der Besitz, die Überlassung oder die Benutzung eines Gegenstands
1. mit Strafe oder Geldbuße bedroht wäre,
2. die Sicherheit oder Ordnung der Justizvollzugsanstalt gefährden würde oder
3. die Überprüfung des Gegenstands auf eine mögliche missbräuchliche Verwendung mit vertretbarem Aufwand von der Justizvollzugsanstalt nicht leistbar wäre.
[…]</td></tr>
</table>

Länder	Zeitungen und Zeitschriften
	(4) Die Erlaubnis kann unter den Voraussetzungen des Absatzes 2 widerrufen werden.
Bayern	*Art. 13 Abs. 2 BayUVollzG: Freizeit* (2)[1]Die Untersuchungsgefangenen dürfen durch Vermittlung der Anstalt auf eigene Kosten in angemessenem Umfang Zeitungen und Zeitschriften beziehen. [2]Ausgeschlossen sind Zeitungen und Zeitschriften, deren Verbreitung mit Strafe oder Geldbuße bedroht ist. [3]Einzelne Ausgaben oder Teile von Zeitungen oder Zeitschriften können den Untersuchungsgefangenen vorenthalten werden, wenn sie die Sicherheit oder Ordnung der Anstalt erheblich gefährden würden.
Niedersachsen	*§ 153 NJVollzG: Freizeit* Für die Gestaltung der Freizeit der oder des Gefangenen gelten die §§ 64 bis 67 entsprechend mit der Maßgabe, dass die sich daraus ergebenden Rechte auch eingeschränkt oder ausgeschlossen werden können, soweit es der Zweck der Untersuchungshaft erfordert. *§ 65 NJVollzG: Zeitungen und Zeitschriften* (1) Die oder der Gefangene darf Zeitungen und Zeitschriften in angemessenem Umfang durch Vermittlung der Vollzugsbehörde beziehen. (2) Ausgeschlossen sind Zeitungen und Zeitschriften, deren Verbreitung mit Strafe oder Geldbuße bedroht ist. Einzelne Ausgaben oder Teile von Zeitungen oder Zeitschriften können der oder dem Gefangenen vorenthalten werden, wenn sie das Vollzugsziel nach § 5 Satz 1 oder die Sicherheit oder Ordnung der Anstalt erheblich gefährdeten.
Nordrhein-Westfalen	*§ 12 Abs. 2, 3 UVollzG NRW: Freizeit* (2) Untersuchungsgefangene dürfen 1. Zeitungen und Zeitschriften durch Vermittlung der Anstalt auf eigene Kosten beziehen […]. (3) Diese Rechte können eingeschränkt oder aufgehoben werden, wenn a) die Sicherheit oder Ordnung der Anstalt gefährdet wird oder b) in den Fällen des Absatzes 2 Nummer 1, 3 und 4 der Besitz, die Überlassung oder die Benutzung des Gegenstandes mit Strafe oder mit Geldbuße bedroht ist.

4. Grundaussagen der Gesetze

- Bezug von Zeitungen und Zeitschriften in angemessenem Umfang (dies nicht in NRW) durch Vermittlung der Anstalt, 209
- genereller Ausschluss solcher Zeitungen oder Zeitschriften, deren Verbreitung mit Strafe oder Geldbuße bedroht ist,
- Möglichkeit der Vorenthaltung (bzw. des Ausschlusses) einzelner Ausgaben oder von Teilen (Bayern, Niedersachsen) hiervon bei Gefährdung der Sicherheit oder Ordnung der Anstalt bzw. ausdrücklich zur Umsetzung einer verfahrenssichernden Anordnung (letzteres nicht in Ba-Wü, Bayern, Niedersachsen und NRW),

- Bezug auf eigene Kosten (nicht in Ba-Wü und Niedersachsen; in Sachsen-Anhalt auch auf Kosten Dritter).

5. Spezielle Regelungen

210
- in Sachsen-Anhalt Nennung der Bezugsmöglichkeiten (Verlag, die Post oder der Handel),
- Vorenthaltung lediglich von Teilen der Presseerzeugnisse als mildere Maßnahme in Bayern, Hamburg, Hessen und Niedersachsen.

211 **6. Im Einzelnen.** Im Verhältnis zu den Regelungen für den Strafvollzug wird in den Regelungen zum Zeitungs- und Zeitschriftenbezug im Untersuchungshaftvollzug dessen **andere Zielsetzung** deutlich. Beschränkungen der Rechte der Untersuchungsgefangenen können insbesondere mit dem Ziel der Verfahrenssicherung begründet werden. Die Regelungen der Bundesländer sind größtenteils identisch. Die Vorschriften erfassen nicht den Bezug von Büchern. Dieser wird durch die allgemeine Vorschrift zur Freizeit erfasst. Bei den Voraussetzungen für den Bezug von Zeitungen und Zeitschriften handelt es sich um unbestimmte Rechtsbegriffe, die der vollen gerichtlichen Kontrolle unterliegen.[250]

212 Ergänzend zu den nachfolgenden Ausführungen finden sich für Sachsen-Anhalt Konkretisierungen in Nr. 18 der Allgemeinen Verwaltungsvorschriften zum Untersuchungshaftvollzug Sachsen-Anhalt.[251]

213 a) **Bezug von Zeitungen und Zeitschriften in angemessenem Umfang durch Vermittlung der Anstalt.** Zeitungen und Zeitschriften sind Druckerzeugnisse, die von einem Verlag oder Vertrieb periodisch oder im Abonnement bezogen werden können.[252] Es handelt sich um Informationen aus allgemein zugänglichen Quellen, also solchen, die technisch geeignet und bestimmt sind, der Allgemeinheit, d.h. einem individuell nicht bestimmbaren Personenkreis, Informationen zu vermitteln.[253] Erforderlich ist grundsätzlich ein fortlaufender Bezug, was den Erhalt von Einzelexemplaren grundsätzlich ausschließt, denn nach dem Sinn und Zweck der Vorschrift sind nur fortlaufend zu beziehende Druckwerke erfasst.[254] Ein zugesandter Warenkatalog soll keine Zeitschrift darstellen.[255] Er stellt dann einen „Gegenstand zur Freizeitbeschäftigung“ (Ba-Wü: § 40 Abs. 1 S. 1JVollzGB II, Hessen: § 22 Abs. 4 S. 1 HUVollzG; Niedersachsen: §§ 153, 67 Abs. 1 S. 1 NJVollzG; NRW: § 12 Abs. 2 Nr. 4 UVollzG; Sachsen-Anhalt: § 28 Abs. 1 UVollzG) bzw. eine (eigene) „Sache“ (Berlin; Brandenburg; Bremen, M-V, Rheinland-Pfalz, Saarland, Sachsen, SH, Thüringen: § 15) dar, für die dieselben Einschränkungsvoraussetzungen gelten, d.h. Gefährdung der Sicherheit oder Ordnung der Anstalt, insbesondere Beeinträchtigung der Übersichtlichkeit des Haftraums.[256] Auch eine ausschließlich aus der Wiedergabe von Leserbriefen bestehende Publikation unterfällt dem Begriff „Zeitschrift“.[257]

Der Bezug von Zeitungen und Zeitschriften im Untersuchungshaftvollzug ist wichtig und sinnvoll. Die Betroffenen können ihren Alltag sinnvoll gestalten, indem sie das politische und wirtschaftliche Tagesgeschehen und die kulturellen Ereignisse verfolgen. Sie können frei entscheiden, welche Zeitungen und Zeitschriften sie auf eigene Kosten (Ausnahme davon: Ba-Wü und Niedersachsen) beziehen wollen, soweit deren Verbreitung nicht mit Strafe oder Geldbuße bedroht ist.[258]

Dadurch geht in den Anstalten möglicherweise täglich eine Vielzahl von Zeitungen und in geringerem Maße auch von Zeitschriften ein, was eine Bearbeitung seitens des Vollzugspersonals dahingehend erfordert, dass die Inhalte überprüft werden, ob sie einer bestehenden

250 Vgl. für den Strafvollzug Schwind in: Schwind/Böhm/Jehle/Laubenthal, StVollzG, § 68 Rn. 3.
251 VV UVollzG Sachsen-Anhalt, AV des MJ vom 28.5.2010 – 4420-306.454/09.
252 OLG Frankfurt NStZ 1992, 208.
253 Siehe dazu BVerfGE NStZ 1995, 613 (614).
254 Vgl. OLG Frankfurt NStZ 1992, 208.
255 So für den Strafvollzug Calliess/Müller-Dietz, StVollzG, § 68 Rn. 1.
256 So bspw. § 28 Abs. 1, 2 UVollzG LSA, § 15 Abs. 1 S. 3 HmbUVollzG.
257 OLG Celle, 31.8.2010, 1 Ws 387/10 (StrVollz).
258 Wiesneth, Die Untersuchungshaft, Rn. 196

verfahrenssichernden Anordnung zuwiderlaufen oder die Sicherheit oder Ordnung gefährden. Dies nimmt nicht nur Zeit und Personal in Anspruch, sondern erfordert auch eine entsprechende Sachkenntnis des Vollzugspersonals.

Wird eine Tageszeitung wegen der vorzunehmenden Kontrolle auf unzulässige Inhalte erst am folgenden Tag ausgehändigt, ist dadurch kein Verstoß gegen Art. 5 Abs. 1 GG gegeben.[259]

aa) Angemessener Umfang. Die Gesetze außer in Sachsen-Anhalt sehen den Zeitungs- und Zeitschriftenbezug nur in „angemessenem Umfang" vor. 214

§ 40 Abs. 1 S. 2 JVollzGB II Ba-Wü konkretisiert den Begriff der Angemessenheit des Umfanges näher. Dort heißt es, die Angemessenheit des Umfangs kann auch an der in der Justizvollzugsanstalt verfügbaren Kapazität für Haftraumkontrollen und am Wert eines Gegenstands ausgerichtet werden.

Angemessen ist der Umfang, wenn er die räumlichen, organisatorischen und personellen Verhältnisse der Anstalt ausnutzt, aber nicht über sie hinausgeht.[260] In Bezug auf die Angemessenheit sind insgesamt fünf Zeitungen und Zeitschriften gerichtlich nicht beanstandet worden.[261] Die Anstalt hat den Untersuchungsgefangenen im Hinblick auf den Verhältnismäßigkeitsgrundsatz, insbesondere wegen der Erforderlichkeit der Beschränkung, eine darüber hinausgehende Anzahl zu gestatten, soweit sich dies mit den Gegebenheiten der Anstalt vereinbaren lässt. Ändern sich die Verhältnisse in der Anstalt, so dass der Zeitungs- und Zeitschriftenbezug erst während des laufenden Bezuges beginnt, die Sicherheit oder Ordnung der Anstalt zu gefährden, kann die Anstalt eine Beschränkung anordnen. Dabei ist den Betroffenen jedoch ausreichend Gelegenheit zu geben, bestimmte Abonnements nach eigener Wahl zu kündigen und die Zeitungen bzw. Zeitschriften bis zum Lieferungsende noch weiter ausgehändigt zu bekommen.[262]

In NRW heißt es in der Gesetzesbegründung, Grenze und Korrektiv aller Freizeitmöglichkeiten seien allein der Zweck der Untersuchungshaft und die Sicherheit oder Ordnung der Anstalt. Diese dürften der Art und Weise und dem Umfang der Freizeitbeschäftigung nicht entgegenstehen. Dementsprechend werde der Besitz von Lesestoff im Gegensatz zu § 68 Abs. 1 StVollzG nicht auf einen „angemessenen Umfang" begrenzt. Soweit jedoch der Umfang des Besitzes die Übersichtlichkeit des Haftraumes und damit die Sicherheit oder Ordnung der Anstalt beeinträchtigt, könnten aber Beschränkungen angeordnet werden, die in der Vorschrift in Abs. 3 geregelt sind.[263] In der Sache ergibt sich damit kein Unterschied zu den anderen Ländern.

bb) Kostenpflichtigkeit des Bezugs. Außer in Ba-Wü und Niedersachsen ist der Bezug von Zeitungen und Zeitschriften nach den Gesetzen für die Untersuchungsgefangenen ausdrücklich kostenpflichtig. In Sachsen-Anhalt ist der Bezug nach § 27 Abs. 1 UVollzG Sachsen-Anhalt auch auf Kosten Dritter zulässig. Diese Regelung hat lediglich klarstellenden Charakter, auch in den anderen Ländern bedeutet die Formulierung „auf eigene Kosten" nur, dass nicht die Vollzugsanstalt und damit das Land die Kosten trägt. In diesem Sinne können in Hessen Zeitungen auch über sog. Patenschaften bezogen werden.[264] 215

In Ba-Wü und Niedersachsen existiert keine Regelung in Bezug auf die Kosten für den Bezug von Zeitungen und Zeitschriften. Es stellt sich die Frage, ob damit eine andere Regelung als in den anderen Ländern beabsichtigt ist, der Bezug also für die Untersuchungsgefangenen kostenlos sein soll. Die Gesetzesbegründungen verweisen lediglich auf die Regelung des StVollzG.[265] § 68 StVollzG enthält ebenfalls keine Regelung in Bezug auf die Kosten. Lediglich in der VV Nr. 2 zu § 68 StVollzG findet sich die Regelung, dass die Gefangenen für

259 Vgl. für den Strafvollzug Schwind: Schwind/Böhm/Jehle/Laubenthal, StVollzG, § 68 Rn. 7.
260 Vgl. für den Strafvollzug Calliess/Müller-Dietz, StVollzG, § 68 Rn. 1.
261 OLG Hamm NStZ 1987, 248.
262 OLG Hamm NStZ 1987, 248.
263 NRW, LT-Drucks. 14/8631, S. 52.
264 Vgl. Hessen, LT-Drucks. 18/1396, S. 137.
265 Ba-Wü: LT-Drucks. 14/5012, S. 199; Niedersachsen: LT-Drucks. 15/3565, S. 142.

den Bezug von Zeitungen und Zeitschriften ihr Hausgeld, Taschengeld und Eigengeld verwenden können. Der Bezug ist für die Gefangenen danach also kostenpflichtig. Da eine Verwaltungsvorschrift lediglich verwaltungsintern Bindungswirkung entfalten kann, kann nicht erst durch die VV Nr. 2 die Kostentragung durch die Gefangenen geregelt werden. Vielmehr bedeutet „Bezug" von Zeitungen oder Zeitschriften, dass dies auf eigene Kosten des Beziehenden erfolgt. Die gesetzlichen Bestimmungen der anderen Länder stellen dies lediglich noch einmal klar.

Einige Tageszeitungen liefern Justizvollzugsanstalten auch kostenlose Mehrfachexemplare.[266] Die Untersuchungsgefangenen können sich auch an den Verein „Freiabonnements für Gefangene e.V." (www.freiabos.de) wenden, der Zeitungen zur Verfügung stellt. Kostenfrei steht den Untersuchungsgefangenen in Ba-Wü, Hessen und NRW die Anstaltsbücherei zur Verfügung, in der sie gegebenenfalls auch Zeitungen und Zeitschriften vorfinden.

216 cc) **Durch Vermittlung der Anstalt.** Im Spannungsverhältnis zwischen dem Grundrecht auf Informationsfreiheit aus Art. 5 Abs. 1 GG auf der einen Seite und der Sicherheit und Ordnung der Anstalt sowie der Verfahrenssicherung andererseits haben die Gesetzgeber eine Regelung geschaffen, den Untersuchungsgefangenen eine möglichst freie Auswahl der Zeitungen und Zeitschriften zu gewähren. Bei der Zusendung sind die Betroffenen an die Anweisungen der Anstalt gebunden. Die Bedeutung des Grundrechts auf Informationsfreiheit verlangt, dass Einschränkungen der freien Auswahl von Publikationen und des Bezuges nur dann und insoweit zulässig sind, wie dies unerlässlich ist.

Die Vermittlung durch die Anstalt dient dazu zu verhindern, dass die Zeitungen zuvor mit unzulässigen Randbemerkungen eines Angehörigen oder Bekannten der Gefangenen versehen werden können. Dies müsste in jedem Einzelfall von der Anstalt überprüft werden. Ein solches Verfahren ist mit den personellen Möglichkeiten der Anstalten regelmäßig nicht zu bewältigen.[267]

Die Vermittlung bezweckt nicht, der Vollzugsbehörde die Möglichkeit zu geben, die Bezugsquelle auszuwählen.[268] Sie kann praktisch dergestalt umgesetzt werden, dass die Vollzugsbehörde die von den Gefangenen gewünschten Zeitungen und Zeitschriften für diese im Postzeitungsdienst oder im Abonnement bestellt[269] oder die Gefangenen sich die von ihnen abonnierten Zeitungen und Zeitschriften an die Adresse der Verwaltung der Vollzugsanstalt nachsenden lassen.

Mit der Vermittlung des Bezugs der Druckerzeugnisse durch die Anstalt wird zudem sichergestellt, dass eine Weitergabe unter den Untersuchungsgefangenen nicht unkontrolliert mit unzulässigen Notizen versehen erfolgt.

Die Anstalten sollten durchaus auch verschiedene Tageszeitungen für die Anstaltsbibliothek abonnieren und auf diese Weise den Untersuchungsgefangenen zur Verfügung stellen („vermitteln").

217 b) **Ausschluss und Vorenthaltung.** Einerseits enthalten die Gesetze die Regelung, dass diejenigen Zeitungen und Zeitschriften **ausgeschlossen** sind, deren Verbreitung mit Strafe oder Geldbuße bedroht ist, andererseits können einzelne Ausgaben oder Teile davon **vorenthalten** werden, wenn dies zur Umsetzung einer verfahrenssichernden Anordnung oder der Verhinderung einer Gefährdung der Sicherheit oder Ordnung der Anstalt erforderlich ist. Dies macht wiederum deutlich, dass die Rechte Untersuchungsgefangener in Anbetracht der Unschuldsvermutung nur so wenig wie möglich eingeschränkt werden dürfen. Nicht zulässig ist es daher, dass die Anstalt den Bezug von Druckerzeugnissen allein mit der Begründung versagt, dass deren Lektüre nicht sinnvoll ist.

Es werden die unterschiedlichen Begriffe „**Ausschluss**" und „**Vorenthaltung**" verwendet. Der Unterschied liegt darin, dass der Ausschluss generell von vornherein greift, wohingegen

266 Fiedler/Vogel in: Ostendorf, Jugendstrafvollzugsrecht, 5. Abschnitt Rn. 46.
267 OLG Frankfurt/M. ZfStrVo 1993, 118 LS.
268 So für den Strafvollzug Boetticher in: AK-StVollzG, § 68 Rn. 13.
269 Vgl. für den Strafvollzug Schwind in: Schwind/Böhm/Jehle/Laubenthal, StVollzG, § 68 Rn. 7.

die Vorenthaltung eine Prüfung im Einzelfall voraussetzt, nach der dann einzelne Ausgaben oder Teile davon den Gefangenen nicht überlassen werden.[270]

aa) **Ausschluss.** Der **Ausschluss** stellt eine zwingende Regelung bezüglich eines generellen Bezugsverbotes[271] dar, die greift, wenn die Verbreitung der Zeitung oder Zeitschrift mit Strafe oder Geldbuße bedroht ist. Ist dies nicht der Fall, ist für jede eingehende Ausgabe der Zeitschrift zu prüfen, ob ihre Aushändigung die Sicherheit oder Ordnung der Anstalt erheblich gefährdet oder ob Teile der Zeitschrift aus diesen Gründen dem Untersuchungsgefangenen vorenthalten werden müssen.[272] 218

Mit Strafe bedroht ist die Verbreitung von Zeitungen oder Zeitschriften u.a. durch folgende Vorschriften: 219

- **§ 86 Abs. 1 StGB** (Verbreiten von Propagandamitteln verfassungswidriger Organisationen im Inland),
- **§ 90 Abs. 1, 3. Alt. StGB** (Verunglimpfung des Bundespräsidenten durch Verbreiten von Schriften),
- **§ 90 a Abs. 1 StGB** (Verunglimpfung des Staates und seiner Symbole durch Verbreiten von Schriften),
- **§ 90 b Abs. 1 StGB** (verfassungsfeindliche Verunglimpfung von Verfassungsorganen durch Verbreiten von Schriften),
- **§ 91 Abs. 1 Nr. 1 StGB** (Anpreisung oder Zugänglichmachen einer Schrift, die nach ihrem Inhalt geeignet ist, als Anleitung zu einer schweren staatsgefährdenden Gewalttat i.S.d. § 89 a Abs. 1 zu dienen, wenn die Umstände ihrer Verbreitung geeignet sind, die Bereitschaft anderer zu fördern oder zu wecken, eine schwere staatsgefährdende Gewalttat zu begehen),
- **§ 109 d StGB** (Störpropaganda gegen die Bundeswehr durch Aufstellen unwahrer oder gröblich entstellter Behauptungen tatsächlicher Art, deren Verbreitung geeignet ist, die Tätigkeit der Bundeswehr zu stören, wider besseres Wissen zum Zwecke der Verbreitung oder Verbreitung solcher Behauptungen in Kenntnis ihrer Unwahrheit),
- **§ 130 Abs. 2 Nr. 1 a) StGB** (Verbreiten von Schriften, die zum Hass gegen Teile der Bevölkerung oder gegen eine nationale, rassische, religiöse oder durch ihr Volkstum bestimmte Gruppe aufstacheln, zu Gewalt- oder Willkürmaßnahmen gegen sie auffordern oder die Menschenwürde anderer dadurch angreifen, dass Teile der Bevölkerung oder eine vorbezeichnete Gruppe beschimpft, böswillig verächtlich gemacht oder verleumdet werden),
- **§ 130 a StGB** (Anleitung zu Straftaten durch Verbreiten von Schriften, die geeignet sind, als Anleitung zu einer in § 126 Abs. 1 genannten rechtswidrigen Tat zu dienen (Abs. 2 Nr. 1), (und nach ihrem Inhalt bestimmt sind, die Bereitschaft anderer zu fördern oder zu wecken, eine solche Tat zu begehen, Abs. 1),
- **§ 131 Abs. 1 StGB** (Gewaltdarstellung durch Verbreitung von Schriften, die grausame oder sonst unmenschliche Gewalttätigkeiten gegen Menschen oder menschenähnliche Wesen in einer Art schildern, die eine Verherrlichung oder Verharmlosung solcher Gewalttätigkeiten ausdrückt oder die das Grausame oder Unmenschliche des Vorgangs in einer die Menschenwürde verletzenden Weise darstellt),
- **§ 140 StGB** (Belohnung und Billigung von Straftaten durch Billigen einer der in § 138 Abs. 1 Nr. 1 bis 4 und in § 126 Abs. 1 genannten rechtswidrigen Taten oder einer rechtswidrigen Tat nach § 176 Abs. 3, nach den §§ 176 a und 176 b, nach den §§ 177 und 178 oder nach § 179 Abs. 3, 5 und 6, nachdem sie begangen oder in strafbarer Weise versucht worden sind, durch Verbreiten von Schriften),
- **§ 166 StGB** (Beschimpfung von Bekenntnissen, Religionsgesellschaften und Weltanschauungsvereinigungen durch Verbreiten von Schriften),

270 Vgl. für den Strafvollzug Boetticher in: AK-StVollzG, § 68 Rn. 14.
271 So für den Strafvollzug Arloth, StVollzG, § 68 Rn. 3.
272 Vgl. für den Strafvollzug OLG Celle, Beschluss v. 31.8.2010, Az. 1 Ws 387/10 (StrVollz).

- **§ 184 Abs. 3 StGB** (Verbreitung pornographischer Schriften)[273],
- **§ 184 a StGB** (Verbreitung pornographischer Schriften, die Gewalttätigkeiten oder sexuelle Handlungen von Menschen mit Tieren zum Gegenstand haben).

220 **Mit Geldbuße bedroht** ist ein Verbreiten von Schriften etwa durch:

- **§ 119 Abs. 1 Nr. 2, Abs. 2 OWiG** (Anbieten, Ankündigen oder Anpreisen von Gelegenheiten zu sexuellen Handlungen bzw. das Bekanntgeben von Erklärungen solchen Inhalts in grob anstößiger Weise durch Verbreiten von Schriften),
- **§ 128 Abs. 1 Nr. 1, Abs. 4 OWiG** (Verbreiten von papiergeldähnlichen Drucksachen oder Abbildungen),
- **§ 120 Abs. 1 Nr. 2, Abs. 2 OWiG** (Anbieten, Ankündigen, Anpreisen von Gelegenheiten zu entgeltlichen sexuellen Handlungen oder Bekanntgabe von Erklärungen solchen Inhalts durch Verbreiten von Schriften).

221 **bb) Vorenthaltung. 1) Voraussetzungen.** Die Vorenthaltung setzt voraus, dass die Inhalte der Zeitung oder Zeitschrift die Sicherheit oder Ordnung der Anstalt (erheblich) gefährdeten. Außer in Ba-Wü, Bayern, Niedersachsen und NRW kann die Vorenthaltung auch erfolgen, wenn sie zur Umsetzung einer verfahrenssichernden Anordnung erforderlich ist.

222 **Erforderlich zur Umsetzung einer verfahrenssichernden Anordnung** ist die Vorenthaltung, wenn die Ausgabe des Druckwerks oder Teile davon dem Grund des Erlasses des Haftbefehls zuwiderläuft, also insbesondere eine Flucht- oder Verdunkelungsgefahr begründet. Als Beispiel wird in diesem Zusammenhang der Fall genannt, dass das Druckwerk eine bildliche Darstellung von Waffen, z.B. Schusswaffen oder Handgranaten, enthält, mithilfe derer geschickte Gefangene täuschend ähnliche Attrappen, beispielsweise aus geschwärztem Brotteig, bauen können.[274]

223 Eine **erhebliche Gefährdung der Sicherheit oder Ordnung der Anstalt** besteht etwa, wenn das Druckwerk:

- Flucht- oder Befreiungsvorhaben der Gefangenen fördert, etwa durch die Beschreibung, wie eine Dachbesteigung sich am besten realisieren lässt,
- die Gefahr von Schäden für den Leser oder andere Personen begründet (etwa Gesundheitsschädigungen oder sogar Tötungen), indem etwa Hungerstreiks als nachahmenswerte Verhaltensweisen im Vollzug gepriesen werden[275],
- zum Widerstand gegen Vollzugsbeamte aufruft,
- Richter, Staatsanwälte oder Polizeibeamte beleidigt,
- eine unmäßig überzogene oder böswillige Kritik an den Vollzugsanstalten übt oder den Eindruck vermittelt, dass die Justiz grundsätzlich rechtsstaatliche Prinzipien verletze[276],
- eine verunglimpfende, agitatorische und zersetzende Tendenz enthält, die eine Verweigerungs- und Abwehrhaltung erzeugt und auf eine Solidarisierung der Mitgefangenen hinwirkt.[277]

224 Eine Vorenthaltung wird vornehmlich dann angezeigt sein, wenn das Druckwerk sich unsachlich kritisch mit Staat und Gesellschaft auseinandersetzt oder ausschließlich extreme, abnorme Formen von Sexualität thematisiert.[278] Die Anstalt hat dabei stets eine pflichtgemäße Einzelfallprüfung vorzunehmen.[279]

225 In Ba-Wü, NRW und Sachsen-Anhalt ist nach dem Wortlaut der Gesetze lediglich eine „Gefährdung“ erforderlich.

Auch in den Bundesländern, in denen die Regelung zum Zeitschriftenbezug nicht direkt die Möglichkeit der Vorenthaltung zur Umsetzung einer verfahrenssichernden Anordnung ent-

273 Hierzu LG Freiburg/Breisgau ZfStrVo 1994, 375.
274 Vgl. Schwind in: Schwind/Böhm/Jehle/Laubenthal, StVollzG, § 68 Rn. 12.
275 Vgl. OLG Hamm StV 1992, 329 m. krit. Anm. Baumann.
276 Vgl. auch Calliess/Müller-Dietz, StVollzG, § 68 Rn. 2.
277 Vgl. Fiedler/Vogel in: Ostendorf, Jugendstrafvollzugsrecht, 5. Abschnitt Rn. 46.
278 Vgl. auch Boetticher in: AK-StVollzG, § 68 Rn. 20.
279 Vgl. Schwind in: Schwind/Böhm/Jehle/Laubenthal, StVollzG, § 68 Rn. 13.

hält, ist dies möglich, indem die allgemeine Vorschrift zur Stellung der Untersuchungsgefangenen greift, nach der den Untersuchungsgefangenen Beschränkungen auferlegt werden dürfen, wenn dies zur Umsetzung einer verfahrenssichernden Anordnung erforderlich bzw. unerlässlich ist.

2) **Rechtsfolge.** Wenn die genannten Voraussetzungen gegeben sind, liegt die Entscheidung über die Vorenthaltung im Ermessen der Vollzugsbehörde, das sie entsprechend dem Zweck der Ermächtigung unter Einhaltung der gesetzlichen Grenzen auszuüben hat (vgl. § 40 VwVfG). Insoweit hat die Anstalt insbesondere die grundlegende Bestimmung zur Stellung der Untersuchungsgefangenen zu beachten (§ 4 der meisten UVollzGe). Die Einhaltung der gesetzlichen Grenzen setzt also die Erforderlichkeit der Maßnahme voraus, d.h. die Wahrung des Verhältnismäßigkeitsgrundsatzes.[280] 226

Die Vollzugsbehörde kann nach einigen UVollzGen zum einen lediglich **die entsprechenden Teile** eines Druckwerks vorenthalten (Ba-Wü: §§ 42 S. 2, 40 Abs. 2 Nr. 2 JVollzGB II – „eines Gegenstands"; Hamburg, Hessen sowie Niedersachsen). In den übrigen Ländern ist demgegenüber **die einzelne Ausgabe im Ganzen** vorzuenthalten. Dies wird damit begründet, dass es so entbehrlich werde, einzelne Passagen schwärzen oder entfernen zu müssen.[281] Allein in Brandenburg heißt es in der Begründung, die Gesetzesfassung solle nicht ausschließen, dass nur einzelne Passagen von Zeitungen oder Zeitschriften geschwärzt oder entfernt werden.[282] Dies sagt ganz deutlich, dass die Anstalt bei der Ermessensausübung zu prüfen hat, ob ein Schwärzen oder Entfernen einzelner Passagen möglich und hinreichend ist. Ist dies der Fall, existiert ein milderes, gleich geeignetes Mittel, so dass die Vorenthaltung nicht erforderlich, damit unverhältnismäßig und somit rechtswidrig ist. Unterbleibt diese Prüfung, wie es die anderen Länder bezwecken, schöpft die Anstalt das ihr gewährte Ermessen nicht vollumfänglich aus und es liegt ein Ermessensfehler vor, der bei gerichtlicher Überprüfung zur Aufhebung der Maßnahme führt.[283] Die Vorenthaltung einer Ausgabe statt der Schwärzung oder Entfernung einzelner ihrer Teile ist daher nur aus den von den UVollzGen vorgesehenen Gründen – Umsetzung verfahrenssichernder Anordnungen oder Gefährdung der Sicherheit oder Ordnung der Anstalt – zulässig. Die Verfolgung anderer Zwecke ist rechtsfehlerhaft.[284]

Die Erwägung, die Schwärzung oder Entfernung einzelner Passagen des Druckerzeugnisses entbehrlich zu machen, zielt darauf ab, den entsprechenden Verwaltungsaufwand einzusparen. Um die Umsetzung verfahrenssichernder Anordnungen geht es dabei nicht. Ein zu hoher Verwaltungsaufwand könnte allenfalls die Sicherheit oder Ordnung der Anstalt stören. Dies wäre der Fall, wenn die Vollzugsbediensteten, die Passagen aus Zeitungen und Zeitschriften schwärzen oder entfernen, an anderer Stelle in der Anstalt fehlen und damit der sichere Anstaltsaufenthalt der Untersuchungsgefangenen nicht mehr gewährleistet wäre oder die Voraussetzungen für ein geordnetes und menschenwürdiges Zusammenleben nicht mehr gegeben wären. Vgl. zu den Begriffen der Sicherheit und der Ordnung § 1 Rn. 22, 23.

Dies lässt sich nicht pauschal beantworten, sondern ist in jedem Einzelfall gesondert festzustellen.[285] Vor dem Hintergrund, dass die Anstalt nur die unerlässlichen Einschränkungen vornehmen darf, ist stets sorgfältig zu prüfen, ob nicht das mildere Vorgehen möglich ist.

Ein Verstoß gegen den Verhältnismäßigkeitsgrundsatz liegt etwa vor, wenn auch unbeanstandete Teile einer Zeitung oder Zeitschrift einbehalten würden.[286] Mit der Begründung, das bloße Schwärzen der beanstandeten Teile bedeute einen zu hohen Verwaltungsaufwand, wurde die Vorenthaltung einer ganzen Vor- und Rückseite bei Beanstandung nur einzelner

280 Hierzu statt vieler allgemein auch Aschke in: BeckOK-VwVfG, § 40 Rn. 51.
281 Vgl. die Gesetzesbegründungen, etwa Bremen, Bürgerschafts-Drucks. 17/914, S. 45.
282 Brandenburg, LT-Drucks. 4/7334, S. 96.
283 Hierzu statt vieler Aschke in: BeckOK-VwVfG, § 40 Rn. 96.
284 Allgemein dazu Grzeszick in: Maunz/Dürig, GG, Art. 20 Rn. 111.
285 Vgl. Schwind in: Schwind/Böhm/Jehle, StVollzG, § 68 Rn. 13 f.
286 OLG Hamburg ZfStrVo SH 1978, 39; Boetticher in: AK-StVollzG, § 68 Rn. 16.

Teile einer beidseitig bedruckten Zeitung oder Zeitschrift, für zulässig gehalten.[287] Diese Argumentation ist allein genommen rechtsfehlerhaft, da mit der Reduzierung des Verwaltungsaufwandes für sich kein legitimer Zweck verfolgt wird.

Die Anstalt soll dann nicht zur Schwärzung oder Entfernung einzelner Passagen verpflichtet sein, wenn die beanstandete Tendenz die gesamte Zeitschrift durchzieht[288] oder die beanstandeten Stellen so zahlreich sind, dass nur noch ein Torso der Zeitschrift unbeanstandet übrig bliebe.[289]

Zeichnet sich eine Gefährdung der Sicherheit oder Ordnung der Anstalt in jeder Ausgabe der Zeitschrift ab, kann eine bloß stichprobenartige Überprüfung genügen, um dem Gefangenen die Aushändigung einer Ausgabe zu verweigern.[290]

V. Rundfunk

227 **1. Verfassungsrechtliche Vorgaben.** Das Recht, im Untersuchungshaftvollzug am Rundfunkempfang teilzunehmen, unterfällt dem Grundrecht auf Informationsfreiheit aus Art. 5 Abs. 1 S. 1 GG, wonach jeder das Recht hat, sich aus allgemein zugänglichen Quellen ungehindert zu unterrichten. Dieses Grundrecht findet gemäß Art. 5 Abs. 2 GG seine Grenzen in den Vorschriften der allgemeinen Gesetze, also allen formellen (Parlaments-)Gesetzen, die sich nicht gegen die Informationsfreiheit an sich oder gegen die Nutzung bestimmter Informationsquellen als solche richten, sondern vielmehr dem Schutz eines schlechthin, ohne Rücksicht auf eine bestimmte Information, zu schützenden Rechtsguts dienen.[291] Dieses Rechtsgut muss von der Rechtsordnung allgemein und damit unabhängig davon geschützt werden, ob es durch Informationen oder auf andere Weise verletzt werden kann.[292] In allen Fällen ist unter Wahrung des Grundsatzes der Verhältnismäßigkeit zu klären, durch welche Maßnahmen der verfolgte Zweck erreicht werden kann und das Grundrecht auf Informationsfreiheit am wenigsten beeinträchtigt wird.

Die von den Landesparlamenten erlassenen Untersuchungshaftvollzugsgesetze gestalten den Untersuchungshaftvollzug mit der Zielsetzung aus, ein geordnetes Strafverfahren zu sichern und eine Wiederholung der im Raum stehenden Straftat zu verhindern. Sie richten sich damit in Bezug auf die normierten Beschränkungsmöglichkeiten des Grundrechts auf Informationsfreiheit nicht gegen bestimmte Informationen als solche oder gegen die Nutzung bestimmter Informationsquellen. Es handelt sich insofern um allgemeine Gesetze, die unter Wahrung des Verhältnismäßigkeitsgrundsatzes das Grundrecht auf Informationsfreiheit in verfassungskonformer Weise beschränken dürfen.

228 **2. Internationale Vorgaben.** Internationale Vorgaben finden sich in Form der Europäischen Strafvollzugsgrundsätze von 2006 (Empfehlung Rec(2006)2) und der Regeln der Vereinten Nationen zum Schutz von Jugendlichen unter Freiheitsentzug (45/113. United Nations Rules for the Protection of Juveniles Deprived of their Liberty) 2006)2).

287 So OLG Nürnberg NStZ 1981, 240; kritisch dazu auch Schwind in: Schwind/Böhm/Jehle/Laubenthal, StVollzG, § 68 Rn. 15; Boetticher in: AK-StVollzG, § 68 Rn. 16.
288 So OLG Hamm NStZ 1985, 143 und KG ZfStrVo 1987, 251.
289 OLG Nürnberg, Info zum Strafvollzug in Praxis und Rechtsprechung (InfoStVollzPR) 1987, 139 (142).
290 Vgl. für den Strafvollzug OLG Celle, 31.8.2010, 1 Ws 387/10 (StrVollz).
291 Vgl. für die Meinungsfreiheit BVerfG, 24.5.2005, 1 BvR 1072/01 = NJW 2005, 2912 (2914) – „Verfassungsschutzbericht".
292 Vgl. für die Meinungsfreiheit BVerfGE 124, 300 = NJW 2010, 47 (49) Ziff. 54 – „Wunsiedel".

3. Die gesetzlichen Regeln

a) Allgemeine Regelungen

229

Länder	Rundfunk
12er-Regelung Berlin Brandenburg Bremen Hamburg Hessen Mecklenburg-Vorpommern Rheinland-Pfalz Saarland Sachsen Sachsen-Anhalt Schleswig-Holstein Thüringen	***§ 28 12er-Regelung: Rundfunk*** **Die Untersuchungsgefangenen können am Hörfunk- und Fernsehempfang (Rundfunkempfang) teilnehmen. Der Rundfunkempfang kann vorübergehend ausgesetzt oder einzelnen Untersuchungsgefangenen untersagt werden, wenn dies zur Umsetzung einer verfahrenssichernden Anordnung oder zur Aufrechterhaltung der Sicherheit oder Ordnung der Anstalt unerlässlich ist.** **Abweichende Regelungen:** ***Hamburg, § 38 HmbUVollzG: Rundfunk*** (1) Die Untersuchungsgefangenen dürfen eigene Rundfunkgeräte unter den Voraussetzungen des § 15 besitzen, soweit ihnen nicht von der Anstalt Geräte überlassen werden. Die Betriebskosten können den Gefangenen auferlegt werden. (2) Der Rundfunkempfang kann vorübergehend ausgesetzt oder einzelnen Untersuchungsgefangenen untersagt werden, wenn dies zur Umsetzung einer verfahrenssichernden Anordnung oder zur Aufrechterhaltung der Sicherheit oder Ordnung der Anstalt unerlässlich ist. ***Hamburg, § 15 Abs. 1 HmbUVollzG: Ausstattung des Haftraumes, persönlicher Besitz*** (1) [1]Die Untersuchungsgefangenen dürfen ihre Hafträume in angemessenem Umfang mit eigenen Sachen ausstatten. Vorkehrungen und Gegenstände, deren Überlassung eine verfahrenssichernde Anordnung entgegensteht oder die geeignet sind, die Sicherheit oder Ordnung der Anstalt zu gefährden, sind ausgeschlossen. [2]Die Anstaltsleitung kann besondere Regelungen zum angemessenen Umfang der Haftraumausstattung und zu Art und Umfang der Vorkehrungen und Gegenstände nach Abs. 1 S. 3, insbesondere zu Wertgrenzen für Armbanduhren, Schmuckgegenstände und Elektrogeräte, treffen. ***Hessen, § 15 S. 2 HUVollzG: Zusatzleistungen*** [2]An Betriebskosten der in ihrem Besitz befindlichen selbst genutzten Gegenstände und Geräte können sie angemessen beteiligt werden. ***Hessen, § 22 Abs. 3 bis 5 HUVollzG: Gestaltung der freien Zeit*** (3) Den Untersuchungsgefangenen ist Gelegenheit zu geben, am Fernseh- und Hörfunkempfang teilzunehmen. (4) [1]Die Untersuchungsgefangenen dürfen eigene Hörfunk- und Fernsehgeräte […] besitzen. […] [3]Das Einbringen […] wird durch die Anstalt geregelt. [4]§ 11 gilt entsprechend. (5) Der Hörfunk- und Fernsehempfang kann vorübergehend ausgesetzt oder einzelnen Untersuchungsgefangenen untersagt werden, wenn dies zur Umsetzung einer verfahrenssichernden Anordnung oder zur Aufrechterhaltung der Sicherheit oder Ordnung der Anstalt unerlässlich ist.

Länder	Rundfunk
	Hessen, § 11 HUVollzG: Ausstattung des Haftraums
	(1) [1]Die Untersuchungsgefangenen dürfen ihren Haftraum in angemessenem Umfang mit eigenen Gegenständen ausstatten. [2]Die Übersichtlichkeit des Haftraums darf nicht behindert und Kontrollen nach § 31 Abs. 1 (Durchsuchungen) dürfen nicht unzumutbar erschwert werden.
	(2) Gegenstände, deren Besitz, Überlassung oder Benutzung mit Strafe oder Geldbuße bedroht ist, deren Überlassung eine verfahrenssichernde Anordnung entgegensteht oder die geeignet sind, die Sicherheit oder die Ordnung der Anstalt zu gefährden, sind ausgeschlossen.
	gilt entsprechend.
	Sachsen-Anhalt, § 28 Abs. 4 bis 6 UVollzG LSA: Besitz von Gegenständen für die Freizeitbeschäftigung, Radio und Fernsehen
	(4) Der Untersuchungsgefangene darf am Hörfunk- und Fernsehempfang (Rundfunkempfang) teilnehmen. Der Rundfunkempfang kann vorübergehend ausgesetzt oder einzelnen Untersuchungsgefangenen untersagt werden, wenn dies zur Umsetzung einer verfahrenssichernden Anordnung oder zur Aufrechterhaltung der Sicherheit oder Ordnung der Anstalt unerlässlich ist.
	(5) Eigene Hörfunk- und Fernsehgeräte werden unter den Voraussetzungen des Abs. 2
	wenn nicht der Besitz, die Überlassung oder die Benutzung des Gegenstandes 1. mit Strafe oder Geldbuße bedroht wäre, 2. verfahrenssichernde Anordnungen entgegenstehen oder 3. die Sicherheit oder Ordnung der Anstalt gefährdet würde
	zugelassen.
	(6) Eine nach Abs. 5 erteilte Erlaubnis kann unter den Voraussetzungen des Abs. 2 widerrufen werden.
Baden-Württemberg	***§ 11 Abs. 2 JVollzGB II: Verpflegung, Einkauf und Fernsehen***
	(2) [1]Untersuchungsgefangene können [...] auf eigene Kosten fernsehen. [...]
	§ 41 JVollzGB II: Hörfunk und Fernsehen
	(1) Der Besitz von Hörfunk- und Fernsehgeräten ist nach Maßgabe von § 40 zulässig.
	(2) Die Justizvollzugsanstalt kann den Betrieb von Empfangsanlagen und die Ausgabe von Hörfunk- und Fernsehgeräten einem Dritten übertragen. Sofern sie hiervon Gebrauch macht, können Untersuchungsgefangene nicht den Besitz eigener Geräte verlangen.
	(3) Die Justizvollzugsanstalt entscheidet über die Einspeisung einzelner Rundfunk- und Fernsehprogramme in die Empfangsanlage. Vor der Entscheidung soll die Gefangenenmitverantwortung gehört werden.
	(4) Der Empfang von Bezahlfernsehen und der Einsatz von zusätzlichen Empfangseinrichtungen im Haftraum sind nicht statthaft.

Länder	Rundfunk
	§ 40 JVollzGB II: Besitz von Gegenständen zur Freizeitbeschäftigung (1) [1]Untersuchungsgefangene dürfen in angemessenem Umfang Gegenstände zur Freizeitbeschäftigung besitzen. [2]Die Angemessenheit des Umfangs kann auch an der in der Justizvollzugsanstalt verfügbaren Kapazität für Haftraumkontrollen und am Wert eines Gegenstands ausgerichtet werden. (2) Absatz 1 Satz 1 gilt nicht, wenn der Besitz, die Überlassung oder die Benutzung eines Gegenstands 1. mit Strafe oder Geldbuße bedroht wäre, 2. die Sicherheit oder Ordnung der Justizvollzugsanstalt gefährden würde oder 3. die Überprüfung des Gegenstands auf eine mögliche missbräuchliche Verwendung mit vertretbarem Aufwand von der Justizvollzugsanstalt nicht leistbar wäre. (3) [1]Die Zulassung von bestimmten Gerätetypen, insbesondere der elektronischen Unterhaltungsmedien, durch die Justizvollzugsanstalt kann der Zustimmung der Aufsichtsbehörde vorbehalten sein. [2]Die Aufsichtsbehörde kann allgemeine Richtlinien für die Gerätebeschaffenheit erlassen. [3]Eine ohne Zustimmung nach Satz 1 erfolgte Zulassung kann zurückgenommen werden. (4) Die Erlaubnis kann unter den Voraussetzungen des Absatzes 2 widerrufen werden.
Bayern	*Art. 13 Abs. 3, 5 BayUVollzG: Freizeit* (3) [1]Die Untersuchungsgefangenen dürfen durch Vermittlung der Anstalt auf eigene Kosten im Haftraum ein eigenes Hörfunk- oder Fernsehgerät unter Rücksichtnahme auf die Belange der Mitgefangenen betreiben. [2]Der Hörfunk- und Fernsehempfang kann vorübergehend ausgesetzt oder einzelnen Untersuchungsgefangenen untersagt werden, wenn dies zur Aufrechterhaltung der Sicherheit oder Ordnung der Anstalt unerlässlich ist. (5) Art. 73 BayStVollzG gilt entsprechend. *Art. 73 BayStVollzG: Kostenbeteiligung* Die Gefangenen können in angemessenem Umfang an den Stromkosten, die durch die Nutzung der in ihrem Besitz befindlichen Gegenstände entstehen, beteiligt werden.
Niedersachsen	*§ 153 NJVollzG: Freizeit* Für die Gestaltung der Freizeit der oder des Gefangene gelten die §§ 64 bis 67 entsprechend mit der Maßgabe, dass die sich daraus ergebenden Rechte auch eingeschränkt oder ausgeschlossen werden können, soweit es der Zweck der Untersuchungshaft erfordert. *§ 66 NJVollzG: Hörfunk und Fernsehen* (1) Der oder dem Gefangenen wird nach Maßgabe der folgenden Absätze ermöglicht, am Hörfunk- und Fernsehempfang teilzunehmen. (2) Die Vollzugsbehörde hat den Besitz eines Hörfunk- und Fernsehgerätes im Haftraum zu erlauben, wenn dadurch [...] die Sicherheit oder Ordnung der Anstalt nicht gefährdet wird. In der Erlaubnis kann die oder der Gefangene darauf verwiesen werden, anstelle eigener von der Vollzugsbehörde überlassene Geräte zu verwenden;

Länder	Rundfunk
	eine solche Bestimmung kann auch nachträglich getroffen werden. Die Erlaubnis kann [...]zur Abwehr einer Gefahr für die Sicherheit oder Ordnung der Anstalt widerrufen werden. (3) Soweit der oder dem Gefangenen ein Gerät im Haftraum nicht zur Verfügung steht, kann sie oder er am gemeinschaftlichen Hörfunk- und Fernsehempfang der Anstalt teilnehmen. Die Sendungen sind so auszuwählen, dass Wünsche und Bedürfnisse nach staatsbürgerlicher Information, Bildung und Unterhaltung angemessen berücksichtigt werden. Der Hörfunk- und Fernsehempfang soll vorübergehend ausgesetzt oder einzelnen Gefangenen vorübergehend untersagt werden, wenn dies zur Aufrechterhaltung der Sicherheit oder Ordnung der Anstalt unerlässlich ist.
Nordrhein-Westfalen	*§ 12 UVollzG Abs. 2, 3 NRW: Freizeit* (2) Untersuchungsgefangene dürfen [...] 2. am gemeinschaftlichen Hörfunk- und Fernsehempfang teilnehmen, 3. im Haftraum ein eigenes Hörfunk- und Fernsehgerät unter Berücksichtigung der Regelungen über das geordnete Zusammenleben (§ 31 Abs. 1) auf eigene Kosten betreiben, (3) Diese Rechte können eingeschränkt oder aufgehoben werden, wenn a) die Sicherheit oder Ordnung der Anstalt gefährdet wird oder b) in den Fällen des Abs. 2 Nr. 3 der Besitz, die Überlassung oder die Benutzung des Gegenstandes mit Strafe oder mit Geldbuße bedroht ist.

b) Ergänzende Bestimmungen für junge Untersuchungsgefangene

230

Länder	Rundfunk - *junge Untersuchungsgefangene*
12er-Regelung Berlin Brandenburg Bremen Hamburg Hessen Mecklenburg-Vorpommern Rheinland-Pfalz Saarland Sachsen Sachsen-Anhalt Schleswig-Holstein Thüringen	*§ 73 Abs. 2 12er-Regelung: Freizeit und Sport*[293] (2) Über § 16 Satz 2[294] (bei entgegenstehender verfahrenssichernder Anordnung oder Gefährdung der Sicherheit oder Ordnung der Anstalt) hinaus ist der Besitz eigener Fernsehgeräte und elektronischer Medien ausgeschlossen, wenn erzieherische Gründe entgegenstehen.
Bayern	*Art. 36 BayUVollzG: Freizeitgestaltung* Art. 152 Abs. 2 Sätze 2 und 3 BayStVollzG gelten entsprechend.

293 Gilt nicht in Hessen; in Hamburg: § 79 HmbUVollzG: Freizeit.
294 Hamburg, § 79 HmbUVollzG: „[...] § 15 Absatz 2 [...]“.

Länder	Rundfunk - *junge Untersuchungsgefangene*
	Art. 152 Abs. 2 BayStVollzG: [...] ²Art. 71 gilt entsprechend mit der Maßgabe, dass der Anstaltsleiter oder die Anstaltsleiterin festlegen kann, ob und unter welchen zusätzlichen Voraussetzungen eigene Fernsehgeräte zugelassen werden. ³Elektronische Unterhaltungsmedien, die keinen pädagogischen Wert haben, sind nicht zugelassen. *Art. 71 BayStVollzG: Hörfunk und Fernsehen* (1) ¹Eigene Hörfunk- und Fernsehgeräte werden unter den Voraussetzungen des Art. 72 zugelassen. ²Die Betriebskosten können den Gefangenen auferlegt werden. (2) Der Hörfunk- und Fernsehempfang kann vorübergehend ausgesetzt oder einzelnen Gefangenen untersagt werden, wenn dies zur Aufrechterhaltung der Sicherheit oder Ordnung der Anstalt unerlässlich ist. *Art. 72 BayStVollzG: Besitz von Gegenständen für die Freizeitbeschäftigung* (1) Gefangene dürfen in angemessenem Umfang Bücher und andere Gegenstände zur Fortbildung oder zur Freizeitbeschäftigung besitzen. (2) Dies gilt nicht, wenn der Besitz, die Überlassung oder die Benutzung des Gegenstandes 1. mit Strafe oder Geldbuße bedroht wäre oder 2. [...] die Sicherheit oder Ordnung der Anstalt gefährden würde; eine solche Gefährdung liegt in der Regel bei elektronischen Unterhaltungsmedien vor. (3) Die Erlaubnis kann unter den Voraussetzungen des Abs. 2 widerrufen werden.
Niedersachsen	Keine Regelung
Nordrhein-Westfalen	Keine Regelung

4. Grundaussagen der Gesetze

- Rundfunkempfang im eigenen Haftraum oder gemeinschaftlich, 231
- Möglichkeit der vorübergehenden Aussetzung bzw. Untersagung zur Umsetzung einer verfahrenssichernden Anordnung oder zur Aufrechterhaltung der Sicherheit oder Ordnung der Anstalt (Bayern: nur Letzteres).

5. Spezielle Regelungen

- Übertragung des Betriebes von Empfangsanlagen und der Ausgabe von Rundfunkgeräten von der JVA auf einen Dritten (Ba-Wü), 232
- Entscheidung der JVA über die Einspeisung einzelner Rundfunkprogramme in die Empfangsanlage nach Anhörung der Gefangenenmitverantwortung (Ba-Wü),
- Unstatthaftigkeit des Empfanges von Bezahlfernsehen und des Einsatzes zusätzlicher Empfangseinrichtungen im Haftraum (Ba-Wü),
- ausdrückliche Regelung der Kostentragung oder Möglichkeit der Betriebskostenauferlegung oder -beteiligung der Untersuchungsgefangenen (Ba-Wü, Bayern, Hamburg, Hessen, NRW),

- Auswahl der Sendungen beim gemeinschaftlichen Rundfunkempfang unter angemessener Berücksichtigung der Wünsche und Bedürfnisse nach staatsbürgerlicher Information, Bildung und Unterhaltung (Niedersachsen),
- besondere Regelung für den Besitz von Gegenständen für die Freizeitbeschäftigung in Sachsen-Anhalt.

233 **6. Im Einzelnen.** Die Regelungen zum Hörfunk- und Fernsehempfang (Rundfunkempfang) sehen in einigen Ländern ein Stufenverhältnis vor. Danach geht die Überlassung von Rundfunkgeräten durch die Anstalt dem Besitz eigener Rundfunkgeräte für die Nutzung im eigenen Haftraum vor. Wenn den Untersuchungsgefangenen kein Gerät im eigenen Haftraum zur Verfügung steht, ist die Teilnahme am gemeinschaftlichen Rundfunkempfang vorgesehen. In anderen Landesgesetzen wird lediglich von der „Teilnahme am Rundfunkempfang" gesprochen.

234 **a) Besitz von Hörfunk- und Fernsehgeräten.** Für den Besitz von Rundfunkgeräten sehen die Regelungen in Ba-Wü, Hamburg und Niedersachsen eine Abstufung vor. Vorrangig ist die Verwendung von der Anstalt zur Verfügung gestellter Geräte. Stellt die Anstalt Geräte zur Verfügung, können die Untersuchungsgefangenen nicht den Besitz eigener Geräte verlangen. Dies stellt eine verhältnismäßige und damit verfassungsrechtlich zulässige Regelung dar. Das Grundrecht auf Informationsfreiheit verlangt nur die Möglichkeit, Zugang zu Radio- und Fernsehsendungen zu haben, nicht aber den unmittelbaren Besitz eigener Geräte. Das Zur-Verfügung-Stellen von Geräten durch die Anstalt erspart Kontrollen der Rundfunkgeräte der Untersuchungsgefangenen, die von diesen in die Anstalt eingebracht werden, ist damit personalsparender und somit vollzugstauglicher. In den anderen Ländern ist nicht vorgesehen, dass die Anstalten Geräte zur Verfügung stellen. Damit werden die Kosten für die Anschaffung und Wartung gespart, die hier den Untersuchungsgefangenen obliegen.[295]

Haben die Gefangenen kein Gerät im Haftraum, können sie am gemeinschaftlichen Rundfunkempfang teilnehmen (Niedersachsen). Die bayerische Regelung sieht kein Gemeinschaftsfernsehen vor, da der Anspruch der Untersuchungsgefangenen auf ein Mindestmaß an Fernsehen nicht durch Gemeinschaftsfernsehen erfüllt werden müsse, sondern wegen der positiven Erfahrungen mit der Zulassung von Einzelfernsehen in den Hafträumen in der vollzuglichen Praxis grundsätzlich durch eigene Fernsehgeräte in den Hafträumen ermöglicht wird. Sozialbedürftigen Untersuchungsgefangenen werden dafür kostenlos oder zur Miete Geräte zur Verfügung gestellt, die dann auch „eigene" Geräte sind.[296]

235 In Bezug auf die **Beschaffenheit eigener Geräte** ist zu beachten, dass der Besitz eigener Gegenstände nur **in „angemessenem Umfang"** zulässig ist. Hierbei handelt es sich um einen gerichtlich voll überprüfbaren unbestimmten Rechtsbegriff.[297] Die Angemessenheit des Umfangs kann in Ba-Wü nach § 40 Abs. 1 JVollzGB II auch an der in der Vollzugsanstalt verfügbaren Kapazität für Haftraumkontrollen und am **Wert eines Gegenstands** ausgerichtet werden. In § 15 Abs. 2 UVollzG Hamburg heißt es, dass die Anstaltsleitung besondere Regelungen zum angemessenen Umfang der Haftraumausstattung und zu Art und Umfang der Gegenstände sowie zu **Wertgrenzen für Elektrogeräte** treffen kann.

In der schlesw.-holst. Entwurfsbegründung heißt es zur Ausstattung des Haftraums, nach § 16 S. 2 UVollzG seien Sachen ausgeschlossen, die den Haftraum unübersichtlich machen, wobei sich die Unübersichtlichkeit aus der Beschaffenheit oder Größe der einzelnen Sachen, aber auch aus deren Häufung ergeben könne. Sachen, die nicht oder nur mit unverhältnismäßig hohem Aufwand kontrolliert werden können, seien ebenfalls ausgeschlossen. Die Belange des Brandschutzes seien zu wahren.[298]

---

295 Vgl. hierzu die Regelungen zur Verschaffung von Annehmlichkeiten, die auf Kosten der Untersuchungsgefangenen gehen, etwa in Hessen § 15 HUVollzG, § 19 des 12er-Entwurfs.
296 Vgl. Entwurfsbegründung zu Art. 13
297 Vgl. für den Strafvollzug Schwind/Böhm/Jehle/Laubenthal, StVollzG, § 70 Rn. 3.
298 SH, LT-Drucks. 17/1255, S. 73.

Die Angemessenheit des Umfangs eigener Geräte im Haftraum betrifft also zunächst einmal deren Quantität. Ob sie darüber hinaus auch Kriterien der Qualität enthalten kann, ist fraglich. Die Regelung in Bezug auf den Wert des Gegenstandes ist vor dem Hintergrund der für die Untersuchungshaft geltenden Grundsätze problematisch. Da die Rechte Untersuchungsgefangener nur so weit eingeschränkt werden dürfen, wie es der Zweck der Untersuchungshaft (Verfahrenssicherung) oder die Sicherheit oder Ordnung der Anstalt erfordert (vgl. etwa § 4 Abs. 2 UVollzG SH), hat die Regelung, dass die Zulässigkeit eines Fernsehers im Haftraum einer Wertgrenze unterliegen könne, ohne dass dies gleichzeitig mit der Größe des Gerätes zusammenhängt und damit Auswirkungen auf die Übersichtlichkeit des Haftraumes hat, keine Legitimation. Sie missachtet den Verhältnismäßigkeitsgrundsatz. Dass ein besonders wertvoller Fernseher etwa Repressalien innerhalb der anstaltsinternen Subkultur nach sich zieht, ist wenig wahrscheinlich, weil es sich dabei um einen viel zu auffälligen Gegenstand handelt, als dass er unbemerkt in den Besitz eines Mitgefangenen gelangen könnte. Daher ist die Regelung grundrechtskonform so auszulegen wie die alte Regelung im StVollzG (§ 70 Abs. 1). Danach richtet sich die Angemessenheit des Umfangs nach den konkreten Umständen des Einzelfalles, vor allem im Hinblick auf die engen räumlichen Verhältnisse, unter denen die Gefangenen leben. Der Begriff enthält deshalb eine **Begrenzung nur** im Hinblick auf die **Größe oder Anzahl von Gegenständen**, nicht dagegen kann ihm entnommen werden, dass der Wert einzelner Gegenstände in einem vertretbaren Verhältnis zu dem Wert des Besitzes des Durchschnittsinsassen stehen muss.[299]

Die Größe eigener Fernseher ist nicht exakt festgelegt. Sie ist abhängig davon, wie sich die Übersichtlichkeit des Haftraumes insgesamt gestaltet. Angesichts der Tatsache, dass die im Handel erhältlichen Fernseher zunehmend größer werden, dürfen die Gefangenen nicht darauf verwiesen werden, dass von ihnen einzubringende Fernseher, die sie eventuell für die Nutzung in der Vollzugsanstalt neu erwerben wollen, wegen übermäßiger Größe untersagt würden, wenn sie keine Möglichkeit haben, an ein kleineres Gerät zu kommen. Hier sind die betroffenen Interessen in verfassungskonformer Weise gegeneinander abzuwägen und optimal in Einklang zu bringen. Dabei wird die Anstalt ein größeres Fernsehgerät zulassen müssen, wenn der Gefangene im Gegenzug auf andere Gegenstände in seinem Haftraum verzichtet. Zu berücksichtigen hat die Anstalt auch in der Person der Gefangenen liegende Umstände wie etwa ein geringes Sehvermögen. Fernseher mit Flachbildschirm bieten im Gegensatz zu herkömmlichen Röhrengeräten mit ihren Multimediafunktionen Missbrauchsmöglichkeiten im Hinblick auf Datenübermittlung und -speicherung. Ihr Besitz kann daher wegen Gefährdung der Anstaltssicherheit untersagt werden.[300] 236

Bevor der Besitz eines Radiogerätes mit der Begründung versagt wird, er gefährde die Sicherheit oder Ordnung der Anstalt, sind weniger eingriffsintensive Maßnahmen wie die Verplombung oder Versiegelung sowie die Einbeziehung des Gerätes in die Haftraumkontrollen, etwa gegen die versteckte Aufbewahrung von Rauschgift, zu ergreifen.[301] 237

Soweit Radiogeräte den Frequenzbereich von 26 bis 28 MHZ empfangen, ergibt sich eine Gefahr für die Sicherheit der Anstalt, weil auf diesen Frequenzbereichen Geräte des sog. „Jedermann-Funks" senden und empfangen, die im Handel frei erhältlich sind. Daraus folgt aber nicht, dass der Besitz derartiger Radios zu untersagen ist. Als geringer in das Grundrecht auf Informationsfreiheit eingreifende Maßnahme bietet sich hier die Untersagung des Besitzes der genannten Funkgeräte an.[302] 238

Die Sicherheit der Anstalt soll auch durch Satellitenantennen mit Receivern gefährdet sein, weil es in dem Receiver Hohlräume gibt, die als Versteck missbraucht werden können.[303] Soweit die Aufrechterhaltung der Sicherheit und Ordnung der Anstalt durch eine entspre-

299 Vgl. für den Strafvollzug Calliess/Müller-Dietz, StVollzG, § 70 Rn. 2.
300 Wiesneth, Die Untersuchungshaft, Rn. 197.
301 Vgl. für den Strafvollzug Calliess/Müller-Dietz, StVollzG, § 69 Rn. 3.
302 Calliess/Müller-Dietz, StVollzG, § 69 Rn. 3.
303 OLG Koblenz ZfStrVo 1996, 114.

chende anfängliche Kontrolle möglich ist, die Untersagung des Besitzes eines solchen Radios unverhältnismäßig und damit rechtswidrig.

239 Das Einbringen eigener Fernseher wird durch die Anstalt geregelt (vgl. etwa § 22 Abs. 4 S. 3 HUVollzG). Es bedarf ihrer Erlaubnis bzw. Zustimmung (vgl. die Vorschriften der UVollzGe über den persönlichen Besitz bzw. Gewahrsam – die unterschiedlichen Begrifflichkeiten sind in der Sache identisch). Den Untersuchungsgefangenen ist anzuraten, möglichst schriftlich einen entsprechenden Antrag zu stellen oder diesen durch das Vollzugspersonal schriftlich aufnehmen zu lassen, wenngleich die Gesetze kein Erfordernis eines schriftlichen Antrags vorsehen und es sich daher nicht um ein förmliches Verwaltungsverfahren handelt (vgl. § 64 VwVfG bzw. die entsprechenden landesgesetzlichen Regelungen).

240 Die Untersuchungsgefangenen haben in den meisten Ländern ihre Rundfunkgeräte bzw. deren Betriebskosten zumindest anteilig selbst zu finanzieren.[304] In Ba-Wü tragen die Untersuchungsgefangenen gemäß § 11 Abs. 2 S. 1 JVollzGB II jegliche Kosten des Fernsehens. Die fakultative Kostenbeteiligung der Untersuchungsgefangenen soll zum einen dann erfolgen, wenn die Kosten das Maß dessen übersteigen, was zu einer angemessenen Grundversorgung erforderlich ist. Gleichzeitig dient die Regelung dazu, bei den Untersuchungsgefangenen ein Kostenbewusstsein im Umgang mit den in ihrem Gewahrsam befindlichen Geräten zu schaffen. Zudem trage die Kostenbeteiligung dem Angleichungsgrundsatz Rechnung. Sie kann pauschaliert festgesetzt werden.[305] Wo eine spezielle Regelung für den Rundfunk und Freizeitbeschäftigung im Allgemeinen fehlt, wie etwa in Berlin, werden die Untersuchungsgefangenen nicht an den Kosten für Rundfunk beteiligt. Keine Anwendung findet insoweit die Vorschrift zur Verschaffung von Annehmlichkeiten (§ 19 UVollzG Berlin). In Niedersachsen besteht für Untersuchungsgefangene ebenfalls keine Regelung zur Kostentragung im Rahmen von Rundfunk.

241 **b) Unstatthaftigkeit des Empfanges von Bezahlfernsehen und des Einsatzes zusätzlicher Empfangseinrichtungen im Haftraum (Ba-Wü).** Der Empfang von kostenpflichtigen Fernsehsendern ist in Ba-Wü unstatthaft. Dies begegnet Bedenken, da die als unschuldig geltenden Untersuchungsgefangenen in Freiheit nicht selten insbesondere Sportveranstaltungen im Bezahlfernsehen ansehen, was eine durchaus sinnvolle Freizeitgestaltung darstellt. Soweit die entsprechenden Empfangseinrichtungen durch die Untersuchungsgefangenen in die Anstalt eingebracht werden können und keine Gefährdung der Umsetzung verfahrenssichernder Anordnungen oder der Sicherheit und Ordnung der Anstalt zu befürchten ist, ist die Regelung verfassungsrechtlich bedenklich. Der Eingriff in das Grundrecht der Untersuchungsgefangenen auf Informationsfreiheit gemäß Art. 5 Abs. 1 S. 1 GG sowie die allgemeine Handlungsfreiheit gemäß Art. 2 Abs. 1 GG verfolgt insoweit keinen legitimen Zweck und ist somit unverhältnismäßig.

In Bezug auf die Unstatthaftigkeit zusätzlicher Empfangseinrichtungen gilt selbiges. Jedoch wird in nicht wenigen Anstalten ein Kabelanschluss oder eine Satellitenschüssel nicht vorhanden sein. Ob die Vollzugsanstalt diese Empfangsmöglichkeiten bietet, steht in ihrem Ermessen.[306] Im Hinblick auf den Angleichungsgrundsatz ist dies angezeigt, vor dem Hintergrund finanzieller Engpässe und zunehmenden Sparbemühungen von Bund und Ländern wird die Ablehnung nach einer Abwägung des Für und Wider und darauf Bezug nehmender Begründung jedoch eine rechtsfehlerfreie Ermessensausübung darstellen.

Für den Fall, dass die Anstalt Kabelfernsehen und damit zusätzliche Programme anbietet, hat sie die Preise verschiedener Anbieter zu vergleichen und das nach einer Kosten- und Nutzenabwägung wirtschaftlichste Angebot zu wählen. Dabei hat sie die üblichen Vergabevorschriften zu beachten.[307] Die Umlegung der dabei entstehenden Kosten auf alle Un-

---

304 So § 12 Abs. 2 Nr. 3 UVollzG NRW, fakultative Regelung in § 38 Abs. 1 S. 2 HmbUVollzG, § 15 S. 2 HUVollzG, § 15 Abs. 6 BbgUVollzG, Sachsen-Anhalt, M-V, Saarland sowie Entw. UVollzG SH, Art. 13 Abs. 5 UVollzG Bayern i.V.m. Art. 73 BayStVollzG.

305 SH, LT-Drucks. 17/1255, S. 72.

306 So für den Strafvollzug Boetticher in: AK-StVollzG, § 69 Rn. 13.

307 Vgl. für den Strafvollzug Boetticher in: AK-StVollzG, § 69 Rn. 13.

tersuchungsgefangenen erscheint nicht unproblematisch. Auf der einen Seite steht das Interesse derjenigen Untersuchungsgefangenen, die auch diese Sender zur Verfügung haben möchten. Auf der anderen Seite steht das Interesse derjenigen, die von dem Angebot keinen Gebrauch machen wollen. In Anbetracht dessen wäre als Leitlinie angezeigt, in erster Linie nur diejenigen finanziell in Anspruch zu nehmen, die das Angebot tatsächlich nutzen.

c) Übertragung des Betriebes von Empfangsanlagen und der Ausgabe von Rundfunkgeräten von der JVA auf einen Dritten (Ba-Wü). Die Regelung in § 41 Abs. 4 JVollzGB II schafft die rechtliche Grundlage, den Hörfunk- und Fernsehbetrieb sowie die Versorgung der Untersuchungsgefangenen mit Empfangsgeräten auf private Anbieter zu übertragen.[308] Dies ist im Hinblick auf den damit gegebenen größeren Sachverstand zu begrüßen. Zu beachten sind die Grundsätze zur Vergabe öffentlicher Aufträge. 242

d) Entscheidung der JVA über die Einspeisung einzelner Rundfunkprogramme in die Empfangsanlage nach Anhörung der Gefangenenmitverantwortung (Ba-Wü). An der Programmauswahl ist in Ba-Wü die Gefangenenmitverantwortung zu beteiligen, um die Interessen der Gefangenen einzubringen. Letztlich bleibt die Entscheidung jedoch der Anstalt vorbehalten. 243

e) Gemeinschaftlicher Rundfunkempfang: Auswahl der Sendungen unter angemessener Berücksichtigung der Wünsche und Bedürfnisse der Untersuchungsgefangenen nach staatsbürgerlicher Information, Bildung und Unterhaltung (Niedersachsen). Die Anstalt hat nach § 66 Abs. 3 S. 2 NJVollzG für eine pluralistische Programmgestaltung zu sorgen. Danach sind die Sendungen so auszuwählen, dass Wünsche und Bedürfnisse nach staatsbürgerlicher Information, Bildung und Unterhaltung angemessen berücksichtigt werden. Dieser Gedanke gilt auch für die anderen Länder. Daher sollte täglich mindestens eine Nachrichtensendung übertragen werden, bei aktuellen Ereignissen, die sich innerhalb kurzer Zeit weiterentwickeln, auch mehrere.[309] Die Vollzugsanstalt hat den Programmwünschen einer Minderheit Berücksichtigung zu schenken. Organisatorische Schwierigkeiten rechtfertigen es nur im Notfall, die Gefangenen auf andere Informationsquellen zu verweisen.[310] Das Grundrecht auf Informationsfreiheit aus Art. 5 Abs. 1 GG beinhaltet keinen Anspruch auf bestimmte Informationsquellen. Damit ist der Rundfunkempfang im Zusammenhang mit der Information über die anderen in der Anstalt verfügbaren Medien zu betrachten. Können Untersuchungsgefangene nicht auf Printmedien verwiesen werden, weil sie des Lesens nicht kundig sind, ist ihren Rundfunkwünschen Vorrang zu geben vor den Wünschen anderer Gefangener, die auf Zeitungen und Zeitschriften zurückgreifen können. Um ihrem Informationsbedürfnis Rechnung zu tragen, kann die Anstalt Sendungen auch auf Daten- bzw. Tonträger aufnehmen.[311] 244

Zu berücksichtigen ist, dass der gemeinschaftliche Rundfunkempfang mit den Regelungen für die Freizeit im Untersuchungshaftvollzug im Zusammenhang steht. Er sollte damit an den für die Freizeit bestehenden Maßgaben ausgerichtet werden, er sollte also z.B. der Weiterbildung dienen. Das heißt, es sind anspruchsvolle Sendungen zu wählen, etwa solche, die Wissen vermitteln oder Dokumentationen. Der Unterhaltung dienen etwa Spielfilme.

Bei der Auswahl der Sendungen ist stets zu bedenken, dass Fernseh- und Rundfunkbeiträge, die die Begehung von Straftaten verharmlosen bzw. als normal erscheinen lassen, nicht dazu beitragen, dass gegen die Betroffenen zukünftig nicht wieder der (dringende) Verdacht einer Straftat entstehen wird. Aus diesem Grund sollte hier als Leitlinie nicht allein der Zweck der Sicherung eines geordneten Strafverfahrens verfolgt, sondern insbesondere auch dem Haftgrund des § 112 a StPO Rechnung getragen werden.

---

308 So die Gesetzesbegründung Ba-Wü, LT-Drucks. 14/5012, S. 198 f.
309 Vgl. für den Strafvollzug Boetticher in: AK-StVollzG, § 69 Rn. 7.
310 Vgl. für den Strafvollzug OLG Celle ZfStrVo 1983, 382.
311 Vgl. für den Strafvollzug Boetticher in: AK-StVollzG, § 69 Rn. 15 f.

Gefangene, die über ein Einzelfernsehgerät verfügen, haben keinen Anspruch auf ein Gemeinschaftshörfunkprogramm.[312]

245 **f) Vorübergehende Aussetzung bzw. Untersagung des Rundfunkempfangs.** Die vorübergehende Aussetzung bzw. die Untersagung des Rundfunkempfangs kann erfolgen, wenn dies zur Umsetzung einer verfahrenssichernden Anordnung oder zur Aufrechterhaltung der Sicherheit oder Ordnung der Anstalt unerlässlich ist. In Ba-Wü und NRW reicht eine bloße Gefährdung.

246 Verfahrenssichernde Anordnungen sind nach der Legaldefinition des § 3 Abs. 2 der UVollzGe der 12er-Gruppe Anordnungen, die das Gericht oder die Anstalt als die zum Handeln ermächtigte Behörde trifft, um einer Flucht-, Verdunkelungs- oder Wiederholungsgefahr zu begegnen. Auch in den Bundesländern, in denen die Regelung zum Rundfunkempfang nicht direkt die Einschränkungsmöglichkeit zur Umsetzung einer verfahrenssichernden Anordnung enthält, ist dies möglich, indem die allgemeine Vorschrift zur Stellung der Untersuchungsgefangenen greift, nach der den Untersuchungsgefangenen Beschränkungen auferlegt werden dürfen, wenn dies zur Umsetzung einer verfahrenssichernden Anordnung erforderlich bzw. unerlässlich ist.

247 Die Aussetzung oder Untersagung kann auch erfolgen zur **Aufrechterhaltung der Sicherheit oder Ordnung der Anstalt;** vgl. zu diesem Begriff Rn. 42.

248 Die Aussetzung oder Untersagung muss zur Erreichung dieser Zwecke **unerlässlich** sein. Der Begriff der Unerlässlichkeit trägt dem Verhältnismäßigkeitsgrundsatz Rechnung. Er ist enger als die Begriffe „erforderlich“ oder „notwendig“.[313] Die Aussetzung des Rundfunkempfangs darf also nur dann erfolgen, wenn der verfolgte Zweck unbedingt erreicht werden muss und die Aussetzung hierfür das einzig geeignete Mittel ist, auf dessen Einsatz keinesfalls verzichtet werden kann. Dies erfordert eine strenge Einzelfallprüfung, die nur in seltenen Ausnahmefällen die Unerlässlichkeit ergeben wird.[314]

249 Existieren andere Möglichkeiten, den Zweck in derselben Weise durch weniger einschneidende Maßnahmen zu erreichen, ist die Aussetzung oder Untersagung nicht unerlässlich.

250 **Unerlässlichkeit** ist etwa dann anzunehmen, wenn gerade der Empfang von Radiosendungen oder Fernsehberichterstattung

- dem Untersuchungsgefangenen generell oder in einem bestimmten Zeitraum Informationen gibt, wie er die Anstalt auf illegalem Weg mit bestimmten, ihm zugänglichen Werkzeugen oder durch bestimmte Handlungen verlassen kann;
- den Untersuchungsgefangenen über Einzelheiten zum Ermittlungsstand und das von den Strafverfolgungsbehörden geplante weitere Vorgehen in Kenntnis setzt, die ihm sowie anderen, mit ihm in Kontakt stehenden Personen unbekannt waren, so dass er Verdunklungshandlungen veranlassen kann;
- Verhaltensweisen präsentiert, die den geordneten Vollzug der Untersuchungshaft stören.

251 Dabei können mehrere Zwecke nebeneinander verfolgt werden müssen. Dies ist etwa denkbar, indem die Handlungen des Untersuchungsgefangenen gleichzeitig seine Flucht vorbereiten und Mitgefangenen ebenfalls die Flucht ermöglichen, indem sie Ausgänge aus der Anstalt schaffen oder in der Anstalt Chaos verursachen.

252 Im Untersuchungshaftvollzug sind die denkbaren Fallkonstellationen vielfältiger als im Strafvollzug, bei dem nach der rechtskräftigen Verurteilung der Gefangenen die Gefahr der Verdunkelung entfällt. Im Strafvollzug steht die den UVollzGen entsprechende Regelung des § 69 Abs. 1 S. 2 StVollzG laut der Gesetzesbegründung vor dem Hintergrund, dass etwa die Massenmedien genutzt werden, um mit einer Geiselnahme eine Gefangenenbefreiung zu erreichen,[315] an der die Gefangenen dann in und aus der Anstalt heraus mitwirken könnten.

312 So für den Strafvollzug Arloth, StVollzG, § 69 Rn. 2.
313 So für den Strafvollzug Schwind in: Schwind/Böhm/Jehle/Laubenthal, StVollzG, § 68 Rn. 2.
314 Vgl. auch die Begründung zu § 28 UVollzG Bremen, Bürgerschafts-Drucks. 17/914, S. 45, ebenso die Begründungen der 12er-Gruppe sowie der Entw. von SH, LT-Drucks. 17/1255, S. 79.
315 BT-Drucks. 7/3998, S. 29.

In Ba-Wü und NRW wird statt Unerlässlichkeit die **Gefährdung** der Umsetzung einer verfahrenssichernden Anordnung oder der Sicherheit oder Ordnung der Anstalt vorausgesetzt. Hierbei ist wiederum der Verhältnismäßigkeitsgrundsatz zu wahren. Insbesondere muss die Aussetzung oder Untersagung des Rundfunkempfangs erforderlich sein. Die Gefährdung setzt eine konkrete Gefahr voraus, also entsprechende tatsächliche Anhaltspunkte, deren Vorliegen in nachprüfbarer Weise festgestellt werden muss.[316] Der Begriff der Unerlässlichkeit formuliert damit lediglich deutlicher dieselben Maßgaben, die auch für die Gefährdung gelten. 253

g) Kosten für den Rundfunkempfang (Ba-Wü, Bayern, Hamburg, Hessen, NRW). In Ba-Wü und Bayern erfolgt der Rundfunkempfang auf eigene Kosten der Untersuchungsgefangenen (§ 11 Abs. 2 S. 1 JVollzGB II bzw. Art. 13 Abs. 3 S. 1BayUVollzG i.V.m. Art 73 BayStVollzG), da Art. 5 Abs. 1 GG keinen Anspruch der Untersuchungsgefangenen auf kostenlosen Rundfunkempfang begründet.[317] 254

In Hamburg können den Untersuchungsgefangenen gemäß § 38 Abs. 1 S. 2 UVollzG Hamburg die Betriebskosten auferlegt werden. Nach dieser Regelung steht die Kostenauferlegung im Ermessen der Anstalt, für dessen Ausübung die allgemeinen Regeln gelten. Die Anstalt kann den Untersuchungsgefangenen also die Betriebskosten für das Hörfunk- oder Fernsehgerät vollständig oder in Hinblick auf den Verhältnismäßigkeitsgrundsatz auch nur teilweise auferlegen.

In NRW dürfen die Untersuchungsgefangenen ein eigenes Rundfunkgeräte im Haftraum nur auf eigene Kosten betreiben und müssen sich für einen kostenlosen Rundfunkempfang auf den Gemeinschaftsempfang verweisen lassen.

h) Ausschluss des Besitzes eigener Fernsehgeräte seitens junger Untersuchungsgefangener bei Entgegenstehen erzieherischer Gründe. Bei jungen Untersuchungsgefangenen kann der Besitz eines eigenen Fernsehgerätes zudem aus erzieherischen Gründen ausgeschlossen werden. Näheres dazu enthalten die Gesetzesbegründungen nicht. Ein derartiger Ausschluss aus erzieherischen Gründen wird immer dann angezeigt sein, wenn der Besitz eines Fernsehgerätes die erzieherische Bemühungen im Untersuchungshaftvollzug konterkariert. Die erzieherische Ausgestaltung des Untersuchungshaftvollzugs ist dadurch charakterisiert, dass die jungen Untersuchungsgefangenen Fähigkeiten und Fertigkeiten erlernen und einüben, die bei ihnen bislang nicht vorhanden, nicht hinreichend ausgeprägt waren oder von ihnen nicht angewandt wurden, und die darin bestehen, die eigenen Chancen und Pflichten wahrzunehmen und anderen Respekt entgegenzubringen,[318] also z.B. eine friedliche, verbale Konfliktbewältigung einzuüben. Studien belegen, dass eine hohe Korrelation zwischen dem eigenen Fernseher im Kinderzimmer und Schulmisserfolg sowie Gewaltkriminalität besteht. Dieses negative Ergebnis soll sich umso deutlicher zeigen, je mehr die Betroffenen in ihrem Umfeld sozial und bildungsmäßig benachteiligt sind. Allerdings ist dabei in Abzug zu bringen, dass dabei auch das Spielen von Computerspielen erfasst wird.[319] 255

Als Beispiel für den Ausschluss des Fernsehers aus erzieherischen Gründen kommt etwa in Betracht, dass der Fernseher den jungen Menschen in erster Linie dazu dient, sich Sendungen anzusehen, in denen gewalttätiges Verhalten als normal und probat zur Konfliktbewältigung dargestellt wird. Denkbar ist auch, dass der Betroffene sich in einer psychisch derart labilen Verfassung befindet, dass es angezeigt ist, jegliche TV-Sendung, auch reine Nachrichtensendungen, von ihm fernzuhalten, um illustrierte Berichte von Gewalttaten, etwa von Attentaten, Anschlägen und anderen terroristischen Handlungen, bei denen zahlreiche Menschen zu Tode gekommen sind, von ihm fernzuhalten. Es wird sich jedoch stets um absolute Aus-

316 So für den Strafvollzug Calliess/Müller-Dietz, StVollzG, § 70 Rn. 5.
317 Vgl. die Gesetzesbegründung in Bayern zu Art. 13 UVollzG Bayern.
318 So die Gesetzesbegründung in Hessen zu § 44 HUVollzG, ergänzende Bestimmungen für junge Untersuchungsgefangene: Vollzugsgestaltung, in Hessen, LT-Drucks. 18/1396, S. 150.
319 Mößle/Kleimann/Rehbein, Bildschirmmedien im Alltag von Kindern und Jugendlichen, problematische Mediennutzungsmuster und ihr Zusammenhang mit Schulleistungen und Aggressivität, 2007, S. 12 ff. sowie Mößle/Kleimann/Rehbein/Pfeiffer ZJJ 2006, 295 ff.

nahmefälle handeln, so dass der Ausschluss des Besitzes eines Fernsehers aus erzieherischen Gründen stets einer ausführlichen tragfähigen Begründung bedarf.

§ 5 Religionsausübung

Spezielle Literatur: *Badura, P.*: Der Schutz von Religion und Weltanschauung durch das Grundgesetz: Verfassungsfragen zur Existenz und Tätigkeit der neuen „Jugendreligionen“, Tübingen 1989; *v. Campenhausen, A./de Wall, H.*: Staatskirchenrecht, 4. Aufl., München 2006; *Fischedieck, W.*: Die Zeugnisverweigerungsrechte von Geistlichen und kirchlichen Mitarbeitern, Frankfurt/M. 2006; *Kerner, H-J/ Stroezel, H./Wegel, M.*: Erziehung, Religion und Werteorientierungen bei jungen Gefangenen, ZJJ 2003, S. 233–240; *Listl, J./Pirson, D.* (Hrsg.): Handbuch des Staatskirchenrechts der Bundesrepublik Deutschland, Erster Band, 2. Aufl., Berlin 1994 (zitiert: Bearbeiter in HStKiR I); *Listl, J./Pirson, D.* (Hrsg.): Handbuch des Staatskirchenrechts der Bundesrepublik Deutschland, Zweiter Band, 2. Aufl., Berlin 1995 (zitiert: Bearbeiter in HStKiR II); *Sahlfeld, K.*: Aspekte der Religionsfreiheit im Lichte der Rechtsprechung der EMRK-Organe, des UNO-Menschenrechtsausschusses und nationaler Gerichte, Zürich u.a. 2004; *Vosgerau, U.*: Freiheit des Glaubens und Systematik des Grundgesetzes. Zum Gewährleistungsvorbehalt schrankenvorbehaltsloser Grundrechte am Beispiel der Glaubens- und Gewissensfreiheit, Berlin 2007; *van der Vyver, J./Witte, J.* (Hrsg.): Religious Human Rights in Global Perspective, Den Haag 1996; *Weber, H.*: Die Religionsfreiheit im nationalen und internationalen Verständnis, Zeitschrift für evangelisches Kirchenrecht (ZevKR) 2000, S. 109–156.

I. Zielsetzung

Alle Untersuchungshaftvollzugsgesetze enthalten Vorschriften über die „Religionsausübung“. Der Begriff dient in jedem Gesetz als Überschrift für einen selbstständigen Abschnitt bzw Teil oder für ein eigenständiges Kapitel.[1] Lediglich das NJVollzG und der UVollzG Bayern arbeiten mit einer Generalverweisungsnorm auf die Regelungen zum Strafvollzug, was dem grundsätzlichen Unterschied zwischen U-Haft und Strafhaft im Hinblick auf die Unschuldsvermutung nicht gerecht wird (zur detaillierten Kritik s. § 1 Rn. 2). Mit der Schaffung eines je eigenen Gesetzesstücks tragen die Landesgesetzgeber dem hohen Rang der Religionsfreiheit Rechnung, die durch Art. 4 GG verfassungsrechtlich gewährleistet ist. Die Vorschriften haben das **Ziel**, die praktische Ausübung des **Grundrechts** der **Religionsfreiheit unter den besonderen Bedingungen des Freiheitsentzugs** zu **regeln**. Sie sollen dazu dienen, die faktischen Nebenwirkungen des Freiheitsentzugs so zu verringern, dass die Ausübung des Grundrechts möglichst wenig beeinträchtigt wird. 1

1 Abschnitt 5 JVollzGB II Ba-Wü; Abschnitt 5 UVollzG Berlin/Brandenburg/Bremen/Hessen/M-V/Rheinland-Pfalz/Saarland/Sachsen-Anhalt/SH/Thüringen; Abschnitt 4 UVollzG NRW; Abschnitt 7 UVollzG Hamburg; Teil 5 UVollzG Sachsen.

2 Bereits vor Bestehen der jetzigen Untersuchungshaftvollzugs*gesetze* war die Religionsausübung in den Nrn. 47–48 a („Religiöse Veranstaltungen/Einzelseelsorge/Weltanschauungsgemeinschaften“) der obsoleten Untersuchungshaftvollzugs*ordnung* „in leicht antiquierter Amtssprache“ geregelt. Nunmehr entsprechen die Normen zur Religionsausübung in U-Haft zum Großteil den §§ 53–55 StVollzG sowie den Regeln der Jugendstrafvollzugsgesetze.[2] Das bedeutet, dass die hierzu ergangene Rechtsprechung und die bestehenden Kommentierungen auf den Untersuchungshaftvollzug unter der **Prämisse** übertragen werden können, dass Besonderheiten eines fairen Verfahrens – zuvörderst die Unschuldsvermutung (Art. 6 Abs. 2 EMRK) – keine abweichende Beurteilung erforderlich machen. Denn die nach wie vor als unschuldig geltenden **Untersuchungsgefangenen sind** ebendaher **keine Strafgefangenen.**

II. Synopse und Grundaussagen

3 Die landesrechtlichen Einzelregelungen sind in der nachfolgenden Synopse zusammengestellt.

1. Die gesetzlichen Regeln

Länder	Religionsausübung – *Regeln zur Religionsausübung*
12er-Regelung Berlin Brandenburg Bremen Hamburg Hessen Mecklenburg-Vorpommern Rheinland-Pfalz Saarland Sachsen Sachsen-Anhalt Schleswig-Holstein Thüringen	***§ 29 12er-Regelung: Seelsorge*** **(1) Den Untersuchungsgefangenen darf religiöse Betreuung durch ((eine) Seelsorgerin(nen und) oder) (einen) Seelsorger (ihrer Religionsgemeinschaft)[3] nicht versagt werden. Auf Wunsch ist ihnen zu helfen, mit ((einer) Seelsorgerin(innen und) oder) (einem) Seelsorger(n) ihrer Religionsgemeinschaft in Verbindung zu treten.** **(2) Die Untersuchungsgefangenen dürfen grundlegende religiöse Schriften besitzen. Sie dürfen ihnen nur bei grobem Missbrauch entzogen werden.** **(3) Den Untersuchungsgefangenen sind Gegenstände des religiösen Gebrauchs in angemessenem Umfang zu belassen.** ***§ 30 12er-Regelung: Religiöse Veranstaltungen*** **(1) Die Untersuchungsgefangenen haben das Recht, am Gottesdienst und an anderen religiösen Veranstaltungen ihres Bekenntnisses teilzunehmen.** **(2) Die Zulassung zu den Gottesdiensten oder zu den religiösen Veranstaltungen einer anderen Religionsgemeinschaft bedarf der Zustimmung (der Seelsorgerin oder) des Seelsorgers der Religionsgemeinschaft.** **(3) (Die) Untersuchungsgefangene(n) können von der Teilnahme am Gottesdienst oder an anderen religiösen Veranstaltungen ausgeschlossen werden, wenn dies (zur Umsetzung einer verfahrenssichernden Anordnung oder)[4] aus überwiegenden Gründen der Sicherheit oder Ordnung der Anstalt geboten ist; (die Seelsorgerin oder) der Seelsorger soll vorher gehört werden.** ***§ 31 12er-Regelung: Weltanschauungsgemeinschaften*** **Für Angehörige weltanschaulicher Bekenntnisse gelten die §§ 29 und 30 entsprechend.**

2 Tabellarische Übersicht bei Bochmann in: Ostendorf, Jugendstrafvollzugsrecht, 6. Abschnitt Rn. 2.
3 Entfällt für Berlin, § 29 Abs. 1 S. 1 UVollzG Bln und Brandenburg, § 29 Abs. 1 S. 1 BbgUVollzG.
4 Entfällt für Sachsen, § 30 Abs. 3 SächsUHaftVollzG.

Länder	Religionsausübung – *Regeln zur Religionsausübung*
	Abweichende Regelungen: ***Hessen, § 24 HUVollzG: Religionsausübung und Seelsorge*** (1) Den Untersuchungsgefangenen ist eine seelsorgerische und religiöse Betreuung durch ihre Religionsgemeinschaft zu ermöglichen. Auf ihren Wunsch ist ihnen zu helfen, mit der Seelsorge ihrer Religionsgemeinschaft in Verbindung zu treten. (2) Den Untersuchungsgefangenen sind Gegenstände des religiösen Gebrauchs in angemessenem Umfang zu belassen. § 11 Abs. 1 Satz 2 gilt entsprechend. Grundlegende religiöse Schriften dürfen ihnen nur bei grobem Missbrauch entzogen werden. (3) Die Untersuchungsgefangenen haben das Recht, am Gottesdienst und an anderen religiösen Veranstaltungen ihres Bekenntnisses teilzunehmen. Zu religiösen Veranstaltungen einer anderen Religionsgemeinschaft werden Untersuchungsgefangene zugelassen, wenn deren Seelsorgerin oder Seelsorger einwilligt. Untersuchungsgefangene können von der Teilnahme ausgeschlossen werden, wenn dies zur Umsetzung einer verfahrenssichernden Anordnung oder aus überwiegenden Gründen der Sicherheit oder Ordnung der Anstalt geboten ist; die Seelsorgerin oder der Seelsorger soll vorher gehört werden. (4) Für Angehörige weltanschaulicher Bekenntnisse gelten die Abs. 1 bis 3 entsprechend. ***Sachsen-Anhalt, § 29 UVollzG LSA: Seelsorge*** (1) Dem Untersuchungsgefangenen darf religiöse Betreuung durch einen Seelsorger seiner Religionsgemeinschaft nicht versagt werden. Auf Wunsch ist ihm zu helfen, mit einem Seelsorger seiner Religionsgemeinschaft in Verbindung zu treten. (2) Untersuchungsgefangene, die keiner Religionsgemeinschaft angehören, haben Anspruch auf einen Seelsorger oder können seelsorgerische Betreuung in Anspruch nehmen. (3) Der Untersuchungsgefangene darf grundlegende religiöse Schriften besitzen. (4) Dem Untersuchungsgefangenen sind Gegenstände des religiösen Gebrauchs in angemessenem Umfang zu belassen. ***Sachsen-Anhalt, § 30 UVollzG LSA: Religiöse Veranstaltungen*** (1) Der Untersuchungsgefangene hat das Recht, am Gottesdienst und an anderen religiösen Veranstaltungen seines Bekenntnisses teilzunehmen. (2) Die Zulassung zu den Gottesdiensten oder zu religiösen Veranstaltungen einer anderen Religionsgemeinschaft bedarf der Zustimmung des Seelsorgers der Religionsgemeinschaft. (3) Ein Untersuchungsgefangener ist von der Teilnahme am Gottesdienst oder an anderen religiösen Veranstaltungen auszuschließen, wenn dies zur Umsetzung einer verfahrenssichernden Anordnung oder aus Gründen der Sicherheit der Anstalt geboten ist; der Seelsorger ist vorher zu hören. ***Sachsen-Anhalt, § 31 UVollzG LSA: Weltanschauungsgemeinschaften:*** Für Angehörige weltanschaulicher Bekenntnisse gelten die §§ 29 und 30 entsprechend.

Länder	Religionsausübung – *Regeln zur Religionsausübung*
Baden-Württemberg	*§ 22 JVollzGB II: Seelsorge* (1) Untersuchungsgefangenen darf religiöse Betreuung durch eine Seelsorgerin oder einen Seelsorger ihrer Religionsgemeinschaft nicht versagt werden. Ihnen ist auf Wunsch zu helfen, mit einer Seelsorgerin oder einem Seelsorger in Verbindung zu treten. Das Beicht- und Seelsorgegeheimnis ist unverletzlich. (2) Untersuchungsgefangene dürfen grundlegende religiöse Schriften besitzen. Diese dürfen ihnen nur bei grobem Missbrauch entzogen werden. (3) Untersuchungsgefangenen sind Gegenstände des religiösen Gebrauchs in angemessenem Umfang zu belassen. *§ 23 JVollzGB II: Religiöse Veranstaltungen* (1) Untersuchungsgefangene haben das Recht, am Gottesdienst und an anderen religiösen Veranstaltungen ihres Bekenntnisses teilzunehmen. (2) Untersuchungsgefangene werden zu dem Gottesdienst oder zu religiösen Veranstaltungen einer anderen Religionsgemeinschaft zugelassen, wenn deren Seelsorgerin oder Seelsorger zustimmt. (3) Untersuchungsgefangene können von der Teilnahme am Gottesdienst oder anderen religiösen Veranstaltungen ausgeschlossen werden, wenn dies aus überwiegenden Gründen der Sicherheit oder Ordnung der Justizvollzugsanstalt geboten ist; die Seelsorgerin oder der Seelsorger soll vorher gehört werden. *§ 24 JVollzGB II: Weltanschauungsgemeinschaften* Für Angehörige weltanschaulicher Bekenntnisse gelten die §§ 22 und 23 entsprechend.
Bayern	*Art. 42 RegE UVollzG Bayern [Geltung sonstiger Vorschriften des Bayerischen Strafvollzugsgesetzes]* i.V.m. *Art. 55 StVollzG: Seelsorge* (1) Den Gefangenen darf religiöse Betreuung durch einen Seelsorger oder eine Seelsorgerin ihrer Religionsgemeinschaft nicht versagt werden. Auf ihren Wunsch ist ihnen zu helfen, mit einem Seelsorger oder einer Seelsorgerin ihrer Religionsgemeinschaft in Verbindung zu treten. (2) Gefangene dürfen grundlegende religiöse Schriften besitzen. Sie dürfen ihnen nur bei grobem Missbrauch entzogen werden. (3) Den Gefangenen sind Gegenstände des religiösen Gebrauchs in angemessenem Umfang zu belassen. *Art. 56 StVollzG: Religiöse Veranstaltungen* (1) Gefangene haben das Recht, am Gottesdienst und an anderen religiösen Veranstaltungen ihres Bekenntnisses teilzunehmen. (2) Zu dem Gottesdienst oder zu religiösen Veranstaltungen einer anderen Religionsgemeinschaft werden Gefangene zugelassen, wenn deren Seelsorger zustimmen. (3) Gefangene können von der Teilnahme am Gottesdienst oder anderen religiösen Veranstaltungen ausgeschlossen werden, wenn dies aus überwiegenden Gründen der Sicherheit oder Ordnung geboten ist; der Seelsorger oder die Seelsorgerin soll vorher gehört werden.

Länder	Religionsausübung – *Regeln zur Religionsausübung*
	Art. 57 StVollzG: Weltanschauungsgemeinschaften Für Angehörige weltanschaulicher Bekenntnisse gelten die Art. 55 und 56 entsprechend.
Niedersachsen	*§ 169 NJVollzG [Ergänzende Anwendung von Vorschriften des Zweiten Teils (Vollzug der Freiheitsstrafe)]* i.V.m. *§ 53 NJVollzG: Seelsorge* (1) Der oder dem Gefangenen darf eine religiöse Betreuung durch eine Seelsorgerin oder einen Seelsorger ihrer oder seiner Religionsgemeinschaft nicht versagt werden. Auf ihren oder seinen Wunsch ist ihr oder ihm zu helfen, mit einer Seelsorgerin oder einem Seelsorger ihrer oder seiner Religionsgemeinschaft in Verbindung zu treten. (2) Die oder der Gefangene darf grundlegende religiöse Schriften besitzen. Sie dürfen ihr oder ihm nur bei grobem Missbrauch entzogen werden; auf Verlangen der oder des Gefangenen soll ihre oder seine Seelsorgerin oder ihr oder sein Seelsorger über den Entzug unterrichtet werden. (3) Der oder dem Gefangenen sind sonstige Gegenstände des religiösen Gebrauchs in angemessenem Umfang zu belassen, soweit nicht überwiegende Gründe der Sicherheit der Anstalt entgegenstehen. *§ 54 NJVollzG: Religiöse Veranstaltungen* (1) Die oder der Gefangene hat das Recht, am Gottesdienst und an anderen religiösen Veranstaltungen ihres oder seines Bekenntnisses in der Anstalt teilzunehmen. (2) Die oder der Gefangene wird zu dem Gottesdienst oder zu religiösen Veranstaltungen einer anderen Religionsgemeinschaft zugelassen, wenn deren Seelsorgerin oder Seelsorger zustimmt. (3) Die oder der Gefangene kann von der Teilnahme am Gottesdienst oder anderen religiösen Veranstaltungen ausgeschlossen werden, wenn dies aus überwiegenden Gründen der Sicherheit oder Ordnung geboten ist; die Seelsorgerin oder der Seelsorger soll vorher gehört werden. *§ 55 NJVollzG: Weltanschauungsgemeinschaften* Für Angehörige weltanschaulicher Bekenntnisse gelten die §§ 53 und 54 entsprechend.
Nordrhein-Westfalen	*§ 15 UVollzG NRW: Seelsorge* (1) Untersuchungsgefangenen darf religiöse Betreuung durch eine Seelsorgerin oder einen Seelsorger ihrer Religionsgemeinschaft nicht versagt werden. Auf Wunsch der Untersuchungsgefangenen ist ihnen zu helfen, mit einer Seelsorgerin oder einem Seelsorger ihrer Religionsgemeinschaft in Verbindung zu treten. (2) Untersuchungsgefangene dürfen grundlegende religiöse Schriften besitzen. Sie dürfen ihnen nur bei grobem Missbrauch entzogen werden. (3) Untersuchungsgefangenen sind Gegenstände des religiösen Gebrauchs in angemessenem Umfang zu belassen. *§ 16 UVollzG NRW: Religiöse Veranstaltungen* (1) Untersuchungsgefangene dürfen in der Anstalt am Gottesdienst und an anderen religiösen Veranstaltungen ihres Bekenntnisses teilnehmen.

Länder	Religionsausübung – *Regeln zur Religionsausübung*
	(2) Untersuchungsgefangene werden zu dem Gottesdienst oder zu religiösen Veranstaltungen einer anderen Religionsgemeinschaft in der Anstalt zugelassen, wenn deren Seelsorgerin oder Seelsorger zustimmt. **(3) Untersuchungsgefangene können von der Teilnahme am Gottesdienst oder anderen religiösen Veranstaltungen ausgeschlossen werden, wenn dies aus überwiegenden Gründen der Sicherheit oder Ordnung geboten ist. Die Anstaltsseelsorge ist zu hören.** ***§ 17 UVollzG NRW: Weltanschauungsgemeinschaften*** **Für Angehörige weltanschaulicher Bekenntnisse gelten die §§ 15 und 16 entsprechend.**

4 Die Synopse zeigt, dass die Ländergesetze jeweils drei Normen zur Religionsausübung bereithalten. Sie sind inhaltsgleich mit „Seelsorge", „religiöse Veranstaltungen" und „Weltanschauungsgemeinschaften" überschrieben. Eine Ausnahme bildet Hessen. Dort werden die Regelungen in einem Paragraphen allein getroffen, der die Überschrift „Religionsausübung und Seelsorge" trägt.

In den landesrechtlichen Bestimmungen bestehen zwar **hauptsächlich redaktionelle,** aber **im Detail** auch **bemerkenswerte materielle Abweichungen.** Materieller Unterschied ist beispielsweise, dass der Seelsorger in manchen Bundesländern beteiligt werden „kann", in anderen beteiligt werden „muss", wenn es um die Frage des Ausschlusses eines U-Häftlings vom Gottesdienst geht. Weitere Abweichungen bestehen bei der Einschränkung des Besitzrechts von religiösen Schriften wie Bibel oder Koran. Überwiegend können diese bei „grobem Missbrauch" entzogen werden. Demgegenüber treffen andere Landesgesetze dazu gar keine Regelung. Das kann die Vollzugspraxis gegebenenfalls vor diffizile Fragen stellen. Materielle Unterschiede werden im Folgenden an der jeweils entsprechenden Stelle behandelt. Redaktionelle Abweichungen haben dagegen keine gravierenden Auswirkungen etwa im Sinne der Gleichbehandlung (Art. 3 GG) von Untersuchungsgefangenen in der BRD als Bundesstaat (Art. 20 Abs. 1 GG). Teils ist Normadressat der einzelne Gefangene, teils sind es die Gefangenen in der Mehrzahl. Bei redaktionellen Unterschieden ergibt auch eine andersartige Wortwahl keinen unterschiedlichen Sinngehalt. So muss zum Beispiel nach dem Gros der Ländergesetze der jeweilige Seelsorger „zustimmen", wenn ein Gefangener ohne oder mit einem anderen Bekenntnis an einer religiösen Veranstaltung teilnehmen möchte. Andernorts (Hessen) muss er „einwilligen". Die Einwilligung ist in § 183 S. 1 BGB legaldefiniert als vorherige Zustimmung, was unter dem Gesichtspunkt der Einheitlichkeit der Rechtsordnung auch für den Untersuchungshaftvollzug gilt. Zustimmung und Einwilligung des Seelsorgers bedeutet also in dem beschriebenen Kontext das Gleiche.

5 **2. Kernaussagen.** Aus den Gesetzestexten lassen sich folgende **materielle Kernaussagen** zur Religionsausübung im Untersuchungshaftvollzug herausfiltern, die nach allen Gesetzen **als Grundprinzipien** gelten:

- Die Untersuchungsgefangenen haben **Anspruch auf Betreuung durch einen Seelsorger und auf Kontakt** mit diesem.
- Die Anstalt hat diesbezüglich eine **Vermittlungspflicht.**
- Die Untersuchungsgefangenen haben ein **Recht zum Besitz religiöser Schriften und Gebrauchsgegenstände.**
- Die Untersuchungsgefangenen haben ein **Recht auf Teilnahme an religiösen Veranstaltungen.**
- **Die gewährten Rechte sind privilegiert** und können nur in besonderen Umständen ausgeschlossen oder eingeschränkt werden.
- Die Regelungen gelten für Weltanschauungsgemeinschaften gleichermaßen.

III. Verfassungsrechtliche Grundlagen

Für die Auslegung der entsprechenden Vorschriften zur Religionsausübung sind deren verfassungsrechtlichen Grundlagen fundamental, zumal die Untersuchungshaft als das schärfste strafprozessuale Zwangsmittel ein Gradmesser für die Rechtsstaatlichkeit eines Gemeinwesens ist. Die Gestaltung ihrer rechtlichen Rahmenbedingungen ist in ganz besonderer Weise an den Grundrechten der Betroffenen und am Grundsatz des fairen Verfahrens zu messen. 6

Die mit **Art. 4 GG** verfassungsrechtlich verbürgte **Religionsfreiheit** wurzelt in der Menschenwürde (Art. 1 GG) und ist Ausprägung des Persönlichkeitsrechts (Art. 2 GG).[5] Für die selbstbestimmte Lebensführung ist sie existenziell. Art. 4 GG gewährleistet die **Freiheit des Glaubens, des Gewissens und des religiösen und weltanschaulichen Bekenntnisses** (Art. 4 Abs. 1 GG) sowie das **Recht der ungestörten Religionsausübung** (Art. 4 Abs. 2 GG). Nach dem Bundesverfassungsgericht handelt es sich bei den Garantien um ein **einheitliches Grundrecht**[6] mit der Religionsfreiheit als Oberbegriff.[7] Über Art. 140 GG sind auch die Art. 136 bis 139 und 141 der Weimarer Reichsverfassung (WRV) relevant. Sie sind fortgeltender Bestandteil des Grundgesetzes und „vollgültiges Verfassungsrecht der Bundesrepublik Deutschland".[8] 7

Der **persönliche Schutzbereich** erstreckt sich auf alle Menschen, weil das Grundrecht der Religionsfreiheit ein Menschenrecht ist.[9] Grundrechtsträger ist Jedermann, Ausländer sowie Kinder und Jugendliche eingeschlossen. 8

Bei der besonders jungen Zielgruppe der 14- bis 17-jährigen Untersuchungsgefangenen kommt nach herrschender Lehre noch die sogenannte **Grundrechtsmündigkeit** ins Spiel.[10] Sie bezeichnet die Fähigkeit, Grundrechte selbstständig auszuüben, sich auf Grundrechte eigens zu berufen. Der Begriff ist verfassungsrechtlich nicht unproblematisch.[11] Das BVerfG hat ihn nie verwendet; es stellt, jedenfalls was die prozessuale Geltendmachung von Grundrechten vor Gericht anbelangt, regelmäßig nur auf die Prozessfähigkeit ab.[12]

Der Zeitpunkt einer derartigen **„Religionsmündigkeit"** ergibt sich aus dem **Gesetz über die religiöse Kindererziehung** vom 15.7.1921.[13] Dieses Gesetz regelt bundeseinheitlich das Bestimmungsrecht der Eltern hinsichtlich der religiösen Erziehung von Kindern in einem religiösen Glauben oder in einer Weltanschauung im Wege der Personensorge (§ 6 RelKErzG). Gemäß **§ 5 RelKErzG** steht einem Kind „nach der Vollendung des vierzehnten Lebensjahrs die Entscheidung darüber zu, zu welchem religiösen Bekenntnis es sich halten will." Es kann „nicht gegen seinen Willen in einem anderen Bekenntnis als bisher erzogen werden."

Folglich gilt das Grundrecht der Religionsfreiheit vollumfänglich auch für die 14- bis 17-jährigen U-Häftlinge. In diesem Themenbereich ergeben sich **keine Kollisionen mit Elternrechten** (s. dazu § 1 Rn. 42). Einige Landesgesetze stellen das mit der Formulierung klar, dass Untersuchungsgefangenen nicht nur „auf Wunsch", sondern „auf *ihren* Wunsch" zu helfen ist, einen Seelsorger zu kontaktieren. Ein etwaiger alleiniger Wunsch der Eltern, der Anstaltsleitung oder eines Seelsorgers ist unbeachtlich.

Für den **sachlichen Schutzbereich** der Religionsfreiheit wesentlich ist das Recht jedes Einzelnen, unbeeinflusst vom Staat nach autonomer Entscheidung eine Religion oder Weltanschauung anzunehmen, abzulehnen oder zu wechseln, sich privat und öffentlich zu einer bestimmten Religions- oder Weltanschauungsgemeinschaft zu bekennen oder über die Religionszugehörigkeit zu schweigen. 9

5 Vgl. BVerfGE 32, 98 (106); 33 (23, 28 f.); 35, 366 (376); 108, 282 (305); s. auch Jarass/Pieroth, GG, Art. 4 Rn. 4 m.w.N.
6 St. Rspr., s. BVerfGE 24, 236 (245 f.); 83, 341 (354); 108, 282 (297).
7 Wie hier BVerfGE 83, 341 (354) und Listl in: HStKiR I, S. 454.
8 S. BVerfGE 19, 206 (219).
9 Kokott in: Sachs, GG, Art. 4 Rn. 7.
10 Ausführlich dazu Pieroth/Schlink, Grundrechte Staatsrecht II, S. 33 f. m.w.N.
11 Sachs in: Sachs, GG, vor Art. 1 Rn. 75: „im GG keine Grundlage"; ebenso Jarass/Pieroth, GG, Art. 19 Rn. 13.
12 S. nur BVerfGE 1, 87 (89).
13 Zuletzt geändert am 12.9.1990, BGBl. I 1190, 2002.

Mit Blick auf das „**Schweigerecht**“ eröffnet Art. 140 GG i.V.m. Art. 136 WRV Behörden (nur) dann die Möglichkeit, nach der Zugehörigkeit zu einer Religionsgemeinschaft zu fragen, wenn davon Rechte und Pflichten abhängen. Bei inhaftierten Personen ist die Feststellung der Religionszugehörigkeit durch die Gefängnisverwaltung mithin zulässig, weil sie Voraussetzung für die religiöse Betreuung der Gefangenen ist. Nur so kann die Anstalt auf die religiösen Bedürfnisse der Gefangenen – etwa zu Speisevorschriften – Rücksicht nehmen. Dieser Sachverhalt bedarf im Aufnahmegespräch speziell bei einem „trotzigen“ Untersuchungsgefangenen behutsamer Erklärung. Schweigt er trotzdem über seine Religionszugehörigkeit, ist es allein dem Häftling anzulasten, wenn Besonderheiten seiner Religion unberücksichtigt bleiben.

Mit Blick auf das „**Wechselrecht**“ sollte die Gefängnisverwaltung zwar prüfen, dass der Religionswechsel ernsthaft und nicht nur zur Erlangung einer Vergünstigung vorgetäuscht ist. Die Anerkennung des Religionswechsels durch die Anstalt darf aber nicht von harten Fakten, etwa dem *äußeren* Beweismittel einer schriftlichen Bescheinigung des Religionsbeauftragten abhängig gemacht werden.[14] Denn hier geht es um tiefe Überzeugungen, um *inneren* Glauben.

Der Schutzbereich des Art. 4 GG umfasst im Umkehrschluss[15] zum Wortlaut auch die „**negative Religionsfreiheit**“, also das staatsgerichtete Abwehrrecht, „nicht zu glauben“.[16] Für den Untersuchungshaftvollzug bedeutet das konkret, dass einem Gefangenen keinerlei Nachteile entstehen dürfen, wenn er Religion, Kirche oder Gott ablehnt. Insoweit stellen die **Zwangsanwendungsverbote** aus Art. 140 GG i.V.m. Art. 136 und 141 WRV noch besonders klar, dass auf einen Gefangenen keinerlei Druck ausgeübt werden darf, um ihn gegen seinen Willen zur Teilnahme an Einzelseelsorge oder an religiösen Veranstaltungen zu bewegen.

10 **Schutzpflichten** des Staates können generell aus seiner Verpflichtung erwachsen, die Religionsfreiheit des Einzelnen ohne jede Diskriminierung (Art. 3 GG) zu achten und auch zu gewährleisten. Eine besondere Schutzpflicht hat der Staat – respektive die Haftanstalt – selbstverständlich bei Gefangenen, weil deren Lebensführung besonderen Regelungen und Zwängen unterworfen ist, was denknotwendig auch die Religionsausübung einschließt. Daraus resultiert die Pflicht der Anstalt, dem Gefangenen durch **positive Maßnahmen** die Wahrnehmung seiner Religionsfreiheitsrechte zu ermöglichen. Denn Grundrechte gelten für Gefangene gleichermaßen und können nur nach den allgemein gültigen Regeln und Voraussetzungen eingeschränkt werden. Eine Einschränkung für Gefangene aufgrund des „besonderen Gewaltverhältnisses“ ist unzulässig.[17] Soweit wegen der besonderen Lage Eingriffe in die Religionsfreiheit zwingend sind, müssen sie sich nicht zuletzt wegen der Unschuldsvermutung (Art. 6 Abs. 2 EMRK) auf ein Minimum beschränken.

11 **Eingriffe bzw. Einschränkungen** bedürfen bei der Religionsfreiheit stets einer unmittelbaren verfassungsrechtlichen Legitimation. Art. 4 GG gewährleistet die Religionsfreiheit ohne jeden Vorbehalt, quasi „schrankenlos“[18]. Daher greifen bei ihr nur die „**verfassungsimmanenten Schranken**“, die sich aus anderen Bestimmungen des Grundgesetzes ergeben. So setzen ihr „nur Grundrechte Dritter und andere **mit Verfassungsrang ausgestattete Rechtswerte**“ Schranken,[19] die bei Normenkollision nach dem Grundsatz der praktischen Konkordanz auszugleichen sind. Insofern kann die Aufgabenstellung des Untersuchungshaftvollzugs grundrechtsbeschränkende Maßnahmen rechtfertigen, weil eine faire Strafrechtspflege als Ausfluss des Rechtsstaatsprinzips nach Art. 20 Abs. 3 GG[20] funktionstüchtig sein muss. In extrem engen Grenzen des Haftgrunds der Wiederholungsgefahr (§ 112 a StPO) können die

14 OLG Köln NStZ 1994, 207.
15 BVerfGE 93, 1 (15): „Dem entspricht *umgekehrt* die Freiheit, kultischen Handlungen eines nicht geteilten Glaubens fernzubleiben ...“.
16 BVerfGE 24, 236 (245); 33 (23, 28); 41, 29 (49).
17 BVerfGE 33, 1 ff.
18 S. nur Vosgerau, Freiheit des Glaubens und Systematik des Grundgesetzes, S. 21 ff.
19 BVerfGE 28, 243 ff.
20 Dazu Sachs in: Sachs, GG, Art. 20 Rn. 162.

Bürger sogar vor Straftaten geschützt werden.[21] Insgesamt ist ein geordneter Untersuchungshaftvollzug damit eine Institution, die Einschränkungen gestattet. Die Einschränkungen haben sich an der Funktion des Untersuchungshaftvollzugs zu orientieren. Zudem unterliegen sie dem Verhältnismäßigkeitsgrundsatz, der sich ebenfalls aus dem Rechtsstaatsprinzip des Art. 20 Abs. 3 GG ableitet.[22] Dies, die alleinige Einschränkungsmöglichkeit durch kollidierendes Verfassungsrecht und die Unschuldsvermutung (Art. 6 Abs. 2 EMRK) beeinflussen maßgeblich die Auslegung der in den Untersuchungshaftvollzugsgesetzen verwendeten unbestimmten Rechtsbegriffe des „groben Missbrauchs“ religiöser Schriften, des „angemessenen Umfangs“ religiöser Gebrauchsgegenstände und der „überwiegenden Gründe“ der Anstaltsicherheit oder -ordnung für den Ausschluss eines Gefangenen von religiösen Veranstaltungen.

Für die Anspruchsrichtung auf Seelsorge innerhalb der Untersuchungshaftvollzugsgesetze ist 12
das verfassungsrechtliche Beziehungsgefüge „Staat – Kirche“ von Bedeutung, konkret das Verhältnis zwischen U-Haftanstalt und **Religionsgemeinschaften**. Letztere und ihre Seelsorger **haben** gemäß Art. 140 GG i.V.m. Art. 141 WRV **ein Recht auf Betätigung in den Anstalten**: „Soweit das Bedürfnis nach Gottesdienst und Seelsorge ... in ... Strafanstalten oder sonstigen öffentlichen Anstalten besteht, sind die Religionsgesellschaften zur Vornahme religiöser Handlungen zuzulassen ...“ Hintergrund dieser Zulassungsgarantie ist, dass die sich dort befindenden Personen allein mit der formellen Position der Religionsfreiheit wenig anfangen können. Zwar können Gefangene ihren inneren Glauben unbeeinträchtigt auch im Gefängnis haben. Die zumeist auf Gemeinschaft mit anderen gestützte Religionsausübung sowie insbesondere die seelsorgerliche Betreuung können die Häftlinge hingegen rein praktisch nicht selbst realisieren. Insofern steht die Haftanstalt in Schutzpflicht (s. oben Rn. 10) und muss positive Maßnahmen ergreifen, um das zu ermöglichen. Dem kommt enormes Gewicht zu, weil Gefangene allein schon wegen der Situation des Eingesperrtseins in besonderem Maße auf Seelsorge angewiesen sind.[23]

Für die Begriffsinterpretation der „Seelsorge“ oder der „religiösen Veranstaltung“ innerhalb 13
der Untersuchungshaftvollzugsgesetze ist das **Selbstbestimmungsrecht der Religionsgemeinschaften** aus Art. 140 GG i.V.m. 137 Abs. 3 WRV von Bedeutung. Das Selbstbestimmungsrecht gibt den Religionsgemeinschaften die primäre Definitionsmacht dafür, was eine religiöse Handlung ist. Das folgt auch aus der **Pflicht des Staates** bzw. der Anstalten **zur weltanschaulich-religiösen Neutralität**.[24] Das hat ein grundsätzliches Gleichbehandlungsgebot im Sinne einer gleichmäßigen Berücksichtigung des Selbstverständnisses aller Religionsgemeinschaften zur Folge (Art. 3 Abs. 3 GG). Allerdings gilt das Gleichbehandlungsgebot nicht schematisch.[25] Vielmehr können die U-Haftanstalten anhand objektiv feststellbarer Wesensunterschiede – zum Beispiel der Mitgliederzahl – rechtliche Differenzierungen vornehmen.

IV. Internationale Vorgaben zur Religionsfreiheit

Die menschen- und kinderrechtliche Dimension der Religionsfreiheit wird durch internatio- 14
nale Instrumente verstärkt.[26] Sie beziehen sich teils direkt auf Gefangene und damit den U-Haftvollzug.

1. Hard Law. Als „hartes“, d.h. rechtsverbindliches Menschenrecht ist die Religionsfreiheit 15
in Art. 9 der Europäischen Konvention zum Schutze der Menschenrechte und Grundfreiheiten (EMRK), in Art. 18 des Internationalen Pakts über bürgerliche und politische Rechte

21 Zum Strafvollzug s. BVerfGE 33, 1 (13); 40, 276 (283 f.).
22 Zum Rechtsstaatsprinzip als Rechtsgrundlage des Verhältnismäßigkeitsgrundsatzes s. nur BVerfGE 23, 127 (133); 86, 288 (347); 90, 145 (173) und Sachs in: Sachs, GG, Art. 20 Rn. 146.
23 S. auch v. Campenhausen/de Wall, Staatskirchenrecht, S. 197 ff.; Eick-Wildgans in: HStKiR II, S. 995 f.
24 BVerfGE 19, 206 (216).
25 Rassow/Schäfer in: Schwind/Böhm/Jehle/Laubenthal, StVollzG, Vor § 53 Rn. 2.
26 Umfassend van der Vyver/Witte, Religious Human Rights in Global Perspective; s. auch Weber ZevKR 2000, 109 ff.; zu Gefangenenrechten Sahlfeld, Aspekte der Religionsfreiheit, S. 372 ff.

(IPBPR) und in Art. 14 des Übereinkommens der Vereinten Nationen über die Rechte des Kindes (KRK) verankert. Art. 1 KRK definiert „Kind" als jeden Menschen, der das 18. Lebensjahr noch nicht vollendet hat. Die Konventionen übernehmen im Wesentlichen den Art. 18 der Allgemeinen Erklärung der Menschenrechte vom 10.12.1948. Auch die Grundrechts-Charta der Europäischen Union anerkennt mit Art. 10 die Religionsfreiheit.

16 Das innerstaatliche Verfassungsrecht setzt mit Art. 4 GG möglichen Einschränkungen der Religionsfreiheit engere Grenzen als die internationalen Konventionen. Diese erlauben allgemein einfachgesetzliche Einschränkungen der Religionsfreiheit etwa zum Schutz der öffentlichen Sicherheit, Ordnung oder Sittlichkeit. Demgegenüber greifen nach Art. 4 GG nur **verfassungsimmanente Schranken** Platz. Letzteres ist **allein maßgeblich**, da die internationalen Formulierungen einem Konsensprinzip geschuldet sind. Diesbezüglich enthalten die Übereinkommen „Bestandsschutzklauseln" für den Fall wie hier, dass die Bestimmung eines einzelnen Vertragsstaats im Schutz weiter geht als die Regel im Übereinkommen, Art. 53 EMRK, Art. 41 KRK.

2. Soft Law

17 Europarats-Empfehlung Rec(2006)2 Ziff. 29.1–3

Europarats-Empfehlung Rec(2008)11 Ziff. 87.1–3 (=)

(1) Die Gedanken-, Gewissens- und Religionsfreiheit der (Jugendlichen) Gefangenen ist zu respektieren.

(2) Das Vollzugssystem (Der Vollzugsalltag) ist so weit wie möglich so zu organisieren, dass den (Jugendlichen) Gefangenen gestattet ist, ihre Religion auszuüben und ihrem Glauben zu folgen, Gottesdienste oder Zusammenkünfte, die von zugelassenen Vertretern/Vertreterinnen dieser Religions- oder Glaubensgemeinschaft geleitet werden, zu besuchen, (persönliche) Einzelbesuche von solchen Vertretern/Vertreterinnen ihrer Religions- oder Glaubensgemeinschaft zu erhalten und Bücher oder Schriften ihrer Religions- oder Glaubensgemeinschaft zu besitzen.

(3) (Jugendliche) Gefangene dürfen nicht gezwungen werden, eine Religion oder einen Glauben auszuüben, Gottesdienste oder religiöse Zusammenkünfte zu besuchen, an religiösen Handlungen teilzunehmen oder den Besuch eines/einer Vertreters/Vertreterin einer Religions- oder Glaubensgemeinschaft zu empfangen.

Regeln der Vereinten Nationen zum Schutz von Jugendlichen unter Freiheitsentzug
Nr. 48

„Jedem Jugendlichen ist zu gestatten, seinen religiösen und geistlichen Lebensbedürfnissen nachzukommen, vor allem durch Besuch von Gottesdiensten oder Zusammenkünften in der Einrichtung oder durch Vornahme eigener gottesdienstlicher Handlungen, wofür er die nötigen Bücher, rituellen Gegenstände und Anweisungen seines Bekenntnisses muss besitzen dürfen. Befinden sich in der Einrichtung genügend viele jugendliche Angehörige derselben Religionsgemeinschaft, müssen ein oder mehrere anerkannte Vertreter dieser Religion eingestellt oder zugelassen werden und die Erlaubnis erhalten, regelmäßige Gottesdienste abzuhalten und den Jugendlichen, die dies wünschen, private seelsorgerliche Besuche abzustatten. Jeder Jugendliche hat ein Recht darauf, Besuche von anerkannten Vertretern jeder Religion seiner Wahl zu empfangen, ebenso wie auch das Recht, an religiösen Veranstaltungen nicht teilzunehmen und religiöse Unterweisung, Beratung oder Indoktrination zu verweigern."

18 Konkrete Vorgaben zur **Religionsfreiheit bei** der **Untersuchungshaft** machen die **„Europäischen Strafvollzugsgrundsätze"** (Rec(2006)2), die gemäß Ziff. 10.1 ausdrücklich nicht nur für Strafgefangene, sondern auch für Untersuchungsgefangene gelten. Die Europarats-Empfehlung Rec(2008)11 zu **„Europäischen Grundsätzen für die von Sanktionen und Maßnahmen betroffenen jugendlichen Straftäter"** übernimmt die Regeln inhaltlich und tauscht redaktionell die „Gefangenen" mit dem Wort „Jugendlichen" aus. Als „jugendlicher Straftäter" gilt gemäß Ziff. 21.1 eine Person unter 18 Jahren, die eine Straftat begangen hat oder einer solchen (auch nur) beschuldigt wird. Die Europarats-Empfehlung Rec(2006)13 mit dem Titel **„Die Anwendung von Untersuchungshaft, die Bedingungen, unter denen sie voll-**

zogen wird, und Schutzmaßnahmen gegen Missbrauch" macht die Europäischen Strafvollzugsgrundsätze in der Präambel zum Inhalt. Auch die **Regeln der Vereinten Nationen zum Schutz von Jugendlichen unter Freiheitsentzug** behandeln in Abschnitt IV zu freiheitsentziehenden Einrichtungen für Jugendliche die „Religion".

Wenngleich die Europarats-Empfehlungen und UN-Regeln als „**weiches**" **Recht** für die Mitgliedstaaten nicht bindend sind, so haben sie dennoch für den U-Haftvollzug und dessen Gesetzgebung großes Gewicht, weil ein **politischer** wie **moralischer Druck** besteht, die Vorgaben der Vereinten Nationen und des Europarats zu achten. Auch zeigen die internationalen Instrumente auf, worüber europa- und weltweit Konsens bei der Religionsfreiheit in Haft besteht, was für die Umsetzung der neuen Untersuchungshaftvollzugsgesetze in die Praxis von enormer Wichtigkeit ist. Schließlich hat das Bundesverfassungsgericht den Verbindlichkeitsgrad der Soft-Law-Instrumente qua Indizienkontrolle deutlich gesteigert hin zu einem **grundrechtlichen Druck**: Am 31.5.2006 hat es zum Erfordernis einer Gesetzesgrundlage im Jugendstrafvollzug geurteilt, dass es auf eine Grundrechtsverletzung hindeuten kann, wenn Vorgaben der Vereinten Nationen oder Empfehlungen des Europarats nicht beachtet oder unterschritten werden.[27] 19

V. Anspruch auf Betreuung durch einen Seelsorger

Nach allen Untersuchungshaftvollzugsgesetzen haben Gefangene Anspruch auf religiöse Betreuung durch einen Seelsorger. In den meisten Gesetzen ist der Anspruch der Untersuchungsgefangenen zumindest vom Wortlaut her daran geknüpft, dass der Seelsorger aus „ihrer Religionsgemeinschaft" kommt.[28] 20

1. Sachlicher Anwendungsbereich. Die Gesetzesmerkmale der „religiösen Betreuung" und der „Religionsgemeinschaft" sind ausfüllungsbedürftige Rechtsbegriffe. 21

Religiöse Betreuung durch einen Seelsorger ist als Oberbegriff zu verstehen.[29] Er beschränkt sich nicht nur auf kultische Handlungen (Gottesdienste) oder gar die Verkündung einer Heilslehre. Vielmehr bezieht er sich auf den Dienst am ganzen Menschen zur Lebenshilfe, Lebensorientierung und Lebensgestaltung.[30] Dazu gehört die Zuwendung von Hilfe in Glaubens- und Gewissensfragen im persönlichen Gespräch sowie die diakonische und karitative Betreuung im Rahmen kirchlicher Sozialarbeit.[31] 22

Zu den **Religionsgemeinschaften** zählen beispielsweise die christlichen katholischen und evangelischen sowie orthodoxen Kirchen, Freikirchen und Gemeinschaften, ferner die Zeugen Jehovas, das Judentum, Buddhismus, Hinduismus und der Islam.[32] Das BVerfG fordert, dass es sich „auch tatsächlich, nach geistigem Gehalt und äußerem Erscheinungsbild, um eine Religion oder Religionsgemeinschaft handeln" muss.[33] Deshalb gehören nicht zu den Religionsgemeinschaften Organisationen, die für sich zwar den Status einer Religionsgemeinschaft oder Kirche als Deckmantel benutzen, letztlich aber rein wirtschaftliche Ziele sowie die Ausbeutung ihrer Mitglieder oder die Durchdringung der Gesellschaft mit totalitärem Gedankengut verfolgen. Dazu zählen die sogenannten „Jugendreligionen"[34] („Kinder Gottes", „Devine light Mission") und insbesondere die „Scientology Church".[35] Mitglieder derartiger Organisationen können die Rechtsstellung von Seelsorgern nicht beanspruchen. 23

27 BVerfG NJW 2006, 2097.
28 Ausnahme: § 29 Abs. 1 S. 1 UVollzG Bln und BbgUVollzG.
29 Laubenthal, Strafvollzug, Rn. 624.
30 Rassow/Schäfer in: Schwind/Böhm/Jehle/Laubenthal, StVollzG, § 53 Rn. 2; Laubenthal, Strafvollzug, Rn. 624; Arloth, StVollzG, § 53 Rn. 3; s. auch OLG Hamm NStZ 1999, 591; OLG Koblenz ZfStrVo 1988, 57.
31 S. zum Ganzen BVerfGE 24, 236 (245).
32 Umfassende Aufzählung bei Rassow/Schäfer in: Schwind/Böhm/Jehle/Laubenthal, StVollG, § 53 Rn. 6.
33 BVerfGE 83, 341 (353).
34 Ausführlich zu den Jugendreligionen Badura, Der Schutz von Religion und Weltanschauung durch das Grundgesetz, S. 58 ff.
35 Arloth, StVollzG, § 53 Rn. 2; Huchting/Koch in: AK-StVollzG, § 55 Rn. 2; Kaiser/Schöch, Strafvollzug, Rn. 166; zur Scientology Church VG Köln, 11.11.2004, 20 K 1882/03.

24 **2. Anspruchsrichtung.** Fast alle U-Haftvollzugsgesetze formulieren den Seelsorgeanspruch „negativ": Religiöse Betreuung „darf nicht versagt werden". Damit wird klargestellt, dass die Gefangenen **kein Recht auf Seelsorge gegenüber der Anstalt** haben. Aufgrund der Verpflichtung des Staates zur weltanschaulich-religiösen Neutralität[36] kann Seelsorge nicht zu den Aufgaben der Vollzugsbehörden zählen. Seelsorge ist vielmehr Angelegenheit der verschiedenen Religionsgemeinschaften. Nur gegen diese haben die Gefangenen ein unmittelbares Recht auf religiöse Betreuung.

Vor diesem Hintergrund ist die gewählte Formulierung in § 24 Abs. 1 S. 1 UVollzG Hessen nicht unproblematisch: „Den Untersuchungsgefangenen ist eine seelsorgerische und religiöse Betreuung durch ihre Religionsgemeinschaft zu ermöglichen". Unter Umständen wird hier von der Anstalt Unmögliches verlangt. Nämlich dann, wenn sich zum Beispiel eine sehr kleine Religionsgemeinschaft aus organisatorischen Gründen weigert, einen speziellen U-Häftling religiös zu betreuen. In diesem Fall bleibt die Frage offen, wie eine hessische Haftanstalt ihre Gesetzespflicht einlöst, religiöse Betreuung zu ermöglichen. Immerhin ist mit der gewählten Formulierung die Anstalt und nicht eine Religionsgemeinschaft der Normadressat.

25 **Gegen die Anstalt haben** die **Gefangenen** auf jeden Fall einen **Anspruch auf Schaffung der personellen und organisatorischen Voraussetzungen** für eine hinreichende Seelsorge.[37]

Damit verknüpft ist der **Anspruch** der Gefangenen gegenüber der Anstalt **auf Hilfe bei der Kontaktaufnahme**: Nach allen U-Haftvollzugsgesetzen ist den Gefangenen zu helfen, mit einem Seelsorger in Verbindung zu treten. Die Anstalt hat also eine **Vermittlungspflicht**. Letztlich ist das die Konsequenz aus der abgeschlossenen Institution des Gefängnisses, die es den Insassen grundsätzlich verwehrt, solche Kontakte selbst zu knüpfen.

Bei jugendlichen U-Häftlingen kommt der Vermittlungspflicht der Anstalt wegen ihrer jugendtypisch hilfloseren Lage größere Bedeutung zu als bei erwachsenen. Die Anstalt genügt dem Anspruch bei jungen Menschen nicht schon mit der Überlassung von Anschriften aus einer Seelsorgerliste.[38] Vielmehr müssen Gesprächswünsche an den Seelsorger übermittelt werden.

26 Umgekehrt haben die Religionsgemeinschaften einen unmittelbaren verfassungsrechtlichen Anspruch auf Zulassung zur seelsorgerischen Betreuung in Haftanstalten (Art. 140 GG i.V.m. Art. 141 WRV). Ihnen obliegt die Auswahl des Seelsorgers. Die Anstalt kann einen so bestimmten Seelsorger nur unter dem Gesichtspunkt der Aufrechterhaltung eines geordneten U-Haftvollzugs zurückweisen. Das heißt, bei Sicherheitsbedenken, die sich auf Tatsachen stützen. Hierbei trägt die Religionsgemeinschaft die Darlegungs- und Beweislast für die Seelsorgereigenschaft der von ihr geschickten Person. Bedeutsam wird das vor allem bei nicht verfassten Religionsgemeinschaften wie dem Islam.

27 **3. Persönlicher Anwendungsbereich.** Untersuchungsgefangene haben Anspruch auf Betreuung durch einen Seelsorger (s. auch § 11 Rn. 16 ff) und auf Kontakt mit diesem. Die meisten Landesgesetze sprechen jedoch von „Seelsorger *seiner* bzw *ihrer* Religionsgemeinschaft".[39] Nach dem Wortlaut dieser Gesetze scheint es, dass die Ansprüche nur Gefangenen mit einer Konfession zustehen. Die Anspruchsnormen sind jedoch im Lichte der Religionsfreiheit aus Art. 4 GG so zu lesen, dass jeder Gefangene irgendeinen Seelsorger kontaktieren darf und sich von diesem betreuen lassen kann.[40] Glaubensfreiheit schließt die Möglichkeit ein, sich einem (anderen) Glauben suchend zuzuwenden.[41] Das bedeutet, dass auch einem religions-

36 BVerfGE 19, 206.

37 Ebenso Rassow/Schäfer in: Schwind/Böhm/Jehle/Laubenthal, StVollzG, § 53 Rn. 8; Laubenthal, Strafvollzug, Rn. 623; Calliess/Müller-Dietz, StVollzG, § 53 Rn. 1: „Anspruch auf Ausübung des pflichtgemäßen Ermessens".

38 So aber für den Erwachsenenvollzug Arloth, StVollzG, § 53 Rn. 3.

39 Ausnahme: § 22 Abs. 1 S. 2 JVollzGB II Ba-Wü.

40 Im Ergebnis ebenso Rassow/Schäfer in: Schwind/Böhm/Jehle/Laubenthal, StVollzG, § 53 Rn. 13; Huchting/Koch in: AK-StVollzG, § 53 Rn. 8 f.

41 BVerfGE 24, 236 (245); OLG Saarbrücken NJW 1966, 1083 (1088).

losen Gefangenen erlaubt werden muss, Kontakt mit einem Seelsorger aufzunehmen und sich seelsorgerisch betreuen zu lassen. Als einziges Landesgesetz stellt das § 29 Abs. 2 UVollzG Sachsen-Anhalt explizit klar. Im Ergebnis ist festzuhalten, dass alle Untersuchungsgefangenen unter den persönlichen Anwendungsbereich des Anspruchs fallen.

VI. Recht zum Besitz religiöser Schriften und Gebrauchsgegenstände

Nach allen U-Haftvollzugsgesetzen dürfen Untersuchungsgefangene grundlegende religiöse Schriften besitzen; daneben sind ihnen Gegenstände des religiösen Gebrauchs zu belassen. 28

1. Religiöse Schriften. Religiöse Schriften sind auf jeden Fall diejenigen Offenbarungsquellen, die für eine Religionsgemeinschaft und ihren Glauben konstitutiv – „grundlegend" – sind. Beispiele dafür sind: Bibel, Koran, Buch Mormon, etc. Gleichzeitig zählen auch solche Schriften dazu, mit denen der Gefangene seinen täglichen Glauben aus- und erleben kann, also Gebets- und Gesangbücher.[42] Wegen des Bezugs des Besitzrechts an religiösen Schriften nicht nur zu Art. 4 GG, sondern auch zur Informationsfreiheit aus Art. 5 Abs. 1 GG, dürfte auch sozialethische Literatur hinzuzurechnen sein.[43] Aber nicht jedes Buch und auch nicht Zeitschriften zu wohlfahrtlichen Themen und Aufgaben fallen unter das Besitzprivileg.[44] Solche sind nämlich nicht mehr „grundlegend", wie in den Landesgesetzen verlangt. Aus dem Bezug zur Informationsfreiheit folgt auch, dass das Besitzrecht des Gefangenen nicht auf Schriften allein (s)einer Glaubensrichtung beschränkt ist. 29

2. Entzug. In der Vollzugspraxis ergeben sich Sachverhalte, bei denen religiöse Schriften einem Untersuchungsgefangenen wegzunehmen sind, das Besitzrecht also eingeschränkt werden muss. Zum Beispiel, wenn die Schriften als Versteck für verbotene Gegenstände wie Fluchtpläne, Drogen oder Waffen benutzt werden. Gleiches wird anzunehmen sein, wenn etwa der Koran zur extremistisch-konspirativen Einflussnahme auf Mitgefangene – zur „Hasspredigt"[45] – missbraucht wird, um religiös fundierte Gewalt gegenüber „Ungläubigen" zu rechtfertigen. 30

Die absolute Mehrheit[46] der U-Haftvollzugsgesetze regelt den **Entzug religiöser Schriften** so, dass er **nur bei „grobem Missbrauch"** erfolgen kann. Dafür können die obigen Fallbeispiele stehen. Zwar bleibt immer fraglich, wie ein grober Missbrauch mit und von religiösen Schriften genau aussehen kann und wer das bestimmt. In Anbetracht der besonderen Bedeutung der religiösen Schriften für das Grundrecht der Religionsfreiheit macht die Beschränkung des Entzugs auf grobe Missbrauchsfälle aber Sinn. 31

Keinen Sinn macht, die Entzugsmöglichkeit überhaupt nicht zu regeln, wie es in § 29 Abs. 3 UHaftvollzG Sachsen-Anhalt geschehen ist. Vordergründig ließe sich damit zwar der Standpunkt vertreten, dass in U-Haftanstalten Sachsen-Anhalts religiöse Schriften niemals entzogen werden dürfen. Vor dem Hintergrund der Fallbeispiele kann das vom Gesetzgeber aber nicht gewollt sein. Insofern besteht die große Gefahr, dass die Anstalt bei dieser planwidrigen Regelungslücke irgendeinen schuldhaften Pflichtverstoß entsprechend der Disziplinarvorschriften oder bei jungen U-Häftlingen gar ein einfaches Fehlverhalten ausreichen lässt. Das kann wiederum mit Blick auf die Grundrechtsrelevanz der religiösen Schriften nicht sein. 32

Insofern muss insgesamt als **Faustformel** gelten, dass ein Entzug religiöser Schriften nur möglich ist, wenn die **Sicherheit (oder Ordnung) der Anstalt offensichtlich konkret gefährdet oder gestört** ist.

Auch wenn nicht gesetzlich vorgesehen, empfiehlt es sich grundsätzlich, den Seelsorger vor einem Entzug religiöser Schriften anzuhören. Die Situation ist vergleichbar mit dem Teilnahmeausschluss eines Gefangenen von religiösen Veranstaltungen. Hier bestimmen alle 33

---

42 Ebenso Rassow/Schäfer in: Schwind/Böhm/Jehle/Laubenthal, StVollzG, § 53 Rn. 15; Arloth, StVollzG, § 53 Rn. 4.

43 Im Ergebnis ebenso: Calliess/Müller-Dietz, StVollzG, § 53 Rn. 2; Huchting/Koch in: AK-StVollzG, § 53 Rn. 11.

44 So aber Huchting/Koch in: AK-StVollzG, § 53 Rn. 11.

45 Dazu Schwind, Kriminologie, S. 498 f.

46 Ausnahme in Sachsen - Anhalt: § 29 Abs. 3 UVollzG LSA; s. Rn. 33.

Landesgesetze, dass der Seelsorger zuvor gehört werden soll bzw. zu hören ist. Einer entsprechenden Anwendung dieser Regelung steht beim Entzug religiöser Schriften nichts im Wege.

34 **3. Religiöse Gebrauchsgegenstände.** Den Untersuchungsgefangenen sind nach allen U-Haftvollzugsgesetzen Gegenstände des religiösen Gebrauchs in angemessenem Umfang zu belassen. Religiöse Gebrauchsgegenstände sind – über die religiösen Schriften hinausgehend – solche Sachen, die zur persönlichen Glaubenspraktizierung wichtig sind. Dazu gehören zum Beispiel: **Kreuz**, Halskette mit Kreuz, Heiligenfigur oder Schutzpatron, **Rosenkranz, Gebetsriemen, Heiligenbild, Ikone, Buddhafigur, Gebetsteppich.**

35 Zu trennen ist zwischen Gebrauch und Bezug eines Gegenstands zur Religion: **Weihnachtsbäume** kann die Anstalt ablehnen, weil ihr religiöser Gebrauch nicht zwingend ist.[47] Ein mangelnder direkter Bezug der Gegenstände zur Religion ist dagegen kein Ablehnungsgrund, weil ein solcher nicht unmittelbar bestehen muss. Paradebeispiel dafür sind **Kerzen**. Diese können als profane Lichtquelle – in der Abgeschlossenheit des Gefängnisses sogar als Kochstelle – benutzt werden; gleichzeitig steht ihre religiöse Symbolkraft außer Frage. Trotz dieser Doppelfunktion muss eine Kerze mit der ganz hM unter das Besitzprivileg religiöser Gebrauchsgegenstände fallen.[48] Für gläubige Menschen sind Kerzen beim Gebet im Allgemeinen und in der Adventszeit im Besonderen von außerordentlicher Wichtigkeit.

Zu Recht wird auf die Problematik der Brandgefahr aufmerksam gemacht, die sich im Hinblick auf den Besitz von Kerzen stellt (Gefangener schläft bei brennender Kerze ein).[49] Als „praktische Lösung" wird „die Verminderung der Brandlast durch Reduzierung des sonstigen Besitzes" vorgeschlagen, „wenn der Gefangene auf den Besitz einer Kerze beharrt".[50] Dieser Lösungsweg ist aber nicht gangbar, weil er im Endeffekt auf Unterdrückung von Kerzenbesitz hinausläuft. So ist den Gefangenen der Besitz von Feuerzeugen, Streichhölzern und Zigaretten durchweg erlaubt, obwohl die Gefahrenlage vergleichbar ist (Gefangener schläft bei glimmender Zigarette ein). Das Besitzprivileg kann nur entfallen, wenn im Einzelfall der Gefangene, der aus religiösen Gründen eine Kerze haben möchte, ein Pyromane ist oder schon durch „Zündeln" auffällig geworden ist.

36 **4. Angemessener Umfang.** Das Merkmal des angemessenen Umfangs bezieht sich allein auf sonstige religiöse Gebrauchsgegenstände, nicht auf religiöse Schriften. Es handelt sich um einen unbestimmten Rechtsbegriff, dessen Auslegung gerichtlich voll überprüfbar ist.

37 Allein im hessischen Untersuchungshaftvollzugsgesetz findet sich eine „quasi-rechtsbegriffliche Bestimmung" zum angemessenen Umfang religiöser Gebrauchsgegenstände, und zwar mittels Entsprechungsverweis auf § 11 Abs. 1 S. 2 UVollzG Hessen. Der genannte Paragraf besagt unter der Überschrift „Ausstattung des Haftraums", dass dessen Übersichtlichkeit durch eigene Gegenstände des Gefangenen nicht behindert und Haftraumkontrollen nicht unzumutbar erschwert werden dürfen (s. § 3 Rn. 23). Dieser Pauschalverweis ist hinsichtlich religiöser Gebrauchsgegenstände fehlerhaft. Er ist verfassungsrechtlich nicht haltbar, weil er den Garantien des Art. 4 GG und den Anforderungen des Verhältnismäßigkeitsgrundsatzes aus Art. 20 Abs. 3 GG nicht gerecht wird (s. ausführlich oben Rn. 11). Religiöse Gebrauchsgegenstände haben im Vergleich zu „normalen" eigenen Gegenständen des Gefangenen, die ihm unter Angleichungs- und Gegenwirkungsgrundsätzen (s. dazu § 1 Rn. 26) zu belassen sind, eine stärkere Grundrechtsbedeutung durch Art. 4 GG, der durch einfaches Gesetz nicht eingeschränkt werden kann.

38 Der Angemessenheit wird sich in der Kommentarliteratur auf unterschiedliche Weise genähert. Die Angemessenheit bezieht sich weder ausschließlich auf die Erfordernisse der prak-

47 KG, 20.1.2005, 5 Ws 654(04).; Huchting/Koch in: AK-StVollzG, § 53 Rn. 12.

48 LG Zweibrücken NStZ 1985, 142 = ZfStrVo 1985, 186; Calliess/Müller-Dietz, StVollzG, § 53 Rn. 3; Huchting/Koch in: AK-StVollzG, § 53 Rn. 12; Höflich/Schriever, Grundriss Vollzugsrecht, S. 88; a.A. OLG Hamm BlStVK 1995, 5 (bzgl. Weihnachtskerze mit christlichen Motiven) mit rechtlich unzutreffender Begründung.

49 S. Arloth, StVollzG, § 53 Rn. 5.

50 Arloth, StVollzG, § 53 Rn. 4.

tischen Religionsausübung,[51] noch liegt ihre Grenze in der Unübersichtlichkeit der Zelle.[52] Ersteres kann nicht sein, weil die Landesgesetze nicht von angemessenen Gegenständen zur Religionsausübung sprechen, sondern vom angemessenen Umfang. Die Angemessenheit ist ausdrücklich an den Umfang gekoppelt, nicht an den Gebrauch eines religiösen Gegenstandes. Insofern ist sie als Konkretisierung verfassungsimmanenter Grundrechtsschranken zur Religionsfreiheit zu verstehen. Diesbezüglich findet die Angemessenheit ihre Grenze aber nicht in der übersichtlichen Gestaltung des Haftraums. Denn die (Un-)Übersichtlichkeit der Zelle ist oftmals nur eine Frage der Aufbewahrung. Bevor die Anstalt einen zur Religionsausübung begehrten Gegenstand als „unangemessen zuviel" ansieht, müssen **Austauschmöglichkeiten als mildere Mittel** bedacht werden. Das folgt unmittelbar aus dem verfassungsrechtlichen Verhältnismäßigkeitsgrundsatz, der sich aus dem Rechtsstaatsprinzip des Art. 20 Abs. 3 GG ableitet. In Betracht kommt zum Beispiel, dass andere Gegenstände aus dem Haftraum in Kooperation mit dem Gefangenen zur Habe genommen werden und bei Bedarf im Austausch wieder ausgehändigt werden. Das setzt einen reibungslosen Ablauf voraus, wofür die Anstalt in der Pflicht steht.

Damit ist die bei der Auslegung des angemessenen Umfangs für religiöse Gebrauchsgegenstände in jedem Einzelfall die Bedeutung des Grundrechts aus Art. 4 GG gegenüber Grundrechten anderer und den Aufgaben des Untersuchungshaftvollzugs abzuwägen. Es muss konkret nachgewiesen werden, dass bei Benutzung des Gegenstands Grundrechte anderer verletzt werden bzw die für den Vollzug der U-Haft notwendige Anstaltsfunktion der Sicherheit und Ordnung infrage gestellt ist. **Keine ausreichenden Versagungsgründe sind** damit eine allgemeine Feststellung **schwerer Kontrollierbarkeit** eines Gegenstandes[53] oder eine bloße Beeinträchtigung der **Übersichtlichkeit der Zelle,** die einen **erhöhten Kontrollaufwand** erfordern würde.[54]

VII. Recht auf Teilnahme an religiösen Veranstaltungen

Alle U-Haftvollzugsgesetze geben den Untersuchungsgefangenen das Recht auf Teilnahme 39 am Gottesdienst und an anderen religiösen Veranstaltungen ihres Bekenntnisses. Dieses Recht ist eine Mindestgarantie, die in ihrem Wesensgehalt nicht angetastet werden darf.[55] Das Recht auf Teilnahme richtet sich gegen die Anstalt. Sie besitzt die Entscheidungskompetenz darüber, ob der einzelne Gefangene ein solches Recht hat oder nicht.[56]

Was „**Gottesdienst**" ist, erklärt sich aus der Tradition heraus gemeinhin von selbst.[57] Strittig 40 ist dagegen die Auslegung des Begriffs der „**anderen religiösen Veranstaltung**". Der Streit dreht sich um die Frage, ob sich dieser Begriff eng nach inhaltlichen, am Gottesdienst angelehnten Kriterien zu interpretieren ist,[58] oder weit an formalen Kriterien,[59] die unter Umständen Bereiche einer Freizeitveranstaltung kreuzen können. Die Lösung der Streitfrage hat Auswirkungen auf die Rechtsstellung des Untersuchungsgefangenen. An religiösen Veranstaltungen hat er ein Recht auf Teilnahme, an Freizeitveranstaltungen dagegen nur einen Rechtsanspruch auf ermessensfehlerfreie Entscheidung über die Teilnahme. Bei letzterem können auch anstaltsbedingte vollzugsorganisatorische Erwägungen eine Rolle spielen, bei religiösen Veranstaltungen darf ein Ausschluss dagegen nur erfolgen, wenn es überwiegende Gründe der Sicherheit oder Ordnung, die in der Person des Betroffenen liegen, erforderlich machen (s. Rn. 37).

---

51 So aber Huchting/Koch in: AK-StVollzG, § 53 Rn. 12.
52 So aber Arloth, StVollzG, § 53 Rn. 5.
53 OLG Frankfurt/M, 16.10.1985, 3 Ws 1078/85.
54 LG Zweibrücken ZfStrVo 1985, 186.
55 So auch Laubenthal, Strafvollzug, Rn. 626.
56 Calliess/Müller-Dietz, StVollzG, § 54 Rn. 2.
57 Ausführlich zu den Inhalten Rassow/Schäfer in: Schwind/Böhm/Jehle/Laubenthal, StVollzG, § 54 Rn. 5 und Huchting/Koch in: AK-StVollzG, § 54 Rn. 2.
58 So OLG Koblenz NStZ 1987, 525.
59 So im Ergebnis OLG Hamm ZfStrVo 1999, 306 unter Berufung auf BVerfGE 24, 236 (245 f.).

Legt man den Begriff der religiösen Veranstaltung inhaltlich eng (am Gottesdienst) aus, dann fallen darunter nur solche Veranstaltungen, „die der religiösen Erbauung dienen, dem Gläubigen die Betätigung seines Glaubens in den überkommenen kultischen Formen seines Bekenntnisses ermöglichen, eine geistige und emotionale Verbindung zu Gott eröffnen oder der Glaubensunterweisung im Sinne einer Festigung des Glaubens dienen“.[60]

Interpretiert man ihn dagegen weit an formalen Kriterien – das sind beispielsweise die Qualifikation des Veranstaltenden (Seelsorger), dessen subjektive Motivation und der objektiv feststellbare Veranstaltungsinhalt[61] –, dann können neben kultischen Andachten, heiligen Messen, Abendmahlsfeiern, Taufen, Konfirmationen, Trauungen, Bet- und Bibelstunden etc. auch sonstige Gesprächskreise oder Gruppenarbeit bis hin zu Theater- oder Musikgruppen eines Anstaltsseelsorgers dazugezählt werden.[62]

Allein die zuletzt genannte weite Auslegung macht Sinn. Dafür spricht bereits der Wortlaut der U-Haftvollzugsgesetze. Denn es heißt nicht Gottesdienst und *ähnliche* religiöse Veranstaltungen, sondern „Gottesdienst und *andere* religiöse Veranstaltungen“. Zudem widerspräche eine Beschränkung der religiösen Veranstaltungen auf solche mit kultischen Formen teleologisch dem heutigen weiten Sinn- und Zweckverständnis von Seelsorge. Es reicht also aus, wenn Elemente religiöser Erfahrung erlebt werden können.[63] Dabei spricht eine Vermutung für den religiösen Charakter der Veranstaltungen von Seelsorgern.[64]

41 Das Teilnahmerecht der Untersuchungsgefangenen ist zunächst auf religiöse Veranstaltungen „ihres Bekenntnisses“ beschränkt. Alle U-Haftvollzugsgesetze erweitern dieses Recht jedoch ausdrücklich hinsichtlich religiöser Veranstaltungen anderer Glaubensrichtungen. Voraussetzung ist, dass der „andere“ Seelsorger zustimmt bzw. einwilligt. Beispielsweise muss also der katholische Seelsorger zustimmen, damit ein evangelischer Gefangener am katholischen Gottesdienst teilnehmen kann. Entsprechendes gilt für Gefangene, die keiner Religionsgemeinschaft angehören. Diese Regelung orientiert sich einerseits daran, dass es zur Glaubensfreiheit gehört, sich einer anderen Religionsgemeinschaft suchend zuzuwenden. Andererseits respektiert sie die Eigenständigkeit der Religionsgemeinschaften, welche auch die grundsätzliche Entscheidung über den zu betreuenden Personenkreis umfasst, Art. 140 GG i.V.m. Art. 137 Abs. 3 WRV. Hierbei ist zu fordern, dass religiöse Veranstaltungen im U-Haftvollzug – gerade im Hinblick auf deren ganzheitlich weites Begriffsverständnis – so „ökumenisch“ offen wie möglich sind. Die Gefängnisforschung zeigt nämlich, dass sich Gefangene zu subkulturellen Gruppen zusammenschließen, welche durch die Nationalität oder ein spezifisches Wertesystem vorbestimmt werden.[65] Religion und Konfession nehmen hierbei einen gleichbedeutenden Status ein.[66] Religiöse Veranstaltungen, die alle U-Häftlinge willkommen heißen, wirken derartigen Abgrenzungsmechanismen entgegen und fördern vorbehaltslose Gemeinschaft.

VIII. Ausschluss von religiösen Veranstaltungen

42 **1. Ausschluss zur Umsetzung einer verfahrenssichernden Anordnung.** Mit Ausnahme von Baden-Württemberg, Nordrhein-Westfalen und Sachsen sehen die Untersuchungshaftvollzugsgesetze vor, dass U-Häftlinge von der Teilnahme am Gottesdienst und anderen religiösen Veranstaltungen zur Umsetzung einer verfahrenssichernden Anordnung ausgeschlossen werden (können). Verfahrenssichernd sind solche Anordnungen, die das Gericht oder eine stattdessen ermächtigte Behörde zur Abwehr verfahrensrelevanter Gefahren trifft, d.h. um einer Flucht-, Verdunkelungs- oder Wiederholungsgefahr zu begegnen. Vor dem Grundrechtsge-

60 OLG Koblenz ZfStrVo 1987, 250; s. auch OLG Koblenz ZfStrVo 1988, 57.
61 S. Rassow/Schäfer in: Schwind/Böhm/Jehle/Laubenthal, StVollzG, § 54 Rn. 17 m.w.N.
62 S. Kaiser/Schöch, Strafvollzug, Rn. 166 m.w.N; AnwK U-Haft § 30 Rn. 3.
63 Ähnlich Rassow/Schäfer in: Schwind/Böhm/Jehle/Laubenthal, StVollzG, § 54 Rn. 14.
64 Arloth, StVollzG, § 54 Rn. 3; Rassow/Schäfer in: Schwind/Böhm/Jehle/Laubenthal, StVollzG, 54 Rn. 17.
65 Beispielhaft Otto/Pawlik-Mierzwa DVJJ 2001, 124 ff.
66 S. Kerner/Stroezel/Wegel ZJJ 2003, 233.

wicht der vorbehaltslos gewährten Religionsfreiheit unstatthaft sind „schablonenhafte Blankoanordnungen" à la „die Teilnahme am gemeinschaftlichen Gottesdienst wird nicht gestattet". Vielmehr muss eine verfahrenssichernde Anordnung, welche die Religionsfreiheit tangiert, exakt erläutern, zu welcher Abwehr anzunehmender Gefahren und zu welchem Haftzweck die Einschränkung der Religionsausübung erfolgt. Zudem ist beim Teilnahmeausschluss von religiösen Veranstaltungen auch kompetenzrechtlich zu begründen, inwiefern eben verfahrenssichernde und nicht lediglich vollzugliche Aspekte betroffen sind.

2. Ausschluss aus überwiegenden Gründen der Sicherheit oder Ordnung. Die meisten U-Haftvollzugsgesetze[67] sehen vor, dass Gefangene von der Teilnahme am Gottesdienst und anderen religiösen Veranstaltungen aus überwiegenden Gründen der Sicherheit oder Ordnung ausgeschlossen werden können. Hier handelt sich um eine **Ermessensentscheidung** der Anstalt. Weil das Grundrecht der freien Religionsausübung nach Art. 4 Abs. 2 GG schrankenlos gewährleistet ist, muss ein **Ausschluss letztes Mittel** sein[68] und darf nur in ganz schwerwiegenden und offensichtlichen Fällen vorgenommen werden.[69] Deshalb sprechen diese Landesgesetze von „überwiegenden Gründen", was die verfassungsimmanente Schranke kollidierenden Verfassungsrechts aufzeigt. **Die Ausschlussgründe müssen in der Person oder individuellen Situation des einzelnen Gefangenen selbst liegen.**[70] Rein vollzugsorganisatorische Gründe, etwa ein erhöhter Aufsichtsaufwand[71] oder ein verminderter Personaleinsatz gerade an Sonn- und Feiertagen können keine ausreichende Begründung sein. Bei Letzterem liegt das bereits daran, dass der geringere Sicherheitsgrad, der eventuell mit einem reduzierten Personalschlüssel einhergeht, nicht von den Gefangenen ausgeht, sondern von der Anstalt selbst. Eine einfache Störung, etwa in Form von heftigen Auseinandersetzungen über das jeweilige religiöse Veranstaltungsthema, genügt ebenfalls nicht.[72] Vielmehr müssen konkrete Gründe und Gefahren vorliegen, die anders als durch Ausschluss nicht vermieden oder behoben werden können.[73] 43

Eine diesbezüglich sehr abweichende Regelung trifft § 30 Abs. 3 UVollzG Sachsen-Anhalt: „Ein Untersuchungsgefangener *ist* von der Teilnahme am Gottesdienst oder an anderen religiösen Veranstaltungen auszuschließen, wenn dies ... aus Gründen der Sicherheit der Anstalt geboten ist." Zunächst positiv lässt sich hervorheben, dass die „Ordnung" nicht als Ausschlussgrund aufgenommen ist. Damit erübrigen sich vollzugsorganisatorische Scheinbegründungen. Unhaltbar ist dagegen, dass der Wortlaut („ist auszuschließen") den Teilnahmeausschluss erzwingt. Aus verfassungsrechtlicher Sicht (Verhältnismäßigkeitsgrundsatz, Art. 20 Abs. 3 GG) erweckt nur noch das Merkmal des „Gebotenseins" Anschein und Rettung zur Ermessensvorschrift. Aber selbst dann wäre ein Ermessen der Anstalt quasi auf Null reduziert, weil die Sicherheitsgründe nicht überwiegen müssen. So wie die Regelung formuliert ist, missachtet sie die alleinige Einschränkbarkeit dass Art. 4 GG durch verfassungsimmanente Schranken kollidierenden Verfassungsrechts. Damit fehlt ihr die unmittelbare verfassungsrechtliche Legitimation. 44

Der Kreis **zulässiger Ausschlussgründe** ist denkbar eng. **Beispiele** sind: Fluchtversuche bzw Fluchtvorbereitungen, die im Rahmen von religiösen Veranstaltungen getroffen werden sollen; konkrete Hinweise auf eine beabsichtigte Geiselnahme während einer religiösen Veranstaltung; akute Krankheiten eines Gefangenen, die andere Teilnehmer der religiösen Veranstaltungen einem hohen Infektionsrisiko aussetzen; extrem aggressives Verhalten gegenüber dem Seelsorger. 45

67 Ausnahme in Sachsen-Anhalt: § 30 Abs. 3 UVollzG LSA: „Muss-Vorschrift", s. Rn. 45.
68 Arloth, StVollzG, § 54 Rn. 7:„ultima ratio".
69 Huchting/Koch in: AK-StVollzG, § 54 Rn. 7.
70 Calliess/Müller-Dietz, StVollzG, § 54 Rn. 8; Arloth, StVollzG, § 54 Rn. 7; Laubenthal, Strafvollzug, Rn. 628.
71 Dazu OLG Koblenz ZfStrVo 1987, 250 f; Rassow/Schäfer in: Schwind/Böhm/Jehle/Laubenthal, StVollzG, § 54 Rn. 21.
72 Ebenso Huchting/Koch in: AK-StVollzG, § 54 Rn. 7.
73 Kaiser/Schöch, Strafvollzug, Rn. 167; Calliess/Müller-Dietz, StVollzG, § 54 Rn. 8.

46 Teilweise wird auch aggressives Verhalten gegenüber Mitgefangenen oder Vollzugsbediensteten für ausreichend erachtet.[74] Dem ist nicht beizupflichten, weil der Ausschluss von religiösen Veranstaltungen **keine versteckte Disziplinarmaßnahme** sein darf. Wenn überhaupt, muss es sich dabei um Mitgefangene oder Vollzugsbedienstete handeln, die ebenfalls an der religiösen Veranstaltung teilnehmen und gegen die sich die Aggressionen richten. Nur dann kann eine Sicherheitsgefahr begründet sein. Weiter muss bedacht werden, dass die getrennte Platzierung der Kontrahenten innerhalb des Veranstaltungsraums ein milderes Mittel gegenüber dem Ausschluss darstellt. Unter Verhältnismäßigkeitsüberlegungen ist die getrennte Platzierung eines aggressiven U-Häftlings, der eine religiöse Veranstaltung besuchen möchte, in vielen Fällen das gleich- und sogar besser geeignete Mittel gegenüber dem letzten Mittel des Ausschlusses. Denn gerade religiöse Veranstaltungen bieten die Chance, dass die Untersuchungsgefangenen Einkehr halten, ihren inneren Frieden mit sich und anderen finden.

47 Nach den U-Haftvollzugsgesetzen soll der Seelsorger vor einem Ausschluss gehört werden. Das dient der Sicherung des Art. 140 GG i.V.m. Art. 141 WRV. Aufgrund des „Soll-Charakters" darf von der Anhörung nur ausnahmsweise abgesehen werden,[75] etwa aus Zeitmangel, wenn ein U-Häftling direkt vor Beginn des Gottesdienstes randaliert. Gemäß § 30 Abs. 3 UVollzG Sachsen-Anhalt „ist" der Seelsorger zwingend vorher zu hören.

48 **3. Kein automatischer Ausschluss durch Disziplinarmaßnahmen.** Die Teilnahme an religiösen Veranstaltungen darf nicht automatisch durch oder aufgrund von Disziplinarmaßnahmen ausgeschlossen werden. Das ergibt sich für die Disziplinarmaßnahme des Arrests aus einem Umkehrschluss zu dessen landesrechtlichen Bestimmungen, wonach gewisse Befugnisse des betroffenen Arrestanten ruhen. Die Religionsausübung ist in den U-Haftvollzugsgesetzen unter den ruhenden Befugnissen nicht aufgeführt. **U-Häftlinge dürfen** also **an religiösen Veranstaltungen teilnehmen, auch wenn sie sich im Arrest befinden**. Das gilt erst recht, wenn der Ausschluss von gemeinsamer Freizeit oder einer Freizeitveranstaltung angeordnet ist. Denn religiöse Veranstaltungen haben eine wesentlichere Grundrechtsbedeutung (Art. 4 GG). Der Ausschluss von religiösen Veranstaltungen ist gegenüber dem Ausschluss von freizeitlichen Gemeinschaftsveranstaltungen ein „Mehr". Zwar kann in extremen Ausnahmefällen der Disziplinierungsanlass, der für den Ausschluss von gemeinsamen Freizeitveranstaltungen herangezogen wurde, auch bei der Abwägung der überwiegenden Gründe der Sicherheit oder Ordnung für einen Ausschluss von religiösen Veranstaltungen eine Rolle spielen. Zu bedenken ist aber, dass nach den U-Haftvollzugsgesetzen ein solches Teilnahmeverbot monatelang dauern kann. Je länger der Disziplinierungsanlass zurückliegt, desto gegenstandsloser wird er für einen Ausschluss von religiösen Veranstaltungen.

49 **4. Kein faktischer Ausschluss.** Das Teilnahmerecht des Gefangenen an religiösen Veranstaltungen darf nicht rein faktisch unterlaufen werden. Andere wichtige Veranstaltungen dürfen nicht gleichzeitig stattfinden. Speziell an Sonn- und Feiertagen darf es im Lichte der freien Religionsausübung trotz weniger Aufsichtspersonal nicht dazu kommen, dass der Gefangene vor die Alternative zwischen Teilnahme am Gottesdienst oder an Freistunde bzw Hofgang gestellt wird.[76] Auf beides haben die Gefangenen ein Recht, wobei sich die Freistunde als täglicher Mindestaufenthalt im Freien aus dem Grundrecht auf Leben und körperlicher Unversehrtheit gemäß Art. 2 Abs. 2 GG ergibt. Werden die Gefangenen also vor die Wahl zwischen Gottesdienst und Hofgang gestellt, werden die Grundrechte aus Art. 4 Abs. 2 GG und aus Art. 2 Abs. 2 GG miteinander in Auswahlkonkurrenz gebracht. Das stellt eine alternative Grundrechtsbeeinträchtigung dar.[77] Die Anstalt ist also verpflichtet, religiöse Veranstaltungen in ihrem Programm so zu berücksichtigen, dass den Gefangenen eine freie Entscheidung zur Teilnahme bleibt.[78]

74 So etwa Arloth, StVollzG, § 54 Rn. 7.
75 S. OLG Celle ZfStrVo 1990, 187.
76 S. OLG Celle ZfStrVo 1991, 247 f.
77 Wie hier Huchting/Koch in: AK-StVollzG, § 54 Rn. 1 m.w.N.
78 Rassow/Schäfer in: Schwind/Böhm/Jehle/Laubenthal, StVollzG, § 54 Rn. 6.

IX. Seelsorger

50

Gesetzeswortlaut	Länder	Norm
(Seelsorgerinnen und) Seelsorger (1) (Die) ((Anstalts-)Seelsorgerinnen und) (Anstalts-) Seelsorger werden im Einvernehmen mit der jeweiligen Religionsgemeinschaft im Hauptamt bestellt oder vertraglich verpflichtet. (Das Nähere regeln Vereinbarungen zwischen dem Land und den Religionsgemeinschaften[79]) (2) Wenn die geringe Anzahl der Angehörigen einer Religionsgemeinschaft eine Seelsorge nach Absatz 1 nicht rechtfertigt, ist die seelsorgerische Betreuung auf andere Weise zuzulassen. (3) Mit Zustimmung (der Anstaltsleiterin oder) des Anstaltsleiters dürfen (darf der) Anstaltsseelsorger sich freier (Seelsorgehelferinnen und) Seelsorgehelfer bedienen und diese für Gottesdienste sowie für andere religiöse Veranstaltungen von außen zuziehen.[80]	Baden-Württemberg	§ 12 Abs. 6 JVollzGB I
	Bayern	Art. 42 UVollzG RegE i.V.m. Art. 178 StVollzG
	Berlin	§ 81
	Brandenburg	§ 81
	Bremen	§ 81
	Hamburg	§ 92
	Hessen	§ 69
	Mecklenburg-Vorpommern	§ 81
	Niedersachsen	§ 179
	Nordrhein-Westfalen	§ 57
	Rheinland-Pfalz	§ 81
	Saarland	§ 81
	Sachsen	§ 81
	Sachsen-Anhalt	§ 81
	Schleswig-Holstein	§ 81 UVollzG RegE
	Thüringen	§ 81

1. Organisatorische Rahmenregelung. Alle Untersuchungshaftvollzugsgesetze ergänzen die materiellen Bestimmungen zur Religionsausübung in **vollzugsorganisatorischer** Hinsicht um eine **Rahmenregelung über den Seelsorger.** Die Rahmenregelung vervollständigt den Anspruch der Untersuchungsgefangenen gegenüber der Anstalt, die personellen und vollzugsorganisatorischen Voraussetzungen für eine ausreichende religiöse Betreuung zu schaffen; sie verhilft den U-Häftlingen zu ihrem Recht auf Seelsorge, das sie nicht gegenüber der Anstalt, sondern allein gegenüber ihrer jeweiligen Religionsgemeinschaft haben (s. Rn. 20). Dem entspricht Art. 140 GG iVm Art. 141 WRV, wonach die Religionsgemeinschaften zur Vornahme religiöser Handlungen in Strafanstalten zuzulassen sind. Während das Grundgesetz aber „nur" die Verpflichtung aufstellt, Anstaltsseelsorge zuzulassen, gehen die Untersuchungshaftvollzugsgesetze darüber hinaus, indem die **Bestellung von Seelsorgern** vorgesehen ist. Das geschieht „im Einvernehmen mit der jeweiligen Religionsgemeinschaft", weil Seelsorge deren Angelegenheit ist, Art. 140 GG iVm Art. 137 Abs. 3 WRV. Die Bestellung des Seelsorgers sowie seine dienst- und beamtenrechtliche Stellung hängen von den Vereinbarungen ab, die die Länder auf der Grundlage von Staatskirchenverträgen oder Konkordaten mit den Kirchen getroffen haben.[81] Insgesamt lassen die Ländergesetze hier Spielraum: Seelsorger werden im Hauptamt bestellt oder vertraglich verpflichtet. Hauptamt bedeutet 51

79 Klammersatz nur geregelt in § 12 Abs. 6 S. 2 JVollzGB I Ba-Wü.

80 Abweichender Wortlaut in Hessen, § 69 Abs. 3 HUVollzG: „Mit Zustimmung der Anstaltsleitung kann sich die Anstaltsseelsorge außenstehender Personen bedienen und sie insbesondere zur Mitwirkung an Gottesdiensten und anderen religiösen Veranstaltungen hinzuziehen."

81 Arloth, StVollzG, § 157 Rn. 1; Calliess/Müller-Dietz, StVollzG, § 157 Rn. 1; Laubenthal, Strafvollzug, Rn. 278.

Vollzeitbeschäftigung im Vollzug; vertragliche Verpflichtung meint Nebenamt.[82] Eine solche Teilzeitbeschäftigung kann zum Beispiel der Pfarrer der Gemeinde ausüben, in deren Bezirk das Untersuchungsgefängnis liegt.

52 Gehört in einer Anstalt nur eine so kleine Gruppe von U-Häftlingen einem Bekenntnis an, dass dies die haupt- oder nebenamtliche Seelsorgerbeschäftigung nicht rechtfertigt, ist die seelsorgerische Betreuung auf andere Weise zuzulassen bzw. zu ermöglichen. Zu denken ist hier an eine persönliche oder schriftliche Betreuung im Ehrenamt.

53 **2. Rechte und Aufgaben.** Die Rahmenregelung gibt dem Anstaltsseelsorger das **Recht**, freie **Seelsorgehelfer** für Gottesdienste und andere religiöse Veranstaltungen von außen **hinzuzuziehen.** Dafür ist immer die Zustimmung des Anstaltsleiters notwendig, weil er die umfassende Verantwortung für den gesamten Vollzug trägt. Damit ist auch klar, dass der Seelsorger nicht der Fachaufsicht, sondern allein der **Rechtsaufsicht des Anstaltsleiters** unterliegt,[83] und zwar in Gestalt der allgemeinen Aufsicht über die Dienstführung hinsichtlich der Einhaltung der Sicherheits- und Ordnungsvorschriften.[84] „Seelsorgehelfer" meint, dass es sich um in der Seelsorge ausgebildete Personen handeln kann („Seelsorger"), aber nicht muss; es kann sich also auch um Laien handeln („Helfer"). Das Attribut „frei" meint, dass der Seelsorgehelfer nicht in einem Dienstverhältnis mit der Justizbehörde steht, sondern von außen kommt.

54 Die Bereitstellung von zweckentsprechenden Räumen gehört mit zu den organisatorischen Grundlagen für die Seelsorge. **Der Seelsorger hat Anspruch** darauf, dass ihm **geeignete Räume** für Gottesdienste sowie für seine anderen Gemeinschaftsveranstaltungen zugeteilt werden. Der Seelsorger hat auch Anspruch darauf, dass ihm ein **Dienstzimmer** zur Verfügung gestellt wird.[85] Denn nur so kann er seelsorgerliche Einzelgespräche ungehindert führen. Natürlich darf er die Untersuchungsgefangenen auch in ihren Zellen besuchen.

55 Neben der Abhaltung religiöser Gemeinschaftsveranstaltungen liegt ein **Aufgabenschwerpunkt** des Seelsorgers im **persönlichen** – der Schweigepflicht unterworfenen – **Einzel-Gespräch** mit dem Untersuchungsgefangenen. In der Regel findet der Seelsorger hier rascheren Zugang, weil er im Vergleich zu den Mitarbeitern des allgemeinen Vollzugsdienstes die nötige Distanz zum staatlichen Strafverfolgungsgeschehen leichter aufbringen kann und bei den Gefangenen einen „Vertrauensbonus"[86] genießt. Desgleichen liefern die vielen Beschwernisse der Haft, Ängste und Depressionen bis hin zu Selbstmordgedanken, Gesprächsstoff für eine **umfassende Lebenshilfe,** zumal es in der Natur der U-Haft liegt, dass die Untersuchungsgefangenen unvorbereitet aus ihren bisherigen Lebensverhältnissen herausgerissen werden. Gerade die umfassende Lebenshilfe muss **Richtschnur für die seelsorgerliche Aufgabenerfüllung** sein. Sie kann demzufolge weder sein, die abstumpfende und oft brutalisierende Gefängniswirklichkeit zu verschleiern oder zu rechtfertigen, noch den Untersuchungsgefangenen dazu zu bringen, dass er sich blindlings in sein Schicksal fügt oder gar ein Geständnis abgibt.

56 Speziell bei jugendlichen U-Häftlingen muss sich der Seelsorger ihren menschlich-jugendtypischen Interessen und Problemen annehmen. Zu den **jugendtypischen Besonderheiten** gehört zum Beispiel ein starkes Verlangen, die persönlichen und gesellschaftlichen Grenzen auszutesten, was sich hinter Gittern nicht abstellt. Kleinere Grenzüberschreitungen sind normal und gehören zum Erwachsenwerden. Dazu zählt vor allem, dass junge Menschen mit Autoritätspersonen nicht selten „auf Kriegsfuß" stehen. Während das in Freiheit vor allem Eltern und Lehrer betrifft, konzentriert sich das Autoritätsproblem im U-Haftvollzug auf die Aufsichtsbeamten als erzwungenem Eltern- und Lehrerersatz. Gerade hier bietet sich

82 Calliess/Müller-Dietz, StVollzG, § 157 Rn. 5.
83 S. Arloth, StVollzG, § 157 Rn. 1.
84 Rassow/Schäfer in: Schwind/Böhm/Jehle/Laubenthal, StVollzG, § 157 Rn. 13.
85 Ebenso Huchting/Koch in: AK-StVollzG, § 157 Rn. 12; Rassow/Schäfer in: Schwind/Böhm/Jehle/Laubenthal, StVollzG, § 157 Rn. 5.
86 Rassow/Schäfer in: Schwind/Böhm/Jehle/Laubenthal, StVollzG, § 157 Rn. 20.

den Seelsorgern die Möglichkeit, „zwischen den Fronten Frieden zu stiften“[87] und die jungen Gefangenen mit **spezieller Zuwendung** aufzufangen.

57 **3. Schweigepflicht und Zeugnisverweigerungsrecht.** Seelsorger unterliegen der **Schweigepflicht.** Sie müssen nach kirchenrechtlichen Vorschriften das Beicht- und Seelsorgegeheimnis wahren. Das unterscheidet sie maßgeblich von allen anderen im Vollzug tätigen Personen im Sinne eines „Alleinstellungsmerkmals“. Es ist evident, dass die seelsorgerliche Schweigepflicht **im Untersuchungshaftvollzug besondere Bedeutung** hat. Die Untersuchungsgefangenen können ihre Ansichten zum Tatvorwurf, ihre Gedanken zu Schuld, Unschuld und Moral sowie ihre Sorgen und Ängste über den nahenden Strafprozess mit dem Seelsorger offen kommunizieren. Beim seelsorgerischen Einzelgespräch müssen die Untersuchungsgefangenen grundsätzlich nicht befürchten, dass ihre Äußerungen später gegen sie verwendet würden. Das hilft, sich auszusprechen und anzuvertrauen – zu vertrauen. Das kann die Beziehungs- und Reflexionsfähigkeit fördern und einer Haftdeprivation entgegenwirken.

58 Diesbezüglich trifft § 22 Abs. 1 S. 3 JVollzGB II Ba-Wü als einziges Landesgesetz eine spannende Aussage: „Das Beicht- und Seelsorgegeheimnis ist unverletzlich.“ Um den Untersuchungsgefangenen die Schweigeplicht des Seelsorgers zu verdeutlichen und ihnen ein Vertrauensgefühl zu vermitteln, ist dieser Passus zwar hilfreich. Aus kompetenzrechtlicher Sicht ist er aber fehl am Platz, zumal ein einzelner Seelsorger das Beicht- und Seelsorgegeheimnis durchaus verletzen kann, wenn er verfahrensrelevante Gesprächsinhalte an Polizei, Staatsanwaltschaft oder Gericht weitergibt.

59 Die Verletzung des Seelsorgegeheimnisses ist originär kirchlich-disziplinarrechtlich sanktioniert. Im Einzelfall kann aber auch eine Strafbarkeit nach §§ 203 Abs. 2 Nr. 1, 11 Abs. 1 Nr. 2 StGB in Betracht kommen. Das ist dann der Fall, wenn der Seelsorger ein Privatgeheimnis preisgibt, das ihm in seiner Eigenschaft als staatlicher Amtsträger anvertraut wurde. Wie überhaupt kein Bürger brauchen auch Seelsorger ihnen bekannt gewordene Straftaten nicht bei der Polizei oder der Staatsanwaltschaft anzuzeigen. Darüber hinaus sind Seelsorger – im Gegensatz zu „Normalbürgern“ – auch nicht zur Anzeige der in § 138 StGB genannten geplanten schweren Straftaten verpflichtet, wenn ihnen diese in ihrer „Eigenschaft als Seelsorger anvertraut worden“ sind, § 139 Abs. 2 StGB.

60 Spiegelbildlich zur Schweigepflicht gibt die Strafprozessordnung (auch im Jugendstrafprozess) Geistlichen ein **Zeugnisverweigerungsrecht** gemäß § 53 Abs. 1 S. 1 Nr. 1 StPO: „ Zur Verweigerung des Zeugnisses sind ferner berechtigt Geistliche über das, was ihnen in ihrer Eigenschaft als Seelsorger anvertraut worden oder bekannt geworden ist.“ Im Prinzip steht dieses Recht auch den Seelsorgehelfern als Berufshelfer im Sinne des § 53 a Abs. 1 S. 1 StPO zu. Ihr Recht ist aber nur ein abgeleitetes. Der Hauptberufsträger entscheidet nach § 53 Abs. 1 S. 2 StPO über die Aussagepflicht seiner Hilfspersonen mit bindender Wirkung. Ehrenamtliche Mitarbeiter haben kein Zeugnisverweigerungsrecht. Das Zeugnisverweigerungsrecht des Seelsorgers greift unter den folgenden drei **Voraussetzungen:**

61 **„Geistliche“** sind zunächst unstrittig die Amtsträger aller staatlich anerkannten öffentlich-rechtlichen Religionsgemeinschaften.[88] Darauf kann sich der Personenkreis jedoch nicht beschränken.[89] Ein bloßes Abstellen auf den rechtlichen Status der Religionsgemeinschaft wäre zu eng und wird dem **Schutzzweck** des Zeugnisverweigerungsrechts nicht gerecht. § 53 Abs. 1 Nr. 1 StPO will das Gespräch mit dem Seelsorger als Teil des Kernbereichs privater Lebensgestaltung (Art. 1 GG), die Religionsfreiheit (Art. 4 GG) und die Berufsfreiheit (Art. 12 GG) des Zeugen schützen und Gewissenskonflikte vermeiden. Vor diesem Hintergrund ist der Begriff des Geistlichen nach höchstrichterlicher Rechtsprechung des BGH dahingehend **offen zu bestimmen,** dass dem Betreffenden eine seelsorgerische Tätigkeit ver-

87 So Walter, Strafvollzug, Rn. 221.
88 S. Meyer-Goßner, StPO, § 53 Rn. 12.
89 So aber: Meyer-Goßner, StPO, § 53 Rn. 12; Senge in: KK-StPO, § 53 Rn. 11; Ignor/Bertheau in: Löwe/Rosenberg, StPO, § 53 Rn. 21; Rogall in: SK-StPO, § 53 Rn. 69; wie hier: Eser: in: HStKiR II, S. 1039 f.; Fischedick, Die Zeugnisverweigerungsrechte von Geistlichen und kirchlichen Mitarbeitern, S. 114; Korioth in: Maunz/Dürig, GG, Art. 136 WRV Rn. 45 f. m.w.N.

bunden mit einer herausgehobenen Stellung in seiner Religionsgemeinschaft übertragen sein muss.[90] Das kann im Einzelfall auch bei Laien der Fall sein, wenn sie seelsorgerische Aufgaben selbstständig und hauptamtlich im Auftrag der Religionsgemeinschaft wahrnehmen. Eine hauptamtliche Beauftragung ist indes nicht zwingend, da sonst kleinere Religionsgemeinschaften benachteiligt werden könnten, die keinen hauptamtlichen Seelsorger unterhalten.

62 Aus dem Schutzzweck folgt als weitere Voraussetzung für das Bestehen des Zeugnisverweigerungsrechts, dass dem Betreffenden durch seine Religion ein **Schweigegebot** hinsichtlich seiner seelsorgerischen Tätigkeit auferlegt sein muss. Denn nur so bedeutet eine Zeugenaussage für ihn eine **Konfliktsituation**.

63 Schließlich müssen dem Geistlichen Tatsachen in seiner Eigenschaft als Seelsorger anvertraut oder bekannt geworden sein. In der Situation der U-Haft bedeutet dies konkret, dass das mit dem U-Häftling geführte Gespräch eine **religiös geprägte Zuwendung** oder eine **geistliche Begleitung im Interesse des seelischen Wohls** des Untersuchungsgefangenen sein muss. In der Praxis kann es im Einzelfall zu Beurteilungsschwierigkeiten kommen, welche Gespräche oder Gesprächsteile seelsorgerischen Charakter haben und welche nicht. Diese Frage ist objektiv zu beurteilen, in Zweifelsfällen unter Berücksichtigung der Gewissensentscheidung des Geistlichen.[91] Gerade die abgeschlossene Welt des Untersuchungsgefängnisses und das Eingesperrtsein trotz geltender Unschuldsvermutung (Art. 6 Abs. 2 EMRK) legen schon objektiv nahe, dass sämtliche Zwiegespräche zwischen U-Häftling und Geistlichem als Seelsorge zu beurteilen sind. Muss dennoch auf die Gewissensentscheidung des Geistlichen rekurriert werden, muss das Vertrauen der Untersuchungsgefangenen alleiniges Richtmaß sein. Denn § 53 StPO gibt dem Schutz des Vertrauens in die Verschwiegenheit bestimmter Berufe den Vorrang vor dem Interesse der Allgemeinheit an vollständiger Sachaufklärung im Strafverfahren.[92]

X. Weltanschauungsgemeinschaften

64 In allen Untersuchungshaftvollzugsgesetzen gelten die Regeln zur Religionsausübung für Angehörige „weltanschaulicher Bekenntnisse“ entsprechend. Das folgt aus dem Gleichbehandlungsgebot zwischen Religionsgemeinschaften und Weltanschauungsgemeinschaften gemäß Art. 140 GG i.V.m. Art. 137 Abs. 7 WRV. Die Wortwahl des „weltanschaulichen Bekenntnisses“ entspricht Art. 4 GG. Damit sind Gemeinschaften ausgeschlossen, deren Hauptziel auf eine wirtschaftliche oder politische Tätigkeit gerichtet ist. Weltanschauungsgemeinschaften sind zum Beispiel die Heilsarmee und die Freidenker.

90 BGH 4. Strafsenat, 15.4.2010, Az 4 StR 650/09, juris Rn. 24.
91 BVerfG, v. 25.1.2007, 2 BvR 26/07 Rn. 14.
92 BT-Drucks. 12/870, S. 5.

§ 6 Besuche, Schriftwechsel, Telefongespräche, Pakete und Beschränkungen nach § 119 StPO

Spezielle Literatur: *Arloth, F.*, Die „beleidigungsfreie Sphäre“ bei Briefen im Strafvollzug, ZIS 2010, S. 263-269; *Bittmann, F.*, Gesetz zur Änderung des Untersuchungshaftrechts, NStZ 2010, S. 13-17; *Friedrich, K. J.*, Die Normierung des Untersuchungshaftvollzuges – Eine Untersuchung bisheriger Gesetzesentwürfe und die Ausarbeitung eines Alternativentwurfs, Berlin 2004; *Harms, S.*, Der Entwurf für ein Gesetz zur Änderung des Untersuchungshaftrechts, Forum Strafvollzug 2009, S. 13-17; *Hauck, P.*, Lauschangriff in der U-Haft, NStZ 2010, S. 17-22; *Kazele, N.*, Änderungen im Recht der Untersuchungshaft, NJ 2010, S. 1-6; *Kazele, N.*, Anmerkung zu OLG Celle, Beschl. v. 9.2.2010 – 1 Ws 37/10, StV 2010, S. 258-261; *König, S.*, Zur Neuregelung der haftrichterlichen Zuständigkeiten in § 119 StPO, NStZ 2010, S. 185-190; *Koop, G.*, Untersuchungshaft im Wandel?, Forum Strafvollzug 2009, S. 6; *Michalke, R.*, Reform der Untersuchungshaft – Chance vertan?, NJW 2010, S. 17-20; *Nestler, N.*, Zum „Recht des Untersuchungshaftvollzugs“ i. S. v. Art. 74 Abs. 1 Nr. 1 GG, HRRS 2010, S. 546-550; *Schneider, H.*, Telefonieren ohne Grenzen?, ZfStrVo 2001, S. 273-277; *Seebode, M.*, Das „Recht des Untersuchungshaftvollzugs“ im Sinne des Art. 74 GG, HRRS 2008, S. 236-241; *Seebode, M.*, Wer regelt den Justizvollzug?, Forum Strafvollzug 2009, S. 7-12.

I. Grundlagen

1. Gesetzesziel. a) Zielsetzungen allgemein im Bereich der Außenkontakte. Die Regelungen über die Außenkontakte sind eingebettet in die Regelungen über den Untersuchungshaftvollzug und müssen daher in ihren Zielsetzungen im Kontext mit den Gestaltungsgrundsätzen des Vollzugs insgesamt betrachtet werden. Dabei ist zu berücksichtigen, dass durch die Verlagerung der Gesetzgebungskompetenz auf die 16 Länderparlamente im Zuge der Fö- 1 deralismusreform[1] in Details durchaus unterschiedliche Schwerpunktsetzungen bzw. Nuancierungen erfolgt sind. In der Zusammenschau lassen die amtlichen Begründungen der Gesetzesentwürfe wie auch die Gesetzesfassungen dennoch im Wesentlichen übereinstimmende Ziele erkennen.

Ausgangspunkt ist die grundsätzlich (nur) **„dienende" Funktion** des Untersuchungshaftvollzugs gegenüber dem Strafverfahren,[2] in Form einer Sicherung des Haftzwecks einerseits (Abwehr von Flucht-, Verdunkelungs- und Wiederholungsgefahren)[3] und einer Gewährleistung der Sicherheit und Ordnung in den Justizvollzugsanstalten andererseits. Unter **Berücksichtigung der Unschuldsvermutung** sowie der Erkenntnis, dass der Verkehr mit der Außenwelt in besonderem Maße geeignet ist, schädlichen Folgen der Freiheitsentziehung zu begegnen,[4] folgt hieraus das Gebot,

- die Beschränkungen (auch) im Bereich der Außenkontakte auf das unbedingt Notwendige zu minimieren (Prinzip der „ultima ratio"),[5]
- die Außenkontakte im Untersuchungshaftvollzug soweit wie möglich – d.h. insbesondere soweit es der Haftzweck erlaubt[6] – den allgemeinen Lebensverhältnissen anzugleichen („Angleichungsgrundsatz")[7] und
- durch Förderung (gerade auch) der Außenkontakte schädlichen Folgen des Freiheitsentzugs entgegenzuwirken („Gegensteuerungsgrundsatz").[8]

Entsprechende Vorgaben – jedenfalls in Form allgemeiner Vollzugsgrundsätze – finden sich in allen Ländergesetzen.

Aus der Funktion der Gewährleistung der Ordnung der Anstalten leiten die Landesgesetzgeber – teils stillschweigend durch einen Organisations- bzw. Fiskalvorbehalt in der Gesetzesfassung,[9] teils sogar ausdrücklich[10] – als Zielsetzung eine **Rücksichtnahme auf die sachlichen und personellen Kapazitäten** der Justizvollzugsanstalten ab. Dies steht im deutlichen Widerspruch zur Rechtsprechung des BVerfG, derzufolge Grundrechte nicht nur nach Maßgabe dessen bestehen, was an Verwaltungseinrichtungen üblicherweise vorhanden ist. Das BVerfG hat wiederholt betont, es sei Sache des Staates, im Rahmen des Zumutbaren alle Maßnahmen zu treffen, die geeignet und nötig seien, um Verkürzungen der Rechte von Untersuchungsgefangenen zu vermeiden; die dafür erforderlichen sächlichen und personellen Mittel habe der Staat aufzubringen, bereitzustellen und einzusetzen.[11]

---

1 Zur Problematik der Abgrenzung von Bundes- und Länderkompetenzen s. Rn. 9; s. auch Grdl. Rn. 25.

2 Kirschke/Brune Forum Strafvollzug 2009, 18; Begr. des RegE Berlin, S. 60: „Ein eigener Zweck ist mit ihm nicht verbunden.".

3 Die Gesetzgeber gehen offensichtlich davon aus, dass für Beschränkungen im Einzelfall weiterhin (vgl. zur bisherigen Rechtslage BGH,14.10.1992, 2 BGs 389/92) nicht die Fassung des Haftbefehls maßgebend ist, sondern auf alle nach der StPO zulässigen Haftzwecke abgestellt werden darf, vgl. exemplarisch den RegE Bund, S. 32, und RegE Niedersachsen, S. 174, sowie RegE NRW, S. 41; im Schrifttum stößt dies auf Kritik, vgl. Piel u.a. ZRP 2009, 34; Paeffgen StV 2009, 48. S. hierzu auch § 1 Rn. 8.

4 RegE Berlin, S. 81 f.; RegE NRW, S. 55, 57; RegE Ba-Wü, S. 187; RegE Niedersachsen, S. 188, 190.

5 Exemplarisch: § 4 Abs. 2 12er-Regelung (allgemeine Generalklausel für Beschränkungen). S. hierzu § 1 Rn. 26.

6 Auf den ersten Blick scheint es widersprüchlich, wenn zwar eine Inhaftierung des Beschuldigten zulässig sein soll, zugleich aber die Freiheitsentziehung so auszugestalten ist, als befände sich der Beschuldigte in Freiheit. Eine Freiheitsentziehung ist ja gerade deshalb (und nur deshalb) gerechtfertigt, weil der Beschuldigte dadurch nicht mehr wie in Freiheit ungehindert agieren und kommunizieren kann. Letztlich ist der „Angleichungsgrundsatz" eine spezielle Ausprägung des „ultima ratio"-Prinzips; s. auch Rn. 18.

7 Exemplarisch: § 2 Abs. 1 UVollzG NRW (allgemeine Gestaltung des Vollzugs); s. auch § 1 Rn. 26.

8 Exemplarisch: §§ 1 Abs. 3 S. 1, 12 Abs. 1 S. 2 JVollzGB II Ba-Wü (Gestaltung des Vollzugs/Pflege sozialer Beziehungen); s. auch § 1 Rn. 27.

9 Z.B. in § 148 Abs. 1 S. 2 NJVollzG (Telefongespräche): „Die Erlaubnis kann versagt werden, wenn [...] die räumlichen, personellen oder organisatorischen Verhältnisse der Anstalt es erfordern."

10 Im RegE NRW heißt es begründend zu § 21 des Entwurfs, es würden Telefongespräche zwar grundsätzlich zugelassen, aber wegen der hieraus folgenden personellen und organisatorischen Anforderungen an die Anstalten „auf starre Vorgaben verzichtet" und so „bei der Ausgestaltung eine größtmögliche Flexibilität eingeräumt", was als durchaus euphemistische Umschreibung für eine größtmögliche Flexibilität bei der Einschränkung der Rechte des Untersuchungsgefangenen erscheint. Piel u.a. ZRP 2009, 34, kritisieren in diesem Zusammenhang zu Recht die „kameralistisch motivierten Beschränkungen".

11 BVerfG NStZ 2008, 521 (522) mit Nachweisen zu vorangegangenen Entscheidungen.

b) **Zielsetzungen speziell im Rahmen der gesetzlichen Neufassungen.** Mit der seit Langem überfälligen, nun aus Anlass der Föderalismusreform schließlich erfolgten formal-gesetzlichen Regelung des Untersuchungshaftvollzugs verbinden alle Gesetzgeber das Ziel, den Untersuchungshaftvollzug – und hier auch den Bereich der Außenkontakte – in einer den **Anforderungen des Gesetzesvorbehalts** genügenden Weise zu regeln und hierbei durch konkretere, verständlichere und übersichtlichere Gestaltung zugleich die Rechtsanwendung zu erleichtern.[12] Zugleich wollen die Landesgesetzgeber durch eine **Neuordnung der Zuständigkeiten** gegenüber § 119 StPO a.F. (Verlagerung der Zuständigkeiten auf die Anstalten) eine erhöhte „Sachnähe" der Entscheidungsträger, eine Verfahrensbeschleunigung sowie eine Entlastung der Gerichte erreichen.[13] 2

Der Bundesgesetzgeber betont, er wolle die vorhandenen Maßnahmen / Beschränkungen inhaltlich nicht verändern.[14] Jedoch soll – wie auch in einigen Ländergesetzen[15] – durch die **Aufgabe einer standardmäßigen Geltung von Beschränkungen**[16] zugunsten von Einzelfall-Anordnungen gerade auch im Bereich des Außenverkehrs eine Verringerung der Kontrollintensität erreicht werden.[17] Der RegE NRW nennt in diesem Zusammenhang das Gebot, „den Untersuchungshaftvollzug weniger standardisiert und stärker individualisiert auszurichten".[18] So sehen zum Beispiel § 37 Abs. 1 12er-Regelung und § 17 Abs. 1 JVollzGB II Ba-Wü eine Textkontrolle (= Inhaltskontrolle) ein- und ausgehender Schreiben nur noch auf ausdrückliche Anordnung der Anstalt vor (in Abkehr von der früher generell vorgesehenen Briefkontrolle, vgl. § 119 Abs. 3 und Abs. 6 StPO a.F., Nrn. 2 Abs. 1 und Abs. 2, 30 Abs. 1 UVollzO). Auch eine Besuchserlaubnis ist nach Bundesrecht (§ 119 Abs. 1 S. 2 Nr. 1 StPO) wie auch nach den meisten Ländergesetzen (§ 33 Abs. 1 und Abs. 5 12er-Regelung, §§ 12 Abs. 2 S. 1, 13 JVollzGB II Ba-Wü, Art. 16 UVollzG Bayern) nicht mehr generell erforderlich. Während hier das Bundesrecht einen Erlaubnisvorbehalt durch entsprechende Anordnung im Einzelfall (durch das Gericht, § 119 Abs. 1 S. 3 StPO; s. Rn. 40 ff.) ermöglicht, begnügen sich die meisten Ländergesetze mit der Möglichkeit von Besuchsverboten im Einzelfall (durch die Anstaltsleitung).[19]

c) **Spezielle Zielsetzungen bei jungen Untersuchungsgefangenen.** Inwieweit dem Bund nach der Föderalismusreform noch **Kompetenzen hinsichtlich der speziellen Ausgestaltung** des Untersuchungshaftvollzugs an sog. jungen Untersuchungsgefangenen zustehen, ist strittig. Der Bundesgesetzgeber nimmt in diesem Zusammenhang das Recht für sich in Anspruch, die „übergeordnete Art des Vollzugs der Untersuchungshaft an jungen Gefangenen im Hinblick auf die gebotene jugendgemäße Ausgestaltung des Strafverfahrens" regeln zu dürfen (in Gestalt des § 89 c JGG, welcher die §§ 93, 110 Abs. 2 JGG a.F. ersetzt).[20] Die Länder stehen hingegen überwiegend auf dem Standpunkt, es handele sich um Fragen der inhaltlichen Ausgestaltung des Untersuchungshaftvollzuges, also „klassische Vollzugsfragen", die nunmehr in die Länderkompetenz fielen.[21] Resultat dieser Unstimmigkeiten sind einander in Details widersprechende Regelungen zum Untersuchungshaftvollzug an jungen Gefangenen. Eine verfassungsgerichtliche Klärung des Kompetenzkonflikts dürfte daher letztlich unausweichlich sein (Näheres hierzu unter Rn. 9–11). 3

Mit dem neugeschaffenen § 89 c JGG möchte der **Bund** eine früher bestehende Regelungslücke schließen, indem er die nur für (Tatzeit-)Heranwachsende geltenden Regelungen des

12 RegE Bund, S. 13; RegE Berlin, S. 60 f.; RegE NRW, S. 37; RegE Ba-Wü, S. 165-167; RegE Niedersachsen, S. 65.

13 RegE Berlin, S. 61; RegE NRW, S. 43; RegE Ba-Wü, S. 190; RegE Niedersachsen, S. 175 f.

14 RegE Bund, S. 13 u. 32.

15 Z.B. § 37 12er-Regelung und § 17 Abs. 1 JVollzGB II Ba-Wü: „Textkontrolle" des Schriftwechsels nur bei Anordnung im Einzelfall.

16 Vgl. die frühere Rechtslage gem. Nr. 2 Abs. 2 UVollzO i.V.m. Nrn. 24 Abs. 1 oder 30 Abs. 1 UVollzO.

17 RegE Bund, S. 32 f., zu § 119 Abs. 1 S. 1 StPO.

18 RegE NRW, S. 43.

19 Anders nur das NJVollzG und das UVollzG NRW, vgl. die Synopsen Rn. 54 f.

20 So der RegE Bund, S. 52.

21 Vgl. die Stellungnahme des Bundesrats vom 19.12.2008, BR-Drucks. 829/08, S. 7, sowie den RegE NRW, S. 78.

§ 110 Abs. 2 JGG a.F. (Vollzug nach speziellen Vorschriften in speziellen Einrichtungen) ausdrücklich auf zur Tatzeit Jugendliche (§ 1 Abs. 2 JGG) erweitert, die bei Vollstreckung der Haft bereits das 18. Lebensjahr vollendet haben.[22] Erhalten geblieben ist die Kann-Regelung für die im Zeitpunkt der Vollstreckung 21-Jährigen bis unter 24-Jährigen entsprechend § 110 Abs. 2 S. 2 JGG a.F.

Sämtliche U-Haft-Vollzugsgesetze der **Länder** enthalten jeweils einen gesonderten Abschnitt mit speziellen Vorschriften für den Vollzug der Untersuchungshaft an „jungen Untersuchungsgefangenen", welche der Abwehr möglicher Gefahren für die Entwicklung sowie der Berücksichtigung alterstypischer Erfordernisse und Bedürfnisse dienen sollen.[23] Übereinstimmung besteht hinsichtlich des grundsätzlichen Ziels einer speziell erzieherischen Ausgestaltung[24] des Vollzugs sowie darin, dass die Abwehr haftbedingter Gefährdungen im Vordergrund stehen müsse.[25] Indes offenbart ein Blick in die verschiedenen Gesetzestexte und deren Begründungen im Detail durchaus abweichende Regelungen bzw. Begründungen, worauf an den entsprechenden Stellen noch eingegangen wird (s. Grdl. Rn. 17, zu den internationalen Empfehlungen [„Soft Law"] zur Untersuchungshaft bei jungen Menschen.).

4 **2. Bisherige Regelung.** a) **UVollzO i.V.m. § 119 Abs. 3, Abs. 6 S. 1 StPO a.F.** Bis zum Erlass der Untersuchungshaftvollzugsgesetze der Länder im Zuge der Föderalismusreform war der Vollzug der Untersuchungshaft nur rudimentär in § 119 StPO a.F. geregelt, ergänzt durch §§ 93, 110 JGG a.F. Im Interesse einer einheitlichen Vollzugspraxis schufen die Landesjustizverwaltungen die einheitlich erlassene Untersuchungshaftvollzugsordnung (UVollzO) vom 12.2.1953, zuletzt in der Fassung vom 15.12.1976[26]. Hierin war die Ausgestaltung des U-Haft-Vollzugs – einschließlich der Beschränkungen des Außenverkehrs – detailliert geregelt. Allerdings handelte es sich bei der UVollzO um eine allgemeine Verwaltungsanordnung, die nur für die Vollzugsbehörden und die Staatsanwaltschaft (vorbehaltlich einer abweichenden richterlichen Anordnung im Einzelfall) bindende Wirkung entfaltete. Für die Gerichte bedeuteten sie mangels Rechtssatzqualität nur eine Sammlung nicht bindender Vorschläge für den Regelfall.[27] Durch den „Kunstgriff" einer **regelmäßigen richterlichen Anordnung** nach § 119 Abs. 6 S. 1 StPO a.F. in den üblicherweise verwendeten Formularen des Aufnahmeersuchens wurden die Bestimmungen der UVollzO in der Praxis jeweils für den Einzelfall in Kraft gesetzt. Nr. 2 Abs. 2 UVollzO lautete:

„Dem Richter bleibt es im Einzelfall unbenommen, von Amts wegen oder auf Antrag im Rahmen der Vorschriften der Strafprozeßordnung von den Richtlinien dieser Vollzugsordnung abzuweichen. Soweit er in Verhinderung mit dem Aufnahmeersuchen oder später keine besonderen Verfügungen trifft, ist davon auszugehen, daß die für den Vollzug der Untersuchungshaft durch diese Vollzugsordnung allgemein getroffene Regelung nach dem Willen des Richters auch für den Einzelfall gelten soll."

Beispielhaft enthielt das in Schleswig-Holstein gebräuchliche Formular eines Aufnahmeersuchens zur Untersuchungshaft folgende Formulierung:

„Für den Verhafteten soll durch die Untersuchungshaftvollzugsordnung und die hierzu erlassenen Verwaltungsvorschriften allgemein getroffene Regelung gelten, soweit nicht in diesem Aufnahmeersuchen oder später besondere Verfügungen getroffen werden."

22 RegE Bund, S. 52.
23 12er-Regelung: Elfter Abschnitt (§§ 66-75), s. dazu RegE Berlin, S. 63, 100; NJVollzG: 5. Teil, 8. Kapitel (§§ 157-166), s. dazu RegE Niedersachsen, S. 196-198; UVollzG NRW: Abschnitt 10 (§§ 48-53), s. dazu RegE NRW, S. 78; JVollzGB II Ba-Wü: Abschnitt 14 (69-80), s. dazu RegE Ba-Wü, S. 204 f.
24 Das JVollzGB Ba-Wü verwendet in diesem Zusammenhang als einziges Ländergesetz nicht den Begriff der „Erziehung" bzw. „erzieherischen Gestaltung", sondern spricht von der „Förderung der Entwicklung" (vgl. § 72 JVollzGB II Ba-Wü sowie RegE Ba-Wü, S. 204 f.).
25 RegE Ba-Wü, S. 204 f.; zu den Einzelheiten s. § 1 Rn. 10.
26 Abgedruckt im Ergänzungsband des „Schönfelder" unter Ordnungsnr. 91 a.
27 Vgl. Schultheis in: KK-StPO, § 119 Rn. 1-2; Meyer-Goßner, StPO, § 119 Rn. 2.

b) Beschränkungen des Außenverkehrs. Die **UVollzO** enthielt in den **Nrn. 24-39** detaillierte Bestimmungen zum „Verkehr mit der Außenwelt“ (vgl. Nr. 1 Abs. 2 UVollzO), und zwar zum 5

- Besuchsverkehr (Nr. 24-27),
- Schriftverkehr (Nr. 28-35),
- Verkehr mit Verteidigern, Rechtsanwälten, Bewährungs- und Gerichtshelfern (Nr. 36-37 a),
- fernmündlichen Verkehr und Telegrammen (Nr. 38),
- Paketverkehr (Nr. 39).

Besuche waren unter den generellen Vorbehalt einer schriftlichen Besuchserlaubnis gestellt (Nrn. 24, 26 Abs. 3). Die regelmäßige Besuchsdauer betrug 30 Minuten, mindestens alle zwei Wochen (Nrn. 24 Abs. 1 S. 2, 25), was einer Mindestbesuchsdauer von etwa 1 Std. im Monat entsprach. Besuche waren regelmäßig als Einzelbesuche vorgesehen (Nr. 26 Abs. 1 S. 1). Zur Regelung unaufschiebbarer persönlicher Angelegenheiten konnten „darüber hinaus“ weitere Besuche zugelassen werden (Nr. 25). Eine Überwachung der Besuche war regelmäßig vorgesehen, und zwar an sich durch den Richter (oder Staatsanwalt, vgl. Nr. 3 Abs. 1), der jedoch in der Praxis qua Bestimmung im Aufnahmeersuchen regelmäßig von der Möglichkeit der Übertragung auf einen „Anstaltsbeamten, den der Anstaltsleiter bestimmt“ (Nr. 27 Abs. 1) Gebrauch machte. Die Übergabe von Gegenständen stand wiederum unter Erlaubnisvorbehalt (Nr. 27 Abs. 2 S. 1), wobei der Anstaltsleiter die Übergabe von „Nahrungs- und Genussmitteln in geringer Menge“ gestatten oder alternativ deren Beschaffung durch Vermittlung der Anstalt anordnen konnte (Nr. 27 Abs. 2 S. 2). Die UVollzO sah weiter ein „Eingreifen“, erforderlichenfalls einen Abbruch des Besuchs durch den überwachenden Beamten bei Gefährdung des Strafverfahrens oder der Anstaltsordnung vor, ebenso beim Versuch einer unerlaubten Übergabe von Gegenständen (Nr. 27 Abs. 3). Eine vorherige Androhung des Abbruchs bzw. eine Abmahnung waren in diesem Zusammenhang nicht ausdrücklich vorgesehen.

Die UVollzO bestimmte einen regelmäßig uneingeschränkten **Schriftwechsel** des U-Gefangenen (Nr. 28; die zur Zeit des Erlasses der UVollzO noch gebräuchlichen Telegramme waren weitgehend gleichgestellt, Nr. 38 Abs. 2). Die Kosten hierfür hatte grundsätzlich der U-Gefangene selbst zu tragen, mit der Möglichkeit einer Übernahme durch die Staatskasse „im angemessenen Umfang“ bei Bedürftigkeit (Nr. 29 Abs. 1, Abs. 3). Die UVollzO enthielt nähere Regelungen zur Aufbewahrung und zum Weiterleiten von Schreiben, wobei ein Beschleunigungsgrundsatz festgeschrieben war (Nr. 31). Der Schriftwechsel unterlag generell der Überwachung im Sinne einer Textkontrolle, und zwar durch den Richter bzw. Staatsanwalt (Nr. 30 Abs. 1, 3 Abs. 1). Die Modalitäten der Überwachung (z.B. Verwendung eines Begleitumschlages) ein- und ausgehender Schreiben fanden sich in den Nrn. 32, 33. Von der Überwachung ausgenommen war der Schriftwechsel mit Parlamenten bzw. Parlamentariern des Bundes und der Länder sowie der Europäischen Kommission für Menschenrechte (Nr. 30 Abs. 2). Für das Anhalten von Schreiben enthielt die UVollzO einen – im Unterschied zu den Neuregelungen in den Ländervollzugsgesetzen nicht abschließenden („insbesondere“) – Katalog von Gründen;[28] der Richter war stets zu beteiligen, ggf. auch der Anstaltsleiter (Nrn. 34, 35).

Der mündliche und schriftliche **Verkehr mit Verteidigern** – gleichgestellt waren gem. Nr. 37 a Bewährungs- und Gerichtshelfer – wurde durch die Nrn. 36, 37 privilegiert. Unter der Bedingung, dass sich der Verteidiger gegenüber der Vollzugsanstalt auswies[29] und sog. Verteidigerpost nach außen deutlich sichtbar gekennzeichnet war,[30] fanden Besuche und Schriftwechsel mit dem Gefangenen erlaubnisfrei sowie ohne Beschränkung und Überwachung statt (Nrn. 36 Abs. 1, 37 Abs. 1). Ein Erlaubnisvorbehalt hinsichtlich der Übergabe

28 Die meisten Ländergesetze haben diesen Katalog mehr oder minder wörtlich übernommen, vgl. Rn. 117 ff.
29 Durch eine Vollmacht oder eine Bestellungsanordnung des Gerichts, Nr. 36 Abs. 2 UVollzO.
30 Nr. 37 Abs. 1 S. 2 und 3 UVollzO.

von Gegenständen (ausgenommen Verteidigerpost) während des Besuchs bestand jedoch auch für Verteidigerbesuche (Nr. 36 Abs. 5). Für Rechtsanwälte, die noch nicht mit der Verteidigung beauftragt („Erstkontakt") oder in sonstigen Rechtsangelegenheiten für den U-Gefangenen tätig waren, galt das Privileg eingeschränkt (Erfordernis eines Einzelsprechscheins mit schriftlicher Zustimmung des Richters oder Staatsanwalts, nur „regelmäßiges" Absehen von der Überwachung, Nr. 36 Abs. 3 und Abs. 4).

Für **Telefongespräche** („fernmündliche Gespräche") sah die UVollzO einen generellen Erlaubnisvorbehalt sowie eine generelle akustische Überwachung vor; ausgenommen waren in entsprechender Anwendung der Nr. 36 Abs. 1 Telefonate mit Verteidigern; anfallende Gebühren waren im Voraus zu entrichten (Nr. 38 Abs. 1 und Abs. 3).

Die Regelungen zum **Empfang und Versand von Paketen** verwiesen zum Teil auf die entsprechenden Bestimmungen zum Strafvollzug (§ 33 Abs. 1 und Abs. 4 StVollzG) und die hierzu erlassenen bundeseinheitlichen Verwaltungsvorschriften[31] (Nr. 39 Abs. 1 und Abs. 4). Hiernach durfte der U-Gefangene dreimal jährlich in angemessenen Abständen ein Paket mit Nahrungs- und Genussmitteln empfangen, während der Empfang weiterer Pakete oder solcher mit anderem Inhalt unter den Vorbehalt einer Erlaubnis des Anstaltsleiters gestellt war (Nr. 39 Abs. 1). Gegenstände, welche die Sicherheit oder Ordnung der Anstalt gefährden, waren vom Paketversand ausgeschlossen (§§ 22 Abs. 2, 33 Abs. 1 S. 4 StVollzG). Die Bestimmung zur Durchführung der Überwachung (Nr. 39 Abs. 3) entsprach mit geringfügigen Abweichungen dem § 33 Abs. 3 StVollzG. Die Möglichkeit einer vorübergehenden Versagung des Paketempfangs aus Gründen der Sicherheit oder Ordnung sah die UVollzO im Unterschied zu § 33 Abs. 3 StVollzG nicht vor.

6 c) **Sonderbestimmungen für junge Untersuchungsgefangene.** Gemäß der Auffangregel Nr. 85 S. 1 UVollzO galten für den Vollzug der Untersuchungshaft an „jungen Gefangenen" (nach der Legaldefinition in Nr. 1 Abs. 4 UVollzO waren dies „Gefangene unter 21 Jahren") die Vorschriften für die Erwachsenen ergänzend, soweit nicht eine spezielle Regelung eingriff. Die UVollzO enthielt nur eine Sonderbestimmung für junge Gefangene im Bereich des Außenverkehrs: Nr. 83 UVollzO bestimmte über die allgemeinen Regeln der Nrn. 24-39 UVollzO hinaus, dass der Außenverkehr „unterbunden" werde, „soweit er **aus erzieherischen Gründen** bedenklich erscheint" (Abs. 1). Zudem wurden durch Abs. 2 dieser Vorschrift Bewährungshelfer und Erziehungsbeistände wie Verteidiger privilegiert (durch Verweis auf die Nrn. 36, 37).

7 d) **Anordnungs- und Ausführungskompetenz.** Zuständig für beschränkende Anordnungen im Bereich der Außenkontakte wie auch sonst im Bereich des Vollzugs war **grundsätzlich der (Haft-)Richter** (§§ 119 Abs. 6 S. 1, 126 StPO, §§ 34, 107 JGG, Nr. 2, 77 UVollzO), mit der Möglichkeit der Übertragung sog. „nicht beschwerender Entscheidungen" auf den Staatsanwalt. In Eilfällen waren vorläufige Anordnungen der Staatsanwaltschaft, des Anstaltsleiters oder eines Beamten der Anstalt möglich, welche dann der Genehmigung durch den Richter bedurften (§ 119 Abs. 6 S. 2, 3 StPO).

Die Ausführung von Anordnungen oblag grundsätzlich dem Anstaltsleiter (Nr. 4 UVollzO), allerdings behielten etliche einige Spezialvorschriften der UVollzO im Bereich des Außenverkehrs eine Zuständigkeit des Richters (wiederum mit Übertragungsmöglichkeiten) vor (z.B. Nrn. 27 Abs. 1, 30, 35 Abs. 1 UVollzO).

8 e) **Rechtsbehelfe.** Gegen richterliche Entscheidungen war die Beschwerde (§§ 304 ff. StPO) statthaft (Ausnahme: Entscheidungen des OLG oder BGH, § 304 Abs. 4 StPO). Beschwerdeberechtigt waren der Beschuldigte / Untersuchungsgefangene und die Staatsanwaltschaft, ggf. auch ein in eigenen Rechten betroffener Dritter (z.B. Angehöriger, wenn die Überwachung dessen Besuchs angeordnet war), nicht jedoch die Anstaltsleitung.

Gegen Entscheidungen und Maßnahmen der Anstalt in den Bereichen, die gem. § 119 Abs. 6 StPO in die Kompetenz des (Haft-)Richters fielen, also auch im Falle von Eilanordnungen der Staatsanwaltschaft oder Anstalt nach § 119 Abs. 6 S. 2 StPO, war ein „Be-

31 Abgedruckt bei Calliess/Müller-Dietz, StVollzG, § 33.

schwerderecht" (Nr. 75 Abs. 1 UVollzO) vorgesehen, welches zu einer Entscheidung des (Haft-)Richters führte. Gegen die darauf ergehende Entscheidung des Richters war wiederum die StPO-Beschwerde statthaft (s.o.).

Gegen sonstige Entscheidungen bzw. Maßnahmen der Anstalt im Bereich des Haftvollzugs – dies waren nur solche, die den Bereich der Anstaltordnung generell betrafen und nicht in Bezug auf einen einzelnen Gefangenen (z.B. Regelungen der Hausordnung) – war der Antrag auf gerichtliche Entscheidung gem. §§ 23 Abs. 1 S. 2, 24 ff. EGGVG (Nr. 75 Abs. 3 UVollzO) zulässig. Über diesen hatte das OLG (Strafsenat) zu entscheiden (§ 25 EGGVG).

3. Das Nebeneinander von § 119 StPO n.F. und Ländergesetzen (Doppelmaterie). a) Abgrenzung der Kompetenzen von Bund und Ländern. Im Zuge der sog. **Föderalismusreform I** ist das Recht des Untersuchungshaftvollzugs aus dem Bereich der konkurrierenden Gesetzgebungskompetenz des Bundes gestrichen und damit in die Kompetenz der Länder (Art. 70 GG) überwiesen worden.[32] Allerdings besteht über die Reichweite der nun den Ländern zufallenden Kompetenzen zwischen den föderalen Gesetzgebern sowie in Rechtslehre und Praxis noch keine Einigkeit.[33] Die maßgebliche Kompetenznorm ist Art. 74 Abs. 1 Nr. 1 GG. In ihrer bis zum 31.8.2006 geltenden Fassung lautete die Vorschrift: 9

„Die konkurrierende Gesetzgebung erstreckt sich auf folgende Gebiete:

1. das bürgerliche Recht, das Strafrecht und den Strafvollzug, die Gerichtsverfassung, das gerichtliche Verfahren, die Rechtsanwaltschaft, das Notariat und die Rechtsberatung; [...]"

In der seit dem 1.9.2006 geltenden Fassung lautet die Norm nun:

„Die konkurrierende Gesetzgebung erstreckt sich auf folgende Gebiete:

1. das bürgerliche Recht, das Strafrecht, die Gerichtsverfassung, das gerichtliche Verfahren (ohne das Recht des Untersuchungshaftvollzugs), die Rechtsanwaltschaft, das Notariat und die Rechtsberatung; [...]"

Damit stellt sich seither das **Problem einer Abgrenzung** zwischen dem – weiterhin in der konkurrierenden Gesetzgebungskompetenz des Bundes („gerichtliches Verfahren") verbleibenden – Untersuchungs*haft*recht einerseits und dem – nunmehr in die Kompetenz der Länder fallenden – Untersuchungs*haftvollzugs*recht andererseits. Unbestritten ist, dass zum erstgenannten Rechtsgebiet als Teil des gerichtlichen Verfahrensrechts sowohl das Recht der Haftanordnung und -aufhebung („materielles" Haftrecht) als auch das Recht der bei der Entscheidung über die Haftfrage zu beachtenden Verfahrens („formelles" Haftrecht) zählen.[34] Streit herrscht hingegen hinsichtlich der Reichweite des Begriffs „Untersuchungshaftvollzug" und damit der Reichweite der Länderkompetenz. Zwei Auffassungen stehen sich hier gegenüber:

Der **Bundesgesetzgeber**[35] steht mit Teilen der Literatur[36] und Rechtsprechung[37] auf dem Standpunkt, dass durch die Novellierung des Art. 74 Abs. 1 Nr. 1 GG der Regelungsbereich der ersten Alternative des § 119 Abs. 3 StPO in seiner bis zum 31.12.2009 geltenden Fassung: 10

„Dem Verhafteten dürfen nur solche Beschränkungen auferlegt werden, die *der Zweck der Untersuchungshaft* [1. Alt.] oder *die Ordnung der in der Vollzugsanstalt* [2. Alt.] erfordert."

nach wie vor dem Bund zustehe, während (nur) der Gegenstand der zweiten Alternative den „Untersuchungshaftvollzug" i.S.v. Art. 74 Abs. 1 Nr. 1 GG betreffe und somit der Kompetenz der Länder überantwortet worden sei. Beschränkungen unter dem Gesichtspunkt des Haftzwecks (erste Alternative) beträfen das (weiterhin der konkurrierenden Gesetzgebungs-

32 Art. 1 Nr. 7 Buchstabe a Doppelbuchstabe aa des Gesetzes zur Änderung des Grundgesetzes vom 28. August 2006, BGBl. I, 2034 ff., amtliche Begründung BT-Drucks. 16/813.

33 Einen Überblick über den Meinungsstand geben Seebode Forum Strafvollzug 2009, 9 ff., sowie Oppenborn/Schäferskϋpper Forum Strafvollzug 2009, 21 f.

34 Vgl. zur Begrifflichkeit Seebode Forum Strafvollzug 2009, 11.

35 Begr. des Gesetzesentwurfs der Bundesregierung vom 27.10.2008, S. 12

36 Harms Forum Strafvollzug 2009, 13 ff.; Kazele StV 2010, 258 ff.; Paeffgen StV 2009, 46 ff.; Nestler HRRS 2010, 546.

37 OLG Hamm StV 2010, 368; OLG Oldenburg StV 2008, 195; OLG Rostock StV 2010, 197; AG Meppen, 11.9.2008, 21 Gs 276/08.

kompetenz des Bundes unterfallende) „gerichtliche Verfahren“ i.S.v. Art. 74 Abs. 1 Nr. 1 GG. Ausgehend von dieser **engen Auslegung** des Begriffs des „Untersuchungshaftvollzugs“ erklären sich die in § 119 Abs. 1 StPO in der seit dem 1.1.2010 geltenden Fassung[38] geregelten Beschränkungen, welche die Erreichung des Zwecks der Untersuchungshaft sicherstellen sollen. Der Zweck der Untersuchungshaft besteht im Falle der Haftgründe des § 112 Abs. 2 StPO (Flucht- oder Verdunkelungsgefahr) in der Sicherstellung der ordnungsgemäßen Durchführung des Strafverfahrens, im Falle des Haftgrundes des § 112 a Abs. 1 StPO (Wiederholungsgefahr) in dem Schutz der Allgemeinheit vor weiteren erheblichen Straftaten besonders gefährlicher (mutmaßlicher) Täter.[39]

11 Der oben beschriebenen Auffassung von der Kompetenzverteilung tragen auch – mit nur einer Ausnahme (NJVollzG) – die **Landesgesetze** (12er-Regelung,[40] UVollzG NRW, JVollzGB II Ba-Wü[41] und UVollzG Bayern[42]) Rechnung, indem sie Beschränkungen lediglich unter dem Gesichtspunkt der Abwehr von Gefahren für die Sicherheit und Ordnung in den Justizvollzugsanstalten normieren (entsprechend § 119 Abs. 3, 2. Alt. StPO a.F.). Da einzelne Beschränkungen mal durch diesen, mal durch jenen Zweck gerechtfertigt sein können, hat dies zwangsläufig „eine gewisse Überschneidung“[43] der Regelung in § 119 StPO mit den Landesgesetzen zum Untersuchungshaftvollzug „in Randbereichen“ zur Folge.[44] Dies betrifft insbesondere den Bereich des Außenverkehrs. So kann beispielsweise die akustische Überwachung eines Besuchs zur Abwehr einer Flucht- oder Verdunkelungsgefahr erforderlich sein (§ 119 Abs. 1 S. 2 Nr. 2 StPO, Konsequenz: Richtervorbehalt gem. § 119 Abs. 1 S. 3 StPO) oder aber zur Abwehr von Gefahren für die Sicherheit und/oder Ordnung der Anstalt (in den Ländern der „12er-Gruppe“: § 35 Abs. 2 12er-Regelung, Konsequenz: Anordnungskompetenz des Anstaltsleiters).[45] Das hiermit einhergehende Nebeneinander von Kompetenzen wird – trotz der offen zutage tretenden Inkonsequenz hinsichtlich des Bestehens eines Richtervorbehalts[46] – für unproblematisch erklärt.[47] Einen Sonderweg innerhalb der 12er-Regelung schlägt in diesem Zusammenhang das UVollzG SH in seiner Fassung des § 32 ein, indem es in einem Abs. 2 eine Zustimmungspflicht des Haftgerichts statuiert, sofern Entscheidungen der Anstaltsleitung im Bereich der Außenkontakte „den der Untersuchungshaft zugrunde liegenden Haftgrund oder verfahrenssichernde Anordnungen berühren können“.[48]

Eine **weite Auslegung** des Begriffs des „Untersuchungshaftvollzugs“ legt hingegen der niedersächsische Gesetzgeber[49] – mit Zustimmung von Teilen der Literatur[50] und Rechtspre-

38 Gem. Art. 1 des „Gesetzes zur Änderung des Untersuchungshaftrechts“ vom 29.7.2009, BGBl I, 2274.

39 Die von AnwK U-Haft/König, § 119 StPO Rn. 3 geäußerten Zweifel an der Gesetzgebungskompetenz des Bundes für Beschränkungen im Vollzug greifen nicht durch. Mag auch die Vorschrift des § 112 a StPO materiell einen polizeilich-präventiven Regelungsgehalt haben, so bleibt sie doch formell (Haftanordnung durch das Haftgericht im Rahmen eines Strafverfahrens) eine Vorschrift des „gerichtlichen Verfahrens“ i.S.v. Art. 74 Abs. 1 Nr. 1 GG.

40 Exemplarisch: Begr. des Gesetzesentwurfs der Thüringischen Landesregierung vom 21.1.2009, Drucks. 4/4803, S. 2 f.

41 Vgl. die Fassung der Generalklausel des § 1 Abs. 3 S. 1 UVollzG NRW: „Beschränkungen [...] nur [...] zur Aufrechterhaltung der Sicherheit oder zur Abwehr einer schwerwiegenden Störung der Ordnung der Anstalt“; nahezu gleichlautend: § 2 Abs. 2 JVollzGB II Ba-Wü.

42 Vgl. die Begründung des RegE Bayern, S. 32.

43 So die Begr. des Gesetzesentwurfs der Bundesregierung vom 27.10.2008 a.a.O.

44 So ausdrücklich die Begr. des Gesetzesentwurfs der Bundesregierung vom 27.10.2008, S. 31.

45 Gleiches gilt für den Abbruch eines Besuchs, vgl. § 119 Abs. 1 S. 7 StPO, § 35 Abs. 3 S. 1 12er-Regelung.

46 Deutlich in den Ausführungen von Harms Forum Strafvollzug 2009, S. 14: „Richtervorbehalt [für Beschränkungen nach § 119 Abs. 1 StPO [Anm. des Verfassers] nach wie vor geboten“, S. 15: „[...] bleibt es der Anstalt überlassen, die Fesselung ggf. nach dem Landesgesetz anzuordnen“; einen generellen Richtervorbehalt für Überwachungsmaßnahmen fordert die BRAK-Stellungnahme-Nr. 17/2009, S. 20 ff.; vgl. dagegen die ablehnende Argumentation bei Kirschke/Brune Forum Strafvollzug 2009, 18 ff., sowie exemplarisch die Begründung des Berliner Entwurfs eines UVollzG Berlin vom 16.6.2009, S. 61 f.

47 Harms Forum Strafvollzug 2009, S. 15: „Probleme für die Praxis werden sich daraus nicht ergeben.“

48 S. hierzu den RegE SH, S. 57, 80 f.

49 Vgl. Oppenborn/Schäfersküpper Forum Strafvollzug 2009, 21 ff.

50 Seebode HRRS 2008, 236 ff.; ders. Forum Strafvollzug 2009, 7 ff.; Winzer/Hupka DRiZ 2008, 146 ff.

chung[51] – dem NJVollzG zugrunde, der eine umfassende, d.h. beide Varianten des § 119 Abs. 3 StPO a.F. ersetzende Regelungskompetenz für sich in Anspruch nimmt[52]. Der Begriff „Untersuchungshaftvollzug" umfasst nach dieser Auffassung „alle Eingriffsmaßnahmen, die einen Verdächtigen nur wegen seiner Inhaftierung und zusätzlich zu dieser treffen können".[53] So lautet im NJVollzG die Generalklausel für Beschränkungen, § 135 Abs. 2, folgerichtig:

„Soweit dieses Gesetz eine besondere Regelung nicht enthält, können der oder dem Gefangenen über § 3 Satz 2[54] hinaus Beschränkungen auferlegt werden, die der Zweck der Untersuchungshaft erfordert."

Dies steht, wie auch weitere Regelungen des NJVollzG gerade im Bereich des Außenverkehrs,[55] im offenen Konflikt zur Neufassung des § 119 Abs. 1 StPO und fordert damit letztlich eine verfassungsgerichtliche Klärung der Streitfrage heraus.

Die Kompetenzproblematik wirkt sich auch im Bereich der **jungen Untersuchungsgefangenen** aus. Mit den §§ 89 c, 110 Abs. 2 JGG n.F. beansprucht der Bundesgesetzgeber die Kompetenz zur Entscheidung darüber, bis zu welchem Alter der Vollzug nach speziellen Vorschriften für junge Gefangene gestaltet werden muss bzw. kann.[56] In den Untersuchungshaftvollzugsgesetzen aller Länder (nicht nur Niedersachsens) finden sich hierzu jeweils eigene, durchaus voneinander abweichende Regelungen. So ist bereits fraglich, wer die Kompetenz zur (Legal-)Definition der „jungen Gefangenen" besitzt. § 89 c JGG setzt diesen Begriff voraus, ohne ihn selbst zu definieren. In den einzelnen Ländergesetzen wird der Kreis der „jungen Gefangenen" dabei unterschiedlich weit gezogen (Näher Grdl. Rn. 27 f.; s. auch Rn. 44).

Eine Entscheidung des BVerfG zur Reichweite der den Ländern zufallenden Kompetenz im Bereich des Untersuchungshaftvollzugs steht noch aus. Zwei konkrete **Normenkontrollvorlagen** an das BVerfG gem. Art. 100 Abs. 1 GG zur Frage der Verfassungsmäßigkeit der von den §§ 119 Abs. 6, 126 Abs. 1 und Abs. 2 StPO abweichenden Zuständigkeitsvorschriften der §§ 146 Abs. 3, 134 Abs. 1 Nr. 1 NJVollzG sind – was man in der Sache bedauern mag[57]

51 OLG Celle StV 2010, 194, m. Anm. von Kazele StV 2010, 258, und Nestler HRRS 2010, 546.

52 So ausdrücklich S. 66, 174, 179 der Begr. des Regierungsentwurfs vom 22.2.2007, Dr. 15/3565. Die Landesregierung Baden-Württembergs neigte im Gesetzgebungsverfahren zwar zu demselben Standpunkt, wollte aber „im Interesse der Vollzugspraxis" von einander widersprechenden Vorschriften des Bundes- und des Landesrechts absehen, vgl. Drucks. 14/5012, S. 165 f.

53 OLG Celle StV 2010, 194; ähnlich Seebode HRRS 2008, 239.

54 § 3 S. 2 NJVollzG: „Soweit das Gesetz eine besondere Regelung nicht enthält, können ihr oder ihm die Beschränkungen auferlegt werden, die zur Aufrechterhaltung der Sicherheit und Ordnung der Anstalt erforderlich sind."

55 Während z.B. gemäß § 119 Abs. 1 S. 2 Nr. 1 StPO eine Besuchserlaubnis nur bei ausdrücklicher Anordnung erforderlich ist, stellt § 143 Abs. 1 und Abs. 2 S. 1 NJVollzG Besuche generell unter einen Erlaubnisvorbehalt. Ähnliches gilt für dem Schriftverkehr: § 119 Abs. 1 S. 2 Nr. 2 und Abs. 2 StPO sieht eine Textkontrolle nur bei entsprechender Anordnung im Einzelfall vor, mit der Möglichkeit einer Delegation der Ausführung, während § 146 Abs. 1 und Abs. 2 NJVollzG die generelle Textkontrolle aller ein- und ausgehenden Schreiben durch das Gericht – ohne Delegationsmöglichkeit – vorschreibt.

56 Die Bundesregierung argumentiert, diese Regelungen beträfen nicht das „Wie" des Vollzugs (Länderkompetenz), sondern die „übergeordnete Art des Vollzugs der Untersuchungshaft an jungen Gefangenen im Hinblick auf die gebotene jugendgemäße Ausgestaltung des Strafverfahrens" (S. 52 des Regierungsentwurfs vom 27.10.2008). Der Bundesrat vertrat in seiner Stellungnahme vom 19.12.2008, Drucks. 829/08, hingegen die Auffassung, der geplante (inzwischen in Kraft getretene) § 89 c JGG betreffe „Fragen der inhaltlichen Ausgestaltung des Untersuchungshaftvollzuges, also klassische Vollzugsfragen" und falle damit in den Bereich der Länderkompetenz.

57 Paeffgen StV 2009, 46 (49).

– jeweils aus formalen Gründen als unzulässig beschieden worden.[58] Weitere Vorlagebeschlüsse dürften allerdings unvermeidbar sein.[59] Anzumerken ist, dass im Falle der Auslegung des Art. 74 Abs. 1 Nr. 1 GG zugunsten einer umfassenden Regelungsbefugnis der Länder (wie dem NJVollzG zugrunde liegend) in sämtlichen Ländergesetzen mit Ausnahme des NJVollzG eine Regelungslücke bestünde, da Beschränkungen mit der Zielrichtung des § 119 Abs. 1 StPO n.F. (Sicherung des Strafverfahrens) in den Ländergesetzen nicht vorgesehen sind. Eine einstweilige „Fortgeltung" des – nach dieser Auffassung mangels Gesetzgebungskompetenz formell verfassungswidrigen – § 119 Abs. 1 StPO gemäß Art. 125 a GG schiede aus, da der § 119 StPO n.F. erst *nach* Änderung des Art. 74 Abs. 1 Nr. 1 GG erlassen worden ist und nicht lediglich eine geringfügige Modifikation der bisherigen Fassung bedeutet.[60] Dem pragmatischen Rechtsanwender bleibt bis zur Klärung der Streitfrage nichts anderes übrig, als das jeweilige Landesrecht und – soweit das Landesrecht keine Regelung trifft – den § 119 StPO im Vertrauen auf ihre jeweilige Gültigkeit anzuwenden.

12 b) **Abgrenzung der Kompetenzen im Untersuchungshaftvollzug.** Das Nebeneinander von § 119 StPO und den Ländervollzugsgesetzen führt in der Praxis unvermeidbar zu Überschneidungen und Überlagerungen von Kompetenzen, die nach dem Willen des Gesetzgebers hinzunehmen sind (s.o.). Generell ist künftig nach dem **Zweck einer Beschränkung** zu fragen, um die zutreffende Rechtsgrundlage und damit einhergehend auch den für die Beschränkung zuständigen Entscheidungsträger sowie den zulässigen Rechtsbehelf zu ermitteln:

- **Verfahrenssichernde** Beschränkungen gestattet § 119 StPO. Zuständig für deren Anordnung ist grundsätzlich das Haftgericht, § 119 Abs. 1 S. 3 StPO. Zulässiger Rechtsbehelf ist gem. § 119 Abs. 5 StPO die Beschwerde (§ 304 StPO), ggf. der Antrag auf gerichtliche Entscheidung (Näheres hierzu Rn. 56-58).
- **Vollzugliche** Beschränkungen unter dem Gesichtspunkt der Sicherheit und Ordnung der Anstalt normieren bzw. gestatten die Ländergesetze über den Vollzug der Untersuchungshaft, zuständig für die Entscheidung über vollzugliche Beschränkungen ist die Anstalt bzw. Anstaltsleitung. Zulässiger Rechtsbehelf ist der Antrag auf gerichtliche Entscheidung (§ 119 a StPO), unbeschadet eines in den Ländergesetzen vorgesehenen „Beschwerderechts"[61].

13 c) **Nebeneinander von verfahrenssichernden und vollzuglichen Anordnungen.** Das Nebeneinander von Bundes- und Landeskompetenz respektive gerichtlicher und vollzuglicher Zuständigkeit führt – nicht nur (s. z.B. die Möglichkeit einer Fesselung entweder zur Sicherung des Haftgrundes oder als vollzugliche Sicherungsmaßnahme), aber gerade auch – im Bereich des Außenverkehrs zu Überschneidungen. So werden im Regelfall dem Untersuchungsgefangenen im Zusammenhang mit dem Außenverkehr sowohl verfahrenssichernde Beschränkungen durch das Gericht (z.B. Erlaubnisvorbehalt für Besuche) als auch vollzugliche Beschränkungen durch die Anstalt (z.B. Anordnung der akustischen Besuchsüberwachung)

---

58 In beiden Fällen nahmen die vorlegenden Gerichte den Standpunkt ein, dass der niedersächsische Gesetzgeber seine Gesetzgebungskompetenz überschritten habe, da die vorgelegten Normen das „gerichtliche Verfahren" i.S.v. Art. 74 Abs. 1 Nr. 1 GG beträfen. Die erste Vorlage erfolgte durch das OLG Oldenburg, 12.2.2008, 1 Ws 87/08 = StV 2008, 195, und wurde zurückgewiesen durch BVerfG, 28.5.2008, 2 BvL 8/08 = DRiZ 2008, 321; die zweite Vorlage erfolgte durch das AG Meppen, 11.9.2008, 21 Gs 276/08, und wurde zurückgewiesen durch BVerfG, 20.11.2008, 2 BvL 16/08. Im Beschluss vom 28.5.2008 hat das BVerfG darauf hingewiesen, dass jedenfalls für eine Anwendung der Kollisionsregel des Art. 31 GG kein Raum sei, solange die formelle Verfassungsmäßigkeit des Landesrechts nicht feststehe; die Kompetenzfrage sei der Kollisionsfrage vorgelagert.

59 Das OLG Celle hätte angesichts der von ihm in StV 2010, 194 ff. zugrunde gelegten Rechtsauffassung (keine Gültigkeit des § 119 StPO n.F. für den Bereich der Untersuchungshaft in Niedersachsen) die Frage gem. Art. 100 Abs. 1 GG dem BVerfG vorlegen müssen; die Begründung a.a.O. unter Hinweis auf den Art. 125 a Abs. 1 S. 2 GG sowie unter Berufung auf BVerfGE 111, 10 überzeugt nicht, da § 119 StPO durch das „Gesetz zur Änderung des Untersuchungshaftrechts" nicht lediglich modifiziert, sondern grundlegend neu konzipiert worden ist; insoweit überzeugend: Kazele StV 2010, 261.

60 A.A. OLG Celle StV 2010, 194 ff. und offenbar auch der baden-württembergische Gesetzgeber, wenn er „im Interesse der Vollzugspraxis" von Regelungen im Bereich des § 119 Abs. 3, 1.Alt. StPO a.F. absieht (RegE Ba-Wü, S. 166).

61 § 65 12er-Regelung, § 101 NJVollzG, § 54 UVollzG NRW, § 68 JVollzGB II Ba-Wü, Art. 42 UVollzG Bayern i.V.m. Art. 115 StVollzG Bayern.

auferlegt werden. Hierbei ist zu beachten, dass etwaige **Beschränkungen nebeneinander und unabhängig voneinander** gelten.[62] Dies führt dazu, dass im Einzelfall einem Untersuchungsgefangenen bestimmte Beschränkungen parallel sowohl durch das Gericht als auch durch die Anstalt auferlegt werden können. Dies kann im Einzelfall sogar zu „doppelten" Überwachungsmaßnahmen führen (Textkontrolle des Schriftverkehrs einerseits durch das Gericht zur Abwehr von Gefahren für den Haftzweck, andererseits durch die Anstalt zur Abwehr von Gefahren für die Sicherheit oder Ordnung der Anstalt).[63]

Gericht und Anstalt sind wegen der unterschiedlichen Eingriffsgrundlagen in ihren Entscheidungen voneinander unabhängig, so dass es im Einzelfall zu **divergierenden Entscheidungen** über die Notwendigkeit bestimmter Beschränkungen des Außenverkehrs kommen kann.[64] So ist z.B. im Falle eines gem. § 119 Abs. 1 S. 2 Nr. 1 StPO angeordneten Erlaubnisvorbehalts für Besuche die Anstalt trotz durch das Gericht erteilter Besuchserlaubnis nicht gehindert, aus vollzuglichen Gründen den Besuch einer bestimmten Person im Einzelfall zu untersagen (z.B. § 33 Abs. 5 § 12er-Regelung). Ebenso ist die Anstalt nicht gehindert, aus Gründen der Sicherheit oder Ordnung der Anstalt eine akustische Besuchsüberwachung im Einzelfall anzuordnen (z.B. § 35 Abs. 2 12er-Regelung), wenn das Haftgericht für eine entsprechende Maßnahme zur Verfahrenssicherung gem. § 119 Abs. 1 S. 2 Nr. 2 StPO keinen Anlass gesehen hat.[65] Abgemildert werden soll diese Zweigleisigkeit durch das in allen Ländergesetzen festgeschriebene Kooperationsgebot (§ 3 12er-Regelung, § 134 b NJVollzG, §§ 4, 5 UVollzG NRW, § 3 JVollzGB II Ba-Wü, Art. 6, 7 UVollzG Bayern). Auch hinsichtlich vollzuglicher Beschränkungen der Anstaltsleitung lässt sich im Ergebnis eine gerichtliche Entscheidung durch einen stets möglichen Antrag auf gerichtliche Entscheidung gem. § 119 a StPO herbeiführen.[66] 14

Dabei darf ein **wesentlicher Unterschied** zwischen verfahrenssichernden und vollzuglichen Anordnungen nicht übersehen werden: Während Beschränkungen durch das Haftgericht generell für den weiteren Vollzugsverlauf gelten, kann die Anstalt vollzugliche Anordnungen (Verbote, Erlaubnisse) immer nur jeweils innerhalb ihres räumlichen Bereichs regeln, d.h. solange sich der Untersuchungsgefangene in der jeweiligen Anstalt befindet.[67] Diese Unterscheidung erlangt Bedeutung für den – in der Praxis durchaus häufig auftretenden Fall – einer sog. Verschubung des Gefangenen von einer in die andere Anstalt, ggf. durch mehrere Anstalten oder sogar Bundesländer hindurch (z.B. bei Verkündung des Haftbefehls durch das „nächste Amtsgericht", § 115 a StPO). Bereits aus dem Tatbestand der entsprechenden 15

62 Vorausgesetzt, dass sie sich nicht inhaltlich ausschließen: Wenn § 35 Abs. 5 S. 1 12er-Regelung ein generelles Verbot der Übergabe von Gegenständen bei Besuchen – ohne Ausnahmevorbehalt (bei Besuchern, die nicht unter die Sätze 2 und 3 der Vorschrift fallen) – festlegt, so wird dieses Verbot durch die Anordnung eines Erlaubnisvorbehalts nach § 119 Abs. 1 S. 2 Nr. 3 StPO hinfällig, da ansonsten die bundesrechtliche Regelung vereitelt würde, vgl. Rn. 89.

63 Schlothauer/Weider, Untersuchungshaft, Rn. 1005, 1145, 1187.

64 Die Auffassung von AnwK U-Haft/Pollähne, Vor §§ 32 ff. Rn. 4, wonach „§ 119 StPO rechtlich und praktisch definitiv den Vorrang" im Rahmen der Beschränkungen des Außenverkehrs habe, überzeugt nicht: Angesichts verschiedener Eingriffszwecke und - idealiter - randscharf abgegrenzter Kompetenzen von Bund und Ländern lässt sich weder rechtlich noch faktisch ein Vorrang des Bundesrechts gegenüber dem Landesrecht begründen; ein solcher Vorrang folgt auch nicht aus dem „Kooperationsgebot" (vgl. § 1 Rn. 15). Von einem „Nachrüsten" oder „Draufsatteln" (Pollähne a.a.O. und § 32 Rn. 21) kann deshalb im Zusammenhang mit vollzuglichen Beschränkungen keine Rede sein.

65 Eine ggf. unter Anwendung des Art. 31 GG aufzulösende Kollisionslage zwischen Bundes- und Landesrecht besteht jedoch dann, wenn sich bundes- und landesgesetzliche Regelung inhaltlich ausschließen, wie dies im Bereich der Übergabe von Gegenständen beim Besuch der Fall ist; vgl. Rn. 89.

66 Zu den Einzelheiten s. den Abschnitt „Beschwerde und Rechtsbehelfe". Etwas zu weitgehend erscheint es, wenn Schlothauer/Weider, Untersuchungshaft, Rn. 1174, der Verteidigung empfehlen, bei divergierenden Entscheidungen „in der Regel" einen Antrag auf gerichtliche Entscheidung zu stellen, denn angesichts verschiedener Eingriffsrechtfertigungen sind divergierende Entscheidungen nicht schon per se ein Indiz für eine fehlerhafte Entscheidung der Anstalt.

67 Wiesneth, Die Untersuchungshaft, Rn. 285.

Eingriffsnormen (Sicherheit oder Ordnung „der“ Anstalt[68]), letztlich auch aus der räumlich auf die jeweiligen Landesgrenzen beschränkten Gesetzgebungskompetenz der Länder ergibt sich eine Beschränkung vollzuglicher Anordnungen auf den Vollzug in der jeweiligen Anstalt. Einer ausdrücklichen Beschränkung der Anordnung auf die jeweilige Anstalt (z.B. in Form einer auflösenden Bedingung) bedarf es nicht,[69] umgekehrt bliebe eine ausdrückliche Ausweitung auf andere Anstalten wirkungslos. Speziell im Bereich des Außenverkehrs besteht ein weiterer Unterschied zwischen verfahrenssichernden und vollzuglichen Anordnungen insofern, als vollzugliche Beschränkungen nur für die Fälle des „echten“ Außenverkehrs gelten (s. Rn. 17).

16 **4. Übergangsregelung bis 31.12.2011.** Durch die Neuverteilung der Gesetzgebungskompetenzen im Bereich des Untersuchungshaftvollzugs – s. Rn. 9 ff. – und die daraus resultierende Neufassung des § 119 StPO ist die früher geltenden Bestimmung des § 119 Abs. 3 StPO a.F. i.V.m. der UVollzO weggefallen. Vollzugliche Anordnungen müssen seither auf der Grundlage von Ländergesetzen über den Untersuchungshaftvollzug getroffen werden. Da absehbar war, dass zum 1.1.2010 in den meisten Bundesländern entsprechende Regelwerke noch nicht existieren würden, räumte der Bundesgesetzgeber mit **§ 13 EGStPO** (auf der kompetenzrechtlichen Grundlage von Art. 125 a GG) den Ländern eine Übergangsfrist bis zum 31.12.2011 für den Erlass von Untersuchungshaftvollzugsgesetzen ein. § 13 EGStPO[70] lautet:

„In den Ländern, die bis zum 1. Januar 2010 noch keine landesgesetzlichen Regelungen zum Vollzug der Untersuchungshaft getroffen haben, gilt bis zum Inkrafttreten solcher Regelungen, längstens jedoch bis zum 31. Dezember 2011, § 119 der Strafprozessordnung in der bis zum 31. Dezember 2009 geltenden Fassung, *soweit dort der Vollzug der Untersuchungshaft geregelt ist*, neben der ab dem 1. Januar 2010 geltenden Fassung fort.“

Hierdurch entsteht bis zum Erlass eines Ländergesetzes ein weiteres Nebeneinander von Gesetzeswerken, nämlich auf der Bundesebene zwischen § 119 StPO a.F. (Abs. 3, 2. Alt.: „Ordnung in der Vollzugsanstalt“) und § 119 StPO n.F. Durch den Zusatz in § 13 EGStPO „soweit dort der Vollzug der Untersuchungshaft geregelt ist“ beschränkt sich die Fortgeltung des § 119 StPO a.F. auf den **Bereich vollzuglicher Anordnungen**. Für Beschränkungen unter dem Gesichtspunkt der Verfahrenssicherung gilt in allen Bundesländern seit dem 1.1.2010 die neue Fassung des § 119 StPO unabhängig davon, ob bereits ein Landesgesetz über den Untersuchungshaftvollzug erlassen worden ist.[71]

Für den Bereich des Untersuchungshaftvollzugs an **jungen Gefangenen** trifft Art. 121 Abs. 2 JGG[72] eine entsprechende Übergangsregelung:

„In den Ländern, die bis zum 1. Januar 2010 noch keine landesgesetzlichen Regelungen zum Vollzug der Untersuchungshaft an jungen Gefangenen getroffen haben, gilt bis zum Inkrafttreten solcher Regelungen, längstens jedoch bis zum 31. Dezember 2011, § 93 Abs. 2 in der bis zum 31. Dezember 2009 geltenden Fassung fort.“

§ 93 Abs. 2 JGG a.F. lautete: „Der Vollzug der Untersuchungshaft soll erzieherisch gestaltet werden.“ Mit der Übergangsregelung soll eine Rechtsgrundlage für den Vollzug der Untersuchungshaft an jungen Gefangenen bis zum Erlass entsprechender ländergesetzlicher Regelungen sichergestellt werden.

---

68 Etwas anderes gilt auch dann nicht, wenn einzelne Eingriffsnormen auf die Sicherheit nicht nur der anordnenden, sondern auch anderer Anstalten abstellen, z.B. im Bereich des Schriftverkehrs: Anhalten von Schreiben nach § 147 Abs. 1 S. 1 NJVollzG, § 19 Abs. 1 Nr. 1 JVollzGB II Ba-Wü und Art. 20 Abs. 1 Nr. 1 UVollzG Bayern bei Gefährdung der Sicherheit oder Ordnung „einer“ Anstalt.

69 Wiesneth, Die Untersuchungshaft, Rn. 285; a.A. für den Strafvollzug: OLG Frankfurt NStZ-RR 2009, 359.

70 In der Fassung des Art. 1 a UHaftÄndG v. 29.7.2009, BGBl. I, 2274; gem. Art. 8 Abs. 2 tritt die Vorschrift zum 1.1.2012 außer Kraft.

71 Str.; wie hier: Wiesneth, Die Untersuchungshaft, Rn. 280; OLG Frankfurt NStZ-RR 2010, 294; a.A.: Schlothauer/Weider, Untersuchungshaft, Rn. 1003: „uneingeschränkte“ Fortgeltung des § 119 StPO a.F.

72 In der Fassung des Art. 3 UHaftÄndG v. 29.7.2009, BGBl. I, 2274; gem. Art. 8 Abs. 2 tritt die Vorschrift zum 1.1.2012 außer Kraft.

II. Grundsatz: Beschränkungen nach Bundesrecht (§ 119 StPO)

1. Allgemeine Grundsätze. Der **Anwendungsbereich** des § 119 StPO beschränkt sich nicht auf Haftbefehle, die unter den Voraussetzungen der §§ 112, 112 a StPO (Flucht-, Verdunkelungs- oder Wiederholungsgefahr[73]) erlassen werden, sondern erstreckt sich auch auf die Fälle der §§ 127 b („Hauptverhandlungshaft"), 230 Abs. 2, 236, 275 a Abs. 5, 329 Abs. 4, 412 S. 1 und 453 c („Sicherungshaftbefehl") StPO (nicht: § 457 Abs. 2 StPO „Vollstreckungshaftbefehl").[74] 17

Die zur Sicherung des Haftzwecks erforderlichen Beschränkungen im Untersuchungshaftvollzug kann das Haftgericht (§ 126 StPO) auf der Grundlage des § 119 Abs. 1 StPO anordnen. § 119 Abs. 1 S. 2 (i.V.m. S. 7) StPO zählt – nicht abschließend – in Katalogform (Ziff. 1.-5.) mögliche Anordnungen auf. Der Blick auf den Katalog, wie auch die kaum zu überblickende Rechtsprechung zur alten Fassung des § 119 StPO belegen, dass derartige Anordnungen in der Praxis nicht nur (vgl. Ziff. 4. und 5.), aber doch in erster Linie den Außenverkehr betreffen. Deshalb werden die Grundsätze zu § 119 StPO in diesem Abschnitt dargestellt. Da § 119 StPO grundsätzlich **Beschränkungen jeder Art** im Untersuchungshaftvollzug (solange sie der Sicherung des Haftzwecks dienen) ermöglicht, gilt die nachfolgende Darstellung nicht nur für den Bereich des Außenverkehrs, sondern auch für die in den übrigen Abschnitten dieses Werks behandelten Bereiche.

Beschränkende Anordnungen nach § 119 StPO im Bereich des Außenverkehrs gelten auch für Kontakte zu anderen (Untersuchungs- oder Straf-)Häftlingen.[75] Der zwar gebräuchliche, aber von § 119 StPO - im Unterschied zu den meisten Ländergesetzen - mitnichten verwendete Begriff des „Außenverkehrs", darf nicht dazu verleiten, die durch das Haftgericht angeordneten Beschränkungen der Kommunikation für unbeachtlich zu halten, soweit es um Kontakte des Untersuchungsgefangenen zu einem Mitgefangenen innerhalb derselben Anstalt geht.[76] Die unter Geltung der früheren Rechtslage hierfür angeführten Argumente[77] sind durch die Neufassung des § 119 StPO nicht entkräftet: Zur Sicherung des Haftzwecks macht es keinen Unterschied, ob es um den Kontakt zu Personen außerhalb („echter" Außenverkehr) oder innerhalb der Anstalt geht. Anders liegt dies, soweit es um die Anstaltssicherheit oder -ordnung geht, weshalb sich die Regelungen der Ländergesetze konsequent auf Kontakte „mit Personen außerhalb der Anstalt" (§ 32 12er-Regelung, vgl. im Übrigen Rn. 36) beschränken.[78]

Seit der Neufassung des § 119 StPO gelten nach Bundesrecht **keine standardmäßigen Beschränkungen** im Untersuchungshaftvollzug mehr (im Unterschied zur früheren Rechtslage nach § 119 Abs. 3 und Abs. 6 StPO a.F. i.V.m. Nr. 2 Abs. 2 UVollzO; s. Rn. 5). Dies bedeutet, dass Außenkontakte grundsätzlich (d.h. unter dem Gesichtspunkt des Haftgrundes und der Verfahrenssicherung, vorbehaltlich vollzuglicher Anordnungen der Anstaltsleitung[79]) 18

- ohne Erlaubnisvorbehalte,
- ohne zeitliche Beschränkungen/Vorgaben und
- ohne Überwachung

stattfinden können, soweit und solange nicht durch Anordnung im Einzelfall verfahrenssichernde Beschränkungen (§ 119 Abs. 1 StPO) gemacht werden.

---

73 Zur Gesetzgebungskompetenz des Bundes für den Vollzug der U-Haft auch im Falle des § 112 a StPO vgl. Rn. 10.

74 RegE Bund, S. 24. Diesem Anwendungsbereich entspricht der Anwendungsbereich der Ländergesetze, vgl. exemplarisch § 1 Abs. 2 12er-Regelung.

75 Für den Besuchsverkehr: Meyer-Goßner, StPO, § 119 Rn. 11.

76 Kontakte zu Häftlingen in anderen Anstalten lassen sich schon sprachlich zwanglos dem „Außenverkehr" zuordnen, da auch andere Vollzugsanstalten sich außerhalb der die U-Haft vollstreckenden Anstalt befinden.

77 Nachw. bei Münchhalffen/Gatzweiler, Das Recht der Untersuchungshaft, Rn. 578; Schlothauer/Weider, Untersuchungshaft, Rn. 1156.

78 AnwK U-Haft/Pollähne, § 32 Rn. 9 m.w.N.

79 Auf der Grundlage der Ländergesetze; Einzelheiten werden im Folgenden an entsprechender Stelle dargestellt.

Dass der „regelmäßigen" Anordnung bestimmter Maßnahmen (im Sinne einer Mehrzahl der Fälle) der Wille des Gesetzgebers entgegenstehe,[80] wäre eine Fehlinterpretation des Normzwecks. Nach der amtlichen Begründung zur Neufassung des § 119 StPO sollte (nur) erreicht werden, „dass in jedem Einzelfall jede Beschränkung von dem Haftgericht auf ihre konkrete Erforderlichkeit geprüft wird [...]. Wenn auch für die Anordnung bestimmter Beschränkungen (wie z.B. der Überwachung der Kommunikation) häufiger Anlass bestehen wird als für andere, so sind auch durchaus Fälle denkbar [!], in denen jedenfalls die Zwecke der Untersuchungshaft diese Beschränkungen nicht rechtfertigen." [81] Aus der **Umkehr des Regel-Ausnahme-Verhältnisses** sollte also nicht gefolgert werden, dass Beschränkungen nur noch ausnahmsweise angeordnet werden dürfen.[82]

19 Die in § 119 Abs. 1 S. 2 StPO enthaltene Aufzählung möglicher Beschränkungen ist **nicht abschließend** („insbesondere"). Etwaige Beschränkungen dürfen jedoch nur unter dem Gesichtspunkt der „Abwehr einer Flucht-, Verdunkelungs- oder Wiederholungsgefahr gemacht werden. Andere Eingriffsgründe (Gefahr für Sicherheit oder Ordnung der Anstalt) sind nicht durch § 119 StPO gedeckt. Dies führt zwangsläufig zu einer **„Zweigleisigkeit"** von Beschränkungen und Überwachungsmaßnahmen, nämlich auf der Grundlage des § 119 StPO einerseits – angeordnet (regelmäßig) durch das Gericht und begrenzt auf den Zweck der Verfahrenssicherung – und auf der Grundlage der Ländergesetze andererseits – angeordnet durch die Anstaltsleitung und begrenzt auf den Zweck der Gewährleistung der Sicherheit oder Ordnung der Anstalt.[83]

Dass dies zu sinnwidrigen Ergebnissen führen kann, ist vom Gesetzgeber gesehen und im Grundsatz wohl in Kauf genommen worden. So kann im Einzelfall eine **doppelte Überwachung** (Textkontrolle) des Schriftverkehrs geboten sein, sofern es konkrete Anhaltspunkte für eine konkrete Gefährdung des Haftzwecks wie auch der Sicherheit oder Ordnung der Anstalt gibt.[84] Das Haftgericht (bzw. der Staatsanwalt, dem die Textkontrolle übertragen worden ist) hat auf der Grundlage von § 119 StPO keine eigene Befugnis, ein Schreiben anzuhalten, welches zwar nicht den Haftzweck, aber offensichtlich die Anstaltssicherheit/-ordnung gefährdet; er muss ggf. unverzüglich eine Mitteilung an die Anstaltsleitung machen.[85] Denn derartigen Gefährdungen kann nur durch eine parallele Textkontrolle/Anhalteanordnung durch die Anstalt auf der Grundlage des Landesrechts begegnet werden, was zu unerwünschten Verzögerungen bei der Weiterleitung des Schriftverkehrs führen

80 So König NStZ 2010, 185 (189).

81 RegE Bund, S. 24.

82 So dürfte bei dem Haftgrund der Verdunkelungsgefahr in der überwiegenden Mehrzahl aller Fälle jedenfalls ein Erlaubnisvorbehalt für Besuche und Telekommunikation gem. § 119 Abs. 1 S. 2 Nr. 1 StPO erforderlich sein. Dass es im Einzelfall unabdingbar erscheinen kann, den Betroffenen (sogar) einzusperren, um (konkret zu belegenden, § 114 Abs. 2 Nr. 4 StPO!) Verdunkelungsgefahren entgegenzuwirken, andererseits aber über die Freiheitsentziehung hinaus jedwede Beschränkung/Kontrolle seiner Kommunikation unverhältnismäßig sein soll, dürfte zu einem unauflösbaren Widerspruch der Begründungen führen: Wie soll die Inhaftierung ihren Zweck dann noch erreichen können? Vgl. auch Rn. 152 zur regelmäßig gebotenen Überwachung des Paketverkehrs.

83 Vgl. bereits Rn. 2. Der Versuch von König (NStZ 2010, 185 und AnwK U-Haft/König, § 119 StPO Rn. 9, 24), den Anwendungsbereich von § 119 StPO einzugrenzen auf die Abwehr von Gefahren, „die sich ausschließlich außerhalb der Anstalt realisieren können oder ohne Einfluss auf Sicherheit und Ordnung der Anstalt sind", überzeugt für den Fall der Fluchtgefahr nicht (Ausbruchsgefahr soll demnach nicht von § 119 StPO erfasst sein; vgl. hingegen RegE Bund, S. 23).

84 Beispiel bei Schlothauer/Weider, Untersuchungshaft, Rn. 1005, 1145.

85 Vgl. Rn. 103. Bei Anfangsverdacht einer Straftat sind ggf. die Voraussetzungen einer Beschlagnahme nach §§ 94 ff., 108 StPO zu prüfen; der RegE Bund, S. 26, geht in der Begr. zu § 119 Abs. 1 S. 7 StPO auf diese Problematik nicht ein.

muss.[86] In der umgekehrten Konstellation – Textkontrolle durch die Anstalt ergibt Anhaltspunkte für eine Gefährdung des Haftzwecks – bietet § 119 Abs. 1 S. 4 StPO der Anstalt eine Rechtsgrundlage für eine vorläufige Anordnung[87] zum Anhalten des Schreibens.[88]

Durch den Verzicht auf standardmäßige Beschränkungen, welcher im Vergleich zur früheren Rechtslage eine Umkehr des Regel-Ausnahme-Prinzips bedeutet, ist das für die Haftentscheidungen zuständige Gericht gehalten, die Notwendigkeit einer Beschränkung in jedem Einzelfall zu prüfen und in Form eines anfechtbaren (§ 119 Abs. 5 StPO) Beschlusses zu begründen. Dabei kommt dem **Prinzip der Verhältnismäßigkeit** angesichts der Unschuldsvermutung besondere Bedeutung zu: Das Haftgericht muss jeweils einzelfallbezogen prüfen, welche Beschränkungen unumgänglich sind (§ 119 Abs. 1 S. 1 StPO: „Soweit dies[...] erforderlich ist").[89] 20

Diese Prüfung ist mit der etwaigen Anordnung einer Beschränkung nicht beendet; entfällt deren Notwendigkeit im Laufe des weiteren Verfahrens, so ist die Beschränkung von Amts wegen aufzuheben.[90] Der früher gängigen Praxis, bestimmte Beschränkungen standardmäßig – d.h. ohne Differenzierung nach Haftgründen und ohne Ansehen des Einzelfalls – im Aufnahmeersuchen (ggf. durch Ankreuzen) festzulegen, ist damit der Boden entzogen. Dies schließt angesichts des wiederkehrenden Kreises von Beschränkungen des Außenverkehrs einerseits sowie der Vergleichbarkeit vieler Gefährdungslagen andererseits die **Verwendung von Formularen** bzw. Textbausteinen bei der Abfassung von Beschlüssen nach § 119 Abs. 1 StPO nicht von vornherein aus, sofern solche Formulare jeweils mit einzelfallbezogenen Begründungen ausgefüllt werden müssen. Soweit die Beschränkung auf dem im Haftbefehl aufgeführten Haftgrund basiert (dazu sogleich), muss jener bereits im Haftbefehl einzelfallbezogen dargelegt werden (§ 114 Abs. 2 Nr. 3, 4 StPO, was in der Praxis freilich nicht immer mit der gebotenen Sorgfalt geschieht). Es würde die Anforderungen an eine Begründung im Einzelfall überspannen und auch zu doppeltem Schreibaufwand führen, wenn in dem Beschluss nach § 119 Abs. 1 StPO eine Bezugnahme auf die Darlegungen im Haftbefehl für unzulässig gehalten würde.[91] Allerdings dürfen die im Einzelfall angeordneten Beschränkungen nicht pauschal durch Bezugnahme auf den Haftbefehl und den darin genannten Haftgrund gerechtfertigt werden.[92] Auch wenn auf der Hand liegt, dass im Falle des Haftgrunds der Verdunkelungsgefahr (§ 112 Abs. 2 Nr. 3 StPO) eine Textkontrolle ein- und ausgehender Schreiben sowie eine akustische Besuchsüberwachung in der Regel unverzichtbar sein dürften, sind einzelfallbezogene Erwägungen hierzu anzustellen; der bloße Hinweis 21

86 Vermeiden lässt sich eine „doppelte" Textkontrolle durch die gerichtliche Übertragung der Ausführung der Textkontrolle auf die Staatsanwaltschaft gem. § 119 Abs. 2 S. 2 StPO, welche sich bei der Ausführung wiederum der Hilfe der Anstalt bedienen kann (§ 119 Abs. 2 S. 3 StPO), so dass beide „Arten" der Textkontrolle bei der Anstalt zusammenlaufen. Die Anstalt wird freilich nicht immer über ausreichende Aktenkenntnis verfügen, um insbesondere eine Verdunkelungsgefahr sicher beurteilen zu können, vgl. RegE Bund, S. 27. In NRW scheidet die skizzierte Verfahrensweise aus, da hier versäumt wurde, eine Textkontrolle landesgesetzlich zu verankern, vgl. Rn. 114.

87 Mindestens ungenau daher Schlothauer/Weider, Untersuchungshaft, Rn. 1196: „Für eine Kontrolle aus anderen Gründen fehlt es an einer Rechtsgrundlage." – Wenn die Anstaltsleitung nach Landesrecht befugt ist, vom Inhalt eines Schreibens Kenntnis zu nehmen, bedeutet dies nicht, dass die Anstaltsleitung nur diejenigen Teile des Schreibens zur Kenntnis nehmen dürfe, welche für die landesgesetzliche Briefkontrolle relevant sind, also z.B. vor offensichtlichen Verdunkelungsversuchen quasi „die Augen verschließen" müsste.

88 Wie hier im Ergebnis auch Wiesneth, Die Untersuchungshaft, Rn. 238, der freilich die Rechtsgrundlagen offenlässt. Dass sich allein die Begründung des bayerischen Entwurfs (RegE Bayern, S. 69 f.) mit dieser Problematik auseinandersetzt, ist bemerkenswert.

89 OLG Hamm StV 2010, 368; KG StV 2010, 370; noch zu § 119 StPO a.F.: BVerfG NStZ 2008, 521 (mit zahlreichen Nachw.).

90 Hiermit korrespondiert das Recht des Untersuchungsgefangenen, im Rahmen einer Beschwerde bzw. eines Antrags auf gerichtliche Entscheidung (§ 119 Abs. 5 StPO) die Unzulässigkeit nicht nur der ursprünglichen Anordnung, sondern auch der weiteren Fortdauer einer Anordnung/Maßnahme zu rügen; s. Rn. 33.

91 Anders bei Beschränkungen aufgrund eines im Haftbefehl nicht genannten Haftgrundes, vgl. die folgende Rn. 22.

92 Schlothauer/Weider, Untersuchungshaft, Rn. 1001: keine generelle Anordnung durch „Formularbeschluss".

auf die Möglichkeit des Missbrauchs eines unbeschränkten/unüberwachten Außenverkehrs genügt nicht.[93]

22 Die in § 119 Abs. 1 S. 1 StPO n.F. enthaltene Formulierung „zur Abwehr einer Flucht-, Verdunkelungs- oder Wiederholungsgefahr[...] erforderlich“ soll nach dem Willen des Gesetzgebers[94] deutlicher als bisher[95] herausstellen, dass die Anordnung von Beschränkungen **nicht nur auf den im Haftbefehl ausdrücklich genannten Haftgrund** (bzw. -gründe, vgl. § 114 Abs. 2 Ziff. 3. und 4. StPO) gestützt werden kann, sondern grundsätzlich zur Abwehr aller Gefahren in Betracht kommt, denen durch die Anordnung von Untersuchungshaft begegnet werden darf. Dies entspricht der h.M.[96] zur alten Gesetzesfassung. Dass der Streit hierüber auch nach der Neufassung noch mit unvermindertem Nachdruck[97] geführt wird, muss nach den oben gemachten Ausführungen verwundern. Zum einen anerkennt auch die abweichende Auffassung[98], die eine Anordnung von Beschränkungen aus anderen als im Haftbefehl genannten Gründen erst nach vorheriger Ergänzung/Erweiterung des Haftbefehls für zulässig hält, dass im Falle eines auf Flucht- und/oder Verdunkelungsgefahr basierenden Haftbefehls Beschränkungen zur Abwehr einer (durch Tatsachen zu belegenden!) Wiederholungsgefahr zulässig sind, ohne dass es – wegen der in § 112 a Abs. 2 StPO normierten Subsidiarität – möglich wäre, den Haftbefehl auf diesen Haftgrund zu erstrecken. Zum anderen ist entgegen der früheren Rechtslage nunmehr jede Beschränkung in Form eines einzelfallbezogen zu begründenden Beschlusses (s.o.) anzuordnen. Sofern die Beschränkungen aus einem anderen als dem im Haftbefehl aufgeführten Haftgrund erfolgt, muss der anordnende Beschluss folglich zunächst auch die den weiteren Haftgrund ausfüllenden Tatsachen belegen. Zusätzlich hierzu noch gleichlautende Darlegungen in Form eines den Haftbefehl erweiternden Beschlusses zu verlangen, erscheint rechtsstaatlich nicht geboten.[99]

23 Etwaige Beschränkungen sind dem Betroffenen stets mitzuteilen. Dass § 119 Abs. 1 S. 6 StPO dies für „Anordnungen“ festschreibt, erscheint auf den ersten Blick überflüssig, folgt dieser Grundsatz doch bereits aus der allgemeinen Bestimmung des § 35 StPO.[100] Einen eigenen Anwendungsbereich erhält § 119 Abs. 1 S. 6 StPO erst dann, wenn man den Begriff „Anordnungen“ hier untechnisch versteht als Oberbegriff für „nach dieser Vorschrift ergangene Entscheidungen oder sonstige Maßnahmen“ (vgl. § 119 Abs. 5 S. 1 StPO). Nach dem Willen des Gesetzgebers solle die Vorschrift „klarstellen“, dass § 119 Abs. 1 StPO keine Befugnisnorm für die Anordnung einer verdeckten Überwachung darstelle.[101] Folglich muss das **Prinzip der „offenen Überwachung“ für sämtliche Arten von Beschränkungen** gelten, die

93 OLG Karlsruhe StraFo 2006, 377 (zu § 119 StPO a.F.); OLG Hamm StV 2010, 368; KG StV 2010, 370; OLG Rostock StV 2010, 197 (wo allerdings die materiellen Voraussetzungen einer Überwachung des Brief- und Telefonverkehrs bei Fluchtgefahr und „Verstrickung in die organisierte Kriminalität“ überspannt worden sein dürften); LVerfG Berlin StV 2011, 165.

94 RegE Bund, S. 24.

95 § 119 Abs. 3, 1. Var. StPO a.F.: „die der Zweck der Untersuchungshaft [...] erfordert.“

96 Nachweise zu § 119 a.F. bei Schultheis in: KK-StPO, § 119 Rn. 12; OLG Karlsruhe StV 2010, 198 zu § 119 n.F.

97 Vgl. zu § 119 StPO n.F.: OLG Karlsruhe StV 2010, 198; OLG Hamm NStZ-RR 2010, 292; König NStZ 2010, 185; Paeffgen in: SK-StPO, § 119 Rn. 10: „bedenkliche Nonchalance“.

98 Nachweise bei Paeffgen in: SK-StPO, § 119 Rn. 9 (Fn 63).

99 Man stelle sich vor, im Rahmen einer akustischen Besuchsüberwachung, gestützt auf den im Haftbefehl aufgeführten Haftgrund der Fluchtgefahr, wird der die Überwachung gem. § 119 Abs. 2 S. 2 StPO (Delegation) ausführende Beamte der Anstalt Zeuge, wie der Untersuchungsgefangene seinem Besucher Anweisungen zum Beiseiteschaffen von Beweismitteln gibt. Hielte man Beschränkungen nach § 119 StPO nur aufgrund des im Haftbefehl aufgeführten Haftgrundes für zulässig, gäbe es keine Möglichkeit zum Einschreiten, da § 119 Abs. 1 S. 4 StPO dem Vollzugsbeamten zwar eine vorläufige Anordnung (Überwachung nunmehr auch zur Abwendung einer Verdunkelungsgefahr, Ermahnung, ggf. Abbruch des Besuchs), nicht jedoch eine (vorläufige) Erweiterung des Haftbefehls ermöglicht. Ein Einschreiten nach Landesgesetz scheidet aus, da die Anstaltsordnung oder -sicherheit nicht berührt ist. Das Argument einer „Aushöhlung des Richtervorbehalts“ (so König NStZ 2010, 185 [187] und in: AnwK U-Haft/König, § 119 Rn. 14) trägt wegen § 119 Abs. 1 S. 5 StPO nicht.

100 BVerfG, 15.11.2010, 2 BvR 1183/09: Dem Beschuldigten ist vor Erlass der Anordnung grundsätzlich rechtliches Gehör zu gewähren (§ 33 Abs. 3, 4), ggf. ist dies gem. § 33 a StPO nachzuholen.

101 RegE Bund, S. 26.

auf § 119 StPO gestützt werden.[102] Dass die Unterscheidung zwischen „Anordnungen“ und sonstigen Maßnahmen durchaus von Bedeutung ist, zeigt das Beispiel des Anhaltens eines Schreibens gem. § 119 Abs. 1 S. 2 Nr. 2, S. 7 StPO: Nach der hier vertretenen Auffassung (zu den Einzelheiten s. Rn. 107) handelt es sich (nur) um eine „Maßnahme“ im Rahmen der Ausführung einer angeordneten Textkontrolle, die bei wörtlichem Verständnis des § 119 Abs. 1 S. 6 StPO nicht mitgeteilt zu werden bräuchte.[103]

Gegenüber **Dritten**, z.B. den Besuchern des Inhaftierten, ist ein genereller Hinweis auf etwaige Überwachungsmaßnahmen hingegen nicht vorgesehen.[104] Einzige ausdrückliche Regelung bildet insoweit § 119 Abs. 3 StPO, welcher die Mitteilung von der Überwachung einer Telekommunikation an den Gesprächspartner des Inhaftierten vor Gesprächsbeginn vorschreibt. Der in diesem Zusammenhang in der Gesetzesbegründung[105] aufgeführte Schutz des Rechts auf informationelle Selbstbestimmung aus Art. 2 Abs. 1 i.V.m. Art. 1 Abs. 1 GG erfordert freilich auch bei Besuchern des Inhaftierten einen vorherigen Hinweis auf eine etwaige optische oder akustische Überwachung, sofern die Überwachung nicht ohnehin offensichtlich ist, z.B. weil sie mit auffälligen technischen Mitteln erfolgt. 24

Nach dem OLG Köln[106] soll eine Anordnung gem. § 119 Abs. 1 StPO **bereits vor Inhaftierung** des Beschuldigten ergehen dürfen, wenn hierfür ein Bedürfnis besteht. Dies ist mit dem Wortlaut von § 119 Abs. 1 S. 1 StPO („einem inhaftierten Beschuldigten“) nicht zu vereinbaren.[107] „Überwachungslücken“ lassen sich durch das Herbeiführen einer vorläufigen Anordnung der Staatsanwaltschaft gem. § 119 Abs. 1 S. 4 StPO bei Inhaftierung vermeiden,[108] insbesondere wenn der den Beschuldigten vorläufig festnehmende Beamte in den Gründen des Haftbefehls bereits auf die Notwendigkeit etwaiger Beschränkungen hingewiesen wird. 25

2. Anordnungskompetenz. Für die Anordnung ist **„das Gericht“** zuständig (§ 119 Abs. 1 S. 3 StPO). Dies ist vor Erhebung einer Anklage das Gericht, das den Haftbefehl erlassen hat (Haftrichter, § 126 Abs. 1 S. 1 StPO). Nach Erhebung der Anklage entscheidet das in der Sache erkennende Gericht, jedoch nicht in der ansonsten für Beschlüsse außerhalb der Hauptverhandlung vorgeschriebenen Besetzung, sondern der Vorsitzende allein („funktionelle Zuständigkeit“, § 126 Abs. 2 S. 3 StPO).[109] Für Haftentscheidungen während einer laufenden Hauptverhandlung (auch während Unterbrechungen, § 229 StPO) ist die funktionelle Zuständigkeit umstritten: Nach vorzugswürdiger Ansicht entscheidet hier das erkennende Gericht stets in voller Besetzung (mit Schöffen).[110] 26

§ 126 Abs. 1 S. 3 StPO gibt dem Haftrichter (bis zur Erhebung einer Anklage) die Möglichkeit, auf einen entsprechenden Antrag der Staatsanwaltschaft hin das Verfahren durch Beschluss auf das für den Sitz der Haftanstalt örtlich zuständige Haftgericht zu **übertragen**. Vor einer solchen Entscheidung ist dem Beschuldigten und seinem Verteidiger (vgl. §§ 140 Abs. 1 S. 4, 141 Abs. 3 S. 4 StPO) rechtliches Gehör zu gewähren (§ 33 Abs. 3 StPO). Bei der 27

102 Die bei Schlothauer/Weider, Untersuchungshaft, Rn. 1164, aufgeführte Rechtsprechung zur Zulässigkeit heimlicher Überwachungsmaßnahmen erging noch auf dem Boden der früheren Rechtslage. Unberührt bleibt die Möglichkeit „verdeckter“ Maßnahmen auf der Grundlage anderer Bestimmungen der StPO (z.B. §§ 100 a, 100 f), vgl. RegE Bund, S. 36.

103 Dies erklärt die in Nr. 27 der „Allgemeinen Verwaltungsvorschriften zum Untersuchungshaftvollzugsgesetz Sachsen-Anhalt (VV UVollzG Sachsen-Anhalt)“ vom 28.5.2010 vorgesehene Mitteilungspflicht beim Anhalten eines Schreibens auf Grundlage einer verfahrenssichernden Anordnung.

104 Z.B. bei Anordnung der optischen oder akustischen Überwachung von Besuchen gem. § 119 Abs. 1 S. 2 Nr. 2 StPO; anders in einzelnen Ländergesetzen, beispielsweise in § 14 Abs. 2 S. 2 JVollzGB II Ba-Wü für die optische Besuchsüberwachung mit technischen Hilfsmitteln.

105 RegE Bund, S. 38.

106 OLG Köln NStZ 2011, 359.

107 Die These des OLG Köln a.a.O., der Wortlaut des § 119 StPO verhalte sich nicht zu der Frage, zu welchem Zeitpunkt (bereits) ein Beschränkungsbeschluss erlassen werden könne, erscheint kühn.

108 Vgl. LG Berlin, 16.3.2010, 519 Qs 4/10.

109 OLG Frankfurt StV 1988, 536: Entscheidung durch das Kollegialgericht führt zur Unwirksamkeit (Aufhebung) der Entscheidung; str.

110 Nachweise bei Meyer-Goßner, StPO, § 126 Rn. 8; Schultheis in: KK-StPO, § 126 Rn. 10.

Entscheidung sollten etwaige Nachteile für den Beschuldigten abgewogen werden (z.B. fehlende Aktenkenntnis des Haftrichters am Ort des Vollzuges, zeitliche Verzögerungen). Eine generelle Unvereinbarkeit der Abgabe mit dem Beschleunigungsgebot in Haftsachen anzunehmen,[111] erscheint jedoch nicht nur im Hinblick auf den Gesetzeswortlaut, sondern auch angesichts moderner Kommunikationsmittel zu weitgehend. Für das Gericht, an welches die Haftkontrolle abgegeben wurde, ist die Abgabe bindend; eine erneute Verweisung bei einem weiteren Wechsel des Vollzugsorts (auf erneuten Antrag der StA) bleibt jedoch möglich.[112] Von praktischer Bedeutung ist auch die Konzentrationsermächtigung des § 126 Abs. 1 S. 4, 5 StPO.

28 Bei Gefahr im Verzug kann die Staatsanwaltschaft oder die Vollzugsanstalt eine vorläufige Anordnung treffen (**Eilkompetenz**), die dann aber binnen einer Frist von drei Werktagen dem Gericht zur Entscheidung vorgelegt werden muss, sofern sie sich nicht bis dahin erledigt hat (§ 119 Abs. 1 S. 4 und 5 StPO). Letzterenfalls kann die Rechtmäßigkeit einer Eilanordnung durch den Untersuchungsgefangenen immer noch im Rahmen eines Antrags auf gerichtliche Entscheidung nach § 119 Abs. 5 StPO zur Überprüfung gestellt werden (s. Rn. 33).

29 **3. Ausführungskompetenz.** Die Ausführung der Anordnungen obliegt grundsätzlich der **anordnenden Stelle**, also in der Regel (Ausnahme: Eilanordnung der StA oder Anstalt) zunächst dem Haftgericht (§ 119 Abs. 2 S. 1 StPO). Das Gericht kann die Ausführung seiner Anordnungen – unanfechtbar, aber widerruflich – ganz oder teilweise[113] auf die Staatsanwaltschaft (nicht: die Vollzugsanstalt)[114] **übertragen**. Die Staatsanwaltschaft wiederum darf sich bei der Ausführung der Hilfe durch ihre Ermittlungspersonen (vgl. § 152 GVG) und die Vollzugsanstalt bedienen (§ 119 Abs. 2 S. 2 und 3 StPO, sog. **Delegation**); gegen die Delegation ist allerdings ein Antrag auf gerichtliche Entscheidung statthaft.[115] Entgegen der früheren Rechtslage (vgl. z.B. Nrn. 27 Abs. 1, 30 Abs. 1, 38 Abs. 1 UVollzO) bestehen insoweit keine Einschränkungen mehr hinsichtlich bestimmter Kommunikationsformen. Der Gesetzestext enthält auch ansonsten keine einschränkenden Voraussetzungen mehr wie beispielsweise eine Differenzierung nach Haftgründen. In der amtlichen Begründung des Regierungsentwurfs[116] heißt es hierzu, der Delegation habe stets eine gründliche Prüfung vorauszugehen, ob die beauftragte Stelle ihrer Aufgabe im erforderlichen Maß nachkommen könne. So werde bei Verdunkelungsgefahr, insbesondere in komplexen Verfahren, eine Übertragung auf die Vollzugsanstalt „häufig nicht sinnvoll, wenngleich nicht ausgeschlossen sein." Eine Begrenzung des Umfangs der Heranziehung der Vollzugsanstalten durch die Staatsanwaltschaft könne ggf. durch allgemeine Richtlinien auf der Ebene der Landesjustizverwaltungen erfolgen.[117] Die Delegation einzelner Maßnahmen auf die Anstalt oder Ermittlungsbeamte der Polizei sollte auch im Hinblick auf die Grundrechtsintensität der Eingriffe die Ausnahme bleiben.[118]

30 Zu beachten ist, dass nach dem Wortlaut des § 119 Abs. 2 StPO[119] das Gericht im Falle mehrerer Anordnungen die Übertragung der Ausführung auf die Staatsanwaltschaft auch auf **einen Teil der Anordnungen** beschränken kann. Wird also neben einem Erlaubnisvorbehalt für Besuche (§ 119 Abs. 1 S. 2 Nr. 1 StPO) die Textkontrolle des Schriftverkehrs (§ 119 Abs. 1 S. 2 Nr. 2 StPO) angeordnet, so kann die Ausführung dieser Anordnungen insgesamt auf die Staatsanwaltschaft übertragen werden, das Gericht kann aber auch z.B. die Überwachung des Schriftverkehrs von der Übertragung ausnehmen und diese selbst durchführen,

111 So Schlothauer/Weider, Untersuchungshaft, Rn. 1015, die eine „Intervention des Verteidigers" empfehlen.
112 Schultheis in: KK-StPO, § 126 Rn. 4.
113 RegE Bund, S. 36.
114 AnwK U-Haft/König, § 119 StPO Rn. 55.
115 § 119 Abs. 2 S. 3 StPO schließt allein die Anfechtung der „Übertragung" auf die Staatsanwaltschaft aus, vgl. Schlothauer/Weider, Untersuchungshaft, Rn. 1019, 1190.
116 RegE Bund, S. 27.
117 RegE Bund, S. 37.
118 Grundsätzliche Bedenken gegen eine Delegation durch die Staatsanwaltschaft machen Schlothauer/Weider, Untersuchungshaft, Rn. 1020, 1188 ff., geltend.
119 Vgl. S. 1: „Ausführung *der* Anordnungen" und S. 2: „Ausführung *von* Anordnungen".

während die Erteilung von Besuchserlaubnissen der Staatsanwaltschaft übertragen wird.[120] Mit der Übertragung der Entscheidungen über die Erteilung von Besuchserlaubnissen wird die Staatsanwaltschaft in dem gewählten Beispiel daher nicht auch zugleich zuständig für die Entscheidung über eine etwaige Überwachung.[121]

Die Übertragungsmöglichkeit nach § 119 Abs. 2 S. 2 StPO beschränkt sich zudem auf die Ausführung (= Umsetzung) getroffener Anordnungen, sie lässt die **Anordnungskompetenz unberührt.** Das Gericht kann daher beispielsweise die Entscheidung über das „Ob" einer Besuchsüberwachung (§ 119 Abs. 1 S. 2 Nr. 2 StPO) nicht auf die Staatsanwaltschaft übertragen; eine solche Übertragung geht auch nicht mit der Übertragung der Entscheidungen über Besucherlaubnisse einher, da es sich um separate Anordnungen handelt (Erlaubnisvorbehalt: Nr. 1/Überwachung: Nr. 2 des § 119 Abs. 1 S. 2 StPO).[122] Die Kompetenz der Staatsanwaltschaft zur Entscheidung über das „Ob" einer Überwachung beschränkt sich auf vorläufige Anordnungen (§ 119 Abs. 1 S. 4 StPO; dies schließt die Möglichkeit ein, eine durch das Gericht angeordnete Überwachung im Einzelfall vorläufig aufzuheben). Die Abgrenzung zwischen „Anordnung" und „Ausführung" kann z.T. Schwierigkeiten bereiten, worauf an entsprechender Stelle noch eingegangen wird (Rn. 67). 31

4. Rechtsbehelfe (§ 119 Abs. 5 StPO). a) Beschwerde[123] Anders als der Wortlaut des § 119 Abs. 5 StPO[124] es auf den ersten Blick nahelegt, ist gegen verfahrenssichernde **Anordnungen des Gerichts** regelmäßig die Beschwerde (§§ 304 ff. StPO) statthaft, unabhängig davon, ob das Haftgericht oder (nach Anklageerhebung) der Vorsitzende (s. Rn. 26) des erkennenden Gerichts der Hauptsache[125] entschieden hat (§ 126 StPO)[126]. 32

Beschwerdeberechtigt (vgl. §§ 296-298, 304 Abs. 2 StPO) sind:

- der Untersuchungsgefangene,
- der Verteidiger, dieser jedoch nicht gegen den ausdrücklichen Willen des Untersuchungsgefangenen (§ 297 StPO),[127]
- die Staatsanwaltschaft,
- ein Dritter, dessen Recht auf (unbeschränkte) Kommunikation mit dem Untersuchungsgefangenen beschränkt worden ist (z.B. durch Textkontrolle eines Briefs oder Überwachung eines Telefonats).[128]

Nicht beschwerdeberechtigt ist die **Anstalt** bzw. Anstaltsleitung; dieser bleibt bei Meinungsverschiedenheiten die Möglichkeit einer Gegenvorstellung zum Gericht oder der Versuch, die StA zu einer Beschwerde zu veranlassen. Gleiches gilt für etwaige Nebenkläger.[129] Die weiteren Einzelheiten hinsichtlich **Zulässigkeit und Verfahren der Beschwerde** (z.B. das Erfordernis einer [Nicht-]Abhilfeentscheidung, die fehlende aufschiebende Wirkung) regeln die §§ 304 ff. StPO (ergänzt durch die allgemeinen Vorschriften der §§ 296-303 StPO), auf die einschlägigen Kommentierungen hierzu wird verwiesen. Die Zuständigkeit (Beschwerdegericht) ergibt sich aus §§ 73 Abs. 1, 74 Abs. 3, 120 Abs. 3, 121 Abs. 1, 135 GVG, 41 Abs. 2, 108 Abs. 1 JGG.

---

120 RegE Bund, S. 27: auch ein späterer Widerruf der Übertragung kann ganz oder teilweise erfolgen.

121 Die anders lautende Darstellung bei Schlothauer/Weider, Untersuchungshaft, Rn. 1150, ist unzutreffend.

122 Mindestens ungenau ist daher die Darstellung bei Schlothauer/Weider, Untersuchungshaft, Rn. 1150, wonach die Staatsanwaltschaft, wenn ihr die Erteilung von Besuchserlaubnissen übertragen sei, auch die Entscheidung über „unüberwachte" Besuche treffen könne.

123 S. weiterhin § 10.

124 „[...] soweit nicht das Rechtsmittel der Beschwerde statthaft ist".

125 Kein Ausschluss der Beschwerde nach § 305 StPO, da es sich um „Entscheidungen über Verhaftungen" handelt, RegE Bund, S. 30.

126 Über die mögliche Abhilfe einer vor Anklageerhebung erhobenen, noch nicht beschiedenen Beschwerde entscheidet nach Anklageerhebung der Vorsitzende des erkennenden Gerichts (z.B. beim LG der Vorsitzende der gr. Strafkammer, KG NStZ-RR 1996, 365; vgl. Meyer-Goßner, StPO, § 126 Rn. 7).

127 Der Verteidiger handelt bei der Einlegung der Beschwerde aus eigenem Recht und in eigenem Namen, Nachw. bei Meyer-Goßner, StPO, § 297 Rn. 3.

128 BGHSt 27, 175 zu § 119 Abs. 3 StPO a.F., str.; Nachw. zum Meinungsstand bei Meyer-Goßner, StPO, § 119 Rn. 36.

129 Vgl. Meyer-Goßner, StPO, § 400 Rn. 1.

33 b) **Antrag auf gerichtliche Entscheidung.** Anstelle der Beschwerde ist der Antrag auf gerichtliche Entscheidung eröffnet gegen:

- Anordnungen des Ermittlungsrichters eines **OLG** oder des **BGH** (vgl. § 304 Abs. 5 StPO[130]),
- **vorläufige Anordnungen** der Staatsanwaltschaft oder der Anstalt (§ 119 Abs. 1 S. 4 StPO, s.o. Rn. 28),
- Maßnahmen im Rahmen der **Ausführung** (§ 119 Abs. 2 StPO) einer beschränkenden Anordnung[131] (z.B. Versagung einer Besuchserlaubnis, Besuchsabbruch, Anhalten eines Briefs[132]), hierzu zählen folglich auch:
- Entscheidungen bzw. Maßnahmen der Staatsanwaltschaft im Rahmen der (gem. § 119 Abs. 2 S. 2 StPO durch das Gericht widerruflich übertragenen[133]) Ausführung von Anordnungen, also eine **Weiterdelegation** der Ausführung von Anordnungen (z.B. Textkontrolle des Schriftverkehrs) an Ermittlungsbeamte oder die Anstalt.[134]

Zuständig für die Entscheidung ist das durch § 126 StPO bezeichnete Gericht (Rn. 26). Die **Prüfungsmaßstäbe** von Beschwerde und Antrag auf gerichtliche Entscheidung unterscheiden sich nicht. Maßgeblich für die Beurteilung ist jeweils nicht der Zeitpunkt der angefochtenen Entscheidung, sondern der Zeitpunkt der Entscheidung über die Abhilfe. So kann die Unzulässigkeit nicht nur der ursprünglichen Anordnung, sondern auch der weiteren Fortdauer einer Anordnung/Maßnahme gerügt werden.[135] Wie eine Beschwerde (vgl. § 307 StPO) hat der Antrag auf gerichtliche Entscheidung keine aufschiebende Wirkung, das Gericht kann jedoch vorläufige Anordnungen treffen (§ 119 Abs. 5 S. 2 und 3 StPO).

Das Gericht entscheidet durch einen mit Gründen zu versehenden **Beschluss**, gegen welchen seinerseits – von den Beschränkungen des § 304 Abs. 4 StPO abgesehen – die Beschwerde statthaft ist.[136] Dies bestätigt mittelbar die (für den Fall des § 119 Abs. 5 StPO nicht einschlägige) Regelung des § 119 a Abs. 3 StPO.[137]

34 **5. Beschränkungen im Falle der „Überhaft".** Im Unterschied zur früheren Rechtslage (vgl. Nr. 92 UVollzO, § 122 Abs. 1 StVollzG) wird gem. § 116 b S. 2 StPO mit dem Beginn der **Vollstreckung einer „anderen freiheitsentziehenden Maßnahme"**[138] bereits kraft Gesetzes die Vollstreckung der Untersuchungshaft unterbrochen. Die Vollstreckung anderer freiheitsentziehender Maßnahmen erfolgt also **vorrangig**. Die Unterbrechung der Vollstreckung einer Freiheitsstrafe zum Zwecke der Vollstreckung von Untersuchungshaft setzt gem. § 116 b S. 2 StPO eine ausdrückliche Anordnung durch das Haftgericht voraus, die nur unter der dort genannten Voraussetzung („weil der Zweck der Untersuchungshaft dies erfordert") ergehen darf. § 119 Abs. 6 StPO stellt klar, dass verfahrenssichernde Anordnungen auch dann möglich bleiben, wenn die Vollstreckung des zugrunde liegenden Haftbefehls unterbrochen (nicht: ausgesetzt, § 116 StPO!) ist. Ohne dass der Wortlaut des § 119 Abs. 6 StPO dies erkennen lässt,[139] gilt dies auch, wenn mehrere Haftbefehle erlassen worden sind. Es

130 Der dort verwendete Begriff „Verhaftung" wird eng ausgelegt, er umfasst nicht Anordnungen nach § 119 StPO, Nachw. bei Meyer-Goßner, StPO, § 304 Rn. 12.

131 Immer unter der Voraussetzung, dass die Maßnahme konkret auf eine Anordnung nach § 119 Abs. 1 StPO gestützt wird – und nicht auf eine vollzugliche Anordnung nach Landesrecht, für welche die Vorschrift des § 119 a StPO gilt (s. dazu den gesonderten Abschnitt „Beschwerde und Rechtsbehelfe").

132 Der abweichenden Auffassung von Schlothauer/Weider, Untersuchungshaft, Rn. 1216, wonach die Beanstandung eines Schreibens einer „Entscheidung" bedürfe, die nicht gem. § 119 Abs. 2 S. 2 StPO auf die Staatsanwaltschaft übertragen werden könne, steht der eindeutige Wortlaut des § 119 Abs. 1 S. 7 StPO entgegen; vgl. Rn. 107.

133 Die Übertragungsentscheidung des Gerichts hingegen ist als solche unanfechtbar, § 119 Abs. 2 S. 3 StPO.

134 Dazu Schlothauer/Weider, Untersuchungshaft, Rn. 1019, 1090; Meyer-Goßner a.a.O., Rn. 37.

135 RegE Bund, S. 30.

136 Vgl. Meyer-Goßner, StPO, § 126 Rn. 11.

137 Der RegE Bund äußert sich zu weiteren Rechtsbehelfen gegen die auf Antrag ergehende gerichtliche Entscheidung nicht.

138 Z.B. Freiheits- oder Jugendstrafe, vgl. RegE Bund, S. 22)

139 Was umso unverständlicher ist, als der Gesetzgeber ausweislich RegE Bund, S. 61, diese Konstellation bei Erlass der Norm gesehen hat.

kann nämlich stets nur ein Haftbefehl zur selben Zeit vollstreckt werden; für weitere Haftbefehle wird sog. „Überhaft" notiert.[140]

6. Beschränkungen des Außenverkehrs im Speziellen. Die auf der Grundlage des § 119 StPO zulässigen Beschränkungen des Außenverkehrs werden jeweils im Zusammenhang mit den ländergesetzlichen Beschränkungen des Außenverkehrs dargestellt, wobei sich die Reihenfolge der Darstellung an der Systematik der 12er-Regelung orientiert. Diese Darstellung hat den Vorteil, dass trotz der durch die Föderalismusreform heraufbeschworenen **Zweigleisigkeit in den Rechtsgrundlagen und den Zuständigkeiten** für Beschränkungen des Außenverkehrs die notwendige Übersichtlichkeit gewahrt wird. Zudem ist auch im Rahmen der gesetzlichen Neufassung die auf der Grundlage der früheren Fassung des § 119 StPO (i.V.m. der UVollzO) über Jahrzehnte hinweg gewachsene Rechtsprechung zu beachten, soweit ihr nicht im Einzelfall durch eine geänderte Rechtslage der Boden entzogen ist.[141] Da § 119 Abs. 3 StPO a.F. dem Haftgericht sowohl verfahrenssichernde als auch vollzugliche Anordnungen ermöglichte, erübrigte sich für die Rechtsprechung bislang eine randscharfe Abgrenzung dieser Eingriffszwecke gegeneinander; auch weiterhin wird eine gewisse Überschneidung der Eingriffszwecke – und damit der Anwendungsbereiche von Bundes- und Landesrecht[142] – nicht zu vermeiden sein. Deshalb empfiehlt es sich, die nach Bundes- und Landesrecht möglichen Beschränkungen nebeneinander für die einzelnen Regelungsbereiche (Besuche, Schriftwechsel, Telefonkontakte, Pakete) darzustellen. 35

III. Grundsatz: Beschränkungen nach Landesrecht

1. Die gesetzlichen Regeln

a) Grundsatz für den Außenverkehr

Länder	Besuche, Schriftwechsel, Telefongespräche – *Grundsatz für den Außenverkehr*	
12er-Regelung:[143] Berlin Brandenburg Bremen Hamburg Hessen Mecklenburg-Vorpommern Rheinland-Pfalz Saarland Sachsen Sachsen-Anhalt Schleswig-Holstein Thüringen	*§ 32 12er-Regelung: Grundsatz*[144] **Die Untersuchungsgefangenen haben das Recht, mit Personen außerhalb der Anstalt im Rahmen der Bestimmungen dieses Gesetzes zu verkehren, soweit eine verfahrenssichernde Anordnung nicht entgegensteht.** **Abweichende Regelungen:** ***Hessen, § 25 HUVollzG: Grundsätze*** (1) Die Untersuchungsgefangenen haben im Rahmen der Vorschriften dieses Abschnitts das Recht, mit Personen außerhalb der Anstalt zu verkehren, soweit nicht eine verfahrenssichernde Anordnung oder eine nachfolgend genannte Beschränkung aus vollzuglichen Gründen entgegensteht. ***Sachsen, § 32 SächsUHaftVollzG: Grundsatz*** Die Untersuchungsgefangenen haben das Recht, mit Personen außerhalb der Anstalt im Rahmen der Bestimmungen dieses Gesetzes zu verkehren. § 119 StPO bleibt unberührt.	36

140 Meyer-Goßner, StPO, Vor § 112 Rn. 12 m.w.N.; Wiesneth, Handbuch für das ermittlungsrichterliche Verfahren, Rn. 297-299.

141 Vgl. die geänderte Rechtslage hinsichtlich der Erteilung von Besucherlaubnissen, Rn. 61.

142 RegE Bund, S. 23.

143 Punktuelle Abweichungen vom Musterentwurf werden an der jeweils betroffenen Stelle durch eine Fußnote kenntlich gemacht. Nicht bloß punktuell abweichende Landesnormen werden nachfolgend gesondert aufgeführt.

144 In Hamburg: § 20 HmbUVollzG.

Länder	Besuche, Schriftwechsel, Telefongespräche – *Grundsatz für den Außenverkehr*
	Schleswig-Holstein, § 32 UVollzG SH: Grundsatz (1) Die Untersuchungsgefangenen haben das Recht, mit Personen außerhalb der Anstalt im Rahmen der Bestimmungen dieses Gesetzes zu verkehren, soweit eine verfahrenssichernde Anordnung des Gerichts oder der Staatsanwaltschaft nicht entgegensteht. (2) Sind Anhaltspunkte vorhanden, dass Entscheidungen der Anstaltsleitung zur Gewährung, Überwachung oder Untersagung der Außenkontakte der Untersuchungsgefangenen den der Untersuchungshaft zugrunde liegenden Haftgrund oder verfahrenssichernde Anordnungen berühren können, hat die Anstaltsleitung zuvor die Zustimmung des zuständigen Gerichts einzuholen. § 3 Abs. 2 gilt entsprechend. *§ 4 Abs. 2 12er-Regelung:[145] Stellung der Untersuchungsgefangenen* **(2) Soweit das Gesetz eine besondere Regelung nicht enthält, dürfen den Untersuchungsgefangenen nur Beschränkungen auferlegt werden, die zur Aufrechterhaltung der Sicherheit, zur Abwehr einer schwerwiegenden Störung der Ordnung der Anstalt oder zur Umsetzung einer verfahrenssichernden Anordnung unerlässlich sind. Sie müssen in einem angemessenen Verhältnis zum Zweck der Anordnung stehen und dürfen die Untersuchungsgefangenen nicht mehr und nicht länger als notwendig beeinträchtigen.** Abweichende Regelungen: *Sachsen, § 4 Abs. 1 SächsUHaftVollzG: Vollzugsmaßnahmen* (1) Soweit das Gesetz keine besondere Regelung enthält, dürfen den Untersuchungsgefangenen nur Beschränkungen auferlegt werden, die zur Aufrechterhaltung der Sicherheit oder zur Abwehr einer schwerwiegenden Störung der Ordnung in der Anstalt unerlässlich sind.
Baden-Württemberg	*§ 12 Abs. 1 S. 1 JVollzGB II: Pflege sozialer Beziehungen* **(1) Untersuchungsgefangene haben das Recht, mit Personen außerhalb der Justizvollzugsanstalt im Rahmen der gesetzlichen Vorschriften zu verkehren.** *§ 2 Abs. 2 JVollzGB II: Stellung der Untersuchungsgefangenen* **(2) Soweit das Gesetz eine besondere Regelung nicht enthält, dürfen den Untersuchungsgefangenen nur Beschränkungen auferlegt werden, die zur Aufrechterhaltung der Sicherheit oder zur Abwendung einer schwerwiegenden Störung der Ordnung der Justizvollzugsanstalt unerlässlich sind.**

145 In Hessen: § 4 Abs. 2 Satz 2 HUVollzG.

Länder	Besuche, Schriftwechsel, Telefongespräche – *Grundsatz für den Außenverkehr*
Bayern	*Art. 3 Abs. 3-5 BayUVollzG: Stellung der Untersuchungsgefangenen* (3) Soweit Bundes- oder Landesrecht eine besondere Regelung nicht enthalten, dürfen den Untersuchungsgefangenen nur solche Beschränkungen auferlegt werden, die zur Aufrechterhaltung der Sicherheit, zur Abwendung einer schwerwiegenden Störung der Anstalt oder zur Umsetzung von Anordnungen nach § 119 StPO zur Bekämpfung einer Flucht-, Verdunkelungs- oder Wiederholungsgefahr (verfahrenssichernde Anordnung) unerlässlich sind. (4) Die Beschränkungen müssen in einem angemessenen Verhältnis zum Zweck der Anordnung stehen und dürfen die Untersuchungsgefangenen nicht mehr und nicht länger als notwendig beeinträchtigen. (5) Das Verteidigungsinteresse der Untersuchungsgefangenen ist angemessen zu berücksichtigen.
Niedersachsen	*§ 135 Abs. 2 NJVollzG: Rechtsstellung der Gefangenen* (2) Soweit dieses Gesetz eine besondere Regelung nicht enthält, können der oder dem Gefangenen über § 3 Satz 2 hinaus Beschränkungen auferlegt werden, die der Zweck der Untersuchungshaft erfordert. *§ 3 NJVollzG: Rechtsstellung der Gefangenen und Sicherungsverwahrten* Die oder der Gefangene und die oder der Sicherungsverwahrte unterliegen den in diesem Gesetz vorgesehenen Beschränkungen ihrer oder seiner Freiheit. Soweit das Gesetz eine besondere Regelung nicht enthält, können ihr oder ihm die Beschränkungen auferlegt werden, die zur Aufrechterhaltung der Sicherheit und Ordnung der Anstalt erforderlich sind. Die Sicherheit der Anstalt umfasst auch den Schutz der Allgemeinheit vor Straftaten der Gefangenen und Sicherungsverwahrten.
Nordrhein-Westfalen	*§ 1 Abs. 3 UVollzG NRW: Stellung der Untersuchungsgefangenen* (3) Soweit das Gesetz eine besondere Regelung nicht enthält, dürfen den Untersuchungsgefangenen Beschränkungen nach diesem Gesetz nur auferlegt werden, die zur Aufrechterhaltung der Sicherheit oder zur Abwehr einer schwerwiegenden Störung der Ordnung der Anstalt unerlässlich sind. Sie müssen in einem angemessenen Verhältnis zum Zweck der Anordnung stehen und dürfen die Untersuchungsgefangenen nicht mehr und nicht länger als notwendig beeinträchtigen.

b) Sonderbestimmungen für junge Untersuchungsgefangene

37

Länder	Besuche, Schriftwechsel, Telefongespräche – *Sonderbestimmungen für junge Untersuchungsgefangene*
12er-Regelung:[146] Berlin Brandenburg Bremen Hamburg Hessen Mecklenburg-Vorpommern Rheinland-Pfalz Saarland Sachsen Sachsen-Anhalt Schleswig-Holstein Thüringen	*§ 66 12er-Regelung: Anwendungsbereich*[147] (1) Auf Untersuchungsgefangene, die zur Tatzeit das 21. Lebensjahr noch nicht vollendet hatten und die das 24. Lebensjahr noch nicht vollendet haben (junge Untersuchungsgefangene), findet dieses Gesetz nach Maßgabe der Bestimmungen dieses Abschnitts Anwendung. (2) Von einer Anwendung der Bestimmungen dieses Abschnitts sowie des § 11 Abs. 2 auf volljährige junge Untersuchungsgefangene kann abgesehen werden, wenn die erzieherische Ausgestaltung des Vollzugs für diese nicht oder nicht mehr angezeigt ist. Die Bestimmungen dieses Abschnitts können ausnahmsweise auch über die Vollendung des 24. Lebensjahres hinaus angewendet werden, wenn dies im Hinblick auf die voraussichtlich nur noch geringe Dauer der Untersuchungshaft zweckmäßig erscheint. Abweichende Regelungen: *Hessen, § 43 HUVollzG: Anwendungsbereich* (1) Auf Untersuchungsgefangene, die zu Beginn des Untersuchungshaftvollzugs das 21. Lebensjahr noch nicht vollendet haben (junge Untersuchungsgefangene), findet dieses Gesetz nach Maßgabe der Vorschriften dieses Abschnitts Anwendung. Bei volljährigen Untersuchungsgefangenen, die sich für den Jugenduntersuchungshaftvollzug nicht oder nicht mehr eignen, soll die Anstalt auf eine Verlegung in eine Anstalt des Untersuchungshaftvollzugs für Erwachsene hinwirken. (2) An Untersuchungsgefangenen, die zur Tatzeit das 21. Lebensjahr noch nicht vollendet hatten und zu Beginn des Untersuchungshaftvollzugs schon vollendet haben, kann nach Maßgabe des § 89 c Satz 3 und 4 des Jugendgerichtsgesetzes in der Fassung vom 11. Dezember 1974 (BGBl. I S. 3428), zuletzt geändert durch Gesetz vom 29. Juli 2009 (BGBl. I S. 2280), die Untersuchungshaft bis zur Vollendung des 24. Lebensjahres nach den Vorschriften dieses Abschnitts in den für junge Untersuchungsgefangene vorgesehenen Anstalten vollzogen werden, wenn die erzieherische Ausgestaltung des Vollzugs für diese angezeigt ist. Die Vorschriften dieses Abschnitts können ausnahmsweise auch über die Vollendung des 24. Lebensjahres hinaus angewendet werden, wenn dies im Hinblick auf die voraussichtlich nur noch geringe Dauer der Untersuchungshaft zweckmäßig erscheint. Untersuchungsgefangene nach Satz 1 und 2 gelten als junge Untersuchungsgefangene im Sinne des Abs. 1 Satz 1.

146 Punktuelle Abweichungen vom Musterentwurf werden an der jeweils betroffenen Stelle durch eine Fußnote kenntlich gemacht. Nicht bloß punktuell abweichende Landesnormen werden nachfolgend gesondert aufgeführt.

147 In Hamburg: § 72 HmbUVollzG.

Länder	Besuche, Schriftwechsel, Telefongespräche – *Sonderbestimmungen für junge Untersuchungsgefangene*
	§ 67 Abs. 3 12er-Regelung: Gestaltung des Vollzugs[148] (3) In diesem Gesetz vorgesehene Beschränkungen können minderjährigen Untersuchungsgefangenen auch auferlegt werden, soweit es dringend geboten ist, um sie vor einer Gefährdung ihrer Entwicklung zu bewahren. *§ 72 12er-Regelung: Besuche, Schriftwechsel, Telefongespräche* (1) Abweichend von § 33 Abs. 1 Satz 2 beträgt die Gesamtdauer des Besuchs für junge Untersuchungsgefangene[149] mindestens vier Stunden im Monat. Über § 33 Abs. 3[150] hinaus sollen Besuche auch dann zugelassen werden, wenn sie die Erziehung fördern. (2) Besuche von Kindern junger Untersuchungsgefangener[151] werden nicht auf die Regelbesuchszeiten angerechnet. [152] (3) Bei minderjährigen Untersuchungsgefangenen können Besuche, Schriftwechsel und Telefongespräche auch untersagt werden, wenn Personensorgeberechtigte nicht einverstanden sind. (4) Besuche dürfen über § 35 Abs. 3 hinaus auch abgebrochen werden, wenn von Besuchern ein schädlicher Einfluss ausgeht. (5) Der Schriftwechsel kann über § 36 Abs. 2 hinaus bei Personen, die nicht Angehörige (§ 11 Abs. 1 Nr. 1 des Strafgesetzbuchs)[153] der jungen Untersuchungsgefangenen sind, auch untersagt werden, wenn zu befürchten ist, dass der Schriftwechsel einen schädlichen Einfluss auf die jungen Untersuchungsgefangenen hat. (6) Für Besuche, Schriftwechsel und Telefongespräche mit Beiständen nach § 69 des Jugendgerichtsgesetzes[154] gelten die §§ 34 und 35 Abs. 4 sowie § 37 Abs. 2[155] entsprechend.

148 In Hamburg: § 73 Abs. 3 HmbUVollzG. Das UVollzG Hessen enthält keine dem § 67 Abs. 3 des Musterentwurfs entsprechende Regelung.

149 In Sachsen-Anhalt, § 72 Abs. 1 UVollzG LSA heißt es statt „junge Untersuchungsgefangene" hier „Angehörige".

150 In Schleswig-Holstein, § 72 Abs. 1 UVollzG SH: „§ 33 Abs. 2".

151 Im UVollzG Brandenburg und im UVollzG Sachsen-Anhalt heißt es an dieser Stelle: „„[...] und von Eltern oder Personensorgeberechtigten minderjähriger Untersuchungsgefangener".

152 Der Abs. 2 in dieser Fassung entfällt im UVollzG Sachsen, die Abs. 3–6 des Musterentwurfs werden im UVollzG Sachsen zu den Absätzen 2–5.

153 Im UVollzG Bremen und im UVollzG Sachsen-Anhalt entfällt der Einschub in Klammern ersatzlos; vgl. auch § 33 Abs. 2.

154 Im UVollzG Sachsen heißt es an dieser Stelle: „[...] (JGG) in der Fassung der Bekanntmachung vom 11. Dezember 1974 (BGBl. I S. 3427), das zuletzt durch Artikel 7 des Gesetzes vom 29. Juli 2009 (BGBl. I S. 2280, 2285) geändert worden ist, in der jeweils geltenden Fassung [...]". Im UVollzG SH heißt es an dieser Stelle: „[...] in der Fassung der Bekanntmachung vom 11. Dezember 1974 (BGBl. I S. 3427), zuletzt geändert durch Artikel 7 des Gesetzes vom 29. Juli 2009 (BGBl. I S. 2280) [...]".

155 Vgl. Unterabschnitt „Schriftwechsel", Rn. 93 ff. Das UVollzG Berlin und das UVollzG Sachsen-Anhalt verweisen an dieser Stelle zusätzlich auf § 39 Abs. 4.

Länder	Besuche, Schriftwechsel, Telefongespräche – *Sonderbestimmungen für junge Untersuchungsgefangene*
	Abweichende Regelungen: ***Hamburg, § 78 HmbUVollzG: Verkehr mit Personen außerhalb der Anstalt*** (1) Abweichend von § 21 Absatz 1 Satz 2 beträgt die Gesamtdauer des Besuchs für junge Untersuchungsgefangene mindestens vier Stunden im Monat. Über § 21 Absatz 3 hinaus sollen Besuche auch dann zugelassen werden, wenn sie die Erziehung fördern. [...] (3) Bei minderjährigen Untersuchungsgefangenen können Besuche und Schriftwechsel auch untersagt werden, wenn Personensorgeberechtigte nicht einverstanden sind. (4) Besuche dürfen über § 22 Absatz 3 hinaus auch abgebrochen werden, wenn von Besuchern ein schädlicher Einfluss ausgeht. (5) Der Schriftwechsel kann über § 24 Absatz 2 hinaus bei Personen, die nicht Angehörige der jungen Untersuchungsgefangenen im Sinne des Strafgesetzbuchs sind, auch untersagt werden, wenn zu befürchten ist, dass der Schriftwechsel einen schädlichen Einfluss auf die jungen Untersuchungsgefangenen hat. (6) Für Besuche, Schriftwechsel und Telefongespräche mit Beiständen nach § 69 des Jugendgerichtsgesetzes gelten § 23 und § 25 Absatz 2[156] entsprechend. (7) Für den Paketempfang findet § 28 Absatz 1 Satz 3[157] keine Anwendung. Die Anstalt kann über § 28 Absatz 1 Satz 2 hinaus Gegenstände und Verpackungsformen ausschließen, die einen unverhältnismäßigen Kontrollaufwand bedingen. ***Hessen, § 49 HUVollzG: Außenkontakte*** (1) Kontakte[158] mit bestimmten Personen können bei jungen Untersuchungsgefangenen über § 25 Abs. 2 hinaus untersagt werden, 1. bei Personen, die nicht Angehörige im Sinne des § 11 Abs. 1 Nr. 1 des Strafgesetzbuchs sind, wenn zu befürchten ist, dass sie einen schädlichen Einfluss auf die jungen Untersuchungsgefangenen haben, oder 2. wenn Personensorgeberechtigte nicht einverstanden sind. (2) Abweichend von § 26 Abs. 1 Satz 2 beträgt die Gesamtdauer des Besuchs für junge Untersuchungsgefangene mindestens vier Stunden im Monat. Über § 26 Abs. 2 hinaus sollen Besuche auch dann zugelassen werden, wenn sie die Erziehung fördern.

156 Vgl. Unterabschnitt „Schriftwechsel“, Rn. 93 ff.

157 Vgl. Unterabschnitt „Pakete“, Rn. 147 ff.

158 Das UVollzG Hessen verwendet den Begriff „Kontakte“ (vgl. die Überschrift des Sechsten Abschnitts, §§ 25 ff.: „Außenkontakte der Untersuchungsgefangenen“) – ohne Legaldefinition – als Oberbegriff für sämtliche im sechsten Abschnitt genannten Arten des Außenverkehrs als da wären: „Besuche“ (§ 26), „Schriftwechsel“ (§ 27), „Telekommunikation“ (§ 28) sowie „Empfang und Versendung von Paketen“ (§ 29), vgl. RegE Hessen S. 139.

Länder	Besuche, Schriftwechsel, Telefongespräche – *Sonderbestimmungen für junge Untersuchungsgefangene*
	(3) Besuche dürfen über § 26 Abs. 4 Satz 3 hinaus auch abgebrochen werden, wenn von Besuchern ein schädlicher Einfluss ausgeübt wird. (4) Beistände nach § 69 des Jugendgerichtsgesetzes stehen bei Kontakten mit jungen Untersuchungsgefangenen Verteidigerinnen und Verteidigern gleich. *Sachsen, § 72 Abs. 1 SächsUHaftVollzG:* (1) Abweichend von § 33 Abs. 1 Satz 1 dürfen junge Untersuchungsgefangene im Monat vier Stunden Besuch empfangen, darüber hinaus zwei weitere Stunden von Angehörigen im Sinne von § 11 Abs. 1 Nr. 1 StGB. Über § 33 Abs. 3 hinaus sollen Besuche von Kindern des jungen Untersuchungsgefangenen auch dann zugelassen werden, wenn sie die Erziehung des jungen Untersuchungsgefangenen fördern.
Baden-Württemberg	***§ 69 JVollzGB II: Anwendungsbereich*** **(1) Auf Untersuchungsgefangene, die zur Tatzeit noch nicht 18 Jahre alt waren und die das 24. Lebensjahr noch nicht vollendet haben (junge Untersuchungsgefangene) finden die Vorschriften dieses Abschnitts ergänzende Anwendung.** **(2) Von einer Anwendung der Vorschriften dieses Abschnitts auf volljährige junge Untersuchungsgefangene kann abgesehen werden, wenn eine Vollzugsgestaltung nach § 72 Abs. 2 nicht oder nicht mehr angezeigt ist.** ***§ 72 Abs. 3 JVollzGB II: Gestaltung des Vollzugs*** **(3) In diesem Buch vorgesehene Beschränkungen können jugendlichen Untersuchungsgefangenen auch auferlegt werden, soweit dies dringend geboten ist, um sie vor einer Gefährdung ihrer Entwicklung zu bewahren.**
Bayern	***Art. 29 BayUVollzG: Anwendungsbereich*** **Die Vorschriften des Teil 8 finden nach Maßgabe von § 89 c JGG auf Untersuchungsgefangene, die zur Tatzeit das 21. Lebensjahr noch nicht vollendet hatten, ergänzende Anwendung, solange sie das 24. Lebensjahr noch nicht vollendet haben (junge Untersuchungsgefangene)** ***Art. 30 Abs. 3 BayUVollzG:*** **(3) Die jungen Untersuchungsgefangenen unterliegen den in diesem Gesetz vorgesehenen Beschränkungen ihrer Freiheit. Soweit diese Gesetz Beschränkungen vorsieht, können diese jungen Untersuchungsgefangenen auch auferlegt werden, soweit es dringend geboten ist, um sie vor einer Gefährdung ihrer Entwicklung zu bewahren.** ***Art. 32 BayUVollzG: Verkehr mit der Außenwelt*** **(1) Abweichend von Art. 15 Abs. 1 beträgt die Gesamtdauer des Besuchs für junge Untersuchungsgefangene mindestens vier Stunden im Monat. Besuche von Personensorgeberechtigten der jungen Untersuchungsgefangenen werden grundsätzlich nicht auf die Regelbesuchszeit angerechnet, wenn dies dem Erziehungsauftrag dient. Art. 144 Abs. 3 BayStVollzG gilt entsprechend.**

Länder	Besuche, Schriftwechsel, Telefongespräche – *Sonderbestimmungen für junge Untersuchungsgefangene*
	(2) Besuche bei minderjährigen Untersuchungsgefangenen, ihr Schriftwechsel, ihre Telefongespräche und ihr Paketverkehr mit bestimmten Personen können zusätzlich zu den Voraussetzungen der Art. 16, 20, 21 und 23 auch unterbunden werden, wenn die Personensorgeberechtigten nicht einverstanden sind. (3) Für den Verkehr mit Betreuungspersonen, Erziehungsbeiständen, Beiständen nach § 69 JGG und Personen, die Aufgabe der Jugendgerichthilfe wahrnehmen, gilt Art. 22 Abs. 1 entsprechend. *Art. 144 Abs. 3 BayStVollzG:* (3) Für Kinder junger Gefangener können Sonderbesuche vorgesehen werden, die auf die Regelbesuchszeiten nicht angerechnet werden, wenn dies mit dem Erziehungsauftrag und dem Kindeswohl vereinbar ist. Durch eine Bescheinigung des Jugendamts muss nachgewiesen werden, dass der Sonderbesuch dem Kindeswohl entspricht.
Niedersachsen	*§ 157 NJVollzG: Anwendungsbereich* An jungen Gefangenen wird die Untersuchungshaft nach den Vorschriften dieses Kapitels vollzogen. Junge Gefangene sind zur Tatzeit Jugendliche und Heranwachsende im Sinne des Jugendgerichtsgesetzes, die das 21. Lebensjahr noch nicht vollendet haben, sowie zur Tatzeit Heranwachsende, die 21, aber noch nicht 24 Jahre alt sind und für die nach den Vorschriften des Jugendgerichtsgesetzes der Vollzug der Untersuchungshaft nach den für den Vollzug an Jugendlichen geltenden Vorschriften angeordnet worden ist. *§ 158 Abs. 2 NJVollzG: Gestaltung des Vollzuges* (2) Die oder der junge Gefangene [vgl. § 157 S. 2] ist verpflichtet, die ihr oder ihm aus erzieherischen Gründen erteilten rechtmäßigen Anordnungen zu befolgen. *§ 160 Abs. 2 NJVollzG: Besuche, Schriftwechsel, Telefongespräche und Pakete* (2) Unbeschadet der Vorschriften des Vierten Kapitels können Besuche von bestimmten Personen auch untersagt werden, wenn die Personensorgeberechtigten es beantragen oder wenn es aus erzieherischen Gründen erforderlich ist. Satz 1 gilt entsprechend für den Schriftwechsel, die Telefongespräche und den Paketverkehr. *§ 166 NJVollzG: Ergänzende Anwendung der Vorschriften der übrigen Kapitel dieses Teils* Die Vorschriften der übrigen Kapitel dieses Teils sind anzuwenden, soweit in diesem Kapitel nichts anderes bestimmt ist.

Länder	Besuche, Schriftwechsel, Telefongespräche – *Sonderbestimmungen für junge Untersuchungsgefangene*
Nordrhein-Westfalen	*§ 2 Abs. 3 UVollzG NRW: Gestaltung des Vollzuges* (3) Die unterschiedlichen Lebenslagen und Bedürfnisse der weiblichen und männlichen Untersuchungsgefangenen sowie der Untersuchungsgefangenen, die das einundzwanzigste Lebensjahr noch nicht vollendet haben (junge Untersuchungsgefangene), werden bei der Gestaltung des Vollzuges und bei allen Einzelmaßnahmen berücksichtigt. *§ 48 UVollzG NRW: Anwendungsbereich* (1) Die Vorschriften dieses Abschnitts finden ergänzend Anwendung auf junge Untersuchungsgefangene (§ 2 Absatz 3). (2) Bei Erwachsenen, die zur Tatzeit das einundzwanzigste Lebensjahr noch nicht vollendet hatten, kann die Untersuchungshaft bis zur Vollendung des vierundzwanzigsten Lebensjahres nach den Vorschriften dieses Abschnitts für junge Untersuchungsgefangene vollzogen werden. *§ 49 Abs. 5 UVollzG NRW: Gestaltung des Vollzuges* (5) Die in diesem Gesetz vorgesehenen Beschränkungen können minderjährigen Untersuchungsgefangenen auch auferlegt werden, soweit es dringend geboten ist, einer Gefährdung ihrer Entwicklung entgegen zu wirken.

2. Systematik der Regelungen zum Außenverkehr. Die Ländergesetze[159] treffen Regelungen 38
zum „Außenverkehr“ bzw. zu den „Außenkontakten“ und beschränken sich insofern auf die Fälle des **„echten“ Außenverkehrs**, wozu auch der Kontakt des Gefangenen zu Inhaftierten in anderen Anstalten zählt. Nicht erfasst sind hingegen Kontakte zwischen den Untersuchungsgefangenen innerhalb einer Anstalt.[160]

Die Untersuchungshaftvollzugsgesetze, wie auch § 119 StPO, begründen nicht ein Recht des Untersuchungsgefangenen auf Außenverkehr, sondern normieren Beschränkungen seiner entsprechenden (Grund-)Rechte.[161] Im Ausgangspunkt hat der Untersuchungsgefangene ein **subjektives Recht auf unbeschränkten Außenverkehr.** In dieses Recht darf in Form von Beschränkungen durch oder aufgrund Gesetzes nur insoweit eingegriffen werden, als solche Beschränkungen zur Sicherung des Strafverfahrens oder zur Aufrechterhaltung der Sicherheit und Ordnung in der Anstalt erforderlich und verhältnismäßig sind. Dies stellen die Ländergesetze in ihren allgemeinen Vorschriften (vgl. § 4 Abs. 2 12er-Regelung, § 3 NJVollzG, § 1 Abs. 3 UVollzG NRW, § 2 Abs. 2 JVollzGB II Ba-Wü, Art. 3 Abs. 3 und 4 UVollzG Bayern) ausdrücklich klar; für verfahrenssichernde Anordnungen nach Bundesrecht findet sich eine vergleichbare Regelung in § 119 Abs. 1 S. 1 StPO („soweit [...] erforderlich[...] Beschränkungen“). § 32 12er-Regelung und § 12 Abs. 1 S. 1 JVollzGB II Ba-Wü wiederholen diesen Grundsatz nochmals ausdrücklich für den Bereich der Außenkontakte.

Bedauerlicherweise zeigt sich in der Ausgestaltung der Gesetzestexte wie auch in den amtli- 39
chen Begründungen wiederholt ein grundsätzliches **Fehlverständnis** dieser grundrechtlich vorgegebenen Regelungssystematik. Als Beispiel angeführt sei Art. 21 Abs. 3 UVollzG Bayern: „Ein Anspruch auf die Nutzung anderer Formen der Telekommunikation besteht

159 Ausnahmen nur UVollzG NRW und NJVollzG, was im letzteren Fall angesichts der abweichenden Auffassung des niedersächsischen Gesetzgebers zur Reichweite der Gesetzgebungskompetenz konsequent ist. Vgl. im Übrigen die Synopsen Rn. 36 f.

160 AnwK U-Haft/Pollähne, § 32 Rn. 9; anders bei Beschränkungen nach § 119 StPO, s.o. Rn. 17.

161 Eine Ausnahme bilden im Bereich des Außenverkehrs vereinzelte Regelungen zur Kostenübernahme bei bedürftigen Gefangenen, z.B. beim Schriftverkehr, vgl. § 145 Abs. 2 S. 2 NJVollzG, § 20 Abs. 1 S. 2 UVollzG NRW, § 16 Abs. 3 S. 3 JVollzGB II Ba-Wü, Art. 18 Abs. 2 S. 2 UVollzG Bayern.

nicht." Die gewählte Formulierung kaschiert, dass es sich um ein gesetzliches (repressives) Verbot der Nutzung bestimmter Kommunikationsformen handelt. Ein ähnliches Missverständnis offenbart sich im RegE NRW auf S. 57, wenn es dort zu § 20 UVollzG NRW (Schriftwechsel) heißt: „Die Vorschrift räumt in Absatz 1 den Untersuchungsgefangenen das Recht auf schriftliche Kontakte ein." Die durch die Untersuchungshaftvollzugsgesetze vorgesehenen Schranken des subjektiven Rechts des Untersuchungsgefangenen auf Verkehr mit der Außenwelt lassen sich – zum besseren Verständnis unter Einbeziehung der Schranken des § 119 StPO – nach systematischen Gesichtspunkten wie folgt einteilen:

40 a) **Beschränkungen durch Gesetz.** Dies sind Verbote oder Einschränkungen (z.B. auch Erlaubnisvorbehalte), welche bereits unmittelbar aus dem Gesetz folgen, also keiner Anordnung im Einzelfall bedürfen (vgl. § 4 Abs. 2 S. 1 12er-Regelung: „Soweit das Gesetz eine besondere Regelung nicht enthält [...]").[162] Hiernach lassen sich weiter unterscheiden:

- repressives Verbot bzw. Einschränkung, ggf. mit Ausnahmevorbehalt: Die Grundrechtsbetätigung wird generell untersagt (Beispiele: §§ 35 Abs. 5 S. 1, 41 Abs. 1 S. 1 12er-Regelung: „nicht gestattet"), eingeschränkt (Beispiel: § 36 Abs. 1 12er-Regelung: „auf eigene Kosten") oder unter den Vorbehalt einer ausdrücklichen Gestattung im Einzelfall gestellt (Beispiele: § 38 Abs. 1, Abs. 3 S. 1, 40 S. 1 12er-Regelung); ein subjektives Recht auf Gestattung besteht nicht, lediglich ein Anspruch auf ermessensfehlerfreie Entscheidung.
- präventives Verbot mit Erlaubnisvorbehalt: Die Grundrechtsbetätigung wird unter den Vorbehalt einer zu erteilenden Erlaubnis gestellt; es besteht ein subjektives Recht auf Erteilung der Erlaubnis, sofern nicht im Einzelfall ein Versagungsgrund besteht (Beispiel: § 41 Abs. 1 S. 2 12er-Regelung: „bedarf der Erlaubnis").

41 b) **Beschränkungen aufgrund Gesetzes.** Dies sind Eingriffsnormen, welche zu Beschränkungen der Grundrechtsbetätigung durch Anordnungen im Einzelfall (in Form von Verboten, Einschränkungen) ermächtigen. Die Grundrechtsbetätigung ist möglich, solange nicht im Einzelfall eine Beschränkung erfolgt. Nach ihrer Eingriffsrechtfertigung lassen sich Beschränkungen wie folgt unterteilen:

- **„Verfahrenssichernde Anordnung"** (§ 119 Abs. 1 StPO i.V.m. § 3 Abs. 2 12er-Regelung): Hierunter fallen Anordnungen des Gerichtes/der Staatsanwaltschaft unter dem Gesichtspunkt des Haftzwecks. Rechtsgrundlage ist insoweit das Bundesrecht (§ 119 StPO).[163]
- Vollzugliche Beschränkung aufgrund **„besonderer Regelung des Gesetzes"** (vgl. § 4 Abs. 2 S. 1 12er-Regelung): Hierunter fallen vollzugliche Anordnungen der Anstaltsleitung unter dem Gesichtspunkt der Sicherheit und Ordnung der Anstalt. Die Regelungen über den Außenverkehr enthalten zahlreiche solche Eingriffstatbestände (exemplarisch: § 35 Abs. 3 S. 1 12er-Regelung, Abbruch eines Besuchs).
- Vollzugliche Beschränkung aufgrund einer **Generalklausel** (§ 4 Abs. 2 12er-Regelung): Sämtliche Ländergesetze enthalten neben besonderen Bestimmungen über den Außenverkehr eine Generalklausel über Beschränkungen im Vollzug, die auch im Außenverkehr herangezogen werden kann (exemplarisch: § 4 Abs. 2 12er-Regelung). Die Eingriffsschwelle ist dabei in den einzelnen Ländergesetzen z.T. unterschiedlich angesetzt. So müssen Eingriffe zur Aufrechterhaltung der Anstaltsordnung gem. § 4 Abs. 2 S. 1 12er-Regelung, § 1 Abs. 3 S. 1 UVollzG NRW, § 2 Abs. 2 JVollzGB II Ba-Wü jeweils der Abwehr einer „schwerwiegenden Störung" der Ordnung dienen und „unerlässlich" sein, während § 3 S. 2 NJVollzG bereits „erforderliche" Maßnahmen zur „Aufrechterhaltung

162 Die These von Schlothauer/Weider, Untersuchungshaft, Rn. 1021, die Beschränkungen in den Ländergesetzen aus Gründen der Sicherheit oder Ordnung der Anstalt bedürften „stets" einer Anordnung/Entscheidung, ist zu pauschal formuliert. Die a.a.O. zitierte Entscheidung OLG Rostock StV 2010, 197, belegt die These auch nicht, betraf sie doch (nur) die Frage der Zulässigkeit einer Postkontrolle sowie der Versagung einer Telefonerlaubnis (bzw. der Gestattung von Telefonaten); solche Beschränkungen bedürfen konkret einer Anordnung der Anstaltsleitung gem. §§ 37 Abs. 1 S. 2, 40 S. 1 UVollzG M-V. Das OLG Rostock a.a.O. benennt als Rechtsgrundlage solcher Anordnungen fälschlich „§ 42 UVollzG M-V" (Abschnitt „Sicherheit und Ordnung"!).

163 Zur abweichenden Regelung im NJVollzG vgl. Rn. 11.

der Ordnung" erlaubt. § 3 S. 3 NJVollzG stellt zudem als weiteren Eingriffsgrund neben die Sicherheit und Ordnung der Anstalt auch den „Schutz der Allgemeinheit vor Straftaten".[164] Sofern eine spezielle Eingriffsnorm eine Beschränkung in das Ermessen der Anstalt stellt und keinen oder nur einen pauschalen Eingriffstatbestand enthält („aus Gründen der Sicherheit/Ordnung der Anstalt kann[...]"), ist die Generalklausel im Tatbestand ergänzend heranzuziehen (vgl. zur optischen Besuchsüberwachung Rn. 85, sowie zur Nutzung sonstiger Telekommunikationsmittel Rn. 139).

Einen dem § 119 Abs. 1 S. 6 StPO entsprechenden Grundsatz, wonach Beschränkungen dem Untersuchungsgefangenen stets mitzuteilen sind (Rn. 23), enthalten die Ländergesetze bedauerlicherweise nicht. Vielmehr sind Mitteilungspflichten nur punktuell geregelt.[165] Dabei kann angesichts des systematischen Zusammenspiels der Normen kein Zweifel daran bestehen, dass auch die Ländergesetze nur eine **„offene" Überwachung** des Außenverkehrs gestatten, die zu treffenden Maßnahmen und Beschränkungen der Anstaltsleitung, z.B. die Anordnung einer Textkontrolle des Schriftverkehrs, dem Untersuchungsgefangenen also stets (und nicht nur in den ausdrücklich normierten Fällen) mitzuteilen sind. 42

Damit einher geht die grundsätzliche Frage nach der **Rechtsqualität** und der erforderlichen **Form** vollzuglicher Beschränkungen: So wie § 119 Abs. 5 S. 1 StPO (Rechtsbehelfe gegen Beschränkungen nach Bundesrecht) zwischen „Entscheidungen" und „sonstigen Maßnahmen" differenziert, unterscheidet § 119 a Abs. 1 S. 1 StPO (Antrag auf gerichtliche Entscheidung über Beschränkungen nach Landesrecht) zwischen „behördliche Entscheidungen" und „Maßnahmen" im Untersuchungshaftvollzug. Die Landesgesetzgeber haben diese Nomenklatur nicht übernommen, vielmehr verwenden sämtliche Landesgesetze den pauschalen Begriff der „Beschränkungen".[166] In welcher Form (Schriftform? Mit Gründen? Mit Belehrung?) diese zu geschehen haben und wie sie bekannt zu machen sind, regeln die Landesgesetze nicht. Es bietet sich an, eine dem § 119 StPO entsprechende Unterscheidung in „Anordnungen" und sonstige (faktische) „Maßnahmen" zu etablieren: 43

- **Anordnungen** sollten stets schriftlich getroffen werden. Solche Anordnungen, welche das Gesetz ohne weitere Voraussetzungen für zulässig erklärt und welche die Untersuchungsgefangenen in ihrer Gesamtheit betreffen (z.B. genereller Durchsuchungsvorbehalt für Besucher, § 35 Abs. 4 12er-Regelung), können im Rahmen einer Allgemeinverfügung oder der Hausordnung getroffen werden. Solche Anordnungen hingegen, die im Einzelfall zur Abwehr einer konkreten Gefahr für Sicherheit oder Ordnung der Anstalt bezüglich eines bestimmten Untersuchungsgefangenen getroffen werden, sollten nach Art eines Verwaltungsakts schriftlich gefasst, begründet und dem Untersuchungsgefangenen sowie seinem Verteidiger (s. §§ 140 Abs. 1 Ziff. 4, 141 Abs. 3 S. 4 StPO) mitgeteilt werden.[167]
- **Sonstige beschränkende Maßnahmen** im Sinne eines faktischen Eingriffs (z.B. das Anhalten eines Schreibens[168] wegen einer Gefährdung der Anstaltsordnung/-sicherheit) können den jeweils Betroffenen (vgl. Rn. 119), soweit sie nicht ohnehin offensichtlich sind (Besuchsabbruch), hingegen formlos mitgeteilt werden.

164 Dazu Seebode HRRS 2008, 239 (dort Fn 36).

165 Exemplarisch: § 35 Abs. 1 S. 2, 2. HS 12er-Regelung (Hinweis auf optische Besuchsüberwachung), § 39 Abs. 3 S. 1 12er-Regelung (Anhalten eines Schreibens).

166 Vgl. die Generalklauseln für Beschränkungen, abgedruckt bei Rn. 36. Zur Differenzierung nach Adressatenkreis und Sachverhalten s. Paeffgen in: SK-StPO, § 119 a Rn. 10 a (Einzel- oder Allgemeinverfügung, generelle Anordnungen).

167 Ähnlich Schlothauer/Weider, Untersuchungshaft, Rn. 1024, die „schon wegen der Rechtsmittelmöglichkeit nach § 119 a Abs. 1" für Anordnungen generell eine Schriftform fordern. Deren Empfehlung (für Verteidiger), eine entsprechende Verfahrensweise vorab bei der Anstaltsleitung zu beantragen und im Falle der Ablehnung einen Antrag auf gerichtliche Entscheidung gem. § 119 a Abs. 1 StPO zu stellen, überzeugt freilich nicht, da es jedenfalls an einer Beschwer fehlen dürfte; erst im Falle einer konkreten Maßnahme/Beschränkung kann das Unterlassen einer bestimmten Form oder ihrer Mitteilung einen den Untersuchungsgefangenen belastenden Eingriff darstellen.

168 Zur Frage, ob es sich hierbei um eine „Anordnung" oder eine sonstige „Maßnahme" handelt, vgl. unten Rn. 107.

44 **3. Außenverkehr junger Untersuchungsgefangener. a) Definitionen „junger Untersuchungsgefangener".** Das **Bundesrecht** (StPO, JGG) enthält keine speziellen Regelungen über den Außenverkehr bei jungen Untersuchungsgefangenen, es gilt uneingeschränkt § 119 StPO. Dabei ist anzumerken, dass eine bundesgesetzliche Definition des Begriffs „junge Untersuchungsgefangene" nicht existiert. § 89 c JGG verwendet den Begriff „junge Gefangene" ohne eine Legaldefinition. Implizit wird auf die Definitionen der Landesgesetzgeber Bezug genommen. Jene jedoch weichen durchaus voneinander ab. Die **Untersuchungshaftvollzugsgesetze der Länder** sind allesamt so aufgebaut, dass jeweils in einem gesonderten Abschnitt Spezialregelungen für junge Untersuchungsgefangene enthalten sind, mit (nur) punktuellen Abweichungen von den allgemeinen Vorschriften, u.a. über den Außenverkehr. Dabei ziehen die Ländergesetze in ihren Legaldefinitionen den Kreis der „jungen (Untersuchungs-)Gefangenen" und somit den Anwendungsbereich dieser Spezialregelungen unterschiedlich weit.[169] Zudem enthalten sie z.T. Vorschriften, die explizit nur für minderjährige Untersuchungsgefangene gelten (z.B. § 67 Abs. 3 12er-Regelung, § 49 Abs. 5 UVollzG NRW, § 72 Abs. 3 JVollzGB II Ba-Wü[170]).

45 **b) Generalklauseln für Beschränkungen bei jungen Untersuchungsgefangenen.** Diese Abweichungen der Legaldefinitionen müssen bei der Anwendung der speziellen Normen für junge Untersuchungsgefangene im Bereich der Außenkontakte stets im Auge behalten werden. Sämtliche Ländergesetze, mit Ausnahme des NJVollzG,[171] enthalten eine **Generalklausel für Beschränkungen bei minderjährigen Untersuchungsgefangenen,** die als Auffangtatbestand auch im Bereich der Beschränkungen des Außenverkehrs herangezogen werden können. Allerdings sind diese inhaltlich auf eine Hilfestellung bei der Entwicklung des jugendlichen Gefangenen zu begrenzen (s. § 1 Rn. 10). Während alle Generalklauseln (§ 67 Abs. 3 12er-Regelung, § 49 Abs. 5 UVollzG NRW, § 72 Abs. 3 JVollzGB II Ba-Wü, Art. 30 Abs. 3 UVollzG Bayern) praktisch gleichlautend erfordern, dass eine etwaige Beschränkung „dringend geboten"[172] sei zur Abwendung einer „Gefährdung der Entwicklung" des Gefangenen, erstreckt allein Art. 30 Abs. 3 UVollzG Bayern den Anwendungsbereich über Minderjährige hinaus auf volljährige („junge") Gefangene.[173]

46 Problematisch kann im Einzelfall das Verhältnis zwischen der Generalklausel für Beschränkungen bei minderjährigen Untersuchungsgefangenen einerseits und speziellen Eingriffsnormen für junge Gefangene im Bereich des Außenverkehrs andererseits sein. **Spezielle Eingriffstatbestände im Bereich des Außenverkehrs** genießen auch dann Vorrang vor der Generalklausel, wenn sie eine niedrigere Eingriffsschwelle vorsehen. Bei Anwendung der (auf Minderjährige beschränkten) Generalklausel des § 67 Abs. 3 12er-Regelung wäre z.B. ein Besuchsabbruch als eine „in diesem Gesetz vorgesehene Beschränkung" (vgl. § 35 Abs. 3 12er-Regelung) erst zulässig, wenn er „dringend geboten" zur „Abwehr einer Gefährdung ihrer Entwicklung" wäre. Jedoch sieht § 72 Abs. 4 12er-Regelung als lex specialis einen Besuchsabbruch bereits bei einem „schädlichen Einfluss" des Besuchers auf den jungen (also auch: minderjährigen) Untersuchungsgefangenen vor.

Schwieriger fällt die **Abgrenzung** dann, wenn sich die Anwendungsbereiche und Voraussetzungen von spezieller Eingriffsnorm und Generalklausel nur teilweise überlappen. So stellt sich dem Rechtsanwender in den Ländern der 12er-Gruppe beispielsweise die Frage, ob der Schriftwechsel eines minderjährigen Untersuchungsgefangenen mit einem Angehörigen (§ 11 Abs. 1 Nr. 1 StGB) untersagt werden darf, wenn dies dringend geboten erscheint, um eine Gefährdung der Entwicklung des Minderjährigen abzuwehren. Als spezielle Eingriffsnorm

---

169 S. näher Grdl. Rn. 26 f.; s. auch die Darstellung bei Brune/Müller ZRP 2009, 143 (146).

170 Die Norm spricht von „jugendlichen Untersuchungsgefangene", knüpft damit jedoch nicht an die Definition des § 1 Abs. 2 JGG an, sondern meint (aktuell) minderjährige Gefangene, vgl. RegE Ba-Wü, S. 205.

171 § 158 Abs. 2 NJVollzG ist nicht eindeutig als Eingriffstatbestand formuliert und enthält auch keine klaren Voraussetzungen („aus erzieherischen Gründen").

172 Als einziges Ländergesetz verzichtet § 160 Abs. 2 NJVollzG in diesem Zusammenhang auf das Tatbestandsmerkmal „dringend geboten"; statt dessen heißt es schlicht „erforderlich"; gleichwohl sollten auch in Niedersachsen keine geringeren Anforderungen an die Gebotenheit der Beschränkung gestellt werden.

173 Vgl. RegE Bayern S. 81: „Konsequenz aus der erzieherischen Ausgestaltung".

für die Untersagung des Schriftwechsels bei jungen Untersuchungsgefangenen lässt § 72 Abs. 5 12er-Regelung bereits genügen, dass ein „schädlicher Einfluss“ zu „befürchten“ ist; allerdings ist hiervon der Schriftwechsel mit Angehörigen wegen des besonderen Schutzes von Ehe und Familie (Art. 6 GG) ausdrücklich ausgenommen. Bei einem minderjährigen Gefangenen könnte man die Untersagung des Schriftwechsels als eine „in diesem Gesetz vorgesehene Beschränkung“ (vgl. § 36 Abs. 2 12er-Regelung) andererseits auch auf die Generalklausel § 67 Abs. 3 12er-Regelung stützen. Angesichts der gegenüber § 72 Abs. 5 höheren Eingriffsschwelle des § 67 Abs. 3 („dringend geboten“ statt „zu befürchten“) könnte man einen Rückgriff auf § 67 Abs. 3 i.V.m. § 36 Abs. 2 für zulässig halten. Gegen die subsidiäre Anwendung des § 67 Abs. 3 neben § 72 Abs. 5 spricht jedoch die damit verbundene Umgehung des verfassungsrechtlich gebotenen Angehörigen-Privilegs aus § 72 Abs. 5.

4. Anordnungs- und Ausführungskompetenz. Nach allen Ländergesetzen liegt die Zuständigkeit für Entscheidungen über Beschränkungen des Außenverkehrs zum Zwecke der Abwehr von Gefahren für die Sicherheit oder Ordnung im Vollzug bei der **Anstalt.** Regelungen zur Anordnungskompetenz finden sich vereinzelt – und stets vorrangig zu beachten – in der Norm, welche den Eingriffstatbestand enthält, z.B. § 35 Abs. 2 12er-Regelung (akustische Besuchsüberwachung): „Der Anstaltsleiter [...]“. Nennt der Eingriffstatbestand die zur Entscheidung berufene Stelle hingegen nicht (z.B. § 33 Abs. 5 12er-Regelung: „können untersagt werden“), so ist nach der Regelungstechnik aller Ländergesetze jeweils auf die für sämtliche Abschnitte des Gesetzes geltende **Auffangregel** zurückzugreifen (§ 3 Abs. 1 12er-Regelung: „die Justizvollzugsanstalt, in der die Untersuchungshaft vollzogen wird (Anstalt)“; § 134 Abs. 1 S. 1 NJVollzG „die Vollzugsbehörde“; § 4 UVollzG NRW: „die Anstaltsleitung“; § 3 JVollzGB II Ba-Wü: „die Justizvollzugsanstalt“; Art. 6 UVollzG Bayern: „der Anstaltsleiter“). 47

Die Zusammenschau der verschiedenen Ländergesetze wie auch der Normen innerhalb eines Ländergesetzes offenbart, dass an manchen Stellen der Begriff „Anstalt“ (bzw. „Vollzugsbehörde“, „JVA“), an anderen Stellen wiederum der Begriff „Anstaltsleitung“ (bzw. „Anstaltsleiter“) verwendet wird.[174] Dies könnte bei einer grammatikalischen und systematischen Auslegung mancher Ländervorschrift dazu verleiten, nur in den ausdrücklich bestimmten Fällen eine Zuständigkeit des Leiters der Anstalt, ansonsten eines beliebigen Mitarbeiters anzunehmen. Wegen der erheblichen Grundrechtsrelevanz jedweder Beschränkungen des Außenverkehrs sind die erforderlichen Anordnungen/Entscheidungen jedoch stets durch die **Anstaltsleitung** zu treffen.[175]

In allen Ländergesetzen findet sich das Gebot, die Belange des Strafverfahrens (insbesondere die Haftzwecke) bei Entscheidungen der Anstalt zu berücksichtigen; zu den Aufgaben der Anstalt gehört es dementsprechend, verfahrenssichernde Anordnungen des Haftgerichts zu beachten und umzusetzen.[176] Einen Sonderweg innerhalb der Bundesländer und auch innerhalb der 12er-Regelung geht das UVollzG SH, indem es über das **Gebot der Kooperation** hinaus in einem Abs. 2 des § 32 die Pflicht der Anstaltsleitung normiert, vor Entscheidungen zur Beschränkung des Außenverkehrs die Zustimmung des „zuständigen Gerichts“ (Haftgerichts) einzuholen, sofern „Anhaltspunkte“ dafür bestehen, dass die Entscheidung „den der Untersuchungshaft zugrunde liegenden Haftgrund oder verfahrenssichernde Anordnungen berühren können“. 48

Für Niedersachsen bestimmt das **NJVollzG** die Kompetenzen im Bereich des Untersuchungshaftvollzuges – ausgehend von einer abweichende Auffassung zur Kompetenzabgrenzung 49

174 Ob solche Normen überhaupt die Festlegung einer „funktionellen“ Zuständigkeit regeln oder sich auf die Festschreibung der sachlichen Zuständigkeit (in Abgrenzung zur Zuständigkeit des Gerichts) beschränken sollen – ob also der jeweilige Gesetzgeber diesen Unterschied überhaupt bedacht hat (vgl. zu den Arten der Zuständigkeiten im justiziellen Bereich die Darstellung bei Meyer-Goßner, StPO, Vor § 1 Rn. 1 ff.) - , bleibt trotz Blicks in die Gesetzesbegründungen fraglich, da auch dort die Begriffe „Anstalt“ und „Anstaltsleitung“ scheinbar austauschbar nebeneinander benutzt werden.

175 Schlothauer/Weider, Untersuchungshaft, Rn. 1021.

176 § 3 12er-Regelung; §§ 134, 134 b NJVollzG; §§ 4 f. UVollzG NRW; § 3 JVollzGB II Ba-Wü; Art. 6, 7 UVollzG Bayern.

zwischen Bund und Ländern (zu den Einzelheiten vgl. Rn. 10 f.) – sowohl für verfahrenssichernde als auch für vollzugliche Anordnungen. Dem Gericht obliegen hiernach primär Beschränkungen zur Abwehr einer Verdunkelungsgefahr; im Übrigen ist die Anstalt (Vollzugsbehörde) zuständig, solange nicht das Gericht sich allgemein oder im Einzelfall seine Kompetenz vorbehält (§ 134 NJVollzG).

50 Die Kompetenz zur **Ausführung** vollzuglicher Anordnungen ist in den Ländergesetzen nicht ausdrücklich geregelt. Es liegt in der Natur der Sache, dass der Anstaltsleiter sich bei der Ausführung von Anordnungen der Mitarbeiter der Anstalt bedient. In besonders grundrechtsrelevanten Bereichen (z.B. Telefonüberwachung, Textkontrolle des Schriftverkehrs[177]) hat er organisatorisch dafür Sorge zu tragen, dass niemand außer der zur Kontrolle eingesetzten Person vom Inhalt der Kommunikation Kenntnis nehmen kann.[178]

51 **5. Rechtsbehelfe.** Gegen Anordnungen (Entscheidungen) oder Maßnahmen (Realakte) der Anstalt zur Abwehr von Gefahren für die Sicherheit oder Ordnung des Vollzugs steht dem Untersuchungsgefangenen nach allen Ländergesetzen[179] (Ausnahme: NJVollzG wegen der abweichenden Reichweite der Regelungen) ein **„Beschwerderecht"** zu (entsprechend § 108 StVollzG). Dies ist nicht zu verwechseln mit der Beschwerde der StPO (§§ 304 ff. StPO). Es handelt sich vielmehr um die Möglichkeit, die Anstaltsleitung zur Überprüfung ihrer Entscheidung/Maßnahme anzuhalten.

Hiervon unbeschadet besteht die Möglichkeit des **Antrags auf gerichtliche Entscheidung** gem. § 119 a StPO, der die vollzugliche Anordnung/Maßnahme einer Überprüfung durch das Haftgericht zuführt. Gegen die so herbeigeführte Entscheidung des Haftgerichts ist die Beschwerde (§§ 304 ff. StPO) statthaft (vgl. § 119 a Abs. 3 StPO). Zu weiteren Einzelheiten der Rechtsbehelfe im Untersuchungshaftvollzug siehe im Übrigen den § 10.

52 **6. Kritik.** Die in vielen Details durchaus voneinander abweichenden Regelwerke der Länder werden, ausgehend von der Systematik der 12er-Regelung, im Folgenden übersichtsartig dargestellt, einschließlich einer Bewertung der materiellen Regelungen. Unbeschadet dieser inhaltlichen Analyse muss in der Zusammenschau aller Gesetze aus Sicht des Rechtsanwenders die an zahlreichen Stellen **fehlende Sorgfalt der Gesetzgeber** bei der redaktionellen Gestaltung der Regelungen zum Außenverkehr kritisiert werden. Einige Beispiele seien hierfür angeführt:

§ 40 S. 1 12er-Regelung lautet: „Den Untersuchungsgefangenen kann gestattet werden, auf eigene Kosten Telefongespräche zu führen." Weder Gesetzeswortlaut noch -begründung(en) lassen erkennen, ob es sich um ein repressives Verbot mit Ausnahmevorbehalt (dies legt die Formulierung „kann gestattet werden" nahe) oder ein präventives Verbot mit Erlaubnisvorbehalt handeln soll und unter welchen Voraussetzungen eine „Gestattung" erfolgen „kann"/soll. Die entsprechende Geltung der Vorschriften über den Besuchsverkehr (§ 40 S. 2 i.V.m. §§ 33-35 12er-Regelung) trägt zur Lösung dieser Frage nichts bei, da Besuche nach der 12er-Regelung gerade nicht unter einen Erlaubnis- bzw. Ausnahmevorbehalt gestellt sind, sondern lediglich im Einzelfall untersagt werden können (§ 33 Abs. 1 S. 1, Abs. 5 12er-Regelung). In den Gesetzesbegründungen zu § 40 12er-Regelung (exemplarisch RegE Berlin, S. 87) heißt es lapidar: „Nach dieser Bestimmung kann die Anstalt den Untersuchungsgefangenen gestatten, Telefongespräche zu führen. Die Bestimmungen über Besuche (§§ 33 bis 35) gelten entsprechend. Das hat Bedeutung für Möglichkeiten der Beschränkung des Kontakts mit Personen außerhalb der Anstalt." Wenn es in § 72 Abs. 3 12er-Regelung

177 In den Begründungen zu § 37 Abs. 1 S. 2 12er-Regelung, welcher die **Anordnung** der Textkontrolle regelt, heißt es (exemplarisch: RegE Berlin, S. 85), die Norm gebe „dem Anstaltsleiter die Befugnis zur Anordnung einer Textkontrolle – mithin zur Kenntnisnahme vom Inhalt des Schriftwechsels – [...]". Dass (nur) der Anstaltsleiter persönlich zur **Ausführung** der Textkontrolle berechtigt sein soll, dürfte jedoch nicht beabsichtigt sein. Nach Auffassung des KG StV 2010, 370 müsse die inhaltliche Postkontrolle (dort angeordnet gem. § 119 Abs. 1 StPO) „wegen des damit verbundenen Eingriffs in das grundrechtlich geschützte Brief- und Postgeheimnis dem Richter vorbehalten bleiben".

178 Schlothauer/Weider, Untersuchungshaft, Rn. 1205.

179 § 65 12er-Regelung; § 54 UVollzG NRW; § 68 JVollzGB II Ba-Wü; Art. 42 S. 1 UVollzG Bayern i.V.m. Art. 115 StVollzG Bayern.

(im Abschnitt für junge Untersuchungsgefangene) schließlich heißt, „Telefongespräche" könnten unter bestimmten Voraussetzungen „untersagt" werden, zeigt dies, dass die Gesetzgeber der 12er-Regelung ihre Regelungstechnik nicht konsequent durchhalten. Da Telefongespräche nach dem Landesrecht generell[180] einer „Gestattung" bedürfen (§ 40 S. 1 12er-Regelung), brauchen sie nicht im Einzelfall „untersagt" zu werden; es genügt eine Versagung bzw. ein Widerruf der Gestattung.[181]

Die in § 149 Abs. 1 S. 4 NJVollzG (Verkehr mit Verteidigerinnen und Verteidigern pp.) enthaltene Formulierung, wonach der Schriftwechsel mit Verteidigern „ohne Erlaubnis" zulässig sei, erschließt sich – auch unter Heranziehung der Begründung des RegE Niedersachsen – nicht, da das NJVollzG auch ansonsten weder generell noch durch Anordnung im Einzelfall einen Erlaubnisvorbehalt für Schriftwechsel vorsieht.

Schließlich wird die Rechtsanwendung vielfach durch **zahllose Verweise** sowohl auf Normen innerhalb des jeweiligen Regelwerks als auch auf Normen anderer Gesetze, meist auf die entsprechenden Vorschriften für den Strafvollzug, erschwert. Auf diese Weise müssen stets mehrere Paragrafen/Gesetzeswerke nebeneinander zur Hand genommen werden, um den Inhalt der Norm erfassen zu können. Ein eindrucksvolles Beispiel für diese Art der Gesetzesgestaltung bildet Art. 22 UVollzG Bayern[182] (Verkehr mit Verteidigern sowie besonderen Stellen), welcher in seinen drei Absätzen (mit insgesamt neun Sätzen) an nicht weniger als neun (!) Stellen auf andere Vorschriften (UVollzG Bayern, BayStVollzG oder StPO) verweist. Durch eine solche Gesetzgebungstechnik wird die Rechtsanwendung unnötig erschwert.

Unbeschadet solcher „handwerklicher" Mängel der Gesetzgebung ist inhaltlich vor allem 53 der häufige Verweis auf Vorschriften des Strafvollzuges (bzw. deren wortgleiche Übernahme in den Gesetzestext) zu kritisieren; dies betrifft insbesondere das NJVollzG, das JVollzGB Ba-Wü und das UVollzG Bayern. Eine Parallelität der Beschränkungen in der Untersuchungshaft und in der Strafhaft ist gleichbedeutend mit einer Abkehr vom Prinzip der Unschuldsvermutung und einer **(Über-)Betonung der vollzuglichen Interessen**. Beschränkungen, welche im Strafvollzug als vertretbares Ergebnis einer Abwägung zwischen den Grundrechten des Strafgefangenen und vollzuglichen Interessen erscheinen mögen, können nicht zugleich auch Aspekten der Unschuldsvermutung Rechnung tragen. Augenfällig ist dies z.B. im Bereich der Beschränkungen des Paketverkehrs. Hier übernehmen – ja erweitern sogar – die Landesgesetze die früheren Beschränkungen (Nr. 39 UVollzO), welche sich aus einer weitestgehend entsprechenden Anwendung der Vorschriften des Strafvollzugs ergaben (§ 33 StVollzG i.V.m. den Verwaltungsvorschriften). Das Ergebnis ist eine unverhältnismäßige Beschränkung der Rechte des Untersuchungsgefangenen (s. dazu im Einzelnen die Darstellung zu den landesrechtlichen Beschränkungen des Paketverkehrs, Rn. 157 ff.).

180 Insbesondere auch unbeschadet etwaiger verfahrenssichernder Anordnungen des Haftgerichts gem. § 119 Abs. 1 StPO.

181 OLG Rostock StV 2010, 197 fordert eine Anordnung bzw. Entscheidung der Anstaltsleitung, ohne sich mit dieser Frage näher auseinanderzusetzen, und stützt dieses Ergebnis fälschlich auf „§ 42 UVollzG M-V" (Abschnitt „Sicherheit und Ordnung").

182 Gesetzestext abgedruckt in der Synopse Rn. 54.

IV. Besuche

1. Die gesetzlichen Regeln

a) Bestimmungen des Besuchsverkehrs

54

Länder	Besuche, Schriftwechsel, Telefongespräche und Pakete – *Bestimmungen des Besuchsverkehrs*
12er-Regelung:[183] Berlin Brandenburg Bremen Hamburg Hessen Mecklenburg-Vorpommern Rheinland-Pfalz Saarland Sachsen Sachsen-Anhalt Schleswig-Holstein Thüringen	*§ 33 12er-Regelung: Recht auf Besuch*[184] **(1) Die Untersuchungsgefangenen dürfen Besuch empfangen. Die Gesamtdauer beträgt mindestens zwei Stunden im Monat.**[185] **(2) Kontakte der Untersuchungsgefangenen zu ihren Angehörigen im Sinne des § 11 Abs. 1 Nr. 1 des Strafgesetzbuchs (StGB)**[186] **werden besonders gefördert.**[187] **(3) Besuche sollen darüber hinaus zugelassen werden, wenn sie persönlichen, rechtlichen oder geschäftlichen Angelegenheiten dienen, die nicht von den Untersuchungsgefangenen schriftlich erledigt, durch Dritte wahrgenommen oder bis zur voraussichtlichen Entlassung aufgeschoben werden können.** **(4) Aus Gründen der Sicherheit der Anstalt können Besuche davon abhängig gemacht werden, dass sich die Besucher mit technischen Mitteln absuchen oder durchsuchen lassen.**[188] **(5) Besuche können untersagt werden,**[189] **wenn die Sicherheit oder Ordnung der Anstalt gefährdet würde.** *§ 34 12er-Regelung: Besuche von Verteidigern, Rechtsanwälten und Notaren*[190] **Besuche von Verteidigern sowie von Rechtsanwälten und Notaren in einer die Untersuchungsgefangenen betreffenden Rechtssa-**

183 Punktuelle Abweichungen vom Musterentwurf werden an der jeweils betroffenen Stelle durch eine Fußnote kenntlich gemacht. Nicht bloß punktuell abweichende Landesnormen werden nachfolgend gesondert aufgeführt.

184 Im UVollzG Hamburg abweichende Nummerierung: §§ 33 ff. des Musterentwurfs werden dort zu §§ 20 ff. Im UVollzG SH verschmelzen Abs. 1 und Abs. 2 des Musterentwurfs zu Abs. 1, dadurch werden Abs. 3–Abs. 5 Musterentwurf zu Abs. 2–Abs. 4.

185 In § 33 Abs. 1 S. 2 UVollzG Bremen um den Halbsatz ergänzt: „[...], bei Besuchen von Kindern unter 14 Jahren erhöht sich die Gesamtdauer auf vier Stunden." § 33 Abs. 1 UVollzG M-V ergänzt S. 3 und 4: „Kindern der Untersuchungsgefangenen, die das 14. Lebensjahr noch nicht vollendet haben, werden darüber hinaus bis zu zwei Stunden Besuch im Monat gewährt. Im Rahmen der durch die Anstalt geregelten Besuchszeiten kann ein einzelner Besuch bis zur Dauer von vier Stunden gewährt werden." § 33 Abs. 1 UVollzG Sachsen: „Die Untersuchungsgefangenen dürfen im Monat zwei Stunden Besuch empfangen. Der Anstaltsleiter kann längere Besuchszeiten vorsehen."

186 In § 33 Abs. 2 UVollzG Bremen entfällt die Ergänzung „im Sinne des [...]" ersatzlos. § 33 Abs. 2 UVollzG Berlin enthält an dieser Stelle den Einschub: „[...] - insbesondere zu ihren minderjährigen Kindern - [...]". § 21 Abs. 2 UVollzG Hamburg: „[...] im Sinne des Strafgesetzbuchs [...]". Im UVollzG Sachsen und im UVollzG SH folgt ein Einschub („[...] in der Fassung der Bekanntmachung vom 13. November 1998 [...]".

187 § 33 Abs. 2 UVollzG Sachsen-Anhalt: „Kontakte des Untersuchungsgefangenen zu seinem Ehegatten oder zu seinem eingetragenen Lebenspartner und seinen Kindern und Kontakte des minderjährigen Untersuchungsgefangenen zu seinen Eltern werden besonders gefördert. Deren Besuche werden nicht auf die Besuchszeit nach Absatz 1 angerechnet,"

188 § 21 Abs. 4 UVollzG Hamburg: „Aus Gründen der Sicherheit und Ordnung der Anstalt können die Besuche davon abhängig gemacht werden, dass Besucherinnen und Besucher sich durchsuchen lassen. Für Art und Umfang der Durchsuchungen, insbesondere für den Einsatz technischer Hilfsmittel, und für den für Durchsuchungen in Betracht kommenden Personenkreis kann die Anstaltsleitung mit Rücksicht auf die Sicherheitsbedürfnisse der Anstalt besondere Regelungen treffen."

189 Das UVollzG SH (dort Abs. 4) formuliert: „Die Anstaltsleitung kann Besuche untersagen, wenn [...]".

190 Amtliche Überschrift § 34 UVollzG Rheinland-Pfalz: „Besuche von Rechtsbeiständen". Amtliche Überschrift § 34 UVollzG SH: „Besuche von Verteidigerinnen und Verteidigern und sonstigen Berufsgeheimnisträgerinnen und Berufsgeheimnisträgern".

Länder	Besuche, Schriftwechsel, Telefongespräche und Pakete – *Bestimmungen des Besuchsverkehrs*
	che[191] sind zu gestatten. § 33 Abs. 4[192] gilt entsprechend. Eine inhaltliche Überprüfung der von Verteidigern[193] mitgeführten Schriftstücke und sonstigen Unterlagen ist nicht zulässig.[194]
	§ 35 12er-Regelung: Überwachung der Besuche (1) Besuche dürfen aus Gründen der Sicherheit oder Ordnung der Anstalt optisch überwacht werden[195]. Die optische Überwachung kann mit technischen Hilfsmitteln[196] durchgeführt werden; die betroffenen Personen sind vorher darauf hinzuweisen.[197] (2) Der Anstaltsleiter kann die akustische Überwachung im Einzelfall anordnen, wenn sie aus Gründen der Sicherheit der Anstalt oder zur Abwendung einer schwerwiegenden Störung der Ordnung der Anstalt erforderlich ist.[198]
	(3) Besuche dürfen abgebrochen werden, wenn Besucher oder Untersuchungsgefangene gegen dieses Gesetz oder aufgrund dieses Gesetzes getroffene Anordnungen[199] verstoßen. Dies gilt auch bei einem Verstoß gegen verfahrenssichernde Anordnungen.[200]

191 In § 34 S. 1 UVollzG Bremen und UVollzG Rheinland-Pfalz erfolgt diese Aufzählung mit Bezifferung (1.–3.); § 34 S. 1 UVollzG SH: „Besuche von Verteidigerinnen und Verteidigern sowie von sonstigen Berufsgeheimnisträgerinnen und Berufsgeheimnisträgern im Sinne von § 53 Abs. 1 Nr. 1 bis 5 der Strafprozessordnung [...]".

192 Im UVollzG SH wegen redaktioneller Abweichung „Abs. 3".

193 § 34 S. 3 UVollzG Berlin: Statt „Verteidigern" heißt es: „diesen Personen". § 34 S. 3 UVollzG Bremen: Statt „Verteidigern" heißt es: „ihnen". § 34 S. 3 UVollzG SH erstreckt dieses Privileg auf Rechtsanwälte und Notare in einer die Gefangenen betreffenden Rechtssache und entspricht damit inhaltlich § 23 Abs. 3 UVollzG Hamburg.

194 Im UVollzG Sachsen-Anhalt ergänzt um einen Abs. 2.: „Verteidiger, Rechtsanwälte und Notare müssen sich als solche gegenüber der Anstalt durch die Vollmacht des Untersuchungsgefangenen oder die Bestellungsanordnung des Gerichts ausweisen."

195 In § 22 Abs. 1 UVollzG Hamburg um einen Halbsatz ergänzt: „[...], es sei denn, es liegen im Einzelfall Erkenntnisse dafür vor, dass es der Überwachung nicht bedarf."

196 § 22 Abs. 1 UVollzG Hamburg: Statt „technischen Hilfsmitteln" heißt es: „optisch-elektronischen Einrichtungen (Videoüberwachung)".

197 Anstelle von § 35 Abs. 1 S. 2 enthält das UVollzG Bremen einen neuen Abs. 3 (Abs. 3 ff. des Musterentwurfs werden zu Abs. 4 ff.): „Die Überwachung kann mit technischen Hilfsmitteln durchgeführt werden; die betroffenen Personen sind vorher darauf hinzuweisen. Eine Aufzeichnung findet nicht statt." In § 35 Abs. 1 UVollzG Rheinland-Pfalz und UVollzG Saarland entfällt der Satz 2 des Musterentwurfs ersatzlos. § 35 Abs. 1 ist im UVollzG Sachsen ohne inhaltliche Konsequenz redaktionell umformuliert und ergänzt um einen Satz 3: „Eine Aufzeichnung findet nicht statt."

198 § 22 Abs. 2 UVollzG Hamburg: „Die Unterhaltung darf nur überwacht werden, soweit dies im Einzelfall aus Gründen der Sicherheit der Anstalt oder zur Abwendung einer schwerwiegenden Störung der Ordnung der Anstalt erforderlich ist. Absatz 1 Sätze 2 und 3 findet keine Anwendung."

199 § 35 Abs. 3 S. 1 UVollzG Berlin und § 22 Abs. 3 S. 1 UVollzG Hamburg enthalten an dieser Stelle den Einschub: „trotz Abmahnung". § 35 Abs. 3 S. 3 UVollzG Berlin, § 22 Abs. 3 S. 3 UVollzG Hamburg: „Die Abmahnung unterbleibt, wenn es unerlässlich ist, den Besuch sofort abzubrechen."

200 § 35 Abs. 3 S. 3 UVollzG Sachsen-Anhalt: „Dem Abbruch nach Satz 1 soll eine Abmahnung vorausgehen." Im UVollzG Sachsen entfällt S. 2 ersatzlos.

Länder	Besuche, Schriftwechsel, Telefongespräche und Pakete – *Bestimmungen des Besuchsverkehrs*
	(4) Besuche von Verteidigern[201] werden nicht überwacht.[202] **(5)[203] Gegenstände dürfen beim Besuch nicht übergeben werden. Dies gilt nicht für die bei dem Besuch der Verteidiger übergebenen Schriftstücke und sonstigen Unterlagen sowie für die bei dem Besuch von Rechtsanwälten oder Notaren zur Erledigung einer die Untersuchungsgefangenen betreffenden Rechtssache übergebenen Schriftstücke und sonstigen Unterlagen.[204] Bei dem Besuch von Rechtsanwälten oder Notaren kann die Übergabe aus Gründen der Sicherheit oder Ordnung der Anstalt von der Erlaubnis des Anstaltsleiters abhängig gemacht werden.[205]** **Abweichende Regelungen:** ***Hessen, § 25 Abs. 3, 4 HUVollzG: Grundsätze*** (3) Besuche von und Schriftverkehr mit Verteidigerinnen und Verteidigern sind zu gewährleisten und alle Kontakte mit ihnen dürfen nicht überwacht werden. § 148 Abs. 2 und § 148 a der Strafprozessordnung bleiben unberührt. Zu gestatten sind auch Besuche von und Schriftverkehr mit Rechtsanwältinnen und Rechtsanwälten sowie Notarinnen und Notaren in einer die Untersuchungsgefangenen betreffenden Rechtssache. (4) Nicht überwacht werden auch Kontakte[206] mit den in § 119 Abs. 4 Satz 2 der Strafprozessordnung genannten Personen und Stellen, soweit 1. bei mündlicher Kommunikation die Identität der Kontaktperson zweifelsfrei feststeht, [...]

201 § 35 Abs. 4 UVollzG Berlin: „[...] Verteidigern sowie Rechtsanwälten und Notaren, die den Untersuchungsgefangenen in einer Rechtssache vertreten [...]"; § 35 Abs. 4 UVollzG Sachsen-Anhalt: „[...] Verteidigern, Rechtsanwälten und Notaren [...]". § 35 Abs. 4 S. 1 UVollzG Sachsen, § 35 Abs. 4 S. 1 UVollzG SH: „[...] Verteidigern sowie von Rechtsanwälten und Notaren in einer den Untersuchungsgefangenen betreffenden Rechtssache [...]".

202 § 23 Abs. 2 UVollzG Hamburg: „Besuche von Rechtsanwältinnen und Rechtsanwälten, Notarinnen und Notaren werden nicht überwacht." § 35 Abs. 4 S. 2 UVollzG SH: „Nicht überwacht werden ferner Besuche von Mitgliedern der Volksvertretungen des Bundes und der Länder, des Europäischen Parlaments, des Europäischen Gerichtshofs für Menschenrechte, des Europäischen Ausschusses zur Verhütung von Folter und unmenschlicher oder erniedrigender Behandlung oder Strafe und weitere Einrichtungen, mit denen der Kontakt aufgrund völkerrechtlicher Verpflichtungen der Bundesrepublik Deutschland geschützt ist, sowie für Besuche der Bürgerbeauftragten der Länder und der Datenschutzbeauftragten des Bundes und der Länder." (Ähnlich lautend: § 35 Abs. 4 S. 2 UVollzG Sachsen).

203 Im UVollzG Hamburg findet sich die Vorschrift als § 22 Abs. 4: „Gegenstände dürfen beim Besuch nicht übergeben werden. Die Anstaltsleitung kann im Einzelfall die Nutzung einer Trennvorrichtung anordnen, wenn dies mit Rücksicht auf die Sicherheit oder Ordnung der Anstalt zur Verhinderung einer unerlaubten Übergabe von Gegenständen erforderlich ist."

204 § 35 Abs. 5 S. 2 UVollzG Sachsen-Anhalt weicht – ohne inhaltliche Konsequenz – redaktionell ab.

205 UVollzG Berlin, UVollzG Hamburg (§ 23 Abs. 3) und UVollzG Sachsen-Anhalt verzichten ersatzlos auf Satz 3 des Musterentwurfs. § 35 UVollzG Sachsen ergänzt einen Abs. 6: „Aus Gründen der Sicherheit oder Ordnung kann im Einzelfall angeordnet werden, dass eine Trennvorrichtung genutzt wird."

206 Das UVollzG Hessen verwendet den Begriff „Kontakte" (vgl. die Überschrift des Sechsten Abschnitts, §§ 25 ff.: „Außenkontakte der Untersuchungsgefangenen") – ohne Legaldefinition – als Oberbegriff für sämtliche im sechsten Abschnitt genannten Arten des Außenverkehrs als da wären: „Besuche" (§ 26), „Schriftwechsel" (§ 27), „Telekommunikation" (§ 28) sowie „Empfang und Versendung von Paketen" (§ 29), vgl. RegE Hessen S. 139.

Länder	Besuche, Schriftwechsel, Telefongespräche und Pakete – *Bestimmungen des Besuchsverkehrs*
	Hessen, § 26 HUVollzG: Besuch
	(1) Die Untersuchungsgefangenen dürfen regelmäßig Besuch empfangen. Die Gesamtdauer beträgt mindestens eine Stunde im Monat.
	(2) Besuche sollen darüber hinaus ermöglicht werden, wenn sie der Wahrnehmung persönlicher, familiärer, rechtlicher oder sonstiger wichtiger Angelegenheiten dienen.
	(3) Aus Gründen der Sicherheit kann ein Besuch, auch in den Fällen des § 25 Abs. 3 und 4, davon abhängig gemacht werden, dass sich die Besucherin oder der Besucher absuchen oder durchsuchen lässt. § 31 Abs. 1 Satz 2 und 3[207] und § 27 Abs. 4[208] gelten entsprechend.
	(4) Abgesehen von den Fällen des § 25 Abs. 3 und 4 dürfen Besuche aus Gründen der Sicherheit oder Ordnung der Anstalt oder bei Vorliegen einer entsprechenden verfahrenssichernden Anordnung offen überwacht werden. Die Unterhaltung darf nur überwacht werden, soweit dies im Einzelfall aus den in Satz 1 genannten Gründen erforderlich ist. Ein Besuch darf abgebrochen werden, wenn Beteiligte gegen die Vorschriften dieses Gesetzes oder die aufgrund dieses Gesetzes getroffenen Anordnungen trotz Ermahnung verstoßen. Dies gilt auch bei einem Verstoß gegen verfahrenssichernde Anordnungen. Einer Ermahnung bedarf es nicht, wenn es unerlässlich ist, den Besuch sofort abzubrechen. Gegenstände dürfen beim Besuch nur mit Erlaubnis übergeben werden. Dies gilt nicht für die bei dem Besuch von Verteidigerinnen und Verteidigern sowie von Personen nach § 32 Abs. 4[209] übergebenen Schriftstücke und sonstigen Unterlagen.
	(5) Die optische Überwachung eines Besuchs kann auch durch technische Hilfsmittel erfolgen. Aufzeichnungen sind zulässig, soweit dies für die Sicherheit und Ordnung der Anstalt erforderlich ist. Die betroffenen Personen sind auf Maßnahmen nach Satz 1 und 2 vorher hinzuweisen. Zur Verhinderung der Übergabe von Gegenständen können besondere Vorkehrungen, insbesondere durch Tischaufsätze oder Trennscheiben getroffen werden, wenn bei den betreffenden Untersuchungsgefangenen verbotene Gegenstände gefunden wurden oder konkrete Anhaltspunkte vorliegen, dass es zu einer verbotenen Übergabe von Gegenständen kommt. § 30 Abs. 2 Satz 1[210] gilt entsprechend.

207 „Die Durchsuchung Untersuchungsgefangener darf nur von Personen gleichen Geschlechts vorgenommen werden. Das Schamgefühl ist zu schonen."

208 „Besteht der Verdacht, dass ein Schreiben, das nach § 25 Abs. 3 und 4 keiner Überwachung unterliegt, unzulässige Einlagen enthält, so wird dieses mit Einverständnis und im Beisein der Untersuchungsgefangenen einer Sichtkontrolle ohne Kenntnisnahme des gedanklichen Inhalts unterzogen, andernfalls an den Absender zurückgesandt oder den Untersuchungsgefangenen zurückgegeben."

209 Es handelt sich um ein offensichtliches Redaktionsversehen, da das UVollzG Hessen eine solche Vorschrift nicht enthält. Ob hiermit § 32 Abs. 4 StVollzG Hessen gemeint war (Seelsorger etc.), lässt sich auch der Gesetzesbegründung, RegE Hessen S. 141, nicht entnehmen.

210 „Die Pflichten und Beschränkungen, die den Untersuchungsgefangenen zur Aufrechterhaltung der Sicherheit oder Ordnung der Anstalt auferlegt werden, sind so zu wählen, dass sie in einem angemessenen Verhältnis zu ihrem Zweck stehen und die Untersuchungsgefangenen nicht mehr und nicht länger als notwendig beeinträchtigen."

Länder	Besuche, Schriftwechsel, Telefongespräche und Pakete – *Bestimmungen des Besuchsverkehrs*
Baden-Württemberg	*§ 12 JVollzGB II: Pflege sozialer Beziehungen* (1) Untersuchungsgefangene haben das Recht, mit Personen außerhalb der Justizvollzugsanstalt im Rahmen der gesetzlichen Vorschriften zu verkehren. Der Kontakt zu Angehörigen und Personen, von denen ein günstiger Einfluss auf die Untersuchungsgefangenen erwartet werden kann, wird gefördert. (2) Untersuchungsgefangene dürfen regelmäßig Besuch empfangen. Die Gesamtdauer beträgt mindestens eine Stunde im Monat. (3) Besuche sollen darüber hinaus zugelassen werden, wenn sie persönlichen, rechtlichen oder geschäftlichen Angelegenheiten dienen, die von den Untersuchungsgefangenen weder schriftlich erledigt noch durch Dritte wahrgenommen oder bis zur Entlassung aufgeschoben werden können. (4) Aus Gründen der Sicherheit oder Ordnung der Justizvollzugsanstalt kann ein Besuch davon abhängig gemacht werden, dass sich die Besucherin oder der Besucher durchsuchen oder mit technischen Mitteln oder sonstigen Hilfsmitteln auf verbotene Gegenstände absuchen lässt. Aus den gleichen Gründen kann die Anzahl der gleichzeitig zu einem Besuch zugelassenen Personen beschränkt werden. *§ 13 JVollzGB II: Verbot von Besuchen* Die Anstaltsleiterin oder der Anstaltsleiter kann Besuche untersagen, wenn die Sicherheit oder Ordnung der Justizvollzugsanstalt gefährdet würde. *§ 14 JVollzGB II: Überwachung von Besuchen* (1) Besuche dürfen aus Gründen der Sicherheit oder Ordnung der Justizvollzugsanstalt überwacht werden, es sei denn, es liegen im Einzelfall Erkenntnisse dafür vor, dass es der Überwachung nicht bedarf. Die Unterhaltung darf überwacht werden, soweit dies im Einzelfall aus diesen Gründen erforderlich ist. (2) Die optische Überwachung von Besuchen kann durch technische Hilfsmittel erfolgen. Auf eine Überwachung nach Satz 1 sind die Untersuchungsgefangenen und ihre Besucher vorher hinzuweisen. Zur Verhinderung der Übergabe von Gegenständen können besondere Vorkehrungen, insbesondere durch Tischaufsätze oder Trennscheiben, getroffen werden, wenn bei der oder dem Untersuchungsgefangenen verbotene Gegenstände gefunden wurden oder sonst konkrete Anhaltspunkte vorliegen, dass es zu einer verbotenen Übergabe von Gegenständen kommt. (3) Gegenstände dürfen beim Besuch nur mit Zustimmung der Justizvollzugsanstalt übergeben werden. Untersuchungsgefangenen dürfen Nahrungs- und Genussmittel in geringer Menge übergeben werden. Die Justizvollzugsanstalt kann anordnen, dass die Nahrungs- und Genussmittel durch ihre Vermittlung beschafft werden. (4) Ein Besuch darf abgebrochen werden, wenn Untersuchungsgefangene oder ihre Besucherinnen oder Besucher gegen Vorschriften dieses Gesetzes oder aufgrund dieses Gesetzes getroffene Anordnungen trotz Ermahnung verstoßen. Einer Ermahnung bedarf es nicht, wenn es unerlässlich ist, den Besuch sofort abzubrechen.

Länder	Besuche, Schriftwechsel, Telefongespräche und Pakete – *Bestimmungen des Besuchsverkehrs*
	§ 15 JVollzGB II: Besuche bestimmter Personen (1) Besuche von Verteidigern sowie von Rechtsanwälten und Notaren in einer die Unersuchungsgefangene oder den Untersuchungsgefangenen betreffenden Rechtssache sind zu gestatten. Die Justizvollzugsanstalt kann die Modalitäten der Besuche entsprechend ihren organisatorischen Möglichkeiten regeln. Der Besuch kann davon abhängig gemacht werden, dass sich die Besucher vorher aus Gründen der Sicherheit oder Ordnung der Justizvollzugsanstalt durchsuchen oder mit technischen Mitteln oder sonstigen Hilfsmitteln auf verbotene Gegenstände absuchen lassen. Eine Kenntnisnahme von dem gedanklichen Inhalt der von Verteidigern mitgeführten Schriftstücke und sonstigen Unterlagen ist unzulässig. (2) Besuche von Verteidigern werden nicht überwacht. Zur Übergabe von Schriftstücken oder sonstigen Unterlagen bedürfen Verteidiger, Rechtsanwälte oder Notare keiner Erlaubnis, sofern diese unmittelbar der Vorbereitung oder Durchführung der Verteidigung oder der Erledigung einer die Untersuchungsgefangene oder den Untersuchungsgefangenen betreffenden Rechtssache dienen. Beim Besuch von Rechtsanwälten und Notaren kann die Übergabe von Schriftstücken oder sonstigen Unterlagen aus Gründen der Sicherheit oder Ordnung der Justizvollzugsanstalt von der Erlaubnis abhängig gemacht werden. (3) § 148 Abs. 2 und § 148 a StPO bleiben unberührt.
Bayern	*Art. 15 BayUVollzG: Recht auf Besuch* (1) Die Untersuchungsgefangenen dürfen im Rahmen der Vorschriften dieses Gesetzes regelmäßig Besuch empfangen. Die Gesamtdauer beträgt mindestens 2 Stunden im Monat. Soweit Satz 2 in der Anstalt erhebliche räumliche, personelle oder organisatorische Gründe entgegen stehen, beträgt die Gesamtdauer mindestens eine Stunde im Monat. Das Weitere regelte die Hausordnung. (2) In den ersten drei Monaten nach Aufnahme in die Anstalt gilt die Mindestbesuchsdauer von zwei Stunden uneingeschränkt. *Art. 16 BayUVollzG: Zulassung zum Besuch* (1) Aus Gründen der Sicherheit oder Ordnung der Anstalt kann die Zulassung von Personen zum Besuch davon abhängig gemacht werden, dass sich die Besucher durchsuchen oder mit technischen Mitteln oder sonstigen Hilfsmitteln auf verbotene Gegenstände, absuchen lassen. Zur Aufrechterhaltung der Sicherheit oder Ordnung der Anstalt kann die Anzahl gleichzeitig zu einem Besuch zugelassenen Personen beschränkt werden. (2) Der Anstaltsleiter oder die Anstaltsleiterin kann die Zulassung zum Besuch versagen oder die Befolgung von Weisungen abhängig machen, wenn es die Sicherheit oder Ordnung der Anstalt erfordert. *Art. 17 BayUVollzG: Überwachung von Besuchen* (1) Besuche dürfen aus Gründen der Sicherheit oder Ordnung der Anstalt überwacht werden, es sei denn, es liegen im Einzelfall Erkenntnisse dafür vor, dass es der Überwachung nicht bedarf. Die Überwachung und Aufzeichnung mit technischen Mitteln ist zulässig, wenn die Besucher und die Untersuchungsgefangenen vor

Länder	Besuche, Schriftwechsel, Telefongespräche und Pakete – *Bestimmungen des Besuchsverkehrs*
	dem Besuch darauf hingewiesen werden. Die Aufzeichnungen sind spätestens nach Ablauf eines Monats zu löschen. (2) Die Unterhaltung darf nur überwacht werden, soweit dies im Einzelfall aus Gründen der Sicherheit oder Ordnung der Anstalt erforderlich ist. Abs. 1 Satz 2 ist nicht anwendbar. (3) Gegenstände dürfen beim Besuch nur mit Erlaubnis des Anstaltsleiters oder der Anstaltsleiterin übergeben werden. Zur Verhinderung der Übergabe von unerlaubten Gegenständen kann im Einzelfall angeordnet werden, dass der Besuch unter Verwendung einer Trennvorrichtung abzuwickeln ist. (4) Besuche dürfen abgebrochen werden, wenn auf Grund des Verhaltens der Besucher oder der Untersuchungsgefangenen eine Gefährdung der Sicherheit oder Ordnung der Anstalt droht; im Übrigen gilt Art. 30 Abs. 4 BayStVollzG entsprechend. *Art. 22 BayUVollzG: Verkehr mit Verteidigern sowie besonderen Stellen* (1) Mit ihren Verteidigern dürfen die Untersuchungsgefangenen ohne Beschränkung und Überwachung schriftlich und mündlich verkehren. Für Besuche von Verteidigern gilt Art. 15 Abs. 1 Satz 4 entsprechend. Nicht überwachte Telefongespräche mit Verteidigern sollen unter den Voraussetzungen des Art. 21 Abs. 1 zugelassen werden; Art. 18 Abs. 2 und Art. 21 Abs. 3 gelten entsprechend. Art. 19 Abs. 1 findet mit der Maßgabe Anwendung, dass die Schreiben nicht geöffnet werden dürfen. Art. 16 Abs. 1 Satz 1 gilt mit der Maßgabe entsprechend, dass eine Kenntnisnahme des gedanklichen Inhalts der von Verteidigern mitgeführten Schriftstücke und sonstigen Unterlagen unzulässig ist. Für deren Übergabe bedürfen sie keiner Erlaubnis nach Art. 17 Abs. 3 Satz 1. § 148 Abs. 2, § 148 a StPO bleiben unberührt; diese Vorschriften gelten entsprechend, wenn gegen Untersuchungsgefangene wegen einer Straftat nach § 129 a, auch in Verbindung mit § 129 b StGB, Überhaft vorgemerkt ist. (2) Für den Verkehr von Untersuchungsgefangene, die unter Bewährungs- oder Führungsaufsicht stehen oder über die ein Bericht der Gerichtshilfe angefordert ist, mit den Bediensteten der Bewährungshilfe, der Führungsaufsichtstelle oder der Gerichtshilfe gilt Abs. 1 entsprechend. (3) Für Besuche von Rechtanwälten und Notaren in einer die Untersuchungsgefangenen betreffenden Rechtssache gelten Art. 29 Sätze 1 und 2, Art. 30 Abs. 6 Satz 2 BayStVollzG entsprechend. *Art. 27 Abs. 3 BayStVollzG:* Aus Gründen der Sicherheit oder Ordnung der Anstalt kann ein Besuch davon abhängig gemacht werden, dass sich die Besucher durchsuchen oder mit technischen Mitteln oder sonstigen Hilfsmitteln auf verbotene Gegenstände absuchen lassen. *Art. 29 S. 1 und 2 BayStVollzG:* Besuche von Verteidigern, Angehörigen der Gerichtshilfe, der Bewährungshilfe und der Aufsichtsstellen für die Führungsaufsicht sowie von Rechtsanwälten oder Notaren in einer den Gefangenen

Länder	Besuche, Schriftwechsel, Telefongespräche und Pakete – *Bestimmungen des Besuchsverkehrs*
	oder die Gefangene betreffenden Rechtssache sind zu gestatten. Art. 27 Abs. 3 gilt entsprechend.[211] *Art. 30 Abs. 4 BayStVollzG:* (4) Ein Besuch darf abgebrochen werden, wenn Besucher oder Gefangene gegen die Vorschriften dieses Gesetzes oder die auf Grund dieses Gesetzes getroffenen Anordnungen trotz Abmahnung verstoßen. Die Abmahnung unterbleibt, wenn es unerlässlich ist, den Besuch sofort abzubrechen. *Art. 30 Abs. 6 S. 2 BayStVollzG:* Dies gilt nicht für die bei dem Besuch von Verteidigern übergebenen Schriftstücke und sonstigen Unterlagen sowie für die bei dem Besuch von Rechtsanwälten oder Notaren zur Erledigung einer den Gefangenen oder die Gefangene betreffenden Rechtssache übergebenen Schriftstücke und sonstigen Unterlagen; bei dem Besuch von Rechtsanwälten oder Notaren kann die Übergabe aus Gründen der Sicherheit oder Ordnung der Anstalt von der Erlaubnis abhängig gemacht werden.
Niedersachsen	*§ 143 NJVollzG: Recht auf Besuch, Zulassung* (1) Zum Besuch bei der oder dem Gefangenen wird nur zugelassen, wer über eine Besuchserlaubnis verfügt; im Übrigen gilt für das Recht der oder des Gefangenen auf Besuch § 25 Abs. 1 und 2[212] entsprechend. (2) Über die Besuchserlaubnis entscheidet das Gericht. Es kann die Besuchserlaubnis versagen oder von der Befolgung von Weisungen abhängig machen, wenn es der Zweck der Untersuchungshaft oder die Sicherheit oder Ordnung der Anstalt erfordert. Bei nachträglichem Eintreten oder Bekanntwerden solcher Umstände kann das Gericht die Besuchserlaubnis ganz oder teilweise widerrufen oder zurücknehmen. Auch bei Vorliegen einer Besuchserlaubnis kann die Vollzugsbehörde den Besuch einer Person zur Aufrechterhaltung der Sicherheit oder Ordnung der Anstalt von ihrer Durchsuchung abhängig machen und die Zahl der gleichzeitig zu einem Besuch zugelassenen Personen beschränken; insoweit findet § 134 Abs. 1 Satz 2[213] keine Anwendung. *§ 144 NJVollzG: Überwachung von Besuchen* (1) Besuche dürfen offen überwacht werden. Die akustische Überwachung ist nur zulässig, wenn dies im Einzelfall wegen des Zwecks der Untersuchungshaft oder zur Aufrechterhaltung der Sicherheit

211 Art. 22 Abs. 3 UVollzG Bayern verweist den Rechtsanwender u.a. auf Art. 29 S. 2 StVollzG Bayern. Jene Norm wiederum erschöpft sich ihrerseits in einem Verweis, nämlich auf Art. 27 Abs. 3 StVollzG Bayern. Weshalb Art. 22 Abs. 3 UVollzG Bayern nicht unmittelbar auf die letztgenannte Norm verweist, ist fraglich. Bei wohlwollender Betrachtung mag man unterstellen, der bayerische Gesetzgeber habe hier schlicht den Überblick verloren. Bei weniger wohlwollender Betrachtung könnte der Verdacht entstehen, es sei dem Gesetzgeber um eine bestmögliche Vereitelung der effektiven Rechtsanwendung gegangen.

212 Abgedruckt im Nachgang zu § 149 NJVollzG.

213 „Das Gericht kann sich in jeder Lage des Strafverfahrens durch schriftliche Erklärung gegenüber der Vollzugsbehörde die Zuständigkeit für in deren Zuständigkeit fallende Entscheidungen und sonstige Maßnahmen allgemein oder im Einzelfall widerruflich vorbehalten.“

Länder	Besuche, Schriftwechsel, Telefongespräche und Pakete – *Bestimmungen des Besuchsverkehrs*
	oder Ordnung der Anstalt erforderlich ist. § 28 Abs. 2[214] gilt entsprechend. (2) Abweichend von § 134 Abs. 5 Satz 1 ist die Übertragung der Zuständigkeit für die Entscheidung über die akustische Überwachung zur Abwehr einer Verdunkelungsgefahr auf die Vollzugsbehörde ausgeschlossen. Wird die Durchführung der akustischen Überwachung zur Abwehr einer Verdunkelungsgefahr auf die Vollzugsbehörde übertragen, so hat das Gericht dieser zuvor schriftlich mitzuteilen, auf welche Umstände bei der Überwachung besonders zu achten ist. (3) Die Kosten für Übersetzungsdienste und Sachverständige, die zur Überwachung hinzugezogen werden, übernimmt die Staatskasse nur in angemessenem Umfang. (4) Gegenstände dürfen beim Besuch nur mit Erlaubnis der Vollzugsbehörde, die der Zustimmung des Gerichts bedarf, übergeben werden. Die Erlaubnis zur Übergabe von Nahrungs- und Genussmitteln in geringer Menge bedarf nicht der Zustimmung des Gerichts; die Vollzugsbehörde kann anordnen, dass die Nahrungs- und Genussmittel durch ihre Vermittlung beschafft werden. (5) Ein Besuch darf nach vorheriger Androhung abgebrochen werden, wenn 1. aufgrund des Verhaltens der Besucherinnen oder Besucher oder der oder des Gefangenen eine Gefährdung des Zwecks der Untersuchungshaft droht oder 2. Besucherinnen oder Besucher oder die oder der Gefangene gegen die Vorschriften dieses Gesetzes oder die aufgrund dieses Gesetzes getroffenen Anordnungen verstoßen. Der Besuch kann sofort abgebrochen werden, wenn dies unerlässlich ist, um den Zweck der Untersuchungshaft zu gewährleisten oder eine Gefahr für die Sicherheit der Anstalt oder einen schwer wiegenden Verstoß gegen die Ordnung der Anstalt abzuwehren. Über den Abbruch des Besuchs entscheidet die Stelle, die die Überwachung durchführt; insoweit findet § 134 Abs. 1 bis 5[215] keine Anwendung. *§ 149 NJVollzG: Verkehr mit Verteidigerinnen und Verteidigern, der Führungsaufsichtsstelle sowie der Bewährungs- und Gerichtshilfe* (1) Die Verteidigerinnen und Verteidiger der oder des Gefangenen dürfen diese oder diesen ohne Erlaubnis, ohne Beschränkungen hinsichtlich Dauer oder Häufigkeit und unüberwacht besuchen; § 27 Satz 2[216] gilt entsprechend. Die Vollzugsbehörde kann den Besuch davon abhängig machen, dass sich die Verteidigerin oder der Verteidiger durchsuchen lässt. Eine Kenntnisnahme des gedanklichen Inhalts der von der Verteidigerin oder dem Verteidiger mitgeführten Schriftstücke und sonstigen Unterlagen ist unzulässig; für deren Übergabe bedürfen sie keiner Erlaubnis. [...] § 148 Abs. 2

214 Abgedruckt im Nachgang zu § 149 NJVollzG.

215 § 134 Abs. 1–5 NJVollzG bestimmt die regelmäßige Zuständigkeitsabgrenzung zwischen Vollzugsbehörde, Gericht und Staatsanwaltschaft.

216 Abgedruckt im Nachgang zu § 149 NJVollzG.

Länder	Besuche, Schriftwechsel, Telefongespräche und Pakete – *Bestimmungen des Besuchsverkehrs*
	und § 148 a StPO gelten fort; sie gelten für die Fälle entsprechend, dass gegen die oder den Gefangenen wegen einer Straftat nach § 129 a, auch in Verbindung mit § 129 b Abs. 1, StGB Überhaft vorgemerkt ist. [...] (2) Für den Verkehr einer oder eines Gefangenen, die oder der unter Bewährungs- oder Führungsaufsicht steht oder über die oder den ein Bericht der Gerichtshilfe angefordert ist, mit der Bewährungshelferin oder dem Bewährungshelfer, der oder dem Bediensteten der Führungsaufsichtsstelle oder der Gerichtshilfe gilt Absatz 1 entsprechend. *§ 25 NJVollzG: Recht auf Besuch* (1) Die oder der Gefangene darf nach vorheriger Anmeldung regelmäßig Besuch empfangen. Die Gesamtdauer beträgt mindestens eine Stunde im Monat. Die Dauer und Häufigkeit der Besuche sowie die Besuchszeiten regelt die Hausordnung. (2) Besuche sollen darüber hinaus zugelassen werden, wenn sie die Erreichung des Vollzugszieles nach § 5 Satz 1[217] fördern oder persönlichen, rechtlichen oder geschäftlichen Angelegenheiten dienen, die nicht von der oder dem Gefangenen schriftlich erledigt, durch Dritte wahrgenommen oder bis zur Entlassung der oder des Gefangenen aufgeschoben werden können. *§ 27 S. 2 NJVollzG: Besuche von Verteidigerinnen, Verteidigern, Rechtsanwältinnen, Rechtsanwälten, Notarinnen und Notaren* Die regelmäßigen Besuchszeiten legt die Vollzugsbehörde im Benehmen mit der Rechtsanwaltskammer in der Hausordnung fest. *§ 28 Abs. 2 NJVollzG: Überwachung der Besuche* Die Vollzugsbehörde kann anordnen, dass für das Gespräch zwischen der oder dem Gefangenen und den Besucherinnen und Besuchern Vorrichtungen vorzusehen sind, die die körperliche Kontaktaufnahme sowie die Übergabe von Schriftstücken und anderen Gegenständen ausschließen, wenn dies zur Aufrechterhaltung der Sicherheit oder zur Abwendung einer schwer wiegenden Störung der Ordnung der Anstalt unerlässlich ist.
Nordrhein-Westfalen	*§ 18 UVollzG NRW: Recht auf Besuch* (1) Untersuchungsgefangene dürfen regelmäßig Besuch empfangen. Die Gesamtdauer beträgt mindestens zwei Stunden im Monat. Das Nähere regelt die Anstalt. (2) Besuche, die persönlichen, rechtlichen oder geschäftlichen Angelegenheiten dienen, die von den Untersuchungsgefangenen nicht schriftlich oder durch Dritte wahrgenommen werden können, sollen auf die Gesamtdauer gemäß Absatz 1 Satz 2 nicht angerechnet werden. (3) Zum Besuch bei einzelnen Untersuchungsgefangenen wird nur zugelassen, wer über eine schriftliche Besuchserlaubnis verfügt. Die Zulassung einer Person zum Besuch kann von ihrer Durchsuchung abhängig gemacht werden. Besuche können untersagt werden,

217 „Im Vollzug der Freiheitsstrafe sollen die Gefangenen fähig werden, künftig in sozialer Verantwortung ein Leben ohne Straftaten zu führen."

Länder	Besuche, Schriftwechsel, Telefongespräche und Pakete – *Bestimmungen des Besuchsverkehrs*
	wenn die Sicherheit oder Ordnung der Anstalt gefährdet würde. Die Anstalt kann die Anzahl der gleichzeitig zu einem Besuch zugelassenen Personen beschränken. *§ 19 UVollzG NRW: Überwachung von Besuchen* (1) Aus Gründen der Sicherheit oder Ordnung der Anstalt können Besuche optisch überwacht werden. Die Anstaltsleitung kann eine akustische Überwachung im Einzelfall anordnen, wenn konkrete Anhaltspunkte für eine Gefährdung der Sicherheit oder Ordnung der Anstalt vorliegen. Die Überwachung erfolgt offen. (2) Gegenstände dürfen beim Besuch mit Erlaubnis der Anstalt übergeben werden. (3) Der Besuch kann abgebrochen werden, wenn aufgrund des Verhaltens der Besucher oder der Untersuchungsgefangenen die Sicherheit oder Ordnung der Anstalt gefährdet wird. *§ 22 UVollzG NRW: Verkehr mit Verteidigerinnen und Verteidigern sowie dem ambulanten Sozialen Dienst* (1) Mit ihren Verteidigerinnen und Verteidigern dürfen Untersuchungsgefangene ohne Beschränkung und Überwachung a) […] mündlich […] b) […] verkehren. (2) § 18 Absatz 3 Satz 2 gilt mit der Maßgabe, dass eine Kenntnisnahme des gedanklichen Inhalts der von der Verteidigung mitgeführten Schriftstücke und sonstigen Unterlagen unzulässig ist. Für deren Übergabe bedürfen sie keiner Erlaubnis nach § 19 Absatz 2. […] (4) Absatz 1 bis 3 gilt für den Verkehr mit dem ambulanten sozialen Dienst entsprechend, soweit die Untersuchungsgefangenen unter Bewährungs- oder Führungsaufsicht stehen oder über sie Berichte der Gerichtshilfe angefordert sind.

b) Sonderbestimmungen für junge Untersuchungsgefangene

55

Länder	Besuche, Schriftwechsel, Telefongespräche – *Sonderbestimmungen für junge Untersuchungsgefangene*
12er-Regelung:[218] Berlin Brandenburg Bremen Hamburg Hessen Mecklenburg-Vorpommern Rheinland-Pfalz Saarland	*§ 72 12er-Regelung: Besuche, Schriftwechsel, Telefongespräche*[219] (1) Abweichend von § 33 Abs. 1 Satz 2[220] beträgt die Gesamtdauer des Besuchs für junge Untersuchungsgefangene[221] mindestens vier Stunden im Monat. Über § 33 Abs. 3[222] hinaus sollen Besuche auch dann zugelassen werden, wenn sie die Erziehung fördern. (2)[223] Besuche von Kindern junger Untersuchungsgefangener[224] werden nicht auf die Regelbesuchszeiten angerechnet. (3) Bei minderjährigen Untersuchungsgefangenen können Besuche, Schriftwechsel und Telefongespräche[225] auch untersagt werden, wenn Personensorgeberechtigte nicht einverstanden sind.

218 Punktuelle Abweichungen vom Musterentwurf werden an der jeweils betroffenen Stelle durch eine Fußnote kenntlich gemacht. Nicht bloß punktuell abweichende Landesnormen werden nachfolgend gesondert aufgeführt. Die vollständige Fassung des § 72 ist im Abschnitt „Grundsatz" abgedruckt.

Länder	Besuche, Schriftwechsel, Telefongespräche – *Sonderbestimmungen für junge Untersuchungsgefangene*
Sachsen Sachsen-Anhalt Schleswig-Holstein Thüringen	**(4) Besuche dürfen über § 35 Abs. 3[226] hinaus auch abgebrochen werden, wenn von Besuchern ein schädlicher Einfluss ausgeht.** **(6) Für Besuche, Schriftwechsel und Telefongespräche mit Beiständen nach § 69 des Jugendgerichtsgesetzes[227] gelten die §§ 34 und 35 Abs. 4 sowie § 37 Abs. 2[228] entsprechend.** **Abweichende Regelungen:** ***Sachsen, § 72 Abs. 1 SächsUHaftVollzG:*** (1) Abweichend von § 33 Abs. 1 Satz 1 dürfen junge Untersuchungsgefangene im Monat vier Stunden Besuch empfangen, darüber hinaus zwei weitere Stunden von Angehörigen im Sinne von § 11 Abs. 1 Nr. 1 StGB. Über § 33 Abs. 3 hinaus sollen Besuche von Kindern des jungen Untersuchungsgefangenen auch dann zugelassen werden, wenn sie die Erziehung des jungen Untersuchungsgefangenen fördern. ***Hamburg, § 78 Abs. 7[229] HmbUVollzG:*** (7) Für den Paketempfang findet § 28 Absatz 1 Satz 3[230] keine Anwendung. Die Anstalt kann über § 28 Absatz 1 Satz 2 hinaus Gegenstände und Verpackungsformen ausschließen, die einen unverhältnismäßigen Kontrollaufwand bedingen.[231] ***Hessen, § 49 HUVollzG: Außenkontakte*** (1) Kontakte[232] mit bestimmten Personen können bei jungen Untersuchungsgefangenen über § 25 Abs. 2 hinaus untersagt werden, 1. bei Personen, die nicht Angehörige im Sinne des § 11 Abs. 1 Nr. 1 des Strafgesetzbuchs sind, wenn zu befürchten ist, dass sie

219 In Hamburg, § 78 HmbUVollzG: Verkehr mit Personen außerhalb der Anstalt.
220 In Hamburg, § 78 Abs. 1 HmbUVollzG: „[...] § 21 Absatz 1 Satz 2 [...]".
221 In Sachsen Anhalt, § 72 Abs. 1 UVollzG LSA heißt es statt „junge Untersuchungsgefangene" hier „Angehörige".
222 In Hamburg, § 78 Abs. 1 HmbUVollzG: „[...] § 21 Absatz 3 [...]". In Schleswig-Holstein, § 72 Abs. 1 UVollzG SH: „[...] § 33 Abs. 2 [...]".
223 Der Absatz 2 in dieser Fassung entfällt in Sachsen, § 72 UVollzG Sachsen, die Absätze 3–6 des Musterentwurfs werden im UVollzG Sachsen zu den Absätzen 2–5.
224 In § 72 Abs. 2 UVollzG Brandenburg und in § 72 Abs. 2 UVollzG Sachsen-Anhalt heißt es an dieser Stelle: „[...] und von Eltern oder Personensorgeberechtigten minderjähriger Untersuchungsgefangener [...]".
225 § 78 Abs. 3 UVollzG Hamburg führt hier nur „Besuche und Schriftwechsel" auf.
226 In Hamburg, § 78 Abs. 4 HmbUVollzG: „[...] § 22 Absatz 3 [...]".
227 In § 72 Abs. 6 UVollzG Sachsen heißt es an dieser Stelle: „[...] (JGG) in der Fassung der Bekanntmachung vom 11. Dezember 1974 (BGBl. I S. 3427), das zuletzt durch Artikel 7 des Gesetzes vom 29. Juli 2009 (BGBl. I S. 2280, 2285) geändert worden ist, in der jeweils geltenden Fassung [...]". In Schleswig-Holstein, § 72 Abs. 6 UVollzG SH heißt es an dieser Stelle: „[...] in der Fassung der Bekanntmachung vom 11. Dezember 1974 (BGBl. I S. 3427), zuletzt geändert durch Artikel 7 des Gesetzes vom 29. Juli 2009 (BGBl. I S. 2280) [...]".
228 Gesetzestext abgedruckt bei Rn. 93. § 78 Abs. 6 UVollzG Hamburg: „[...] § 23 und § 25 Absatz 2 [...]". § 72 Abs. 6 UVollzG Berlin und § 72 Abs. 6 UVollzG Sachsen-Anhalt verweisen an dieser Stelle zusätzlich auf § 39 Abs. 4.
229 Die Absätze 1–6 entsprechen, mit den o.g. Abweichungen, dem § 72 des Musterentwurfs.
230 Gesetzestext abgedruckt bei Rn. 147.
231 Dies entspricht inhaltlich § 41 Abs. 1 UVollzG Brandenburg, der dies für U-Gefangene aller Altersgruppen vorsieht.
232 Das UVollzG Hessen verwendet den Begriff „Kontakte" (vgl. die Überschrift des Sechsten Abschnitts, §§ 25 ff.: „Außenkontakte der Untersuchungsgefangenen") – ohne Legaldefinition – als Oberbegriff für sämtliche im sechsten Abschnitt genannten Arten des Außenverkehrs als da wären: „Besuche" (§ 26), „Schriftwechsel" (§ 27), „Telekommunikation" (§ 28) sowie „Empfang und Versendung von Paketen" (§ 29), vgl. RegE Hessen S. 139.

Länder	Besuche, Schriftwechsel, Telefongespräche – *Sonderbestimmungen für junge Untersuchungsgefangene*
	einen schädlichen Einfluss auf die jungen Untersuchungsgefangenen haben, oder 2. wenn Personensorgeberechtigte nicht einverstanden sind. (2) Abweichend von § 26 Abs. 1 Satz 2 beträgt die Gesamtdauer des Besuchs für junge Untersuchungsgefangene mindestens vier Stunden im Monat. Über § 26 Abs. 2 hinaus sollen Besuche auch dann zugelassen werden, wenn sie die Erziehung fördern. (3) Besuche dürfen über § 26 Abs. 4 Satz 3 hinaus auch abgebrochen werden, wenn von Besuchern ein schädlicher Einfluss ausgeübt wird. (4) Beistände nach § 69 des Jugendgerichtsgesetzes stehen bei Kontakten mit jungen Untersuchungsgefangenen Verteidigerinnen und Verteidigern gleich.
Baden-Württemberg	*§ 74 JVollzGB II: Verkehr mit der Außenwelt* **(1) Junge Untersuchungsgefangene dürfen im Rahmen der Vorschriften dieses Gesetzes mindestens vier Stunden Besuch im Monat empfangen.** **(2) Besuche bei jugendlichen Gefangenen [...] können außer unter den Voraussetzungen von §§ 13 [...] auch unterbunden werden, wenn die Personensorgeberechtigten nicht einverstanden sind.** **(3) Der Jugendgerichtshilfe ist der Verkehr mit jungen Untersuchungsgefangenen in demselben Umfang wie einem Verteidiger oder einer Verteidigerin gestattet. Dasselbe gilt in den Fällen, in denen junge Untersuchungsgefangene der Betreuung und Aufsicht von Betreuungshelfern unterstehen, für diese oder, wenn für sie ein Erziehungsbeistand bestellt ist, für die Erziehungsbeistände.**
Bayern	*Art. 32 BayUVollzG: Verkehr mit der Außenwelt* – siehe Rn. 79 –
Niedersachsen	*§ 160 NJVollzG: Besuche, Schriftwechsel, Telefongespräche und Pakete* **(1) Die Gesamtdauer des Besuchs beträgt mindestens vier Stunden im Monat.** **(2) Unbeschadet der Vorschriften des Vierten Kapitels können Besuche von bestimmten Personen auch untersagt werden, wenn die Personensorgeberechtigten es beantragen oder wenn es aus erzieherischen Gründen erforderlich ist. [...]** **(3) Für den Verkehr mit Betreuungspersonen, Erziehungsbeiständen und Personen, die Aufgaben der Jugendgerichtshilfe wahrnehmen, gilt § 149 Abs. 1 entsprechend.**
Nordrhein-Westfalen	*§ 52 UVollzG NRW: Verkehr mit der Außenwelt* **(1) Besuche bei minderjährigen Untersuchungsgefangenen und ihr Schriftwechsel mit bestimmten Personen sind zu unterbinden, wenn die Personensorgeberechtigten damit nicht einverstanden sind.** **(2) Für den Verkehr mit Betreuungspersonen, Erziehungsbeiständen und Personen, die Aufgaben der Jugendgerichtshilfe wahrnehmen, gilt § 22 Absatz 1 entsprechend.**

2. Beschränkungen nach Bundesrecht (§ 119 StPO). a) Grundsatz. Da nach § 119 StPO **keine standardmäßigen Beschränkungen** im Untersuchungshaftvollzug gelten (s. Rn. 18), können Besuche grundsätzlich (d.h. unter dem Gesichtspunkt des Haftgrundes und der Verfahrenssicherung, vorbehaltlich vollzuglicher Anordnungen der Anstaltsleitung) 56

- ohne Erlaubnis,
- ohne zeitliche Vorgaben,
- ohne optische oder akustische Überwachung,
- ohne Erlaubnisvorbehalt hinsichtlich der Übergabe von Gegenständen

stattfinden, soweit und solange nicht durch Anordnung im Einzelfall verfahrenssichernde Beschränkungen (§ 119 Abs. 1 StPO) gemacht werden.

Mögliche Beschränkungen des Besuchsverkehrs enthalten in Katalogform § 119 Abs. 1 S. 2 Ziff. 1.-3. und S. 7 StPO. Die Aufzählung ist **nicht abschließend** („insbesondere"). Etwaige Beschränkungen dürfen jedoch nur unter dem Gesichtspunkt der „Abwehr einer Flucht-, Verdunkelungs- oder Wiederholungsgefahr" gemacht werden. Andere Eingriffsgründe (z.B. Gewährleistung der Sicherheit oder Ordnung der Anstalt) sind nicht durch § 119 StPO (sondern ggf. durch die Vollzugsgesetze der Länder) gedeckt.[233] Die **Anwendbarkeit allgemeiner Vorschriften** der StPO über richterliche Untersuchungshandlungen (§ 162 StPO) und sonstige Eingriffe in Rechte des Beschuldigten, ggf. auch Dritter, zum Zwecke der Strafverfolgung wird dagegen durch den Vollzug der Untersuchungshaft nicht berührt. So schließt die Vorschrift des § 119 Abs. 1 S. 6 StPO, wonach Überwachungsmaßnahmen stets „offen" durchzuführen sind, nicht aus, dass gemäß § 100 f StPO (unter den dort genannten Voraussetzungen[234]) eine heimliche Überwachung des Besuchsraums angeordnet wird. 57

Etwaige Beschränkungen sind dem Untersuchungsgefangenen[235] stets mitzuteilen (§ 119 Abs. 1 S. 6 StPO). Gegenüber den Besuchern ist ein **ausdrücklicher Hinweis** auf etwaige Überwachungsmaßnahmen nicht vorgesehen (z.B. bei Anordnung einer optischen oder akustischen Überwachung des Besuchs gem. § 119 Abs. 1 S. 2 Nr. 2 StPO).[236] Die Regelung des § 119 Abs. 3 StPO, welche im Falle der Überwachung der Telekommunikation eine Mitteilung an den Gesprächspartner des Inhaftierten vor Gesprächsbeginn vorschreibt, findet keine unmittelbare Anwendung. Der in diesem Zusammenhang in der Gesetzesbegründung[237] aufgeführte Schutz des Rechts auf informationelle Selbstbestimmung aus Art. 2 Abs. 1 i.V.m. Art. 1 Abs. 1 GG erfordert freilich auch bei Besuchern des Inhaftierten einen vorherigen Hinweis auf eine etwaige optische oder akustische Überwachung, sofern diese nicht offensichtlich ist, z.B. weil sie mit technischen Mitteln erfolgt. Deshalb sollte für die Überwachung von Besuchen § 119 Abs. 3 StPO entsprechend angewendet werden. Stützen lässt sich dieses Ergebnis auch auf § 35 Abs. 2 S. 2 StPO, da eine Besuchsüberwachung nicht nur in die Rechte des Untersuchungsgefangenen, sondern auch des Besuchers eingreift. Folglich ist eine solche Anordnung auch dem Besucher als hierdurch „betroffener Person" (§ 35 Abs. 1 S. 1 StPO) mitzuteilen.[238] 58

Etwaige Anordnungen im Bereich des Besuchsverkehrs gelten auch für sog. „**Gefangenenbesuche**", also Besuche durch andere inhaftierte Personen, selbst wenn es sich um Besuche innerhalb derselben Anstalt handelt (anders ist dies im Falle vollzuglicher Beschränkungen, vgl. Rn. 38, 81). Der Umstand, dass § 119 StPO n.F. (dort Abs. 1 S. 2 Ziff. 4.) eine Trennung von einzelnen Inhaftierten nun nicht mehr standardmäßig vorsieht (vgl. demgegenüber Nr. 22 Abs. 2 UVollzO), ändert nichts daran, dass die Interesselage der Beteiligten und die

233 KG StV 2010, 370; s. hierzu bereits Rn. 19.
234 Dazu BGH NJW 2009, 2463.
235 § 119 StPO verwendet stattdessen den Begriff des „inhaftierten Beschuldigten".
236 Anders in den meisten Ländergesetzen, vgl. § 35 Abs. 1 S. 2, 2. HS 12er-Regelung, § 14 Abs. 2 S. 2 JVollzGB II Ba-Wü, Art. 17 Abs. 1 S. 2 UVollzG Bayern.
237 RegE Bund, S. 27.
238 Vgl. Meyer-Goßner, StPO, § 33 Rn. 4, § 35 Rn. 2.

möglichen Gefährdungen des Haftzwecks vergleichbar sind mit dem Fall des „echten" Außenverkehrs.[239]

59 b) **Besuchserlaubnis.** Ob die Anordnung eines **Erlaubnisvorbehalts** für Besuche (§ 119 Abs. 1 S. 2 Nr. 1 StPO) trotz Abkehr von standardmäßigen Beschränkungen des Außenverkehrs die Regel bleibt,[240] wird die Praxis zeigen müssen.[241] Jedenfalls stellt das Erfordernis einer Besuchserlaubnis ein wirksames Mittel dar, um einem unkontrollierten Besuchsverkehr und damit einhergehenden Gefährdungen des Haftzwecks zu begegnen. Die Ländergesetze – mit Ausnahme des NJVollzG und des UVollzG NRW – sehen einen generellen Erlaubnisvorbehalt nicht mehr vor (Rn. 80). Die Entscheidung über die Erteilung von Besuchserlaubnissen kann das Gericht gem. § 119 Abs. 2 S. 2 StPO als Frage der Ausführung widerruflich auf die Staatsanwaltschaft übertragen, welche sich im Rahmen der Ausführung wiederum der Hilfe der Anstalt bedienen darf (Delegation gem. § 119 Abs. 2 S. 3 StPO); s. Rn. 29. Die Gesetzesfassung lässt es zu, bei Anordnung eines Erlaubnisvorbehalts bestimmte Personen (z.B. Familienangehörige, Rechtsanwälte) von vornherein auszunehmen.[242]

60 Zur **Form der Erlaubnis** enthält § 119 Abs. 1 StPO keine Vorgaben (anders noch Nr. 24 Abs. 1 S. 2 UVollzO). Aus Gründen der nachvollziehbaren Dokumentation sollte eine Erteilung in Schriftform die Regel sein (bleiben). Eine ausdrückliche Beschränkung auf die schriftliche Erteilung dürfte im Rahmen der Entscheidung über die Anordnung des Erlaubnisvorbehalts zulässig sein. Ansonsten bleibt für Eilfälle auch die telefonische Erteilung möglich.[243]

61 Hinsichtlich der **inhaltlichen Ausgestaltung**/Begrenzung von Besuchserlaubnissen wird sich die Praxis umstellen müssen. Auf der Grundlage des § 119 Abs. 3 StPO a.F. (i.V.m. Nr. 24 ff. UVollzO) wurden bislang Besuchserlaubnisse regelmäßig für eine Dauer von 30 min. und (nur) für einen einzelnen Besuch erteilt; ein Besuch gemeinsam mit anderen Besuchern stand unter dem Vorbehalt einer gesonderten Erlaubnis. Solche Begrenzungen wurden stets mit Gründen der Anstaltsordnung gerechtfertigt (§ 119 Abs. 3 StPO a.F.: „Ordnung in der Vollzugsanstalt").[244] Durch die nunmehr streng auf die Sicherung des Verfahrens begrenzte Eingriffskompetenz des Haftgerichts (vgl. Rn. 19) lassen sich solche Begrenzungen jedenfalls nicht mehr auf § 119 StPO stützen.[245] Letztlich wird im Falle eines angeordneten Erlaubnisvorbehalts die ausführende Stelle (s.o.) dem betreffenden Besucher in der Regel eine Erlaubnis ohne weitere Einschränkungen erteilen müssen, wenn nicht besondere Gesichtspunkte gerade des Haftzwecks eine Beschränkung oder gar Unterbindung des Besuchsverkehrs mit dieser Person rechtfertigen. Eine Sicherstellung des geordneten Ablaufs in der Anstalt („Anstaltsordnung") kann erst auf der Grundlage der Untersuchungshaftvollzugsgesetze der Länder erfolgen. Weitere Beschränkungen des Besuchsverkehrs werden künftig – da ein (ggf. weiterer) Erlaubnisvorbehalt in den meisten Ländergesetzen nicht vorgesehen ist[246] – durch die Anstalt im Rahmen der Hausordnung ausgestaltet werden müssen.[247]

---

239 Schultheis in: KK-StPO, § 119 Rn. 25 (zur a.F.); Meyer-Goßner, StPO, § 119 Rn. 11; Schlothauer/Weider, Untersuchungshaft, Rn. 1156; OLG Koblenz NStZ 1991, 207..
240 Meyer-Goßner, StPO, § 119 Rn. 8; Schlothauer/Weider, Untersuchungshaft, Rn. 1150.
241 RegE Bund, S. 25, zu § 119 Abs. 1 S. 2 Nr. 2 StPO: „wird häufiger geboten sein".
242 AnwK U-Haft/König, § 119 StPO Rn. 21; alternativ kann wie bisher bestimmten Personen eine Dauererlaubnis (Mehrfachbesuche) erteilt werden.
243 Wiesneth, Die Untersuchungshaft, Rn. 221.
244 Exemplarisch OLG Frankfurt StV 2006, 701: „Eine Dauerbesuchserlaubnis kann aufgrund des erforderlichen organisatorischen Aufwandes, der einen erheblichen Eingriff in den üblichen Ablauf einer Justizvollzugsanstalt darstellt, regelmäßig nicht erteilt werden." S. auch BVerfG StV 2008, 31.
245 A.A. offenbar Meyer-Goßner, StPO, § 119 Rn. 9, und Wiesneth, Die Untersuchungshaft, Rn. 223 f.
246 S. Rn. 80; Ausnahme nur NJVollzG und UVollzG NRW.
247 RegE Bayern, S. 63.

Die **Versagung einer Besuchserlaubnis** – z.T. missverständlich als „generelle Besuchssperre" bezeichnet[248] – muss streng unter dem Gesichtspunkt des Haftzwecks[249] – begründet werden. Hierzu sind einzelfallbezogene Erwägungen anzustellen, der bloße Hinweis auf die Möglichkeit des Missbrauchs des Besuchsrechts genügt nicht.[250] Insbesondere unter dem Gesichtspunkt der Verhältnismäßigkeit dürfte die Versagung einer Besuchserlaubnis nur selten zu begründen sein; der Sicherung des Haftzwecks kann auch bei konkreten Anhaltspunkten für eine Missbrauchsgefahr regelmäßig durch eine akustische Besuchsüberwachung – welche jederzeit in den Abbruch des Besuchs münden kann (§ 119 Abs. 1 S. 7 StPO[251]) – begegnet werden, ggf. in Verbindung mit der Anordnung einer Beschränkung der Gesprächsthemen oder der Hinzuziehung eines Dolmetschers bzw. der Vorgabe der zu verwendenden Sprache.[252] Nicht geregelt ist die offenbar stillschweigend vorausgesetzte Möglichkeit eines **Widerrufs** der Erlaubnis; insoweit ist auf die allgemeinen Vorschrift des § 49 VwVfG zurückzugreifen.[253] 62

Die Versagung - bzw. der Widerruf - einer Besuchserlaubnis ist eine Maßnahme im Rahmen der Ausführung des Erlaubnisvorbehalts, die mit dem Antrag auf gerichtliche Entscheidung (§ 119 Abs. 5 StPO) anfechtbar ist (vgl. Rn. 33).

Dass für den Untersuchungsgefangenen Besuche von Familienangehörigen, insbesondere Ehegatten und Kindern, von wesentlicher Bedeutung sind, liegt auf der Hand. Wegen des Schutzes aus Art. 6 Abs. 1 GG ist die Ablehnung einer Besuchserlaubnis für **Familienangehörige** an besonders strenge Voraussetzungen geknüpft. Allein der Umstand, dass es sich bei dem Familienangehörigen um einen Tatzeugen handelt oder Anhaltspunkte für mögliche Verdunkelungshandlungen/-abreden bestehen,[254] rechtfertigen nicht die Versagung der Erlaubnis.[255] 63

Die umstrittene[256] Frage nach der Zulässigkeit sog. „**Intimkontakte**" hat sich nach der Neufassung des § 119 StPO nunmehr in den Anwendungsbereich der Ländergesetze (vgl. Rn. 83 allgemein zur Förderung bestimmter Kontakte) verlagert, da solche Kontakte i.d.R. keine Gefahr für den Haftzweck darstellen werden. Die Frage kann allenfalls inzidenter für die Prüfung der Zulässigkeit der Anordnung von Überwachungsmaßnahmen Bedeutung behalten, da die Anordnung einer optischen und akustischen Überwachung und ein „Intimkontakt" sich wohl ausschließen dürften.[257] 64

c) **Überwachungsmaßnahmen.** Nr. 27 UVollzO sah eine Überwachung sämtlicher Besuche vor (zu den Einzelheiten s. Rn. 5). Die Überwachung fand sowohl optisch als auch akustisch statt. Bereits **nach früherer Rechtslage** war jedoch die optische/akustische Überwachung im Einzelfall aufzuheben bzw. auf eine solche zu verzichten, wenn diese nicht unverzichtbar war. Gerade im Bereich der Besuche von Familienangehörigen wurden strenge Anforderungen an die Notwendigkeit der Überwachung gestellt.[258] Dementsprechend wurde häufig nochmals im Rahmen der Erteilung einer Besuchserlaubnis das Erfordernis der Überwachung individuell für den konkreten Besuch geprüft und in der Erlaubnis entsprechend aufgeführt. 65

---

248 Die entschiedenen Fälle betrafen stets die Versagung von Besuchserlaubnissen für einzelne Personen, nicht ein generelles „Verbot", jedwede Besuche zu empfangen: OLG Düsseldorf StV 1994, 324; OLG Hamm StV 1997, 260; Meyer-Goßner, StPO, § 119 Rn. 9.

249 Insofern unzutreffend Schlothauer/Weider, Untersuchungshaft, Rn. 1153: „wenn dies die Ordnung in der Vollzugsanstalt oder der Haftzweck erfordert".

250 Vgl. Rn. 21; Schultheis in: KK-StPO, § 119 Rn. 23.

251 RegE Bund, S. 26.

252 OLG Hamburg StV 1998, 34.

253 Vgl. zum Landesrecht: AnwK U-Haft/Pollähne, § 40 Rn. 12.

254 OLG Bremen StV 1998, 33.

255 Umfangreiche Nachweise zur Rspr. finden sich bei Schlothauer/Weider, Untersuchungshaft, Rn. 1155; zur Möglichkeit, einen bestimmten Personenkreis vom Erlaubnisvorbehalt auszunehmen s. Rn. 59.

256 Nachweise bei Schultheis in: KK-StPO, § 119 Rn. 13.

257 Schlothauer/Weider, Untersuchungshaft, Rn. 1158; zum Strafvollzug: Arloth, StVollzG, § 27 Rn. 3.

258 Exemplarisch: OLG Karlsruhe StraFo 2006, 377 m.w.N.

66 Nunmehr ist durch § 119 Abs. 1 (S. 2 Nr. 2) StPO eine Überwachung des Außenverkehrs nicht mehr standardmäßig vorgesehen, sondern setzt eine entsprechende Anordnung im Einzelfall voraus. Gleichwohl werden entsprechende Anordnungen in der Praxis weiterhin häufig auftreten.[259] Durch eine Überwachung der Besuche kann insbesondere der Gefahr von Fluchtvorbereitungen und Verdunkelungshandlungen begegnet werden, so dass eine entsprechende Anordnung einen wichtigen Anwendungsfall der Beschränkung nach § 119 Abs. 1 StPO bildet. Dabei fragt sich, welche Anforderungen an eine solche Anordnung gestellt werden müssen. Es besteht Einigkeit darüber (und entspricht dem erklärten Willen des Gesetzgebers)[260], dass im Einzelfall angeordnete Beschränkungen des Haftgerichts gemäß § 119 Abs. 1 StPO nicht pauschal durch Bezugnahme auf den Haftgrund gerechtfertigt werden können, sondern jeweils einzelfallbezogene Erwägungen zur Erforderlichkeit anzustellen sind; der bloße Hinweis auf die Möglichkeit des Missbrauchs eines unüberwachten Außenverkehrs genügt nicht (s. Rn. 21). Offen bleibt, wie man den „Einzelfall" bestimmen will – als den einzelnen Untersuchungsgefangenen oder den einzelnen Kontakt (z.B. einzelnen Besucher). Dies mündet in die Frage, ob das Gericht künftig **für jeden Besuch separat** durch einen mit Gründen versehenen Beschluss über das „Ob" und die Art und Weise einer Überwachung (optisch/akustisch) entscheiden muss oder § 119 Abs. 1 S. 2 Nr. 2 StPO eine zunächst für jedweden Besuchsverkehr des betreffenden Untersuchungsgefangenen geltende **pauschale Anordnung einer „Überwachung"** entsprechend Nr. 27 UVollzO erlaubt.

67 Gegen eine pauschale Anordnung spricht das Prinzip der einzelfallbezogenen Verhältnismäßigkeit, mit dem der Gesetzgeber standardmäßige Beschränkungen gerade aufgeben wollte. Bereits nach früherer Gesetzeslage galt: „Die Prüfung der Notwendigkeit einer [akustischen, Anm. des Verfassers] Gesprächsüberwachung hat sich auf alle Umstände des Einzelfalles zu erstrecken und neben der Person des Verhafteten, seinem sozialen Umfeld, der Art der ihm vorgeworfenen Straftaten, dem jeweiligen Verfahrensstand und dem Ausmaß der Fluchtgefahr auch die Person des Besuchers in Betracht zu ziehen."[261]

Bei einer auf den einzelnen Besuch(er) bezogenen Anordnung bliebe allerdings im Zusammenhang mit Beschränkungen des Besuchsverkehrs kaum ein Anwendungsbereich für eine Übertragung der Ausführung von Anordnungen durch das Gericht auf die Staatsanwaltschaft nach § 119 Abs. 2 S. 2 StPO. Denn die Übertragungsmöglichkeit beschränkt sich auf die Ausführung (= Umsetzung) getroffener Anordnungen, sie lässt die Anordnungskompetenz unberührt. Mindestens die Entscheidung über das „Ob" einer Besuchsüberwachung ist im Rahmen der Prüfung einer Anordnung i.S.v. § 119 Abs. 1 S. 2 Nr. 2 StPO zu treffen; diese Entscheidung ist nicht nach § 119 Abs. 2 S. 2 StPO übertragbar (Rn. 31). Wenn also durch jeweilige Anordnung nach § 119 Abs. 1 S. 2 Nr. 2 StPO nicht nur das „Ob", sondern auch die Art und Weise (das „Wie") der Überwachung (optisch/akustisch) für jeden Besuch separat festzulegen wäre, dann wäre die Übertragung der Befugnis zur Erteilung von Besuchserlaubnissen auf die Staatsanwaltschaft[262] (die wiederum i.d.R. von ihrer Delegationsbefugnis auf die Anstalt nach § 119 Abs. 2 S. 3 StPO Gebrauch machen wird) nicht praktikabel, da sich im Falle eines angeordneten Erlaubnisvorbehalts die Entscheidung über die Erteilung/Versagung einer Besuchserlaubnis nicht trennen lässt von der Prüfung einer denkbaren Besuchsüberwachung.[263] Folglich muss es zulässig sein, wenn das Gericht in seiner Anordnung nach § 119 Abs. 1 S. 2 StPO zunächst nur pauschal das „Ob" einer Besuchsüberwachung bestimmt,[264] so dass es entweder selbst bei Erteilung der Besuchserlaubnis über die Art der

259 RegE Bund, S. 25: „[...] wird häufiger geboten sein".

260 RegE Bund zu § 119 Abs. 1 S. 1 StPO, S. 24.

261 KG StV 2008, 32.

262 Welche wiederum i.d.R. von ihrer Delegationsbefugnis auf die Anstalt nach § 119 Abs. 2 S. 3 StPO Gebrauch machen wird.

263 Anders gesagt: Wer die Entscheidung über die Erteilung einer Besucherlaubnis im Einzelfall treffen darf (dass diese Entscheidung gem. § 119 Abs. 2 S. 2 StPO übertragbar ist, ist unstreitig), muss auch einzelfallbezogen die Notwendigkeit der Besuchsüberwachung prüfen; vgl. bereits Rn. 66.

264 Dies legt im Übrigen auch der Wortlaut des § 119 Abs. 1 S. 2 Nr. 2 StPO nahe: „Besuche [...] zu überwachen". Die amtliche Begründung schweigt zu dieser Frage, RegE Bund, S. 25.

Überwachung befinden kann oder im Falle des § 119 Abs. 2 S. 2 StPO die Staatsanwaltschaft (bzw. die Anstalt) hierüber **als Frage der Ausführung** dieser Anordnung („Wie") entscheidet. Hierdurch ist die Art der Überwachung einer gerichtlichen Entscheidung im Einzelfall nicht entzogen, da gegen die entsprechende Entscheidung der Staatsanwaltschaft bzw. der Anstalt jederzeit der Antrag auf gerichtliche Entscheidung gem. § 119 Abs. 5 StPO statthaft ist (vgl. Rn. 33).

Anzumerken ist, dass sämtliche **Landesgesetze** eine optische Besuchsüberwachung zur Abwehr von Gefahren für Sicherheit oder Ordnung der Anstalt generell, d.h. ohne weitere Voraussetzungen, für zulässig erklären. Da die Anstalten hiervon in der Regel Gebrauch machen werden – und entsprechende Maßnahmen neben und unabhängig von Anordnungen des Gerichts gem. § 119 StPO ergehen[265] – reduziert sich die Problematik der Besuchsüberwachung nach Bundesrecht letztlich auf den Bereich der akustischen Besuchsüberwachung, welche auch nach den Ländergesetzen nur unter besonderen Voraussetzungen im Einzelfall angeordnet werden kann (vgl. Rn. 85). 68

Besonders hohe Anforderungen an die Anordnung einer akustischen Besuchsüberwachung bestehen wegen des Schutzes aus Art. 6 Abs. 1 GG im Bereich des Besuchsverkehrs mit **Familienangehörigen;**[266] hier gelten die zur Versagung einer Besuchserlaubnis angeführten Grundsätze letztlich entsprechend (s. oben Rn. 62). 69

Bei Besuchen, die nicht in deutscher Sprache geführt werden, muss im Falle der Notwendigkeit einer akustischen Überwachung die Hinzuziehung eines **Dolmetschers** angeordnet werden. Die hierfür anfallenden Kosten trägt die Staatskasse.[267] 70

Die Möglichkeit einer (auch „heimlichen") Besuchsüberwachung **aufgrund anderer Vorschriften** – z.B. §§ 100 f, 162 Abs. 1 S. 1 StPO (Abhören außerhalb von Wohnungen)[268] – wird durch § 119 StPO nicht berührt;[269] auf solche Maßnahmen findet die Vorschrift des § 119 Abs. 1 S. 6 StPO, wonach Überwachungsmaßnahmen stets „offen" durchzuführen sind, keine Anwendung. 71

d) Übergabe von Gegenständen (Erlaubnisvorbehalt). Nach § 119 Abs. 1 S. 2 Nr. 3 StPO kann das Gericht einzelfallbezogen anordnen, dass die Übergabe von Gegenständen bei Besuchen der Erlaubnis bedarf. Ein solcher Erlaubnisvorbehalt war früher nach Nr. 27 Abs. 2 UVollzO die Regel und ist auch heute noch in den Landesgesetzen von Niedersachsen, NRW, Ba-Wü und Bayern vorgesehen.[270] Zu bedenken ist freilich auch hier, dass eine etwaige Anordnung des Gerichts gem. § 119 StPO nur dann erfolgen darf, wenn konkrete Anhaltspunkte gerade für eine **Gefährdung des Haftzwecks** durch eine Übergabe von Gegenständen bestehen. Als ein solcher Gegenstand kommt z.B. ein Mobiltelefon in Betracht, mit welchem der Untersuchungsgefangene aus der Haft heraus unter Umgehung einer ggf. angeordneten Überwachung des Telefonverkehrs Verdunkelungsmaßnahmen oder Fluchtvorbereitungen treffen könnte.[271] 72

265 Vgl. Rn. 13; mit der Möglichkeit der Anstalt, auch bei Anhaltspunkten (nur) für eine Gefährdung des Haftzwecks den Besuch im Rahmen einer vorläufigen Anordnung gem. § 119 Abs. 1 S. 4 StPO abzubrechen.

266 KG StV 2008, 32 (zu § 119 StPO a.F.); OLG Hamm StV 2010, 368; KG StV 2010, 370; OLG Rostock StV 2010, 197.

267 BVerfG NJW 2004, 1095.

268 BGH NJW 1998, 3284: Haft- und Besuchsräume fallen nicht in den Schutzbereich des Art. 13 GG.

269 BGH NJW 2009, 2463.

270 § 35 Abs. 5 S. 1 12er-Regelung enthält ein generelles Verbot der Übergabe von Gegenständen bei Besuchen. Dieses wird durch die Anordnung eines Erlaubnisvorbehalts nach § 119 Abs. 1 S. 2 Nr. 3 StPO hinfällig, da ansonsten die bundesrechtliche Regelung vereitelt würde, Art. 31 GG; s. Rn. 89.

271 Vgl. BVerfGE 35, 5 zur Zulässigkeit des Besitzes einer Schreibmaschine (im Jahre 1973!) unter dem Gesichtspunkt einer bestehenden Fluchtgefahr.

73 Neben der Anordnung eines Erlaubnisvorbehalts ist – wiederum bei konkreten Anhaltspunkten für die Gefahr einer den Haftzweck gefährdenden Übergabe von Gegenständen[272] – die Anordnung einer sog. „**Trennscheibe**" als sonstige Beschränkung gem. § 119 Abs. 1 S. 1 StPO denkbar. Auch insoweit ist bei Familienbesuchen der besondere Schutz aus Art. 6 Abs. 1 GG zu beachten.[273] Ob die Anordnung einer körperlichen Durchsuchung des Untersuchungsgefangenen und/oder des Besuchers nach dem Besuch sich im Einzelfall als milderes Mittel darstellen kann,[274] scheint zweifelhaft.

74 e) **Durchsuchung von Besuchern.** Die Anordnung der Durchsuchung des Besuchers als sonstige Beschränkung gem. § 119 Abs. 1 S. 1 StPO ist grundsätzlich zulässig. Hierzu gilt das unter Rn. 72 Gesagte entsprechend: Vorausgesetzt sind im Einzelfall konkrete Anhaltspunkte, die gerade für eine Gefährdung des **Haftzwecks** durch eine Übergabe von Gegenständen (z.B. zur Fluchtvorbereitung) bestehen.[275] Die Anordnung wird in der Regel für sämtliche Besuche des jeweiligen Untersuchungsgefangenen getroffen, wobei die Anordnung unter dem Gesichtspunkt der Verhältnismäßigkeit (vgl. den Schutz aus Art. 6 GG für Familienangehörige) auf bestimmte Personengruppen einzugrenzen sein kann. Eine jeweils einzelfallbezogene – d.h. auf den einzelnen Besucher bezogene – Entscheidung zu verlangen, dürfte die Anforderungen an die Verhältnismäßigkeit überdehnen. Die Entscheidung betrifft jedenfalls nicht eine Frage der „Ausführung" von Anordnungen, so dass eine Übertragung der Entscheidung auf die Staatsanwaltschaft mit der Möglichkeit einer weiteren Delegation auf die Anstalt (§ 119 Abs. 2 S. 2, 3 StPO) ausscheidet (Rn. 29). Entschärft wird die Frage letztlich dadurch, dass sämtliche Ländergesetze eine Ermächtigungsgrundlage zum Durchsuchen/Absuchen von Besuchern enthalten (Rn. 84), von der in der Regel auch Gebrauch gemacht wird. Ergibt die Durchsuchung nach Landesrecht Anhaltspunkte für eine Gefährdung des Haftzwecks, bietet § 119 Abs. 1 S. 4 StPO der Anstalt eine Rechtsgrundlage für eine vorläufige Anordnung (z.B. Versagung des Besuchs).

75 f) **Abbruch.** § 119 Abs. 1 S. 7 StPO stellt klar, dass durch die Anordnung einer Besuchsüberwachung (§ 119 Abs. 1 S. 2 Nr. 2 StPO) die ausführende Stelle auch zum Abbruch eines Besuchs ermächtigt wird. Der Abbruch ist eine im Einzelfall aufgrund konkreter Anhaltspunkte für eine Gefährdung des Haftzwecks zu treffende **Maßnahme** im Rahmen der Ausführung der Besuchsüberwachung (§ 119 Abs. 2 StPO), welche mit dem Antrag auf gerichtliche Entscheidung angefochten werden kann. Über den Abbruch eines einzelnen Besuchs hinaus kommt ein Widerruf der Erlaubnis in Betracht, s. Rn. 62.

76 g) **Verteidiger.** Besuche eines Verteidigers – dessen Mandat aktenkundig oder nachgewiesen ist[276] – sind gemäß § 119 Abs. 4 S. 1 i.V.m. §§ 148, 148 a StPO privilegiert. Beschränkungen nach § 119 Abs. 1 StPO (bei Besuchen also insbesondere ein Erlaubnisvorbehalt oder eine Überwachung) entfalten keine Wirkung, soweit sie den freien Verkehr des Untersuchungsgefangenen mit seinem Verteidiger einschränken würden.[277] Ausnahmen sind durch §§ 148 Abs. 2, 148 a StPO normiert; wegen der Einzelheiten soll hier auf die einschlägigen Kommentierungen zur StPO verwiesen werden. Entgegen den Bestimmungen in einzelnen Ländergesetzen ist nach Bundesrecht keine Gleichstellung von Rechtsanwälten und Notaren mit Verteidigern vorgesehen. Demnach gelten für die sog. „**Anbahnungsfälle**" auf der Grundlage

---

272 Die bei Meyer-Goßner, StPO, § 119 Rn. 16, zur Zulässigkeit einer Trennscheibe angeführte Rspr. ist noch auf der Grundlage von § 119 Abs. 3 StPO a.F. ergangen und betrifft überwiegend Fälle der Gefährdung der Anstaltsordnung, z.B. OLG Stuttgart StV 2004, 493 (Übergabe von BtM), kann also nicht ohne weiteres auf die heutige Gesetzeslage übertragen werden. Die bei Wiesneth, Die Untersuchungshaft, Rn. 225, zitierten Entscheidungen zur Trennscheibe (Fn 581 f.) sollen belegen, dass die Voraussetzungen der Anordnung einer Trennscheibe „verfassungsgerichtlich und obergerichtlich geklärt" seien, sie sind jedoch ausschließlich zum Strafvollzug ergangen. Im Strafvollzug kann es jedoch keine Gefahr für die Sicherung des Zwecks der Untersuchungshaft(!) geben.

273 KG NStZ-RR 2009, 388 (zur Trennscheibe im Strafvollzug).

274 Arloth, StVollzG, § 27 Rn. 3 mit Nachweisen zur Rspr. für den Strafvollzug.

275 BGH NJW 1973, 1656

276 Meyer-Goßner, StPO, § 148 Rn. 11.

277 RegE Bund, S. 28.

der bisher h.M.[278] nicht die Privilegien des § 148 StPO. Jedoch steht es dem Gericht frei, im Rahmen der Anordnung eines Erlaubnisvorbehalts Rechtsanwälte und Notare von vornherein auszunehmen und sie auf diese Weise Verteidigern gleichzustellen (s. Rn. 59).

Der Verteidiger ist berechtigt, einen **Dolmetscher** zu dem Besuch hinzuzuziehen. Allerdings ist er nach der Rspr. regelmäßig an den Dolmetscherkreis gebunden, der in die Liste der allg. vereidigten Dolmetscher eingetragen oder dem Gericht als zuverlässig bekannt ist.[279] Die hierfür erforderlichen Kosten sind als notwendige Auslagen durch die Staatskasse zu tragen (vgl. § 464 c StPO).[280] Der Dolmetscher selbst zählt nicht zum Personenkreis des § 148 StPO, bedarf also im Falle eines angeordneten Erlaubnisvorbehalts der Besuchserlaubnis.[281]

h) Sonstige privilegierte Besucher. § 119 Abs. 4 S. 2 StPO stellt in einem **abschließenden** 77
Katalog (Ziff. 1.-19.) die dort aufgeführten Personen bzw. Institutionen hinsichtlich des privilegierten Außenverkehrs Verteidigern gleich. Die für die Praxis wichtigsten Fälle enthalten die Ziff. 1.-3.: Mitarbeiter der **Bewährungshilfe, Führungsaufsichtsstelle und Gerichtshilfe**; dies entspricht der aus Nr. 37 a UVollzO bekannten Regelung. Wegen des Kreises der übrigen Personen/Stellen wird auf den umfangreichen Gesetzestext verwiesen. Die Prüfung, ob der Besucher dem Kreis der privilegierten Personen zuzurechnen ist, obliegt gem. § 119 Abs. 4 S. 3 StPO der die etwaigen Beschränkungen ausführenden Stelle (§ 119 Abs. 2 StPO).

3. Beschränkungen nach Landesrecht (U-Haft-Vollzugsgesetze). a) Mindestbesuchsdau- 78
er. Sämtliche Ländergesetze enthalten eine Bestimmung über die Mindestbesuchsdauer. Festgelegt wird hierdurch jeweils (nur) die **Untergrenze** der Gesamtdauer aller durch einen Untersuchungsgefangenen empfangenen Besuche im Monat.[282] Gegenüber der bisherigen Regelung (Nrn. 24, 26 Abs. 3 UVollzO) haben die meisten Länder eine Erweiterung der Besuchsdauer von regelmäßig 1 Std. auf 2 Std. im Monat beschlossen. Dies bedeutet, dass der Untersuchungsgefangene Anspruch auf Besuche in einer Gesamtdauer von wenigstens 2 Stunden im Monat hat. Unrühmliche Ausnahmen bilden hier die Länder Hessen, Niedersachsen und Baden-Württemberg, welche den bisherigen status quo (1 Std.) fortgeschrieben haben (s. die Gesetzessynopse Rn. 54). Auch das UVollzG Bayern garantiert eine Mindestbesuchsdauer von 2 Std. nur innerhalb der ersten drei Monate ab Inhaftierung vorbehaltlos; nach Ablauf dieser Frist kann nach Art eines „Fiskalvorbehalts" die Mindestdauer wieder auf 1 Std. gesenkt werden, soweit „erhebliche personelle, räumliche und organisatorische Gründe entgegenstehen".[283]

Die **nähere Ausgestaltung** der Besuche (Besuchszeiten/-tage, Dauer des einzelnen Besuchs, Anzahl der Besuche) ist in den Ländergesetzen nicht festgelegt worden. Dies bleibt der Anstalt überlassen, die (z.B. im Rahmen ihrer Hausordnung) die Einzelheiten festlegen kann. Im Sinne eines geordneten Anstaltsbetriebs kann es sich anbieten, bestimmte Besuchstage mit Besuchszeiten festzulegen. In der Praxis dürfte sich eine regelmäßige Besuchsdauer von 30 Min. pro Einzelbesuch etabliert haben.[284] Dies schließt jedoch nicht aus, im Einzelfall Besuche auch über die regelmäßige Dauer bzw. die generellen Tage und Zeiten hinaus zuzulassen. Wenn es hierfür im Einzelfall besondere Gründe gibt, z.B. bei Besuchern, die eine weite Anreise zurücklegen müssen, sollte die Anstalt auch eine längere Besuchsdauer oder einen Besuch außerhalb der regelmäßigen Besuchszeit bzw. am Wochenende zulassen. Bei

278 Nachw. bei Meyer-Goßner, StPO, § 148 Rn. 4, und Laufhütte in: KK-StPO, § 148 Rn. 5. Neuere Entscheidung: AG Aachen, 26.10.2010, 621 Gs 120/10, mit Anmerkung von Deutscher, jurisPR-StrafR 7/2010 Anm. 1.

279 Nachw. bei Laufhütte in: KK-StPO, § 148 Rn. 4.

280 BVerfG NJW 2004, 50; OLG Brandenburg StV 2006, 28; jedoch besteht kein direkter Anspruch des Dolmetschers gegen die Staatskasse: OLG Düsseldorf NJW-Spezial 2011, 154.

281 KG, 29.7.1998, 1 AR 1424/96.

282 Mindestens missverständlich ist es daher, wenn Schlothauer/Weider, Untersuchungshaft, Rn. 1166 f., in diesem Zusammenhang von der „Höchstdauer" sprechen: Den Anstalten steht es nach Gesetzeslage frei, auch längere Gesamtdauern zuzulassen.

283 Zur Verfassungswidrigkeit rein fiskalisch motivierter Beschränkungen vgl. Rn. 1 aE.

284 Dass hierüber jedenfalls nicht mehr im Rahmen einer ggf. auf der Grundlage einer Anordnung nach § 119 Abs. 1 S. 2 Nr. 1 StPO zu erteilenden Besuchserlaubnis zu entscheiden ist, wurde oben unter Rn. 61 ausgeführt.

Meinungsverschiedenheiten bleibt dem Untersuchungsgefangenen die Möglichkeit der Beschwerde zur Anstaltsleitung und – im Falle der Nichtabhilfe – des Antrags auf gerichtliche Entscheidung (§ 119 a StPO); zu den Einzelheiten s. den § 10.

79 Für **junge Untersuchungsgefangene** ist die Aufrechterhaltung des Kontakts zur Außenwelt, gerade auch in Form von Besuchen, von noch größerer Bedeutung als für erwachsene Insassen.[285] Gerade durch Besuche als unmittelbarste Form der Kontaktaufnahme zu Familie, Freunden und anderen Außenstehenden kann den schädlichen Wirkungen der Inhaftierung begegnet werden. Die Förderung von Besuchskontakten ist somit letztlich unmittelbarer Ausfluss des in sämtlichen Ländergesetzen niedergelegten[286] Grundsatzes einer „erzieherischen" Ausgestaltung des Vollzugs. Die Ländergesetze sehen deshalb für diesen Kreis von Gefangenen eine auf 4 Std. pro Monat erhöhte Mindestbesuchsdauer vor. Die 12er-Regelung und das UVollzG Bayern erweitern dies noch insoweit, als Besuche von Kindern (und – nur UVollzG Bayern – von Sorgeberechtigten) auf diese erweiterte Besuchsdauer nicht angerechnet werden. Unverständlich – und vor dem Hintergrund der Entscheidung BVerfG NJW 2006, 2093 zum Jugendstrafvollzug auch verfassungsrechtlich fragwürdig – ist, dass das UVollzG NRW (§ 52) als einziges Ländergesetz es bei der für Erwachsene geltenden 2-stündigen Besuchsdauer belässt und dabei nicht einmal eine Förderung/Privilegierung der Kontakte zu nahen Angehörigen vorsieht.

12er-Regelung	Ba-Wü	Bayern	Niedersachsen	NRW
2 Std./Monat (§ 33 Abs. 1)[287]	1 Std./Monat (§ 12 Abs. 2 S. 2)	2 Std./Monat, in den ersten 3 Mon. uneingeschränkt, danach ggf. [288] nur 1 Std./Monat (Art. 15)	1 Std./Monat (§ 143 Abs. 1 2. HS i.V.m. 25 Abs. 1 S. 2)	2 Std./Monat (§ 18 Abs. 1 S. 2)
Junge Gefangene:				
4 Std./Monat (§ 72 Abs. 1 S. 1), Kinder werden nicht angerechnet (§ 72 Abs. 2)	4 Std./Monat (§ 74 Abs. 1)	4 Std./Monat (Art. 32 Abs. 1 S. 1), Sorgeberechtigte und Kinder werden nicht angerechnet[289] (Art. 32 Abs. 1 S. 2, 3 i.V.m. Art. 144 Abs. 3 BayStVollzG)	4 Std./Monat (§ 160 Abs. 1)	keine Sonderregeln

285 Zu den kriminologischen Aspekten des Außenverkehrs im Jugendstrafvollzug, die sich letztlich ohne Abstriche auf den Bereich des Untersuchungshaftvollzuges übertragen lassen, s. Walkenhorst/Roos/Bihs in: Ostendorf, Jugendstrafvollzugsrecht, 7. Abschnitt Rn. 11 ff., sowie BVerfG NJW 2006, 2093.

286 § 67 Abs. 1 12er-Regelung, § 158 Abs. 1 NJVollzG, § 49 Abs. 1 UVollzG NRW, § 72 JVollzGB II Ba-Wü, Art. 30 Abs. 1 UVollzG Bayern.

287 Zu Abweichungen im UVollzG Bremen und UVollzG Sachsen-Anhalt s. die Fußnoten zum Gesetzestext, abgedruckt bei Rn. 54.

288 Soweit „[...] erhebliche räumliche, personelle oder organisatorische Gründe entgegen stehen" (Art. 15 Abs. 1 S. 2 UVollzG Bayern).

289 Unter der Bedingung, dass dies dem „Erziehungsauftrag" bzw. „dem Kindeswohl" dient.

80 **b) Erlaubnisvorbehalt für Besuche.** Auf der landesgesetzlichen Ebene sehen nur **Niedersachsen** (§ 143 Abs. 1 NJVollzG) und **NRW** (§ 18 Abs. 3 S. 1 UVollzG NRW) noch einen Erlaubnisvorbehalt für Besuche vor (vgl. die frühere Regelung in Nr. 24 Abs. 1 UVollzO). Über die Erteilung entscheidet nach § 143 Abs. 2 NJVollzG das Gericht, was angesichts der abweichenden Auffassung des niedersächsischen Gesetzgebers zur umfassenden Kompetenz im Bereich des Untersuchungshaftvollzugs (vgl. Rn. 11) konsequent ist. In NRW fällt die Entscheidung nach § 4 UVollzG NRW in die Zuständigkeit der Anstaltsleitung. Im Falle eines zugleich gem. § 119 Abs. 1 S. 2 Nr. 1 StPO bestehenden Erlaubnisvorbehalts kann dies in NRW zu einer „doppelten Besuchserlaubnis" führen; dieses Ergebnis lässt sich im Fall der Fälle nur durch eine Übertragung der Ausführung des bundesgesetzlichen Erlaubnisvorbehalts auf die Staatsanwaltschaft vermeiden, welche wiederum die Entscheidung auf die Anstalt delegiert (§ 119 Abs. 2 S. 2, 3 StPO), so dass die Entscheidungen letztlich in einer Hand zusammenlaufen (s. Rn. 59). Ob sich durch die Prüfung der nicht mit den Einzelheiten des Ermittlungsverfahrens vertrauten Anstaltsleitung eine Sicherung des Haftzwecks garantieren lässt, ist freilich zweifelhaft.

Die **übrigen Länder** sehen keinen Erlaubnisvorbehalt mehr vor, sondern ermächtigen stattdessen die Anstaltsleitung (vgl. Rn. 47) dazu, bei konkreten Anhaltspunkten für eine Gefährdung der Sicherheit oder Ordnung der Anstalt im Einzelfall den Besuch zu untersagen bzw. die Zulassung zu versagen. Wegen der unterschiedlichen Eingriffszwecke ist die Anstalt im Falle einer nach § 119 Abs. 1 S. 2 Nr. 1 StPO erteilten Besuchserlaubnis nicht gehindert, aus vollzuglichen Gründen den Besuch einer bestimmten Person im Einzelfall zu untersagen, s. bereits Rn. 14. Gegen die versagende Entscheidung der Anstalt ist unbeschadet eines landesgesetzlichen „Beschwerderechts" der Antrag auf gerichtliche Entscheidung eröffnet (§ 119 a StPO); vgl. Rn. 51.

81 Die aus dem **Nebeneinander von Bundes- und Landesrecht** resultierenden Schwierigkeiten der Rechtsanwendung illustriert beispielhaft die Regelung des § 18 Abs. 3 UVollzG NRW: Dort finden in Anlehnung an Nrn. 24 ff. UVollzO die Begriffe „Besuchserlaubnis" (S. 1) und „Zulassung einer Person zum Besuch" (S. 2) bzw. „Untersagung" eines Besuchs (S. 3) Verwendung. Diese sprachliche Differenzierung ist den (bereits nach früherer Rechtslage bestehenden, vgl. § 119 Abs. 3 a.F./UVollzO: „Besuchserlaubnis" ggf. durch Gericht oder Staatsanwaltschaft, „Zulassung"/„Untersagung" durch Anstaltsleiter) unterschiedlichen Zuständigkeiten geschuldet. Richtet man den Blick ausschließlich auf das nordrhein-westfälische Landesrecht, so erscheint einem die Differenzierung zwischen „Besuchserlaubnis" und „Zulassung" zum Besuch zunächst überflüssig, da in NRW ein genereller Erlaubnisvorbehalt für Besuche besteht (s.o. Rn. 80) und somit der Anstaltsleiter im Einzelfall eine Erlaubnis entweder erteilen oder eben ihre Erteilung versagen bzw. die Erlaubnis widerrufen kann. Das Nebeneinander der Begriffe „Besuchserlaubnis" und „Zulassung" bzw. „Untersagung" rechtfertigt sich jedoch aus der Möglichkeit der Anordnung eines Erlaubnisvorbehalts durch das Gericht oder die Staatsanwaltschaft auf der Grundlage des § 119 Abs. 1 S. 2 Nr. 1, S. 3, 4 StPO. Die „Untersagung" eines Besuchs i.S.v. § 18 Abs. 3 UVollzG NRW umfasst daher die Befugnis des Anstaltsleiters, den Besuch trotz bestehender Besuchserlaubnis des Gerichts oder der Staatsanwaltschaft (§ 119 StPO) zu unterbinden. Besteht im Einzelfall kein Erlaubnisvorbehalt auf der Grundlage des § 119 StPO, so kann der Anstaltsleiter im Falle des § 18 Abs. 3 UVollzG NRW die nach Landesrecht zu erteilende Besuchserlaubnis schlicht versagen bzw. widerrufen.

Zu beachten ist, dass bei Besuchen von Untersuchungsgefangenen untereinander innerhalb einer Anstalt (sog. **Gefangenenbesuche**) zwar etwaige Beschränkungen gem. § 119 StPO zu beachten sind, nicht jedoch die landesrechtlichen Bestimmungen über den Besuchsverkehr. Letztere regeln nur den „echten" Außenverkehr, also Besuche von (ggf. auch in anderen Vollzugsanstalten inhaftierten) Personen außerhalb der Anstalt.[290]

290 S. bereits Rn. 17, 38 und 58; AnwK U-Haft/Pollähne, § 32 Rn. 9.

82 Für **junge Untersuchungsgefangene** bestehen in sämtlichen Ländergesetzen zusätzliche Ermächtigungsgrundlagen für eine Untersagung des Besuchsverkehrs durch die Anstaltsleitung

- bei fehlendem Einverständnis (bzw. entsprechendem Antrag) der Sorgeberechtigten[291] oder
- (nach der jeweiligen Generalklausel[292]) wenn dies „aus erzieherischen Gründen dringend geboten" ist.[293]

Die gänzliche Untersagung eines Besuchskontakts aus erzieherischen Gründen erscheint unter Verhältnismäßigkeitsgesichtspunkten kaum vertretbar, da die Landesgesetze jeweils die Möglichkeit eines Besuchsabbruchs aus erzieherischen Gründen vorsehen (s. Rn. 88). Dieses Instrument erscheint ausreichend, um jederzeit erzieherisch bedenklichen Einflüssen von Besuchern zu begegnen.

12er-Regelung	Ba-Wü	Bayern	Niedersachsen	NRW
(-) nur Verbot im Einzelfall (§ 33 Abs. 1 S. 1, Abs. 5) durch Anstaltsleitung[294] (§ 3 Abs. 1 S. 1)	(-) nur Verbot im Einzelfall durch Anstaltsleitung (§§ 12 Abs. 2 S. 1, 13)	(-) nur Verbot („Versagung der Zulassung") im Einzelfall durch Anstaltsleitung (Art. 16 Abs. 2)	generell (§ 143 Abs. 1), Gericht erteilt Erlaubnis und kann diese von Weisungen abhängig machen (§ 143 Abs. 2 S. 2), ggf. auch nachträglich widerrufen/zurücknehmen (§ 143 Abs. 2 S. 3), Beschränkungen durch Vollzugsbehörde möglich (§ 143 Abs. 2 S. 4)	generell (§ 18 Abs. 3 S. 1), Anstaltsleitung (§ 4) erteilt Erlaubnis und entscheidet über Zulassung bzw. Untersagung des Besuchs
Junge Gefangene				
Nur Minderjährige: Verbot auch bei fehlendem Einverständnis der Sorgeberechtigten („Kann"-Vorschrift) (§ 72 Abs. 3) oder sofern „dringend geboten" wegen „Gefährdung	Nur Minderjährige („jugendliche Ge-	Verbot, sofern „dringend geboten" wegen „Gefährdung ihrer Entwicklung" („Kann"-Vorschrift) (Art. 30 Abs. 3 S. 2), Nur Minderjährige: Verbot auch bei fehlendem	„Untersagung" durch die Vollzugsbehörde[297] bei Antrag der Sorgeberechtigten oder sofern „aus erzieherischen Gründen erforderlich" („Kann"-Vorschrift) (§ 160 Abs. 2)[298]	Nur Minderjährige: „Unterbinden"[299] auch bei fehlendem Einverständnis der Sorgeberechtigten („Muss"-Vorschrift!) (§ 52 Abs. 1) oder sofern „dringend geboten" wegen

291 Als einziges Bundesland hat NRW dies in § 52 Abs. 1 UVollzG NRW als Muss-Vorschrift ausgestaltet, ohne dass die amtl. Begründung dies näher erläutert (RegE NRW, S. 81: „berücksichtigt die bei minderjährigen Untersuchungsgefangenen zu berücksichtigenden Besonderheiten"); dagegen RegE Bayern, S. 83, zur Soll-Vorschrift des Art. 32 Abs. 2 UVollzG Bayern: „wird dem Anstaltsleiter [...] ein Ermessen eingeräumt, da ein von den Personensorgeberechtigten ausgesprochenes Kontaktverbot nicht in jedem Fall dem wohlverstandenen Interesse der jungen Untersuchungsgefangenen dienen muss".

292 Zu Abweichungen in Tatbestand und Anwendungsbereich vgl. Rn. 45.

293 Zur Kritik an der Legitimation von Eingriffen durch erzieherisch-präventive Gründe s. den § 1 Rn. 10 f.

294 Vgl. Rn. 47.

12er-Regelung	Ba-Wü	Bayern	Niedersachsen	NRW
ihrer Entwicklung" („Kann"-Vorschrift) (§ 67 i.V.m § 33 Abs. 5)	fangene"[295]): Verbot auch bei fehlendem Einverständnis der Sorgeberechtigten („Kann"-Vorschrift) (§ 74 Abs. 2) oder sofern „dringend geboten" wegen „Gefährdung ihrer Entwicklung" („Kann"-Vorschrift) (§ 72 Abs. 3 i.V.m. § 13)	Einverständnis der Sorgeberechtigten („Kann"-Vorschrift[296]) (Art. 32 Abs. 2)		„Gefährdung ihrer Entwicklung" („Kann"-Vorschrift) (§ 49 Abs. 5 i.V.m. § 18 Abs. 3 S. 1)

c) Förderung bestimmter Kontakte. Die Regelwerke der 12er-Regelung sowie das JVollzGB II Ba-Wü enthalten jeweils eine kaum mehr als deklaratorisch anmutende Bestimmung, wonach bestimmte Besuchskontakte „gefördert" werden sollen. In welcher Form freilich diese Förderung geschehen soll, bleibt den Anstalten überlassen. Auch die Gesetzesbegründungen werden hier wenig konkreter. Exemplarisch für die 12er-Regelung der RegE Thüringen, S. 92 f.: „Daher verpflichtet die Bestimmung die Anstalt, aktiv auf die Aufrechterhaltung und Entwicklung dieser Kontakte hinzuwirken und im Rahmen des Möglichen zum Abbau der Schwierigkeiten beizutragen, die sich aus der häufig abrupten Trennung durch die Inhaftierung ergeben." Der RegE Berlin[300] schlägt „regelmäßige Kindersprechstunden" vor. § 33 Abs. 2 UVollzG Sachsen-Anhalt schränkt zwar den Kreis der zu fördernden Kontakte ein auf Ehepartner, Lebenspartner, Kinder und (bei minderjährigen Gefangenen) Eltern, bestimmt dabei jedoch immerhin, dass deren Besuche nicht auf die Mindestbesuchszeit angerechnet werden. Es ist zu bedauern, dass die Ländergesetzgeber sich hier zu keinen konkreteren Vorgaben/Mindeststandards durchringen konnten. 83

295 Zur – wegen § 1 Abs. 2 JGG unglücklich gewählten – Bezeichnung vgl. RegE Ba-Wü, S. 205.

296 RegE Bayern S. 83: Dem Anstaltsleiter werde insoweit ein Ermessen eingeräumt, da ein durch Sorgeberechtigte ausgesprochenes Kontaktverbot „nicht in jedem Fall den wohlverstandenen Interessen der minderjährigen Untersuchungsgefangenen dienen" müsse.

297 Vgl. § 134 Abs. 1 NJVollzG.

298 Ob der Begriff „Untersagung" auch die Möglichkeit der Versagung - bzw. des Widerrufs - einer Erlaubnis durch das Gericht umfasst (vgl. § 143 Abs. 2 S. 2 NJVollzG), bleibt offen. Die Formulierung „auch" deutet dies an; der RegE Niedersachsen S. 199 spricht in diesem Zusammenhang jedoch nur von der Vollzugsbehörde als Normadressaten.

299 Dies schließt die Möglichkeit der Versagung, ggf. des Widerrufs, einer Erlaubnis nach Landesrecht ein, s. § 18 Abs. 3 S. 1 UVollzG NRW.

300 Dort S. 80.

12er-Regelung	Ba-Wü	Bayern	Niedersachsen	NRW
Zu Angehörigen iSv § 11 Abs. 1 Nr. 1 StGB (§ 33 Abs. 2)	Zu Angehörigen und Personen, von denen ein günstiger Einfluss erwartet werden kann (§ 12 Abs. 1 S. 2)	(-)	(-)	(-)
Junge Gefangene: keine Sonderregeln				

84 d) **Durchsuchung von Besuchern.** Sämtliche Ländergesetze enthalten eine dem § 24 Abs. 3 StVollzG ähnliche Ermächtigungsgrundlage für die Anstalt, die Durchsuchung des Besuchers anzuordnen, wozu als milderes – weil weniger eingriffsintensives[301] – Mittel auch die Absuche mit einem Metalldetektor zählt.[302] Die 12er-Regelung verzichtet, anders als die Gesetze Niedersachsens, NRWs, Baden-Württembergs und Bayerns, auf das Tatbestandsmerkmal der „Ordnung“ der Anstalt, ohne dass dies zu nennenswerten Abweichungen in der Praxis führen dürfte. Eine Durchsuchung erscheint regelmäßig unter Sicherheitsaspekten gerechtfertigt. Sowohl der Wortlaut (z.B. § 33 Abs. 4 12er-Regelung: „können Besuche davon abhängig gemacht werden“) als auch die Gesetzesbegründungen[303] lassen offen, ob eine **generelle Anordnung** der Anstalt zur Durchsuchung von Besuchern (Hausordnung) zulässig ist oder eine Durchsuchung jeweils der Anordnung im Einzelfall bedarf. Angesichts der naheliegenden Möglichkeit eines unkontrollierten Einbringens von die Sicherheit der Anstalt gefährdenden Gegenständen (insbesondere Drogen, Waffen) würde es die Anforderungen an die Verhältnismäßigkeit der Maßnahme überspannen, eine Einzelfallentscheidung[304] für jeden Besuch/Besucher zu verlangen.[305] Allerdings ist durch die Gesetzesformulierungen („kann/können davon abhängig gemacht werden“) klargestellt, dass Durchsuchungsmaßnahmen nicht erzwingbar sind; lehnt ein Besucher sie ab, ist die Anstalt berechtigt, den Besuch zu untersagen.[306]

12er-Regelung	Ba-Wü	Bayern	Niedersachsen	NRW
Generell zulässig, „aus Gründen der Sicherheit“ - „mit techn. Mitteln absuchen oder durchsuchen“	Generell zulässig, „aus Gründen der Sicherheit oder Ordnung“ - „durchsuchen oder mit techn. Mitteln oder	Generell zulässig, „aus Gründen der Sicherheit oder Ordnung“ - „durchsuchen oder mit techn. Mitteln oder	Generell zulässig, „zur Aufrechterhaltung der Sicherheit oder Ordnung der Anstalt“ - „Durchsuchung“	Generell zulässig, „zur Aufrechterhaltung der Sicherheit oder zur Abwehr einer schwerwiegenden Störung der Ordnung

301 Die Diskussion um sog. Körperscanner soll hier nicht geführt werden. Dass der Einsatz solcher für den Flugverkehr diskutierten Methoden in Justizvollzugsanstalten geplant sein könnte, ist nicht ersichtlich.

302 Dies stellen nicht alle Ländergesetze ausdrücklich klar, vgl. die Gesetzessynopse Rn. 54. AnwK U-Haft/Pollähne, § 33 Rn. 26 meint, der Wortlaut von § 33 Abs. 4 12er-Regelung zwinge die Anstalt dazu, jedem Besucher ein Wahlrecht einzuräumen (Absuchen oder Durchsuchen); diese - nicht unmittelbar einleuchtende - Auslegung wird a.a.O. nicht näher begründet.

303 Exemplarisch RegE Thüringen, S. 93: „Ermächtigungsgrundlage zur Absuchung und Durchsuchung von Besuchern“; RegE Ba-Wü, S. 187: „[...] ermächtigt die Justizvollzugsanstalten“.

304 Nach Schlothauer/Weider, Untersuchungshaft, Rn. 1024, müsste eine solche jeweils schriftlich mit Begründung erfolgen und wäre dem Verteidiger mitzuteilen.

305 A.A.: AnwK U-Haft/Pollähne, § 33 Rn. 28; zum Meinungsstand für den Strafvollzug vgl. Callies/Müller-Dietz, StVollzG, § 24 Rn. 6.

306 Darauf sollte im Rahmen der Hausordnung, einer speziellen Besuchsordnung o.ä. zur Vermeidung vergeblicher Anreisen ausdrücklich hingewiesen werden, vgl. AnwK U-Haft/Pollähne, § 33 Rn. 12, 30.

12er-Regelung	Ba-Wü	Bayern	Niedersachsen	NRW
(§ 33 Abs. 4)	sonst. Hilfsmitteln [...] absuchen" (§ 12 Abs. 4 S. 1)	sonst. Hilfsmitteln [...] absuchen" (Art. 16 Abs. 1 S. 1)	(§ 143 Abs. 2 S. 4)	[...] unerlässlich" – „Durchsuchung" (§ 18 Abs. 3 S. 2 i.V.m. § 1 Abs. 3)[307]
Junge Gefangene: keine Sonderregeln				

e) **Überwachung von Besuchen.** Sämtliche Landesgesetze erklären eine **optische Besuchsüberwachung** zur Abwehr von Gefahren für Sicherheit oder Ordnung generell, d.h. ohne weitere Voraussetzungen, für zulässig („können"/„dürfen optisch überwacht werden"). Insoweit gilt das unter Rn. 84 zur Zulässigkeit von Durchsuchungen Ausgeführte entsprechend, d.h. eine **generelle Anordnung** der Anstaltsleitung für sämtliche Besuche ist zulässig.[308] Die in § 22 Abs. 1 S. 1 HmbUVollzG, § 14 JVollzGB II Ba-Wü und Art. 17 Abs. 1 S. 1 UVollzG Bayern ausdrücklich normierte Einschränkung „es sei denn, es liegen im Einzelfall Erkenntnisse dafür vor, dass es der Überwachung nicht bedarf" ist als Ausprägung des Verhältnismäßigkeitsprinzips auch in den übrigen Ländern (dort unter Rückgriff auf die Generalklauseln; s. Rn. 41) zu beachten. So kann sich das Ermessen der Anstaltsleitung aus besonderen Gründen im Einzelfall dahin reduzieren, von einer optischen Besuchsüberwachung abzusehen. 85

Die Zulässigkeit einer generellen Anordnung zur optischen Überwachung aller Besuche ergibt sich auch aus dem Vergleich mit den entsprechenden Eingriffsnormen für eine **akustische Besuchsüberwachung**: Diese kann nach allen Ländergesetzen ausdrücklich nur „im Einzelfall" unter besonderen Voraussetzungen angeordnet werden. Hierzu müssen konkrete, einzelfallbezogene Anhaltspunkte dafür vorliegen, dass ein akustisch nicht überwachter Besuch eine (schwerwiegende) Gefährdung der Sicherheit oder Ordnung der Anstalt mit sich brächte. Ein besonders strenger Maßstab gilt hier für die Überwachung eines Besuchs von Familienangehörigen (Art. 6 Abs. 1 GG). Die Ausführungen zum Bundesrecht, Rn. 69, gelten entsprechend.

Sämtlichen Ländergesetzen lässt sich, ggf. im Wege der gebotenen Auslegung, ein **Verbot der heimlichen Überwachung** entnehmen, wie dies auch im Bundesrecht (vgl. § 119 Abs. 1 S. 6 StPO) verankert ist. In § 144 Abs. 1 S. 1 NJVollzG und § 19 Abs. 1 S. 3 UVollzG NRW ist das Verbot ausdrücklich normiert („offen"). In den übrigen Landesgesetzen folgt es in einem Umkehrschluss aus den Vorschriften über die **Zulässigkeit „technischer Mittel"** zur optischen Überwachung (vgl. die Synopse unten), welche jeweils einen ausdrücklichen Hinweis fordern.[309] Da die übrigen Ländergesetze den Einsatz technischer Mittel auf die optische Überwachung beschränken,[310] ergibt sich daraus im Umkehrschluss, dass eine **akustische Überwachung** nicht unter Zuhilfenahme technischer Mittel (Richtmikrofon o.ä.) durchgeführt werden darf, sondern nur durch persönliche Anwesenheit einer überwachenden Person. Deren Anwesenheit ist für jeden Betroffenen offensichtlich, so dass es der ausdrücklichen Normierung einer Hinweispflicht für diese Fälle nicht bedurfte. Das NJVollzG und das UVollzG NRW sehen den Einsatz technischer Mittel bei der Überwachung nicht vor; daher 86

307 § 18 Abs. 3 S. 2 verzichtet gänzlich auf einen Tatbestand (Gefahr für Sicherheit/Ordnung) und enthält allein eine Rechtsfolge („kann von ihrer Durchsuchung abhängig gemacht werden"); die Generalklausel § 1 Abs. 3 UVollzG NRW ist ergänzend heranzuziehen. RegE NRW, S. 56: „aus Sicherheitsgründen".

308 Dies ergibt jeweils ein Vergleich mit der Ermächtigungsgrundlage für die akustische Überwachung (dort: „im Einzelfall"; vgl. die Gesetzessynopse Rn. 54). A.A.: AnwK U-Haft/Pollähne, § 35 Rn. 9 (widersprüchlich dann aber a.a.O. Rn. 13: „[...] im Gegensatz zu Abs. 1 [...]").

309 Gegen einen allgemeinen Hinweis in Form von Schildern, Piktogrammen o.ä. (so RegE Bayern, S. 65) bestehen keine Bedenken, solange diese für alle Besucher deutlich sichtbar angebracht werden.

310 Anders nur § 35 Abs. 3 BremUVollzG, der die Möglichkeit des Einsatzes technischer Hilfsmittel auf beide Arten der Überwachung erstreckt.

ist zweifelhaft, ob in deren Anwendungsbereich hierfür eine ausreichende Rechtsgrundlage besteht. Da der Einsatz technischer Mittel ein „Mehr“ gegenüber der konventionellen Form der Überwachung (Anwesenheit eines Überwachungsbeamten) bedeutet, fehlt es an einer ausreichenden Eingriffsgrundlage. Als einziges Ländergesetz gestattet das UVollzG Bayern nicht nur den Einsatz technischer Mittel bei der optischen[311] Überwachung, sondern auch eine vorübergehende **Aufzeichnung** (spätestens nach Ablauf eines Monats zu löschen, Art. 17 Abs. 1 S. 3).[312]

87 Bei **jungen Untersuchungsgefangenen** wäre unter Anwendung der jeweiligen Generalklausel für Beschränkungen die Anordnung einer akustischen Besuchsüberwachung als eine „in diesem Gesetz vorgesehene Beschränkung“ auch denkbar, wenn dies aus erzieherischen Gründen „dringend geboten“[313] ist. Eine solche Konstellation dürfte sich nur in engen Ausnahmefällen ergeben. Jedenfalls ist zu verlangen, dass sich im Einzelfall aus entsprechenden vorangegangenen Kontakten konkrete Anhaltspunkte für eine Gefährdung ergeben haben.

12er-Regelung	Ba-Wü	Bayern	Niedersachsen	NRW
optisch				
Generell, auch mit techn. Mitteln, keine Aufzeichnung[314] (§ 35 Abs. 1 S. 1, 2)	Grundsätzlich, es sei denn im Einzelfall entbehrlich (§ 14 Abs. 1 S. 1); auch mit techn. Mitteln, keine Aufzeichnung (§ 14 Abs. 2 S. 2)	Grundsätzlich, es sei denn im Einzelfall entbehrlich (Art. 17 Abs. 1 S. 1); auch mit techn. Mitteln, auch Aufzeichnungen[315] (Art. 17 Abs. 1 S. 2)	Generell, keine Aufzeichnung[316] (§ 144 Abs. 1 S. 1)	Generell, keine Aufzeichnung[317] (§ 19 Abs. 1 S. 1)

311 Beachte Art. 17 Abs. 2 S. 2 UVollzG Bayern.

312 Weshalb die Sicherheit oder Ordnung der Anstalt eine Aufzeichnung erforderlich machen kann, erschließt sich nicht ohne Weiteres und erklärt auch die amtl. Begründung nicht; RegE Bayern, S. 65 f.

313 Zu Abweichungen in Tatbestand und Anwendungsbereich vgl. Rn. 45 f..

314 RegE Berlin 16.6.2009, S. 94.: „Eine Aufzeichnung findet nicht statt.“ Allein § 35 Abs. 3 S. 2 UVollzG Bremen normiert dies auch ausdrücklich.

315 Art. 17 Abs. 1 S. 3: „Die Aufzeichnungen sind spätestens nach Ablauf eines Monats zu löschen.“

316 Zu etwaigen technischen Mitteln der Überwachung schweigen das NJVollzG und der RegE Niedersachsen.

317 Zu etwaigen technischen Mitteln der Überwachung schweigen das UVollzG NRW und der RegE NRW.

akustisch				
AO im Einzelfall, Vss.: Sicherheit/ „schwerwiegende Störung der Ordnung“, keine Aufzeichnung (§ 35 Abs. 2)	AO im Einzelfall, Vss.: wg. Si./Ordnung der JVA, keine Aufzeichnung (§ 14 Abs. 1 S. 2)	AO im Einzelfall, Vss.: wg. Si./Ordnung der Anstalt (Art. 17 Abs. 2 S. 1), keine Aufzeichnung (Art. 17 Abs. 2 S. 2)	AO im Einzelfall, Vss.: Zweck der U-Haft/Sicherheit/Ordnung, keine Aufzeichnung (§ 144 Abs. 1 S. 2)	AO im Einzelfall, Vss.: „konkrete Anhaltspunkte für Gefährdung der Sicherheit/Ordnung“, keine Aufzeichnung (§ 19 Abs. 1 S. 2)
Zuständigkeit für Anordnung[318]				
Anstaltsleitung (§ 35 Abs. 2)	JVA (Leitung) (§ 3)	Anstaltsleitung (Art. 6)	Vollzugsbehörde (§ 134 Abs. 1 S. 1) Ausn.: bei Verdunkelungsgefahr nur das Gericht, ohne Möglichkeit einer Übertragung auf die Vollzugsbehörde (§§ 134 Abs. 2, 144 Abs. 2 S. 1)	Anstaltsleitung (§ 19 Abs. 1 S. 2)
Zuständigkeit für Ausführung[319]				
keine ausdr. Regelung; durch den Anstaltsleiter zu bestimmender Mitarbeiter der Anstalt	keine ausdr. Regelung; durch den Anstaltsleiter zu bestimmender Mitarbeiter der Anstalt	keine ausdr. Regelung; durch den Anstaltsleiter zu bestimmender Mitarbeiter der Anstalt	Vollzugsbehörde (§ 134 Abs. 1 S. 1) Ausn.: bei Verdunkelungsgefahr das Gericht, mit der Möglichkeit einer Übertragung auf die Vollzugsbehörde (§§ 134 Abs. 2, 5, 144 Abs. 2 S. 2)	keine ausdr. Regelung; durch den Anstaltsleiter zu bestimmender Mitarbeiter der Anstalt

318 Vgl. Rn. 47.
319 Vgl. Rn. 47.

Hinweispflicht				
bei opt. Überwachung mit techn. Mitteln (§ 35 Abs. 1 S. 2, 2. HS)	bei opt. Überwachung mit techn. Mitteln (§ 14 Abs. 2 S. 2)	bei opt. Überwachung/Aufzeichnung mit techn. Mitteln (Art. 17 Abs. 1 S. 2)	(-) aber stets „offen" (§ 144 Abs. 1 S. 1)	(-) aber stets „offen" (§ 19 Abs. 1 S. 3)
Kosten für Übersetzungsdienste und Sachverständige bei der Überwachung				
keine spezielle Regelung	keine spezielle Regelung	keine spezielle Regelung[320]	Kostenübernahme durch die Staatskasse „nur in angemessenem Umfang" (§ 144 Abs. 3)[321]	keine spezielle Regelung
Junge Gefangene				
Nur Minderjährige: Akustische Überwachung auch bei „Gefährdung ihrer Entwicklung" (§ 67 i.V.m. § 35 Abs. 2; zw.)	Nur Minderjährige: Akustische Überwachung auch bei „Gefährdung ihrer Entwicklung" (§ 72 Abs. 3 i.V.m. § 14 Abs. 1 S. 2; zw.)	Art. 30 Abs. 3 („Gefährdung ihrer Entwicklung") im Rahmen des Art. 17 Abs. 1 S. 1, Abs. 2 S. 1 (Besuchsüberwachung) zu beachten; zw.	keine Sonderregeln	Nur Minderjährige: Akustische Überwachung auch bei „Gefährdung ihrer Entwicklung" (§ 49 Abs. 5 i.V.m. § 19 Abs. 1 S. 2; zw.)

320 RegE Bayern S. 66: Die Hinzuziehung von Dolmetschern, Übersetzern oder Sachverständigen „auf Kosten der Staatskasse" bedürfe „keiner besonderen gesetzlichen Regelung und kann in Verwaltungsvorschriften aufgenommen werden".

321 Dass eine solche Regelung gegen Art. 3 Abs. 3 S. 1 GG und Art. 6 Abs. 3 lit. e) EMRK verstößt, stand bereits bei ihrem Erlass fest, vgl. BVerfG NJW 2004, 1095; EGMR 1979, 1091; weitere Nachw. bei Meyer-Goßner, StPO, Art. 6 MRK Rn. 24. Allerdings schränkte das BVerfG a.a.O. ein, dass unverhältnismäßig hohe Übersetzungskosten (in Bezug auf den Briefverkehr) nicht hinzunehmen seien; in jedem Fall bestehe eine Hinweispflicht, dass der Inhaftierte ggf. Übersetzungskosten selbst zu tragen habe.

f) Abbruch von Besuchen. Sämtliche Ländergesetze sehen – mit im Einzelnen abweichenden Formulierungen – einen Abbruch des Besuchs bei **Verstößen** des Untersuchungsgefangenen oder des Besuchers gegen eine landesgesetzliche Vorschrift (z.B. unerlaubte Übergabe von Gegenständen) bzw. eine Anordnung aufgrund Landesgesetzes (zur Unterscheidung vgl. Rn. 40 f.) vor.[322] Daneben ist immer die Möglichkeit einer vorläufigen Anordnung gem. § 119 Abs. 1 S. 4 StPO (i.V.m. § 119 Abs. 1 S. 2 Nr. 2, S. 7 StPO) zu bedenken: Auch wenn eine Besuchsüberwachung nach Bundesrecht (zur Sicherung des Haftzwecks) im Einzelfall nicht angeordnet worden ist, die Überwachung also allein auf Grundlage des Landesgesetzes erfolgt, kann die Anstalt eingreifen, sofern sich aus der optischen/akustischen Überwachung Anhaltspunkte für eine Gefährdung des Haftzwecks (Verdunkelungshandlungen, Fluchtvorbereitungen) ergeben; soweit § 35 Abs. 3 S. 2 12er-Regelung dies sogar ausdrücklich bestimmt, handelt es sich um eine reine Klarstellung, denn die Gesetzgebungskompetenz der Länder erstreckt sich nicht auf Beschränkungen zur Sicherung des Haftzwecks. Schon aus allgemeinen Gründen der Verhältnismäßigkeit darf ein Besuch erst nach erfolgter **Androhung** bzw. Ermahnung abgebrochen werden, wenn nicht ausnahmsweise ein sofortiger Abbruch unerlässlich ist. Zwar ist dies nicht in allen Ländergesetzen ausdrücklich normiert (vgl. die nachfolgende Synopse), jedoch allgemein anerkannt.[323] 88

Bei **jungen Untersuchungsgefangenen** erlauben die Landesgesetze einen Abbruch des Besuchs auch bei einer konkreten „Gefährdung ihrer Entwicklung“ bzw. einem „schädlichen Einfluss“ des Besuchers (§ 72 Abs. 4 12er-Regelung). Von dieser Möglichkeit sollte zurückhaltend Gebrauch gemacht werden; als mildere Maßnahme kommt eine auf die jeweilige Generalklausel gestützte Anordnung in Betracht, sich über bestimmte Themen nicht zu unterhalten.

12er-Regelung	Ba-Wü	Bayern	Niedersachsen	NRW
Voraussetzungen				
Verstoß gegen ■ dieses Gesetz (zB verbotene Übergabe, § 35 Abs. 5 S. 1), ■ AO aufgrund dieses G., ■ verfahrenssichernde AO (§ 119 StPO), (§ 35 Abs. 3)	Verstoß gegen ■ dieses Gesetz (zB unerlaubte Übergabe, § 14 Abs. 3 S. 1) oder ■ AO aufgrund dieses G., (§ 14 Abs. 4 S. 1)	■ „Gefährdung der Si. oder Ordnung der Anstalt“ oder ■ Verstoß gegen dieses Gesetz (zB unerlaubte Übergabe, Art. 17 Abs. 3) bzw. gegen AO aufgrund dieses G., (Art. 17 Abs. 4 i.V.m..	Verstoß gegen ■ dieses Gesetz (zB unerlaubte Übergabe, § 144 Abs. 4 S. 1), ■ AO aufgrund dieses G.,	„Gefahr für Si. oder Ordnung der Anstalt“ (§ 19 Abs. 3)

322 Das NJVollzG erlaubt den Abbruch auch bei einer Gefährdung des Haftzwecks, dies ist Folge der abweichenden Auffassung zur Reichweite der Landeskompetenz, vgl. Rn. 9 ff.

323 Exemplarisch RegE Berlin, S. 84: „Einem Besuchsabbruch hat eine Abmahnung voranzugehen, es sei denn der sofortige Abbruch des Besuchs ist unerlässlich.“

12er-Regelung	Ba-Wü	Bayern	Niedersachsen	NRW
		Art. 30 Abs. 4 BayStVollzG)	oder ■ Gefährdung des Haftzwecks, (§ 144 Abs. 5 S. 1)[324]	
Androhung/Ermahnung				
nicht ausdrücklich geregelt[325]	Ermahnung erforderlich, es sei denn sofortiger Abbruch unerlässlich (§ 14 Abs. 4 S. 1, 2)	Abmahnung erforderlich, es sei denn sofortiger Abbruch unerlässlich (Art. 17 Abs. 4 2. HS i.V.m.. Art. 30 Abs. 4 BayStVollzG)	Androhung erforderlich, es sei denn sofortiger Abbruch unerlässlich wg ■ Haftzweck, ■ Si. der Anstalt oder ■ schwerwiegenden Verstoßes gegen die Ordnung (§ 144 Abs. 5 S. 1, 2)	nicht ausdrücklich geregelt[326]
Zuständigkeit für AO/Ausführung				
Anstalt (§ 3 Abs. 1)	JVA (§ 3)	Anstaltsleitung (Art. 6)	Stelle, welche die Überwachung durchführt (§ 144 Abs. 5 S. 3)	Anstaltsleitung (§ 4)
Junge Gefangene:				
Abbruch auch bei „schädlichem Einfluss" von Besuchern (§ 72 Abs. 4)[327]	keine generellen Sonderregeln[328]; nur Minderjährige: Abbruch auch bei „Gefährdung ihrer Entwicklung"	Abbruch, sofern „dringend geboten" wegen „Gefährdung ihrer Entwicklung" („Kann"-Vorschrift)	keine Sonderregeln[329]	keine generellen Sonderregeln[330]; nur Minderjährige: Abbruch auch bei „Gefährdung ihrer Entwicklung"

324 In solchen Fällen ist auch der Widerruf/die Rücknahme der Besuchserlaubnis durch das Gericht gem. § 143 Abs. 2 S. 3 NJVollzG zu prüfen, s.o.

325 Abweichend: § 35 Abs. 3 S. 1 UVollzG Berlin, § 22 Abs. 3 S. 1 UVollzG Hamburg, § 35 Abs. 3 S. 3 UVollzG Sachsen-Anhalt.

326 RegE NRW, S. 57: „Eine Abmahnung wird dem Abbruch in aller Regel, wenn auch nicht zwingend, vorzuschalten sein." Merkblätter oder Aushänge würden empfohlen.

327 Zum Verhältnis zur Generalklausel des § 67 Abs. 3 s. Rn. 46.

328 Das „Unterbinden" von Besuchen gem. § 74 Abs. 2 JVollzGB II Ba-Wü ist nicht einschlägig; vgl. die Formulierung „außer unter den Voraussetzungen von §§ 13 [...]"; § 13 JVollzGB II Ba-Wü regelt ein Verbot von Besuchen.

12er-Regelung	Ba-Wü	Bayern	Niedersachsen	NRW
	(§ 72 Abs. 3 i.V.m. § 14 Abs. 4 S. 1)	(Art. 30 Abs. 3 S. 2 i.V.m. 17 Abs. 4)		(§ 49 Abs. 5 i.V.m. § 19 Abs. 3)

g) Übergabe von Gegenständen[331] Die 12er-Regelung sieht ein generelles Verbot der Übergabe von Gegenständen ohne Ausnahmevorbehalt vor (Ausnahme: § 26 Abs. 4 S. 6 UVollzG Hessen). Gegen diese Regelung bestehen gleich in zweifacher Hinsicht **verfassungsrechtliche Bedenken.** Zum einen gilt auch für unmittelbar durch Gesetz angeordnete[332] Beschränkungen das Verhältnismäßigkeitsprinzip, welchem es zuwiderlaufen dürfte, wenn ohne Ansehen des Einzelfalls eine Übergabe generell versagt wird.[333] Zum anderen lässt sich ein umfassendes ländergesetzliches Verbot nicht mit der bundesgesetzlichen Regelung des § 119 Abs. 1 S. 2 Nr. 3 StPO (mögliche Anordnung eines Erlaubnisvorbehalts) in Einklang bringen; eine durch das Gericht (bzw. die ausführende Stelle) erteilte Erlaubnis zur Übergabe bestimmter Gegenstände bliebe wirkungslos, wenn nach Landesrecht die Übergabe dieser Gegenstände verboten bliebe. Die dem Abschnitt über den Außenverkehr vorangestellte Generalklausel in § 32 Abs. 1 12er-Regelung („soweit eine verfahrenssichernde Anordnung[...] nicht entgegensteht") vermag diese Kollision nicht aufzulösen, da sie nur den umgekehrten Fall betrifft, dass eine bundesgesetzliche Anordnung dem unbeschränkten Außenverkehr entgegensteht. Bei verfassungskonformer Auslegung unter Berücksichtigung des Gedankens aus Art. 31 GG[334] muss jedenfalls dann, wenn gem. § 119 StPO ein Erlaubnisvorbehalt angeordnet und eine Erlaubnis für die Übergabe erteilt worden ist, das Verbot aus § 35 Abs. 5 S. 1 12er-Regelung hinter § 119 StPO zurücktreten.[335] 89

Nicht alle Ländergesetze sehen die Anordnung einer sog. „**Trennvorrichtung**" ausdrücklich vor (vgl. die nachfolgende Synopse). Daraus folgt jedoch nicht, dass eine solche Anordnung nur in bestimmten Bundesländern (mit entsprechender Regelung) zulässig wäre. Die Anordnung einer Trennscheibe kann unter dem Gesichtspunkt der Abwehr von Gefahren für die Sicherheit oder Ordnung der Anstalt ggf. auf die jeweilige Generalklausel (vgl. Rn. 41) gestützt werden. Die zum Bundesrecht gemachten Ausführungen zur Erforderlichkeit/Verhältnismäßigkeit einer solchen Maßnahme im Einzelfall (s. Rn. 73) gelten – mit Ausnahme des abweichenden Eingriffszwecks – entsprechend. Zu prüfen ist, ob eine solche Anordnung als mildere Maßnahme gegenüber der Untersagung eines bestimmten Besuchskontakts in Betracht kommt. 90

329 Ob das „Untersagen" von Besuchen auf Antrag der Sorgeberechtigten oder „aus erzieherischen Gründen" (§ 160 Abs. 2 NJVollzG) auch zu deren Abbruch (als „Minus"-Maßnahme) ermächtigt, ist zweifelhaft; die Begründung des RegE Niedersachsen zu § 155 E-NJVollzG erhellt dies nicht. Auch ein Rückgriff auf § 158 Abs. 2 NJVollzG („aus erzieherischen Gründen") erscheint zweifelhaft, da diese Norm nicht eindeutig als Eingriffstatbestand formuliert ist; der RegE Niedersachsen enthielt noch keine solche Vorschrift.

330 Das „Unterbinden" von Besuchen „wenn die Personensorgeberechtigten damit nicht einverstanden sind" gem. § 52 Abs. 1 UVollzG NRW ist hier nicht einschlägig.

331 Ohne Sonderregeln für Besuche von Verteidigern etc., vgl. dazu Rn. 91.

332 Zur Systematik von Beschränkungen vgl. Rn. 40 f.

333 Schlothauer/Weider, Untersuchungshaft, Rn. 1176; der in den amtl. Begründungen (exemplarisch: RegE Thüringen, S. 95) enthaltene Hinweis, das Verbot schließe „jedoch nicht aus, dass im Einzelfall Gegenstände, wie beispielsweise persönliche Fotos, Bediensteten zur Weiterleitung an die Untersuchungsgefangenen oder die Besucher überreicht werden können", heilt diesen Mangel nicht.

334 BVerfG NJW 1974, 1181 zu Art. 31 GG: „Voraussetzung für die Anwendung einer Kollisionsnorm ist, daß zwei Normen miteinander kollidieren; das heißt aber, die Kollisionsnorm hinweggedacht, müssen beide Normen auf einen Sachverhalt anwendbar sein und bei ihrer Anwendung zu verschiedenen Ergebnissen führen können." So liegt es hier: Entweder ein bestimmter Gegenstand darf übergeben werden, oder er darf es nicht. Dass die kollidierenden Regelungen jeweils unterschiedliche Zielrichtungen (Haftwecke/Sicherheit oder Ordnung der Anstalt) verfolgen, ändert nichts daran, dass sie denselben Sachverhalt regeln.

335 Dass auch in den amtlichen Begründungen derjenigen Bundesländer der 12er-Regelung, die erst nach Verabschiedung des § 119 StPO n.F. ihre Ländergesetze beschlossen haben (Bremen, Hamburg, M-V, SH) zu dieser offensichtlichen Kollision kein Wort verloren wird, ist bemerkenswert.

12er-Regelung	Ba-Wü	Bayern	Niedersachsen	NRW
Generelles Verbot, ohne Ausnahmevorbehalt (§ 35 Abs. 5 S. 1)[336] Trennvorrichtung nicht vorgesehen (abweichend Hamburg, Hessen und Sachsen: Trennvorrichtung durch AO im Einzelfall)[337]	Erlaubnisvorbehalt, Ausnahme: Nahrungs- und Genussmittel in geringer Menge, ggf. AO der Anstalt zur Beschaffung durch Vermittlung der Anstalt (§ 14 Abs. 3 S. 1, 2) Trennvorrichtung durch AO im Einzelfall (§ 14 Abs. 2 S. 3)	Erlaubnisvorbehalt; Trennvorrichtung durch AO im Einzelfall (Art. 17 Abs. 3)	Erlaubnisvorbehalt, Erlaubnis bedarf der gerichtl. Zustimmung Ausnahme: Nahrungs- und Genussmittel in geringer Menge, ggf. AO der Anstalt zur Beschaffung durch Vermittlung der Anstalt (§ 144 Abs. 4 S. 1, 2) Trennvorrichtung durch AO im Einzelfall (§ 144 Abs. 1 S. 3 i.V.m.. § 28 Abs. 2)	Erlaubnisvorbehalt (§ 19 Abs. 2) Trennvorrichtung nicht vorgesehen[338]

91 h) **Besuche von Verteidigern.** Entsprechend den §§ 148, 148 a StPO sind auch in den Ländergesetzen Vorschriften zur Privilegierung von Verteidigerbesuchen enthalten. Der Kreis der privilegierten Personen sowie der Umfang der Ausnahmen von den sonst vorgesehenen Beschränkungen unterscheiden sich dabei von Bundesland zu Bundesland durchaus im Detail; auf eine umfassende Darstellung soll hier verzichtet und stattdessen nur auf die wesentlichen Unterschiede eingegangen werden. Ergänzend wird auf die Gesetzessynopse Rn. 54, 55 sowie die Tabelle im Anschluss an Rn. 92 verwiesen.

92 **Rechtsanwälte und Notare** sind, was zu kritisieren ist, nicht in allen ländergesetzlichen Regelungen den Verteidigern gleichgestellt worden; Niedersachen und NRW halten an dem Rechtszustand fest, welcher der noch h.M. zu § 148 StPO[339] entspricht, wonach selbst sog. „Anbahnungsfälle" nicht unter das Verteidigerprivileg fallen. Eine dem § 119 Abs. 4 S. 2 Nrn. 1.-3. StPO entsprechende Regelung für Mitarbeiter der **Bewährungshilfe, Führungsaufsichtsstelle und Gerichtshilfe** existiert nur in Hessen, Niedersachsen, NRW und Bayern. In den übrigen Bundesländern sollte diese Gesetzeslücke möglichst geschlossen werden. Die amtlichen Begründungen lassen nicht erkennen, dass dieser Personenkreis jeweils bewusst nicht in das Verteidigerprivileg einbezogen wurde, so dass von einer planwidrigen Lücke ausgegangen werden muss, die bis auf Weiteres durch eine analoge Anwendung der Vorschriften über Verteidiger zu schließen ist. Für den Kreis der jungen Untersuchungsgefangenen sehen immerhin sämtliche Ländergesetze die Einbeziehung von **Betreuungspersonen und Erziehungsbeiständen** (vgl. § 69 JGG) in das Verteidigerprivileg vor.

336 Abweichend nur § 26 Abs. 4 S. 6 UVollzG Hessen, der einen Erlaubnisvorbehalt vorsieht.
337 Vgl. § 22 Abs. 4 S. 2 UVollzG Hamburg, § 26 Abs. 5 S. 3 UVollzG Hessen und § 35 Abs. 6 UVollzG Sachsen.
338 Auch der RegE NRW schweigt zu dieser Thematik, vgl. dort S. 55-57.
339 Nachw. bei Meyer-Goßner, StPO, § 148 Rn. 4, und Laufhütte in: KK-StPO, § 148 Rn. 5. Die h.M. argumentiert, es bestehe in diesen Fällen noch kein gem. § 148 StPO privilegiertes Verteidigungsverhältnis.

12er-Regelung[340]	Ba-Wü	Niedersachsen	NRW	Bayern
Privilegierter Personenkreis				
Verteidiger, RAe und Notare (§ 34 S. 1)[341]	Verteidiger, RAe und Notare (§ 15 Abs. 1 S. 1)	Verteidiger, Führungsaufsichtsstelle, Bewährungshelfer, Gerichtshelfer (§ 149 Abs. 1 S. 1, Abs. 2)	Verteidiger und „ambulanter sozialer Dienst" (Führungsaufsichtsstelle, Bewährungshelfer, Gerichtshelfer) (§ 22 Abs. 1, 4)	Verteidiger, Führungsaufsichtsstelle, Bewährungshelfer, Gerichtshelfer (Art. 22 Abs. 1, 2), RAe und Notare partiell (Art. 22 Abs. 3)
Voraussetzungen				
Bei RAen/Notaren: eine die Untersuchungs- gefangenen betreffende Rechtssache (§ 34 S. 1), also auch „Anbahnungsfälle"	Bei RAen/Notaren: eine die Untersuchungs- gefangenen betreffende Rechtssache (§ 15 Abs. 1 S. 1), also auch „Anbahnungsfälle"	„Anbahnungsfälle" nicht ausdrücklich geregelt; nach früher hM sowie Nr. 36 Abs. 1 UVollzO Verteidiger nur bei Beiordnung oder bestehendem Wahlmandat[342]	„Anbahnungsfälle" nicht ausdrücklich geregelt; nach früher hM sowie Nr. 36 Abs. 1 UVollzO Verteidiger nur bei Beiordnung oder bestehendem Wahlmandat[343]	Bei RAen/Notaren: eine die Untersuchungs- gefangenen betreffende Rechtssache (Art. 22 Abs. 3), also auch „Anbahnungsfälle", jedoch nur partielle Privilegien
Durchsuchung				
generell zulässig, jedoch nur Sichtkontrolle (§§ 34 S. 2 und 3, 33 Abs. 4)	generell zulässig, „durchsuchen oder mit techn. Mitteln oder sonst. Hilfsmitteln[...] absuchen", jedoch nur Sichtkontrolle (§ 15 Abs. 1 S. 3, 4)	generell zulässig, jedoch nur Sichtkontrolle (§ 149 Abs. 1 S. 2, 3 1. HS)	generell zulässig, jedoch nur Sichtkontrolle (§§ 22 Abs. 2 S. 1, 18 Abs. 3 S. 2)	generell zulässig, jedoch nur Sichtkontrolle (Art. 22 Abs. 1 S. 5)

340 Die zahlreichen Abweichungen innerhalb der Länder der 12er-Regelung sollen hier nicht dargestellt werden; es wird ergänzend auf die Synopse Rn. 54 verwiesen.

341 Siehe daneben die Privilegierung für den sog. Anstaltsbeirat, § 87 Abs. 3 S. 4 12er-Regelung.

342 RegE Niedersachsen, S. 191, zu E-NVollzG § 145 Abs. 1: In den „Anbahnungsfällen" bestehe kein Verteidigungsverhältnis, es sollten die allg. Besuchsvorschriften gelten. S. auch die vorstehende Fußnote.

343 Die Begründung des RegE NRW, S. 58 f., schweigt hierzu.

12er-Regelung	Ba-Wü	Niedersachsen	NRW	Bayern
Sonderregeln				
keine Beschränkung der Besuche nach Dauer oder Häufigkeit kein Übergabeverbot (§ 35 Abs. 5 S. 2); bei RAen/Notaren AO eines Erlaubnisvorbehalts möglich (§ 35 Abs. 5 S. 3) Nur Verteidiger:[344] keine opt./akustische Überwachung[345] (§ 35 Abs. 4)	keine Beschränkung der Besuche nach Dauer oder Häufigkeit, jedoch Regelung nach organisatorischen Möglichkeiten (§ 15 Abs. 1 S. 2)[346] keine inhaltliche Prüfung mitgeführter Unterlagen (§ 15 Abs. 1 S. 4) kein Erlaubnisvorbehalt für Übergabe (§ 15 Abs. 2 S. 1); bei RAen/Notaren AO eines Erlaubnisvorbehalts möglich (§ 15 Abs. 2 S. 3) Nur Verteidiger:[347] keine opt./akustische Überwachung (§ 15 Abs. 2 S. 1)	kein Erlaubnisvorbehalt (§ 149 Abs. 1 S. 1) keine opt./akustische Überwachung (§ 149 Abs. 1 S. 1) keine Beschränkung der Besuche nach Dauer oder Häufigkeit; jedoch regelmäßige Besuchszeiten laut Hausordnung (§ 149 Abs. 1 S. 1, 2. HS, § 27 S. 2)[348] kein Übergabeverbot (§ 149 Abs. 1 S. 3, 2. HS)	kein Erlaubnisvorbehalt (Arg. e § 22 Abs. 1, 2 S. 1[349]) keine opt./akustische Überwachung (§ 22 Abs. 1) keine Beschränkung der Besuche nach Dauer oder Häufigkeit (§ 22 Abs. 1)[350] kein Erlaubnisvorbehalt für Übergabe (§ 22 Abs. 2 S. 2)	keine Beschränkung der Besuche nach Dauer oder Häufigkeit, jedoch im Rahmen der HausO (Art. 22 Abs. 1 S. 1, 2) kein Erlaubnisvorbehalt für Übergabe von Unterlagen (Art. 22 Abs. 1 S. 6) bei RAen/Notaren AO eines Erlaubnisvorbehalts für Übergaben möglich (Art. 22 Abs. 3 i.V.m.. Art. 30 Abs. 4 S. 2 BayStVollzG)

344 Hierzu gibt es innerhalb der Länder der 12er-Regelung zahlreiche „Abweichler“, vgl. die Fn. zum Gesetzestext (Synopse).

345 RegE Berlin, S. 84: Für Rechtsanwälte und Notare gelten insoweit die allg. Regeln, s.o. Rn. 85 ff.

346 RegE Ba-Wü, S. 188: Die JVA kann allgemeine Besuchszeiten für Verteidiger einrichten. „Sie muss allerdings auf deren Belange Rücksicht nehmen und in begründeten Ausnahmefällen Verteidigerbesuche auch außerhalb dieser Zeiten zulassen.“

347 Dies soll auch für Besuche des Anstaltsbeirats gelten, RegE Ba-Wü, S. 188.

348 Vgl. § 27 S. 2: festgelegt „im Benehmen mit der Rechtsanwaltskammer“.

349 Der Gesetzestext und seine amtl. Begründung (RegE NRW S. 58 f.) lassen offen, was unter dem Besuchsrecht „ohne Beschränkung“ zu verstehen sei. Nach § 18 Abs. 3 besteht ein Erlaubnisvorbehalt für Besuche. Wenn § 22 Abs. 2 nur auf § 18 Abs. 3 S. 2 (nicht: S. 1) verweist, legt dies nahe, dass keine Besuchserlaubnis vorausgesetzt wird.

350 RegE NRW, S. 58: „Die Anstalt kann allgemeine Besuchszeiten für [...] Verteidiger festlegen, muss dabei jedoch auf deren Belange Rücksicht nehmen und in begründeten Ausnahmefällen Verteidigerbesuche auch außerhalb dieser Zeiten zulassen.“ Dies sollte die Hausordnung (§ 63 UVollzG NRW) festlegen.

12er-Regelung	Ba-Wü	Niedersachsen	NRW	Bayern
Junge Gefangene:				
entsprechende Anwendung der §§ 34, 35 Abs. 4 auf Beistände gem. § 69 JGG (§ 72 Abs. 4)	entsprechende Anwendung der Regeln für Verteidiger auf Betreuungshelfer, Erziehungsbeistände und JGH (§ 74 Abs. 3)	entsprechende Anwendung der Sonderregeln des § 149 Abs. 1 (Verteidiger pp.) auf Betreuungspersonen, Erziehungsbeistände und JGH-Mitarbeiter (§ 160 Abs. 3)	entsprechende Anwendung des § 22 Abs. 1 (nicht: Abs. 2) auf Betreuungspersonen, Erziehungsbeistände und JGH (§ 52 Abs. 2)	entsprechende Anwendung der Regeln für Verteidiger auf „Betreuungspersonen, Erziehungsbeistände, Beistände nach § 69 JGG" und JGH (Art. 32 Abs. 3)

V. Schriftwechsel

1. Die gesetzlichen Regeln

a) Bestimmungen des Schriftverkehrs

93

Länder	Besuche, Schriftwechsel, Telefongespräche und Pakete – *Bestimmungen des Schriftverkehrs*
12er-Regelung:[351] Berlin Brandenburg Bremen Hamburg Hessen Mecklenburg-Vorpommern Rheinland-Pfalz Saarland Sachsen Sachsen-Anhalt Schleswig-Holstein Thüringen	***§ 36 12er-Regelung: Recht auf Schriftwechsel***[352] **(1) Die Untersuchungsgefangenen haben das Recht, auf eigene Kosten Schreiben abzusenden und zu empfangen.** **(2) Der Anstaltsleiter kann den Schriftwechsel mit bestimmten Personen untersagen, wenn die Sicherheit oder Ordnung der Anstalt gefährdet würde.** **Abweichende Regelungen:** ***Hamburg, § 24 HmbUVollzG, zusätzlich:*** (1) [...] Absendung und Empfang der Schreiben vermittelt die Anstalt, eingehende und ausgehende Schreiben werden unverzüglich weitergeleitet. [353] [...] (3) Die Kosten des Schriftwechsels tragen die Untersuchungsgefangenen. Sind sie dazu nicht in der Lage, kann die Anstalt sie in besonders begründeten Fällen in angemessenem Umfang übernehmen. ***§ 37 12er-Regelung: Überwachung des Schriftwechsels*** **(1) Ein- und ausgehende Schreiben werden auf verbotene Gegenstände überwacht. Der Anstaltsleiter kann die Textkontrolle anordnen, wenn sie aus Gründen der Sicherheit oder zur Abwendung**

351 Punktuelle Abweichungen vom Musterentwurf werden an der jeweils betroffenen Stelle durch eine Fußnote kenntlich gemacht. Nicht bloß punktuell abweichende Landesnormen werden nachfolgend gesondert aufgeführt.

352 Im UVollzG Hamburg abweichende Nummerierung: §§ 36 ff. des Musterentwurfs werden dort zu §§ 24 ff., amtliche Überschrift § 24 HmbUVollzG: „Schriftwechsel".

353 Dies entspricht inhaltlich § 38 Abs. 1 und Abs. 2 12er-Regelung.

Länder	Besuche, Schriftwechsel, Telefongespräche und Pakete – *Bestimmungen des Schriftverkehrs*
	einer schwerwiegenden Störung der Ordnung der Anstalt erforderlich ist. (2) Der Schriftwechsel der[354] Untersuchungsgefangenen mit ihren[355] Verteidigern[356] wird nicht überwacht.[357] (3) Nicht überwacht werden Schreiben der Untersuchungsgefangenen an[358] Volksvertretungen des Bundes und der Länder sowie an deren Mitglieder, soweit die Schreiben an die Anschriften dieser Volksvertretungen gerichtet sind und den Absender zutreffend angeben. Entsprechendes gilt für Schreiben an das Europäische Parlament und dessen Mitglieder, den Europäischen Gerichtshof für Menschenrechte, den Europäischen Ausschuss zur Verhütung von Folter und unmenschlicher oder erniedrigender Behandlung oder Strafe und weitere Einrichtungen, mit denen der Schriftverkehr aufgrund völkerrechtlicher Verpflichtungen der Bundesrepublik Deutschland geschützt ist. Satz 1 gilt auch für Schreiben an die Bürgerbeauftragten der Länder und die Datenschutzbeauftragten des Bundes und der Länder.[359] Schreiben der in den Sätzen 1 bis 3 genannten Stellen, die an die Untersuchungsgefangenen gerichtet sind, werden nicht überwacht, sofern die Identität des Absenders zweifelsfrei feststeht.[360] **Abweichende Regelungen:** ***Sachsen-Anhalt, § 36 Abs. 4, 5 UVollzG LSA, zusätzlich:*** (4) Verteidiger-, Anwalts- und Notarpost ist als solche deutlich sichtbar zu kennzeichnen. Ausgehende Schreiben hat der Untersuchungsgefangene mit einer zutreffenden Angabe des Absenders zu versehen. Der Verteidiger muss sich als solcher gegenüber der Anstalt ausgewiesen haben. (5) Für den schriftlichen Verkehr mit dem Bewährungshelfer, den Bediensteten der Führungsaufsicht und dem Gerichtshelfer gilt Absatz 4 entsprechend. ***Hamburg, § 25 Abs. 5 HmbUVollzG, zusätzlich:*** (5) Schreiben der Untersuchungsgefangenen an nicht in der Anstalt tätige Ärztinnen oder Ärzte, die mit der Untersuchung oder Behandlung der Untersuchungsgefangenen befasst sind, sowie Schreiben dieser Ärztinnen oder Ärzte an die Untersuchungsgefangenen dürfen nur von in der Anstalt tätigen Ärztinnen oder Ärzten überwacht werden.

354 § 37 Abs. 2 UVollzG Sachsen-Anhalt: „des" statt „der".
355 § 37 Abs. 2 UVollzG Sachsen-Anhalt: „seinen" statt „ihren".
356 § 37 Abs. 2 UVollzG Berlin: „[...] Verteidigern, Rechtsanwälten und Notaren [...]". § 37 Abs. 2 UVollzG Sachsen-Anhalt und UVollzG Sachsen: „[...] Verteidigern sowie mit seinen Rechtsanwälten und Notaren in einer den Untersuchungsgefangenen betreffenden Rechtssache [...]". § 37 Abs. 2 UVollzG SH: „[...] Verteidigerinnen oder Verteidigern sowie mit Rechtsanwältinnen oder Rechtsanwälten und mit Notarinnen oder Notaren [...]".
357 § 25 Abs. 2 UVollzG Hamburg: „Der Schriftwechsel mit Mitgliedern der Anstaltsbeiräte (§§ 97 bis 100) und mit Rechtsanwältinnen, Rechtsanwälten, Notarinnen und Notaren wird nicht überwacht."
358 § 25 Abs. 3 UVollzG Hamburg verwendet für die nun folgende Aufzählung eine Nummerierung „1." bis „6."
359 § 25 Abs. 3 UVollzG Hamburg führt hier noch auf (als Ziff. 6.): „an Gerichte, Staatsanwaltschaften und die Aufsichtsbehörde (§ 95)."
360 § 37 Abs. 3 S. 4 12er-Regelung wird in § 25 UVollzG Hamburg redaktionell zu Abs. 4.

Länder	Besuche, Schriftwechsel, Telefongespräche und Pakete – *Bestimmungen des Schriftverkehrs*
	§ 38 12er-Regelung: Weiterleitung von Schreiben, Aufbewahrung[361] (1) Die Untersuchungsgefangenen haben das Absenden und den Empfang ihrer Schreiben durch die Anstalt vermitteln zu lassen, soweit nichts anderes gestattet ist.[362] (2) Eingehende und ausgehende Schreiben sind unverzüglich weiterzuleiten.[363] (3) Die Untersuchungsgefangenen haben eingehende Schreiben unverschlossen zu verwahren, sofern nichts anderes gestattet wird. Sie können sie verschlossen zu ihrer Habe geben. *§ 39 12er-Reglung: Anhalten von Schreiben* (1) Der Anstaltsleiter kann Schreiben anhalten, wenn[364] 1. es die Aufgabe des Untersuchungshaftvollzugs oder[365] die Sicherheit oder Ordnung der Anstalt erfordert, 2. die Weitergabe in Kenntnis ihres Inhalts einen Straf- oder Bußgeldtatbestand verwirklichen würde, 3. [366] sie grob unrichtige oder erheblich entstellende Darstellungen von Anstaltsverhältnissen oder grobe Beleidigungen enthalten oder 4. sie in Geheim- oder Kurzschrift, unlesbar, unverständlich oder ohne zwingenden Grund in einer fremden Sprache abgefasst sind. [367] (2) Ausgehenden Schreiben, die unrichtige Darstellungen enthalten, kann ein Begleitschreiben beigefügt werden, wenn die Untersuchungsgefangenen auf dem Absenden bestehen. (3) Sind Schreiben angehalten worden, wird das den Untersuchungsgefangenen mitgeteilt. Hiervon kann abgesehen werden, wenn und solange es die Aufgabe des Untersuchungshaftvollzugs erfordert.[368] Soweit angehaltene Schreiben nicht beschlagnahmt werden, werden sie an die Absender zurückgegeben oder, sofern dies unmöglich oder aus besonderen Gründen untunlich ist, verwahrt. (4) Schreiben, deren Überwachung nach § 37 Abs. 2 und 3 ausgeschlossen ist, dürfen nicht angehalten werden.

361 Das UVollzG Hamburg enthält inhaltlich dem § 38 Abs. 1 und Abs. 2 12er-Regelung entsprechende Bestimmungen in § 24 Abs. 1 S. 2; eine § 38 Abs. 3 12er-Regelung entsprechende Bestimmung enthält das UVollzG Hamburg nicht.

362 Im UVollzG Hamburg inhaltlich entsprechend als § 24 Abs. 1 S. 2.

363 Im UVollzG Hamburg inhaltlich entsprechend als § 24 Abs. 1 S. 2.

364 In § 39 Abs. 1 UVollzG Sachsen-Anhalt folgt hier der Einschub: „[...] im Ergebnis der Überwachung nach § 37 Abs. 1 [...]".

365 § 39 Abs. 1 Ziff. 1 UVollzG Sachsen: „[...] die Aufgabe des Untersuchungshaftvollzugs oder [...]" entfällt ersatzlos.

366 § 39 Abs. 1 Ziff. 3 UVollzG Sachsen-Anhalt: „sie Beleidigungen, üble Nachreden oder Verleumdungen zum Nachteil der Bediensteten der Anstalt enthalten, [...]"

367 § 26 Abs. 1 UVollzG Hamburg weicht (nur) redaktionell ab (5 statt 4 Ziffern).

368 Im UVollzG Sachsen-Anhalt und im UVollzG Sachsen entfällt § 39 Abs. 3 S. 2 12er-Regelung ersatzlos; S. 3 der 12er-Regelung wird zu S. 2.

Länder	Besuche, Schriftwechsel, Telefongespräche und Pakete – *Bestimmungen des Schriftverkehrs*
	Abweichende Regelungen: ***Sachsen-Anhalt, § 39 Abs. 2 UVollzG LSA:*** (2) Ausgehenden Schreiben, die grob unrichtige oder erheblich entstellende Darstellungen von Anstaltsverhältnissen oder Beleidigungen, üble Nachreden oder Verleumdungen zum Nachteil der Bediensteten der Anstalt enthalten, kann ein Begleitschreiben beigefügt werden, wenn der Untersuchungsgefangene auf deren Absendung besteht. ***Hessen, § 25 Abs. 3, 4, 5 HUVollzG: Grundsätze*** (3) Besuche von und Schriftverkehr mit Verteidigerinnen und Verteidigern sind zu gewährleisten und alle Kontakte mit ihnen dürfen nicht überwacht werden. § 148 Abs. 2 und § 148 a der Strafprozessordnung bleiben unberührt. Zu gestatten sind auch Besuche von und Schriftverkehr mit Rechtsanwältinnen und Rechtsanwälten sowie Notarinnen und Notaren in einer die Untersuchungsgefangenen betreffenden Rechtssache. (4) Nicht überwacht werden auch Kontakte[369] mit den in § 119 Abs. 4 Satz 2 der Strafprozessordnung genannten Personen und Stellen, soweit 1. [...], 2. ausgehende Schreiben an den jeweiligen Dienstsitz gerichtet sind und den Absender zutreffend angeben oder 3. bei eingehenden Schreiben begründete Zweifel an der Identität des Absenders nicht vorliegen oder auf andere Weise als durch Überwachung ausgeräumt werden können. (5) Die Kosten für Telekommunikation sowie abgehende Schreiben oder Pakete tragen die Untersuchungsgefangenen. Sind sie hierzu nicht in der Lage, kann die Anstalt die Kosten in begründeten Fällen in angemessenem Umfang übernehmen. ***Hessen, § 27 HUVollzG: Schriftwechsel*** (1) Die Untersuchungsgefangenen haben das Recht, Schreiben abzusenden und zu empfangen. Sie haben Absendung und Empfang ihrer Schreiben durch die Anstalt vermitteln zu lassen, soweit nichts anderes gestattet ist. (2) Ist die Überwachung des Schriftverkehrs nach § 119 Abs. 1 der Strafprozessordnung angeordnet, sind die Schreiben unverzüglich an die hierfür zuständige Stelle weiterzuleiten. Im Übrigen darf der Schriftwechsel von der Anstalt nach Maßgabe der Abs. 3 und 4 kontrolliert werden, soweit es aus Gründen der Sicherheit oder Ordnung der Anstalt erforderlich ist. (3) Eingehende und ausgehende Schreiben sind umgehend, fristgebundene unverzüglich weiterzuleiten. Davon abweichend soll die Anstaltsleitung Schreiben anhalten, wenn

369 Das UVollzG Hessen verwendet den Begriff „Kontakte“ (vgl. die Überschrift des Sechsten Abschnitts, §§ 25 ff.: „Außenkontakte der Untersuchungsgefangenen“) – ohne Legaldefinition – als Oberbegriff für sämtliche im sechsten Abschnitt genannten Arten des Außenverkehrs als da wären: „Besuche“ (§ 26), „Schriftwechsel“ (§ 27), „Telekommunikation“ (§ 28) sowie „Empfang und Versendung von Paketen“ (§ 29), vgl. RegE Hessen S. 139.

Länder	Besuche, Schriftwechsel, Telefongespräche und Pakete – *Bestimmungen des Schriftverkehrs*
	1. es die Aufgabe des Untersuchungshaftvollzugs oder die Sicherheit oder Ordnung der Anstalt erfordern, 2. der Inhalt des Schreibens einen Straf- oder Bußgeldtatbestand erfüllt oder im Falle der Weiterleitung erfüllen würde, 3. sie grob unrichtige oder erheblich entstellende Darstellungen von Anstaltsverhältnissen enthalten, 4. sie in Geheimschrift, unlesbar, unverständlich oder ohne zwingenden Grund in einer fremden Sprache abgefasst sind. Ausgehenden Schreiben, die unrichtige Darstellungen enthalten, kann ein Begleitschreiben beigefügt werden, wenn die Untersuchungsgefangenen auf der Absendung bestehen. Ist ein Schreiben angehalten worden, wird das den Untersuchungsgefangenen mitgeteilt. Angehaltene Schreiben werden an die Absender zurückgegeben oder, sofern dies unmöglich oder aus besonderen Gründen untunlich ist, von der Anstalt verwahrt. (4) Besteht der Verdacht, dass ein Schreiben, das nach § 25 Abs. 3 und 4 keiner Überwachung unterliegt, unzulässige Einlagen enthält, so wird dieses mit Einverständnis und im Beisein der Untersuchungsgefangenen einer Sichtkontrolle ohne Kenntnisnahme des gedanklichen Inhalts unterzogen, andernfalls an den Absender zurückgesandt oder den Untersuchungsgefangenen zurückgegeben.
Baden-Württemberg	*§ 16 JVollzGB II: Recht auf Schriftwechsel* **(1) Untersuchungsgefangene haben das Recht, unbeschränkt Schreiben abzusenden und zu empfangen.** **(2) Die Anstaltsleiterin oder der Anstaltsleiter kann den Schriftwechsel mit bestimmten Personen untersagen, wenn die Sicherheit oder Ordnung der Justizvollzugsanstalt gefährdet würde.** **(3) Die Kosten des Schriftwechsels tragen die Untersuchungsgefangenen. Sind sie dazu nicht in der Lage, kann die Justizvollzugsanstalt die Kosten in begründeten Fällen in angemessenem Umfang übernehmen.** *§ 17 JVollzGB II: Überwachung des Schriftwechsels* **(1) Der Schriftwechsel der Untersuchungsgefangenen darf überwacht werden, soweit dies aus Gründen der Sicherheit oder Ordnung der Justizvollzugsanstalt erforderlich ist.** **(2) Der Schriftwechsel der Untersuchungsgefangenen mit ihren Verteidigern wird nicht überwacht. Die Schreiben dürfen, ohne sie zu öffnen, auf verbotene Gegenstände untersucht werden. § 148 Abs. 2 und § 148 a StPO bleiben unberührt.** **(3) Absatz 2 gilt entsprechend für Schreiben von Untersuchungsgefangenen an** **1. die Volksvertretungen des Bundes und der Länder sowie an deren Mitglieder,** **2. das Europäische Parlament und dessen Mitglieder,** **3. den Europäischen Gerichtshof für Menschenrechte,** **4. den Europäischen Ausschuss zur Verhütung von Folter und unmenschlicher oder erniedrigender Behandlung oder Strafe,** **5. die Datenschutzbeauftragten des Bundes und der Länder sowie die Aufsichtsbehörden nach § 38 Bundesdatenschutzgesetz,**

Länder	Besuche, Schriftwechsel, Telefongespräche und Pakete – *Bestimmungen des Schriftverkehrs*
	6. den Europäischen Datenschutzbeauftragten, 7. den Menschenrechtsausschuss der Vereinten Nationen, 8. den Ausschuss der Vereinten Nationen gegen Folter, den zugehörigen Unterausschuss zur Verhütung von Folter und die entsprechenden nationalen Präventionsmechanismen, wenn die Schreiben an die Anschriften dieser Stellen gerichtet sind und den Absender zutreffend angeben. Schreiben der in Satz 1 genannten Stellen, die an Untersuchungsgefangene gerichtet sind, dürfen nicht überwacht werden, wenn die Identität des Absenders zweifelsfrei feststeht. *§ 18 JVollzGB II: Weiterleitung und Aufbewahrung von Schreiben* (1) Untersuchungsgefangene haben Absendung und Empfang ihrer Schreiben durch die Justizvollzugsanstalt übermitteln zu lassen, soweit nichts anderes gestattet ist. (2) Eingehende und ausgehende Schreiben sind unverzüglich weiterzuleiten. (3) Untersuchungsgefangene haben eingehende Schreiben unverschlossen zu verwahren, sofern nichts anderes gestattet wird. Die Schreiben können auch verschlossen zur Habe gegeben werden. *§ 19 JVollzGB II: Anhalten von Schreiben* (1) Schreiben können angehalten werden, wenn 1. die Sicherheit oder Ordnung einer Justizvollzugsanstalt gefährdet würde, 2. die Weitergabe in Kenntnis ihres Inhalts einen Straf- oder Bußgeldtatbestand verwirklichen würde, 3. sie grob unrichtige oder erheblich entstellende Darstellungen von Anstaltsverhältnissen enthalten, 4. sie grobe Beleidigungen enthalten oder 5. sie in Geheimschrift, unlesbar, unverständlich oder ohne zwingenden Grund in einer fremden Sprache abgefasst sind; ein zwingender Grund zur Abfassung eines Schreibens in einer fremden Sprache liegt in der Regel nicht vor bei einem Schriftwechsel zwischen deutschen Gefangenen und Dritten, die die deutsche Staatsangehörigkeit besitzen oder ihren Lebensmittelpunkt im Geltungsbereich des Grundgesetzes haben. (2) Ausgehenden Schreiben, die unrichtige Darstellungen enthalten, kann ein Begleitschreiben beigefügt werden, wenn die oder der Untersuchungsgefangene auf der Absendung besteht. (3) Ist ein Schreiben angehalten worden, wird dies der oder dem Untersuchungsgefangenen mitgeteilt. Hiervon kann vorübergehend abgesehen werden, wenn dies die Sicherheit oder Ordnung der Justizvollzugsanstalt erfordert. Angehaltene Schreiben werden an die Absenderin oder den Absender zurückgegeben oder, sofern dies unmöglich oder aus besonderen Gründen untunlich ist, behördlich verwahrt. (4) Schreiben, deren Überwachung ausgeschlossen ist, dürfen nicht angehalten werden.

Länder	Besuche, Schriftwechsel, Telefongespräche und Pakete – *Bestimmungen des Schriftverkehrs*
Bayern	*Art. 18 BayUVollzG: Recht auf Schriftwechsel* (1) Die Untersuchungsgefangenen haben das Recht, im Rahmen der Vorschriften dieses Gesetzes unbeschränkt Schreiben abzusenden und zu empfangen. Art. 31 Abs. 2 Nr. 1 BayStVollzG gilt entsprechend. (2) Die Kosten des Schriftverkehrs tragen die Untersuchungsgefangenen. Sind die Untersuchungsgefangenen dazu nicht in der Lage, kann die Anstalt auf Antrag die Kosten in angemessenem Umfang übernehmen; dies betrifft insbesondere Schriftverkehr mit Ehegatten, Lebenspartnern und Verteidigern *Art. 19 BayUVollzG Überwachung des Schriftwechsels; Weiterleitung und Aufbewahrung von Schreiben* (1) Ein- und ausgehende Schreiben werden überwacht. (2) Von der Überwachung des gedanklichen Inhalts ein- und ausgehender Schreiben (Textkontrolle) wird abgesehen, wenn eine Gefährdung der Sicherheit oder Ordnung der Anstalt nicht zu befürchten ist. (3) Für die Ausnahmen von der Überwachung gilt Art. 32 Abs. 2 BayStVollzG entsprechend. (4) Art. 33 BayStVollzG gilt entsprechend. *Art. 20 BayUVollzG: Anhalten von Schreiben* (1) Schreiben können angehalten werden, wenn 1. es die Sicherheit oder Ordnung einer Anstalt erfordert, 2. die Weitergabe in Kenntnis ihres Inhalts einen Straf- oder Bußgeldtatbestand verwirklichen würde, 3. sie grob unrichtige oder erheblich entstellende Darstellungen von Anstaltsverhältnissen enthalten 4. sie grobe Beleidigungen enthalten 5. sie die Eingliederung anderer Gefangener gefährden können 6. sie in Geheimschrift, unlesbar, unverständlich oder ohne zwingenden Grund in einer fremden Sprache abgefasst sind; ein zwingender Grund zur Abfassung eines Schreibens in einer fremden Sprache liegt in der Regel nicht vor bei einem Schriftwechsel zwischen deutschen Untersuchungsgefangenen und Dritten, die die deutsche Staatsangehörigkeit oder ihren Lebensmittelpunkt im Geltungsbereich des Grundgesetzes haben. (2) Entscheidungen nach Abs. 1 sind den betroffenen Untersuchungsgefangenen mitzuteilen. (3) Soweit angehaltene Schreiben nicht nach den §§ 94 und 98 StPO beschlagnahmt werden, werden sie behördlich verwahrt oder an den Absender zurückgegeben. (4) Art. 34 Abs. 2 BayStVollzG gilt entsprechend. (5) Schreiben, deren Überwachung nach Art. 19 Abs. 3 ausgeschlossen ist, dürfen nicht angehalten werden. *Art. 22 BayUVollzG: Verkehr mit Verteidigern sowie besonderen Stellen* – siehe Rn. 92 –

Länder	Besuche, Schriftwechsel, Telefongespräche und Pakete – *Bestimmungen des Schriftverkehrs*
	Art. 31 Abs. 2 Nr. 1 BayStVollzG: (2) Der Anstaltsleiter oder die Anstaltsleiterin kann den Schriftwechsel mit bestimmten Personen untersagen, 1. wenn die Sicherheit oder Ordnung der Anstalt gefährdet würde, [...] *Art. 32 Abs. 2 BayStVollzG:* (2) Nicht überwacht werden ferner Schreiben der Gefangenen an Volksvertretungen des Bundes und der Länder sowie an deren Mitglieder, soweit die Schreiben an die Anschriften dieser Volksvertretungen gerichtet sind und den Absender zutreffend angeben. Entsprechendes gilt für Schreiben an das Europäische Parlament und dessen Mitglieder, den Europäischen Gerichtshof für Menschenrechte, den Europäischen Ausschuss zur Verhütung von Folter und unmenschlicher oder erniedrigender Behandlung oder Strafe und die Datenschutzbeauftragten des Bundes und der Länder. Schreiben der in den Sätzen 1 und 2 genannten Stellen, die an Gefangene gerichtet sind, werden nicht überwacht, sofern die Identität des Absenders zweifelsfrei feststeht. *Art. 33 BayStVollzG: Weiterleitung von Schreiben, Aufbewahrung* (1) Gefangene haben Absendung und Empfang ihrer Schreiben durch die Anstalt vermitteln zu lassen, soweit nichts anderes gestattet ist. (2) Eingehende und ausgehende Schreiben sind unverzüglich weiterzuleiten. (3) Gefangene haben eingehende Schreiben unverschlossen zu verwahren, sofern nichts anderes gestattet wird; sie können sie verschlossen zur Habe geben. *Art. 34 Abs. 2 BayStVollzG:* (2) Ausgehenden Schreiben, die unrichtige Darstellungen enthalten, kann ein Begleitschreiben beigefügt werden, wenn der oder die Gefangene auf der Absendung besteht.
Niedersachsen	*§ 145 NJVollzG: Recht auf Schriftwechsel* (1) Die oder der Gefangene hat das Recht, Schreiben abzusenden und zu empfangen. In dringenden Fällen kann der oder dem Gefangenen gestattet werden, Schreiben als Telefaxe aufzugeben. (2) Die Kosten des Schriftverkehrs trägt die oder der Gefangene. Bei einer oder einem bedürftigen Gefangenen kann die Vollzugsbehörde auf Antrag Kosten ganz oder teilweise übernehmen. *§ 146 NJVollzG: Überwachung des Schriftwechsels* (1) Der Schriftwechsel wird überwacht. § 30 Abs. 3 gilt entsprechend. (2) Die oder der Gefangene hat Absendung und Empfang ihrer oder seiner Schreiben durch die Vollzugsbehörde vermitteln zu lassen. Diese leitet die Schreiben unverzüglich an die für die Überwachung ihres gedanklichen Inhalts (Textkontrolle) zuständige Stelle weiter; die Vollzugsbehörde darf von dem gedanklichen Inhalt der Schreiben keine Kenntnis nehmen.

Länder	Besuche, Schriftwechsel, Telefongespräche und Pakete – *Bestimmungen des Schriftverkehrs*
	(3) Die Textkontrolle wird vom Gericht durchgeführt; § 134 Abs. 4 und 5 findet keine Anwendung. (4) Die Kosten für Übersetzungsdienste und Sachverständige, die zur Überwachung hinzugezogen werden, übernimmt die Staatskasse nur in angemessenem Umfang. *§ 147 NJVollzG: Anhalten von Schreiben* (1) Schreiben können vom Gericht angehalten werden, soweit es der Zweck der Untersuchungshaft oder die Sicherheit oder Ordnung einer Anstalt erfordert; § 134 Abs. 5 findet keine Anwendung. Im Übrigen gilt § 32 Abs. 1 Nrn. 2 bis 6 entsprechend. Wird ein Schreiben nicht angehalten, so ist es unverzüglich weiterzuleiten. (2) Ist ein Schreiben angehalten worden, so wird das der oder dem Gefangenen mitgeteilt. Hiervon kann solange abgesehen werden, wie es der Zweck der Untersuchungshaft oder die Sicherheit oder Ordnung der Anstalt erfordert. (3) Angehaltene Schreiben werden an die Absender zurückgegeben oder von der anhaltenden Stelle verwahrt, sofern eine Rückgabe unmöglich oder nicht geboten ist. *§ 149 NJVollzG: Verkehr mit Verteidigerinnen und Verteidigern, der Führungsaufsichtsstelle sowie der Bewährungs- und Gerichtshilfe* (1) (... [S. 1 – 3]) Schriftwechsel ist ohne Erlaubnis, unbeschränkt und unüberwacht zulässig, insbesondere dürfen Schreiben nicht geöffnet werden. § 148 Abs. 2 und § 148 a StPO gelten fort; sie gelten für die Fälle entsprechend, dass gegen die oder den Gefangenen wegen einer Straftat nach § 129 a, auch in Verbindung mit § 129 b Abs. 1, StGB Überhaft vorgemerkt ist. [...] (2) Für den Verkehr einer oder eines Gefangenen, die oder der unter Bewährungs- oder Führungsaufsicht steht oder über die oder den ein Bericht der Gerichtshilfe angefordert ist, mit der Bewährungshelferin oder dem Bewährungshelfer, der oder dem Bediensteten der Führungsaufsichtsstelle oder der Gerichtshilfe gilt Absatz 1 entsprechend. *§ 150 Abs. 4 NJVollzG: Pakete* (4) Auf in ein- und ausgehenden Paketen enthaltene Schreiben finden [...] die auch sonst für Schreiben geltenden Vorschriften dieses Teils Anwendung. *§ 151 NJVollzG: Gegenstände in Schreiben* Enthält ein Schreiben offenkundig einen Gegenstand, so darf es von der Vollzugsbehörde geöffnet werden. Für die Behandlung des Gegenstandes gilt § 150 Abs. 2 Sätze 4 bis 8, Abs. 3 Sätze 2 bis 4 und Abs. 7 entsprechend. Auf das Schreiben finden im Übrigen die auch sonst für Schreiben geltenden Vorschriften dieses Teils Anwendung; insbesondere ist eine Textkontrolle durch die Vollzugsbehörde unzulässig. *§ 30 Abs. 3 NJVollzG: Überwachung des Schriftwechsels* (3) Nicht überwacht werden Schreiben der oder des Gefangenen an Volksvertretungen des Bundes und der Länder sowie an deren Mitglieder, wenn die Schreiben an die Anschriften dieser Volksvertre-

Länder	Besuche, Schriftwechsel, Telefongespräche und Pakete – *Bestimmungen des Schriftverkehrs*
	tungen gerichtet sind und die Absender zutreffend angeben. Entsprechendes gilt für Schreiben an das Europäische Parlament und dessen Mitglieder, den Europäischen Gerichtshof für Menschenrechte, den Europäischen Ausschuss zur Verhütung von Folter und unmenschlicher oder erniedrigender Behandlung oder Strafe und die Datenschutzbeauftragten des Bundes und der Länder. Schreiben der in den Sätzen 1 und 2 genannten Stellen, die an eine Gefangene oder einen Gefangenen gerichtet sind, werden nicht überwacht, wenn die Identität der Absender zweifelsfrei feststeht. *§ 32 Abs. 1 NJVollzG: Anhalten von Schreiben* (1) Schreiben können angehalten werden, wenn 1. [...], 2. die Weitergabe in Kenntnis ihres Inhalts einen Straf- oder Bußgeldtatbestand verwirklichen würde, 3. sie grob unrichtige oder erheblich entstellende Darstellungen von Anstaltsverhältnissen enthalten, 4. sie grobe Beleidigungen enthalten, 5. sie die Eingliederung anderer Gefangener gefährden können oder 6. sie in Geheimschrift, unlesbar, unverständlich oder ohne zwingenden Grund in einer fremden Sprache abgefasst sind. (zu § 150 Abs. 2 Sätze 4 bis 8, Abs. 3 Sätze 2 bis 4 und Abs. 7 NJVollzG vgl. das Kapitel „Pakete")
Nordrhein-Westfalen	*§ 20 UVollzG NRW: Schriftwechsel* (1) Untersuchungsgefangene dürfen Schreiben empfangen und auf eigene Kosten absenden. Bei bedürftigen Untersuchungsgefangenen kann die Anstalt Kosten in angemessenem Umfang übernehmen. (2) Die Anstalt vermittelt Absendung und Empfang aller Schreiben der Untersuchungsgefangenen über die zur Überwachung zuständige Stelle. Dabei ist dafür zu sorgen, dass von dem gedanklichen Inhalt der Schreiben allein die im Rahmen der Textkontrolle befugten Personen Kenntnis nehmen können. (3) Eingehende und ausgehende Schreiben sind unverzüglich weiterzuleiten. *§ 22 UVollzG NRW: Verkehr mit Verteidigerinnen und Verteidigern sowie dem ambulanten Sozialen Dienst* (1) Mit ihren Verteidigerinnen und Verteidigern dürfen Untersuchungsgefangene ohne Beschränkung und Überwachung a) schriftlich [...] b) [...] verkehren. [...] (3) In den Fällen des § 148 Absatz 2 und des § 148 a der Strafprozessordnung gilt § 20 Absatz 2 und 3 entsprechend. (4) Absatz 1 bis 3 gilt für den Verkehr mit dem ambulanten Sozialen Dienst entsprechend, soweit die Untersuchungsgefangenen unter

Länder	Besuche, Schriftwechsel, Telefongespräche und Pakete – *Bestimmungen des Schriftverkehrs*
	Bewährungs- oder Führungsaufsicht stehen oder über sie Berichte der Gerichthilfe angefordert sind.

b) Sonderbestimmungen für junge Untersuchungsgefangene

Länder	Besuche, Schriftwechsel, Telefongespräche und Pakete – *Sonderbestimmungen für junge Untersuchungsgefangene*	94
12er-Regelung:[370] Berlin Brandenburg Bremen Hamburg Hessen Mecklenburg-Vorpommern Rheinland-Pfalz Saarland Sachsen Sachsen-Anhalt Schleswig-Holstein Thüringen	*§ 72 12er-Regelung: Besuche, Schriftwechsel, Telefongespräche*[371] **(3) Bei minderjährigen Untersuchungsgefangenen können Besuche, Schriftwechsel und Telefongespräche[372] auch untersagt werden, wenn Personensorgeberechtigte nicht einverstanden sind.** **(5) Der Schriftwechsel kann über § 36 Abs. 2[373] hinaus bei Personen, die nicht Angehörige (§ 11 Abs. 1 Nr. 1 des Strafgesetzbuchs)[374] der jungen Untersuchungsgefangenen sind, auch untersagt werden, wenn zu befürchten ist, dass der Schriftwechsel einen schädlichen Einfluss auf die jungen Untersuchungsgefangenen hat.** **(6) Für Besuche, Schriftwechsel und Telefongespräche mit Beiständen nach § 69 des Jugendgerichtsgesetzes[375] gelten die §§ 34 und 35 Abs. 4[376] sowie § 37 Abs. 2[377] entsprechend.** **Abweichende Regelungen:** **Hessen, § 49 Abs. 1, 4 HUVollzG: Außenkontakte** (1) Kontakte[378] mit bestimmten Personen können bei jungen Untersuchungsgefangenen über § 25 Abs. 2 hinaus untersagt werden, 1. bei Personen, die nicht Angehörige im Sinne des § 11 Abs. 1 Nr. 1 des Strafgesetzbuchs sind, wenn zu befürchten ist, dass sie einen schädlichen Einfluss auf die jungen Untersuchungsgefangenen haben, oder 2. wenn Personensorgeberechtigte nicht einverstanden sind.	

370 Punktuelle Abweichungen vom Musterentwurf werden an der jeweils betroffenen Stelle durch eine Fußnote kenntlich gemacht. Nicht bloß punktuell abweichende Landesnormen werden nachfolgend gesondert aufgeführt. Die vollständige Fassung des § 72 ist bei Rn. 37 abgedruckt.

371 Im UVollzG Hamburg: „§ 78 – Verkehr mit Personen außerhalb der Anstalt“; Abs. 3 bis 6 entsprechen in der Fassung des UVollzG Sachsen Abs. 2 bis 5.

372 § 78 Abs. 3 UVollzG Hamburg führt hier nur „Besuche und Schriftwechsel“ auf.

373 Im UVollzG Hamburg: „[...] § 24 Absatz 2 [...]“.

374 Im UVollzG Bremen und im UVollzG Sachsen-Anhalt entfällt der Einschub in Klammern ersatzlos; vgl. auch § 33 Abs. 2. Im UVollzG Hamburg heißt es anstelle des Einschubs in Klammern: „[...] im Sinne des Strafgesetzbuchs [...]“ (nach „Untersuchungsgefangenen“).

375 Im UVollzG Sachsen heißt es an dieser Stelle: „[...] (JGG) in der Fassung der Bekanntmachung vom 11. Dezember 1974 (BGBl. I S. 3427), das zuletzt durch Artikel 7 des Gesetzes vom 29. Juli 2009 (BGBl. I S. 2280, 2285) geändert worden ist, in der jeweils geltenden Fassung [...]“. Im UVollzG SH heißt es an dieser Stelle: „[...] in der Fassung der Bekanntmachung vom 11. Dezember 1974 (BGBl. I S. 3427), zuletzt geändert durch Artikel 7 des Gesetzes vom 29. Juli 2009 (BGBl. I S. 2280) [...]“.

376 Abgedruckt bei Rn. 54.

377 § 78 Abs. 6 UVollzG Hamburg: „[...] § 23 und § 25 Absatz 2 [...]“. Das UVollzG Berlin und das UVollzG Sachsen-Anhalt verweisen an dieser Stelle zusätzlich auf § 39 Abs. 4 (vgl. Abschnitt „Schriftwechsel“).

378 Das UVollzG Hessen verwendet den Begriff „Kontakte“ (vgl. die Überschrift des Sechsten Abschnitts, §§ 25 ff.: „Außenkontakte der Untersuchungsgefangenen“) – ohne Legaldefinition – als Oberbegriff für sämtliche im sechsten Abschnitt genannten Arten des Außenverkehrs als da wären: „Besuche“ (§ 26), „Schriftwechsel“ (§ 27), „Telekommunikation“ (§ 28) sowie „Empfang und Versendung von Paketen“ (§ 29), vgl. RegE Hessen S. 139.

Länder	Besuche, Schriftwechsel, Telefongespräche und Pakete – *Sonderbestimmungen für junge Untersuchungsgefangene*
	(4) Beistände nach § 69 des Jugendgerichtsgesetzes stehen bei Kontakten mit jungen Untersuchungsgefangenen Verteidigerinnen und Verteidigern gleich.
Baden-Württemberg	*§ 74 Abs. 2, 3 JVollzGB II: Verkehr mit der Außenwelt* **(2) Besuche bei jugendlichen Gefangenen und ihr Schriftwechsel mit einzelnen Personen können außer unter den Voraussetzungen von §§ 13 und 19 Abs. 1 auch unterbunden werden, wenn die Personensorgeberechtigten nicht einverstanden sind.** **(3) Der Jugendgerichtshilfe ist der Verkehr mit jungen Untersuchungsgefangenen in demselben Umfang wie einem Verteidiger oder einer Verteidigerin gestattet. Dasselbe gilt in den Fällen, in denen junge Untersuchungsgefangene der Betreuung und Aufsicht von Betreuungshelfern unterstehen, für diese oder, wenn für sie ein Erziehungsbeistand bestellt ist, für die Erziehungsbeistände.** (§ 13 JVollzGB: vgl. den Abschnitt „Besuche"; § 19 Abs. 1 JVollzGB: s.o.)
Bayern	*Art. 32 BayUVollzG: Verkehr mit der Außenwelt* **– abgedruckt im Unterabschnitt „Grundsatz" –**
Niedersachsen	*§ 160 Abs. 2, 3 NJVollzG: Besuche, Schriftwechsel, Telefongespräche und Pakete* **(2) Unbeschadet der Vorschriften des Vierten Kapitels können Besuche von bestimmten Personen auch untersagt werden, wenn die Personensorgeberechtigten es beantragen oder wenn es aus erzieherischen Gründen erforderlich ist. Satz 1 gilt entsprechend für den Schriftwechsel [...].** **(3) Für den Verkehr mit Betreuungspersonen, Erziehungsbeiständen und Personen, die Aufgaben der Jugendgerichtshilfe wahrnehmen, gilt § 149 Abs. 1 entsprechend.**
Nordrhein-Westfalen	*§ 52 UVollzG NRW: Verkehr mit der Außenwelt* **(1) Besuche bei minderjährigen Untersuchungsgefangenen und ihr Schriftwechsel mit bestimmten Personen sind zu unterbinden, wenn die Personensorgeberechtigten damit nicht einverstanden sind.** **(2) Für den Verkehr mit Betreuungspersonen, Erziehungsbeiständen und Personen, die Aufgaben der Jugendgerichtshilfe wahrnehmen, gilt § 22 Absatz 1 entsprechend.**

95 **2. Beschränkungen nach Bundesrecht (§ 119 StPO). a) Grundsatz.** Gemäß § 119 StPO gelten **keine standardmäßigen Beschränkungen** im Untersuchungshaftvollzug.[379] Dies bedeutet, dass der ein- und ausgehende Schriftverkehr (Briefe, Postkarten und andere Schreiben; zu Paketen s. Rn. 147 ff.) des Untersuchungsgefangenen grundsätzlich (d.h. unter dem Gesichtspunkt des Haftgrundes und der Verfahrenssicherung, vorbehaltlich vollzuglicher Anordnungen der Anstaltsleitung)

- keiner Erlaubnis bedarf,
- keiner Beschränkung nach Umfang und Häufigkeit und
- keiner Überwachung (Textkontrolle) unterliegt,

379 S. Rn. 18.

soweit und solange nicht durch Anordnung im Einzelfall verfahrenssichernde Beschränkungen (§ 119 Abs. 1 StPO) gemacht werden. Das Recht auf einen unbeschränkten und unüberwachten Briefwechsel folgt aus Art. 2 Abs. 1, 10 Abs. 1 GG[380], Meinungsäußerungen im Rahmen eines Schriftwechsels fallen zudem in den Schutzbereich des Art. 5 Abs. 1 S. 1 GG[381].

Den im Folgenden dargestellten Beschränkungen des Schriftverkehrs unterliegen auch Schreiben, die in Paketen enthalten sind.[382] Die **Abgrenzung** zwischen einem Schreiben und einem Paket kann im Einzelfall Schwierigkeiten bereiten; die Einordnung durch das Beförderungsunternehmen (als Brief, Päckchen oder Paket) ist jedenfalls bedeutungslos. Es sollte auf die im Bereich des Strafvollzugs anerkannten Grundsätze zurückgegriffen werden:[383] Ein Schriftwechsel setzt hiernach einen Gedankenaustausch zwischen Absender und Empfänger voraus. Daher sind z.B. Zusendungen von Arbeits-, Werbe- oder Informationsmaterial nicht dem Schriftwechsel zuzuordnen, sondern als Pakete zu werten. **Telefaxe** sind dem Schriftwechsel – nicht der „Telekommunikation" – zuzuordnen.[384] Der Begriff „Schriftverkehr" umfasst nur gegenständliche Dokumente; elektronische Dokumente, z.B. Handy-Kurzmitteilungen, E-Mails, Dateien etc.[385] fallen nicht darunter.[386]

b) Generelle Beschränkungen. Mögliche Beschränkungen des Schriftverkehrs (Textkontrolle, Anhalten von Schreiben) enthält der Katalog des § 119 Abs. 1 S. 2 StPO in seiner Ziff. 2 (i.V.m. S. 7). Da der Katalog **nicht abschließend** ist („insbesondere"), sind weitere Beschränkungen denkbar, z.B. im Falle der Verdunkelungsgefahr das generelle Verbot eines Schriftwechsels mit bestimmten Personen. Etwaige Beschränkungen dürfen jedoch stets nur zum Zweck der „Abwehr einer Flucht-, Verdunkelungs- oder Wiederholungsgefahr" gemacht werden. Andere Eingriffsgründe (z.B. Gewährleistung der Sicherheit oder Ordnung der Anstalt) sind nicht durch § 119 StPO (sondern ggf. durch die Vollzugsgesetze der Länder) gedeckt.[387] 96

Eine generelle **Beschränkung des Umfangs** des Briefverkehrs lässt sich mit der Sicherung des Haftzwecks[388] nicht rechtfertigen. Die mit der Überwachung eines umfangreichen Schriftwechsels ggf. einhergehenden Belastungen der mit der Ausführung betrauten Person(en) sind Lästigkeiten, die hinzunehmen sind.[389] Dies gilt auch, wenn die Überwachung des Schriftverkehrs eines nicht der deutschen Sprache mächtigen Untersuchungsgefangenen die Übersetzung durch Dolmetscher erforderlich macht; die hierfür anfallenden **Übersetzungskosten** sind grundsätzlich von der Staatskasse zu tragen. Erst wenn ein nicht mehr hinzunehmender Kontrollaufwand entsteht, sind Begrenzungen des Umfangs des Schriftverkehrs denkbar.[390] Dabei ist zunächst die Notwendigkeit der Kontrollmaßnahmen zu hinterfragen; erst wenn deren Erforderlichkeit feststeht, stellt sich die Frage, in welchem Umfang anfal- 97

380 BVerfG NJW 1972, 811; 1974, 26.
381 BVerfG NJW 1976, 1629.
382 Diesen an sich selbstverständlichen Grundsatz stellt § 150 Abs. 4 NJVollzG jedenfalls für den Anwendungsbereich des niedersächsischen Landesrechts klar.
383 Nachweise zur Rspr. bei Calliess/Müller-Dietz, StVollzG, § 28 Rn. 1; Arloth, StVollzG, § 28 Rn. 3.
384 Vgl. § 145 Abs. 1 S. 2 NJVollzG sowie RegE Niedersachsen, S. 115.
385 S. dazu Rn. 127, 139.
386 S. auch Rn. 111.
387 KG StV 2010, 370; s. hierzu bereits Rn. 19.
388 Gleiches gilt für die Abwehr von Gefahren für Sicherheit und Ordnung der Anstalt nach Landesrecht, dazu unten Rn. 111.
389 BVerfGE 15, 288 (296); 34, 369; KG NStZ 92, 558.
390 Schultheis in: KK-StPO, § 119 Rn. 32: „nur in extremen Ausnahmefällen".

lende Übersetzungskosten (noch) vom Staat zu tragen sind.[391] Die Anordnung gegenüber einem fremdsprachigen Untersuchungsgefangenen, seinen Schriftwechsel in deutscher Sprache zu führen, lässt sich angesichts der Möglichkeit einer Übersetzung im Rahmen einer ggf. anzuordnenden Briefkontrolle nicht rechtfertigen. Ob die von der Rechtsprechung auf dem Boden des § 119 Abs. 3 StPO a.F. (Nr. 34 Abs. 1 Nr. 1 UVollzO: „ohne zwingenden Grund in einer fremden Sprache abgefasst") formulierten Ausnahmen[392] auch nach der Neufassung des § 119 StPO zu begründen sind,[393] ist zweifelhaft. Die sog. „Missbrauchsfälle" dürften sich durch Überbürdung „objektiv überflüssiger" Übersetzungskosten angemessen lösen lassen.[394]

98 Die **Anwendbarkeit allgemeiner Vorschriften** der StPO über richterliche Untersuchungshandlungen (§ 162 StPO) und sonstige Eingriffe in Rechte des Beschuldigten, ggf. auch Dritter, zum Zwecke der Strafverfolgung wird dagegen durch den Vollzug der Untersuchungshaft nicht berührt. So kommt im Rahmen einer nach § 119 Abs. 1 S. 2 Nr. 2 StPO angeordneten Textkontrolle des Schriftverkehrs das Anhalten eines Schreibens (§ 119 Abs. 1 S. 7 StPO) auch zum Zwecke der Beschlagnahme als Beweismittel (§§ 94, 98 StPO) in Betracht; s. Rn. 108.

99 Etwaige Beschränkungen, also z.B. die Anordnung einer Textkontrolle des Schriftverkehrs oder das Anhalten eines Schreibens (§ 119 Abs. 1 S. 7 StPO), sind dem Untersuchungsgefangenen[395] stets mitzuteilen (§ 119 Abs. 1 S. 6 StPO). Die Regelung erscheint für den Bereich des Schriftverkehrs insofern unzureichend, als sie keine **Mitteilung an Dritte** vorsieht. Dass die Anordnung der Überwachung des Schriftverkehrs nicht im Voraus dem potenziell unbeschränkten Kreis von Absendern von Briefen an den Untersuchungsgefangenen mitgeteilt werden kann, liegt auf der Hand. Jedoch sollten im Falle des Anhaltens eines ein- oder ausgehenden Schreibens sowohl der Absender als auch der Empfänger informiert werden,[396] da beiden ein Beschwerderecht gegen die Maßnahme zusteht; vgl. Rn. 32. Dieses Ergebnis folgt aus § 35 Abs. 2 S. 2 StPO, da das Anhalten eines Schreibens nicht nur in die Rechte des Untersuchungsgefangenen, sondern auch des jeweiligen Briefpartners eingreift. Folglich muss eine solche Anordnung beiden als hierdurch „betroffene Personen" (§ 35 Abs. 1 S. 1 StPO) mitgeteilt werden.[397]

100 Beschränkende Anordnungen im Bereich des Schriftverkehrs gelten - im Unterschied zu den landesrechtlichen Bestimmungen zum Schriftwechsel (dazu unten Rn. 111) - auch für etwaigen **Schriftverkehr zwischen Gefangenen,** auch innerhalb einer Anstalt. Die Interessenlage der Beteiligten und die möglichen Gefährdungen des Haftzwecks sind vergleichbar mit dem Fall des „echten" Außenverkehrs. Praktisch relevant geworden ist die Frage von Beschränkungen der Kommunikation der Untersuchungsgefangenen untereinander bisher of-

---

391 BVerfG NJW 2004, 1095 (1096): Ein nicht mehr hinzunehmender Kontrollaufwand könne auch in unverhältnismäßig hohen Übersetzungskosten bestehen. Die Argumentation des BVerfG., eine pauschale „Anordnung der Übersetzung" sei grundsätzlich nicht zulässig, vielmehr in jedem Einzelfall die Erforderlichkeit der „Übersetzung" zu prüfen, ist allerdings mindestens ungenau. Zu prüfen ist vielmehr, wie auch bei deutschsprachigen Häftlingen, ob überhaupt eine Überwachung (Textkontrolle) im Einzelfall geboten ist (oder nicht). Sofern die Textkontrolle im Einzelfall erforderlich ist, lässt sich diese bei fremdsprachigen Texten nun einmal nicht ohne Anordnung der Übersetzung bewerkstelligen; selbst wenn nach erfolgter Übersetzung sich die Harmlosigkeit des Inhalts herausstellen sollte, wird hierdurch die Anordnung der Übersetzung nicht etwa rückwirkend unzulässig (ex-ante-Maßstab).

392 Exemplarisch OLG Düsseldorf NStZ 1994, 559: Da der Zweck der U-Haft und die Ordnung in der Vollzugsanstalt „grundsätzlich die Kontrolle des Briefverkehrs von Untersuchungsgefangenen durch den gemäß § 126 StPO zuständigen Richter" erforderten, sei jeder Verhaftete „verpflichtet, seine Korrespondenz – soweit es ihm möglich ist – in deutsch zu führen"; ähnlich argumentiert OLG Hamm NStZ-RR 2009, 293.

393 So Meyer-Goßner, StPO, § 119 Rn. 18.

394 BVerfG NJW 2004, 1095.

395 § 119 StPO verwendet den Begriff des „inhaftierten Beschuldigten".

396 Für den Fall des Anhaltens eines ausgehenden Schreibens nach Landesrecht: Schlothauer/Weider, Untersuchungshaft, Rn. 1218.

397 Vgl. Meyer-Goßner, StPO, § 33 Rn. 4, § 35 Rn. 2.

fenbar nur im Bereich des Besuchsverkehrs,[398] es ist jedoch nicht erkennbar, weshalb für den Schriftverkehr andere Maßstäbe gelten sollten.[399]

c) **Überwachung des Schriftwechsels.** Die Überwachung des Schriftwechsels im Sinne einer Inhalts- bzw. **Textkontrolle**[400] war nach Nr. 30 Abs. 1 UVollzO die Regel, eine Anordnung nach § 119 Abs. 1 S. 2 Nr. 2 StPO wird auch künftig unter dem Gesichtspunkt (nur noch) der Sicherung des Haftzwecks in vielen Fällen unverzichtbar sein. Allerdings ist eine entsprechende Anordnung des Haftgerichts im Einzelfall zu begründen und setzt konkrete Anhaltspunkte dafür voraus, dass ein unüberwachter Schriftwechsel zu Fluchtvorbereitungen, Verdunkelungsmaßnahmen oder zur Begehung weiterer Straftaten missbraucht werden könnte. Anforderungen an die „Konkretheit" der Anhaltspunkte lassen sich nicht allgemeingültig formulieren. Eine pauschale Bezugnahme auf den Haftgrund genügt in keinem Fall. Auch der Umstand, dass ein möglicher Missbrauch des Freiheitsrechts nicht völlig auszuschließen ist, reicht für sich genommen nicht aus.[401] 101

Die **Ausführung der Textkontrolle** obliegt grundsätzlich der anordnenden Stelle, i.d.R. also dem Gericht.[402] Das Gericht kann die Ausführung der Textkontrolle – unanfechtbar, aber widerruflich – auf die Staatsanwaltschaft übertragen, welche sich ihrerseits bei der Ausführung der Hilfe durch ihre Ermittlungspersonen (vgl. § 152 GVG) und die Vollzugsanstalt bedienen darf (§ 119 Abs. 2 S. 2 und 3 StPO, sog. Delegation); entgegen der früheren Rechtslage (Nrn. 30 Abs. 1, 3 Abs. 1 UVollzO) bestehen insoweit keine Einschränkungen mehr.[403] Der Delegation auf die Anstalt oder Ermittlungsbeamte der Polizei sollte stets eine gründliche Prüfung dahin vorausgehen, ob die beauftragte Stelle ihrer Aufgabe im erforderlichen Maß nachkommen kann. Sie sollte aber auch im Hinblick auf die Grundrechtsintensität der Kontrolle des Schriftverkehrs die Ausnahme bleiben.[404] 102

Eine Überwachung des Schriftverkehrs nach Bundesrecht ist ausschließlich zur Sicherung des Haftzwecks zulässig. Zu weitgehend erscheint es freilich, hieraus ableiten zu wollen, dass die ausführende Stelle (vgl. Rn. 29 ff.) eine **offensichtliche Gefährdung der Sicherheit oder Ordnung** der Anstalt nicht zur Kenntnis nehmen bzw. im Falle einer solchen ein Schreiben nicht anhalten dürfe.[405] Augenfällig wird dies, wenn durch zulässige Delegation nach § 119 Abs. 2 S. 3 StPO die bundesrechtliche Textkontrolle durch die Anstaltsleitung durchgeführt wird; diese kann unmittelbar die nach Landesgesetz zulässigen Maßnahmen (Anordnung Textkontrolle und Anhalten des Briefs zur Sicherung der Anstaltsordnung bzw. -sicherheit, vgl. Rn. 114, 117 ff.) treffen. Zwar ist richtig, dass nach Bundesrecht Schreiben nur zu den in § 119 Abs. 1 S. 1 StPO genannten Zwecken angehalten werden dürfen und ansonsten unverzüglich weitergeleitet werden müssen. Hieraus lässt sich aber nicht folgern, dass es dem Gericht (ggf. der Staatsanwaltschaft) verwehrt wäre, die Anstaltsleitung über ein konkrete Gefährdung der Anstaltssicherheit/-ordnung in Kenntnis zu setzen, so dass die Anstaltsleitung ihrerseits unverzüglich eine zusätzliche Textkontrolle und Anhalteanordnung auf lan- 103

398 S. die Nachweise bei Schultheis in: KK-StPO, § 119 Rn. 25 (zur a.F.); Meyer-Goßner, StPO, § 119 Rn. 11 und Schlothauer/Weider, Untersuchungshaft, Rn. 1156. Vgl. im Übrigen Rn. 17, 38 und 58.

399 Beleg für die praktische Relevanz sind die Formulierungen in § 147 Abs. 1 S. 1 NJVollzG, § 19 Abs. 1 Nr. 1 JVollzGB II Ba-Wü und Art. 20 Abs. 1 Nr. 1 UVollzG Bayern, welche ein Anhalten von Schreiben wegen Gefährdung der Sicherheit oder Ordnung „einer" (nicht: „der") Anstalt vorsehen; in den amtlichen Begründungen wird auf die „praktischen Bedürfnisse" verwiesen, vgl. RegE Niedersachsen, S. 190, RegE Ba-Wü, S. 190.

400 Zu dieser Begrifflichkeit s. unten Rn. 113.

401 Umgekehrt dürfen die Anforderungen auch nicht überspannt werden. Entgegen OLG Rostock StV 2010, 197, liegt bei bestehendem Haftgrund der Fluchtgefahr und (im Einzelfall belegter) „Verstrickung in die organisierte Kriminalität" des Untersuchungsgefangenen die Notwendigkeit einer Briefkontrolle zur Vermeidung von Fluchtvorbereitungen nahe. Zu den Anforderungen an Beschränkungen allgemein s. Rn. 20 ff.

402 S. die zusammenfassende Darstellung bei Rn. 29 ff.

403 Gegen die Delegation ist der Antrag auf gerichtliche Entscheidung statthaft, vgl. Rn. 33.

404 Zu berechtigten Bedenken gegen eine Delegation der Textkontrolle durch die Staatsanwaltschaft auf die Polizei s. Schlothauer/Weider, Untersuchungshaft, Rn. 1191.

405 So Schlothauer/Weider, Untersuchungshaft, Rn. 1145, 1187 m.w.N.; die dort zum Beleg angegebene Fundstelle Paeffgen in: SK-StPO, § 119 Rn. 4 enthält zu dieser speziellen Konstellation keine Ausführungen.

desgesetzlicher Grundlage[406] treffen kann.[407] § 114 d Abs. 1 S. 2 Nr. 7 StPO sieht eine Datenübermittlung an die Anstaltsleitung für solche Fällen ausdrücklich vor;[408] ggf. sind die §§ 12 Abs. 1, 13 Abs. 1 Nr. 1 bzw. Abs. 2 i.V.m. 17 Nr. 3. EGGVG ergänzend heranzuziehen. Das Gebot der unverzüglichen Weiterleitung muss bei einer derartigen Verfahrensweise stets gewahrt bleiben.

104 d) **Weiterleitung von Schreiben.** Dass die gem. § 119 Abs. 1 S. 2 Nr. 2 StPO überwachten Schreiben, wenn sie nicht gem. § 119 Abs. 1 S. 7 StPO angehalten werden (dazu sogleich unter Rn. 105), **unverzüglich** weiterzuleiten sind, ist bundesgesetzlich nicht ausdrücklich normiert, folgt aber aus dem allgemeinen Grundsatz der Verhältnismäßigkeit von Eingriffen (§ 119 Abs. 1 S. 1 StPO: „Soweit dies [...] erforderlich ist [...]"; vgl. Rn. 20).[409]

105 e) **Anhalten von Schreiben, ggf. Beschlagnahme. § 119 Abs. 1 S. 7 StPO** stellt klar, dass die Anordnung der Textkontrolle des Schriftwechsels nach § 119 Abs. 1 S. 2 Nr. 2 StPO die „Ermächtigung" einschließt, Schreiben anzuhalten. Dies folgt an sich schon aus der Natur der Sache, da jede Überwachung praktisch leerliefe, wenn konkrete Beanstandungen im Rahmen der Inhaltskontrolle nicht zu Konsequenzen im Sinne einer Unterbindung dieses Schriftwechsels führen könnten. Eher schon regelungsbedürftig wäre die Frage gewesen, was mit einem angehaltenen Schreiben – ausgenommen den Sonderfall einer Beschlagnahme bzw. Weiterleitung an die dafür zuständige Stelle (§§ 94, 98, 108 StPO) – zu geschehen hat. Während die Ländergesetze (entsprechend der früheren Regelung in Nr. 35 Abs. 3 UVollzO) eine Rückleitung an den Absender, ggf. eine behördliche Verwahrung vorschreiben, hat der Bundesgesetzgeber dies nicht ausdrücklich normiert; eine Abweichung von dem unter § 119 Abs. 3 StPO a.F. geltenden Rechtszustand war jedoch nicht beabsichtigt.[410]

106 Ein Anhalten des Schreibens setzt, wie jede Beschränkung nach Bundesrecht, eine **konkrete Gefährdung des Haftzwecks** voraus. Dies ist dann der Fall, wenn sich aus dem gedanklichen Inhalt des Schreibens konkrete Anhaltspunkte für Fluchtvorbereitungen, Verdunkelungshandlungen oder die fortgesetzte Begehung von Straftaten ergeben. Daher ist ein Anhalten nicht schon deshalb gerechtfertigt, weil der Untersuchungsgefangene versucht, das Schreiben unter Umgehung der Briefkontrolle nach außen gelangen zu lassen.[411] Auch bedeutet nicht schon jegliche inhaltliche Befassung mit Einzelheiten des Strafverfahrens, z.B. der Ergiebigkeit einzelner Beweismittel oder der Glaubwürdigkeit einzelner Zeugen, eine Gefährdung des Strafverfahrens. Dem Untersuchungsgefangenen steht es im Rahmen der brieflichen Korrespondenz frei, sich auch mit den Einzelheiten des Verfahrens zu befassen, solange nicht Anhaltspunkte für verdunkelnde Maßnahmen vorhanden sind.[412] Dabei sind auch (nach Meinung der überwachenden Stelle) grob unrichtige oder verzerrende Darstellungen und unsachliche Äußerungen über den Verfahrensgang bis hin zu beleidigenden Äußerungen über die am Verfahren beteiligten Personen grundsätzlich hinzunehmen.[413] Welche Anfor-

406 Das UVollzG NRW enthält als einziges Ländergesetz hierzu keine Grundlage, vgl. unten Rn. 114.

407 Letztlich ist dies eine ähnliche Interessenabwägung wie bei sog. „Zufallsfunden" im Rahmen von Durchsuchungen (§ 108 StPO). Wer berechtigt ist, vom Inhalt eines Schreibens Kenntnis zu nehmen, ist nicht verpflichtet, nur diejenigen Teile des Schreibens zur Kenntnis zu nehmen, welche für den Anordnungsgrund der Briefkontrolle relevant sind. So ist anerkannt, dass Schreiben im Rahmen einer Textkontrolle auch zu Beweiszwecken beschlagnahmt werden, §§ 94, 98 StPO, oder ggf. an das für die Beschlagnahme zuständige Gericht analog § 108 StPO weitergeleitet werden dürfen (vgl. Meyer-Goßner, StPO, § 119 Rn. 20).

408 Zum Anwendungsbereich: RegE Bund, S. 19 f.

409 Die mit einer verzögerten Weiterleitung von Schreiben verbundenen Belastungen für den Untersuchungsgefangenen verdeutlichen Schlothauer/Weider, Untersuchungshaft, Rn. 1187.

410 RegE Bund, S. 26: „Angehaltene Schreiben und Pakete sind an den Absender zurückzuleiten, soweit dies ohne Gefährdung des Zwecks der Untersuchungshaft möglich ist." Entsprechende Verwaltungsanweisungen sollten ergehen, vgl. exemplarisch Nr. 27 der allgemeinen Verwaltungsvorschriften für Sachsen-Anhalt (VV UVollzG Sachsen-Anhalt vom 28.5.2010, JMBl. LSA 2010, 116).

411 OLG Düsseldorf NStZ 1991, 360.

412 OLG Schleswig StV 2001, 465.

413 BVerfGE 42, 234; zahlreiche weitere Nachw. zur Rspr. – sämtlich auf der Grundlage des § 119 StPO a.F. – bei Meyer-Goßner, StPO, § 119 Rn. 19. Zur Rechtslage im Falle einer parallel nach Landesrecht angeordneten Textkontrolle s. unten Rn. 118. Die Darstellung bei Wiesneth, Die Untersuchungshaft, Rn. 238, vermengt insoweit bundes- und landesgesetzliche Eingriffgründe.

derungen an die „Konkretheit“ der Gefährdung zu stellen sind, kann letztlich nur einzelfallbezogen entschieden werden. Nach OLG Hamburg MDR 1973, 243, soll es genügen, wenn ein Schreiben „an mehreren Stellen für den nicht eingeweihten Leser unverständliche Passagen aufweist“ und daher „nicht ausgeschlossen werden“ könne, dass hierin den Haftzweck gefährdende Mitteilungen liegen. Ob eine „reale Gefahr“[414] für den Haftzweck besteht, ist unter Berücksichtigung des konkreten Tatvorwurfs und Haftgrunds sowie der am Schriftverkehr beteiligten Personen zu entscheiden.

Das Anhalten eines Schreibens wegen einer konkreten Gefährdung des Haftzwecks ist keine „Anordnung“ im Sinne von § 119 Abs. 1 S. 2 StPO[415], sondern eine „**Maßnahme**“ (vgl. § 119 Abs. 5 S. 1 StPO) im Rahmen der **Ausführung** einer angeordneten Textkontrolle[416] und kann – wie auch die staatsanwaltliche Delegation der Überwachung auf die Anstalt oder die Polizei (§ 119 Abs. 2 S. 3 StPO) – mit dem Antrag auf gerichtliche Entscheidung zur Überprüfung gestellt werden. Zu den Einzelheiten s. Rn. 33. 107

Unbeschadet der Möglichkeit eines Anhaltens wegen Gefahren für den Haftzweck kann ein im Rahmen einer nach § 119 StPO angeordneten Textkontrolle geprüftes Schreiben nach allgemeinen Vorschriften **als Beweismittel beschlagnahmt** (§ 94 StPO) werden. Dabei ist unerheblich, ob das Schreiben als Beweismittel gerade in der Haftsache oder einem anderen Strafverfahren in Betracht kommt. Stets (Ausnahme: § 165 StPO) bedarf es eines Antrags der zuständigen Staatsanwaltschaft.[417] Die gerichtliche Zuständigkeit für die Beschlagnahmeanordnung folgt aus §§ 98, 162 StPO[418]; diese kann – muss aber nicht[419] – mit der Zuständigkeit des Haftgerichts (§ 126 StGB) zusammenfallen. Falls eine abweichende gerichtliche Zuständigkeit besteht, ist das Schreiben durch die ausführende Stelle entsprechend § 108 StPO einstweilen sicherzustellen und an das zuständige Gericht weiterzuleiten.[420] 108

f) Schriftwechsel mit Verteidigern. Von etwaigen Beschränkungen ist der Schriftwechsel mit dem mandatierten oder beigeordneten Verteidiger ausgenommen. Hinsichtlich der Reichweite des Verteidigerprivilegs gelten dieselben Grundsätze, die unter Rn. 76 zum Besuchsverkehr ausgeführt worden sind, so dass zur Meidung von Wiederholungen dorthin verwiesen wird. Sofern ein Schriftstück deutlich sichtbar als „Verteidigerpost“ gekennzeichnet ist, unterliegt es grundsätzlich keiner Überwachung (Sicht- oder Textkontrolle), ist also ungeöffnet und unverzüglich an den Adressaten weiterzuleiten. 109

g) Schriftwechsel mit sonstigen privilegierten Personen bzw. Stellen. Auch insoweit gelten die Ausführungen zum Besuchsverkehr – vgl. Rn. 76, 77 – entsprechend. Ein effektiver Schutz des Schriftwechsels setzt voraus, dass die jeweilige privilegierte Person/Stelle, wie auch bei Verteidigern üblich, als Empfänger bzw. Absender deutlich sichtbar gekennzeichnet wird. 110

---

414 So Meyer-Goßner, StPO, § 119 Rn. 19.

415 Der abweichenden Auffassung von Schlothauer/Weider, Untersuchungshaft, Rn. 1216 f., wonach die Beanstandung eines Schreibens einer „Entscheidung“ (Anordnung) bedürfe, die nicht gem. § 119 Abs. 2 S. 2 StPO auf die Staatsanwaltschaft übertragen (und durch diese ggf. weiterdelegiert) werden könne, steht der eindeutige Wortlaut des § 119 Abs. 1 S. 7 StPO entgegen: „Die Anordnung nach Satz 2 Nr. 2 [Textkontrolle, Anm. des Verfassers] schließt die Ermächtigung ein, [...] Schreiben und Pakete anzuhalten.“ Die a.a.O. (Rn. 1217, Fn 244) angeführte Rspr. betraf die alte Fassung des § 119 StPO. Zur funktionellen Zuständigkeit für die gerichtliche Entscheidung gem. § 119 Abs. 5 StPO s. Rn. 33.

416 Hiervon geht z.B. auch das Land Sachsen-Anhalt aus, wenn es in Nr. 27 seiner allgemeinen Verwaltungsvorschriften (VV UVollzG Sachsen-Anhalt vom 28.5.2010, JMBl. LSA 2010, 116) eine Mitteilung gegenüber dem Untersuchungsgefangenen vom Anhalten eines Schreibens auf Grundlage einer verfahrenssichernden Anordnung vorsieht. Würde das Anhalten eine „Anordnung“ darstellen, folgte dies bereits aus § 119 Abs. 1 S. 6 StPO; vgl. Rn. 31, 67.

417 Meyer-Goßner, StPO, § 98 Rn. 4.

418 Funktionell zuständig ist nach Anklageerhebung – anders als bei Anordnungen gem. § 119 StPO (vgl. § 126 Abs. 2 S. 3 StPO) – das erkennende Gericht in der für Beschlüsse außerhalb der Hauptverhandlung vorgesehenen Besetzung: OLG Hamburg, 28.4.2009, 2 Ws 85-86/09; OLG Schleswig SchlHA 2001, 136.

419 Ungenau deshalb Schlothauer/Weider, Untersuchungshaft, Rn. 1210: „also der Haftrichter im Ermittlungsverfahren“.

420 Schultheis in: KK-StPO, § 119 Rn. 42.

111 **3. Beschränkungen nach Landesrecht (U-Haft-Vollzugsgesetze).** a) **Grundsatz**[421]. Sämtliche Ländergesetze enthalten den Grundsatz, dass unter vollzuglichen Gesichtspunkten der Schriftwechsel des Untersuchungsgefangenen (ein- wie ausgehende Schreiben) **keinen generellen Beschränkungen** unterliegt, sondern nur unter den jeweils gesetzlich normierten Voraussetzungen im Einzelfall beschränkt werden darf; zum Begriff des „Schriftverkehrs" bzw. der „Schreiben" gelten die unter Rn. 95 gemachten Ausführungen (dort zum „Schriftverkehr" i.S.v. § 119Abs. 1 StPO) entsprechend.[422] Im Ergebnis gilt für den Bereich des Landesrechts nichts anderes als im Anwendungsbereich des § 119 StPO, nämlich dass sich auch unter den Gesichtspunkten der Sicherheit oder Ordnung der Anstalt eine generelle **Beschränkung des Umfangs** des Briefverkehrs nicht rechtfertigen lässt. Die mit der Überwachung eines umfangreichen Schriftwechsels ggf. einhergehenden Belastungen der mit der Ausführung betrauten Person(en) sind Lästigkeiten, die hinzunehmen sind.[423] Wegen der mit der Überwachung des Schriftverkehrs eines nicht der deutschen Sprache mächtigen Untersuchungsgefangenen verbundenen **Übersetzungskosten** und etwaiger Begrenzungen bei deren Übernahme ist auf die Ausführungen zu § 119 StPO zu verweisen (oben Rn. 97).

Die Möglichkeit, in dringenden Fällen Schreiben als **Telefaxe** aufzugeben, sieht allein das niedersächsische Landesrecht (§ 145 Abs. 1 S. 2 NJVollzG) vor. In den übrigen Ländern muss ein derartiges Anliegen unter Anwendung der Generalklauseln beurteilt werden. Dass die Anstaltsordnung oder -sicherheit ausnahmslos entgegensteht, ist nicht darstellbar (s. das NJVollzG); ein subjektives Recht auf Benutzung des vorhandenen Anstaltsgeräts dürfte hingegen nicht bestehen.

Mit Ausnahme von Niedersachsen und NRW ist in allen Bundesländern die Möglichkeit eines **Verbots des Schriftwechsels mit bestimmten Personen** im Einzelfall bei Gefährdung der Sicherheit oder Ordnung der Anstalt gesetzlich verankert (bei minderjährigen oder jungen Untersuchungsgefangenen darüber hinaus auch bei „schädlichem Einfluss" bzw. Gefahren für die Entwicklung oder fehlendem Einverständnis der Sorgeberechtigten). Dabei ist solch ein umfassendes Verbot angesichts der in allen Ländergesetzen vorgesehenen,[424] einzelfallbezogenen[425] Anordnung einer Textkontrolle verbunden mit der Möglichkeit, jederzeit Schreiben anzuhalten, unter dem Gesichtspunkt der Verhältnismäßigkeit kaum darstellbar.[426]

Die nach Landesrecht zulässigen Beschränkungen des Schriftverkehrs gelten auch für in ein- oder ausgehenden Paketen enthaltene Schreiben;[427] wegen der Abgrenzung zwischen einem Schreiben und einem Paket wird ebenfalls auf die Ausführungen zum Bundesrecht – Rn. 97 – verwiesen. Keine Anwendung finden die Bestimmungen zum Schriftwechsel hingegen bei etwaigem **Schriftverkehr zwischen Gefangenen innerhalb einer Anstalt**; hier sind lediglich mögliche Beschränkungen nach § 119 StPO zu beachten (vgl. Rn. 100).[428]

Die Möglichkeit einer **Übernahme der Kosten des Schriftwechsels** durch die Staatskasse bei bedürftigen Gefangenen sehen nicht alle Landesgesetze ausdrücklich vor. Dabei wird auch in den Ländern ohne entsprechende gesetzliche Regelung – betroffen ist ausschließlich der

421 Als einziges der Ländergesetze enthält das NJVollzG (§ 150 Abs. 4) eine ausdrückliche Klarstellung dahin, dass die Regeln über den Schriftverkehr auch auf in ein- und ausgehenden Paketen enthaltene Schreiben Anwendung finden. Die übrigen Ländergesetze scheinen hiervon stillschweigend auszugehen.

422 Dass mit „Schreiben" auch im Bereich des Landesrechts nur gegenständliche Dokumente gemeint sein können, belegen die Gesetzesformulierungen zur Verwahrung (z.B. § 38 Abs. 3 12er-Regelung, s. im Übrigen die Synopse Rn. 93). A.A. unter Hinweis auf den „Angleichungsgrundsatz": AnwK U-Haft/Linkhorst, § 36 Rn. 3 (offenbar entgegen AnwK U-Haft/Pollähne, § 40 Rn. 7). § 28 Abs. 2 HessUVollzG unterscheidet zwischen „schriftlicher" und „mündlicher" Kommunikation, vgl. dazu RegE Hessen, S. 142 f.

423 BVerfGE 15, 288 (296); 34, 369; KG NStZ 92, 558.

424 Eine Ausnahme bildet hier nur NRW, s. dazu Rn. 114.

425 Nur das NJVollzG (§ 146 Abs. 1 S. 1) und das UVollzG Bayern (Art. 19 Abs. 2) sehen generell die Textkontrolle des Schriftwechsels vor.

426 Ähnlich Schlothauer/Weider, Untersuchungshaft, Rn. 1192: „hypothetische Annahme".

427 Ausdrücklich normiert nur in Niedersachsen, § 150 Abs. 4 NJVollzG.

428 AnwK U-Haft/Pollähne, § 32 Rn. 9; s. auch Rn. 17 und 38.

Kreis der 12er-Regelung – von einer solchen Möglichkeit ausgegangen.[429] Dies sollte künftig in den Gesetzestext aufgenommen, zumindest aber in den einschlägigen Verwaltungsvorschriften eindeutig festgeschrieben werden.[430]

Für **junge bzw. minderjährige Untersuchungsgefangene** bestehen in sämtlichen Ländergesetzen zusätzliche Ermächtigungsgrundlagen für ein Verbot des Schriftwechsels mit bestimmten Personen im Einzelfall durch die Anstaltsleitung, nämlich (mit im Einzelnen abweichenden Formulierungen) 112

- aus erzieherischen Gründen („schädlicher Einfluss", „Gefährdung ihrer Entwicklung")[431] oder
- bei fehlendem Einverständnis (bzw. entsprechendem Antrag) der Sorgeberechtigten[432].

Die vollständige Untersagung des Schriftverkehrs mit einer bestimmten Person erscheint freilich aus denselben Erwägungen wie bei erwachsenen Untersuchungsgefangenen (s.o. Rn. 111) mit Blick auf den Grundsatz der Verhältnismäßigkeit kaum darstellbar. Die meisten Landesgesetze sehen jeweils die Möglichkeit der einzelfallbezogenen[433] Anordnung einer Textkontrolle[434] verbunden mit der Möglichkeit, jederzeit Schreiben anzuhalten, auch unter erzieherischen Aspekten vor.[435] Dieses Instrument erscheint ausreichend, um jederzeit erzieherisch bedenklichen Einflüssen im Rahmen eines Schriftwechsels zu begegnen.

12er-Regelung	Ba-Wü	Bayern	Niedersachsen	NRW
Unbeschränkt, absenden und empfangen (§ 36 Abs. 1), Verbot des Schriftwechsels mit bestimmten Personen im Einzelfall, Vss.: Gefahr für Si./Ordnung der Anstalt, zust: Anstaltsleitung (§ 36 Abs. 2)	Unbeschränkt, absenden und empfangen (§ 16 Abs. 1), Verbot des Schriftwechsels mit bestimmten Personen im Einzelfall, Vss.: Gefahr für Si./Ordnung der Anstalt, zust: Anstaltsleitung (§ 16 Abs. 2)	„im Rahmen der Vorschriften dieses Gesetzes unbeschränkt", absenden und empfangen (Art. 18 Abs. 1 S. 1) Verbot des Schriftwechsels mit bestimmten Personen im Einzelfall,	Unbeschränkt absenden und empfangen, in dringenden Fällen kann Telefax gestattet werden (§ 145 Abs. 1), Verbot nicht vorgesehen	Unbeschränkt absenden und empfangen, (§ 20 Abs. 1), Verbot nicht vorgesehen

429 Exemplarisch RegE Thüringen, S. 95: „In besonderen Härtefällen kann sich aus dem Sozialstaatsgebot ergeben, dass die Anstalt die Kosten in angemessenem Umfang übernimmt."

430 Vgl. Nr. 24.2 der allgemeinen Verwaltungsvorschriften für Sachsen-Anhalt (VV UVollzG Sachsen-Anhalt vom 28.5.2010, JMBl. LSA 2010, 116).

431 Zur Kritik an der Legitimation von Eingriffen durch erzieherisch-präventive Gründe s. den § 1 Rn. 10 f.

432 Als einziges Bundesland hat NRW dies in § 52 Abs. 1 UVollzG NRW als Muss-Vorschrift ausgestaltet, ohne dass die amtl. Begründung dies näher erläutert (RegE NRW, S. 81: „berücksichtigt die bei minderjährigen Untersuchungsgefangenen zu berücksichtigenden Besonderheiten"); dagegen RegE Bayern, S. 83, zur Soll-Vorschrift des Art. 32 Abs. 2 UVollzG Bayern: „wird dem Anstaltsleiter [...] ein Ermessen eingeräumt, da ein von den Personensorgeberechtigten ausgesprochenes Kontaktverbot nicht in jedem Fall dem wohlverstandenen Interesse der jungen Untersuchungsgefangenen dienen muss".

433 Nur das NJVollzG (§ 146 Abs. 1 S. 1) und das UVollzG Bayern (Art. 19 Abs. 2) sehen generell die Textkontrolle des Schriftwechsels vor, während das UVollzG NRW gar keine Textkontrolle vorsieht.

434 Eine Ausnahme bildet NRW, wo eine landesgesetzliche Textkontrolle nicht vorgesehen ist, s. dazu Rn. 114.

435 Und zwar jeweils in Verbindung mit der Generalklausel für Beschränkungen bei jungen bzw. minderjährigen Untersuchungsgefangenen; das NJVollzG enthält eine solche nicht; vgl. Rn. 45.

12er-Regelung	Ba-Wü	Bayern	Niedersachsen	NRW
		Vss.: Gefahr für Si./Ordnung der Anstalt, zust: Anstaltsleitung (Art. 18 Abs. 1 S. 2 i.V.m. Art. 31 Abs. 2 Nr. 1 BaySt-VollzG))		
Kosten des Schriftverkehrs				
„auf eigene Kosten“ (Gefangener) (§ 36 Abs. 1) Kostenübernahme nicht vorgesehen[436] *Anders nur: § 25 Abs. 5 S. 2 HUVollzG § 24 Abs. 3 S. 2 HmbUVollzG (in besonderen Fällen in angemessenem Umfang)*	trägt Gefangener (§ 16 Abs. 3 S. 1) Kostenübernahme durch JVA „in begründeten Fällen in angemessenem Umfang“, sofern Gefangener „dazu nicht in der Lage“ (§ 16 Abs. 3 S. 2)	trägt Gefangener (Art. 18 Abs. 2 S. 1) Kostenübernahme durch Anstalt auf Antrag „in angemessenem Umfang“, sofern Gefangener „dazu nicht in der Lage“, „insbesondere Schriftverkehr mit Ehegatten, Lebenspartnern und Verteidigern“ (Art. 18 Abs. 2 S. 2)	trägt Gefangener (§ 145 Abs. 2 S. 1) „bedürftige“ Gefangene: Kostenübernahme durch Vollzugsbehörde auf Antrag ganz/teilweise (§ 145 Abs. 2 S. 2)	„auf eigene Kosten“ (Gefangener) (§ 20 Abs. 1 S. 1) „bedürftige“ Gefangene: Kostenübernahme durch Anstalt „in angemessenem Umfang“ (§ 20 Abs. 1 S. 2)
Junge Gefangene				
Verbot auch bei Befürchtung „schädlichen Einflusses“, sofern nicht Angehörige iSv § 11 Abs. 1 Nr. 1 StGB („Kann“-Vorschrift) (§ 72 Abs. 5) Nur Minderjährige: Verbot auch bei fehlendem Ein-	Nur Minderjährige („jugendliche Ge-	Verbot des Schriftwechsels mit bestimmten Personen im Einzelfall, sofern „dringend geboten“ wegen „Gefährdung ihrer Entwicklung“ („Kann“-Vorschrift) (Art. 30 Abs. 3 S. 2),	Verbot des Schriftwechsels mit bestimmten Personen im Einzelfall, Vss.: Antrag der Sorgeberechtigten oder „aus erzieherischen Gründen erforderlich“ („Kann“-Vorschrift)	Nur Minderjährige: Verbot des Schriftwechsels mit bestimmten Personen im Einzelfall, Vss.: „Sorgeberechtigte nicht einverstanden“ („Muss“-Vorschrift!)

436 RegE Berlin, S. 85: „kann sich aus dem Sozialstaatsgebot ergeben“.

12er-Regelung	Ba-Wü	Bayern	Niedersachsen	NRW
verständnis der Sorgeberechtigten („Kann"-Vorschrift) (§ 72 Abs. 3)[437]	fangene"[438]): Verbot des Schriftwechsels mit bestimmten Personen im Einzelfall, Vss.: „Sorgeberechtigte nicht einverstanden" („Kann"-Vorschrift) (§ 74 Abs. 2) oder „Gefährdung ihrer Entwicklung" (§ 72 Abs. 3), zust: JVA (§ 3)	Nur Minderjährige: Verbot auch bei fehlendem Einverständnis der Sorgeberechtigten („Kann"-Vorschrift) (Art. 32 Abs. 2) zust: Anstaltsleitung (Art. 6)	(§ 160 Abs. 2), zust: Vollzugsbehörde (§ 134 Abs. 1 S.[439])	(§ 52 Abs. 1) oder „Gefährdung ihrer Entwicklung" (§ 49 Abs. 5), zust: Anstaltsleitung (§ 4)

b) Überwachung des Schriftwechsels. Unter den Oberbegriff der „Überwachung" des Schriftwechsels fallen zwei unterschiedlich grundrechtsintensive Arten von Überwachungsmaßnahmen. Zum einen handelt es sich um die nach allen (Ausnahme: UVollzG NRW) Ländervorschriften ausnahmslos durch Gesetz angeordnete sog. **Sichtkontrolle** im Sinne einer Absuche auf verbotene Gegenstände. Zum anderen geht es um die – wesentlich grundrechtsintensivere und deshalb in der Mehrzahl der Ländergesetze nur aufgrund Anordnung im Einzelfall zulässige[440] – sog. **Textkontrolle** im Sinne einer Überwachung des gedanklichen Inhalts eines Schriftwechsels.[441] Zur Notwendigkeit der Mitteilung etwaiger Überwachungsmaßnahmen gegenüber den Betroffenen („offene Überwachung") s. bereits Rn. 42. 113

Anders als noch unter der Geltung der UVollzO (Nr. 30) ist in den meisten Bundesländern (12er-Regelung sowie Ba-Wü; s. die nachfolgende Synopse) eine Textkontrolle zur Abwehr von Gefahren für die Sicherheit oder Ordnung der Anstalt nur noch durch **Anordnung des Anstaltsleiters im Einzelfall** zulässig, also bezogen auf einen einzelnen Untersuchungsgefangenen bei konkreten Anhaltspunkten für eine Gefährdung.[442] Trotz der grundlegend geänderten Rechtslage geben die amtlichen Begründungen dem Rechtsanwender keine Maßstäbe dafür an die Hand, welche Anforderungen an die Feststellung einer entsprechenden Gefährdungslage zu stellen sind.[443] Die Fortsetzung der bisherigen Praxis durch eine anlassunabhängige, lediglich formelhaft mit dem Hinweis auf mögliche Gefährdungen begründete Anordnung für jeden Untersuchungsgefangenen wäre jedenfalls eindeutig rechtswidrig. Ein Beurteilungsmaßstab lässt sich mittelbar den Regelungen über das Anhalten von Schreiben entnehmen, die ja nur im Zusammenhang mit einer angeordneten Textkontrolle relevant werden. (Näheres zu den Voraussetzungen im Folgenden unter Rn. 117.) Pauschal gesagt 114

437 Dass neben § 72 Abs. 5 12er-Regelung kein Raum bleibt für eine Anwendung der auf minderjährige beschränkten Generalklausel des § 67 Abs. 3 (i.V.m. § 36 Abs. 2) 12er-Regelung, ist unter Rn. 46 ausgeführt worden.

440 Anders nur § 146 Abs. 1 S. 1 NJVollzG (generelle Textkontrolle, durch das Gericht) und Art. 19 Abs. 2 UVollzG Bayern (Absehen nur im Einzelfall).

441 Das BVerfG unterscheidet in NStZ 2004, 225 (zum Strafvollzug) „Sichtkontrolle" und „inhaltliche Textkontrolle".

442 Anders nur in Niedersachsen, wo man von einer umfassenden Kompetenz zur Regelung des Untersuchungshaftvollzuges auch im Bereich der Sicherung der Haftzwecke ausgeht, vgl. Rn. 11.

443 Exemplarisch RegE Thüringen, S. 96, und RegE Ba-Wü, S. 189, die sich auf den Hinweis beschränken, die Regelung sei vergleichbar mit der akustischen Besuchsüberwachung.

erfordert die Anordnung einer Textkontrolle nach Landesrecht das Vorliegen **konkreter Anhaltspunkte** dafür, dass der gedankliche Inhalt im Rahmen des Schriftwechsels des Untersuchungsgefangenen Anlass zum Anhalten einzelner Schreiben bieten könnte. Da die Rspr. zu diesem Bereich (früher Nr. 34 UVollzO) eine kaum mehr zu überschauende Kasuistik hervorgebracht hat und die Legitimation für Beschränkungen des Schriftverkehrs aus vollzuglichen Gründen im Einzelnen höchst umstritten ist, wird an dieser Stelle auf die einschlägigen Kommentierungen verwiesen.[444] Dass in Niedersachsen (§ 146 Abs. 1 S. 1 NJVollzG) und Bayern (Art. 19 Abs. 2 UVollzG Bayern) weiterhin generell eine Textkontrolle aus vollzuglichen Gründen vorgesehen ist – in Niedersachsen sogar ohne die Möglichkeit eines Absehens im Einzelfall, lässt sich mit einem an den Grundrechten, insbesondere dem Prinzip der Verhältnismäßigkeit ausgerichteten Verständnis von Beschränkungen im Untersuchungshaftvollzug nicht vereinbaren und ist daher de lege ferenda abzulehnen.[445]

Hinsichtlich der Kompetenz zur **Ausführung der Textkontrolle** ist auf die allgemeinen Grundsätze des Landesrechts (s. Rn. 50) zu verweisen. Gerade im Bereich der Textkontrolle hat der Anstaltsleiter organisatorisch sicherzustellen, dass niemand außer der zur Kontrolle eingesetzten Person vom Inhalt des Schriftwechsels Kenntnis nehmen kann.[446] Eine Sonderstellung nimmt hier Niedersachsen ein, wo die Ausführung der – ausnahmslos vorgesehenen und zugleich der Abwehr von Gefahren für den Haftzweck dienenden – Textkontrolle dem Gericht und der Staatsanwaltschaft vorbehalten bleibt.

Die im Rahmen einer angeordneten Textkontrolle ggf. anfallenden **Übersetzungskosten** sind grundsätzlich durch die Staatskasse zu tragen.[447] Hier gilt dasselbe wie für Überwachungsmaßnahmen des Besuchsverkehrs (Rn. 70 und die Tabelle bei Rn. 87).

Als einziges Ländergesetz enthält das **UVollzG NRW** (dort § 20) keine Ermächtigungsgrundlage für eine Überwachung des Schriftwechsels (Sicht- oder Textkontrolle), ggf. ein Anhalten von Schreiben. Der nordrhein-westfälische Landesgesetzgeber hat dies zwar gesehen,[448] aber die hieraus resultierende **Regelungslücke** offenkundig verkannt: Eine ggf. durch das Gericht gemäß § 119 Abs. 1 S. 2 Nr. 2 StPO angeordnete Textkontrolle des Schriftwechsels kann nur unter dem Gesichtspunkt der Sicherung des Haftzwecks, nicht aber zur Abwehr von Gefahren für die Sicherheit oder Ordnung der Anstalt ergehen; gleiches gilt für die bundesrechtliche Ermächtigung zum Anhalten von Schreiben (§ 119 Abs. 1 S. 7 StPO); s. Rn. 19. Daher gibt es im Geltungsbereich des UVollzG NRW bis auf Weiteres keine Rechtsgrundlage für eine inhaltliche Kontrolle („Textkontrolle"), ggf. das Unterbinden eines Schriftwechsels zur Sicherung des Vollzuges.[449] (Nur) soweit es um eine reine Sichtkontrolle

---

438 Zur – wegen § 1 Abs. 2 JGG unglücklich gewählten – Bezeichnung vgl. RegE Ba-Wü, S. 206.

439 Vgl. RegE Niedersachsen, S. 200.

444 Meyer-Goßner, StPO, § 119 Rn. 18, 19; Schultheis in: KK-StPO, § 119 Rn. 29, 35 ff.; Paeffgen in: SK-StPO, § 119 Rn. 23 ff.; Schlothauer/Weider, Untersuchungshaft, Rn. 1212 ff.

445 Der RegE Niedersachsen, S. 189, zu § 142 E-NJVollzG verweist zur Begründung auf die generellen Missbrauchsmöglichkeiten eines unüberwachten Schriftverkehrs und argumentiert tautologisch, die Gefährlichkeit eines Schreibens könne schließlich erst aufgrund einer Textkontrolle beurteilt werden. Der RegE Bayern, S. 67, nennt pauschal „Gründe der Sicherheit und Ordnung".

446 Schlothauer/Weider, Untersuchungshaft, Rn. 1205. Nach KG StV 2010, 370 muss die inhaltliche Postkontrolle (dort angeordnet gem. § 119 Abs. 1 StPO) „wegen des damit verbundenen Eingriffs in das grundrechtlich geschützte Brief- und Postgeheimnis dem Richter vorbehalten bleiben"; folgte man dem, würde für die landesgesetzliche Briefüberwachung nichts anderes gelten.

447 Dies gilt nicht für Übersetzungskosten im Rahmen von Überwachungskosten nach allgemeinen Vorschriften, z.B. § 100 a StPO (Telefonüberwachung); Art. 6 Abs. 3 e EMRK und § 464 c StPO sind auf solche Kosten nicht unmittelbar anwendbar, da Übersetzungen im Rahmen solcher Maßnahmen Dolmetscherleistungen zu Gunsten der Justiz darstellen, ohne dass der Beschuldigte in seinen Verteidigungsinteressen betroffen wäre (BVerfG NJW 2004, 1095).

448 RegE NRW zu § 20 E-UVollzG NRW, S. 57: „Dabei wird nicht verkannt, dass die Anstalt mangels eigener Befugnis zur Kontrolle des Schriftwechsels diese Notwendigkeit [der Kostenübernahme, Anm. des Verfassers] kaum wird einschätzen können."

449 Dass sich diese Lücke nicht – auch nicht vorüber gehend – durch § 114 d StPO oder § 13 EGStPO i.V.m. § 119 Abs. 3 StPO a.F., Nr. 30 ff. UVollzO schließen lässt, legen Schlothauer/Weider, Untersuchungshaft, Rn. 1193 im Einzelnen überzeugend dar.

geht,[450] erscheint – wegen des geringeren Grundrechtseingriffs – ein Rückgriff auf die Generalklausel des § 1 Abs. 3 UVollzG zum Anhalten[451] des Schreibens, ggf. zum Öffnen zwecks Sicherstellung eines die Anstaltsordnung und/oder -sicherheit gefährdenden Gegenstandes zulässig, sofern sichergestellt bleibt, dass eine Kenntnisnahme vom gedanklichen Inhalt eines Schreibens unterbleibt.

Bei **jungen bzw. minderjährigen Untersuchungsgefangenen** besteht, soweit nicht eine Textkontrolle bereits generell (bzw., s. NRW, überhaupt nicht) vorgesehen ist, darüber hinaus unter Rückgriff auf die jeweilige Generalklausel die Möglichkeit der Anordnung einer Textkontrolle auch im Falle einer „Gefährdung ihrer Entwicklung" (s. Rn. 45, 46; 112).

Ausgenommen von einer etwaigen Textkontrolle ist nach sämtlichen Ländergesetzen der **Schriftwechsel mit Verteidigern**. Anders als nach Bundesrecht (s. Rn. 76 und 109) und den übrigen Ländergesetzen sind in manchen Ländern aus dem Kreis der 12er-Regelung (und insoweit in Abweichung von dem ursprünglichen Musterentwurf) Rechtsanwälte und Notare insoweit den Verteidigern gleichgestellt (Gesetzestexte (Synopse) bei Rn. 93). Wiederum in sämtlichen Ländergesetzen sind bestimmte Personen bzw. Institutionen Verteidigern gleichgestellt, wobei der Kreis der Privilegierten hier durchweg enger gezogen wird als der Katalog in § 119 Abs. 4 S. 2 StPO. Hier fällt – wie schon bei den Länderregelungen zum Besuchsverkehr (vgl. Rn. 91, 92) – auf, dass eine Privilegierung des Schriftverkehrs mit Mitarbeitern der **Bewährungshilfe, Führungsaufsichtsstelle und Gerichtshilfe** nur in Bayern, Hessen, Niedersachsen und Sachsen-Anhalt existiert. In den übrigen Bundesländern sollte diese Gesetzeslücke möglichst rasch geschlossen werden. Die amtlichen Begründungen lassen nicht erkennen, dass dieser Personenkreis jeweils bewusst nicht in das Verteidigerprivileg einbezogen wurde, so dass von einer planwidrigen Lücke ausgegangen werden muss, die bis auf Weiteres durch eine analoge Anwendung der Vorschriften über Verteidiger zu schließen ist. Für den Kreis der jungen Untersuchungsgefangenen sehen immerhin sämtliche Ländergesetze die Einbeziehung von **Betreuungspersonen und Erziehungsbeiständen** (vgl. § 69 JGG) in das Verteidigerprivileg vor. 115

12er-Regelung	Ba-Wü	Bayern	Niedersachsen	NRW
Sichtkontrolle[452]				
Generell (§ 37 Abs. 1)	Generell (arg e § 17 Abs. 2 S. 2)[453]	Generell (Art. 19 Abs. 1), keine Ausnahme vorgesehen (arg. e Art. 19 Abs. 2)[454]	Generell,[455] Vollzugsbehörde darf Schreiben öffnen, die „offenkundig einen Gegenstand" enthalten (§ 151 S. 1)[456] Gegenstände: Geltung der entspr. Regeln	nicht vorgesehen; ggf. Rückgriff auf die Generalklausel für Beschränkungen (§ 1 Abs. 3 : „unerlässlich")

450 Beispiel: Ein Briefumschlag enthält neben einem Schreiben offenkundig einen sonstigen Gegenstand.
451 Auch hierzu enthält das UVollzG NRW keine spezielle Ermächtigungsgrundlage, vgl. Rn. 120.
452 Vgl. die Terminologie in § 37 UVollzG 12er-Regelung (dazu RegE SH, S. 84) und § 20 Abs. 2 S. 2 UVollzG NRW sowie in der Begründung des RegE Niedersachsen, S. 191.
453 Vgl. RegE Ba-Wü, S. 189: Die Möglichkeit bestehe „unberührt" von § 17 Abs. 1 JVollzGB II Ba-Wü.
454 So ausdrücklich RegE Bayern, S. 67.
455 § 150 Abs. 4 NJVollzG stellt ausdrücklich klar, dass dies auch für in Paketen enthaltene Schreiben gilt.
456 Ausgenommen ist Verteidigerpost: Diese darf zwar einer Sichtkontrolle unterzogen, jedoch nicht geöffnet werden, § 149 Abs. 1 S. 4 NJVollzG, vgl. dazu RegE Niedersachsen, S. 191.

12er-Regelung	Ba-Wü	Bayern	Niedersachsen	NRW
			des Paketverkehrs (§ 151 S. 2)[457]	
Textkontrolle				
AO im Einzelfall, Vss.: Sicherheit/ „schwerwiegende Störung der Ordnung“ (§ 37 Abs. 1 S. 2)	AO im Einzelfall, Vss.: Sicherheit/Ordnung (§ 17 Abs. 1)	Generell, es sei denn Absehen durch AO im Einzelfall (sofern „Gefährdung [...] nicht zu befürchten“) (Art. 19 Abs. 2)	Generell (§ 146 Abs. 1 S. 1), keine Ausnahme vorgesehen[458]	nicht vorgesehen; kein Rückgriff auf die Generalklausel möglich, arg. e § 20 Abs. 2[459]; nur Weiterleitung an die zur Überwachung/ Textkontrolle befugte Stelle im Falle einer AO nach § 119 StPO
Zuständigkeit für Entscheidung über Textkontrolle[460]				
Anstaltsleitung (§ 37 Abs. 1 S. 2)	JVA (Leitung) (§ 3)	Anstaltsleitung (Art. 6)	(-) da bereits durch Gesetz angeordnet	(-) da nicht vorgesehen
Zuständigkeit für Ausführung der Textkontrolle				
keine ausdr. Regelung; durch den Anstaltsleiter zu bestimmender Mitarbeiter der Anstalt	keine ausdr. Regelung; durch den Anstaltsleiter zu bestimmender Mitarbeiter der Anstalt	keine ausdr. Regelung; durch den Anstaltsleiter zu bestimmender Mitarbeiter der Anstalt	Gericht (§ 146 Abs. 3) mit der Möglichkeit einer Übertragung bis zur Klagerhebung auf die StA (§ 134 Abs. 3), jedoch nie durch Vollzugsbehörde (§ 146 Abs. 3, 2. HS, § 151 S. 3, 2. HS)	(-) da nicht vorgesehen; nur Weiterleitung im Falle einer AO nach § 119 Abs. 1 S. 2 Nr. 2 StPO an „die zur Überwachung zuständige Stelle“ (vgl. § 119 Abs. 2 StPO)
Ausgenommen von der Textkontrolle[461]				
Schriftwechsel mit Verteidiger (§ 37 Abs. 2) und mit bestimmten Institu-	Schriftwechsel mit Verteidiger (§ 17 Abs. 2 S. 1) und mit	Schriftwechsel mit Verteidiger, FA-Stelle,	Schriftwechsel mit Verteidiger (§ 149 Abs. 1 S. 4), mit Insti-	(-) da nach Landesrecht keine Überwa-

457 S. den Gesetzestext (Synopse) bei Rn. 147.
458 Zu den Gründen: RegE Niedersachsen, S. 191.
459 RegE NRW, S. 57: „Da der Anstalt keine eigenen Überwachungsbefugnisse zustehen, [...]“.
460 Vgl. Rn. 47.
461 Eine Sichtkontrolle – d.h. äußerliche Überprüfung von Schreiben auf verbotene Gegenstände (vgl. RegE Niedersachsen, S. 191; RegE Ba-Wü, S. 189) – bleibt nach allen Ländergesetzen davon unberührt.

12er-Regelung	Ba-Wü	Bayern	Niedersachsen	NRW
tionen bzw. Personen iSv § 37 Abs. 3 (enger gefasst als § 119 Abs. 4 StPO); *nicht:* RAe/Notare; keine ausdr. Regelung zu Bewährungs- und. Gerichtshilfe, FA-Stelle	Institutionen bzw. Personen iSv § 17 Abs. 3 (enger gefasst als § 119 Abs. 4 StPO); keine ausdr. Regelung zu Bewährungs- und. Gerichtshilfe, FA-Stelle; *nicht:* RAe/ Notare	Bewährungshelfer, Gerichtshelfer (Art. 22 Abs. 1 S. 1, Abs. 2) und mit bestimmten Institutionen bzw. Personen iSv Art. 32 Abs. 2 BayStVollzG (Art. 19 Abs. 3, enger gefasst als § 119 Abs. 4 StPO); *nicht:* RAe/Notare	tutionen bzw. Personen iSv § 30 Abs. 3 (§ 146 Abs. 1 S. 2, enger gefasst als § 119 Abs. 4 StPO) sowie mit Bewährungshelfer, Gerichthelfer, FA-Stelle (§ 149 Abs. 2); *nicht:* RAe/Notare	chung vorgesehen
Junge Gefangene				
keine Überwachung des Schriftwechsels mit Beistand nach § 69 JGG (§ 72 Abs. 4 i.V.m. § 37 Abs. 2); Nur Minderjährige: AO der Textkontrolle auch bei „Gefährdung ihrer Entwicklung" (§ 67 i.V.m. § 37 Abs. 1 S. 2)	keine Überwachung des Schriftwechsels mit Betreuungspersonen, Erziehungsbeiständen und JGH-Mitarbeitern (§ 74 Abs. 3); Nur Minderjährige („jugendliche Gefangene")[462]: AO der Textkontrolle auch bei „Gefährdung ihrer Entwicklung" (§ 72 Abs. 3 i.V.m. § 17 Abs. 1)	keine Überwachung des Schriftwechsels mit „Betreuungspersonen, Erziehungsbeiständen, Beiständen nach § 69 JGG" und JGH (Art. 32 Abs. 3); nur Minderjährige: Art. 30 Abs. 3 („Gefährdung ihrer Entwicklung") im Rahmen des Art. 19 Abs. 2 (Absehen von Textkontrolle) zu beachten	keine Überwachung des Schriftwechsels mit Betreuungspersonen, Erziehungsbeiständen und JGH-Mitarbeitern (§§ 160 Abs. 3 i.V.m. 149 Abs. 1)	keine Überwachung des Schriftwechsels mit Betreuungspersonen, Erziehungsbeiständen und JGH-Mitarbeitern (§ 52 Abs. 2); ansonsten keine Sonderregeln

462 Zur – wegen § 1 Abs. 2 JGG unglücklich gewählten – Bezeichnung vgl. RegE Ba-Wü, S. 208.

12er-Regelung	Ba-Wü	Bayern	Niedersachsen	NRW
Kosten für Übersetzungsdienste und Sachverständige bei der Textkontrolle				
keine spezielle Regelung	keine spezielle Regelung	keine spezielle Regelung[463]	Kostenübernahme durch die Staatskasse „nur in angemessenem Umfang" (§ 146 Abs. 4)[464]	keine spezielle Regelung, und zwar schon deshalb nicht, da landesgesetzlich keine Textkontrolle vorgesehen (s.o.)

116 c) **Weiterleitung/Aufbewahrung von Schreiben.** Die landesgesetzlichen Regelungen zur Weiterleitung und zum Aufbewahren von – nicht angehaltenen bzw. beschlagnahmten, dazu sogleich unter Rn. 117 – Schreiben gleichen sich fast bis aufs Wort und schreiben den aus der UVollzO bekannten Rechtszustand fort:

- Ein- und ausgehende Schreiben sind regelmäßig durch die Anstalt zu vermitteln.
- Die Weiterleitung muss unverzüglich geschehen, sofern ein Schreiben nicht angehalten wird.
- Eingehende Schreiben sind unverschlossen zu verwahren oder verschlossen zur Habe des Untersuchungsgefangenen zu geben.

12er-Regelung	Ba-Wü	Bayern	Niedersachsen	NRW
Vermittlung/Weiterleitung durch die Anstalt				
regelmäßig durch die Anstalt, „soweit nichts anderes gestattet"; Schreiben sind unverzüglich weiterzuleiten (§ 38 Abs. 1, 2)	regelmäßig durch die JVA, „soweit nichts anderes gestattet"; Schreiben sind unverzüglich weiterzuleiten (§ 18 Abs. 1, 2)	regelmäßig durch die Anstalt, „soweit nichts anderes gestattet"; Schreiben sind unverzüglich weiterzuleiten (Art. 19 Abs. 4 i.V.m. Art. 33 Abs. 1, 2 BayStVollzG)	durch die Vollzugsbehörde, *ohne* Ausnahmevorbehalt (§ 146 Abs. 2 S. 1); Schreiben sind unverzüglich weiterzuleiten (§§ 146 Abs. 2 S. 2, 147 Abs. 1 S. 3)	durch die Anstalt, *ohne* Ausnahmevorbehalt; Schreiben sind unverzüglich weiterzuleiten (§ 20 Abs. 2 S. 1, Abs. 3)
Aufbewahrung				
Unverschlossen, sofern nichts anderes gestattet; oder	keine Regelung	keine Regelung, da landesrechtlich keine Text-	Unverschlossen, sofern nichts anderes gestattet;	Unverschlossen, sofern nichts anderes gestattet; oder

463 RegE Bayern S. 67: Die Hinzuziehung von Dolmetschern, Übersetzern oder Sachverständigen „auf Kosten der Staatskasse" bedürfe „keiner besonderen gesetzlichen Regelung und kann in Verwaltungsvorschriften aufgenommen werden".

464 Dass eine solche Regelung mit Art. 3 Abs. 3 S. 1 GG nicht in Einklang zu bringen ist, stand bereits bei ihrem Erlass fest, vgl. BVerfG NJW 2004, 1095; weitere Nachweise bei Meyer-Goßner, StPO, Art. 6 MRK Rn. 24. Allerdings schränkte das BVerfG a.a.O. ein, dass „unverhältnismäßig hohe" Übersetzungskosten dem Zweck der Untersuchungshaft zuwider liefen und nicht hinzunehmen seien; in jedem Fall bestehe eine Hinweispflicht, dass der Inhaftierte ggf. Übersetzungskosten selbst zu tragen habe.

12er-Regelung	Ba-Wü	Bayern	Niedersachsen	NRW
verschlossen zur Habe (§ 38 Abs. 3)		kontrolle vorgesehen (s.o.)	oder verschlossen zur Habe (§ 18 Abs. 3)	verschlossen zur Habe (Art. 19 Abs. 4 i.V.m. Art. 33 Abs. 3 BayStVollzG)

d) **Anhalten von Schreiben.** Sämtliche Ländergesetze – mit Ausnahme des UVollzG NRW, dazu Rn. 120 – sehen die Möglichkeit eines Anhaltens von überwachten Schreiben vor, unter (abschließend) **katalogmäßig aufgeführten Voraussetzungen**, welche vielfach wortgleich aus Nr. 34 UVollzO übernommen worden sind. So gleichen sich die Ländergesetze, trotz im Detail variierender Formulierungen, in ihren Voraussetzungen bis auf wenige Abweichungen. Während § 39 Abs. 1 Nr. 1 12er-Regelung nur bei Gefährdung der Sicherheit oder Ordnung „der" Anstalt einschlägig ist, ermöglichen das NJVollzG, das JVollzGB II Ba-Wü und das UVollzG Bayern ein Anhalten bei entsprechenden Gefahren für „eine" Anstalt, d.h. nicht nur für diejenige Anstalt, welche die Textkontrolle ausübt. §§ 147 Abs. 1 S. 2, 32 Abs. 1 Nr. 3 NJVollzG und Art. 20 Abs. 1 Nr. 5 UVollzG Bayern sehen als zusätzlichen Eingriffstatbestand in diesem Zusammenhang eine **Gefahr für die „Eingliederung anderer Gefangener"** vor. Die Übernahme dieser aus dem Bereich der Strafvollzugsgesetze stammenden Regelung (§ 31 Abs. 1 Nr. 5 StVollzG; Art. 34 Abs. 1 Nr. 5 BayStVollzG) für den Untersuchungshaftvollzug ist sowohl systematisch als auch inhaltlich verfehlt. [465] Schon unter der Geltung des § 31 Abs. 1 Nr. 5 StVollzG war anerkannt, dass dieser Eingriffstatbestand nicht für Schreiben an Untersuchungsgefangene galt, da soziale Eingliederung kein Zweck der Untersuchungshaft ist.[466] Dementsprechend können die genannten Normen des NJVollzG und des UVollzG Bayern bei verfassungskonformer Auslegung allenfalls insoweit Bestand haben, als sie der Abwehr von Gefahren für die Eingliederung von Strafgefangenen dienen; eine solche Auslegung kollidiert freilich mit dem Wortlaut „anderer Gefangener", der im Kontext eines Gesetzes über den Vollzug der Untersuchungshaft nur andere Untersuchungsgefangene meinen kann (vgl. das in allen Ländergesetzen enthaltene Trennungsgebot). 117

Die gesetzliche Legitimation für Beschränkungen des Schriftverkehrs aus vollzuglichen Gründen bzw. deren Reichweite sind schon auf der Grundlage der früheren Gesetzesfassung (§ 119 Abs. 3 StPO a.F. und Nr. 34 UVollzO) höchst umstritten gewesen.[467] Die Rspr. hat hierzu eine **kaum mehr zu überschauende Kasuistik** hervorgebracht, welche Gegenstand zahlloser Anmerkungen und Abhandlungen in der Literatur ist. Da die Landesgesetze den bisherigen Rechtszustand weitgehend konserviert haben, wird der Rechtsanwender des Landesrechts auch künftig nur unter großer Mühe ermitteln können, unter welchen Voraussetzungen er zum Anhalten eines Schreibens berechtigt ist. Die Grundsätze sollen hier nur grob skizziert werden; im Übrigen wird auf die einschlägigen Kommentierungen verwiesen:[468] 118

- Der Versuch einer Umgehung der Briefkontrolle rechtfertigt für sich noch nicht das Anhalten.
- Eine „grob unrichtige" oder „erheblich entstellende" Darstellung von Anstaltsverhältnissen kann – wenn man diesen Grund überhaupt anerkennt – nur in extremen Aus-

465 Der RegE Bayern, S. 69, führt als pauschale Begründung an, die Regelung folge „einem Bedürfnis der vollzuglichen Praxis".
466 Nachweise bei Calliess/Müller-Dietz, StVollzG, § 31 Rn. 2 a.E.; Arloth, StVollzG, § 31 Rn. 9.
467 Eine ausführliche – sehr kritische – Darstellung des Meinungsstandes bietet Paeffgen in: SK-StPO, § 119 Rn. 23 ff.
468 Meyer-Goßner, StPO, § 119 Rn. 18, 19; Schultheis in: KK-StPO, § 119 Rn. 29, 35 ff.; Paeffgen in: SK-StPO, § 119 Rn. 23 ff.; Schlothauer/Weider, Untersuchungshaft, Rn. 1212 ff.; AnwK U-Haft/Linkhorst, § 39 Rn. 6 ff.

nahmefällen zum Anhalten eines Schreibens berechtigen; nicht schon jede unsachliche Kritik darf hier genügen.

- Die Möglichkeit des Absendens unter Beifügung eines Begleitschreibens ist bei ausgehenden Schreiben als milderes Mittel vorrangig zu prüfen.[469]
- Selbst „beleidigende Äußerungen von besonders roher und grober Art" sind im Rahmen eines Schriftwechsels mit engen Vertrauenspersonen grundsätzlich hinzunehmen.[470]

119 Die Regelungen über eine **Mitteilung im Falle des Anhaltens** von Schreiben (vgl. die Übersicht) sind insofern unzureichend, als sie eine Mitteilungspflicht nur gegenüber dem Untersuchungsgefangenen vorsehen. Im Falle des Anhaltens eines eingehenden Schreibens ist auch der Absender zu informieren,[471] da auch jener auf eine gerichtliche Entscheidung antragen kann (§ 119 a Abs. 1 S. 1 StPO); s. dazu den § 10. In den Ländergesetzen ist für den Fall „grob unrichtiger oder erheblicher entstellender" Darstellung von Anstaltsverhältnissen (ggf. auch grober Beleidigungen) in ausgehenden Schreiben als (unter Verhältnismäßigkeitsgesichtspunkten gebotenes) milderes Mittel anstelle des Anhaltens die Beifügung eines sog. **Begleitschreibens** vorgesehen. § 147 NJVollzG normiert dies bedauerlicherweise nicht ausdrücklich, so dass ergänzend § 3 S. 2 NJVollzG als allgemeine Regelung des Verhältnismäßigkeitsgrundsatzes herangezogen werden muss.[472]

120 Da das **UVollzG NRW** (dort § 20) als einziges Ländergesetz keine Textkontrolle des Schriftwechsels (s. bereits Rn. 114) vorsieht, enthält es konsequenterweise auch keine Ermächtigungsgrundlage für das Anhalten von Schreiben aus Gründen der Abwehr von Gefahren für die Sicherheit oder Ordnung der Anstalt. Insoweit besteht eine Regelungslücke, die – mangels Kompetenz – nicht durch eine bundesgesetzliche Ergänzung des § 119 StPO, sondern durch eine Erweiterung des UVollzG NRW zu schließen sein wird. Bei Verabschiedung des UVollzG NRW ist die fehlende landesgesetzliche Grundlage für eine landesgesetzliche Überwachung des Schriftwechsels zwar gesehen,[473] aber die hieraus resultierende Regelungslücke offensichtlich verkannt worden.

121 Bei **jungen bzw. minderjährigen Untersuchungsgefangenen** besteht in den meisten Bundesländern über die allgemeine Regelung hinaus unter Rückgriff auf die jeweilige Generalklausel eine Rechtsgrundlage zum Anhalten eines Schreibens auch bei einer „Gefährdung ihrer Entwicklung"; s. bereits Rn. 112 sowie Rn. 45.

12er-Regelung	Ba-Wü	Bayern	Niedersachsen	NRW
Voraussetzungen des Anhaltens				
■ wg. Aufgabe des U-Haftvollzugs od. Si./Ordnung „der" Anstalt (§ 39 Abs. 1 Nr. 1)	■ wg. Si./Ordnung „einer" Anstalt	■ wg. Si./Ordnung „einer" Anstalt (Art. 20 Abs. 1 Nr. 1) ■ Verwirklichung eines Straf-	■ wg. Zweck der U-Haft od. Si./Ordnung „einer" Anstalt (§ 147	keine Regelung, da auf landesrechtlicher Grundlage keine Textkontrolle vorgesehen (s. Rn. 114)

469 Bis auf das NJVollzG enthalten alle Ländergesetze eine entsprechende ausdrückliche Regelung.

470 Vgl. BVerfG, 27.7.2009, 2 BvR 2186/07, wo ein Anhalten allerdings deshalb für zulässig gehalten wurde, weil der Absender des Briefes die Vertraulichkeit ausdrücklich aufgehoben habe („kannst ja den Brief auch deiner Schwester zeigen").

471 Schlothauer/Weider, Untersuchungshaft, Rn. 1218.

472 In der amtlichen Begründung zu §§ 143 Abs. 1 S. 2, 32 E-NJVollzG heißt es hierzu (RegE Niedersachsen, S. 116 [i.V.m. S. 190]: „Auf eine § 31 Abs. 2 StVollzG entsprechende Regelung wurde verzichtet. Die Möglichkeit, Schreiben, die grob unrichtige Darstellungen enthalten (Absatz 1 Nr. 3), zur Wahrung des Verhältnismäßigkeitsgrundsatzes ein richtigstellendes Begleitschreiben beizufügen, anstatt es anzuhalten, bleibt indes erhalten.".

473 RegE NRW zu § 20 E-UVollzG NRW, S. 57: „Dabei wird nicht verkannt, dass die Anstalt mangels eigener Befugnis zur Kontrolle des Schriftwechsels [...]".

12er-Regelung	Ba-Wü	Bayern	Niedersachsen	NRW
■ Verwirklichung eines OWi-/Straftatbestandes bei Weitergabe (§ 39 Abs. 1 Nr. 2) ■ „grob unrichtige od. erheblich entstellende“ Darstellung von Anstaltsverhältnissen od. grobe Beleidigungen (§ 39 Abs. 1 Nr. 3) ■ Geheim-/Kurzschrift, unlesbar, unverständlich, „ohne zwingenden Grund“ in fremder Sprache (§ 39 Abs. 1 Nr. 4) Begleitschreiben im Falle unrichtiger Darstellungen (Nr. 3) möglich (§ 39 Abs. 2)	(§ 19 Abs. 1 Nr. 1)[474] ■ Verwirklichung eines Straf- od. Bußgeldtatbestandes bei Weitergabe (§ 19 Abs. 1 Nr. 2) ■ „grob unrichtige od. erheblich entstellende“ Darstellung von Anstaltsverhältnissen (§ 19 Abs. 1 Nr. 3) ■ grobe Beleidigungen (§ 19 Abs. 1 Nr. 4) ■ Geheimschrift, unlesbar, unverständlich, „ohne zwingenden Grund“[475] in fremder Sprache (§ 19 Abs. 1 Nr. 5) Begleitschreiben im Falle unrichtiger Darstellungen (Nr. 3)	od. Bußgeldtatbestandes bei Weitergabe (Art. 20 Abs. 1 Nr. 2) ■ „grob unrichtige od. erheblich entstellende“ Darstellung von Anstaltsverhältnissen (Art. 20 Abs. 1 Nr. 3) ■ grobe Beleidigungen (Art. 20 Abs. 1 Nr. 4) ■ Gefahr für Eingliederung anderer Gefangener (Art. 20 Abs. 1 Nr. 5) ■ Geheimschrift, unlesbar, unverständlich, „ohne zwingenden Grund“[476] in fremder Sprache	Abs. 1 S. 1)[478] ■ Verwirklichung eines OWi-/Straftatbestandes bei Weitergabe (§§ 147 Abs. 1 S. 2, 32 Abs. 1 Nr. 2) ■ „grob unrichtige od. erheblich entstellende“ Darstellung von Anstaltsverhältnissen (§§ 147 Abs. 1 S. 2, 32 Abs. 1 Nr. 3)[479] ■ grobe Beleidigungen (§§ 147 Abs. 1 S. 2, 32 Abs. 1 Nr. 4) ■ Gefahr für Eingliederung anderer Gefangener (§§ 147 Abs. 1 S. 2, 32 Nr. 5) ■ Geheimschrift, unlesbar, un-	

474 Die Gefährdung kann sich – „praktischen Bedürfnissen entsprechend“ (RegE Ba-Wü, S. 190) – auch auf eine andere Anstalt beziehen.

475 Konkretisiert durch § 19 Abs. 1 Nr. 5, 2. HS JVollzGB II Ba-Wü: „Ein zwingender Grund zur Abfassung eines Schreibens in einer fremden Sprache liegt in der Regel nicht vor bei einem Schriftwechsel zwischen deutschen Gefangenen und Dritten, die die deutsche Staatsangehörigkeit besitzen oder ihren Lebensmittelpunkt im Geltungsbereich des Grundgesetzes haben.“

476 Konkretisiert durch Art. 20 Abs. 1 Nr. 6, 2. HS UVollzG Bayern: „Ein zwingender Grund zur Abfassung eines Schreibens in einer fremden Sprache liegt in der Regel nicht vor bei einem Schriftwechsel zwischen deutschen Untersuchungsgefangenen und Dritten, die die deutsche Staatsangehörigkeit oder ihren Lebensmittelpunkt im Geltungsbereich des Grundgesetzes haben.“ Dazu heißt es im RegE Bayern S. 69: „Auch bei Anwendung dieser Regelvermutung sind aber in jedem Fall die Umstände des Einzelfalls zu prüfen, um unbillige Härten zu vermeiden.“

12er-Regelung	Ba-Wü	Bayern	Niedersachsen	NRW
	möglich (§ 19 Abs. 2)	(Art. 20 Abs. 1 Nr. 6)[477] Begleitschreiben im Falle unrichtiger Darstellungen (Nr. 3) möglich (Art. 20 Abs. 4 i.V.m. Art. 34 Abs. 2 BayStVollzG)	verständlich, „ohne zwingenden Grund“ in fremder Sprache (§§ 147 Abs. 1 S. 2, 39 Abs. 1 Nr. 6)	
Verbot des Anhaltens				
Unüberwachte Schreiben gem. § 37 Abs. 2, 3, § 72 Abs. 4 (s.o. Rn. 115) (§ 39 Abs. 4)	Unüberwachte Schreiben gem. § 17 Abs. 2 S. 1, Abs. 3, § 74 Abs. 3, s.o. Rn. 115 (§ 19 Abs. 4)	„Schreiben, deren Überwachung nach Art. 19 Abs. 3[480] ausgeschlossen ist“ (Art. 20 Abs. 5)	nicht speziell geregelt[481]	keine Regelung, da auf landesrechtlicher Grundlage keine Textkontrolle vorgesehen (s. Rn. 114)
Zuständigkeit für Anhalten				
Anstaltsleitung (§ 39 Abs. 1)	JVA (§ 3)	Anstaltsleitung (Art. 6)	Gericht (§ 147 Abs. 1 S. 1) mit der Möglichkeit einer Übertragung bis zur Klagerhebung auf die StA (§ 134 Abs. 3), es sei denn Verdunkelungsgefahr (§ 134 Abs. 3 S. 2); keine Übertragung auf die Vollzugsbehör-	keine Regelung, da auf landesrechtlicher Grundlage keine Textkontrolle vorgesehen (s. Rn. 114)

477 Die Begründung, RegE Bayern S. 69, stellt klar, dass daneben auch ein Anhalten von Schreiben nach der StPO (aus verfahrenssichernden Gründen) möglich sei.

478 Die Gefährdung kann sich – „praktischen Bedürfnissen entsprechend“ (RegE Niedersachsen, S. 190) – auch auf eine andere Anstalt beziehen.

479 Die Möglichkeit einer Weiterleitung mit „Begleitschreiben“ (vgl. § 39 Abs. 2 UVollzG 12er-Regelung) ist nicht vorgesehen.

480 Es fehlt die Verweisung auf Art. 22 Abs. 1 S. 1 und Abs. 2 UVollzG Bayern (unüberwachte Verteidigerpost, Bewährungshilfe pp.). Die amtliche Begründung (RegE Bayern S. 70) belegt, dass es sich um ein Redaktionsversehen handelt. Dort heißt es, Art. 20 Abs. 5 enthalte „eine Art. 34 Abs. 4 StVollzG Bayern vergleichbare Regelung“. Art. 34 Abs. 4 StVollzG Bayern verweist (auch) auf Art. 32 Abs. 1 StVollzG Bayern (unüberwachte Verteidigerpost, Bewährungshilfe pp.).

481 Eine klarstellende Regelung entsprechend Nr. 34 Abs. 3 UVollzG, wonach Schreiben, deren Überwachung ausgeschlossen ist, nicht angehalten werden durften, fehlt im NJVollzG; ein solches Verbot ist aber die logische Konsequenz des Überwachungsverbots der §§ 146 Abs. 1 S. 2, 149 Abs. 1 S. 4, Abs. 2, 160 Abs. 3, 30 Abs. 3 NJVollzG.

12er-Regelung	Ba-Wü	Bayern	Niedersachsen	NRW
			de möglich (§ 147 Abs. 1 S. 1, 2. HS)	
Verbleib angehaltener Schreiben				
Beschlagnahme (nach StPO[482]) vorrangig, sonst Rückgabe an Absender; soweit dies unmöglich od. untunlich ist: Verwahrung (§ 39 Abs. 3 S. 3)	Rückgabe an Absender; soweit dies unmöglich od. untunlich ist: Verwahrung (§ 19 Abs. 3 S. 3) Beschlagnahme nach StPO bleibt unberührt[483]	Beschlagnahme nach StPO vorrangig, sonst behördliche Verwahrung oder Rückgabe an Absender (Art. 20 Abs. 3)	Rückgabe an Absender; soweit dies unmöglich od. nicht geboten ist: Verwahrung (§ 147 Abs. 3) Beschlagnahme nach StPO bleibt unberührt	keine Regelung, da auf landesrechtlicher Grundlage keine Textkontrolle vorgesehen (s. Rn. 114)
Mitteilung an den Untersuchungsgefangenen				
Regelmäßig vorgesehen; Absehen zulässig, „wenn und solange es der U-Haftvollzug erfordert“ (§ 39 Abs. 3 S. 1, 2)	Regelmäßig vorgesehen; vorübergehendes Absehen zulässig, „wenn dies die Si. od. Ordnung der JVA erfordert“ (§ 19 Abs. 3 S. 1, 2)	Generell, keine Ausnahme vorgesehen (Art. 20 Abs. 2)	Regelmäßig vorgesehen; Absehen zulässig, solange Zweck der U-Haft od. Si./Ordnung der Anstalt es erfordern (§ 147 Abs. 2)	keine Regelung, da auf landesrechtlicher Grundlage keine Textkontrolle vorgesehen (s. Rn. 114)
Junge Gefangene				
Nur Minderjährige: Anhalten von Schreiben auch bei „Gefährdung ihrer Entwicklung“ (§ 67 i.V.m. § 39 Abs. 1)	Nur Minderjährige: Anhalten von Schreiben auch bei „Gefährdung ihrer Entwicklung“ (§ 72 Abs. 3 i.V.m. § 19 Abs. 1)	Anhalten von Schreiben auch bei „Gefährdung ihrer Entwicklung“ (Art. 30 Abs. 3 i.V.m. 20 Abs. 1)	keine Sonderregeln[484]	keine Regelung, da auf landesrechtlicher Grundlage keine Textkontrolle vorgesehen (s. Rn. 114)

e) **Schriftwechsel mit Verteidigern pp.** Die entsprechenden Sondervorschriften betreffen ausschließlich die Überwachung (inkl. Anhalten) von Schreiben, s. dazu Rn. 115. 122

482 Zur funktionellen Zuständigkeit vgl. OLG Hamburg, 28.4.2009, 2 Ws 85-86/09; OLG Schleswig SchlHA 2001, 136.
483 Vgl. RegE Ba-Wü, S. 190.
484 Dass § 158 Abs. 2 NJVollzG als Ermächtigungsgrundlage ausscheidet, wurde unter Rn. 45 dargestellt.

VI. Telefongespräche

1. Die gesetzlichen Regeln

a) Bestimmungen des Telefonverkehrs

123

Länder	Besuche, Schriftwechsel, Telefongespräche und Besuche – *Bestimmungen des Telefonverkehrs*
12er-Regelung:[485] Berlin Brandenburg Bremen Hamburg Hessen Mecklenburg-Vorpommern Rheinland-Pfalz Saarland Sachsen Sachsen-Anhalt Schleswig-Holstein Thüringen	***§ 40 12er-Regelung: Telefongespräche*** **Den Untersuchungsgefangenen kann gestattet werden, auf eigene Kosten Telefongespräche zu führen. Die Bestimmungen über den Besuch gelten[486] entsprechend.[487] Ist die Überwachung des Telefongesprächs erforderlich, ist die beabsichtigte Überwachung den Gesprächspartnern der Untersuchungsgefangenen unmittelbar nach Herstellung der Verbindung durch die Anstalt oder die Untersuchungsgefangenen mitzuteilen. Die Untersuchungsgefangenen sind rechtzeitig vor Beginn des Telefongesprächs über die beabsichtigte Überwachung und die Mitteilungspflicht nach Satz 3 zu unterrichten.** **Abweichende Regelungen:** ***Bremen, § 40 Abs. 2, 3 BremUVollzG, zusätzlich:*** (2) Der Besitz und die Benutzung von Mobilfunkendgeräten innerhalb des Geländes der Anstalt sind verboten. (3)[488] Die Anstalt darf technische Geräte 1. zur Auffindung von Mobilfunkendgeräten, 2. zur Aktivierung von Mobilfunkendgeräten zum Zwecke der Auffindung und 3. zur Störung von Frequenzen, die der Herstellung unerlaubter Mobilfunkverbindungen auf dem Anstaltsgelände dienen, betreiben. Dabei hat sie die von der Bundesnetzagentur gemäß § 55 Absatz 1 Satz 5 des Telekommunikationsgesetzes[489] festgelegten Rahmenbedingungen zu beachten. Der Mobilfunkverkehr außerhalb des Anstaltsgeländes darf nicht beeinträchtigt werden. ***Hamburg, § 27 HmbUVollzG: Telefongespräche*** (1) Den Untersuchungsgefangenen soll gestattet werden, auf eigene Kosten in einem angemessenen Umfang Telefongespräche mit Verteidigerinnen und Verteidigern und mit Angehörigen im Sinne des Strafgesetzbuchs zu führen. Im Übrigen kann ihnen gestattet werden, auf eigene Kosten Telefongespräche zu führen. Die Bestimmungen über den Besuch sowie § 25 Absätze 2 und 3 Nummer

485 Punktuelle Abweichungen vom Musterentwurf werden an der jeweils betroffenen Stelle durch eine Fußnote kenntlich gemacht. Nicht bloß punktuell abweichende Landesnormen werden nachfolgend gesondert aufgeführt.

486 § 40 S. 2 UVollzG Sachsen-Anhalt fügt hier ein: „[...] mit Ausnahme von § 33 Abs. 1 [...]" (vgl. den bei Rn. 45 abgedruckten Gesetzestext).

487 § 40 (Abs. 1) S. 2 UVollzG Sachsen lautet abweichend: „[...] § 33 Abs. 2, 3 und 5 sowie die §§ 34 und 35 gelten entsprechend." In der von den übrigen Ländern übernommenen Musterfassung der 12er-Regelung scheint die aus der generellen Verweisung auf die Besuchsvorschriften an sich resultierende „Mindesttelefonierdauer" (§ 33 Abs. 1) und Möglichkeit der vorherigen Ab- bzw. Durchsuchung (§ 33 Abs. 4) übersehen worden zu sein.

488 Ebenso in Mecklenburg-Vorpommern, § 40 Abs. 3 UVollzG M-V; Sachsen, § 40 Abs. 3 SächsUHaftVollzG: redaktionell geringfügig abweichend (S. 1: „Die Anstalten dürfen [...]"; S. 2: „Sie haben hierbei [...]").

489 § 40 Abs. 3 S. 2 UVollzG M-V fügt hier ein: „[...] vom 22. Juni 2004 (BGBl. I S. 1190), das zuletzt durch Artikel 3 des Gesetzes vom 25. Dezember 2008 (BGBl. I S. 3083) geändert worden ist, [...]".

Länder	Besuche, Schriftwechsel, Telefongespräche und Besuche – *Bestimmungen des Telefonverkehrs*
	1[490] gelten entsprechend. Ist die Überwachung des Telefongesprächs erforderlich, ist die beabsichtigte Überwachung den Gesprächspartnern der Untersuchungsgefangenen durch die Anstalt oder durch die Untersuchungsgefangenen unmittelbar nach Herstellung der Verbindung mitzuteilen. Die Untersuchungsgefangenen sind rechtzeitig vor Beginn des Telefongesprächs über die beabsichtigte Überwachung und die Mitteilungspflicht nach Satz 4 zu unterrichten. (2) Auf dem Gelände der Anstalt können technische Geräte zur Störung von Frequenzen betrieben werden, die der Herstellung unerlaubter[491] Mobilfunkverbindungen dienen. Es ist sicherzustellen, dass der Mobilfunkverkehr außerhalb des Anstaltsgeländes hierdurch nicht beeinträchtigt wird. Die von der Bundesnetzagentur gemäß § 55 Absatz 1 Satz 5 des Telekommunikationsgesetzes vom 22. Juni 2004 (BGBl. I S. 1190), zuletzt geändert am 29. April 2009 (BGBl. I S. 994, 997), in der jeweils geltenden Fassung festgelegten Rahmenbedingungen sind zu beachten. *Hessen, § 28 HUVollzG: Telekommunikation* (1) Den Untersuchungsgefangenen kann gestattet werden, Telefongespräche zu führen. Aus wichtigen Gründen können sie andere Kommunikationsmittel durch Vermittlung und unter Aufsicht der Anstalt nutzen. (2) Für Telefongespräche und sonstige mündliche Kommunikation gilt § 26 Abs. 4 entsprechend. Findet danach eine Überwachung statt, so sind die Untersuchungsgefangenen und die anderen Gesprächsbeteiligten vor Beginn der Überwachung hierauf hinzuweisen. Für schriftliche Kommunikation gelten die Vorschriften über den Schriftwechsel entsprechend. (3) Untersuchungsgefangenen ist der Besitz und Betrieb von Mobilfunkendgeräten und sonstigen Telekommunikationsanlagen auf dem Gelände der Anstalt untersagt. Die Anstalt darf technische Geräte zur Störung oder Unterdrückung von Frequenzen betreiben, die der Herstellung unerlaubter Telekommunikation auf dem Anstaltsgelände, insbesondere des Mobilfunkverkehrs, dienen. Sie hat hierbei die von der Bundesnetzagentur nach § 55 Abs. 1 Satz 5 des Telekommunikationsgesetzes vom 22. Juni 2004 (BGBl. I S. 1190), zuletzt geändert durch Gesetz vom 17. Februar 2010 (BGBl. I S. 78), festgelegten Rahmenbedingungen zu beachten. Frequenznutzungen außerhalb des Geländes der Anstalten dürfen nicht erheblich gestört werden. *Mecklenburg-Vorpommern, § 40 Abs. 2 UVollzG M-V, zusätzlich:* (2) Auf dem Gelände der Anstalt sind der Besitz und die Benutzung von Mobilfunkendgeräten verboten. Über Ausnahmen entscheidet die Aufsichtsbehörde.[492]

490 Vgl. § 37 Abs. 3 12er-Gruppe, abgedruckt bei Rn. 93.
491 Anders als z.B. § 40 Abs. 2 UVollzG Bremen oder § 28 Abs. 3 S. 1 UVollzG Hessen enthält das UVollzG Hamburg kein ausdrückliches Verbot des Besitzes und der Benutzung von Mobilfunkendgeräten; dieses setzt § 27 Abs. 2 UVollzG Hamburg offenbar stillschweigend voraus.
492 Zusätzlich Abs. 3 siehe bei Bremen, § 40 Abs. 3 BremUVollzG.

Länder	Besuche, Schriftwechsel, Telefongespräche und Besuche – *Bestimmungen des Telefonverkehrs*
	Sachsen, § 40 Abs. 2 SächsUHaftVollzG, zusätzlich: (2) Innerhalb des Geländes der Anstalten sind der Besitz und die Benutzung von Mobilfunkendgeräten verboten.[493]
Baden-Württemberg	*§ 20 JVollzGB II: Telefongespräche*[494] (1) Untersuchungsgefangenen kann gestattet werden, zu telefonieren. (2) Im Übrigen gelten für Telefonate die für den Besuch geltenden Vorschriften mit Ausnahme von § 12 Abs. 2 entsprechend. Die Überwachung der Unterhaltung ist den Gesprächspartnern der Untersuchungsgefangenen unmittelbar nach Herstellung der Verbindung von der Justizvollzugsanstalt oder den Untersuchungsgefangenen mitzuteilen. Die Untersuchungsgefangenen sind rechtzeitig vor Beginn des Telefongesprächs über die beabsichtigte Überwachung und Mitteilungspflicht zu unterrichten. (3) Die Kosten der Telefongespräche tragen die Untersuchungsgefangenen. Sind sie dazu nicht in der Lage, kann die Justizvollzugsanstalt die Kosten in begründeten Fällen in angemessenem Umfang übernehmen.
Bayern	*Art. 21 BayUVollzG: Telekommunikation* (1) Die Untersuchungsgefangenen dürfen mit Erlaubnis des Anstaltsleiters oder der Anstaltsleiterin in dringenden Fällen Telefongespräche führen, soweit die Sicherheit und Ordnung sowie die räumlichen, personellen und organisatorischen Verhältnisse der Anstalt dem nicht entgegenstehen. (2) Art. 16 Abs. 2, Art. 17 Abs. 1 Satz 1, Abs. 4 sowie Art. 18 Abs. 2 gelten entsprechend. Bei einer Überwachung von Telefongesprächen gelten Art. 35 Abs. 1 Sätze 3 und 4 BayStVollzG (3) Ein Anspruch auf Nutzung einer anderen Form der Telekommunikation besteht nicht. (4) Art. 35 Abs. 3 BayStVollzG gilt entsprechend. *Art. 22 BayUVollzG: Verkehr mit Verteidigern sowie besonderen Stellen* – abgedruckt im Unterabschnitt „Besuche“ Rn. 54 - *Art. 35 Abs. 1 S. 3 und 4 BayStVollzG:* (1) [...] Ist die Überwachung der fernmündlichen Unterhaltung erforderlich, ist die beabsichtigte Überwachung den Gesprächspartnern der Gefangenen unmittelbar nach Herstellung der Verbindung durch die Anstalt oder die Gefangenen mitzuteilen. Die Gefangenen sind rechtzeitig vor Beginn der fernmündlichen Unterhaltung über die beabsichtigte Überwachung und die Mitteilungspflicht nach Satz 3 zu unterrichten. *Art. 35 Abs. 3 BayStVollzG:* (3) Die Anstalt darf technische Geräte zur Störung von Frequenzen betreiben, die der Herstellung unerlaubter Mobilfunkverbindungen auf dem Anstaltsgelände dienen. Sie hat hierbei die von der Bundesnetzagentur gemäß § 55 Abs. 1 Satz 5 des Telekommunikations-

493 Zusätzlich Abs. 3 siehe bei Bremen, § 40 Abs. 3 BremUVollzG.
494 Zu den für den Besuch geltenden Vorschriften s. das Kapitel „Besuche“ Rn. 54.

Länder	Besuche, Schriftwechsel, Telefongespräche und Besuche – *Bestimmungen des Telefonverkehrs*
	gesetzes festgelegten Rahmenbedingungen zu beachten. Der Mobilfunkverkehr außerhalb des Geländes der Anstalt darf nicht beeinträchtigt werden.
Niedersachsen	*§ 148 NJVollzG: Telefongespräche* (1) Die oder der Gefangene kann mit Erlaubnis der Vollzugsbehörde, die der Zustimmung des Gerichts bedarf, Telefongespräche durch Vermittlung der Vollzugsbehörde führen. Die Erlaubnis kann versagt werden, wenn der Zweck der Untersuchungshaft, die Sicherheit, die Ordnung oder die räumlichen, personellen oder organisatorischen Verhältnisse der Anstalt es erfordern. (2) Die Erlaubnis kann unter den in Absatz 1 Satz 2 genannten Voraussetzungen von der Befolgung von Weisungen abhängig gemacht werden. § 143 Abs. 2 Satz 3, § 144 Abs. 1 Satz 2, Abs. 2, 3 und 5, § 145 Abs. 2 sowie § 33 Abs. 1 Sätze 3 und 4 und Abs. 4 gelten entsprechend.[495] *§ 149 NJVollzG: Verkehr mit Verteidigerinnen und Verteidigern, der Führungsaufsichtsstelle sowie der Bewährungs- und Gerichtshilfe* (1) [...] Telefongespräche dürfen mit Erlaubnis des Gerichts durch Vermittlung der Vollzugsbehörde unüberwacht geführt werden. § 143 Abs. 2 Sätze 2 und 3, § 145 Abs. 2 sowie § 33 Abs. 4 gelten entsprechend.[496] Auch bei Vorliegen einer Erlaubnis kann die Vollzugsbehörde die Vermittlung des Gesprächs vorübergehend ablehnen, soweit die räumlichen, personellen und organisatorischen Verhältnisse der Anstalt es erfordern. § 134 Abs. 1, 2, 4 und 5 findet keine Anwendung. (2) Für den Verkehr einer oder eines Gefangenen, die oder der unter Bewährungs- oder Führungsaufsicht steht oder über die oder den ein Bericht der Gerichtshilfe angefordert ist, mit der Bewährungshelferin oder dem Bewährungshelfer, der oder dem Bediensteten der Führungsaufsichtsstelle oder der Gerichtshilfe gilt Absatz 1 entsprechend. *§ 33 Abs. 1, 4 NJVollzG: Telekommunikation* (1) [...] Ist eine akustische Überwachung beabsichtigt, so ist dies der Gesprächspartnerin oder dem Gesprächspartner unmittelbar nach Herstellung der Verbindung durch die Vollzugsbehörde oder die Gefangene oder den Gefangenen mitzuteilen. Die oder der Gefangene ist rechtzeitig vor Beginn der Unterhaltung über die beabsichtigte Überwachung und die Mitteilungspflicht nach Satz 3 zu unterrichten. (4) Durch den Einsatz technischer Mittel kann verhindert werden, dass mittels einer innerhalb der Anstalt befindlichen Mobilfunkendeinrichtung unerlaubte Telekommunikationsverbindungen hergestellt oder aufrechterhalten werden. Der Telekommunikationsver-

495 § 143 Abs. 2 Satz 3, § 144 Abs. 1 Satz 2, Abs. 2, 3 und 5 NJVollzG: vgl. IV. Besuche, § 145 Abs. 2 NJVollzG: vgl. den Abschnitt „Schriftwechsel" Rn. 93.

496 § 143 Abs. 2 Sätze 2 und 3 NJVollzG: vgl. den Abschnitt „Besuche", § 145 Abs. 2 NJVollzG: vgl. den Abschnitt „Schriftwechsel" Rn. 93.

Länder	Besuche, Schriftwechsel, Telefongespräche und Besuche – *Bestimmungen des Telefonverkehrs*
	kehr außerhalb des räumlichen Bereichs der Anstalt darf nicht beeinträchtigt werden.
Nordrhein-Westfalen	*§ 21 UVollzG NRW: Telefongespräche* (1) Untersuchungsgefangene dürfen Telefongespräche auf eigene Kosten führen, soweit die räumlichen, personellen und organisatorischen Verhältnisse der Anstalt dies zulassen und Sicherheit oder Ordnung nicht entgegenstehen. Das Nähere regelt die Anstalt. § 19 Absatz 3 gilt entsprechend. (2) Ist die Überwachung des Telefongesprächs angeordnet, teilt die Anstalt die beabsichtigte Überwachung der Gesprächspartnerin oder dem Gesprächspartner der Untersuchungsgefangenen unmittelbar nach Herstellung der Verbindung mit. Die Untersuchungsgefangenen sind rechtzeitig vor Beginn des Telefongesprächs über die beabsichtigte Überwachung und die Mitteilungspflicht nach Satz 1 zu unterrichten. *§ 22 Abs. 1, 4 UVollzG NRW: Verkehr mit Verteidigerinnen und Verteidigern sowie dem ambulanten Sozialen Dienst* (1) Mit ihren Verteidigerinnen und Verteidigern dürfen Untersuchungsgefangene ohne Beschränkung und Überwachung a) [...] b) unter den Voraussetzungen des § 21 Absatz 1 Satz 1 auch telefonisch verkehren. (4) Absatz 1 bis 3 gilt für den Verkehr mit dem ambulanten sozialen Dienst entsprechend, soweit die Untersuchungsgefangenen unter Bewährungs- oder Führungsaufsicht stehen oder über sie Berichte der Gerichtshilfe angefordert sind. *§ 19 Abs. 3 UVollzG NRW: Überwachung von Besuchen* (3) Der Besuch kann abgebrochen werden, wenn aufgrund des Verhaltens der Besucher oder der Untersuchungsgefangenen die Sicherheit oder Ordnung der Anstalt gefährdet wird.

b) Sonderbestimmungen für junge Untersuchungsgefangene

124

Länder	Besuche, Schriftwechsel, Telefongespräche und Pakete – Sonderbestimmungen für junge Untersuchungsgefangene
12er-Regelung:[497] Berlin Brandenburg Bremen Hamburg Hessen Mecklenburg-Vorpommern Rheinland-Pfalz	*§ 72 Abs. 3, 6 12er-Regelung.[498] Besuche, Schriftwechsel, Telefongespräche* (3) Bei minderjährigen Untersuchungsgefangenen können Besuche, Schriftwechsel und Telefongespräche[499] auch untersagt werden, wenn Personensorgeberechtigte nicht einverstanden sind. (6) Für Besuche, Schriftwechsel und Telefongespräche mit Beiständen nach § 69 des Jugendgerichtsgesetzes[500] gelten die §§ 34 und 35 Abs. 4[501] sowie § 37 Abs. 2[502] entsprechend.

497 Punktuelle Abweichungen vom Musterentwurf werden an der jeweils betroffenen Stelle durch eine Fußnote kenntlich gemacht. Nicht bloß punktuell abweichende Landesnormen werden nachfolgend gesondert in Kursiv aufgeführt. Die vollständige Fassung des § 72 ist im Abschnitt „Grundsatz" abgedruckt.

Länder	Besuche, Schriftwechsel, Telefongespräche und Pakete – Sonderbestimmungen für junge Untersuchungsgefangene
Saarland Sachsen Sachsen-Anhalt Schleswig-Holstein Thüringen	**Abweichende Regelungen:** ***Hessen, § 49 Abs. 1, 4 HUVollzG: Außenkontakte*** (1) Kontakte[503] mit bestimmten Personen können bei jungen Untersuchungsgefangenen über § 25 Abs. 2 hinaus untersagt werden, 1. bei Personen, die nicht Angehörige im Sinne des § 11 Abs. 1 Nr. 1 des Strafgesetzbuchs sind, wenn zu befürchten ist, dass sie einen schädlichen Einfluss auf die jungen Untersuchungsgefangenen haben, oder 2. wenn Personensorgeberechtigte nicht einverstanden sind. (4) Beistände nach § 69 des Jugendgerichtsgesetzes stehen bei Kontakten mit jungen Untersuchungsgefangenen Verteidigerinnen und Verteidigern gleich.
Baden-Württemberg	***§ 74 Abs. 3 JVollzGB II: Verkehr mit der Außenwelt*** **(3) Der Jugendgerichtshilfe ist der Verkehr mit jungen Untersuchungsgefangenen in demselben Umfang wie einem Verteidiger oder einer Verteidigerin gestattet. Dasselbe gilt in den Fällen, in denen junge Untersuchungsgefangene der Betreuung und Aufsicht von Betreuungshelfern unterstehen, für diese oder, wenn für sie ein Erziehungsbeistand bestellt ist, für die Erziehungsbeistände.**
Bayern	***Art. 32 BayUVollzG: Verkehr mit der Außenwelt*** **– abgedruckt im Unterabschnitt „Grundsatz" –**
Niedersachsen	***§ 160 Abs. 2, 3 NJVollzG: Besuche, Schriftwechsel, Telefongespräche und Pakete*** **(2) Unbeschadet der Vorschriften des Vierten Kapitels können Besuche von bestimmten Personen auch untersagt werden, wenn die Personensorgeberechtigten es beantragen oder wenn es aus erzieherischen Gründen erforderlich ist. Satz 1 gilt entsprechend für [...] die Telefongespräche [...].** **(3) Für den Verkehr mit Betreuungspersonen, Erziehungsbeiständen und Personen, die Aufgaben der Jugendgerichtshilfe wahrnehmen, gilt § 149 Abs. 1 entsprechend.**
Nordrhein-Westfalen	***§ 52 Abs. 2 UVollzG NRW: Verkehr mit der Außenwelt*** **(2) Für den Verkehr mit Betreuungspersonen, Erziehungsbeiständen und Personen, die Aufgaben der Jugendgerichtshilfe wahrnehmen, gilt § 22 Absatz 1 entsprechend.**

498 Im UVollzG Hamburg: „§ 78 – Verkehr mit Personen außerhalb der Anstalt".

499 § 78 Abs. 3 UVollzG Hamburg führt hier nur „[...] Besuche und Schriftwechsel [...]" auf.

500 Im UVollzG Sachen heißt es an dieser Stelle: „[...] (JGG) in der Fassung der Bekanntmachung vom 11. Dezember 1974 (BGBl. I S. 3427), das zuletzt durch Artikel 7 des Gesetzes vom 29. Juli 2009 (BGBl. I S. 2280, 2285) geändert worden ist, in der jeweils geltenden Fassung [...]". Im UVollzG SH heißt es an dieser Stelle: „[...] in der Fassung der Bekanntmachung vom 11. Dezember 1974 (BGBl. I S. 3427), zuletzt geändert durch Artikel 7 des Gesetzes vom 29. Juli 2009 (BGBl. I S. 2280) [...]".

501 Abgedruckt bei Rn. 54.

502 Abgedruckt bei Rn. 93. § 78 Abs. 6 UVollzG Hamburg: „[...] § 23 und § 25 Absatz 2 [...]". Das UVollzG Berlin und das UVollzG Sachsen-Anhalt verweisen an dieser Stelle zusätzlich auf § 39 Abs. 4.

503 Das UVollzG Hessen verwendet den Begriff „Kontakte" (vgl. die Überschrift des Sechsten Abschnitts, §§ 25 ff.: „Außenkontakte der Untersuchungsgefangenen") – ohne Legaldefinition – als Oberbegriff für sämtliche im sechsten Abschnitt genannten Arten des Außenverkehrs als da wären: "Besuche" (§ 26), „Schriftwechsel" (§ 27), „Telekommunikation" (§ 28) sowie „Empfang und Versendung von Paketen" (§ 29), vgl. RegE Hessen S. 139.

125 **2. Beschränkungen nach Bundesrecht (§ 119 StPO). a) Grundsatz.** Gemäß § 119 StPO gelten **keine standardmäßigen Beschränkungen** im Untersuchungshaftvollzug (s. Rn. 18). Dies bedeutet, dass Telefonate des Untersuchungsgefangenen grundsätzlich (d.h. unter dem Gesichtspunkt des Haftgrundes und der Verfahrenssicherung, vorbehaltlich vollzuglicher Anordnungen der Anstaltsleitung)

- ohne Erlaubnis,
- ohne zeitliche Vorgaben,
- ohne Überwachung

stattfinden können, soweit und solange nicht durch Anordnung im Einzelfall verfahrenssichernde Beschränkungen (§ 119 Abs. 1 StPO) gemacht werden.

126 Mögliche Beschränkungen des Telefonverkehrs (Erlaubnisvorbehalt, Überwachung, Abbruch) enthält der Katalog des § 119 Abs. 1 S. 2 StPO in seinen Ziff. 1. und 2. (i.V.m. S. 7). Da der Katalog **nicht abschließend** ist („insbesondere"), sind weitere Beschränkungen denkbar, z.B. im Falle der Verdunkelungsgefahr das generelle Verbot des Telefonverkehrs oder eine Telefonerlaubnis verbunden mit der Anordnung einer Überwachung und der Auflage, nicht über verfahrensrelevante Umstände zu sprechen. Etwaige Beschränkungen dürfen jedoch nur unter dem Gesichtspunkt der „Abwehr einer Flucht-, Verdunkelungs- oder Wiederholungsgefahr" gemacht werden. Eingriffe zu anderen Zwecken (z.B. Gefahrenabwehr, Verfolgung schwerer Straftaten, Gewährleistung der Sicherheit oder Ordnung der Anstalt) können nicht auf § 119 StPO, sondern ggf. auf spezielle Normen wie §§ 100 a, 100 b StPO oder die Vollzugsgesetze der Länder gestützt werden. Etwaige Beschränkungen sind dem Untersuchungsgefangenen[504] stets **mitzuteilen** (§ 119 Abs. 1 S. 6 StPO), im Falle der Überwachung sieht § 119 Abs. 3 StPO eine Mitteilung auch gegenüber dem Gesprächspartner vor.

127 § 119 Abs. 1 verwendet, anders als die meisten Ländergesetze - s. Rn. 139 -, den weiter gefassten Begriff der „**Telekommunikation**", worunter nicht allein klassische (Festnetz-)Telefonate, sondern auch andere Telekommunikationsformen fallen (Mobiltelefon/SMS, Internet/E-Mail etc.[505]). Die Nutzung anderer Kommunikationsmittel als des (Festnetz-)Telefons ist in der Judikatur zu § 119 StPO bisher nur vereinzelt thematisiert worden.[506] Die Einbringung von Mobiltelefonen oder Laptops in die Anstalten wurde unter Hinweis auf die Gefahr eines unkontrollierten/unüberwachten Daten- und Kommunikationsaustausches regelmäßig für unvereinbar mit dem Haftzweck (wie auch mit der Anstaltssicherheit und -ordnung) gehalten.[507] Soweit die Kompetenz des Haftrichters berührt ist, wird jedenfalls bei Anordnung von Erlaubnisvorbehalten und/oder Überwachungsmaßnahmen für den Außenverkehr auch weiterhin von einer regelmäßigen Unvereinbarkeit solcher Kommunikationsformen mit dem Haftzweck auszugehen sein. Einige Ländergesetze enthalten zudem ein ausdrückliches Verbot des Einbringens von Mobiltelefonen in die Anstalt (s. Rn. 139).

128 Etwaige Anordnungen im Bereich der Telekommunikation wären[508] auch bei **Telefongesprächen zwischen Gefangenen innerhalb einer Anstalt** zu beachten, wenngleich solche Fälle in der Praxis kaum auftauchen werden. Relevant geworden ist die Frage von Beschränkungen der Kommunikation der Untersuchungsgefangenen untereinander bisher praktisch nur im Bereich des Besuchsverkehrs;[509] die Interessenlage der Beteiligten und die möglichen Gefährdungen des Haftzwecks sind vergleichbar mit dem Fall des „echten" Außenverkehrs, so

504 § 119 StPO verwendet stattdessen den Begriff des „inhaftierten Beschuldigten".
505 Der RegE Bund erläutert diesen Begriff nicht. Telefaxe stellen eine Form des „Schriftwechsels" dar (vgl. § 145 Abs. 1 S. 2 NJVollzG sowie RegE Niedersachsen, S. 115); s. dazu Rn. 93 ff.
506 Nachweise bei Hilger in: Löwe/Rosenberg, StPO, § 119 Rn. 114.
507 Exemplarisch OLG Schleswig SchlHA 2001, 136; OLG Stuttgart NStZ-RR 2003, 347; für Einschränkungen bei berechtigten Verteidigungsinteressen: LG Mannheim StraFo 2008, 469.
508 Im Gegensatz zu den landesgesetzlichen Bestimmungen über den Telefonverkehr, dazu unten Rn. 138.
509 S. die Nachweise bei Schultheis in: KK-StPO, § 119 Rn. 25 (zur a.F.); Meyer-Goßner, StPO, § 119 Rn. 11 und Schlothauer/Weider, Untersuchungshaft, Rn. 1156. Vgl. im Übrigen Rn. 58.

dass für Telefongespräche keine anderen Maßstäbe gelten können (vgl. zur Frage des „echten“ Außenverkehrs Rn. 17, 38).

b) Erlaubnisvorbehalt. Ein unbeschränkter, unüberwachter Telefonverkehr mit Personen 129
außerhalb der Anstalt wurde von der h.M. auf der Grundlage des § 119 Abs. 3 StPO i.V.m. Nr. 38 Abs. 1 UVollzO für regelmäßig unvereinbar sowohl mit dem Haftzweck als auch mit der Anstaltssicherheit und -ordnung gehalten.[510] Argumentiert wurde zumeist damit, dass der erforderliche Überwachungsaufwand die organisatorischen und personellen Ressourcen der Vollzugsanstalten übersteige. So wurde – von den Fällen des §§ 148, 148 a StPO abgesehen – in der Regel ein „berechtigtes Interesse“ zum Führen eines Telefonats für erforderlich gehalten. Auf der Grundlage der heutigen Rechtslage lässt sich dies – mit Gründen der Verfahrenssicherung – nicht mehr rechtfertigen. Die Möglichkeit von Fluchtvorbereitungen und Verdunkelungsabreden im Rahmen unbeschränkter, unüberwachter Telefonate liegt auf der Hand; dies entbindet das Haftgericht jedoch nicht von einer **einzelfallbezogenen Prüfung** einer etwaigen Anordnung gem. § 119 Abs. 1 S. 2 Nr. 1 StPO. Dabei bedingt ein Erlaubnisvorbehalt nicht automatisch eine Überwachung.[511] Vielmehr ist bereits durch einen Erlaubnisvorbehalt eine gewisse Kontrolle darüber hergestellt, mit welcher Person (bzw. zumindest mit wessen Anschluss) der Gefangene kommuniziert. Durch technische Maßnahmen (beschränkte Freischaltung) kann sichergestellt werden, dass der Untersuchungsgefangene nur denjenigen Anschluss anwählen (oder von diesem aus angerufen werden) kann, für welchen er eine Erlaubnis erhalten hat.[512]

Die **Voraussetzungen für die Anordnung** eines Erlaubnisvorbehalts für Telefongespräche dürfen angesichts der Notwendigkeit der einzelfallbezogenen Prüfung andererseits auch nicht überspannt werden. Aus der Umkehr des Regel-Ausnahme-Verhältnisses für Beschränkungen in § 119 Abs. 1 StPO (vgl. Rn. 2 und Rn. 18) folgt nicht, dass Beschränkungen der Telekommunikation die Ausnahme, ein in jeder Hinsicht unbeschränkter Außenverkehr folglich die „Regel“ sein müsse.[513] Vielmehr bedarf es „nur“ einer einzelfallbezogenen Prüfung und Begründung, die sich nicht pauschal in der Bezugnahme auf den Haftgrund erschöpfen darf.[514]

Wenn es um Beschränkungen im Bereich der Telefongespräche geht, beschäftigen sich Literatur und Judikatur – ohne dass dies näher thematisiert wird – stets mit **abgehenden** Gesprächen des Untersuchungsgefangenen. Dabei fällt die Möglichkeit des Untersuchungsgefangenen, ein **ankommendes Gespräch** entgegenzunehmen, begrifflich genauso unter das „Führen“ von „Telefongesprächen“ (so die Formulierung in den einschlägigen Normen der Ländergesetze). Grund für die Blickverengung auf abgehende Gespräche mag die bislang äußerst restriktive Handhabung des Telefonverkehrs sein, welche eine Entgegennahme von Telefonaten praktisch unmöglich machte, da nur in Ausnahmefällen Telefonate gestattet wurden. Unbeschadet vollzuglicher Gesichtpunkte steht jedenfalls unter dem Blickwinkel

510 Umfangreiche Nachweise bei Hilger in: Löwe/Rosenberg, StPO, § 119 Rn. 106; Schultheis in: KK-StPO, § 119 Rn. 56.

511 A.A. offenbar Meyer-Goßner, StPO, § 119 Rn. 17: „in der Regel“. Umgekehrt scheint jedoch eine Überwachung ohne gleichzeitigen Erlaubnisvorbehalt schwerlich durchführbar; s. auch RegE Bund, S. 25: Eine sachgerechte Überwachung werde durch den Erlaubnisvorbehalt gewährleistet.

512 Ein entsprechendes System wird in manchen Straf- und Untersuchungshaftanstalten Schleswig-Holsteins bereits seit Jahren erfolgreich genutzt.

513 RegE Bund, S. 24, zum Beispiel der „Überwachung der Kommunikation“: Es seien „durchaus Fälle denkbar“ [!], in denen der Haftzweck solche Beschränkungen nicht rechtfertige.

514 S. bereits Rn. 18 ff. König NStZ 2010, 185 (189), folgert aus der Umkehr des Regel-Ausnahme-Verhältnisses, dass ein Erlaubnisvorbehalt für Telefonate (auch) bei Verdunkelungsgefahr nur ausnahmsweise angeordnet werden dürfe. Zutreffend ist, dass konkrete Anhaltspunkte für die Möglichkeit eines Missbrauchs unkontrollierter Telefonate benannt werden müssen. Allerdings dürften sich nicht viele Fälle konstruieren lassen, in denen trotz konkreter Anhaltspunkte für die Gefahr verdunkelnder Handlungen jedwede Kontrolle darüber, zu welchem Personenkreis der Untersuchungsgefangene Kontakt aufnimmt, entbehrlich bzw. bereits unverhältnismäßig erscheinen müsste. Zutreffend zu den Gefahren einer ungehinderten Kontaktaufnahme zu beliebigen Personen bei Zusammentreffen von Flucht- und Verdunkelungsgefahr: OLG Hamm StV 2010, 368.

der Verfahrenssicherung ein ankommendes Gespräch einem abgehenden Gespräch gleich; § 119 Abs. 3 StPO lässt sich auf beide Konstellationen anwenden.

Zur **Form der Erlaubnis** gilt das zur Besuchserlaubnis, Rn. 60, Gesagte entsprechend. Sofern eine Überwachung der Telefonate nicht angeordnet ist, dürfte der Erteilung einer „Dauererlaubnis" zum Telefonieren mit einer bestimmten Person – jedenfalls unter dem Gesichtspunkt des Haftzwecks – nichts entgegenstehen.[515] Ansonsten – insbesondere bei angeordneter Überwachung – wird die bisherige Praxis, nur „Einmalerlaubnisse" zu erteilen, beibehalten werden müssen. Hinsichtlich der **Versagung bzw. des Widerrufs einer Telefonerlaubnis** im Einzelfall (bei angeordnetem Vorbehalt), auch im Falle von gewünschten Telefonaten mit Familienangehörigen, gelten die gleichen Maßstäbe wie im Bereich des Besuchsverkehrs; auf die entsprechende Darstellung wird daher verwiesen (vgl. Rn. 62).

130 c) **Überwachungsmaßnahmen.** Nr. 38 Abs. 1 S. 3 **UVollzO** sah eine Überwachung sämtlicher Telefonate, ausgenommen solche mit dem Verteidiger (Nr. 36 Abs. 1 UVollzO), vor. Durch eine richterliche Anordnung nach § 119 Abs. 6 S. 1 StPO a.F. im Aufnahmeersuchen wurden in der Praxis die Bestimmungen der UVollzO regelmäßig für den Einzelfall übernommen; vgl. Rn. 4. Dabei oblag die Ausführung der Überwachung der Anstalt (Nr. 4 UVollzO). Eine Überwachung bedeutete, dass das Telefonat „im vollen Wortlaut mitgehört" wurde (Nr. 38 Abs. 1 S. 3, 1. HS UVollzO). Nunmehr ist durch § 119 Abs. 1 S. 2 Nr. 2 StPO eine Überwachung des Außenverkehrs nicht mehr standardmäßig vorgesehen, sondern setzt eine entsprechende Anordnung im Einzelfall voraus. Gleichwohl werden Anordnungen zur Überwachung des Telefonverkehrs („Telekommunikation") in der Praxis weiterhin häufig auftreten, wie unter Rn. 129 bereits ausgeführt wurde.[516]

131 Da der Haftrichter in den seltensten Fällen die Ausführung der Überwachung persönlich wird durchführen wollen/können, wird in der Praxis die **Übertragung der Ausführung** auf die Staatsanwaltschaft mit einer Weiterdelegation von dort auf die Anstalt (§ 119 Abs. 2 S. 2 StPO) der Regelfall sein, so dass im Ergebnis derselbe Zustand wie nach früherer Rechtslage (s. Rn. 5 und 30) herrscht. Anders als bei Besuchen stellt sich die Frage nach der Art der Überwachung bei Telefonaten nicht. Gemeint ist weiterhin die akustische Überwachung.[517] Sofern im Einzelfall von einer Überwachung abzusehen ist, muss (auch im Falle der Übertragung nach § 119 Abs. 2 S. 2 StPO) eine entsprechende Entscheidung durch das Haftgericht getroffen werden, da die Entscheidung über das „Ob" der Überwachung nicht übertragbar ist (s. Rn. 67).

132 Die angeordnete Überwachung eines Telefonats ist gem. § 119 Abs. 3 StPO den Gesprächspartnern des Untersuchungsgefangenen unmittelbar nach Herstellung der Verbindung mitzuteilen („**offene Überwachung**"). Vergleichbare Regelungen finden sich in den Ländergesetzen zum Untersuchungshaftvollzug für entsprechende Anordnungen auf vollzuglicher Grundlage (s. Rn. 142). Unberührt hiervon bleibt die Möglichkeit „verdeckter" Maßnahmen auf der Grundlage anderer Bestimmungen der StPO, hier insbesondere des § 100 a (heimliche Telefonüberwachung bei Verdacht schwerer Straftaten).[518] Nur aufgrund „verdeckter" Maßnahmen nach allgemeinen Vorschriften ist im Übrigen eine Aufzeichnung des Gesprächsinhalts oder der sog. Verkehrsdaten zulässig (§§ 100 a, b, g StPO). § 119 Abs. 1 StPO bietet - auch im Falle der Anordnung der Telefonüberwachung - für solche Aufzeichnungen keine Grundlage.

133 Bei Telefonaten, die nicht in deutscher Sprache geführt werden, muss im Falle der Notwendigkeit einer akustischen Überwachung die Hinzuziehung eines **Dolmetschers** angeordnet

515 Diese Lösung erscheint praktikabler als der Vorschlag von König NStZ 2010, 185 (189), einen zuvor festzulegenden Personenkreis vom Erlaubnisvorbehalt auszunehmen.

516 RegE Bund, S. 25: „wird häufiger geboten sein".

517 Wie die „optische" Überwachung eines Telefonats (OLG Frankfurt NStZ-RR 2003, 219) aussehen sollte, bleibt fraglich (übernommen, aber ebenso wenig erklärt bei Calliess/Müller-Dietz, StVollzG, § 32 Rn. 1).

518 RegE Bund, S. 36; zu den Grenzen (heimliches Abhören von Ehegattengesprächen im Besucherraum) BGH NJW 2009, 2463.

werden. Nach h.M. trägt – anders als bei der Überwachung des Besuchs- und Schriftverkehrs – die hierfür anfallenden **Kosten** der Untersuchungsgefangene.[519]

d) Abbruch von Telefonaten. § 119 Abs. 1 S. 7 StPO stellt klar, dass durch die Anordnung einer Telefonüberwachung (§ 119 Abs. 1 S. 2 Nr. 2 StPO) die ausführende Stelle auch zum Abbruch des Telefonats ermächtigt wird. Der Abbruch ist eine im Einzelfall aufgrund konkreter Anhaltspunkte für eine Gefährdung des Haftzwecks zu treffende **Maßnahme** im Rahmen der Ausführung der Telefonüberwachung (§ 119 Abs. 2 StPO), welche mit dem Antrag auf gerichtliche Entscheidung angefochten werden kann.[520] Darüber hinaus kann der Abbruch eines Telefonat Anlass dazu geben, den Widerruf der Erlaubnis zu prüfen, vgl. Rn. 62, 75, 129. 134

e) Telefonate mit Verteidigern und privilegierten Personen bzw. Stellen. Das Privileg des § 119 Abs. 4 i.V.m. §§ 148, 148 a StPO gilt auch im Bereich der Telekommunikation. Mit den dort genannten Stellen darf der Untersuchungsgefangene – im Rahmen des für die Anstalt organisatorisch Möglichen – **unbeschränkt**, d.h. erlaubnisfrei und unüberwacht telefonieren; etwaige allgemeine Anordnungen nach § 119 Abs. 1 StPO entfalten insoweit keine Wirkung. Da die Rechtslage derjenigen im Bereich des Besuchsverkehrs entspricht, wird auf Rn. 76, 77 verwiesen. 135

3. Beschränkungen nach Landesrecht (U-Haft-Vollzugsgesetze). a) Grundsatz: Erlaubnisvorbehalt. Nach allen Ländergesetzen[521] ist das Führen eines Telefonats[522] unter den Vorbehalt einer Erlaubnis (bzw. „Gestattung") der Anstaltsleitung gestellt. In den Ländern der 12er-Regelung besteht aufgrund der Gesetzesformulierung (§ 40 S. 1: „kann gestattet werden"[523]) **kein Anspruch** auf die Erlaubnis/Gestattung, sondern nur auf ermessensfehlerfreie Entscheidung über den Antrag.[524] Eine Begründung für eine derart weitreichende Einschränkung in Form eines repressiven Verbots mit Ausnahmevorbehalt (vgl. Rn. 40) liefern die amtlichen Entwurfstexte nicht. Offenbar war das Bestreben ausschlaggebend, die bisherige restriktive Praxis zu konservieren, wonach unter Hinweis auf den erforderlichen Überwachungsaufwand bei begrenzten organisatorischen und personellen Ressourcen der Vollzugsanstalten ein „berechtigtes Interesse" zum Führen eines Telefonats verlangt wurde.[525] Dies lässt sich jedoch mit einem an den Prinzipien der Verhältnismäßigkeit und der Unschuldsvermutung ausgerichteten Untersuchungshaftvollzug (wie auch der Leitnorm § 32 12er-Regelung) nicht länger vereinbaren.[526] 136

Gleiches gilt für Formulierungen in den übrigen Gesetzen, welche die Erlaubnis – offensichtlich fiskalisch motiviert – unter den Vorbehalt der „räumlichen, personellen oder organisatorischen Verhältnisse" der Anstalt stellen (§ 148 Abs. 1 S. 2 NJVollzG, § 21 Abs. 1 UVollzG NRW, Art. 21 Abs. 1 UVollzG Bayern).[527] Das **Vorhalten mindestens eines Telefonanschlusses pro Abteilung** zur Nutzung durch die Untersuchungsgefangenen ist fiskalisch und organisatorisch zumutbar (zumal die Kosten der Gespräche grundsätzlich - s. Rn. 146 - der Untersuchungsgefangene selbst trägt). Solange eine Überwachung der Telefonate nicht angeordnet ist, kann eine Beschränkung des Telefonverkehrs auch nicht mit fehlenden personellen Ressourcen oder Sicherheitsaspekten gerechtfertigt werden.[528] Letztendlich er- 137

519 Nachweise bei Paeffgen in: SK-StPO, § 119 Rn. 24, der dies mit beachtlichen Argumenten kritisiert.
520 S. zur entspr. Problematik beim Anhalten von Schreiben Rn. 107.
521 Unklar nur § 21 Abs. 1 S. 2 UVollzG NRW: „Das Nähere regelt die Anstalt."
522 Zum Begriff des „Telefonats" bzw. „Telefongesprächs" s. Rn. 139. Der Wortlaut („Telefongespräche") legt es zumindest nahe, regelmäßig von einer generellen Gestattung zum Führer einer beliebigen Vielzahl von Telefonaten mit beliebigen Personen auszugehen (so AnwK U-Haft/Pollähne, § 40 Rn. 11); dies dürfte jedoch gerade nicht dem - restriktiven - Willen der Landesgesetzgeber entsprechen.
523 Einzige Ausnahme: § 27 Abs. 1 S. 1 UVollzG Hamburg: „[...] soll gestattet werden".
524 Vgl. zu entsprechenden Formulierungen beim Paketversand Rn. 166; zu den Anforderungen an die Ermessensentscheidung vgl. AnwK U-Haft/Pollähne, § 40 Rn. 13 ff.
525 Nachweise zur h.M. bei Hilger in: Löwe/Rosenberg, StPO, § 119 Rn. 106.
526 Kritisch auch AnwK U-Haft/Pollähne, § 40 Rn. 6, 9, 17 f.
527 Zur Verfassungswidrigkeit solcher „Fiskalvorbehalte" vgl. Rn. 1.
528 Zur Nutzung von Kartentelefonen im geschlossen (Männer-)Vollzug in Hessen s. Schneider ZfStrVo 2001, 273.

scheint es inkonsequent, wenn Untersuchungsgefangene einerseits ein Recht auf Besuchskontakte – einschließlich Mindestbesuchsdauer – haben, ihnen andererseits aber kein Recht auf die mit wesentlich weniger Hürden versehene und organisatorisch mit geringerem Aufwand zu bewältigende telefonische Kontaktaufnahme eingeräumt wird.[529] Gerade bei Gefangenen, die längere Zeit keinen Besuch erhalten (z.B. weil Angehörige in weiter Entfernung von der Anstalt leben), haben Telefonkontakte eine nicht zu unterschätzende kompensatorische Funktion.[530]

138 Im Weiteren verweisen die landesgesetzlichen Normen zum Telefonverkehr überwiegend auf die Regelungen zum Besuchsverkehr, was insbesondere die Frage der Überwachung berührt, im Einzelfall auch zu Zweifelsfragen führt. So bleibt auch nach Lektüre der – praktisch gleichlautenden – Entwurfsbegründungen der 12er-Regelung, ob die aus der entsprechenden Geltung der Besuchsvorschriften resultierende **„Mindesttelefonierdauer“** (§ 40 S. 2 i.V.m. §§ 33 Abs. 1, 72 Abs. 1 S. 1 UVollzG 12er-Regelung[531]) so tatsächlich beabsichtigt war. Eine Ausnahme bilden Hessen, Sachsen und Sachsen-Anhalt, in deren Fassungen der § 33 Abs. 1 12er-Regelungen von der Verweisung nicht umfasst ist; vgl. auch die ausdrückliche Ausnahme in § 20 Abs. 2 S. 1 JVollzGB II Ba-Wü. Der Wortlaut der Verweisung führt zur Annahme einer garantierten Mindestdauer. Die systematische Auslegung hingegen legt nahe, dass es sich um ein Redaktionsversehen handelt.[532] Die Landesgesetzgeber sollten dies im Sinne einer Mindestdauer mit Abstufungen nach Altersgruppe der Gefangenen und Kreis der Kontakte (Angehörigentelefonate) entsprechend den Regelungen zum Besuchsverkehr künftig eindeutig regeln.[533] Nicht geregelt ist auch die offenbar stillschweigend vorausgesetzte Möglichkeit eines Widerrufs der Erlaubnis; insoweit ist auf die einschlägigen allgemeinen Vorschriften in den Landesverwaltungsgesetzen (entsprechend § 49 VwVfG im Bundesrecht) zurückzugreifen.[534]

Zur Nichtanwendung der landesrechtlichen Bestimmungen auf etwaige **Telefonate zwischen Gefangenen** innerhalb einer Anstalt s. Rn. 38, 128.

139 In den Ländergesetzen ist überwiegend (vgl. die Synopse Rn. 123) von „Telefongesprächen“ die Rede, was rein sprachlich betrachtet die Nutzung eines Mobiltelefons - jedenfalls zur Sprachtelefonie - einschließt.[535] Nur § 28 UVollzG Hessen und Art. 21 UVollzG Bayern verwenden – wie § 119 Abs. 1 S. 2 Nr. 2 StPO – den weiter gefassten Begriff der „Telekommunikation“, worunter auch **andere Formen von Kommunikationsmitteln** fallen (Kurznachrichten via Mobiltelefon, E-Mails via Internet etc.). Während in Bayern die Nutzung „einer anderen Form der Telekommunikation“ explizit ausgeschlossen ist (Art. 21 Abs. 3 UVollzG Bayern),[536] sieht das HUVollzG – was zu begrüßen ist – eine Gestattung der Nutzung anderer Kommunikationsmittel „aus wichtigen Gründen“ ausdrücklich vor (§ 28 Abs. 1 S. 2 HUVollzG).[537] Die hessische Regelung sollte in den übrigen Ländern übernommen werden. Dass eine Überwachung anderer Formen der Kommunikation in keinem Fall leistbar sei, ist nicht einzusehen, wie nicht zuletzt die zitierte Begründung des hessischen Gesetzes belegt. Bei verfassungskonformer Auslegung unter Berücksichtigung des Gedankens aus Art. 31 GG muss jedenfalls dann, wenn auf der Grundlage von § 119 Abs. 1 S. 2 Nr. 1 StPO dem Untersuchungsgefangenen konkret eine Erlaubnis für die Nutzung einer

529 Walkenhorst/Roos/Bihs in: Ostendorf, Jugendstrafvollzugsrecht, 7. Abschnitt Rn. 50.
530 Calliess/Müller-Dietz, StVollzG, § 32 Rn. 1.
531 In Hamburg: § 27 Abs. 1 S. 3 HmbUVollzG.
532 Dem repressiven Verbot mit Ausnahmevorbehalt bei Telefonaten, s.o., steht die Erlaubnisfreiheit, ggf. ein präventiver Erlaubnisvorbehalt, bei Besuchen gegenüber.
533 S. LG Fulda NStZ-RR 2007, 387 zur Forderung nach einer Mindestdauer für Telefonate im Strafvollzug.
534 Vgl. AnwK U-Haft/Pollähne, § 40 Rn. 12, der allerdings unzutreffend die (bundesgesetzliche) Norm des § 49 VwVfG für unmittelbar anwendbar hält.
535 AnwK U-Haft/Pollähne, § 40 Rn. 8 und Rn. 50. Dementsprechend untersagen die Landesgesetze Bremens, Hessens, Mecklenburg-Vorpommerns und Sachsens ausdrücklich den Besitz und die Benutzung von „Mobilfunkendgeräten“.
536 Dazu RegE Bayern, S. 71: „Der Kontrollaufwand und die Missbrauchsgefahren wären insoweit untragbar.“
537 RegE Hessen, S. 142: „Wegen der damit verbundenen Sicherheitsgefahren ist dies jedoch nur durch Vermittlung und unter Aufsicht der Anstalt möglich.“.

bestimmten anderen Kommunikationsform erteilt worden ist, ein etwaiges landesgesetzliches Verbot (wie Art. 21 Abs. 3 UVollzG Bayern) hinter § 119 StPO zurücktreten.[538] Die Gesetzgeber in den verbleibenden Ländern der 12er-Regelung waren offenbar der Meinung, die Nutzung anderer Kommunikationsmittel (als des Festnetz-Telefons) ausgeschlossen zu haben.[539] Da die Musterfassung der 12er-Regelung jedoch – anders als die o.a. Ländergesetze – keine spezielle Regelung enthält (Ausnahmen bei Mobilfunk), greift in den Ländern ohne spezielle Regelung die Generalklausel des § 32 12er-Regelung (Grundsatz: unbeschränkter Außenverkehr); für Beschränkungen/Verbote muss auf § 4 Abs. 2 12er-Regelung zurückgegriffen werden.[540] Wegen der Judikatur zur Nutzung anderer Kommunikationsmittel wird im Übrigen auf die Ausführungen unter Rn. 127 verwiesen.

Immerhin ist in einem Teil der Länder (Bayern, Bremen, Hamburg, Hessen, M-V, Niedersachen und Sachsen) die **Nutzung von Mobiltelefonen** ausdrücklich untersagt, bei ausdrücklicher Ermächtigung zum Betreiben technischer Anlagen zur Störung bzw. Unterbindung von Mobilfunkverbindungen (s. die Gesetzestexte bei Rn. 123). In den übrigen Ländern muss auch insoweit auf die Generalklauseln zurückgegriffen werden.[541]

Durch die entsprechende Geltung der Regelungen zum Besuchsverkehr finden sich in den Ländern der 12er-Regelung sowie in Ba-Wü auch – leider wenig konkrete – Bestimmungen zur **Förderung bestimmter Telefonkontakte.** Auf die Darstellung zum Besuchsverkehr wird insoweit verwiesen (s. Rn. 83).[542] In Hamburg ist durch Einbeziehung der Angehörigen im Sinne des StGB in die für Verteidigertelefonate geltende „Soll"-Gestattung von Telefonaten (§ 27 Abs. 1 S. 1 UVollzG Hamburg) immerhin eine gewisse Ausgestaltung der Förderung dieser Kontakte erfolgt. Gerade der sog. „Gegensteuerungsgrundsatz"(Rn. 1) gebietet eine großzügige Gewährung von telefonischen Kontakten zu engen Angehörigen, mit welchen den psychischen Folgen der mit der Inhaftierung einhergehenden Isolation begegnet werden kann.[543] 140

Für **junge Untersuchungsgefangene** bestehen in sämtlichen Ländergesetzen zusätzliche Ermächtigungsgrundlagen für die Untersagung eines Telefonats durch die Anstaltsleitung 141

- bei fehlendem Einverständnis (bzw. entsprechendem Antrag) der Sorgeberechtigten[544] oder
- (nach der jeweiligen Generalklausel[545]) wenn dies wegen einer „Gefährdung ihrer Entwicklung" bzw. „aus erzieherischen Gründen" erforderlich ist.[546]

---

538 S. zu ähnlichen Problematik der Übergabe von Gegenständen bei Besuchen bereits Rn. 89. Der bayerische Gesetzgeber hat die Kollision gesehen, einen Kompetenzkonflikt aber verneint. RegE Bayern, S. 71: „Die grundsätzlich aus verfahrenssichernden Gründen bestehende Möglichkeit zu anderen Formen der Telekommunikation nach § 119 StPO geht damit in Bayern aus vollzuglichen Gründen ins Leere."

539 Exemplarisch für die gleichlautenden Begründungen RegE Thüringen, S. 98 f.: „Grundsätzlich sind andere Formen der Kommunikation auf elektronischem Wege nicht erlaubt, da Missbrauchsmöglichkeiten und Kontrollaufwand zu hoch wären. Davon sind Angebote im Rahmen der Vollzugsgestaltung zu unterscheiden, die sich mit diesen Kommunikationsformen beschäftigen und unter Aufsicht durchgeführt werden."

540 Gleiches (Rückgriff auf Generalklausel) gilt für NRW, Niedersachen (dort ist immerhin der Mobilfunk geregelt) und Ba-Wü; s. Rn. 41.

541 AnwK U-Haft/Pollähne, § 40 Rn. 8.

542 Zu weitgehend angesichts des Wortlauts von § 40 S. 1 12er-Regelung: AnwK U-Haft/Pollähne, § 40 Rn. 21, der Angehörigentelefonate grundsätzlich vom Erlaubnisvorbehalt ausnehmen will.

543 Zu den Vor- und Nachteilen des telefonischen Kontakts junger Strafgefangener zu Angehörigen und engen Bezugspersonen s. Walkenhorst/Roos/Bihs in: Ostendorf, Jugendstrafvollzugsrecht, 7. Abschnitt Rn. 54, die allerdings zu weitgehend davon ausgehen, dass sogar Erpressungen durch Gesprächspartner oder die Verabredung von Straftaten nach dem Angleichungsgrundsatz hinzunehmen seien.

544 Als einziges Bundesland hat NRW dies in § 52 Abs. 1 UVollzG NRW als Muss-Vorschrift ausgestaltet, ohne dass die amtl. Begründung dies näher erläutert (RegE NRW, S. 81: „berücksichtigt die bei minderjährigen Untersuchungsgefangenen zu berücksichtigenden Besonderheiten"); dagegen RegE Bayern, S. 83, zur Soll-Vorschrift des Art. 32 Abs. 2 UVollzG Bayern: „wird dem Anstaltsleiter... ein Ermessen eingeräumt, da ein von den Personensorgeberechtigten ausgesprochenes Kontaktverbot nicht in jedem Fall dem wohlverstandenen Interesse der jungen Untersuchungsgefangenen dienen muss".

545 Zu Abweichungen in Tatbestand und Anwendungsbereich vgl. Rn. 45, 46.

546 Zur Kritik an der Legitimation von Eingriffen durch erzieherisch-präventive Gründe s. § 1 Rn. 10 f.

Die gänzliche Untersagung des telefonischen Kontakts zu bestimmten Personen aus erzieherischen Gründen erscheint unter Verhältnismäßigkeitsgesichtspunkten kaum vertretbar, da die Landesgesetze jeweils die Möglichkeit eines Abbruchs des Telefonats aus erzieherischen Gründen vorsehen (s. Rn. 144). Dieses Instrument erscheint ausreichend, um jederzeit erzieherisch bedenklichen Einflüssen im Rahmen von Telefonaten zu begegnen.

12er-Regelung[547]	Ba-Wü	Bayern	Niedersachsen	NRW
Erlaubnisvorbehalt (§ 40 S. 1: „kann gestattet werden"),[548] entsprechende Geltung der Vorschriften über Besuche (§ 40 S. 2)[549]	Erlaubnisvorbehalt (§ 20 Abs. 1: „kann gestattet werden"),[550] entsprechende Geltung der Vorschriften über Besuche mit Ausnahme der Mindestdauer (§ 20 Abs. 2 S. 1)	Erlaubnisvorbehalt, Erlaubnis nur „in dringenden Fällen"[551] und soweit ■ Si/Ordnung der Anstalt oder ■ räumliche, personelle und organisatorische Verhältnisse der Anstalt nicht entgegenstehen (Art. 21 Abs. 1)	Erlaubnisvorbehalt, Erlaubnis bedarf der Zustimmung des Gerichts, Gespräche durch Vermittlung der Vollzugsbehörde zu führen (§ 148 Abs. 1 S. 1) Versagung der Erlaubnis od. Verbindung mit Weisungen ■ bei Gefahr für Haftzweck, ■ bei Gefahr für Si./Ordnung der Anstalt, ■ wg. räumlicher, personeller od. organisatori-	Kein genereller Erlaubnisvorbehalt, aber: „Das Nähere regelt die

547 Wegen der durchaus zahlreichen „Abweichler" innerhalb der Ländergruppe der 12er-Regelung wird auf die Wiedergabe des Gesetzestexts (Synopse) bei Rn. 123 verwiesen.
548 Zur Klassifizierung als repressives Verbot s. Rn. 40.
549 Zur Frage einer hieraus resultierenden „Mindesttelefonierdauer" (§ 40 S. 2 i.V.m. §§ 33 Abs. 1, 72 Abs. 1 S. 1 UVollzG 12er-Regelung) vgl. die Ausführungen im Text.
550 Die Auslegung dieser Vorschrift bereitet dieselben Schwierigkeiten wie § 40 UVollzG 12er-Regelung (s.o.), allerdings ist durch Abs. 2 S. 1 immerhin klargestellt, dass es keine „Mindesttelefonierdauer" gibt.
551 Dazu RegE Bayern S. 70: „Ein erstes Telefonat nach der Inhaftierung sollte allerdings normalerweise genehmigt werden."

12er-Regelung	Ba-Wü	Bayern	Niedersachsen	NRW
			scher Verhältnisse (§ 148 Abs. 2 S. 2, Abs. 2 S. 1)[552]	Anstalt." (§ 21 Abs. 1 S. 2),[553] Beschränkungen möglich ■ wg. räumlicher, personeller und organisatorischer Verhältnisse der Anstalt, ■ aus Gründen der Si./Ordnung der Anstalt (§ 21 Abs. 1 S. 1)[554]
Förderung bestimmter Telefonkontakte				
Zu Angehörigen i.S.v. § 11 Abs. 1 Nr. 1 StGB (§ 40 S. 2, § 33 Abs. 2)	Zu Angehörigen und Personen, von denen ein günstiger Einfluss erwartet werden kann (§ 20 Abs. 2 S. 1, § 12 Abs. 1 S. 2)	(-)	(-)	(-)
Junge Gefangene				
Nur Minderjährige: „Untersagung"[555] auch bei fehlendem Einverständnis der Sorgeberechtigten (§ 72 Abs. 3) oder „Gefähr-	Nur Minderjährige („ju-	„Gefährdung ihrer Entwicklung" im Rahmen der Erlaubniserteilung zu beachten (Art. 30 Abs. 3 S. 2),	„Untersagung"[558] des Telefonkontakts zu bestimmten Personen auch bei fehlendem Einverständnis der Sorgeberechtigten oder sofern „aus erzieheri-	Nur Minderjährige: Verbot des Telefonkontakts mit bestimmten Personen im Einzelfall bei „Gefährdung ihrer Entwicklung"

552 Weshalb an dieser Stelle im Unterschied zu § 150 Abs. 1 und Abs. 5 NJVollzG nicht zwischen der Kompetenz des Gerichts (Haftzweck) und der Anstalt (Si. / Ordnung, „Fiskalvorbehalt") differenziert wird, ist nicht erkennbar; die Begründung des RegE Niedersachsen trägt zur Aufklärung nichts bei, da die Entwurfsfassung noch einen anderen Wortlaut vorsah (§ 144 / § 146 E-NJVollzG).

553 Mit der Vorschrift werde „auf starre Vorgaben verzichtet und so bei der Ausgestaltung eine größtmögliche Flexibilität eingeräumt", so der RegE NRW, S. 57. Das klingt erfreulich unbürokratisch, bedeutet aber eine größtmögliche „Flexibilität" bei der Einschränkung der Rechte des Untersuchungsgefangenen! Dies begegnet verfassungsrechtlichen Bedenken, vgl. BVerfG NStZ 2008, 521 sowie Rn. 1.

554 RegE NRW, S. 58: „Es bedarf gegebenenfalls einer Regelung zu Häufigkeit und Dauer beabsichtigter Telefongespräche [...]."

555 Dies schließt die Möglichkeit der Versagung bzw. des Widerrufs einer Erlaubnis nach Landesrecht ein, s. § 40 S. 1 12er-Regelung.

12er-Regelung	Ba-Wü	Bayern	Niedersachsen	NRW
dung ihrer Entwicklung" (§ 67 i.V.m. §§ 40 S. 2, 33 Abs. 5)	gendliche Gefangene"):[556]: Versagung der Erlaubnis zum Telefonieren mit bestimmten Personen bei „Gefährdung ihrer Entwicklung" (§§ 72 Abs. 3, 20 Abs. 1) oder bei fehlendem Einverständnis der Sorgeberechtigten (§§ 74 Abs. 2, 20 Abs. 2 S. 1[557]), zust: JVA (§ 3)	Nur Minderjährige: Versagung der Erlaubnis auch bei fehlendem Einverständnis der Sorgeberechtigten („Kann"-Vorschrift) (Art. 32 Abs. 2) zust: Anstaltsleitung (Art. 6)	schen Gründen erforderlich" (§ 160 Abs. 2)	(§§ 49 Abs. 5, 21 Abs. 1), [559] zust: Anstaltsleitung (§ 4)

142 b) **Überwachung von Telefongesprächen.** Sämtliche Länder – mit Ausnahme von NRW, dazu Rn. 143 – haben in ihren Vollzugsgesetzen Ermächtigungsgrundlagen zur Überwachung von Telefongesprächen aus vollzuglichen Gründen eingefügt. Unbeschadet verfahrenssichernder Anordnungen des Gerichts nach § 119 Abs. 1 S. 2 Nr. 2 StPO kann die Anstaltsleitung **im Einzelfall** zur Abwehr einer konkreten Gefährdung der Anstaltssicherheit und/oder -ordnung die Überwachung im Sinne eines Mithörens des vollen Wortlauts anordnen. Da die Ermächtigung ausnahmslos in Form eines Verweises auf die für die Besuchsüberwachung geltenden Vorschriften erfolgt, kann an dieser Stelle wegen der Einzelheiten (Verbot der heimlichen Überwachung, Verbot der Aufzeichnung, Kosten für Dolmetscher und Übersetzung, Sonderbestimmungen für junge bzw. minderjährige Gefangene) auf die Darstellung zum Besuchsverkehr bei Rn. 65 ff., verwiesen werden. Die Regelungen über die Mitteilung gegenüber dem Gesprächspartner zu Beginn eines Telefonats entsprechen inhaltlich der bundesgesetzlichen Regelung im Falle einer verfahrenssichernden Überwachung, § 119 Abs. 3 StPO. Ein heimliches Überwachen, ggf. Aufzeichnen des Gesprächsinhalts, kommt nur nach außervollzuglichen Rechtsgrundlagen in Betracht, z.B. §§ 100 a ff., 100 f StPO.[560]

556 Zur – wegen § 1 Abs. 2 JGG unglücklich gewählten – Bezeichnung vgl. RegE Ba-Wü, S. 208.

557 Ob die Verweisung in § 20 Abs. 2 S. 1 auf „die für den Besuch geltenden Vorschriften" auch die – nur für „jugendliche" Untersuchungsgefangene geltende Regelung des § 74 Abs. 2 JVollzGB II Ba-Wü erfasst, ist zweifelhaft. Die amtliche Begründung zu den §§ 20, 74, RegE Ba-Wü, S. 191 und 206, erklärt sich dazu nicht.

558 Ob der Begriff „Untersagung" auch die Möglichkeit der Versagung bzw. des Widerrufs einer Erlaubnis durch das Gericht umfasst (vgl. § 143 Abs. 2 S. 2 NJVollzG), bleibt offen. Die Formulierung „auch" deutet dies an; der RegE Niedersachsen S. 199 spricht in diesem Zusammenhang jedoch nur von der Vollzugsbehörde als Normadressaten.

559 Es überrascht, dass in § 52 Abs. 1 UVollzG NRW (Unterbindung des Außenverkehrs minderjähriger Gefangener bei fehlendem Einverständnis der Sorgeberechtigten) der Telefonverkehr nicht enthalten ist; vgl. demgegenüber § 72 Abs. 3 UVollzG 12er-Regelung, § 160 Abs. 2 NJVollzG und §§ 20 Abs. 2 S. 1, 74 Abs. 2 JVollzGB II Ba-Wü. Mutmaßlich handelt es sich um ein Redaktionsversehen; im Unterschied zu den übrigen Ländergesetzen ist eine entsprechenden Geltung der Regelungen über den Besuchsverkehr nicht vorgesehen.

560 AnwK U-Haft/Pollähne, § 40 Rn. 27.

143 In **NRW** fehlt – wie schon im Bereich des Schriftverkehrs (Rn. 114) – eine Ermächtigungsgrundlage zur Überwachung von Telefonaten aus Gründen der Abwehr von Gefahren für die Sicherheit oder Ordnung der Anstalt. Diese **Regelungslücke** scheint der nordrhein-westfälische Landesgesetzgeber übersehen zu haben, setzt doch die in § 21 Abs. 2 S. 1 UVollzG NRW („Ist die Überwachung des Telefongesprächs angeordnet,...") normierte Befugnis zum Gesprächsabbruch die Möglichkeit einer Gesprächsüberwachung durch Anordnung im Einzelfall voraus.[561] Den erforderlichen Eingriffstatbestand enthält § 21 UVollzG NRW jedoch nicht. Da § 21 Abs. 1 S. 3 UVollzG NRW ausdrücklich nur auf § 19 Abs. 3 (nicht: Abs. 1 S. 2) verweist, fällt es schwer, hier an ein Redaktionsversehen zu glauben. Die amtliche Begründung erklärt sich zur Eingriffsgrundlage nicht weiter. § 21 Abs. 1 S. 2 UVollzG NRW („Das Nähere regelt die Anstalt.") scheidet als Grundlage für die Anordnung einer Gesprächsüberwachung jedenfalls aus, da den Anforderungen der „Wesentlichkeitsrechtsprechung" zu Grundrechtseingriffen hierdurch nicht Genüge getan wird. Gleiches gilt für die Generalklausel des § 1 Abs. 3 UVollzG NRW (s. Rn. 114).

12er-Regelung	Ba-Wü	Bayern	Niedersachsen	NRW
Grundsatz				
AO im Einzelfall, Vss.: Sicherheit/ „schwerwiegende Störung der Ordnung" (§ 40 S. 2, § 35 Abs. 2)	AO im Einzelfall, Vss.: wg. Si./ Ordnung der JVA (§ 20 Abs. 2 S. 1, § 14 Abs. 1 S. 2)	unklare Regelung; richtigerweise nur aufgrund AO im Einzelfall (Art. 21 Abs. 2 S. 1 i.V.m. „Art. 17 Abs. 1 S. 1")[562]	AO im Einzelfall Vss.: Zweck der U-Haft/Sicherheit/Ordnung (§ 148 Abs. 2 S. 2, § 144 Abs. 1 S. 2)	Kein spezieller Tatbestand,[563] Rückgriff auf die Generalklausel (§ 1 Abs. 3 S. 1) nicht möglich
Zuständigkeit für Anordnung				
Anstaltsleitung (§ 40 S. 2, § 35 Abs. 2)	JVA (§ 3)	Anstaltsleitung (Art. 6)	Vollzugsbehörde (§ 134 Abs. 1 S. 1) Ausn. bei Verdunkelungsgefahr: nur das Gericht, ohne Möglichkeit einer Übertragung auf die Vollzugsbehörde (§§ 134 Abs. 2, 144	Anstaltsleitung (§ 4)

561 Vgl. auch RegE NRW, S. 57: „die gegebenenfalls inhaltliche Überwachung"; dies kann freilich auch eine verfahrenssichernde Anordnung nach § 119 Abs. 1 S. 2 Nr. 2 StPO meinen.

562 Der Sinn des Verweises auf „Art. 17 Abs. 1 Satz 1" (optische Überwachung von Besuchen, vgl. RegE Bayern S. 65, letzter Absatz) ist unklar und wird auch durch die amtliche Begründung (RegE Bayern S. 71) nicht erhellt. Eine rein optische Überwachung von Telefonaten dürfte kaum gemeint sein; vgl. bereits oben Rn. 131. Sachgerecht wäre stattdessen ein Verweis auf Art. 17 Abs. 2 (akustische Überwachung von Besuchen). Dies entspräche der Regelung im BayStVollzG, wo Art. 35 Abs. 1 S. 2 pauschal auf die „Vorschriften über den Besuch" und somit auch Art. 30 Abs. 2 verweist, dessen Regelung Art. 17 Abs. 2 UVollzG Bayern entspricht. Die Verweisung berührt die Frage des Regel-Ausnahme-Verhältnisses bei der Überwachung: Während Art. 17 Abs. 1 S. 1 UVollzG Bayern eine (optische) Überwachung als Regelfall (Ausnahme nur bei Anordnung im Einzelfall) statuiert, sieht Art. 17 Abs. 2 UVollzG Bayern die (akustische) Überwachung nur aufgrund Anordnung im Einzelfall vor. Für die hier vertretene Lesart (Überwachung nur aufgrund Anordnung) spricht auch der Verweis in Art. 21 Abs. 2 S. 2 UVollzG Bayern auf Art. 35 Abs. 1 S. 3 BayStVollzG.

563 Zu der hieraus resultierenden Regelungslücke s. die Darstellung im Text.

12er-Regelung	Ba-Wü	Bayern	Niedersachsen	NRW
			Abs. 2 S. 1, 148 Abs. 2 S. 2)	
Zuständigkeit für Ausführung[564]				
keine ausdr. Regelung; durch den Anstaltsleiter zu bestimmender Mitarbeiter der Anstalt	keine ausdr. Regelung; durch den Anstaltsleiter zu bestimmender Mitarbeiter der Anstalt	keine ausdr. Regelung; durch den Anstaltsleiter zu bestimmender Mitarbeiter der Anstalt	Vollzugsbehörde (§ 134 I 1) Ausn. bei Verdunkelungsgefahr: das Gericht, mit der Möglichkeit einer Übertragung auf die Vollzugsbehörde (§§ 134 Abs. 2, 5, 144 Abs. 2 S. 2, 148 Abs. 2 S. 2)	keine ausdr. Regelung; durch den Anstaltsleiter zu bestimmender Mitarbeiter der Anstalt
Hinweispflicht				
Mitteilung ggü. Gesprächspartnern bei Beginn der Verbindung, durch die Anstalt od. den Gefangenen; Unterrichtung der Gefangenen über Überwachung und Mitteilungspflicht, rechtzeitig vorab (§ 40 S. 3 und 4)	Mitteilung ggü. Gesprächspartnern bei Beginn der Verbindung, durch die JVA od. den Gefangenen; Unterrichtung der Gefangenen über Überwachung und Mitteilungspflicht, rechtzeitig vorab (§ 20 Abs. 2 S. 2, 3)	Mitteilung ggü. Gesprächspartnern bei Beginn der Verbindung, durch die Anstalt od. den Gefangenen; Unterrichtung der Gefangenen über Überwachung und Mitteilungspflicht, rechtzeitig vorab (Art. 21 Abs. 2 S. 2 i.V.m. Art. 35 Abs. 1 S. 3, 4 BayStVollzG)	Mitteilung ggü. Gesprächspartnern bei Beginn der Verbindung, durch die Vollzugsbehörde od. den Gefangenen; Unterrichtung der Gefangenen über Überwachung und Mitteilungspflicht, rechtzeitig vorab (§ 148 Abs. 2 S. 2, § 33 Abs. 1 S. 3, 4)	Mitteilung ggü. Gesprächspartnern bei Beginn der Verbindung, durch die Anstalt;[565] Unterrichtung der Gefangenen über Überwachung und Mitteilungspflicht, rechtzeitig vorab (§ 21 Abs. 2 S. 1, 2)

564 Vgl. Rn. 47.
565 Eine Mitteilung durch den Gefangenen ist nicht vorgesehen.

12er-Regelung	Ba-Wü	Bayern	Niedersachsen	NRW
Kosten für Übersetzungsdienste und Sachverständige bei der Überwachung				
keine spezielle Regelung	keine spezielle Regelung	keine spezielle Regelung[566]	Kostenübernahme durch die Staatskasse „nur in angemessenem Umfang" (§ 148 Abs. 2 S. 2, § 144 Abs. 3)	keine spezielle Regelung
Junge Gefangene				
Nur Minderjährige: Überwachung auch bei „Gefährdung ihrer Entwicklung" (§ 67 i.V.m. §§ 40 S. 2, 35 Abs. 2)	Nur Minderjährige: Überwachung auch bei „Gefährdung ihrer Entwicklung" (§ 72 Abs. 3 i.V.m. § 14 Abs. 1 S. 2)	„Gefährdung ihrer Entwicklung" im Rahmen der Entscheidung über eine Überwachung (Art. 21 Abs. 2 S. 1 i.V.m. Art. 17) zu beachten (Art. 30 Abs. 3 S. 2)	keine Sonderregeln	keine spezielle Regelung[567]

c) **Abbruch von Telefongesprächen.** Die Befugnis zum Abbruch von Telefonaten ergibt sich wiederum jeweils aus einer entsprechenden Anwendung der Vorschriften zum Besuchsverkehr. Auf die dortige Darstellung kann deshalb verwiesen werden (s. Rn. 88). Über den Abbruch eines einzelnen Gesprächs hinaus kommt ein Widerruf der Erlaubnis in Betracht, s. Rn. 138. 144

12er-Regelung	Ba-Wü	Bayern	Niedersachsen	NRW
Voraussetzungen				
Verstoß gegen ■ dieses Gesetz, ■ AO aufgrund dieses G., ■ verfahrenssichernde	Verstoß gegen ■ dieses Gesetz oder ■ AO aufgrund dieses G., (§ 20 Abs. 2 S. 1, § 14 Abs. 4 S. 1)	■ „Gefährdung der Si. oder Ordnung der Anstalt" oder ■ Verstoß gegen dieses Gesetz bzw.	Verstoß gegen ■ dieses Gesetz, ■ AO aufgrund dieses G., oder ■ Gefährdung des	„Gefahr für Si. oder Ordnung der Anstalt" (§ 21 Abs. 1 S. 3, § 19 Abs. 3)[568]

566 Da Art. 21 Abs. 2 S. 1 UVollzG Bayern hinsichtlich der Überwachung auf die Besuchsvorschrift (Art. 17) verweist, lässt sich die amtliche Begründung zu jener Vorschrift (RegE Bayern S. 66) auch für die Telefonüberwachung heranziehen: Die Hinzuziehung von Dolmetschern, Übersetzern oder Sachverständigen „auf Kosten der Staatskasse" bedürfe „keiner besonderen gesetzlichen Regelung und kann in Verwaltungsvorschriften aufgenommen werden"; dies erstaunt angesichts der bisher h.M. zu den Übersetzungskosten für fremdsprachige Telefonate, vgl. oben Rn. 133.

567 Eine Überwachung der Telefongespräche ist landesgesetzlich nicht ausdrücklich normiert. Insofern ist eine Überwachung keine „vorgesehene Beschränkung" i.S.v. § 49 Abs. 5 UVollzG NRW.

12er-Regelung	Ba-Wü	Bayern	Niedersachsen	NRW
AO (§ 119 StPO), (§ 40 S. 2, § 35 Abs. 3)		gegen AO aufgrund dieses G., (Art. 21 Abs. 2 S. 1 i.V.m. Art. 17 Abs. 4, wiederum i.V.m. Art. 30 Abs. 4 BayStVollzG)	Haftzwecks, (§ 148 Abs. 2 S. 2, § 144 Abs. 5 S. 1)	
Androhung/Ermahnung				
nicht ausdrücklich geregelt[569]	Ermahnung erforderlich, es sei denn sofortiger Abbruch unerlässlich (§ 20 Abs. 2 S. 1, § 14 Abs. 4 S. 1, 2)	Abmahnung erforderlich, es sei denn sofortiger Abbruch unerlässlich (Art. 21 Abs. 2 S. 1 i.V.m. Art. 17 Abs. 4 2. HS, wiederum i.V.m. Art. 30 Abs. 4 BayStVollzG)	Androhung erforderlich, es sei denn sofortiger Abbruch unerlässlich wg ■ Haftzweck, ■ Si. der Anstalt oder ■ schwerwiegenden Verstoßes gegen die Ordnung (§ 148 Abs. 2 S. 2, § 144 Abs. 5 S. 1, 2)	nicht ausdrücklich geregelt[570]
Zuständigkeit für AO/Ausführung				
Anstalt (§ 3 Abs. 1 S. 1)	JVA (§ 3)	Anstaltsleitung (Art. 6)	Stelle, welche die Überwachung durchführt (§ 148 Abs. 2 S. 2, § 144 Abs. 5 S. 3)	Anstaltsleitung (§ 4)
Junge Gefangene				
Abbruch auch bei „schädlichem Einfluss"	keine generellen Sonderregeln[571]; bei Minderjährigen: Abbruch	Abbruch, sofern „dringend geboten" wegen „Gefährdung ihrer Entwicklung"	keine Sonderregeln[572]	keine generellen Sonderregeln[573]; bei Minderjährigen: Abbruch

568 Allerdings fehlt eine landesgesetzliche Ermächtigungsgrundlage zur Anordnung der Überwachung, vgl. oben Rn. 143. Folglich kommt die Norm nur zum Tragen, wenn eine verfahrenssichernde Anordnung gem. § 119 Abs. 1 S. 2 Nr. 2 StPO besteht, deren Ausführung auf die Anstalt übertragen wurde (§ 119 Abs. 2 S. 2 StPO).

569 RegE Berlin, S. 84, zu § 35 Abs. 3 UVollzG: „Einem Besuchsabbruch hat eine Abmahnung voranzugehen, es sei denn der sofortige Abbruch des Besuchs ist unerlässlich."

570 RegE NRW, S. 57, zu § 19 Abs. 3 UVollzG NRW: „Eine Abmahnung wird dem Abbruch in aller Regel, wenn auch nicht zwingend, vorzuschalten sein." Merkblätter oder Aushänge würden empfohlen.

12er-Regelung	Ba-Wü	Bayern	Niedersachsen	NRW
von Gesprächspartnern (§ 40 S. 2, § 72 Abs. 4)	auch bei „Gefährdung ihrer Entwicklung“ (§ 72 Abs. 3 i.V.m. §§ 20 Abs. 2 S. 1, 14 Abs. 4 S. 1)	(„Kann“-Vorschrift) (Art. 30 Abs. 3 S. 2 i.V.m. Art. 17 Abs. 4, Art. 21 Abs. 2 S. 1)		auch bei „Gefährdung ihrer Entwicklung“ (§ 49 Abs. 5 i.V.m. §§ 21 Abs. 1 S. 3, 19 Abs. 3)

145 **d) Telefongespräche mit Verteidigern und privilegierten Personen bzw. Stellen.** Auch die Sonderbestimmungen über Telefonate mit Verteidigern und ggf. weiteren privilegierten Personen bzw. Stellen ergeben sich jeweils aus einer entsprechenden Anwendung der Vorschriften zum Besuchsverkehr. So bedürfen Telefonate mit dem privilegierten Personenkreis keiner Erlaubnis, eine Überwachung ist generell ausgeschlossen. Im Übrigen kann auch an dieser Stelle auf die Darstellung zum Besuchsverkehr – Rn. 91, 92 – verwiesen werden. De lege ferenda ist eine entsprechende Anwendung der Vorschriften über den Schriftwechsel mit den in § 119 Abs. 4 StPO aufgeführten Personen/Institutionen zu fordern.[574]

12er-Regelung	Ba-Wü	Bayern	Niedersachsen	NRW
Privilegierter Personenkreis				
Verteidiger, RAe und Notare (§§ 40 S. 2, 34 S. 1)	Verteidiger, RAe und Notare (§§ 20 Abs. 2, 15 Abs. 1 S. 1)	Verteidiger, Führungsaufsichtsstelle, Bewährungshelfer, Gerichtshelfer (Art. 22 Abs. 1, 2) *nicht:* RAe/Notare	Verteidiger, Führungsaufsichtsstelle, Bewährungshelfer, Gerichtshelfer (§ 149 Abs. 1 S. 6, Abs. 2) *nicht:* RAe/Notare	Verteidiger und „ambulanter sozialer Dienst“ (§ 22 Abs. 1, 4) (Führungsaufsichtsstelle, Bewährungshelfer, Gerichtshelfer) *nicht:* RAe/Notare
Voraussetzungen				
Bei RAen/Notaren: eine die Untersuchungs- gefangenen betreffende Rechtssache	Bei RAen/ Notaren: eine die Untersuchungs- gefangenen betreffende	„Anbahnungsfälle“ nicht erfasst	„Anbahnungsfälle“: nicht erfasst; entsprechend der früher hM sowie Nr. 36 Abs. 1 UVollzO Vertei-	„Anbahnungsfälle“ nicht erfasst; nach früher hM sowie Nr. 36 Abs. 1 UVollzO Verteidiger nur bei

571 Das „Unterbinden“ von Telefongesprächen gem. § 74 Abs. 2 i.V.m. § 20 Abs. 2 S. 1 JVollzGB II Ba-Wü ist nicht einschlägig; vgl. die Formulierung „[...] außer unter den Voraussetzungen von §§ 13 [...]“; § 13 regelt ein Verbot.

572 Ob das „Untersagen“ von Telefongesprächen auf Antrag der Sorgeberechtigten oder „aus erzieherischen Gründen“ (§ 160 Abs. 2 NJVollzG) auch zu deren Abbruch (als „Minus“-Maßnahme) ermächtigt, ist zweifelhaft; vgl. die Darstellung zum Abbruch von Besuchen bei Rn. 88 (dort die Fn. zum niedersächsischen Landesrecht).

573 Das „Unterbinden“ von Besuchen „[...] wenn die Personensorgeberechtigten damit nicht einverstanden sind [...]“ gem. § 52 Abs. 1 UVollzG NRW dürfte hier nicht einschlägig sein.

574 AnwK U-Haft/Pollähne, § 40 Rn. 30.

12er-Regelung	Ba-Wü	Bayern	Niedersachsen	NRW
(§§ 40 S. 2, 34 S. 1), also auch „Anbahnungsfälle"[575]	Rechtssache (§§ 20 Abs. 2, 15 Abs. 1 S. 1), also auch „Anbahnungsfälle"		diger nur bei Beiordnung oder bestehendem Wahlmandat[576]	Beiordnung oder bestehendem Wahlmandat[577]
Sonderregeln				
■ keine Beschränkung der Telefonate nach Dauer oder Häufigkeit Nur Verteidiger: ■ keine Überwachung[578] (§§ 40 S. 2, 35 Abs. 4)	Keine generelle Beschränkung der Telefonate nach Dauer oder Häufigkeit, jedoch Regelung (HausO) nach organisatorischen Möglichkeiten[579] (§§ 20 Abs. 2, 15 Abs. 1 S. 2) Nur Verteidiger:[580] keine Überwachung (§§ 20 Abs. 2, 15 Abs. 2 S. 1)	■ Erlaubnisvorbehalt gilt auch hier (!) (Art. 22 Abs. 1 S. 3) ■ Telefonate „sollen" (nur) „in dringenden Fällen" zugelassen werden (Art. 22 Abs. 1 S. 3, 21 Abs. 1 S. 1)[581] ■ keine Überwachung (Art. 22 Abs. 1 S. 1, 3)	■ Erlaubnis (nur) des Gerichts (§ 149 Abs. 1 S. 6), diese kann wg. Haftzweck od. Si. / Ordnung der Anstalt versagt (§§ 149 Abs. 1 S. 7, 143 Abs. 2 S. 2) bzw. nachträglich ganz od. teilweise widerrufen / zurückgenommen werden (§§ 149 Abs. 1 S. 7, 143 Abs. 2 S. 3) ■ keine Überwachung	■ keine Überwachung (§ 22 Abs. 1 b) ■ keine generelle Beschränkung der Telefonate nach Dauer oder Häufigkeit („unbeschränkt")

575 Auf der Grundlage der bisher h.M. (Nachw. bei Meyer-Goßner, StPO, § 148 Rn. 4, und Laufhütte in: KK-StPO, § 148 Rn. 5) besteht in diesen Fällen noch kein gem. § 148 StPO privilegiertes Verteidigungsverhältnis.

578 RegE Berlin, S. 84, zu § 35 Abs. 4 UVollzG 12er-Regelung: Für Rechtsanwälte und Notare gelten insoweit die allg. Regeln, s. oben Rn. 142 f.

579 Was diese aus der Verweisung in die Besuchsvorschriften resultierende Einschränkung für den Bereich der Telefonate bedeutet (allgemeine „Telefonierzeiten"?), erhellt der RegE Ba-Wü (dort S. 191) nicht.

580 Soll auch für Besuche des Anstaltsbeirats gelten, RegE Ba-Wü, S. 188.

581 Durch diese Soll-Vorschrift wird laut amtlicher Begründung die allgemeine Regelung „erweitert"; RegE Bayern, S. 71 f.: „Damit soll insbesondere gewährleistet werden, dass die Untersuchungsgefangenen die Möglichkeit erhalten, in dringenden Fällen ihre Verteidiger durch ein kurzes [!] Telefonat zeitnah zu verständigen, wenn eine Besprechung im Rahmen eines Verteidigerbesuchs erforderlich ist […]." Der Vortrag der Dringlichkeit durch den Untersuchungsgefangenen reiche „in der Regel" aus, eine inhaltliche Begründung müsse nicht gegeben werden. Dass diese Regelung – welche immerhin die Möglichkeit einer vollständigen Unterbindung eines telefonischen Kontakts zum Verteidiger nicht ausschließt – die Verteidigungsinteressen des Untersuchungsgefangenen „angemessen berücksichtigt" (Art. 3 Abs. 5 UVollzG Bayern), wird man kaum behaupten können.

12er-Regelung	Ba-Wü	Bayern	Niedersachsen	NRW
			(§ 149 Abs. 1 S. 6) ■ keine Beschränkung der Telefonate nach Dauer oder Häufigkeit, aber vorübergehende Ablehnung der Vermittlung durch Vollzugsbehörde zulässig, „soweit die räumlichen, personellen und organisatorischen Verhältnisse der Anstalt es erfordern" (§ 149 Abs. 1 S. 8)	Beschränkungen möglich[582] ■ wg. räumlicher, personeller und organisatorischer Verhältnisse der Anstalt, ■ aus Gründen der Si./Ordnung der Anstalt[583] (§ 22 Abs. 1)
Junge Gefangene				
entsprechende Anwendung der §§ 34, 35 Abs. 4 auf Beistände gem. § 69 JGG (§ 72 Abs. 4)	entsprechende Anwendung der Regeln für Verteidiger auf Betreuungshelfer, Erziehungsbeistände und JGH (§ 74 Abs. 3)	entsprechende Anwendung der Regeln für Verteidiger auf Betreuungspersonen, Erziehungsbeistände, Beistände gem. § 69 JGG und JGH (Art. 33 Abs. 3, 22 Abs. 1)	entsprechende Anwendung der Sonderregeln des § 149 Abs. 1 (Verteidiger pp.) auf Betreuungspersonen, Erziehungsbeistände und JGH-Mitarbeiter (§ 160 Abs. 3)	entsprechende Anwendung des § 22 Abs. 1 (nicht: Abs. 2) auf Betreuungspersonen, Erziehungsbeistände und JGH (§ 52 Abs. 2)

e) **Kosten der Telefongespräche.** Die Möglichkeit einer **Übernahme von Kosten der Telefongespräche** durch die Staatskasse bei bedürftigen Gefangenen sehen nicht alle Landesgesetze ausdrücklich vor. Dabei wird auch in den Ländern ohne entsprechende „Härteklausel" 146

576 RegE Niedersachsen, S. 191, zu E-NJVollzG § 145 Abs. 1: In den „Anbahnungsfällen" bestehe kein Verteidigungsverhältnis, es sollten die allg. Besuchsvorschriften gelten. S. auch die vorstehende Fußnote.

577 Die Begründung des RegE NRW, S. 58 f., schweigt hierzu.

– betroffen sind die Länder der 12er-Regelung[584] und NRW[585] – von einer solchen Möglichkeit auszusehen sein. Dies sollte künftig in den Gesetzestext aufgenommen, zumindest aber in den einschlägigen Verwaltungsvorschriften eindeutig festgeschrieben werden.[586] Bedenkt man, dass heutzutage bereits viele Menschen über einen Telefonanschluss mit einer sog. Flatrate verfügen, so ließe sich das Kostenproblem in manchen Fällen bereits dadurch entschärfen, dass dem Untersuchungsgefangenen auch die Möglichkeit zur Entgegennahme ankommender Gespräche eingeräumt würde (Rn. 129).

12er-Regelung	Ba-Wü	Bayern	Niedersachsen	NRW
Regel				
trägt Gefangener (§ 40 S. 1)	trägt Gefangener (§ 20 Abs. 3 S. 1)	trägt Gefangener (Art. 21 Abs. 2 S. 1, 18 Abs. 2 S. 1)	trägt Gefangener (§ 148 Abs. 2 S. 2, § 145 Abs. 2 S. 1)	keine Regelung
Ausnahme(n)				
nicht (ausdrücklich) vorgesehen[587]	Kostenübernahme durch JVA „in begründeten Fällen in angemessenem Umfang" (§ 20 Abs. 3 S. 2)	Kostenübernahme durch Anstalt auf Antrag „in angemessenem Umfang", sofern Gefangener „dazu nicht in der Lage", „insbesondere Schriftverkehr [Telefonate] mit Ehegatten, Lebenspartnern und Verteidigern" (Art. 21 Abs. 2 S. 1, 18 Abs. 2 S. 2)	„bedürftige" Gefangene: Kostenübernahme durch Vollzugsbehörde auf Antrag ganz/teilweise (§ 148 Abs. 2 S. 2, § 145 Abs. 2 S. 2)	keine Regelung

584 Exemplarisch RegE Thüringen, S. 98: „In begründeten Ausnahmefällen kann die Anstalt die Kosten in angemessenem Umfang übernehmen, wenn die Untersuchungsgefangenen dazu nicht in der Lage sind. Dies ergibt sich aus dem Sozialstaatsprinzip."

585 Die Begründung des RegE NRW zu § 21 E-UVollzG NRW enthält hierzu nichts. Es erscheint sachgerecht, auf die Grundsätze des Schriftverkehrs zurückzugreifen (§ 20 Abs. 1 UVollzG NRW), vgl. Rn. 111 a.E.

586 Vgl. Nr. 28.2 der allgemeinen Verwaltungsvorschriften für Sachsen-Anhalt (VV UVollzG Sachsen-Anhalt vom 28.5.2010, JMBl. LSA 2010, 116).

587 Exemplarisch RegE Berlin, S. 87: „In begründeten Ausnahmefällen kann die Anstalt die Kosten in angemessenem Umfang übernehmen, wenn die Untersuchungsgefangenen dazu nicht in der Lage sind. Dies ergibt sich aus dem Sozialstaatsprinzip." Weshalb dies in § 40 UVollzG 12er-Regelung nicht ausdrücklich geregelt wird, verschweigen die Entwurfsbegründungen.

VII. Pakete (§ 41 12er-Regelung)

1. Die gesetzlichen Regeln

a) Bestimmungen des Paketverkehrs

Länder	Besuche, Schriftwechsel, Telefongespräche und Pakete – *Bestimmungen des Paketverkehrs*	147
12er-Regelung[588] Berlin Brandenburg Bremen Hamburg Hessen Mecklenburg-Vorpommern Rheinland-Pfalz Saarland Sachsen Sachsen-Anhalt Schleswig-Holstein Thüringen	*§ 41 12er-Regelung: Pakete*[589] **(1) Der Empfang von Paketen mit Nahrungs- und Genussmitteln ist den Untersuchungsgefangenen nicht gestattet. Der Empfang von Paketen mit anderem Inhalt bedarf der Erlaubnis der Anstalt, welche Zeitpunkt und Höchstmenge für die Sendung und für einzelne Gegenstände festsetzen kann. Für den Ausschluss von Gegenständen gilt § 18 Abs. 4 entsprechend.** [590] **(2) Pakete sind in Gegenwart der Untersuchungsgefangenen zu öffnen, an die sie adressiert sind. Ausgeschlossene Gegenstände können zu ihrer Habe genommen oder den Absendern zurückgesandt werden. Nicht ausgehändigte Gegenstände, durch die bei der Versendung oder Aufbewahrung Personen verletzt oder Sachschäden verursacht werden können, dürfen vernichtet werden. Die hiernach getroffenen Maßnahmen werden den Untersuchungsgefangenen eröffnet.** **(3) Der Empfang von Paketen kann vorübergehend versagt werden, wenn dies wegen der Gefährdung der Sicherheit oder Ordnung der Anstalt unerlässlich[591] ist.[592]** **(4) Den Untersuchungsgefangenen kann gestattet werden, Pakete zu versenden. Die Anstalt kann ihren Inhalt aus Gründen der Sicherheit oder Ordnung der Anstalt überprüfen.[593]** ***§ 18 Abs. 4 12er-Regelung: Verpflegung und Einkauf***[594] **(4) Gegenstände, deren Überlassung eine verfahrenssichernde Anordnung entgegensteht oder die geeignet sind, die Sicherheit oder Ordnung der Anstalt zu gefährden, sind vom Einkauf ausgeschlossen.** Abweichende Regelungen: ***Brandenburg, § 12 Abs. 1 BbgUVollzG:*** (1) Der Empfang von Paketen bedarf der Erlaubnis der Anstalt, welche Zeitpunkt und Höchstmengen für die Sendungen und für einzelne Gegenstände festsetzen kann. Für den Ausschluss von Gegenständen gilt § 18 Absatz 3[595] entsprechend. Die Anstalt kann darüber hinaus Gegenstände und Verpackungsformen ausschließen, die einen unverhältnismäßigen Kontrollaufwand bedingen.	

588 Punktuelle Abweichungen vom Musterentwurf werden an der jeweils betroffenen Stelle durch eine Fußnote kenntlich gemacht. Nicht bloß punktuell abweichende Landesnormen werden nachfolgend gesondert aufgeführt.

589 Im UVollzG Hamburg abweichende Nummerierung, daher dort § 28 HmbUVollzG.

590 § 28 Abs. 1 UVollzG Hamburg weicht hiervon nur redaktionell, durch eine andere Reihenfolge der Sätze, ab.

591 Statt „unerlässlich ist" heißt es in § 41 Abs. 3 UVollzG Sachsen-Anhalt: „geboten erscheint".

592 Die Bestimmung des § 41 Abs. 3 entfällt in § 28 UVollzG Hamburg ersatzlos.

593 Wird in § 28 UVollzG Hamburg zu Abs. 3, auf den ein weiterer Abs. 4 folgt.

594 In Brandenburg: § 18 Abs. 3 BbgUVollzG.

595 § 18 Abs. 3 UVollzG Brandenburg entspricht wortgleich § 18 Abs. 4 12er-Regelung.

Länder	Besuche, Schriftwechsel, Telefongespräche und Pakete – *Bestimmungen des Paketverkehrs*
	Hamburg, § 28 Abs. 4 HmbUVollzG: (4) Die Kosten des Paketverkehrs tragen die Untersuchungsgefangenen. Sind sie dazu nicht in der Lage, kann die Anstalt sie in besonders begründeten Fällen in angemessenem Umfang übernehmen.[596] ***Hessen, § 29 Abs. 1 HUVollzG:***[597] (1) Der Empfang von Paketen bedarf der Erlaubnis der Anstalt. Sie kann Zeitpunkt und Höchstmenge für die Sendung und für einzelne Gegenstände festsetzen. Der Empfang von Paketen mit Nahrungs- und Genussmitteln ist den Untersuchungsgefangenen nicht gestattet. Für den Ausschluss von Gegenständen gilt § 11 Abs. 2 entsprechend. Der Empfang von Paketen kann versagt werden, wenn dies zur Umsetzung einer verfahrenssichernden Anordnung erforderlich oder wegen Gefährdung der Sicherheit oder Ordnung der Anstalt unerlässlich ist. ***Hessen, § 11 Abs. 2 HUVollzG Ausstattung des Haftraums*** (2) Gegenstände, deren Besitz, Überlassung oder Benutzung mit Strafe oder Geldbuße bedroht ist, deren Überlassung eine verfahrenssichernde Anordnung entgegensteht oder die geeignet sind, die Sicherheit oder die Ordnung der Anstalt zu gefährden, sind ausgeschlossen. (2) Pakete sind in Gegenwart der Untersuchungsgefangenen zu öffnen. Ausgeschlossene Gegenstände können zu ihrer Habe genommen oder dem Absender zurückgesandt werden. Sie dürfen vernichtet werden, wenn bei der Versendung oder Aufbewahrung Personen verletzt oder Sachschäden verursacht werden können oder wenn sie leicht verderblich sind. Die hiernach getroffenen Maßnahmen werden den Untersuchungsgefangenen eröffnet. (3) Den Untersuchungsgefangenen kann gestattet werden, Pakete zu versenden. Die Anstalt kann ihren Inhalt aus Gründen der Sicherheit oder Ordnung der Anstalt überprüfen. ***Sachsen, § 12 Abs. 2 SächsUHaftVollzG:*** (2) Pakete sind in Gegenwart des Untersuchungsgefangenen zu öffnen und zu durchsuchen. Gegenstände, welche die Sicherheit oder Ordnung in der Anstalt gefährden, sind von der Aushändigung an den Untersuchungsgefangenen ausgeschlossen. Ausgeschlossene Gegenstände können zur Habe genommen, zurückgesandt oder vernichtet werden.
Baden-Württemberg	***§ 21 JVollzGB II: Pakete*** **(1) Der Empfang von Paketen bedarf der vorherigen Erlaubnis der Justizvollzugsanstalt. Für den Ausschluss von Gegenständen gilt § 11 Abs. 2 Satz 5 entsprechend. Pakete mit Nahrungs- und Genussmitteln sind ausgeschlossen.** **(2) Pakete sind in Gegenwart der oder des Untersuchungsgefangenen zu öffnen. Ausgeschlossene Gegenstände können zur Habe der oder des Untersuchungsgefangenen genommen oder an die Absenderin oder den Absender zurückgesandt werden. Nicht ausgehändigte Gegenstände, durch die bei der Aufbewahrung Personen verletzt oder Sachschäden verursacht werden können oder die verderblich sind, dürfen vernichtet**

596 § 28 Abs. 4 UVollzG Hamburg entspricht inhaltlich der entsprechenden Bestimmung zum Schriftwechsel, § 24 Abs. 3 UVollzG Hamburg, so dass eine Verweisung genügt hätte.

597 Der Vergleich mit § 41 12er-Regelung zeigt, dass die Abweichungen in § 29 UVollzG Hessen im Wesentlichen redaktioneller Natur sind.

Länder	Besuche, Schriftwechsel, Telefongespräche und Pakete – *Bestimmungen des Paketverkehrs*
	werden. Die hiernach getroffenen Maßnahmen werden der oder dem Untersuchungsgefangenen eröffnet. (3) Untersuchungsgefangenen kann gestattet werden, Pakete zu versenden. Der Inhalt kann aus Gründen der Sicherheit oder Ordnung der Justizvollzugsanstalt überprüft werden. (4) Die Kosten des Paketverkehrs tragen die Untersuchungsgefangenen. Die Justizvollzugsanstalt kann die Kosten in begründeten Fällen in angemessenem Umfang übernehmen. *§ 11 Abs. 2 Satz 5 JVollzGB II:* (2) [...] Gegenstände, die die Sicherheit oder Ordnung der Justizvollzugsanstalt gefährden, sind vom Verkauf ausgeschlossen.
Bayern	*Art. 23 BayUVollzG: Pakete* (1) Die Untersuchungsgefangenen dürfen Pakete absenden und empfangen. Für den Ausschluss von Gegenständen gelten Art. 24 Abs. 2 Satz 1, Art. 36 Abs. 1 Satz 3 BayStVollzG sowie Art. 18 Abs. 2 entsprechend. (2) Der Paketverkehr bedarf der vorherigen Erlaubnis. Der Anstaltsleiter oder die Anstaltsleiterin kann die Erlaubnis versagen oder einschränken, wenn es die Sicherheit oder Ordnung der Anstalt erfordert. Bei nachträglichem Eintreten oder Bekanntwerden solcher Umstände kann die Erlaubnis aufgehoben oder eingeschränkt werden. (3) Ein und ausgehende Pakete werden überwacht. Art. 33 Abs. 1 und Art. 36 Abs. 2 BayStVollzG gelten entsprechend. (4) Pakete oder einzelne darin enthaltene Gegenstände können angehalten werden, wenn es die Sicherheit oder Ordnung der Anstalt erfordert. Art. 20 Abs. 2 gilt entsprechend. *Art. 24 Abs. 2 S. 1 BayStVollzG:* (2) Gegenstände, die die Sicherheit oder Ordnung der Anstalt gefährden, können vom Einkauf ausgeschlossen werden. [...] *Art. 33 Abs. 1 BayStVollzG:* (1) Gefangene haben Absendung und Empfang ihrer Schreiben durch die Anstalt vermitteln zu lassen, soweit nichts anderes gestattet ist. *Art. 36 Abs. 1 S. 3 BayStVollzG:* (1) [...] Pakete mit Nahrungs- und Genussmitteln sind ausgeschlossen. *Art. 36 Abs. 2 BayStVollzG:* (2) Pakete sind in Gegenwart des oder der Gefangenen zu öffnen. Ausgeschlossene Gegenstände können zur Habe genommen oder dem Absender zurückgesandt werden. Nicht ausgehändigte Gegenstände, durch die bei der Versendung oder Aufbewahrung Personen verletzt oder Sachschäden verursacht werden können, dürfen vernichtet werden. Die hiernach getroffenen Maßnahmen werden dem oder der Gefangenen eröffnet.

582 RegE NRW, S. 58, zu § 21 Abs. 1 S. 1 UVollzG NRW: „Es bedarf gegebenenfalls einer Regelung zu Häufigkeit und Dauer beabsichtigter Telefongespräche [...].".

583 Weshalb ein Telefonat mit dem Verteidiger die Sicherheit oder Ordnung der Anstalt gefährden sollte, erschließt sich nicht; die Regelung ist mit dem Grundsatz der freien Verteidigung nicht vereinbar.

Länder	Besuche, Schriftwechsel, Telefongespräche und Pakete – *Bestimmungen des Paketverkehrs*
Niedersachsen	*§ 150 NJVollzG: Pakete* (1) Die oder der Gefangene darf mit Erlaubnis der Vollzugsbehörde, die der Zustimmung des Gerichts bedarf, in angemessenem Umfang Pakete empfangen sowie Pakete versenden. (2) Eingehende Pakete dürfen Nahrungs- und Genussmittel sowie Gegenstände, die den Zweck der Untersuchungshaft oder die Sicherheit oder Ordnung der Anstalt gefährden, nicht enthalten. Pakete, für die keine Erlaubnis erteilt worden ist, sollen nicht angenommen werden. Angenommene Pakete sind von der Vollzugsbehörde in Gegenwart der oder des Gefangenen zu öffnen. Nahrungs- und Genussmittel sowie Gegenstände, die die Sicherheit oder Ordnung der Anstalt gefährden, sind von der Vollzugsbehörde zur Habe zu nehmen, zurückzusenden oder, wenn es erforderlich ist, zu vernichten. Gegenstände, die den Zweck der Untersuchungshaft gefährden können, leitet die Vollzugsbehörde unverzüglich an das Gericht weiter. Das Gericht entscheidet, ob die Gegenstände an die oder den Gefangenen ausgehändigt werden oder ob mit ihnen nach Satz 4 verfahren wird. Die jeweils veranlassten Maßnahmen werden der oder dem Gefangenen von der zu-ständigen Stelle mitgeteilt. Hiervon kann auf Anordnung des Gerichts vorübergehend abgesehen werden, soweit es der Zweck der Untersuchungshaft erfordert. (3) Der Inhalt ausgehender Pakete kann von der Vollzugsbehörde wegen des Zwecks der Untersuchungshaft oder aus Gründen der Sicherheit oder Ordnung der Anstalt überprüft werden. Für Gegenstände, die die Sicherheit oder Ordnung der Anstalt gefährden, gilt Absatz 2 Satz 4 entsprechend. Gegenstände, die den Zweck der Untersuchungshaft gefährden können, leitet die Vollzugsbehörde unverzüglich an das Gericht weiter. Das Gericht entscheidet, ob die Gegenstände abgesendet werden oder ob mit ihnen nach Absatz 2 Satz 4 verfahren wird. Absatz 2 Sätze 7 und 8 gilt entsprechend. (4) Auf in ein- und ausgehenden Paketen enthaltene Schreiben finden abweichend von den Absätzen 2 und 3 die auch sonst für Schreiben geltenden Vorschriften dieses Teils Anwendung. (5) Der Empfang von Paketen kann befristet untersagt werden 1. vom Gericht, wenn es der Zweck der Untersuchungshaft erfordert, 2. von der Vollzugsbehörde, wenn es wegen einer Gefährdung der Sicherheit oder Ordnung der Anstalt unerlässlich ist. (6) Für die Kosten des Paketverkehrs gilt § 145 Abs. 2 entsprechend. (7) § 134 Abs. 1, 2, 4 und 5 findet keine Anwendung. *§ 145 Abs. 2 NJVollzG: Recht auf Schriftwechsel* (2) Die Kosten des Schriftverkehrs trägt die oder der Gefangene. Bei einer oder einem bedürftigen Gefangenen kann die Vollzugsbehörde auf Antrag Kosten ganz oder teilweise übernehmen.
Nordrhein-Westfalen	*§ 23 UVollzG NRW: Pakete* (1) Untersuchungsgefangene dürfen nach näherer Maßgabe der Anstalt Pakete empfangen. Vom Empfang ausgeschlossen sind Nahrungs- und Genussmittel sowie Inhalte, die geeignet sind, die Sicherheit oder Ordnung der Anstalt zu gefährden.

Länder	Besuche, Schriftwechsel, Telefongespräche und Pakete – *Bestimmungen des Paketverkehrs*
	(2) Pakete sind in Gegenwart der Untersuchungsgefangenen zu öffnen, an die sie adressiert sind. Ausgeschlossene Gegenstände können zur Habe der Untersuchungsgefangenen genommen, der absendenden Person zurückgesandt oder, falls der Rücksendung besondere Gründe entgegenstehen, vernichtet werden. Über die getroffenen Maßnahmen werden die Untersuchungsgefangenen unterrichtet. (3) In begründeten Ausnahmefällen kann Untersuchungsgefangenen gestattet werden, Pakete zu versenden. Der Inhalt soll aus Gründen der Sicherheit oder Ordnung der Anstalt überprüft werden.

b) Sonderbestimmungen für junge Untersuchungsgefangene

148

Länder	Besuche, Schriftwechsel, Telefongespräche und Pakete – *Sonderbestimmungen für junge Untersuchungsgefangene*
12er-Regelung: Berlin Brandenburg Bremen Hamburg Hessen Mecklenburg-Vorpommern Rheinland-Pfalz Saarland Sachsen Sachsen-Anhalt Schleswig-Holstein Thüringen	– keine Sonderbestimmungen, vgl. § 72 12er-Regeung[598] Rn. 37 Abweichende Regelungen: *Hamburg, § 78 Abs. 7 HmbUVollzG: Verkehr mit Personen außerhalb der Anstalt* (7) Für den Paketempfang findet § 28 Absatz 1 Satz 3[599] keine Anwendung. Die Anstalt kann über § 28 Absatz 1 Satz 2 hinaus Gegenstände und Verpackungsformen ausschließen, die einen unverhältnismäßigen Kontrollaufwand bedingen. *Hessen, § 49 Abs. 1, 4 HUVollzG: Außenkontakte* (1) Kontakte[600] mit bestimmten Personen können bei jungen Untersuchungsgefangenen über § 25 Abs. 2 hinaus untersagt werden, 1. bei Personen, die nicht Angehörige im Sinne des § 11 Abs. 1 Nr. 1 des Strafgesetzbuchs sind, wenn zu befürchten ist, dass sie einen schädlichen Einfluss auf die jungen Untersuchungsgefangenen haben, oder 2. wenn Personensorgeberechtigte nicht einverstanden sind. (4) Beistände nach § 69 des Jugendgerichtsgesetzes stehen bei Kontakten mit jungen Untersuchungsgefangenen Verteidigerinnen und Verteidigern gleich.
Niedersachsen	*§ 160 Abs. 2 NJVollzG: Besuche, Schriftwechsel, Telefongespräche und Pakete* (2) Unbeschadet der Vorschriften des Vierten Kapitels können Besuche von bestimmten Personen auch untersagt werden, wenn die Personensorgeberechtigten es beantragen oder wenn es aus erzieherischen Gründen erforderlich ist. Satz 1 gilt entsprechend für [...] den Paketverkehr.
Nordrhein-Westfalen	Keine Regelung

598 Abgedruckt bei Rn. 37.
599 S. oben bei Rn. 147 (Fn. zu § 41 12er-Regelung).
600 Das UVollzG Hessen verwendet den Begriff „Kontakte“ (vgl. die Überschrift des Sechsten Abschnitts, §§ 25 ff.: „Außenkontakte der Untersuchungsgefangenen“) – ohne Legaldefinition – als Oberbegriff für sämtliche im sechsten Abschnitt genannten Arten des Außenverkehrs als da wären: „Besuche“ (§ 26), „Schriftwechsel“ (§ 27), „Telekommunikation“ (§ 28) sowie „Empfang und Versendung von Paketen“ (§ 29), vgl. RegE Hessen S. 139.

Länder	Besuche, Schriftwechsel, Telefongespräche und Pakete – *Sonderbestimmungen für junge Untersuchungsgefangene*
Baden-Württemberg	**Keine Regelung**
Bayern	***Art. 32 Abs. 2 BayUVollzG:*** **(2) Besuche bei minderjährigen Untersuchungsgefangenen, ihr Schriftwechsel, ihre Telefongespräche und ihr Paketverkehr mit bestimmten Personen können zusätzlich zu den Voraussetzungen der Art. 16, 20, 21 und 23 auch unterbunden werden, wenn die Personensorgeberechtigten nicht einverstanden sind.**

149 **2. Beschränkungen nach Bundesrecht (§ 119 StPO). a) Grundsatz.** Gemäß § 119 StPO gelten **keine standardmäßigen Beschränkungen** im Untersuchungshaftvollzug (Rn. 18). Dies bedeutet, dass der Paketverkehr (ein- wie ausgehende Pakete) des Untersuchungsgefangenen grundsätzlich (d.h. unter dem Gesichtspunkt des Haftgrundes und der Verfahrenssicherung, vorbehaltlich vollzuglicher Anordnungen der Anstaltsleitung)

- keiner Erlaubnis bedarf,
- keiner Beschränkung nach Inhalt und Häufigkeit und
- keiner Überwachung unterliegt,

soweit und solange nicht durch Anordnung im Einzelfall verfahrenssichernde Beschränkungen (§ 119 Abs. 1 StPO) gemacht werden. Für in Paketen enthaltene Schreiben gelten die Grundsätze über den Schriftverkehr. Die **Abgrenzung** zwischen einem Schreiben und einem Paket kann im Einzelfall Schwierigkeiten bereiten (vgl. Rn. 95).

150 **b) Generelle Beschränkungen.** Mögliche Beschränkungen des Paketverkehrs (Überwachung, Anhalten von Paketen) enthält der Katalog des § 119 Abs. 1 S. 2 StPO in seiner Ziff. 2 (i.V.m. S. 7). Da der Katalog **nicht abschließend** („insbesondere") ist, sind weitere Beschränkungen denkbar, z.B. Beschränkungen hinsichtlich des zulässigen Inhalts von Paketen. Etwaige Beschränkungen dürfen jedoch nur unter dem Gesichtspunkt der „Abwehr einer Flucht-, Verdunkelungs- oder Wiederholungsgefahr" gemacht werden. Andere Eingriffsgründe (z.B. Gewährleistung der Sicherheit oder Ordnung der Anstalt) sind nicht durch § 119 StPO (sondern ggf. durch die Vollzugsgesetze der Länder) gedeckt. Für die Anordnung eines **Erlaubnisvorbehalts** zum Empfang oder Versand von Paketen[601] dürfte schon in praktischer Hinsicht kaum ein Bedürfnis bestehen, da insoweit bereits nach allen Ländergesetzen der Vorbehalt einer (Ausnahme-)Erlaubnis unter vollzuglichen Gesichtspunkten normiert worden ist. Soweit es um die Verhinderung möglicher Flucht- oder Verdunkelungshandlungen geht, kann solchen Gefahren durch die Anordnung der Überwachung (§ 119 Abs. 1 S. 2 Nr. 2 StPO) jederzeit ausreichend begegnet werden, so dass ein Erlaubnisvorbehalt nicht verhältnismäßig wäre.[602]

151 Die vom BVerfG[603] für verfassungsrechtlich unbedenklich erklärte Beschränkung des Paketverkehrs entsprechend Nr. 39 Abs. 1 UVollzO, § 33 Abs. 1 StVG (i.V.m. der Verwaltungsvorschrift[604]) auf eine **Höchstmenge** (drei Pakete im Jahr) lässt sich allein unter dem Gesichtspunkt der Sicherung des Haftzwecks schwerlich rechtfertigen; das BVerfG a.a.O. (auf der Grundlage des § 119 Abs. 3 StPO a.F.) hielt die Begrenzung für zulässig, da an-

601 § 119 Abs. 1 S. 2 Nr. 1 StPO sieht einen solchen katalogmäßig nur für den Besuchs- und Telefonverkehr vor; eine entsprechende Anordnung für den Paketverkehr ließe sich jedoch als sonstige Anordnung auf § 119 Abs. 1 S. 1 StPO stützen.

602 So, wenn auch nur einzelfallbezogen: KG StV 2010, 370. Unklar Paeffgen in: SK-StPO, § 119 Rn. 43: Der Empfang von Paketen müsse wegen des Kontroll-Aufwandes „beschränkt" werden; im Weiteren heißt es dann aber: „Auch der Empfang und das Absenden von Paketen sind zwar zu überwachen, aber grds. unbeschränkt zu gestalten." Die Ausführungen a.a.O. Rn. 44 unterstellen wiederum einen bundesgesetzlichen Erlaubnisvorbehalt.

603 BVerfGE, 34, 369.

604 Abgedruckt bei Calliess/Müller-Dietz, StVollzG, § 33.

sonsten „die Ordnung in der Vollzugsanstalt [!] nicht mehr gewährleistet werden könnte“.[605] Höchstmengen können folglich allenfalls im Rahmen der landesgesetzlichen Erlaubnispraxis festgelegt werden, eine ausdrückliche Ermächtigung hierzu enthält die 12er-Regelung (vgl. § 41 Abs. 1 S. 2 12er-Regelung, unten Rn. 158 ff.).

c) **Überwachung.** Während sämtliche Ländergesetze eine Prüfung des Inhalts ein- und ausgehender Paketsendungen (Öffnen, Durchsuchen in Gegenwart des Untersuchungsgefangenen) generell vorsehen – s. Rn. 162, 166 -, bedarf es zur Überwachung[606] des Paketverkehrs aus Gründen der Verfahrenssicherung einer entsprechenden Anordnung nach § 119 Abs. 1 S. 2 Nr. 2 StPO. Da die Gefahr des Einbringens jedenfalls von Gegenständen zur Flucht(-vorbereitung) sich aufdrängt, dürfte eine entsprechende Anordnung im Regelfall erforderlich sein.[607] Um hier eine doppelte Überwachung[608] zu vermeiden, kann eine **Übertragung der Ausführung** gemäß § 119 Abs. 2 S. 2 StPO auf die Staatsanwaltschaft erfolgen, die wiederum diese Aufgabe auf die Anstalt delegieren darf (§ 119 Abs. 2 S. 3 StPO), so dass die Anstalt sozusagen „in einer Hand“ die Überwachung unter verfahrenssichernden wie auch vollzuglichen Gesichtspunkten durchführen kann. Selbst wenn im Einzelfall eine verfahrenssichernde Anordnung unterbleiben sollte, kann die Anstalt im Rahmen ihrer Überwachung nach Landesrecht auf Anhaltspunkte für eine Gefährdung des Haftzwecks jederzeit auf der Grundlage von § 119 Abs. 1 S. 4 StPO eine vorläufige Anordnung (Anhalten des Pakets oder Rücksendung bzw. Beschlagnahme des beanstandeten Gegenstands) treffen, die dann durch das Haftgericht zu genehmigen ist. 152

§ 119 Abs. 1 S. 7 StPO stellt klar, dass die Anordnung der Überwachung des Paketverkehrs nach § 119 Abs. 1 S. 2 Nr. 2 StPO die „Ermächtigung“ einschließt, „Pakete anzuhalten“. Die Überwachung liefe leer, wenn bei Auffinden konkret zu beanstandender Gegenstände im Rahmen der Prüfung des Paketinhalts keine Konsequenzen gezogen werden könnten.[609] Dabei bleibt offen, was mit einem angehaltenen Paket – ausgenommen den Sonderfall einer Beschlagnahme bzw. Weiterleitung an die dafür zuständige Stelle (§§ 94, 98, 108 StPO, s. Rn. 105 zu beschlagnahmten Schreiben) – zu geschehen hat. Während die Ländergesetze (entsprechend der früheren Regelung in Nr. 39 Abs. 3 S. 2 UVollzO) vorsehen, dass beanstandete Gegenstände zur Habe des Gefangenen genommen oder den Absender zurückgesandt, ggf. auch vernichtet werden, fehlt hierzu eine entsprechende Regelung für das Anhalten nach Bundesrecht. Die amtliche Begründung zu § 119 Abs. 1 S. 7 StPO spricht nur von einem Rücksenden „angehaltener Pakete“.[610] Das gesamte Paket zurückzusenden kommt indes unter dem Gesichtspunkt der Verhältnismäßigkeit nur in Betracht, wenn der gesamte Inhalt den Haftzweck gefährdet. Beschränkt sich die Gefährdung auf einen einzelnen Gegenstand, so sind Maßnahmen (Anhalten/Rücksenden) auf diesen Gegenstand zu beschränken, während der restliche Inhalt ansonsten weiterzuleiten bzw. auszuhändigen ist.[611] 153

Das Anhalten eines Pakets bzw. die Beanstandung von Teilen seines Inhalts setzt, wie jede Beschränkung nach Bundesrecht, eine **konkrete Gefährdung des Haftzwecks** voraus. Dies ist dann der Fall, wenn das Paket Gegenstände enthält, bei denen konkrete Anhaltspunkte für eine mögliche Verwendung zu Fluchtvorbereitungen, Verdunkelungshandlungen oder für die fortgesetzte Begehung von Straftaten bestehen. Analog zum Schriftverkehr ist ein

605 So argumentiert auch OLG Köln StV 2006, 537.

606 § 119 Abs. 1 S. 2 Nr. 2 StPO verwendet den Begriff der „Überwachung“ ohne eine nähere inhaltliche Ausgestaltung; gemeint ist eine Durchsuchung des Inhalts auf verbotene – d.h. den Haftzweck gefährdende – Gegenstände, wie sich aus der Bezugnahme auf die Nr. 39 UVollzO in der amtl. Begründung schließen lässt, RegE Bund, S. 25.

607 Schlothauer/Weider, Untersuchungshaft, Rn. 1221: Eine regelmäßige Anordnung „begegnet keinen grundsätzlichen Bedenken“.

608 S. Rn. 19 (allgemeine Grundsätze) sowie Rn. 102, 103 (Schriftwechsel).

609 Zur Begrenzung des Eingriffstatbestandes bei jugendlichen U-Gefangenen auf eine Hilfestellung s. § 1 Rn. 10.

610 RegE Bund, S. 26: „Angehaltene Schreiben und Pakete sind an den Absender zurückzuleiten, soweit dies ohne Gefährdung des Zwecks der Untersuchungshaft möglich ist.“.

611 So im Ergebnis auch Paeffgen in: SK-StPO, § 119 Rn. 45 a.E.

Anhalten nicht schon deshalb gerechtfertigt, weil der Untersuchungsgefangene versucht, das Paket unter Umgehung der Überwachung nach außen gelangen zu lassen.[612] Anforderungen an die „Konkretheit" der Gefährdung des Haftzwecks können letztlich nur einzelfallbezogen formuliert werden (vgl. Rn. 106 zum Schriftwechsel).

154 Das Anhalten eines Pakets (bzw. seines Inhalts) wegen einer konkreten Gefährdung des Haftzwecks ist keine „Anordnung" im Sinne von § 119 Abs. 1 S. 2 StPO, sondern eine „**Maßnahme**" (vgl. § 119 Abs. 5 S. 1 StPO) im Rahmen der Ausführung einer angeordneten Überwachung des Paketsverkehrs[613] und kann – wie auch die staatsanwaltliche Delegation der Überwachung auf die Anstalt oder die Polizei (§ 119 Abs. 2 S. 3 StPO) – mit dem Antrag auf gerichtliche Entscheidung zur Überprüfung gestellt werden (zu den Einzelheiten s. Rn. 33.) Unbeschadet der Möglichkeit eines Anhaltens wegen Gefahren für den Haftzweck kann im Rahmen einer nach § 119 StPO angeordneten Überwachung das Paket (bzw. sein Inhalt) nach allgemeinen Vorschriften **als Beweismittel beschlagnahmt** (§ 94 StPO) werden. Auf die entsprechende Darstellung zu Beschränkungen des Schriftwechsels wird verwiesen (Rn. 108).

155 Etwaige Beschränkungen, also z.B. die Anordnung der Überwachung des Paketverkehrs oder das Anhalten eines Pakets (§ 119 Abs. 1 S. 7 StPO), sind dem Untersuchungsgefangenen[614] stets mitzuteilen (§ 119 Abs. 1 S. 6 StPO). Eine **Mitteilung** von der Beanstandung des Inhalts erübrigt sich, wenn verfahrenssichernde und vollzugliche Überwachung bei der Anstalt zusammenlaufen (s.o. Rn. 152), da dann die Öffnung des Pakets ohnehin in Gegenwart des Untersuchungsgefangenen/Adressaten erfolgt. Die Regelung erscheint jedoch insofern unzureichend, als sie keine Mitteilung an Dritte vorsieht. Im Falle des Anhaltens eines eingehenden Pakets, ggf. einer Beschlagnahme des Inhalts, ist auch der Absender zu informieren,[615] da auch jener ein Beschwerderecht gegen die Maßnahme hat (vgl. Rn. 32).

156 Ob auch Pakete unter das Privileg der **Verteidigerpost** (§§ 119 Abs. 4 S. 1, 148, 148 a StPO) fallen können, ist umstritten.[616] Fraglich ist die Reichweite der Formulierung des § 148 Abs. 1 StPO: „schriftlicher und mündlicher Verkehr". Bedenkt man, dass die Abgrenzung zwischen Schreiben und Paketen nicht von der Einordnung durch das Beförderungsunternehmen (als Brief, Päckchen oder Paket) abhängt, sondern ein Schriftwechsel – unabhängig von seinem Umfang – stets einen Gedankenaustausch zwischen Absender und Empfänger voraussetzt (Rn. 95 und 149), so wird deutlich, dass das Privileg der Verteidigerpost nur bei Einbeziehung auch von Paketen gewahrt bleibt. Denn ob ein (wegen seines Umfangs eines Pakets bedürftiger) Gedankenaustausch vorliegt (dann Schriftwechsel) oder „nur" ein Austausch von Schriftmaterial (dann Paket), ließe sich überhaupt erst durch eine Textkontrolle ermitteln; jene ist jedenfalls für den Schriftverkehr mit Verteidigern aber ausgeschlossen.[617] Für die Einbeziehung auch des Paketverkehrs lässt sich nunmehr auch der Wortlaut des § 119 Abs. 4 S. 2 StPO anführen, welcher im Hinblick auf die Gleichstellung der dort genannten Personen und Institutionen schlicht von dem „Verkehr des Beschuldigten" spricht.

157 **3. Beschränkungen nach Landesrecht (U-Haft-Vollzugsgesetze). a) Grundsatz.** Die landesgesetzlichen Beschränkungen des Paketverkehrs fallen insgesamt noch restriktiver aus als der unter § 119 Abs. 3 StPO a.F. bestehende Rechtszustand. Während nach alter Rechtslage der Untersuchungsgefangene – vorbehaltlich einer abweichenden Anordnung des Gerichts (Nr. 2 Abs. 2 UVollzO) – ein „Minimalrecht" auf die Erteilung von Erlaubnissen zum Empfang dreier Pakete mit Nahrungs- und Genussmitteln hatte (vgl. zu den Zeitpunkten VV

612 S. zum Schriftverkehr OLG Düsseldorf NStZ 1991, 360.
613 Zu der entsprechenden Abgrenzung beim Anhalten von Schreiben s. Rn. 106.
614 § 119 StPO verwendet stattdessen den Begriff des „inhaftierten Beschuldigten".
615 So für den Fall des Anhaltens eines Schreibens als vollzugliche Maßnahme Schlothauer/Weider, Untersuchungshaft, Rn. 1218.
616 Für die Einbeziehung: OLG Stuttgart NJW 1992, 61; a.A.: Meyer-Goßner, StPO, § 148 Rn. 6; zweifelnd: Arloth, StVollzG, § 29 Rn. 6.
617 So zutreffend OLG Stuttgart NJW 1992, 61, auch zu weiteren Einwänden der Gegenauffassung.

Nr. 1 zu § 33 StVollzG)[618] und nur die Erlaubnis zum Empfang weiterer Pakete im Ermessen der Anstalt stand (Nr. 39 Abs. 1 UVollzO i.V.m. § 33 Abs. 1 StVollzG), schließen – mit einer Ausnahme[619] – die Ländergesetze nicht nur den Empfang von Paketen mit Nahrungs- und Genussmitteln kategorisch aus, sondern sehen darüber hinaus von der Festlegung einer Mindestmenge ab. Jeglicher Paketempfang steht weiterhin unter den generellen **Vorbehalt einer Erlaubnis**, z.T. sogar mit der Möglichkeit einer (befristeten) generellen Versagung der Erlaubnis zum Empfang von Paketen, wenn dies aus vollzuglichen Gründen „unerlässlich" erscheint.[620] Zu etwaigen Gründen für die weitergehenden Einschränkungen der Rechte der Untersuchungsgefangenen im Zuge der landesrechtlichen Kodifikation schweigen die meisten Gesetzesbegründungen.[621] Soweit überhaupt Begründungen angeführt werden, sind diese pauschal und im Ergebnis nicht überzeugend.[622] Durch die weitgehende Übernahme der Beschränkungen aus dem Strafvollzug in den Bereich der Untersuchungshaft tragen die Landesgesetze dem Prinzip der Verhältnismäßigkeit nicht ausreichend Rechnung.[623]

Für in Paketen enthaltene Schreiben gelten die Grundsätze über den Schriftverkehr (Rn. 111). Die **Abgrenzung** zwischen einem Schreiben und einem Paket kann im Einzelfall Schwierigkeiten bereiten; auf die Ausführungen bei Rn. 95 wird verwiesen.

b) Empfang von Paketen. In allen Bundesländern besteht ein **genereller Erlaubnisvorbehalt** für den Empfang von Paketen. Die in § 41 Abs. 1 S. 2 12er-Regelung enthaltene Formulierung, wonach die Anstalt (Anstaltsleitung[624]) „Zeitpunkt und Höchstmenge für die Sendung und für einzelne Gegenstände festsetzen kann", ist nahezu wörtlich aus § 33 Abs. 1 S. 2 StVollzG (i.V.m. Nr. 39 Abs. 1 S. 1 UVollzO) übernommen; in den übrigen Ländergesetzen ist dieser Zusatz nicht vorhanden. Es steht zu erwarten, dass sich die künftige Praxis insoweit an der früher geltenden Rechtslage (s. die VV zu § 33 StVollzG[625]) orientieren wird und entsprechende Verwaltungsvorschriften in den Ländern ergehen werden. Die Erlaubnis zum Paketempfang ist (nur) zu versagen, soweit die Sicherheit oder Ordnung der Anstalt der Erteilung entgegenstehen. 158

Zwar ist ein „**Minimalrecht**" im Sinne eines Anspruchs auf eine Mindestzahl zu empfangender Pakete (s.o. Rn. 157) nicht festgelegt worden. Jedoch lässt sich ein Rückfall hinter die alte Rechtslage nicht rechtfertigen. Wenn die Anstaltsleitung entsprechend § 33 Abs. 1 S. 2 StVollzG „Zeitpunkt und Höchstmenge für die Sendung und für einzelne Gegenstände" (§ 41 Abs. 1 S. 2 12er-Regelung) festsetzen darf (bzw. nach § 150 Abs. 1 NJVollzG der Untersuchungsgefangene Pakete „in angemessenem Umfang" empfangen darf) und der Empfang von Paketen (nur) vorübergehend (§ 41 Abs. 3 12er-Regelung) bzw. befristet (§ 150 NJVollzG) versagt werden kann, so wird deutlich, dass weiterhin ein **Anspruch auf Erlaubnis einer Mindestzahl** von Paketen besteht. Das zu gewährleistende Minimum – ein Paket monatlich erscheint angemessen[626] – sollte durch verbindliche Verwaltungsvorschriften festgelegt werden.[627] 159

In der Rspr. [628] geht die Abwägung zwischen den vollzuglichen Interessen der Anstalt und dem Recht des Untersuchungsgefangenen auf einen unbeschränkten Außenverkehr gerade 160

618 Abgedruckt bei Calliess/Müller-Dietz, StVollzG, § 33.
619 § 41 Abs. 1 BbgUVollzG, s. unten Rn. 163.
620 Es handelt sich um ein präventives Verbot mit Erlaubnisvorbehalt, vgl. Rn. 40.
621 Die amtlichen Begründungen zu § 41 12er-Regelung sind kürzer als der Gesetzestext.
622 Die Begründungen der 12er-Regelungen begnügen sich mit einem Hinweis auf entsprechende Regelungen in den Jugendstrafvollzugsgesetzen, exemplarisch RegE Thüringen, S. 99; RegE Bayern, S. 73: „Die Einschränkung ist [...] zwingend erforderlich, da anderenfalls [...] das Risiko des Einschmuggelns unerlaubter Gegenstände, namentlich von Drogen, unerträglich groß wäre."
623 AnwK U-Haft/Linkhorst, § 41 Rn. 6 ff. zur 12er-Regelung; Piel u.a. ZRP 2009, 33 (36) zu § 23 E-UVollzG NRW; zur alten Rechtslage: Hilger in: Löwe/Rosenberg, StPO, § 119 Rn. 45.
624 Zur Anordnungskompetenz vgl. Rn. 47.
625 Abgedruckt bei Callies/Müller-Dietz, StVollzG, § 33.
626 Hilger in: Löwe/Rosenberg, StPO, § 119 Rn. 49; Paeffgen in: SK-StPO, § 119 Rn. 43: „ein Paket alle zwei Monate"; BVerfGE 34, 379 hält eine Beschränkung auf drei Pakete im Jahr für zulässig.
627 Versäumt in VV UVollzG Sachsen-Anhalt vom 28.5.2010, JMBl. LSA 2010, 116.
628 Umfangreiche Nachweise bei Paeffgen in: SK-StPO, § 119 Rn. 43 ff.

im Bereich des Paketverkehrs meist zugunsten der Anstaltsordnung aus. Dies ist bei einer an den Gesichtspunkten der Verhältnismäßigkeit und – im Gegensatz zum Strafvollzug (!) – der Unschuldsvermutung zu messenden Vollzugspraxis kritikwürdig. Es muss künftig auch hier der allgemeine Grundsatz stärker Berücksichtigung finden, dass die mit der Überwachung des Außenverkehrs ggf. einhergehenden Belastungen Lästigkeiten sind, die grundsätzlich hinzunehmen sind, jedenfalls solange nicht im Einzelfall ein nicht mehr hinzunehmender Kontrollaufwand entsteht.[629] Eine vollständige **Versagung der Erteilung von Erlaubnissen** zum Paketempfang kann nur nach vorangegangenem Missbrauch einer erteilten Erlaubnis und auch nur befristet gerechtfertigt sein.[630] So darf der Paketempfang nicht allein wegen eines Tatvorwurfs nach dem BtMG versagt werden.[631] Wegen des besonderen Schutzes des Art. 6 Abs. 1 GG sind Beschränkungen der Kontakte zu Familienangehörigen auch im Bereich des Paketverkehrs nur unter gesteigerten Voraussetzungen zulässig.[632]

161 Bislang war die Verwendung einer sog. **Paketmarke** für den Empfang üblich, die der Untersuchungsgefangene im Rahmen der Erlaubniserteilung erhält und dem Absender zukommen lassen muss. Diese Praxis hielt die Rspr. stets für zulässig.[633] Auch auf dem Boden der neuen Rechtslage lässt sich hiergegen nicht grundsätzlich etwas einwenden. Es sollte in den Verwaltungsvorschriften allerdings der Gebrauch neutraler Paketmarken verbindlich vorgeschrieben werden, welche die Inhaftierung des Empfängers für Außenstehende nicht erkennen lassen.[634] Die weiteren Einzelheiten der Erlaubniserteilung (Höchstgewicht, zulässiger Inhalt, Erfordernis eines Inhaltsverzeichnisses) sollten durch eine **Allgemeinverfügung der Anstaltsleitung** festgelegt und allen Untersuchungsgefangenen in Form von Merkblättern bekannt gegeben werden. Auch hier kann durch entsprechende Verwaltungsvorschriften ein Minimum an Vereinheitlichung der Verwaltungspraxis sichergestellt werden.

162 Sämtliche Ländergesetze sehen das **Öffnen und Durchsuchen** eingehender Pakete in Gegenwart des Untersuchungsgefangenen generell vor. Entsprechend der früheren Regelung in Nr. 39 Abs. 3 S. 2 UVollzO werden beanstandete Gegenstände zur Habe des Gefangenen genommen oder den Absender zurückgesandt, ggf. auch vernichtet. Die Verweigerung der Annahme des Pakets kommt unter dem Gesichtspunkt der Verhältnismäßigkeit nur bei erheblichen Überschreitungen des zulässigen Höchstgewichts oder der Empfangszeit[635] sowie dann in Betracht, wenn der gesamte Inhalt die Anstaltssicherheit oder -ordnung gefährdet (Rn. 152, 153). Wenn die Sichtung des Paketinhalts Anhaltspunkte für eine Gefährdung des Haftzwecks ergibt, kann die Anstalt auf der Grundlage von § 119 Abs. 1 S. 4 StPO eine vorläufige verfahrenssichernde Anordnung treffen (s. Rn. 28). Etwaige Beanstandungen, z.B. eine Annahmeverweigerung, sind dem Untersuchungsgefangenen mitzuteilen.[636] Für Beanstandungen einzelner enthaltener Gegenstände erübrigt sich vielfach eine gesonderte Mitteilung, da die Öffnung des Pakets ohnehin in Gegenwart des Untersuchungsgefangenen/Adressaten erfolgt. Im Falle des Anhaltens eines eingehenden Pakets, ggf. einer Beschlagnahme des Inhalts, sollte auch der Absender informiert werden,[637] da auch jenem der Antrag auf gerichtliche Entscheidung (§ 119 a StPO) offensteht (vgl. Rn. 51).

629 Dass dies im Bereich des Schriftverkehrs anerkannt ist, wurde unter Rn. 97 ausgeführt. S. bereits Hilger in: Löwe/Rosenberg, StPO, § 119 Rn. 45 ff., zur früheren Rechtslage.

630 In den Ländern der 12er-Regelung und in Niedersachsen ist die Notwendigkeit der Befristung ausdrücklich normiert, vgl. die Synopse bei Rn. 165.

631 Schlothauer/Weider, Untersuchungshaft, Rn. 1224; OLG Zweibrücken StV 1998, 32.

632 Hilger in: Löwe/Rosenberg, StPO, § 119 Rn. 46.

633 Nachweise bei Arloth, StVollzG, § 33 Rn. 2.

634 Callies/Müller-Dietz, StVollzG, § 33 Rn. 1; insofern zu kritisieren: Nr. 29.3 VV UVollzG Sachsen-Anhalt v. 28.5.2010; gänzlich ablehnend: Hilger in: Löwe/Rosenberg, StPO, § 119 Rn. 50.

635 Bei geringfügigen Überschreitungen wäre die Verweigerung der Annahme unverhältnismäßig; es genügt die Androhung der Annahmeverweigerung im Wiederholungsfall, Calliess/Müller-Dietz, StVollzG, § 33 Rn. 1.

636 § 150 Abs. 2 S. 7 f. NJVollzG sieht (auf der Grundlage einer weitergehend beanspruchten Gesetzeskompetenz) ein vorübergehendes Absehen von der Mitteilung auf Anordnung des Gerichts aus Gründen der Verfahrenssicherung vor.

637 Schlothauer/Weider, Untersuchungshaft, Rn. 1218, zum Schriftwechsel.

Pakete mit **Nahrungs- und Genussmitteln** sind nur noch in Brandenburg grundsätzlich erlaubnisfähig, wobei es auch dort der Entscheidung der Anstalt überlassen bleibt, „Gegenstände und Verpackungsformen auszuschließen, die einen unverhältnismäßigen Kontrollaufwand bedingen" (§ 41 Abs. 1 S. 3 UVollzG Brandenburg).[638] In allen anderen Ländern ist nicht einmal ein Ausnahmevorbehalt vorgesehen. Mit dem in den Gesetzesbegründungen enthaltenen pauschalen Hinweis auf – ebenfalls zu kritisierende[639] – entsprechende Vorschriften zum Strafvollzug lässt sich dies nicht rechtfertigen. Mag auch im Strafvollzug den vollzuglichen Interessen Vorrang gegenüber den Interessen des rechtkräftig Verurteilten eingeräumt werden, so ist im Untersuchungshaftvollzug an dem Prinzip der Begrenzung von Eingriffen auf das unabdingbare Maß festzuhalten. Hinweise auf den hohen Kontrollaufwand bei Nahrungs- und Genussmitteln einerseits sowie auf die angeblich gesunkene Bedeutung des Paketverkehrs[640] andererseits überzeugen nicht.[641] Zumindest im Bereich der durch Art. 6 Abs. 1 GG geschützten Kontakte sollte im Wege einer verfassungskonformen Auslegung ein Ausnahmevorbehalt angenommen werden.[642] 163

Einen privilegierten Personenkreis (Ausnahmen von Erlaubnis und Überwachung) sehen die Ländergesetze für den Paketverkehr nicht vor. Dabei ist in der obergerichtlichen Rechtsprechung vereinzelt anerkannt worden, dass zur sog. **Verteidigerpost** auch Pakete gehören können.[643] Auf die entsprechenden Ausführungen zum Bundesrecht bei Rn. 156 wird verwiesen. 164

Bei **jungen bzw. minderjährigen Untersuchungsgefangenen** besteht in den meisten Bundesländern über die allgemeine Regelung hinaus unter Rückgriff auf die jeweilige Generalklausel eine Rechtsgrundlage zur Versagung einer Erlaubnis zum Paketempfang auch bei einer „Gefährdung ihrer Entwicklung" (vgl. Rn. 45 f.). Angesichts der besonderen emotionalen Bedeutung, welche Kontakte des jungen Gefangenen zu seinen Familienangehörigen gerade auch in Form von Paketen haben können, erscheint es kaum darstellbar, unter Berufung auf erzieherische Gesichtspunkte weitergehende Einschränkungen als bei erwachsenen Gefangenen zu machen. Bei Anhaltspunkten für konkrete Gefährdungen für die Entwicklung kann diesen durch eine besonders sorgfältige Kontrolle des Paketinhalts begegnet werden. In Niedersachsen, Ba-Wü und Bayern kann der Paketverkehr Minderjähriger mit bestimmten Personen auch bei fehlendem Einverständnis der Sorgeberechtigten unterbunden werden. 165

12er-Regelung	Ba-Wü	Bayern	Niedersachsen	NRW
Genereller Erlaubnisvorbehalt, Zeitpunkt und Höchstmenge können durch AO im Einzelfall festgelegt werden (§ 41 Abs. 1 S. 2),[644]	Genereller Erlaubnisvorbehalt (§ 21 Abs. 1 S. 1)	Genereller Erlaubnisvorbehalt (Art. 23 Abs. 2 S. 1); die Erlaubnis kann – auch nachträglich – „eingeschränkt" werden	Genereller Erlaubnisvorbehalt, „in angemessenem Umfang", Erlaubnis bedarf der Zustimmung des Gerichts	„nach näherer Maßgabe der Anstalt" [649], genereller Erlaubnisvorbehalt durch AO der Anstalt möglich (§ 23 Abs. 1 S. 1)

638 Laut amtlicher Begründung, RegE Brandenburg S. „105" (LT-Dr. 4/7334 enthält keine Paginierung), „wird der Empfang von Paketen mit Nahrungs- und Genussmitteln trotz des damit verbundenen hohen Kontrollaufwandes beibehalten, um der emotionalen Bedeutung von Paketen von Familienangehörigen für die Untersuchungsgefangenen Rechnung zu tragen."

639 Walkenhorst/Roos/Bihs in: Ostendorf, Jugendstrafvollzugsrecht, 7. Abschnitt Rn. 57.

640 RegE Niedersachsen, S. 118, 193.

641 Kritisch auch Schlothauer/Weider, Untersuchungshaft, Rn. 1222.

642 Ähnlich Ostendorf SchlHA 2009, 203 (208); Schlothauer/Weider, Untersuchungshaft, Rn. 1223.

643 OLG Koblenz NStZ 1983, 96; OLG Stuttgart NJW 1992, 61: deshalb auch keine Sichtkontrolle zulässig; a.A. Meyer-Goßner, StPO, § 148 Rn. 6: Verbot der Überwachung nur für einliegende Schreiben.

644 RegE Berlin, S. 87: „Zudem ist der Paketempfang der von der Anstalt zugelassenen Anbieter des Versandhandels zulässig."

12er-Regelung	Ba-Wü	Bayern	Niedersachsen	NRW
„vorübergehende" (allg.) Versagung der Erlaubnis zum Paketempfang, wenn wg. Gefahr für Si./Ordnung der Anstalt „unerlässlich"[645] (§ 41 Abs. 3)[646]		(Art. 23 Abs. 2 S. 2, 3)[647]	(§ 150 Abs. 1) „kann befristet untersagt werden"[648] ■ durch Gericht (wg. U-Haft-Zweck), ■ durch Vollzugsbehörde („unerlässlich" wg. Gefahr für Si./Ordnung der Anstalt) (§ 150 Abs. 5)	
Verbotene Gegenstände				
Nahrungs- und Genussmittel (§ 41 Abs. 1 S. 1), „Gegenstände, deren Überlassung eine verfahrenssichernde AO entgegensteht" oder welche die Si./Ordnung der Anstalt gefährden (§§ 41 Abs. 1 S. 3, 18 Abs. 4)	Nahrungs- und Genussmittel sowie Inhalte, die die Si./Ordnung der JVA gefährden (§ 21 Abs. 1 S. 2, 3, § 11 Abs. 2 S. 5)	Nahrungs- und Genussmittel sowie Gegenstände, die die Si./Ordnung der Anstalt gefährden (Art. 23 Abs. 1 S. 2 i.V.m. Art. 24 Abs. 2 S. 1, 36 Abs. 1 S. 3 BaySt-VollzG)	Nahrungs- und Genussmittel sowie Gegenstände, die die Si./Ordnung der Anstalt gefährden (§ 150 Abs. 2 S. 4)	Nahrungs- und Genussmittel sowie Inhalte, die geeignet sind, die Si./Ordnung der Anstalt zu gefährden (§ 23 Abs. 1 S. 2)
Öffnung/Inhaltskontrolle[650]				
generell, in Gegenwart des Adressaten (§ 41 Abs. 2 S. 1)	generell, in Gegenwart des Gefangenen (§ 21 Abs. 2 S. 1)	generell, in Gegenwart des Gefangenen (Art. 23 Abs. 3 S. 2 i.V.m. Art. 36 Abs. 2 S. 1 BaySt-VollzG)	generell, in Gegenwart des Gefangenen (§ 150 Abs. 2 S. 3)	generell, in Gegenwart des Adressaten (§ 23 Abs. 2 S. 1)

645 In § 41 Abs. 3 UVollzG Sachsen-Anhalt: „[...] geboten erscheint [...]".

646 RegE Berlin, S. 88: „Eine so einschneidende Maßnahme ist nur vorübergehend möglich." Den Umgang mit eingehenden Paketen, für deren Empfang keine Erlaubnis erteilt worden ist, regelt das UVollzG 12er-Regelung nicht ausdrücklich. Gegenüber einer generellen Verweigerung der Annahme durch die Anstalt (so die Soll-Vorschrift § 150 Abs. 2 S. 2 NJVollzG) erscheint es vorzugswürdig, dem Gefangenen oder dem Absender zuvor Gelegenheit zur Einholung der erforderlichen Erlaubnis zu geben.

650 Als einziges der Ländergesetze enthält das NJVollzG (§ 150 Abs. 4) eine ausdrückliche Klarstellung dahin, dass auf in ein- und ausgehenden Paketen enthaltene Schreiben die Regeln über den Schriftverkehr Anwendung finden. Die übrigen Ländergesetze scheinen hiervon stillschweigend auszugehen.

12er-Regelung	Ba-Wü	Bayern	Niedersachsen	NRW
Verbleib nicht ausgehändigter Gegenstände				
Zur Habe des Gefangenen od. Rücksendung an Absender; bei drohendem Personen- od. Sachschaden: Vernichtung (§ 41 Abs. 2 S. 2, 3)	Zur Habe des Gefangenen od. Rücksendung an Absender; bei Verderblichkeit oder drohendem Personen- od. Sachschaden: Vernichtung (§ 21 Abs. 2 S. 2, 3)	Zur Habe des Gefangenen od. Rücksendung an Absender; bei Verderblichkeit oder drohendem Personen- od. Sachschaden: Vernichtung (Art. 23 Abs. 3 S. 2 i.V.m. Art. 36 Abs. 2 S. 2, 3 BayStVollzG)	Zur Habe des Gefangenen od. Rücksendung an Absender; „wenn es erforderlich ist": Vernichtung; Gegenstände, die den Haftzweck gefährden können, werden dem Gericht zugeleitet (§ 150 Abs. 2 S. 4, 5)	Zur Habe des Gefangenen od. Rücksendung an Absender; bei „besonderen Gründen"[651]: Vernichtung (§ 23 Abs. 2 S. 2)
Mitteilung an den Untersuchungsgefangenen				
Ausnahmslos vorgesehen (§ 41 Abs. 2 S. 4)	Ausnahmslos vorgesehen (§ 21 Abs. 2 S. 4)	Ausnahmslos vorgesehen (Art. 23 Abs. 3 S. 2 i.V.m. Art. 36 Abs. 2 S. 4 BaySt-VollzG)	Regelmäßig vorgesehen; vorübergehendes Absehen auf AO des Gerichts zulässig, soweit Zweck der U-Haft es erfordert (§ 150 Abs. 2 S. 7, 8)	Ausnahmslos vorgesehen (§ 23 Abs. 2 S. 3)
Junge Gefangene				
keine Sonderregeln; Nur Minderjährige: Verbot bzw. Versagung der Erlaubnis auch bei „Gefährdung ihrer Entwicklung"	„Untersagung"[652] des Paketverkehrs mit bestimmten Personen auch bei fehlendem Einverständnis der Sorgeberechtigten oder sofern	Nur Minderjährige: Verbot des Paketverkehrs mit bestimmten Personen im Einzelfall bei „Gefährdung ihrer Entwicklung"	Nur Minderjährige („jugendliche Gefangene"):[654] Versagung der Erlaubnis zum Paketverkehr mit bestimmten Personen im Einzelfall bei „Gefährdung ihrer Entwicklung"	Versagung, Einschränkung oder Aufhebung der Erlaubnis auch bei „Gefährdung ihrer Entwicklung"

647 Als einziges der Ländergesetze sieht das UVollzG Bayern ausdrücklich die Möglichkeit einer inhaltlichen Beschränkung der Erlaubnis auf den Versand/Empfang bestimmter Gegenstände vor; dazu RegE Bayern, S. 73: „Die Erlaubnis kann insbesondere für die Zusendung von Unterrichts- und Fortbildungsmitteln, Entlassungskleidung und Gegenständen für die Freizeitbeschäftigung wie z.B. Bastelmaterial erteilt werden.".

648 Dies schließt die Möglichkeit ein, dass die Vollzugsbehörde die nach § 150 Abs. 1 NJVollzG erforderliche Erlaubnis zum Paketempfang befristet versagt.

649 RegE NRW, S. 59, verweist auf die Parallelvorschrift des § 39 JStVollzG NRW, welche einen generellen Erlaubnisvorbehalt für den Paketempfang im Jugendstrafvollzug normiert. Gemeint sein dürfte folglich, dass es der Anstalt freigestellt ist, durch Allgemeinverfügung einen Erlaubnisvorbehalt zu errichten.

651 Begr. RegE NRW zu § 23 Abs. 2 E-UVollzG NRW, S. 59: „So werden hiervon insbesondere auch verbotenerweise zugesandte Lebensmittel erfasst, erst recht wenn sie verderblich sind.".

12er-Regelung	Ba-Wü	Bayern	Niedersachsen	NRW
(§§ 67 Abs. 3, 41 Abs. 3), zust.: Anstalt (§ 3 Abs. 1)	„aus erzieherischen Gründen erforderlich“ (§ 160 Abs. 2), zust: Vollzugsbehörde (§ 134 Abs. 1 S. 1[653])	(§§ 49 Abs. 5, 23 Abs. 1 S. 1), zust: Anstaltsleitung (§ 4)	(§ 72 Abs. 3)[655], zust: JVA (§ 3)	(Art. 30 Abs. 3 S. 2, 23 Abs. 2), Nur Minderjährige: Versagung oder Aufhebung der Erlaubnis auch bei fehlendem Einverständnis der Sorgeberechtigten („Kann“-Vorschrift) (Art. 32 Abs. 2) zust: Anstaltsleitung (Art. 6)

166 c) **Versand von Paketen**[656] In der Mehrzahl der Länder ist die bisherige Rechtslage (Nr. 39 Abs. 4 UVollzO, § 33 Abs. 4 StVollzG) fortgeschrieben worden, wonach der Versand von Paketen gestattet werden „kann“. Damit ist bedarf es einer Erlaubnis („Gestattung“), im Unterschied zum Empfang eines Pakets - s. Rn. 158 - besteht jedoch kein Anspruch auf die Gestattung, sondern nur auf ermessensfehlerfreie Entscheidung über den Antrag.[657] Eine Gestattung kommt insbesondere zu besonderen Anlässen (Geburtstage, Festtage) in Betracht. Auch die Übersendung von Prozessunterlagen an den Verteidiger muss ermöglicht werden.[658] Den letztgenannten Fall ausgenommen ist generell eine Sichtung des Inhalts ausgehender Pakete zulässig.

12er-Regelung	Ba-Wü	Bayern	Niedersachsen	NRW
Verbot mit Ausnahmevorbehalt („kann gestattet werden“) (§ 41 Abs. 4 S. 1)	Verbot mit Ausnahmevorbehalt („kann gestattet werden“) (§ 21 Abs. 3 S. 1)	Analog zum Empfang: Genereller Erlaubnisvorbehalt (Art. 23 Abs. 2 S. 1);	Analog zum Empfang: genereller Erlaubnisvorbehalt, „in ange-	Verbot mit Ausnahmevorbehalt („in begründeten Ausnahmefällen“) (§ 23 Abs. 3 S. 1)[660]

652 Gemeint sein dürfte eine Versagung - ggf. ein Widerruf - der Erlaubnis, s. § 143 Abs. 2 S. 2 NJVollzG.

653 Vgl. RegE Niedersachsen, S. 200.

654 Zur – wegen § 1 Abs. 2 JGG unglücklich gewählten – Bezeichnung vgl. RegE Ba-Wü, S. 208.

655 § 74 Abs. 2 JVollzGB II Ba-Wü (Unterbinden des Kontakts bei fehlendem Einverständnis der Sorgeberechtigten) betrifft nur Besuche und Schriftwechsel sowie, über die Verweisung in § 20 Abs. 1 S. 1 JVollzGB II Ba-Wü, Telefongespräche. Ob die für den Paketverkehr insoweit bestehende Lücke beabsichtigt war oder ein Redaktionsversehen vorliegt, lässt sich anhand der amtlichen Begründung nicht klären; im Zweifel muss daher von einer bewussten Lücke ausgegangen werden.

656 Zum Anspruch eines (Straf-)Gefangenen auf Übersendung eines Pakets mit Prozessunterlagen an seinen Verteidiger vgl. OLG Koblenz NStZ 1983, 96.

657 Vgl. Arloth, StVollzG, § 33 Rn. 8, und Callies/Müller-Dietz, StVollzG, § 33 Rn. 6, zur früheren – gleichlautenden – Rechtslage. Es handelt sich um ein sog. repressives Verbot mit Ausnahmevorbehalt, vgl. Rn. 40.

658 OLG Koblenz NStZ 1983, 96.

12er-Regelung	Ba-Wü	Bayern	Niedersachsen	NRW
		die Erlaubnis kann – auch nachträglich – „eingeschränkt" werden (Art. 23 Abs. 2 S. 2, 3)[659]	messenem Umfang", Erlaubnis bedarf der Zustimmung des Gerichts (§ 150 Abs. 1)	
Verbotene Gegenstände				
nicht ausdrücklich normiert[661]	nicht ausdrücklich normiert[662]	Analog zum Empfang: Nahrungs- und Genussmittel sowie Gegenstände, die die Si./Ordnung der Anstalt gefährden (Art. 23 Abs. 1 S. 2 i.V.m. Art. 24 Abs. 2 S. 1, 36 Abs. 1 S. 3 BayStVollzG)	Gegenstände, die die Si./Ordnung der Anstalt gefährden (§ 150 Abs. 3 S. 2, Abs. 2 S. 4) Gegenstände, die den Haftzweck gefährden können, werden dem Gericht zur Entscheidung zugeleitet (§ 150 Abs. 3 S. 3)	nicht ausdrücklich normiert[663]
Inhaltskontrolle[664]				
generell („kann") (§ 41 Abs. 4 S. 2)	generell („kann") (§ 21 Abs. 3 S. 2)	Analog zum Empfang: generell, in Gegenwart des Gefangenen (Art. 23 Abs. 3 S. 2 i.V.m. Art. 36 Abs. 2 S. 1 BayStVollzG)	generell („kann") (§ 150 Abs. 3 S. 1)	generell („soll") (§ 23 Abs. 3 S. 2)
Junge Gefangene: analog zum Empfang, s. Tabelle zu Rn. 165				

659 Als einziges der Ländergesetze sieht das UVollzG Bayern ausdrücklich die Möglichkeit einer inhaltlichen Beschränkung der Erlaubnis auf den Versand/Empfang bestimmter Gegenstände vor; dazu RegE Bayern, S. 73: „Die Erlaubnis kann insbesondere für die Zusendung von Unterrichts- und Fortbildungsmitteln, Entlassungskleidung und Gegenständen für die Freizeitbeschäftigung wie z.B. Bastelmaterial erteilt werden."

661 Arg. e § 41 Abs. 4 S. 2 UVollzG 12er-Regelung (Inhaltskontrolle): Gegenstände, welche die Si./Ordnung der Anstalt gefährden.

662 Arg. e § 41 Abs. 4 S. 2 UVollzG 12er-Regelung (Inhaltskontrolle): Gegenstände, welche die Si./Ordnung der Anstalt gefährden.

663 Arg. e § 23 Abs. 3 S. 2 UVollzG NRW (Inhaltskontrolle): Gegenstände, die geeignet sind, die Si./Ordnung der Anstalt zu gefährden.

664 Für den Fall des Versands von Paketen durch den Gefangenen enthält einzig das NJVollzG ausdrückliche Regelungen zu den verbotenen Gegenständen, deren Verbleib und der Mitteilung hiervon an den Gefangenen; sie entsprechen im Wesentlichen den Regelungen für eingehende Pakete (§ 150 Abs. 3 S. 2 bis 5 NJVollzG). In den übrigen Ländern erscheint eine entsprechende Anwendung der Vorschriften für eingehende Pakete ebenso sachgerecht; nähere Ausführungen dazu finden sich allerdings in keinem der Regierungsentwürfe.

167 **d) Kosten des Paketverkehrs.** Eine ausdrückliche Regelung zur Kostentragung – entsprechend der früheren Rechtslage (Nr. 39 Abs. 4 UVollzO i.V.m. § 33 Abs. 4 StVollzG, VV Nr. 8 zu § 33 StVollzG) – enthalten nur die Landesgesetze für Hamburg, Niedersachsen, Ba-Wü und Bayern. In den übrigen Ländern sind entsprechende Festlegungen in den Verwaltungsvorschriften zu treffen;[665] die Erwägungen zum Schriftverkehr (s. dazu Rn. 111) gelten hier entsprechend.

12er-Regelung	Ba-Wü	Bayern	Niedersachsen	NRW
Regel				
keine Regelung *Anders nur:* *§ 41 Abs. 4 1 HmbUVollzG (trägt Gefangener)*	trägt Gefangener (§ 21 Abs. 4 S. 1)	trägt Gefangener (Art. 23 Abs. 1 S. 2, 18 Abs. 2 S. 1)[666]	trägt Gefangener (§§ 150 Abs. 4, 145 Abs. 2 S. 1)	keine Regelung
Ausnahme(n)				
keine Regelung *Anders nur:* *§ 41 Abs. 4 S. 2 HmbUVollzG (in Ausnahmefällen in angemessenem Umfang)*	Kostenübernahme durch JVA „in begründeten Fällen in angemessenem Umfang" (§ 21 Abs. 4 S. 2)	Kostenübernahme durch Anstalt auf Antrag „in angemessenem Umfang", sofern Gefangener „dazu nicht in der Lage", „insbesondere Schriftverkehr mit Ehegatten, Lebenspartnern und Verteidigern" (Art. 18 Abs. 2 S. 2)	„bedürftige" Gefangene: Kostenübernahme durch Vollzugsbehörde auf Antrag ganz/teilweise (§§ 150 Abs. 4, 145 Abs. 2 S. 2)	keine Regelung

660 Begr. RegE NRW, S. 59: „beispielsweise anlässlich eines bedeutenden familiären Ereignisses […]. Der Regelung dürfte allerdings kaum praktische Bedeutung zukommen." Wenn die Begründung an gleicher Stelle von einer „regelmäßig notwendigen richterlichen Erlaubnis" zum Versenden spricht, bezieht sich dies auf die zur Zeit des Entwurfs geltende Rechtslage (§ 119 Abs. 3 und Abs. 6 StPO a.F., Nr. 39 Abs. 4 UVollzO i.V.m. § 33 Abs. 4 StVollzG).

665 Vgl. Nr. 29.8 VV UVollzG Sachsen-Anhalt vom 28.5.2010, JMBl LSA 2010, 116.

666 Die Verweisung in Art. 23 Abs. 1 S. 2 UVollzG Bayern (auch) auf Art. 18 Abs. 2 ist sprachlich missglückt („Für den Ausschluss von Gegenständen gelten […] sowie Art. 18 Abs. 2 entsprechend."), da es um eine Regelung der Kostentragung geht.

§ 7 Sicherheit und Ordnung

Spezielle Literatur: *Baer, M. S.*, Gefahrenabwehrrechtliche Denkfiguren im Straf- und Maßregelvollzugsrecht, NStZ 2009, 529-539; *Bennefeld-Kersten, K.*, Suizide von Gefangenen in der Bundesrepublik Deutschland in den Jahren 2000-2008, BewH 2009, 396-405; *Bundesminister der Justiz* (Hrsg.), Tagungsberichte der Strafvollzugskommission, Fünfte Arbeitstagung (5. – 10.1.1969) in Bremen, V. Band, Bonn 1969 (zit.: BMJ); *Dargel, H.*, Die rechtliche Behandlung HIV-infizierter Gefangener, NStZ 1989, 207-210; *Gericke, C.*, Zur Unzulässigkeit von Disziplinarmaßnahmen nach positiven Urinproben, StV 2003, 305-307; *Hadeler, H.*, Besondere Sicherungsmaßnahmen im Strafvollzug, Aachen 2004; *Heinrich, B.*, Die Nacheile im Rahmen von Strafverfolgungsmaßnahmen, NStZ 1996, 361-366; *Hoffmann, H.*, Isolation im Normalvollzug, Forschungen zur Kriminalpolitik, Band 4, Pfaffenweiler 1990; *Hosser, D.*, Die Drogenproblematik im Jugendstrafvollzug, Sucht Aktuell 2003, 57-62; *Höflich, P.*, Die Entwürfe von Untersuchungshaftvollzugsgesetzen der Länder – eine erste kritische Bestandsaufnahme, NK 2009, 132-136; *Köhler, D.*, Psychischen Störungen bei jungen Straftätern, Studienreihe Psychologische Forschungsergebnisse, Band 109, Hamburg 2004; *Kreuzer, A. / Buckolt, O.*, Mit Entkleidung verbundene körperliche Durchsuchung Strafgefangener – Eine Übersicht über die an eine solche Durchsuchung zu stellenden Anforderungen – Zugleich Besprechung des Beschlusses des OLG Celle v. 19. 5 2004, 1 Ws 144/04 (StV 2006, 153), StV 2006, 163-168; *Stock, J.*, Das „Räuber-und-Gendarm-Spiel" – Zur Festnahme von Strafgefangenen, die nicht aus dem gewährten Urlaub in die Justizvollzugsanstalt zurückgekehrt sind, durch die Polizei, Kriminalistik 1977, 170-172; *Tolzmann, G.*, Anmerkungen zu dem Beschluss des OLG Hamm vom 30. 1 2001, 1 Vollz (Ws) 131/2000, NStZ 2003, 53-55; *Veith, J.*, Sicherungsmaßnahmen und Resozialisierung im Erwachsenenvollzug, Bonn 1993; *Wirth, W.*, Das Drogenproblem im Justizvollzug. Zahlen und Fakten, BewH 2002, 104-122.

I. Vorbemerkungen – Sicherheit und Ordnung im Untersuchungshaftvollzug

Das Rechtsinstitut der Untersuchungshaft beinhaltet ein grundsätzliches **Spannungsverhältnis** zwischen dem persönlichen Freiheitsrecht des – bis zu seiner rechtskräftigen Verurteilung – als unschuldig geltenden Einzelnen (vgl. Art. 2 Abs. 2 GG und Art. 104 GG) und den Bedürfnissen einer wirksamen Kriminalitätsbekämpfung, so dass der Eingriff in die Freiheit nur dann hinzunehmen ist, wenn und soweit der Anspruch der staatlichen Gemeinschaft auf vollständige Tataufklärung und eine möglichst rasche Sanktionierung nicht anders gesichert werden kann als durch eine vorläufige Inhaftierung eines Verdächtigen.[1] 1

Der aus diesem Spannungsverhältnis folgende **Grundsatz der Verhältnismäßigkeit**[2] gilt jedoch nicht nur bei der Anordnung, sondern ebenso auch bei dem Vollzug der Untersuchungshaft in besonderem Maße.[3] Demgemäß sind im Untersuchungshaftvollzug Beschränkungen, die über den bloßen Vollzug der richterlich angeordneten Freiheitsentziehung hinausgehen, zulässig, wenn konkrete Anhaltspunkte dafür vorliegen, dass eine reale Gefahr für den Zweck der Untersuchungshaft oder die Ordnung in der Vollzugsanstalt abzuwehren ist, und dieses Ziel nicht mit weniger eingreifenden Maßnahmen erreicht werden kann.[4] 2

1 Vgl. BVerfGE 19, 342 (347 f.).
2 Umfassend hierzu vgl. Kruis/Cassardt NStZ 1995, 521 (522).
3 Vgl. BVerfGE 20, 45 ff.
4 Vgl. BVerfGE 35, 5 (9 f.); vgl. BVerfG 42, 234 (236); vgl. BVerfGE 57, 170 (177).

Denn allein der Umstand, dass der mögliche Mißbrauch eines Freiheitsrechts durch einen Untersuchungsgefangenen nicht völlig auszuschließen ist, rechtfertigt solche zusätzliche Beschränkung nicht.[5] Daher gilt für alle Eingriffe und Beschränkungen im Vollzug der Untersuchungshaft der Maßstab, dass dem Freiheitsrecht des von vollzuglichen Maßnahmen betroffenen Untersuchungsgefangenen umso größeres Gewicht zukommen muss, je weniger konkret eine Gefährdung des Untersuchungshaftvollzugs ist.[6]

3 Diese besonderen verfassungsrechtlichen Anforderungen – aufgrund der besonderen Stellung der Untersuchungsgefangenen, für die weiterhin die Unschuldsvermutung gilt – erlangen im Rahmen der **Anordnung von Pflichten und Beschränkungen aus Gründen der Sicherheit und Ordnung** des Untersuchungshaftvollzugs eine besondere Bedeutung und sind daher von der Vollzugspraxis auch stets zu beachten.[7] Dementsprechend ist die Auferlegung von Pflichten und Beschränkungen im Vollzug der Untersuchungshaft nur nach Abwägung aller Umstände des Einzelfalls zulässig, soweit sie erforderlich sind, um eine reale und konkrete Gefahr für öffentliche Interessen – insbesondere die Sicherheit und Ordnung der Anstalt – abzuwehren und dieses Ziel nicht mit weniger eingreifenden Maßnahmen erreicht werden kann.[8]

4 Maßnahmen zur Aufrechterhaltung oder Wiederherstellung der Sicherheit und Ordnung im Vollzug der Untersuchungshaft dienen demnach – als präventive vollzugliche Instrumente – der **Gefahrenabwehr.**[9] Soweit sie mit Eingriffen in die Rechtsposition der betroffenen Untersuchungsgefangenen verbunden sind, haben sie jedoch – als **„ultima ratio"** – stets eine subsidiäre Stellung.[10]

5 Die **Sicherheit und Ordnung** im Vollzug der Untersuchungshaft, die – wie aus der sprachlich getrennten Wiedergabe in den gesetzlichen Formulierungen bereits deutlich wird – keine Synonyme bilden,[11] kann grundsätzlich aus unterschiedlichen Aspekten betroffen sein:

6 Der Begriff der **Sicherheit** umfasst die innere sowie die äußere Sicherheit der Anstalt und gewährleistet sowohl die Unversehrtheit von Personen und Sachen in der Einrichtung als auch den durch den Freiheitsentzug begründeten Gewahrsam an den Untersuchungsgefangenen,[12] unabhängig davon, ob dieser Gewahrsam an einer Person durch deren Entweichung bzw. Flucht aus der Anstalt oder durch eine Befreiungsaktion von außerhalb gefährdet ist.[13]

7 Demgegenüber meint der Begriff der **Ordnung** das geordnete Zusammenleben in der Anstalt,[14] wobei es hier – aufgrund der Gefahr einer ansonsten verfassungsrechtlichen Unbestimmtheit dieser Begriffsbestimmung – nicht um das reibungsloses Zusammenleben als solches gehen kann, sondern um diejenige Form des Zusammenlebens, die den Aufgaben des Untersuchungshaftvollzuges, der Vollzugsgestaltung und der Stellung der Untersuchungsgefangenen gerecht werden muss,[15] so dass die Ordnung nicht zum bloßen Selbstzweck reduziert werden darf, sondern als Grundlage für ein geordnetes, aber nicht zwingend konfliktloses Miteinander dienen soll.[16]

---

5 Vgl. BVerfGE 35, 5 (10).

6 Vgl. BVerfGE 57, 170 (177); vgl. KG Berlin NJW-Spezial 2011, 570, zur Verhältnismäßigkeitsprüfung und zur Berücksichtigung der Unschuldsvermutung bei der Anordnung von Pflichten und Beschränkungen gegen Untersuchungsgefangene durch die Anstalt nach dem UVollzG Berlin.

7 Vgl. BVerfG NJW 1973, 1363; umfassend zu der Zulässigkeit und den Voraussetzungen von Beschränkungen im Rahmen des Vollzugs der Untersuchungshaft bereits Müller-Dietz JZ 1974, 99 ff. (Anmerkungen zu den Beschlüssen 2 BvR 768/71 und 2 BvR 832/71 des BVerfG vom 14.3.1973, vgl. BVerfGE 34, 369).

8 Vgl. BVerfG, 24.1.2008, 2 BvR 1661/06.

9 Vgl. Baer NStZ 2009, 529 (534).

10 Vgl. Hadeler, Besondere Sicherungsmaßnahmen im Strafvollzug, S. 4; vgl. KG Berlin StV 2005, 669.

11 Vgl. Feest/Brühl in: AK-StVollzG, Vor § 81 Rn. 11.

12 Vgl. Baer NStZ 2009, 529 (534); vgl. Feest/Brühl in: AK-StVollzG, Vor § 81 Rn. 9; vgl. Callies/Müller-Dietz, StVollzG, § 81 Rn. 4; vgl. Ullenbruch in: Schwind/Böhm/Jehle/Laubenthal, StVollzG, § 81 Rn. 7.

13 Vgl. KG Berlin NStZ 1984, 94.

14 Vgl. Callies/Müller-Dietz, StVollzG, § 81 Rn. 4.

15 Vgl. Baer NStZ 2009, 529 (534); vgl. Feest/Brühl in: AK-StVollzG, Vor § 81 Rn. 10.

16 Vgl. Callies/Müller-Dietz, StVollzG, § 81 Rn. 4; s. auch § 1 Rn. 23.

Die **Aufrechterhaltung von Sicherheit und Ordnung** im Vollzug der Untersuchungshaft ist danach eine zentrale und ganzheitliche Aufgabe, die alle Bereiche des Vollzugslebens und der Vollzugsorganisation umfasst.[17] Alle vollzuglichen Maßnahmen, die hierzu den Untersuchungsgefangenen als Beschränkungen über den eigentlichen Entzug der Freiheit hinaus auferlegt werden, bedürfen daher bereits nach der maßgeblichen Grundsatzentscheidung des Bundesverfassungsgerichts vom 14.3.1972[18] auch einer entsprechenden gesetzlichen Ermächtigungsgrundlage, welche nunmehr die Untersuchungshaftvollzugsgesetze der Länder vorhalten müssen. 8

II. Regelungssystematik und Normengenese

Bei dem Vergleich der vorliegenden Regelungen zur Sicherheit und Ordnung in den Untersuchungshaftvollzugsgesetzen der Länder ist zu erkennen, dass sich diese grundsätzlich an dem Inhalt und an der Systematik der bislang anzuwendenden Regelungen in den Nrn. 62 ff. UVollzO[19] sowie insbesondere in den §§ 81 ff. StVollzG[20] bzw. in den bereits in Kraft getretenen Landesstrafvollzugsgesetzen[21] orientieren. Darüber hinaus weisen insbesondere die Landesgesetze zum Vollzug der Untersuchungshaft, die im Rahmen einer Arbeitsgruppe von 12 Bundesländern („12-Länder-Gruppe") erarbeitet wurden, in vielen Bereichen Parallelen zu den zuvor ebenfalls gemeinsam erarbeiteten Jugendstrafvollzugsgesetzen der Länder auf.[22] 9

Diese **Anlehnung an bestehende Regelungsinhalte** bei den Normen zur Sicherheit und Ordnung im Vollzug der Untersuchungshaft wird der Vollzugspraxis grundsätzlich entgegenkommen, indem dadurch die Orientierung in den neuen Landesgesetzen zu diesem sowohl für die Bediensteten als auch für die Untersuchungsgefangenen wichtigen Regelungsbereich erleichtert wird. Für die Rechtsprechung ist zudem zu erwarten, dass vorliegende einfach- und verfassungsgerichtliche Entscheidungen sowie bestehende Kommentierungen zu Fragen der Sicherheit und Ordnung mithin bis auf Weiteres auch für die neu in Kraft getretenen Untersuchungshaftvollzugsgesetze der Länder in erheblichen Umfang Berücksichtigung finden werden. 10

Bei einem Vergleich der **Struktur der landesgesetzlichen Regelungen** ist festzustelllen, dass die überwiegende Mehrheit der Länder sämtliche relevanten Normen zur Sicherheit und Ordnung im Vollzug der Untersuchungshaft auch gesetzessystematisch in jeweils einem in sich geschlossenen Regelungsabschnitt zusammengefasst haben. Demgegenüber weisen jedoch die gesetzlichen Regelungen in Nordrhein-Westfalen, Niedersachsen und Bayern deutlich abweichende Regelungsstrukturen auf: 11

So hat **Nordrhein-Westfalen** in dem UVollzG NRW die einschlägigen Paragraphen in zwei unterschiedlichen Regelungsabschnitten getrennt voneinander normiert, indem in Abschnitt 7 unter „Sicherheit und Ordnung" die allgemeinen Regelungen zur Sicherheit und 12

---

17 Vgl. Goerdeler in: Ostendorf, Jugendstrafvollzugsrecht 8. Abschnitt, Rn. 29; vgl. Feest/Brühl in: AK-StVollzG, Vor § 81 Rn. 13 ff., mit umfassender Darstellung der vollzuglichen Gefahrenabwehrstrategien.

18 BVerfGE 33, 1, mit dem Abschied von dem bis dahin im Strafvollzug zugrunde gelegten „besonderen Gewaltverhältnis"; vgl. auch BVerfG NJW 2006, 2093, mit der verfassungsrechtlichen Notwendigkeit gesetzlicher Regelungen für Grundrechtseingriffe im Jugendstrafvollzug.

19 Untersuchungshaftvollzugsordnung (UVollzO) vom 12.2.1953 in der Fassung vom 15.12.1976.

20 Gesetz über den Vollzug der Freiheitsstrafe und der freiheitsentziehenden Maßregeln der Besserung und Sicherung – Strafvollzugsgesetz (StVollzG) vom 16.3.1976 (BGBl. I, 581, 2088), das zuletzt durch Artikel 2 des Gesetzes vom 29.7.2009 (BGBl. I, 2274) geändert worden ist.

21 Vgl. Gesetzbuch über den Justizvollzug in Baden-Württemberg (Justizvollzugsgesetzbuch – JVollzGB) vom 4.11.2009; vgl. Bayerisches Gesetz über den Vollzug der Freiheitsstrafe, der Jugendstrafe und der Sicherungsverwahrung (BayStVollzG) vom 10.12.2007; vgl. Gesetz über den Vollzug der Freiheitsstrafe und der Sicherungsverwahrung (Hamburgisches Strafvollzugsgesetz – HmbStVollzG) vom 14.7.2009; vgl. Hessisches Gesetz über den Vollzug der Freiheitsstrafe und der Sicherungsverwahrung (HStVollzG) vom 28.6.2010 Hessen; vgl. Niedersächsisches Justizvollzugsgesetz (NJVollzG) vom 14.12.2007, zuletzt geändert durch Artikel 2 des Gesetzes vom 25.3.2009 (Nds.GVBl. Nr. 6/2009 S. 72).

22 Vgl. Kirschke/Brune Forum Strafvollzug 2009, 18 zu dieser „12-Länder-Arbeitsgruppe" und dem gemeinsamen „Musterentwurf".

Ordnung im Vollzug der Untersuchungshaft zu finden sind,[23] während die besonderen Sicherungsmaßnahmen[24] in Abschnitt 9 des UVollzG NRW unter „Besondere Maßnahmen" – gemeinsam mit den Disziplinarmaßnahmen[25] – in einem gesonderten Regelungsabschnitt zusammengefasst worden sind.

Dieses ist jedoch aus zwei Gründen zu kritisieren: Einerseits werden hier die allgemeinen Regelungen zur Sicherheit und Ordnung von den dazugehörigen klassischen vollzuglichen Eingriffsnormen der besonderen Sicherungsmaßnahmen getrennt, was unnötig erscheint und die Übersichtlichkeit und damit die praktische Anwendbarkeit des Gesetzes im Vollzugsalltag einschränkt. Darüber hinaus – und das erscheint gesetzesystematisch wesentlich bedenklicher – werden hier die rein präventiven und ausschließlich der Gefahrenabwehr dienenden besonderen Sicherungsmaßnahmen (vgl. Rn. 103 f.) gemeinsam in einem Regelungsabschnitt mit den ausschließlich repressiven und verschuldensabhängigen Disziplinarmaßnahmen[26] normiert. Diese Gesetzessystematik schürt unnötig frühere[27] und eigentlich längst widerlegt geglaubte[28] Befürchtungen einer unbewussten oder ggf. sogar bewussten Vermischung der beiden in ihrem Anwendungsbereich so gegensätzlichen, aber aus der Sicht der betroffenen Gefangenen jeweils schwerwiegenden vollzuglichen Eingriffstatbestände!

13 Weiterhin hat **Niedersachsen** mit dem NJVollzG ein in sich geschlossenes Justizvollzugsgesetz in Kraft gesetzt, in welchem im Fünften Teil[29] der „Vollzug der Untersuchungshaft" normiert ist. Hinsichtlich der Regelungen zur „Sicherheit und Ordnung" wird hier unter § 156 Abs. 1 JVollzG lediglich pauschal auf die Regelungen zum „Vollzug der Freiheitsstrafe" im Zweiten Teil des Gesetzes verwiesen, indem die §§ 74 ff. NJVollzG entsprechend gelten sollen.

Diese Verweisungslösung erschwert jedoch nicht nur die praktische Anwendbarkeit der einschlägigen Normen. In Ermangelung eigenständiger Regelungen wird für den Vollzug der Untersuchung damit gesetzessystematisch zugleich auch nicht die Bedeutung zum Ausdruck gebracht, die er tatsächlich hat.

14 Letztlich hat **Bayern** in dem BayUVollzG (Reg-E v. 23.3.2011)[30] sogar gänzlich auf einen eigenen Regelungsabschnitt für Maßnahmen zur Aufrechterhaltung oder Wiederherstellung der Sicherheit und Ordnung im Vollzug der Untersuchungshaft verzichtet. Stattdessen sind im Teil 7 des UVollzG Bayern (Reg-E) unter „Besondere Maßnahmen" in Art. 27 UVollzG Bayern (Reg-E) die „Besonderen Sicherungsmaßnahmen" gemeinsam mit den „Disziplinarmaßnahmen" in Art. 28 UVollzG Bayern (Reg-E) geregelt.

Hinsichtlich dieser Zusammenfassung gegensätzlicher vollzuglicher Eingriffsbefugnisse gilt die bereits zu der Gesetzessystematik in dem UVollzG NRW zuvor geäußerte Kritik entsprechend. Zudem enthält die Regelung der besonderen Sicherungsmaßnahmen in Art. 27 UVollzG Bayern (Reg-E) inhaltlich lediglich eine Verweisung auf die entsprechende Anwendung der Regelungen der Art. 94, 96 bis 100 StVollzG Bayern. Darüber hinaus findet sich in Art. 42 UVollzG Bayern (Reg-E) eine allgemeine Verweisungsnorm zur Geltung sonstiger Vorschriften des Bayerischen Strafvollzugsgesetzes für den Vollzug der Untersuchungshaft, welche u.a. deutlich macht, dass hinsichtlich der Sicherheit und Ordnung der Anstalt auch die Art. 88 bis 93 und 95 StVollzG Bayern ensprechende Anwendung finden.

Zweifelsohne ist diese in Bayern gewählte Regelungsform, nahezu ausschließlich auf Normen des Strafvollzugsrechts zu verweisen, gesetzestechnisch zulässig. Jedoch ist sie gleich-

23 Vgl. §§ 31-35 UVollzG NRW („Verhaltensvorschriften", „Durchsuchung", „Maßnahmen zur Feststellung von Suchtmittelkonsum", „Einsatz von Videotechnik" und „Erkennungsdienstliche Maßnahmen").
24 Vgl. §§ 42-44 UVollzG NRW („Besondere Sicherungsmaßnahmen", „Anordnungsbefugnis besonderer Sicherungsmaßnahmen" und „Überwachung durch den ärztlichen und psychologischen Dienst").
25 Vgl. §§ 45-47 UVollzG NRW.
26 Vgl. BVerfG NStZ 2009, 292.
27 Vgl. Hadeler, Besondere Sicherungsmaßnahmen im Strafvollzug, S. 141 f.; vgl. Feest/Brühl in: AK-StVollzG, Vor § 81 Rn. 12 m.w.N sowie vor § 102 Rn. 13.
28 Hadeler, Besondere Sicherungsmaßnahmen im Strafvollzug, S. 283.
29 Vgl. §§ 133 ff. NJVollzG.
30 Landtag Bayern, Drucks. 16/9082.

wohl zu kritisieren, da – wie schon bei den Regelungen in den Ländergesetzen aus Nordrhein-Westfalen und Niedersachsen – nicht nur die praktische Anwendbarkeit der einschlägigen Normen durch eine umständliche und unübersichtliche Verweisungstechnik erheblich erschwert wird. Vor allem kommt bei dieser Regelungsstruktur auch die eigenständige Bedeutung des Vollzugs der Untersuchungshaft mit der besonderen Stellung der Untersuchungsgefangenen, für die schließlich – anders als für die rechtskräftig verurteilten Strafgefangenen – die Unschuldsvermutung fortgilt, insbesondere für den Regelungskreis der Sicherheit und Ordnung, aus dem nicht zuletzt zusätzliche Pflichten und Beschränkungen gegen die Untersuchungsgefangenen begründet werden können, nicht angemessen zum Ausdruck.

III. Gesetzliche Regelungen zur Sicherheit und Ordnung

Die Regelungen zur Sicherheit und Ordnung in den Ländergesetze zum Vollzug der Untersuchungshaft umfassen in der Regel Grundsatznormen, Verhaltensvorschriften, die Absuchung und Durchsuchung der Untersuchungsgefangenen sowie die Durchsuchung ihrer Hafträume und Sachen, erkennungsdienstliche Maßnahmen, die Videoüberwachung, das Festnahmerecht, die besonderen Sicherungsmaßnahmen sowie spezielle Regelungen für junge Untersuchungsgefangene. 15

1. Grundsatz

a) Die gesetzlichen Regeln

16

Länder	Sicherheit und Ordnung – *Grundsatz*
12er-Regelung: Berlin Brandenburg Bremen Hamburg Hessen Mecklenburg-Vorpommern Rheinland-Pfalz Saarland Sachsen Sachsen-Anhalt Schleswig-Holstein Thüringen	***§ 42 12er-Reglung: Grundsatz*** **Die Pflichten und Beschränkungen, die den Untersuchungsgefangenen zur Aufrechterhaltung der Sicherheit oder Ordnung der Anstalt auferlegt werden, sind so zu wählen, dass sie in einem angemessenen Verhältnis zu ihrem Zweck stehen und die Untersuchungsgefangenen nicht mehr und nicht länger als notwendig beeinträchtigen.** **Abweichende Regelungen:** ***Hamburg, § 48 Abs. 1 HmbUVollzG:*** (1) Die Pflichten und Beschränkungen, die den Untersuchungsgefangenen zur Aufrechterhaltung der Sicherheit und Ordnung der Anstalt auferlegt werden, sind so zu wählen, dass sie in einem angemessenen Verhältnis zu ihrem Zweck stehen und die Untersuchungsgefangenen nicht mehr und nicht länger als notwendig beeinträchtigen. ***Hessen, § 30 HUVollzG:*** (1) Sicherheit und Ordnung der Anstalt tragen maßgeblich zur Erfüllung der Aufgaben des Untersuchungshaftvollzugs bei. (2) Die Pflichten und Beschränkungen, die den Untersuchungsgefangenen zur Aufrechterhaltung der Sicherheit oder Ordnung der Anstalt auferlegt werden, sind so zu wählen, dass sie in einem angemessenen Verhältnis zu ihrem Zweck stehen und die Untersuchungsgefangenen nicht mehr und nicht länger als notwendig beeinträchtigen.

Länder	Sicherheit und Ordnung – *Grundsatz*
Baden-Württemberg	*§ 43 JVollzGB II: Grundsatz* **(1) Das Verantwortungsbewusstsein der Untersuchungsgefangenen für ein geordnetes Zusammenleben in der Justizvollzugsanstalt ist zu wecken und zu fördern.** **(2) Die Pflichten und Beschränkungen, die Untersuchungsgefangenen zur Aufrechterhaltung der Sicherheit oder Ordnung der Justizvollzugsanstalt auferlegt werden, sind so zu wählen, dass sie in einem angemessenen Verhältnis zu ihrem Zweck stehen und die Untersuchungsgefangenen nicht mehr und nicht länger als notwendig beeinträchtigen.**
Bayern	**Keine Regelung**
Niedersachsen	*§ 156 Abs. 1 i.V.m. § 74 NJVollzG: Grundsatz* **Das Verantwortungsbewusstsein der oder des Gefangenen für ein geordnetes Zusammenleben in der Anstalt ist zu wecken und zu fördern.**
Nordrhein-Westfalen	**Keine Regelung**

17 b) **Regelungsinhalt.** Die Untersuchungshaftvollzugsgesetze der Länder enthalten – mit Ausnahme der Ländergesetze aus Bayern und Nordrhein-Westfalen – jeweils einen eigenen Paragraphen, in dem grundlegende Regelungen zur Sicherheit und Ordnung im Vollzug der Untersuchungshaft normiert sind.

18 Diese Grundsatznormen beinhalten – in Anlehnung an § 81 StVollzG – überwiegend klarstellende Regelungen zum **Verhältnismäßigkeitsgrundsatz,**[31] welchem sämtliche Maßnahmen zur Aufrechterhaltung oder Wiederherstellung der Sicherheit und Ordnung im Vollzug der Untersuchungshaft unterliegen,[32] sowie teilweise auch zum **Selbstverantwortungsgrundsatz,**[33] welcher einen Auftrag an die Vollzugsbediensteten sowie ein Apell an das Eigeninteresse der Untersuchungsgefangenen statuiert.

Darüber hinaus betont die hessische Regelung in § 30 Abs. 1 HUVollzG zusätzlich nochmals ausdrücklich, dass die Rahmenbedingungen für die Aufgabenerfüllung des Untersuchungshaftvollzuges erst durch Einhaltung der Grundregeln von Sicherheit und Ordnung geschaffen werden.[34]

2. Verhaltensvorschriften

a) Die gesetzlichen Regeln

19

Länder	Sicherheit und Ordnung – *Verhaltensvorschriften*
12er-Regelung: Berlin Brandenburg Bremen	*§ 43 12er-Regelung: Verhaltensvorschriften* **(1) Die Untersuchungsgefangenen dürfen durch ihr Verhalten gegenüber Bediensteten, Mitgefangenen und anderen Personen das geordnete Zusammenleben in der Anstalt**

31 So jeweils in § 42 der landesgesetzlichen Regelungen zum Vollzug der Untersuchungshaft in Berlin, Brandenburg, Bremen, M-V, Rheinland-Pfalz, Saarland, Sachsen, Sachsen-Anhalt, SH (Reg-E) und Thüringen; vgl. für Baden-Württemberg: § 43 Abs. 2 JVollzGB II Ba-Wü; vgl. für Hamburg: § 48 HmbUVollzG; vgl. für Hessen: § 30 Abs. 2 S. 1 HUVollzG.

32 Zur Besonderen Bedeutung des Verhältnismäßigkeitsgrundsatzes beim Vollzug der Untersuchungshaft, insbesondere bei der Anordnung von Maßnahmen zur Wahrung der Sicherheit und Ordnung, vgl. BVerfG, 24.1.2008, 2 BvR 1661/06.

33 So die landesgesetzliche Regelungen in Ba-Wü (§ 43 Abs. 1 JVollzGB II Ba-Wü) und Niedersachsen (§ 156 Abs. 1 i.V.m. § 74 NJVollzG).

34 Landtag Hessen, Drucks. 18/1396, S. 143.

Länder	Sicherheit und Ordnung – *Verhaltensvorschriften*
Hamburg Hessen Mecklenburg-Vorpommern Rheinland-Pfalz Saarland Sachsen Sachsen-Anhalt Schleswig-Holstein Thüringen	**nicht stören. Sie haben sich nach der Tageseinteilung der Anstalt (Arbeitszeit, Freizeit, Ruhezeit) zu richten.** **(2) Die Untersuchungsgefangenen haben die Anordnungen der Bediensteten zu befolgen, auch wenn sie sich durch diese beschwert fühlen. Einen ihnen zugewiesenen Bereich dürfen sie nicht ohne Erlaubnis verlassen.** **(3) Die Untersuchungsgefangenen haben ihren Haftraum und die ihnen von der Anstalt überlassenen Sachen in Ordnung zu halten und schonend zu behandeln.** **(4) Die Untersuchungsgefangenen haben Umstände, die eine Gefahr für das Leben oder eine erhebliche Gefahr für die Gesundheit einer Person bedeuten, unverzüglich zu melden.** **Abweichende Regelungen:** ***Hamburg, § 48 Abs. 2 HmbUVollzG:*** (2) Die Untersuchungsgefangenen sind verpflichtet, 1. die Tageseinteilung der Anstalt (Arbeitszeit, Freizeit, Ruhezeit) zu beachten, 2. durch ihr Verhalten gegenüber anderen Personen, insbesondere gegenüber Vollzugsbediensteten und anderen Gefangenen, nicht das geordnete Zusammenleben zu stören, 3. Anordnungen der Bediensteten zu befolgen, auch wenn sie sich beschwert fühlen, 4. den ihnen zugewiesenen Bereich nicht ohne Erlaubnis zu verlassen, 5. ihren Haftraum und die ihnen von der Anstalt überlassenen Sachen in Ordnung zu halten und schonend zu behandeln, 6. Umstände, die eine Gefahr für das Leben oder eine erhebliche Gefahr für die Gesundheit einer Person bedeuten, unverzüglich zu melden. ***Hessen, § 30 Abs. 3–6 HUVollzG:*** (3) Die Untersuchungsgefangenen haben sich nach der Tageseinteilung der Anstalt zu richten. Sie dürfen durch ihr Verhalten gegenüber Vollzugsbediensteten, Mitgefangenen und anderen Personen das geordnete Zusammenleben nicht stören. (4) Die Untersuchungsgefangenen haben die Anordnungen der Vollzugsbediensteten zu befolgen. Einen ihnen zugewiesenen Bereich dürfen sie nicht ohne Erlaubnis verlassen. (5) Die Untersuchungsgefangenen haben die Hafträume und die ihnen von der Anstalt überlassenen Sachen in Ordnung zu halten und schonend zu behandeln. (6) Die Untersuchungsgefangenen haben Umstände, die eine erhebliche Gefahr für eine Person oder eine erhebliche Störung der Sicherheit oder Ordnung der Anstalt begründen oder darauf hindeuten, unverzüglich zu melden.

Länder	Sicherheit und Ordnung – *Verhaltensvorschriften*
Baden-Württemberg	*§ 44 JVollzGB II: Verhaltensvorschriften* (1) Die Untersuchungsgefangenen haben sich nach der Tageseinteilung der Justizvollzugsanstalt (Arbeitszeit, Freizeit, Ruhezeit) zu richten. Sie dürfen durch ihr Verhalten gegenüber Vollzugsbediensteten, Mitgefangenen und anderen Personen das geordnete Zusammenleben nicht stören. (2) Die Untersuchungsgefangenen haben die Anordnungen der Vollzugsbediensteten zu befolgen, auch wenn sie sich durch sie beschwert fühlen. Einen ihnen zugewiesenen Bereich dürfen sie nicht ohne Erlaubnis verlassen. (3) Die Untersuchungsgefangenen haben ihren Haftraum und die ihnen von der Justizvollzugsanstalt überlassenen Sachen in Ordnung zu halten und schonend zu behandeln. (4) Die Untersuchungsgefangenen haben Umstände, die eine Gefahr für das Leben oder eine erhebliche Gefahr für die Gesundheit einer Person bedeuten, unverzüglich zu melden.
Bayern	*Art. 42 UVollzG Bayern i.V.m. Art. 88 BayStVollzG: Verhaltensvorschriften* (1) Die Gefangenen haben sich nach der Tageseinteilung der Anstalt (Arbeitszeit, Freizeit, Ruhezeit) zu richten. Sie dürfen durch ihr Verhalten gegenüber Vollzugsbediensteten, Mitgefangenen und anderen Personen das geordnete Zusammenleben nicht stören. (2) Die Gefangenen haben die Anordnungen der Vollzugsbediensteten zu befolgen, auchwenn sie sich durch sie beschwert fühlen. Einen ihnen zugewiesenen Bereich dürfen sie nichtohne Erlaubnis verlassen. (3) Ihren Haftraum und die ihnen von der Anstalt überlassenen Sachen haben sie in Ordnungzu halten und schonend zu behandeln. (4) Die Gefangenen haben Umstände, die eine Gefahr für das Leben oder eine erhebliche Gefahr für die Gesundheit einer Person bedeuten, unverzüglich zu melden.
Niedersachsen	*§ 156 Abs. 1 i.V.m. § 75 NJVollzG: Verhaltensvorschriften* (1) Die oder der Gefangene hat die rechtmäßigen Anordnungen der Vollzugsbediensteten zu befolgen. (2) Die oder der Gefangene hat sich nach der Tageseinteilung der Anstalt (Arbeitszeit, Freizeit, Ruhezeit) zu richten. Sie oder er darf einen zugewiesenen Bereich nicht ohne Erlaubnis verlassen. Sie oder er darf durch ihr oder sein Verhalten gegenüber Vollzugsbediensteten, Mitgefangenen und anderen Personen das geordnete Zusammenleben nicht stören. (3) Der Haftraum und die von der Vollzugsbehörde überlassenen Sachen sind in Ordnung zu halten und schonend zu behandeln.

Länder	Sicherheit und Ordnung – *Verhaltensvorschriften*
	(4) Die oder der Gefangene hat Umstände, die eine Gefahr für das Leben oder eine erhebliche Gefahr für die Gesundheit einer Person bedeuten, unverzüglich zu melden.
Nordrhein-Westfalen	*§ 31 UVollzG NRW: Verhaltensvorschriften* **(1) Untersuchungsgefangene haben sich nach der Tageseinteilung der Anstalt (Arbeitszeit, Freizeit, Ruhezeit) zu richten. Sie dürfen durch ihr Verhalten gegenüber Vollzugsbediensteten, Mitgefangenen und anderen Personen das geordnete Zusammenleben nicht stören.** **(2) Untersuchungsgefangene haben die Anordnungen der Vollzugsbediensteten zu befolgen, auch wenn sie sich durch sie beschwert fühlen. Einen ihnen zugewiesenen Bereich dürfen sie nicht ohne Erlaubnis verlassen.** **(3) Ihre Hafträume und die ihnen von der Anstalt überlassenen Sachen haben sie in Ordnung zu halten und schonend zu behandeln.** **(4) Untersuchungsgefangene haben Umstände, die eine Gefahr für das Leben oder eine erhebliche Gefahr für die Gesundheit einer Person bedeuten, unverzüglich zu melden.**

b) Regelungsinhalt. Die nahezu identischen Länderregelungen zu den Verhaltensvorschriften entsprechen inhaltlich dem § 82 StVollzG. Diese allgemeinen Verhaltensvorschriften richten sich – anders als die Grundsatznormen – ausdrücklich an die Untersuchungsgefangenen und beinhalten **Pflichten und Beschränkungen**, die ihnen auferlegt werden können und die sie zu befolgen haben. Schuldhafte Verstöße gegen die Verhaltensvorschriften können demgemäß mit Disziplinarmaßnahmen geahndet werden, wenn durch das Verhalten eines Untersuchungsgefangenen der Gesamtzusammenhang des geordneten Zusammenlebens in der Anstalt gestört wird.[35] Die Verhaltensvorschriften werden durch weitere Verhaltensregeln, die aus praktischen oder systematischen Gründen an anderen Regelungsabschnitten der Ländergesetze normiert sind,[36] ergänzt. 20

Zu den jeweiligen Verhaltensvorschriften im Einzelnen:

Die Pflicht zur **Beachtung der Tageseinteilung**[37] wird in der Vollzugspraxis regelmäßig durch allgemeine Regelungen in der Hausordnung konkretisiert. Allgemein oder im Einzelfall davon abweichende Bestimmungen sind zulässig, z.B. wegen öffentlicher Veranstaltungen in der Anstalt oder wegen vorübergehenden Personalmangels.[38] 21

Das **Rücksichtnahmegebot** in Gestalt des allgemeinen Verbots der Störung anderer verpflichtet die Untersuchungsgefangenen nicht nur gegenüber den Vollzugsbediensteten und Mitgefangenen, sondern zugleich auch gegenüber allen anderen Personen, die sich rechtmäßig in der Anstalt aufhalten. Störungen des Rücksichtsnahmegebots liegen regelmäßig bei Straftaten und Ordnungswidrigkeiten durch Untersuchungefangene sowie bei Widerstandshandlungen gegen formell rechtmäßige Vollzugshandlungen vor.[39] Im Vollzugsalltag haben als mögliche Störungen des Rücksichtnahmegebots vor allem der Konsum von Alkohol oder Betäubungsmittel, welcher in den Hausordnungen der Anstalt regelmäßig untersagt sein wird, eine erhöhte Praxisrelevanz.[40] 22

35 Vgl. Callies/Müller-Dietz, StVollzG, § 82 Rn. 2.
36 So z.B. Pflichten zum Gesundheitsschutz und zur Hygiene (s. § 3).
37 Umfassend hierzu: Callies, Strafvollzugsrecht, S. 96 ff.; vgl. OLG Celle NStZ 1981, 238.
38 Vgl. Arloth, StVollzG, § 82 Rn. 2.
39 Vgl. Arloth, StVollzG, § 82 Rn. 3.
40 Vgl. BVerfG NStZ 1993, 605; vgl. OLG Hamm NStZ 1995, 55; vgl. OLG Nürnberg NStZ 1993, 512.

23 Die allgemeine **Gehormsamspflicht** bindet die Untersuchungsgefangenen, den vollzuglichen Anordnungen – sofern diese rechtmäßig sind[41] – Folge zu leisten, auch wenn sie mit diesen nicht einverstanden sind. Die Gehorsamspflicht stellt jedoch keine eigene Rechtsgrundlage für die zu befolgenden Anordnungen dar.[42] Stattdessen wird diese jeweils gesondert außerhalb des Regelungskreises der Verhaltensvorschriften in den Ländergesetzen über den Vollzug der Untersuchungshaft normiert sein.

24 Die **Bereichsgebundenheit** nach Zuweisung durch Vollzugsbedienstete dient als Kontrollinstrument zur Wahrung der inneren Sicherheit in der Anstalt, insbesondere um den Bediensteten jederzeit einen Überblick über die Anwesenheit der Untersuchungsgefangenen zu ermöglichen[43] und deren interne Kommunikation zu steuern.[44] Typische Verstöße gegen die Bereichsgebundenheit sind der Aufenthalt eines Untersuchungsgefangenen in einem anderen Haftraum entgegen ausdrücklicher Weisung.[45]

25 Die **Sorgfalts- und Reinigungspflicht** bezieht sich sowohl auf den Haftraum des Untersuchungsgefangenen als auch auf die ihm überlassenen Sachen. Sie dient einerseits als allgemeine Sorgfaltspflicht dem Schutz des Anstaltseigentums vor unnötigen Abnutzungen und Sachbeschädigungen,[46] verpflichtet aber zugleich auch den Untersuchungsgefangenen zur regelmäßigen Reinigung seines Haftraums.[47]

26 Die vollzugsrechtliche **Meldepflicht** statuiert die Verpflichtung der Untersuchungsgefangenen, Gefahren für das Leben oder erhebliche Gefahren für die Gesundheit anderer Personen ohne schuldhaftes Zögern zu melden. Sie ist mit den allgemeinen Melde- und Beistandpflichten, die über die §§ 138,[48] 323 c[49] StGB strafrechtlich sanktionierbar sind, vergleichbar, geht aber in ihrem Umfang durch ihre weite Formulierung noch über diese hinaus.[50] Da die Meldeverpflichtung sich jedoch nur auf die Umstände bezieht, die auch die konkrete Gefährdung der genannten höchstpersönlichen Rechtsgüter zum Gegenstand haben, löst die Planung oder das unmittelbare Bevorstehen eines Entweichungsversuchs durch Mitgefangene gerade keine Meldepflicht für einen mitwissenden Untersuchungsgefangenen aus. Die unterbliebene Meldung solcher Ereignisse und Umstände kann jedoch bei einer späteren Beurteilung des Verhaltens des Untersuchungsgefangenen durch die Anstalt berücksichtigt werden.[51]

3. Absuchung, Durchsuchung

a) Die gesetzlichen Regeln

27

Länder	Sicherheit und Ordnung – *Durchsuchung*
12er-Regelung: Berlin Brandenburg Bremen Hamburg Hessen Mecklenburg-Vorpommern Rheinland-Pfalz	***§ 44 12er-Regelung: (Absuchung), Durchsuchung*** **(1) Die Untersuchungsgefangenen, ihre Sachen und die Hafträume dürfen (mit technischen Mitteln abgesucht und) durchsucht werden. Die Durchsuchung männlicher Untersuchungsgefangener darf nur von Männern, die Durchsuchung weiblicher Untersuchungsgefangener darf nur von Frauen vorgenommen werden. Das Schamgefühl ist zu schonen.**

41 Vgl. OLG Celle StV 1994, 442.
42 Vgl. OLG Frankfurt NStZ 1992, 377.
43 Vgl. Ullenbruch in: Schwind/Böhm/Jehle/Laubenthal, StVollzG, § 82 Rn. 5.
44 Vgl. Callies/Müller-Dietz, StVollzG, § 82 Rn. 4.
45 Vgl. OLG Frankfurt ZfStrVo 1987, 251.
46 Vgl. Goerdeler in: Ostendorf, Jugendstrafvollzugsrecht, 8. Abschnitt Rn. 77.
47 Vgl. Callies/Müller-Dietz, StVollzG, § 82 Rn. 6; vgl. Arloth, StVollzG, § 82 Rn. 6.
48 „Nichtanzeige einer geplanten Straftat".
49 „Unterlassene Hilfeleistung".
50 Vgl. Goerdeler in: Ostendorf, Jugendstrafvollzugsrecht, 8. Abschnitt Rn. 77.
51 Vgl. OLG Frankfurt ZfStrVo 2001, 372.

Länder	Sicherheit und Ordnung – *Durchsuchung*
Saarland Sachsen Sachsen-Anhalt Schleswig-Holstein Thüringen	**(2) Nur bei Gefahr im Verzug oder auf Anordnung der Anstaltsleitung im Einzelfall ist es zulässig, eine mit einer Entkleidung verbundene körperliche Durchsuchung vorzunehmen. Sie darf bei männlichen Untersuchungsgefangenen nur in Gegenwart von Männern, bei weiblichen Untersuchungsgefangenen nur in Gegenwart von Frauen erfolgen. Sie ist in einem geschlossenen Raum durchzuführen. Andere Gefangene dürfen nicht anwesend sein.** **Abweichende Regelungen:** ***Berlin, § 44 Abs. 3 UVollzG Bln, zusätzlich:*** (3) Die Anstaltsleiterin oder der Anstaltsleiter kann allgemein anordnen, dass Untersuchungsgefangene nach Kontakten mit Besuchern, nach jeder Abwesenheit von der Anstalt sowie in der Regel bei der Aufnahme nach Absatz 2 zu durchsuchen sind. ***Brandenburg, § 44 Abs. 3 BbgUVollzG, zusätzlich:*** (3) Der Anstaltsleiter kann allgemein anordnen, dass Untersuchungsgefangene bei der Aufnahme sowie nach Kontakten mit Besuchern nach Absatz 2 zu durchsuchen sind. ***Bremen, § 44 Abs. 3 BremUVollzG, zusätzlich:*** (3) Die Anstaltsleiterin oder der Anstaltsleiter kann allgemein anordnen, dass Untersuchungsgefangene in der Regel bei der Aufnahme, vor und nach Kontakten mit Besucherinnen und Besuchern sowie vor und nach jeder Abwesenheit von der Anstalt nach Absatz 2 zu durchsuchen sind. Die Entkleidung im Einzelfall unterbleibt, wenn hierdurch die Sicherheit oder Ordnung der Anstalt nicht gefährdet wird. ***Hamburg, § 50 HmbUVollzG: Durchsuchung*** (1) Zur Aufrechterhaltung der Sicherheit und Ordnung der Anstalt dürfen Untersuchungsgefangene, ihre Sachen und die Hafträume jederzeit durchsucht werden, die Sachen und die Hafträume auch in Abwesenheit der Untersuchungsgefangenen. Zur Unterstützung der Durchsuchung dürfen technische Mittel eingesetzt werden, bei der Durchsuchung der Sachen und Hafträume auch Spürhunde. Die Durchsuchung männlicher Untersuchungsgefangener darf nur von Männern, die Durchsuchung weiblicher Untersuchungsgefangener darf nur von Frauen vorgenommen werden. Das Schamgefühl ist zu schonen. (2) Bei Gefahr im Verzug oder auf Anordnung der Anstaltsleitung im Einzelfall ist eine mit einer Entkleidung verbundene körperliche Durchsuchung zulässig, wenn konkrete Anhaltspunkte dafür bestehen, dass die Sicherheit und Ordnung der Anstalt dies erfordern. Sie darf bei männlichen Untersuchungsgefangenen nur in Gegenwart von Männern, bei weiblichen Untersuchungsgefangenen nur in Gegenwart von Frauen erfolgen und ist in einem

Länder	Sicherheit und Ordnung – *Durchsuchung*
	geschlossenen Raum durchzuführen. Andere Gefangene dürfen nicht anwesend sein. (3) Die Anstaltsleitung kann allgemein anordnen, dass Untersuchungsgefangene bei der Aufnahme, nach Kontakten mit Besucherinnen und Besuchern und nach jeder Abwesenheit von ihrer Unterkunft in der Anstalt nach Absatz 2 zu durchsuchen sind, wenn konkrete Anhaltspunkte dafür bestehen, dass die Sicherheit und Ordnung der Anstalt dies erfordern. ***Hessen, § 31 HUVollzG: Absuchung, Durchsuchung*** (1) Untersuchungsgefangene, ihre Sachen und die Hafträume dürfen, auch mit technischen oder sonstigen Hilfsmitteln, abgesucht oder durchsucht werden. Die Durchsuchung Untersuchungsgefangener darf nur von Personen gleichen Geschlechts vorgenommen werden. Das Schamgefühl ist zu schonen. § 27 Abs. 4 gilt entsprechend. (2) Bei Gefahr im Verzuge oder auf Anordnung der Anstaltsleitung im Einzelfall ist es zulässig, eine mit einer Entkleidung verbundene körperliche Durchsuchung vorzunehmen. Die Untersuchung von Körperöffnungen darf nur durch den ärztlichen Dienst vorgenommen werden. Abs. 1 Satz 2 und 3 gilt entsprechend. Die Durchsuchung ist in einem geschlossenen Raum durchzuführen. Andere Gefangene dürfen nicht anwesend sein. (3) Abweichend von Abs. 2 Satz 1 kann die Anstaltsleitung anordnen, dass Untersuchungsgefangene bei der Aufnahme, nach Kontakten mit Besuchspersonen und nach jeder Abwesenheit von der Anstalt nach Abs. 2 zu durchsuchen sind. (4) Bei der Durchsuchung von Hafträumen nach Abs. 1 Satz 1 dürfen Unterlagen, die von Untersuchungsgefangenen als Schreiben von Personen nach § 25 Abs. 3 und 4 gekennzeichnet sind, einer Sichtkontrolle auf verbotene Gegenstände ohne Kenntnisnahme des Inhalts unterzogen werden. ***Mecklenburg-Vorpommern, § 44 Abs. 3 UVollzG M-V, zusätzlich:*** (3) Der Anstaltsleiter kann allgemein anordnen, dass Untersuchungsgefangene bei der Aufnahme, vor und nach Kontakten mit Besuchern sowie vor und nach jeder Abwesenheit von der Anstalt nach Absatz 2 zu durchsuchen sind. ***Rheinland-Pfalz, § 44 Abs. 3 LUVollzG, zusätzlich:*** (3) Die Anstaltsleiterin oder der Anstaltsleiter kann allgemein anordnen, dass Untersuchungsgefangene bei der Aufnahme, vor und nach Kontakten mit Besucherinnen und Besuchern sowie vor und nach jeder Abwesenheit von der Anstalt nach Absatz 2 zu durchsuchen sind.

Länder	Sicherheit und Ordnung – *Durchsuchung*
	Saarland, § 44 Abs. 3 SUVollzG, zusätzlich: (3) Die Anstaltsleitung kann allgemein anordnen, dass Untersuchungsgefangene bei der Aufnahme, vor und nach Kontakten mit Besuchern sowie vor und nach jeder Abwesenheit von der Anstalt nach Absatz 2 zu durchsuchen sind. ***Schleswig-Holstein § 44 Abs. 3 UVollzG SH, zusätzlich:*** (3) Die Anstaltsleitung kann allgemein anordnen, dass Untersuchungsgefangene nach unbewachten Kontakten mit Besucherinnen und Besuchern, nach jeder Abwesenheit von der Anstalt sowie in der Regel bei der Aufnahme von der Anstalt nach Absatz 2 zu durchsuchen sind. ***Thüringen, § 44 Abs. 3 ThürUVollzG, zusätzlich:*** (3) Der Anstaltsleiter kann allgemein anordnen, dass Untersuchungsgefangene bei der Aufnahme, vor und nach Kontakten mit Besuchern sowie vor und nach jeder Abwesenheit von der Anstalt nach Absatz 2 zu durchsuchen sind.
Baden-Württemberg	*§ 46 JVollzGB II: Durchsuchung [...]* **(1) Untersuchungsgefangene, ihre Sachen und die Hafträume dürfen durchsucht werden. Die Durchsuchung männlicher Untersuchungsgefangener darf nur von Männern, die Durchsuchung weiblicher Untersuchungsgefangener nur von Frauen vorgenommen werden; dies gilt nicht für das Absuchen der Untersuchungsgefangenen mit technischen Mitteln oder mit sonstigen Hilfsmitteln. Das Schamgefühl ist zu schonen.** **(2) Nur auf Anordnung der Anstaltsleiterin oder des Anstaltsleiters oder bei Gefahr im Verzug ist es im Einzelfall zulässig, eine mit einer Entkleidung verbundene körperliche Durchsuchung vorzunehmen. Sie darf bei männlichen Untersuchungsgefangenen nur in Gegenwart von Männern, bei weiblichen Untersuchungsgefangenen nur in Gegenwart von Frauen erfolgen. Sie ist in einem geschlossenen Raum durchzuführen. Andere Gefangene dürfen nicht anwesend sein.** **(3) Die Anstaltsleiterin oder der Anstaltsleiter kann allgemein anordnen, dass Untersuchungsgefangene bei der Aufnahme, nach Besuchen und nach jeder Abwesenheit von der Justizvollzugsanstalt nach Absatz 2 durchsucht werden können.**
Bayern	*Art. 42 UVollzG Bayern i.V.m. Art. 91 BayStVollzG: Durchsuchung* **(1) Gefangene, ihre Sachen und die Hafträume dürfen durchsucht werden. Die Durchsuchung männlicher Gefangener darf nur von Männern, die Durchsuchung weiblicher Gefangener darf nur von Frauen vorgenommen werden; dies gilt nicht für das Absuchen der Gefangenen mit technischen Mitteln oder mit sonstigen Hilfsmitteln. Das Schamgefühl ist zu schonen.**

Länder	Sicherheit und Ordnung – *Durchsuchung*
	(2) Nur bei Gefahr im Verzug oder auf Anordnung des Anstaltsleiters oder der Anstaltsleiterin im Einzelfall ist es zulässig, eine mit einer Entkleidung verbundene körperliche Durchsuchung vorzunehmen. Sie darf bei männlichen Gefangenen nur in Gegenwart von Männern, bei weiblichen Gefangenen nur in Gegenwart von Frauen erfolgen. Sie ist in einem geschlossenen Raum durchzuführen. Andere Gefangene dürfen nicht anwesend sein. (3) Der Anstaltsleiter oder die Anstaltsleiterin kann allgemein anordnen, dass Gefangene bei der Aufnahme, nach Kontakten mit Besuchern und nach jeder Abwesenheit von der Anstalt nach Abs. 2 zu durchsuchen sind.
Niedersachsen	*§ 156 Abs. 1 i.V.m. § 77 NJVollzG: Durchsuchung* (1) Gefangene, ihre Sachen und die Hafträume dürfen durchsucht werden. Die Durchsuchung männlicher Gefangener darf nur von Männern, die Durchsuchung weiblicher Gefangener nur von Frauen vorgenommen werden. Satz 2 gilt nicht für das Absuchen mittels technischer Geräte ohne unmittelbaren körperlichen Kontakt. Das Schamgefühl ist zu schonen. (2) Nur bei Gefahr im Verzuge oder auf Anordnung der Anstaltsleiterin oder des Anstaltsleiters im Einzelfall ist es zulässig, eine mit einer Entkleidung verbundene körperliche Durchsuchung vorzunehmen. Sie darf bei männlichen Gefangenen nur in Gegenwart von Männern, bei weiblichen Gefangenen nur in Gegenwart von Frauen erfolgen. Sie ist in einem geschlossenen Raum durchzuführen. Andere Gefangene dürfen nicht anwesend sein. (3) Die Vollzugsbehörde kann allgemein anordnen, dass Gefangene bei der Aufnahme, nach Kontakten mit Besucherinnen und Besuchern und nach jeder Abwesenheit von der Anstalt nach Absatz 2 zu durchsuchen sind.
Nordrhein-Westfalen	*§ 32 UVollzG NRW: Durchsuchung* (1) Untersuchungsgefangene, ihre Sachen und Hafträume dürfen durchsucht werden. Die Durchsuchung männlicher Untersuchungsgefangener darf nur von Männern, die Durchsuchung weiblicher Untersuchungsgefangener darf nur von Frauen vorgenommen werden. Das Schamgefühl ist zu schonen. (2) Die Anstaltsleitung kann allgemein anordnen, dass bei der Aufnahme, vor und nach Kontakten mit Besuchern sowie vor und nach jeder Abwesenheit von der Anstalt in der Regel eine mit einer Entkleidung verbundene körperliche Durchsuchung Untersuchungsgefangener durchzuführen ist, die Entkleidung im Einzelfall jedoch unterbleibt, wenn hierdurch die Sicherheit oder Ordnung der Anstalt nicht gefährdet wird. In anderen Fällen ist eine solche Durchsuchung nur bei Gefahr im Verzug oder auf Anordnung der Anstaltsleitung im Einzelfall zulässig.

Länder	Sicherheit und Ordnung – *Durchsuchung*
	(3) Die Durchsuchung nach Absatz 2 darf bei männlichen Untersuchungsgefangenen nur in Gegenwart von Männern, bei weiblichen Untersuchungsgefangenen nur in Gegenwart von Frauen erfolgen. Sie ist in einem geschlossenen Raum durchzuführen. Andere Gefangene dürfen nicht anwesend sein.

b) Begriffsbestimmungen und Wirkung der Maßnahmen. Die landesgesetzlichen Regelungen zur Durchsuchung der Untersuchungsgefangenen sowie ihrer Sachen und Hafträume folgen weitesgehend der früheren Regelung in Nr. 61 UVollzO bzw. der Regelung in § 84 StVollzG. Der Begriff der **Durchsuchung** entspricht dabei grundsätzlich dem des Strafprozessrechts[52] oder auch des Polizeirechts,[53] indem er das Suchen nach Sachen oder Spuren im Haftraum oder an der Person des Untersuchungsfangenen, insbesondere in oder unter seiner Kleidung sowie auf der Körperoberfläche, in Körperhöhlen und auch in Körperöffnungen, die ohne Eingriff mit medizinischen Hilfsmitteln zu sehen sind, umfasst.[54] 28

Aus dieser Beschreibung des zulässigen Umfangs der Maßnahme wird deutlich, dass eine Durchsuchung im Einzelfall eine **erhebliche Wirkungsintensität** auf Seiten der betroffenen Untersuchungsgefangenen erlangen kann. Insbesondere die körperliche Durchsuchung von Untersuchungsfangenen greift erheblich in deren durch das allgemeine Persönlichkeitsrecht nach Art. 2 Abs. 1 i.V.m. Art. 1 Abs. 1 GG geschützte Privat- und Intimsphäre ein, so dass die landesgesetzlichen Regelungen auch jeweils den deutlichen Hinweis an die mit der Umsetzung der Maßnahmen zuständigen Vollzugsbediensteten enthalten, das Schamgefühl der Untersuchungsgefangenen zu schonen. Dieses setzt voraus, dass Untersuchungsgefangene selbstverständlich ausschließlich von Vollzugsbediensteten desselben Geschlechts durchsucht werden dürfen. 29

Soweit eine Durchsuchungsmaßnahme sich lediglich gegen den **Haftraum** eines Untersuchungsgefangenen richtet, unterfällt dieser zwar nach der höchstrichterlichen Rechtsprechung nicht dem Grundrechtsschutz aus Art. 13 GG.[55] Da der Haftraum für den Untersuchungsgfangenen jedoch zeitlich befristet eine wohnraumähnliche Bedeutung haben wird, sind im Rahmen der Verhältnismäßigkeitserwägungen entsprechend hohe Anforderungen an diese Maßnahme zugrunde zu legen.[56] 30

In einer Vielzahl der Landesgesetze wird ausdrücklich zwischen der „Durchsuchung" und der „Absuchung" differenziert.[57] Hierbei liegt in Abgrenzung zur Durchsuchung eine **Absuchung** ausschließlich bei der Suche nach Metallgegenständen unter Nutzung technischer Hilfmittel wie z.B. eines Detektorrahmens oder einer Handdetektorsonde vor.[58] Die Absuchung stellt damit eine allgemeine Überwachungsmaßnahme dar, die – in Ermangelung körperlicher Eingriffsqualität – gerade nicht unter den vorgenannten Durchsuchungsbegriff fällt.[59] Vielmehr ist die Absuchung gegenüber der ihr gleichgestellten entkleidungslosen Durchsuchung gemessen an ihrer Wirkung auf die betroffenen Untersuchungsgefangenen durch das bloße „Absonden"[60] regelmäßig als ein weit weniger belastender Eingriff anzu- 31

52 Vgl. §§ 102 ff. StPO.
53 Vgl. beispielhaft: Art. 21 ff. BayPAG oder §§ 22 ff. NGefAG.
54 Vgl. etwa Landtag Sachsen, Drucks. 5/2590, S. 69.
55 Vgl. BVerfG NStZ 1996, 511 oder BGHSt 44, 138; ebenso SächsVerfGH NJW 1995, 2980.
56 Vgl. Goerdeler in: Ostendorf, Jugendstrafvollzugsrecht, 8. Abschnitt Rn. 85.
57 So in Berlin, Brandenburg, Bremen, Hessen, M-V, Rheinland-Pfalz, Saarland, Sachsen-Anhalt, SH (Reg-E) und Thüringen sowie Bayern (Reg-E), Ba-Wü und Niedersachsen; Hamburg differenziert zwar nicht sprachlich zwischen „Durchsuchung" und „Absuchung", lässt jedoch ausdrücklich zu, dass „zur Unterstützung der Durchsuchung" auch „technische Mittel" eingesetzt werden (§ 50 Abs. 1 S. 2 HmbUVollzG).
58 Vgl. etwa Landtag Thüringen, Drucks. 4/4803, S. 67.
59 Vgl. Arloth, StVollzG, § 84 Rn. 2 a.E.
60 Vgl. Goerdeler in: Ostendorf, Jugendstrafvollzugsrecht, 8. Abschnitt Rn. 83.

sehen.[61] Diese bedarf daher keiner besonderen Schonung des Schamgefühls, so dass sie auch von Bediensteten des anderen Geschlechts vorgenommen werden kann.[62]

32 In einigen landesgesetzlichen Regelungen zur Durchsuchung werden neben der Nutzung technischer Mittel im Rahmen der Absuchung zusätzlich auch noch weitere **Hilfsmittel** aufgeführt. So benennt Hamburg in diesem Zusammenhang ausdrücklich den Einsatz von „Spürhunden" bei der Durchsuchung von Sachen und Hafträumen,[63] während Bayern,[64] Baden-Württemberg[65] und Hessen[66] im Rahmen der Absuchung oder Durchsuchung neben den technischen Mitteln auch den Einsatz „sonstiger Hilfsmittel" zulassen, zu denen jedoch ebenfalls ausdrücklich sog. Drogenspürhunde zählen sollen.[67]

33 c) **Formen und Voraussetzungen der Durchsuchungsmaßnahmen.** Die Ländergesetze unterscheiden in Ihren Durchsuchungsregelungen jeweils grundsätzlich zwischen einer Durchsuchung bzw. Absuchung der Sachen, des Haftraums und der Person des Untersuchungsgefangenen sowie einer Durchsuchung der Person des Untersuchungsgefangenen, bei welcher zugleich dessen Entkleidung angeordnet wird. Aufgrund der unterschiedlichen Eingriffsintensität dieser Durchsuchungsformen sind jeweils auch unterschiedliche Voraussetzungen zugrunde zu legen.

34 aa) **Anlasslose Durchsuchungen der Person, seines Haftraums und Sachen.** Die Durchsuchung bzw. Absuchung der Sachen, des Haftraums und der Person des Untersuchungsgefangenen, ohne dass diese sich Entkleiden muss, sowie dessen Absuchung erfordern als **anlasslose Maßnahmen** keine konkreten Voraussetzungen. Sie stehen vielmehr im Ermessen der Vollzugsbehörde – lediglich begrenzt durch allgemeine Vollzugsgrundsätze, dem Verhältnismäßigkeitsgrundsatz und dem Übermaß- und Willkürverbot sowie dem Gebot der Grundrechtsachtung.[68] Daher sind in der Vollzugspraxis auch **Routinedurchsuchungen** zulässig und üblich. Diese dienen regelmäßig dazu, stichprobenartig – unangekündigt und frei von individuellen Verdachtsmomenten – die Einhaltung der Sicherheit und Ordung in der Anstalt zu überprüfen.[69] Hierbei kann es sich auch um situationsgebundene Maßnahmen handeln, indem die Durchsuchungsanordnungen an Umstände anknüpfen, die typischerweise eine abstrakte Gefährdung der Sicherheit und Ordnung der Anstalt befürchten lassen, wie z.B. die Rückkehr eines Untersuchungsgefangenen von einem Gespräch mit Besuchern oder bei dessen Verlegung in eine andere Abteilung oder in eine andere Anstalt.[70]

35 Darüber hinaus hat die Anstalt natürlich stets die Möglichkeit, bei konkreten Anhaltspunkte einer Gefährdung der Sicherheit und Ordnung eine **Durchsuchung im Einzelfall** anzuordnen, wobei – anders als bei den besonderen Sicherungsmaßnahmen[71] – die Gefahr nicht unmittelbar von dem von der Durchsuchungsmaßnahme betroffenen Untersuchungsgefangenen selbst ausgehen muss, sondern ein Gefahrenverdacht ausreicht, der sich gegen eine nach abstrakt-allgemeinen Kriterien umschriebenen Gruppe von Untersuchungsgefangenen richtet.[72]

---

61 Zu berücksichtigen ist hierbei, dass die Nutzung solcher technischer Mittel auch außerhalb des Justizvollzugs bereits zum Alltag gehört und wohl auch mehrheitlich gesellschaftlich akzeptiert wird, indem z.B. an Flughäfen oder bei Großveranstaltungen entsprechende Kontrollen obligatorisch sind.

62 Insoweit klarstellend: § 46 Abs. 1 S. 2 JVollzGB II Ba-Wü und Art. 42 UVollzG Bayern (Reg-E) i.V.m. Art. 91 Abs. 1 S. 2 StVollzG Bayern sowie § 156 Abs. 1 i.V.m. § 77 Abs. 1 S. 2 NJVollzG.

63 § 50 Abs. 1 S. 2 HmbUVollzG.

64 Art. 42 UVollzG Bayern (Reg-E) i.V.m. Art. 88 Abs. 1 S. 2 StVollzG Bayern.

65 § 46 Abs. 1 S. 2 JVollzGB II Ba-Wü.

66 § 31 Abs. 1 S. 1 HUVollzG.

67 Vgl. Landtag Hessen, Drucks. 18/1396, S. 144; vgl. Arloth, StVollzG, Art. 88 BayStVollzG; zur Haftraumkontrolle unter Einsatz von Drogenspürhunden vgl. Kotz/Rahlf NStZ-RR 1999, 65 und LG Nürnberg NStZ 1997, 359.

68 KG Berlin NJW 2005, 2727; vgl. Arloth, StVollzG, § 84 Rn. 3; vgl. Feest/Brühl in: AK-StVollzG, § 84 Rn. 2.

69 Vgl. Ullenbruch in: Schwind/Böhm/Jehle/Laubenthal, StVollzG, § 84 Rn. 1; vgl. Feest/Brühl in: AK-StVollzG, § 84 Rn. 2.

70 Vgl. Goerdeler in: Ostendorf, Jugendstrafvollzugsrecht, 8. Abschnitt Rn. 87.

71 Vgl. Hadeler, Besondere Sicherungsmaßnahmen im Strafvollzug, S. 137; vgl. OLG Karlsruhe NStZ 1983, 191.

72 Vgl. Ullenbruch in: Schwind/Böhm/Jehle/Laubenthal, StVollzG, § 84 Rn. 2 und 3; vgl. Feest/Brühl in: AK-StVollzG, § 84 Rn. 3.

Die Durchsuchung von **Sachen** schließt nicht nur die Kleidung und Habe des Untersuchungefangenen ein, sondern kann sich im Einzelfall - insbesondere im Rahmen der sog. Nacheile (vgl. Rn. 91 ff., dort insb. Rn. 98) – auch bis auf das auf den Parkplatz der Justizvollzugseinrichtung abgestellte Kraftfahrzeug eines Untersuchungefangenen erstrecken, soweit es noch dessen Gewahrsam zuzuordnen ist.[73] 36

Die Durchsuchung der **Hafträume**, welche – wie zuvor bereits dargestellt – zwar nicht unter den Grundrechtsschutz aus Art. 13 GG fallen,[74] verlangt jedoch ein die Privats- und Intimsphäre des Untersuchungsgefangenen schützendes schonendes Vorgehen durch die Vollzugsbediensteten,[75] indem bereits das Betreten des Haftraums – jedenfalls durch ausreichend vernehmbare Schließgeräusche – dem Untersuchungsgefangenen angekündigt wird.[76] Schließlich stellt der Haftraum für den Untersuchungsgefangenen regelmäßig den einzigen höchstpersönlichen Lebensbereich dar, in den er sich im Rahmen einer schwierigen persönlichen Situation zurückziehen kann. Dieses gilt es stets zu beachten.[77] Ein angemessen schonendes Vorgehen bei der Haftraumdurchsuchung gebietet es daher, die Sachen des Untersuchungsgefangenen nicht unverhältnismäßig in Unordnung zu bringen und Beschädigungen zu vermeiden. Daher haben die Vollzugsbediensteten – soweit es die Umstände der Maßnahme erlauben – den betroffenen Untersuchungsgefangenen ggf. die Möglichkeit einzuräumen, seine Bilder, Poster und ähnliche Gegenstände selbst zu entfernen.[78] Die Mitnahme einzelner Gegenstände zur Überprüfung des Besitzrechts oder für zeitlich oder technisch aufwändige Überprüfungen ist zulässig.[79] Sollten diese Überprüfungen ergeben, dass der Untersuchungsgefangene die Gegenstände nicht in seinem Haftraum verwahren darf, sind diese zu dessen Habe zu nehmen.[80] 37

Soweit im Rahmen der Haftraumdurchsuchungen auch Schriftstücke aufgefunden werden, haben die Vollzugsbediensteten den besonderen **Schutz des Schriftverkehrs mit Berufsgeheimnisträgern** und anderen besonders geschützten Personen und Einrichtungen zu beachten.[81] Denn das grundrechtlich geschützte allgemeine Briefgeheimnis nach Art. 10 Abs. 1 GG hat auch für Personen seine Gültigkeit, die einer hoheitlichen freiheitsentziehenden Maßnahme unterworfen sind.[82] Insbesondere während des Vollzugs der Untersuchungshaft hat dieser Schutz aber eine besondere Bedeutung, indem die Kommunikation des Untersuchungsgefangenen mit seinem Verteidiger in einem Stadium, in dem das gegen ihn gerichtete Verfahren noch keinen rechtskräftigen Abschluss gefunden hat, stets frei und inhaltlich unkontrolliert erfolgen können muss.[83] Um diesen Grundsatz der freien Verteidigung, welcher zur Erledigung der entsprechenden Angelegenheiten einen ungehinderten Kontakt zwischen dem Untersuchungsgefangenen und den genannten Personengruppen und Institutionen un- 38

---

73 Vgl. OLG Hamm NStZ 1996, 359.

74 Vgl. BVerfG NStZ 1996, 511 oder BGHSt 44, 138; ebenso SächsVerfGH NJW 1995, 2980.

75 Vgl. KG Berlin NStZ-RR 2005, 281; vgl. Ullenbruch in: Schwind/Böhm/Jehle/Laubenthal, StVollzG, § 84 Rn. 4.

76 BVerfG NJW 1996, 2643.

77 Vgl. NJW-Spezial 2005, 427 zu KG Berlin, 12.5.2005, 5 Ws 166/05; umfassend zu diesen Fragen auch Kreuzer/Buckolt StV 2006, 163 ff.

78 KG Berlin NJW 2005, 2727.

79 KG Berlin NStZ-RR 2005, 281 f.

80 Vgl. Ullenbruch in: Schwind/Böhm/Jehle/Laubenthal, StVollzG, § 84 Rn. 4.

81 Die Reichweite des Schutzes der Kommunikation des Untersuchungsgefangenen in Gestalt eines Überwachungsverbots ist in den Ländergesetzen unterschiedlich stark ausgeprägt, wobei neben der Verteidigerkorrespondenz z.B. auch der Schriftwechsel mit Rechtsanwälten und Notaren, mit Mitarbeitern der sozialen Dienste der Justiz, mit Abgeordneten, mit den Petitionsauschüssen des Bundes und der Länder, dem Europäischen Gerichtshof für Menschenrechte, dem Europäischen Ausschuss zur Verhütung von Folter und unmenschlicher oder erniedrigender Behandlung oder Strafe, den Datenschutzbeauftragten des Bundes und der Länder oder dem Menschenrechtsausschuss der Vereinten Nationen geschützt wird; s. auch § 6.

82 Vgl. allgemein zum Grundrechtsschutz aus Art. 10 GG bei Freiheitsentziehungen: BVerfG NJW 1972, 811.

83 Vgl. zu den einzelnen landesgesetzlichen Regelungen jeweils § 37 der Gesetze zum Vollzug der Untersuchungshaft in Berlin, Brandenburg, Bremen, Hessen, M-V, Rheinland-Pfalz, Saarland, Sachsen, Sachsen-Anhalt, SH (Reg-E) und Thüringen; vgl. in Hamburg: § 25 HmbUVollzG; vgl. in Niedersachsen: §§ 146, 147, 149 NJVollzG; vgl.in Ba-Wü: § 17 JVollzGB II Ba-Wü; vgl. in Bayern: Art. 20 UVollzG Bayern (Reg-E); vgl. in Nordrhein-Westfalen: § 22 UVollzG NRW.

abdingbar macht, zu gewährleisten, dürfen auch die im Rahmen von Durchsuchungsmaßnahmen aufgefundenen Schriftstücke allenfalls durch eine allgemeine Sichtkontrolle – selbstverständlich ohne eine umfassende inhaltliche Textkontrolle vorzunehmen – in Anwesenheit des betroffenen Untersuchungsgefangenen lediglich dahingehend kontrolliert werden, ob sie tatsächlich den benannten geschützten Inhalt haben und ob sie keine verbotenen Gegenstände enthalten. Eine Entfernung solcher Unterlagen aus dem Haftraum durch die Vollzugsbediensteten zur eingehenderen Kontrolle ist nicht statthaft.[84]

39 Während der Durchsuchung ihres Haftraums haben die betroffenen Untersuchungsgefangenen grundsätzlich jedoch **kein Recht auf Anwesenheit**. Ein solches wird nahezu umfassend abgelehnt,[85] wenngleich die Haftraumdurchsuchung in der Vollzugspraxis dennoch nach Möglichkeit in Anwesenheit des betroffenen Untersuchungsgefangenen erfolgen sollte.[86] Die insoweit einheitliche obergerichtliche Rechtsprechung und die ihr folgende Kommentarliteratur zum Strafvollzugsgesetz leiten die Ablehnung eines Anwesenheitsrechts aus dem nicht einschlägigen Schutzbereich des Art. 13 GG und dem bestehenden Hausrecht der Justizvollzugseinrichtung über die Hafträume ab[87]. Soweit eine entgegenstehende Ansicht[88] sich unter Hinweis auf Nr. 54.8 der Europäischen Strafvollzugsgrundsätze für ein Anwesenheitsrecht betroffener Gefangener ausspricht, steht dem entgegen, dass die Europäischen Strafvollzugsgrundsätze lediglich bloßen Empfehlungscharakter haben. Zudem lässt die genannte Empfehlung Nr. 54.8 der Europäischen Strafvollzugsgrundsätze ohnehin auch selbst bereits Ausnahmen von der Anwesenheit des von einer Durchsuchungsmaßnahme in seinem Haftraum betroffenen Gefangenen zu. Letztlich haben die Landesgesetzgeber – in Anlehnung an die dargestellte gefestigte Rechtslage im Strafvollzug – keinen Gebrauch von der Möglichkeit gemacht, in ihren Untersuchungshaftvollzugsgesetzen auch eine ausdrücklichen Anwesenheitsregelung für den Untersuchungsfangenen, wie sie im Strafprozessrecht für den Beschuldigten explizit in § 106 StPO vorgehalten wird, zu normieren.

Aus den vorgenannten Erwägungen besteht folgerichtig ebenso kein Recht des Verteidigers des Untersuchungsgefangenen auf Anwesenheit im Rahmen einer Haftraumdurchsuchung.[89]

40 Darüber hinaus hat die Rechtsprechung bereits klargestellt, dass die von einer Durchsuchungsmaßnahme betroffenen Gefangenen auch **keinen Anspruch auf eine „Negativbescheinigung"** nach Abschluss einer ergebnislosen Haftraumuntersuchung haben.[90] Jedoch haben die Vollzugsbediensteten die Vornahme einer Durchsuchungsmaßnahme als solche – nicht nur beim Auffinden verbotener Gegenstände oder sonstiger Verstöße gegen die Sicherheit und Ordnung der Anstalt – zu dokumentieren.[91] Die Nutzung von Formularlisten, mit denen die übliche Einrichtung und Ausstattung von Hafträumen mit den tatsächlichen Gegebenheiten abgeglichen werden, um die Übersichtlichkeit und Durchsuchbarkeit der Hafträume zu wahren, sind zulässige Hilfsmittel der Vollzugsbediensteten im Rahmen von Haftraumdurchsuchungen.[92]

41 **bb) Einzelfallbezogene Entkleidungsdurchsuchungen der Person.** Sämtliche landesgesetzlichen Regelungen sehen die Möglichkeit vor, auch **mit einer Entkleidung verbundene körperliche Durchsuchungen** gegen Untersuchungshaftgefangene anzuordnen. Diese Maßnahme zielt insbesondere auch darauf ab, normalerweise bedeckte Körperöffnungen im Hinblick

84 Vgl. OLG Karlsruhe NStZ 2005, 52 f.; vgl. KG Berlin NStZ 2004, 611.
85 Vgl. OLG Frankfurt ZfStrVo 1982, 191; vgl. OLG Stuttgart NStZ 1984, 574; vgl. SächsVfGH NJW 1995, 2980; vgl. Callies/Müller-Dietz, StVollzG, § 84 Rn. 4; vgl. Arloth, StVollzG, § 84 Rn. 3; vgl. Ullenbruch in: Schwind/Böhm/Jehle/Laubenthal, StVollzG, § 84 Rn. 4; vgl. Feest/Brühl in: AK-StVollzG, § 84 Rn. 3.
86 Vgl. KG Berlin NStZ 2004, 611.
87 Vgl. OLG Frankfurt ZfStrVo 1982, 191; vgl. OLG Stuttgart NStZ 1984, 574; vgl. SächsVfGH NJW 1995, 2980.
88 Goerdeler in: Ostendorf, Jugendstrafvollzugsrecht, 8. Abschnitt Rn. 92.
89 Vgl. OLG Stuttgart NStZ 1984, 574.
90 KG Berlin, 5.9.2008, 2 Ws 408/08.
91 Vgl. Arloth, StVollzG, § 84 Rn. 3 a.E.
92 OLG Zweibrücken, NStZ-RR 2001, 187.

auf das mögliche Verbergen verbotener Gegenstände zu inspizieren.[93] Zweifelsohne stellt eine solche mit einer Entkleidung verbundene körperliche Durchsuchung stets einen besonderen Eingriff in das allgemeine Persönlichkeitsrecht des betroffenen Untersuchungsgefangenen dar,[94] was damit auch erhöhte Anforderungen bei der Anordnung und Durchführung einer solchen Durchsuchungsmaßnahme begründet.[95]

Die landesgesetzlichen Regelungen berücksichtigen dies jeweils, indem sie klarstellen, dass die mit einer Entkleidung verbundenen körperlichen Durchsuchungen grundsätzlich nur als anlassbezogene Einzelanordnungen gegen Untersuchungshaftgefangene zulässig sind – vollkommen anlasslose Durchsuchungen in dieser Form sind daher ohne nähere Anhaltspunkte für eine mögliche Gefährdung der Sicherheit und Ordnung der Anstalt ausgeschlossen.

Jedoch gilt auch hier – anders als bei den besonderen Sicherungsmaßnahmen[96] –, dass bei Vorliegen einer solchen auf Tatsachen basierenden Gefährdungslage auch Untersuchungsgefangene von der Maßnahme betroffen sein können, gegen die nicht unmittelbar Verdachtsmomente bestehen. Da in der Vollzugspraxis nicht selten auch zunächst wenig auffällige Inhaftierte durch Mitgefangene bedrängt und sogar genötigt werden, für diese unerlaubte Gegenstände am oder im eigenen Körper zu schmuggeln, ist bei entsprechenden Erkenntnissen auch eine stichprobenartige mit einer Entkleidung verbundene körperliche Durchsuchung dieser Untersuchungsgefangenen zulässig.[97] Mithin besteht bei begründetem Interesse zur Wahrung der Sicherheit und Ordung der Anstalt auch Raum für routinemäßige mit einer Entkleidung verbundene körperliche Durchsuchungen, soweit es sich hierbei noch um anlassbezogene Einzelfallanordnungen gegen Untersuchungshaftgefangene handelt, bei denen bei pflichtgemäßer Ermessenabwägung mit den Individualinteressen der Betroffenen die Sicherheitsinteressen der Anstalt überwiegen.[98] Eine regelhafte Praxis, die der sog. Allgemeinanordnung gleichstünde, wäre jedoch nicht mehr statthaft.[99] Die Frage, ob noch eine Einzelfallanordung oder aber eine Allgemeinanordnung vorliegt, unterliegt keinem Beurteilungsspielraum der Anstalt, sondern ist fachgerichtlich überprüfbar.[100]

Um den erhöhten Anforderungen einer solchen Maßnahme zu entsprechen, müssen diese 42
Einzelfallanordnungen den Ort, die Zeit, den Anlass, den Umfang der Maßnahme sowie den Kreis der Betroffenen – ohne dass es explizit deren namentlicher Nennung bedarf – deutlich machen.[101] Die **Anordnungsbefugnis** für die mit einer Entkleidung verbundene körperliche Durchsuchung gegen Untersuchungshaftgefangene liegt nach den jeweiligen landesgesetzlichen Regelungen grundsätzlich allein bei der Anstaltsleitung. Diese Zuständigkeitsregelung betont nochmals die Bedeutung der Maßnahme und deren Wirkung auf die betroffenen Untersuchungsgefangenen. Nicht zuletzt aus vollzugspraktischen Erwägungen kann die Anordnung jedoch beim Vorliegen von Gefahr im Verzug, d.h. wenn die Einholung einer Entscheidung der Anstaltsleitung aufgrund der damit verbundenen zeitlichen Verzögerungen eine Gefährdung des Zwecks der Maßnahme selbst bedeuten würde, auch von den Vollzugsbediensteten selbst getroffenen werden.

93 In der Vollzugspraxis besteht die Erforderlichkeit solcher Maßnahmen insbesondere zur Verhinderung des unerlaubten Einbringens von verbotenen Gegenständen wie Betäubungsmittel, Bargeld oder Mobiltelefonen, wobei das Nachforschen nach unerlaubten Gegenständen ausschließlich die Untersuchung einsehbarer, natürlicher Körperhöhlen oder Körperöffnungen – ohne Eingriff mit medizinischen Hilfsmitteln – umfasst (sog. Intimbereichsuntersuchungen); vgl. OLG Karlsruhe NStZ 1983, 191; vgl. OLG Frankfurt ZfStrVO SH 1977, 42.

94 Schließlich ermöglicht diese Regelung der Anstalt u.a. auch sog. Anusinspektionen bei den betroffenen Untersuchungefangenen, um der Gefahr des (Ein-)Schmuggelns verbotener Gegenstände zu begegenen.

95 Vgl. BVerfG NJW 2004, 1728; vgl. OLG Koblenz StraFo 2005, 263.

96 Vgl. Hadeler, Besondere Sicherungsmaßnahmen im Strafvollzug, S. 137.

97 Vgl. BVerfG NJW 2004, 1728; vgl. OLG Koblenz NStZ 2006, 22; vgl. auch Goerdeler in: Ostendorf, Jugendstrafvollzugsrecht, 8. Abschnitt Rn. 99.

98 So z.B. bei anstaltsbekannten Drogendealern; vgl. Arloth, StVollzG, § 84 Rn. 5.

99 Vgl. BVerfG NJW 2004, 1728; vgl. OLG Koblenz StraFo 2005, 263.

100 Vgl. BVerfG NJW 2004, 1728; vgl. OLG Koblenz NStZ 2006, 700.

101 Vgl. OLG Celle NStZ 2005, 587 ff.; vgl. auch die ausführliche Besprechung dieser Entscheidung von Kreuzer/Buckolt, StV 2006, 163 ff.

43 Die Umsetzung der Maßnahme hat nach dem jeweiligen Wortlaut in den Ländergesetzen zum Vollzug der Untersuchungshaft zwar in einem „geschlossenen Raum" zu erfolgen, womit jedoch nicht notwendigerweise auch stets ein gesondertes Untersuchungszimmer erforderlich wird. Vielmehr ist nach dem Sinn und Zweck dieser Regelungen, die der Achtung und dem Schutz des Scham- und Selbstwertgefühls des Betroffenen dienen sollen,[102] lediglich zu gewährleisten, dass die mit der Entkleidung verbundene körperliche Durchsuchung eines Untersuchungsgefangenen innerhalb eines Gebäudes und unter ausreichendem Sichtschutz vor den Blicken anderer unbeteiligter Personen, insbesondere Mitgefangener, erfolgt.[103] Daraus folgt zugleich, dass eine Beobachtung oder Aufzeichnung einer mit einer Entkleidung verbundenen körperlichen Durchsuchung eines Untersuchungsgefangenen mittels einer Videokamera stets ausgeschlossen sein muss.[104]

44 cc) **Allgemeinanordnung von Entkleidungsdurchsuchungen der Person.** Neben der dargestellten einzelfallbezogenen Durchsuchung einer Person, die mit dessen vollständiger Entkleidung verbunden ist, ermöglichen es ein Großteil der Ländergesetze darüber hinaus den Anstaltsleitungen auch sog. **Allgemeinanordnungen für Entkleidungsdurchsuchungen** zu treffen. Solche Allgemeinanordnungen sind grundsätzlich zulässig, um den Sicherheitsinteressen der Anstalt bei typischen Gefahrensituationen gerecht zu werden,[105] indem in diesen Situationen ausnahmsweise eine abstrakte Gefahr für die allgemeine Anordnung der Maßnahme ausreicht.[106] Jedoch sind Allgemeinanordnungen, mit denen den betroffenen Untersuchungsgefangenen Beschränkungen auferlegt werden, nur zulässig, wenn reale Gefährdungen der Sicherheit und Ordnung der Anstalt nicht jeweils durch einzelne Maßnahmen hinreichend abgewehrt werden können.[107] Zudem ist unter Anwendung des Verhältnismäßigkeitsgrundsatzes stets zu prüfen, ob im Einzelfall Ausnahmen von der Anwendung der Allgemeinanordnung möglich sind.[108] In der Vollzugspraxis erfolgt demgemäß auf der Grundlage einer solchen allgemeinen Anordnung für zukünftige Maßnahmen jeweils im Einzelfall die konkrete Anordnung des zuständigen Vollzugsbediensteten gegenüber dem betroffenen Untersuchungsgefangenen,[109] ohne dass in dessen Person ein konkreter Anlass vorliegen muss.[110]

45 Die entsprechenden landesgesetzlichen Regelungen für Entkleidungsdurchsuchungen auf der Grundlage von Allgemeinanordnungen gehen jeweils auf die Norm des § 84 Abs. 3 StVollzG zurück, welche eine Allgemeinanordnung des Anstaltsleiters für Intimbereichsuntersuchungen eines Untersuchungsgefangenen bei dessen Aufnahme, nach Besucherkontakten und nach Abwesenheiten von der Anstalt zulässt. Diese Regelung aus dem Strafvollzugsgesetz ist in dem 12-Länder-Entwurf eines Untersuchungshaftvollzugsgesetzes der Länder zunächst weitesgehend inhaltlich übernommen worden, wenngleich der Anwendungsbereich dieser Allgemeinordnungskompetenz der Anstaltsleitung dabei zum Teil sogar noch ausgeweitet wurde, indem die Ländergesetze vielfach auch Intimbereichsuntersuchungen vor Besuchskontakten des Untersuchungsgefangenen und vor dessen Abwesenheit von der Anstalt zulassen.[111]

---

102 Vgl. OLG Frankfurt ZfStrVo 1987, 120.
103 Vgl. OLG Celle NStZ 2005, 587.
104 Vgl. OLG Celle, 26.3.2008, 1 Ws 31/09, bei Roth, NStZ 2010, 441.
105 Typischerweise die Gefahr des Einbringens von Betäubungsmitteln nach Kontakten einzelner Gefangener mit nicht inhaftierten Personen.
106 Kreuzer/Buckolt StV 2006, 163 (166).
107 Vgl. BVerfGE 34, 369, 380 und 34, 384 (399 f.).
108 Vgl. BVerfGE 15, 288, 294 f. und 42, 95 (102).
109 Vgl. Callies/Müller-Dietz, StVollzG, § 84 Rn. 12.
110 Vgl. Callies/Müller-Dietz, StVollzG, § 84 Rn. 12; die Abgrenzung zwischen der Einzelanordnung und der Allgemeinanordnung erfolgt mithin dadurch, dass für die erstgenannte stets eine konkrete Gefahrensituation vorliegen muss; vgl. auch Kreuzer/Buckolt StV 2006, 163 (166).
111 Vgl. § 44 Abs. 3 des gemeinsamen Musterentwurfs der „12-Länder-Gruppe" – so noch immer in den Landesgesetzen in M-V, in Rheinland-Pfalz, im Saarland und in Thüringen.

Ein solch weiter Anwendungsbereich für Intimbereichsuntersuchungen bei Untersuchungsgefangenen auf der Grundlage von Allgemeinanordnungen[112] ist jedoch nach Maßgabe der **Entscheidung des Bundesverfassungsgerichts**[113] am 4.2.2009 zwischenzeitlich wieder deutlich eingeschränkt worden. 46

Mit dieser Entscheidung hat das Bundesverfassungsgericht zunächst nochmals grundlegend betont, dass Eingriffe, die den Intimbereich und das Schamgefühl des Inhaftierten berühren, sich bei freiheitsentziehenden Maßnahmen im Justizvollzug nicht prinzipiell vermeiden lassen. Jedoch haben die betroffenen Gefangenen insoweit einen Anspruch auf besondere Rücksichtnahme.[114] Demnach ist z.B. der bloße Umstand, dass sich Verwaltungsabläufe ohne eingriffsvermeidende Rücksichtnahmen einfacher gestalten lassen, hier noch weniger als in anderen, weniger sensiblen Bereichen geeignet, den Verzicht auf solche Rücksichtnahmen zu rechtfertigen. Dies gelte in verschärftem Maße für Eingriffe während der Untersuchungshaft, die schließlich auf der Grundlage eines bloßen Verdachts verhängt wird.[115] Da jedoch Intimbereichsuntersuchungen stets Grundrechtseingriffe von besonderer Schwere darstellen, können diese – insbesondere bei Untersuchungsgefangenen – nur bei konkreter Gefährdung öffentlicher Interessen – wie z.B. auch bei der Gefahr des Einschmuggelns verbotener Gegenstände in eine Justizvollzugsanstalt – und nicht schon generell und einzelfallunabhängig zulässig sein.[116] Das Bundesverfassungsgericht hat zu dem seiner Entscheidung zugrunde liegenden Sachverhalt[117] weiterhin ausdrücklich klargestellt, dass jedenfalls beim Vollzug der Untersuchungshaft – als eine bloße Verdachtshaft ohne Strafzweck – die Belange der von den beschränkenden Maßnahmen betroffenen Untersuchungsgefangenen und damit die Berücksichtigung des Verhältnismäßigkeitsgrundsatzes ein besonderes Gewicht erhalten, so dass vor der Anordnung von Grundrechtseingriffen in Gestalt von Intimbereichsuntersuchungen zu prüfen ist, ob für die Gefährdung der Sicherheit und Ordnung der Anstalt überhaupt reale Anhaltspunkte in der Person des Untersuchungsgefangenen vorliegen.[118]

Als Reaktion auf diese Entscheidung des Bundesverfassungsgerichts haben die meisten Länder nunmehr **einschränkende gesetzliche Regelungen für die Allgemeinanordnung von Entkleidungsdurchsuchungen** bei Untersuchungsgefangenen getroffen.[119] Während einige Bundesländer von vorneherein auf eine Ermächtigung zur Anordnung einer solchen Maßnahme vor Besuchskontakten des Untersuchungsgefangenen und vor dessen Abwesenheit von der Anstalt verzichtet hatten,[120] korrigierte ein Teil der Bundesländer, die an dem 12-Länder- 47

112 Vgl. Piel/Püschel/Tsambikakis/Wallau ZRP 2009, 33 (36), die die Umkehrung des „Regel-Ausnahme-Verhältnisses" bei diesem – grundrechtserheblichen – massiven Eingriff kritisieren.

113 BVerfG, 4.2.2009, 2 BvR 455/08; BVerfG StV 2009, 253.

114 Vgl. BVerfG EuGRZ 2008, 83 (84).

115 BVerfG EuGRZ 2009, 159.

116 BVerfG, 4.2.2009, 2 BvR 455/08, NJW-Spezial 2009, 184.

117 Der Entscheidung lag eine Verfassungsbeschwerde gegen einen Beschluss des Hanseatischen Oberlandesgerichts Hamburg vom 30.11.2007, 2 VAs 3/06 zugrunde, mit welchem die auf eine Allgemeinanordnung gestützte körperliche Durchsuchung des Beschwerdeführers – einschließlich einer sog. Intimbereichsuntersuchung mit sog. Annusinspektion – bei Aufnahme in einer Untersuchungshaftanstalt bestätigt worden war. Da jedoch die für den Beschwerdeführer überraschende Verhaftungssitutation – er war gerade im Begriff seine Kinder zur Schule zu bringen und sodann seiner Tätigkeit als Steuerberater nachzugehen – auch für die Anstalt ersichtlich ausschließen ließ, dass der zugeführte Untersuchungsgefangene Vorkehrungen getroffenen haben könnte, verbotene Gegenstände in seinem Körper verborgen in die Anstalt einzuschmuggeln, hat das BVerfG in der auf eine Allgemeinanordnung zurückgehende Maßnahme eine Grundrechtsverletzung anerkannt.

118 BVerfG, 4.2.2009, 2 BvR 455/08; BVerfG StV 2009, 253; BVerfG NJW-Spezial 2009, 184; vgl. Lübbe-Wolff, ZRP 2009, 93 (94); vgl. Höflich NK 2009, 132.

119 Lediglich die landesgesetzlichen Regelungen in § 44 Abs. 3 für M-V, Rheinland-Pfalz, für das Saarland und für Thüringen sind bislang noch immer unverändert weit gefasst.

120 Vgl. für Ba-Wü: § 46 JVollzGB II Ba-Wü; vgl. für Bayern: Art. 42 UVollzG Bayern (Reg-E) i.V.m. Art. 91 StVollzG Bayern; vgl. für Hamburg: § 50 Abs. 3 HmbUVollzG – mit einer klarstellenden Einschränkung der Anwendbarkeit auf Situationen, bei denen konkrete Anhaltspunkte dafür bestehen, dass die Sicherheit und Ordnung der Anstalt dies erfordern; vgl. für Hessen: § 31 Abs. 3 HUVollzG; vgl. für Niedersachsen: § 156 Abs. 1 i.V.m. § 77 Abs. 3 NJVollzG.

Entwurf mitgearbeitet hatten, diese zuvor sehr weitgehende Fassung wieder.[121] Zudem betonen einige Landesgesetze als zusätzliche[122] bzw. andere Form[123] von Einschränkungen, dass solche Maßnahmen auf Grundlage einer Allgemeinordnung lediglich „in der Regel" angeordnet werden können. Durch diese gesetzliche Bestimmung wird den Vollzugsbediensteten bei entgegenstehenden Ausnahmesituationen ausdrücklich ein Anwendungsbereich für entsprechende von der Allgemeinanordnung abweichende Entscheidungen eröffnet. Als weitestgehende Konsequenz aus der Entscheidung des Bundesverfassungsgerichts haben die Länder Sachsen und Sachsen-Anhalt im Rahmen ihrer Gesetzgebungsverfahren für ein Untersuchungshaftvollzugsgesetz nunmehr komplett auf eine Ermächtigungsnorm für Allgemeinanordnungen von Entkleidungsuntersuchungen bei Untersuchungefangenen verzichtet.[124] Es bleibt abzuwarten, ob durch die Aufgabe einer bislang zur Aufrechterhaltung und Wiederherstellung der Sicherheit und Ordnung in der Anstalt stets als erforderlich erachtete vollzugliche Maßnahme in der Vollzugspraxis dieser Länder nachteilige Erfahrungen machen wird. Anderenfalls könnte dieser konseqente Schritt Beispielcharakter für die übrigen vollzuglichen Regelungen der Länder haben.

4. Erkennungsdienstliche Maßnahmen, Lichtbildausweise

a) Die gesetzlichen Regeln

48

Länder	Sicherheit und Ordnung – *Erkennungsdienstliche Maßnahmen, Lichtbildausweise*
12er-Regelung: Brandenburg Bremen Hamburg Hessen Mecklenburg-Vorpommern Rheinland-Pfalz Saarland Sachsen Sachsen-Anhalt Schleswig-Holstein Thüringen	***§ 45 12er-Regelung: Erkennungsdienstliche Maßnahmen, Lichtbildausweise*** **(1) Zur Sicherung des Vollzugs, zur Aufrechterhaltung der Sicherheit oder Ordnung der Anstalt oder zur Identitätsfeststellung sind mit Kenntnis der Untersuchungsgefangenen zulässig:** **1. die Abnahme von Finger- und Handflächenabdrücken,** **2. die Aufnahme von Lichtbildern,** **3. die Feststellung äußerlicher körperlicher Merkmale,** **4. die elektronische Erfassung biometrischer Merkmale und** **5. Messungen.** **(2) Die hierbei gewonnenen Unterlagen oder Daten werden zu den Gefangenenpersonalakten genommen oder in personenbezogenen Dateien gespeichert. Sie können auch in kriminalpolizeilichen Sammlungen verwahrt werden. Die nach Absatz 1 erhobenen Daten dürfen nur für die in Absatz 1, in § 48 Abs. 2 und in § 89 Abs. 2 Nr. 4 genannten Zwecke verarbeitet werden.** **(3) Werden die Untersuchungsgefangenen entlassen, sind die personenbezogenen Daten spätestens nach drei Monaten zu löschen. Werden die Untersuchungsgefangenen in eine andere Anstalt verlegt oder wird unmittelbar im Anschluss an den Vollzug oder in Unterbrechung der Untersuchungshaft eine andere Haftart vollzogen, können die**

121 Vgl. die landesgesetzlichen Regelungen in § 44 Abs. 3 für Berlin, Brandenburg und SH (Reg-E); Bremen hat seiner landesgetzlichen Regelung in § 44 Abs. 3 einen zusätzliche Satz eingefügt, der klarstellt, dass die Maßnahme bei fehlender Gefährdung der Sicherheit und Ordnung der Anstalt zu unterbleiben hat.
122 Vgl. die landesgesetzlichen Regelungen in § 44 Abs. 3 für Berlin, Bremen und SH (Reg-E).
123 Vgl. für NRW: § 32 Abs. 2 UVollzG NRW.
124 Vgl. § 44 VollzG Sachsen sowie § 44 UVollzG Sachsen-Anhalt.

Länder	Sicherheit und Ordnung – *Erkennungsdienstliche Maßnahmen, Lichtbildausweise*
	nach Absatz 1 erhobenen Daten der betreffenden Anstalt übermittelt und von dieser für die in Absatz 2 Satz 3 genannten Zwecke verarbeitet werden. **(4) Personen, die aufgrund des Absatzes 1 erkennungsdienstlich behandelt worden sind, können bei einer nicht nur vorläufigen Einstellung des Verfahrens, einer unanfechtbaren Ablehnung der Eröffnung des Hauptverfahrens oder einem rechtskräftigen Freispruch nach der Entlassung verlangen, dass die gewonnenen erkennungsdienstlichen Unterlagen unverzüglich vernichtet werden. Sie sind über dieses Recht bei der erkennungsdienstlichen Behandlung und bei der Entlassung aufzuklären.** **(5) Die Anstalt kann die Untersuchungsgefangenen verpflichten, einen Lichtbildausweis mit sich zu führen, wenn dies aus Gründen der Sicherheit oder Ordnung der Anstalt erforderlich ist. Dieser ist bei der Entlassung oder bei der Verlegung in eine andere Anstalt einzuziehen und zu vernichten.** Abweichende Regelungen: *Hamburg, § 51 HmbUVollzG: Erkennungsdienstliche Maßnahmen* (1) Zur Sicherung des Vollzuges, zur Aufrechterhaltung der Sicherheit oder Ordnung der Anstalt oder zur Identitätsfeststellung sind mit Kenntnis der Untersuchungsgefangenen zulässig 1. die Aufnahme von Lichtbildern, 2. die Erfassung biometrischer Merkmale von Fingern, Händen, Gesicht und Stimme, 3. die Feststellung äußerlicher körperlicher Merkmale, 4. Körpermessungen. (2) Die gewonnenen Unterlagen und Daten werden zu den Gefangenenpersonalakten genommen oder in personenbezogenen Dateien gespeichert. Sie können auch in kriminalpolizeilichen Sammlungen verwahrt werden. Sie dürfen nur für die in Absatz 1, in § 53 Absatz 2 und in § 103 Absatz 2 Nummer 4 sowie Absatz 4 Satz 2 Nummer 2 genannten Zwecke verarbeitet werden. (3) Werden die Untersuchungsgefangenen entlassen, sind die in Dateien gespeicherten personenbezogenen Daten spätestens nach drei Monaten zu löschen. Werden die Untersuchungsgefangenen in eine andere Anstalt verlegt oder wird unmittelbar im Anschluss an den Vollzug oder in Unterbrechung der Untersuchungshaft eine andere Haftart vollzogen, können die nach Absatz 1 erhobenen Daten der betreffenden Anstalt übermittelt und von dieser für die in Absatz 2 Satz 3 genannten Zwecke verarbeitet werden. (4) Personen, die auf Grund des Absatzes 1 erkennungsdienstlich behandelt worden sind, können bei einer nicht nur vorläufigen Einstellung des Verfahrens, einer unan-

Länder	Sicherheit und Ordnung – *Erkennungsdienstliche Maßnahmen, Lichtbildausweise*
	fechtbaren Ablehnung der Eröffnung des Hauptverfahrens oder einem rechtskräftigen Freispruch nach der Entlassung verlangen, dass die gewonnenen erkennungsdienstlichen Unterlagen und Daten unverzüglich vernichtet bzw. gelöscht werden. Sie sind über dieses Recht bei der erkennungsdienstlichen Behandlung und bei der Entlassung aufzuklären. ***Hessen, § 54 Abs. 2 HUVollzG: Zulässigkeit der Verarbeitung personenbezogener Daten*** (2) Zur Sicherung des Vollzugs, zur Aufrechterhaltung der Sicherheit oder Ordnung der Anstalt oder zur Identitätsfeststellung sind mit Kenntnis der Untersuchungsgefangenen zulässig: 1. die Abnahme von Finger- und Handflächenabdrücken, 2. die Aufnahme von Lichtbildern, 3. die Feststellung äußerlicher körperlicher Merkmale, 4. die elektronische Erfassung biometrischer Merkmale und 5. Körpermessungen. ***Hessen, § 33 HUVollzG: Lichtbildausweise*** Die Anstalt kann Untersuchungefangene verpflichten, einen Lichtbildausweis mit sich zu führen, wenn dies aus Gründen der Sicherheit oder Ordnung der Anstalt erforderlich ist. Der Ausweis ist bei der Entlassung oder der Verlegung in eine andere Anstalt einzuziehen und zu vernichten.
Baden-Württemberg	***§ 31 Abs. 1 JVollzGB I: Datenerhebung*** **(1) Die Justizvollzugsanstalt darf personenbezogene Daten erheben, soweit deren Kenntnis für den ihr aufgegebenen Vollzug der Freiheitsentziehung erforderlich ist. Als erkennungsdienstliche Maßnahmen zu diesem Zweck sind mittels analoger oder digitaler Technik zulässig:** **1. die Abnahme von Finger- und Handflächenabdrücken,** **2. die Aufnahme von Lichtbildern,** **3. die Feststellung äußerlicher körperlicher Merkmale,** **4. Messungen und** **5. die Erfassung biometrischer Daten des Körpers und der Stimme.**
Bayern	***Art. 42 UVollzG Bayern i.V.m. Art. 93 Abs. 1 BayStVollzG: Erkennungsdienstliche Maßnahmen*** **(1) Zur Sicherung des Vollzugs, zur Aufrechterhaltung der Sicherheit oder Ordnung der Anstalt oder zur Identitätsfeststellung sind mit Kenntnis der Gefangenen zulässig** **1. die Aufnahme von Lichtbildern,** **2. die Feststellung äußerlicher körperlicher Merkmale,** **3. Messungen,** **4. die Erfassung biometrischer Merkmale von Fingern, Händen, Gesicht und Stimme. (2) Die hierbei gewonnenen Unterlagen oder Daten werden zu den Gefangenenpersonalaktengenommen oder in personenbezogenen**

Länder	Sicherheit und Ordnung – *Erkennungsdienstliche Maßnahmen, Lichtbildausweise*
	Dateien gespeichert. Sie können auch inkriminalpolizeilichen Sammlungen verwahrt werden. Die nach Abs. 1 erhobenen Datendürfen nur für die in Abs. 1, Art. 95 Abs. 2 und Art. 197 Abs. 2 Nr. 4 genannten Zweckeverarbeitet und genutzt werden. *§ 41 UVollzG Bayern i.V.m. § 197 Abs. 1 BayStVollzG: Verarbeitung und Nutzung* (1) Die Anstalt darf personenbezogene Daten verarbeiten und nutzen, soweit dies für den Vollzug der Freiheitsstrafe erforderlich ist. Die Anstalt kann Gefangene verpflichten, einen Lichtbildausweis mit sich zu führen, wenn dies aus Gründen der Sicherheit und Ordnung der Anstalt erforderlich ist.
Niedersachsen	*§ 156 Abs. 1 i.V.m. § 78 NJVollzG: Erkennungsdienstliche Maßnahmen* (1) Zur Sicherung des Vollzuges, zur Aufrechterhaltung der Sicherheit oder Ordnung der Anstalt oder zur Identitätsfeststellung sind mit Kenntnis der oder des Gefangenen zulässig 1. die Aufnahme von Lichtbildern, 2. die Erfassung biometrischer Merkmale von Fingern, Händen, Gesicht, 3. Stimmaufzeichnungen, 4. Messungen des Körpers sowie 5. die Feststellung äußerlicher körperlicher Merkmale. (2) Die hierbei gewonnenen Unterlagen oder Daten werden zu der Gefangenenpersonalakte genommen oder mit dem Namen der oder des Gefangenen sowie deren oder dessen Aliasnamen, Geburtsdatum und Geburtsort in Dateien gespeichert. Sie können auch in kriminalpolizeilichen Sammlungen verwahrt werden. Die nach Absatz 1 erhobenen Daten dürfen nur für die in Absatz 1, § 80 Abs. 2 und § 191 Abs. 3 Nr. 4 genannten Zwecke verarbeitet werden. *§ 156 Abs. 1 i.V.m. § 79 NJVollzG: Maßnahmen zur Identitätsfeststellung* Wenn es die Sicherheit oder Ordnung der Anstalt erfordert, kann die oder der Gefangene verpflichtet werden, einen Ausweis mit den in § 78 Abs. 1 genannten Daten mit sich zu führen oder eine erneute Erhebung der in § 78 Abs. 1 genannten Daten zum Zweck des Abgleichs mit nach § 78 Abs. 2 Satz 1 gespeicherten Daten zu dulden. Ausweise nach Satz 1 sind bei der Verlegung oder Entlassung der oder des Gefangenen zu vernichten.
Nordrhein-Westfalen	*§ 35 UVollzG NRW: Erkennungsdienstliche Maßnahmen* (1) Zur Sicherung des Vollzuges, zur Aufrechterhaltung der Sicherheit oder Ordnung der Anstalt oder zur Identitäts-

Länder	Sicherheit und Ordnung – *Erkennungsdienstliche Maßnahmen, Lichtbildausweise*
	feststellung sind mit Kenntnis der Untersuchungsgefangenen zulässig 1. die Aufnahme von Lichtbildern, 2. die Feststellung äußerlicher körperlicher Merkmale, 3. Messungen und 4. die Erfassung sonstiger biometrischer Merkmale, insbesondere von Fingern und Handflächen. (2) Die gewonnenen erkennungsdienstlichen Unterlagen werden zu den Gefangenenpersonalakten genommen. Lichtbilder und die nach Absatz 1 Nummer 4 erhobenen Daten können zusammen mit den Namen der Untersuchungsgefangenen sowie deren Geburtsdatum und Geburtsort von der Anstalt zudem in einer Datei elektronisch gespeichert werden. (3) Die nach Absatz 1 gewonnenen erkennungsdienstlichen Unterlagen dürfen nur für die in Absatz 1 und § 66 Absatz 2 Buchstabe d genannten Zwecke verarbeitet und verwendet werden. Sie dürfen außerdem den Vollstreckungs- und Strafverfolgungsbehörden übermittelt werden, soweit dies für Zwecke der Fahndung und Festnahme der Entwichenen oder sich sonst ohne Erlaubnis außerhalb der Anstalt aufhaltenden Untersuchungsgefangenen erforderlich ist. Die Übermittlung der Unterlagen an Polizeibehörden des Bundes oder der Länder ist zulässig, soweit dies zur Abwehr einer gegenwärtigen Gefahr für erhebliche Rechtsgüter innerhalb der Anstalt erforderlich ist. (4) Untersuchungsgefangene, die nach Absatz 1 erkennungsdienstlich behandelt worden sind, können nach der Aufhebung des Haftbefehls und der Entlassung aus dem Untersuchungshaftvollzug verlangen, dass die gewonnenen erkennungsdienstlichen Unterlagen mit Ausnahme der in den Gefangenenpersonalakten aufbewahrten Lichtbilder und der Beschreibung von körperlichen Merkmalen vernichtet oder gelöscht werden. Sie sind über dieses Recht bei der erkennungsdienstlichen Behandlung und bei der Entlassung aufzuklären.

49 **b) Erkennungsdienstliche Maßnahmen. aa) Ermächtigungsnormen.** Die Erhebung, Speicherung und Verwendung von personenbezogenen Daten berührt stets – selbstverständlich auch bei den einer gerichtlich angeordneten freiheitsentziehenden Maßnahme unterworfenen Untersuchungsgefangenen – das **Recht auf informationelle Selbstbestimmung**. Dieses Recht auf informationelle Selbstbestimmung stellt nach der Rechtsprechung des Bundesverfassungsgerichts eine besondere Ausprägung des allgemeinen Persönlichkeitsrechts aus Art. 2 Abs. 1 GG i.V.m. Art. 1 Abs. 1 GG dar, so dass die Erhebung, Speicherung und Verwendung personenbezogener Daten nur mit der ausdrücklichen Zustimmung der Betroffenen oder auf Grundlage einer gesetzlichen Ermächtigungsnorm zulässig ist.[125]

50 Demgemäß halten die überwiegende Mehrheit der Länder in ihren Gesetzen zum Vollzug der Untersuchungshaft unter dem Regelungsabschnitt „Sicherheit und Ordnung" auch ei-

125 Vgl. zu den allgemeinen Grundlagen das sog. Volkszählungsurteil des BVerfG, 15.12.1983, BVerfGE 65, 1 (41 ff.).

genständige **bereichsspezifische Ermächtigungsnormen** für die Vollzugsbehörde zur Durchführung erkennungsdienstlicher Maßnahmen für vollzugliche Zwecke vor.[126] Diese lehnen sich insbesondere an § 86 StVollzG sowie an den entsprechenden Regelungen in den Jugendstrafvollzugsgesetzen der Länder[127] an. Lediglich die landesgesetzlichen Regelungen in Baden-Württemberg[128] und in Hessen[129] haben diese Befugnisnormen gesondert – und nicht ausdrücklich als „erkennungsdienstliche Maßnahmen“ bezeichnet – unter dem Regelungsabschnitt „Datenschutz“ normiert. Soweit für die erkennungsdienstlichen Maßnahmen jedoch eigenständige bereichsspezifische Ermächtigungsnormen unter dem Regelungsabschnitt „Sicherheit und Ordnung“ vorliegen, gehen diese stets den Regelungsabschnitten zum Datenschutz sowie den jeweiligen Landesdatenschutzgesetzen[130] als lex speciales vor (s. hierzu § 12).

bb) Erhebungszwecke. Nach dem datenschutzrechtlichen Bestimmtheits- und Zweckbindungsgebot[131] ist die Erhebung personenbezogener Daten der Untersuchungsgefangenen für erkennungsdienstliche Maßnahmen nur in dem Umfang zulässig, wie er sich auch explizit und abschließend aus den jeweiligen landesgesetzlichen Regelungen ergibt. Als zulässige Erhebungszwecke werden insoweit in den jeweiligen Landesgesetzen zum Vollzug der Untersuchungshaft sowohl die „Sicherung des Vollzugs“ als auch die „Aufrechterhaltung der Sicherheit oder Ordnung der Anstalt“ sowie die „Identitätsfeststellung“ aufgeführt. Damit ist der Anwendungsbereich der erkennungsdienstlichen Maßnahmen im Vollzug der Untersuchungshaft im Vergleich zu der maßgeblichen Regelung aus dem Strafvollzugsrecht in § 86 StVollzG, welche als Erhebungszweck ausschließlich die „Sicherung des Vollzuges“ vorsieht, erheblich erweitert worden.[132] 51

Der **Sicherung des Vollzugs** dienen erkennungsdienstliche Maßnahmen, soweit es der Zweck ihrer Erhebung ist, ein unerlaubtes Verlassen der Anstalt durch Untersuchungsgefangene zu verhindern oder die Fahndung und Wiederergreifung bereits entwichener Untersuchungsgefangener zu erleichtern.[133] Anhand der erhobenen Daten soll demgemäß eine Personenidentifizierung der Untersuchungsgefangenen im Rahmen eines Datenabgleichs ermöglicht werden. 52

Die **Aufrechterhaltung der Sicherheit oder Ordnung der Anstalt** umfasst sowohl die äußere Sicherheit, also die Sicherstellung des Anstaltsaufenthalts der Untersuchungsgefangenen[134] – identisch mit dem vorgenannten Erhebungszweck der Vollzugssicherung[135] –, als auch die innere Sicherheit des Vollzuges, welche der Abwehr von Gefahren für Personen oder Sachen in der Anstalt dient.[136] Mit der Aufrechterhaltung der Ordnung der Anstalt wird als weiterer Erhebungszweck für erkennungsdienstliche Maßnahmen auch die Sicherung der zentralen Funktionen der Anstalt zur Gewährleistung eines geordneten Zusammenlebens erfasst.[137] 53

Letztlich führen die landesgesetzlichen Regelungen auch die **Identitätsfeststellung** als zulässigen Zweck der Datenerhebung im Rahmen erkennungsdienstlicher Maßnahmen auf. Diese 54

126 Folgerichtig ist die Aufzählung der zulässigen erkennungsdienstlichen Maßnahmen in diesen Ermächtigungsnormen jeweils abschließend; vgl. Landtag Schleswig-Holstein, Drucks. 17/1255, S. 89; vgl. auch Arloth, StVollzG, § 86 Rn. 2.

127 Vgl. beispielhaft § 66 JStVollzG Schleswig-Holstein vom 19.12.2007.

128 Vgl. § 31 Abs. 1 JVollzGB I Ba-Wü.

129 Vgl. § 54 HUVollzG.

130 Mit dem Inkraftreten des Justizvollzugsdatenschutzgesetz Berlin (JVollzDSG Bln vom 21.6.2011) zum 1.7.2011 ist § 45 UVollzG Berlin durch die Regelungen in den §§ 17, 79 JVollzDSG Berlin abgelöst worden; vgl. Senat Berlin, Drucks. 16/3705.

131 BVerfGE 65, 1, 45 ff.

132 Kritisch zu den auch bereits in den Jugendstrafvollzugsgesetzen der Länder (vgl. z.B. § 66 JStVollzG Schleswig-Holstein) neu aufgeführten Erhebungszwecken der „Aufrechterhaltung der Sicherheit oder Ordnung der Anstalt“ sowie die „Identitätsfeststellung“ vgl. Goerdeler in: Ostendorf, Jugendstrafvollzugsrecht, 8. Abschnitt Rn. 123-126 („wegen ihrer Unbestimmtheit bedenklich“).

133 Vgl. Callies/Müller-Dietz, StVollzG, § 86 Rn. 1; vgl. Feest/Brühl in: AK-StVollzG, § 86 Rn. 2.

134 Vgl. Arloth, StVollzG, § 81 Rn. 2; vgl. Feest/Brühl in: AK-StVollzG, Vor § 81 Rn. 9.

135 Vgl. Goerdeler in: Ostendorf, Jugendstrafvollzugsrecht, 8 Abschnitt, Rn. 122.

136 Vgl. Arloth, StVollzG, § 81 Rn. 2; vgl. zur „äußeren und inneren Sicherheit der Anstalt” Rn. 5-7.

137 Vgl. hierzu Callies/Müller-Dietz, StVollzG, § 81 Rn. 4; vgl. zur „Anstaltsordnung“ Rn. 7.

dient dazu, vor allem zum Zeitpunkt des Zugangs und des Abgangs die Identität von Untersuchungsgefangenen sicher abgleichen zu können, um irrtümliche Entlassungen – insbesondere in großen Anstalten mit einer erheblichen Gefangenenfluktuation – zu vermeiden.[138]

55 cc) **Umfang und Formen der erkennungsdienstlichen Maßnahmen.** Wann und in welchem Umfang von erkennungsdienstlichen Maßnahmen gegen Untersuchungsgefangene Gebrauch gemacht wird, steht im **Ermessen der Vollzugsbehörde**, wobei ihre generelle Anordnung als fest integrierter Bestandteil des Aufnahmeverfahrens unzulässig ist.[139] Jedoch reicht es zur Anordnung erkennungsdienstlicher Maßnahmen bereits aus, dass ein nach dem Tatvorwurf zu bemessendes besonderes Sicherungsbedürfnis in der Person des betroffenen Untersuchungsgefangenen indiziert sein kann, ohne dass sonstige Anzeichen erkennbar geworden sind.[140] Letztlich werden sich die Art und der Umfang der Anordnung erkennungsdienstlicher Maßnahmen stets an der Erforderlichkeit im Einzelfall und damit am Grundsatz der Verhältnismäßigkeit orientieren.

56 Die zulässigen Formen der erkennungsdienstlichen Maßnahmen ergeben sich aus den abschließenden Regelungen in den einzelnen Ländergesetzen, welche regelmäßig die Abnahme von Finger- und Handflächenabdrücken, die Aufnahme von Lichtbildern, die Feststellung äußerlicher körperlicher Merkmale, die elektronische Erfassung biometrischer Merkmale und (Körper-)Messungen umfassen. Darüber hinaus sehen die Regelungen in Hamburg, Niedersachsen und Bayern als weitere erkennungsdienstliche Maßnahme auch noch ausdrücklich die Möglichkeit von sog. Stimmmessungen vor.[141]

57 Die **Abnahme von Finger- und Handflächenabdrücken** erfolgt in der heutigen Vollzugspraxis bereits häufig anhand digitaler Scanner.[142] Aufgrund einer solchen schonenden und technisierten Umsetzung enthält diese erkennungsdienstliche Maßnahme aus der Sicht der betroffenden Untersuchungsgefangenen im Vergleich mit den übrigen Maßnahmen kaum noch einen darüber hinausgehenden vermeintlich stigmatisierenden Charakter.[143]

58 Die **Aufnahme von Lichtbildern**[144] soll bei den Untersuchungsgefangenen in der Regel als sog. Brustbilder – unter vollständiger Darstellung des Gesichts – erfolgen. Weitergehende Lichtbildaufnahmen, die die Abbildung des gesamten Körpers oder sogar des entkleideten Untersuchungsgefangenen zum Gegenstand haben, sind im Hinblick auf das Persönlichkeitsrecht des Betroffenen und den Grundsatz der Verhältnismäßigkeit nur bei konkreter Darlegung und Begründung der Erforderlichkeit der Maßnahme zulässig.[145] Demgemäß sind Ausschnittsabbildungen von einzelnen relevanten Körpermerkmalen gegenüber einer Ganzkörperaufahnahme häufig als vorzugswürdige mildere und gleich gut geeignete Mittel anzusehen.

59 Die **Feststellung äußerlicher körperlicher Merkmale** beinhaltet die Erfassung und Beschreibung des äußeren Erscheinungsbildes des Untersuchungsgefangenen im Hinblick auf einzelne, markante körperliche Merkmale, die ohne technische Hilfsmittel auf der Körperoberfläche zu erkennen sind. Hierzu zählen neben der Erfassung der Augen- und Haarfarbe des

---

138 Vgl. beispielhaft Landtag Schleswig-Holstein, Drucks. 17/1255, S. 89.

139 Vgl. Arloth, StVollzG, § 86 Rn. 1; vgl. Callies/Müller-Dietz, StVollzG, § 86 Rn. 1.

140 Vgl. OLG Frankfurt NStZ-RR 2000, 29.

141 Vgl. für Hamburg: § 51 Abs. 1 Nr. 2 HmbUVollzG; vgl. für Niedersachsen: § 156 Abs. 1 i.V.m. § 78 NJVollzG; vgl. für Bayern: Art. 42 UVollzG Bayern (Reg-E) i.V.m. Art. 93 Abs. 1 Nr. 4 StVollzG Bayern.

142 Vgl. Arloth, StVollzG, § 86 Rn. 2.

143 Zum stigmatisierenden Charakter der Abnahme von Finger- und Handflächenabdrücken vgl. Ullenbruch in: Schwind//Böhm/Jehle/Laubenthal, StVollzG, § 86 Rn. 2 sowie Goerdeler in: Ostendorf, Jugendstrafvollzugsrecht, 8. Abschnitt Rn. 128.

144 Vgl. auch § 86 a StVollzG.

145 Vgl. OLG Nürnberg Forum Strafvollzug 2008, 93.

Untersuchungsgefangenen auch das Vermerken des Vorhandenseins von Narben, Körperfehlstellungen, fehlenden Körpergliedern oder Tätowierungen.[146]

60 Die **elektronische Erfassung biometrischer Merkmale** ermöglicht die Identifikation einer Person aufgrund messbarer, individueller Merkmale, indem diese mittels eines Algorithmus in einen Datensatz umgewandelt und elektronisch gespeichert werden.[147] Damit können grundsätzlich auch die zuvor genannten erkennungsdienstlichen Maßnahmen der Abnahme von Finger- und Handflächenabdrücken, der Aufnahme von Lichtbildern oder der Feststellung äußerlicher körperlicher Merkmale auch mit den Mitteln der Biometrie elektronisch erfasst werden. Die Nutzung erlektronisch erfasster biometrischer Merkmale erfolgt entweder im Wege der **Verifikation**, bei der die Identität einer Person danach geprüft wird, ob die aktuell von der zu überprüfenden Person aufgenommenen und daraus errechneten Daten mit den gespeicherten Daten identisch sind, oder zur **Identifikation**, bei der eine Vielzahl von Referenzdatensätzen mit den aktuell aufgenommenen Daten einer Person abgeglichen werden.[148] Vollzugliche Relevanz dürften diese biometrischen Verfahren künftig in erster Linie im Rahmen einer automatisierten Verifikation von Gefangenen innerhalb der Anstalt erhalten.[149]

61 Zu den in den landesgesetzlichen Regelungen explizit aufgeführten erkennungsdienstlichen Maßnahmen gehören letztlich auch die sog. **(Körper-)Messungen**, die sich auf die Erfassung messbarer äußerer körperlicher Merkmale eines Untersuchungsgefangenen beziehen, insbesondere die Körpergröße und das Körpergewicht.

62 **dd) Speicherung, Nutzung und Löschung der Daten und Unterlagen.** Neben der Regelung der Ermächtigung, des Umfangs und der einzelnen Formen der erkennungsdienstlichen Maßnahmen regeln die jeweiligen Landesgesetze zum Vollzug der Untersuchungshaft auch die **Speicherung und Löschung** der so erhobenen personenbezogenen Daten und Unterlagen.

63 Diese dürfen danach – neben der dargestellten Erhebungszwecke – ausschließlich für **Zwecke der Fahndung und Festnahme** entwichener oder sonst ohne Erlaubnis außerhalb der Anstalt aufhaltender Untersuchungsgefangener sowie zur **Verhinderung oder Verfolgung von Straftaten oder von Ordnungswidrigkeiten**, durch welche die Sicherheit oder Ordnung der Anstalt gefährdet wäre, verarbeitet und genutzt werden.[150] Ausschließlich hierzu dürfen die gewonnenen erkennungsdienstlichen Unterlagen zu den Gefangenenpersonalakten genommen, in kriminalpolizeilichen Sammlungen verwahrt bzw. die entsprechenden personenbezogenen Daten gespeichert werden.[151]

64 Die Untersuchungsgefangenen sind nach den landesgesetzlichen Regelungen stets darüber aufzuklären, dass Ihnen das Recht zukommt, nach der Aufhebung des Haftbefehls und ihrer Haftentlassung die Löschung ihrer personenbezogenen Daten und Unterlagen zu verlangen.[152] Der 12-Länder-Entwurf konkretisiert dies, indem er diese Voraussetzungen damit verknüpft, dass das gegen den Untersuchungsgefangenen geführte Verfahren nicht nur vorläufig eingestellt oder die Eröffnung des Hauptverfahrens unanfechtbar abgelehnt worden sein muss oder in dem gegen ihn geführte Verfahren ein rechtskräftiger Freispruch vorliegen muss. Die Belehrung der Untersuchungsgefangenen über diesen **Löschungsanspruch** erlangt

146 Vgl. Ullenbruch in: Schwind//Böhm/Jehle/Laubenthal, StVollzG, § 86 Rn. 2; soweit nach Feest/Brühl in: AK-StVollzG, § 86 Rn. 2, Tätowierungen keine äußerlichen körperlichen Merkmale sein sollen, da dieses „nicht mit der Wertbedeutung vereinbar" sein sollen, so ist dies wenig überzeugend, denn schließlich stellen Tätowierungen – ebenso wie Narben – nicht angeborene individuelle Merkmale auf der Körperoberfläche eines Menschen dar.

147 Vgl. hierzu die Ausführungen des Bundesbeauftragten für Datenschutz und Informationsfreiheit, http://www.bfdi.bund.de/DE/Schwerpunkte/Biometrie/Artikel/BiometrieUndDatenschutz.html, Stand 16.5.2011.

148 Vgl. hierzu ebenfalls den Bundesbeauftragten für Datenschutz und Informationsfreiheit, http://www.bfdi.bund.de/DE/Schwerpunkte/Biometrie/Artikel/BiometrieUndDatenschutz.html, Stand 16.5.2011.

149 So z.B. durch Verifikation der Iris einer Person durch einen Augenscanner; vgl. auch Goerdeler in: Ostendorf, Jugendstrafvollzugsrecht, 8. Abschnitt Rn. 131-134.

150 Vgl. beispielhaft Landtag Sachsen, Drucks. 5/2590, S. 70, unter Verweis auf die entsprechenden speziellen Regelungen zum Festnahmerecht und zum Datenschutzrecht.

151 Vgl. Arloth, StVollzG, § 86 Rn. 3; vgl. Tolzmann, NStZ 2003, 55.

152 Vgl. beispielhaft § 35 Abs. 4 UVollzG NRW.

deshalb eine besondere Bedeutung, da die Vollzugspraxis nicht sicher gewährleisten kann, in jeder denkbaren Fallkonstellation auch von Amts wegen entsprechend tätig zu werden. Denn befindet sich eine Person zum Zeitpunkt ihres rechtskräftigen Freispruchs nicht mehr in Untersuchungshaft – was durchaus nicht selten der Fall sein dürfte –, so erhält die Anstalt von diesem endgültigen Verfahrensausgang keine Kenntnis. Daher trifft die Anstalt umso mehr die Pflicht zur Belehrung über den Anspruch auf Löschung der im Rahmen von erkennungsdienstlichen Maßnahmen erhobenen personenbezogenen Daten nicht nur bei der Anordnung derselben, sondern darüber hinaus auch stets bei der Entlassung der von einer solchen Maßnahme betroffenen Untersuchungsgefangenen.[153]

65 c) **Lichtbildausweis.** In wortgleicher Übernahme der bundesgesetzlichen Datenschutzregelung aus § 180 Abs. 1 S. 2 StVollzG haben die Mehrheit der Länder nunmehr in dem Regelungsabschnitt „Sicherheit und Ordnung" den Anstalten eine Ermächtigungsgrundlage eingeräumt, um die Untersuchungsgefangenen zu verpflichten, aus Gründen der Sicherheit oder Ordnung einen Lichtbildausweis mitsichzuführen.[154] Diese **Ermächtigungsnorm** umfasst jeweils zugleich die **Befugnis zur Herstellung** der Lichtbildausweise sowie zudem die **Verpflichtung zur Vernichtung** derselben, sobald ein Untersuchungsgefangener – zum Zwecke der Verlegung oder Entlassung – die Anstalt dauerhaft verlässt.[155]

66 Der Wortlaut der Norm sagt – wie schon § 180 Abs. 1 S. 2 StVollzG – nichts darüber aus, ob die Anstalt auch das offene **Tragen des Lichtbildausweises** von den Untersuchungsgefangenen verlangen kann.[156] Letztlich wird diese Erforderlichkeit im Einzelfall am Grundsatz der Verhältnismäßigkeit abzuwägen sein. In jedem Fall wird die Anstalt eine solche Verpflichtung – gemessen an der möglichen Gefährdung der Sicherheit und Ordnung – begründen müssen. Danach wäre eine Verpflichtung zum offenen Tragen von Lichtbildausweisen in größeren Anstalten mit erheblicher Gefangenenfluktuation denkbar, in denen den Untersuchungsgefangenen zugleich das Tragen von eigener Zivilkleidung gestattet ist.[157] Hier mag das offene Tragen eines Lichtbildausweises dazu beitragen, den Bediensteten zu helfen, einen Überblick über Untersuchungsgefangene zu wahren.

5. Videoüberwachung

a) Die gesetzlichen Regeln

67

Länder	Sicherheit und Ordnung – *Videoüberwachung*
12er-Regelung: Brandenburg Bremen Hamburg Hessen Mecklenburg-Vorpommern Rheinland-Pfalz Saarland Sachsen	***§ 46 12er-Regelung: Videoüberwachung*** **(1) Die Videoüberwachung des Anstaltsgebäudes einschließlich des Gebäudeinneren, des Anstaltsgeländes und der unmittelbaren Umgebung der Anstalt sowie die Anfertigung von Aufzeichnungen hiervon ist zulässig, wenn dies für die Sicherheit oder Ordnung der Anstalt erforderlich ist. Die Videoüberwachung von Hafträumen ist ausgeschlossen, soweit in diesem Gesetz nichts anderes bestimmt ist.** **(2) Auf die Videoüberwachung und die Anfertigung von Videoaufzeichnungen ist durch geeignete Maßnahmen hinzuweisen. Die Videoüberwachung und die Anfertigung von**

153 Vgl. Landtag Schleswig-Holstein, Drucks. 17/1255, S. 89.
154 So jeweils in § 45 Abs. 5 der landesgesetzlichen Regelungen zum Vollzug der Untersuchungshaft in Brandenburg, Bremen, M-V, Rheinland-Pfalz, Saarland, Sachsen, Sachsen-Anhalt, Schleswig-Holstein (Reg-E) und Thüringen; vgl. für Bayern: § 41 UVollzG Bayern (Reg-E) i.V.m. § 197 Abs. 1 S. 2 StVollzG Bayern; vgl. für Hessen: § 33 HUVollzG; vgl. für Niedersachsen: § 156 Abs. 1 i.V.m. § 79 NJVollzG.
155 Vgl. beispielhaft: Landtag Schleswig-Holstein, Drucks. 17/1255, S. 90.
156 Während Weichert in: AK-StVollzG, § 180 Rn. 16 und Callies/Müller-Dietz, StVollzG, § 180 Rn. 2, dieses ablehnen, wird dies von Schmidt in: Schwind/Böhm/Jehle/Laubenthal, StVollzG, § 180 Rn. 10 und Arloth, StVollzG, § 180 Rn. 3, befürwortet.
157 Vgl. Goerdeler in: Ostendorf, Jugendstrafvollzugsrecht, 8. Abschnitt Rn. 143.

Länder	Sicherheit und Ordnung – *Videoüberwachung*
Sachsen-Anhalt Schleswig-Holstein Thüringen	**Videoaufzeichnungen dürfen auch durchgeführt werden, wenn Dritte unvermeidbar betroffen werden.** **(3) Die Betroffenen sind über eine Verarbeitung und Nutzung ihrer durch Videotechnik erhobenen personenbezogenen Daten zu benachrichtigen, sofern die Daten nicht innerhalb der Anstalt verbleiben und binnen eines Monats gelöscht werden. Eine Pflicht zur Benachrichtigung besteht nicht, sofern die Betroffenen auf andere Weise Kenntnis von der Verarbeitung und Nutzung erlangt haben oder die Unterrichtung einen unverhältnismäßigen Aufwand erfordert. Die Unterrichtung kann unterbleiben, solange durch sie der Zweck der Maßnahme vereitelt würde.** **Abweichende Regelungen:** ***Hamburg, § 102 HmbUVollzG: Datenerhebung durch optisch-elektronische Einrichtungen*** (1) Die Vollzugsbehörden dürfen unter den Voraussetzungen der Absätze 2 bis 5 Daten auch durch den Einsatz von optisch-elektronischen Einrichtungen (Videoüberwachung) erheben. § 22 Absatz 1 bleibt unberührt. (2) Das Gelände und das Gebäude der Anstalt einschließlich des Gebäudeinneren sowie die unmittelbare Anstaltsumgebung dürfen aus Gründen der Sicherheit und Ordnung mittels offen angebrachter optisch-elektronischer Einrichtungen überwacht und aufgezeichnet werden. Der Einsatz versteckt angebrachter optisch-elektronischer Einrichtungen ist im Einzelfall auf Anordnung der Anstaltsleitung zulässig, wenn und solange dies zur Aufrechterhaltung der Sicherheit und Ordnung der Anstalt unerlässlich ist; über einen Zeitraum von vier Wochen hinaus ist die Zustimmung der Aufsichtsbehörde einzuholen. (3) Der Einsatz von optisch-elektronischen Einrichtungen zur Überwachung in Hafträumen ist ausgeschlossen, soweit in diesem Gesetz nichts anderes bestimmt ist. (4) Die Datenerhebung durch optisch-elektronische Einrichtungen kann auch erfolgen, wenn Gefangene unvermeidlich betroffen werden, hinsichtlich derer die Voraussetzungen des Einsatzes nicht vorliegen. (5) Der Einsatz von optisch-elektronischen Einrichtungen ist durch geeignete Maßnahmen erkennbar zu machen. Dies gilt nicht in den Fällen des Einsatzes nach Absatz 2 Satz 2. (6) Werden durch den Einsatz von optisch-elektronischen Einrichtungen erhobene Daten einer bestimmten Person zugeordnet, ist die Verarbeitung der Daten nur zu den in § 103 Absatz 1 und Absatz 2 Nummern 1, 2 oder 4 genannten Zwecken zulässig. (7) § 101 Absatz 4 bleibt unberührt. ***Hessen, § 30 Abs. 2 HUVollzG: Grundsätze, […]*** (2) […] Zur Gewährleistung von Sicherheit und Ordnung kann eine offene optische Überwachung der Untersu-

Länder	Sicherheit und Ordnung – *Videoüberwachung*
	chungsgefangenen außerhalb der Hafträume mit technischen Hilfsmitteln erfolgen. § 26 Abs. 5 Satz 2 und 3 gilt entsprechend.
Baden-Württemberg	*§ 23 JVollzGB I: Videobeobachtung* **Die Justizvollzugsanstalten können das Anstaltsgelände sowie das Innere der Anstaltsgebäude offen mittels Videotechnik beobachten. Die Anfertigung von Aufzeichnungen hiervon sowie die Beobachtung der unmittelbaren Anstaltsumgebung ist zulässig, sofern dies zum Zweck der Aufrechterhaltung der Sicherheit oder Ordnung der Justizvollzugsanstalt oder zur Verhinderung oder Verfolgung von Straftaten oder Ordnungswidrigkeiten, durch welche die Sicherheit oder Ordnung der Justizvollzugsanstalt gefährdet wird, erforderlich ist.**
Bayern	**Keine Regelung**
Niedersachsen	**Keine Regelung**
Nordrhein-Westfalen	*§ 34 UVollzG NRW: Einsatz von Videotechnik* **(1) Das Anstaltsgelände sowie das Innere der Anstaltsgebäude dürfen aus Gründen der Sicherheit oder Ordnung der Anstalt mittels Videotechnik beobachtet werden.** **(2) Die Beobachtung von Hafträumen und besonders gesicherten Hafträumen ohne gefährdende Gegenstände mittels Videotechnik ist nur im Einzelfall und auf Anordnung der Anstaltsleitung zulässig, soweit dies zur Abwehr von Gefahren für das Leben oder erheblichen Gefahren für die Gesundheit von Untersuchungsgefangenen oder Dritten erforderlich ist.** **(3) Besonders gesicherte Hafträume ohne gefährdende Gegenstände dürfen nur im Ausnahmefall und auf Anordnung der Anstaltsleitung zusätzlich akustisch überwacht werden.** **(4) Im Justizvollzugskrankenhaus untergebrachte Untersuchungsgefangene dürfen auf ärztliche Anordnung mittels Videotechnik optisch und akustisch überwacht werden, soweit zureichende Anhaltspunkte für die Gefahr von Fremd- oder Eigenverletzungen vorliegen oder dies aus therapeutischen Gründen erforderlich ist.** **(5) Für die Dauer der seelsorglichen Betreuung ist die Überwachung auf Verlangen der Anstaltsseelsorge auszusetzen.** **(6) Die Beobachtung mittels Videotechnik ist durch geeignete Hinweise erkennbar zu machen.** **(7) Anordnungen nach Absatz 2 und 3 dürfen nur soweit aufrechterhalten werden, als es ihr Zweck erfordert. Die Anstaltsleitung dokumentiert** **1. die Anordnung und** **2. regelmäßig, spätestens alle zwei Wochen, die Gründe für ein Aufrechterhalten der Maßnahme.** **(8) Die Anfertigung von Bildaufzeichnungen ist nur im Falle von Absatz 1 zulässig. Diese Aufzeichnungen sind spätestens zwei Wochen nach ihrer Erhebung zu löschen, soweit**

Länder	Sicherheit und Ordnung – *Videoüberwachung*
	nicht ihre Speicherung aus den Gründen des § 66 Absatz 2 Buchstabe a bis d erforderlich ist. Sie sind unverzüglich zu löschen, wenn schutzwürdige Interessen der Betroffenen einer weiteren Speicherung entgegenstehen.

b) Regelungsinhalt. Die Mehrheit der Länder sehen in ihren landesgesetzlichen Bestimmungen zum Vollzug der Untersuchungshaft jeweils ausdrücklich die Erlaubnisregelungen zur **Videoüberwachung der Gelände, der Gebäude – einschließlich des Gebäudeinneren**[158] **– sowie der unmittelbaren Umgebung der Anstalten** vor. Aufgrund der Eingriffsintensität – durch die Videoüberwachung wird das nach Art. 2 Abs. 1 GG i.V.m. Art. 1 Abs. 1 GG geschützte allgemeine Persönlichkeitsrecht der Untersuchungsgefangenen, der Bediensteten oder Dritter berührt – sind solche **Ermächtigungsnormen**, welche die Länder überwiegend unmittelbar in dem Regelungsabschnitt „Sicherheit und Ordnung"[159] oder ansonsten in gesonderten[160] bzw. in datenschutzrechtlichen[161] Regelungen normiert haben, auch unabdingbar.[162] 68

Während eine weitergehende **Videoüberwachung von Hafträumen** – vorbehaltlich anderer speziellerer Bestimmungen, insbesondere im Rahmen der besonderen Sicherungsmaßnahmen[163] – durch die überwiegende Mehrheit der Länder grundsätzlich ausgeschlossen ist, ist eine solche Haftraumüberwachung unter bestimmten Bedingungen in Nordrhein-Westfalen[164] zulässig. Jedenfalls soweit diese weitgehenden Überwachungsbefugnisse auch über den Zweck der Abwehr von konkreten erheblichen Gefahren für Leib oder Leben von Personen hinausgehen, erscheinen sie im Vollzug der Untersuchungshaft als bloße Verdachtshaft zweifelhaft und unverhältnismäßig.[165] Schließlich wird mit der Überwachung der Hafträume ohne Rücksicht auf die Privatsphäre der Untersuchungsgefangenen in deren letzte Rückzugsmöglichkeit eingegriffen.[166] 69

Da mit der Videoübewachung des Geländes und der Gebäude einer Anstalt stets auch unvermeidlich die Erhebung von Daten von Personen, von denen keine Gefahr für die Sicherheit und Ordnung der Anstalt ausgeht (z.B von Bediensteten, von Besuchern oder Verteidiger), verbunden sein wird, regelt die Mehrheit der Länder unmittelbar mit der Ermächtigungsnorm auch eine **Verpflichtung zur Offenlegung der Videoüberwachung** sowie eine **Informationspflicht** bei Verarbeitung und Nutzung der erhobenen Daten.[167] 70

158 Soweit lediglich Gemeinschaftsräume oder Flure betroffenen sind, vgl. Landtag Schleswig-Holstein, Drucks. 17/1255, S. 90.

159 So jeweils in § 46 der landesgesetzlichen Regelungen zum Vollzug der Untersuchungshaft in Brandenburg, Bremen, M-V, Rheinland-Pfalz, Saarland, Sachsen, Sachsen-Anhalt, SH (Reg-E) und Thüringen; vgl. für Hessen: § 30 Abs. 2 S. 2 HUVollzG; vgl. für Nordrhein-Westfalen: § 34 UVollzG NRW.

160 Vgl. für Baden-Württemberg: § 23 JVollzGB I Ba-Wü; soweit Baden-Württemberg zuvor weitere umfangreiche Regelungen zur Videoüberwachung in dem Gesetz über den Datenschutz im Justizvollzug in Baden-Württemberg – Justizvollzugsdatenschutzgesetz (JVollzDSG) vom 27.6. 2007 vorhielt, ist dieses durch Art. 3 Abs. 2 Nr. 2 des Gsetzes zur Umsetzung der Föderalismusreform im Justizvollzug vom 10.11.2009 wieder aufgehoben worden.

161 Vgl. für Hamburg: § 102 HmbUVollzG; vgl. für Baden-Württemberg: § 6 JVollzDSG.

162 Mit dem Inkraftreten des Justizvollzugsdatenschutzgesetz Berlin (JVollzDSG Bln vom 21.6.2011) zum 1.7.2011 ist § 46 UVollzG Berlin durch die Regelungen in den §§ 18-23, 79 JVollzDSG Berlin abgelöst worden; vgl. Senat Berlin, Drucks. 16/3705.

163 Vgl. § 49 Abs. 2 Nr. 2 und 5 in den landesgesetzlichen Regelungen zum Vollzug der Untersuchungshaft in Brandenburg, Bremen, M-V, Rheinland-Pfalz, Saarland, Sachsen, Sachsen-Anhalt, SH (Reg-E) und Thüringen, wonach der Einsatz von Videotechnik im Rahmen der Beobachtung der Untersuchungsgefangenen als besondere Sicherungsmaßnahme in Betracht kommt; vgl.hierzu Rn. 119 und 122.

164 Vgl. § 34 Abs. 2 UVollzG NRW („soweit dies zur Abwehr von Gefahren für das Leben oder erheblichen Gefahren für die Gesundheit von Untersuchungsgefangenen oder Dritten erforderlich ist").

165 Vgl. Goerdeler in: Ostendorf, Jugendstrafvollzugsrecht 8. Abschnitt, Rn. 144.

166 Vgl. Landtag Sachsen, Drucks. 5/2590, S. 71.

167 So jeweils in § 46 Abs. 2 und 3 der landesgesetzlichen Regelungen zum Vollzug der Untersuchungshaft in Berlin, Brandenburg, Bremen, M-V, Rheinland-Pfalz, Saarland, Sachsen, Sachsen-Anhalt, SH (Reg-E) und Thüringen; vgl. für Hamburg: § 102 Abs. 5 HmbUVollzG; vgl. für NRW: § 34 Abs. 6 UVollzG NRW.

71 Die landesgesetzliche Regelung in Hamburg[168] hält darüber hinaus auch die Befugnis für eine **versteckte Videoüberwachung** vor, soweit eine Einzelfallanordnung der Anstaltsleitung zugrunde liegt und dies zur Aufrechterhaltung der Sicherheit und Ordnung der Anstalt unerlässlich ist. Sollte in einem solchen Fall die versteckte Videoüberwachung über einen Zeitraum von vier Wochen hinaus andauern, hat die Anstaltsleitung zudem die Zustimmung der Aufsichtsbehörde einzuholen. Es erscheint jedoch zweifelhaft, ob ein solcher Eingriff überhaupt erforderlich und mit dem Vollzug der Untersuchungshaft in Einklang zu bringen ist. Denn wenn der Anstaltleitung tatsächlich Erkenntnisse vorliegen, die das versteckte Anbringen von optisch-elektronischer Überwachungseinrichtungen aus Gründen der Sicherheit und Ordnung unverzichtbar machen sollen, dann wird es – insbesondere im Vollzug der Untersuchungshaft als bloße Verdachtshaft – stets auch die Möglichkeit geben, andere (offene) vollzugliche Maßnahmen zur Gefahrenabwehr anzuordnen.[169] Umstände, die eine wochenlang andauernde heimliche Videoüberwachung rechtfertigen und verhältnismäßig erscheinen lassen, sind dagegen kaum vorstellbar.[170] Angesichts der besonderen Eingriffsintensität, die mit der Videoüberwachung von Hafträumen, welche den Untersuchungsgefangenen häufig die letzte – oftmals auch einzige – rein private Rückzugsmöglichkeit bieten, ist eine solche Maßnahme mithin regelmäßig nicht zu rechtfertigen. Dieses gilt umso mehr, wenn sie nicht zum Schutz des betroffenen Untersuchungsgefangenen, sondern aus anderen – unbestimmten – Gründen zur Aufrechterhaltung der Sicherheit und Ordnung angeordnet werden soll.

6. Maßnahmen zur Feststellung von Suchtmitteln

a) Die gesetzlichen Regeln

72

Länder	Sicherheit und Ordnung – *Maßnahmen zur Feststellung von Suchtmittelkonsum*
12er-Regelung: Berlin Brandenburg Bremen Hamburg Hessen Mecklenburg-Vorpommern Rheinland-Pfalz Saarland Sachsen Sachsen-Anhalt Schleswig-Holstein Thüringen	***§ 47 12er-Regelung: Maßnahmen zur Feststellung von Suchtmittelkonsum*** **(1) Zur Aufrechterhaltung der Sicherheit oder Ordnung der Anstalt kann die Anstaltsleitung allgemein oder im Einzelfall Maßnahmen anordnen, die geeignet sind, den Missbrauch von Suchtmitteln festzustellen. Diese Maßnahmen dürfen nicht mit einem körperlichen Eingriff verbunden sein.** **(2) Wird Suchtmittelmissbrauch festgestellt, können die Kosten der Maßnahmen den Untersuchungsgefangenen auferlegt werden.** **Abweichende Regelungen:** ***Hamburg, § 52 HmbUVollzG: Feststellung von Betäubungsmittelmissbrauch*** (1) Zur Aufrechterhaltung der Sicherheit oder Ordnung der Anstalt kann die Anstaltsleitung bei Untersuchungsgefangenen, bei denen der konkrete Verdacht des Betäubungsmittelmissbrauchs besteht, allgemein oder im Einzelfall Maßnahmen anordnen, die geeignet sind, den Missbrauch

168 § 102 Abs. 2 S. 2 HmbUVollzG.

169 Wie z.B. die Verlegung des Untersuchungsgefangenen, von dem die Gefährdung der Sicherheit und Ordnung der Anstalt ausgeht, in eine andere Abteilung oder in eine andere Anstalt.

170 Zu dem „Verbot der Totalüberwachung“ vgl. BVerfG NJW 1984, 419 und BVerfG NJW 2004, 999 sowie BVerfG NJW 2005, 1338.

Länder	Sicherheit und Ordnung – *Maßnahmen zur Feststellung von Suchtmittelkonsum*
	von Betäubungsmitteln festzustellen. Die Maßnahmen dürfen nicht mit einem körperlichen Eingriff verbunden sein. (2) Wird Betäubungsmittelmissbrauch festgestellt, können die Kosten der Maßnahme den Untersuchungsgefangenen auferlegt werden. ***Hessen, § 32 HUVollzG: Bekämpfung des Suchtmittelmissbrauchs*** (1) Zur Bekämpfung des Suchtmittelmissbrauchs werden Kontrollen durchgeführt. (2) Eine Kontrolle kann allgemein angeordnet werden, wenn dies zur Aufrechterhaltung der Sicherheit oder Ordnung der Anstalt oder zur Gesundheitsvorsorge geboten ist. Gegen einzelne Untersuchungsgefangene kann eine Kontrolle angeordnet werden, wenn sie im Verdacht stehen, Suchtmittel zu besitzen oder solche konsumiert zu haben. (3) Bei Untersuchungsgefangenen, die eine Mitwirkung an der Durchführung der Kontrolle ohne hinreichenden Grund verweigern, ist in der Regel davon auszugehen, dass Suchtmittelfreiheit nicht gegeben ist.
Baden-Württemberg	***§ 46 Abs. 4 JVollzGB II: […] Kontrollen auf Suchtmittelmissbrauch*** **(4) Untersuchungsgefangene können Suchtmittelkontrollen unterzogen werden, wenn der Verdacht besteht, dass sie Suchtmittel besitzen oder konsumieren. Die ergriffenen Maßnahmen dürfen nicht mit einem körperlichen Eingriff verbunden sein. Bei Untersuchungsgefangenen, die die Mitwirkung an der Durchführung der Kontrolle verweigern, ist in der Regel davon auszugehen, dass Suchtmittelfreiheit nicht gegeben ist.**
Bayern	***Art. 42 UVollzG Bayern i.V.m. Art. 94 BayStVollzG: Maßnahmen zur Feststellung von Suchtmittelkonsum*** **(1) Zur Aufrechterhaltung der Sicherund Ordnung der Anstalt kann der Anstaltsleiter oder die Anstaltsleiterin allgemein oder im Einzelfall Maßnahmen anordnen, die geeignet sind, den Missbrauch von Suchtmitteln festzustellen. Diese Maßnahmen dürfen nicht mit einemkörperlichen Eingriff verbunden sein.** **(2) Wird Suchtmittelmissbrauch festgestellt, heit können die Kosten der Maßnahme den Gefangenen auferlegt werden.**
Niedersachsen	**Keine Regelung**
Nordrhein-Westfalen	***§ 33 UVollzG NRW: Maßnahmen zur Feststellung von Suchtmittelkonsum*** **(1) Zur Aufrechterhaltung der Sicherheit oder Ordnung der Anstalt können allgemein oder im Einzelfall Maßnahmen angeordnet werden, die geeignet sind, den Missbrauch von Suchtmitteln festzustellen. Diese Maßnahmen dürfen nicht mit einem körperlichen Eingriff verbunden sein.**

Länder	Sicherheit und Ordnung – *Maßnahmen zur Feststellung von Suchtmittelkonsum*
	(2) Wird Suchtmittelmissbrauch festgestellt, können die Kosten der Maßnahmen den betroffenen Untersuchungsgefangenen auferlegt werden.

73 b) **Gefahren des Missbrauchs und Konsums von Suchtmitteln im Justizvollzug.** Das der Justizvollzug nicht frei von Drogenmissbrauch ist, ist ein auch durch empirische Untersuchungen belegtes[171] und damit nicht zu negierendes permanentes und komplexes Problem.[172] Der Anteil von Gefangenen mit Drogenerfahrung bzw. mit einer Drogenabhängigkeit ist jedoch nicht nur eine stets mit Risiken verbundene **medizinische Herausforderung** für die Anstalt und den betroffenen Untersuchungsgefangenen.[173] Vielmehr wirkt sich dieses Problem auch unmittelbar auf die Sicherheit und Ordnung in den Anstalten aus, da durch das Vorhandensein von unerlaubten Suchtmitteln im Justizvollzug schwerwiegende **Gefahren für die Anstaltsordnung und für die Vollzugssicherheit** begründet werden können.[174]

74 Schließlich sind Drogenabhängige im berauschten Zustand in ihrem Verhalten und in ihren Reaktionen unberechenbar und nur schwer zu kontrollieren, was ein beachtliches Sicherheitsrisiko für das Vollzugspersonal, aber auch für Mitgefangene begründen kann.[175] Die Existenz von Drogen fördert zudem die **Bildung subkultureller Abhängigkeiten** in einer Justizvollzugsanstalt. Dabei ist insbesondere zu beachten, dass unter Drogenkonsumenten typischerweise eine gewisse Solidarität besteht, die den Drogenaustausch innerhalb einer Anstalt noch schwerer kontrollierbar macht. Daraus kann zudem für noch nicht rauschmittelabhängige Gefangene die Gefahr erwachsen, selbst zum Drogenkonsum verführt zu werden. Diese Gefahr wird durch die typische Haftsituation des Untersuchungsgefangenen, insbesondere die Ungewissheit des Verfahrensausgangs, letztlich noch verstärkt.[176]

75 Aufgrund dieser schwerwiegenden Gefahren, die aus dem Vorhandensein von unerlaubten Suchtmitteln im Justizvollzug ausgehen können – insbesondere die Gefahr von Gesundheitsschädigungen und Infektionen für Untersuchungsgefangene oder Bedienstete sowie die Gefahr von finanziellen Abhängigkeiten unter Inhaftierten –, besteht eine **Fürsorgeverpflichtung der Anstalten**, die Untersuchungsgefangenen vor negativen Folgen der Haft – insbesondere vor gesundheitlichen Risiken – so weit wie möglich zu schützen.[177] Daraus folgt zugleich ein Bedürfnis der Vollzugspraxis, restriktiv mit Suchtmittelmissbrauch im Justizvollzug umzugehen.[178]

76 c) **Regelungsinhalt der Kontrollermächtigungen.** Dem Justizvollzug stehen insbesondere die Maßnahmen zur Aufrechterhaltung oder Wiederherstellung von Sicherheit und Ordnung zur Verfügung, um seinem Bedürfnis nach einem möglichst suchtmittelfreien Vollzug zur Gewährleistung der Fürsorgeverpflichtung gegenüber den Untersuchungsgefangenen zu entsprechen. So beinhalten bereits die Durchsuchungsmaßnahmen (vgl. Rn. 27 ff.) vollzugliche Kontrollmöglichkeiten, die gerade auch dem Auffinden unerlaubter Suchtmittel dienen sollen.

---

171 Vgl. Wirth BewH 2002, 104 ff.; vgl. Hosser Sucht Aktuell 2003, 57 ff.; vgl. Köhler, Psychischen Störungen bei jungen Straftätern, S. 157.
172 Vgl. Goerdeler in: Ostendorf, Jugendstrafvollzugsrecht 8. Abschnitt, Rn. 146.
173 So z.B. der vollzugliche Umgang mit Entzugserscheinungen oder die Frage der Substituierung Drogenabhängier im Justizvollzug.
174 Vgl. BVerfG NStZ 2008, 292.
175 OLG Oldenburg NStZ-RR 2006, 28.
176 Vgl. OLG Oldenburg StV 2007, 88, mit kritischen Anmerkungen von Pollähne zu diesem Beschluss vom 14.6.2005, 1 Ws 304/05.
177 Vgl. BVerfG NStZ 2008, 292; vgl. OLG Oldenburg NStZ-RR 2006, 28.
178 Vgl. Landtag Hessen, Drucks. 18/1396, S. 145, mit der ausdrücklichen Betonung der „überragenden Bedeutung der Bekämpfung des Suchtmittelmissbrauchs".

Darüber hinaus enthalten die Landesgesetze zum Vollzug der Untersuchungshaft spezielle Ermächtigungsnormen für **Maßnahmen zur Feststellung des Missbrauchs bzw. des Konsums von Suchtmitteln** durch Untersuchungsgefangene.

aa) **Auslegung des Gesetzeswortlauts.** Soweit die Befugnisnormen in ihren Überschriften und ihrem Gesetzeswortlaut dabei ausdrücklich zwischen Maßnahmen oder Kontrollen zur Feststellung des „Konsums" oder des „Missbrauchs" von „Suchtmitteln" unterscheiden, sind diese Vorschriften unpräzise gefasst.[179] 77

Dieses verwundert, da ein **„Missbrauch"** von Suchtmitteln sprachlich einen weiten Anwendungsbereich eröffnet, indem darunter nicht nur sowohl ein verbotener als auch ein erlaubter, aber jeweils medizinisch schädlicher Konsum verstanden werden kann, sondern darüber hinaus der „Missbrauch" auch bereits allgemein als ein unerlaubter Umgang mit Suchtmitteln ausgelegt werden kann. Demgegenüber erfordert der **„Konsum"** von Suchtmitteln stets auch dessen individuellen Gebrauch bzw. Verbrauch. Die Folgen dieser Auslegungsmöglichkeiten werden insbesondere anhand der verschiedenen strafrechtlichen Konsequenzen dieser Handlungen deutlich, indem der bloße Konsum von Betäubungsmitteln – anders als beispielsweise der Besitz – nach dem Betäubungsmittelstrafrecht nicht sanktioniert wird.[180] 78

Damit wird für die Vollzugspraxis in den landesgesetzlichen Regelungen nicht die Überschrift, sondern stets der genaue Wortlaut in den Gesetzestexten mit den einzelnen Kontrollermächtigungen maßgeblich sein.[181] Der Gesetzeswortlaut wiederum ermöglicht bereits eine weite Auslegung, indem dort entweder bereits von „Missbrauch" von Suchtmitteln die Rede ist[182] oder neben dem „Konsum" von Suchtmitteln zugleich auch noch deren „Besitz" als gleichwertiger Eingriffsgrund genannt wird.[183]

Aus den landesgesetzlichen Kontrollermächtigungen folgt jedoch ein weiteres Auslegungsproblem, indem der Gesetzeswortlaut der Ländervorschriften stets von den Maßnahmen zur Feststellung des Missbrauchs bzw. des Konsums von „Suchtmitteln" spricht, ohne diese Stoffe näher zu definieren.[184] Aus den Bedürfnissen eines möglichst suchtmittelfreien Vollzuges und im Sinne einer einheitlichen Wertung bestehender gesetzgeberischer Vorgaben folgt jedoch, dass unter dem Begriff der **„Suchtmittel"** jedenfalls sämtliche Stoffe zu zählen sind, die nach § 1 Abs. 1 BtMG i.V.m. Anlagen I bis II zum BtMG als „Betäubungsmittel" legaldefinert sind. Darüber hinaus sind aber auch strafrechtlich nicht sanktionierbare Stoffe, die zwar gesellschaftlich akzeptiert werden, die jedoch aufgrund der von ihnen bewirkten Abhängigkeitssymptome und körperlichen Beeinträchtigungen eine Gefahr für die Sicherheit oder Ordnung der Anstalt darstellen können – insbesondere Alkohol –, als „Suchtmittel" i.S.d. landesgesetzlichen Kontrollermächtigungen anzusehen.[185] 79

179 So sprechen die Überschriften von § 47 des 12er- Entwurfs, von Art. 42 UVollzG Bayern (Reg-E) i.V.m. Art. 94 StVollzG Bayern sowie von § 33 UVollzG NRW jeweils von „Maßnahmen zur Feststellung von Suchtmittelkonsum", während sodann in den jeweiligen Gesetzestexten der Normen ausschließlich von „Suchtmittelmissbrauch" die Rede ist. Demgegenüber stellen die Überschriften von § 46 JVollzGB II Ba-Wü sowie von § 32 UVollzG Hessen jeweils auf den „Suchtmittelmissbrauch" ab, während in den Gesetzestexten dieser Normen sodann auch von „Besitz" und „Konsum" von Suchtmitteln die Rede ist. Lediglich die Regelung in § 52 UVollzG Hamburg spricht einheitlich und konsequent ausschließlich vom „Betäubungsmittelmissbrauch".

180 Vgl. § 29 des Gesetzes über den Verkehr mit Betäubungsmitteln (Betäubungsmittelgesetz – BtMG) in der Fassung der Bekanntmachung vom 1.3.1994 (BGBl. I, 358), zuletzt geändert durch VO vom 14.2.2007 (BGBl. I, 154).

181 Vgl. zu der ähnlichen Problematik in den Jugendstrafvollzugsgesetzen der Länder Goerdeler in: Ostendorf, Jugendstrafvollzugsrecht, 8. Abschnitt Rn. 151.

182 Vgl. § 47 der landesgesetzlichen Regelungen zum Vollzug der Untersuchungshaft in Berlin, Brandenburg, Bremen, Mecklenburg-Vorpommern, Rheinland-Pfalz, Saarland, Sachsen, Sachsen-Anhalt, Schleswig-Holstein (Reg-E) und Thüringen; vgl. Art. 42 UVollzG Bayern (Reg-E) i.V.m. Art. 94 StVollzG Bayern; vgl. § 33 UVollzG NRW.

183 Vgl. § 46 JVollzGB II Ba-Wü; vgl. § 32 UVollzG Hessen.

184 Auch in den Begründungen der einzelnen Landesgesetze finden sich hierzu keine weiterführenden Angaben.

185 Daher sind Nikotin oder Koffein nicht zu den „Suchtmitteln" i.S.d. landesgesetzlichen Regelungen zum Vollzug der Unterschungshaft zu zählen; vgl. Goerdeler in: Ostendorf, Jugendstrafvollzugsrecht, 8. Abschnitt Rn. 150.

80 **bb) Einzelfall- und Allgemeinanordnungen.** Die Ermächtigungsnormen in den Landesgesetzen zum Vollzug der Untersuchungshaft halten zur Anordnung von Maßnahmen für die Feststellung des Missbrauchs bzw. des Konsums von Suchtmitteln sowohl die Möglichkeit von Einzelfallentscheidungen als auch von Allgemeinanordnungen vor, die regelmäßig von der **Anstaltsleitung** zu treffen sind.[186]

81 Zur Anordnung von Kontrollmaßnahmen mittels **Einzelfallanordnungen** muss der Verdacht des rechts- bzw. pflichtwidrigen Missbrauchs bzw. Konsums von unerlaubten Suchtmitteln jeweils durch tatsächliche Anhaltspunkte zu belegen sein,[187] ohne dass bereits ein „dringender Tatverdacht" erforderlich wäre.[188] Demgegenüber reichen aber auch bloße allgemeine Vermutungen zur Anordnung der Maßnahmen nicht aus.[189] Vielmehr ist vor der Einzelfallanordnung stets eine hinreichende Sachverhaltsaufklärung erforderlich.[190] In der Vollzugspraxis kommen als ausreichende tatsächliche Anhaltspunkte für eine Einzelfallanordnung u.a. das Auffinden von Suchtmitteln oder zu deren Konsum erforderliche Gegenstände sowie Auffälligkeiten im Verhalten oder Aussehen des betroffenen Untersuchungsgefangenen ebenso in Betracht wie fundierte Hinweise Dritter oder sonstige hinreichende Wahrnehmungen oder Erkenntnisse, die darauf hindeuten, dass der Untersuchungsgefangene im Vollzug Kontakt mit Suchtmitteln hatte.[191]

82 Demgegenüber können **Allgemeinanordnungen** von Suchtmittelkontrollen für einen größeren Adressatenkreis von Untersuchungsgefangenen in wiederkehrenden Situationen anhand hinreichend konkretisierter Voraussetzungen getroffen werden.[192]

83 Grundlage für die Anordnung von Maßnahmen für die Feststellung des Missbrauchs bzw. des Konsums von Suchtmitteln ist in den landesgesetzlichen Regelungen regelmäßig die Aufrechterhaltung der Sicherheit oder Ordnung der Anstalt.[193] Hessen nennt in seiner Ermächtigungsnorm zudem noch zusätzlich ausdrücklich die Gesundheitsvorsorge[194] als Anordnungsgrund. Soweit dies in den übrigen Landesgesetzen nicht der Fall ist, bleibt die Anordnung von Drogentests aus medizinischen Gründen von den speziellen Rechtsgrundlagen zur Anordnung von Kontrollmaßnahmen aus Gründen der Sicherheit und Ordnung unberührt.[195]

84 Für den Fall, das die jeweiligen Anordnungsvoraussetzungen rechtmäßig vorliegen, sind die Untersuchungsgefangenen auch zur Mitwirkungen an den Kontrollmaßnahmen im Rahmen der allgemeinen Verhaltensvorschriften verpflichtet.[196] Eine **Mitwirkungsverweigerung** kann demgemäß auch die Anordnung einer **Disziplinarmaßnahme** begründen,[197] soweit die Anordung aus Gründen der Sicherheit oder Ordnung der Anstalt und nicht zur Überführung einer Straftat erfolgt.[198] Denn letztlich überwiegt in diesen Fällen – wie dargestellt – das von Fürsorgeverpflichtungen gegenüber allen Inhaftierten getragene Interesse der Anstalt an der

186 Die Landesgesetze zum Vollzug der Untersuchungshaft halten jedoch jeweils gesondert normierte Regelungen zur Übertagung der Befugnisse des Anstaltsleiters auf andere Bedienstete vor – ggf. unter dem Vorbehalt einer Zustimmung durch die Aufsichtsbehörde.

187 Vgl. BVerfG NStZ 2008, 292; vgl. OLG Dresden NStZ 2005, 588 f.; vgl. OLG Rostock ZfStrVo 2005, 115.

188 Vgl. OLG Jena, 10.5.2007, 1 Ws 68/07.

189 Vgl. KG Berlin ZfStrVo 2006, 374; soweit vereinzelt (vgl. LG Augsburg ZfStrVo 1998, 113) allein darauf abgestellt wird, dass der Inhaftierung selbst Drogendelikte zugrunde liegen, erscheint dies als Anknüpfungstatsache für eine vollzugliche Anordnung zu weit; vgl. insoweit auch OLG Dresden NStZ 2005, 588.

190 Vgl. OLG Oldenburg NStZ-RR 2006, 28; vgl. OLG Frankfurt NStZ-RR 2005, 188.

191 Vgl. Landtag Hessen, Drucks. 18/1396, S. 145.

192 So zum Beispiel nach jedem unüberwachten Besuch oder nach jeder Abwesenheit aus der Anstalt; zu der Unterscheidung der Einzelfall- von Allgemeinanordnungen vgl. Rn. 53.

193 So jeweils in § 47 der landesgesetzlichen Regelungen zum Vollzug der Untersuchungshaft in Berlin, Brandenburg, Bremen, M-V, Rheinland-Pfalz, Saarland, Sachsen, Sachsen-Anhalt, SH (Reg-E) und Thüringen; vgl. für Bayern: Art. 42 UVollzG Bayern (Reg-E) i.V.m. Art. 94 StVollzG Bayern; vgl. für Hamburg: § 52 Abs. 1 HmbUVollzG; vgl. für NRW: § 33 Abs. 1 UVollzG NRW.

194 Vgl. § 32 Abs. 2 UVollzG Hessen.

195 Vgl. Landtag Schleswig-Holstein, Drucks. 17/1255, S. 90.

196 Vgl. BVerfG NStZ 2008, 292 f.; zur allgemeinen Gehorsamspflicht vgl. Rn. 23.

197 Vgl. BVerfG Forum Strafvollzug 2011, 192; vgl. BVerfG NStZ 2008, 292.

198 Vgl. OLG Oldenburg NStZ-RR 2006, 28.

effektiven Bekämpfung des Konsums bzw. Missbrauchs von Suchtmitteln gegenüber dem Individualinteresse des betroffenen Untersuchungsgefangenen (vgl. § 9).

Inwieweit aber auch ein auf diesem Wege gewonnenes **positives Testergebnis** selbst eine solche repressive und verschuldensabhängige vollzugliche Disziplinarmaßnahme[199] begründen kann, ist umstritten.[200] Dieses abzulehnen ist im Ergebnis jedoch gerade im Vollzug der Untersuchungshaft als bloße Verdachtshaft nur konsequent, wenn – wie dargestellt – die Untersuchungsgefangenen einer Mitwirkungsverpflichtung an der Kontrollmaßnahme unterliegen, die Disziplinarmaßnahmen jedoch zugleich strafähnliche vollzugliche Sanktionen darstellen.[201] Da das aus Art. 2 Abs. 1 GG i.V.m. Art. 1 Abs. 1 GG folgende **Verbot des Selbstbelastungszwangs**[202] – nemo-tenetur-se-ipsum-accusare-Grundsatz – unzweifelhaft auch im Disziplinarverfahren gilt,[203] ist die Verwertung eines auf Grundlage einer Mitwirkungsverpflichtung erlangten positiven Suchtmitteltests in einem folgenden Sanktionsverfahren daher als unzulässig abzulehnen.[204] 85

In der Vollzugspraxis kommt als eine Kontrollmaßnahme überwiegend die Anordnung einer **Urinprobenabgabe** in Betracht.[205] Die Landesgesetzgeber haben jedoch bewusst darauf verzichtet, bestimmte Verfahren zur Feststellung von Suchtmittelkonsum konkret vorzuschreiben, um sowohl hinsichtlich der in Betracht kommenden Suchtmittel als auch der zu deren Feststellung erforderlichen Testverfahren flexibel bleiben und der künftigen Entwicklung auf diesem Gebiet Rechnung tragen zu können.[206] 86

Jedoch machen die einschlägigen gesetzlichen Bestimmungen jeweils ausdrücklich deutlich, dass die Kontrollmaßnahmen zur Feststellung von Suchtmittelkonsum bei den betroffenen Untersuchungsgefangenen **mit keinem körperlichen Eingriff verbunden** sein dürfen. Lediglich in der landesgesetzlichen Regelung in Hessen[207] fehlt eine solche ausdrückliche Klarstellung. Im Hinblick auf den gerade bei der Anordnung belastender Maßnahmen im Vollzug der Untersuchungshaft besonders zu berücksichtigen Grundsatz der Verhältnismäßigkeit[208] kann aber auch hier nichts anderes gelten. 87

Aufgrund dieser herausragenden Bedeutung des Verhältnismäßigkeitsgrundsatzes bei Beschränkungen im Untersuchungshaftvollzug hat die Anstalt aber nicht nur bei der Anordnung, sondern auch bei der Art und Weise der Durchführung der Kontrollmaßnahmen dafür Sorge zu tragen, dass das grundgesetzlich garantierte allgemeine Persönlichkeitsrecht des Untersuchungsgefangenen gemäß Art. 2 Abs. 1 i.V.m. Art. 1 Abs. 1 GG[209] nicht verletzt wird, so dass **unnötige Beeinträchtigungen oder Bloßstellungen zu vermeiden** sind.[210] 88

Die Bestimmungen in Baden-Württemberg[211] und Hessen[212] enthalten als einzige jeweils eine ausdrückliche **Regelvermutung bei Verweigerung der Mitwirkung** des Untersuchungsgefangenen an der Kontrollmaßnahme, nach der „in der Regel" davon ausgegangen werden kann, dass dessen „Suchtmittelfreiheit nicht gegeben" ist. Dieses **Fingieren eines Verstoßes gegen das Suchtmittelverbot** führt zu einer Beweislastumkehr zulasten des Untersuchungsgefange- 89

199 Vgl. BVerfG NStZ 2008, 292 f.
200 Vgl. die umfassende Darstellung bei Goerdeler in: Ostendorf, Jugendstrafvollzugsrecht, 8. Abschnitt Rn. 152.
201 Vgl. BVerfG NStZ 2008, 292.
202 Vgl. BVerfGE 55, 144, 150 und BVerfGE 56, 37 (41).
203 Vgl. Gericke StV 2003, 305 (306).
204 Ebenso Goerdeler in: Ostendorf, Jugendstrafvollzugsrecht, 8. Abschnitt Rn. 152.
205 Vgl. Landtag Sachsen, Drucks. 5/2590, S. 72.
206 Vgl. Landtag Baden-Württemberg, Drucks. 14/5012, S. 200; vgl. Landtag Hessen, Drucks. 18/1396, S. 145.
207 Vgl. § 32 UVollzG Hessen.
208 Vgl. BVerfG NStZ 2008, 521; vgl. BVerfG, Beschluss vom 24.1.2008 (2 BvR 1661/06).
209 Vgl. BVerfGE 35, 202.
210 Vgl. OLG Dresden NStZ 2005, 588-590, unter dem Hinweis darauf, dass aus Gründen der Verhältmismäßigkeit bei der vollständigen Entkleidung und der Möglichkeit der vorherigen Durchsuchung des Untersuchungsgefangenen bei der nachfolgenden Abgabe einer Urinprobe in einem geschlossenen Raum keine unmittelbare Aufsicht eines Vollzugsbediensteten mehr erforderlich sein muss; vgl. auch LG Hamburg ZfStrVo 1997, 108.
211 Vgl. § 46 Abs. 4 JVollzGB II Ba-Wü.
212 Vgl. § 32 Abs. 3 HUVollzG.

nen, ist daher rechtsstaatlich bedenklich und darüber hinaus auch hinsichtlich seiner vollzuglichen Erforderlichkeit fragwürdig.[213] Da solche Regelvermutungen überdies auch nach dem Willen der Gesetzgeber auch ausdrücklich Grundlage für die Anordnung weiterer Folgebeschränkungen aus Gründen der Sicherheit und Ordnung gegen den betroffenen Untersuchungsgefangenen sein können,[214] sind sie abzulehnen.

90 Soweit durch die Kontrollmaßnahme festgestellt wird, dass der Untersuchungsgefangene Suchtmittel missbraucht hat, enthalten die gesetzlichen Bestimmungen jeweils Regelungen zur **Kostenauferlegung**. Ob die Anstalten von der ihnen damit eröffneten Möglichkeit der Auferlegung der Kosten Gebrauch machen, liegt in ihrem Ermessen[215]. Insoweit wird jedenfalls stets die finanzielle Situation des Untersuchungsgefangenen zu berücksichtigen sein.

7. Festnahmerecht

a) Die gesetzlichen Regeln

91

Länder	Sicherheit und Ordnung – *Festnahmerecht*
12er-Regelung: Berlin Brandenburg Bremen Hamburg Hessen Mecklenburg-Vorpommern Rheinland-Pfalz Saarland Sachsen Sachsen-Anhalt Schleswig-Holstein Thüringen	***§ 48 12er-Regelung: Festnahmerecht*** **(1) Untersuchungsgefangene, die entwichen sind oder sich sonst ohne Erlaubnis außerhalb der Anstalt aufhalten, können durch die Anstalt oder auf deren Veranlassung festgenommen und zurückgebracht werden.** **(2) Nach § 45 Abs. 1 und § 88 erhobene und zur Identifizierung oder Festnahme erforderliche Daten dürfen den Vollstreckungs- und Strafverfolgungsbehörden sowie der Polizei übermittelt werden, soweit dies für Zwecke der Fahndung und Festnahme der entwichenen oder sich sonst ohne Erlaubnis außerhalb der Anstalt aufhaltenden Untersuchungsgefangenen erforderlich ist.** **Abweichende Regelungen:** ***Hamburg, § 53 HmbUVollzG: Festnahmerecht*** (1) Untersuchungsgefangene, die entwichen sind oder sich sonst ohne Erlaubnis außerhalb der Anstalt aufhalten, können durch die Anstalt oder auf ihre Veranlassung hin festgenommen und in die Anstalt zurückgebracht werden. (2) Die nach diesem Gesetz erhobenen Daten dürfen den Vollstreckungs- und Strafverfolgungsbehörden übermittelt werden, soweit dies für Zwecke der Fahndung und Festnahme der entwichenen oder sich sonst ohne Erlaubnis außerhalb der Anstalt aufhaltenden Untersuchungsgefangenen erforderlich ist. ***Hessen, § 34 HUVollzG: Festnahmerecht*** Untersuchungsgefangene, die entwichen sind oder sich sonst ohne Erlaubnis außerhalb der Anstalt aufhalten, können durch die Anstalt oder auf deren Veranlassung hin im Rahmen der Nacheile festgenommen und in die Anstalt zurückgeführt werden.

213 Vgl. Goerdeler in: Ostendorf, Jugendstrafvollzugsrecht, 8. Abschnitt Rn. 152.
214 Vgl. Landtag Baden-Württemberg, Drucks. 14/5012, S. 200.
215 Kritisch hierzu: AnwK U-Haft/Rubbert/Scharmer, § 47 Rn. 11.

Länder	Sicherheit und Ordnung – *Festnahmerecht*
Baden-Württemberg	*§ 51 JVollzGB II: Festnahmerecht* **Untersuchungsgefangene, die entwichen sind oder sich sonst ohne Erlaubnis außerhalb der Justizvollzugsanstalt aufhalten, können durch die Justizvollzugsanstalt oder auf ihre Veranlassung hin festgenommen und in die Justizvollzugsanstalt zurückgebracht werden, solange ein unmittelbarer Bezug zum Untersuchungshaftvollzug besteht.**
Bayern	*Art. 42 UVollzG Bayern i.V.m. Art. 95 BayStVollzG: Festnahmerecht* **(1) Gefangene, die entwichen sind oder sich sonst ohne Erlaubnis außerhalb der Anstalt aufhalten, können durch die Anstalt oder auf ihre Veranlassung hin festgenommen und in die Anstalt zurückgebracht werden.** **(2) Die nach diesem Gesetz erhobenen Daten dürfen den Vollstreckungs- und Strafverfolgungsbehörden übermittelt werden, soweit dies für Zwecke der Fahndung und Festnahme der entwichenen oder sich sonst ohne Erlaubnis außerhalb der Anstalt aufhaltenden Gefangenen erforderlich ist.**
Niedersachsen	*§ 156 Abs. 1 i.V.m. § 80 NJVollzG: Festnahmerecht* **(1) Eine Gefangene oder ein Gefangener, die oder der entwichen ist oder sich sonst ohne Erlaubnis außerhalb der Anstalt aufhält, kann durch die Vollzugsbehörde oder auf ihre Veranlassung hin festgenommen und in die Anstalt zurückgebracht werden.** **(2) Nach § 78 Abs. 1 erhobene und nach den §§ 79 und 190 erhobene und zur Identifizierung oder Festnahme erforderliche Daten dürfen den Vollstreckungs- und Strafverfolgungsbehörden übermittelt werden, soweit dies für Zwecke der Fahndung und Festnahme der oder des entwichenen oder sich sonst ohne Erlaubnis außerhalb der Anstalt aufhaltenden Gefangenen erforderlich ist.**
Nordrhein-Westfalen	**Keine Regelung**

b) Regelungsinhalt. aa) Wiederergreifungsrecht. Die landesgesetzlichen Regelungen zum sog. Festnahmerecht entsprechen der Vorschrift des § 87 StVollzG,[216] indem sie den Vollzugsbediensteten zur **Wahrung des vollzuglichen Gewahrsams** das unmittelbare Tätigwerden zur Verfolgung und Festnahme entwichener oder sich ohne Erlaubnis außerhalb der Anstalt aufhaltender Untersuchungsgefangener gestatten. 92

Diesem eigenen **vollzuglichen Wiederergreifungsrecht**[217] liegt der Gedanke zugrunde, dass die Anstalt bzw. die Vollzugsbediensteten über spezifische Kenntnisse der Person, ihr Umfeld und ihren persönlichen Beziehungen eines sich unerlaubt außerhalb der Anstalt aufhaltenenden Untersuchungsgefangenen verfügen, die dessen möglichst zeitnahe und unkomplizierte Wiederergreifung ermöglichen können.[218] Eine solche gesonderte Regelung ist auch notwendig, da zur Vollstreckung des der freiheitsentziehenden Maßnahme zugrunde liegenden und noch immer bestehenden Haftbefehls gegen den Untersuchungsgefangenen grundsätzlich nicht die Justizvollzugsanstalten und ihre Bediensteten, sondern gemäß §§ 36 93

216 Vgl. Stock Kriminalistik 1977, 170, umfassend zu den mit der Umsetzung des Festnahmerechts verbundenen Problemen.
217 Vgl. Landtag Schleswig-Holstein, Drucks. 17/1255, S. 91.
218 Vgl. Feest/Brühl in: AK-StVollzG, § 87 Rn. 1.

Abs. 2 S. 1, 161 StPO i.V.m. § 151 GVG die Staatsanwaltschaft und ihre Ermittlungspersonen berufen sind.[219]

94 Die gesetzlichen Regelungen des Festnahmerechts der Länder gehen von zwei unterschiedlichen – alternativen – Eingriffsvoraussetzungen aus, indem der Justizvollzug immer dann vom vollzuglichen Wiederergreifungsrecht Gebrauch machen kann, wenn ein Untersuchungsgefangener entwichen ist oder sich sonst ohne Erlaubnis außerhalb der Anstalt aufhält.

95 Eine **Entweichung** eines Untersuchungsgefangenen liegt stets dann vor, wenn dieser sich dem unmittelbaren vollzuglichen Gewahrsam unerlaubt entzogen hat, was insbesondere beim nichtgenehmigten Verlassen der Anstalt bzw. unerlaubten Absetzen bei vollzuglichen Maßnahmen wie der Aus- oder Vorführung der Fall sein wird.[220]

96 Demgegenüber liegt die alternative Voraussetzung für das vollzugliche Wiederergreifungsrecht vor, wenn ein Untersuchungsgefangener **sich ohne Erlaubnis außerhalb der Anstalt** aufhält, d.h. wenn dieser eine rechtmäßig erteilte Erlaubnis zum Verlassen der Anstalt nutzt und er nach Erlöschen der Erlaubnis nicht in diese zurückkehrt. Diese aus dem Strafvollzugsrecht übernommene Regelung,[221] die dort insbesondere für die Fälle des Ausnutzens von Hafturlaub oder vollzugslockernden Maßnahmen Anwendung finden soll,[222] dürfte im Vollzug der Untersuchungshaft naturgemäß – in Ermangelung solcher Maßnahmen – wenig praktische Relevanz besitzen.

97 Das vollzugliche Wiederergreifungsrecht zur Verfolgung und Festnahme entwichener Untersuchungsgefangener durch Vollzugsbedienstete setzt jedoch stets voraus, dass die Entweichung noch einen **Unmittelbarkeitsbezug** zum Justizvollzug aufweist.[223] Ein solcher Unmittelbarkeitsbezug ist erforderlich, da das vollzugliche Wiederergreifungsrecht aus einem auch bei einer Entweichung weiter fortbestehenden gelockerten vollzuglichen Gewahrsam folgt[224] und zudem – wie dargelegt – eine Abweichung von der eigentlichen Zuständigkeit der Strafverfolgungsbehörden aus Zweckmäßigkeitserwägungen darstellt. Mithin ist dieser Bezug auch nur bei einem unmittelbaren zeitlichen Zusammenhang der Entweichung zum Justizvollzug gegeben.[225] Die Landesgesetzgeber haben die Reichweite dieses Unmittelbarbezugs nicht näher konkretisiert.[226] Es erscheint jedoch angebracht, insoweit auf das Vorliegen der Voraussetzungen der sog. **Nacheile**[227] abzustellen,[228] so dass im Einzelfall das Bestehen eines unmittelbaren zeitlichen Zusammenhangs zwischen der Entweichung eines Untersuchungsgefangenen und den Wiederergreifungsbemühungen des Justizvollzuges jedenfalls daran zu bemessen ist, ob die von der Anstalt unverzüglich veranlasste unmittelbare Verfolgung und Fahndung nach dem entwichenen Untersuchungsgefangenen alsbald erfolgreich sind.[229] Anderenfalls hat der Justizvollzug die weiteren Maßnahmen den zuständigen Strafverfolgungsbehörden zu überlassen.[230]

---

219 Vgl. auch Landtag Baden-Württemberg, Drucks. 14/5012, S. 201.

220 Vgl. Ullenbruch in: Schwind//Böhm/Jehle/Laubenthal, StVollzG, § 87 Rn. 3.

221 Vgl. § 87 Abs. 1 StVollzG; vgl. BT-Drucks. 7/3998, S. 33.

222 Vgl. Callies/Müller-Dietz, StVollzG, § 87 Rn. 3.

223 Vgl. Callies/Müller-Dietz, StVollzG, § 87 Rn. 2.

224 Vgl. Landtag Baden-Württemberg, Drucks. 14/5012, S. 201.

225 Vgl. Feest/Brühl in: AK-StVollzG, § 87 Rn. 1.

226 Zu den unterschiedlichen Auslegungen zur Reichweite des Unmittelbarkeitsbezugs vgl. auch die Darstellung von Goerdeler in: Ostendorf, Jugendstrafvollzugsrecht, 8. Abschnitt Rn. 162.

227 Vgl. hierzu umfassend Heinrichs NStZ 1996, 361, der betont, dass das Festnahmerecht gemäß § 87 StVollzG eine Spezialregelung für Strafvollzugsbedienstete darstellt. Die Vollzugsbediensteten waren bis zu der gesonderten Regelung im StVollzG zur Nacheile gemäß § 167 GVG berufen, welcher deutlich macht, dass das Recht der Verfolgung und Festnahme eines Flüchtigen durch Polizeibeamte auch auf dem Gebiet eines anderen Bundeslandes fortbesteht.

228 Vgl. Landtag Hessen, Drucks. 18/1396, S. 146; vgl. Feest/Brühl in: AK-StVollzG, § 87 Rn. 1; vgl. Callies/Müller-Dietz, StVollzG, § 87 Rn. 2.

229 Feest/Brühl in: AK-StVollzG, § 87 Rn. 1 m.w.N., betonen, dass der Justizvollzug überhaupt nur in etwa der Hälfte der Fälle von der Nacheile Gebrauch macht und diese letztlich nur in 10% der Fälle erfolgreich ist.

230 Vgl. Callies/Müller-Dietz, StVollzG, § 87 Rn. 2.

Bei der Anwendung des vollzuglichen Wiederergreifungsrechts außerhalb einer Justizvollzugsanstalt üben die Vollzugsbediensteten **gegenüber Dritten selbst keinerlei zusätzliche hoheitliche Befugnisse** – z.B. zur Festnahme oder für Durchsuchungsmaßnahmen – aus. Hierfür geben die landesgesetzlichen Regelungen eines Festnahmerechts keine Befugnis.[231] Jedoch kann ein unmittelbar vor der Anstalt geparktes Kraftfahrzeug eines entwichenen Untersuchungsgefangenen, soweit es sich in einem der Anstalt noch örtlich zuzuordnenden Bereich befindet, ausnahmsweise durch Vollzugsbedienstete durchsucht werden.[232] 98

bb) Datenübermittlungsbefugnis. Wie schon § 87 Abs. 2 StVollzG sehen auch die Mehrheit der landesgesetzlichen Regelungen zum Festnahmerecht eine gesonderte vollzugliche Befugnis zur Übermittlung eigener Daten an die Strafverfolgungsbehörden zum Zwecke der Fahndung und Festnahme eines entwichenen Untersuchungsgefangenen vor.[233] Dieses betrifft die **Weitergabe von personenbezogenen Daten des Untersuchungsgefangenen,** welche auf vollzugliche Anordnung im Rahmen von erkennungsdienstlichen Maßnahmen (vgl. Rn. 48 ff.) oder im Rahmen der Herstellung von Lichtbildausweisen (vgl. Rn. 65 f.) erhoben und gespeichert wurden. Damit wird der Anwendungsbereich dieser Regelungen im Rahmen der Datenübermittlungsbefugnis zum Zwecke der Fahndung und Festnahme eines entwichenen Untersuchungsgefangenen um diesen zusätzlichen speziellen vollzuglichen Verwendungszweck erweitert.[234] 99

Diese gesonderten Datenübermittlungsbefugnisse der Anstalten sind ihrem Sinn und Zweck nach **nicht an das Vorliegen der Voraussetzungen des vollzuglichen Wiederergreifungsrechts gebunden.** Vielmehr sollen die Anstalten gerade auch nach Wegfall der Voraussetzungen der eigenen Nacheile – i.d.R. aufgrund fehlenden oder beendeten Unmittelbarkeitsbezuges – die erforderlichen personenbezogenen Daten eines entwichenen Untersuchungsgefangenen zur Wiederherstellung des vollzuglichen Gewahrsams an die Strafverfolgungsbehörden weitergeben.[235] 100

8. Besondere Sicherungsmaßnahmen

a) Formen und Voraussetzungen der besonderen Sicherungsmaßnahmen

aa) Die gesetzlichen Regeln

101

Länder	Sicherheit und Ordnung – *Besondere Sicherungsmaßnahmen*
12er-Regelung: Berlin Brandenburg Bremen Hamburg Hessen Mecklenburg-Vorpommern Rheinland-Pfalz Saarland Sachsen	***§ 49 12er-Regelung: Besondere Sicherungsmaßnahmen*** **(1) Gegen Untersuchungsgefangene können besondere Sicherungsmaßnahmen angeordnet werden, wenn nach ihrem Verhalten oder aufgrund ihres seelischen Zustands in erhöhtem Maße die Gefahr der Entweichung, von Gewalttätigkeiten gegen Personen oder Sachen, der Selbsttötung oder der Selbstverletzung besteht.** **(2) Als besondere Sicherungsmaßnahmen sind zulässig:** **1. der Entzug oder die Vorenthaltung von Gegenständen,** **2. die Beobachtung der Untersuchungsgefangenen, auch mit technischen Hilfsmitteln,** **3. die Absonderung von anderen Gefangenen,**

231 Vgl. Arloth, StVollzG, § 87 Rn. 2; vgl. Ullenbruch in: Schwind/Böhm/Jehle/Laubenthal, StVollzG, § 87 Rn. 2.
232 Vgl. OLG Hamm NStZ 1996, 359; vgl. Arloth, StVollzG, § 87 Rn. 2.
233 Soweit eine solche spezielle Regelung nicht vorliegt, greifen die allgemeinen Datenschutzbestimmungen; vgl. für Baden-Württemberg: §§ 34 ff. JVollzGB I Ba-Wü; vgl. für Hessen: § 56 HUVollzG.
234 Vgl. Landtag Sachsen, Drucks. 5/2590, S. 72; vgl. Callies/Müller-Dietz, StVollzG, § 87 Rn. 4.
235 Vgl. Arloth, StVollzG, § 87 Rn. 4; vgl. Feest/Brühl in: AK-StVollzG, § 87 Rn. 5.

Länder	Sicherheit und Ordnung – *Besondere Sicherungsmaßnahmen*
Sachsen-Anhalt Schleswig-Holstein Thüringen	**4. der Entzug oder die Beschränkung des Aufenthalts im Freien,** **5. die Unterbringung und Beobachtung in einem besonders gesicherten Haftraum ohne gefährdende Gegenstände, auch mittels Videoüberwachung (§ 46) und** **6. die Fesselung.** **(3) Maßnahmen nach Absatz 2 Nr. 1, 3 bis 5 sind auch zulässig, wenn die Gefahr einer Befreiung oder eine erhebliche Störung der Ordnung der Anstalt anders nicht vermieden oder behoben werden kann.** **(4) Bei einer Ausführung, Vorführung oder beim Transport ist die Fesselung auch dann zulässig, wenn die Gefahr einer Entweichung besteht.**
	Abweichende Regelungen: ***Berlin, § 49 Abs. 2 UVollzG Bln:*** (2) Als besondere Sicherungsmaßnahmen sind zulässig: […] 2. die Beobachtung der Untersuchungsgefangenen, in einem besonders gesicherten Haftraum auch mittels Videoüberwachung, […] 5. die Unterbringung in einem besonders gesicherten Haftraum ohne gefährdende Gegenstände ***Hamburg, § 54 HmbUVollzG: Besondere Sicherungsmaßnahmen*** (1) Gegen Untersuchungsgefangene können besondere Sicherungsmaßnahmen angeordnet werden, wenn nach ihrem Verhalten oder auf Grund ihres seelischen Zustandes in erhöhtem Maß die Gefahr der Entweichung, von Gewalttätigkeiten gegen Personen oder Sachen oder die Gefahr der Selbsttötung oder der Selbstverletzung besteht. (2) Als besondere Sicherungsmaßnahmen sind zulässig: 1. der Entzug oder die Vorenthaltung von Gegenständen, 2. die Beobachtung der Untersuchungsgefangenen, in besonderen Hafträumen auch mit technischen Hilfsmitteln, insbesondere auch durch den Einsatz von optisch-elektronischen Einrichtungen (§ 102), 3. die Absonderung von anderen Gefangenen, 4. der Entzug oder die Beschränkung des Aufenthalts im Freien, 5. die Unterbringung in einem besonders gesicherten Haftraum ohne gefährdende Gegenstände und 6. die Fesselung. Eine Fesselung nach Satz 1 Nummer 6 von nach § 50 Absatz 2 entkleideten Untersuchungsgefangenen darf nur erfolgen, wenn und solange dies unerlässlich ist. In diesen Fällen sind

Länder	Sicherheit und Ordnung – *Besondere Sicherungsmaßnahmen*
	besondere Maßnahmen zur Schonung des Schamgefühls zu treffen, soweit dies möglich ist. […] (4) Maßnahmen nach Absatz 2 Satz 1 Nummern 1 und 3 bis 5 sind auch zulässig, wenn die Gefahr einer Befreiung oder eine erhebliche Störung der Anstaltsordnung anders nicht vermieden oder behoben werden kann. (5) Bei einer Ausführung, Vorführung oder beim Transport ist die Fesselung auch zulässig, wenn zu befürchten ist, dass die Untersuchungsgefangenen sich dem Vollzug entziehen werden (einfache Entweichungsgefahr). (6) Fesseln dürfen in der Regel nur an den Händen oder an den Füßen angelegt werden. Im Interesse der Untersuchungsgefangenen kann die Anstaltsleitung eine andere Art der Fesselung anordnen. ***Hessen, § 35 HUVollzG: Besondere Sicherungsmaßnahmen*** (1) Gegen Untersuchungsgefangene können besondere Sicherungsmaßnahmen angeordnet werden, wenn nach deren Verhalten oder aufgrund des seelischen Zustandes in erhöhtem Maße Fluchtgefahr oder die Gefahr von Gewalttätigkeiten gegen Personen oder Sachen oder die Gefahr der Selbsttötung oder der Selbstverletzung besteht. (2) Als besondere Sicherungsmaßnahmen sind zulässig: 1. der Entzug oder die Vorenthaltung von Gegenständen, 2. die Beobachtung der Untersuchungsgefangenen, auch durch technische Hilfsmittel, 3. die Absonderung von anderen Untersuchungsgefangenen, 4. der Entzug oder die Beschränkung des Aufenthalts im Freien, 5. die Unterbringung in einem besonders gesicherten Haftraum ohne gefährdende Gegenstände und 6. die Fesselung. (3) Maßnahmen nach Abs. 2 Nr. 1 und 3 bis 5 sind auch zulässig, wenn die Gefahr einer Befreiung oder eine sonstige erhebliche Störung der Anstaltsordnung anders nicht abgewehrt werden kann. (4) Auch bei einer Ausführung, Vorführung oder beim Transport ist die Fesselung zulässig, es sei denn, es besteht keine Fluchtgefahr. […] (6) Für die Beobachtung der Untersuchungsgefangenen durch technische Hilfsmittel nach Abs. 2 Nr. 2 gilt § 26 Abs. 5 Satz 2 und 3 entsprechend. Eine dauerhafte Beobachtung unter Verwendung technischer Hilfsmittel ist nur zulässig, wenn und solange dies zur Abwendung der Gefahr einer Selbsttötung oder Selbstverletzung erforderlich ist. Ei-

Länder	Sicherheit und Ordnung – *Besondere Sicherungsmaßnahmen*
	ne Abdunklung zur Nachtzeit ist zu gewährleisten. Das Schamgefühl ist soweit wie möglich zu schonen. […]
Baden-Württemberg	*§ 47 JVollzGB II: Besondere Sicherungsmaßnahmen* (1) Gegen Untersuchungsgefangene können besondere Sicherungsmaßnahmen angeordnet werden, wenn nach ihrem Verhalten oder auf Grund ihres seelischen Zustands in erhöhtem Maß die Gefahr der Entweichung, von Gewalttätigkeiten gegen Personen oder Sachen, der Selbsttötung oder der Selbstverletzung besteht. (2) Besondere Sicherungsmaßnahmen sind: 1. der Entzug oder die Vorenthaltung von Gegenständen, 2. die Beobachtung bei Nacht, 3. die Absonderung von anderen Gefangenen, 4. der Entzug oder die Beschränkung des Aufenthalts im Freien, 5. die Unterbringung in einem besonders gesicherten Haftraum ohne gefährdende Gegenstände und 6. die Fesselung. (3) Maßnahmen nach Absatz 2 Nr. 1, 3 bis 5 sind auch zulässig, wenn die Gefahr einer Befreiung oder einer erheblichen Störung der Anstaltsordnung anders nicht vermieden oder behoben werden kann. (4) Bei einer Ausführung, Vorführung oder beim Transport ist die Fesselung auch dann zulässig, wenn aus anderen Gründen als denen des Absatzes 1 die Gefahr der Entweichung besteht. (5) Besondere Sicherungsmaßnahmen dürfen nur soweit aufrechterhalten werden, wie es ihr Zweck erfordert.
Bayern	*Art. 27 UVollzG Bayern i.V.m. Art. 96 BayStVollzG: Besondere Sicherungsmaßnahmen* (1) Gegen Gefangene können besondere Sicherungsmaßnahmen angeordnet werden, wenn nach ihrem Verhalten oder auf Grund ihres seelischen Zustands in erhöhtem Maß Fluchtgefahr oder die Gefahr von Gewalttätigkeiten gegen Personen oder Sachen oder die Gefahr des Selbstmords oder der Selbstverletzung besteht. (2) Als besondere Sicherungsmaßnahmen sind zulässig: 1. der Entzug oder die Vorenthaltung von Gegenständen, 2. die ständige Beobachtung, auch mit technischen Mitteln, 3. die Absonderung von anderen Gefangenen, 4. der Entzug oder die Beschränkung des Aufenthalts im Freien, 5. die Unterbringung in einem besonders gesicherten Haftraum ohne gefährdendeGegenstände und 6. die Fesselung.

Länder	Sicherheit und Ordnung – *Besondere Sicherungsmaßnahmen*
	(3) Maßnahmen nach Abs. 2 Nrn. 1, 3 bis 5 sind auch zulässig, wenn die Gefahr einerBefreiung oder eine erhebliche Störung der Anstaltsordnung anders nicht vermieden oderbehoben werden kann. (4) Bei einer Ausführung, Vorführung oder beim Transport ist die Fesselung auch dann zulässig, wenn aus anderen Gründen als denen des Abs. 1 in erhöhtem Maß Fluchtgefahr besteht. (5) Besondere Sicherungsmaßnahmen dürfen nur soweit aufrechterhalten werden, als es ihrZweck erfordert.
Niedersachsen	*§ 156 Abs. 1 i.V.m. § 81 NJVollzG: Besondere Sicherungsmaßnahmen* (1) Gegen eine Gefangene oder einen Gefangenen können besondere Sicherungsmaßnahmen angeordnet werden, wenn nach ihrem oder seinem Verhalten oder aufgrund ihres oder seines seelischen Zustandes in erhöhtem Maß Fluchtgefahr oder die Gefahr von Gewalttätigkeiten gegen Personen oder Sachen oder die Gefahr der Selbsttötung oder der Selbstverletzung besteht. (2) Als besondere Sicherungsmaßnahmen sind zulässig: 1. der Entzug oder die Vorenthaltung von Gegenständen, 2. die Beobachtung bei Nacht, 3. die Absonderung von anderen Gefangenen, 4. der Entzug oder die Beschränkung des Aufenthalts im Freien, 5. die Unterbringung in einem besonders gesicherten Haftraum ohne gefährdende Gegenstände und 6. die Fesselung. (3) Maßnahmen nach Absatz 2 Nrn. 1 und 3 bis 5 sind auch zulässig, wenn die Gefahr einer Befreiung oder eine erhebliche Störung der Ordnung der Anstalt anders nicht vermieden oder behoben werden kann. (4) Bei einer Ausführung, Vorführung oder beim Transport ist die Fesselung auch dann zulässig, wenn die Beaufsichtigung nicht ausreicht, die Gefahr einer Flucht zu vermeiden oder zu beheben.
Nordrhein-Westfalen	*§ 42 UVollzG NRW: Besondere Sicherungsmaßnahmen* (1) Gegen Untersuchungsgefangene können besondere Sicherungsmaßnahmen angeordnet werden, wenn eine erhebliche Störung der Sicherheit oder Ordnung der Anstalt nicht auf andere Art und Weise vermieden oder behoben werden kann. Besondere Sicherungsmaßnahmen sind insbesondere zur Abwehr der Gefahr von Gewalttätigkeiten gegen Personen oder Sachen sowie zur Verhinderung von Selbstverletzungen zulässig.

Länder	Sicherheit und Ordnung – *Besondere Sicherungsmaßnahmen*
	(2) Besondere Sicherungsmaßnahmen sind: **1. der Entzug oder die Vorenthaltung von Gegenständen,** **2. die Beobachtung von Untersuchungsgefangenen, auch mit technischen Hilfsmitteln,** **3. die Absonderung von anderen Gefangenen,** **4. der Entzug oder die Beschränkung des Aufenthalts im Freien,** **5. die Unterbringung in einem besonders gesicherten Haftraum ohne gefährdende Gegenstände und** **6. die Fesselung.** **(3) Die unausgesetzte Absonderung von Gefangenen (Einzelhaft) ist zulässig, wenn dies aus Gründen, die in der Person der oder des Untersuchungsgefangenen liegen, unerlässlich ist.** **(4) Besondere Sicherungsmaßnahmen dürfen nur soweit aufrechterhalten werden, als es der Zweck erfordert.** **(5) Fesseln dürfen in der Regel nur an Händen oder Füßen angelegt werden. Die Fesselung wird zeitweise gelockert, soweit dies notwendig ist.**

102 **bb) Rechtsnatur.** Die Untersuchungshaftvollzugsgesetze der Länder enthalten jeweils umfassende Regelungen zu den besonderen Sicherungsmaßnahmen, welche sich stark an den Bestimmungen der §§ 88 ff. StVollzG bzw. der Nrn. 62-63 UVollzO orientieren.[236]

103 Ihrer Rechtsnatur nach sind die besonderen Sicherungsmaßnahmen **präventive Maßnahmen der Gefahrenabwehr**, die die Justizvollzugsanstalten zur Wahrung und Aufrechterhaltung der Sicherheit und Ordnung – insbesondere zum Schutz von Bediensteten, Mitgefangenen sowie der von den Maßnahmen selbst betroffenen Untersuchungsgefangenen – anordnen können.[237] Den besonderen Sicherungsmaßnahmen kommt damit eine mitunter gegensätzliche und daher ggf. in der Vollzugspraxis auch konfliktträchtige Doppelfunktion zu, indem sie einerseits den Vollzugsbehörden als hinreichende und praktikable Befugnisse für Eingriffe in die Rechte der Untersuchungsgefangenen – zur Wahrung oder Aufrechterhaltung der Sicherheit und Ordnung in den Anstalten – zur Verfügung stehen, welche jedoch zugleich als Präventivmaßnahmen zur Erfüllung vollzuglicher Fürsorgeverpflichtungen gerade auch zum Schutz der von den Maßnahmen betroffenen Gefangenen angeordnet werden.[238]

104 Damit sind die präventiven besonderen Sicherungsmaßnahmen strikt von den durch einen strafähnlichen Charakter gekennzeichneten Disziplinarmaßnahmen[239] zu unterscheiden. Ein Vergleich der jeweils zulässigen Maßnahmekataloge macht zwar deutlich, dass diese beiden vollzuglichen Maßnahmeformen jeweils sehr intensive und zum Teil auch ähnliche Eingriffe zulasten des betroffenen Untersuchungsgefangenen ermöglichen. Jedoch dienen die besonderen Sicherungsmaßnahmen dem Justizvollzug dazu, der Realisierung einer konkreten Gefahr entgegenzutreten, während die Disziplinarmaßnahmen eine repressive vollzugliche Reaktion in Gestalt einer nachträglichen Ahndung schuldhafter Pflichtverstöße des betroffenen Untersuchungsgefangenen darstellen.[240]

236 Vgl. Landtag Baden-Württemberg, Drucks. 14/5012, S. 200.

237 Vgl. Hadeler, Besondere Sicherungsmaßnahmen im Strafvollzug, S. 4 f.; vgl. Veith, Sicherungsmaßnahmen und Resozialisierung im Erwachsenenvollzug, S. 4.

238 Vgl. Hadeler, Besondere Sicherungsmaßnahmen im Strafvollzug, S. 14 und 26 sowie zur Anordnungspraxis S. 184 ff.; vgl. StVollzG-Regierungsentwurf, BT-Drucks. 7/918, S. 77.

239 Vgl. BVerfG NStZ 2009, 292-293; vgl. § 9.

240 Vgl. Arloth, StVollzG, § 88 Rn. 1; vgl. Hadeler, Besondere Sicherungsmaßnahmen im Strafvollzug, S. 140 f.; vgl. Veith, Sicherungsmaßnahmen und Resozialisierung im Erwachsenenvollzug, S. 2 und 29 f.

Als präventive Maßnahmen zur Gefahrenabwehr, die mit massiven vollzugsinterenen Eingriffen in die Grundrechte der betroffenen Untersuchungsgefangenen verbunden sein können, indem die in Betracht kommenden Maßnahmen die Bewegungsfreiheit, die Ausübung sozialer Kontakte oder auch die Privatsphäre erheblich einschränken, sind besondere Sicherungsmaßnahmen stets nur als unmittelbare **individuelle vollzugliche Reaktionen bei akut-gegenwärtigen und zeitlich begrenzten Gefahren** zulässig.[241] Aufgrund der möglichen Intensität der Eingriffe kommt die Anordnung besonderer Sicherungsmaßnahmen daher auch stets nur als ultima-ratio in Betracht, soweit die Anstalt einer konkreten Gefahr nicht anders begegnen kann.[242] Sie sind mithin als vollzugliche **Ausnahmereaktionen auf Ausnahmesituationen** anzusehen und auch demgemäß anzuwenden.[243] Daraus folgt für die Verantwortlichen im Justizvollzug die Maßgabe, die Anordnung, Durchführung und Aufrechterhaltung besonderer Sicherungsmaßnahmen stets besonders sorgfältig und sensibel und unter Berücksichtgung des Grundsatzes der Verhältnismäßigkeit zu hinterfragen.[244] 105

cc) **Gefahrentatbestände.** Als Präventivmaßnahmen erfordern die besonderen Sicherungsmaßnahmen das Vorliegen eines Gefahrentatbestands, welcher grundsätzlich durch die Person des von der Maßnahme betroffenen Untersuchungsgefangenen begründet wird, ausnahmsweise jedoch aber auch durch Dritte ausgelöst werden kann (vgl. hierzu nachfolgend Rn. 114). 106

Die in den Landesgesetzen zum Vollzug der Untersuchungshaft enthaltenen eingriffsbegründenden Gefahrentatbestände als Voraussetzung für die Anordnung besonderer Sicherungsmaßnahmen sind regelmäßig – aus rechtsstaatlichen Gründen, um willkürliche Eingriffe in die Rechtsposition der Untersuchungsgefangenen auszuschließen – abschließend aufgeführt.[245] Insoweit erscheint es höchst zweifelhaft, wenn die landesgesetzliche Regelung aus Nordrhein-Westfalen hierzu bereits allgemein ausreichen lässt, dass eine „erhebliche Störung der Sicherheit oder Ordnung der Anstalt nicht auf andere Art und Weise vermieden oder behoben werden kann".[246] Damit erweitert das UVollzG NRW den möglichen Anwendungsbereich für die Anordnung besonderer Sicherungsmaßnahmen gegen Untersuchungsgefangene gegenüber der bewährten und abschließenden Regelung für Strafgefangene in § 88 Abs. 1 StVollzG. Durch diese Regelung wird der bislang als Ausnahmefall für die Anordnung besonderer Sicherungsmaßnahmen aufgrund einer von Dritten ausgehenden Gefahr des § 88 Abs. 3 StVollzG – welche bislang eng auszulegen war[247] – im UVollzG NRW zum Regelfall. Zwar wird diese gesetzliche Regelung in § 42 Abs. 1 UVollzG NRW in der Folge dahingehend konkretsiert, dass „insbesondere zur Abwehr der Gefahr von Gewalttätigkeiten gegen Personen oder Sachen sowie zur Verhinderung von Selbstverletzungen" die Anordnung besonderer Sicherungsmaßnahmen zulässig sei. Aufgrund der verbleibenden Unbestimmtheit dieser Eingriffsvoraussetzungen – insbesondere im Hinblick auf die daraus resultierenden möglichen massiven Maßnahmeformen – ist eine derartig offene Gestaltung des Tatbestands jedoch wenig überzeugend. 107

Für sämtliche Gefahrentatbestände der Ländergesetze gilt jedoch, dass die genannten Gefahren jeweils den unmittelbar drohenden Eintritt eines unerwünschten – durch die besonderen Sicherungsmaßnahmen abzuwendenden – Schadens voraussetzen.[248] Ob die jeweiligen Voraussetzungen vorliegen, hat die Anstalt im Sinne einer **Prognoseentscheidung** auf Grundlage aller zum Zeitpunkt der Entscheidung ersichtlichen Erkenntnisse zu beurtei- 108

241 Vgl. Hadeler, Besondere Sicherungsmaßnahmen im Strafvollzug, S. 136.
242 Vgl. KG Berlin StV 2005, 669.
243 Vgl. BMJ-Schüler-Springorum, Tagungsberichte der Strafvollzugskommission, V. Band, S. 87.
244 Vgl. BVerfG, 24.1.2008, 2 BvR 1661/06; vgl. Hadeler, Besondere Sicherungsmaßnahmen im Strafvollzug, S. 14 f. und 73 ff.; vgl. Feest/Brühl in: AK-StVollzG, § 88 Rn. 1; vgl. Schwind in: Schwind/Böhm/Jehle/Laubenthal, StVollzG, § 88 Rn. 1 und 3.
245 Vgl. Hadeler, Besondere Sicherungsmaßnahmen im Strafvollzug, S. 23; vgl. Feest/Brühl in: AK-StVollzG, § 88 Rn. 10.
246 Vgl. § 42 Abs. 1 UVollzG NRW.
247 Vgl. Feest/Brühl in: AK-StVollzG, § 88 Rn. 17.
248 Vgl. Callies/Müller-Dietz, StVollzG, § 88 Rn. 2; vgl. OLG Celle NStZ 1989, 143.

len,[249] wobei die Gefahr stets anhand konkreter Anhaltspunkte belegbar sein muss.[250] Dabei wird – unabhängig von der Auslegung der Reichweite der Formulierung, nach der eine Gefahr „in erhöhtem Maße“ vorliegen muß[251] – stets die konkrete Gefahr eines Schadenseintritts so akut sein, dass sie über das ohnehin im Rahmen von freiheitsentziehenden Maßnahmen typische Maß hinausgeht.[252] Bei der prognostischen Einschätzung der Gefährdungslage – als zentrales Element der mit unbestimmten Rechtsbegriffen beschriebenen Eingriffsvoraussetzungen – steht den Anstalten ein eigener **Beurteilungsspielraum** zu, wenngleich den Gerichten stets eine Prüfungspflicht im Hinblick auf die strikt zu beachtende Verhältnismäßigkeit der Anordnung und Durchführung von besonderen Sicherungsmaßnahmen verbleibt.[253]

Bloße Verdachtsanordnungen werden jedenfalls zur Annahme einer tatbestandlichen Gefahr nicht ausreichen.[254] Soweit vertrauliche – ggf. auch anonyme – Hinweise durch andere Personen oder Behörden von der Anstalt zur Maßnahmenanordnung herangezogen werden, kann dieses jedoch durchaus zulässig sein,[255] wenngleich es auch zwingend eine stets besonders rasche und kritische Überprüfung solcher Hinweise durch die Anstalt voraussetzt.[256] Die Anstalt ist jedoch nicht gezwungen, bei Anordnung besonderer Sicherungsmaßnahmen aufgrund solcher Umstände nachträglich den Ursprung der vertraulich erlangten Informationen preiszugeben.[257]

109 Für die Anordnung von besonderen Sicherungsmaßnahmen aufgrund **einer von der Person des betroffenen Untersuchungsgefangenen selbst ausgehenden Gefahr** enthalten die landesgesetzlichen Regelungen zunächst jeweils drei Gefahrentatbestände, indem von dem Untersuchungsgefangenen – durch sein Verhalten oder seinen seelischen Zustand – in erhöhtem Maße die Gefahr seiner Entweichung, von Gewalttätigkeiten gegen Personen oder Sachen oder seiner Selbsttötung oder Selbstverletzung ausgehen muss. Diese Gefahrentatbestände stellen unbestimmte Rechtsbegriffe dar, die der vollen gerichtlichen Überprüfung unterliegen.[258]

110 Die **Einschätzung des Verhaltens oder des seelischen Zustandes** des Untersuchungsgefangenen ist häufig nicht unproblematisch und angesichts der mit den damit zu begründenden Maßnahmeanordnungen von hoher Bedeutung. Daher darf die Anstalt insoweit auch nur das aktuelle Verhalten des Untersuchungsgefangenen bzw. seinen gegenwärtigen seelischen Zustand heranziehen, um zu prüfen, ob von diesem Gefahren ausgehen.[259] Allein früheres Verhalten des Untersuchungsgefangenen reicht für die Anordnung besonderer Sicherungsmaßnahmen jedenfalls nicht aus, kann jedoch zur Beurteilung der aktuell-gegenwärtigen Lage mit herangezogen werden.[260] Während dabei die Beurteilung des Verhaltens des Untersuchungsgefangenen, welches regelmäßig für jedermann nach außen hin erkannbar ist, noch vergleichsweise sicher möglich erscheint, werden die Anordnungsbefugten in den Justizvollzugsanstalten bei der Beurteilung des seelischen Zustandes eines Untersuchungsgefangenen regelmäßig an ihre Grenzen stoßen, so dass die Landesgesetze – wie schon das

249 Diese Prognoseentscheidungen machen nochmals den Präventivcharakter der besonderen Sicherungsmaßnahmen deutlich; vgl. Hadeler, Besondere Sicherungsmaßnahmen im Strafvollzug, S. 26.
250 Vgl. BVerfG, 24.1.2008, 2 BvR 1661/06; vgl. Arloth, StVollzG, § 88 Rn. 2; vgl. Callies/Müller-Dietz, StVollzG, § 88 Rn. 2.
251 Vgl. Hadeler, Besondere Sicherungsmaßnahmen im Strafvollzug, S. 28 ff.
252 Vgl. Goerdeler in: Ostendorf, Jugendstrafvollzugsrecht, § 8 Rn. 168, Fn 290.
253 Vgl. BVerfG, 24.1.2008, 2 BvR 1661/06; vgl. Arloth, StVollzG, § 88 Rn. 1; vgl. OLG Celle NStZ-RR 2011, 191.
254 Vgl. OLG Koblenz NStZ 2000, 467; vgl. OLG Karlsruhe MDR 1993, 114.
255 Vgl. OLG Frankfurt NStZ 1994, 256, mit Hinweisen durch das Landeskriminalamt.
256 Vgl. Hadeler, Besondere Sicherungsmaßnahmen im Strafvollzug, S. 25.
257 Vgl. OLG Celle NStZ-RR 2011, 191; vgl. OLG Nürnberg NStZ 1982, 438; vgl. Schwind in: Schwind/Böhm/Jehle/Laubenthal, StVollzG, § 88 Rn. 7.
258 Vgl. Schwind in: Schwind/Böhm/Jehle/Laubenthal, StVollzG, § 88 Rn. 6; vgl. Arloth, StVollzG, § 88 Rn. 1.
259 Vgl. Callies/Müller-Dietz, StVollzG, § 88 Rn. 2; vgl. Feest/Brühl in: AK-StVollzG, § 88 Rn. 4.
260 Vgl. Hadeler, Besondere Sicherungsmaßnahmen im Strafvollzug, S. 20-22.

StVollzG (vgl. § 91 Abs. 2 StVollzG) – hierfür regelmäßig die Hinzuziehung eines Arztes oder Psychologen verlangen.[261]

Die jeweils als erster Gefahrentatbestand genannte **Gefahr der Entweichung bzw. der Flucht**[262] eines Untersuchungsgefangenen ist bei einer im Einzelfall konkret vorliegenden Bereitschaft des Untersuchungsgefangenen anzunehmen, sich jede ihm bietenden Gegelenheit zu nutzen, um sich der Haft zu entziehen. Diese Flucht- oder Entweichungsgefahr muss – um den Voraussetzungen zur Anordnung besonderer Sicherungsmaßnahmen zu genügen – über eine solche bei allen einer freiheitsentziehenden Maßnahme unterworfenen Personen latent vorhandene Neigung hinausgehen.[263] Damit sind auch hier substanzielle, mit konkreten Anhaltspunkten belegbare Erkenntnisse von Flucht- bzw. Entweichungsverabredungen oder –vorbereitungen erforderlich,[264] beispielsweise durch konkrete Planungen oder der Herstellung oder Aufbewahrung von Fluchtmitteln und –werkzeugen.[265] Allein frühere Flucht- bzw. Entweichungsversuche des Untersuchungsgefangenen ohne aktuell-gegenwärtigen Bezug können danach zur Begründung dieses Gefahrentatbestands ebenso wenig ausreichen wie vermehrte Entweichungen anderer Gefangener aus der Anstalt.[266] 111

Als weiteren Gefahrentatbestand führen die Ländergesetze die **Gefahr von Gewalttätigkeiten gegen Personen oder Sachen** auf, welche bei einer gegen Mitgefangene, Bedienstete oder die Vollzugseinrichtung gerichteten konkreten Besorgnis massiver Gewalttätigkeiten vorliegt.[267] Damit wird jede Form von Leibes- oder Lebensgefahr[268] bzw. der Gefahr der Beschädigung oder Zerstörung des Haftrauminventars erfasst.[269] 112

Als letzten Gefahrentatbestand enthalten die landesgesetzlichen Regelungen jeweils auch die **Gefahr der Selbsttötung oder Selbstverletzung.**[270] Ein solches selbstschädigendes Verhalten – bis hin zu ernsthaften Suizidversuchen – stellt generell ein gravierendes und auch empirisch belegbares Problem für den Justizvollzug dar, welches jedoch speziell im Vollzug der Untersuchungshaft von besonderer Bedeutung ist, indem hier die Suizidrate gegenüber der Suizidrate in der Allgemeinbevölkerung um bis zu 7,5mal höher liegt.[271] Der Grund hierfür 113

261 So jeweils in § 52 Abs. 2 der landesgesetzlichen Regelungen zum Vollzug der Untersuchungshaft in Berlin, Brandenburg, Bremen, M-V, Rheinland-Pfalz, Saarland, Sachsen, Sachsen-Anhalt, SH (Reg-E) und Thüringen; vgl. für Ba-Wü: § 50 Abs. 2 JVollzGB II Ba-Wü; vgl. für Bayern: Art. 27 UVollzG Bayern (Reg-E) i.V.m. Art. 99 Abs. 2 StVollzG Bayern; vgl. für Niedersachsen: § 156 Abs. 1 i.V.m. § 84 Abs. 2 NJVollzG; vgl. für Hamburg: § 56 Abs. 1 HmbUVollzG; vgl. für NRW: § 44 Abs. 1 UVollzG NRW; vgl. für Hessen: § 36 Abs. 2 HUVollzG.

262 Soweit die Mehrheit der Ländergesetze in ihrem Gesetzeswortlaut nicht mehr – wie noch § 88 StVollzG – von der „Fluchtgefahr", sondern von der „Entweichungsgefahr" sprechen, soll dies im Rahmen des Vollzuges der Untersuchungshaft insbesondere auch der Abgrenzung von dem Haftgrund der „Fluchtgefahr" in § 112 Abs. 2 Nr. 2 StPO dienen, da diese „Fluchtgefahr" der Strafprozessordnung das Strafverfahren betrifft, während die „Entweichungsgefahr" aussschließlich die (äußere) Sicherheit der Anstalt berührt; vgl. Landtag Schleswig-Holstein, Drucks. 17/1255, S. 91; insoweit kritisch: AnwK U-Haft/Rubbert/Scharmer, § 49 Rn. 1 f., 13 sowie § 52 Rn. 2 ff., unter Hinweis auf den Vorrang richterlicher Anordnungen nach § 119 StPO.

263 Vgl. Feest/Brühl in: AK-StVollzG, § 88 Rn. 6; vgl. OLG Hamm, NStZ-RR 2011, 291.

264 Vgl. Arloth, StVollzG, § 88 Rn. 2; vgl. OLG Saarbrücken ZfStrVO 1985, 58; vgl. OLG Celle NStZ 1985, 480.

265 Vgl. Feest/Brühl in: AK-StVollzG, § 88 Rn. 6.

266 Vgl. Goerdeler in: Ostendorf, Jugendstrafvollzugsrecht 8. Abschnitt, Rn. 171; vgl. Hadeler, Besondere Sicherungsmaßnahmen im Strafvollzug, S. 26-28; vgl. OLG Saarbrücken ZfStrVo 1985, 58.

267 Vgl. KG Berlin ZfStrVo 2005, 669.

268 Soweit von einem Untersuchungsgefangenen die Gefahr einer Ansteckung von Mitgefangenen oder Bediensteten mit HIV-Viren ausgeht, ist diese aufgrund der bloßen Erkrankung einer Person grundsätzlich nur abstrakt und damit nicht gefahrbegründend i.S.d. besonderen Sicherungsmaßnahmen, so dass erst bei einer substantiierten Drohung des Untersuchungsgefangenen, andere Personen mit Gewalt zu infizieren, ein Eingriffsgrund vorliegt; vgl. Dargel, NStZ 1989, 207 (210).

269 Vgl. Callies/Müller-Dietz, StVollzG, § 88 Rn. 2; Feest/Brühl in: AK-StVollzG, § 88 Rn. 7, nennen als Auslöser solcher Gefahren einen sog. Haftkoller.

270 Während die Regelung in Bayern in Art. 27 UVollzG Bayern (Reg-E) i.V.m. Art. 96 Abs. 1 StVollzG Bayern – wie § 88 StVollzG – statt von der „Selbsttötung" noch vom „Selbstmord" spricht, hat Nordrhein-Westfalen in § 35 Abs. 1 UVollzG NRW komplett auf eine Beschreibung einer Suizidgefahr verzichtet, indem diese in der Gefahr einer Selbstverletzung mit enthalten ist.

271 Vgl. Bennefeld-Kersten, BewH 2009, 396, nach deren Erhebungen auch die Suizidrate im Strafvollzug 6mal höher ist, als in der Allgemeinbevölkerung.

dürfte insbesondere in der speziellen verfahrensrechtlichen, vollzuglichen und auch persönlichen Situation der Untersuchungsgefangenen liegen, für die der Freiheitsentzug häufig überraschend kommt, von ungewisser Dauer ist und vielfach mit weiteren erheblichen Beschränkungen – insbesondere hinsichtlich des Kontakts mit der Außenwelt – verbunden ist.[272] Daher haben einige Länder bereits die Suizidprävention als besondere Aufgabe im Rahmen der Gestaltung des Untersuchungshaftvollzugs in ihre Untersuchungshaftvollzugsgesetze aufgenommen.[273] Für die Vollzugspraxis bleiben jedoch die besonderen Sicherungsmaßnahmen ein wichtiges und auch erforderliches vollzugliches Instrument, um der Suizidgefahr zu begegnen.[274] Die Anordnung und der Vollzug besonderer Sicherungsmaßnahmen aufgrund einer Selbstverletzungs- oder Selbsttötungsgefahr wird dabei jedoch stets nur als erste Maßnahme zur akuten Abwendung eines Schadenseintritts dienen, da Suizidversuche regelmäßig Ausdruck von Verzweiflung, Hoffnungs- und Hilfslosigkeit sind, die eine intensive Betreuung und ggf. Behandlung der Untersuchungsgefangenen auslösen müssen.[275] Hierfür reichen die gefahrenabwehrenden besonderen Sicherungsmaßnahmen allein jedoch nicht aus.

114 Neben den vorgenannten drei Gefahrentatbeständen, bei denen die Anordnung besonderer Sicherungsmaßnahmen stets auf eine von der Person des betroffenen Untersuchungsgefangenen selbst ausgehenden Gefahr zurückgeht, enthalten die Landesgesetze auch Ausnahmeregelungen für die **Anordnung besonderer Sicherungsmaßnahmen zur Begegnung von Gefahren, die von Dritten ausgehen.**[276] Dieses ist dann zulässig, soweit die Gefahr einer Befreiung von Untersuchungsgefangenen durch Dritte oder eine erhebliche Störung der Anstaltsordnung nicht anders vermieden oder behoben werden kann. Auch für die Anwendung dieses Gefahrentatbestands zur Anordnung besonderer Sicherungsmaßnahmen zum Schutz von Untersuchungsgefangenen, die nicht selbst die Gefahrverursacher darstellen,[277] müssen konkrete Anhaltspunkte einer unmittelbar bevorstehenden Gefahrrealisierung vorliegen.[278] Die Gefahr der Befreiung eines Untersuchungsgefangenen, die von außerhalb, aber auch aus der Anstalt selbst heraus drohen kann, ist dabei lediglich ein beispielgebender Sonderfall der erheblichen Störung der Anstaltsordnung,[279] der dem Justizvollzug als Orientierung zur Bewertung der Erheblichkeit einer Ordnungsstörung dienen soll.[280]

Bei der Anordnung besonderer Sicherungsmaßnahmen zur Begegnung von Gefahren, die von Dritten ausgehen, ist der zulässige Maßnahmenkatalog eingeschränkt, da der von den Maßnahmen betroffene Untersuchungsgefangene hier regelmäßig nicht selbst den Anlass zur Maßnahmenanordnung auslöst.

115 Darüber hinaus enthalten die landesgesetzlichen Regelungen jeweils einen erweiterten Eingriffstatbestand,[281] der – in Verringerung der Anforderungen an den zuvor dargestellten Gefahrbegriff – in bestimmten Situationen eine anlassbezogene besondere Sicherungsmaßnahme zulässt, indem die **Fesselung bei Ausführung, Vorführung oder Transport** des Un-

---

272 Bennefeld-Kersten, BewH 2009, 396, 399 f.; vgl. Höflich NK 2009, 133.

273 Vgl. jeweils § 5 Abs. 1 S. 3 der landesgesetzlichen Regelung von Berlin und Bremen; demgegenüber begegnet Niedersachsen diesem Problem aktuell mit einem Modellprojekt, in welchem den Untersuchungsgefangenen jederzeit – insbesondere auch in der Nacht – die telefonische Kontaktaufnahme mit Seelsorgern ermöglicht werden soll, vgl. BAG-S Informationsdienst Straffälligenhilfe 2011, 25.

274 Vgl. KG Berlin NStZ 1990, 142.

275 Vgl. Goerdeler in: Ostendorf, Jugendstrafvollzugsrecht 8. Abschnitt, Rn. 172; vgl. Feest/Brühl in: AK-StVollzG, § 88 Rn. 8; vgl. Hadeler, Besondere Sicherungsmaßnahmen im Strafvollzug, S. 35-37.

276 So jeweils in § 49 Abs. 3 der landesgesetzlichen Regelungen zum Vollzug der Untersuchungshaft in Berlin, Brandenburg, Bremen, M-V, Rheinland-Pfalz, Saarland, Sachsen, Sachsen-Anhalt, SH (Reg-E) und Thüringen; vgl. für Ba-Wü: § 47 Abs. 3 JVollzGB II Ba-Wü; vgl. für Bayern: Art. 27 UVollzG Bayern (Reg-E) i.V.m. Art. 96 Abs. 3 StVollzG Bayern; vgl. für Hamburg: § 54 Abs. 4 HmbUVollzG; vgl. für Hessen: § 35 Abs. 3 HUVollzG; vgl. für Niedersachsen: § 156 Abs. 1 i.V.m. § 81Abs. 3 NJVollzG; vgl. § 42 Abs. 1 UVollzG NRW, in dem auf diese Differenzierung aus den eingangs dargestellten Gründen (vgl. Rn. 107) verzichtet wird.

277 Vgl. Callies/Müller-Dietz, StVollzG, § 88 Rn. 3.

278 Vgl. Feest/Brühl: AK-StVollzG, § 88 Rn. 17.

279 Vgl. Arloth, StVollzG, § 88 Rn. 10; vgl. Callies/Müller-Dietz, StVollzG, § 88 Rn. 3.

280 Vgl. Feest/Brühl in: AK-StVollzG, § 88 Rn. 17; vgl. OLG Zweibrücken StV 1994, 149.

281 Vgl. Callies/Müller-Dietz, StVollzG, § 88 Rn. 3.

tersuchungsgefangenen angeordnet werden kann, wenn die erhöhte Gefahr seiner Entweichung bzw. Flucht vorliegt.[282] Mithin kann in den gesetzlich genannten besonderen Situationen, bei denen generell die Möglichkeiten der Entweichung oder Befreiung eines Untersuchungsgefangenen erhöht sind, dessen Fesselung angeordnet werden, ohne das die zuvor genannten Gefahrtatbestände in der Person des Betroffenen oder durch Dritte konkret eröffnet sind.[283] Dieses soll insbesondere bei Widerstand leistenden Untersuchungsgefangenen oder bei der Aus- oder Vorführung von fluchtverdächtigen Untersuchungsgefangenen der Fall sein.[284] Dieser Erweiterung des Anwendungsbereichs besonderer Sicherungsmaßnahmen liegen mithin jeweils vollzugliche Situationen zugrunde, in denen der vollzugliche Gewahrsam an dem Untersuchungsgefangenen besonderen Risiken ausgesetzt ist.[285]

dd) Maßnahmenkatalog. Die zulässigen jeweiligen besonderen Sicherungsmaßnahmen waren für den Vollzug der Untersuchungshaft in Nr. 63 Abs. 1 UVollzO bislang missverständlich und damit unzulänglich geregelt, indem dort nach dem Wortlaut lediglich diejenigen besonderen Sicherungsmaßnahmen aufgeführt waren, die „hauptsächlich“ in Betracht kamen. Durch diese nicht abschließende Formulierung im Wortlaut der Vorschrift war nicht auszuschließen, dass in der Vollzugspraxis einzelner Justizvollzugsanstalten auch weitere Maßnahmeformen, die nicht in Nr. 63 UVollzO aufgeführt waren, Anwendung finden könnten.[286] Dieser rechtstaatlich nicht zu vertretenden offenen Regelung von möglichen Eingriffen in die Rechte der Untersuchungsgefangenen sind sämtliche Landesgesetze jedoch nicht gefolgt, indem sie nunmehr für die Anordnung besonderer Sicherungsmaßnahmen im Vollzug der Untersuchungshaft – wie in § 88 StVollzG und damit in Abkehr von der bislang geltenenden Regelung in Nr. 63 Abs. 1 UVollzG – einen **abschließenden Katalog zulässiger Maßnahmen** normiert haben.[287] 116

Mit der Anordnung einer besonderen Sicherungsmaßnahme aus den gesetzlichen Maßnahmenkatalogen können als automatischer Reflex zugleich weitere Beschränkungen der Rechtspositionen des Untersuchungsgefangenen folgen.[288] Ebenso ist aber auch die **kumulative Anordnung** mehrerer besonderer Sicherungsmaßnahmen grundsätzlich zulässig, soweit die vorliegende konkrete Gefahr nicht anders abgewendet werden kann.[289] In diesem Fall wird durch die Anstalt jedoch nicht nur die Erforderlichkeit und Verhältnismäßigkeit jeder einzelnen Maßnahmeform zu prüfen sein, sondern sie hat darüber hinaus auch die besondere Wirkung der gemeinsamen Anordnung mehrerer Maßnahmen auf den betroffenen Untersuchungsgefangenen zu berücksichtigen.[290] 117

Die landesgesetzlichen Regelungen zum Vollzug der Untersuchungshaft enthalten in ihren Katalogen mit den zulässigen besonderen Sicherungsmaßnahmen jeweils die nachfolgenden sechs möglichen Maßnahmeformen:

282 So jeweils in § 49 Abs. 4 der landesgesetzlichen Regelungen zum Vollzug der Untersuchungshaft in Berlin, Brandenburg, Bremen, M-V, Rheinland-Pfalz, Saarland, Sachsen, Sachsen-Anhalt, SH (Reg-E) und Thüringen; vgl. für Ba-Wü: § 47 Abs. 4 JVollzGB II Ba-Wü; vgl. für Bayern: Art. 27 UVollzG Bayern (Reg-E) i.V.m. Art. 96 Abs. 4 StVollzG Bayern; vgl. für Hamburg: § 54 Abs. 5 HmbUVollzG; vgl. für Hessen: § 35 Abs. 4 HUVollzG; vgl. für Niedersachsen: § 156 Abs. 1 i.V.m. § 81 Abs. 4 NJVollzG; vgl. § 42 Abs. 1 UVollzG NRW, in dem auf diese Differenzierung aus den eingangs dargestellten Gründen (vgl. Rn. 107) verzichtet wird.

283 Vgl. Arloth, StVollzG, § 88 Rn. 11.

284 Vgl. Callies/Müller-Dietz, StVollzG, § 88 Rn. 3.

285 Vgl. Goerdeler in: Ostendorf, Jugendstrafvollzugsrecht, 8. Abschnitt Rn. 175.

286 Vgl. Hadeler, Besondere Sicherungsmaßnahmen im Strafvollzug, S. 155-156 und 169.

287 So jeweils in § 49 Abs. 2 Nr. 1-6 der landesgesetzlichen Regelungen zum Vollzug der Untersuchungshaft in Berlin, Brandenburg, Bremen, M-V, Rheinland-Pfalz, Saarland, Sachsen, Sachsen-Anhalt, SH (Reg-E) und Thüringen; vgl. für Ba-Wü: § 47 Abs. 2 Nr. 1-6 JVollzGB II Ba-Wü; vgl. für Bayern: Art. 27 UVollzG Bayern (Reg-E) i.V.m. Art. 96 Abs. 2 Nr. 1-6 StVollzG Bayern; vgl. für Hamburg: § 54 Abs. 2 Nr. 1-6 HmbUVollzG; vgl. für Hessen: § 35 Abs. 2 Nr. 1-6 HUVollzG; vgl. für Niedersachsen: § 156 Abs. 1 i.V.m. § 81Abs. 2 Nr. 1-6 NJVollzG; vgl. § 42 Abs. 2 Nr. 1-6 UVollzG NRW.

288 Vgl. Feest/Brühl in: AK-StVollzG, § 88 Rn. 10; bspw. führt die Unterbringung in einen besonders gesicherten Haftraum zwangsläufig auch zu der Absonderung des Untersuchungsgefangenen.

289 Vgl. Arloth, StVollzG, § 88 Rn. 3; vgl. Callies/Müller-Dietz, StVollzG, § 88 Rn. 5.

290 Vgl. OLG Frankfurt NStZ-RR 2002, 155; vgl. Feest/Brühl in: AK-StVollzG, § 88 Rn. 10; vgl. auch Hadeler, Besondere Sicherungsmaßnahmen im Strafvolllzug, S. 39-40.

118 Der **Entzug oder die Vorenthaltung von Gegenständen** ist zur Gefahrenabwehr zulässig, wenn beim Verbleib der Gegenstände im Besitz des Untersuchungsgefangenen objektiv die Realisierung einer der genannten Gefahrentatbestände droht.[291] Damit können – je nach vorliegender Gefahr – alle Gegenstände entzogen oder vorenthalten werden, die der Entweichung bzw. Flucht dienlich sind oder eine Selbsttötung oder Selbstverletzung erleichtern können.[292] Mithin erfasst diese Maßnahmeform Gegenstände, die den Untersuchungsgefangenen grundsätzlich überlassen werden dürfen, wie Hosengürtel, Spiegel, Bestecke, Feuerzeuge, Rasierklingen, Flaschen usw.,[293] die ihnen aber aufgrund des Vorliegens einer tatbestandlichen Gefahr komplett oder befristet vorenthalten oder für gewisse Zeiten entzogen werden können.[294] Aus Verhältnismäßigkeitsgesichtspunkten werden bei Entzug dieser Gegenstände jedoch adäquate Ersatzgegenstände, bei denen das Risiko einer Gefahrrealisierung auszuschließen ist, zuzulassen sein.[295]

119 Die **Beobachtung der Untersuchungsgefangenen** wird insbesondere bei der Gefahr der Selbsttötung oder Selbstverletzung des von der Maßnahmeform betrofffenen Untersuchungsgefangenen angeordnet werden.[296] Diese Beobachtung umfasst üblicherweise die Kontrolle des Untersuchungsgefangenen durch den Türspion oder mittels einer Kommunikationsklappe und stellt damit einen Eingriff in die Privats- und Intimsphäre des Betroffenen dar.

In der weiteren Ausgestaltung dieser Maßnahmeform sind die landesgesetzlichen Regelungen jedoch uneinheitlich. So sieht der 12-Länder-Entwurf ausdrücklich eine **Beobachtung auch mittels technischer Hilfsmittel** vor, was generell eine akustische Kontrolle mittels Mikrofonen oder eine visuelle Kontrolle mittels Videokameras aller Hafträume ermöglicht. Berlin ist jedoch in seinem UVollzG von einer solchen weiten Ausgestaltung dieser Maßnahmeform zunächst abgewichen, indem dort ausdrücklich nur in einem besonders gesicherten Haftraum die Beobachtung „auch mittels Videoüberwachung" erfolgen durfte.[297] Ebenso hatte zuvor bereits Hamburg den Einsatz technischer Hilfsmittel auf „besondere Hafträume" beschränkt.[298] Soweit die gesetzliche Regelung in Baden-Württemberg – unter Wiedergabe der geltenden Regelung in § 88 Abs. 2 Nr. 2 StVollzG – lediglich „die Beobachtung bei Nacht" vorsieht,[299] war insoweit auch ohne ausdrücklichen gesetzlichen Hinweis bereits anerkannt, dass dies auch den Einsatz technischer Hilfesmittel umfassen soll. Denn die technische Überwachung – auch wenn sie dauerhaft erfolgt – kann für den Untersuchungsgefangenen durchaus weniger belastend wirken, als eine ständige physische Anwesenheit eines Vollzugsbediensteten.[300] Demgemäß lässt Bayern in seiner gesetzlichen Rege-

291 Vgl. OLG Celle NStZ 1989, 143.

292 Vgl. Schwind in: Schwind/Böhm/JehleLaubenthal, StVollzG, § 88 Rn. 11.

293 Vgl. Hadeler, Besondere Sicherungsmaßnahmen im Strafvolllzug, S. 40.

294 Vgl. Callies/Müller-Dietz, StVollzG, § 88 Rn. 5; Feest/Brühl in: AK-StVollzG, § 88 Rn. 11 betonen, dass hierbei stets die Menschenwürde des Betroffenen besonders zu berücksichtigen ist, so dass z.B. bei der Wegnahme der Rasierklingen dem Untersuchungsgefangenen die Möglichkeit gewährt werden muss, sich rasieren zu lassen oder sich unter Aufsicht zu rasieren.

295 So z.B. die Zulassung eines elektrischen Rasierers anstatt Rasierklingen oder eines Plastikspiegels anstatt eines Glasspiegels.

296 Vgl. Schwind in: Schwind/Böhm/Jehle/Laubenthal, StVollzG, § 88 Rn. 12; vgl. Arloth, StVollzG, § 88 Rn. 9.

297 Vgl. § 49 Abs. 2 Nr. 2 UVollzG Berlin; mit dem Inkraftreten des Justizvollzugsdatenschutzgesetz Berlin (JVollzDSG Bln vom 21.6.2011) zum 1.7.2011 ist § 49 Abs. 2 Nr. 2 UVollzG Berlin durch die Regelungen in den §§ 17, 79 JVollzDSG Berlin – durch Streichung der Videoüberwachung der besonders gesicherten Hafträume – jedoch zwischenzeitlich modifiziert worden; vgl. Senat Berlin, Drucks. 16/3705.

298 Vgl. § 54 Abs. 2 Nr. 2 HmbUVollzG, wonach als zulässige technische Hilfsmittel insbesondere auf den „Einsatz von optisch-elektronischen Einrichtungen (§ 102)" verwiesen wird.

299 Vgl. § 47 Abs. 2 Nr. 2 JVollzG II Ba-Wü; Baden-Württemberg hat die Beobachtung von Hafträumen mittels Videotechnik darüber hinaus gesondert in § 32 Abs. 1 JVollzGB I Ba-Wü geregelt.

300 Vgl. Arloth, StVollzG, § 88 Rn. 5; ebenso für die in Ausnahmefällen zulässige „Dauerüberwachung" vgl. Callies/Müller-Dietz, StVollzG, § 88 Rn. 5; und vgl. Schwind in: Schwind/Böhm/Jehle/Laubenthal, StVollzG, § 88 Rn. 12; vgl. jedoch Feest/Brühl in: AK-StVollzG, § 88 Rn. 12, mit dem nicht näher begründeten Hinweis darauf, dass eine häufige Beobachtung die Suizidgefahr und –entschlossenheit sogar noch verstärken könne; vgl. auch Hadeler, Besondere Sicherungsmaßnahmen im Strafvollzug, S. 42-44.

lung auch ausdrücklich „die ständige Beobachtung, auch mit technischen Mitteln" zu.[301] Jedoch darf die (dauerhafte) technische Beobachtung eines Untersuchungsgefangenen – insbesondere bei Vorliegen einer Selbstverletzungs- oder Suizidgefahr – aus den zugrunde liegenden Fürsorgeverpflichtungen der Anstalt nicht dazu führen, dass die erforderliche individuelle persönliche Betreuung gefährdeter Untersuchungsgefangener aufgrund des Einsatzes technischer Hilfsmittel unterbleibt.[302]

Soweit die persönliche oder technische Beobachtung eines Untersuchungsgefangenen auch oder insbesondere bei Nacht erfolgen muss, hat die Anstalt durch den Einsatz abgeschirmter Lichtquellen stets dafür Sorge zu tragen, dass der Betroffene nicht übermäßig in seinem Schlaf gestört wird.[303]

Als weitere Maßnahmeform enthalten die landesgesetzlichen Regelungen jeweils die Mög- 120
lichkeit der **Absonderung von anderen Gefangenen**, die die vorübergehende getrennte Unterbringung eines Untersuchungsgefangenen im Sinne einer befristeten Isolierung von Mitgefangenen darstellt, um Gefahren für die Sicherheit und Ordnung der Anstalt zu vermeiden.[304] Diese Absonderung als ununterbrochene Trennung von anderen Inhaftierten kann sich auf den gesamten Tagesablauf, d.h. die Arbeits- und Ausbildungszeit, die Freizeit und die Ruhezeit eines Untersuchungsgefangenen erstrecken.[305]

Typische Anwendungsfälle der Absonderung als besondere Sicherungsmaßnahme sind Fälle des Drogenmissbrauchs durch einen Untersuchungsgefangenen oder Gewaltausbrüche, die z.B. zur Beschädigung des Haftrauminventars führen[306] und eine Krisenintervention anhand dieser besonderen Sicherungsmaßnahme erforderlich machen.[307]

Die Absonderung ist von der strengeren Form der Isolierung eines Untersuchungsgefangenen in Gestalt der gesondert geregelten Einzelhaft (vgl. nachfolgend Rn. 124 ff.) dahingehend zu unterscheiden, dass letztere dauerhaft, über 24 Stunden hinaus erfolgen kann.[308] Darüber hinaus ist die (einfache) Absonderung eines Untersuchungsgefangenen – im Gegensatz zur Einzelhaft – auch zulässig, wenn die mit der Maßnahme zu begegnende Gefahr nicht von dem von der Maßnahme Betroffenen selbst, sondern von Dritten ausgeht.[309]

Der **Entzug oder die Beschränkung des Aufenthalts im Freien** liegt vor, wenn einem Unter- 121
suchungsgefangenen aus Gründen der Sicherheit und Ordnung der nach den jeweiligen Ländergesetzen zu gewährende Mindestaufenthalt im Freien von einer Stunde am Tag[310] nicht

301 Vgl. Art. 27 UVollzG Bayern (Reg-E) i.V.m. Art. 96 Abs. 2 Nr. 2 StVollzG Bayern.

302 Vgl. Goerdeler in: Ostendorf, Jugendstrafvollzugsrecht, 8. Abschnitt Rn. 199.

303 Vgl. Feest/Brühl in: AK-StVollzG, § 88 Rn. 12; vgl. Schwind in: Schwind/Böhm/Jehle/Laubenthal, StVollzG, § 88 Rn. 12.

304 Vgl. OLG Bremen ZfStrVO 1985, 178; vgl. Callies/Müller-Dietz, StVollzG, § 88 Rn. 5.

305 Vgl. Arloth, StVollzG, § 88 Rn. 6; vgl. Schwind in: Schwind/Böhm/Jehle/Laubenthal, StVollzG, § 88 Rn. 13.

306 Vgl. Feest/Brühl in: AK-StVollzG, § 88 Rn. 13.

307 Vgl. Schwind in: Schwind/Böhm/Jehle/Laubenthal, StVollzG, § 88 Rn. 13.

308 Vgl. Callies/Müller-Dietz, StVollzG, § 88 Rn. 5; vgl. Schwind in: Schwind/Böhm/Jehle/Laubenthal, StVollzG, § 88 Rn. 13; Arloth, StVollzG, § 88 Rn. 6; kritisch demgegenüber zu dieser allein zeitlich bemessenen Abgrenzung vgl. Feest/Brühl in: AK-StVollzG, § 88 Rn. 13.

309 So jeweils in § 49 Abs. 3 der landesgesetzlichen Regelungen zum Vollzug der Untersuchungshaft in Berlin, Brandenburg, Bremen, M-V, Rheinland-Pfalz, Saarland, Sachsen, Sachsen-Anhalt, SH (Reg-E) und Thüringen; vgl. für Ba-Wü: § 47 Abs. 3 JVollzG II Ba-Wü; vgl. für Bayern: Art. 27 UVollzG Bayern (Reg-E) i.V.m. Art. 96 Abs. 3 StVollzG Bayern; vgl. für Hamburg: § 54 Abs. 4 HmbUVollzG; vgl. für Hessen: § 35 Abs. 3 HUVollzG; vgl. für Niedersachsen: § 156 Abs. 1 i.V.m. § 81 Abs. 3 NJVollzG; vgl. § 42 Abs. 1 UVollzG NRW, in dem auf diese Differenzierung aus den eingangs dargestellten Gründen (vgl. Rn. 107) verzichtet wird.

310 Vgl. § 20 des 12er-Entwurfs; vgl. für Hamburg: § 44 HmbUVollzG; vgl. für Ba-Wü: § 25 JVollzGB II Ba-Wü; vgl. für NRW: § 24 UVollzG NRW.

gewährt („Entzug")[311] oder nicht in Gemeinschaft gewährt („Beschränkung") wird.[312] Um den Fürsorgeverpflichtungen der Justizvollzugsanstalt gerecht zu werden, hat sie vor einem vollständigen Entzug des Aufenthalts im Freien, welcher ohnehin den gefahrpräventiven Voraussetzungen sowie den hohen Anforderungen des Verhaltnismäßigkeitsgrundsatzes entsprechen muss, stets die Möglichkeit einer Einzelfreistunde des Untersuchungsgefangenen als mildere Maßnahme zu prüfen.[313]

122 Die **Unterbringung und Beobachtung in einem besonders gesicherten Haftraum ohne gefährdende Gegenstände** meint die Verbringung eines Untersuchungsgefangenen in eine besonders ausgestattete sog. „Beruhigungszelle"[314] oder „Gummizelle",[315] in der insbesondere die Gefahr einer Selbsttötung bzw. Selbstverletzung anhand einer kahlen und reizarmen Ausstattung minimiert wird.[316] Während der 12-Länder-Entwurf ausdrücklich eine Unterbringung und Beobachtung in einem besonders gesicherten Haftraum ohne gefährdende Gegenstände „auch mittels Videoüberwachung (§ 46)" vorsieht,[317] ist in der landesgesetzlichen Regelung Baden-Württembergs die Beobachtung von Hafträumen mittels Videoüberwachung gesondert in § 32 Abs. 1 JVollzGB I Ba-Wü geregelt.[318] Trotz der Schwere des Eingriffs unterliegt die Unterbringung und Beobachtung eines Untersuchungsgefangenen in einem besonders gesicherten Haftraum ohne gefährdende Gegenstände keiner ausdrücklichen zeitlichen Beschränkung,[319] sondern wird vielmehr an dem Vorliegen der Voraussetzungen der gesetzlichen Gefahrtatbestände regelmäßig zu prüfen sein.[320]

123 Die **Fesselung** stellt sicherlich die stärkste Eingriffsform im Katalog der besonderen Sicherungsmaßnahmen dar, die die Bewegungsfreiheit des Untersuchungsgefangenen – je nach Fesselungsform – erheblich einschränken kann und deren Wirkung auf den Betroffenen am einschneidensten ist,[321] indem sie von den Untersuchungsgefangenen als besonders beeinträchtigende und auch diskriminierende Maßnahme empfunden wird.[322] Aufgrund dieser Auswirkungen sollte eine Fesselung nach Möglichkeit bereits vermieden werden[323] und nur bei anders nicht abzuwendenden akut-gegenwärtigen Gefahren für Leib und Leben des betroffenen Untersuchungsgefangenen, von Mitgefangenen oder Bediensteten angeordnet und auf das unbedingt notwendige Maß beschränkt werden.[324] Daher enthalten die landesge-

---

311 Insoweit kritisch: AnwK U-Haft/Rubbert/Scharmer § 49 Rn. 20, die einen vollständigen Entzug des Aufenthalts im Freien unter Hinweis auf die Notwendigkeit einer verfassungsmäßigen und menschenrechtskonformen Auslegung ablehnen.

312 Vgl. Arloth, StVollzG, § 88 Rn. 7, der diese besondere Sicherungsmaßnahme zur Begegnung vielfältiger Gefahren und Störungen, die der Aufenthalt im Freien mitsichbringen kann, für „vollzuglich unverzichtbar" hält; soweit demgegenüber Schwind in: Schwind/Böhm/Jehle/Laubenthal, StVollzG, § 88 Rn. 14 oder Callies/Müller-Dietz, StVollzG, § 88 Rn. 5 durch diese besondere Sicherungsmaßnahme nur den gemeinsamen Aufenthalt mit Mitgefangenen betroffen sehen, überzeugt dies aufgrund der deutlichen Differenzierung im Gesetzeswortlaut zwischen dem (vollständigen) „Entzug" und der (bloßen) „Beschränkung" des Aufenthalts in Freiheit nicht.

313 Vgl. Feest/Brühl in: AK-StVollzG, § 88 Rn. 14; vgl. Arloth, StVollzG, § 88 Rn. 7.

314 Vgl. Callies/Müller-Dietz, StVollzG, § 88 Rn. 5.

315 Vgl. Feest/Brühl in: AK-StVollzG, § 88 Rn. 15.

316 Vgl. Goerdeler in: Ostendorf, Jugendstrafvollzugsrecht, 8. Abschnitt Rn. 212.

317 Berlin ist jedoch zunächst davon insoweit abgewichen, als dass es in § 49 Abs. 2 Nr. 5 UVollzG Berlin auf die Regelung der Videoüberwachung verzichtet hatte. Stattdessen war im Rahmen der besonderen Sicherungsmaßnahme der „Beobachtung der Gefangenen" gemäß § 49 Abs. 2 Nr. 2 UVollzG Berlin der ausdrücklichen Hinweis geregelt, dass die Beobachtung in einem besonders gesichterten Haftraum „auch mittels Videoüberwachung" erfolgen darf. Mit dem Inkrafttreten des Justizvollzugsdatenschutzgesetz Berlin (JVollzDSG Bln vom 21.6.2011) zum 1.7.2011 ist § 49 Abs. 2 Nr. 2 UVollzG Berlin durch die Regelungen in den §§ 18-23, 79 JVollzDSG Berlin – Streichung der Videoüberwachung der besonders gesicherten Hafträume – jedoch zwischenzeitlich modifiziert worden; vgl. Senat Berlin, Drucks. 16/3705.

318 Vgl. Landtag Baden-Württemberg, Drucks. 14/5012, S. 200.

319 Anders wohl Callies/Müller-Dietz, StVollzG, § 88 Rn. 5.

320 Vgl. Arloth, StVollzG, § 88 Rn. 8; vgl. Hadeler, Besondere Sicherungsmaßnahmen im Strafvollzug, S. 53-55.

321 Vgl. Feest/Brühl in: AK-StVollzG, § 88 Rn. 16.

322 Vgl. Arloth, StVollzG, § 88 Rn. 9; vgl. OLG Hamm NStZ-RR 2011, 291.

323 Vgl. LG Heilbronn ZfStrVo 1988, 368.

324 Vgl. Feest/Brühl in: AK-StVollzG, § 88 Rn. 16; vgl. Arloth, StVollzG, § 88 Rn. 9, mit dem ausdrücklichen Hinweis darauf, dass die Fesselung eine „ultima-ratio"-Maßnahme darstellt.

setzlichen Regelungen auch jeweils ausdrücklich gesondert normierte Regelungen zu den Modalitäten der Fesselung von Untersuchungsgefangenen (vgl. nachfolgend Rn. 129 ff.).

b) Einzelhaft

aa) Die gesetzlichen Regeln

124

Länder	Sicherheit und Ordnung – *Einzelhaft*
12er-Regelung: Berlin Brandenburg Bremen Hamburg Hessen Mecklenburg-Vorpommern Rheinland-Pfalz Saarland Sachsen Sachsen-Anhalt Schleswig-Holstein Thüringen	***§ 50 12er-Regelung: Einzelhaft*** **Die unausgesetzte Absonderung der Untersuchungsgefangenen (Einzelhaft) ist nur zulässig, wenn dies aus Gründen, die in deren Person liegen, unerlässlich ist. Einzelhaft von mehr als einem Monat Gesamtdauer im Jahr bedarf der Zustimmung der Aufsichtsbehörde und wird dem Gericht und der Staatsanwaltschaft von der Anstalt mitgeteilt. Während des Vollzugs der Einzelhaft sind die Untersuchungsgefangenen in besonderem Maße zu betreuen.** **Abweichende Regelungen:** ***Hamburg, § 54 Abs. 3 HmbUVollzG: Besondere Sicherungsmaßnahmen*** (3) Die unausgesetzte Absonderung Untersuchungsgefangener (Einzelhaft) ist nur zulässig, wenn sie aus den Gründen des Absatzes 1 unerlässlich ist. Einzelhaft von mehr als einem Monat Gesamtdauer in einem Jahr bedarf der Zustimmung der Aufsichtsbehörde und wird dem Gericht und der Staatsanwaltschaft von der Anstalt mitgeteilt. Diese Frist wird nicht dadurch unterbrochen, dass die Untersuchungsgefangenen am Gottesdienst oder an der Freistunde teilnehmen. Während des Vollzuges der Einzelhaft sind die Untersuchungsgefangenen in besonderem Maße zu betreuen. ***Hessen, § 35 Abs. 7 HUVollzG: Besondere Sicherungsmaßnahmen*** (7) Die unausgesetzte Absonderung von Untersuchungsgefangenen (Einzelhaft) ist nur zulässig, wenn dies aus Gründen, die in ihrer Person liegen, unerlässlich ist. Die Anordnung ist dem Gericht und der Staatsanwaltschaft von der Anstalt mitzuteilen. Einzelhaft von mehr als drei Monaten im Jahr bedarf der Zustimmung der Aufsichtsbehörde. Während des Vollzugs der Einzelhaft sind die Untersuchungsgefangenen in besonderem Maße zu betreuen.
Baden-Württemberg	***§ 48 JVollzGB II: Einzelhaft*** **(1) Die unausgesetzte Absonderung Untersuchungsgefangener (Einzelhaft) ist nur zulässig, wenn dies aus Gründen, die in der Person der oder des Untersuchungsgefangenen liegen, unerlässlich ist.** **(2) Einzelhaft von mehr als drei Monaten Gesamtdauer in einem Jahr bedarf der Zustimmung der Aufsichtsbehörde. Diese Frist wird nicht dadurch unterbrochen, dass Untersuchungsgefangene am Gottesdienst oder am gemeinschaftlichen Aufenthalt im Freien teilnehmen.**

Länder	Sicherheit und Ordnung – *Einzelhaft*
Bayern	*Art. 27 UVollzG Bayern i.V.m. Art. 97 BayStVollzG: Einzelhaft* (1) Die unausgesetzte Absonderung eines oder einer Gefangenen (Einzelhaft) ist nur zulässig, wenn dies aus Gründen, die in der Person des oder der Gefangenen liegen, unerlässlich ist. (2) Einzelhaft von mehr als drei Monaten Gesamtdauer in einem Jahr bedarf der Zustimmung der Aufsichtsbehörde.
Niedersachsen	*§ 82 i.V.m. § 156 Abs. 1 NJVollzG: Einzelhaft* (1) Die unausgesetzte Absonderung einer oder eines Gefangenen (Einzelhaft) ist nur zulässig, wenn dies aus Gründen, die in der Person der oder des Gefangenen liegen, unerlässlich ist. (2) Einzelhaft von mehr als drei Monaten Gesamtdauer in einem Jahr bedarf der Zustimmung des Fachministeriums. Diese Frist wird nicht dadurch unterbrochen, dass die oder der Gefangene am Gottesdienst oder an der Freistunde teilnimmt. *§ 156 NJVollzG: Sicherheit und Ordnung der Anstalt, [...]* (1) [...] Das Gericht kann Einzelhaft zur Abwehr einer Verdunkelungsgefahr anordnen; eine Übertragung der Zuständigkeit auf die Vollzugsbehörde ist ausgeschlossen.
Nordrhein-Westfalen	*§ 42 Abs. 3 UVollzG NRW: Besondere Sicherungsmaßnahmen* (3) Die unausgesetzte Absonderung von Gefangenen (Einzelhaft) ist zulässig, wenn dies aus Gründen, die in der Person der oder des Untersuchungsgefangenen liegen, unerlässlich ist.

125 bb) **Regelungsinhalt.** In Ergänzung und Abgrenzung zu der (einfachen) „Absonderung" (vgl. Rn. 120) enthalten die landesgesetzlichen Regelungen auch jeweils eine gesonderte Befugnisnorm für eine **„unausgesetzte Absonderung"**, als welche die **Einzelhaft** legaldefiniert wird. Aus diesen der Norm des § 89 StVollzG entsprechenden Regelungen folgt, dass Einzelhaft als dauernde, über 24 Stunden hinausgehende, vollständige Isolierung eines Untersuchungsgefangenen von allen Mitgefangenen während des gesamten Tagesablaufs (Arbeitszeit, Freizeit und Ruhezeit) zu verstehen ist, ohne dass eine zeitliche Obergrenze für diese Maßnahme besteht.[325] Damit wird wiederum deutlich, dass diese Isolationsmaßnahme einen besonders schweren Eingriff in das Persönlichkeitsrecht des Betroffenen darstellt,[326] welcher bei längerer Dauer durch den hohen Grad an Reduktion sämtlicher Umweltreize mit dem Verlust menschlicher Sozialität („sensorische Deprivation") verbunden sein kann.[327] Demgemäß verlangen die Untersuchungshaftvollzugsgesetze der Länder auch jeweils, dass die **Anordnungsgründe in der Person des Betroffenen selbst** vorliegen und die Einzelhaft als vollzugliche Reaktion eine unerlässliche Maßnahme darstellt. Um der Isolationsgefahr zu begegnen, muss es zudem vorrangige Aufgabe der Anstalt sein, die allgemeine Gesundheitsfürsorge für den Untersuchungsgefangenen ebenso zu ermöglichen wie auch

325 Vgl. Landtag Schleswig-Holstein, Drucks. 17/1255, S. 91; vgl. Arloth, StVollzG, § 89 Rn. 1.
326 Vgl. Feest/Brühl in: AK-StVollzG, § 89 Rn. 1.
327 Vgl. Callies/Müller-Dietz, StVollzG, § 89 Rn. 3; vgl. Feest/Brühl in: AK-StVollzG, § 89 Rn. 1.

seine Außenkontakte – soweit gerichtlich zugelassen – durch Besuche oder Zulassung von Briefverkehr zu fördern.[328]

Letztlich hat die Anstalt schon vor Anordnung der Einzelhaft stets zu prüfen, ob nicht weniger einschneidende Maßnahmen in Betracht kommen.[329] Diese sind vorrangig zur Abwendung der drohenden Gefahr einzusetzen.[330] Liegen diese restriktiven Voraussetzungen für die Anordnung der Einzelhaft vor, so hat die Justizvollzugsanstalt im Rahmen der Durchführung der Maßnahme in regelmäßigen Zeitabständen die **Unerlässlichkeit** der Einzelhaft erneut zu prüfen.[331] Als Gründe, die in der Person des betroffenen Untersuchungsgefangenen liegen und eine Anordnung der Einzelhaft unerlässlich machen, kommen insbesondere wiederholte Gewalttätigkeiten gegen Mitgefangene oder Bedienstete sowie auch eine ansteckende Krankheit – jedoch nur als kurzfristige Maßnahme, bis zur Verlegung in eine behandelnde medizinische Einrichtung – in Betracht.[332]

Bei kumulativer Anordnung der Einzelhaft mit anderen besonderen Sicherungsmaßnahmen 126
ist jede einzelne Maßnahmeform unter Berücksichtigung ihrer kumulativen Wirkung detailliert und unter Anwendung strenger Maßstäbe zu begründen.[333] Der Anstalt stehen jedoch auch bei der Anordnung der Einzelhaft ein **Beurteilungsspielraum** hinsichtlich der Tatbestandsmerkmale sowie ein **Ermessen** bei der Anordnung der Maßnahme zu.[334]

Aufgrund der Schwere des Eingriffs und der daraus resultierenden erhöhten Anforderungen 127
für die Anordnung der Einzelhaft halten die landesgesetzlichen Regelungen auch jeweils **Melde- und Zustimmungspflichten** der Anstalt gegenüber der zuständigen Aufsichtsbehörde vor. Während der 12-Länder-Entwurf sowie die Hamburger Regelung nunmehr bei Einzelhaft von mehr als einem Monat Gesamtdauer die Zustimmung der Aufsichtsbehörde und eine Mitteilung an das Gericht und die Staatsanwaltschaft vorschreibt,[335] haben die Landesgesetze in den übrigen Ländern die im Strafvollzug gemäß § 89 Abs. 2 StVollzG geltende Melde- und Zustimmungspflicht bei Einzelhaft von mehr als drei Monaten Gesamtdauer überwiegend übernommen.[336] Lediglich das UVollzG NRW enthält bedauerlicherweise keine gesonderte Regelung einer Vorlage- oder Mitteilungspflicht.[337] Aufgrund der Schwere des Eingriffs und unter Berücksichtigung der besonderen Situation der Untersuchungshaft als bloße Verdachtshaft zur Sicherung des Strafverfahrens ist die verkürzte Melde- und Zustimmungspflicht bei einer Gesamtdauer der Einzelhaft von mehr als einem Monat jedoch folgerichtig. Sie sollte zugleich richtungsweisend für künftige entsprechende landesgesetzliche Regelungen zum Vollzug der Freiheitsstrafe sein.

Neben diesem formalen Korrektiv der Melde- und Zustimmungspflicht ist die Anstalt jedoch 128
aufgrund der erheblichen Härte, die die Anordnung und Durchführung von Einzelhaft für einen Untersuchungsgefangenen, für den die Unschuldsvermutung streitet, bedeutet, stets zu einer **besonderen persönlichen Betreuung** des Betroffenen der unausgesetzten Absonderung verpflichtet.[338] Darüber hinaus gelten für die Anordung und Durchführung der Einzelhaft

328 Vgl. zu dieser Problematik Hoffmann, Isolation im Normalvollzug, S. 35 sowie Hadeler, Besondere Sicherungsmaßnahmen im Strafvollzug, S. 82-83.

329 Vgl. Landtag Baden-Württemberg, Drucks. 14/5012, S. 201; vgl. OLG Karlsruhe ZfStrVo 2004, 186; Callies/Müller-Dietz, StVollzG, § 89 Rn. 2.

330 Vgl. OLG Celle ZfStrVo 1980, 191; OLG Frankfurt ZfStrVo 1987, 381; BVerfG StV 1999, 551.

331 Vgl. OLG Karlsruhe ZfStrVo 2004, 186; vgl. Feest/Brühl in: AK-StVollzG, § 89 Rn. 3.

332 Vgl. Feest/Brühl in: AK-StVollzG, § 89 Rn. 3.

333 Vgl. OLG Frankfurt NStZ-RR 2002, 157; vgl. Feest/Brühl in: AK-StVollzG, § 89 Rn. 3.

334 Vgl. Callies/Müller-Dietz, StVollzG, § 89, Rn. 2 a; vgl. Arloth, StVollzG, § 89 Rn. 2; vgl. OLG Karlsruhe ZfStrVo 2004, 186.

335 So jeweils in § 50 der landesgesetzlichen Regelungen zum Vollzug der Untersuchungshaft in Berlin, Brandenburg, Bremen, M-V, Rheinland-Pfalz, Saarland, Sachsen, Sachsen-Anhalt, SH (Reg-E) und Thüringen sowie für Hamburg in § 54 Abs. 3 UVollzG Hamburg.

336 Vgl. für Ba-Wü: § 48 Abs. 2 JVollzGB II Ba-Wü; vgl. für Bayern: Art. 27 UVollzG Bayern (Reg-E) i.V.m. Art. 97 Abs. 2 StVollzG Bayern; vgl. für Hessen: § 35 Abs. 7 HUVollzG; vgl. für Niedersachsen: § 156 Abs. 1 i.V.m. § 82 Abs. 2 NJVollzG.

337 Vgl. § 42 Abs. 3 UVollzG NRW.

338 Vgl. Landtag Schleswig-Holstein, Drucks. 17/1255, S. 91.

gesonderte Verfahrensregelungen, insbesondere im Hinblick auf die ärztliche Überwachung der unausgesetzen Absonderung (vgl. nachfolgend Rn. 141 ff.).

c) Fesselung

aa) Die gesetzlichen Regeln

129

Länder	Sicherheit und Ordnung – *Fesselung*
12er-Regelung: Berlin Brandenburg Bremen Hamburg Hessen Mecklenburg-Vorpommern Rheinland-Pfalz Saarland Sachsen Sachsen-Anhalt Schleswig-Holstein Thüringen	***§ 51 12er-Regelung: Fesselung*** **In der Regel dürfen Fesseln nur an den Händen oder an den Füßen angelegt werden. Im Interesse der Untersuchungsgefangenen kann die Anstaltsleitung eine andere Art der Fesselung anordnen. Die Fesselung wird zeitweise gelockert, soweit dies notwendig ist.** **Abweichende Regelungen:** ***Hamburg, § 54 Abs. 6 HmbUVollzG: Besondere Sicherungsmaßnahmen*** (6) Fesseln dürfen in der Regel nur an den Händen oder an den Füßen angelegt werden. Im Interesse der Untersuchungsgefangenen kann die Anstaltsleitung eine andere Art der Fesselung anordnen. ***Hessen, § 35 Abs. 5 HUVollzG: Besondere Sicherungsmaßnahmen*** (5) In der Regel dürfen Fesseln nur an den Händen oder an den Füßen angelegt werden.
Baden-Württemberg	***§ 49 JVollzGB II: Fesselung*** **In der Regel dürfen Fesseln nur an den Händen oder an den Füßen angelegt werden. Im Interesse der oder des Untersuchungsgefangenen kann eine andere Art der Fesselung angeordnet werden. Die Fesselung wird zeitweise gelockert oder aufgehoben, soweit dies notwendig ist.**
Bayern	***Art. 27 UVollzG Bayern i.V.m. Art. 98 BayStVollzG: Fesselung*** **In der Regel dürfen Fesseln nur an den Händen oder an den Füßen angelegt werden. Im Interesse des oder der Gefangenen kann der Anstaltsleiter oder die Anstaltsleiterin eine andere Art der Fesselung anordnen. Die Fesselung wird zeitweise gelockert, soweit dies notwendig ist.**
Niedersachsen	***§ 156 Abs. 1 i.V.m. § 83 NJVollzG: Fesselung*** **In der Regel dürfen Fesseln nur an den Händen oder an den Füßen angelegt werden. Im Interesse der oder des Gefangenen kann eine andere Art der Fesselung anordnet werden. Die Fesselung wird zeitweise gelockert, soweit dies notwendig ist.**
Nordrhein-Westfalen	***§ 42 Abs. 5 UVollzG NRW: Besondere Sicherungsmaßnahmen*** **(5) Fesseln dürfen in der Regel nur an Händen oder Füßen angelegt werden. Die Fesselung wird zeitweise gelockert, soweit dies notwendig ist.**

bb) Regelungsinhalt. Aufgrund der besonders beeinträchtigenden Wirkung, die mit der Anordnung und Durchführung der Fesselung eines Untersuchungsgefangenen verbunden ist, enthalten sämtliche Landesgesetze für den Vollzug der Untersuchungshaft auch ergänzende Bestimmungen zu den **Modalitäten der Fesselung.**[339] Während die Voraussetzungen der Fesselung in der Eingriffsnorm mit dem Gefahrentatbestand und dem Maßnahmenkatalog der besonderen Sicherungsmaßnahmen geregelt ist, regeln diese gesonderten landesgesetzlichen Vorschriften – entsprechend § 90 StVollzG oder Nr. 64 UVollzO – die **Art und Weise der Durchführung** der Fesselung.[340] 130

Den einzelnen Länderregelungen ist insoweit gemein, dass sie klarstellen, dass die **Fesseln nur an den Händen oder an den Füßen** des betroffenen Untersuchungsgefangenen angelegt werden dürfen. Zur Umsetzung dieser Fesselung kommen als **zulässige Fesselungsmittel** Handschellen, Knebelketten an den Händen, Hand- und Fußfesseln oder die sog. Hamburger Fessel oder „Sprungfessel", bei der eine Handfessel durch das Hosenbein mit dem gegenüberliegenden Fuß verbunden wird, in Betracht.[341] Bei der Auswahl der Fesselung ist zwischen der erforderlichen Einschränkung zur Gewährleistung des Fesselungszwecks – in der Regel die Verhinderung einer Entweichung oder Flucht – und dem Minimum einer dem Untersuchungsgefangenen zu gewährenden Bewegungsfreiheit abzuwägen.[342] 131

Soweit die landesgesetzlichen Regelungen auch **andere Arten der Fesselung** auf Anordnung der Anstaltsleitung ermöglichen, ist dies nur im Interesse des betroffenen Untersuchungsgefangenen zulässig. Als andere Fesselungsarten kommen jedoch regelmäßig nur noch stärker beeinträchtigende Maßnahmen, wie die Fixierung mit Gurten auf einer Liege oder das Anlegen einer Zwangsjacke, in Betracht.[343] Diese weitergehenden Eingriffe können jedoch nur dann **im Interesse des Gefangenen** sein, wenn sie zur Abwendung erheblicher akuter Gefahren – insbesondere der Selbsttötung oder Selbstverletzung – unerlässlich sind.[344] 132

Angesichts der zusätzlichen Beeinträchtigungen, die diese anderen Fesselungsarten für den Betroffenen auslösen, schreiben die landesgesetzlichen Regelungen hierfür auch jeweils eine **Einzelfallanordnung der Anstaltsleitung** vor.[345] In jedem Fall erhöhen sich die Anforderung an die Anstalt bei der Prüfung der Verhältnismäßigkeit der Anordnung und Durchführung solcher Fesselungsmaßnahmen entsprechend der zunehmenden Einschränkung der Bewegungsfreiheit des betroffenen Untersuchungsgefangenen durch die anderen Fesselungsarten.[346] 133

Soweit in einigen landesgesetzlichen Bestimmungen auch ausdrücklich auf eine zeitweise Lockerung oder sogar Aufhebung der Fesselung – soweit dies notwendig ist – hinweisen, ist dies ein Ausdruck der Wahrung der Verhältnismäßigkeit des Vollzugs dieser Maßnahme und wird einerseits aus Sachzwängen, z.B. bei Toilettengängen, andererseits selbstverständlich stets bei entsprechender medizinischer Indikation geboten sein.[347]

339 Vgl. Callies/Müller-Dietz, StVollzG, § 90.
340 Vgl. Landtag Baden-Württemberg, Drucks. 14/5012, S. 201; vgl. Feest/Brühl in: AK-StVollzG, § 90 Rn. 1.
341 Vgl. Feest/Brühl in: AK-StVollzG, § 90 Rn. 2; vgl. Schwind in: Schwind/Böhm/Jehle/Laubenthal, StVollzG, § 88 Rn. 15; vgl. Arloth, StVollzG, § 90 Rn. 3.
342 Vgl. LG Heilbronn ZfStrVo 1988, 368.
343 Vgl. Arloth, StVollzG, § 90 Rn. 3.
344 Vgl. Feest/Brühl in: AK-StVollzG, § 90 Rn. 3.
345 Vgl. Arloth, StVollzG, § 90 Rn. 3; vgl. KG Berlin StV 2010, 370, zur Fesselungsanordnung nach § 49 Abs. 2 Nr. 6 UVollzG Berlin.
346 Vgl. Schwind in: Schwind/Böhm/Jehle/Laubenthal, StVollzG, § 90 Rn. 2.
347 Vgl. Feest/Brühl in: AK-StVollzG, § 90 Rn. 5; vgl. Arloth, StVollzG, § 90 Rn. 4.

d) Anordnung besonderer Sicherungsmaßnahmen

aa) Die gesetzlichen Regeln

134

Länder	Sicherheit und Ordnung – *Anordnung besonderer Sicherungsmaßnahmen*
12er-Regelung: Berlin Brandenburg Bremen Hamburg Hessen Mecklenburg-Vorpommern Rheinland-Pfalz Saarland Sachsen Sachsen-Anhalt Schleswig-Holstein Thüringen	***§ 52 12er-Regelung: Anordnung besonderer Sicherungsmaßnahmen*** **(1) Besondere Sicherungsmaßnahmen ordnet die Anstaltsleitung an. Bei Gefahr im Verzug können auch andere Bedienstete diese Maßnahmen vorläufig anordnen. Die Entscheidung der Anstaltsleitung ist unverzüglich einzuholen.** **(2) Werden Untersuchungsgefangene ärztlich behandelt oder beobachtet oder bildet ihr seelischer Zustand den Anlass der Sicherungsmaßnahme, ist vorher eine ärztliche Stellungnahme einzuholen. Ist dies wegen Gefahr im Verzug nicht möglich, wird die Stellungnahme unverzüglich nachträglich eingeholt.** **(3) Die Entscheidung wird den Untersuchungsgefangenen von der Anstaltsleitung mündlich eröffnet und mit einer kurzen Begründung schriftlich abgefasst.** **(4) Besondere Sicherungsmaßnahmen sind in angemessenen Abständen daraufhin zu überprüfen, ob und in welchem Umfang sie aufrechterhalten werden müssen.** **(5) Besondere Sicherungsmaßnahmen nach § 49 Abs. 2 Nr. 5 und 6 sind der Aufsichtsbehörde, dem Gericht und der Staatsanwaltschaft unverzüglich mitzuteilen, wenn sie länger als drei Tage aufrechterhalten werden.** **Abweichende Regelungen:** ***Hamburg, § 55 HmbUVollzG: Anordnungsbefugnis, Verfahren*** (1) Besondere Sicherungsmaßnahmen ordnet die Anstaltsleitung an. Bei Gefahr im Verzug können auch andere Bedienstete der Anstalt diese Maßnahmen vorläufig anordnen. Die Entscheidung der Anstaltsleitung ist unverzüglich einzuholen. (2) Die Entscheidung wird den Untersuchungsgefangenen von der Anstaltsleitung mündlich eröffnet und mit einer kurzen Begründung schriftlich abgefasst. (3) Besondere Sicherungsmaßnahmen sind in angemessenen Abständen daraufhin zu überprüfen, ob und in welchem Umfang sie aufrechterhalten werden müssen. (4) Besondere Sicherungsmaßnahmen nach § 54 Absatz 2 Satz 1 Nummern 5 und 6 sind der Aufsichtsbehörde, dem Gericht und der Staatsanwaltschaft unverzüglich mitzuteilen, wenn sie länger als drei Tage aufrechterhalten werden. ***Hamburg, § 56 Abs. 1 HmbUVollzG: Ärztliche Überwachung besonderer Sicherungsmaßnahmen*** (1) Werden Untersuchungsgefangene ärztlich behandelt oder beobachtet oder bildet ihr seelischer Zustand den Anlass für die Anordnung einer besonderen Sicherungsmaßnahme, ist vorher eine ärztliche Stellungnahme einzuholen. Ist dies wegen

Länder	Sicherheit und Ordnung – *Anordnung besonderer Sicherungsmaßnahmen*
	Gefahr im Verzug nicht möglich, wird die Stellungnahme unverzüglich nachträglich eingeholt. ***Hessen, § 36 HUVollzG: Anordnung besonderer Sicherungsmaßnahmen, […]*** (1) Besondere Sicherungsmaßnahmen ordnet die Anstaltsleitung an. Bei Gefahr im Verzuge können auch andere Bedienstete der Anstalt diese Maßnahmen vorläufig anordnen. Die Entscheidung der Anstaltsleitung ist unverzüglich einzuholen. (2) Vor der Anordnung ist eine Stellungnahme des ärztlichen oder psychologischen Dienstes einzuholen, wenn hierzu begründeter Anlass besteht. Ist dies wegen Gefahr im Verzuge nicht möglich, wird die Stellungnahme unverzüglich nachträglich eingeholt. Wenn Untersuchungsgefangenen der tägliche Aufenthalt im Freien entzogen wird, ist eine Stellungnahme des ärztlichen Dienstes spätestens nach drei Tagen und danach in angemessenen Abständen einzuholen. […] (4) Die besonderen Sicherungsmaßnahmen sind den Untersuchungsgefangenen zu erläutern. Die Anordnung und die Durchführung der Maßnahmen einschließlich der Beteiligung des ärztlichen oder des psychologischen Dienstes sind zu dokumentieren. (5) Besondere Sicherungsmaßnahmen nach § 35 Abs. 2 Nr. 5 und 6 sind der Aufsichtsbehörde unverzüglich zu berichten, wenn sie länger als drei Tage aufrechterhalten werden. Gericht und Staatsanwaltschaft sind zu informieren.
Baden-Württemberg	***§ 50 JVollzGB II: Anordnung besonderer Sicherungsmaßnahmen*** **(1) Besondere Sicherungsmaßnahmen ordnet die Anstaltsleiterin oder der Anstaltsleiter an. Bei Gefahr im Verzug können auch andere Bedienstete der Justizvollzugsanstalt die Maßnahmen vorläufig anordnen. Die Entscheidung der Anstaltsleiterin oder des Anstaltsleiters ist unverzüglich einzuholen.** **(2) Werden Untersuchungsgefangene ärztlich behandelt oder beobachtet oder bildet ihr seelischer Zustand den Anlass der Maßnahme, ist vor der Anordnung besonderer Sicherungsmaßnahmen die Ärztin oder der Arzt zu hören. Ist dies wegen Gefahr im Verzug nicht möglich, wird die Stellungnahme unverzüglich eingeholt.**
Bayern	***Art. 27 UVollzG Bayern i.V.m. Art. 99 BayStVollzG: Anordnung besonderer Sicherungsmaßnahmen*** **(1) Besondere Sicherungsmaßnahmen ordnet der Anstaltsleiter oder die Anstaltsleiterin an. Bei Gefahr im Verzug können auch andere Bedienstete der Anstalt diese Maßnahmenvorläufig anordnen. Die Entscheidung des Anstaltsleiters oder der Anstaltsleiterin ist unverzüglich einzuholen.** **(2) Werden Gefangene ärztlich behandelt oder beobachtet oder bildet ihr seelischer Zustandden Anlass der Maßnahme, ist vorher der Arzt oder die Ärztin zu hören. Ist dies wegen**

Länder	Sicherheit und Ordnung – *Anordnung besonderer Sicherungsmaßnahmen*
	Gefahrim Verzug nicht möglich, wird die ärztliche Stellungnahme unverzüglich eingeholt.
Niedersachsen	*§ 156 Abs. 1 i.V.m. § 84 NJVollzG: Anordnung besonderer Sicherungsmaßnahmen* (1) Besondere Sicherungsmaßnahmen ordnet die Anstaltsleiterin oder der Anstaltsleiter an. Bei Gefahr im Verzuge können auch andere Justizvollzugsbedienstete diese Maßnahmen vorläufig anordnen. Die Entscheidung der Anstaltsleiterin oder des Anstaltsleiters ist unverzüglich einzuholen. (2) Wird eine Gefangene oder ein Gefangener ärztlich behandelt oder beobachtet oder bildet ihr oder sein seelischer Zustand den Anlass der Maßnahme, so ist vorher die Ärztin oder der Arzt zu hören. Ist dies wegen Gefahr im Verzuge nicht möglich, so wird die ärztliche Stellungnahme unverzüglich eingeholt.
Nordrhein-Westfalen	*§ 43 UVollzG NRW: Anordnungsbefugnis besonderer Sicherungsmaßnahmen* Besondere Sicherungsmaßnahmen werden durch die Anstaltsleitung, bei Gefahr im Verzug auch durch andere Bedienstete der Anstalt angeordnet. In diesen Fällen ist die Entscheidung der Anstaltsleitung unverzüglich einzuholen. *§ 44 Abs. 1 UVollzG NRW: Überwachung durch den ärztlichen und psychologischen Dienst* (1) Vor der Anordnung besonderer Sicherungsmaßnahmen ist der ärztliche Dienst zu hören, wenn Untersuchungsgefangene ärztlich behandelt oder beobachtet werden oder deren seelischer Zustand den Anlass der Maßnahme bildet. Ist dies wegen Gefahr im Verzuge nicht möglich, wird

135 **bb) Regelungsinhalt.** Die gesetzlichen Bestimmungen der **Anordnungskompetenz** für besondere Sicherungsmaßnahmen im Vollzug der Untersuchungshaft entsprechen grundsätzlich denen in § 91 StVollzG, indem jeweils die Rolle der Anstaltsleitung und auch des zuständigen Arztes besonders hervorgehoben werden.

136 Die Befugnis zur Anordnung besonderer Sicherungsmaßnahmen liegt damit nunmehr – entgegen der bisherigen Rechtslage im Vollzug der Untersuchungshaft[348] – grundsätzlich allein bei der **Anstaltsleitung.**[349] Durch diese Zuständigkeitszuweisung soll bei der Anordnung besonderer Sicherungsmaßnahmen eine abgewogene Sachentscheidung gewährleistet werden, die nicht aus einer akut konfliktträchtigen Situation heraus durch einen unmittelbar betroffenen Bediensteten getroffen wird, sondern durch einen übergeordneten Entscheidungsträger, der regelmäßig nicht unmittelbar mit dem anlassgebenden Vorfall konfrontiert war.[350] Diese Anordnungskompetenz der Anstaltsleitung zum Zwecke der Abwendung von

348 Vgl. Landtag Baden-Württemberg, Drucks. 14/5012, S. 201.

349 Inwieweit darüber hinaus im Vollzug der Untersuchungshaft – wie ausdrücklich im Vollzug der Freiheitsstrafe in § 156 Abs. 3 StVollzG geregelt – auch die Möglichkeit der Delegation der Anordnungskompetenz bestehen soll, ist fraglich. Während Hessen insoweit weiterhin eine Übertragungsmöglichkeit dieser Befugnis gemäß § 66 Abs. 1 S. 2 HUVollzG vorsieht (vgl. Landtag Hessen, Drucks. 18/1396, S. 146), verhält sich der 12-Länder-Entwurf dazu nicht ausdrücklich (vgl. z.B. § 79 UVollzG SH (Reg-E), Landtag Schleswig-Holstein, Drucks. 17/1255, S. 102), schließt diese Möglichkeit – bei sorgfältiger Prüfung im Einzelfall – jedoch wohl nicht aus.

350 Vgl. KG Berlin StV 2005, 669.

Gefahren der Sicherheit und Ordnung der Anstalt ist stets von der richterlichen Zuständigkeit gemäß § 119 StPO für diejenigen Maßnahmen abzugrenzen, die den Zweck der Untersuchungshaft – Abwehr von Flucht-, Verdunkelungs- oder Wiederholungsgefahr – betreffen.[351] Insoweit wird die Anstaltsleitung bei der Anordnung besonderer Sicherungsmaßnahmen im Hinblick auf die Verhältnismäßigkeit ggf. bereits bestehende gerichtliche Beschränkungen berücksichtigen müssen.

Ist eine Anordnung des Entscheidungsträgers nicht rechtzeitig einzuholen, kann jedoch bei 137 Vorliegen von **Gefahr im Verzug** auch durch andere Bedienstete eine vorläufige Anordnung der besonderen Sicherungsmaßnahmen erfolgen. In diesem Fall ist jedoch stets eine Entscheidung der Anstaltsleitung unverzüglich – ohne schuldhaftes Zögern[352] – nachzuholen. Um dem gesetzgeberischen Willen der grundsätzlichen Zuständigkeit eines übergeordneten Entscheidungsträgers zu entsprechen, sind die Voraussetzungen für das Vorliegen einer solchen **Eilkompetenz** jedoch unter Abwägung der entscheidungserheblichen Tatsachen im Einzelfall stets eng auszulegen.[353] Danach ist Gefahr im Verzug anzunehmen, wenn sich beim Warten auf eine Entscheidung der Anstaltsleitung die Gefahr, deren Realsierung durch die Anordnung der besonderen Sicherungsmaßnahme gerade verhindert werden soll, zu verwirklichen droht oder eine bereits eingetretene Störung mit weiteren nachteiligen Folgen fortdauern würde.[354]

Soweit besondere Sicherungsmaßnahmen gegen Untersuchungsgefangene angeordnet wer- 138 den, die ärztlich behandelt oder beobachtet werden oder deren seelischer Zustand den Anlass einer solchen Maßnahmeanordnung gibt, sehen die Landesgesetze jeweils zwingend die vorherige **Anhörung eines Arztes** vor. Ist dieses aufgrund der Dringlichkeit der Durchführung der besonderen Sicherungsmaßnahme – wegen Gefahr im Verzug – nicht möglich, ist diese Anhörung ebenfalls unverzüglich nachzuholen. Letzteres wird aufgrund der Dienstzeiten in der Vollzugspraxis eher die Regel als die Ausnahme sein.[355] Das ärztliche Votum wird jedoch stets bei der Ermessensentscheidung der Anstaltsleitung über die Anordnung der Maßnahme zu berücksichtigen sein,[356] denn Hintergrund der vorherigen ärztlichen Anhörung ist es, mögliche bereits bestehende oder aus der besonderen Sicherungsmaßnahme zu befürchtende gesundheitliche Beeinträchtigungen des betroffenen Untersuchungsgefangenen deutlich zu machen und die Maßnahme ggf. darauf abzustimmen.[357]

In Erweiterung der bestehenden Regelungen im Strafvollzug und in Anlehnung an entspre- 139 chende Bestimmungen im Jugendstrafvollzugsrecht[358] schreiben nunmehr einige landesrechtlichen Regelungen auch die **mündliche Eröffnung der Entscheidung** gegenüber den betroffenen Untersuchungsgefangenen durch den Anordnungsbefugten sowie die Abfassung einer kurzen **schriftlichen Begründung** vor.[359] Dieses Erfordernis verdeutlicht der Vollzugspraxis – insbesondere in ggf. hektischen und konfliktträchtigen Situationen – nochmals die Bedeutung der besonderen Sicherungsmaßnahmen, die sich aus deren besonderen Wirkung infolge zusätzlicher und z.T. erheblicher Beschränkungen zum Nachteil der betroffenen Untersuchungsgefangenen ergibt. Es zwingt alle Beteiligten, sich Klarheit über den Anlass und die Angemessenheit der besonderen Sicherungsmaßnahmen zu verschaffen[360] und sichert

351 Vgl. OLG Rostock NStZ 2010, 350, zur Frage der Kompetenzverteilung für die Anordung von Beschränkungen im Vollzug der Untersuchungshaft in Abgrenzung zwischen dem UVollzG-MV und § 119 StPO; vgl. KG Berlin StV 2010, 370, zur Anordnungskompetenz der Anstalt am Beispiel der Fesselungsanordnung nach § 49 Abs. 2 Nr. 6 UVollzG Berlin .
352 Vgl. die zivilrechtliche Legaldefinition in § 121 Abs. 1 BGB.
353 Vgl. BVerfG NJW 2001, 1121; vgl. KG Berlin StV 2005, 669.
354 Vgl. Arloth, StVollzG, § 91 Rn. 1.
355 Vgl. Arloth, StVollzG, § 91 Rn. 2.
356 Vgl. Feest/Brühl in: AK-StVollzG, § 91 Rn. 6.
357 Vgl. Goerdeler in: Ostendorf, Jugendstrafvollzugsrecht, 8. Abschnitt Rn. 184.
358 Vgl. Goerdeler in: Ostendorf, Jugendstrafvollzugsrecht, 8. Abschnitt Rn. 186.
359 So jeweils in § 52 Abs. 3 der landesgesetzlichen Regelungen zum Vollzug der Untersuchungshaft in Berlin, Brandenburg, Bremen, M-V, Rheinland-Pfalz, Saarland, Sachsen, Sachsen-Anhalt, SH (Reg-E) und Thüringen; vgl. für Hamburg: § 55 Abs. 3 HmbUVollzG; vgl. für Hessen: § 36 Abs. 4 HUVollzG.
360 Vgl. Goerdeler in: Ostendorf, Jugendstrafvollzugsrecht, 8. Abschnitt Rn. 186.

diese zudem durch die erforderliche Aktenkundigkeit der Maßnahmebegründung auch nachträglich ab.

140 Als besondere Ausprägung des ohnehin stets zu beachtenden Verhältnismäßigkeitsgrundsatzes enthalten einige landesrechtliche Bestimmungen zudem auch die verdeutlichende Vorgabe an die Anstalt, dass **in angemessenen Abständen der Umfang und die Aufrechterhaltung besonderer Sicherungsmaßnahmen zu überprüfen** ist, wobei sich die Angemessenheit der Abstände solcher Überprüfungen dabei stets an der Schwere des Eingriffs zu orientieren hat.

Darüber hinaus statuieren einige Ländergesetze für den Vollzug der Untersuchungshaft – wegen der besonderen Eingriffsintensität der beiden besonderen Sicherungsmaßnahmen der Unterbringung in einem besonders gesicherten Haftraum und der Fesselung eines Untersuchungsgefangenen – **erweiterte Mitteilungspflichten** der Anstalten gegenüber den Aufsichtsbehörden, Gerichten und Staatsanwälten, soweit diese Maßnahmen länger als drei Tage aufrechterhalten werden.[361]

Diese zusätzlichen Durchführungsbestimmungen tragen Sorge dafür, dass die besonderen Sicherungsmaßnahmen als vollzugliche Beschränkungen der Rechtsposition der betroffenen Untersuchungsgefangenen stets angemessen, transparent und nachvollziehbar vollzogen werden.

e) Ärztliche Überwachung

aa) Die gesetzlichen Regeln

141

Länder	**Sicherheit und Ordnung – *Ärztliche Überwachung***
12er-Regelung: Berlin Brandenburg Bremen Hamburg Hessen Mecklenburg-Vorpommern Rheinland-Pfalz Saarland Sachsen Sachsen-Anhalt Schleswig-Holstein Thüringen	***§ 53 12er-Regelung: Ärztliche Überwachung*** **(1) Sind Untersuchungsgefangene in einem besonders gesicherten Haftraum untergebracht oder gefesselt (§ 49 Abs. 2 Nr. 5 und 6), sucht sie die Ärztin oder der Arzt alsbald und in der Folge möglichst täglich auf. Dies gilt nicht bei einer Fesselung während einer Ausführung, Vorführung oder eines Transports (§ 49 Abs. 4).** **(2) Die Ärztin oder der Arzt sind regelmäßig zu hören, solange eine besondere Sicherungsmaßnahme nach § 49 Abs. 2 Nr. 4 oder Einzelhaft nach § 50 andauert.** **Abweichende Regelungen:** ***Hamburg, § 56 Abs. 2, 3 HmbUVollzG: Ärztliche Überwachung besonderer Sicherungsmaßnahmen*** (2) Sind Untersuchungsgefangene in einem besonders gesicherten Haftraum untergebracht oder nach § 54 Absatz 2 Satz 1 Nummer 6 gefesselt, so sucht die Anstaltsärztin oder der Anstaltsarzt sie unverzüglich und sodann täglich auf. (3) Die Ärztin oder der Arzt sind regelmäßig zu hören, solange den Untersuchungsgefangenen der tägliche Aufenthalt im Freien entzogen wird oder Einzelhaft (§ 54 Absatz 3) andauert. ***Hessen § 36 Abs. 3 HUVollzG: […], ärztliche Überwachung*** (3) Sind Untersuchungsgefangene in einem besonders gesicherten Haftraum untergebracht oder gefesselt (§ 35 Abs. 2 Nr. 5 und 6), so sucht sie der ärztliche Dienst alsbald und danach in der Regel täglich auf. Dies gilt nicht bei einer Fesselung

361 Vgl. Landtag Schleswig-Holstein, Drucks. 17/1255, S. 92; vgl. Landtag Hessen, Drucks. 18/1396, S. 146.

Länder	Sicherheit und Ordnung – *Ärztliche Überwachung*
	während einer Ausführung, Vorführung oder eines Transports.
Baden-Württemberg	*§ 52 JVollzGB II: Ärztliche Überwachung* **(1) Sind Untersuchungsgefangene in einem besonders gesicherten Haftraum untergebracht oder gefesselt, sucht sie die Ärztin oder der Arzt alsbald und in der Folge möglichst täglich auf. Dies gilt nicht bei einer Fesselung während einer Ausführung, Vorführung oder eines Transports.** **(2) Solange Untersuchungsgefangenen der tägliche Aufenthalt im Freien entzogen wird, ist in regelmäßigen Abständen eine ärztliche Stellungnahme einzuholen.**
Bayern	***Art. 27 UVollzG Bayern i.V.m. Art. 100 BayStVollzG: Ärztliche Überwachung*** **(1) Gefangene, die in einem besonders gesicherten Haftraum untergebracht oder gefesselt sind (Art. 96 Abs. 2 Nrn. 5 und 6), sucht der Anstaltsarzt oder die Anstaltsärztin alsbald und in der Folge möglichst täglich auf. Dies gilt nicht bei einer Fesselung während einer Ausführung, Vorführung oder eines Transports (Art. 96 Abs. 4).** **(2) Der Arzt oder die Ärztin ist regelmäßig zu hören, solang Gefangenen der täglicheAufenthalt im Freien entzogen wird.**
Niedersachsen	***§ 156 Abs. 1 i.V.m. § 85 NJVollzG: Ärztliche Überwachung*** **(1) Eine Gefangene oder einen Gefangenen, die oder der in einem besonders gesicherten Haftraum untergebracht oder gefesselt ist (§ 81 Abs. 2 Nrn. 5 und 6), sucht die Ärztin oder der Arzt alsbald und in der Folge möglichst täglich auf. Dies gilt nicht bei einer Fesselung während einer Ausführung, Vorführung oder eines Transportes (§ 81 Abs. 4).** **(2) Die Ärztin oder der Arzt ist regelmäßig zu hören, solange der oder dem Gefangenen der tägliche Aufenthalt im Freien entzogen wird.**
Nordrhein-Westfalen	***§ 44 Abs. 2 UVollzG NRW: Überwachung durch den ärztlichen und psychologischen Dienst*** **(2) Der ärztliche und der psychologische Dienst der Anstalt suchen Untersuchungsgefangene, die in einem besonders gesicherten Haftraum untergebracht oder gefesselt sind, alsbald und in der Folgezeit möglichst täglich auf. Dies gilt nicht bei einer Fesselung während einer Ausführung, Vorführung oder eines Transports. Solange Untersuchungsgefangenen der tägliche Aufenthalt im Freien entzogen wird, ist der ärztliche Dienst regelmäßig zu hören.**

bb) Regelungsinhalt. Entsprechend der Regelungen in § 92 StVollzG und Nr. 65 UVollzO sehen die landesgesetzlichen Bestimmungen für den Vollzug der Untersuchungshaft auch eine ausdrückliche **ärztliche Überwachung** besonderer Sicherungsmaßnahmen vor, soweit es sich um die eingriffsintensiven Maßnahmen der **Unterbringung in einen besonders gesicherten Haftraum** oder der **Fesselung** eines Untersuchungsgefangenen handelt. In diesen Fällen – ausgenommen der Fesselung während einer Ausführung, Vorführung oder eines Transports – hat der Arzt den Betroffenen alsbald und in der Folge möglichst täglich aufzusuchen, um etwaige nachteilige Auswirkungen dieser Maßnahmen auf die Gesundheit des 142

Untersuchungsgefangenen zu verhindern und zugleich der Anstaltsleitung Hinweise zur Erforderlichkeit der Aufrechterhaltung dieser Maßmahmen geben zu können.[362] Insbesondere die Erstvisite ist hier von erhöhter Bedeutung und insoweit auch ausdrücklich („alsbald") vorgeschrieben, was wiederum stets voraussetzt, dass der Arzt durch die Anstalt auch unverzüglich informiert wird.[363]

143 Ebenso aus Gründen der Gesundheitsfürsorge und der Maßnahmenüberprüfung ist der Arzt auch beim **Entzug des Aufenthalts im Freien** oder der **Einzelhaft** regelmäßig durch die Anstaltsleitung zu hören, solange diese Maßnahmen noch andauern.

144 Soweit die landesgesetzlichen Regelungen nur zu den vorgenannten Maßnahmeformen der besonderen Sicherungsmaßnahmen ausdrückliche Vorgaben zur Einbeziehung des ärztlichen oder psychologischen Dienstes enthalten, gilt jedoch für sämtliche besonderen Sicherungsmaßnahmen, dass die Anstalt immer dann den Arzt hinzuzuziehen hat, wenn Anzeichen gesundheitlicher Beeinträchtigungen bei dem betroffenen Untersuchungegefangenen vorhanden sind. Ist die Aufrechterhaltung solcher besonderer Sicherungsmaßnahmen aus ärztlicher Sicht nicht mehr zu verantworten, wird sich der Arzt sodann gegenüber der Anstalt auch stets für die Aufhebung der Maßnahmen aussprechen müssen.[364]

9. Ergänzende Vorschriften für junge Untersuchungshaftgefangene

a) Die gesetzlichen Regeln

145

Länder	Sicherheit und Ordnung – *Ergänzende Bestimmungen für junge U-Gefangene*
12er-Regelung: Berlin Brandenburg Bremen Hamburg Hessen Mecklenburg-Vorpommern Rheinland-Pfalz Saarland Sachsen Sachsen-Anhalt Schleswig-Holstein Thüringen	***§ 74 12er-Regelung: Besondere Sicherungsmaßnahmen*** **§ 49 Abs. 3 gilt mit der Maßgabe, dass der Entzug oder die Beschränkung des Aufenthalts im Freien nicht zulässig ist.** **Abweichende Regelungen:** ***Hamburg, § 81 HmbUVollzG: Besondere Sicherungsmaßnahmen*** § 54 Absatz 4 gilt mit der Maßgabe, dass der Entzug oder die Beschränkung des Aufenthalts im Freien nicht zulässig ist. ***Hessen, HUVollzG: keine Regelung***
Baden-Württemberg	***§ 78 JVollzGB II: Einzelhaft*** **Einzelhaft von mehr als einer Woche Gesamtdauer in einem Jahr bedarf der Zustimmung der Aufsichtsbehörde. Diese Frist wird nicht dadurch unterbrochen, dass junge Untersuchungsgefangene am Gottesdienst oder am gemeinschaftlichen Aufenthalt im Freien teilnehmen.**
Bayern	***Art. 39 UVollzG Bayern: Besonderheit bei Einzelhaft*** **Bei Einzelhaft von mehr als drei Monaten in einem Jahr ist der Arzt oder die Ärztin regelmäßig zu hören.**
Niedersachsen	**Keine Regelung**

362 Vgl. Goerdeler in: Ostendorf, Jugendstrafvollzugsrecht, 8. Abschnitt Rn. 193.
363 Vgl. Arloth, StVollzG, § 92 Rn. 1.
364 Vgl. Feest/Brühl in: AK-StVollzG, § 92 Rn. 5.

Länder	Sicherheit und Ordnung – *Ergänzende Bestimmungen für junge U-Gefangene*
Nordrhein-Westfalen	*§ 49 Abs. 5 UVollzG NRW: Gestaltung des Vollzuges* **(5) Die in diesem Gesetz vorgesehenen Beschränkungen können minderjährigen Untersuchungsgefangenen auch auferlegt werden, soweit es dringend geboten ist, einer Gefährdung ihrer Entwicklung entgegen zu wirken.**

b) Regelungsinhalt. Soweit die Landesgesetze für den Vollzug der Untersuchungshaft ausdrücklich ergänzende Vorschriften für junge Untersuchungsgefangene enthalten, gelten diese regelmäßig für zur Tatzeit **Jugendliche oder Heranwachsende**, für die bei einer Verurteilung das Jugendstrafrecht zur Anwendung kommt. Der Anwendungsbereich erstreckt sich dabei in Anlehnung an § 91 Abs. 1 S. 2 JGG überwiegend – insbesondere bei den Mitgliedern der „12-Länder-Gruppe"[365] – auf Untersuchungsgefangene bis zur Vollendung des 24. Lebensjahres, da danach der Vollzug von Jugendstrafe nach den Vorschriften des Erwachsenenstrafvollzuges zu erwarten ist.[366] 146

Demgegenüber ist der Anwendungsbereich der Sondervorschriften in Nordrhein-Westfalen auf junge Untersuchungsgefangene bis zum 21. Lebensjahr begrenzt.[367] In Baden-Württemberg wird insoweit sogar noch restriktiver differenziert, indem die ergänzenden Vorschriften auf Untersuchungsgefangene, die zur Tatzeit 18 Jahre alt waren, keine Anwendung finden und von deren Anwendung bei volljährigen Untersuchungsgefangenen – bis zum 24. Lebensjahr – abgesehen werden kann, wenn eine jugendspezifische Vollzugsgestaltung „nicht oder nicht mehr angezeigt ist".[368]

Soweit Sondervorschriften für junge Untersuchungsgefangene im Hinblick auf Maßnahmen zur Aufrechterhaltung und Wiederherstellung der Sicherheit und Ordnung in den landesgesetzlichen Regelungen enthalten sind, unterscheiden sich diese aufgrund ihrer unterschiedlicher Regelungsbereiche: 147

So erklärt **Nordrhein-Westfalen** generell alle im Untersuchungshaftvollzugsgesetz vorgesehenen Beschränkungen auch gegenüber minderjährigen Untersuchungsgefangenen für anwendbar, soweit es dringend geboten ist, damit einer Gefährdung ihrer Entwicklung entgegenzuwirken.[369] 148

Demgegenüber enthalten die Regelungen in Baden-Württemberg und Bayern besondere Vorgaben für den Vollzug von Einzelhaft gegen junge Untersuchungsgefangene. So bedarf die Einzelhaft von mehr als einer Woche Gesamtdauer in **Baden-Württemberg** der Zustimmung der Aufsichtsbehörde,[370] während in **Bayern** bei Einzelhaft von mehr als drei Monaten Gesamtdauer in einem Jahr eine regelmäßige ärztliche Anhörung auslöst.[371]

Weiterhin hat eine Vielzahl anderer Länder als Sonderregelung zur Sicherheit und Ordnung richtigerweise klargestellt, dass der Entzug oder die Beschränkung des Aufenthalts im Freien zur Begegnung von Gefahren, die von Dritten ausgehen, bei jungen Untersuchungsgefangenen unzulässig ist.[372]

365 Vgl. Brune/Müller ZRP 2009, 143 (146).
366 Vgl. § 43 UVollzG Hessen; vgl. § 157 NJVollzG; vgl. Art. 29 UVollzG Bayern (Reg-E); vgl. § 48 UVollzG NRW; vgl. Landtag Schleswig-Holstein, Drucks. 17/1255, S. 95.
367 Vgl. § 2 Abs. 2 UVollzG NRW.
368 § 69 JVollzGB II Ba-Wü.
369 Vgl. § 49 Abs. 5 UVollzG NRW.
370 Vgl. § 78 JVollzGB II Ba-Wü.
371 Vgl. Art. 39 UVollzG Bayern (Reg-E).
372 So jeweils in § 74 – unter Bezugnahme auf § 49 Abs. 3 – der landesgesetzlichen Regelungen zum Vollzug der Untersuchungshaft in Berlin, Brandenburg, Bremen, M-V, Rheinland-Pfalz, Saarland, Sachsen, Sachsen-Anhalt, SH (Reg-E) und Thüringen; vgl. darüber hinaus für Hamburg: § 81 HmbUVollzG – unter Bezugnahme auf § 54 Abs. 4 HmbUVollzG.

§ 8 Unmittelbarer Zwang

Spezielle Literatur: *Apel, E.*, Die Gaspistole – eine Schusswaffe?, GewArch 1985, S. 295–297; *Enzmann, D./Greve, W.*, Soziale und individuelle Bedingungen von Delinquenz und Sanktionierung, in: M. Bereswill/W. Greve [Hrsg.], Forschungsthema Strafvollzug, Baden-Baden 2001, S. 109–145; *Gröschner, R.*, Die Gaspistole – eine Schusswaffe?, GewArch 1984, S. 372–376; *Gramm, C.*, Schranken der Personalprivatisierung bei der inneren Sicherheit, VerwArch 1999, S. 329–360; *Grommek, S.*, Unmittelbarer Zwang im Strafvollzug, Köln u.a. 1982; *Hoffmann, V./Wissmann, A. C.*, Zur Fesselung von Untersuchungsgefangenen oder: Wann dürfen die Handschellen tatsächlich klicken?, StV 2001, S. 706-708; *Koch, R.*, Zur Ausübung von Notwehrrechten im Rahmen der Anwendung unmittelbaren Zwangs gemäß §§ 94 ff. StVollzG, ZfStrVo 1995, S. 27–32; *Ostendorf, H.*, Das Verbot einer strafrechtlichen und disziplinarischen Ahndung der Gefangenenbefreiung, NStZ 2007, S. 313–317; *Ostendorf, H.*, Wie viel Privatisierung verträgt die Strafjustiz, Zeitschrift für soziale Strafrechtspflege (Nr. 43) 2007, S. 4–6; *Ostendorf, H.*, Die strafrechtliche Rechtmäßigkeit rechtswidrigen hoheitlichen Handelns, JZ 1981, S. 165–175; *Radtke, H./Bitz, G.*, Zur Anwendbarkeit unmittelbaren Zwangs durch Vollzugsbeamte zur Vorbereitung der Entnahme einer Speichelprobe im Rahmen von § 2 DNA-Identitätsfeststellungsgesetz, ZfStrVo 2001, S. 134–138; *Schriever, W.*, Ist es zulässig, einen Strafgefangenen zwangsweise zur Teilnahme an einer gegen ihn gerichteten Disziplinarverhandlung vorzuführen?, NStZ 1993, S. 103–104.

I. Vorbemerkungen

1 **1. Bedeutung.** Gegen U-Gefangene und andere Personen im Kontakt mit einer U-Haftanstalt kann unter bestimmten Voraussetzungen unmittelbarer Zwang angewendet werden. Er bedeutet „die Einwirkung auf Personen oder Sachen durch körperliche Gewalt, ihre Hilfsmittel und durch Waffen“. Diese Legaldefinition findet sich in allen Untersuchungshaftvollzugsgesetzen. In allen Gesetzen ist dem unmittelbaren Zwang ein eigener Abschnitt bzw. ein eigenes Kapitel gewidmet.[1] Bei Anordnung des unmittelbaren Zwangs durch Vorgesetzte wird in den Gesetzen ausdrücklich darauf hingewiesen, dass keine Verpflichtung besteht, diese Anordnung zu befolgen, wenn die Menschenwürde verletzt wird. Hieraus wird deutlich, dass bei Anwendung unmittelbaren Zwangs immer und unmittelbar in Grund- und Gefangenenrechte eingegriffen wird. Von allen Vollzugsakten hat der unmittelbare Zwang die **nachhaltigste Rechtswirkung.**[2]

2 **2. Zielsetzung.** Mit dem unmittelbaren Zwang sollen die Regeln des Anstaltslebens durchgesetzt, sollen Sicherheit und Ordnung gewährleistet werden.[3] Schutzgut ist der störungsfreie Vollzugsverlauf.[4] Mit Zwangsmaßnahmen sollen die dafür notwendigen Schritte erzwungen

1 Abschnitt 8 12er-Regelung mit Ausnahme Hamburgs; in Hessen mit einer ergänzenden Bestimmung in § 52 für junge U-Gefangene; in Sachsen mit einer ergänzenden Bestimmung in § 74 Abs. 2 für junge U-Gefangene; Abschnitt 10 UVollzG Hamburg mit einer ergänzenden Bestimmung in § 82 für junge U-Gefangene; Abschnitt 11 JVollzGB II Ba-Wü; 13. Kapitel NJVollzG i.V.m. § 156 sowie einer gesonderten Bestimmung für junge U-Gefangene in § 163; Abschnitt 8 UVollzG NRW.

2 Im Ergebnis ebenso Laubenthal, Strafvollzug, Rn. 719.

3 Ostendorf NStZ 2007, 316.

4 Koepsel in: Schwind/Böhm/Jehle/Laubenthal, StVollzG, § 94 Rn. 13.

werden.[5] Unmittelbarer Zwang ist hierbei nur Mittel zum Zweck, **niemals Selbstzweck**. Die Normen zum unmittelbaren Zwang bergen **keine eigene Rechtsgrundlage** für Eingriffe in Rechte der Gefangenen oder Dritter. Sie regeln nur das „Wie" des Eingriffs, d.h. die Voraussetzungen, Mittel und Grenzen für eine zwangsweise Durchsetzung vollzuglicher Maßnahmen.[6] „Ob" die Maßnahmen rechtmäßig sind, ergibt sich immer aus anderen Vorschriften.

3. Normgenese. Die neuen Vorschriften der Untersuchungshaftvollzugsgesetze zum unmit- 3
telbaren Zwang lehnen sich weitgehend an die Paragrafen des Erwachsenenstrafvollzugsgesetzes an (§§ 94-101 StVollzG). Diese Regelungen galten bereits nach altem Recht für die Untersuchungshaft bei gesonderter Geltung des § 119 Abs. 5 u. 6 StPO (§ 178 Abs. 1, 2 StVollzG). Das bedeutet, dass der – einfach- und verfassungsgerichtlich konkretisierte – Regelungsgehalt sowie die dazu bestehenden Kommentierungen auch für die neue Rechtslage von Bedeutung sind. Hierbei ist die besondere jugendspezifische Interessenlage von U-Gefangenen zu beachten.

II. Begriffsbestimmung

Alle Untersuchungshaftvollzugsgesetze enthalten Begriffsbestimmungen darüber, was unter 4
„unmittelbarem Zwang" nebst seiner drei Anwendungsformen „körperliche Gewalt", „Hilfsmittel der körperlichen Gewalt" und „Waffen" zu verstehen ist. Weitere bzw. andere Formen unmittelbaren Zwangs sind gesetzlich nicht vorgesehen und damit nicht statthaft, wobei allerdings die Hilfsmittel körperlicher Gewalt nicht abschließend definiert sind.

1. Unmittelbarer Zwang

5

Länder	Norm	„Unmittelbarer Zwang"
Baden-Württemberg	§ 55 Abs. 1 JVollzGB II	**Unmittelbarer Zwang ist die Einwirkung auf Personen oder Sachen durch körperliche Gewalt, ihre Hilfsmittel und durch Waffen.**
Bayern	Art. 42 i.V.m. Art. 102 Abs. 1 BayStVollzG	
Berlin	§ 54 Abs. 1	
Bremen	§ 54 Abs. 1	
Brandenburg	§ 54 Abs. 1	
Hamburg	§ 57 Abs. 1	
Hessen	§ 38 Abs. 1 S. 1	
Mecklenburg-Vorpommern	§ 54 Abs. 1	
Niedersachsen	§ 88 Abs. 1	
Nordrhein-Westfalen	§ 36 Abs. 1	
Rheinland-Pfalz	§ 54 Abs. 1	
Saarland	§ 54 Abs. 1	
Sachsen	§ 54 Abs. 1	
Sachsen-Anhalt	§ 54 Abs. 1	
Schleswig-Holstein	§ 54 Abs. 1	
Thüringen	§ 54 Abs. 1	

5 Wie hier Böhm, Strafvollzug, Rn. 349.
6 Kaiser/Schöch, Strafvollzug, § 8 Rn. 13; Calliess/Müller-Dietz, StVollzG, § 94 Rn. 2; Arloth, StVollzG, § 94 Rn. 2.

„Unmittelbarer Zwang" wird somit in allen Gesetzen als „Einwirkung auf Personen oder Sachen durch körperliche Gewalt, ihre Hilfsmittel und durch Waffen" definiert. Auch soweit auf Sachen eingewirkt wird, muss das Ziel sein, auf Personen, nämlich Gefangene oder Besucher, externe Betreuer und Therapeuten, Eindringlinge, Einfluss zu nehmen.

2. Körperliche Gewalt

6

Länder	Norm	„Körperliche Gewalt"
Baden-Württemberg	§ 55 Abs. 2 JVollzGB II	Körperliche Gewalt ist jede unmittelbare körperliche Einwirkung auf Personen oder Sachen.
Bayern	Art. 42 i.V.m. Art. 102 Abs. 2 BayStVollzG	
Berlin	§ 54 Abs. 2	
Bremen	§ 54 Abs. 2	
Brandenburg	§ 54 Abs. 2	
Hamburg	§ 57 Abs. 2	
Hessen	§ 38 Abs. 1 S. 2	
Mecklenburg-Vorpommern	§ 54 Abs. 2	
Niedersachsen	§ 88 Abs. 2	
Nordrhein-Westfalen	§ 36 Abs. 2	
Rheinland-Pfalz	§ 54 Abs. 2	
Saarland	§ 54 Abs. 2	
Sachsen	§ 54 Abs. 2	
Sachsen-Anhalt	§ 54 Abs. 2	
Schleswig-Holstein	§ 54 Abs. 2	
Thüringen	§ 54 Abs. 2	

„Körperliche Gewalt" als Mittel des unmittelbaren Zwangs ist die „unmittelbare körperliche Einwirkung auf Personen oder Sachen", also nicht mit Einsatz von Gegenständen. Beispiele körperlicher Gewalt gegenüber Personen sind Schieben, Ziehen, Drücken, Abdrängen, Festhalten, Treten, Boxen, Beinstellen, Schubsen, Anwendung von Griffen und Tritten aller Kampfsportarten, Polizeigriff.[7] Beispiele körperlicher Gewalt gegenüber Sachen sind deren Wegnahme, Beschädigung, Zerstörung oder Veränderung allein durch Körpereinsatz.

Die Anwendung dieser „einfachen"[8] körperlichen Gewalt ist im Vollzugsalltag die gebräuchlichste.[9]

Beispiel: Ein Gefangener mit einem Haftkoller wird mit geübten Handgriffen in die „Beruhigungszelle" verbracht, die Zellentür wird gegen den Widerstand des Gefangenen verschlossen.

7 S. auch die Beispiele bei Arloth, StVollzG, § 95 Rn. 2; Brühl/Walter in: AK-StVollzG, § 95 Rn. 3.
8 So Brühl/Walter in: AK-StVollzG, § 95 Rn. 3.
9 Koepsel in: Schwind/Böhm/Jehle/Laubenthal, StVollzG, § 95 Rn. 3.

3. Hilfsmittel körperlicher Gewalt

Länder	Norm	„Hilfsmittel körperlicher Gewalt"	
Baden-Württemberg	§ 55 Abs. 3 JVollzGB II	**Hilfsmittel der körperlichen Gewalt sind namentlich Fesseln.**	7
Hamburg (ähnlich)	§ 57 Abs. 3		
Hessen	§ 38 Abs. 1 S. 3		
Nordrhein-Westfalen	§ 36 Abs. 3		
Sachsen (ähnlich)	§ 54 Abs. 3		
Thüringen (ähnlich)	§ 54 Abs. 3		
Berlin	§ 54 Abs. 3	**Hilfsmittel der körperlichen Gewalt sind insbesondere Fesseln und Reizstoffe.**	
Bremen	§ 54 Abs. 3		
Brandenburg	§ 54 Abs. 3		
Mecklenburg-Vorpommern	§ 54 Abs. 3		
Rheinland-Pfalz	§ 54 Abs. 3		
Saarland	§ 54 Abs. 3		
Sachsen-Anhalt	§ 54 Abs. 3		
Schleswig-Holstein	§ 54 Abs. 3		
Niedersachsen	§ 88 Abs. 3	**Hilfsmittel der körperlichen Gewalt sind insbesondere Fesseln, Diensthunde sowie Reiz- und Betäubungsstoffe.**	
Bayern	Art. 42 i.V.m. Art. 102 Abs. 3 BayStVollzG	**Hilfsmittel der körperlichen Gewalt sind insbesondere Fesseln.**	

Die Aufzählung der „Hilfsmittel körperlicher Gewalt" ist in den Gesetzen nicht abschließend. Ausdrücklich werden in allen Gesetzen die Fesseln genannt, z.T. darüber hinaus auch Reizstoffe.

Mit **Fesseln** sind Hand- und Fußfesseln aus Metall gemeint, auch Plastikfesseln, die zumeist 8
als Einmalfesseln verwendet werden. Neuerdings sind auch sogenannte „cuffbags" (Fesseltaschen) in Gebrauch. Sie sind mit Fäustlingen vergleichbar und verhindern, dass der Gefangene seine Finger und Hände in irgendeiner Form benutzen und beispielsweise am Verschluss der Handschelle hantieren kann. Die Fesselung ist **zugleich eine besondere Sicherungsmaßnahme**, mit der präventiv besonderen Gefahrensituationen vorgebeugt werden soll. Insoweit bestehen besondere Anwendungsvoraussetzungen, die für dort aufgeführte Konfliktsituationen zu beachten sind. Diese Sonderregeln haben **Vorrang** (s. § 7 Rn. 129 ff.).

Reizstoffe sind „Stoffe, die bei ihrer bestimmungsgemäßen Anwendung auf den Menschen 9
eine belästigende Wirkung durch Haut- und Schleimhautreizung, insbesondere durch einen Augenreiz ausüben und resorptiv nicht giftig wirken" (Nr. 5 der Anlage 1 zum WaffenG). Das sind vor allem Tränengas, CS-/CN-Gas und Pfefferspray.[10] In der Praxis werden Tränengaspatronen und Tränengaswurfkörper am häufigsten verwendet.[11] Pfefferspray ist jedoch wegen der geringeren Nebenwirkungen und der zuverlässigen Wirkung Vorzug einzu-

10 S. auch Arloth, StVollzG, § 95 Rn. 2; Brühl/Walter in: AK-StVollzG, § 95 Rn. 8.
11 Koepsel in: Schwind/Böhm/Jehle/Laubenthal, StVollzG, § 95 Rn. 7.

räumen.[12] **In den Ländergesetzen, in denen Reizstoffe nicht als Hilfsmittel körperlicher Gewalt aufgeführt sind, werden diese als Waffen zugelassen.** Eine **dienstliche Zulassung** der Reizstoffe wird nur vom brandenburgischen Untersuchungshaftvollzugsgesetz (§ 54 Abs. 5) verlangt. Durch eine interne verwaltungstechnische Regelung sollte aber auch in den anderen Ländern die Zulassung geregelt werden. Mit Reizstoffen können erhebliche gesundheitliche Schäden zugefügt werden, beispielsweise der Verlust des Augenlichts. Aus Fürsorgegründen ist insoweit eine Entscheidung der Dienst- und Fachaufsicht gefordert.

10 Allein das niedersächsische Justizvollzugsgesetz erweitert die Hilfsmittel-Beispiele um „Diensthunde“ und „Betäubungsstoffe“.

Der Einsatz von „**Diensthunden**“ wird für den Bereich des Erwachsenenstrafvollzugs überwiegend für unproblematisch gehalten.[13] Zumindest für den Jugendvollzug bestehen erhebliche Einwände. Der Einsatz von Diensthunden verschlechtert maßgeblich das Anstaltsklima, kann darüber hinaus zur Konflikteskalation beitragen, da ein Hund außer Kontrolle des Hundeführers geraten kann und gerade auf Seiten junger Gefangener unbedachte Reaktionen möglich sind. Der Einsatz von Diensthunden kann Konfliktsituationen anheizen, zumal mit dem lauten Gebell eines Hundes eine verbale Deeskalation verhindert wird. Auf der anderen Seite entwickeln gerade auch junge Menschen nicht selten eine ausgesprochene Angst vor Hunden, was zu einem Einschüchterungsklima führen kann.[14]

Zu „**Betäubungsstoffen**“ zählen KO-Gas, einschläfernde Mittel, Narkosemittel und Elektroschocker.[15] Der Einsatz von Schlaf-, Beruhigungs- und Narkosestoffen ist nur aus medizinischen Gründen durch einen Arzt zur heiltherapeutischen Behandlung vertretbar (s. § 3 Rn. 48). Ihr Einsatz aus reinen Sicherheitsgründen durch den allgemeinen Vollzugsdienst verstößt gegen das Übermaßverbot (Art. 20 Abs. 3 GG), zumal damit unkontrollierbare gesundheitliche Gefahren und Nebenwirkungen (Herzstillstand, Atemlähmung) für die Gefangenen verbunden sein können.[16] **Elektroschockgeräte**, die hauptsächlich bei der Massentierhaltung und -schlachtung Verwendung finden, sind Hilfsmittel, die gegen die Menschenwürde aus Art. 1 Abs. 1 GG verstoßen.

In allen Gesetzen bleibt offen, an welche weiteren Hilfsmittel der jeweilige Gesetzgeber gedacht hat. Offensichtlich soll damit auch der Einsatz neuer technischer Hilfsmittel ermöglicht werden. Auch sollen situationsbedingt improvisierte Hilfsmittel körperlicher Gewalt zulässig sein.[17] Hierzu gehören z.B. das Werfen von Erde, Sand, Steinen, der Einsatz von Wasser oder Netzen, das Sprühen von Schaum aus einem Feuerlöscher, das Errichten von Sperren, der Einsatz von Schall-, Rauch- oder Nebelerzeugern oder von Klebeband oder Kabelbindern zum Fesseln.[18] Hilfsmittel, deren Einsatz die Menschenwürde (Art. 1 Abs. 1 GG) verletzt, wie z.B. Peitschen, sind selbstverständlich unzulässig.

12 Ebenso Arloth, StVollzG, § 95 Rn. 2.
13 Arloth, StVollzG, § 95 Rn. 2; Koepsel in: Schwind/Böhm/Jehle/Laubenthal, StVollzG, § 95 Rn. 11; Zweifel nur bei Brühl/Walter in: AK-StVollzG, § 95 Rn. 5.
14 Wie hier AnwK U-Haft/Rubber/Scharmer, § 54 Rn. 9.
15 S. auch Brühl/Walter in: AK-StVollzG, § 95 Rn. 8.
16 Ähnlich Calliess/Müller-Dietz, StVollzG, § 95 Rn. 2; Brühl/Walter in: AK-StVollzG, § 95 Rn. 5 und § 101 Rn. 33.
17 Arloth, StVollzG, § 95 Rn. 2.
18 Weitere Beispiele bei Arloth, StVollzG, § 95 Rn. 2 und Brühl/Walter in: AK-StVollzG, § 95 Rn. 5.

4. Waffen

Länder	Norm	„Waffen"
Baden-Württemberg	§ 55 Abs. 4 JVollzGB II	**Waffen sind die dienstlich zugelassenen Hieb- und Schusswaffen sowie Reizstoffe.**
Bayern	Art. 42 i.V.m. Art. 102 Abs. 4 BayStVollzG	
Hamburg	§ 57 Abs. 4	
Hessen	§ 38 Abs. 1 S. 4	
Nordrhein-Westfalen	§ 36 Abs. 4	
Thüringen	§ 54 Abs. 4	

11

Berlin	§ 54 Abs. 4	**Waffen sind die dienstlich zugelassenen Hieb- und Schusswaffen.**
Bremen	§ 54 Abs. 4	
Mecklenburg-Vorpommern	§ 54 Abs. 4	
Niedersachsen	§ 88 Abs. 4	
Rheinland-Pfalz	§ 54 Abs. 4	
Saarland	§ 54 Abs. 4	
Sachsen	§ 54 Abs. 4	
Sachsen-Anhalt	§ 54 Abs. 4	
Schleswig-Holstein	§ 54 Abs. 4	

Brandenburg	§ 54 Abs. 4, 5	**(4) Waffen sind Hieb- und Schusswaffen.** **(5) Es dürfen nur dienstlich zugelassene Hilfsmittel und Waffen verwendet werden.**

Im Gegensatz zu den sonstigen „Hilfsmitteln körperlicher Gewalt" ist bei den Waffen die **Aufzählung abschließend.** Zulässig sind also nur solche Waffenarten, die das jeweilige Landesgesetz nennt. Sie müssen zudem immer **dienstlich zugelassen** sein. „Dienstlich zugelassen" meint nicht die Zulassung durch den Anstaltsleiter, sondern durch die Aufsichtsbehörde bzw. Landesjustizverwaltung.[19]

„**Hiebwaffen**" sind nach allen Untersuchungshaftvollzugsgesetzen zulässig. Hiebwaffen sind herkömmlicherweise Schlagstöcke aus Holz, Hartgummi („Gummiknüppel") oder aus vergleichbarem Material.

Schusswaffen sind „Gegenstände, die zum Angriff oder zur Verteidigung (...) bestimmt sind 12
und bei denen Geschosse durch einen Lauf getrieben werden" (Nr. 1.1 der Anlage 1 zum WaffenG). Dazu zählen insbesondere Pistolen, Revolver, Gewehre und Maschinenpistolen. Schusswaffen aus der Kriegswaffenliste[20], wie Maschinengewehre, Panzerfäuste, Granatwerfer, Handgranaten oder vergleichbare Sprengmittel, gehören nicht hierzu.

Reizstoffe werden in den Ländergesetzen entweder als Waffen oder als Hilfsmittel körperlicher Gewalt zugelassen (s.o. Rn. 9). Damit ist auch der Einsatz von Gaspistolen zulässig. Da auch in den Ländergesetzen, in denen Reizstoffe als Waffen definiert werden, zwischen Schusswaffen und Reizstoffen differenziert wird, ist der Einsatz von Gaspistolen als Reizstoffeinsatz einzuordnen.[21]

19 Arloth, StVollzG, § 95 Rn. 2.
20 Anlage zum Gesetz über die Kontrolle von Kriegswaffen vom 22.11.1990, BGBl. I, S. 2506.
21 Höflich/Schriever, Grundriss Vollzugsrecht, S. 128.

III. Voraussetzungen

13 **1. Allgemeine Voraussetzungen.** Die Anwendung unmittelbaren Zwangs unterliegt gesetzlich bestimmten allgemeinen Voraussetzungen. Sie variieren je nachdem, ob es sich bei der betroffenen Zielgruppe um Gefangene oder um andere Personen handelt. Besondere zusätzliche Voraussetzungen stellen die Ländergesetze für den Gebrauch von Schusswaffen und für Zwangsmaßnahmen auf dem Gebiet der Gesundheitsfürsorge auf (s. § 3 Rn. 32 ff.). Immer ist der Verhältnismäßigkeitsgrundsatz zu beachten. Grundsätzlich hat eine vorherige Androhung zu erfolgen.

Länder	Norm	„Allgemeine Voraussetzungen“
Baden-Württemberg	§ 54 JVollzGB II	**(1) (Die) (Vollzugs-) Bedienstete(n) (der Justizvollzugsanstalten/des Vollzugs/der Anstalten) dürfen unmittelbaren Zwang anwenden, wenn sie Vollzugs- und Sicherungsmaßnahmen rechtmäßig durchführen und der damit verfolgte Zweck auf keine andere Weise erreicht werden kann. (2) Gegen andere Personen als Untersuchungsgefangene darf unmittelbarer Zwang angewendet werden, wenn sie es unternehmen, Untersuchungsgefangene zu befreien, in den Anstaltsbereich/die Anstalt widerrechtlich einzudringen oder wenn sie sich unbefugt darin (im Anstaltsbereich) aufhalten. (3) Das Recht zu unmittelbarem Zwang auf Grund anderer Regelungen bleibt unberührt.**
Bayern	Art. 42 i.V.m. Art. 101 BayStVollzG	
Berlin	§ 55	
Brandenburg	§ 55	
Bremen	§ 55	
Hamburg	§ 58	
Hessen	§ 38 Abs. 2	
Mecklenburg-Vorpommern	§ 55	
Nordrhein-Westfalen	§ 37	
Rheinland-Pfalz	§ 55	
Saarland	§ 55	
Sachsen (ähnlich)	§ 55	
Sachsen-Anhalt	§ 55	
Schleswig-Holstein	§ 55	
Thüringen	§ 55	
Niedersachsen	§ 87	**(1) Justizvollzugsbedienstete dürfen zur Durchsetzung von rechtmäßigen Vollzugs- und Sicherungsmaßnahmen unmittelbaren Zwang anwenden, wenn der damit verfolgte Zweck nicht auf eine andere Weise erreicht werden kann. (2) Gegen andere Personen als Gefangene darf unmittelbarer Zwang angewendet werden, wenn sie es unter-**

		nehmen, Gefangene zu befreien oder in den Anstaltsbereich widerrechtlich einzudringen oder wenn sie sich unbefugt darin aufhalten. **(3) Das Recht zu unmittelbarem Zwang aufgrund anderer Regelungen bleibt unberührt.**

Formell berechtigt, unmittelbaren Zwang gegen Gefangene oder andere Personen anzuwenden, sind ausschließlich die Vollzugsbediensteten der Anstalt. Die **Befugnisübertragung** an vertraglich gebundene Private oder beliehene Unternehmer ist im Hinblick auf Art. 33 Abs. 4 GG **ausgeschlossen.**[22] Sie können nicht der verlängerte Arm der Vollzugsbediensteten sein, weil Zwangsmaßnahmen immer in Grund- und Gefangenenrechte eingreifen, mithin zum **Kernbereich** staatlicher Maßnahmen in einer Untersuchungshaftvollzugsanstalt zählen. Nach altem Recht hatte dementsprechend der Richter die Anordnungskompetenz (§ 178 Abs. 2 StVollzG i.V.m. § 119 Abs. 6 StPO). 14

a) **Unmittelbarer Zwang gegen Gefangene.** Adressaten des unmittelbaren Zwangs sind primär die Untersuchungsgefangenen. 15

aa) **Vollzugs- oder Sicherungsmaßnahme.** Beim unmittelbaren Zwang gegen Gefangene muss es um die Durchsetzung von Vollzugsmaßnahmen oder Sicherungsmaßnahmen gehen. Die Abgrenzung zwischen Vollzugs- und Sicherungsmaßnahme lässt sich vom Begriff der **Sicherungsmaßnahme** her treffen. Dazu zählen alle allgemeinen und besonderen Sicherungsmaßnahmen, d.h. Maßnahmen mit Präventivcharakter. **Vollzugsmaßnahmen** sind demgegenüber alle Maßnahmen zur Aufrechterhaltung eines geordneten Anstaltslebens, Organisationsmaßnahmen eingeschlossen.[23] Erzieherische Maßnahmen und Disziplinarmaßnahmen zählen wegen ihres repressiven Charakters (Ahndung von Pflichtverstößen) zu den Vollzugsmaßnahmen. Keine Vollzugs- oder Sicherungsmaßnahmen sind prozessuale Maßnahmen, etwa die zwangsweise Durchsetzung einer Ladung zu einem Gerichtstermin[24] oder das entnehmen einer Haar- oder Speichelprobe zur Durchführung einer DNA-Analyse im Ermittlungsverfahren.[25] 16

bb) **Akzessorietät.** In den Gesetzestexten wird schwerpunktmäßig entweder auf die rechtmäßige Durchführung unmittelbaren Zwangs oder auf die Durchführung einer rechtmäßigen Vollzugs- oder Sicherungsmaßnahme abgestellt.[26] Alle Gesetze setzen aber eine „**doppelte Rechtmäßigkeit**" voraus, d.h., dass auch die zugrunde liegende vollzugliche Maßnahme rechtmäßig sein muss, damit unmittelbarer Zwang rechtmäßig angewendet werden kann. Insoweit besteht eine „**Akzessorietät**" des unmittelbaren Zwangs.[27] Negativ ausgedrückt zieht die Rechtswidrigkeit der zugrunde liegenden Vollzugs- oder Sicherungsmaßnahme zwangsläufig die Rechtswidrigkeit unmittelbaren Zwangs nach sich.[28] Diese Akzessorietät gilt nicht in umgekehrter Richtung. D.h., auch wenn die durchzusetzende Maßnahme recht- 17

22 Instruktiv Gramm, Privatisierung und notwendige Staatsaufgaben, 2001, ders. VerwArch 1999, 329 ff.; s. auch Brühl/Walter in: AK-StVollzG, § 94 Rn. 3; Arloth, StVollzG, § 94 Rn. 3. Das OLG Schleswig hat ausdrücklich hinsichtlich der Zulässigkeit einer Privatisierung des Maßregelvollzugs darauf abgestellt, dass die Ausübung unmittelbaren Zwangs nur von Vollzugsbeamten ausgeübt wird, NK 2006, 38 mit kritischer Anm. Ostendorf; s. auch Ostendorf, Zeitschrift für soziale Strafrechtspflege 2007, 4 ff.

23 Brühl/Walter in: AK-StVollzG, § 94 Rn. 4: „Oberbegriff".

24 Ausführlich Böhm, Strafvollzug, Rn. 349.

25 Brühl/Walter in: AK-StVollzG, § 94 Rn. 4; s. dazu auch Radtke/Bitz ZfStrVo 2001, 134 ff.

26 Letzteres gilt für § 87 Abs. 1 NJVollzG und § 55 UVollzG Sachsen.

27 Zur Akzessorietät als materielle Voraussetzung unmittelbaren Zwangs Laubenthal, Strafvollzug, Rn. 721 f.; s. auch Arloth, StVollzG, § 94 Rn. 2; Kaiser/Schöch, Strafvollzug, § 8 Rn. 13.

28 Ebenso Höflich/Schriever, Grundriss Vollzugsrecht, S. 128.

mäßig ist, kann unmittelbarer Zwang gleichwohl rechtswidrig sein. Unmittelbarer Zwang unterliegt somit einer zweistufigen Rechtmäßigkeitskontrolle.

18 cc) **Subsidiarität.** Der Zweck der durchzusetzenden Vollzugs- oder Sicherungsmaßnahme darf **auf keine andere Weise** als durch Zwang zu erreichen sein. Insoweit besteht eine „**Subsidiarität**"[29] des unmittelbaren Zwangs. Seine Anwendung muss immer **letztes Mittel** sein (s. auch Rn. 23). Alternativ erfolgversprechende Lösungswege haben Vorrang und machen Zwangsmaßnahmen rechtswidrig, weil sie eine gesetzliche Tatbestandsvoraussetzung entfallen lassen. Denkbare Alternativen sind je nach Sachlage „gutes Zureden", also Beruhigung und Überzeugung im Gespräch, Herbeiholen einer Vertrauensperson, auch die Drohung mit Disziplinarmaßnahmen, aber auch schlichtes Weggehen, wenn sich die Emotionen aufschaukeln oder gegen einen bestimmten Bediensteten richten.[30]

19 **b) Unmittelbarer Zwang gegen andere Personen.** Gegen andere Personen als Gefangene darf unmittelbarer Zwang nur angewendet werden,

- wenn sie es unternehmen, Gefangene zu befreien,
- wenn sie es unternehmen, in den Anstaltsbereich widerrechtlich einzudringen oder
- wenn sie sich unbefugt im Anstaltsbereich aufhalten.

Die gesetzlich umschriebenen Verhaltensweisen knüpfen an Straftatbestände an: Gefangenenbefreiung an § 120 StGB und widerrechtliches Eindringen oder unbefugtes Sich- Aufhalten im Anstaltsbereich an § 123 StGB.

„**Unternehmen**" ist daher nach dem Grundsatz der Einheitlichkeit der Rechtsordnung entsprechend der Definition in § 11 Abs. 1 Nr. 6 StGB[31] auszulegen: Gefangenenbefreiung oder widerrechtliches Eindringen müssen versucht oder vollendet werden.[32] D.h., es muss mindestens unmittelbar angesetzt, die Schwelle zum „Jetzt-geht's-los" überschritten sein. Vorbereitungshandlungen genügen nicht.[33]

Zum „**Anstaltsbereich**" gehören alle Einrichtungen der Anstalt sowie die für Dritte erkennbar gesperrten Außenflächen der Anstalt.[34]

„**Unbefugt**" halten sich Fremde im Anstaltsbereich auf, wenn die Erlaubnis der Anstalt fehlt oder die Erlaubnis die Aktivitäten während des Aufenthalts nicht deckt.

Beispiel: Ist die Besuchszeit abgelaufen, kann ein Besucher mit unmittelbarem Zwang aus der Anstalt entfernt werden, wenn er sich weigert zu gehen. Entsprechendes gilt, wenn der Besucher einem Gefangenen mitgebrachte Gegenstände übergeben will. Demgegenüber ist unmittelbarer Zwang im Sinne der Vorschriften der Untersuchungshaftvollzugsgesetze nicht möglich, wenn Fremde Drogen oder andere Gegenstände über die Anstaltsmauer werfen.

2. Verhältnismäßigkeitsgrundsatz

20

Länder	Norm	„Grundsatz der Verhältnismäßigkeit"
Baden-Württemberg	§ 56 JVollzGB II	**(1) Unter mehreren möglichen und geeigneten Maßnahmen des unmittelbaren Zwangs ist diejenige/sind diejenigen zu wählen, die den Einzelnen/die einzelne**
Bayern	Art. 42 i.V.m. Art. 103 BayStVollzG	
Berlin	§ 56	
Bremen	§ 56	

29 Dazu auch Laubenthal, Strafvollzug, Rn. 722.

30 Zum Ganzen Brühl/Walter in: AK-StVollzG, § 94 Rn. 7; s. auch Müller in: Das Gefängnis als Risiko-Unternehmen, hrsg. v. Preusker/Maelicke/Flügge, S. 85 f..

31 § 11 Abs. 1 Nr. 6 StGB: „Im Sinne dieses Gesetzes ist ein Unternehmen einer Tat deren Versuch und deren Vollendung."

32 Wie hier Brühl/Walter in: AK-StVollzG, § 94 Rn. 8; Arloth, StVollzG, § 94 Rn. 4; Koepsel in: Schwind/Böhm/Jehle/Laubenthal, StVollzG, § 94 Rn. 8.

33 A.A. unzutr. Calliess/Müller-Dietz, StVollzG, § 94 Rn. 3: „konkret vorbereitet oder versucht".

34 S. auch Brühl/Walter in: AK-StVollzG, § 94 Rn. 8; Arloth, StVollzG,§ 94 Rn. 4.

Länder	Norm	„Grundsatz der Verhältnismäßigkeit“
Brandenburg	§ 56	**Person/die Betroffenen und die Allgemeinheit voraussichtlich am wenigsten beeinträchtigen.** **(2) Unmittelbarer Zwang unterbleibt, wenn ein durch ihn zu erwartender Schaden erkennbar außer Verhältnis zu dem angestrebten Erfolg steht.**
Hamburg	§ 59	
Hessen	§ 38 Abs. 3	
Mecklenburg-Vorpommern	§ 56	
Nordrhein-Westfalen	§ 38	
Rheinland-Pfalz	§ 56	
Saarland	§ 56	
Sachsen-Anhalt	§ 56	
Schleswig-Holstein	§ 56	
Thüringen	§ 56	

Niedersachsen	*Nicht normiert*	
Sachsen	*Nicht normiert*	

Bei der Anwendung unmittelbaren Zwangs muss immer der **Verhältnismäßigkeitsgrundsatz** beachtet werden. Dies wird in den Gesetzen mit Ausnahme Niedersachsens und Sachsens ausdrücklich betont. Die Beachtung des Verhältnismäßigkeitsgrundsatzes folgt darüber hinaus aus dem Rechtsstaatsprinzip gem. Art. 20 Abs. 3 GG[35] und gilt dementsprechend auch für den Vollzug in Niedersachsen und Sachsen. Hierbei sind die Geeignetheit, die Erforderlichkeit und Angemessenheit des unmittelbaren Zwangs zu prüfen.[36] 21

a) **Geeignetheit.** Die beabsichtigte Zwangsmaßnahme muss nach den Untersuchungshaftvollzugsgesetzen zur Durchsetzung von Vollzugs- und Sicherungsmaßnahmen **geeignet und möglich** sein. Das ist dann der Fall, wenn das Zwangsmittel wirksam ist, **wenn sich die durchzusetzende Maßnahme mit Zwang realisieren lässt.** Wird sie mit Zwang genauso wenig erreicht wie ohne, hat unmittelbarer Zwang zu unterbleiben.[37] 22

Beispiel: Will ein Gefangener nicht zum Gespräch mit dem Anstaltsleiter gehen, sondern lieber in seiner Zelle bleiben, so ist die Anwendung unmittelbaren Zwangs nicht zulässig. Der Zwang würde zu keiner vernünftigen Aussprache und damit zu keinem sachdienlichen Ergebnis führen. Er wäre unverhältnismäßig, weil ungeeignet.[38]

Die Frage der Geeignetheit ist situationsgemäß zu beantworten. Beispielsweise eignet sich ein Schlagstock zum Zurückschlagen eines tätlichen Angriffs von einem körperlich überlegenen Gefangenen oder zum Zurückdrängen einer größeren Personengruppe. Dagegen ist sein Einsatz ungeeignet, um einen tobenden Gefangenen dazu zu bewegen, freiwillig die Beruhigungszelle aufzusuchen. Hier wäre er keine Waffe zur unmittelbaren Einwirkung auf eine Person, sondern ein Prügelinstrument zur mittelbaren Einwirkung auf den Willen.[39] Aus dem Erfordernis der Geeignetheit folgt auch, dass Zwangsmaßnahmen einzustellen sind, sobald sich zeigt, dass der angestrebte Zweck nicht erreicht werden kann. Erweist sich eine Maßnahme als nicht mehr geeignet, kann sie nicht als rechtmäßige Durchführung unmit-

35 BVerfGE 23, 127 (133); 86, 288 (347); 90, 145 (173); ausführlich Sachs in: Sachs, GG, Art. 20 Rn. 146.
36 Zum Prüfungsaufbau Voßkuhle JuS 2007, 429 ff.; Ipsen, Staatsrecht II, Rn. 184 ff.; Maurer, Staatsrecht I, § 8 Rn. 57; Sachs in: Sachs, GG, Art. 20 Rn. 149 ff.
37 S. auch Koepsel in: Schwind/Böhm/Jehle/Laubenthal, StVollzG, § 94 Rn. 5.
38 Wie hier Böhm, Strafvollzug, Rn. 349; Schriever NStZ 1993, 103 f.; im Ergebnis auch Calliess/Müller-Dietz, StVollzG, § 94 Rn. 2 und Koepsel in: Schwind/Böhm/Jehle/Laubenthal, StVollzG, § 96 Rn. 2; unentschieden Kaiser/Schöch, Strafvollzug, § 8 Rn. 12; a.A. unzutr. OLG Hamm NStZ 1991, 509 f. (Vorführung zum Anstaltsleiter).
39 So auch Koepsel in: Schwind/Böhm/Jehle/Laubenthal, StVollzG, § 96 Rn. 3; ähnlich Brühl/Walter in: AK-StVollzG, § 96 Rn. 1.

telbaren Zwangs fortgesetzt werden.[40] Ebenso ist eine Zwangsmaßnahme sofort einzustellen, sobald der Zweck erreicht ist. Das folgt aus dem **Übermaßverbot** (Art. 20 Abs. 3 GG). Jedes Weiterhandeln oder Andauernlassen wäre verbotener **Missbrauch** von Zwangsmaßnahmen. Der unmittelbare Zwang darf nicht zu einer auf die Tat folgenden Strafe verfälscht werden.[41]

23 b) **Erforderlichkeit.** Die Zwangsmaßnahme muss **erforderlich** sein. Das ist dann der Fall, wenn es – einschließlich Erfolg versprechender Sicherungs- oder Disziplinarmaßnahmen – **kein milderes**, weniger einschneidendes **Mittel** gibt. Dementsprechend ist unter mehreren möglichen und geeigneten Zwangsmaßnahmen nach den Untersuchungshaftvollzugsgesetzen immer diejenige zu wählen, die den Betroffenen am wenigsten beeinträchtigt. Unter diesem Gesichtspunkt gelten der Vorrang der Einwirkung auf Sachen vor der Einwirkung auf Personen sowie der Vorrang einfacher körperlicher Gewalt vor dem Einsatz von Hilfsmitteln und Waffen. Gleichzeitig sind die Risiken für den eingreifenden Vollzugsbeamten mit zu berücksichtigen. Ist ein körperlicher Widerstand im Hinblick auf frühere Vorfälle von Seiten des Gefangnen zu erwarten, darf unter dem Gesichtspunkt der Erforderlichkeit der Schlagstock in die Hand genommen werden, um sich ggf. rechtzeitig zu schützen. Es ist aber nicht erlaubt, immer die Maßnahme zu wählen, die für den eingreifenden Beamten das geringste Risiko mit sich bringt.

24 c) **Angemessenheit.** Die Zwangsmaßnahme muss **angemessen** sein. Das ist dann der Fall, **wenn Zweck und Mittel in einem vernünftigen Verhältnis stehen**. Dementsprechend hat nach den Untersuchungshaftvollzugsgesetzen unmittelbarer Zwang zu unterbleiben, wenn der durch ihn zu erwartende Schaden erkennbar außer Verhältnis zu dem angestrebten Erfolg steht. Der „zu erwartende Schaden“ kann bei dem Betroffenen oder bei einem unbeteiligten Gefangenen eintreten, z.B. ein gesundheitlicher, seelischer oder sozialer Schaden.[42] In gleicher Weise kann ein solcher Schaden bei den Bediensteten eintreten. Bei unangemessener Anwendung von Zwangsmaßnahmen kann auch der Institution der Anstalt Schaden drohen (Ablehnung, Auflehnung, Solidarisierung der Gefangenen untereinander).

3. Androhung

25

Länder	Norm	„Androhung“
Baden-Württemberg	§ 58 JVollzGB II	**Unmittelbarer Zwang ist vorher anzudrohen. Die Androhung darf nur dann unterbleiben, wenn die Umstände sie nicht zulassen oder unmittelbarer Zwang sofort angewendet werden muss, um eine rechtswidrige Tat, die den Tatbestand eines Strafgesetzes erfüllt, zu verhindern oder eine gegenwärtige Gefahr abzuwenden.**
Bayern	Art. 42 i.V.m. Art. 105 BayStVollzG	
Berlin	§ 58	
Bremen	§ 58	
Brandenburg	§ 58	
Hamburg	§ 61	
Mecklenburg-Vorpommern	§ 58	
Niedersachsen	§ 90	
Nordrhein-Westfalen	§ 39	
Rheinland-Pfalz	§ 58	
Saarland	§ 58	
Sachsen (ähnlich)	§ 56	
Sachsen-Anhalt	§ 58	

40 Ebenso Koepsel in: Schwind/Böhm/Jehle/Laubenthal, StVollzG, § 96 Rn. 5.
41 Böhm, Strafvollzug, Rn. 349.
42 S. auch Brühl/Walter in: AK-StVollzG, § 96 Rn. 2.

Länder	Norm	„Androhung“
Schleswig-Holstein	§ 58	
Thüringen	§ 58	
Hessen	§ 38 Abs. 5	**Unmittelbarer Zwang ist vorher anzudrohen. Von der Androhung kann abgesehen werden, wenn die Umstände sie nicht zulassen, insbesondere wenn die sofortige Anwendung des Zwangsmittels zur Abwehr einer Gefahr notwendig ist.**

26 a) **Androhungsgrundsatz.** Die Anwendung unmittelbaren Zwangs ist **grundsätzlich** vorher anzudrohen. Die **Androhung** wird praktisch stets mündlich ergehen. Deshalb ist hier besonders auf eine klare und bestimmte Äußerung zu achten. Das Prinzip, dass unmittelbarer Zwang vor seiner Anwendung anzudrohen ist, ist ein überaus wichtiges **Instrument zur Konfliktentschärfung.** Dies gilt gerade bei jungen U-Gefangenen. Beiden Seiten, also den Gefangenen und den Bediensteten, gibt der Androhungsgrundsatz eine Chance des Überdenkens.[43] Dem Gefangenen werden noch einmal die Folgen vor Augen geführt[44]; ggf. kann er auch Rechtsschutz beantragen.[45] Die Bediensteten wiederum haben die Möglichkeit, den Konflikt zu lenken und ggf. zurückzustufen. Die Androhung **ermöglicht** mithin eine gewaltlose, eine **„zwanglose“ Konfliktlösung.**

27 b) **Ausnahmesituationen.** Alle Untersuchungshaftvollzugsgesetze ermächtigen die Vollzugsbediensteten, von der Androhung unmittelbaren Zwangs in bestimmten Situationen abzusehen. Zu beachten ist, dass die Androhung unterbleiben „darf“, aber nicht muss. Es gibt drei **Ausnahmesituationen zum Androhungsgrundsatz:**

- **Die Umstände lassen es nicht zu** (Beispiel: Der Bedienstete kann sich gegenüber lautem Grölen der Gefangenen nicht hörbar machen),
- **eine Straftat muss verhindert werden** (Beispiel: Körperverletzung, Gefangenenmeuterei, Gefangenenbefreiung, Geiselnahme) oder/und
- **eine gegenwärtige Gefahr muss abgewendet werden** (Beispiel: Der Gefangene will sich selbst töten oder verletzen).

Die Ausnahmesituationen sind nicht scharf voneinander abzugrenzen, sondern können kumulativ vorliegen. Nach dem Gesetzeswortlaut sind sie **abschließend** aufgezählt. Andere Fälle, die eine vorherige Androhung entbehrlich machen könnten, werden gesetzlich nicht akzeptiert. Allein § 38 Abs. 5 UVollzG Hessen ist offener formuliert („insbesondere“). Aber auch hier gilt der Obersatz, dass die Umstände eine Androhung „nicht zulassen“.

IV. Handeln auf Anordnung

28

Länder	Norm	„Handeln auf Anordnung“
Baden-Württemberg	§ 57 JVollzGB II	**(1) Wird unmittelbarer Zwang von Vorgesetzten oder sonst befugten Personen angeordnet, sind (die) (Justiz-)(Vollzugs-)Bediens-**
Bayern	Art. 42 i.V.m. Art. 104 BayStVollzG	
Berlin	§ 57	

43 Höflich/Schriever, Grundriss Vollzugsrecht, S. 129: „Denkpause“.
44 Calliess/Müller-Dietz, StVollzG, § 98.
45 Dazu Brühl/Walter in: AK-StVollzG, § 98 Rn. 1.

Länder	Norm	„Handeln auf Anordnung“
Bremen	§ 57	tete(n) verpflichtet, ihn anzuwenden, es sei denn, die Anordnung verletzt die Menschenwürde oder ist nicht zu dienstlichen Zwecken erteilt worden. (2) Die Anordnung darf nicht befolgt werden, wenn dadurch eine Straftat begangen würde. Befolgen (die) (Justiz-) (Vollzugs-)Bedienstete(n) sie trotzdem, trifft sie eine Schuld nur, wenn sie erkennen oder wenn es nach den ihnen bekannten Umständen offensichtlich ist, dass dadurch eine Straftat begangen wird. (S. 2 gilt nicht im UVollzG SH.) (3) Bedenken gegen die Rechtmäßigkeit der Anordnung haben die (Justiz-) (Vollzugs-)Bediensteten der anordnenden Person/dem/n Anordnenden gegenüber vorzubringen, soweit das nach den Umständen möglich ist. Abweichende Vorschriften/Bestimmungen des allgemeinen Beamtenrechts über die Mitteilung solcher Bedenken an Vorgesetzte (§ 36 Abs. 2 und 3 des Beamtenstatusgesetzes vom 17. Juni 2008 (BGBl. I S. 1010), geändert durch Artikel 15 Abs. 16 des Gesetzes vom 5. Februar 2009 (BGBl. S. 160) sind nicht anzuwenden. [Sachsen: Abweichende Vorschriften des allgemeinen Beamtenrechts über die Mitteilung solcher Bedenken an einen Vorgesetzten aus dem Beamtengesetz für den Freistaat Sachsen (Sächsisches Beamtengesetz – SächsBG) in der Fassung der Bekanntmachung vom 12. Mai 2009 (SächsGVBl. S. 194), geändert durch Ar-
Brandenburg	§ 57	
Hamburg	§ 60	
Mecklenburg-Vorpommern	§ 57	
Niedersachsen	§ 89	
Rheinland-Pfalz	§ 57	
Saarland	§ 57	
Sachsen	§ 58	
Schleswig-Holstein	§ 57	
Thüringen	§ 57	

Länder	Norm	„Handeln auf Anordnung“
		tikel 2 Abs. 2 des Gesetzes vom 19. Mai 2010 (SächsGVBl. S. 142, 143), in der jeweils geltenden Fassung, sind nicht anzuwenden.]
Sachsen-Anhalt	§ 57	**Für das Handeln auf Anordnung gilt § 36 des Beamtenstatusgesetzes.**
Hessen	§ 38 Abs. 4 i.V.m. § 97 StVollzG	**(4) Für das Handeln auf Anordnung ist § 97 des Strafvollzugsgesetzes vom 16. März 1976 (BGBl. I S. 581, 2088), zuletzt geändert durch Gesetz vom 29. Juli 2009 (BGBl. I S. 2274), entsprechend anzuwenden.**
Nordrhein-Westfalen	*Nicht normiert, s. aber § 36 Beamtenstatusgesetz.*	

Im **Normalfall** wenden die Vollzugsbediensteten unmittelbaren Zwang in **Eigeninitiative** an. 29
Liegen die Voraussetzungen zur Anwendung unmittelbaren Zwangs vor, was die Vollzugsbediensteten selbst prüfen, treffen sie eine eigene **Ermessensentscheidung** dahingehend, ob sie von der Befugnis Gebrauch machen oder nicht.

Liegt aber die **Anordnung** von unmittelbarem Zwang **durch einen Vorgesetzten** vor, dann müssen ihn die untergebenen Vollzugsbediensteten grundsätzlich ausführen. Für sie besteht **Gehorsamspflicht**. Die Gehorsamspflicht endet dort,

- wo die Menschenwürde verletzt wird (Beispiel: Folter Art. 3 EMRK; s. auch Rn. 10),
- wo die Anordnung nicht zu dienstlichen Zwecken erteilt ist (Beispiel: Rache) oder
- wo mit der Anwendung unmittelbaren Zwangs eine Straftat begangen würde (Beispiel: Verprügeln).

In allen drei Fällen besteht aus Gründen der (Menschen-)Rechtswahrung für die untergebenen Vollzugsbediensteten eine **Weigerungspflicht** – eine Pflicht, die Anordnung nicht auszuführen, also unmittelbaren Zwang zu unterlassen.[46]

Bedenken gegen die Rechtmäßigkeit der Anordnung muss der Vollzugsbeamte nach den Untersuchungshaftvollzugsgesetzen dem Anordnenden gegenüber, wenn irgend möglich, vorbringen. Damit ist klargestellt, dass die untergebenen Vollzugsbediensteten auch bei Existenz einer Anordnung das Vorliegen der Anwendungsvoraussetzungen unmittelbaren Zwangs selbst prüfen müssen. Sie dürfen der Anordnung eines Vorgesetzten nicht blindlings vertrauen, da die Rechtsordnung keinen Rechtfertigungsgrund „Handeln auf Anordnung“ kennt.[47]

Die meisten Untersuchungshaftvollzugsgesetze regeln auch die strafrechtliche Untergebenenverantwortlichkeit, wenn die Bediensteten unmittelbaren Zwang aufgrund einer nicht rechtmäßigen Anordnung ausführen. Diese Haftungsvorschriften stellen keine eigenen Voraussetzungen für die Strafbarkeit der Bediensteten auf, sondern umschreiben nur die allge- 30

46 A.A. (h.M.) unzutr., wobei nach Widerstandsrecht (Fälle 1 und 2) und Widerstandspflicht (Fall 3) differenziert wird, s. Koepsel in: Schwind/Böhm/Jehle/Laubenthal, StVollzG, § 96 Rn. 3; Brühl/Walter in: AK-StVollzG, § 97 Rn. 2; Höflich/Schriever, Grundriss Vollzugsrecht, S. 136. Auch AnwK U-Haft/Rubbert/Scharmer, § 57 Rn. 3 f. begründet bei Verletzung der Menschenwürde nur ein Widerstandsrecht.

47 S. Ostendorf JZ 1981, 173; s. auch Fischer, StGB, Vor § 32 Rn. 8 und 16.

meinen strafrechtlichen Grundsätze zum **Verbotsirrtum** gem. § 17 StGB[48], zumal die Landesgesetzgeber nicht hierfür zuständig sind (Art. 74 Abs. 1 Nr. 1 GG).

V. Unmittelbarer Zwang aufgrund anderer Regelungen

31 Die Untersuchungshaftvollzugsgesetze lassen unter den „Allgemeinen Voraussetzungen“ das Recht zur Anwendung unmittelbaren Zwangs aufgrund anderer Regelungen unberührt.

Das hat zunächst Bedeutung für den Einsatz von **Polizei**kräften innerhalb einer Anstalt.[49] Diese wenden – im Wege der Amtshilfe – unmittelbaren Zwang nicht nach den Regeln der Untersuchungshaftvollzugsgesetze, sondern nach den für sie geltenden Polizeigesetzen an.

32 Darüber hinaus scheint die Aussage klarzustellen, dass für die Vollzugsbediensteten auch die sogenannten **„Notrechte“**, insbesondere die gesetzlichen Regelungen zur Notwehr (§ 32 StGB), zum Notstand (§ 34 StGB) und zum Festnahmerecht (§ 127 Abs. 1 StPO), weiter bestehen. Das sind „Jedermanns-Rechte“, die auch Vollzugsbediensteten zustehen. Jedoch ist zu beachten, dass das Notrecht des Vollzugsbediensteten ein persönliches ist; es kann nur da eingreifen, wo er unabhängig vom hoheitlichen Auftrag selbst bedroht ist.[50] Es reicht auch nur soweit, bis die gegenwärtig drohende Gefahr abgewendet ist.[51] Mit den Notrechten kann unmittelbarer Zwang zur Durchsetzung einer Vollzugs- oder Sicherungsmaßnahme, die nach den Untersuchungshaftvollzugsgesetzen nicht rechtmäßig wäre, also nicht gerechtfertigt oder entschuldigt werden.[52]

In den typischen Situationen des vollzugsrechtlichen unmittelbaren Zwangs – insbesondere bei der Durchsetzung von Vollzugs- und Sicherungsmaßnahmen – sind die von den Untersuchungshaftvollzugsgesetzen getroffenen Regelungen „leges specialis“ (Spezialgesetze), gehen also den allgemeinen Notrechten vor.[53] Nur in den Untersuchungshaftvollzugsgesetzen wird der besonderen Situation der Gefangenen sowie den Anforderungen der Anstaltsordnung Rechnung getragen.

---

48 § 17 S. 1 StGB: „Fehlt dem Täter bei Begehung der Tat die Einsicht, Unrecht zu tun, so handelt er ohne Schuld, wenn er diesen Irrtum nicht vermeiden konnte.“

49 Dazu Arloth, StVollzG, § 94 Rn. 5; Calliess/Müller-Dietz, StVollzG, § 94 Rn. 1.

50 Koch ZfStrVo 1995, 27; Brühl/Walter in: AK-StVollzG, § 94 Rn. 9; Höflich/Schriever, Grundriss Vollzugsrecht, S. 131.

51 Brühl/Walter in: AK-StVollzG, § 94 Rn. 9.

52 Instruktiv Ostendorf JZ 1981, 172; Höflich/Schriever, Grundriss Vollzugsrecht, S. 131; Grommek, Unmittelbarer Zwang im Strafvollzug, S. 39; Koch ZfStrVo 1995, 27: „keine Ermächtigungsgrundlage zur Durchsetzung hoheitlicher Maßnahmen“.

53 S. auch Koepsel in: Schwind/Böhm/Jehle/Laubenthal, StVollzG, § 94 Rn. 14; Brühl/Walter in: AK-StVollzG, § 94 Rn. 9; Arloth, StVollzG, § 94 Rn. 5.

VI. Schusswaffengebrauch

1. Grundsatz

Länder	Norm
Baden-Württemberg	§§ 59, 60 JVollzGB II
Bayern	Art. 42 i.V.m. Art. 106, 107 BayStVollzG
Berlin	§ 59
Bremen	§ 59
Brandenburg	§ 59
Hamburg	§ 62
Hessen	§ 39
Mecklenburg-Vorpommern	§ 59
Niedersachsen	§§ 91, 92
Nordrhein-Westfalen	§§ 40, 41
Rheinland-Pfalz	§ 59
Saarland	§ 59
Sachsen	§ 57
Sachsen-Anhalt	§ 59
Schleswig-Holstein	§ 59
Thüringen	§ 59

33

Entsprechend der vorangestellten Waffendefinition (s.o. Rn. 12) ist nach allen Untersu- 34
chungshaftvollzugsgesetzen der Einsatz von Schusswaffen unter engen Voraussetzungen zulässig. Der Schusswaffengebrauch durch Vollzugsbedienstete ist die gefährlichste Form der Anwendung unmittelbaren Zwangs. Es ist zwischen dem Einsatz gegen Untersuchungsgefangene und gegen andere Personen sowie gegen erwachsene und junge Gefangene zu differenzieren.

2. Voraussetzungen. Jedes Untersuchungshaftvollzugsgesetz, das den Schusswaffenge- 35
brauch durch Vollzugsbedienstete erlaubt, regelt die zulässigen Anwendungsfälle für sich **abschließend**. D.h., dass nur die in dem jeweiligen Gesetz vorgesehenen Anwendungsfälle zulässig sind.

**a) Bei U-Gefangenen. aa) Nichtablegen einer Waffe oder eines anderen gefährlichen Werk- 36
zeugs bzw. zur Abwehr eines gegenwärtigen rechtswidrigen Angriffs auf Leib oder Leben.** „Gefährliches Werkzeug" ist der Oberbegriff und meint Gegenstände, die nach ihrer objektiven Beschaffenheit und Art ihrer Benutzung im konkreten Fall geeignet sind, erhebliche Verletzungen herbeizuführen; also neben Schusswaffen (Spring-, Klapp-, Butterfly-, Rasier-)Messer, Gabel, Hammer, Säge, Axt, Salzsäure etc.

Das gefährliche Werkzeug oder die Waffe muss **trotz wiederholter Aufforderung nicht abgelegt** worden sein. Die mehrfache Aufforderung ist eine besondere Form der Androhung des Schusswaffengebrauchs.[54] Deshalb kann sie ggf. durch mehrere Warnschüsse erfolgen und zur Abwehr einer gegenwärtigen Gefahr für Leib oder Leben sogar unterbleiben. Die Voraussetzung zur Abwehr eines gegenwärtigen rechtswidrigen Angriffs auf Leib oder Leben gem. § 39 Abs. 1 S. 1 Nr. 1 UVollzG Hessen erscheint sachgerechter, da das Tragen einer Waffe oder eines anderen gefährlichen Werkzeugs nicht immer eine unmittelbare Gefahrensituation begründet.

54 Koepsel in: Schwind/Böhm/Jehle/Laubenthal, StVollzG, § 100 Rn. 2; Brühl/Walter in: AK-StVollzG, § 100 Rn. 2.

37 **bb) Unternehmen einer Meuterei.** Eine „Meuterei" liegt gem. § 121 StGB vor, wenn sich Gefangene zusammenrotten und mit vereinten Kräften einen Anstaltsbeamten, einen anderen Amtsträger oder einen mit ihrer Beaufsichtigung, Betreuung oder Untersuchung Beauftragten nötigen oder tätlich angreifen, gewaltsam ausbrechen oder gewaltsam einem von ihnen oder einem anderen Gefangenen zum Ausbruch verhelfen.

Zwei Gefangene sollen ausreichen.[55] Das „**Unternehmen**" beginnt mit dem Versuch (s. Rn. 19). Die Gefangenschaft muss zur Tatzeit der Meuterei bestehen[56]; sie endet faktisch durch Haftbruch.[57]

Nach denjenigen Untersuchungshaftvollzugsgesetzen, die den Schusswaffengebrauch nicht gegen meuternde „minderjährige" Untersuchungsgefangene, sondern allein gegen meuternde erwachsene Untersuchungsgefangene zulassen, hat in dem Fall, dass sich beide Altersgruppen zusammenrotten, der Schusswaffengebrauch wegen der Spezialregelung zum Verhältnismäßigkeitsgrundsatz zu unterbleiben. Im Sinne dieser Spezialregelung sind die meuternden minderjährigen Untersuchungsgefangenen nämlich „erkennbar Unbeteiligte", die auch mit hoher Wahrscheinlichkeit gefährdet würden. Selbst wenn sie aufgrund der Gemengelage oder ihres Körperbaus nicht als unter 18-Jährige erkennbar sind, darf nicht geschossen werden. Anderenfalls würde das gesetzliche Schussverbot ggü. minderjährigen Untersuchungsgefangenen in derartigen Situationen unterlaufen.

38 **cc) Fluchtvereitelung und Wiederergreifung.** „Fluchtvereitelung" bedeutet den Einsatz innerhalb einer Anstalt, „Wiederergreifung" bedeutet den Einsatz bei entflohenen Gefangenen, d.h. außerhalb der Anstalt.

39 **dd) Zielsetzung.** Nach allen Untersuchungshaftvollzugsgesetzen dürfen Schusswaffen nur angewendet werden, „**um angriffs- oder fluchtunfähig zu machen**". Die Zielsetzung darf ausschließlich darin bestehen. Daraus folgt, dass nicht auf Personen geschossen werden darf, von denen kein Angriff auf Menschen ausgeht und die auch nicht im Begriff sind zu fliehen, also nicht auf jemanden, der z.B. stiehlt oder die Zelle zertrümmert.

40 **ee) Spezialregelung des Verhältnismäßigkeitsgrundsatzes.** Alle Untersuchungshaftvollzugsgesetze enthalten **besondere Ausprägungen des Verhältnismäßigkeitsgrundsatzes.** Bevor Schusswaffen eingesetzt werden dürfen, müssen andere Maßnahmen des unmittelbaren Zwangs – also einfache körperliche Gewalt und deren Hilfsmittel sowie auch andere Waffen – bereits erfolglos gewesen sein und dürfen von vornherein keinen Erfolg versprechen. Ferner ist der Einsatz gegen Personen nur zulässig, wenn der Zweck nicht durch Waffenwirkung gegen Sachen erreicht werden kann.

Aufgrund der Konkretisierung des Verhältnismäßigkeitsgrundsatzes, dass unter mehreren geeigneten Zwangsmaßnahmen diejenige zu wählen ist, die den Betroffenen am wenigsten beeinträchtigt, und wegen des hohen Stellenwertes eines Menschenlebens (Art. 2 Abs. 2 S. 1 GG), hat der Schusswaffengebrauch **im Zweifelsfall zu unterbleiben**. Das gilt nach den Landesgesetzen ausdrücklich dann, wenn durch den Schusswaffengebrauch erkennbar Unbeteiligte mit hoher Wahrscheinlichkeit gefährdet würden. „**Unbeteiligte**" sind Anstaltsbedienstete, anstaltsfremde Personen und andere Gefangene.[58]

Daraus folgt, dass Vollzugsbedienstete nicht zur Abgabe des im Polizeirecht wurzelnden „**finalen Todesschusses**"[59] und nicht zu einem „**gezielten Befreiungsschuss**" (bei Geiselnah-

55 BGHSt 20, 305; a.A. aber Ostendorf in: NK-StGB, § 121 Rn. 8.
56 Fischer, StGB, § 121 Rn. 3.
57 Fischer, StGB, § 120 Rn. 4.
58 S. Calliess/Müller-Dietz, StVollzG, § 99 Rn. 2; Brühl/Walter in: AK-StVollzG, § 99 Rn. 4; Arloth, StVollzG, § 99 Rn. 3.
59 Der finale Todesschuss ist menschenrechtlich problematisch, wird aber gemäß Art. 2 Abs. 2 EMRK nicht als Verletzung der Konvention erachtet.

men) befugt sind,[60] zumal die Vollzugsbediensteten für einen derartig gefährlichen Einsatz nicht ausgebildet sind.

ff) Spezialregelung der Androhung. Alle Untersuchungshaftvollzugsgesetze enthalten eine **Spezialregelung für die Androhung des Schusswaffengebrauchs.** Diese Spezialregelung („lex specialis") hat Vorrang vor den allgemeinen Regeln zur Androhung unmittelbaren Zwangs (Rn. 26). 41

Schusswaffengebrauch ist – wie jede Anwendung unmittelbaren Zwangs – grundsätzlich vorher anzudrohen. Die Androhung kann in spezieller Form ergehen, mittels **Warnschuss.**

Der Schusswaffengebrauch ohne vorherige Androhung ist an wesentlich engere Voraussetzungen geknüpft, als dies für die Anwendung der anderen Zwangsmittel geregelt ist: Die Androhung darf nur unterbleiben, wenn der Schusswaffengebrauch **erforderlich ist, um eine gegenwärtige Gefahr für Leib oder Leben abzuwenden.** D.h., Menschen müssen konkret gefährdet sein[61]; die Gefährdung von Sachen reicht in keinem Fall aus.

b) Bei anderen Personen. Der unmittelbare Zwang durch Schusswaffengebrauch gegen andere Personen als Gefangene ist im Vergleich zu den sonstigen Hilfsmitteln eingeengt. Sie dürfen nur gebraucht werden, wenn sie es unternehmen, Untersuchungsgefangene gewaltsam zu befreien oder gewaltsam in eine Anstalt einzudringen. Der unbefugte Aufenthalt in einer Anstalt, der die Anwendung unmittelbaren Zwangs ermöglicht, darf also nicht mit Hilfe von Schusswaffen beendet werden. 42

3. Schusswaffengebrauch gegenüber jungen/minderjährigen Untersuchungsgefangenen

43

Länder	Norm	Wortlaut
Baden-Württemberg	§ 79 JVollzGB II	**Um die Flucht oder Entweichung junger Untersuchungsgefangener aus einer Justizvollzugsanstalt, in der überwiegend Jugendliche untergebracht sind, zu vereiteln, dürfen keine Schusswaffen gebraucht werden.**
Bayern	*keine Besonderheiten*	
Berlin	*keine Besonderheiten*	
Bremen	§ 74 Abs. 2	**Innerhalb von Jugendstrafvollzugsanstalten ist § 59 nicht anzuwenden.**
Brandenburg	*keine Besonderheiten*	
Hamburg	§ 82	**§ 62 Absatz 2 Satz 1 gilt mit der Maßgabe, dass Schusswaffen nur die dazu bestimmten Bediensteten gebrauchen dürfen und nur, um angriffsunfähig zu machen. § 62 Absatz 3 Num-**

60 Bzgl. des „finalen Todesschusses" ebenso Calliess/Müller-Dietz, StVollzG, § 99 Rn. 2 (mit ausführlicher Begründung); Koepsel in: Schwind/Böhm/Jehle/Laubenthal, StVollzG, § 99 Rn. 4; Brühl/Walter in: AK-StVollzG, § 99 Rn. 6; Arloth, StVollzG, § 99 Rn. 3; Höflich/Schriever, Grundriss Vollzugsrecht, S. 133; bzgl. des „gezielten Befreiungsschusses" ebenso Brühl/Walter in: AK-StVollzG, § 99 Rn. 6; Kaiser/Schöch, Strafvollzug, § 8 Rn. 14; a.A. Koepsel in: Schwind/Böhm/Jehle/Laubenthal, StVollzG, § 99 Rn. 7.

61 Koepsel in: Schwind/Böhm/Jehle/Laubenthal, StVollzG, § 99 Rn. 6.

Länder	Norm	Wortlaut
		mer 3 findet keine Anwendung.
Hessen	§ 52	§ 39 Abs. 1 gilt mit der Maßgabe, dass Schusswaffen gegen junge Untersuchungsgefangene ■ nur im Fall des Satz 1 Nr. 1 gebraucht werden dürfen und ■ auch nur dazu, um angriffsunfähig zu machen.
Mecklenburg-Vorpommern	§ 59 Abs. 4 S. 2	Satz 1 Nummer 2 und 3 findet auf minderjährige Untersuchungsgefangene keine Anwendung.
Niedersachsen	§ 163	Für den Schusswaffengebrauch gegen eine junge Gefangene oder einen jungen Gefangenen gilt § 92 Abs. 1 Satz 1 Nr. 1 entsprechend mit der Maßgabe, dass Schusswaffen nur zur Abwehr einer durch die Benutzung der Waffe oder des gefährlichen Werkzeugs verursachten gegenwärtigen Gefahr für Leben oder Gesundheit gebraucht werden dürfen; § 92 Abs. 1 Satz 1 Nr. 2 und 3 findet keine Anwendung.
Nordrhein-Westfalen	*keine Besonderheiten*	
Rheinland-Pfalz	§ 59 Abs. 4 S. 2	Satz 1 Nr. 2 und 3 findet auf minderjährige Untersuchungsgefangene keine Anwendung.
Saarland	*keine Besonderheiten*	
Sachsen	§ 74 Abs. 2	Sind junge Untersuchungsgefangene in Jugendstrafvollzugsanstalten untergebracht, ist § 57 nicht anzuwenden.
Sachsen-Anhalt	*keine Besonderheiten*	
Schleswig-Holstein		
Thüringen		

Die Regelungen zum Schusswaffengebrauch gegenüber jungen/minderjährigen Untersuchungsgefangenen sind höchst unterschiedlich. In den Ländern Bayern, Berlin, Brandenburg, Nordrhein-Westfalen, Saarland, Sachsen-Anhalt, Schleswig-Holstein und Thüringen gibt es keine Sonderregelungen. In Bremen und Sachsen dürfen Schusswaffen nicht gegen junge U-Gefangene, die in Jugendstrafvollzugsanstalten untergebracht sind, eingesetzt werden. Der Einsatz zur Vereitelung der Flucht ist in Baden-Württemberg und Hamburg untersagt, in den Ländern Hessen, Mecklenburg-Vorpommern darüber hinaus auch im Fall einer Meuterei. Mecklenburg-Vorpommern und Rheinland-Pfalz begrenzen diese Einschränkungen auf minderjährige U-Gefangene. In Niedersachsen darf eine Waffe nur zur Abwehr einer durch die Benutzung der Waffe oder des gefährlichen Werkzeugs verursachten gegenwärtigen Gefahr für Leben oder Gesundheit gebraucht werden. Darüber hinaus darf der Einsatz in Hamburg und Hessen nur erfolgen, um angriffsunfähig zu machen. 44

Diese Einschränkungen machen die Brisanz des Schusswaffeneinsatzes im Besonderen bei jungen U-Gefangenen deutlich. Der Einsatz ist schon bei erwachsenen U-Gefangenen im Hinblick auf das Verhältnismäßigkeitsprinzip höchst problematisch, insbesondere auch deswegen, weil die Vollzugsbeamten ganz überwiegend nicht ausreichend an Schusswaffen ausgebildet sind.[62] Das führt zur Ungeeignetheit des Schusswaffeneinsatzes in den Fällen der Fluchtvereitelung und Wiederergreifung. Die Vollzugsbeamten sind nicht so ausgebildet, dass sie mit einem gezielten Schuss einen flüchtigen Gefangenen nur flucht- oder angriffsunfähig machen und nicht schwer oder tödlich verletzen. Gegenüber Angriffen können sie andere Hilfsmittel unmittelbaren Zwangs wesentlich effektiver einsetzen (z.B. Reizstoffe), was folglich immer ein milderes Mittel darstellt. Bezogen auf Fluchtvereitelung und Wiederergreifung erscheint es auch unangemessen, auf einen Menschen zu schießen, zumal U-Gefangene noch als unschuldig gelten. Hierbei ist regelmäßig die spätere Ergreifung voraussehbar. Mittel und Zweck stehen in keinem vernünftigen Verhältnis, auch weil die Selbstbefreiung keine Straftat ist.[63] Sie ist straflos[64] wegen des natürlichen Freiheitsdranges des Menschen.[65] Hinzu kommt, dass schon das Tragen von Schusswaffen eine Gefahrensituation begründen kann, indem bei Auseinandersetzungen mit Gefangenen diese auf die Schusswaffen Zugriff nehmen. 45

Schließlich widerspricht der Schusswaffengebrauch durch Vollzugsbedienstete gegen junge U-Gefangene völkerrechtlichen Vorgaben i.S. internationaler Standards mit Menschenrechtsbezug. Das deutet auf die Nichtbeachtung verfassungsrechtlicher Vorgaben hin[66]: Nach den Regeln der Vereinten Nationen zum Schutz von Jugendlichen unter Freiheitsentzug ist „in freiheitsentziehenden Einrichtungen für Jugendliche (...) das Tragen und der Gebrauch von Waffen zu verbieten“ (Nr. 65).[67] 46

62 Darauf weisen Koepsel in: Schwind/Böhm/Jehle/Laubenthal, StVollzG, § 99 Rn. 2 und Böhm, Strafvollzug, Rn. 351 hin.
63 Ausführlich Ostendorf NStZ 2007, 313 ff.
64 Ausnahme: § 121 Nr. 2 StGB.
65 Nähere Begründung bei Ostendorf in: NK-StGB, § 120 Rn. 1.
66 Dazu BVerfG NJW 2006, 2093 (2097).
67 S. auch Grdl. Rn. 17; a.A. Schwirzer, Jugendstrafvollzug für das 21. Jahrhundert, S. 252, der eine Verletzung der UN-Regel 65 für „bedauerlich“ hält, Schusswaffengebrauch gegen Jugendliche wegen Praxisbedürfnissen aber als „probates letztes Vorratsmittel“ ansieht; ebenso Tierel, Vergleichende Studie zur Normierung des Jugendstrafvollzugs, S. 243.

§ 9 Disziplinarmaßnahmen

Spezielle Literatur: *Bemmann, G.*, Über die Befugnis zur Anordnung des Arrestes im Strafvollzug, NJW 2000, S. 3116–3117; *Brune, U./Müller, S.*, Wohin geht der Untersuchungshaftvollzug? Ein Vergleich der (beabsichtigten) landesrechtlichen Regelungen, ZRP 2009, S. 143–146; *Diepolder, O.*, Disziplinarmaßnahmen im Strafvollzug, ZfStrVo 1980, S. 140–146; *Franke, J.*, Aus der Rechtsprechung in Strafvollzugssachen 1984 - 2. Teil, NStZ 1985, S. 349–356; *Heghmanns, M.*, Die Anhörung des Gefangenen im vollzugsrechtlichen Disziplinarverfahren, ZfStrVo 1998, S. 232–235; *Leipold, K.*, Menschenrechtliche Grenzen der Untersuchungshaft, NJW- Spezial 2005, S. 567–568; *Ostendorf, H.*, Das Verbot der strafrechtlichen und disziplinarrechtlichen Ahndung der Gefangenenselbstbefreiung, NStZ 2007, S. 313–317; *Pachmann, C.*, Zum mehrfach aufeinanderfolgenden Ausspruch von zeitlich begrenzten Disziplinarmaßnahmen, ZfStrVo 1981, S. 86–93; *Paeffgen, H.-U.*, § 119 StPO soll reformiert werden!? Anmerkungen zum U-HaftRÄG-Entwurf BT-Drucks. 16/11644 vom 21.1.2009, GA 2009, S. 450–468; *Piel, M./Püschel, C./Tsambikakis, M.*, Der Entwurf einen Untersuchungshaftvollzugsgesetzes NRW – Ein rechtliches und politisches Ärgernis, ZRP 2009, S. 33–37; *Schaaf, F.*, Zum Problem des mehrfach aufeinanderfolgenden Ausspruchs von zeitlich begrenzten Disziplinarmaßnahmen, ZfStrVo 1980, S. 146–147; *Schneider, H.*, Grund und Grenzen des strafrechtlichen Selbstbegünstigungsprinzips, Berlin 1991; *Skirl, M*, Zur Zulässigkeit von Disziplinarmaßnahmen nach Drogenkonsum eines Strafgefangenen, ZfStrVo 1995, S. 93–96; *Winkelmann, M./Engsterhold, O.*, Einbringung technischer Geräte in die Untersuchungshaft, NStZ 1993, S. 112-117.

I. Vorbemerkungen

1 Bereits die Anordnung der Untersuchungshaft ist naturgemäß mit weitreichenden Konsequenzen für den Betroffenen verbunden und geht mit erheblichen Grundrechtsbeschränkungen des formal Unschuldigen einher.[1] Auch die Verhängung und der Vollzug von Disziplinarmaßnahmen müssen diesem Umstand Rechnung tragen, denn solche schränken die Rechte und den Freiheitsraum des Gefangenen noch weiter ein und stellen damit regelmäßig eine zusätzliche erhebliche Belastung dar.

Disziplinarmaßnahmen dienen der Aufrechterhaltung der Sicherheit und dem geordneten Zusammenleben und damit der Sicherung des Instituts der Untersuchungshaft als solcher.

Die Vorgängerregelung der UHaftVollzO (§§ 76-71) ist weitgehend inhaltsgleich. Eine wesentliche Neuerung stellt die **Übertragung der Anordnungskompetenz auf die Anstaltsleitung** dar, die bei der Vorgängerregelung auch in Notfällen für den Bereich der Disziplinarmaßnahmen immer beim zuständigen Richter lag.[2] Ferner ähneln die Normen denen zum

1 Leipold NJW-Spezial 2005, 567; s. auch Grdl. Rn. 21.

2 Auch § 119 Abs. 6 S. 2 StPO räumt dem Anstaltsleiter keine Disziplinarbefugnis ein, vgl. Pfeiffer, StPO, § 119 Rn. 22; Schultheis in: KK-StPO, § 119 Rn. 90.

Strafvollzug; so wird etwa in Bayern auf die Bestimmungen des Strafvollzugsgesetzes verwiesen. Dies ist nicht unbedenklich, denn die Gleichbehandlung mit Strafgefangenen birgt das Risiko, die rechtlichen Unterschiede im Gefangenenstatus zu verwischen.

II. Voraussetzungen

1. Allgemeines

2

Länder	Disziplinarmaßnahmen - *Voraussetzungen*
12er-Regelung: Berlin Brandenburg Bremen Hamburg Hessen Mecklenburg-Vorpommern Rheinland-Pfalz Saarland Sachsen Sachsen-Anhalt Schleswig-Holstein Thüringen	***§ 60 12er-Regelung:[3] Voraussetzungen*** **(1) Disziplinarmaßnahmen können angeordnet werden, wenn Untersuchungsgefangene[4] rechtswidrig und schuldhaft** 1. gegen Strafgesetze verstoßen oder eine Ordnungswidrigkeit begehen, 2. gegen eine verfahrenssichernde Anordnung verstoßen, 3. andere Personen verbal oder tätlich angreifen, 4. Lebensmittel oder fremdes Eigentum zerstören oder beschädigen,[5] 5. verbotene Gegenstände in die Anstalt bringen, 6. sich am Einschmuggeln verbotener Gegenstände beteiligen oder sie besitzen, 7. entweichen oder zu entweichen versuchen oder 8. in sonstiger Weise wiederholt oder schwerwiegend gegen die Hausordnung verstoßen oder das Zusammenleben in der Anstalt stören. **(2) Von einer Disziplinarmaßnahme wird abgesehen, wenn es genügt, die Untersuchungsgefangenen[6] zu verwarnen.** **(3) Disziplinarmaßnahmen sind auch zulässig, wenn wegen derselben Verfehlung ein Straf- oder Bußgeldverfahren eingeleitet wird.** **Abweichende Regelungen:** ***Hessen, § 40 HUVollzG: Disziplinarmaßnahmen*** (1) Disziplinarmaßnahmen können angeordnet werden, wenn Untersuchungsgefangene rechtswidrig und schuldhaft 1. gegen Strafgesetze verstoßen oder eine Ordnungswidrigkeit begehen, 2. gegen eine verfahrenssichernde Anordnung verstoßen, 3. unerlaubt Gegenstände in die Anstalt einbringen, sich daran beteiligen oder solche Gegenstände besitzen, 4. entweichen oder zu entweichen versuchen, 5. unerlaubt Betäubungsmittel oder andere berauschende Stoffe konsumieren, 6. in sonstiger Weise wiederholt oder schwerwiegend gegen die Hausordnung verstoßen oder das Zusammenleben in der Anstalt stören. [...] (3) In geeigneten Fällen kann von Disziplinarmaßnahmen abgesehen werden, wenn andere Maßnahmen ausreichend erscheinen. Zu be-

3 In Sachsen: § 59 SächsUHaftVollzG; in Hamburg: § 64 HmbUVollzG.
4 In Sachsen, § 59 Abs. 1 SächsUHaftVollzG: „[...] den Untersuchungsgefangenen [...]“.
5 Diese Bestimmung fehlt in Hamburg, § 64 HmbUVollzG.
6 In Sachsen, § 59 Abs. 2 SächsUHaftVollzG: „[...] den Untersuchungsgefangenen [...]“.

Länder	Disziplinarmaßnahmen - *Voraussetzungen*
	rücksichtigen ist ferner eine aus demselben Anlass angeordnete besondere Sicherungsmaßnahme. (4) Eine Disziplinarmaßnahme ist auch zulässig, wenn wegen derselben Verfehlung ein Straf- oder Bußgeldverfahren eingeleitet wird.
Baden-Württemberg	*§ 62 JVollzGB II: Voraussetzungen* **(1) Verstoßen Untersuchungsgefangene schuldhaft gegen Pflichten, die ihnen durch dieses Gesetz oder auf Grund dieses Gesetzes oder durch § 119 StPO oder auf Grund dieser Vorschrift auferlegt sind, können gegen sie, möglichst in engem zeitlichen Zusammenhang mit der Pflichtverletzung, Disziplinarmaßnahmen angeordnet werden.** **(2) Von einer Disziplinarmaßnahme wird abgesehen, wenn es genügt, Untersuchungsgefangene zu verwarnen.** **(3) Eine Disziplinarmaßnahme ist auch zulässig, wenn wegen derselben Verfehlung ein Straf- oder Bußgeldverfahren eingeleitet wird.** **(4) Durch die Anordnung und den Vollzug einer Disziplinarmaßnahme darf die Verteidigung und die Verhandlungsfähigkeit von Untersuchungsgefangenen nicht beeinträchtigt werden. Eine Disziplinarmaßnahme kann ganz oder zum Teil auch während einer der Untersuchungshaft unmittelbar nachfolgenden Untersuchungshaft in anderer Sache oder Strafhaft vollzogen werden.**
Bayern	***Art. 28 Abs. 1 BayUVollzG: Disziplinarmaßnahmen*** **(1) Verstoßen Untersuchungsgefangene schuldhaft gegen verfahrenssichernde Anordnungen nach § 119 abs. 1 StPO oder gegen Pflichten, die ihnen durch dieses Gesetz oder auf Grund dieses Gesetzes auferlegt sind, können gegen sie Disziplinarmaßnahmen angeordnet werden. Art. 109 Abs. 2 und 3, Art. 110, 111 Abs. 1, 2 und 4 sowie Art. 112 bis 114 BayStVollzG gelten entsprechend. Art. 111 Abs. 5 BayStVollzG gilt entsprechend mit der Maßgabe, dass die Befugnisse aus Art. 11 bis 14 ruhen, soweit nicht anderes angeordnet wird.**
Niedersachsen	*§ 94 NJVollzG: Voraussetzungen* **(1) Verstößt eine Gefangene oder ein Gefangener schuldhaft gegen Pflichten, die ihr oder ihm durch dieses Gesetz oder aufgrund dieses Gesetzes auferlegt sind, so können gegen sie oder ihn Disziplinarmaßnahmen angeordnet werden.** **(2) Von einer Disziplinarmaßnahme wird abgesehen, wenn es genügt, die Gefangene oder den Gefangenen zu verwarnen.** **(3) Eine Disziplinarmaßnahme ist auch zulässig, wenn wegen derselben Verfehlung ein Straf- oder Bußgeldverfahren eingeleitet wird.**
Nordrhein-Westfalen	*§ 45 Abs. 1 UVollzG NRW: Disziplinarmaßnahmen* **(1) Zur Aufrechterhaltung der Sicherheit oder Ordnung können gegen Untersuchungsgefangene, die schuldhaft gegen Pflichten verstoßen, die ihnen durch oder aufgrund dieses Gesetzes auferlegt sind, Disziplinarmaßnahmen angeordnet werden, wenn eine Verwarnung als milderes Mittel keine Aussicht auf Erfolg verspricht. Disziplinarmaßnahmen sind auch zulässig, wenn wegen derselben Verfehlung ein Straf- oder Bußgeldverfahren eingeleitet wird. [...]**

In den länderrechtlichen Regelungen von Baden-Württemberg (vgl. § 62 Abs. 1), Bayern (vgl. dort RegE Art. 28 Abs. 1), Niedersachsen (vgl. dort § 94) und Nordrhein-Westfalen (vgl. 45

Abs. 1) werden die Voraussetzungen einer disziplinarischen Ahndung nur allgemein dargestellt, nämlich als der schuldhafte Verstoß gegen Pflichten, welche „[...] durch dieses Gesetz oder auf Grund dieses Gesetzes [...] auferlegt" sind.

Bei den Bestimmungen der übrigen Bundesländer ist der Katalog von Anlässen für eine Disziplinarmaßnahme zwar abschließend, enthält aber mit der letzten Formulierung („[...]in sonstiger Weise wiederholt oder schwerwiegend gegen die Hausordnung verstoßen oder das Zusammenleben in der Anstalt stören [...]", vgl. z.B. § 60 Abs. 1 UVollzG Brandenburg) einen Auffangtatbestand, der mögliche anderweitige Verstöße erfasst. In der Vorgängerregelung der UHaftVollzO ist eine solche Aufzählung nicht enthalten, sondern als möglicher Anlass lediglich der Verstoß gegen die Anstaltsordnung oder die Gefährdung des Haftzwecks genannt.

Insoweit stellt in rechtstaatlicher Hinsicht die Nennung der Voraussetzungen in den meisten 3 Ländergesetzen eine deutliche Verbesserung dar, weitergehend: Wenn und soweit man in den Disziplinarmaßnahmen solche mit strafähnlichem Charakter sieht,[7] legte die bisher fehlende positivrechtliche Formulierung einen Verstoß gegen das Bestimmtheitsgebot nahe (**nullum crimen sine lege, nulla poena sine lege**), Art. 103 Abs. 2 GG.[8] Die Anordnung einer Disziplinarmaßnahme bewirkt eine Zäsur; es ist also möglich, den Gefangenen danach erneut wegen der gleichen noch andauernden Verfehlung zu disziplinieren.[9] Allerdings gilt es, das Übermaßverbot zu beachten zu beachten, auch wenn formal kein Verstoß gegen das Doppelverwertungsverbot vorliegt.

Verlangt wird in allen Regelungen ein **schuldhafter Verstoß**. Der bloße Verdacht einer Ver- 4 fehlung reicht regelmäßig nicht aus.[10] Eine lediglich fahrlässige Begehung kann nur in Ausnahmefällen disziplinarische Konsequenzen haben,[11] meist dürfte eine Verwarnung ausreichend sein.[12]

Bei der Bewertung des Anlasses darf nicht der Grund für die Sanktionierung aus den Augen gelassen werden. Die Disziplinarmaßnahme dient der Aufrechterhaltung der Sicherheit und Ordnung in der Anstalt und damit mittelbar in allgemeiner Weise der Sicherstellung eines geordneten Untersuchungshaftvollzuges (zur allgemeinen Zweckbestimmung s. § 1 Rn. 22-24). Insbesondere ist zu beachten, dass bloße Lästigkeiten keine disziplinarische Reaktion rechtfertigen (zum Schutzgut der Anstaltsordnung s. § 1 Rn. 23 m.w.N.; vgl. auch Rn. 11). Die Frage nach dem Ziel der Maßnahme ist schon bei der Entscheidung darüber zu stellen, ob überhaupt eine Maßnahme notwendig ist, nicht erst, wie in den Ländergesetzen teilweise normiert, bei der Auswahl der Sanktion (vgl. z.B. § 61 Abs. Abs. 4 UVollzG Berlin).

Dabei kommt nach allen ländergesetzlichen Regelungen der Anstaltsleitung ein Entschließungsermessen zu („können"); vgl. Rn. 42. Es ist also bereits bei der Entscheidung, ob überhaupt eine Maßnahme verhängt wird, eine Prüfung der Verhältnismäßigkeit vorzunehmen und nach dem Grundsatz der Subsidiarität auf eine Maßnahme zu verzichten, wenn sie nicht erforderlich ist und eine Verwarnung ausreicht. Überzogene Reaktionen auf Fehlverhalten können sich kontraproduktiv für Sicherheit und Ordnung auswirken.

2. Die einzelnen Disziplinartatbestände. a) Straftaten oder Ordnungswidrigkeiten. Die Be- 5 gehung von Straftaten oder Ordnungswidrigkeiten stellt dann einen Pflichtenverstoß dar, wenn Sie während des Vollzugs begangen wird und aufgrund der damit verbundenen Störung der Anstaltsordnung eine Ahndung erfordert. Somit stellt nicht jede Straftat einen

7 Schultheiss in: KK-StPO, § 119 Rn. 86.

8 S. aber für die Generalermächtigung im StVollzG a.F. BVerfG NStZ 1998, 103.

9 OLG Nürnberg NStZ 1981, 456: Aufrechterhalten eines unbefugten Gewahrsams; Arloth, StVollzG, § 102 Rn. 7.

10 BVerfG StV 1994, 263.

11 Der Schuldvorwurf der Fahrlässigkeit verlangt die Erkennbarkeit der Norm, gegen die verstoßen wurde, vgl. Lackner/Kühl, StGB, § 15 Rn. 49; BGH NJW 1995, 795 (796); diese kann mitunter fehlen, wenn über eine bestimmte Verpflichtung gemäß der Anstaltsordnung nicht aufgeklärt wurde; zudem dürfte eine Ahndung oftmals an der Erforderlichkeit einer Reaktion scheitern.

12 Diepolder ZfStrVo 1980, 140 (141).

Pflichtenverstoß im Sinne dieser Vorschriften dar.[13] Nach allen Bestimmungen ist eine Sanktion auch dann möglich, wenn wegen der gleichen Verfehlung ein Strafverfahren eingeleitet wird oder gar (später) eine Verurteilung erfolgt. Hierin liegt nach h.M. auch kein Verstoß gegen das Verbot der Doppelbestrafung, Art. 103 Abs. 3 GG (**ne bis in idem**).[14] Tatsächlich hat die Reaktion auf einen Pflichtenverstoß in der Untersuchungshaft eine andere Zielrichtung. Es geht nicht um die Abstrafung eines Gefangenen, sondern um eine Reaktion mit dem Ziel der Verhaltensänderung oder auch mit einer Appellwirkung an die Mithäftlinge. Da auch die Wirkungen einer Strafe oder eines Bußgeldes spezialpräventiv bzw. generalpräventiv sind, sollte jedoch eine disziplinarische Reaktion nur bei solchen Verfehlungen vorgenommen werden, die tatsächlich eine nicht unerhebliche Störung der Anstaltsordnung zur Folge haben.[15] Bei einer späteren Strafverfolgung ist allerdings zu berücksichtigen, dass eine vorherige Ahndung wegen derselben Verfehlung eine zwingende Strafzumessungserwägung darstellt.[16]

6 **b) Verstoß gegen verfahrenssichernde Anordnungen.** Diese Regelung ist die Konsequenz der Aufgabenbestimmung der Untersuchungshaft, welche dem geordneten Strafverfahren dient. Um nicht den Zweck der Haft zu konterkarieren, ist gegenüber dem Gefangenen regelmäßig eine Reaktion geboten. Mögliche Fälle sind etwa der verbotene Kontakt zu Mitbeschuldigten, die Beeinflussung von Zeugen oder Verstöße gegen die Postkontrolle. Maßgeblich für den Verstoß sind Art und Umfang der konkreten richterlichen Anordnungen, hier spielt auch der konkrete, im Haftbefehl genannte Haftgrund eine Rolle,[17] welcher auch das Ausmaß der möglichen Pflichtenverstöße begrenzt.

7 **c) Verbaler oder tätlicher Angriff gegen andere Personen.** Dieser Disziplinargrund ist gesetzestechnisch an sich überflüssig, da der verbale oder tätliche Angriff gegen eine Person regelmäßig auch den Tatbestand einer Strafvorschrift, etwa der Beleidigung oder Körperverletzung, erfüllt. Die ausdrückliche Regelung hat angesichts der nicht unerheblichen Bedeutung für die Praxis daher deklaratorisch-affirmativen Charakter. Bei verbalen Angriffen ist zu beachten, dass der Umgangston unter Gefangenen rauer und ruppiger ausfällt und dementsprechend abfällige Äußerungen von den Beteiligten gar nicht als beleidigend empfunden werden. Aber auch sonst kann eine hierauf gestützte Sanktion in Widerstreit zu dem Grundrecht auf Meinungsfreiheit geraten.[18] Auf die besonders belastende Situation des Gefangenen ist Rücksicht zu nehmen, wenn dessen Recht zur Beschwerde über Missstände als abwertende Äußerung, beispielsweise gegenüber dem Anstaltspersonal, gewertet wird.[19] Schon bei der Ermittlung ist darauf zu achten, dass das Grundrecht auf freie Meinungsäußerung tangiert werden kann, wenn ein Gefangener berechtigte Kritik, etwa im Zusammenhang mit dem Verhalten der Bediensteten, äußert.

8 **d) Beschädigung von Lebensmitteln oder fremdem Eigentum.** Grund für die Ahndung dieses Pflichtenverstoßes ist, dass die Anstaltsordnung eine gegenseitige Rücksichtnahme und Achtung der Gefangenen verlangt, die einen pfleglichen Umgang mit den Lebensmitteln und dem Eigentum anderer beinhaltet. Ein geordneter Ablauf der Haft erfordert eine gewisse Disziplin der Gefangenen im Umgang mit Nahrung und Gegenständen. Allerdings sollte auch beachtet werden, dass auf Nachlässigkeiten des Gefangenen nicht allzu kleinlich reagiert wird. Wenn der Verstoß zur Nachahmung anregt, ist eine hinreichende Intensität gegeben, die einen Pflichtenverstoß begründet. In einigen Ländergesetzen ist der Tatbestand nicht ausdrücklich aufgenommen.[20]

13 Böhm/Laubenthal in: Schwind/Böhm/Jehle/Laubenthal, StVollzG, § 102 Rn. 15.
14 BVerfGE 21, 378 ff., Callies/Müller-Dietz, StVollzG, § 103 Rn. 14.
15 So auch für den Strafvollzug Böhm/Laubenthal in: Schwind/Böhm/Jehle/Laubenthal, StVollzG, § 102 Rn. 15.
16 BVerfGE 21, 378 (LS).
17 Vgl. zu den Auswirkungen des Haftzweckes auf den Vollzug § 1 Rn. 8.
18 BVerfG NStZ 1994, 357 (358).
19 Hierzu BVerfG NStZ 1994, 357 (358); Callies/Müller-Dietz, StVollzG, § 102 Rn. 1.
20 Neben den Bundesländern, die Pflichtenverstöße nur allgemein regeln, sind dies Hamburg und Hessen.

9 e) **Schmuggel oder Besitz verbotener Gegenstände.** Der Schmuggel von Gegenständen oder der Besitz verbotener Gegenstände ist von großer praktischer Bedeutung. Es liegt in der Natur der Untersuchungshaft, dass der Gefangene in dem Gebrauch von Gegenständen eingeschränkt ist. Verboten im Sinne dieser Vorschrift ist nicht nur das, was allgemein verboten ist, wie etwa Drogen[21] oder Waffen, sondern verboten sind auch solche Gegenstände, welche die Sicherheit der Anstalt oder den Ablauf des Strafverfahrens beeinträchtigen können. Besonders hervorzuheben ist der unbefugte Besitz von Mobiltelefonen oder von Gegenständen, welche für Verletzungshandlungen oder Suizide verwendet werden können. Verbotene Gegenstände müssen ausdrücklich so deklariert werden. Die bloße Möglichkeit einer Zweckentfremdung rechtfertigt noch kein Verbot.[22] Die Unschuldsvermutung gebietet, dem Gefangenen nur die Beschränkungen aufzuerlegen, die zur Sicherung des Haftzwecks erforderlich sind – dies gilt auch für den Besitz von Gegenständen.[23]

10 f) **Flucht oder Fluchtversuch.** Auf den ersten Blick erscheint das Verbot, „zu entweichen oder zu entweichen versuchen" einleuchtend, da mit einer Flucht aus der Anstalt der vordringliche Zweck der Untersuchungshaft gefährdet und einer richterlichen Anordnung diametral entgegengehandelt wird. Eine Flucht oder deren Versuch dürfte erhebliche Unruhe unter den übrigen Gefangenen auslösen, vielleicht sogar zur Nachahmung anregen und bedeutet damit auch eine massive Störung der Anstaltsordnung.

Wie allerdings ein Blick in das Strafgesetzbuch zeigt, ist die Selbstbefreiung eines Gefangenen straflos. Grund dafür ist das verfassungsrechtlich gesicherte **Selbstbegünstigungsprinzip.**[24] Auch kann niemand wegen Strafvereitelung bestraft werden, wenn er mit der Tat gegen ihn gerichtete Vollstreckungsmaßnahmen vereiteln will, vgl. § 258 Abs. 1 StGB ([...], dass ein anderer [...]"). Das dem Freiheitsdrang des Menschen entspringende Verhalten darf, und dies ist der Sinn der Straflosigkeit, nicht zum Anlass für Strafen gemacht werden.[25] Vor diesem Hintergrund ist die disziplinarische Ahndung eines Fluchtversuchs bedenklich und auch in der Literatur sogar für den Bereich des Strafvollzugs umstritten.[26] Dort kann – auch wenn dies ebenfalls diskussionswürdig ist – eine Disziplinarmaßnahme zumindest mit der durch die rechtskräftige Verurteilung begründeten Pflichtenstellung des Gefangenen gerechtfertigt werden.

Zu denken ist in diesem Zusammenhang daran, dass beim Ausbruchsversuch andere Straftaten wie die Gefangenmeuterei nach § 121 StGB oder die Sachbeschädigung einen Pflichtenverstoß begründen können.

11 g) **Verstoß gegen die Hausordnung oder Störung des Zusammenlebens bzw. allgemeiner Verstoß gegen Anordnungen durch das Gesetz oder aufgrund des Gesetzes.** Baden-Württemberg (vgl. § 62 Abs. 1), Bayern (vgl. dort RegE Art. 28 Abs. 1) Niedersachsen (vgl. dort § 94) und Nordrhein-Westfalen (vgl. 45 Abs. 1) haben die möglichen Pflichtverstöße nur allgemein geregelt. Neben dem Verstoß gegen Anordnungen nach § 119 StPO wird der Verstoß gegen Pflichten geahndet, die in dem jeweiligen Gesetz oder aufgrund des Gesetzes aufgestellt werden. Es handelt sich somit um allgemein gehaltene Gebote, deren Inhalte sich aus den jeweiligen Hausordnungen bzw. den Einzelbestimmungen der Länder ergeben. Denkbar ist ein Verstoß auch bei der Nichtbefolgung von Einzelanweisungen, wenn diese ihrerseits eine gesetzliche Grundlage haben.

21 Zur Problematik des Nachweises an den Besitz als Grundlage für eine Disziplinierung Skirl ZfStrVo 1995, 93 (95). In Hessen ist daneben der Konsum von Rauschmitteln als Katalogverfehlung ausgeführt.

22 Winkelmann/Engsterhold NStZ 1993, 112 (117).

23 Die Formulierung der hessischen Regelung legt hier die Vermutung nahe, dass jeglicher unerlaubt eingebrachte Gegenstand einen Pflichtenverstoß begründet, dies ist aus den dargelegten Gründen abzulehnen.

24 S. hierzu Ostendorf NStZ 2007, 313 (314) m.w.N.: Das Selbstbegünstigungsprinzip geht dabei über das Prinzip der Selbstbelastungsfreiheit („nemo-tenetur-Grundsatz") hinaus.

25 Ostendorf NStZ 2007, 313 (315 f.); Bosch in: MüKo-StGB, § 120 Rn. 31 m.w.N.; a.A. Schneider, Grund und Grenzen des strafrechtlichen Selbstbegünstigungsprinzips, S. 188 f.

26 Ablehnend Ostendorf NStZ, 313 (314); ablehnend eher auch Franke NStZ 1985, 349 (354) unter Hinweis auf LG Lüneburg/Celle; a.A. z.B. KG Berlin, 20.10.2000, 1 AR 1230/00-3 Ws 506/00; für die gewaltlose Selbstbefreiung im Strafvollzug als Pflichtenverstoß vgl. OLG Hamm NStZ 1988, 296 (296).

12 Bei den übrigen Ländern ist der wiederholte oder schwerwiegende Verstoß gegen die Hausordnung bzw. die Störung des Zusammenlebens als Auffangnorm zu verstehen und enthält drei verschiedene Tatbestände.

Zunächst ist der **wiederholte Verstoß** gegen die Hausordnung zu nennen. In Betracht kommt eine Ahndung, wenn der Gefangene trotz mehrfacher Ermahnung die Gebote der Hausordnung beharrlich missachtet. In diesem Zusammenhang ist darauf zu achten, dass eine Verfehlung nur dann zum Gegenstand einer Sanktion gemacht werden kann, wenn der Gefangene eine positive Kenntnis der Hausordnung hat[27] und im Vorfeld bereits auf sein Fehlverhalten hingewiesen wurde. Als Beispiel für einen solchen Pflichtverstoß ist hier etwa die wiederholte **Ruhestörung**[28] oder das **wiederholte Rauchen in Bereichen mit Rauchverbot** zu nennen.

Ferner kommt eine Disziplinarmaßnahme in Betracht, wenn ein **schwerwiegender Verstoß** gegen die Hausordnung gegeben ist. Im Gegensatz zu der wiederholten Zuwiderhandlung muss der einzelne Verstoß so schwerwiegend sein, dass er eine nicht unerhebliche Störung des Anstaltsbetriebes zur Folge hat. Hierzu zählt etwa der Konsum von Rauschmitteln (der nicht unter Besitz fällt).

13 Wenn eine Sanktion auf einen Verstoß gegen die Hausordnung gestützt wird, ist darauf zu achten, dass eine Auslegung der Hausordnung über deren Wortlaut zum Nachteil des Gefangenen hinaus nicht zulässig ist. Art. 103 Abs. 2 GG findet nach ständiger Rechtsprechung des BVerfG auch auf staatliche Maßnahmen Anwendung.[29] Auch müssen die in der Hausordnung normierten Pflichten ihre Grundlage in den Gesetzen zur Untersuchungshaft finden.[30]

14 Schließlich ist eine Sanktion auch bei einer **Störung des Zusammenlebens** vorgesehen. Diese **Generalklausel** ist bedenklich. Sicherlich muss die Anstaltsleitung zur Wahrung der Ordnung flexibel reagieren können. Allerdings ist durch einen im Straf- oder Ordnungswidrigkeitenrecht unüblichen, relativ unbestimmten Tatbestand eine rechtstaatliche Unsicherheit vorgegeben, die in Grenzfällen für alle Beteiligten zu Interpretationsschwierigkeiten[31] führen kann. Das Bundesverfassungsgericht hat bereits für den Bereich der Disziplinarmaßnahmen des Strafvollzugs klargestellt, dass unspezifisch geregelte Verstöße nicht ohne Weiteres zur Grundlage einer Sanktion gemacht werden können:[32] „... Sie [die Disziplinarmaßnahmen] dürfen nur auf der Grundlage einer gesetzlichen Regelung verhängt werden, die das disziplinarisch zu ahndende Verhalten in für die Normadressaten vorhersehbarer Weise vorab bestimmt...“. Da sich unter diese Bestimmung nahezu jeder beliebige Verstoß fassen lässt, ist für den Gefangenen nicht erkennbar, ob sein Verhalten disziplinarische Konsequenzen haben kann – es fehlt an der Appellfunktion und damit der Vorhersehbarkeit der Norm.[33] Die Anstaltsordnung kann somit (nur) dann Grundlage für eine Disziplinarmaßnahme sein, wenn diese in den Gesetzen oder durch die Hausordnung sowie durch Einzelanweisung konkretisiert ist.[34] Dies gilt ebenso für die eingangs genannten Bundesländer, bei denen neben der Generalklausel keine spezifischen Verstöße geregelt sind, sofern auf allgemeine Ordnungsgebote abgestellt wird.

27 Üblicherweise wird die Hausordnung bei der Aufnahme in die Anstalt ausgehändigt, vgl. § 2 Rn. 5.

28 KG Berlin, 23.9. 1998, 1 AR 1424/96, 4 Ws 205/98 8.

29 BVerfG NStZ 1998, 103.

30 BVerfG NStZ 1998, 103.

31 Diese Problematik ist im Strafrecht bei den sogenannten Blankettvorschriften ebenfalls von Bedeutung, vgl. BVerfG NStZ 1991, 88 (88); s. grundsätzlich zur Thematik Schmid-Aßmann in: Maunz/Dürig, GG, Art. 103 Rn. 198, 201: Um Art. 103 Abs. 2 GG zu genügen, muss die Koppelung von sanktionierender und ausfüllender Norm erkennbar sein, ferner muss die Ausfüllnorm ihrerseits hinreichend bestimmt sein.

32 BVerfG, 22.3.2011, 2 BvR 983/09, Rn. 11.

33 S. BVerfG, 22.3.2011, 2 BvR 983/09 Rn. 14: diese Entscheidung führt aus, dass Art. 88 StVollzG Bayern nicht zur Grundlage einer Disziplinarmaßnahme gemacht werden kann – über die Verweisungsnorm des Art. 42 UVollzG Bayern gilt diese Norm ebenfalls im Rahmen der Untersuchungshaft.

34 Vgl. für das StVollZG BVerfG NStZ 1998, 103.

III. Arten der Disziplinarmaßnahmen

15

Länder	Disziplinarmaßnahmen - *Arten der Maßnahmen*
12er-Regelung: Berlin Brandenburg Bremen Hamburg Hessen Mecklenburg-Vorpommern Rheinland-Pfalz Saarland Sachsen Sachsen-Anhalt Schleswig-Holstein Thüringen	*§ 61 12er-Regelung: Arten der Disziplinarmaßnahmen*[35] (1) Zulässige Disziplinarmaßnahmen sind 1. Verweis, 2. die Beschränkung oder der Entzug des Einkaufs bis zu drei Monaten, 3. die Beschränkung oder der Entzug von Annehmlichkeiten nach § 19 bis zu drei Monaten, 4. die Beschränkung oder der Entzug des Rundfunkempfangs bis zu drei Monaten; der gleichzeitige Entzug des Hörfunk- und Fernsehempfangs jedoch nur bis zu zwei Wochen, 5. die Beschränkung oder der Entzug der Gegenstände für die Freizeitbeschäftigung oder der Ausschluss von gemeinsamer Freizeit oder von einzelnen Freizeitveranstaltungen bis zu drei Monaten, 6. der Entzug der zugewiesenen Arbeit oder Beschäftigung bis zu vier Wochen unter Wegfall der in diesem Gesetz geregelten Bezüge und 7. Arrest bis zu vier Wochen. (2) Mehrere Disziplinarmaßnahmen können miteinander verbunden werden. (3) Arrest darf nur wegen schwerer oder wiederholter Verfehlungen verhängt werden. (4) Bei der Auswahl der Disziplinarmaßnahmen sind Grund und Zweck der Haft sowie die psychischen Auswirkungen der Untersuchungshaft und des Strafverfahrens auf die Untersuchungsgefangenen zu berücksichtigen. Durch die Anordnung und den Vollzug einer Disziplinarmaßnahme dürfen die Verteidigung, die Verhandlungsfähigkeit und die Verfügbarkeit der Untersuchungsgefangenen für die Verhandlung nicht beeinträchtigt werden. Abweichende Regelungen: *Hamburg, § 65 HmbUVollzG:* (1) Die zulässigen Disziplinarmaßnahmen sind: 1. Verweis, 2. die Beschränkung oder der Entzug des Einkaufs bis zu drei Monaten, 3. die Beschränkung oder der Entzug von Annehmlichkeiten nach § 19 bis zu drei Monaten, 4. die Beschränkung oder der Entzug des Rundfunkempfangs bis zu drei Monaten; der gleichzeitige Entzug des Hörfunk- und Fernsehempfangs jedoch nur bis zu zwei Wochen, 5. die Beschränkung oder der Entzug der Gegenstände für eine Beschäftigung in der Freizeit mit Ausnahme des Lesestoffs oder die Beschränkung oder der Entzug der Teilnahme an gemeinschaftlichen Veranstaltungen bis zu drei Monaten, 6. die getrennte Unterbringung während der Freizeit bis zu vier Wochen,

35 In Bremen: § 60 BremUVollzG.

Länder	Disziplinarmaßnahmen - *Arten der Maßnahmen*
	7. der Entzug der zugewiesenen Arbeit oder Beschäftigung bis zu vier Wochen unter Wegfall der in diesem Gesetz geregelten Bezüge, 8. Arrest bis zu vier Wochen. (2) Arrest darf nur wegen schwerer oder mehrfach wiederholter Verfehlungen verhängt werden. (3) Mehrere Disziplinarmaßnahmen können miteinander verbunden werden. (4) Disziplinarmaßnahmen sind unabhängig von der Einleitung eines Straf- oder Bußgeldverfahren wegen desselben Sachverhalts zulässig. (5) Bei der Auswahl der Disziplinarmaßnahmen sind Grund und Zweck der Haft sowie die psychischen Auswirkungen der Untersuchungshaft und des Strafverfahrens auf die Untersuchungsgefangenen zu berücksichtigen. Durch die Anordnung und den Vollzug einer Disziplinarmaßnahme dürfen die Verteidigung, die Verhandlungsfähigkeit und die Verfügbarkeit der Untersuchungsgefangenen für die Verhandlung nicht beeinträchtigt werden. ***Hessen, § 40 HUVollzG: Disziplinarmaßnahmen*** [...] (2) Zulässige Disziplinarmaßnahmen sind 1. der Verweis, 2. der Ausschluss von gemeinsamer Freizeit bis zu vier Wochen oder von einzelnen Freizeitveranstaltungen bis zu drei Monaten, 3. die Beschränkung oder der Entzug des Fernsehempfangs bis zu drei Monaten, 4. die Beschränkung oder der Entzug von Gegenständen für eine Beschäftigung in der Freizeit bis zu drei Monaten, 5. die Beschränkung oder der Entzug von Zusatzleistungen nach § 15 bis zu drei Monaten, 6. die Beschränkung oder der Entzug des Einkaufs bis zu drei Monaten, 7. der Entzug der Arbeit bis zu vier Wochen unter Wegfall der in diesem Gesetz geregelten Bezüge, 8. Arrest bis zu vier Wochen. [...] (4) [...] Mehrere Disziplinarmaßnahmen können miteinander verbunden werden. Der Verweis kann auch mit der Anordnung, gemeinnützige Arbeit zu leisten, verbunden werden. Arrest darf nur wegen schwerer oder mehrfach wiederholter Verfehlungen verhängt werden. (5) Bei der Auswahl der Disziplinarmaßnahmen sind Grund und Zweck der Haft sowie die psychischen Auswirkungen der Untersuchungshaft und des Strafverfahrens auf die Untersuchungsgefangenen zu berücksichtigen. [2]Durch die Anordnung und den Vollzug einer Disziplinarmaßnahme dürfen die Verteidigung, die Verhandlungsfähigkeit und die Verfügbarkeit der Untersuchungsgefangenen für das Verfahren nicht beeinträchtigt werden. ***Sachsen-Anhalt, § 61 UVollzG LSA: Arten der Disziplinarmaßnahmen***

Länder	Disziplinarmaßnahmen - *Arten der Maßnahmen*
	(1) Zulässige Disziplinarmaßnahmen sind: 1. Verweis, 2. die Beschränkung oder der Entzug des Einkaufs bis zu drei Monaten, 3. die Beschränkung oder der Entzug von Annehmlichkeiten nach § 19 bis zu drei Monaten, 4. die Beschränkung oder der Entzug des Rundfunkempfangs bis zu drei Monaten; der gleichzeitige Entzug des Hörfunk- und Fernsehempfangs jedoch nur bis zu zwei Wochen, 5. die Beschränkung oder der Entzug der Gegenstände für die Freizeitbeschäftigung oder der Ausschluss von gemeinsamer Freizeit oder von einzelnen Freizeitveranstaltungen bis zu drei Monaten, 6. der Entzug der zugewiesenen Arbeit oder Beschäftigung bis zu vier Wochen, 7. der Ausschluss von Unterricht, Berufsausbildung, beruflicher Fort- und Weiterbildung und 8. Arrest bis zu vier Wochen. (2) Mehrere Disziplinarmaßnahmen können miteinander verbunden werden. (3) Arrest darf nur wegen schwerer oder wiederholter Verfehlungen verhängt werden. (4) Bei der Auswahl der Disziplinarmaßnahmen sind Grund und Zweck der Haft sowie die psychischen Auswirkungen der Untersuchungshaft und des Strafverfahrens auf den Untersuchungsgefangenen zu berücksichtigen. Durch die Anordnung und den Vollzug einer Disziplinarmaßnahme dürfen die Verteidigung, die Verhandlungsfähigkeit und die Verfügbarkeit des Untersuchungsgefangenen für die Verhandlung nicht beeinträchtigt werden.
Baden-Württemberg	***§ 63 JVollzGB II: Arten der Disziplinarmaßnahmen*** **(1) Die zulässigen Disziplinarmaßnahmen sind:** **1. Verweis,** **2. die Beschränkung oder der Entzug der Verfügung über das Sondergeld und des Einkaufs bis zu drei Monaten,** **3. die Beschränkung oder der Entzug des Hörfunk- und Fernsehempfangs bis zu drei Monaten; [in Baden-Württemberg weiter:" der gleichzeitige Entzug jedoch nur bis zu zwei Wochen]** **4. die Beschränkung oder der Entzug der Gegenstände für eine Beschäftigung in der Freizeit oder der Teilnahme an gemeinschaftlichen Veranstaltungen bis zu drei Monaten,** **5. die getrennte Unterbringung während der Freizeit bis zu vier Wochen,** **6. der Entzug der Arbeit oder Beschäftigung bis zu vier Wochen unter Wegfall der in diesem Gesetz geregelten Bezüge,** **7. die Beschränkung des Verkehrs mit Personen außerhalb der Justizvollzugsanstalt auf dringende Fälle bis zu drei Monaten,** **8. Arrest bis zu vier Wochen.** **(2) Arrest darf nur wegen schwerer oder mehrfach wiederholter Verfehlungen verhängt werden.** **(3) Mehrere Disziplinarmaßnahmen können miteinander verbunden werden.**

Länder	Disziplinarmaßnahmen - *Arten der Maßnahmen*
Bayern	*Art. 28 Abs. 1 BayUVollzG i.V.m. Art. 110 BayStVollzG: Disziplinarmaßnahmen* Siehe Baden-Württemberg, § 63 JVollzGB II Ba-Wü zuvor
Niedersachsen	*§ 95 NJVollzG: Arten der Disziplinarmaßnahmen* Siehe für Abs. 1–3: § 63 JVollzGB II Ba-Wü und zusätzlich: (4) Die Maßnahmen nach Absatz 1 Nrn. 3 bis 7 sollen möglichst nur angeordnet werden, wenn die Verfehlung mit den zu beschränkenden oder zu entziehenden Befugnissen im Zusammenhang steht. Dies gilt nicht bei einer Verbindung mit Arrest.]
Nordrhein-Westfalen	*§ 45 Abs. 2, 3 UVollzG NRW: Disziplinarmaßnahmen* (2) Als Disziplinarmaßnahmen kommen in Betracht: 1. Verweis, 2. Beschränkung oder Entzug des Rechts auf Beschaffung von zusätzlichen Nahrungs- und Genussmitteln und Gegenständen des persönlichen Bedarfs bis zu drei Monaten, 3. Beschränkung oder Entzug des Lesestoffs bis zu zwei Wochen sowie des Hörfunk- und Fernsehempfangs bis zu drei Monaten, der gleichzeitige Entzug jedoch nur bis zu zwei Wochen, 4. Beschränkung oder Entzug des Besitzes von Gegenständen aus der Habe bis zu drei Monaten, 5. Beschränkung oder Entzug der Teilnahme an gemeinsamen Veranstaltungen bis zu drei Monaten, 6. Entzug einer zugewiesenen Arbeit oder Beschäftigung unter Wegfall der Bezüge oder einer Selbstbeschäftigung bis zu vier Wochen, 7. Arrest bis zu vier Wochen. (3) Mehrere Disziplinarmaßnahmen können miteinander verbunden werden. Die Maßnahmen nach Absatz 2 Nummer 3 bis 6 sollen nur angeordnet werden, wenn die Verfehlung mit den zu beschränkenden oder zu entziehenden Befugnissen im Zusammenhang steht. Dies gilt nicht bei einer Verbindung mit Arrest. Arrest darf nur wegen schwerer oder mehrfach wiederholter Verfehlungen verhängt werden.

16 **1. Allgemeines.** Der Katalog der Disziplinarmaßnahmen ist abschließend. Die Bestimmungen sind an die des StVollzG angelehnt bzw. identisch. Die Unterschiede zwischen dem allgemeinen Strafvollzug und der Untersuchungshaft werden dadurch weiter verwischt – so vor allem in Bezug auf die besondere Pflicht, weitergehend als im allgemeinen Vollzug über den Freiheitsentzug hinausgehende Beschränkungen so gering wie möglich zu halten.[36] Abgesehen davon, dass diese Maßnahmen in einem solchermaßen anderen Kontext stehen und bei der Abwägung der Unschuldsvermutung besonderes Gewicht zukommt, kann im Rahmen der einzelnen Disziplinarmaßnahmen auf die Rechtsprechung und Kommentierung zu den Disziplinarmaßnahmen im allgemeinen Strafvollzug weitgehend verwiesen werden.

Für das StVollzG wurde die Ansicht vertreten, dass einige der Maßnahmen in der Art von **Spiegelstrafen** bei solcherlei Zuwiderhandlungen auferlegt werden sollen, die mit der Maßnahme in Zusammenhang stehen (Konnexität). Eine ähnliche Regelung findet sich z.B. in § 96 Abs. 4 NJVollzG sowie § 45 Abs. 3 StVollzG NRW. Diese Einschränkung des Anwendungsbereiches ist wenig praktikabel. Es ist vielmehr von Fall zu Fall zu entscheiden, ob eine Disziplinarmaßnahme als eine die Verfehlung spiegelnde Sanktion ausgestaltet werden soll-

36 St. Rspr.: vgl. etwa BVerfG NStZ 2008, 521 (522) m.w.N.; s. auch § 1 Rn. 26.

te.[37] Die Fehlerhaftigkeit oder gar eine Rechtswidrigkeit bei Nichtbeachtung dieses Gebotes sind nicht anzunehmen.[38]

Die möglichen Disziplinarmaßnahmen sind weitgehend identisch geregelt, wobei die Höchstdauer der zulässigen Beschränkungen schwankt.

Generell gilt, dass der Arrest als die schwerste, der formale Ordnungsruf des Verweises als die mildeste Disziplinarmaßnahme anzusehen ist. Weitergehende Einteilungen der Sanktionen in Schweregrade sind aufgrund der unterschiedlichen Auswirkungen für den Gefangenen kaum möglich. Deshalb kommt bei der Auswahl der Maßnahme einer individuellen Prüfung der Folgen besonderes Gewicht zu.

2. Einzelne Maßnahmen. a) Der Verweis. Der Verweis ist eine Sanktion mit bloßem **Verwarncharakter** und beschreibt die verbale Missbilligung eines Verhaltens.[39] Da er jedoch im Rahmen des offiziellen Verfahrens ausgesprochen wird, ist er von der Verwarnung oder auch der Ermahnung zu unterscheiden. Er wird als förmliche Sanktion in der Akte des Gefangenen vermerkt. 17

Diese Sanktion kommt insbesondere bei leichten Verfehlungen in Betracht, wenn zu erwarten ist, dass der Gefangene schon durch das Verfahren selbst zu einer Verhaltensänderung in der Zukunft motiviert werden kann. Auch ist an diese Maßnahme zu denken, wenn während des Verfahrens, etwa durch eine Entschuldigung und den Versuch einer Schadenswiedergutmachung, die Erforderlichkeit einer schärferen Sanktion (nachträglich) entfällt. Von Bedeutung ist der Verweis im Falle einer erneuten Verfehlung, da dann der Gefangene mit der Verhängung einer schwereren Maßnahme rechnen muss.

b) Die Beschränkung des Einkaufs. Die Beschränkung des Einkaufs wird von den Gefangenen regelmäßig als eine harte Disziplinarmaßnahme angesehen.[40] Der Haftalltag ist für viele Gefangene, die regelmäßig nicht an die mit einem Freiheitsentzug verbundenen Einschränkungen der Konsummöglichkeiten gewöhnt sind, nur durch den Einkauf von Süßigkeiten oder Tabak erträglich. 18

Bei der Beschränkung des Einkaufs ist ferner zu beachten, dass innerhalb der Gefangenenhierarchie durch Darlehen bei anderen Gefangenen bestehende Abhängigkeiten weiter verstärkt werden können.[41] Aufgrund dieser Gefahren muss immer geprüft werden, ob die Einkaufssperre zu beschränken ist.[42] Nicht zu verwechseln und als Disziplinarmaßnahme unstatthaft ist der Widerruf der allgemeinen Erlaubnis, anlässlich von Besuchen Gegenstände aus Einkaufsautomaten zu ziehen.[43]

c) Die Beschränkung von Annehmlichkeiten. Unter diese Bestimmung fallen die Vergünstigungen, die sich der Gefangene üblicherweise auf eigene Kosten verschafft hat. Meistens dürfte es sich dabei um technische Geräte handeln, die vorübergehend aus der Zelle entfernt werden. Zu den Annehmlichkeiten (in Hessen „Zusatzleistungen", vgl. dort § 15) vgl. im Übrigen § 1 Rn. 26. 19

d) Die Beschränkung des Rundfunk- und Fernsehempfanges. Bei der Beschränkung des Rundfunk- und Fernsehempfanges handelt es sich um eine Sanktion, die nicht selten mit anderen Disziplinarmaßnahmen kombiniert wird. Nach allen Länderregelungen ist diese Reaktionsmöglichkeit im Katalog der Disziplinarmaßnahmen enthalten, Umfang und Dauer der möglichen Beschränkungen sind dabei jedoch unterschiedlich geregelt. Gegen diese Art der Sanktion werden teilweise verfassungsrechtliche Bedenken geäußert,[44] da mit einer sol- 20

37 A.A. für den Strafvollzug Walter in: AK-StVollzG, § 103 Rn. 20; jedoch dürfte aufgrund der Regelung des § 103 Abs. 4 a.F. StVollZG der Ermessenspielraum im Strafvollzug enger sein.
38 Für die Konnexität bei der Reaktion gegenüber jungen Gefangenen vgl. Rn. 50.
39 Rose in: Ostendorf, Jugendstrafvollzugsrecht, 10. Abschnitt, 2. Teil, Rn. 45.
40 Diepolder ZfStrVo 1980, 140 (142).
41 S. z.B. Böhm/Laubenthal in: Schwind/Böhm/Jehle/Laubenthal, StVollzG, § 103 Rn. 6.
42 Böhm/Laubenthal in: Schwind/Böhm/Jehle/Laubenthal, StVollzG, § 103 Rn. 6; so auch Diepolder ZfStrVo 1980, 140 (142).
43 KG Berlin NStZ 2002, 613.
44 Schlothauer/Weider, Untersuchungshaft, Rn. 1124; Walter in: AK-StVollzG, § 103 Rn. 4.

chen Maßnahme, insbesondere bei gleichzeitigem Entzug von Hörfunk und Fernsehen, tatsächlich die Möglichkeiten einer aktuellen Information über das Zeitgeschehen erheblich eingeschränkt werden. Vor diesem Hintergrund ist ein gänzlicher Entzug der Informationsmöglichkeiten gerade bei den meist labilen Untersuchungsgefangenen erheblichen Bedenken ausgesetzt, da diese noch mehr als normale Gefangene „von der Außenwelt abgeschnitten" werden. Länger dauernde Beschränkungen sind nur bei schwerwiegenden Verfehlungen angebracht. Bei der Prüfung der Verhältnismäßigkeit der Maßnahme ist die Grundrechtsbeeinträchtigung nach Art. 5 Abs. 1 GG zu berücksichtigen.

21 e) **Der Entzug von Gegenständen sowie die Beschränkung der Freizeitmöglichkeiten.** Bei dieser Disziplinarmaßnahme ist darauf zu achten, dass anders als im allgemeinen Strafvollzug aufgrund der Unschuldsvermutung Eingriffe auf das Unerlässliche zu beschränken sind. Dies ist deswegen beachtlich, da mit solcherlei Sanktionen das dem Untersuchungsgefangenen grundsätzlich zugestandene Recht auf Selbstbeschäftigung abgesprochen wird.[45] Die Beschränkung der Freizeitmöglichkeiten kann nicht die Teilnahme an religiösen Veranstaltungen umfassen, der Schutzbereich von Art. 4 GG gebietet insoweit eine Privilegierung des Gefangenen.[46] Gleiches gilt für religiöse Gegenstände, die ebenfalls nicht entziehbar sind.[47]

22 f) **Die Beschränkung der Arbeitsmöglichkeiten.** Bei der Beschränkung von Arbeitsmöglichkeiten ist zu beachten, dass ein Teil der Untersuchungsgefangenen vor ihrer Inhaftierung mitten im Erwerbsleben standen und mit dem Entzug einer solchen Beschäftigungsmöglichkeit auch dann, wenn diese nicht der vorherigen Arbeit entspricht, eine destabilisierende Wirkung verbunden sein kann. Dies gilt insbesondere bei längerer Inhaftierung. Die Beschränkung von Arbeitsmöglichkeiten bedeutet neben den finanziellen Einbußen regelmäßig auch eine Einschränkung der Kommunikation mit den übrigen Gefangenen.[48] Diese Aspekte sind bei Auswahl und Bemessung dieser Maßnahme zu berücksichtigen.

23 g) **Der Arrest.** Der Arrest stellt den schärfsten Eingriff in die Rechte des Gefangenen dar. Aus diesem Grund werden in den Untersuchungshaftvollzugsgesetzen besondere Anforderungen an seine Verhängung gestellt. So ist vor der Verhängung dieser Sanktion ein Arzt zu hören (vgl. z.B. § 64 Abs. 5 Thüringer UVollZG; weitergehend unten Rn. 38 ff). Ein Arrest kommt nur dann in Betracht, wenn schwere oder mehrfach wiederholte Verfehlungen vorliegen.

Wie schwerwiegend die Verfehlung zu sein hat, deretwegen ein Arrest verhängt werden kann, ist eine Frage des Einzelfalls. Beispiele aus der Praxis des Strafvollzuges sind etwa unerlaubtes Tätowieren,[49] der tätliche Angriff,[50] Drogenkonsum oder der Besitz von Alkohol.[51]

Zu den besonderen Anforderungen an den Vollzug des Arrests s. Rn. 37, 44.

24 h) **Der Ausschluss vom Unterricht.** Der Ausschluss vom Unterricht bedeutet, ähnlich wie der Entzug der Arbeit, auch eine Einschränkung der Kontakte zu anderen Gefangenen. Problematisch ist der längerfristige Ausschluss auch in Hinblick auf die Tatsache, dass negative Folgen der Untersuchungshaft vermieden werden sollen und eine Unterbrechung der Ausbildung oder Weiterbildung weitreichendere Konsequenzen haben kann als nur solche Maßnahmen, die in ihren Auswirkungen auf die Zeit der Inhaftierung beschränkt sind.

25 **3. Verbindung von Disziplinarmaßnahmen.** Nach allen Ländergesetzen ist die Verbindung von mehreren Disziplinarmaßnahmen nebeneinander zulässig. Auf diese Weise wird der Anstaltsleitung die Möglichkeit eröffnet, die individuell erforderliche und verhältnismäßige Maßnahme zu verhängen. Ferner kann so gegebenenfalls bei mehreren nacheinander ver-

---

45 Vgl. Friedrich, die Normierung des Untersuchungshaftvollzuges, S. 183.
46 OLG Hamm NStZ 1999, 591 (592); s. auch § 5 Rn. 36, 43, 45.
47 Arloth, StVollzG, § 103 Rn. 3; s. auch § 5 Rn. 27-29.
48 Schlothauer/Weider, Untersuchungshaft, Rn. 1123.
49 OLG Karlsruhe NStZ-RR 2006, 190.
50 Walter in: AK-StVollzG, § 103 Rn. 16; Arloth, StVollzG, § 103 Rn. 4.
51 Arloth, StVollzG, § 103 Rn. 4 m.w.N.; s. aber verneinend BVerfG NStZ 1993, 605 beim Konsum einer geringen Menge.

hängten, noch nicht vollzogenen Sanktionen ein gemeinsamer Vollzug erfolgen. Es ist also nicht nur eine Kombination von verschiedenen Maßnahmen anlässlich einer Verfehlung möglich, sondern auch die Koppelung wegen mehrerer Pflichtverstöße.

Es muss aber darauf geachtet werden, dass insgesamt weder das verhältnismäßig zulässige Höchstmaß einer einzelnen Maßnahme überschritten wird,[52] noch die Belastung durch die zusammen vollstreckten Maßnahmen unzumutbar wird. In besonderem Maße gilt dies für den Arrest. Es ist schon aufgrund der spezifischen Belastungen des Arrests unzulässig, durch eine Aneinanderreihung derartiger Disziplinarmaßnahmen die Höchstfrist von vier Wochen zu überschreiten.[53]

IV. Zur Disziplinarbefugnis

26

Länder	Disziplinarmaßnahmen - *Disziplinarbefugnis*
12er-Regelung: Berlin Brandenburg Bremen Hamburg Hessen Mecklenburg-Vorpommern Rheinland-Pfalz Saarland Sachsen Sachsen-Anhalt Schleswig-Holstein Thüringen	***§ 63 12er-Regelung: Disziplinarbefugnis*** **(1) Disziplinarmaßnahmen ordnet die Anstaltsleiterin oder der Anstaltsleiter an. Bei einer Verfehlung auf dem Weg in eine andere Anstalt zum Zweck der Verlegung ist die aufnehmende Anstalt zuständig.** **(2) Die Aufsichtsbehörde entscheidet, wenn sich die Verfehlung gegen die Anstaltsleiterin oder den Anstaltsleiter richtet.**[54] **(3) Disziplinarmaßnahmen, die gegen die Untersuchungsgefangenen in einer anderen Anstalt oder während einer anderen Haft angeordnet worden sind, werden auf Ersuchen vollstreckt. § 62 Absatz 2 gilt entsprechend.**[55] **Abweichende Regelungen:** ***Hamburg, § 67 HmbUVollzG: Anordnungsbefugnis*** (1) Disziplinarmaßnahmen ordnet die Anstaltsleitung an. Bei einer Pflichtwidrigkeit während eines Transports in eine andere Anstalt ist die Leitung der Bestimmungsanstalt zuständig. Ist die Durchführung des Disziplinarverfahrens dort nicht möglich, liegt die Disziplinarbefugnis bei der Leitung der Stammanstalt. (2) Die Aufsichtsbehörde entscheidet, wenn sich die Pflichtwidrigkeit der Untersuchungsgefangenen gegen die Anstaltsleitung richtet. (3) Disziplinarmaßnahmen, die gegen Untersuchungsgefangene in einer anderen Anstalt oder während einer anderen Haft angeordnet worden sind, werden auf Ersuchen vollzogen. § 66 Absatz 2 bleibt unberührt.

52 Schaaf ZfStrVo 1980, 146 (147); a.A. Pachmann ZfStrVo 1981, 86 (93); OLG Frankfurt NStZ-RR 2002, 224.

53 Walter in: AK-StVollzG, § 103 Rn. 18 geht davon aus, dass die Kombination von Arrest mit anderen Disziplinarmaßnahmen „nicht angebracht" sei; problematisch ist auch eine Unterbrechung der Vollstreckung von wenigen Tagen und damit die Umgehung der Höchstfristen, vgl. Schaaf ZfStrVo 1980, 146 (147); Pachmann ZfStrVo 1981, 86 (90).

54 Brandenburg, § 63 Abs. 2 BbgUVollzG: ähnlich der 12er-Regelung.

55 Rheinland-Pfalz, § 63 Abs. 3 LUVollzG: ähnlich der 12er-Regelung.

	Hessen, § 41 Abs. 1 HUVollzG: Verfahren und Vollstreckung (1) Disziplinarmaßnahmen ordnet die Anstaltsleitung an. Bei einer Verfehlung, die während der Verlegung in eine andere Vollzugsanstalt begangen wird, ist die Leitung dieser Anstalt zuständig. Wenn sich die Verfehlung gegen die Anstaltsleitung richtet, entscheidet die Aufsichtsbehörde.
Baden-Württemberg	*§ 65 JVollzGB II: Disziplinarbefugnis* **(1) Disziplinarmaßnahmen ordnet die Anstaltsleiterin oder der Anstaltsleiter an. Bei einer Verfehlung auf dem Weg in eine andere Justizvollzugsanstalt zum Zweck der Verlegung ist die Leiterin oder der Leiter der Bestimmungsanstalt zuständig. Die Befugnis, Disziplinarmaßnahmen nach § 63 anzuordnen, kann nur auf Mitglieder der Anstalts- oder Vollzugsabteilungsleitung übertragen werden.** **(2) Die Aufsichtsbehörde entscheidet, wenn sich Verfehlungen von Untersuchungsgefangenen gegen die Anstaltsleiterin oder den Anstaltsleiter richten.** **(3) Disziplinarmaßnahmen, die gegen Untersuchungsgefangene in einer anderen Justizvollzugsanstalt oder während einer anderen Haft angeordnet worden sind, werden auf Ersuchen vollstreckt, soweit sie nicht zur Bewährung ausgesetzt sind. § 64 Abs. 2 bleibt unberührt.**
Bayern	*Art. 28 BayUVollzG i.V.m. Art. 112 BayStVollzG: Disziplinarmaßnahmen* **(1) Disziplinarmaßnahmen ordnet der Anstaltsleiter oder die Anstaltsleiterin an. Bei einer Verfehlung auf dem Weg in eine andere Anstalt zum Zweck der Verlegung oder bei einer Überstellung ist der Leiter oder die Leiterin der Bestimmungsanstalt zuständig. Ist im Fall einer Überstellung die Durchführung des Disziplinarverfahrens dort aus besonderen Gründen nicht möglich, liegt die Disziplinarbefugnis bei dem Leiter oder der Leiterin der Stammanstalt.** **(2) Die Aufsichtsbehörde entscheidet, wenn sich die Verfehlung des oder der Gefangenen gegen den Anstaltsleiter oder die Anstaltsleiterin wendet.** **(3) Disziplinarmaßnahmen, die gegen Gefangene in einer anderen Anstalt oder während einer Untersuchungshaft angeordnet worden sind, werden auf Ersuchen vollstreckt. Art. 111 Abs. 2 bleibt unberührt.**
Niedersachsen	*§ 97 NJVollzG: Disziplinarbefugnis* **(1) Disziplinarmaßnahmen ordnet die Anstaltsleiterin oder der Anstaltsleiter an. Bei einer Verfehlung auf dem Weg in eine andere Anstalt zum Zweck der Verlegung oder Überstellung ist die Anstaltsleiterin oder der Anstaltsleiter der Bestimmungsanstalt zuständig.** **(2) Das Fachministerium entscheidet, wenn sich die Verfehlung der oder des Gefangenen gegen die Anstaltsleiterin oder den Anstaltsleiter richtet.** **(3) Disziplinarmaßnahmen, die gegen eine Gefangene oder einen Gefangenen in einer anderen Anstalt oder während ei-**

	ner Untersuchungshaft angeordnet worden sind, werden auf Ersuchen vollstreckt. § 96 Abs. 2 bleibt unberührt.
Nordrhein-Westfalen	***§ 46 Abs. 3, 4 UVollzG NRW: Verfahren*** **(3) Disziplinarmaßnahmen ordnen die Anstaltsleitung oder die von ihr hierzu Beauftragten an. Bei einer Verfehlung auf dem Weg in eine andere Anstalt zum Zwecke der Verlegung ist die Anstaltsleitung der Bestimmungsanstalt zuständig.** **(4) Die Aufsichtsbehörde entscheidet, wenn sich die Verfehlung Untersuchungsgefangener gegen die Anstaltsleitung richtet.**

1. Anordnungskompetenz der Anstaltsleitung. Die Übertragung der Disziplinarbefugnis auf die Anstaltsleitung stellt die wesentliche Neuerung im Vergleich zur bisherigen Regelung dar (vgl. Nr. 67 Abs. 1 UVollzO). Ebenso wie in den Strafvollzugsgesetzen der Länder obliegt der Anstaltsleitung die Ahndungskompetenz. Sie wird in der Literatur teilweise kritisiert.[56] Die vorgebrachten Bedenken betreffen vor allem einen möglichen Verstoß gegen die **Unschuldsvermutung** (Art. 6 EMRK) i.V.m. der allein den Richtern zustehenden Strafgewalt (Art. 92 GG).[57] Um die Frage der verfassungsrechtlichen Legitimation der Disziplinarbefugnis des Anstaltsleiters zu beantworten, muss zwischen der Anordnung der Untersuchungshaft selbst und den weiteren Beschränkungen der Rechte des Häftlings unterschieden werden. 27

Die Unschuldsvermutung besagt zunächst, dass auch im Verfahrensrecht der Beschuldigte als unschuldig zu gelten hat, bis seine Schuld festgestellt ist. Die Anordnung von Untersuchungshaft selbst wie auch weitere Beschränkungen in Form von Disziplinarmaßnahmen gegen einen formal Unschuldigen stellen damit einen Eingriff dar, der immer der besonderen einzelfallbezogenen Rechtfertigung und einer Abwägung in Form einer Verhältnismäßigkeitsprüfung bedarf. Die Unschuldsvermutung ist dabei als formales Prinzip zu verstehen, wonach jederzeit davon auszugehen ist, dass der U-Gefangene freigesprochen werden könnte (s. § 1 Rn. 22).

Bei einer Disziplinarmaßnahme handelt es sich, wie auch in der Formulierung der Voraussetzungen („…können angeordnet werden, wenn der Gefangene rechtswidrig und schuldhaft…") deutlich wird, um eine Maßnahme mit strafähnlichem Charakter.[58] Sie erfüllt bis auf den sozialethischen Tadel alle wesentlichen Merkmale einer Strafe. Sie hat auch gegenüber der Anordnung der Untersuchungshaft als prozessuales Sicherungsmittel einen anderen Anlass, nämlich die konkrete Verfehlung, deretwegen die Maßnahme verhängt werden soll. Die Disziplinarbefugnis kann damit, anders als im Bereich des Strafvollzuges,[59] nicht allein aus dem Umstand der Inhaftierung als solcher und deren Ausgestaltung entnommen werden. Der Gefangene kann, wenn er einer strafähnlichen Sanktion unterworfen wird, nicht pauschal darauf verwiesen werden, dass er sie aufgrund des Umstandes der Inhaftierung zu erdulden habe. Wenn im Strafvollzug die Anstaltsleitung als Teil der Exekutive Disziplinarmaßnahmen verhängt, so tut sie dies gegen Gefangene, die von einem Gericht für schuldig befunden wurden. Die Strafgefangenen verbüßen ihre Schuld. Wenn dagegen in der Untersuchungshaft von der Amtsleitung Disziplinarmaßnahmen verhängt werden, so werden strafähnliche Sanktionen gegen – noch – Unschuldige angeordnet – exekutive Sanktionen im Zustand der Unschuld. Der richterlich angeordnete Freiheitsentzug in Form des Haftbefehls begründet keine Sanktionsbefugnis der Exekutive bei der Durchführung des Freiheitsentzugs.

56 S. z.B.: Paeffgen in: SK-StPO, § 119 Rn. 58 a; AnwK U-Haft/Rubbert/Scharmer, § 63 Rn. 7; Piel/Püschel/Tsambikakis ZRP 2009, 33 (36); Schlothauer/Weider, Untersuchungshaft, Rn. 1127 ff.
57 S. BVerfGE 22, 73.
58 Rose in: Ostendorf, Jugendstrafvollzugsrecht, 10. Abschnitt, 2. Teil, Rn. 16, m.w.N.
59 Auch die Entscheidung des BVerfG in NJW 2006, 2093 (2098) stellt dies nochmals heraus.

28 Besonders problematisch ist die Regelung in Zusammenschau mit dem Aspekt, dass die Disziplinarmaßnahme im Regelfall sofort vollzogen wird (s. Rn. 33). Art. 19 Abs. 4 GG beinhaltet neben der allgemeinen Gewährung rechtlichen Gehörs auch das Gebot des Staates, es weitestgehend zu vermeiden, durch die sofortige Vollziehung von Maßnahmen Tatsachen zu schaffen, die auch dann, wenn sich die Maßnahme als rechtswidrig erweist, nicht mehr rückgängig gemacht werden können.[60] Zwar erachtet das Bundesverfassungsgericht solche Normen im Ausnahmefall für statthaft, fordert aber ein übergeordnetes rechtliches Interesse an einem sofortigen Vollzug.[61] Das **Grundrecht des effektiven Rechtschutzes** gebietet damit im Normalfall ein Recht auf richterliches Gehör im Vorfeld einer Maßnahme.

29 Die verfassungsrechtliche Abwägung der öffentlichen Interessen im Verhältnis zu den Freiheitsrechten des Gefangenen ist im Ergebnis zugunsten des Gefangenen zu führen: Als ein übergeordnetes öffentliches Interesse dürfte die zeitige und damit effektive Disziplinierung nicht ausreichen, wenn auf der anderen Seite das Gebot des Staates an einer weitestmöglichen Schonung des Gefangenen zur Debatte steht. Der Einwand, dass sowohl in finanzieller Hinsicht als auch unter Effektivitätsgesichtspunkten eine Übertragung der Befugnis auf die Anstaltsleitung sinnvoll ist,[62] ist zwar ein beachtenswertes Argument, kann und darf aber letztlich nicht das entscheidende Kriterium sein: Ein erhöhter bürokratischer oder finanzieller Aufwand muss in Kauf genommen werden, um dem formal Unschuldigen weitestgehend seine Rechte zu belassen. Das Bundesverfassungsgericht hat hierzu klargestellt, dass es Sache des Staates ist, „...im Rahmen des Zumutbaren alle Maßnahmen zu treffen, die geeignet und nötig sind, um Verkürzungen der Rechte von Untersuchungsgefangenen zu vermeiden; die dafür erforderlichen sächlichen und personellen Mittel hat er aufzubringen, bereitzustellen und einzusetzen".[63] Hierzu gehört auch das Recht, dass ein Richter über individuelle Beschränkungen der Rechte des Gefangenen befindet.

Zutreffend ist, dass die Anstaltsleitung in der Praxis ohnehin zuvor schon Ahndungsvorschläge unterbreitet hat. Zutreffend ist weiter, dass diese Personen oftmals bessere Kenntnisse und größere Sachnähe haben dürften. Auch ist eine höhere Effizienz zu erwarten.[64] Allerdings wird ohne Not ein rechtstaatlicher Schutzmechanismus aufgegeben. Immerhin war bis dato die ermittelnde bzw. „anklagende" Person nicht diejenige, die über die Maßnahme zu entscheiden hatte (s. auch bereits § 1 Rn. 14).

Auch wenn disziplinarische Maßnahmen unverzichtbar sind, bestehen bei der Übertragung der Disziplinarbefugnis auf die Anstaltsleitung erhebliche verfassungsrechtliche Bedenken, besonders bei der Anordnung von Arrest.[65] Das Prinzip der Unschuldsvermutung i.V.m. der alleinigen richterlichen Strafbefugnis führt im Rahmen der Abwägung öffentlicher Interessen im Verhältnis zum Gebot effektiven Rechtschutzes zu einem Verstoß gegen die Grundrechte der Gefangenen. Eine nur nachträgliche richterliche Kontrolle wird der grundrechtlich sensiblen Lage des Gefangenen nicht gerecht und legt einen Verstoß gegen Art. 19 Abs. 4 GG nahe. Es wird sich in der Praxis zeigen, ob die Übertragung der Disziplinarbefugnis auf die Anstaltsleitung einer grundrechtlichen Überprüfung standhält.

30 **2. Zuständigkeit der Aufsichtsbehörde.** Nach allen ländergesetzlichen Regelungen liegt die Disziplinarbefugnis bei der Aufsichtsbehörde, wenn sich die Verfehlung des Gefangenen gegen die Anstaltsleitung richtet. Diese Regelung ist Ausdruck des Gedankens, eine Befangen-

60 St. Rspr. des BVerfG, vgl. z.B. BVerfGE 37, 150 (153); 65, 1 (70).

61 BVerfG NJW 1984, 419 (428) (Volkszählungsurteil); zur nachträglichen richterlichen Kontrolle von Disziplinarmaßnahmen im Strafvollzug s. BVerfG, 24.3.2009, 2 BvR 2347/08, Rn. 8 ff.

62 So auch Friedrich, Die Normierung des Untersuchungshaftvollzuges, S. 192; a.A. Paeffgen in: SK-StPO, § 119 Rn. 58 a.

63 BVerfG NStZ 2008, 521 (522 f.) zur nächtlichen Stromsperre; ähnlich auch BVerfGE 36, 264 (275).

64 So z.B. Brune/Müller ZRP 2009, 143 (146); a.A. Paeffgen in: SK-StPO, § 119 Rn. 58 a, ders. GA 2009, 450 (457), der davon ausgeht, dass im Regelfall der Richter angerufen werde und somit keinerlei Personalersparnis zu erwarten sei.

65 Bemmann NJW 2000, 3116 (3117) sogar für den Strafvollzug aufgrund eines Verstoßes gegen Art. 104 Abs. 2 Satz 1 GG.

heit des entscheidenden Organs oder einen solchen Eindruck zu vermeiden.[66] Zwar wird auf diese Weise eine Institution zuständig, welche regelmäßig mit den Gegebenheiten des Einzelfalls nicht bis ins Detail vertraut ist. Dies ist aber im Interesse einer sachlichen Verfahrensführung notwendig und sinnvoll.

3. Zuständigkeit bei Verlegung oder Änderung des Haftgrundes. Für die Fälle der Verlegung ist mittels eines Vollstreckungsersuchens die aufnehmende Anstalt für den Vollzug der Disziplinarmaßnahme zuständig. Ebenso ist es in den Fällen des Wechsels der Haftart. Diese Bestimmung ist notwendig, um Kompetenzschwierigkeiten bei einer Verlegung zu umgehen. Klargestellt ist damit auch, dass durch die Verlegung oder die Änderung des Haftgrundes der Vollzug nicht unmöglich wird. 31

V. Vollzug der Disziplinarmaßnahmen

32

Länder	Disziplinarmaßnahmen - *Vollstreckung und Vollzug*
12er-Regelung: Berlin Brandenburg Bremen Hamburg Hessen Mecklenburg-Vorpommern Rheinland-Pfalz Saarland Sachsen Sachsen-Anhalt Schleswig-Holstein Thüringen	***§ 62 12er-Regelung: Vollzug der Disziplinarmaßnahmen, Aussetzung zur Bewährung*** **(1) Disziplinarmaßnahmen werden in der Regel sofort vollstreckt.** **(2) Disziplinarmaßnahmen können ganz oder teilweise bis zu sechs Monaten zur Bewährung ausgesetzt werden.** **(3) Arrest wird in Einzelhaft vollzogen. Die Untersuchungsgefangenen können in einem besonderen Arrestraum untergebracht werden, der den Anforderungen entsprechen muss, die an einen zum Aufenthalt bei Tag und Nacht bestimmten Haftraum gestellt werden. Soweit nichts anderes angeordnet wird, ruhen die Befugnisse der Untersuchungsgefangenen aus den §§ 16, 17 Absatz 1, § 18 Absatz 2 und 3, §§ 19, 24 Absatz 2 und 3, §§ 26, 27 Absatz 1 und § 28.** **Abweichende Regelungen:** ***Brandenburg, § 62 Abs. 3 BdbUVollzG, zusätzlich:***[67] (3) Disziplinarmaßnahmen können ganz oder zum Teil auch während einer der Untersuchungshaft unmittelbar nachfolgenden Haft vollstreckt werden. ***Hamburg, § 66 Abs. 1, 3 HmbUVollzG: Vollzug der Disziplinarmaßnahmen, Aussetzung zur Bewährung*** (1) Disziplinarmaßnahmen werden in der Regel sofort vollzogen. [...] (3) [...] Soweit nichts anderes angeordnet wird, ruhen die Befugnisse der Untersuchungsgefangenen aus § 15, § 16 Absatz 1, §§ 18, 19, § 29 Absätze 2 und 3, §§ 36 bis 38. ***Hessen, § 41 Abs. 3, 4 HUVollzG: Verfahren und Vollstreckung*** (3) Disziplinarmaßnahmen werden in der Regel sofort vollstreckt. Eine Disziplinarmaßnahme kann ganz oder teilweise bis zu sechs Monaten zur Bewährung ausgesetzt werden. Disziplinarmaßnahmen, die gegen Untersuchungsgefangene in einer anderen Justizvollzugsanstalt oder während einer anderen Haft an-

66 KG NStZ 2000, 111 (112): Im Falle einer Vertreterregelung dürfte eine Entscheidung durch die Anstaltsleitung statthaft sein.

67 In Brandenburg, § 62 Abs. 4 BdbUVollzG: entspricht § 62 Abs. 3 12er-Regelung.

Länder	Disziplinarmaßnahmen - *Vollstreckung und Vollzug*
	geordnet worden sind, werden auf Ersuchen vollstreckt. Die Befugnis nach Satz 2 steht auch der ersuchten Anstalt zu. (4) […] Soweit nichts anderes angeordnet wird, ruhen die Befugnisse der Untersuchungsgefangenen nach § 11 Abs. 1 Satz 1, § 13 Abs. 1 Satz 1, § 14 Abs. 2 Satz 1, § 15 Satz 1, § 20 Abs. 2 Satz 1 und Abs. 3, § 22 Abs. 1 Satz 1, Abs. 2 Satz 2, Abs. 3 und Abs. 4 Satz 1 und 2 sowie § 23 Satz 1. ***Sachsen, § 61 SächsUVollzG: Vollstreckung der Disziplinarmaßnahmen, Aussetzung zur Bewährung:*** (1) Disziplinarmaßnahmen werden in der Regel sofort vollstreckt. Soweit es zur Gewährung eines effektiven Rechtsschutzes erforderlich ist, soll die Vollstreckung ausgesetzt werden. (2) Die Vollstreckung von Disziplinarmaßnahmen kann ganz oder teilweise bis zu sechs Monaten zur Bewährung ausgesetzt werden. Die Aussetzung zur Bewährung kann mit Auflagen oder Weisungen verbunden werden. […]
Baden-Württemberg	***§ 64 JVollzGB II: Vollstreckung und Vollzug der Disziplinarmaßnahmen*** **(1) Disziplinarmaßnahmen werden in der Regel sofort vollstreckt.** **(2) Eine Disziplinarmaßnahme kann ganz oder teilweise bis zu sechs Monaten zur Bewährung ausgesetzt werden.** **(3) Wird die Verfügung über das Sondergeld beschränkt oder entzogen, ist das in dieser Zeit anfallende Geld dem Eigengeld hinzuzurechnen.** **(4) Wird der Verkehr von Untersuchungsgefangenen mit Personen außerhalb der Justizvollzugsanstalt eingeschränkt, ist ihnen Gelegenheit zu geben, dies einer Person, mit der sie im Schriftwechsel stehen oder die sie zu besuchen pflegt, mitzuteilen. Der Schriftwechsel mit den in § 17 genannten Personen und Institutionen bleibt unbeschränkt. Gleiches gilt für den Schriftverkehr mit Gerichten und Justizbehörden in der Bundesrepublik sowie mit Rechtsanwälten und Notaren in einer die Untersuchungsgefangenen betreffenden Rechtssache.** **(5) Arrest wird in Einzelhaft vollzogen. Die Untersuchungsgefangenen können in einem besonderen Arrestraum untergebracht werden, der den Anforderungen entsprechen muss, die an einen zum Aufenthalt bei Tag und Nacht bestimmten Haftraum gestellt werden. Soweit nichts anderes angeordnet wird, ruhen die Befugnisse der Untersuchungsgefangenen aus § 9 Satz 1, § 10 Abs. 1, § 11 Abs. 2 und 3, § 34 Abs. 2, 4 und 5 und §§ 39 bis 42**
Bayern	***Art. 28 Abs. 2 Satz 3 BayUVollzG: Disziplinarmaßnahmen*** **(2) […] Eine Disziplinarmaßnahme kann ganz oder zum Teil auch während einer Untersuchungshaft unmittelbar nachfolgenden Untersuchungshaft, Strafhaft oder Sicherungsverwahrung oder einem unmittelbar nachfolgenden Strafarrest vollzogen werden.** ***Art. 28 Abs. 1 BayUVollzG i.V.m. Art. 111 BayStVollzG: Vollzug der Disziplinarmaßnahmen, Aussetzung zur Bewährung***

Länder	Disziplinarmaßnahmen - *Vollstreckung und Vollzug*
	(1) Disziplinarmaßnahmen werden in der Regel sofort vollstreckt. (2) Eine Disziplinarmaßnahme kann ganz oder teilweise bis zu sechs Monaten zur Bewährung ausgesetzt werden. [...] (4) Wird der Verkehr der Gefangenen mit Personen außerhalb der Anstalt eingeschränkt, ist ihnen Gelegenheit zu geben, dies einer Person, mit der sie in Schriftwechsel stehen oder die sie zu besuche pflegt, mitzuteilen. Der Schriftwechsel mit den in Art. 32 Abs. 1 und 2 genannten Empfängern, mit Gerichten und Justizbehörden in der Bundesrepublik Deutschland sowie mit Rechtsanwälten und Notaren in einer den Gefangenen oder die Gefangene betreffenden Rechtssache bleibt unbeschränkt. (5) Arrest wird in Einzelhaft vollzogen. Gefangene können in einem besonderen Arrestraum untergebracht werden, der den Anforderungen entspricht, die an einen zum Aufenthalt bei Tag und Nacht bestimmten Haftraum gestellt werden. Soweit nichts anderes angeordnet wird, ruhen die Befugnisse der Gefangenen aus Art. 21, 22, 24, 25, 39, 40 und 70 bis 72.
Niedersachsen	*§ 96 NJVollzG: Vollzug der Disziplinarmaßnahmen, Aussetzung zur Bewährung* (1) Disziplinarmaßnahmen werden in der Regel sofort vollstreckt. (2) Eine Disziplinarmaßnahme kann ganz oder teilweise bis zu sechs Monaten zur Bewährung ausgesetzt werden. (3) Wird der Verkehr der oder des Gefangenen mit Personen außerhalb der Anstalt eingeschränkt, so ist ihr oder ihm Gelegenheit zu geben, diese Personen, mit denen sie oder er im Schriftwechsel steht oder die sie oder ihn zu besuchen pflegen, mitzuteilen. Der Schriftwechsel mit den in § 30 Abs. 3 genannten Empfängerinnen und Empfängern, mit Gerichten und Justizbehörden in der Bundesrepublik Deutschland sowie mit Verteidigerinnen und Verteidigern, Rechtsanwältinnen und Rechtsanwälten, Notarinnen und Notaren in die Gefangenen betreffenden Rechtssachen bleibt unbeschränkt. (4) Arrest wird in Einzelhaft vollzogen. Die oder der Gefangene kann in einem besonderen Arrestraum untergebracht werden, der den Anforderungen entsprechen muss, die an einen zum Aufenthalt bei Tag und Nacht bestimmten Haftraum gestellt werden. Soweit nichts anderes angeordnet wird, ruhen die Befugnisse aus den §§ 21, 22, 24, 35 und 64 bis 67.
Nordrhein-Westfalen	*§ 47 UVollzG NRW: Vollzug der Disziplinarmaßnahmen* (1) Disziplinarmaßnahmen werden in der Regel sofort vollstreckt. (2) Sie können ganz oder teilweise bis zu sechs Monaten zur Bewährung ausgesetzt werden. (3) Der Arrest wird in Einzelhaft vollzogen. Bevor der Arrest vollzogen wird, ist die Anstaltsärztin oder der Anstaltsarzt zu hören. Während des Arrestes stehen Untersuchungsgefangene unter ärztlicher Aufsicht. Der Vollzug des Arrestes unterbleibt oder wird unterbrochen, wenn die Gesundheit der Untersu-

Länder	Disziplinarmaßnahmen - *Vollstreckung und Vollzug*
	chungsgefangenen gefährdet würde. Soweit nichts anderes angeordnet wird, ruhen die Befugnisse der Untersuchungsgefangenen aus § 11 Absatz 2, § 12 Absatz 1 und 2, § 13 Absatz 1 bis 3 und § 49. **(4) Disziplinarmaßnahmen, die gegen Untersuchungsgefangene in einer anderen Vollzugsanstalt angeordnet worden sind, werden auf Ersuchen vollstreckt. Absatz 2 gilt entsprechend.**

33 **1. Sofortige Vollstreckung und Bewährung.** Disziplinarmaßnahmen werden nach den Bestimmungen sämtlicher Ländergesetze in der Regel sofort vollstreckt. Dies entspricht auch dem Zweck der Sanktion, nämlich der Verhaltensänderung des Gefangenen. Ein längerer Zeitraum zwischen der Entscheidung und seiner Umsetzung würde die spezialpräventive Zielsetzung erschweren. Auch aus generalpräventiven Gründen (Wirkung auf die übrigen Gefangenen) ist eine zügige Umsetzung geboten.

34 Allerdings darf nicht außer Acht gelassen werden, dass auch ein erfolgreicher Rechtsbehelf gegen die Maßnahme nur unter den Voraussetzungen der Amtspflichtverletzung (§ 839 BGB) Entschädigungsansprüche auslöst. Nicht selten kann durch Zeitablauf der Maßnahme oder die Beendigung der Untersuchungshaft nur noch nachträglich die Rechtswidrigkeit einer Maßnahme festgestellt werden.[68] Umso schwerer wiegt dabei, dass durch die Übertragung der Disziplinarbefugnis auf die Anstaltsleitung eine richterliche Kontrolle während der Maßnahme nur eingeschränkt möglich ist.[69] Art. 19 Abs. 4 GG gewährt neben dem Anspruch auf ein allgemeines rechtliches Gehör auch einen Anspruch auf eine tatsächlich wirksame Kontrolle hoheitlicher Maßnahmen.[70] In diese Richtung geht die Ergänzung in § 61 Abs. 1 Satz 2 UVollzG Sachsen, wonach die Vollstreckung ausgesetzt werden soll, wenn dies zur Gewährung eines effektiven Rechtschutzes erforderlich ist.

35 Dieser Aspekt ist auch bei der Entscheidung, etwa bei der Frage der Aussetzung zur **Bewährung,** zu beachten. Eine Bewährung ist insbesondere dann – angelehnt an die Regelung des § 56 StGB – in Betracht zu ziehen, wenn der Betroffene schon die Sanktion selbst als hinreichende Warnung auffasst und zu erwarten ist, dass er in Zukunft keine Pflichtverstöße begeht. Gerade bei schweren Disziplinarmaßnahmen kann auch während des Vollzugs eine Aussetzung des Rests erfolgen, wenn die „anvollstreckte" Maßnahme Wirkung zeigt oder aber der Vollzug der Maßnahme den Gefangenen zu schwer belastet. Die maximale Bewährungszeit beträgt nach allen Länderregelungen sechs Monate. Bei einer Verlegung ist darauf zu achten, dass die Überwachung der Bewährung ebenfalls auf die nunmehr zuständige Institution übertragen wird (zur Zuständigkeit Rn. 31).

36 Eine strikte zeitliche Obergrenze zwischen der Verfehlung und einer Reaktion ist in den Bestimmungen nicht vorgesehen. Allerdings ist ein zu langer Zeitraum oft nicht zweckdienlich – es ist allgemein anerkannt, dass ein spezialpräventiver Effekt, aber auch generalpräventive Auswirkungen bei einer späten Sanktionierung geringer werden.[71]

37 **2. Besondere Bestimmungen für den Arrest.** Sämtliche Länderbestimmungen enthalten besondere Vorschriften für den Vollzug des Arrestes. Diese sind inhaltsgleich. Arrest bedeutet zunächst und im Wesentlichen, dass der Gefangene von den übrigen Insassen getrennt wird. Üblicherweise wird der Gefangene in einem besonderen Arrestraum untergebracht, der karger als die normalen Zellen ausgestattet ist und auch keine persönlichen Gegenstände enthält.[72] Wie auch in den Regelungen zum Strafvollzug werden an die Räumlichkeiten des

68 So ausdrücklich Schlothauer/Weider, Untersuchungshaft, Rn. 1128.

69 Schlothauer/Weider, Untersuchungshaft, Rn. 1128; s. vorhergehend unter Rn. 28.

70 BVerfGE 37, 150 (153).

71 Bei Verstößen, die keine strafbare Handlung darstellen, wird allgemein ein Ausschluss der Ahndung im Sinne einer Verjährung nach 3 Monaten angenommen, vgl. Böhm/Laubenthal in: Schwind/Böhm/Jehle/Laubenthal, StVollzG, § 102 Rn. 13 m.w.N.

72 S. zu den Anforderungen im Einzelnen KG Berlin NStZ 1984, 240.

Arrestvollzuges besondere Anforderungen gestellt, deren Einhaltung auch gerichtlich überprüfbar ist.[73] Grundsätzlich ist es möglich, den Arrest auch in den „normalen“ Räumen des Gefangenen zu vollziehen, wobei dies in der Praxis unüblich ist.

Während des Arrests sind wesentliche Befugnisse des Gefangenen suspendiert, so wird üblicherweise die Erlaubnis zum Tragen von eigener Kleidung, zum Besitz von besonderer Habe und zum Einkauf versagt. Im Interesse der Gesundheitsfürsorge bleibt der tägliche Aufenthalt im Freien bestehen.

VI. Verfahren

1. Allgemeines

38

Länder	Disziplinarmaßnahmen - *Verfahren*
12er-Regelung: Berlin Brandenburg Bremen Hamburg Hessen Mecklenburg-Vorpommern Rheinland-Pfalz Saarland Sachsen Sachsen-Anhalt Schleswig-Holstein Thüringen	***§ 64 12er-Regelung: Verfahren*** **(1) Der Sachverhalt ist zu klären. Die betroffenen Untersuchungsgefangenen werden gehört. Sie sind darauf hinzuweisen, dass es ihnen freisteht, sich zu äußern. Die Erhebungen werden in einer Niederschrift festgehalten; die Einlassung der Untersuchungsgefangenen wird vermerkt.** **(2) Bei schweren Verfehlungen soll sich die Anstaltsleiterin oder der Anstaltsleiter[74] vor der Entscheidung mit Personen besprechen, die an der Betreuung der Untersuchungsgefangenen mitwirken.** [75] [...] **(4) Die Entscheidung wird den Untersuchungsgefangenen von dem Anstaltsleiter mündlich eröffnet und mit einer kurzen Begründung schriftlich abgefasst.**[76] **Abweichende Regelungen:** ***Berlin, § 64 Abs. 6 UVollzG Bln Verfahren, zusätzlich:*** (6) Die Anordnung einer Disziplinarmaßnahme ist dem Gericht, der Staatsanwaltschaft und dem Verteidiger unverzüglich mitzuteilen. ***Hamburg, § 68 Abs. 1 HmbUVollzG: Verfahren*** (1) Der Sachverhalt ist umfassend zu klären. Die Untersuchungsgefangenen werden vor ihrer Anhörung über den Inhalt der ihnen zur Last gelegten Pflichtwidrigkeit und über ihr Recht, sich nicht zur Sache zu äußern, belehrt. Die Erhebungen, insbesondere die Ergebnisse der Anhörungen der Untersuchungsgefangenen und anderer Befragter, werden schriftlich festgehalten. ***Hessen, § 41 Abs. 2 HUVollzG: Verfahren und Vollstreckung*** (2) Im Rahmen der Sachverhaltsaufklärung sind sowohl die belastenden als auch die entlastenden Umstände zu ermitteln. Die Untersuchungsgefangenen werden gehört. Sie sind darauf hinzuweisen, dass es ihnen freisteht, sich zu äußern. Die Erhebungen werden in einer Niederschrift festgelegt; die Einlassung der Untersuchungsgefangenen wird vermerkt. Bei schweren Verstößen soll sich die Anstaltsleitung vor der Entscheidung mit Personen besprechen, die an der Betreuung der Untersu-

73 OLG Nürnberg NStZ 1981, 200.

74 Zum Teil: „die Anstaltsleitung“, zum Teil nur „der Anstaltsleiter“; in Hamburg, § 68 Abs. 2 HmbUVollzG: ähnlich der 12er-Regelung.

75 In Brandenburg, § 64 Abs. 2 BbgUVollzG, in Thüringen, § 64 Abs. 2 ThürUVollzG, abweichend: „Der Anstaltsleiter soll sich vor der Entscheidung mit Personen besprechen, [...]“.

76 In Hamburg, § 68 Abs. 3 HmbUVollzG: entspricht § 64 Abs. 4 der 12er-Regelung.

Länder	Disziplinarmaßnahmen - *Verfahren*
	chungsgefangenen mitwirken. § 36 Abs. 2 Satz 1 und 2 gilt entsprechend. Die Entscheidung wird den Untersuchungsgefangenen mündlich eröffnet und schriftlich kurz begründet. *Sachsen, § 64 Abs. 6 SächsUVollzG: Verfahren, zusätzlich:* (6) Die Anordnung einer Disziplinarmaßnahme ist dem Verteidiger unverzüglich mitzuteilen. *Sachsen-Anhalt § 64 Abs. 1 UVollzG LSA: Verfahren* (1) Der Anstaltsleiter ermittelt den Sachverhalt von Amts wegen. Der betroffene Untersuchungsgefangene wird gehört. Er ist darauf hinzuweisen, dass es ihm freisteht, sich zu äußern. Die Erhebungen werden in einer Niederschrift festgehalten; die Äußerung des Untersuchungsgefangenen ist zu vermerken.
Baden-Württemberg	*§ 66 JVollzGB II Disziplinarverfahren* **(1) Der Sachverhalt ist zu klären. Die oder der Untersuchungsgefangene wird gehört. Die Erhebungen werden in einer Niederschrift festgelegt; die Einlassung der oder des Untersuchungsgefangenen wird vermerkt.** **(2) Bei schweren Verstößen soll sich die Anstaltsleiterin oder der Anstaltsleiter vor der Entscheidung mit Personen besprechen, die an der Betreuung der oder des Untersuchungsgefangenen mitwirken. [...]** **(3) Die Entscheidung wird der oder dem Untersuchungsgefangenen von der Anstaltsleiterin oder von dem Anstaltsleiter oder im Falle einer Übertragung der Disziplinarbefugnis nach § 65 Abs. 1 Satz 3 von der beauftragten Person mündlich eröffnet und mit einer kurzen Begründung schriftlich abgefasst.**
Bayern	*Art. 28 Abs. 2 BayUVollzG: Disziplinarmaßnahmen* **(2) Durch die Anordnung und den Vollzug einer Disziplinarmaßnahme dürfen die Verteidigung und die Verhandlungsfähigkeit der Untersuchungsgefangenen nicht beeinträchtigt werden. Die Verteidigung ist von der Anordnung einer Disziplinarmaßnahme unverzüglich zu unterrichten. [...]** *Art. 28 Abs. 1 BayUVollzG i.V.m. Art. 113 BayStVollzG: Verfahren* **(1) Der Sachverhalt ist zu klären. Vor der Anhörung werden die Gefangenen darüber unterrichtet, welche Verfehlung ihnen zur Last gelegt wird und dass es ihnen freisteht, sich zur Sache zu äußern. Die Erhebungen, insbesondere die Einlassungen der Gefangenen, werden schriftlich festgehalten.** **(2) Bei schweren Verstößen soll der Anstaltsleiter oder die Anstaltsleiterin sich vor der Entscheidung in einer Konferenz mit Personen besprechen, die bei der Behandlung der Gefangenen mitwirken.** **(3) Die Entscheidung wird den Gefangenen mündlich eröffnet und mit einer kurzen Begründung schriftlich abgefasst.**
Niedersachsen	*§ 98 NJVollzG: Verfahren* **(1) Der Sachverhalt ist zu klären. Die oder der Gefangene wird angehört. Vor der Anhörung wird ihr oder ihm eröffnet, welche Verfehlung ihr oder ihm zur Last gelegt wird. Gleichzeitig ist darauf hinzuweisen, dass es ihr oder ihm freisteht, sich zur Sache zu äußern oder nicht zur Sache auszusagen. Die Einlassung der oder des Gefangenen und Beweiserhebungen werden schriftlich festgehalten.**

Länder	Disziplinarmaßnahmen - *Verfahren*
	(2) Bei schweren Verstößen soll die Anstaltsleiterin oder der Anstaltsleiter sich vor der Entscheidung in einer Konferenz mit Personen besprechen, die bei der Vollzugsgestaltung mitwirken. [...] **(3) Die Entscheidung wird der oder dem Gefangenen von der Anstaltsleiterin oder dem Anstaltsleiter mündlich eröffnet und mit einer kurzen Begründung schriftlich abgefasst. ²Die schriftliche Begründung wird der oder dem Gefangenen auf Verlangen ausgehändigt.**
Nordrhein-Westfalen	*§ 46 Abs. 1, 5 UVollzG NRW: Verfahren* **(1) Der Sachverhalt ist zu klären. Die Untersuchungsgefangenen werden gehört. Die Erhebungen werden in einer Niederschrift festgelegt; die Einlassung der Untersuchungsgefangenen wird vermerkt. Sie sind darauf hinzuweisen, dass es ihnen freisteht, sich zu äußern.** **[...]** **(5) Die Entscheidung wird mit einer kurzen Begründung schriftlich abgefasst und den Untersuchungsgefangenen mündlich eröffnet.**

Das Verfahren zur Verhängung von Disziplinarmaßnahmen gliedert sich grob in die Abschnitte der Ermittlungen, der Anhörung und der Entscheidung. In allen Ländergesetzen ist die Disziplinarbefugnis auf die Anstaltsleitung übertragen, vgl. Rn. 32 ff. und zu verfassungsrechtlichen Einwänden s. Rn. 27-29. Aus Gründen der spezialpräventiven Effektivität ist das Verfahren möglichst zügig zu führen. Dauert das Verfahren zu lang bzw. liegt zwischen Verstoß und Sanktion zu viel Zeit, darf keine Sanktion mehr verhängt werden.[77] 39

2. Das Ermittlungsverfahren. Das Ermittlungsverfahren beginnt mit der Anzeige. Diese geht in den meisten Fällen von den Bediensteten aus, welche sich wegen einer Verfehlung an die vorgesetzte Stelle wenden.[78] 40

Wenn ein Disziplinarverfahren eingeleitet worden ist, hat die Klärung des Sachverhaltes **von Amts wegen** zu erfolgen.[79] Hierbei ist zu beachten, dass eine Ermittlungspflicht der Anstaltsleitung besteht, die sich nicht nur auf die Aufnahme der Beschwerde des „Anzeigeerstatters" beschränkt. Für den Fall, dass Bedienstete mit der Ermittlung betraut werden, sollten es nicht diejenigen sein, gegen die sich die Verfehlung richtet.[80] Die Ermittlungspflicht umfasst alle persönlichen und tatsächlichen Umstände des Einzelfalles.[81] Das Hamburger Gesetz bringt dies auch mit seiner Formulierung zum Ausdruck.

Insbesondere ist auch die Einlassung des Gefangenen zu bewerten.[82] Widersprechende Angaben der Beteiligten sind einer Bewertung zuzuführen und auch auf ihre Tragfähigkeit hin zu überprüfen.

Vor der Einlassung ist der Gefangene über sein Aussageverweigerungsrecht zu belehren. Dies ist – mit Ausnahme von Baden-Württemberg – in allen Ländergesetzen nunmehr positivrechtlich normiert und gilt auch für alle Arten von Verfehlungen.[83]

Vor der Entscheidung soll sich – zumindest bei schweren Verstößen – die Anstaltsleitung mit den Personen besprechen, die an der Betreuung mitwirken. Diese Bestimmung dient ebenfalls der Ermittlung des Sachverhaltes. Zudem können so auch Informationen gewonnen werden,

77 Schultheis in: KK-StPO, § 119 Rn. 89 m.w.N.
78 Diepolder ZfStrVo 1980, 140 (140).
79 In Sachsen-Anhalt ist diese Formulierung ausdrücklich aufgenommen worden, vgl. dort § 64 Abs. 1 Satz 1.
80 Vgl. auch VV Nr. 3 zu § 106 StVollzG, abgedruckt in Callies/Müller-Dietz, StVollzG, § 106.
81 BVerfG NStZ 1994, 357.
82 Heghmanns ZfStrVo 1998, 232 (232), weist zutreffend darauf hin, dass sich dies schon aus der Pflicht zur Anhörung des Gefangenen ergibt.
83 Es ist jedoch davon auszugehen, dass nach der Widerspruchslösung im späteren Beschwerde- oder Strafverfahren der qualifizierte Widerspruch (§ 257 StPO) rechtzeitig anzubringen ist, um eine Unverwertbarkeit zu begründen, vgl. BGH NStZ 1997, 614.

die für die Auswahl der verhältnismäßigen Sanktion von Bedeutung sind. Gerade die Bediensteten, die im Alltag mit den Gefangenen viel Zeit verbringen, können die konkrete Situation, die Ursachen eines Pflichtenverstoßes sowie die Folgen einer Maßnahme einschätzen.

Ferner ist zu beachten, dass ein schuldhafter Pflichtverstoß zweifelsfrei feststehen muss; der bloße Verdacht einer Verfehlung stellt einen Verstoß gegen den Schuldgrundsatz dar.[84]

41 **3. Die Entscheidung.** Die Entscheidung wird, verbunden mit einer Begründung, dem Gefangenen mitgeteilt. Eine für den Gefangenen nachvollziehbare Begründung soll auch dazu dienen, die Akzeptanz der Maßnahme zu fördern, immerhin dient die Sanktion dazu, eine Verhaltensänderung zu bewirken. Die Entscheidung ist schriftlich abzufassen und zu den Akten zu geben. Besondere Bedeutung kommt der Beachtung der **Verhältnismäßigkeit** bei der Entscheidung zu.[85] In die Entscheidung sind grundsätzlich alle in Betracht kommenden Erwägungen aufzunehmen. In die Abwägung sind auch die psychischen Auswirkungen sowie die Folgen für die Verhandlungs- und Verteidigungsfähigkeit einzubeziehen.[86]

Aus den Gründen müssen sich die wesentlichen Ergebnisse der Ermittlungen ergeben, zu den Gründen gehören auch Ausführungen zur Verhältnismäßigkeit der konkreten Maßnahme. Nur so kann in einem späteren Rechtsmittelverfahren eine Überprüfung erfolgen, ob eine individuelle Prüfung der Verhältnismäßigkeit der Maßnahme erfolgt ist.

42 Bei der Entscheidung gelten die Grundsätze der Strafzumessung entsprechend. Es gilt daneben das Opportunitätsprinzip[87] – bei der Entscheidung, ob eine Maßnahme erfolgt, besteht ein Ermessen.[88] Die Entscheidung hat sich mit den Aspekten auseinanderzusetzen, ob eine Maßnahme überhaupt erforderlich ist,[89] ferner, ob die konkrete Maßnahme geeignet, erforderlich und angemessen ist.[90]

Hierzu gehört sowohl, dass die Maßnahme unter Beachtung des Schuldprinzips verhängt wird als auch, dass die Möglichkeit einer Aussetzung zur Bewährung geprüft wird.[91]

43 **4. Konsultation des Verteidigers.** Dem Gefangenen ist bereits im Verfahren, also vor der Entscheidung der Anstaltsleitung das Recht zu gewähren, einen Beistand – meistens seinen Verteidiger – zu konsultieren. Dieser Grundsatz ist auch für den Strafvollzug anerkannt[92] und gilt ohne Einschränkungen auch im Untersuchungshaftvollzug. Konsequenterweise muss in dem Verfahren auch eine entsprechende **Belehrung** erfolgen. Der Umfang dieses Rechts zur Verteidigerkonsultation kann allerdings nicht dazu führen, dass sich das Verfahren über Gebühr in die Länge zieht. Bei schwerwiegenden Verstößen muss dem Verteidiger zwar zumindest die Möglichkeit gegeben werden, sich über den Vorwurf zu informieren sowie mit dem Gefangenen über den Sachverhalt zu sprechen.[93] Die tatsächlichen Gegebenheiten lassen es aber nicht zu, vor der Anordnung einer Disziplinarmaßnahme für längere Zeit die Stellungnahme eines Verteidigers abzuwarten. Teilweise wird für den Strafvollzug die Möglichkeit der Konsultation binnen einer Woche für angemessen erachtet.[94] Es spricht viel dafür, diesen Zeitraum auch auf die Disziplinarmaßnahmen während der Untersuchungshaft zu übertragen. Nach Art. 28 Abs. 2 Satz 2 UVollzG Bayern ist der Vertei-

84 BVerfG, 12.2.2004, 2 BvR 1709, m.w.N.
85 BVerfG NStZ 2008, 521 (522) m.w.N.
86 So z.B. ausdrücklich UVollzG Hessen, § 40 Abs. 5.
87 Schultheis in: KK-StPO, § 119 Rn. 89.
88 Böhm/Laubenthal in: Schwind/Böhm/Jehle/Laubenthal, StVollzG, § 102 Rn. 9.
89 Nach der st. Rspr. des BVerfG darf der Gefangene nur unvermeidbaren Beschränkungen unterworfen sein, vgl. BVerfG NStZ 2008 521 (522).
90 BVerfG NStZ 1993, 305; NStZ 1993, 605 ff.
91 Schlothauer/Weider, Untersuchungshaft, Rn. 1131.
92 OLG Karlsruhe NStZ 2002, 29; für das BayStvollzG: OLG Bamberg NStZ 2011, 124 (LS).
93 So für das StVollzG auch Callies/Müller-Dietz, StVollzG, § 106 Rn. 3; das OLG Karlsruhe NStZ-RR 2002, 29, räumt zumindest einen kurzfristig möglichen Besuch oder ein Telefonat ein – zu beachten ist, dass diese Rechtsprechung nur bedingt auf die Gegebenheiten der Untersuchungshaft übertragbar ist, es fehlt an einem weitergehenden Vollzugsziel.
94 Heghmanns ZfStrVo 98, 232 (234).

diger nach der Entscheidung zu unterrichten, ebenso in Berlin und Sachsen, vgl. § 63 Abs. 6. Zwar sind diese Bestimmungen für die Wahrung der Rechte des Gefangenen hilfreich, greifen aber zu kurz. Sollte der Gefangene eine Konsultation *vor* der Entscheidung wünschen, ist diesem Begehren auch im Interesse des effektiven Rechtschutzes (Art. 19 Abs. 4 GG, s. hierzu Rn. 28) in dem erwähnten Zeitfenster zu entsprechen.[95]

5. Ärztliche Mitwirkung 44

Länder	Disziplinarmaßnahmen - *„Ärztliche Mitwirkung"*
12er-Regelung: Berlin Brandenburg Bremen Hamburg Hessen Mecklenburg-Vorpommern Rheinland-Pfalz Saarland Sachsen Sachsen-Anhalt Schleswig-Holstein Thüringen	***§ 64 Abs. 3, 5 12er-Regelung: Verfahren***[96] **(3) Vor der Anordnung von[97] Disziplinarmaßnahmen gegen Untersuchungsgefangene, die sich in ärztlicher Behandlung befinden, oder gegen Schwangere oder stillende Mütter ist eine Ärztin oder ein Arzt zu hören.** **(5) Bevor Arrest vollzogen wird, ist eine Ärztin oder ein Arzt zu hören. Während des Arrests stehen die Untersuchungsgefangenen unter ärztlicher Aufsicht. Der Vollzug unterbleibt oder wird unterbrochen, wenn die Gesundheit der Untersuchungsgefangenen oder der Fortgang des Strafverfahrens gefährdet würde.** **Abweichende Regelungen:** ***Hamburg, § 69 HmbUVollzG: Ärztliche Mitwirkung*** (1) Vor dem Vollzug von Disziplinarmaßnahmen nach § 65 Absatz 1 Nummern 2 bis 8, die gegen Gefangene in ärztlicher Behandlung oder gegen Schwangere oder stillende Mütter angeordnet wurden, ist die Ärztin oder der Arzt zu hören. Während des Arrestes stehen die Gefangenen unter ärztlicher Aufsicht. (2) Der Vollzug der Disziplinarmaßnahme unterbleibt oder wird unterbrochen, wenn die Gesundheit der Untersuchungsgefangenen oder der Fortgang des Strafverfahrens gefährdet würde. ***Hessen, § 41 Abs. 4 Satz 5 HUVollzG: Verfahren und Vollstreckung*** (4) [...] Während des Arrests stehen die Untersuchungsgefangenen unter ärztlicher Aufsicht. Der Vollzug des Arrests unterbleibt oder wird unterbrochen, wenn die Gesundheit der Untersuchungsgefangenen gefährdet würde.
Baden-Württemberg	***§ 67 JVollzGB II: Ärztliche Mitwirkung*** **(1) Bevor der Arrest vollzogen wird, ist eine ärztliche Stellungnahme einzuholen. Während des Arrests steht die oder der Untersuchungsgefangene unter ärztlicher Aufsicht.** **(2) Der Vollzug des Arrests unterbleibt oder wird unterbrochen, wenn die Gesundheit der oder des Untersuchungsgefangenen gefährdet würde.**

95 A.A. aus Effektivitätsgründen wohl Diepolder ZStrVo1980, 140 (146).
96 In Sachsen: § 63 SächsUHaftVollzG.
97 In Sachsen, § 63 Abs. 3 SächsUHaftVollzG: „[...] schwerwiegenden Disziplinarmaßnahmen [...]".

Länder	Disziplinarmaßnahmen - *„Ärztliche Mitwirkung“*
	§ 66 Abs. 2 Satz 2: Disziplinarverfahren (2) [...] Vor der Anordnung einer Disziplinarmaßnahme gegen Untersuchungsgefangene in ärztlicher Behandlung, gegen Schwangere oder stillende Mütter ist eine ärztliche Stellungnahme einzuholen.
Bayern	*Art. 28 Abs. 2 BayUVollzG i.V.m. Art. 114 BayStVollzG: Ärztliche Mitwirkung* (1) Bevor der Arrest vollzogen wird, ist der Arzt oder die Ärztin zu hören. Während des Arrests stehen die Gefangenen unter ärztlicher Aufsicht. (2) Der Vollzug des Arrests unterbleibt oder wird unterbrochen, wenn die Gesundheit der Gefangenen gefährdet würde.
Niedersachsen	*§ 98 Abs. 2 S. 2 NJVollzG: Verfahren* Vor der Anordnung einer Disziplinarmaßnahme gegen eine Gefangene oder einen Gefangenen, die oder der sich in ärztlicher Behandlung befindet, oder gegen eine Schwangere oder eine Gefangene, die unlängst entbunden hat, ist die Anstaltsärztin oder der Anstaltsarzt zu hören. *§ 99 NJVollzG: Ärztliche Mitwirkung* (1) Bevor der Arrest vollzogen wird, ist die Anstaltsärztin oder der Anstaltsarzt zu hören. Während des Arrestes steht die oder der Gefangene unter ärztlicher Aufsicht. (2) Der Vollzug des Arrestes unterbleibt oder wird unterbrochen, wenn die Gesundheit der oder des Gefangenen gefährdet würde.
Nordrhein-Westfalen	*§ 46 Abs. 2 UVollzG NRW: Verfahren* (2) Vor der Anordnung einer Disziplinarmaßnahme gegen Untersuchungsgefangene, die sich in ärztlicher Behandlung befinden, oder gegen eine Schwangere ist der ärztliche Dienst zu hören. *§ 47 Abs. 3 S. 2 UVollzG NRW: Vollzug der Disziplinarmaßnahmen* (3) [...] Bevor der Arrest vollzogen wird, ist die Anstaltsärztin oder der Anstaltsarzt zu hören. Während des Arrestes stehen Untersuchungsgefangene unter ärztlicher Aufsicht. Der Vollzug des Arrestes unterbleibt oder wird unterbrochen, wenn die Gesundheit der Untersuchungsgefangenen gefährdet würde.

45 Sämtliche ländergesetzlichen Regelungen enthalten die Pflicht, vor dem Vollzug eines Arrests einen Arzt anzuhören. Es ist davon auszugehen, dass die Nichteinbeziehung eines Arztes die Rechtswidrigkeit der Maßnahme zur Folge hat.[98] Dies gilt ebenso für die Überwachung während des Arrests. Der Grund für die Rechtswidrigkeit ist darin zu sehen, dass im Rahmen der Verhältnismäßigkeitsprüfung eine umfangreiche Sachverhaltsermittlung notwendig ist, wozu eben auch die Anhörung des Arztes gehört. Gerade beim Arrest, aber auch schon bei weniger einschneidenden Maßnahmen besteht die Gefahr von psychischen und physischen

98 S. auch für den Strafvollzug OLG Hamburg, 1.3.2004, 3 Vollz (Ws); OLG Karlsruhe NStZ-RR 2006, 190 unter Aufgabe alter Rechtsprechung (OLG Karlsruhe NStZ-RR 2002, 29 ff.).

Schädigungen. Diese sind im Vorfeld auszuschließen. Gleiches gilt für solche Personen, bei denen gesundheitliche Risiken bestehen. Wird dennoch der Arrest vollzogen, ist eine Unverhältnismäßigkeit zu unterstellen. Auch aus diesem Grund ist in allen Regelungen die Mitwirkung des Arztes als zwingende Bestimmung ohne Ermessenspielraum ausgestaltet, es handelt sich nicht nur um eine bloße Ordnungsvorschrift.

VII. Sonderbestimmungen für jugendliche Untersuchungsgefangene

1. Allgemeines

46

Länder	Disziplinarmaßnahmen - *Besondere Vorschriften für Jugendliche*
12er-Regelung: Berlin Brandenburg Bremen Hamburg Hessen Mecklenburg-Vorpommern Rheinland-Pfalz Saarland Sachsen Sachsen-Anhalt Schleswig-Holstein Thüringen	***§ 75 12er-Regelung: Erzieherische Maßnahmen, Disziplinarmaßnahmen*** **(1) Verstöße der jungen Untersuchungsgefangenen gegen Pflichten, die ihnen durch dieses Gesetz oder aufgrund dieses Gesetzes auferlegt sind, sind unverzüglich im erzieherischen Gespräch aufzuarbeiten. Daneben können Maßnahmen angeordnet werden, die geeignet sind, den jungen Untersuchungsgefangenen ihr Fehlverhalten bewusst zu machen (erzieherische Maßnahmen). Als erzieherische Maßnahmen kommen namentlich in Betracht die Erteilung von Weisungen und Auflagen, die Beschränkung oder der Entzug einzelner Gegenstände für die Freizeitbeschäftigung und der Ausschluss von gemeinsamer Freizeit oder von einzelnen Freizeitveranstaltungen bis zur Dauer einer Woche.** **(2) Der Anstaltsleiter[99] legt fest, welche Bediensteten befugt sind, erzieherische Maßnahmen anzuordnen.** **(3) Es sollen solche erzieherischen Maßnahmen angeordnet werden, die mit der Verfehlung in Zusammenhang stehen.** **(4) Disziplinarmaßnahmen dürfen nur angeordnet werden, wenn erzieherische Maßnahmen nach Absatz 1 nicht ausreichen, um den jungen Untersuchungsgefangenen das Unrecht ihrer Handlung zu verdeutlichen. Zu berücksichtigen ist ferner eine aus demselben Anlass angeordnete besondere Sicherungsmaßnahme.** **(5) Gegen junge Untersuchungsgefangene dürfen Disziplinarmaßnahmen nach § 61 Absatz 1 Nummer 1 und 6 nicht verhängt werden. ²Die Maßnahmen nach § 61 Absatz 1 Nummer 2, 3, 4 Halbsatz 1 und Nummer 5 sind nur bis zu zwei Monaten, Arrest ist nur bis zu zwei Wochen zulässig und erzieherisch auszugestalten.** Abweichende Regelungen: ***Berlin, § 75 UVollzG Bln: Konfliktregelung, erzieherische Maßnahmen, Disziplinarmaßnahmen*** (1) Verstöße der jungen Untersuchungsgefangenen gegen Pflichten, die ihnen durch dieses Gesetz oder auf Grund dieses Gesetzes auferlegt sind, sind unverzüglich erzieherisch aufzuarbeiten. Dabei können Maßnahmen zur Konfliktregelung oder erzieherische Maßnahmen ergriffen werden. Als Maßnahmen zur Konfliktre-

99 In Bremen, § 75 Abs. 2 BremUVollzG und im Saarland, § 75 Abs. 2 SUVollzG: „Die Anstaltsleiterin oder der Anstaltsleiter […]".

Länder	Disziplinarmaßnahmen - *Besondere Vorschriften für Jugendliche*
	gelung kommen namentlich in Betracht eine Entschuldigung, Schadensbeseitigung oder Schadenswiedergutmachung. Als erzieherische Maßnahmen können den jungen Untersuchungsgefangenen insbesondere Handlungsanweisungen erteilt und Verpflichtungen auferlegt werden, die geeignet sind, den jungen Untersuchungsgefangenen ihr Fehlverhalten und die Notwendigkeit einer Verhaltensänderung bewusst zu machen. (2) Die Anstaltsleiterin oder der Anstaltsleiter legt fest, welche Bediensteten befugt sind, Maßnahmen nach Absatz 1 anzuordnen. (3) Es sollen nur solche Maßnahmen nach Absatz 1 angeordnet werden, die mit der Verfehlung in Zusammenhang stehen. (4) Disziplinarmaßnahmen dürfen nur angeordnet werden, wenn Maßnahmen nach Absatz 1 nicht ausreichen, um den jungen Untersuchungsgefangenen das Unrecht ihrer Handlung zu verdeutlichen. Zu berücksichtigen ist ferner eine aus demselben Anlass angeordnete besondere Sicherungsmaßnahme. (5) Gegen junge Untersuchungsgefangene dürfen Disziplinarmaßnahmen nach § 61 Absatz 1 Nummer 1 und 6 nicht verhängt werden, Arrest nach § 61 Absatz 1 Nummer 7 ist nur bis zu zwei Wochen zulässig und erzieherisch auszugestalten.[100] ***Hamburg, § 83 HmbUVollzG: Erzieherische Maßnahmen, Disziplinarmaßnahmen*** (1) Verstöße der jungen Untersuchungsgefangenen gegen Pflichten, die ihnen durch dieses Gesetz oder auf Grund dieses Gesetzes auferlegt sind, sind unverzüglich im erzieherischen Gespräch aufzuarbeiten. Daneben können Maßnahmen angeordnet werden, die geeignet sind, den jungen Untersuchungsgefangenen ihr Fehlverhalten bewusst zu machen (erzieherische Maßnahmen). Als erzieherische Maßnahmen kommen namentlich in Betracht die Erteilung von Weisungen und Auflagen, die Beschränkung oder der Entzug einzelner Gegenstände für eine Beschäftigung in der Freizeit mit Ausnahme des Lesestoffs und die Beschränkung oder der Entzug der Teilnahme an gemeinschaftlichen Veranstaltungen bis zur Dauer einer Woche. (2) Erzieherische Maßnahmen ordnet die Anstaltsleitung oder die hiermit beauftragte Vollzugs- oder Wohngruppenleitung an. (3) Disziplinarmaßnahmen dürfen nur angeordnet werden, wenn erzieherische Maßnahmen nach Absatz 1 nicht ausreichen, um den jungen Untersuchungsgefangenen das Unrecht ihrer Handlung zu verdeutlichen. Zu berücksichtigen ist ferner eine aus demselben Anlass angeordnete besondere Sicherungsmaßnahme. (4) Gegen junge Untersuchungsgefangene dürfen Disziplinarmaßnahmen nach § 65 Absatz 1 Nummern 1, 6 und 7 nicht verhängt werden. Maßnahmen nach § 65 Absatz 1 Nummern 2 und 3, Nummer 4 erster Halbsatz sowie Nummer 5 sind nur bis zu zwei Monaten, Arrest ist nur bis zu zwei Wochen zulässig und erzieherisch auszugestalten.

100 Ebenso in Bremen, § 75 Abs. 5 BremUVollzG und im Saarland, § 75 Abs. 5 SUVollzG.

Länder	Disziplinarmaßnahmen - *Besondere Vorschriften für Jugendliche*
	Hessen, § 53 HUVollzG: Erzieherische Maßnahmen, Disziplinarmaßnahmen (1) Verstoßen junge Untersuchungsgefangene gegen Pflichten, die ihnen durch dieses Gesetz oder aufgrund dieses Gesetzes auferlegt sind, sind diese Pflichtverletzungen unverzüglich erzieherisch aufzuarbeiten. Dabei können erzieherische Maßnahmen oder Maßnahmen zur Konfliktregelung ergriffen werden. Als erzieherische Maßnahmen können den jungen Untersuchungsgefangenen insbesondere Handlungsanweisungen erteilt und Verpflichtungen auferlegt werden, die geeignet sind, die Einsicht in das Fehlverhalten und in die Notwendigkeit einer Verhaltensänderung zu wecken und zu stärken. Als Maßnahmen der Konfliktregelung kommen insbesondere eine Entschuldigung, Schadensbeseitigung oder Schadenswiedergutmachung in Betracht. Es sollen nur solche Maßnahmen angeordnet werden, die mit der Verfehlung in einem engen inhaltlichen und zeitlichen Zusammenhang stehen. (2) Disziplinarmaßnahmen dürfen nur angeordnet werden, wenn Maßnahmen nach Abs. 1 nicht ausreichen, um den jungen Untersuchungsgefangenen die Pflichtwidrigkeit ihres Verhaltens zu verdeutlichen. Zu berücksichtigen ist ferner eine aus demselben Anlass angeordnete besondere Sicherungsmaßnahme. (3) Über § 40 Abs. 1 hinaus können Disziplinarmaßnahmen gegen junge Untersuchungsgefangene angeordnet werden, wenn sie einer Verpflichtung nach § Abs. 2 nicht nachkommen. (4) Gegen junge Untersuchungsgefangene darf eine Disziplinarmaßnahme nach § 40 Abs. 2 Nr. 7 nicht verhängt werden. Maßnahmen nach § 40 Abs. 2 Nr. 2 bis 6 sind statt bis zu drei nur bis zu zwei Monaten, Arrest ist nur bis zu zwei Wochen zulässig. ***Sachsen, § 75 Abs. 1, 5 SächsUVollzG: Erzieherische Maßnahmen, Disziplinarmaßnahmen*** (1) Verstöße der jungen Untersuchungsgefangenen gegen Pflichten, die ihnen durch dieses Gesetz oder aufgrund dieses Gesetzes auferlegt sind, sind unverzüglich im erzieherischen Gespräch aufzuarbeiten. Daneben können Maßnahmen angeordnet werden, die geeignet sind, den jungen Untersuchungsgefangenen ihr Fehlverhalten bewusst zu machen (erzieherische Maßnahmen). Als erzieherische Maßnahmen kommen insbesondere in Betracht: 1. die Erteilung von Weisungen und Auflagen, 2. die Beschränkung oder der Entzug einzelner Gegenstände für die Freizeitbeschäftigung und 3. der Ausschluss von gemeinsamer Freizeit oder von einzelnen Freizeitveranstaltungen bis zur Dauer einer Woche. (5) Gegen junge Untersuchungsgefangene dürfen Disziplinarmaßnahmen nach § 60 Abs. 1 Nr. 1 und 7 nicht verhängt werden. Die Maßnahmen nach § 60 Abs. 1 Nr. 2, 3, 4 und 6 sind nur bis zu zwei Monaten, Arrest ist nur bis zu zwei Wochen zulässig und erzieherisch auszugestalten.

Länder	Disziplinarmaßnahmen - *Besondere Vorschriften für Jugendliche*
	Sachsen-Anhalt, § 64 Abs. 1, 4 UVollzG LSA: Verfahren (1) Verstöße des jungen Untersuchungsgefangenen gegen Pflichten, die ihm durch oder aufgrund dieses Gesetzes auferlegt sind, sind unverzüglich im erzieherischen Gespräch aufzuarbeiten. Daneben können Maßnahmen angeordnet werden, die geeignet sind, dem jungen Untersuchungsgefangenen sein Fehlverhalten bewusst zu machen (erzieherische Maßnahmen). Erzieherische Maßnahmen sind insbesondere: 1. die Erteilung von Weisungen und Auflagen, 2. die Beschränkung oder der Entzug einzelner Gegenstände für die Freizeitbeschäftigung bis zu einer Woche und 3. der Ausschluss von gemeinsamer Freizeit oder von einzelnen Freizeitveranstaltungen bis zu einer Woche. (4) Disziplinarmaßnahmen dürfen nur angeordnet werden, wenn erzieherische Maßnahmen nach Absatz 1 nicht ausreichen, um dem jungen Untersuchungsgefangenen das Unrecht seiner Handlung zu verdeutlichen.
Baden-Württemberg	***§ 80 JVollzGB II: Erzieherische Maßnahmen und Disziplinarmaßnahmen*** **(1) Bei schuldhaften Verstößen junger Untersuchungsgefangener gegen Pflichten, die ihnen durch dieses Gesetz oder auf Grund dieses Gesetzes oder durch § 119 StPO oder auf Grund dieser Vorschrift auferlegt sind, können anstelle von Disziplinarmaßnahmen in möglichst engem zeitlichen Zusammenhang zu der Pflichtverletzung erzieherische Maßnahmen angeordnet werden, die geeignet sind, den jungen Untersuchungsgefangenen ihr Fehlverhalten bewusst zu machen. [2]Es kommen namentlich in Betracht das erzieherische Gespräch, die Konfliktschlichtung, die Verwarnung, die Erteilung von Weisungen und Auflagen sowie beschränkende Anordnungen in Bezug auf die Freizeitgestaltung bis zur Dauer von einer Woche.** **(2) Die zulässigen Disziplinarmaßnahmen gegen junge Untersuchungsgefangene sind:** **1. die Beschränkung oder der Entzug der Verfügung über das Sondergeld und des Einkaufs bis zu zwei Monaten,** **2. die Beschränkung oder der Entzug des Hörfunk- und Fernsehempfangs bis zu zwei Monaten; der gleichzeitige Entzug jedoch nur bis zu zwei Wochen,** **3. die Beschränkung oder der Entzug der Gegenstände für eine Beschäftigung in der Freizeit oder der Teilnahme an gemeinschaftlichen Veranstaltungen bis zu zwei Monaten,** **4. die getrennte Unterbringung während der Freizeit bis zu vier Wochen,** **5. der Entzug der zugewiesenen Arbeit oder Beschäftigung bis zu vier Wochen unter Wegfall der in diesem Gesetz geregelten Bezüge,** **6. die Beschränkung des Verkehrs mit Personen außerhalb der Jugendstrafanstalt auf dringende Fälle bis zu drei Monaten,** **7. Arrest bis zu zwei Wochen.**

Länder	Disziplinarmaßnahmen - *Besondere Vorschriften für Jugendliche*
Bayern	*Art. 40 BayUVollzG i.V.m. Art. 155 BayStVollzG: Erzieherische Maßnahmen* (1) Verstoßen junge Gefangene schuldhaft gegen Pflichten, die ihnen durch dieses Gesetz oder auf Grund dieses Gesetzes auferlegt sind, kann unmittelbar auf die Pflichtverletzung eine Maßnahme angeordnet werden, die geeignet ist, ihnen ihr Fehlverhalten bewusst zu machen (erzieherische Maßnahme). Erzieherische Maßnahmen sind insbesondere die Erteilung von Weisungen und Auflagen sowie beschränkende Anordnungen in Bezug auf die Freizeit bis zur Dauer einer Woche. (2) Der Anstaltsleiter oder die Anstaltsleiterin legt fest, welche Bediensteten befugt sind, Maßnahmen nach Abs. 1 anzuordnen. *Art. 40 BayUVollzG i.V.m. Art. 156 BayStVollzG: Disziplinarmaßnahmen* (1) Reichen bei schuldhaften Pflichtverstößen Maßnahmen nach Art. 155 nicht aus, kann der Anstaltsleiter oder die Anstaltsleiterin gegen junge Gefangene Disziplinarmaßnahmen anordnen. (2) Art. 109 Abs. 3 gilt entsprechend. (3) Die zulässigen Disziplinarmaßnahmen sind: 1. die Beschränkung oder der Entzug der Verfügung über das Hausgeld und des Einkaufs gemäß Art. 122 in Verbindung mit Art. 24 und 25 bis zu zwei Monaten, 2. die Beschränkung oder der Entzug des Hörfunk- und Fernsehempfangs bis zu drei Monaten, 3. die Beschränkung oder der Entzug der Gegenstände für eine Beschäftigung in der Freizeit oder der Teilnahme an gemeinschaftlichen Veranstaltungen bis zu drei Monaten, 4. die getrennte Unterbringung während der Freizeit bis zu vier Wochen, 5. der Entzug der zugewiesenen Arbeit oder Beschäftigung bis zu vier Wochen unter Wegfall der in diesem Gesetz geregelten Bezüge, 6. die Beschränkung des Verkehrs mit Personen außerhalb der Anstalt auf dringende Fälle bis zu drei Monaten, 7. Arrest bis zu zwei Wochen. (4) Art. 100 Abs. 2 und 3, Art. 111 bis 114 gelten entsprechend mit der Maßgabe, dass die Höchstfrist der Aussetzung zur Bewährung nach Art. 111 Abs. 2 drei Monate beträgt.
Niedersachsen	*§ 130 NJVollzG: Erzieherische Maßnahmen und Disziplinarmaßnahmen* (1) Verstößt die oder der Gefangene schuldhaft gegen Pflichten, die ihr oder ihm durch dieses Gesetz oder aufgrund dieses Gesetzes auferlegt sind, so kann unmittelbar auf die Pflichtverletzung eine Maßnahme angeordnet werden, die geeignet ist, ihr oder ihm ihr oder sein Fehlverhalten bewusst zu machen. Als Maßnahmen kommen namentlich Weisungen und Auflagen in Betracht.

Länder	Disziplinarmaßnahmen - *Besondere Vorschriften für Jugendliche*
	(2) Reichen Maßnahmen nach Absatz 1 nicht aus, so können gegen die oder den Gefangenen Disziplinarmaßnahmen angeordnet werden. § 94 Abs. 1 und 2 sowie § 95 Abs. 1 Nr. 7 finden keine Anwendung. § 95 Abs. 1 Nr. 8 gilt entsprechend mit der Maßgabe, dass Arrest nur bis zu zwei Wochen zulässig ist. § 96 Abs. 2 gilt entsprechend mit der Maßgabe, dass die Aussetzung von Disziplinarmaßnahmen zur Bewährung nur bis zu drei Monaten zulässig ist.
Nordrhein-Westfalen	*§ 53 UVollZG NRW i.V.m. § 92 Abs. 1 JStVollzG NRW: Pflichtverstöße, erzieherisches Gespräch, Konfliktregelung* (1) Verstoßen Gefangene schuldhaft gegen Pflichten, die ihnen durch dieses Gesetz oder aufgrund dieses Gesetzes auferlegt sind, wird versucht, diese Pflichtverstöße zeitnah im erzieherischen Gespräch aufzuarbeiten. Verbleibende, schwerwiegende oder wiederholte Konflikte sollen im Wege der Konfliktregelung geschlichtet werden. Dabei können ausgleichende Maßnahmen, insbesondere eine Entschuldigung, Schadensbeseitigung oder -wiedergutmachung, vereinbart werden. Zudem können erzieherische Maßnahmen, namentlich die Erteilung von Weisungen und Auflagen, die Beschränkung oder der Entzug einzelner Gegenstände für die Freizeitbeschäftigung und der Ausschluss von gemeinsamer Freizeit oder von einzelnen Freizeitveranstaltungen bis zur Dauer von einer Woche, angeordnet werden. *§ 53 UVollZG NRW i.V.m. § 93 JStVollzG NRW: Disziplinarmaßnahmen* (1) Disziplinarmaßnahmen dürfen nur angeordnet werden, wenn Maßnahmen nach § 92 nicht ausreichen, um den Gefangenen das Unrecht ihrer Handlung zu verdeutlichen. Zu berücksichtigen ist ferner eine aus demselben Anlass angeordnete besondere Sicherungsmaßnahme. [...] (3) Zulässige Disziplinarmaßnahmen sind 1. der Ausschluss von gemeinsamer Freizeit oder von einzelnen Freizeitveranstaltungen bis zu zwei Monaten, 2. die Beschränkung oder der Entzug des Hörfunk- oder Fernsehempfangs bis zu zwei Monaten, 3. die Beschränkung oder der Entzug der Gegenstände für eine Beschäftigung in der Freizeit bis zu zwei Monaten, 4. die Beschränkung der Verfügung über das Hausgeld bis zu 75 Prozent des monatlich zur Verfügung stehenden Betrages bis zu zwei Monaten, 5. die getrennte Unterbringung in der Freizeit bis zu vier Wochen, 6. Arrest bis zu zwei Wochen. [...] *§ 53 UVollZG NRW i.V.m. § 94 JStVollzG NRW: Vollzug der Disziplinarmaßnahmen, Aussetzung zur Bewährung* (1) Disziplinarmaßnahmen werden in der Regel sofort vollstreckt.

Länder	Disziplinarmaßnahmen - *Besondere Vorschriften für Jugendliche*
	(2) Eine Disziplinarmaßnahme kann ganz oder teilweise bis zu sechs Monaten zur Bewährung ausgesetzt werden. **(3) Wird die Verfügung über das Hausgeld beschränkt oder entzogen, ist das in dieser Zeit anfallende Hausgeld dem Überbrückungsgeld hinzuzurechnen.** **(4) Arrest wird in Einzelhaft vollzogen. Er ist erzieherisch auszugestalten. Die Gefangenen können in einem besonderen Arrestraum untergebracht werden, der den Anforderungen entsprechen muss, die an einen zum Aufenthalt bei Tag und Nacht bestimmten Haftraum gestellt werden. Soweit nichts anderes angeordnet wird, ruhen die Befugnisse der Gefangenen aus den §§ 25 Abs. 6, 26, 28, 40, 54 bis 58.**

Pflichtenverstöße junger Gefangener sind häufig und spielen im Haftalltag eine nicht geringe 47
Rolle. Dabei zeichnet sich die Gruppe der jugendlichen Gefangenen durch stärkere gruppendynamische Prozesse sowie eine geringere Akzeptanz von Autoritäten aus. Gleichzeitig ist eine größere Labilität anzunehmen.[101] Solcherlei Unterschiede machen auch im Bereich der Disziplinarmaßnahmen eine eigene Regelung notwendig, mit der schneller und individueller reagiert werden kann und zugleich die **größere Sanktionsempfindlichkeit** Berücksichtigung findet. Sämtliche Ländervorschriften enthalten daher besondere Bestimmungen für die Behandlung Jugendlicher. Die Regelungsintensität ist dabei verschieden; teilweise, etwa in Bayern, wird lediglich auf die die jugendlichen Gefangenen betreffenden Abschnitte der Strafvollzugsgesetze bzw. Jugendstrafvollzugsgesetze verwiesen.[102]

Generell zeichnen sich die Vorschriften für junge Untersuchungsgefangene dadurch aus, dass 48
sie als Reaktion von geringerer Eingriffsintensität **erzieherische Maßnahmen** vorsehen. Daneben ist in einigen Ländergesetzen auch die sogenannte **Konfliktschlichtung** geregelt, welche ebenfalls in geeigneten Fällen der Anordnung einer Disziplinarmaßnahme vorgeht.[103] Der Unterschied zwischen der Konfliktschlichtung und der erzieherischen Maßnahme ist, dass bei ersterer zumindest ansatzweise auf konsensualer Basis gearbeitet wird.[104] Die Konfliktschlichtung und die darin erhaltenen Reaktionsmöglichkeiten der Entschuldigung, Schadenswiedergutmachung und Schadensbeseitigung[105] setzen eine Mitwirkung des Gefangenen voraus. Im Ergebnis liegen mit den erzieherischen und den disziplinarischen Maßnahmen zwei Stufen der möglichen Reaktion vor, wobei die konsensualen Maßnahmen auch auf einer weiteren Stufe verortet werden können.[106] Diese Stufen zeichnen sich durch eine zunehmende Eingriffsintensität aus. Bedeutsam ist, dass bereits auf der Stufe der informellen Reaktionen (Konfliktschlichtung und erzieherische Maßnahmen) der Bereich der Strafen im materiellen Sinn erreicht wird.[107]

Diese Intensität der Stufen hat auch zur Folge, dass nach dem Grundsatz der **Subsidiarität** 49
zunächst die Möglichkeiten einer informellen Reaktion geprüft werden, bevor mit einer be-

101 S. BVerfG in NJW 2006, 2093 (2095) mit ausführlicher Begründung der Verpflichtung des Staates, diese Umstände bei der Vollzugsgestaltung zu berücksichtigen.
102 Vgl. Art. 40 UVollzG Bayern mit Verweis auf Art. 155 und 156 des StVollzG Bayern.
103 Die Begrifflichkeiten sind nicht genau, so ist z.B. in Baden-Württemberg die Konfliktschlichtung als erzieherische Maßnahme geregelt (§ 80 Abs. 1 S. 2); anders z.B. in Hessen, wo von Konfliktschlichtung oder erzieherischer Maßnahme die Rede ist (dort § 53 Abs. 1 S. 2).
104 Rose in: Ostendorf, Jugendstrafvollzugsrecht, 10. Abschnitt, 1. Teil, Rn. 11.
105 Vgl. z.B. § 75 Abs. 1 Satz 1 UVollzG Berlin.
106 So Rose in: Ostendorf, Jugendstrafvollzugsrecht, 10. Abschnitt, 1. Teil, Rn. 7 ff.
107 Deutlich wird dies beispielsweise an dem Katalog der Maßnahmen in § 75 Abs. 1 UVollzG Sachsen-Anhalt; z.B. Bayern ermöglicht die „Erteilung von Weisungen und Auflagen sowie beschränkende Anordnungen in Bezug auf die Freizeit bis zur Dauer von einer Woche“, Art. 40 UVollzG Bayern i.V.m. Art. 155 Art. 1 Satz 2 StVollzG Bayern.

schränkenden Maßnahme reagiert werden darf. Nur wenn eine Disziplinierung notwendig ist, um einen Pflichtenverstoß in der Zukunft zu vermeiden, ist sie auch statthaft. Dies kommt in den Länderregelungen auch zum Ausdruck.[108] Vom Rechtsanwender ist hier eine Darlegung der Gründe zu fordern. Wenn keine Begründung vorliegt, ist zu unterstellen, dass eine Auseinandersetzung mit dem Grundsatz der Subsidiarität nicht stattgefunden hat. Es ist immer eine Prüfung zu verlangen, ob nicht etwa durch ein das Fehlverhalten aufarbeitendes Gespräch eine Verhaltensänderung bewirkt werden kann.[109]

Ein weiterer Unterscheid zu den Regelungen für Erwachsene ist, dass die Disziplinarmaßnahmen in ihrer Intensität eingeschränkt sind. Eine belastende Maßnahme trifft den jugendlichen, noch in der Entwicklung befindlichen[110] Gefangenen ungleich härter als einen Erwachsenen. Aus diesem Grund regeln alle Bestimmungen, dass etwa die Dauer des Arrests verkürzt ist.

50 Die verhängten Maßnahmen sollen, wenn möglich, so ausgewählt werden, dass sie mit der Verfehlung in Zusammenhang stehen,[111] sogenannte **Konnexität**. Auch wenn eine konnexe Maßnahme sinnvoll ist, weil sie dem Gefangenen das Ausmaß und die Art der Verfehlung am ehesten vor Augen führt – „spiegelt"[112] –, ist dies nicht bei jedweder Art der Übertretung möglich. Die Verstöße sind zu vielfältig, als dass für sie immer eine spiegelnde angemessene Reaktion gefunden werden kann. Folgerichtig normieren die Länderbestimmungen, die die Konnexität regeln, diese lediglich als Gebot, nicht jedoch als formale Voraussetzung. Nicht zu vergessen ist, dass der Verstoß gegen dieses Gebot in einem gerichtlichen Verfahren wohl kaum überprüfbar wäre. Diese Regelungen sind daher eher als Gebot zu verstehen, bei der Verhängung der Maßnahme auf die spezialpräventive Effektivität zu achten.[113]

51 Besonders zu beachten ist, dass mit dem Gebot der erzieherischen Ausrichtung der Disziplinarmaßnahme keine Schlechterstellung des jungen Gefangenen verbunden sein darf. Die erzieherische Ausgestaltung des Vollzuges darf nicht zu einer zusätzlichen Eingriffsermächtigung werden (§ 1 Rn. 10, 29). Da es kein besonderes Vollzugsziel gibt, ist die erzieherische Ausgestaltung (lediglich) als Gebot zu verstehen, die nachteiligen Folgen von Sanktionen zu minimieren. Ferner liegt in dem Postulat der erzieherischen Ausgestaltung der Auftrag, generalpräventive Erwägungen bei der Auswahl und dem Vollzug zurückzustellen.

Das Gebot, aus Gründen der spezialpräventiven Effizienz die Reaktion zeitnah („unverzüglich") erfolgen zu lassen, ist zu beachten, allerdings darf dies nicht zu einer Verkürzung der Rechte des Gefangenen und einer mangelhaften Ermittlung des Sachverhaltes führen.

52 **2. Maßnahmen ohne formalen Sanktionscharakter. a) Voraussetzung und Verfahren.** Die Maßnahmen ohne formalen Charakter kommen bei leichten Pflichtenverstößen in Betracht. Der erzieherische Charakter steht im Vordergrund. Ziel ist eine Verhaltensänderung des Gefangenen in der Zukunft in dem Sinne, dass kein weiterer Pflichtenverstoß erfolgt. Dabei darf nicht außer Acht gelassen werden, dass der formal unschuldige Gefangene per se nicht verpflichtet ist, an seiner Erziehung mitzuwirken. Bietet es sich im konkreten Fall an, kann jedoch mit einer solchen Maßnahme – insbesondere bei der Konfliktschlichtung und dem erzieherischen Gespräch – die Bereitschaft zur Verhaltensänderung gefördert werden. Das wesentliche Entscheidungskriterium bleibt dabei aber die Aufrechterhaltung der Sicherheit der Anstalt, nicht eine Art von Gesamterziehung für die Zeit nach der Haft, da dies nicht der Zweck der Untersuchungshaft ist (§ 1 Rn. 10). Sinn und Zweck dieser Form von Reaktion ist vielmehr, die Belastung der Gefangenen so gering wie möglich zu halten.

---

108 Z.B. Art. 156 Abs. 1 StVollzG Bayern; § 75 Abs. 4 UVollzG Berlin, § 130 NJVollzG; § 53 Abs. 2 UVollzG Hessen; eine ausdrückliche Regelung fehlt in Baden-Württemberg, dort kann aber auf die auch für Erwachsene geltende Subsidiaritätsklausel des § 62 Abs. 2 verwiesen werden.

109 So z.B. ausdrücklich § 75 Abs. 1 Satz 1 UVollzG Berlin.

110 RegE UVollzG Bayern, S. 2: „Schutz der Persönlichkeitsentwicklung".

111 Rose in: Ostendorf, Jugendstrafvollzugsrecht, 10. Abschnitt, 1. Teil, Rn. 18,19.

112 A.A. Böhm/Laubenthal in: Schwind/Böhm/Jehle/Laubenthal, StVollzG, § 103 Rn. 3 mit dem beachtlichen Argument, dass es für einen Lerneffekt nicht sinnvoll sei, dem Gefangenen das zu entziehen, mit dem er nicht zurechtkommt.

113 Im Ergebnis ebenso Rose in: Ostendorf, Jugendstrafvollzugsrecht, 10. Abschnitt, 1. Teil, Rn. 19.

Anders als im Bereich der Disziplinarmaßnahmen ist bei den meisten Bundesländern der Anlass für eine Reaktion nicht spezifisch geregelt. Überwiegend wird als Anlass der „Verstoß gegen Pflichten" genannt, welche „durch dieses Gesetz oder auf Grund dieses Gesetzes auferlegt sind".[114]

Ferner setzen die erzieherischen Maßnahmen sowie die Konfliktschlichtung kein förmliches Verfahren voraus.[115] Da aber zumindest alle über die bloß konsensuale Konfliktlösung hinausgehenden Maßnahmen materiell betrachtet Strafcharakter haben, sind verfahrensrechtliche Mindestanforderungen einzuhalten.[116] Hierzu gehört die Anhörung des Gefangenen und die abschließende Ermittlung des Sachverhalts.[117]

Ein weiterer Unterschied ist, dass diese Maßnahmen teilweise durch besonderes Anstaltspersonal verhängt werden,[118] allerdings fehlt in einigen Länderbestimmungen eine solche Ermächtigung.[119]

b) Kritik. Durch den entformalisierten Charakter kann eine schnelle Reaktion auf ein Fehlverhalten des Gefangenen erfolgen. Auch ist mitunter eine Person mit der Sanktionierung befasst, welche die Umstände oder gar den Gefangenen persönlich kennt – für die spezialpräventive Effektivität sind dies wichtige Aspekte. 53

Dass das Verfahren nichtförmlich ist, stellt jedoch eine Einschränkung der Rechte des Gefangenen dar. Zwar ist davon auszugehen, dass der eigentliche Grund für die informelle Reaktion darin liegt, dass damit ein geringerer Eingriff in die Rechte assoziiert wird. Dies betrifft jedoch nur die Schärfe der Sanktion, nicht die Anforderungen an die formale Feststellung eines Vergehens. Der erzieherische Leitgedanke und die besondere Situation von jungen Gefangenen gebietet nicht nur eine möglichst schonende Behandlung der Gefangenen, sondern auch einen rechtstaatlich korrekten Umgang, nicht zuletzt aufgrund der Unschuldsvermutung (§ 1 Rn. 27). Abgesehen davon, dass auf informeller Basis schneller reagiert werden kann, darf daneben nicht vergessen werden, dass auch ein förmliches Verfahren als solches oftmals einen spezialpräventiven Effekt hat. Zum anderen sehen die Länderbestimmungen überwiegend bereits auf dieser Ebene Beschränkungen vor, die in ihren Auswirkungen nicht unerheblich sind. Zum Beispiel ist der Entzug von einzelnen, dem Gefangenen wichtigen Gegenständen oder der Ausschluss von der Freizeit[120] für den Jugendlichen in seiner Wirkung erheblich. Die Berliner Regelung (dort § 75 Abs. 1 Satz 4) ist dabei zurückhaltender, wonach letztlich nur konsensuale Maßnahmen ergriffen oder allgemeine Verpflichtungen auferlegt werden können. Im Ergebnis ist die Legitimation von solcherlei Eingriffen in die Rechte der Gefangenen bedenklich.

3. Disziplinarmaßnahmen. Sämtliche Bestimmungen der Landesgesetze schränken die Möglichkeiten der disziplinarischen Reaktionen gegenüber jungen Gefangenen ein. Allerdings sind die Beschränkungen sehr unterschiedlich: 54

In Baden-Württemberg und Bayern ist die Anordnung des Verweises ausgeschlossen, im Übrigen sind die zeitlichen Grenzen der Sanktion enger gezogen.[121]

Die Länder Berlin und Bremen schließen den Verweis und den Entzug der Arbeit aus, die Höchstdauer des Arrests ist auf zwei Wochen beschränkt.[122] Der Arrest soll erzieherisch ausgestaltet sein.

114 Vgl. jeweils § 75 Abs. 1 der Gesetze von Berlin, Bremen, Brandenburg, M-V, Rheinland-Pfalz, Saarland, Sachsen, Sachsen-Anhalt, Thüringen, SH; § 80 Abs. 1 JVollzGB II Ba-Wü; § 83 Abs. 1 UVollzG Hamburg; § 53 Abs. 1 Satz 1 UVollzG Hessen; § 130 Abs. 1 Satz 1 NJVollzG, § 53 UVollzG NRW i.V.m. § 92 JStVollzG NRW.

115 Rose in: Ostendorf, Jugendstrafvollzugsrecht, 10. Abschnitt, 1. Teil, Rn. 13, 14.

116 Rose in: Ostendorf, Jugendstrafvollzugsrecht, 10. Abschnitt, 1. Teil, Rn. 15.

117 Rose in: Ostendorf, Jugendstrafvollzugsrecht, 10. Abschnitt, 1. Teil, Rn. 15.

118 So z.B. in Hamburg, Bayern, Bremen, Sachsen-Anhalt.

119 Ba-Wü, Hessen, Niedersachsen und NRW.

120 Vgl. § 80 Abs. 1 Satz 2 JVollzGB II Ba-Wü, Art. 156 StVollzG Bayern.

121 Vgl. § 64 Abs. 2 JVollzGB II Ba-Wü.

122 Vgl. § 75 Abs. 5 UVollzG Berlin, § 75 Abs. 5 UVollzG Bremen.

Brandenburg, Hamburg, Mecklenburg-Vorpommern, Rheinland-Pfalz, Saarland, Sachsen, Schleswig-Holstein und Thüringen schließen ebenfalls den Verweis und den Entzug der Arbeit aus. Neben der zeitlichen Beschränkung und der erzieherischen Ausgestaltung des Arrests sind die Beschränkung bzw. der Entzug des Einkaufs, von Annehmlichkeiten und des Rundfunkempfangs sowie die Einschränkung der Freizeit auf zwei Monate begrenzt.[123] Hessen regelt die Beschränkungen ähnlich, lässt aber den Verweis zu.[124] Sachsen-Anhalt regelt die Beschränkungen ebenfalls weitgehend ähnlich,[125] hat aber von den zuvor genannten Länderregelungen einen etwas abweichenden Disziplinarkatalog:[126] Ebenfalls ausgeschlossen ist der Verweis.

Niedersachsen schließt bei Jugendlichen die Beschränkung des Verkehrs mit Außenstehenden aus, ebenso den Verweis. Auch die Dauer des Arrests wird auf zwei Wochen begrenzt.[127]

Nordrhein-Westfalen verweist auf die Bestimmungen seines Jugendstrafvollzugsgesetzes. Auffallend ist bei dieser Regelung, dass der Verweis in die Bestimmungen des JStVollzG NRW unvollständig ist. So fehlt die Beschränkung des Arrests auf schwerwiegende oder wiederholte Verfehlungen (es wird in § 53 auf die Abs. 1 und 3 des § 93, nicht jedoch auf Abs. 4 verwiesen). Auch wird die Koppelung ausgeschlossen (kein Verweis auf § 93 Abs. 5 JStVollzG).

---

123 Vgl. § 75 Abs. 5 UVollzG Brandenburg, § 80 Abs. 4 UVollzG Hamburg, § 75 Abs 5 UVollzG M-V, § 75 Abs 5 UVollzG Rheinland-Pfalz, § 75 Abs 5 UVollzG Saarland, § 75 Abs 5 UVollzG Sachsen, § 75 Abs 5 UVollzG SH, § 75 Abs 5 UVollzG Thüringen.

124 Vgl. § 53 Abs. 4 UVollzG Hessen.

125 Vgl. § 75 Abs. 5 UVollzG Sachsen-Anhalt.

126 Auch der Ausschluss von Unterricht, Berufsausbildung sowie beruflicher Fort- und Weiterbildung nach § 61 Abs. 1 Nr. 7 ist möglich, was unter erzieherischen Aspekten bedenklich ist.

127 Vgl. § 130 Abs. 2 NJVollzG.

§ 10 Beschwerde und der Antrag auf gerichtliche Entscheidung nach § 119 a StPO

I. Das Beschwerderecht

1 **1. Internationale Vorgaben.** Internationale Vorgaben für das Beschwerderecht finden sich in den Europäischen Strafvollzugsgrundätzen von 2006 (Empfehlung Rec(2006)2) des Europarates vom 11.1.2006), den Regeln der Vereinten Nationen zum Schutz von Jugendlichen unter Freiheitsentzug (45/113. United Nations Rules for the Protection of Juveniles Deprived of their Liberty), der Empfehlung des Europarates über die Anwendung von Untersuchungshaft, die Bedingungen, unter denen sie vollzogen wird, und Schutzmaßnahmen gegen Missbrauch (Empfehlung Rec(2006)13) sowie der Empfehlung des Europarates über die europäischen Grundsätze für die von Sanktionen und Maßnahmen betroffenen jugendlichen Straftäter/innen (Empfehlung Rec(2008)11).

2. Die gesetzlichen Regeln

2

Länder	Beschwerderecht
12er-Regelung Berlin Brandenburg Bremen Hamburg Hessen Mecklenburg-Vorpommern Rheinland-Pfalz Saarland Sachsen Sachsen-Anhalt Schleswig-Holstein Thüringen	***§ 65 12er-Regelung: Beschwerderecht*** **(1) Die Untersuchungsgefangenen[1] erhalten Gelegenheit, sich mit Wünschen, Anregungen und Beschwerden in vollzuglichen Angelegenheiten, die sie selbst betreffen, an den Anstaltsleiter[2] zu wenden.** **(2) Besichtigen Vertreter[3] der Aufsichtsbehörde die Anstalt, so ist zu gewährleisten, dass die Untersuchungsgefangenen[4] sich in vollzuglichen Angelegenheiten, die sie selbst betreffen, an diese wenden können.** **(3) Die Möglichkeit der Dienstaufsichtsbeschwerde[5] bleibt unberührt.** **Abweichende Regelungen:** ***Hamburg, § 70 HmbUVollzG: Beschwerderecht*** (1) Die Untersuchungsgefangenen erhalten Gelegenheit, sich mit Wünschen, Anregungen und Beschwerden in Angelegenheiten, die sie selbst betreffen, schriftlich und mündlich an die Anstaltsleitung zu wenden. Regelmäßige Sprechstunden sind einzurichten.

1 In Sachsen, Sachsen-Anhalt: „Der Untersuchungsgefangene […]“.
2 In Berlin, Bremen, Rheinland-Pfalz: „[…] die Anstaltsleiterin oder den Anstaltsleiter […]“; Saarland, Schleswig-Holstein: „[…] die Anstaltsleitung […]“.
3 In Bremen, Rheinland-Pfalz, Schleswig-Holstein: „[…] Vertreterinnen oder Vertreter […]“.
4 In Sachsen, § 65 Abs. 2 SächsUVollzG: „[…] jeder Untersuchungsgefangene […]“.
5 In Brandenburg: § 65 Abs. 3 BbgUVollzG: „[…] des gerichtlichen Rechtsschutzes und der Dienstaufsichtsbeschwerde […]“.

Länder	Beschwerderecht
	(2) Die Abwicklung der Sprechstunden Absatz 1 Satz 2 kann in Anstalten, die wegen ihrer Größe in Teilanstalten oder in mehrere eigenständige Hafthäuser gegliedert sind, auf die Leitung der Teilanstalten oder die Leitung der Hafthäuser übertragen werden. (3) Besichtigt ein Vertreter oder eine Vertreterin der Aufsichtsbehörde die Anstalt, so ist zu gewährleisten, dass die Untersuchungsgefangenen sich in Angelegenheiten, die sie selbst betreffen, an sie wenden können. (4) Die Möglichkeit der Dienstaufsichtsbeschwerde bleibt unberührt. ***Hamburg, § 71 HmbUVollzG: Anordnung, Aufhebung vollzuglicher Maßnahmen*** (1) Die Anstaltsleitung kann Maßnahmen zur Regelung allgemeiner Angelegenheiten der baulichen, personellen, organisatorischen und konzeptionellen Gestaltung des Vollzuges anordnen oder mit Wirkung für die Zukunft ändern, wenn neue strukturelle oder organisatorische Entwicklungen des Vollzuges, neue Anforderungen an die (instrumentelle, administrative oder soziale) Anstaltssicherheit oder neue wissenschaftliche Erkenntnisse dies aus Gründen der Aufrechterhaltung der Sicherheit oder zur Abwendung einer schwerwiegenden Störung der Ordnung der Anstalt erforderlich machen. (2) Die Anstaltsleitung kann rechtmäßige Maßnahmen zur Regelung einzelner vollzuglicher Angelegenheiten ganz oder teilweise mit Wirkung für die Zukunft widerrufen, wenn 1. es zur Umsetzung einer verfahrenssichernden Anordnung erforderlich ist, 2. sie auf Grund nachträglich eingetretener oder bekannt gewordener Umstände berechtigt wäre, die Maßnahme zu versagen, 3. sie auf Grund einer geänderten Rechtsvorschrift berechtigt wäre, die Maßnahme zu versagen und ohne den Widerruf das öffentliche Interesse gefährdet würde, 4. die Untersuchungsgefangenen die Maßnahme missbrauchen. (3) Die Anstaltsleitung kann Maßnahmen zur Regelung einzelner vollzuglicher Angelegenheiten ganz oder teilweise mit Wirkung für die Zukunft zurücknehmen, wenn die Voraussetzungen für ihre Bewilligung nicht vorgelegen haben. ***Hessen, § 42 HUVollzG: Beschwerderecht*** (1) Untersuchungsgefangene können sich mit Wünschen, Anregungen und Beschwerden (Eingaben) in Angelegenheiten, die sie selbst betreffen, an die Anstaltsleitung wenden. Eingaben, die beleidigenden Charakter haben oder bloße Wiederholungen enthalten, brauchen nicht in der Sache beschieden zu werden. Untersuchungsgefangene sind über die Gründe zu unterrichten. (2) Es ist zu gewährleisten, dass sich Untersuchungsgefangene in eigenen Angelegenheiten an hierfür zuständige Bedienstete der Aufsichtsbehörde, die die Anstalt aufsuchen, wenden können.

Länder	Beschwerderecht
	(3) Die Möglichkeit der Dienstaufsichtsbeschwerde bleibt unberührt. *Sachsen (zusätzlich zur oben genannten Regelung), § 64 SächsUHaftVollzG: Aufhebung von Maßnahmen* Für den Widerruf und die Rücknahme von Maßnahmen nach diesem Gesetz gelten die Vorschriften der §§ 48 bis 49 a des Verwaltungsverfahrensgesetzes (VwVfG) in der Fassung der Bekanntmachung vom 23. Januar 2003 (BGBl. I S. 102), das zuletzt durch Artikel 2 Abs. 1 des Gesetzes vom 14. August 2009 (BGBl. I S. 2827, 2839) geändert worden ist, in der jeweils geltenden Fassung, entsprechend, soweit dieses Gesetz eine besondere Regelung oder entgegenstehende Bestimmungen nicht enthält.
Baden-Württemberg	*§ 68 JVollzGB II: Beschwerderecht und Rechtsbehelfe* **(1) Die Untersuchungsgefangenen haben das Recht, sich mit Wünschen, Anregungen und Beschwerden in Angelegenheiten, die sie selbst betreffen, an die Anstaltsleiterin oder den Anstaltsleiter zu wenden. Regelmäßige Sprechstunden sind einzurichten.** **(2) Besichtigen Vertreter der Aufsichtsbehörde die Justizvollzugsanstalt, so ist zu gewährleisten, dass die Untersuchungsgefangenen sich in sie selbst betreffenden Angelegenheiten an diese wenden können.** **(3) Die Möglichkeit der Dienstaufsichtsbeschwerde bleibt unberührt. Eingaben, Beschwerden und Dienstaufsichtsbeschwerden, die nach Form oder Inhalt nicht den im Verkehr mit Behörden üblichen Anforderungen entsprechen oder bloße Wiederholungen enthalten, brauchen nicht beschieden zu werden. Die Untersuchungsgefangenen sind entsprechend zu unterrichten. Eine Überprüfung von Amts wegen bleibt unberührt.** **(4) Die bundesrechtlichen Vorschriften über den gerichtlichen Rechtsschutz bleiben unberührt.** *§ 72 Abs. 4 JVollzGB II: (für junge Untersuchungsgefangene)* **(4) [...] [2]Die Personensorgeberechtigten erhalten Gelegenheit, Anregungen und Vorschläge zur Gestaltung des Vollzugs der Untersuchungshaft anzubringen. [3]Diese sollen, soweit sie mit dem Zweck der Untersuchungshaft und der Vollzugsgestaltung [...] vereinbar sind, berücksichtigt werden.**
Bayern	*Art. 42 BayUVollzG: Geltung sonstiger Vorschriften des BayStVollzG* **[1]Art. 115 über das Beschwerderecht findet entsprechende Anwendung, soweit Zweck und Eigenart der Untersuchungshaft nicht entgegenstehen. [...]** *Art. 115 BayStVollzG:* **(1) [1]Gefangene erhalten Gelegenheit, sich mit Wünschen, Anregungen und Beschwerden in Angelegenheiten, die sie selbst betreffen, an den Anstaltsleiter oder die Anstaltsleiterin zu wenden. [2]Regelmäßige Sprechstunden sind einzurichten.**

Länder	Beschwerderecht
	(2) Besichtigen Vertreter der Aufsichtsbehörde die Anstalt, so ist zu gewährleisten, dass Gefangene sich in Angelegenheiten, die sie selbst betreffen, an diese wenden können. (3) Die Möglichkeit der Dienstaufsichtsbeschwerde bleibt unberührt.
Niedersachsen	*§ 169 Abs. 1 NJVollzG: Ergänzende Anwendung von Vorschriften des Zweiten Teils und der Strafprozessordnung* (1) Für den Vollzug der Untersuchungshaft gelten die Vorschriften des Zweiten Teils über [...] die Aufhebung von Verwaltungsakten (§ 100) sowie die Beschwerde (§ 101) entsprechend. *§ 100 NJVollzG: Aufhebung von Verwaltungsakten* Für den Widerruf und die Rücknahme von Verwaltungsakten nach diesem Gesetz gelten die Vorschriften des Niedersächsischen Verwaltungsverfahrensgesetzes über den Widerruf und die Rücknahme von Verwaltungsakten entsprechend, soweit dieses Gesetz eine besondere Regelung nicht enthält. *§ 101 NJVollzG: Beschwerderecht* (1) Die oder der Gefangene erhält Gelegenheit, schriftlich und mündlich Wünsche, Anregungen und Beschwerden in eigenen Angelegenheiten bei der Vollzugsbehörde vorzubringen. (2) Es ist zu gewährleisten, dass sich die oder der Gefangene in eigenen Angelegenheiten auch an Bedienstete der Aufsichtsbehörde wenden kann, die die Anstalt besichtigen. *§ 165 NJVollzG: Beschwerderecht der Personensorgeberechtigten* § 101 Abs. 1 gilt für die Personensorgeberechtigten der oder des jungen Gefangenen entsprechend. *§ 167 NJVollzG: Antrag auf gerichtliche Entscheidung* (1) Gegen eine Maßnahme der Vollzugsbehörde oder der Staatsanwaltschaft zur Regelung einzelner Angelegenheiten auf dem Gebiet des Vollzuges der Untersuchungshaft kann gerichtliche Entscheidung beantragt werden. Mit dem Antrag kann auch die Verpflichtung zum Erlass einer abgelehnten oder unterlassenen Maßnahme begehrt werden. (2) Der Antrag auf gerichtliche Entscheidung ist nur zulässig, wenn der Antragsteller geltend macht, durch die Maßnahme oder ihre Ablehnung oder Unterlassung in seinen Rechten verletzt zu sein. (3) Über den Antrag entscheidet das Gericht nach § 134 a Abs. 1 Sätze 1 und 2. (4) Im Übrigen finden § 111 Abs. 1, §§ 112, 114, 115, 120 und 121 Abs. 1 bis 4 StVollzG entsprechende Anwendung. Für den Vornahmeantrag gilt § 113 StVollzG entsprechend mit der Maßgabe, dass der Antrag auf gerichtliche Entscheidung schon nach sechs Wochen seit dem Antrag auf Vornahme der Entscheidung gestellt werden kann. (5) Gegen die gerichtliche Entscheidung steht den Beteiligten die Beschwerde zu. Für das Beschwerdeverfahren gelten im

Länder	Beschwerderecht
	Übrigen die Vorschriften der Strafprozessordnung entsprechend. *§ 168 NJVollzG: Anfechtung gerichtlicher Entscheidungen* (1) Gegen eine Maßnahme des Gerichts zur Regelung einzelner Angelegenheiten auf dem Gebiet des Vollzuges der Untersuchungshaft oder ihre Ablehnung oder Unterlassung ist die Beschwerde zulässig, wenn der Beschwerdeführer geltend macht, durch die Maßnahme oder ihre Ablehnung oder Unterlassung in seinen Rechten verletzt zu sein. Abweichend von Satz 1 steht die Beschwerde auch der Vollzugsbehörde und der Staatsanwaltschaft zu. Für das Beschwerdeverfahren gelten im Übrigen die Vorschriften der Strafprozessordnung entsprechend. (2) Die Vollzugsbehörde kann bis zur Beschwerdeentscheidung die zur Wahrung der Sicherheit oder Ordnung erforderlichen Maßnahmen treffen.
Nordrhein-Westfalen	*§ 54 UVollzG NRW: Beschwerderecht* (1) Die Untersuchungsgefangenen erhalten Gelegenheit, sich mit Wünschen, Anregungen und Beschwerden in Angelegenheiten, die sie selbst betreffen, an die Anstaltsleitung zu wenden. Regelmäßige Sprechstunden sind einzurichten. (2) Besichtigen Vertreter der Aufsichtsbehörde die Anstalt, so ist zu gewährleisten, dass Untersuchungsgefangene sich in Angelegenheiten, die sie selbst betreffen, an diese wenden können.

3. Grundaussagen der Gesetze

- Möglichkeit der Konsultation der Anstaltsleitung (Niedersachsen: der Vollzugsbehörde)[6] mit Wünschen, Anregungen und Beschwerden 3
- Möglichkeit der Konsultation von Vertretern der Aufsichtsbehörde
- Unberührtbleiben der Möglichkeit der Dienstaufsichtsbeschwerde (außer Niedersachsen, NRW)

4. Spezielle Regelungen

- ausdrückliches Unberührtbleiben des gerichtlichen Rechtsschutzes (Ba-Wü, Brandenburg) 4
- eigenes System gerichtlichen Rechtsschutzes in Niedersachsen
- Einrichtung regelmäßiger Sprechstunden (Ba-Wü, Bayern, Hamburg, NRW)
- ausdrücklich keine Bescheidungspflicht bei Eingaben, Beschwerden und Dienstaufsichtsbeschwerden, die nach Form oder Inhalt nicht den Anforderungen entsprechen oder bloße Wiederholungen enthalten, mit entsprechender Unterrichtungspflicht an die Untersuchungsgefangenen (Ba-Wü)
- keine Bescheidungspflicht von Eingaben mit beleidigendem Charakter oder bloßen Wiederholungen (Hessen)
- Möglichkeit der Übertragung der Abwicklung der Sprechstunden auf die Leitung von Teilanstalten oder Hafthäusern (Hamburg)
- Sonderregelung über die Anordnung und Aufhebung vollzuglicher Maßnahmen (Hamburg)

6 Vollzugsbehörde ist gemäß § 175 Abs. 1 NJVollzG die Anstalt, wobei der/die Anstaltsleiter/in die Verantwortung für den Vollzug in der Anstalt trägt, § 176 Abs. 1 S. 1 NJVollzG.

- Beschwerderecht auch der Personensorgeberechtigten junger Untersuchungsgefangener (Niedersachsen)

5 **5. Das Beschwerderecht im Einzelnen.** Die Vorschrift über das Beschwerderecht entspricht der Nummer 70.1 der Europäischen Strafvollzugsgrundsätze von 2006.[7] Diese sehen vor, dass Gefangene sowohl einzeln als auch als Gruppe ausreichend Gelegenheit erhalten müssen, sich mit Anträgen oder Beschwerden an die Anstaltsleitung oder sonst zuständige Behörden zu wenden.

Mit dem von der überwiegenden Zahl der Länder entworfenen System des Beschwerderechts innerhalb des Untersuchungshaftvollzugs und dem daneben bestehenden gerichtlichen Rechtsschutzsystem nach § 119 a StPO ist zudem der Forderung der Nr. 44 der Europäischen Strafvollzugsgrundsätze von 2006 Rechnung getragen. Danach müssen Untersuchungsgefangene sowohl innerhalb als auch außerhalb der JVA Beschwerdemöglichkeiten haben und das Beschwerderecht muss das Recht, gerichtliche Schritte zu unternehmen, ergänzen.

6 Die Gesetzesbegründungen der Länder beschränken sich zum Großteil auf den Hinweis, dass die Bestimmung über das Beschwerderecht im Wesentlichen dem **§ 108 StVollzG** und den entsprechenden Vorschriften im Jugendstrafvollzugsgesetz, meist § 87 (Berlin, Brandenburg, Bremen, Rheinland-Pfalz, Saarland, SH, Thüringen; Hamburg: § 91 HmbStVollzG, Hessen: § 57 HessJStVollzG; NRW: § 97 JStVollzG NRW, Sachsen: § 86 SächsJStVollzG; Sachsen-Anhalt: § 97 JStVollzG LSA) entspricht.[8] „Im Wesentlichen" ist dahingehend zu verstehen, dass sich Abweichungen durch die unterschiedlichen Zwecke der Untersuchungshaft und des Vollzugs der Freiheitsstrafe, also Verfahrenssicherung und Behandlungsauftrag, ergeben können.

Sachsen-Anhalt führt in der Gesetzesbegründung zusätzlich aus, dass die Vorschrift über das Beschwerderecht dem Ziel diene, gerichtliche Auseinandersetzungen zu vermeiden, soweit es sich nicht um Angelegenheiten handelt, die das Verfahren der Gefangenen betreffen. Beschwerden gegen Verfügungen des Richters oder gegen sonstige richterliche Maßnahmen werden danach auch künftig nach den Vorschriften der StPO über die Beschwerde (§§ 304 ff.) behandelt. Das Beschwerderecht stelle keinen förmlichen Rechtsbehelf im Sinne einer „Beschwerde" dar, sondern garantiere lediglich die Möglichkeit der Untersuchungsgefangenen, im Gespräch mit dem Anstaltsleiter Problem- und Konfliktlösungen zu erreichen. Der Anwendungsbereich der Bestimmung umfasse also auch Fälle, in denen die Untersuchungsgefangenen Wünsche äußern oder Schwierigkeiten artikulieren möchten. Absatz 1 der Vorschrift gewährleiste damit ein Mittel der einvernehmlichen Konfliktlösung, das den Vorrang vor gerichtlichen Verfahren verdiene. Den Untersuchungsgefangenen stehe es frei, sich gleichzeitig an die Gerichte, den Petitionsausschuss des Landtags oder an andere Stellen zu wenden.[9]

7 Die Vorschrift garantiert den Untersuchungsgefangenen die Möglichkeit, im Fall von Problemen oder Konflikten eine Lösung im Wege eines Gesprächs mit dem/der Anstaltsleiter/in sowie einem/einer Vertreter/in der Aufsichtsbehörde (regelmäßig das Justizministerium, vgl. die jeweilige Vorschrift über die Aufsichtsbehörde in den UVollzGen der Länder) zu erreichen. Der Anwendungsbereich der Vorschrift beschränkt sich damit nicht nur auf Fälle, in denen sich die Untersuchungsgefangenen wegen Verletzung ihrer Rechte an die Anstaltsleitung wenden, sondern erfasst auch Fälle, in denen sie Wünsche äußern oder Schwierigkeiten vortragen wollen. Danach wird klargestellt, dass die Untersuchungsgefangenen auch insoweit ein subjektives Recht haben.

8 Konkretisierungen finden sich für Sachsen-Anhalt in Nr. 43 der Allgemeinen Verwaltungsvorschriften zum Untersuchungshaftvollzug Sachsen-Anhalt (VV UVollzG Sachsen-Anhalt, AV des MJ vom 28.5.2010 – 4420-306.454/09).

---

7 So auch etwa die Gesetzesbegründung NRW, LT-Drucks. 14/8631, S. 82.

8 So die Gesetzesbegründungen, etwa Brandenburg: LT-Drucks. 4/7334, S. 115.

9 So die Gesetzesbegründung Sachsen-Anhalt, LT-Drucks. 5/2019, S. 83 f.

a) Konsultation der Anstaltsleitung mit Wünschen, Anregungen und Beschwerden. Das Beschwerderecht gewährt den Untersuchungsgefangenen das Recht, sich mit ihren Anliegen unmittelbar an den Anstaltsleiter zu wenden. Die Vorschrift dient damit dem Ziel, eine gerichtliche Auseinandersetzung zu vermeiden. Das Beschwerderecht gewährt den Untersuchungsgefangenen zum einen ein Recht auf ein persönliches Gespräch mit dem Anstaltsleiter, jedoch keinen Anspruch darauf, dass dieses Gespräch mit dem Anstaltsleiter umgehend stattfindet. Dies lassen die organisatorischen Verhältnisse in der Vollzugsbehörde nicht zu. Untersuchungsgefangene, die eine mündliche Vorsprache bei dem Anstaltsleiter wünschen, können daher auf die regelmäßige Sprechstunde verwiesen werden, in der der Anstaltsleiter sie dann persönlich anzuhören hat.[10] Andererseits können sich die Untersuchungsgefangenen jederzeit schriftlich an den Anstaltsleiter wenden. Die Anstaltsleiter dürfen sich einem persönlichen Gespräch nicht verweigern. Auch dürfen sie sich der Aufgabe nicht dadurch entledigen, dass sie sie auf andere, nicht schriftlich zur selbstständigen und eigenverantwortlichen Entscheidung über die Anliegen der Untersuchungsgefangenen ermächtigte Mitarbeiter übertragen.[11] Anders sieht es die Regelung in **Niedersachsen** vor. Danach ist die Vollzugsbehörde Ansprechpartner. Nach der Entwurfsbegründung ist gerade nicht mehr der Anstaltsleiter allein Adressat des Vorbringens der Gefangenen, sondern insbesondere großen Anstalten soll es möglich sein, das Beschwerdeverfahren flexibel zu gestalten, indem etwa der Vertreter des Anstaltsleiters die Beschwerden und Wünsche schriftlich oder mündlich bearbeitet.[12] 9

Es erweitert das Petitionsrecht aus Art. 17 GG, das grundsätzlich Schriftform erfordert (Ausnahmen finden sich z.B. in der hessischen Landesverfassung).[13]

Das Beschwerderecht eröffnet den Untersuchungsgefangenen die Möglichkeit, im Gespräch Vollzugsprobleme vorzubringen und sich mit ihnen auseinanderzusetzen. Dadurch hat es eine über eine „Ventil-Funktion“ hinausgehende psychologische Bedeutung. Es kann zudem dazu beitragen, dass Kontakt- und Kommunikationsbedürfnisse der Untersuchungsgefangenen befriedigt werden.[14]

Eingaben und Beschwerden sind auch in fremder Sprache zulässig. In diesen Fällen ist ggf. ein Dolmetscher hinzuzuziehen.[15] Einem Schreibunkundigen ist Gelegenheit zu geben, seine Eingabe auf andere Weise, etwa durch Schreibhilfe von einem Vollzugsbediensteten oder mündlichen Vortrag, vorzutragen. Dies ist im Untersuchungshaftvollzug wegen seiner kürzeren Dauer und insbesondere wegen der Zulässigkeit der eigenen Verschaffung bestimmter Annehmlichkeiten besonders zu berücksichtigen. Hilfe durch Mitgefangene ist im Einzelfall zu dulden, insbesondere, wenn sich die Beschwerde gegen einen Vollzugsbediensteten richtet. Gibt ein Untersuchungsgefangener unterstützungsbedürftigen Mitgefangenen jedoch gewerbsmäßig Hilfe bei der Wahrnehmung ihrer Rechte, ist dies unzulässig und kann von der Anstalt wegen Gefährdung der Ordnung der Anstalt untersagt werden.[16] Die Antragstellung durch einen Bevollmächtigten ist zulässig.

aa) Wünsche. Wünsche umfassen alle Anliegen der Untersuchungsgefangenen, die darauf abzielen, dass für sie in ihrer Person bestimmte Maßnahmen erfolgen, meist kleine Vergünstigungen, die keines förmlichen Antrags bedürfen, also nicht dem Regelungsbereich besonders geregelter Annehmlichkeiten unterfallen. 10

Die Wünsche der Untersuchungsgefangenen kann auch die Anstalt erfragen, etwa in Bezug auf Sport- und andere Freizeitangebote. Gewünscht werden können alle Maßnahmen, auf die die Untersuchungsgefangenen keinen Anspruch haben.

10 Vgl. für den Strafvollzug Arloth, StVollzG, § 108 Rn. 3.
11 Vgl. für den Strafvollzug Arloth, StVollzG, § 108 Rn. 1; Calliess/Müller-Dietz, StVollzG, § 108 Rn. 3.
12 Entwurfsbegründung Niedersachsen., LT-Drucks. 15/3565, S. 155.
13 Siehe auch Schuler/Laubenthal in: Schwind/Böhm/Jehle/Laubenthal, StVollzG, § 108 Rn. 2.
14 Vgl. Calliess/Müller-Dietz, StVollzG, § 108 Rn. 2.
15 Für den Strafvollzug Arloth, StVollzG, § 108 Rn. 2.
16 Für den Strafvollzug OLG Nürnberg NStZ 2002, 55.

11 **bb) Anregungen.** Der Begriff der Anregungen ist dahingehend zu verstehen, dass die Untersuchungsgefangenen Anliegen in Bezug auf die allgemeinen Verhältnisse in der Anstalt vortragen, die jedoch zumindest auch sie selbst betreffen müssen, etwa auch in Bezug auf Änderungen der Hausordnung.

12 **cc) Beschwerden.** Einen besonders großen Teil der Eingaben von Gefangenen machen die Beschwerden aus. Diese können sich gegen Entscheidungen des Anstaltsleiters und solche anderer Vollzugsbediensteter richten.[17] Sie können formlos eingelegt werden, sie sind nicht fristgebunden und können demnach auch nicht das Unanfechtbarwerden einer vollzuglichen Maßnahme hinausschieben. Es handelt sich um einen formlosen Rechtsbehelf, der nicht notwendigerweise dem Antrag auf gerichtliche Entscheidung vorgeschaltet ist.[18]

Die Nennung von Wünschen und Anregungen vor den Beschwerden verdeutlicht, dass sich die Anstalten und die Untersuchungsgefangenen um einen konfrontationsarmen Umgang mit Anliegen der Untersuchungsgefangenen bemühen sollen.[19]

Nach den Regelungen der UVollzGe ist eine schriftliche Bescheidung eines schriftlich vorgebrachten Anliegens durch den Anstaltsleiter nicht zwingend geboten. Im Rahmen der nach der Regelung über die Anstaltsleitung zulässigen Geschäftsverteilung (Aufgabenverteilung im Untersuchungshaftvollzug) kann auch ein nachgeordneter Bediensteter dem Gefangenen antworten.[20]

In **Ba-Wü** spricht das Gesetz von einem „Recht" der Untersuchungsgefangenen, in den anderen Ländern ist von der „Gelegenheit" für die Untersuchungsgefangenen die Rede, sich an die Anstaltsleitung zu wenden. Mit dieser unterschiedlichen Formulierung ist in der Sache kein Unterschied verbunden. Auch wenn die anderen Gesetze nicht ausdrücklich von einem Recht der Untersuchungsgefangenen sprechen, ist die Möglichkeit der Konsultation der Anstaltsleitung ebenfalls als subjektives Recht zu verstehen. Dies ergibt sich auch aus der Überschrift der Vorschrift, die von einem Beschwerderecht spricht.

13 **b) Beschwerdeberechtigung.** Das Beschwerderecht steht den Untersuchungsgefangenen nur in eigenen Angelegenheiten zu („in Angelegenheiten, die die Untersuchungsgefangenen selbst betreffen"). Eine eigene Angelegenheit ist gegeben, wenn sich der Beschwerende durch eine Vollzugsmaßnahme in seinen rechtlich geschützten Interessen verletzt oder durch Unzweckmäßigkeit der Maßnahme beeinträchtigt glaubt,[21] aber auch bei allgemeinen Problemen des Vollzugs, von denen der einzelne Untersuchungsgefangene betroffen ist oder zukünftig betroffen werden kann. Die Möglichkeit des Vorschiebens eines Dritten ist damit ausgeschlossen.[22]

In Niedersachsen sieht die Regelung des § 165 NJVollzG ein eigenes Beschwerderecht der Personensorgeberechtigten junger Untersuchungsgefangener vor.

Die Angelegenheit braucht den Betroffenen nur mittelbar zu betreffen.[23] Hinsichtlich solcher Beschwerden oder Anliegen, die zugunsten Dritter vorgebracht werden, ist zu berücksichtigen, dass Lösungen hierfür unter Beteiligung der Gefangenenmitverantwortung entwickelt werden können.[24] Die Gefangenenmitverantwortung vertritt gemeinschaftliche Interessen der Untersuchungsgefangenen, vgl. z.B. § 14 JVollzGB I Ba-Wü oder § 83 UVollzG Berlin (genauso die meisten anderen Länder der 12er-Gruppe).

14 **c) Einrichtung regelmäßiger Sprechstunden.** In Ba-Wü, Bayern, Hamburg und NRW sind regelmäßige Sprechstunden einzurichten. Diese dienen dazu, dass sich die Untersuchungsgefangenen auch mündlich an den Anstaltsleiter wenden können, und zwar grundsätzlich an diesen persönlich. Die Untersuchungsgefangenen sind jedoch nicht in ihren Rechten ver-

17 Für den Strafvollzug OLG Frankfurt ZfStrVo 1987, 252.
18 Vgl. für den Strafvollzug Schuler/Laubenthal in: Schwind/Böhm/Jehle/Laubenthal, StVollzG, § 108 Rn. 7.
19 Für den Strafvollzug Kamann/Volckart in: AK-StVollzG, § 108 Rn. 2.
20 Vgl. für den Strafvollzug Schuler/Laubenthal in: Schwind/Böhm/Jehle/Laubenthal, StVollzG, § 108 Rn. 13.
21 Siehe auch Schuler/Laubenthal in: Schwind/Böhm/Jehle/Laubenthal, StVollzG, § 108 Rn. 14.
22 Vgl. für den Strafvollzug Kamann/Volckart in: AK-StVollzG, § 108 Rn. 11.
23 So auch Arloth, StVollzG, § 108 Rn. 3.
24 Siehe auch Calliess/Müller-Dietz, StVollzG, § 108 Rn. 11.

letzt, wenn sie wegen Urlaubs des Anstaltsleiters oder anderer zwingender Gründe an seinen Vertreter verwiesen werden.[25] Zur Vorbereitung des bevorstehenden Gesprächs des Anstaltsleiters mit dem Untersuchungsgefangenen in der Sprechstunde kann zuvor ein anderer Vollzugsbediensteter den Gefangenen anhören. Damit darf aber nicht der Wunsch, den Anstaltsleiter persönlich zu sprechen, verhindert werden. Der Anstaltsleiter darf nicht von seinen Mitarbeitern von den Untersuchungsgefangenen abgeschirmt werden.[26] Eine Vorklärung der Angelegenheit durch nachgeordnete Bedienstete ist jedoch zulässig,[27] ebenso wie das Verlangen einer rechtzeitigen Voranmeldung unter Angabe des Gesprächsthemas.[28] Daneben ist es nachgeordneten Bediensteten, wie etwa Abteilungsleitern, unbenommen, selbst Sprechstunden abzuhalten,[29] dies erscheint im Hinblick auf eine größere Nähe zum Vollzugsalltag und die Schaffung eines Vertrauensverhältnisses zwischen Bediensteten und Gefangenen sogar wünschenswert. Auch kann so dazu beigetragen werden, dass die Untersuchungsgefangenen die Vollzugsbediensteten nicht als ihre „Gegner" ansehen, die ihnen ebenso wie die Staatsanwaltschaft und das Gericht Nachteile bereiten wollen.[30]

Die praktische Durchführung „regelmäßiger" Sprechstunden obliegt dem pflichtgemäßen Ermessen des Anstaltsleiters. Er bestimmt demnach Häufigkeit, Ort und Dauer der Sprechstunden. Für den Strafvollzug sieht VV Nr. 1 Abs. 2 Sprechstunden von angemessener Dauer mindestens einmal wöchentlich vor. Dies dürfte auch im Untersuchungshaftvollzug den Vorgaben der Gesetze entsprechen. Das Nähere regelt die Hausordnung. In NRW ist die Anstaltsleitung gemäß § 54 Abs. 1 UVollzG NRW verpflichtet, mindestens einmal in der Woche Sprechstunden von angemessener Dauer einzurichten.[31]

In Niedersachsen ist eine Regelung über die Einrichtung regelmäßiger Sprechstunden unterblieben mit der Begründung, es solle den Anstalten überlassen bleiben, wie sie sich in Bezug auf das Beschwerdeverfahren organisieren wollen.[32] Diese Regelung gereicht den Untersuchungsgefangenen zum Nachteil. Viele Untersuchungsgefangene scheuen den Weg zum Gericht, um Anträge durchzusetzen. Es ist anzunehmen, dass die einfacher und informeller erscheinende Möglichkeit, die regelmäßigen Sprechstunden der Anstalt zu nutzen, von einer wesentlicher größeren Anzahl Untersuchungsgefangener genutzt wird. Daher führt die Einrichtung regelmäßiger Sprechstunden zu einer verbesserten Situation der Untersuchungsgefangenen und ist daher ausdrücklich zu begrüßen, wenn nicht gar in Anbetracht des Gleichheitssatzes des Art. 3 Abs. 1 GG in allen Ländern gleichermaßen zu fordern.

Der Verteidiger hat ein Anwesenheitsrecht, wenn der Untersuchungsgefangene mit dem Anstaltsleiter spricht. Dabei ist er wie im Verwaltungsverfahren Bevollmächtigter i.S.d. der VwVfGe der Länder bzw. Verteidiger i.S.d. der §§ 137 ff. StPO.[33]

Bei ungebührlichem Verhalten der Gefangenen kann das Gespräch abgebrochen werden.[34]

d) Übertragung der Abwicklung der Sprechstunden auf die Leitung von Teilanstalten oder einzelnen Hafthäusern (in Hamburg). Anders als die zuvor genannten Fälle ist die Regelung im UVollzG Hamburg zu beurteilen. § 90 Abs. 2 UVollzG Hamburg sieht vor, dass die Abwicklung der Sprechstunden in Anstalten, die wegen ihrer Größe in Teilanstalten oder mehrere eigenständige Hafthäuser gegliedert sind, auf deren jeweilige Leitung übertragen werden können. Hier steht jeweils ein eigener Behördenleiter an der Spitze, der zur Abhaltung der Sprechstunden verpflichtet ist. Die Regelung im UVollzG Hamburg erfüllt die Voraussetzung einer rechtlich wirksamen Kompetenzübertragung.[35] Für den Verantwortungsbereich, der 15

25 Vgl. für den Strafvollzug OLG Nürnberg ZfStrVo, Sonderheft 1979, 93.
26 So für den Strafvollzug Schuler/Laubenthal in: Schwind/Böhm/Jehle/Laubenthal, StVollzG, § 108 Rn. 3.
27 Für den Strafvollzug Arloth, StVollzG, § 108 Rn. 3.
28 Für den Strafvollzug Kamann/Volckart in: AK-StVollzG, § 108 Rn. 9.
29 So auch für den Strafvollzug Calliess/Müller-Dietz, StVollzG, § 108 Rn. 4.
30 In Bezug auf den Strafvollzug Calliess/Müller-Dietz, StVollzG, § 108 Rn. 5.
31 Gesetzesbegründung NRW, LT-Drucks. 14/8631, S. 82.
32 Niedersachsen, LT-Drucks. 15/3565, S. 155.
33 Für letzteres OLG Dresden ZfStrVo 2000, 124; zum Ganzen Kamann in: AK-StVollzG, Vor § 108 Rn. 9.
34 Vgl. für den Strafvollzug Arloth, StVollzG, § 108 Rn. 3.
35 Für den Strafvollzug Arloth, StVollzG, § 108 Rn. 3.

dem Anstaltsleiter selbst verblieben ist, ist dieser nach wie vor der zuständige Gesprächsadressat.

In Bezug auf die anderen Bundesländer, in deren UVollzGen keine derartige Regelung enthalten ist, entspricht die Situation im Wesentlichen der des Strafvollzugs. Für diesen wird vertreten, die Möglichkeit, die Gefangenen an die Sprechstunde des Teilanstaltsleiters bzw. Abteilungsleiters zu verweisen, trage bei größeren Vollzugseinrichtungen organisatorischen Bedürfnissen Rechnung und gewährleiste eine größere Nähe zu dem entscheidungserheblichen Sachverhalt.[36] Dem wird entgegengehalten, eine Delegation an den Vollzugsabteilungsleiter sei mit dem eindeutigen Befehl des § 108 StVollzG nicht zu vereinbaren. Auch in Angelegenheiten, die nach § 156 Abs. 2 S. 2 StVollzG auf den Vollzugsabteilungsleiter übertragen seien, genüge dessen Sprechstunde nicht. Ein Bediensteter, der das Zeichnungsrecht erhält, werde dadurch nicht zum Chef. § 156 Abs. 1 S. 2 StVollzG sei nichts Gegenteiliges zu entnehmen. Schließlich werde dem klaren Gesetzesbefehl auch dann nicht entsprochen, wenn der Anstaltsleiter schriftlich und im Einzelnen festlegt, inwieweit die Wahrnehmung der Leitungsfunktionen und die damit einhergehende Pflicht zur Abhaltung der Sprechstunde auf den Teilanstaltsleiter übertragen wird. Die Größe der Anstalt sei kein zulässiger Grund für eine derartige Übertragung, die Organisationsgewalt des Landes ermögliche es nicht, die Ausführung der (Bundes-)Gesetze zu hintertreiben. Zu große Anstalten seien in mehrere zu teilen.[37] Diese formelle Betrachtung erscheint vor dem Hintergrund der aktuellen Haushaltslage in den Ländern zweifelhaft.

16 e) **Konsultation von Vertretern der Aufsichtsbehörde.** Nach den Vorschriften muss gewährleistet sein, dass die Untersuchungsgefangenen bei einer Besichtigung der Anstalt durch Vertreter der Aufsichtsbehörde diesen gegenüber ihre Anliegen anbringen können. Das bedeutet aber nicht, dass die Gefangenen einen Anspruch auf den Besuch von Vertretern der Aufsichtsbehörde zu einem bestimmten Zeitpunkt haben.[38] Die Möglichkeit, sich an Vertreter der Aufsichtsbehörde zu wenden, ist in die Hausordnung aufzunehmen (so etwa in § 94 Abs. 2 Nr. 3, Alt. 2 UVollzG Hamburg).

Die Aufsichtsbehörde ist gehalten, die Anstalten in regelmäßigen Abständen zu besuchen, nach § 151 Abs. 1 S. 1 i.V.m. VV Nr. 1 zum StVollzG mindestens einmal jährlich.[39] Die Untersuchungsgefangenen haben keinen Anspruch auf den Besuch von Vertretern der Aufsichtsbehörde zu einem bestimmten Zeitpunkt. Sie können sich aber für ein Gespräch während eines dieser Besuche vormerken lassen. Den Vertretern der Aufsichtsbehörde ist bei der Besichtigung unaufgefordert eine Liste mit den vorgemerkten Gefangenen vorzulegen.[40] Bei einem derartigen Besuch haben die Gefangenen aus Sicherheitsgründen keinen Anspruch darauf, in Abwesenheit von Vollzugsbediensteten gehört zu werden, ein entsprechender Wunsch sollte aber, wenn möglich, berücksichtigt werden.[41] Meist geht es um Beschwerden über Missstände, denen durch ein Gespräch mit dem Anstaltsleiter nicht abgeholfen wurde.[42]

Ein Gespräch mit den Vertretern des Justizministeriums hat in der Untersuchungshaft in Anbetracht der kürzeren Verweildauer eine geringere Bedeutung als im Strafvollzug. In erster Linie werden sich die Untersuchungsgefangenen schriftlich an die Aufsichtsbehörde wenden, um eine zeitnahe Rückmeldung zu erhalten. Um eine solche haben sich die Bediensteten der Aufsichtsbehörde im Hinblick auf Art. 19 Abs. 4 GG und die Unschuldsvermutung zu bemühen. Einen Anhaltspunkt für die möglichst nicht zu überschreitende Zeit gibt § 119 a

36 So auch OLG Hamm ZfStrVo 1987, 382; Schuler/Laubenthal in: Schwind/Böhm/Jehle/Laubenthal, StVollzG, § 108 Rn. 3.
37 Volckart in: AK-StVollzG, § 108 Rn. 6 mit Hinweis auf die gegenteilige Ansicht des OLG Hamburg ZfStrVo 2004, 371 ff.
38 Schuler/Laubenthal in: Schwind/Böhm/Jehle/Laubenthal, StVollzG, § 108 Rn. 5; Arloth, StVollzG, § 108 Rn. 5.
39 Siehe auch Arloth, StVollzG, § 108 Rn. 5.
40 So auch Calliess/Müller-Dietz, StVollzG, § 108 Rn. 6.
41 Vgl. Arloth, StVollzG, § 108 Rn. 5.
42 Für den Strafvollzug Calliess/Müller-Dietz, StVollzG, § 108 Rn. 6.

Abs. 1 S. 2 StPO, wonach die Untersuchungsgefangenen einen Antrag auf gerichtliche Entscheidung stellen können, wenn eine im Untersuchungshaftvollzug beantragte behördliche Entscheidung nicht innerhalb von drei Wochen ergangen ist.

f) Unberührtbleiben der Möglichkeit der Dienstaufsichtsbeschwerde. Nach den Gesetzen 17 (außer in Niedersachsen und NRW) bleibt die Möglichkeit der Dienstaufsichtsbehörde ausdrücklich unberührt. Damit wird klargestellt, dass es sich hierbei um ein eigenes Verfahren handelt.[43] Lediglich im niedersächsischen und im nordrhein-westfälischen Gesetzestext fehlt der entsprechende Hinweis. In der Begründung zu § 101 NJVollzG[44] heißt es dazu, dass das Recht zur Erhebung einer Dienstaufsichtsbeschwerde auch ohne eine gesetzliche Regelung unbenommen bleibe, ebenso wie das Petitionsrecht aus Art. 17 GG unberührt bleibe.

Die Dienstaufsichtsbeschwerde ist ein selbstständiges Verfahren zur Überprüfung einer Maßnahme, das losgelöst und wahlweise neben dem Beschwerderecht und neben dem gerichtlichen Rechtsschutz (dazu unten) besteht und mit der Entscheidung der Aufsichtsbehörde abgeschlossen wird.[45] Die Anstalt kann die Untersuchungsgefangenen daher nicht darauf verweisen, statt der Ausübung ihres Beschwerderechts den Weg der Dienstaufsichtsbeschwerde zu gehen.[46]

Die Untersuchungsgefangenen haben keinen Anspruch auf Einhaltung eines bestimmten Verfahrens oder bestimmte Ermittlungen. Möglich ist es daher, dass der Anstaltsleiter nur den betroffenen Vollzugsbediensteten anhört, nicht aber den Untersuchungsgefangenen. Die Dienstaufsichtsbeschwerde ist damit ein schwacher Rechtsbehelf. Die Ausübung des Beschwerderechts darf daher nicht einfach als Dienstaufsichtsbeschwerde behandelt werden.[47]

Zuständig für die Bescheidung von Dienstaufsichtsbeschwerden ist der Dienstvorgesetzte des angegriffenen Vollzugsbediensteten,[48] also regelmäßig der Anstaltsleiter. Gegen seine Entscheidung ist die weitere Dienstaufsichtsbeschwerde an den nächsthöheren Dienstvorgesetzten möglich. Eine Bescheidung hat in angemessener Frist zu erfolgen.[49]

Gegen die Zurückweisung einer Dienstaufsichtsbeschwerde ist der Antrag auf gerichtliche Entscheidung nach § 119 a Abs. 1 StPO nicht zulässig, da es sich nicht um einen Vollzugsverwaltungsakt handelt; es fehlt an einer neuen Regelung, da Gegenstand des Antrags nach § 119 a StPO eine vorausgegangene Maßnahme oder Entscheidung im Untersuchungshaftvollzug ist.[50]

Aus denselben Gründen kann die Bescheidung der Dienstaufsichtsbeschwerde nicht über § 119 a Abs. 1 S. 2 StPO erzwungen werden, nur ein durch die Anstalt neu veranlasster Verwaltungsakt kann im Wege der gerichtlichen Überprüfung angefochten werden.[51]

Eine Dienstaufsichtsbeschwerde liegt vor, wenn die Untersuchungsgefangenen das persönliche Verhalten eines Vollzugsbediensteten rügen. Zur Entscheidung über die Dienstaufsichtsbeschwerde ist der Dienstvorgesetzte zuständig.[52]

g) Bescheidung der Beschwerde. Die angerufene Behörde hat den Rechtsbehelf entgegen- 18 zunehmen und – wegen der aus dem allgemeinen Verwaltungsverfahren auf das Beschwerderecht nach den UVollzGen als einem besonderen Verwaltungsverfahren übertragbaren Fürsorgepflicht – ggf. an die zuständige Behörde weiterleiten.[53]

---

43 Vgl. auch OLG Frankfurt ZfStrVo 1987, 381.
44 Niedersachsen, LT-Drucks. 15/3565, S. 155.
45 Siehe auch LG Hamburg NStZ 1991, 560; Schuler/Laubenthal in: Schwind/Böhm/Jehle/Laubenthal, StVollzG, § 108 Rn. 7.
46 Vgl. Kamann/Volckart in: AK-StVollzG, § 108 Rn. 1.
47 So auch Kamann/Volckart in: AK-StVollzG, § 108 Rn. 15.
48 Für den Strafvollzug Kamann/Volckart in: AK-StVollzG, § 108 Rn. 15.
49 Für den Strafvollzug OLG Karlsruhe ZfStrVo 2002, 189.
50 Vgl. für den Strafvollzug BVerwG NJW 1977, 118; OLG Karlsruhe ZfStrVo 2002, 189; Meyer-Goßner, StPO, § 23 EGGVG Rn. 8; Schuler/Laubenthal in: Schwind/Böhm/Jehle/Laubenthal, StVollzG, § 108 Rn. 12.
51 So für den Strafvollzug Schuler/Laubenthal in: Schwind/Böhm/Jehle/Laubenthal, StVollzG, § 108 Rn. 12.
52 Vgl. Nr. 2 Abs. 2 der VV zu § 108 StVollzG.
53 Vgl. Calliess/Müller-Dietz, StVollzG, § 108 Rn. 9.

Die zuständige Behörde hat die beanstandete Maßnahme in angemessener Frist sachlich zu überprüfen und den Beschwerdeführer zu bescheiden. Die Untersuchungsgefangenen haben keinen Anspruch auf eine für sie günstige Entscheidung, aber einen Anspruch darauf, die Gründe einer für sie negativen Entscheidung zu erfahren, um ihre Rechte sachgemäß verteidigen zu können.[54] Der Behörde steht ein Ermessen zu, ob sie einen schriftlichen Bescheid erteilt.[55] Bei schwieriger Sach- oder Rechtslage kann ein überwiegendes Interesse der Untersuchungsgefangenen vorliegen, das einen Anspruch auf schriftliche Bekanntgabe begründet.[56] Um eine gerichtliche Überprüfung nach § 119 a Abs. 1 S. 1 StPO zu vermeiden, sollte die Behörde die Begründung möglichst so abfassen, dass sie für den Beschwerdeführer verständlich und nachvollziehbar ist. Zweifelhaft ist, dass die Begründung nicht in jedem Fall schriftlich erteilt werden muss.[57] Zur Vermeidung von Konflikten und Anträgen an das Gericht empfiehlt sich eine schriftliche Begründung.

19 **h) Fälle des Nichtbestehens einer Bescheidungspflicht (Ba-Wü, Hessen).** Nach § 68 Abs. 3 S. 1 JVollzG II Ba-Wü brauchen in Ba-Wü Eingaben, Beschwerden und Dienstaufsichtsbeschwerden die nach Form oder Inhalt nicht den im Verkehr mit Behörden üblichen Anforderungen entsprechen oder bloße Wiederholungen enthalten, nicht beschieden zu werden. Dieselbe Regelung fand bzw. findet sich in der VV Nr. 2 Abs. 1 zu § 108 StVollzG. Die Untersuchungsgefangenen sind gemäß § 68 Abs. 3 S. 3 JVollzGB II „darüber“ zu unterrichten.

In Hessen beschränkt § 42 Abs. 1 S. 2 UVollzG Hessen die Nichtbescheidungsmöglichkeit auf „Eingaben“. Diese umfassen nach der Legaldefinition in § 42 Abs. 1 S. 1 UVollzG Hessen Wünsche, Anregungen und Beschwerden, womit im Vergleich zu Ba-Wü nur die Dienstaufsichtsbeschwerde nicht genannt ist. In der Sache brauchen nur Eingaben nicht beschieden zu werden, die beleidigenden Charakter haben oder bloße Wiederholungen enthalten. Die Untersuchungsgefangenen sind gemäß § 42 Abs. 1 S. 3 UVollzG Hessen über die „Gründe“ der Nichtbescheidungspflicht zu unterrichten.

Das Entfallen der Bescheidungspflicht basiert auf dem Verbot missbräuchlicher Rechtsausübung, das etwa greift bei Beschwerden, die eine Beschwer nicht erkennen lassen und nur den Zweck haben, die Anstalt unnötig zu belasten.[58]

20 **aa) Bei Eingaben, Beschwerden und Dienstaufsichtsbeschwerden, die nach Form oder Inhalt nicht den Anforderungen entsprechen bzw. mit beleidigendem Charakter.** Die von Ba-Wü bzw. Hessen geregelte Einschränkung der Bescheidungspflicht von Beschwerden entspricht den Grenzen, die die Rspr. bereits zuvor entwickelt hatte, obwohl das Petitionsrecht nach dem Wortlaut von Art. 17 GG keinen Schranken unterliegt. Diese Grenzen fanden Niederschlag in Nr. 2 Abs. 1 S. 1 der VV zu § 108 StVollzG. Danach braucht eine Petition nicht beschieden zu werden, wenn sie nach Form und Inhalt den Anforderungen nicht entspricht, die an jede bei einer Behörde einzureichende Eingabe zu stellen sind. Das BVerfG hat eine mangelnde Form etwa angenommen bei beleidigendem, herausforderndem oder erpresserischem Inhalt.[59] Genau genommen ist dabei jedoch der Inhalt und nicht die Form betroffen.

In Bezug auf die Nichtbescheidungspflicht wegen mangelhafter Form ist Vorsicht geboten. Viele Untersuchungsgefangene sind nicht in der Lage, einen Antrag an eine Behörde in der gebotenen Form und Ausdrucksweise zu formulieren. Dies darf ihnen nicht zum Nachteil gereichen, da das Petitionsrecht durch Art. 17 GG schrankenlos gewährleistet ist. Es findet seine Grenzen damit nur in Grundrechten Dritter und anderen Gütern von Verfassungsrang (verfassungsimmanente Schranken). Die widerstreitenden Güter sind miteinander so gut wie möglich in Einklang zu bringen, so dass beiden zur maximalen Entfaltung verholfen wird. Welche der widerstreitenden Verfassungsnormen im Einzelfall den Vorrang genießt, muss

54 So für den Strafvollzug BVerfG NJW 1957, 297 (298).
55 Vgl. Calliess/Müller-Dietz, StVollzG, § 108 Rn. 8.
56 So Calliess/Müller-Dietz, StVollzG, § 108 Rn. 8.
57 So für den Strafvollzug BVerfG NJW 1976, 37 (38).
58 Vgl. für den Strafvollzug Arloth, StVollzG, § 108 Rn. 1.
59 BVerfGE 2, 225; vgl. auch Schuler/Laubenthal in: Schwind/Böhm/Jehle/Laubenthal, StVollzG, § 108 Rn. 17.

im Wege der Abwägung festgestellt werden.[60] Dabei gilt es stets, den Kerngehalt der Petitionsfreiheit zu wahren, ihre Ausübung darf jedoch die Rechte anderer nicht unverhältnismäßig stark verletzen, etwa indem unwahre Behauptungen aufgestellt oder Beleidigungen ausgesprochen werden, um das Ansehen des Petitionsadressaten zu untergraben. Selbst wenn zahlreiche Eingaben von Gefangenen querulatorischen Charakter haben oder absichtlich zur Durchsetzung unberechtigter Anliegen eingebracht werden, verbirgt sich hinter mancher Beschwerde, die wegen Unkenntnis, Ungeschicklichkeit oder Verärgerung der Untersuchungsgefangenen einen Mangel der äußeren Form aufweist, durchaus ein sachlich berechtigtes Anliegen. Es sollte daher im Zweifel die Sachlage durch Rückfragen geklärt werden, bevor von einer Bescheidung wegen Formmangels abgesehen wird.[61] Hiermit übereinstimmend hat Hessen die Nichtbescheidungsmöglichkeit mit der Nennung des beleidigenden Charakters des Inhaltes auch nur auf unzureichenden Inhalt bezogen, nicht aber auf die Form der Eingabe. In derselben Weise ist auch die baden-württembergische Regelung auszulegen. Diese Grundsätze gelten entsprechend für die mündliche Vorsprache bei dem Anstaltsleiter, der bei ungebührlichem Verhalten eines Gefangenen das Gespräch abbrechen kann.[62]

Die genannten Einschränkungen sind in den anderen Bundesländern im Untersuchungshaftvollzug nicht anwendbar. Dies widerspräche dem Wortlaut der Gesetze, in welchen darauf verzichtet wurde, die Einschränkungen aufzunehmen. Es fehlt also an der gesetzlichen Grundlage, die für die Einschränkung von Grundrechten durch Maßnahmen der öffentlichen Gewalt erforderlich ist.

bb) Bei Beschwerden, die bloße Wiederholungen enthalten. Ist eine Beschwerde bereits ord- 21 nungsgemäß in der Sache beschieden worden, kann eine zweite Eingabe, die den gleichen Inhalt hat und an dieselbe Stelle gerichtet ist, nicht mehr einen Anspruch auf eine sachliche Bescheidung haben.[63]

cc) Pflicht der Anstalt zur Unterrichtung der Untersuchungsgefangenen. Die Anstalt hat die 22 Untersuchungsgefangenen davon in Kenntnis zu setzen, dass seine Beschwerde wegen ihrer Form oder ihres Inhalts nicht beschieden wird. Dies muss nach dem Gesetzeswortlaut sowie dem Sinn und Zweck des Nichtbestehens einer Bescheidungspflicht nicht schriftlich erfolgen, kann aber aus Beweisgründen so gehandhabt werden.

dd) Unberührtbleiben einer Überprüfung von Amts wegen (Ba-Wü). Nach § 68 Abs. 3 S. 4 23 JVollzGB II bleibt eine Überprüfung von Amts wegen unberührt. Diese Regelung entspricht der Regelung der alten VV Nr. 2 Abs. 1 S. 3 zu § 108 StVollzG. Sie steht vor dem Hintergrund, dass Untersuchungsgefangene mitunter nicht in der Lage sind, ihr Anliegen in der gebotenen Form und Ausdrucksweise vorzutragen, es aber in der Sache berechtigt ist. Wenn die Anstalt bzw. insbesondere die Aufsichtsbehörde einen derartigen Fall vermuten, ist eine Überprüfung von Amts wegen angezeigt und die Sachlage zu klären.[64] Dies kann aufgrund der Pflicht zur Selbstkontrolle der Verwaltung geboten sein, verlangt aber nicht, dass ein Bescheid an den Untersuchungsgefangenen ergeht.[65]

i) Anordnung, Änderung und Aufhebung vollzuglicher Maßnahmen (Hamburg). § 71 24 UVollzG Hamburg regelt die Anordnung und die Aufhebung vollzuglicher Maßnahmen. Die Vorschrift enthält mehrere Regelungsinhalte. Durch die Vorschrift wird deutlich, dass die Verfahren im Untersuchungshaft- und Strafvollzug Verwaltungsverfahren sind. Demnach sind die Regelungen der Verwaltungsverfahrensgesetze anzuwenden, wenn die UVollzGe keine Sonderregelungen enthalten.[66]

60 „Praktische Konkordanz“, siehe dazu BVerfGE 39, 1 (43) und statt vieler Klein in: Maunz/Dürig, GG, Art. 17 Rn. 115.
61 Vgl. auch Calliess/Müller-Dietz, StVollzG, § 108 Rn. 9.
62 Für den Strafvollzug Schuler/Laubenthal in: Schwind/Böhm/Jehle/Laubenthal, StVollzG, § 108 Rn. 17.
63 So VV Nr. 2 Abs. 1 zu § 108 StVollzG und BVerfGE 2, 225; Schuler/Laubenthal in: Schwind/Böhm/Jehle/Laubenthal, StVollzG, § 108 Rn. 17.
64 Siehe Calliess/Müller-Dietz, StVollzG, § 108 Rn. 9.
65 Vgl. Kamann/Volckart in: AK-StVollzG, § 108 Rn. 18.
66 So auch im Strafvollzug, vgl. Kamann in: AK-StVollzG, vor § 108 Rn. 4.

25 **aa) § 71 Abs. 1 UVollzG Hamburg – Anordnung oder Änderung allgemeiner Maßnahmen.** Nach der Vorschrift kann die Anstaltsleitung Anordnungen treffen in Bezug auf die bauliche, personelle, organisatorische und konzeptionelle Gestaltung des Vollzugs. In gleicher Weise ist eine Änderung bestehender Maßnahmen für die Zukunft möglich. Voraussetzung ist, dass neue strukturelle oder organisatorische Entwicklungen des Vollzuges, neue Anforderungen an die Anstaltssicherheit oder neue wissenschaftliche Erkenntnisse dies aus Gründen der Aufrechterhaltung der Sicherheit oder zur Abwendung einer schwerwiegenden Störung der Ordnung der Anstalt erforderlich machen. Von den nach der Vorschrift durch die Anstalt getroffenen Anordnungen sind die Untersuchungsgefangenen nur mittelbar betroffen, es liegt kein unmittelbarer Eingriff in ihre subjektiven Rechte vor, die Anordnungen können jedoch Auswirkungen etwa auf den Tagesablauf, die Arbeits- und Ausbildungsmöglichkeiten oder die Freizeitgestaltung haben. Die Untersuchungsgefangenen können sich über ihr Beschwerderecht an die Anstalt wenden und so ggf. die Anordnungen beeinflussen. Die Anstalt kann auch die Gefangenenmitverantwortung in die Entscheidungsfindung einbeziehen. Die Anordnung erfolgt mit Wirkung für die Zukunft.

26 **bb) § 71 Abs. 2 UVollzG Hamburg – Widerruf von Einzelfallmaßnahmen.** Die Anstaltsleitung kann nach der Vorschrift rechtmäßige Maßnahmen zur Regelung einzelner vollzuglicher Angelegenheiten widerrufen. Einzelne vollzugliche Angelegenheiten betreffen die Untersuchungsgefangenen unmittelbar, und zwar den- bzw. diejenigen, um deren Angelegenheiten es sich handelt.

Die Vorschrift setzt voraus, dass der Widerruf der Maßnahme zur Umsetzung einer verfahrenssichernden Anordnung erforderlich ist (Nr. 1), dass sie aus nachträglicher Sicht berechtigt gewesen wäre, die Maßnahme zu versagen (Nr. 2) bzw. im Widerrufszeitpunkt wegen einer Änderung der Rechtslage fortan zum Widerruf berechtigt wäre und der Widerruf im öffentlichen Interesse erforderlich ist (Nr. 3). Des Weiteren ist der Widerruf zulässig, wenn die Untersuchungsgefangenen die Maßnahme missbrauchen (Nr. 4).

In diesen Fällen werden die ansonsten im Rahmen der nach der Vorschrift zu treffenden Ermessensentscheidung zu berücksichtigenden Gesichtspunkte des Vertrauensschutzes einem Widerruf nicht entgegenstehen können.[67]

Der Widerruf erfolgt mit Wirkung für die Zukunft.

27 **cc) § 71 Abs. 3 UVollzG Hamburg – Rücknahme von Einzelfallmaßnahmen.** Nach der Vorschrift ist eine Rücknahme rechtswidriger Maßnahmen für die Zukunft möglich. Rechtswidrig sind Maßnahmen, die die Anstalt bewilligt hat, obwohl die Bewilligungsvoraussetzungen im Bewilligungszeitpunkt nicht vorlagen.

Die Verwaltungsverfahrensgesetze der Länder finden grundsätzlich uneingeschränkt Anwendung zugunsten der Untersuchungsgefangenen. Es gilt das Verschlechterungsverbot.[68]

Von Anfang an unerkannt rechtswidrige Maßnahmen können zurückgenommen werden, wenn auf Seite der Untersuchungsgefangenen kein Vertrauen entstanden ist, das schutzwürdig ist. Dieses verbietet nach den Vorschriften der VwVfGe eine Rücknahme. Ein derartiger Vertrauenstatbestand kann nie dadurch geschaffen werden, dass die Untersuchungsgefangenen selbst vollendete Tatsachen schaffen. Im Gegensatz zum Strafvollzug[69] kann etwa ein nicht geringwertiger Gegenstand, den sich ein Untersuchungsgefangener ohne Zustimmung der Anstalt verschafft hat, nicht auch dann eingezogen werden, wenn er als Haftraumausstattung genehmigt werden könnte. Für eine derartige Beschränkung enthalten die UVollzGe keine Rechtsgrundlage.

28 **j) Justizvollzugsbeauftragter in NRW.** Nordrhein-Westfalen hat zum 1. Januar 2011 die Institution eines unabhängigen „Justizvollzugsbeauftragten des Landes Nordrhein-Westfalen" geschaffen. Dieser Justizvollzugsbeauftragte übernimmt auch die Aufgaben der nordrhein-westfälischen Ombudsperson für den Justizvollzug. Erster Inhaber dieses Amtes ist

67 So die Gesetzesbegründung Hamburg, Bürgerschafts-Drucks. 19/4451, S. 39.
68 Vgl. Kamann in: AK-StVollzG, vor § 108 Rn. 10.
69 So OLG Hamm, ZfStrVo 2002, 309 f.

seitdem Prof. em. Michael Walter von der Universität Köln.[70] Gesetzliche Grundlage ist die Allgemeine Verfügung Nr. 48 AV d. JM vom 13. Dezember 2010 (4400 – IV. 396) (Justizministerialblatt NRW 2011 Nr. 1, S. 3-5).

Der Justizvollzugsbeauftragte ist gemäß Nr. 3 der Verfügung Ansprechpartner für alle vom nordrhein-westfälischen Justizvollzug Betroffenen und zugleich Ombudsperson für den Strafvollzug des Landes Nordrhein-Westfalen" im Sinne des § 97 Abs. 2 JStVollzG NRW (Beschwerderecht, Ombudsperson). Diese Vorschrift sollte nach dem Gesetzentwurf der SPD-Landtagsfraktion für ein UVollzG vom 4. März 2008, LT-Drucks. 14/6327, für die Untersuchungshaft entsprechende Anwendung finden (dort § 41). An den Justizvollzugsbeauftragten kann sich gemäß Nr. 5 Hs. 1 der Verfügung jedermann mit Beschwerden, Anregungen, Beobachtungen und Hinweisen (Eingaben) in Angelegenheiten des Justizvollzugs unmittelbar wenden. Nach Nr. 6 Abs. 1 S. 2 der Verfügung besteht kein Rechtsanspruch darauf, dass er sich mit einer an ihn gerichteten Eingabe befasst. Weitere Befugnisse des Justizvollzugsbeauftragten ergeben sich aus den weiteren Vorschriften der Verfügung.

Mit der Schaffung dieser Stelle einer Ombudsperson ist Nordrhein-Westfalen einerseits Vorreiter bei der Umsetzung der Forderung nach Reformen dahingehend, die gerichtlichen Kontrollmöglichkeiten zu erweitern, die Gefangenen mündlich anzuhören, die rechtliche Ausgestaltung des Verfahrens zu modernisieren und die Mediation einzuführen. Diese Forderung steht vor dem Hintergrund, dass die Erfolgswahrscheinlichkeit von Rechtsbehelfen im Vollzug nach der bisherigen Erfahrung relativ gering war.[71] Andererseits trägt die Schaffung des Justizvollzugsbeauftragten der Nr. 77 der Regeln der Vereinten Nationen zum Schutz von Jugendlichen unter Freiheitsentzug (45/113. UN Rules for the Protection of Juveniles Deprived of their Liberty) Rechnung. Danach soll eine unparteiische Stelle eingerichtet werden (ein sog. Ombudsmann), bei der die Jugendlichen ihre Beschwerden und Anträge einreichen können und die dann den Sachverhalt aufklärt und hilft, eine für die Beteiligten akzeptable Lösung zu erzielen. Die von NRW getroffene Regelung ist also insgesamt sehr zu begrüßen.[72]

II. Der Antrag auf gerichtliche Entscheidung nach § 119 a StPO im Einzelnen

1. Gesetzeswortlaut

§ 119 a StPO 29

(1) [1]Gegen eine behördliche Entscheidung oder Maßnahme im Untersuchungshaftvollzug kann gerichtliche Entscheidung beantragt werden. [2]Eine gerichtliche Entscheidung kann zudem beantragt werden, wenn eine im Untersuchungshaftvollzug beantragte behördliche Entscheidung nicht innerhalb von drei Wochen ergangen ist.

(2) [1]Der Antrag auf gerichtliche Entscheidung hat keine aufschiebende Wirkung. [2]Das Gericht kann jedoch vorläufige Anordnungen treffen.

(3) Gegen die Entscheidung des Gerichts kann auch die für die vollzugliche Entscheidung oder Maßnahme zuständige Stelle Beschwerde erheben.

2. Im Einzelnen. a) **Allgemeines.** § 119 a StPO ist im Zuge der Umsetzung der Föderalismusreform in die StPO eingefügt worden[73] und am 1.1.2010 in Kraft getreten. Die Vorschrift trägt **Art. 19 Abs. 4 S. 1 GG** Rechnung, wonach demjenigen, der durch die öffentliche Gewalt in seinen Rechten verletzt wird, der Rechtsweg offen steht. 30

Das Beschwerderecht im Untersuchungshaftvollzug bedeutet noch keine gerichtliche Überprüfung der beanstandeten Maßnahme, erst mit dem Antrag auf gerichtliche Entscheidung nach § 119 a StPO wird der Rechtsweg beschritten.

70 Vgl. dazu Forum Strafvollzug 1/2011, S. 6.
71 So für den Strafvollzug Calliess/Müller-Dietz, StVollzG, § 108 Rn. 2.
72 Vgl. zu den mit dem Vorhandensein einer Ombudsperson verbundenen Hoffnungen und Erwartungen Rose in: Ostendorf, Jugendstrafvollzugsrecht, 11. Abschnitt, Rn. 8.
73 Durch Gesetz vom 29.7.2009 BGBl. I, 2274.

Neben dem Antrag nach § 119 a StPO stehen den Untersuchungsgefangenen die Rechtsbehelfe und Rechtsmittel zu, von denen jeder Bürger Gebrauch machen kann. Dies sind das Petitionsrecht aus Art. 17 GG sowie bei Grundrechtsverletzungen nach Erschöpfung des Rechtsweges die Verfassungsbeschwerde nach Art. 93 Nr. 4 a GG i.V.m. §§ 90 ff. BVerfGG. Hinzu kommt die Beschwerde an den EGMR nach Art. 34, 35 EMRK, die nach Abschluss des innerstaatlichen Rechtszuges wegen Menschenrechtsverletzungen innerhalb von sechs Monaten eingelegt werden kann. Die Urteile des EGMR sind für die Vertragsstaaten verbindlich, diese sind nach Art. 46 EMRK verpflichtet, sie zu befolgen. Dem hat der deutsche Gesetzgeber Rechnung getragen, indem er für diese Fälle für den Zivilprozess in § 580 Nr. 8 ZPO die Möglichkeit der Wiederaufnahme des Verfahrens im Wege der sog. Restitutionsklage geschaffen hat. Dies gilt auch für den Verwaltungsprozess, in dem nach § 153 VwGO ein rechtskräftig beendetes Verfahren nach den §§ 578 bis 591 ZPO wiederaufgenommen werden kann. Wegen der Ähnlichkeit des Verfahrens nach § 119 a StPO zu den vorgenannten müssen die §§ 578 bis 591 ZPO auf das Verfahren nach § 119 a StPO entsprechend Anwendung finden. Im Erfolgsfall führt die Wiederaufnahme des Verfahrens gemäß § 590 ZPO dazu, dass ein bereits rechtskräftig abgeschlossener Rechtsstreit erneut zur gerichtlichen Verhandlung und Entscheidung zugelassen wird.

31 Im Zuge der **Föderalismusreform** ist nur die Gesetzgebungskompetenz für den Bereich des Untersuchungshaftvollzugs durch die Neufassung von Art. 74 Abs. 1 Nr. 1 GG vom Bund auf die Länder übergegangen. Vom Untersuchungshaftvollzug ist die gerichtliche Überprüfung im Untersuchungshaftvollzug von den Vollzugsanstalten getroffener Maßnahmen zu trennen. Die Gesetzgebungskompetenz bezüglich des Antrags auf gerichtliche Entscheidung nach § 119 a StPO fällt in den Bereich des gerichtlichen Verfahrens, für das dem Bund nach Art. 74 Abs. 1 GG die konkurrierende Gesetzgebungskompetenz obliegt.[74] Nach Art. 72 Abs. 1 GG haben im Bereich der konkurrierenden Gesetzgebung die Länder die Befugnis zur Gesetzgebung, solange und soweit der Bund von seiner Gesetzgebungszuständigkeit nicht durch Gesetz Gebrauch gemacht hat. Wenn und soweit der Bundesgesetzgeber von seiner Gesetzgebungskompetenz wirksam Gebrauch macht, erlischt die bis dahin bestehende Länderkompetenz, so dass bereits erlassene Ländergesetze nichtig werden, d.h. im Rechtssinne nicht existent sind.[75] Dies gilt sogar dann, wenn Bundes- und Landesgesetz inhaltsgleich sind.[76] Der Bundesgesetzgeber hat von seiner Gesetzgebungskompetenz in Bezug auf die gerichtliche Entscheidung über die Rechtmäßigkeit einer Entscheidung oder Maßnahme im Untersuchungshaftvollzug mit § 119 a StPO Gebrauch gemacht. Damit steht den Landesgesetzgebern insoweit keine Gesetzgebungskompetenz zu. Dem haben die Landesgesetzgeber bis auf Niedersachsen Rechnung getragen. Die niedersächsische Regelung in §§ 167, 168 NJVollzG ist mangels Gesetzgebungskompetenz des Landesgesetzgebers verfassungswidrig und nichtig.

In den Gesetzen von **Ba-Wü** (§ 68 Abs. 4 JVollzGB II Ba-Wü) und **Brandenburg**(§ 65 Abs. 3 UVollzG Brandenburg) wird das geschilderte Verhältnis der Gesetzgebungskompetenzen ausdrücklich erwähnt. In Ba-Wü betont § 68 Abs. 4 JVollzGB II Ba-Wü , dass das Beschwerderecht der Untersuchungsgefangenen die bundesrechtlichen Vorschriften über den gerichtlichen Rechtsschutz, also §§ 119 a und 304 ff. StPO, unberührt lässt. Das Land wäre zur Regelung des Rechtsmittelverfahrens mangels Gesetzgebungskompetenz auch nicht befugt.[77] In der **nordrhein-westfälischen** Gesetzesbegründung findet sich der Hinweis, dass der Entwurf keine Regelungen zum gerichtlichen Rechtsschutz der Untersuchungsgefangenen enthalte, weil dieser dem Gebiet des gerichtlichen Verfahrens zuzuordnen sei und damit eine

74 Vgl. etwa Krauß in: BeckOK-StPO, § 119 a Rn. 4; Gesetzesbegründung, BT-Drucks. 16/11644, S. 31.

75 Anders Krauß in: BeckOK-StPO, § 119 a Rn. 7, der davon ausgeht, dass von der Zuständigkeitsregelung in § 119 a StPO abweichende landesrechtliche Regelungen wegen der Gesetzgebungskompetenz des Bundes lediglich „außer Betracht bleiben“.

76 BVerfGE 109, 190 (230) = NJW 2004, 750 (755) „Bayerisches Straftäterunterbringungsgesetz“; Seiler in: BeckOK-GG, Art. 72 Rn. 3.

77 So die Gesetzesbegründung, Ba-Wü, LT-Drucks. 14/5012, S. 203.

Gesetzgebungszuständigkeit der Länder nicht bestehe.[78] Auch **Hessen** weist in der Begründung zu § 42 UVollzG Hessen auf das oben Ausgeführte hin.[79] Die anderen Länder gehen auf die Frage weder in ihren Gesetzen noch in den Gesetzesbegründungen ausdrücklich ein.

§ 119 a Abs. 1 S. 1 StPO lehnt sich an § 119 Abs. 5 StPO a.F. an, der den Rechtsschutz gegen 32
untersuchungshaftvollzugsrechtliche Beschränkungen für den Beschuldigten regelte.[80] Mit der Regelung des § 119 a Abs. 1 S. 1 StPO ist die subsidiär vorgesehene Anfechtungsmöglichkeit nach § 23 Abs. 1 S. 2 EGGVG vor den Oberlandesgerichten verdrängt, § 23 Abs. 3 EGGVG.[81] Die Regelung des § 119 a StPO soll qualitativ nicht gleichwertig zu § 23 EGGVG sein, aber zu einer deutlich schnelleren Entscheidung führen.[82]

b) Antragsgegenstand. Die Regelung des § 119 a StPO eröffnet ein Rechtsmittel gegen Ent- 33
scheidungen der Justizvollzugsanstalten, die sich auf die Gestaltung des Untersuchungshaftvollzuges beziehen oder zur Gewährleistung von Sicherheit oder Ordnung der Anstalt getroffen werden.[83] Wendet sich der Untersuchungsgefangene gegen eine ihm nach § 119 Abs. 1, 2 StPO vom Haftgericht auferlegte Beschränkung, richtet sich der Rechtsschutz nach § 119 Abs. 5 StPO.[84]

aa) Behördliche Entscheidung oder Maßnahme im Untersuchungshaftvollzug. Gegenstand 34
des Antrags auf gerichtliche Entscheidung können die Überprüfung von Entscheidungen, also Maßnahmen mit rechtlicher Wirkung, sowie von schlichten Maßnahmen, d.h. Realakte, sein. Der Begriff der Maßnahme erfasst jedes Handeln der Vollzugsbehörde, das im Einzelfall auf die Gestaltung der Lebensverhältnisse in der Anstalt gerichtet ist.[85] Damit sind Anträge in Form eines Anfechtungs-, Vornahme-, Unterlassungs- oder Fortsetzungsfeststellungsantrags möglich und als allgemeine Feststellungs- sowie Untätigkeitsanträge. Mangels Gesetzgebungskompetenz und damit wegen fehlender Zuständigkeit der Gerichte sind Verpflichtungsanträge nicht zulässig.[86]

1) Anfechtungsantrag. Zunächst einmal ist ein **Anfechtungsantrag** statthaft, mit dem die 35
Untersuchungsgefangenen Rechtsschutz gegen alle Beschränkungen suchen können, die ihnen die Vollzugsanstalt auferlegt.[87] Damit ist der Antrag auf gerichtliche Entscheidung z.B. statthaft gegen alle Maßnahmen nach den Abschnitten „Unterbringung und Versorgung der Untersuchungsgefangenen“, „Arbeit, Bildung, Freizeit“, „Religionsausübung“, „Besuche, Schriftwechsel, Telefongespräche und Pakete“, „Sicherheit und Ordnung“, „Unmittelbarer Zwang“, „Disziplinarmaßnahmen“, die Vorschrift „Auskunft an die Betroffenen, Akteneinsicht“ aus dem Abschnitt „Datenschutz“. Gegen die anderen Bestimmungen in den UVollzGen, etwa in Bezug auf die Organisation der Anstalt, wird regelmäßig kein Interesse der Untersuchungsgefangenen an der Stellung des Antrags nach § 119 a StPO bestehen, andernfalls ist die Frage der Antragsbefugnis zu klären.

78 Gesetzesbegründung NRW, LT-Drucks. 14/8631, S. 82.
79 Hessen, LT-Drucks. 18/1396, S. 149.
80 Dazu auch Harms Forum Strafvollzug 2009, 13, (16).
81 Vgl. OLG Jena, 23.8.2010, Az. 1 Ws 296/10.
82 Paeffgen GA 2009, 450 (458 f.).
83 OLG Stuttgart, 14.2.2011, Az. 4 Ws 10/2011; OLG Jena, 23.8.2010, Az. 1 Ws 296/10.
84 Krauß in: BeckOK-StPO, § 119 a Rn. 6.
85 Ähnlich Wiesneth, Die Untersuchungshaft, Rn. 388.
86 Die nachfolgenden Muster für die Anträge orientieren sich an denen von Kamann/Volckart in: AK-StVollzG, Exkurs nach § 109.
87 Vgl. die Vorschriften zur Stellung der Untersuchungsgefangenen im Untersuchungshaftvollzug: § 2 JVollzGB II Ba-Wü und § 4 der Gesetze der 12er-Gruppe.

36 **Muster für einen Anfechtungsantrag**[88]

An das Ort, Datum

... (Gericht)
... (Straße, Hausnummer)
... (Postleitzahl, Ort)

Antrag auf gerichtliche Entscheidung

des... (Vorname, Name)
Adresse (JVA ...)
- Antragsteller -
gegen
die Justizvollzugsanstalt ...
- Antragsgegnerin -
Hiermit stelle ich Antrag auf gerichtliche Entscheidung und beantrage,
die Entscheidung der Antragsgegnerin vom ... aufzuheben.

Begründung:

Ich befinde mich seit dem ... aufgrund des Haftbefehls des Amtsgerichts ... vom ..., Az. ..., in Untersuchungshaft, die bei der Antragsgegnerin vollzogen wird.

Am ... entschied die Antragsgegnerin, mir die Ausgabe 2/2011 der Zeitschrift „Visier – Das internationale Waffenmagazin" vorzuenthalten. Ich beziehe diese Zeitschrift seit Beginn des Vollzuges der gegen mich verhängten Untersuchungshaft wie zuvor in Freiheit im Abonnement.

Die Vorenthaltung ist rechtswidrig und verletzt mich in meinem Recht auf Zeitschriftenbezug im Untersuchungshaftvollzug und nicht zuletzt in meinem Grundrecht auf Informationsfreiheit aus Art. 5 Abs. 1 GG. In der Ausgabe sind keine Berichte enthalten, die geeignet wären, die Sicherheit oder Ordnung der Anstalt zu gefährden. Auch ist die Vorenthaltung nicht zur Umsetzung einer verfahrenssichernden Anordnung erforderlich. Dies habe ich gegenüber der Anstalt mit Schreiben vom ... geltend gemacht. Der Anstaltsleiter hat mir daraufhin mit Schreiben vom ... mitgeteilt, die Vorenthaltung sei rechtmäßig und werde daher aufrechterhalten.

Daher ist der Antrag nach § 119 a StPO geboten.

...

Unterschrift des Antragstellers

37 2) **Antrag auf Bescheidung.** Lehnt die Anstalt die Beantwortung einer Beschwerde i.S.d. Vorschrift über das Beschwerderecht in den UVollzGen ausdrücklich oder stillschweigend ab, können die Untersuchungsgefangenen über § 119 a Abs. 1 S. 2 StPO einen **Vornahmeantrag** stellen, der sich allerdings allein auf Bescheidung ihrer Beschwerde richten kann. In dieselbe Richtung geht das Petitionsrecht aus Art. 17 GG, das dem Beschwerdeführer ein einklagbares Recht auf Beantwortung einer Eingabe durch die zuständige Stelle, regelmäßig die Petitionsausschüsse des Bundestages bzw. der Länder, gibt. Die Beantwortung darf sich nicht auf eine bloße Empfangsbestätigung beschränken, sondern muss zumindest die Kenntnisnahme von ihrem Inhalt und die Art ihrer Erledigung mitteilen.[89] Indes genügt es, wenn die Anstalt in einem Bescheid an den Beschwerdeführer das Ergebnis der sachlichen Prüfung mitteilt und in der Begründung lediglich ausführt, die beanstandete Entscheidung stimme mit der Sach- und Rechtslage überein.[90]

---

88 Hierzu Fn. 85.
89 BVerwG NJW 1976, 637 (638).
90 VG Hannover, Nds. Rpfl. 1987, 220; so für den Strafvollzug Schuler/Laubenthal in: Schwind/Böhm/Jehle/Laubenthal, StVollzG, § 108 Rn. 13.

Muster für einen Antrag auf Bescheidung[91] 38

An das Ort, Datum

... (Gericht)
... (Straße, Hausnummer)
... (Postleitzahl, Ort)

Antrag auf gerichtliche Entscheidung

des... (Vorname, Name)
Adresse (JVA ...)
- Antragsteller -
gegen
die Justizvollzugsanstalt ...
- Antragsgegnerin -
Hiermit stelle ich Antrag auf gerichtliche Entscheidung und beantrage,
die Antragsgegnerin zu verpflichten, meine Beschwerde/meinen Antrag vom ... zu bescheiden.

Begründung:

Ich befinde mich seit dem ... aufgrund des Haftbefehls des Amtsgerichts ... vom ..., Az. ..., in Untersuchungshaft, die bei der Antragsgegnerin vollzogen wird.

Am ... entschied die Antragsgegnerin, mir die Ausgabe 2/2011 der Zeitschrift „Visier – Das internationale Waffenmagazin", die ich seit Beginn des Vollzuges der gegen mich verhängten Untersuchungshaft wie zuvor in Freiheit im Abonnement beziehe, vorzuenthalten. Ich habe dagegen von meinem Beschwerderecht nach dem UVollzG Gebrauch gemacht und gegenüber dem Anstaltsleiter mit Schreiben vom ... geltend gemacht, die Vorenthaltung sei rechtswidrig und verletze mich in meinem Recht auf Zeitschriftenbezug und nicht zuletzt in meinem Grundrecht auf Informationsfreiheit aus Art. 5 Abs. 1 GG. In der Ausgabe sind keine Berichte enthalten, die geeignet wären, die Sicherheit oder Ordnung der Anstalt zu gefährden. Auch ist die Vorenthaltung nicht zur Umsetzung einer verfahrenssichernden Anordnung erforderlich.

Die Anstalt hat auf meine Beschwerde nicht schriftlich reagiert, lediglich hat ein Vollzugsbediensteter mir beiläufig gesagt, die Anstalt nehme meine querulatorischen Schreiben nicht länger zur Kenntnis.

Daher ist der Antrag nach § 119 a StPO geboten.

...

Unterschrift des Antragstellers

3) **Unterlassungsantrag.** Der Antrag kann nicht nur auf Anfechtung einer Maßnahme oder Bescheidung einer Beschwerde nach dem Beschwerderecht der UVollzGe gerichtet werden, sondern auch auf **Unterlassung.** Ein **Unterlassungsantrag** ist angezeigt, wenn hinsichtlich einer rechtswidrigen Maßnahme Wiederholungsgefahr besteht.[92] Hierbei ist zu beachten, dass gerichtlicher Rechtsschutz regelmäßig nur nachträglich gewährt wird, der Betroffene also erst eine entsprechende Maßnahme abzuwarten hat. Etwas anderes gilt nur in dem absoluten Ausnahmefall, dass mit der Maßnahme vollendete Tatsachen und irreparable Folgen herbeigeführt würden. Nur dann besteht ein entsprechendes besonderes Rechtsschutzbedürfnis für einen vorbeugenden Rechtsschutz, der häufig im Wege eines Antrags auf Erlass einer vorläufigen Anordnung gesucht wird.[93] Ein solches besonderes Rechtsschutzbedürfnis besteht auch, wenn hinsichtlich einer rechtswidrigen Maßnahme Wiederholungsgefahr besteht.[94] 39

91 Hierzu Fn. 85.
92 Wiesneth, Die Untersuchungshaft, Rn. 393.
93 Vgl. Kuhla in: BeckOK-VwGO, § 123 Rn. 43 ff.
94 Wiesneth, Die Untersuchungshaft, Rn. 393.

40 **Muster für einen Unterlassungsantrag**[95]

An das Ort, Datum

... (Gericht)
... (Straße, Hausnummer)
... (Postleitzahl, Ort)

Antrag auf gerichtliche Entscheidung

des... (Vorname, Name)
Adresse (JVA ...)
- Antragsteller -
gegen
die Justizvollzugsanstalt ...
- Antragsgegnerin -
Hiermit stelle ich Antrag auf gerichtliche Entscheidung und beantrage,
der Antragsgegnerin aufzugeben, es zu unterlassen, von mir wöchentlich eine Urinprobe zu nehmen.

Begründung:

Ich befinde mich seit dem ... aufgrund des Haftbefehls des Amtsgerichts ... vom ..., Az. ..., in Untersuchungshaft, die bei der Antragsgegnerin vollzogen wird.

Am ... entschied die Antragsgegnerin, von mir einmal wöchentlich eine Urinprobe zu verlangen, um einem Betäubungsmittelmissbrauch entgegenzuwirken.

Ich habe dagegen von meinem Beschwerderecht nach dem UVollzG Gebrauch gemacht und gegenüber dem Anstaltsleiter mit Schreiben vom ... geltend gemacht, dass ich keine Betäubungsmittel konsumiere. Die Anstalt hat meine Beschwerde für unbegründet erklärt und ausgeführt, die Maßnahme sei unerlässlich, da eine schwerwiegende Gefahr für meine Gesundheit bestehe.

Die Maßnahme verletzt mich in meinem Grundrecht auf allgemeine Handlungsfreiheit aus Art. 2 Abs. 1 GG, daher ist der Antrag nach § 119 a StPO geboten.

...

Unterschrift des Antragstellers

41 4) **Fortsetzungsfeststellungsantrag.** Hat sich eine Entscheidung der Anstalt vor Antragstellung auf gerichtliche Entscheidung oder nach Antragstellung, jedoch vor der gerichtlichen Entscheidung bereits erledigt, etwa indem eine angeordnete Disziplinarmaßnahme bereits vollstreckt wurde, gelten die allgemeinen Grundsätze des Rechtsschutzes im Erledigungsfall gemäß der Rechtsprechung des Bundesverfassungsgerichts.[96] Der Antrag nach § 119 a StPO ist dann auf Feststellung der Rechtswidrigkeit zu richten bzw. ein bereits gestellter Antrag entsprechend umzustellen.

42 **Muster für einen Fortsetzungsfeststellungsantrag**[97]

An das Ort, Datum

... (Gericht)
... (Straße, Hausnummer)
... (Postleitzahl, Ort)

Antrag auf gerichtliche Entscheidung

des... (Vorname, Name)
Adresse (JVA ...)
- Antragsteller -

95 Hierzu Fn. 85.
96 Gesetzesbegründung, BT-Drucks. 16/11644, S. 32 mit Verweis auf BVerfGE 96, 27.
97 Hierzu Fn. 85.

gegen
die Justizvollzugsanstalt ...
- Antragsgegnerin -
Hiermit stelle ich Antrag auf gerichtliche Entscheidung und beantrage,
festzustellen, dass die Entscheidung der Antragsgegnerin vom ... rechtswidrig war.

Begründung:

Ich befinde mich seit dem ... aufgrund des Haftbefehls des Amtsgerichts ... vom ..., Az. ..., in Untersuchungshaft, die bei der Antragsgegnerin vollzogen wird.

Am ... entschied die Antragsgegnerin, mir die Ausgabe 2/2011 der Zeitschrift „Visier – Das internationale Waffenmagazin", die ich seit Beginn des Vollzuges der gegen mich verhängten Untersuchungshaft wie zuvor in Freiheit im Abonnement beziehe, vorzuenthalten. Die Vorenthaltung ist rechtswidrig und verletzt mich in meinem Recht auf Zeitschriftenbezug und nicht zuletzt in meinem Grundrecht auf Informationsfreiheit aus Art. 5 Abs. 1 GG. In der Ausgabe sind keine Berichte enthalten, die geeignet wären, die Sicherheit oder Ordnung der Anstalt zu gefährden. Auch ist die Vorenthaltung nicht zur Umsetzung einer verfahrenssichernden Anordnung erforderlich. Dies habe ich gegenüber der Anstalt mit Schreiben vom ... geltend gemacht. Der Anstaltsleiter hat mir daraufhin mit Schreiben vom ... mitgeteilt, die Anstalt habe die Zeitschrift bereits vernichtet, so handele sie in derartigen Fällen immer.

Damit sich das gezeigte Verhalten der Anstalt nicht wiederholt, ist der Antrag nach § 119 a StPO geboten.

...

Unterschrift des Antragstellers

5) **Allgemeiner Feststellungsantrag.** Handelt es sich bei der erledigten Maßnahme um eine schlichte Maßnahme mit rein tatsächlicher Wirkung, etwa die Durchsuchung des Haftraumes, ist ein allgemeiner Feststellungsantrag zu stellen. 43

Muster für einen allgemeinen Feststellungsantrag[98] 44

An das Ort, Datum

... (Gericht)
... (Straße, Hausnummer)
... (Postleitzahl, Ort)

Antrag auf gerichtliche Entscheidung

des... (Vorname, Name)
Adresse (JVA ...)
- Antragsteller -
gegen
die Justizvollzugsanstalt ...
- Antragsgegnerin -
Hiermit stelle ich Antrag auf gerichtliche Entscheidung und beantrage,
festzustellen, dass die Durchsuchung meiner Zelle am ... rechtswidrig war.

Begründung:

Ich befinde mich seit dem ... aufgrund des Haftbefehls des Amtsgerichts ... vom ..., Az. ..., in Untersuchungshaft, die bei der Antragsgegnerin vollzogen wird.

Am ... durchsuchten drei Bedienstete der Antragsgegnerin nach einer kurzen verbalen Auseinandersetzung mit mir meinen Haftraum und richteten dabei ein totales Chaos an.

Die Durchsuchung war rechtswidrig und verletzt mich in meinem Recht, keine Beschränkungen auferlegt zu bekommen, die nicht unerlässlich sind. Gleichzeitig verletzt sie mich in meinem allgemeinen Persönlichkeitsrecht aus Art. 2 Abs. 1, 1 Abs. 1 GG. Die Durchsuchung verletzt den Grund-

98 Hierzu Fn. 85.

satz der Verhältnismäßigkeit, an dem sich grundrechtsrelevante Maßnahmen orientieren müssen. Sie war nicht zur Aufrechterhaltung der Sicherheit, zur Abwehr einer schwerwiegenden Störung der Ordnung der Anstalt oder zur Umsetzung einer verfahrenssichernden Anordnung unerlässlich Es lagen keine Anhaltspunkte vor, dass ich in meinem Haftraum verbotene Gegenstände haben könnte.

Ich befürchte, die Vollzugsbediensteten könnten eine derartige Durchsuchung jederzeit wieder vornehmen. Daher ist der Antrag nach § 119 a StPO geboten.

...

Unterschrift des Antragstellers

45 **bb) Untätigkeit der Behörde.** § 119 a Abs. 1 S. 2 StPO besagt, dass eine gerichtliche Entscheidung zudem beantragt werden kann, wenn eine von einem Untersuchungsgefangenen beantragte Entscheidung der Anstalt nicht innerhalb von drei Wochen ergangen ist. Nach der Gesetzesbegründung hat die im Vergleich zu § 113 StVollzG (dort: drei Monate) kürzere Frist ihre Grundlage in der Unschuldsvermutung, nach der den Untersuchungsgefangenen nur zwingend notwendige Beschränkungen auferlegt werden dürfen und über die Erforderlichkeit einer Beschränkung in angemessener Frist zu entscheiden ist, sowie in der Tatsache, dass die Untersuchungshaft oftmals nach drei Monaten bereits wieder beendet ist.[99]

Verfassungsrechtlich unzulässig ist die Vornahme einer konkreten Maßnahme durch das Gericht selbst oder die gerichtliche Verpflichtung der Anstalt zum Erlass einer bestimmten Maßnahme. Dies wäre etwa der Fall in Bezug auf die Gestattung der wahlärztlichen Behandlung (§ 30 Abs. 1 S. 1 JVollzGB II Ba-Wü) oder die Zulassung zu Gottesdiensten (z.B. gemäß § 23 Abs. 2 JVollzGB II Ba-Wü).

An dieser Stelle wird wiederum die Aufspaltung der Gesetzgebungskompetenz zwischen Bund und Ländern relevant. Der Bund hat nicht die Kompetenz, den Vollzug der Untersuchungshaft zu regeln. Dies führt dazu, dass § 119 a StPO den Vollzugsanstalten nicht vorschreiben kann, wie sie den Untersuchungshaftvollzug auszugestalten haben. Die Gerichte dürfen daher im Falle der Untätigkeit der Vollzugsanstalten in Bezug auf die Bescheidung einer Beschwerde der Untersuchungsgefangenen gegenüber den Anstalten nicht die Verpflichtung aussprechen, in einer bestimmten Weise zu handeln. Sie dürfen die Anstalten lediglich dazu verpflichten, die Beschwerde eines Untersuchungsgefangenen überhaupt zu bescheiden. Der Antrag ist also genauso zu formulieren wie der Vornahmeantrag (siehe Rn. 37).

Verfassungswidrig wäre es auch, den Anstalten über § 119 a StPO eine bestimmte Entscheidungsfrist vorzuschreiben, da die Frist für eine Entscheidung der Vollzugsanstalten nicht dem „gerichtlichen Verfahren" unterfällt, sondern das „Recht des Untersuchungshaftvollzugs" betrifft, das von den Ländern zu regeln ist (Art. 74 Abs. 1 Nr. 1 GG, Art. 70 GG). Eine Bundeskompetenz ergibt sich auch nicht kraft Sachzusammenhangs als Annexkompetenz.[100] Die gerichtliche Entscheidung über eine behördliche Entscheidung oder Maßnahme im Untersuchungshaftvollzug, also deren Überprüfung in rechtlicher Hinsicht, steht in keinerlei Zusammenhang mit der von den Vollzugsanstalten bei der Entscheidung über Anträge der Untersuchungsgefangenen einzuhaltenden Frist. Die Frist, innerhalb derer die Anstalt eine Entscheidung zu treffen hat, kann völlig unabhängig von der Ausgestaltung des Antrags auf gerichtliche Entscheidung nach § 119 a StPO geregelt werden. Das Übergreifen von § 119 a Abs. 1 S. 2 StPO auf die Landeskompetenz in Bezug auf die Vorgabe einer Entscheidungsfrist ist also keineswegs unerlässliche Voraussetzung für die Regelung des gerichtlichen Verfahrens zur Überprüfung von Maßnahmen der Vollzugsanstalten.[101]

Im Hinblick auf den Beschleunigungsgrundsatz ist eine schnellstmögliche Entscheidung der Anstalten über Beschwerden der Untersuchungsgefangenen allerdings begrüßenswert, so dass die Landesgesetzgeber sie in ihre Landesgesetze aufnehmen sollten.

99 BT-Drucks. 16/11644, S. 32.
100 So auch Paeffgen in: SK-StPO, § 119 a Rn. 10.
101 Vgl. zur Kompetenz kraft Sachzusammenhanges BVerfG NJW 2003, 41 (44).

c) **Erlass vorläufiger Anordnungen.** Nach § 119 a Abs. 2 S. 1 StPO hat der Antrag auf gerichtliche Entscheidung keine aufschiebende Wirkung. Das bedeutet, dass von der Vollzugsanstalt angeordnete Maßnahmen, die den Betroffenen belasten, sofort umgesetzt bzw. vollstreckt werden können. Um dies zu verhindern, kann das Gericht gemäß § 119 a Abs. 2 S. 2 StPO vorläufige Anordnungen treffen. Eine vorläufige Anordnung kann auch beantragt werden, um eine bei der Vollzugsbehörde beantragte, auch nach drei Wochen noch nicht ergangene Entscheidung vorläufig herbeizuführen, wobei wiederum das Gericht die Ausgestaltung nicht vorschreiben darf. 46

Ein Antrag auf Erlass einer vorläufigen Anordnung empfiehlt sich mithin immer, wenn mit sofortiger Wirkung gegen eine Maßnahme der Anstalt vorgegangen (ihre Umsetzung also verhindert) oder ihre Ablehnung sofort für rechtswidrig erklärt werden soll, um auf veränderter Grundlage einen neuen Antrag an die Anstalt stellen zu können, denn vor der abschließenden Klärung der Angelegenheit erfolgt erst einmal eine Aufklärung des Sachverhalts, bei der den Beteiligten die Möglichkeit zur Stellungnahme gewährt wird, so dass bis zur gerichtlichen Entscheidung in der Hauptsache geraume Zeit vergehen kann. Eine vorläufige Anordnung zeichnet sich regelmäßig durch eine zeitliche Befristung aus (etwa „bis zur Entscheidung in der Hauptsache“). Der Bundesgesetzgeber verkennt die Gesetzgebungskompetenzen, wenn er davon ausgeht, dass das Gericht im Wege einer vorläufigen Anordnung auch mildere Maßnahmen anordnen kann.[102]

§ 119 a Abs. 2 StPO entspricht der Regelung, die für den allgemeinen Antrag auf gerichtliche Entscheidung gegen Justizverwaltungsakte (§ 29 Abs. 2 EGGVG i.V.m. § 307 Abs. 1 StPO) und für den strafvollzugsrechtlichen Antrag auf gerichtliche Entscheidung (§ 114 Abs. 1 StVollzG) gilt.[103]

Der Vollzug der Untersuchungshaft stellt Sonderordnungsrecht dar, ist also ein besonderer Teil des Verwaltungsrechts.[104] Damit finden auf den Antrag nach § 119 a StPO ergänzend die Grundsätze der §§ 80 Abs. 5 und 123 VwGO Anwendung. Nach diesen Vorschriften können vorläufige Anordnungen nicht unmittelbar Regelungen treffen, die nur durch Verwaltungsakt erfolgen können.[105] Grundsätzlich gilt auch im Rahmen von § 119 a Abs. 2 StPO das Verbot der Vorwegnahme der Hauptsache („vorläufige“ Anordnungen). Das Gericht kann demnach keine Anordnungen erlassen, die selbst bzw. deren Folgen aus rechtlichen oder tatsächlichen Gründen auch nach der Hauptsacheentscheidung nicht mehr rückgängig gemacht werden können. Eine Ausnahme hiervon ist zu machen, wenn die gerichtliche Anordnung zur Gewährung effektiven Rechtsschutzes schlechterdings notwendig ist, das heißt, wenn die sonst zu erwartenden Nachteile für den Antragsteller unzumutbar und im Hauptsacheverfahren nicht mehr zu beseitigen wären und der Antrag mit hoher Wahrscheinlichkeit auch in der Hauptsache erfolgreich sein wird.[106]

Eine vorläufige Anordnung kann auch auf Unterlassung gerichtet begehrt werden.

d) Antrag auf Erlass einer vorläufigen Anordnung[107]

Muster für den Antrag auf Erlass einer vorläufigen Anordnung 47

An das — Ort, Datum

... (Gericht)
... (Straße, Hausnummer)
... (Postleitzahl, Ort)

102 BT-Drucks. 16/11644, S. 32; ebenso Krauß in: Beck-OK-StPO, § 119 a Rn. 9.
103 So die Gesetzesbegründung, BT-Drucks. 16/11644, S. 32.
104 Vgl. Paeffgen in: SK-StPO, § 119 a Rn. 3.
105 Vgl. Kopp/Schenke, VwGO, § 123 Rn. 10.
106 Vgl. Kopp/Schenke, VwGO, § 123 Rn. 14.
107 Hierzu Fn. 85.

Antrag auf Erlass einer vorläufigen Anordnung

des... (Vorname, Name)

Adresse (JVA ...)

- Antragsteller -

gegen

die Justizvollzugsanstalt ...

- Antragsgegnerin -

Hiermit stelle ich Antrag auf gerichtliche Entscheidung und beantrage,

der Antragsgegnerin im Wege einer vorläufigen Anordnung aufzugeben, es bis zur Entscheidung in der Hauptsache zu unterlassen, von mir wöchentlich eine Urinprobe zu nehmen.

Begründung:

Ich befinde mich seit dem ... aufgrund des Haftbefehls des Amtsgerichts ... vom ..., Az. ..., in Untersuchungshaft, die bei der Antragsgegnerin vollzogen wird. Ich habe zuvor regelmäßig große Mengen Ecstasy konsumiert.

Am ... entschied die Antragsgegnerin, von mir einmal wöchentlich eine Urinprobe zu verlangen, um einem weiteren Betäubungsmittelmissbrauch entgegenzuwirken. Ich habe dagegen von meinem Beschwerderecht nach dem UVollzG Gebrauch gemacht und gegenüber dem Anstaltsleiter mit Schreiben vom ... geltend gemacht, dass ich keine Betäubungsmittel mehr konsumiere. Die Anstalt hat meine Beschwerde für unbegründet erklärt und ausgeführt, die Maßnahme sei unerlässlich, da eine schwerwiegende Gefahr für meine Gesundheit bestehe.

Die Maßnahme verletzt mich in meinem Grundrecht auf allgemeine Handlungsfreiheit aus Art. 2 Abs. 1 GG, daher ist der Antrag nach § 119 a StPO geboten.

...

Unterschrift des Antragstellers

48 e) **Antragsbefugnis.** Der Antragsteller muss durch die behördliche Entscheidung oder Maßnahme im Bereich des Untersuchungshaftvollzuges beschwert sein. Das Erfordernis der Beschwer ist – wie bei den anderen Rechtsbehelfen und Rechtsmitteln der StPO – eine (ungeschriebene) Zulässigkeitsvoraussetzung.[108] Beschwert ist, wer durch die Entscheidung oder Maßnahme in seinem Recht verletzt, d.h. in seinem Persönlichkeitsrecht, Vermögen oder in einem sonstigen Recht in sachlich-rechtlicher oder verfahrensrechtlicher Art beeinträchtigt ist. Dritte, die beschwert sind, z.B. durch die Verweigerung einer Besuchserlaubnis, können ebenfalls einen Antrag auf gerichtliche Entscheidung stellen.[109] Die Rechtsverletzung muss für die Antragsbefugnis lediglich möglich erscheinen; ob sie tatsächlich gegeben ist, ist eine Frage der Begründetheit des Antrags.

49 f) **Form, Frist, Rechtsschutzbedürfnis.** Der Antrag nach § 119 a Abs. 1 S. 1 StPO ist, im Gegensatz zur Parallelregelung für den Strafvollzug in § 112 StVollzG, nicht fristgebunden. Jedoch kann das Antragsrecht verwirkt werden, wenn der Betroffene zwischen Kenntniserlangung von der Maßnahme und der Antragstellung eine lange Zeit verstreichen lässt.[110] Er verlangt keine besondere Antragstellung oder Begründung und kann schriftlich oder zu Protokoll der Geschäftsstelle eingelegt werden.[111] Der Antrag muss eine aus sich heraus verständliche Darstellung enthalten und erkennen lassen, durch welche Maßnahme der Vollzugsbehörde der Betroffene sich in seinen Rechten verletzt fühlt. Das Rechtsschutzbegehren darf nicht an Förmlichkeiten scheitern. Es besteht eine Fürsorgepflicht des Gerichts, den Antragsteller auf Mängel hinzuweisen und ihm Gelegenheit zu geben, ergänzend vorzutragen.[112]

108 Gesetzesbegründung, BT-Drucks. 16/11644, S. 31.

109 BGHSt 27, 175 zum Beschwerderecht.

110 Wiesneth, Die Untersuchungshaft, Rn. 393; zur Verwirkung statt vieler Meissner in: Schoch/Schmidt-Aßmann/Pietzner, VwGO, § 74 Rn. 49.

111 OLG Stuttgart, 14.2.2011, Az. 4 Ws 10/2011.

112 Wiesneth, Die Untersuchungshaft, Rn. 391.

Für den Antrag auf gerichtliche Entscheidung kann das Rechtsschutzbedürfnis fehlen, wenn über einen identischen Antrag schon einmal entschieden wurde und sich die Sachlage seitdem nicht verändert hat.[113] Des Weiteren besteht nach allgemeinen Grundsätzen kein Rechtsschutzbedürfnis, wenn der Antragsteller sein Begehren auf anderem Wege schneller und leichter durchsetzen kann.[114] So besteht i.d.R. kein Rechtsschutzbedürfnis, wenn der Betroffene zuvor nicht einen entsprechenden Antrag an die Vollzugsanstalt gestellt hat.[115] Ausnahmsweise kann ein ursprünglich unzulässiger Antrag zulässig werden, wenn die Behörde im gerichtlichen Verfahren den geltend gemachten Anspruch verneint. Für eine sofortige Inanspruchnahme gerichtlichen Rechtsschutzes ist ein Rechtsschutzbedürfnis auch dann gegeben, wenn nach der Sachlage nicht damit zu rechnen ist, dass die Anstalt dem Anliegen des Betroffenen entsprechen wird.[116]

Hat sich die behördliche Entscheidung oder faktische Maßnahme bereits vor dem Antrag auf gerichtliche Entscheidung oder vor der gerichtlichen Entscheidung erledigt, so hat bei einem entsprechenden (Fortsetzungs-)Feststellungsinteresse gleichwohl eine gerichtliche Entscheidung zu erfolgen. Insoweit finden die allgemeinen Grundsätze des Rechtsschutzes im Erledigungsfall Anwendung.[117] Das bedeutet, ein Rechtsschutzbedürfnis besteht bei Wiederholungsgefahr, Rehabilitationsinteresse sowie für die Vorbereitung eines Amtshaftungsprozesses.

Ein Rechtsschutzbedürfnis für einen Antrag, der auf vorbeugenden Rechtsschutz abzielt, ist nur im Ausnahmefall gegeben. Generell wird gerichtlicher Rechtsschutz nur nachträglich gewährt, der Betroffene hat also erst eine entsprechende Maßnahme abzuwarten. Etwas anderes gilt nur in dem absoluten Ausnahmefall, dass mit der Maßnahme vollendete Tatsachen und irreparable Folgen herbeigeführt würden. Nur dann besteht ein entsprechendes besonderes Rechtsschutzbedürfnis für vorbeugenden Rechtsschutz durch Erlass einer vorläufigen Anordnung.[118]

g) **Antragsgegner.** Antragsgegner ist die handelnde Behörde, also regelmäßig die Anstalt, 50
vertreten durch den Anstaltsleiter.[119]

h) **Zuständiges Gericht.** Zuständig für die Entscheidung über den Antrag ist das nach § 126 51
StPO zuständige Gericht. Dies ist vor Erhebung der öffentlichen Klage das Gericht, das den Haftbefehl erlassen hat (§ 126 Abs. 1 StPO) und nach Anklageerhebung jeweils das Gericht, das gerade mit der Sache befasst ist, § 126 Abs. 2 StPO.

Zuständig für die Entscheidung ist also nach § 126 Abs. 1 S. 1 StPO zunächst der Haftrichter. Diese Zuständigkeitsregelung kann dazu führen, dass das Haftgericht das Landesrecht eines anderen Bundeslandes anwenden muss, sofern der Beschuldigte in einem anderen Bundesland inhaftiert ist. Diese Regelung zielt darauf ab, dass dem Gericht der Sachverhalt aus der Ermittlungsakte bereits vertraut ist und sich nicht erst ein neues Gericht in die Sache einlesen muss. So besteht nicht die Gefahr von Informationsverlusten bei der Übermittlung.[120]

i) **Die Entscheidung des Gerichts.** Das Gericht darf seiner Entscheidung nicht ungeprüft den 52
Sachverhalt, von dem die Anstalt ausgeht, zugrunde legen.[121] Es hat den Beteiligten Gelegenheit zur Stellungnahme zu geben. Es hat alle Sach- und Rechtsfragen vollumfänglich nachzuprüfen. Wegen des Amtsermittlungsgrundsatzes ist es nicht an die Feststellungen der Vollzugsbehörde gebunden. Die Beweiserhebung erfolgt nach der StPO im Freibeweisverfahren. Beweisanträge müssen als bloße Beweisanregungen nicht beschieden werden. Ist der

113 Krauß in: BeckOK-StPO, § 119 a Rn. 8.
114 Vgl. Kuhla in: BeckOK-VwGO, § 123 Rn. 37.
115 KG Berlin NJW 1968, 609.
116 Siehe auch Kuhla in: BeckOK-VwGO, § 123 Rn. 37.
117 BVerfGE 96, 27 = NJW 1997, 2163.
118 Vgl. Kuhla in: BeckOK-VwGO, § 123 Rn. 43 ff.
119 Wiesneth, Die Untersuchungshaft, Rn. 393.
120 Krauß in: BeckOK-StPO, § 119 a Rn. 7; Gesetzesbegründung, BT-Drucks. 16/11644, S. 32 sowie Weider, StV 2010, 102, 108.
121 Vgl. zu § 120 StVollzG OLG Bamberg, 4.2.2010, Az. 1 Ws 694/09.

Antrag unzulässig oder unbegründet, wird er abgelehnt.[122] Das Gericht entscheidet durch Beschluss, der mit einer Begründung unter Nennung der festgestellten Tatsachen und der rechtlichen Würdigung zu versehen ist, um eine Nachprüfung im Beschwerdeverfahren zu ermöglichen. Im Fall einer dem Antrag entsprechenden Entscheidung kann das Gericht von einer Begründung absehen. Die Tenorierung erfolgt entsprechend den oben dargestellten Mustern für die Anträge, bei Teilerfolg verbunden mit der Ablehnung des Antrags im Übrigen und entsprechender Begründung. Eine Kostenentscheidung ergeht nicht, da die Auferlegung der Kosten an die Untersuchungsgefangenen vom Gesetzgeber mit der Erwägung verworfen wurde, die Untersuchungsgefangenen nicht dadurch davon abhalten zu wollen, von den möglichen Rechtsbehelfen Gebrauch zu machen.[123] Diese nicht differenzierende Regelung ist zweifelhaft in Anbetracht der zum Teil rein querulatorisch motivierten Anträge einiger Gefangener.

Bedient sich ein Untersuchungsgefangener zur Stellung des Antrags eines Verteidigers, hat die Staatskasse die dabei entstehenden Kosten zu tragen, wenn der Untersuchungsgefangene rechtskräftig freigesprochen, die Eröffnung des Hauptverfahrens gegen ihn abgelehnt oder das Verfahren gegen ihn eingestellt wird (§ 467 Abs. 1 StPO i.V.m. §§ 464 a Abs. 2 Nr. 2, 464 Abs. 2 StPO). Die gesetzlichen (!) Gebühren und Auslagen, die dem Verteidiger entstanden sind und die dieser daher dem Untersuchungsgefangenen in Rechnung stellt, stellen gemäß § 464 a Abs. 2 Nr. 2 StPO notwendige Auslagen dar. Über die gesetzlichen Gebühren und Auslagen hinausgehende Anwaltskosten können die Untersuchungsgefangenen nicht ersetzt verlangen.

53 j) **Möglichkeit der Beschwerde.** Nach § 119 a Abs. 3 StPO kann gegen die Entscheidung des Gerichts nach § 119 a Abs. 1 und 2 StPO Beschwerde eingelegt werden, und zwar nun auch von der für die vollzugliche Entscheidung oder Maßnahme zuständigen Stelle, also der Anstalt. Der Gesetzgeber geht davon aus, dass etwaige Meinungsverschiedenheiten zwischen Gerichten und Vollzugsanstalten in der Regel einvernehmlich gelöst werden können.[124] Für diese kann die Entscheidung des Gerichts von erheblicher Bedeutung sein kann.[125] Dies entspricht der alten Regelung des § 116 StVollzG. Das Beschwerdeverfahren richtet sich nach §§ 304 ff. StPO.[126]

122 A.A. Wiesneth, Die Untersuchungshaft, Rn. 396: zurückgewiesen.
123 Wiesneth, Die Untersuchungshaft, Rn. 396 a.E.
124 Gesetzesbegründung, BT-Drucks. 16/11644, S. 14.
125 Krauß in: Beck OK-StPO, § 119 a Rn. 8.
126 Krauß in: BeckOK-StPO, § 119 a Rn. 8.

§ 11 Aufbau der Anstalt

I. Vorgaben

1 Der Aufbau der Untersuchungshaftanstalt hat sich dem Ziel der Untersuchungshaft anzupassen (s. § 1 Rn. 5 ff.).

Der Aufbau der Anstalt muss zudem dem Umstand Rechnung tragen, dass die Gefangenen als unschuldig anzusehen sind. Über den dem Untersuchungshaftvollzug immanenten Freiheitsentzug hinausgehende Beschränkungen müssen so gering als möglich gehalten werden. Jedoch darf sich die Unschuldsvermutung nicht zum Nachteil der Inhaftierten auswirken und keine Schlechterstellung gegenüber den Strafgefangenen zur Folge haben. Einer freiwilligen Teilnahme an Angeboten der Anstalt steht die Unschuldsvermutung nicht entgegen.

II. Die neuen landesgesetzlichen Regelungen zu Untersuchungshaftvollzugsgesetzen

2 Alle Landesuntersuchungshaftvollzugsgesetze enthalten Normierungen über den Aufbau der Untersuchungshaftanstalt. Zum einen finden sich dabei Landesgesetze, die an den gemeinsamen Entwurf von zwölf Bundesländern zu einem Gesetz über den Vollzug der Untersuchungshaft vom 10.10.2008 angelehnt sind. Die restlichen Länder gehen eigene Wege.

1. Gliederung der Anstalt, Räume

3

Länder	Aufbau der Anstalt – *Gliederung, Räume*
12er-Regelung: Berlin Brandenburg Bremen Hamburg Hessen Mecklenburg-Vorpommern Rheinland-Pfalz Saarland Sachsen Sachsen-Anhalt Schleswig-Holstein Thüringen	***§ 76 12er-Regelung: Gliederung, Räume*** **(1) Soweit es nach § 11 zur Umsetzung der Trennungsgrundsätze erforderlich ist, werden in der Anstalt gesonderte Abteilungen für den Vollzug der Untersuchungshaft eingerichtet.[1]** **(2) Räume für den Aufenthalt während der Ruhe- und Freizeit sowie Gemeinschafts- und Besuchsräume sind zweckentsprechend auszugestalten.** **Abweichende Regelungen:** ***Berlin, § 76 Abs. 1 UVollzG Bln: Räumlichkeiten*** (1) Die Untersuchungshaft wird in Landesjustizvollzugsanstalten vollzogen. Der Vollzug von Untersuchungshaft und Strafhaft in einer Anstalt ist unter den Voraussetzungen des § 11 Absatz 1 und 2 zulässig. […] ***Hamburg, § 84 HmbUVollzG: Justizvollzugsanstalten*** Die Untersuchungshaft wird in Justizvollzugsanstalten (Anstalten) der Freien und Hansestadt Hamburg vollzogen. Soweit es nach § 11 zur Umsetzung der Trennungsgrundsätze erforderlich ist, werden in den Anstalten gesonderte Abteilungen für den Vollzug der Untersuchungshaft eingerichtet. ***Hamburg, § 86 HmbUVollzG: Größe und Gestaltung der Räume*** Räume für den Aufenthalt während der Ruhe- und Freizeit sowie Gemeinschafts- und Besuchsräume sind wohnlich oder sonst ihrem Zweck entsprechend auszugestalten. Sie müssen hinreichend Luftinhalt haben und für eine gesunde Lebensführung ausreichend mit Heizung und Lüftung, Boden- und Fensterfläche ausgestattet sein.

1 Ähnlich in Sachsen-Anhalt: § 16 UVollzG LSA.

Länder	Aufbau der Anstalt – *Gliederung, Räume*
	Hessen, § 62 Abs. 2 HUVollzG: Vollstreckungsplan, Trennungsgrundsätze (2) Untersuchungsgefangene werden von Gefangenen anderer Haftarten, namentlich von Strafgefangenen, getrennt untergebracht. [...] *Hessen, § 63 Abs. 3 HUVollzG: Belegungsfähigkeit, Räume* (3) Räume für den Aufenthalt während der Ruhe- und Freizeit sowie Gemeinschafts- und Besuchsräume müssen eine hinreichende Grundfläche und lichte Höhe haben und ausreichend mit Heizung, Lüftung und Fensterfläche ausgestattet sein. Sie sind zweckentsprechend auszugestalten.
Baden-Württemberg	*§ 3 Abs. 1 JVollzGB I: Grundsätze zum Vollzug der Haftarten* (1) Untersuchungshaft wird in besonderen Justizvollzugsanstalten oder in Außenstellen oder getrennten Abteilungen von Justizvollzugsanstalten vollzogen. [...]) *§ 9 JVollzGB I: Ausgestaltung der Räume und Kostenbeteiligung* (1) Räume für den Aufenthalt während der Ruhe- und Freizeit sowie Gemeinschafts- und Besuchsräume sind wohnlich oder sonst ihrem Zweck entsprechend auszustatten. Sie müssen hinreichend Luftinhalt haben und für eine gesunde Lebensführung ausreichend mit Heizung und Lüftung sowie Fensterfläche ausgestattet sein. (2) Die Gefangenen können an den Betriebskosten der in ihrem Besitz befindlichen Geräte beteiligt werden.
Bayern	*Art. 1 Abs. 2 BayUVollzG: Anwendungsbereich* (2) Die Untersuchungshaft wird in Justizvollzugsanstalten nach Art. 165 des Bayerischen Strafvollzugsgesetzes (BayStVollzG), vorrangig in einer besonderen Abteilung, vollzogen. *Art. 42 BayUVollzG i.V.m. Art. 170 BayStVollzG: Größe und Ausgestaltung der Räume* 1Räume für den Aufenthalt während der Ruhe- und Freizeit sowie Gemeinschafts- und Besuchsräume sind wohnlich oder sonst ihrem Zweck entsprechend auszugestalten. 2Sie müssen hinreichend Luftinhalt haben und für eine gesunde Lebensführung ausreichend mit Heizung und Lüftung, Boden- und Fensterfläche ausgestattet sein.
Niedersachsen	*§ 170 NJVollzG: Einrichtung von Anstalten und Abteilungen* (1) Die in § 1 genannten freiheitsentziehenden Maßnahmen werden in Anstalten der Landesjustizverwaltung vollzogen. (2) Für die einzelnen Vollzugsarten (Freiheitsstrafe, Unterbringung in der Sicherungsverwahrung, Jugendstrafe, Untersuchungshaft an jungen Gefangenen und Untersuchungshaft an sonstigen Untersuchungsgefangenen), für den Vollzug an Frauen und Männern sowie für den Vollzug der Freiheitsstrafe an jungen Verurteilten sind jeweils gesonderte Anstalten oder Abteilungen einzurichten.

Länder	Aufbau der Anstalt – *Gliederung, Räume*
	§ 171 Abs. 2 NJVollzG: Vollzug in den Anstalten und Abteilungen (2) [1]Die einzelnen Vollzugsarten werden jeweils in den dafür bestimmten gesonderten Anstalten oder Abteilungen vollzogen. [...] [4]Betrifft die Abweichung von Satz 1 eine Untersuchungsgefangene oder einen Untersuchungsgefangenen, so bedarf es der Zustimmung des nach den Vorschriften des Fünften Teils zuständigen Gerichts; § 134 Abs. 3 Satz 1 und Abs. 6 gilt entsprechend. *§ 174 Abs. 2 NJVollzG: Belegungsfähigkeit und Ausgestaltung der Räume* (2) [1]Räume für den Aufenthalt während der Ruhe- und Freizeit sowie Gemeinschafts- und Besuchsräume müssen zweckentsprechend ausgestaltet und für eine gesunde Lebensführung ausreichend mit Heizung, Lüftung, Boden- und Fensterfläche ausgestattet sein. [2]In Gemeinschaftshafträumen befindliche Sanitärbereiche sind baulich vollständig abzutrennen. [3]Die Größe der Gemeinschaftshafträume muss für die darin untergebrachten Gefangenen oder Sicherungsverwahrten unter Berücksichtigung der Umstände des Einzelfalles zumutbar sein.
Nordrhein-Westfalen	*§ 3 UVollzG NRW: Trennung des Vollzuges* (1) Zur Trennung von anderen Gefangenen, namentlich von Strafgefangenen, erfolgt der Vollzug der Untersuchungshaft in besonderen Abteilungen der Anstalten oder in Untersuchungshaftanstalten. Männer und Frauen sind entsprechend zu trennen. (2) Ausnahmen von Absatz 1 Satz 1 sind mit Zustimmung der Untersuchungsgefangenen zulässig oder wenn sie zur Erreichung des Zwecks der Untersuchungshaft, aus Gründen der Sicherheit oder Ordnung, aus Gründen der Vollzugsorganisation oder anderen wichtigen Gründen erforderlich sind.

Alle Länder sehen in ihren Gesetzen eine grundsätzliche Trennung der Untersuchungsgefangenen von den Gefangenen anderer Haftarten vor (vgl. dazu § 3 Rn. 2, 14-16). Dieses wird überwiegend auch für den Aufbau der Anstalt festgeschrieben. In der Regel findet sich die Formulierung, dass in der Anstalt **gesonderte Abteilungen für den Vollzug der Untersuchungshaft** eingerichtet werden, soweit es zur Umsetzung der Trennungsgrundsätze erforderlich ist. Eine Abteilung ist ein räumlich abgetrennter Unterbringungsbereich in einem Hafthaus.[2] Nach § 3 Abs. 1 S. 1 UVollzG NRW erfolgt der Vollzug der Untersuchungshaft in besonderen Abteilungen der Anstalten oder in Untersuchungshaftanstalten. Ausnahmen sind nach Abs. 2 möglich. Auch dieses setzt eine entsprechende Einrichtung der Untersuchungshaftanstalten bzw. Abteilungen voraus. § 170 Abs. 2 des NJVollzG legt fest, dass für die einzelnen Vollzugsarten (die Untersuchungshaft wird ausdrücklich genannt) jeweils gesonderte Anstalten oder Abteilungen einzurichten sind. § 3 Abs. 1 JVollzGB I Ba-Wü normiert, dass die Untersuchungshaft in besonderen Justizvollzugsanstalten oder in Außenstellen oder getrennten Abteilungen von Justizvollzugsanstalten vollzogen wird. Einzig Hessen verzichtet auf eine solche Klarstellung und begnügt sich in § 62 UVollzG Hessen mit der Normierung des Trennungsgrundsatzes. 4

2 Vgl. dazu beispielhaft die Begründungen zu jeweils § 76 UVollzG Brandenburg und Thüringen.

Die überwiegend vorgenommene ausdrückliche organisatorische Umsetzung des Trennungsgrundsatzes ist positiv zu bewerten.

5 Grundsätzlich vorgesehen ist auch die **Einrichtung von Freizeit-, Gemeinschafts- sowie Besuchsräumen**. Überwiegend geben sich die Untersuchungshaftvollzugsgesetze mit der Feststellung zufrieden, dass Räume für den Aufenthalt während der Ruhe- und Freizeit sowie Gemeinschafts- und Besuchsräume zweckentsprechend auszugestalten sind.[3] Als Beispiel nennen die Begründungen Räume für soziales Training oder Freizeit. Für die Freizeit werden in den Begründungen insbesondere Räumlichkeiten zur sportlichen Betätigung für erforderlich erklärt. Sinnvoll sind kleinere Räume, die mit Sportgeräten ausgestattet sind sowie eine Sporthalle für den Mannschaftssport. Die Räume sollen durch Außenspielfelder ergänzt werden. Weiter ist in den Anstalten die erforderliche Zahl von Besuchsräumen vorzuhalten.[4]

Einen Schritt weiter geht § 86 UVollzG Hamburg. Danach sind die Räume für den Aufenthalt während der Ruhe- und Freizeit sowie Gemeinschafts- und Besuchsräume wohnlich oder sonst ihrem Zweck entsprechend auszugestalten. Sie müssen hinreichend Luftinhalt haben und für eine gesunde Lebensführung ausreichend mit Heizung und Lüftung, Boden- und Fensterfläche ausgestattet sein. Eine ähnliche Regelung findet sich in § 9 Abs. 1 JVollzGB I Ba-Wü sowie in § 63 Abs. 3 des UVollzG Hessen (wenn in letzterem auch ohne den Maßstab der „Wohnlichkeit“). Auch Niedersachsen hat in § 174 Abs. 2 NJVollzG eine ausführlichere Normierung gewählt. Ausdrücklich genannt wird dabei die Eignung der Räumlichkeiten für eine gesunde Lebensführung.

An diesen Kriterien sollten sich auch die übrigen Länder orientieren, die solche zusätzlichen Anforderungen nicht in das jeweilige Landesgesetz aufgenommen haben. NRW hat keine Regelungen zu solchen Räumlichkeiten ins UVollzG aufgenommen. Dieses ist trotz der Regelung des § 12 UVollzG NRW zu bedauern. Mindeststandards sollten vom Gesetzgeber festgelegt und nicht ins Ausführungsermessen der einzelnen Anstalt gelegt werden. Ziel der Anstalten muss gerade angesichts der Unschuldsvermutung eine möglichst großzügige Umsetzung der Kriterien sein.

Gerade das **Kriterium der „Wohnlichkeit“** scheint als Mindeststandart geeignet. Es trägt dem Grundsatz der Angleichung des Anstaltslebens an das Leben außerhalb der JVA Rechnung. Es ist trotz notwendigerweise einfacher Ausgestaltung zu vermeiden, dass in der Art der Unterbringung der Gefangenen eine über die Freiheitsentziehung hinausgehende Übelzufügung liegt.[5] Weitere Einschränkungen sind dem Ermessen der Vollzugsbehörde hinsichtlich der Raumgestaltung durch Art. 1 GG und dem Verbot unmenschlicher oder erniedrigender Behandlung gesetzt.[6] Insgesamt muss so weit als möglich vermieden werden, dass Räume durch Sichtblenden, Glasbausteine oder ähnliches auch am Tage im Halbdunkel liegen. Der „Blick nach draußen“ muss zugelassen und Lüftungsmöglichkeiten dürfen nicht über das erforderliche Maß beeinträchtigt werden.[7]

2. Festsetzung der Belegungsfähigkeit, Verbot der Überbelegung

6

Länder	Aufbau der Anstalt – *Festsetzung der Belegungsfähigkeit, Verbot der Überbelegung*
12er-Regelung: Berlin Brandenburg Bremen	*§ 77 12er-Regelung: Festsetzung der Belegungsfähigkeit, Verbot der Überbelegung*[8] **(1) Die Aufsichtsbehörde setzt die Belegungsfähigkeit der Anstalt so fest, dass eine angemessene Unterbringung während der Ruhe-**

3 So die Länder der 12er-Regelung.

4 Vgl. dazu beispielhaft die Begründungen zu § 76 Abs. 2 UVollzG Brandenburg, Saarland und Thüringen.

5 Laubenthal, Strafvollzug, Rn. 383; so auch die Begründung zum Entwurf des Justizvollzugsgesetzbuches Baden-Württemberg.

6 BVerfG ZfStrVo 2002, 176 (178); Callies/Müller-Dietz, StVollzG, § 144 Rn. 1.

7 Callies/Müller-Dietz, StVollzG, § 144 Rn. 1.

Länder	Aufbau der Anstalt – *Festsetzung der Belegungsfähigkeit, Verbot der Überbelegung*
Hamburg Hessen Mecklenburg-Vorpommern Rheinland-Pfalz Saarland Sachsen Sachsen-Anhalt Schleswig-Holstein Thüringen	**zeit gewährleistet ist. Dabei ist zu berücksichtigen, dass eine ausreichende Anzahl von Plätzen für Arbeit und Bildung sowie von Räumen für Seelsorge, Freizeit, Sport und Besuche zur Verfügung steht.** **(2) Hafträume dürfen nicht mit mehr Gefangenen als zugelassen belegt werden.** **(3) Ausnahmen von Absatz 2 sind nur vorübergehend und nur mit Zustimmung der Aufsichtsbehörde zulässig.** Abweichende Regelungen: ***Hessen, § 63 HUVollzG: Belegungsfähigkeit, Räume*** (1) Die Aufsichtsbehörde setzt die Belegungsfähigkeit für jede Anstalt fest. Dabei ist zu berücksichtigen, dass eine ausreichende Anzahl von Plätzen für Arbeit und Bildung sowie von Räumen für Seelsorge, Freizeit, Sport und Besuche zur Verfügung steht. (2) Hafträume dürfen nicht mit mehr Personen als vorgesehen belegt werden. Ausnahmen hiervon sind nur vorübergehend und nur mit Zustimmung der Aufsichtsbehörde zulässig. […]
Baden-Württemberg	***§ 7 JVollzGB I: Festsetzung der Belegungsfähigkeit*** **(1) Die Aufsichtsbehörde setzt die Belegungsfähigkeit der Justizvollzugsanstalten fest. Sie geht dabei von der Grundfläche der Hafträume ohne Einbeziehung der Fläche der Sanitäreinrichtungen (Nettogrundfläche) aus. Die Aufsichtsbehörde berücksichtigt, dass eine ausreichende Anzahl von Plätzen für Arbeit, Ausbildung und Weiterbildung sowie von Räumen für Seelsorge, Freizeit, Sport, therapeutische Maßnahmen und Besuche zur Verfügung steht.** **(2) In Justizvollzugsanstalten, mit deren Errichtung vor Inkrafttreten dieses Gesetzes begonnen wurde, haben Gemeinschaftshafträume bei Doppelbelegung eine Nettogrundfläche von mindestens 4,5 Quadratmetern, bei einer höheren Belegung mindestens sechs Quadratmeter je Gefangener oder Gefangenem aufzuweisen. Für An- und Zubauten bei Anstalten nach Satz 1, mit deren Errichtung nach Inkrafttreten dieses Gesetzes begonnen wurde, gilt Absatz 3 entsprechend.** **(3) Bei Justizvollzugsanstalten, mit deren Errichtung nach Inkrafttreten dieses Gesetzes begonnen wurde, ist im geschlossenen Vollzug eine Einzelunterbringung der Gefangenen zur Ruhezeit zugrunde zu legen. Einzelhafträume haben eine Nettogrundfläche von mindestens neun Quadratmetern, Gemeinschaftshafträume von mindestens sieben Quadratmetern je Gefangener oder Gefangenem aufzuweisen.** **(4) Gemeinschaftshafträume müssen über eine baulich abgetrennte und entlüftete Sanitäreinrichtung verfügen, falls nicht ein ständiger Zugang zu einer Toilette außerhalb des Haftraums besteht.** **(5) Im geschlossenen Vollzug ist eine gemeinschaftliche Unterbringung von mehr als sechs Gefangenen nicht zulässig.**

8 Ähnlich in Hamburg: §§ 87, 88 HmbUVollzG.

Länder	Aufbau der Anstalt – *Festsetzung der Belegungsfähigkeit, Verbot der Überbelegung*
	§ 8 JVollzGB I: Belegung der Hafträume (1) Hafträume dürfen nicht mit mehr Personen als zugelassen belegt werden. Über Ausnahmen entscheidet die Anstaltsleiterin oder der Anstaltsleiter mit Zustimmung der Aufsichtsbehörde. (2) Die Mehrfachunterbringung in einem Haftraum entgegen § 7 Abs. 4 sowie bei Unterschreiten der Mindestfläche je Gefangenem bei vor Inkrafttreten dieser Vorschrift errichteten Justizvollzugsanstalten ist nur mit schriftlicher Zustimmung der Gefangenen zulässig. Die Zustimmung kann jederzeit schriftlich oder zur Niederschrift der Vollzugsgeschäftsstelle widerrufen werden.
Bayern	*Art 42 BayUVollzG i.V.m. Art. 171 BayStVollzG: Festsetzung der Belegungsfähigkeit* [1]Das Staatsministerium der Justiz setzt die Belegungsfähigkeit für jede Anstalt so fest, dass eine angemessene Unterbringung während der Ruhezeit (Art. 20) gewährleistet ist. [2]Dabei ist zu berücksichtigen, dass eine ausreichende Anzahl von Plätzen für Arbeit, Ausbildung und Weiterbildung sowie von Räumen für Seelsorge, Freizeit, Sport, therapeutische Maßnahmen und Besuche zur Verfügung steht. *Art. 42 BayUVollzG i.V.m. Art. 172 BayStVollzG: Verbot der Überbelegung* (1) Hafträume dürfen nicht mit mehr Personen als zugelassen belegt werden. (2) Ausnahmen hiervon sind nur vorübergehend und nur mit Zustimmung des Staatsministeriums der Justiz zulässig.
Niedersachsen	*§ 174 Abs. 1 NJVollzG: Belegungsfähigkeit und Ausgestaltung der Räume* (1) Das Fachministerium setzt die Belegungsfähigkeit sowie die Zahl der Einzel- und Gemeinschaftshafträume für jede Anstalt fest. [...]
Nordrhein-Westfalen	*§ 61 UVollzG NRW: Festsetzung der Belegungsfähigkeit* Die Aufsichtsbehörde setzt die Belegungsfähigkeit für jede Anstalt so fest, dass eine angemessene Unterbringung während der Ruhezeit (§ 10 Absatz 1) gewährleistet ist. Dabei ist zu berücksichtigen, dass eine ausreichende Anzahl von Plätzen für Arbeit, Ausbildung und Weiterbildung sowie von Räumen für Seelsorge, Freizeit, Sport, therapeutische Maßnahmen und Besuche zur Verfügung steht. *§ 62 UVollzG NRW: Verbot der Überbelegung* Hafträume dürfen nicht mit mehr Personen als zugelassen belegt werden. Ausnahmen hiervon sind nur vorübergehend und nur mit Zustimmung der Aufsichtsbehörde zulässig.

7 Alle Ländergesetze sehen Regelungen zur Belegungsfähigkeit der Anstalten vor. Dabei wird durchgehend der Regelungsgehalt des § 145 Strafvollzugsgesetz aufgegriffen. Mit **Belegungsfähigkeit** ist die Zahl verfügbarer Haftplätze gemeint.[9] Es soll gewährleistet werden, dass eine Anstalt nicht mit mehr Personen belegt wird, als in ihr entsprechend den Vor-

9 Huchting/Lehmann in: AK-StVollzG, § 145 Rn. 1.

schriften über die Vollzugsgrundsätze und die Rechtsstellung der Gefangenen behandelt, beschäftigt und versorgt werden können.

Zwecks Festlegung der Belegungsfähigkeit muss die zuständige Behörde mehrere Prüfungen nacheinander vornehmen. In einem ersten Schritt ist ein Raumnutzungsplan zu erstellen. Es ist für jeden Raum in den Zellengebäuden festzulegen, zu welchen Zwecken er geeignet wäre. In einem zweiten Schritt ist zu prüfen, ob für die Gefangenenzahl, die in den Räumen untergebracht werden kann, auch Bildungs- und Arbeitsplätze zur Verfügung stehen. Schließlich ist in einem dritten Schritt zu untersuchen, ob die den Arbeits- und Bildungsplätzen angepasste Belegzahl für Seelsorge, Freizeit, Sport und Besuche ausreichend Raum lässt.[10] Es sollte dabei für je acht Haftplätze ein Raum für Gruppentätigkeiten vorgesehen sein.

Die Belegungsfähigkeit muss von der Vollzugsbehörde restriktiv festgesetzt werden. Dieses trägt dem Gebot der menschenwürdigen Behandlung und der Unschuldsvermutung Rechnung. Auch darf mit einer zu hoch angesetzten Belegungsfähigkeit die sachliche Substanz des Überbelegungsverbots nicht unterlaufen werden.[11]

Mangels Regelungswirkung gegenüber dem einzelnen Gefangenen kann die Festsetzung nicht gerichtlich angegriffen werden.[12] Soweit zu berücksichtigen ist, dass eine ausreichende Zahl von Plätzen für Arbeit und Bildung sowie von Räumen für Seelsorge, Freizeit, Sport und Besuche zur Verfügung steht,[13] hat die festsetzende Behörde dabei einen Beurteilungsspielraum.[14]

Das **Verbot der Überbelegung** ist mit Ausnahme von Niedersachsen in allen Ländergesetzen 8
dazu normiert. Dabei entsprechen die Bestimmungen im Wesentlichen § 146 StVollzG. Niedersachsen rechtfertigt den Verzicht auf die ausdrückliche Aufnahme des Verbots der Überbelegung damit, dass dieses keiner besonderen Erwähnung bedürfe. Es ergäbe sich aus der Überschreitung der vom Fachministerium festgesetzten und für die Vollzugsbehörde verbindlichen Belegungsfähigkeit. Obwohl beispielsweise die Anstaltsleitervereinigung den Verzicht auf das Verbot der Überlegung im Gesetzgebungsverfahren kritisierte, blieb der niedersächsische Gesetzgeber bei seiner Ansicht. Die Verpflichtung der Exekutive zur Beachtung von Recht und Gesetz ergebe sich bereits aus Art. 20 Abs. 3 GG und müsse nicht gesondert geregelt werden.

Diese Haltung des niedersächsischen Gesetzgebers ist zu bedauern. Eine Aufnahme des Verbots der Überbelegung hätte zumindest an dieser gerade mit Blick auf das höherrangige Recht zentralen Stelle eine Warnfunktion entfaltet. Dieses haben offenbar auch alle anderen Bundesländer so gesehen, die dem Beispiel Niedersachsens nicht gefolgt sind. Der niedersächsische Weg bedeutet insoweit einen Rückschritt gegenüber der Regelungsklarheit des Strafvollzugsgesetzes.

Durch das Verbot der Überbelegung wird die Strafvollzugsbehörde in die Lage versetzt, die Aufnahme derjenigen Untersuchungsgefangenen in die Anstalt abzulehnen, die sie nicht den Bestimmungen dieses Gesetzes entsprechend behandeln und versorgen wie auch menschenwürdig unterbringen kann.[15] Die dauerhafte Belegung einer Zelle mit mehr als der Zahl der zugelassenen Gefangenen ist rechtswidrig.[16] Bereits unter Geltung der Nr. 76 UVollzO war die Justizverwaltung nicht nur berechtigt, sondern auch verpflichtet, im Falle der Überbelegung der für den Vollzug der Untersuchungshaft zuständigen JVA die Verlegung von Untersuchungsgefangenen in eine andere JVA anzuordnen.[17] Soweit **vorübergehende Ausnah-**

10 Vergleiche zu diesem Vorgehen Huchting/Lehmann in: AK- StVollzG, § 145 Rn. 1.
11 Callies/Müller-Dietz, StVollzG, § 145.
12 Arloth, StVollzG, § 145 Rn. 1; Schwind/Hasenpusch in: Schwind/Böhm/Jehle/Laubenthal, StVollzG, § 145 Rn. 1.
13 Vgl. beispielhaft § 77 Abs. 1 S. 2 UVollzG Brandenburg sowie die entsprechenden Regelungen in den anderen Ländergesetzen.
14 Arloth, StVollzG, § 145 Rn. 2.
15 Callies/Müller-Dietz, StVollzG, § 146 Rn. 1.
16 OLG Celle ZfStrVo 1981, 57.
17 OLG Koblenz ZfStrVo Sonderheft 1977, 61; Callies/Müller-Dietz, StVollzG, § 146 Rn. 1.

men mit Zustimmung der Aufsichtsbehörde für zulässig erklärt werden, ist eine generelle Erhöhung der Belegungsfähigkeit im Rahmen dieser Vorschrift nicht zulässig. Eine permanente Überbelegung ist nicht mehr „vorübergehend".[18] Dieses ergibt sich schon aus dem Wortlaut der Norm. Der Begriff „vorübergehend" ist mit Blick auf das höherrangige Recht restriktiv zu interpretieren. Auch eine mehrjährige Überbelegung ist nicht mehr „vorübergehend".[19] Ansonsten werden in der Literatur je nach den Umständen des Einzelfalls Zeitspannen zwischen einer Woche[20] sowie mehreren Monaten[21] für noch rechtmäßig erachtet. Letzterem dürfte zuzustimmen sein, wobei im Rahmen einer Einzelfallbetrachtung wesentlich berücksichtigt werden muss, inwieweit überhaupt die Möglichkeit besteht, auf atypische Lagen zu reagieren und schnellstmöglich Zustände ohne Überbelegung herbeizuführen. Rechtswidrig sind Verwaltungsvorschriften der Aufsichtsbehörden, die generell Überbelegungen zulassen; angesichts des Ausnahmecharakters einer vorübergehenden Überbelegung darf die Zustimmung nur aufgrund der konkreten Einzelsituation erteilt werden.[22] Justizvollzugsbedienstete können allerdings aus dieser Vorschrift – auch unter dem Gesichtspunkt der beamtenrechtlichen Fürsorgepflicht – keinen Anspruch auf den Schutz ihrer Arbeit durch Beseitigung von Mehrfachbelegung der Hafträume herleiten.[23]

3. Arbeitsbetriebe, Einrichtungen zur schulischen und beruflichen Bildung

9

Länder	Aufbau der Anstalt – *Arbeitsbetriebe, Einrichtungen zur schulischen und beruflichen Bildung*
12er-Regelung: Berlin Brandenburg Bremen Hamburg Hessen Mecklenburg-Vorpommern Rheinland-Pfalz Saarland (SUVollzG) Sachsen Sachsen-Anhalt Schleswig-Holstein Thüringen	***§ 78 12er-Regelung: Arbeitsbetriebe, Einrichtungen zur schulischen und beruflichen Bildung*** **(1) Arbeitsbetriebe und Einrichtungen zur schulischen und beruflichen Bildung sollen vorgehalten werden.** **(2) Beschäftigung und Bildung können auch in geeigneten privaten Einrichtungen und Betrieben erfolgen. Die technische und fachliche Leitung kann Angehörigen dieser Einrichtungen und Betriebe übertragen werden.** **Abweichende Regelungen:** ***Berlin, § 78 Abs. 1 UVollzG Bln, zusätzlich:*** (1) [...] Die Anstalt hat eine angemessen ausgestattete Bücherei vorzuhalten. ***Hamburg, § 89 HmbUVollzG: Arbeitsbetriebe, Einrichtungen zur schulischen und beruflichen Bildung*** Arbeitsbetriebe und Einrichtungen zur schulischen und beruflichen Bildung sollen vorgehalten werden. ***Hessen, § 64 HUVollzG: Arbeitsbetriebe, Einrichtungen zur Bildung und Beschäftigung*** (1) In den Anstalten sollen Arbeitsbetriebe und Einrichtungen zur beruflichen und schulischen Bildung sowie zur arbeitstherapeutischen Beschäftigung vorgehalten werden. (2) Bildung und Beschäftigung können auch durch nicht staatliche Stellen organisiert und durchgeführt werden.

18 OLG Celle NStZ 1999, 216.
19 LG Kassel ZfStrVo 2001, 119.
20 Huchting/Lehmann in: AK-StVollzG, § 145 Rn. 7.
21 Koop in: Schwind/Böhm/Jehle/Laubenthal, StVollzG, § 146 Rn. 8.
22 Huchting/Lehmann in: AK-StVollzG, § 145 Rn. 7.
23 VG Köln ZfStrVo 1992, 73.

Länder	Aufbau der Anstalt – *Arbeitsbetriebe, Einrichtungen zur schulischen und beruflichen Bildung*
Baden-Württemberg	*§ 11 JVollzGB I: Ausbildung und Beschäftigung* (1) In den Justizvollzugsanstalten sind Einrichtungen zur schulischen und beruflichen Bildung, zur arbeitstherapeutischen Beschäftigung sowie Arbeitsbetriebe vorzusehen. (2) Die in Absatz 1 genannten Einrichtungen und Betriebe sind den Verhältnissen außerhalb der Justizvollzugsanstalt anzugleichen. Die Arbeitsschutz- und Unfallverhütungsvorschriften sind zu beachten. [...]
Bayern	*Art. 12 Abs. 5 BayUVollzG: Beschäftigung, Bildung* (5) Art. 39 Abs. 5 und Art. 44 BayStVollzG gelten entsprechend *Art. 39 BayStVollzG: Beschäftigung* (1) Arbeit, arbeitstherapeutische Beschäftigung, Ausbildung und Weiterbildung dienen insbesondere dem Ziel, Fähigkeiten für eine Erwerbstätigkeit nach der Entlassung zu vermitteln, zu erhalten oder zu fördern. [...] (5) 1Maßnahmen nach Abs. 1 können in von privaten Unternehmen unterhaltenen Betrieben und sonstigen Einrichtungen durchgeführt werden. 2Hierbei kann die technische und fachliche Leitung Angehörigen dieser Unternehmen übertragen werden.
Niedersachsen	Keine spezielle Regelung
Nordrhein-Westfalen	Keine spezielle Regelung

Wichtiger Teil der Untersuchungshaftanstalt sind Arbeitsbetriebe und Einrichtungen zur schulischen und beruflichen Bildung. In den meisten Ländern sind dazu Regelungen vorgesehen. Sie ziehen die organisatorischen Folgen aus den Regelungen zur Arbeit und Bildung. Die Betriebe sind in den Anstalten, aber nicht notwendig innerhalb des Anstaltsgebäudekomplexes, zu schaffen. Unter Anstalt ist nur eine organisatorische Struktur zu verstehen.[24] Lediglich die Gesetze in NRW und Niedersachsen verzichten auf eine Regelung dazu. Nahezu durchgängig sind die Bestimmunen als „Soll"-Vorschriften ausgestaltet. Lediglich JVollzGB Ba-Wü spricht eine uneingeschränkte Verpflichtung aus. 10

Vielfach findet sich die Feststellung, dass Beschäftigung und Bildung **auch in geeigneten privaten Einrichtungen und Betrieben** erfolgen können sowie dass die technische und fachliche Leitung Angehörigen dieser Betriebe übertragen werden kann.[25] Die notwendige Aufsicht über die Untersuchungsgefangenen obliegt dabei der Anstalt. Nach § 11 Abs. 2 JVollzGB I Ba-Wü sind die Einrichtungen und Betriebe den Verhältnissen außerhalb der Justizvollzugsanstalt anzugleichen sowie Arbeitsschutz- und Unfallverhütungsvorschriften zu beachten. Diese Klarstellung ist gerade mit Blick auf die Unschuldsvermutung und eine sinnvolle Beschäftigung der Gefangenen zu begrüßen. Grundsätzlich ist zu fordern, dass die Gefangenen eine realistische Berufsausbildungs- und Arbeitswelt erleben, die nach der Entlassung eine Eingliederung in das Erwerbsleben ermöglicht.

Nicht zum Vollzugsdienst gehörende Mitarbeiter von freien Unternehmerbetrieben haben im Rahmen der Freiheitsentziehung keine hoheitlichen Aufgaben zu erfüllen. Der Gefangene steht, auch wenn er zugewiesene Arbeit in einem privaten Betrieb verrichtet, unbeschadet einer technischen und fachlichen Betriebsleitung durch Unternehmensangehörige unter der

24 Huchting/Lehmann in: AK-StVollzG, § 149 Rn. 2.
25 12er-Regelung mit Ausnahme Hamburg sowie Art. 39 Abs. 5 UVollzG Bayern.

öffentlich-rechtlichen Verantwortung der Vollzugsbehörden, nicht anders als bei einem Einsatz in Eigenbetrieben der Anstalt.[26] Unterstützt werden sollten auch soweit möglich solche Gefangenen, die Fernlehrgänge oder gar ein Fernstudium betreiben.[27]

4. Leitung und Bedienstete der Untersuchungshaftanstalt

11

Länder	Aufbau der Anstalt – *Anstaltsleitung, Bedienstete*
12er-Regelung: Berlin Brandenburg Bremen Hamburg Hessen Mecklenburg-Vorpommern Rheinland-Pfalz Saarland Sachsen Sachsen-Anhalt Schleswig-Holstein Thüringen	***§ 79 12er-Regelung: Anstaltsleitung*** **(1) Der Anstaltsleiter trägt die Verantwortung für den gesamten Vollzug und vertritt die Anstalt nach außen. Er kann einzelne Aufgabenbereiche auf andere Bedienstete übertragen. Die Aufsichtsbehörde kann sich die Zustimmung zur Übertragung vorbehalten.** **(2) Für jede Anstalt ist ein Beamter des höheren Dienstes zum hauptamtlichen Leiter zu bestellen. Aus besonderen Gründen kann eine Anstalt auch von einem Beamten des gehobenen Dienstes geleitet werden.**[28] ***§ 80 12er-Regelung: Bedienstete*** **Die Anstalt wird mit dem für den Vollzug der Untersuchungshaft erforderlichen Personal ausgestattet. Fortbildung sowie Praxisberatung und -begleitung für die Bediensteten sind zu gewährleisten.** **Abweichende Regelungen:** ***Hamburg, § 90 HmbUVollzG: Anstaltsleitung*** (1) Die Aufsichtsbehörde bestellt für jede Anstalt eine Beamtin oder einen Beamten des höheren Dienstes zur hauptamtlichen Leiterin oder zum hauptamtlichen Leiter. Aus besonderen Gründen kann eine Anstalt auch von einer Beamtin oder einem Beamten des gehobenen Dienstes geleitet werden. (2) Die Anstaltsleiterin oder der Anstaltsleiter trägt die Verantwortung für den gesamten Vollzug, soweit nicht bestimmte Aufgabenbereiche der Verantwortung anderer Bediensteter oder ihrer gemeinsamen Verantwortung übertragen sind, und vertritt die Anstalt nach außen. (3) Die Befugnis, Durchsuchungen nach § 50 Absatz 2, besondere Sicherungsmaßnahmen nach § 54 und Disziplinarmaßnahmen nach §§ 65 und 83 anzuordnen, darf nur mit Zustimmung der Aufsichtsbehörde übertragen werden. (4) Die Aufsichtsbehörde bestimmt die stellvertretende Anstaltsleiterin oder den stellvertretenden Anstaltsleiter. **Hamburg, § 91 HmbUVollzG: Bedienstete des Vollzuges** (1) Die Aufgaben der Anstalten werden von Vollzugsbeamten wahrgenommen. Aus besonderen Gründen können sie auch anderen Bediensteten der Anstalten sowie nebenamtlichen oder vertraglich verpflichteten Personen übertragen werden. (2) Für jede Anstalt ist entsprechend ihrer Aufgabe die erforderliche Anzahl von Bediensteten der verschiedenen Berufsgruppen

26 Laubenthal in: Schwind/Böhm/Jehle/Laubenthal, StVollzG, § 149 Rn. 7.

27 Huchting/Lehmann in: AK-StVollzG, § 145 Rn. 5.

28 In Sachsen-Anhalt: § 79 Abs. 2 UVollzG LSA, abweichend: „Für jede Anstalt ist ein Beamter der Laufbahngruppe 2 zum hauptamtlichen Leiter zu bestellen."; in Bremen, BremUVollzG, und Schleswig-Holstein, UVollzG SH: Abs. 2 nicht normiert.

Länder	Aufbau der Anstalt – *Anstaltsleitung, Bedienstete*
	vorzusehen. Sie wirken in enger Zusammenarbeit an der Aufgabe des Vollzuges (§ 2) mit. Fortbildung sowie Praxisberatung und -begleitung für die Bediensteten sind zu gewährleisten. ***Hessen, § 66 HUVollzG: Anstaltsleitung*** (1) Die Anstaltsleitung (Anstaltsleiterin oder Anstaltsleiter) vertritt die Anstalt nach außen und trägt die Verantwortung für den gesamten Vollzug. Sie kann bestimmte Entscheidungsbefugnisse auf andere Vollzugsbedienstete übertragen. Die Aufsichtsbehörde kann sich die Zustimmung zur Übertragung vorbehalten. (2) Für jede Anstalt ist eine Beamtin oder ein Beamter des höheren Dienstes zur hauptamtlichen Leitung zu bestellen. Aus besonderen Gründen kann eine Anstalt auch von einer Beamtin oder einem Beamten des gehobenen Dienstes geleitet werden. ***Hessen, § 67 HUVollzG: Vollzugsbedienstete*** (1) Die Aufgaben der Anstalt werden von Vollzugsbeamtinnen und Vollzugsbeamten wahrgenommen. Aus besonderen Gründen können sie auch anderen Bediensteten sowie nebenamtlich bestellten oder vertraglich verpflichteten Personen übertragen werden. Nicht hoheitliche Aufgaben können vertraglich verpflichteten Personen übertragen werden. (2) Die Anstalten werden mit dem für den Vollzug der Untersuchungshaft erforderlichen Personal ausgestattet. Fortbildungen für die Bediensteten sind regelmäßig durchzuführen. (3) Alle im Untersuchungshaftvollzug Tätigen arbeiten zusammen und wirken daran mit, dessen Aufgaben zu erfüllen. (4) Das Personal für den Vollzug der Untersuchungshaft an jungen Untersuchungsgefangenen muss für dessen erzieherische Gestaltung persönlich geeignet und fachlich qualifiziert sein. Die Bediensteten werden den Abteilungen und Wohngruppen sowie den Ausbildungs- und Arbeitsstätten zugeordnet. Eine erzieherische Betreuung in den Wohngruppen soll auch in der ausbildungs- und arbeitsfreien Zeit der jungen Untersuchungsgefangenen in dem erforderlichen Umfang gewährleistet werden. ***Sachsen, § 80 SächsUHaftVollzG: Bedienstete*** (1) Die Aufgaben der Anstalt werden von Beamten wahrgenommen. Aus besonderen Gründen können sie auch anderen Bediensteten sowie nebenamtlich tätigen oder vertraglich verpflichteten Personen übertragen werden. (2) Die Anstalt wird mit dem für den Vollzug der Untersuchungshaft erforderlichen Personal ausgestattet. Fortbildung sowie Praxisberatung und -begleitung für die Bediensteten sind zu gewährleisten.
Baden-Württemberg	*§ 12 JVollzGB I: Aufgabenwahrnehmung* **(1) Die Aufgaben in den Justizvollzugsanstalten werden grundsätzlich von beamteten Bediensteten des Landes wahrgenommen. Sie können anderen Bediensteten sowie nebenamtlich oder vertraglich verpflichteten Personen übertragen werden.** **(2) Die Erledigung von nicht hoheitlichen Aufgaben kann freien Trägern und privaten Dienstleistern übertragen werden.** [...]

Länder	Aufbau der Anstalt – *Anstaltsleitung, Bedienstete*
	(4) Für jede Justizvollzugsanstalt ist entsprechend ihrer Aufgabe die erforderliche Anzahl von Bediensteten, namentlich des allgemeinen Vollzugsdienstes, des Verwaltungsdienstes und des Werkdienstes sowie von Personen der verschiedenen Berufsgruppen, insbesondere der Seelsorger, Ärzte, Pädagogen, Psychologen und Sozialarbeiter, vorzusehen. (5) Fortbildungsmaßnahmen für die in den Justizvollzugsanstalten tätigen Personen werden regelmäßig durchgeführt. [...] *§ 13 JVollzGB I: Anstaltsleitung* (1) Für jede Justizvollzugsanstalt bestellt die Aufsichtsbehörde eine Beamtin oder einen Beamten des höheren Dienstes zur hauptamtlichen Anstaltsleiterin oder zum hauptamtlichen Anstaltsleiter. Aus besonderen Gründen kann eine Justizvollzugsanstalt auch von einer Beamtin oder einem Beamten des gehobenen Diensts geleitet werden. (2) Die Anstaltsleiterin oder der Anstaltsleiter vertritt die Justizvollzugsanstalt nach außen und trägt die Verantwortung für den gesamten Vollzug.
Bayern	*Art. 42 BayUVollzG i.V.m. Art. 176 BayStVollzG: Vollzugsbedienstete* (1) [1]Die Aufgaben der Justizvollzugsanstalten werden von Vollzugsbeamten wahrgenommen. [2]Aus besonderen Gründen können sie auch anderen Bediensteten der Justizvollzugsanstalten sowie nebenamtlichen oder vertraglich verpflichteten Personen übertragen werden. (2) Für jede Anstalt ist entsprechend ihrer Aufgabe die erforderliche Anzahl von Bediensteten der verschiedenen Berufsgruppen, insbesondere des allgemeinen Vollzugsdienstes, des Werkdienstes, des Krankenpflegedienstes und des Verwaltungsdienstes, sowie von Seelsorgern, Ärzten, Pädagogen, Psychologen und Sozialarbeitern, vorzusehen. *Art. 42 BayUVollzG i.V.m. Art. 177 BayStVollzG: Anstaltsleiter oder Anstaltsleiterin* (1) [1]Für jede Justizvollzugsanstalt ist ein Beamter oder eine Beamtin des höheren Dienstes hauptamtlich mit der Leitung zu beauftragen (Anstaltsleiter oder Anstaltsleiterin). [2]Aus besonderen Gründen kann eine Anstalt auch von einem Beamten oder einer Beamtin des gehobenen Dienstes geleitet werden. (2) [1]Der Anstaltsleiter oder die Anstaltsleiterin vertritt die Anstalt nach außen. [2]Er oder sie trägt die Verantwortung für den gesamten Vollzug, soweit nicht bestimmte Aufgabenbereiche der Verantwortung anderer Vollzugsbediensteter oder ihrer gemeinsamen Verantwortung übertragen sind. (3) Die Befugnis, die Durchsuchung nach Art. 91 Abs. 2, die besonderen Sicherungsmaßnahmen nach Art. 96 und die Disziplinarmaßnahmen nach Art. 110 anzuordnen, darf nur mit Zustimmung der Aufsichtsbehörde übertragen werden.

Länder	Aufbau der Anstalt – *Anstaltsleitung, Bedienstete*
Niedersachsen	*§ 176 NJVollzG: Anstaltsleitung* (1) [1]Die Anstaltsleiterin oder der Anstaltsleiter trägt die Verantwortung für den gesamten Vollzug in der Anstalt, vertritt die Anstalt in den ihr als Vollzugsbehörde obliegenden Angelegenheiten nach außen und regelt die Geschäftsverteilung innerhalb der Anstalt. [2]Die Befugnis, eine mit einer Entkleidung verbundene körperliche Durchsuchung, besondere Sicherungsmaßnahmen und Disziplinarmaßnahmen anzuordnen, darf sie oder er nur mit Zustimmung des Fachministeriums anderen Justizvollzugsbediensteten übertragen. (2) [1]Die Anstaltsleiterin oder der Anstaltsleiter und ihre oder seine Vertreterinnen oder Vertreter müssen hauptamtlich tätig sein und in einem öffentlich-rechtlichen Dienst- und Treueverhältnis zum Land stehen. [2]Sie werden vom Fachministerium bestellt. *§ 177 Abs. 1 NJVollzG: Aufgabenwahrnehmung durch Justizvollzugsbedienstete* (1) [1]Die Wahrnehmung der Aufgaben der Vollzugsbehörden wird Justizvollzugsbeamtinnen und Justizvollzugsbeamten übertragen. [2]Aus besonderen Gründen kann die Wahrnehmung der Aufgaben auch anderen Beamtinnen und Beamten, sonstigen Justizvollzugsbediensteten oder nebenamtlich in einer Anstalt beschäftigten Personen übertragen werden. [...] *§ 178 NJVollzG: Beauftragung* [1]Fachlich geeignete und zuverlässige natürliche Personen, juristische Personen des öffentlichen oder privaten Rechts oder sonstige Stellen können beauftragt werden, Aufgaben für die Vollzugsbehörde wahrzunehmen, soweit dabei keine Entscheidungen oder sonstige in die Rechte der Gefangenen, Sicherungsverwahrten oder anderer Personen eingreifende Maßnahmen zu treffen sind. [2]Eine Übertragung von vollzuglichen Aufgaben zur eigenverantwortlichen Wahrnehmung ist ausgeschlossen.
Nordrhein-Westfalen	*§ 55 UVollzG NRW Anstaltsleitung* (1) Für jede Untersuchungshaftvollzugsanstalt ist eine Beamtin oder ein Beamter des höheren Dienstes zur hauptamtlichen Leiterin oder zum hauptamtlichen Leiter zu bestellen. (2) Die Anstaltsleitung vertritt die Anstalt nach außen und trägt die Verantwortung für den gesamten Vollzug. Sie kann die Verantwortung für bestimmte Aufgabenbereiche auf andere Vollzugsbedienstete übertragen. *§ 56 UVollzG NRW: Vollzugsbedienstete* (1) Die Aufgaben der Anstalten werden von Vollzugsbeamtinnen und Vollzugsbeamten wahrgenommen. Aus besonderen Gründen können sie auch anderen Bediensteten der Anstalten sowie nebenamtlichen oder vertraglich verpflichteten Personen übertragen werden. (2) Für jede Anstalt ist entsprechend ihrer Aufgabe die erforderliche Anzahl von Bediensteten der verschiedenen Berufsgruppen vorzusehen.

12 Nach allen Ländergesetzen obliegt die Leitung der Anstalt dem Anstaltsleiter. Die **Anforderungen an den Anstaltsleiter** sind hoch. Zunächst einmal muss er in der Anstalt anwesend und ansprechbar sein. Ausgestaltung und Organisation des Vollzugs liegen in seinem Verantwortungsbereich. Er ist für die Steuerung der Anstalt durch Organisation, Führung der Bediensteten, Aufsicht und Controlling verantwortlich. Selbiges gilt insbesondere auch für die konzeptionelle Ausrichtung und Fortentwicklung der Anstalt. Im Regelfall sollte er seine Mitarbeiter eher beraten als anweisen. Er hält und fördert den Kontakt zu anderen Anstalten des Landes, berücksichtigt die Interessen des Gesamtvollzugs und wirkt an der Lösung anstaltsübergreifender Fragen mit. Weiter vertritt der Anstaltsleiter die Anstalt nach außen und repräsentiert sie in der Öffentlichkeit. Der Anstaltsleiter kann Aufgaben, auch in der Vertretung nach außen, auf andere Bedienstete übertragen. In der Regel geschieht dieses durch den Geschäftsverteilungsplan. Die beauftragten Bediensteten werden insoweit im Auftrag des Anstaltsleiters tätig. Eine **Aufgabenübertragung** ist grundsätzlich auch dann gestattet, wenn das Gesetz einzelne Aufgaben ausdrücklich dem Anstaltsleiter zuweist. In diesem Fall hat allerdings eine besonders sorgfältige Prüfung zu erfolgen.[29] Allein in Baden-Württemberg ist insoweit von einer Regelung abgesehen worden. Allerdings sieht die dortige Gesetzesbegründung ausdrücklich vor, dass die Organisationshoheit des Anstaltsleiters unberührt bleiben soll, bestimmte Aufgaben ohne Abgabe der „Letztverantwortung" im Sinne einer Entscheidungs- und Zeichnungsbefugnis auf Mitarbeiter im Wege der sogenannten „Auftragsdelegation" zu übertragen.[30] Überwiegend ist in den Länderregelungen vorgesehen, dass sich die Aufsichtsbehörde die Zustimmung zur Aufgabenübertragung (ggf. für bestimmte Bereiche) vorbehalten kann. Zwar ist keine Delegationspflicht, sondern lediglich eine Delegationsbefugnis gesetzgeberisch vorgesehen. Der Gesetzgeber bringt mit dieser Regelung aber zum Ausdruck, dass im Vollzug hierarchische zugunsten kollegialer Entscheidungsstrukturen abgebaut werden sollen und dass um der Effektivität des Vollzugs willen sachnäheren Bediensteten Entscheidungskompetenzen übertragen werden sollen.[31] Die Gesamtverantwortung ist allerdings nicht delegierbar und verbleibt beim Anstaltsleiter, er hat ein Organisationsverschulden zu vertreten.[32]

Die meisten Regelungen sehen vor, dass für jede Anstalt ein Beamter des höheren Dienstes zum hauptamtlichen Leiter zu bestellen ist. Lediglich Schleswig-Holsein, Bremen und Niedersachsen verzichten auf eine solche Festlegung. Dabei verzichten Schleswig-Holstein und Bremen überhaupt auf die ausdrückliche Festlegung auf einen hauptamtlichen Leiter. Dieses ist angesichts der vielfältigen und verantwortungsvollen Aufgaben zu kritisieren.[33]

Die Befähigung zum Richteramt ist nicht Voraussetzung für die Berufung zum Anstaltsleiter. In Betracht kommen ebenfalls Ärzte oder Psychologen. Ergänzt wird diese Normierung für den Regelfall oft durch eine Ausnahmeklausel, nach der aus besonderen Gründen eine Anstalt auch von einem Beamten des gehobenen Dienstes geleitet werden kann. Durch diese Ausnahmeklausel soll ein erhöhtes Maß an Flexibilität gewährleistet werden. Als besondere Gründe kommen dabei persönliche in der Praxis oder der Ausbildung erworbene Qualifikationen wie besondere sozialpädagogische, psychologische oder betriebswirtschaftliche Kenntnisse in Betracht. Die besonderen Gründe dürfen als qualifikationsbestimmende Merkmale nicht etwa außerhalb der Person des Beamten selbst, z.B. in der Größe der Vollzugsanstalt, liegen.[34] In NRW ist eine solche Ausnahme dagegen nicht vorgesehen. Nach § 90 Abs. 4 UVollzG Hamburg bestimmt die Aufsichtsbehörde die stellvertretende Anstaltsleiterin oder den stellvertretenden Anstaltsleiter.

29 Vgl. insoweit zum Ganzen beispielhaft die Begründung zum Thüringer Entwurf eines Untersuchungshaftvollzugsgesetzes, Drucks. 4/4803.
30 RegE Ba-Wü, S. 179.
31 Callies/Müller-Dietz, StVollzG, § 156 Rn. 2.
32 RegE NRW, S. 83.
33 So auch Arloth, StVollzG, § 156 Rn. 1.
34 Callies/Müller-Dietz, StVollzG, § 156 Rn. 1.

Eine **strafrechtliche Verpflichtung zur Anzeige von Straftaten**, die in der Anstalt von Vollzugsbediensteten gegen Gefangene, von Gefangenen gegen Vollzugsbedienstete oder von Gefangenen gegenüber Mitgefangenen begangen werden, besteht nicht.[35] Eine Strafvereitelung (§§ 258, 258 a StGB) durch Unterlassen kommt nicht in Betracht, da die nach dem Gesetz erforderliche Garantenstellung (§ 13 StGB) im Hinblick auf das Schutzgut „Strafanspruch des Staates“ fehlt. Der Anstaltsleiter handelt nicht als Organ der Strafverfolgungsbehörden, sondern ist für einen geordneten Vollzug zuständig. Allerdings kann ein Unterlassen disziplinarische Konsequenzen haben, sofern insoweit Berichts- und Anzeigeverpflichtungen bestehen. Hinsichtlich seiner Pflicht Strafanzeige zu erstatten, steht ihm ein Ermessensspielraum zu.[36] 13

Alle gesetzlichen Regelungen mit Ausnahme von Niedersachsen sehen vor, dass die Anstalten mit dem für den Vollzug der Untersuchungshaft erforderlichen Personal ausgestattet werden. Die Aufgabe des Untersuchungshaftvollzugs, durch sichere Unterbringung der Untersuchungsgefangenen die Durchführung eines geordneten Strafverfahrens zu gewährleisten und der Gefahr weiterer Straftaten zu begegnen, kann nur bei angemessener personeller Ausstattung der Anstalt erfüllt werden. Weiter wird überwiegend festgeschrieben, dass **Fortbildung** sowie Praxisbegleitung zu gewährleisten sind. Diese Verpflichtung fehlt bedauerlicherweise im UVollzG NRW. Eine ausdrückliche Aufnahme ins Gesetz unterstreicht den hohen Wert ständiger Fortbildung. 14

Teilweise wird ausdrücklich normiert, dass die Aufgaben der Anstalt von Beamten wahrgenommen werden. Damit wird dem verfassungsrechtlichen (Art. 33 Abs. 4, 5 GG) und allgemein beamtenrechtlichen Grundsatz entsprochen, wonach **die Ausübung hoheitsrechtlicher Befugnisse** als ständige Aufgabe **in der Regel Beamten zu übertragen ist.** Allerdings ist dann stets als Ausnahme vorgesehen, dass aus besonderen Gründen Aufgaben auch anderen Bediensteten sowie nebenamtlich tätigen oder vertraglich verpflichteten Personen übertragen werden können.[37] Hierdurch wird zum einen dem Umstand Rechnung getragen, dass es in Einzelfällen des Einsatzes von Tarifbeschäftigten bedarf, beispielsweise in befristeten Arbeitsverhältnissen oder bei Überschreiten der Höchstaltersgrenze für die Übernahme in ein Beamtenverhältnis. Zum anderen kann namentlich die medizinische Versorgung teils nur durch die Inanspruchnahme von Vertragsärztinnen und -ärzten gewährleistet werden, insbesondere in kleineren Vollzugseinrichtungen.[38] Der Einsatz privater Sicherheitskräfte, die die Gefangenen beaufsichtigen sollen, ist aber nicht von der Ausnahmeklausel gedeckt.[39] Die vollständige oder teilweise **Privatisierung** einer Vollzugsanstalt ist nach überwiegender Ansicht mit der Verfassung nicht vereinbar.[40] Unbenommen bleibt es den staatlichen Vollzugsbehörden aber mit Privaten zusammenzuarbeiten, solange und soweit diese als bloße Verwaltungshelfer unter der öffentlich-rechtlichen Gesamtverantwortung der Vollzugsbehörden stehen (so die zuvor genannten Vertragsärzte oder ähnliche Funktionsträger).[41] Eine Unterstellung des Gefangenen unter die ausschließliche, tatsächliche oder rechtliche Leitungsgewalt eines Privaten ist verfassungsrechtlich nicht zulässig.[42] Eine Beschränkung des Staates auf Aufsichtsfunktionen reicht nicht aus. 15

35 BGH NJW 1997, 2059; Callies/Müller-Dietz, StVollzG, § 156 Rn. 3; a.A. OLG Hamburg ZfStrVo 1996, 371.
36 Callies/Müller-Dietz, StVollzG, § 156 Rn. 3.
37 § 80 Abs. 2 UVollzG Sachsen, § 56 Abs. 1 UVollzG NRW, §§ 177, 178 NJVollzG, § 91 Abs. 1 UVollzG Hamburg, § 12 Abs. 1 JVollzGB I Ba-Wü, § 67 Abs. 1 UVollzG Hessen.
38 So beispielsweise die Begründung zu § 56 RegE NRW, Drucks. 14/8631 des Landtages NRW, S. 83.
39 Arloth, StVollzG, § 155 Rn. 3; Böhm, Strafvollzug, Rn. 87; Laubenthal, Strafvollzug, Rn. 45; Kaiser/Schöch, Strafvollzug, § 4 Rn. 30 ff.
40 Callies/Müller-Dietz, StVollzG, § 155 Rn. 2; für den Ausschluss einer vollständigen Privatisierung auch Wydra in: Schwind/Böhm/Jehle/Laubenthal, StVollzG, § 155 Rn. 1. S. auch Kirchner in: Ostendorf, Jugendstrafvollzugsrecht, 13. Abschnitt Rn. 51 m.w.N.
41 Callies/Müller-Dietz, StVollzG, § 155 Rn. 2.
42 BVerfGE 98, 169 (206).

5. Seelsorger

16

Länder	Aufbau der Anstalt – *Seelsorger*
12er-Regelung: Berlin Brandenburg Bremen Hamburg Hessen Mecklenburg-Vorpommern Rheinland-Pfalz Saarland Sachsen Sachsen-Anhalt Schleswig-Holstein Thüringen	***§ 81 12er-Regelung: Seelsorger***[43] **(1) Die Seelsorger werden im Einvernehmen mit der jeweiligen Religionsgemeinschaft im Hauptamt bestellt oder vertraglich verpflichtet.** **(2) Wenn die geringe Anzahl der Angehörigen einer Religionsgemeinschaft eine Seelsorge nach Absatz 1 nicht rechtfertigt, ist die seelsorgerische Betreuung auf andere Weise zuzulassen.** **(3) Mit Zustimmung des Anstaltsleiters darf der Anstaltsseelsorger sich freier Seelsorgehelfer bedienen und diese für Gottesdienste sowie für andere religiöse Veranstaltungen von außen zuziehen.**[44] **Abweichende Regelungen:** *Sachsen, § 81 Abs. 1 SächsUHaftVollzG:* (1) Die Seelsorger werden im Benehmen mit der Aufsichtsbehörde von der jeweiligen Religionsgemeinschaft bestellt. *Hessen, § 81 Abs. 3 HUVollzG:* (3) Mit Zustimmung der Anstaltsleitung kann sich der Anstaltsseelsorger außenstehender Personen bedienen und sie insbesondere zur Mitwirkung an Gottesdiensten und anderen religiösen Veranstaltungen hinzuziehen.
Baden-Württemberg	*§ 12 Abs. 6 JVollzGB I: Aufgabenwahrnehmung* **(6) Anstaltsseelsorgerinnen und Anstaltsseelsorgerwerden im Einvernehmen mit der jeweiligen Religionsgemeinschaft im Hauptamt bestellt oder vertraglich verpflichtet. Das Nähere regeln Vereinbarungen zwischen dem Land und den Religionsgemeinschaften. Wenn die geringe Zahl der Angehörigen einer Religionsgemeinschaft eine Seelsorge nach Satz 1 nicht rechtfertigt, ist die seelsorgerische Betreuung auf andere Weise zuzulassen. Mit Zustimmung der Anstaltsleiterin oder des Anstaltsleiters dürfen die Anstaltsseelsorger sich freier Seelsorgehelfer bedienen und für Gottesdienste sowie für andere religiöse Veranstaltungen Seelsorgerinnen und Seelsorger von außen zuziehen.**
Bayern	*Art. 42 BayUVollzG i.V.m. Art. 178 BayStVollzG: Seelsorge* **(1) Seelsorger werden im Einvernehmen mit der jeweiligen Religionsgemeinschaft im Hauptamt bestellt oder vertraglich verpflichtet.** **(2) Wenn die geringe Anzahl der Angehörigen einer Religionsgemeinschaft eine Seelsorge nach Abs. 1 nicht rechtfertigt, ist die seelsorgerische Betreuung auf andere Weise zuzulassen.** **(3) Mit Zustimmung des Anstaltsleiters oder der Anstaltsleiterin dürfen die Anstaltsseelsorger sich freier Seelsorgehelfer bedienen und für Gottesdienste sowie für andere religiöse Veranstaltungen Seelsorger von außen zuziehen.** **(4) [1]Den Seelsorgern obliegt insbesondere die religiöse Betreuung der Gefangenen. [2]Die Seelsorger wirken ferner mit bei der Be-**

43 In Hamburg: § 92 HmbUVollzG; Hessen: § 68 HUVollzG.
44 Ähnlich Rheinland-Pfalz: § 81 Abs. 3 LUVollzG.

Länder	Aufbau der Anstalt – *Seelsorger*
	handlungsuntersuchung der Gefangenen, bei der Aufstellung, Durchführung und Änderung des Vollzugsplans, bei der Freizeitgestaltung der Gefangenen, bei der sozialen Hilfe für die Gefangenen und bei der Aus- und Fortbildung der Vollzugsbediensteten.
Niedersachsen	*§ 179 NJVollzG: Seelsorge* (1) Seelsorgerinnen und Seelsorger werden im Einvernehmen mit der jeweiligen Religionsgemeinschaft im Hauptamt bestellt oder vertraglich verpflichtet. (2) Wenn die geringe Zahl der Angehörigen einer Religionsgemeinschaft eine Seelsorge nach Absatz 1 nicht rechtfertigt, ist die seelsorgerische Betreuung auf andere Weise zuzulassen. (3) Mit Zustimmung der Vollzugsbehörde dürfen die Anstaltsseelsorgerinnen und Anstaltsseelsorger freie Seelsorgehelferinnen und Seelsorgehelfer und für Gottesdienste sowie für andere religiöse Veranstaltungen Seelsorgerinnen und Seelsorger von außen zuziehen.
Nordrhein-Westfalen	*§ 57 UVollzG NRW: Seelsorge* (1) Seelsorgerinnen und Seelsorger werden im Einvernehmen mit der jeweiligen Religionsgemeinschaft im Hauptamt bestellt oder vertraglich verpflichtet. (2) Wenn die geringe Zahl der Angehörigen einer Religionsgemeinschaft eine Seelsorge nach Absatz 1 nicht rechtfertigt, ist die seelsorgliche Betreuung auf andere Weise zuzulassen. (3) Mit Zustimmung der Anstaltsleitung darf die Anstaltsseelsorge sich freier Seelsorgehelferinnen oder Seelsorgehelfer bedienen und für Gottesdienste sowie für andere religiöse Veranstaltungen Seelsorgerinnen oder Seelsorger von außen hinzuziehen.

Die Untersuchungshaftvollzugsgesetze der Länder sehen nahezu durchgängig organisatorische Regelungen zur Seelsorge vor, die im wesentlichen § 157 StVollzG entsprechen. Danach ist festgeschrieben, dass die Seelsorger im Einvernehmen mit der jeweiligen Religionsgemeinschaft im Hauptamt bestellt oder vertraglich verpflichtet werden. Eine abweichende Regelung sieht § 81 Abs. 1 UVollzG Sachsen vor. Danach werden die Seelsorger im Benehmen mit der Aufsichtsbehörde von der jeweiligen Religionsgemeinschaft bestellt. Die Seelsorger werden also nicht von der Anstalt angestellt. Dies soll der bewährten sächsischen Praxis entsprechen und Bestandteil von Vereinbarungen des Freistaats Sachsen mit den Religionsgemeinschaften sein.[45] 17

Wenn die geringe Anzahl der Angehörigen einer Religionsgemeinschaft eine solche Seelsorge nicht rechtfertigt, ist die seelsorgerische Betreuung auf andere Weise zuzulassen. Mit Zustimmung der Anstaltsleiterin oder des Anstaltsleiters darf sich die Anstaltsseelsorgerin oder der Anstaltsseelsorger freier Seelsorgehelfer bedienen und diese für Gottesdienste sowie für andere religiöse Veranstaltungen von außen zuziehen. Bezüglich der Hinzuziehung von freien Seelsorgehelfern weisen die Länderregelungen teils textliche Abweichungen auf. Es ist aber davon auszugehen, dass es sich hierbei um sprachliche, nicht um inhaltliche Unterschiede handelt. Dieses gilt insbesondere, soweit neben den freien Seelsorgehelfern auch noch ausdrücklich von außen kommende Seelsorger genannt sind. Soweit dieses nicht der Fall ist, sind diese jedoch im Rahmen ihrer Tätigkeiten ebenfalls der Obergruppe des „Seelsorgehel-

45 RegE Sachsen, S. 90.

fers“ zuzuordnen. Niedersachsen sieht in § 179 Abs. 3 NJVollzG anstelle der Zustimmung der Anstaltsleitung die Zustimmung der Vollzugsbehörde für die Zuziehung von freien Seelsorgehelfern vor.

Die Normierungen enthalten somit eine Rahmenregelung, mit der die vollzugsorganisatorischen Voraussetzungen der Seelsorge gewährleistet werden sollen. Sie ergänzen in vollzugsorganisatorischer Hinsicht das Recht des Gefangenen auf Religionsausübung gemäß Art. 4 Abs. 2 GG. Weiter wird die verfassungsrechtliche Verpflichtung aus Art. 140 GG i.V.m. Art. 141 WRV umgesetzt, Seelsorge zuzulassen. Zur Konkretisierung s. § 5 Rn. 20 ff. Die Stellung des Seelsorgers bestimmt sich nach den von den einzelnen Bundesländern mit den Kirchen auf der Grundlage der Staatskirchenverträge oder Konkordate getroffenen Verwaltungsvereinbarungen, die Bestellung sowie dienst- und beamtenrechtliche Stellung der im Vollzug tätigen Geistlichen regeln. Darauf nimmt das Gesetz Bezug, wenn es von einer Bestellung „im Einvernehmen“ spricht.[46] Die Tätigkeit des Seelsorgers ist dabei nicht auf rein kultische Veranstaltungen beschränkt. Er ist als Beamter gehalten, alle Aufgaben der Justizvollzugsanstalten mit wahrzunehmen. Dadurch dass die Seelsorger wie auch alle anderen Mitarbeiter zur Mitwirkung bei der Erfüllung der Aufgaben des Vollzugs verpflichtet sind, ist ihre Arbeit unbeschadet ihrer staatskirchenrechtlichen Stellung vollzugsorganisatorisch in die Funktion eines allgemeinen sozialen Dienstes miteinbezogen.[47] Der Anstaltsleiter kann dem Seelsorger für Verkündung und Seelsorge keine Weisungen erteilen.[48] Soweit das Gesetz von der vertraglichen Verpflichtung als Alternative zur hauptamtlichen Bestellung spricht, ist damit die nebenamtliche vertragliche Tätigkeit gemeint. Unter den vertraglich verpflichteten Seelsorgern sind dementsprechend solche mit einer Teilzeitbeschäftigung im Vollzug (wie z.B. Gemeindepfarrer) zu verstehen. Entgegen dem Wortlaut des Gesetzes, der es offen zu lassen scheint, ob die Seelsorger haupt- oder nebenamtlich bestellt werden, besteht jedoch nach Sinn und Zweck eine Präferenz für die hauptamtliche Beschäftigung. Insoweit ist systematisch auf die allgemeine Regelung zu den Bediensteten Bezug zu nehmen, die nebenamtliche Beschäftigung als Ausnahmefall ansieht.[49] Wo die geringe Zahl von Angehörigen einer Religionsgemeinschaft eine haupt- oder nebenamtliche Seelsorge nicht rechtfertigt, kann sie von Fall zu Fall auch ehrenamtlich geleistet werden.

Soweit die Hinzuziehung von **freien Seelsorgehelfern** von außen vorgesehen ist, weist die Bezeichnung als „frei“ aus, dass sich der Seelsorgehelfer im Unterschied zum Anstaltsseelsorger nicht in einem Dienstverhältnis zur Justizbehörde befindet, sondern von außen kommt. Hierbei handelt es sich um Mitarbeiter der betreffenden Kirche mit ausreichender Qualifikation, die im Gesamtbereich der Anstaltsseelsorge in Absprache mit dem Anstaltsseelsorger tätig sind. Rechte und Pflichten des freien Seelsorgehelfers entsprechen gemäß der vorzunehmenden förmlichen Zuordnung zum Anstaltsseelsorger und der damit erfolgten Einbindung in den kirchlichen Bereich denen des im Hauptamt bestellten bzw. vertraglich verpflichteten Seelsorgers unter Berücksichtigung der Zuordnung.

Kirchenrechtlich ist der Seelsorger grundsätzlich zum Schutz des Seelsorgegeheimnisses verpflichtet. Dabei ist zwischen Amtsverschwiegenheit, seelsorgerischer Verschwiegenheit und dem Beichtgeheimnis zu unterscheiden. Die Pflicht zur Amtsverschwiegenheit kann von den zuständigen kirchlichen Oberbehörden aus Gründen übergeordneter kirchlicher Interessen aufgehoben werden. Die Seelsorgerische Verschwiegenheit, wovon das Beichtgeheimnis einen besonders herausgehobenen Fall darstellt, kann dagegen nicht von den kirchlichen Vorgesetzten aufgehoben werden.[50] Im Strafrecht sowie im Strafprozessrecht ist die Stellung des Seelsorgers durch § 139 Abs. 2 StGB sowie § 53 Abs. 1 S. 1 Nr. 1 und § 160 a StPO besonders geschützt.

---

46 Callies/Müller-Dietz, StVollzG, § 157 Rn. 1.
47 Callies/Müller-Dietz, StVollzG, § 157 Rn. 3, 4.
48 Huchting/Koch in: AK-StVollzG, § 157 Rn. 6.
49 § 80 Abs. 2 UVollzG Sachsen, § 56 Abs. 1 UVollzG NRW, §§ 177, 178 NJVollzG, § 91 Abs. 1 UVollzG Hamburg, § 12 JVollzGB I Ba-Wü, § 67 Abs. 1 UVollzG Hessen.
50 Huchting/Koch in: AK-StVollzG, § 157 Rn. 13.

6. Medizinische Versorgung

18

Länder	Aufbau der Anstalt – *Medizinische Versorgung*
12er-Regelung: Berlin Brandenburg Bremen Hamburg Hessen Mecklenburg-Vorpommern Rheinland-Pfalz Saarland Sachsen Sachsen-Anhalt Schleswig-Holstein Thüringen	***§ 82 12er-Regelung: Medizinische Versorgung***[51] **(1) Die ärztliche Versorgung ist sicherzustellen.** **(2) Die Pflege der Kranken soll von Bediensteten ausgeübt werden, die eine Erlaubnis nach dem Krankenpflegegesetz.**[52] **Abweichende Regelungen:** ***Sachsen-Anhalt, § 82 UVollzG LSA: Medizinische Versorgung*** (1) Die ärztliche Versorgung ist durch hauptamtliche Anstaltsärzte sicherzustellen. Sie kann aus besonderen Gründen nebenamtlichen oder vertraglich verpflichteten Ärzten übertragen werden. (2) Die Pflege der Kranken soll von Bediensteten ausgeübt werden, die eine Erlaubnis nach dem Krankenpflegegesetz besitzen. Solange diese nicht zur Verfügung stehen, können auch Bedienstete eingesetzt werden, die eine sonstige Ausbildung in der Krankenpflege erfahren haben. ***Schleswig-Holstein, § 82 Abs. 2UVollzG SH: Medizinische Versorgung*** (2) Die Pflege der Kranken soll von Bediensteten ausgeübt werden, die eine Erlaubnis nach dem Gesetz über die Berufe in der Krankenpflegegesetz vom 16. Juli 2003 (BGBl. I S. 1442), zuletzt geändert durch Artikel 7 des Gesetzes vom 24. Juli 2010 (BGBl. I S. 983), besitzen.
Baden-Württemberg	***§ 12 Abs. 4 JVollzGB I: Aufgabenwahrnehmung*** **(4) Für jede Justizvollzugsanstalt ist entsprechend ihrer Aufgabe die erforderliche Anzahl von Bediensteten, namentlich des allgemeinen Vollzugsdienstes, des Verwaltungsdienstes und des Werkdienstes sowie von Personen der verschiedenen Berufsgruppen, insbesondere der Seelsorger, Ärzte, Pädagogen, Psychologen und Sozialarbeiter, vorzusehen.**
Bayern	***Art. 42 BayUVollzG i.V.m.Art. 179 BayStVollzG: Ärztliche Versorgung*** **(1) [1]Die ärztliche Versorgung ist durch hauptamtliche Ärzte sicherzustellen. [2]Sie kann aus besonderen Gründen nebenamtlichen oder vertraglich verpflichteten Ärzten übertragen werden.** **(2) [1]Die Pflege der Kranken soll von Personen ausgeübt werden, die eine Erlaubnis nach dem Krankenpflegegesetz besitzen. [2]Solang Personen im Sinn von Satz 1 nicht zur Verfügung stehen, können auch Bedienstete eingesetzt werden, die eine sonstige Ausbildung in der Krankenpflege erfahren haben.**

51 Keine Regelung in Hamburg, HmbUVollzG, s. lediglich § 91 Abs. 2 S. 1 HmbUVollzG, wonach die erforderliche Anzahl von Bediensteten der verschiedenen Berufsgruppen vorzusehen sind. Keine entsprechende Regelung in Hessen, HUVollzG. Mit Ergänzungen auch in Sachsen, SächsUHaftVollzG normiert.

52 **Ergänzend Berlin, § 82 Abs. 2 UVollzG Bln: „[...] vom 16. Juli 2003 (BGBl. I S. 1442), das zuletzt durch Artikel 12 a des Gesetzes vom 17. Juli 2009 (BGBl. I S. 1990) geändert worden ist." Ergänzend auch im Saarland, § 82 Abs. 2 SUVollzG: „[...] vom 16. Juli 2003 (BGBl. I S. 1442), zuletzt geändert durch Artikel 13 des Gesetzes vom 28. Mai 2008 (BGBl. I S. 884), in der jeweils geltenden Fassung) besitzen. Solange diese nicht zur Verfügung stehen, können auch Bedienstete eingesetzt werden, die eine sonstige Ausbildung in der Krankenpflege erfahren haben."**

Länder	Aufbau der Anstalt – *Medizinische Versorgung*
	(3) [1]Den Ärzten obliegt insbesondere die Gesundheitsfürsorge für die Gefangenen, die Überwachung der gesundheitlichen und hygienischen Verhältnisse in der Anstalt, die ärztliche Überwachung der Anstaltsverpflegung und die Durchführung von Zwangsmaßnahmen auf dem Gebiet der Gesundheitsfürsorge. [2]Sie wirken ferner mit bei der Behandlungsuntersuchung der Gefangenen, bei der Aufstellung, Durchführung und Änderung des Vollzugsplans, bei der Beurteilung der Gefangenen, bei der Anordnung und beim Vollzug besonderer Sicherungsmaßnahmen und von Disziplinarmaßnahmen in dem vorgesehenen Umfang sowie bei der Aus- und Fortbildung der Vollzugsbediensteten.
Niedersachsen	*§ 180 NJVollzG: Ärztliche Versorgung* (1) Die ärztliche Versorgung ist in der Regel durch hauptberuflich in der Anstalt tätige Ärztinnen und Ärzte sicherzustellen. (2) 1Die Pflege der Kranken soll von Personen ausgeübt werden, die eine Erlaubnis nach dem Krankenpflegegesetz besitzen. 2Solange solche Personen nicht zur Verfügung stehen, können auch Bedienstete des allgemeinen Vollzugsdienstes eingesetzt werden, die anderweitig in der Krankenpflege ausgebildet sind.
Nordrhein-Westfalen	*§ 58 UVollzG NRW: Medizinische Versorgung* (1) Die ärztliche Versorgung ist durch hauptamtliche Ärztinnen oder Ärzte sicherzustellen. Sie kann aus besonderen Gründen nebenamtlichen oder vertraglich verpflichteten Ärztinnen oder Ärzten übertragen werden. (2) Die Pflege der Kranken soll von Personen ausgeübt werden, die eine Erlaubnis nach dem Krankenpflegegesetz besitzen. Solange Personen im Sinne von Satz 1 nicht zur Verfügung stehen, können Bedienstete des allgemeinen Vollzugsdienstes eingesetzt werden, die in der Krankenpflege ausgebildet sind.

19 Die Bestimmungen zur medizinischen Versorgung in den Ländergesetzen orientieren sich weitgehend an § 158 StVollzG. Dabei wird überwiegend nur normiert, dass die ärztliche Versorgung sicherzustellen ist.[53] In anderen Fällen wird in engerer Übernahme des § 158 StVollzG zusätzlich festgeschrieben, dass die Versorgung in der Regel durch hauptamtliche Ärztinnen und Ärzte sicherzustellen ist,[54] teils wird zusätzlich aufgeführt, dass sie aus besonderen Gründen nebenamtlich oder vertraglich verpflichteten Ärztinnen oder Ärzten übertragen werden kann.[55] Hessen verzichtet im Teil über die Organisation der Anstalt auf eine ausdrückliche Erwähnung der medizinischen Versorgung oder jedenfalls über das vorzuhaltende Personal der „einzelnen Berufsgruppen".

Zur Pflege der Kranken wird überwiegend ebenfalls in Anlehnung an § 158 Abs. 2 StVollzG normiert, dass die Pflege von Bediensteten ausgeübt werden soll, die eine Erlaubnis nach dem Krankenpflegegesetz aufweisen. Solange diese nicht zur Verfügung stehen, können weiter auch Bedienstete eingesetzt werden, die eine sonstige Ausbildung in der Krankenpflege

53 § 82 Abs. 1 UVollzG Sachsen, § 82 Abs. 1 UVollzG Brandenburg, § 82 Abs. 1 UVollzG SH, § 82 Abs. 1 UVollzG Rheinland-Pfalz, § 82 Abs. 1 UVollzG M-V, § 82 Abs. 1 UVollzG Bremen, § 82 Abs. 1 UVollzG Berlin, § 82 Abs. 1 UVollzG Saarland; § 82 Abs. 1 UVollzG Thüringen, in diese Richtung auch § 12 Abs. 4 JVollzGB I BaWü sowie § 91 Abs. 2 S. 1 UVollzG Hamburg.

54 § 58 Abs. 1 UVollzG NRW, § 180 Abs. 1 NJVollzG, § 82 Abs. 1 UVollzG Sachsen-Anhalt.

55 § 58 Abs. 1 UVollzG NRW, § 82 Abs. 1 UVollzG Sachsen-Anhalt.

erfahren haben.[56] Eine solche Regelung ist zur Sicherung von Qualitätsstandards gerade im sensiblen Bereich der Pflege Kranker zu begrüßen. Angesichts des Zwangsverhältnisses im Vollzug muss die fachliche Qualität von Ärzten und Pflegepersonal eigentlich überdurchschnittlich sein.[57]

Die ärztliche Versorgung ist Teil des Vollzugs. Der **Anstaltsarzt** unterliegt der Rechtsaufsicht des Anstaltsleiters, ist aber im fachlichen Bereich unabhängig. Der Anstaltsleiter kann dabei eine ärztlich angeordnete Maßnahme nur darauf überprüfen, ob sie grundsätzlich in den fachlichen Bereich des Arztes fällt.[58] Die hauptamtliche Tätigkeit des Anstaltsarztes erscheint wegen seiner zentralen allgemein sozialen Dienstfunktion im Justizvollzug erforderlich. Bei der Beschäftigung von Vertragsärzten, die ihre Tätigkeit im Nebenberuf ausüben, ist zwar die ärztliche Versorgung der Gefangenen gewährleistet, soweit sie sich eng begrenzt auf die Gesundheitsfürsorge und insbesondere Krankenpflege bezieht. Zusätzliche Aspekte wie die Mitwirkung des Arztes in Konferenzen, hygienische Überwachung, Überwachung der Ernährung, Mitarbeit in Behandlungsabteilungen mit sozialtherapeutischen Charakter, enge Zusammenarbeit mit anderen Fachdiensten im Hinblick auf die Persönlichkeitserforschung des Gefangenen und besondere Behandlungsaufgaben drohen dabei allerdings aus Zeitmangel zu unterbleiben. Problematisch gestaltet sich auch die Übernahme von Verwaltungsaufgaben.[59] Besondere Gründe, nebenamtliche Ärzte zu beschäftigen, werden jedoch vor allem dann gegeben sein, wenn es um die Hinzuziehung von Fachärzten geht.[60] Gefangene können weder als Krankenpfleger noch als Ärzte eingesetzt werden. Neben dem Wortlaut der einschlägigen Bestimmungen spricht bei einer Verwendung als Arzt dagegen, dass die besondere Stellung des Anstaltsarztes als Arzt und Teil des Vollzugs mit der Gefangeneneigenschaft unvereinbar ist und die Gefahr des Missbrauchs von Informationen und Arzneimitteln besteht.[61]

Problematisch ist, dass offenbar viele Planstellen für Anstaltsärzte nicht besetzt werden können. Ein Grund für die mangelnde Akzeptanz der Aufgabe des Anstaltsarztes dürften die geringeren Verdienstmöglichkeiten von Anstaltsärzten gegenüber Krankenhausärzten und erst recht niedergelassenen Ärzten sein. Hinzu kommen eingeschränkte Arbeitsbedingungen sowie schwierige Patienten.[62]

Der Anstaltsarzt schließt mit den einzelnen Patienten keinen privatrechtlichen Behandlungsvertrag ab, sondern es besteht zwischen beiden ein öffentlich-rechtliches Dienstleistungsverhältnis. Für Klagen wegen etwaiger Behandlungsfehler gelten für die Inhaftierten dieselben zivilprozessualen Beweisgrundsätze wie für die Patienten außerhalb der Anstalt.[63]

Nach der Berufsordnung der Ärztekammer hat ein Anstaltsarzt über das, was ihm in dieser Eigenschaft anvertraut oder bekannt geworden ist, zu schweigen. Aus der Gesamtverantwortung der Vollzugsbehörde für die gesundheitliche Betreuung der Strafgefangenen kann im Einzelfall ein Recht des Arztes zur Offenlegung von Tatsachen folgen, die ihm bei der Behandlung von Gefangenen bekannt geworden oder anvertraut worden sind.[64] In der Praxis können Konflikte bezüglich des Umfangs der Informationsweitergabe entstehen. Die

56 § 82 Abs. 2 UVollzG Sachsen, § 82 Abs. 2 UVollzG Brandenburg, § 82 Abs. 2 UVollzG SH, der allerdings die Ausnahme zum Einsatz von Bediensteten mit sonstiger Krankenpflegeausbildung nicht vorsieht, § 82 Abs. 2 UVollzG Sachsen-Anhalt, § 82 Abs. 2 UVollzG Rheinland-Pfalz, § 82 Abs. 2 UVollzG M-V, § 82 Abs. 2 UVollzG Bremen, § 82 Abs. 2 UVollzG Berlin, § 82 Abs. 2 UVollzG Saarland; § 82 Abs. 2 UVollzG Thüringen, § 58 Abs. 2 UVollzG NRW, § 180 Abs. 2 NJVollzG.
57 Riekenbrauck/Keppler in: Schwind/Böhm/Jehle/Laubenthal, StVollzG, § 158 Rn. 7.
58 Arloth, StVollzG, § 158 Rn. 1.
59 Riekenbrauck/Keppler in: Schwind/Böhm/Jehle/Laubenthal, StVollzG, § 158 Rn. 4.
60 Callies/Müller-Dietz, StVollzG, § 158 Rn. 1.
61 OLG Nürnberg NStZ 1981, 200; Arloth, StVollzG, § 158 Rn. 2; Callies/Müller-Dietz, StVollzG, § 158 Rn. 2; für Ärzte und Zahnärzte auch Riekenbrauck/Keppler in: Schwind/Böhm/Jehle/Laubenthal, StVollzG, § 158 Rn. 4.
62 Boetticher/Stöver in: AK-StVollzG, § 158 Rn. 1.
63 Boetticher/Stöver in: AK-StVollzG, § 158 Rn. 5.
64 OLG Karlsruhe NStZ 1994, 378; Riekenbrauck/Keppler in: Schwind/Böhm/Jehle/Laubenthal, StVollzG, § 158 Rn. 6.

Formulierung der Rechtsprechung, dass der Anstaltsleiter diejenigen Informationen erhält, die für seine Verantwortungswahrnehmung unerlässlich sind, gibt einen Ermessensspielraum. Der Arzt versucht den Informationsgrad im Interesse eines ungestörten Arzt-Patienten-Verhältnisses kleiner zu halten, so dass es nicht nur um eine rechtliche Absicherung des Arztes zum Zwecke der Offenlegung eines Privatgeheimnisses nach § 203 StGB geht.[65]

7. Mitverantwortung der Untersuchungsgefangenen

20

Länder	Aufbau der Anstalt – *Mitverantwortung der Untersuchungsgefangenen*
12er-Regelung: Berlin Brandenburg Bremen Hamburg Hessen Mecklenburg-Vorpommern Rheinland-Pfalz Saarland Sachsen Sachsen-Anhalt Schleswig-Holstein Thüringen	***§ 83 12er-Regelung:[66] Mitverantwortung der Untersuchungsgefangenen*** **Den Untersuchungsgefangenen soll ermöglicht werden[67] an der Verantwortung für Angelegenheiten von gemeinsamem Interesse teilzunehmen, die sich ihrer Eigenart und der Aufgabe der Anstalt nach für ihre Mitwirkung eignen.** **Abweichende Regelungen:** ***Berlin: Ergänzende Verwaltungsvorschriften in AV zu § 83*** ***1. Grundsätze*** (1) Den Gefangenen und Sicherungsverwahrten ist zu ermöglichen, durch eine Insassenvertretung an der Verantwortung für Angelegenheiten von gemeinsamem Interesse teilzunehmen, die sich ihrer Eigenart und der Aufgabe der Anstalt nach für eine derartige Mitwirkung eignen. (2) Durch die Mitwirkung sollen das Verantwortungsbewusstsein der Gefangenen gegenüber anderen und ihre Bereitschaft zu positiver Mitarbeit im Vollzug und an der Erreichung des Vollzugszieles angeregt und gestärkt werden. Darüber hinaus sollen demokratische Verhaltensregeln erlernt und beachtet werden. (3) Die Mitwirkung der Gefangenen soll auch dazu beitragen, dass gegenseitige Verständnis zwischen den Gefangenen und allen im Vollzug Tätigen zu fördern. Alle Beteiligten arbeiten insoweit kooperativ zusammen. ***2. Gegenstand der Mitwirkung*** (1) Die Insassenvertretung ist vornehmlich zu folgenden Angelegenheiten auf ihren Wunsch zu hören: a) Freizeitgestaltung (Durchführung kultureller, sportlicher, allgemeinbildender und ähnlicher Veranstaltungen, Auswahl des gemeinschaftlichen Hörfunk-, Fernseh- und Filmprogramms), b) Hausordnung, c) Einkauf durch Gefangene, d) Speiseplan, e) Gefangenenbücherei, f) Gefangenenzeitschrift, g) Gefangenenhörfunk, h) Aus- und Weiterbildung der Gefangenen,

65 Riekenbrauck/Keppler in: Schwind/Böhm/Jehle/Laubenthal, StVollzG, § 158 Rn. 6.
66 In Hamburg: § 93 HmbUVollzG.
67 In Hamburg, § 93 HmbUVollzG, abweichend: „[…] wird ermöglicht […]“.

Länder	Aufbau der Anstalt – *Mitverantwortung der Untersuchungsgefangenen*
	i) Arbeitsbedingungen der Gefangenen, j) Förderung und Betreuung der Gefangenen. (2) Daneben kann sich die Insassenvertretung mit Wünschen, Anregungen und Beanstandungen an die Anstaltsleiterin oder den Anstaltsleiter und den Anstaltsbeirat wenden. (3) Von der Gefangenenmitverantwortung ausgeschlossen sind alle Personalangelegenheiten der Bediensteten und Angelegenheiten, die sich auf Sicherheitseinrichtungen und organisatorische Vorkehrungen zur Gewährleistung der Sicherheit in der Anstalt beziehen. (4) Die Anstalt informiert die Insassenvertretung regelmäßig über Angelegenheiten im Sinne von Absatz 1. ***3. Organe der Insassenvertretung und Wahlverfahren*** (1) Organe der Insassenvertretung können sein: a) Vollversammlung, b) Sprecher oder Sprecherin, c) Redaktionen der Gefangenenzeitschrift und des Gefangenenhörfunks. (2) Eine Insassenvertretung kann auf allen Ebenen einer Anstalt gebildet werden. Die Bildung einer Gesamtinsassenvertretung innerhalb einer Anstalt ist zulässig. (3) Wahlen finden unter Beachtung der Grundsätze der allgemeinen, freien, gleichen und geheimen Wahl statt. (4) Die Anstalt kann Gefangene von der Mitwirkung an der Insassenvertretung ausschließen, a) wenn dies zur Aufrechterhaltung der Sicherheit oder zur Abwendung einer schwerwiegenden Störung der Ordnung der Anstalt unerlässlich ist oder b) wenn zu befürchten ist, dass anderenfalls die Erreichung des Vollzugszieles anderer Gefangener gefährdet ist. Vor dem Ausschluss hört die Anstaltsleiterin oder der Anstaltsleiter die Insassenvertretung an, es sei denn, dass die sofortige Vollziehung der Maßnahme aus Gründen der Sicherheit unerlässlich ist. In diesem Fall erhält die Insassenvertretung nachträglich Gelegenheit zur Stellungnahme. ***4. Besondere Bestimmungen für Gefangenenzeitschriften*** (1) Die Herausgabe einer Gefangenenzeitschrift richtet sich nach einem Redaktionsstatut, das die Anstaltsleiterin oder der Anstaltsleiter mit Zustimmung der Aufsichtsbehörde durch eine Hausverfügung in Kraft setzt. Die Redaktionen der Gefangenenzeitschrift und des Gefangenenhörfunks sind von den übrigen Organen der Insassenvertretung unabhängig. (2) In Abweichung von Nummer 3 Abs. 4 Satz 1 kann die Anstaltsleiterin oder der Anstaltsleiter eine Gefangene oder einen Gefangenen als Redakteurin bzw. Redakteur einer Gefangenenzeitschrift nur ablösen, wenn die Gefangene oder der Gefangene als Redakteurin bzw. Redakteur grobe oder wiederholte Verstöße gegen das Redaktionsstatut oder sonstige Vorschriften begangen hat und weitere Verstöße zu befürchten sind oder wenn dies zur Aufrecht-

Länder	Aufbau der Anstalt – *Mitverantwortung der Untersuchungsgefangenen*
	erhaltung der Sicherheit oder zur Abwendung einer schwerwiegenden Störung der Ordnung der Anstalt unerlässlich ist. (3) Die Anstalt kann Gefangenen die Tätigkeit als Redakteurin oder Redakteur einer Gefangenenzeitschrift als Arbeit gemäß § 37 StVollzG zuweisen. ***5. Gestaltungsrecht der Anstalt*** Die Anstalt regelt das Nähere durch eine Wahlordnung und durch Statute für die Organe der Insassenvertretung. Beide Regelungen sollen von den Gefangenen selbst erarbeitete Vorschläge berücksichtigen. ***6. Inkrafttreten und Geltungsdauer*** Diese Verwaltungsvorschriften treten am 15. September 2010 in Kraft. Sie treten mit Ablauf des 14. September 2015 außer Kraft. ***Hessen, § 69 HUVollzG: Mitwirkung der Untersuchungsgefangenen*** Den Untersuchungsgefangenen soll ermöglicht werden, an sie gemeinsam betreffenden Angelegenheiten der Anstalt mitzuwirken. Sie können hierzu Vorschläge und Anregungen an die Anstaltsleitung herantragen.
Baden-Württemberg	***§ 14 JVollzGB I: Gefangenenmitverantwortung*** **Den Gefangenen und Untergebrachten soll ermöglicht werden, an der Verantwortung für Angelegenheiten von gemeinsamem Interesse teilzunehmen, die sich ihrer Eigenart und der Aufgabe der Justizvollzugsanstalt nach für ihre Mitwirkung eignen. Die Gefangenen und Untergebrachten werden zur Mitarbeit ermutigt.**
Bayern (BayUVollzG)	***Art. 42 BayUVollzG i.V.m. Art. 116 BayStVollzG: Gefangenenmitverantwortung*** **(1) [1]Den Gefangenen soll ermöglicht werden, an der Verantwortung für Angelegenheiten von gemeinsamem Interesse teilzunehmen, die sich ihrer Eigenart und der Aufgabe der Anstalt nach für ihre Mitwirkung eignen. [2]Eine weitgehende Übernahme der Mitverantwortung für die alltäglichen Abläufe wird angestrebt.** **(2) [1]Die Einrichtung von Mitwirkungsgremien wird von den Anstalten gefördert und begleitet. [2]Den Gefangenen soll insbesondere ermöglicht werden, Vertreter zu wählen, die die gemeinsamen Interessen an den Anstaltsleiter oder die Anstaltsleiterin und den Beirat herantragen können.**
Niedersachsen	***§ 182 NJVollzG: Interessenvertretung der Gefangenen und Sicherungsverwahrten*** **[1]Den Gefangenen und Sicherungsverwahrten soll ermöglicht werden, Vertretungen zu wählen. [2]Diese können in Angelegenheiten von gemeinsamem Interesse, die sich ihrer Eigenart und der Zweckbestimmung der Anstalt nach für eine Mitwirkung eignen, Vorschläge und Anregungen an die Vollzugsbehörde herantragen. [3]Die Vorschläge und Anregungen sollen mit der Vertretung erörtert werden.**
Nordrhein-Westfalen	**Keine spezielle Regelung**

Die Ländergesetze sehen Vorschriften zur **Gefangenenmitverantwortung** vor, die weitgehend § 160 StVollzG entsprechen.[68] Danach soll den Untersuchungsgefangenen ermöglicht werden, an der Verantwortung für Angelegenheiten von gemeinsamem Interesse teilzunehmen, die sich ihrer Eigenart und der Aufgabe der Anstalt nach für ihre Mitwirkung eignen. Lediglich in NRW fehlt eine solche Regelung. Dieses ist zu bedauern, ist die Mitwirkung der Gefangenen doch als wertvolles Element im Vollzugsgeschehen zu betrachten. Zu begrüßen ist dagegen die ausdrückliche Regelung in § 14 S. 2 JVollzGB I Ba-Wü, nach der die Gefangenen und Untergebrachten zur Mitarbeit ermutigt werden. 21

Mit den „Soll-Vorschriften" ist nicht nur die Ermächtigung, sondern auch die Verpflichtung der Landesvollzugsbehörden ausgedrückt, den Gefangenen zu ermöglichen, an der Verantwortung für Angelegenheiten von gemeinsamem Interesse teilzunehmen.[69] Gesetzliches Ziel ist es, die Gefangenen in die Lage zu versetzen, kollektive Verantwortung für das Leben im Vollzug zu übernehmen und an der Gestaltung des Vollzugs mitzuwirken.[70] Durch aktive Teilnahme am Vollzugsgeschehen sollen die Gefangenen in die Lage versetzt werden, die Untersuchungshaft nicht nur als Objekt zu erleben, sondern als Subjekt mitzubestimmen. Das Gesetz verpflichtet die Vollzugsbehörde zum partnerschaftlichen Umgang mit den Insassen als Gruppe.[71]

Wie im Falle des § 160 StVollzG ist auch für die Landesuntersuchungshaftvollzugsgesetze davon auszugehen, dass durch die Vorschriften ein Rechtsanspruch auf kollektive Mitwirkung ebenso wenig begründet wird wie ein individuelles Mitwirkungsrecht.[72] Auch **eine Pflicht zur Mitwirkung besteht nicht.** Mit der der Vollzugsbehörde aufgegebenen Ermöglichung von Mitverantwortung ist vielmehr gemeint, dass die Vollzugsbehörde sowohl in eigener Initiative Mitverantwortungsstrukturen errichten kann, dass sie aber auch entsprechende Vorschläge von Gefangenen aufgreifen kann.[73] Die konkrete Ausgestaltung der kollektiven Mitverantwortung gibt das Gesetz im Einzelnen nicht vor. Sofern die Vollzugsbehörde die Gefangenenmitverantwortung im Verwaltungswege konkretisiert, sind die Verwaltungsvorschriften an den Kriterien der jeweiligen Normierungen in den Untersuchungshaftvollzugsgesetzen sowie an den Zielvorstellungen dieser Gesetze insgesamt zu messen.[74]

Anders als für den Bereich der Strafhaft kann für den Bereich der Untersuchungshaft nicht davon gesprochen werden, dass sich die Teilnahme an der Verantwortung auf den gesamten Behandlungsprozess erstreckt. Der Untersuchungshaftvollzug hat keinen Behandlungsauftrag. Dennoch sollten auch Bereiche umfasst werden können, die Personal und Organisation der Anstalt tangieren, mit dem gemeinsamen Interesse sind nicht nur Angelegenheiten gemeint, die ausschließlich die Gefangenen selbst betreffen.[75] Obwohl es für die Untersuchungshaft keinen behandlungsorientierten Vollzug geben kann, sollte die **Gefangenenmitverantwortung in allen Bereichen und auf allen Ebenen der Anstalt** angesiedelt sein. Eine Ausgestaltung der Mitverantwortung lediglich auf der Ebene der Gesamtanstalt als Interessenvertretung der Gefangenen gegenüber der Anstalt ist auch für den Bereich der Untersuchungshaft nicht ausreichend. Beispiele für Angelegenheiten von gemeinsamem Interesse sind etwa die Gestaltung des Speiseplans oder die Organisation der Freizeit im weitesten Sinne.[76] 22

68 § 83 UVollzG Sachsen, § 83 UVollzG Brandenburg, § 83 UVollzG SH, § 83 UVollzG Sachsen-Anhalt, § 83 UVollzG Rheinland-Pfalz, § 83 UVollzG M-V, § 83 UVollzG Bremen, § 83 UVollzG Berlin, § 83 UVollzG Saarland; § 83 UVollzG Thüringen, § 93 UVollzG Hamburg, § 14 JVollzGB I Ba-Wü, § 69 UVollzG Hessen; § 182 NJVollzG.

69 OLG Frankfurt NStZ 1981, 79.

70 Feest in: AK-StVollzG, § 160 Rn. 1.

71 Wydra in: Schwind/Böhm/Jehle/Laubenthal, StVollzG, § 160 Rn. 1.

72 KG NStZ 1990, 208.

73 Callies/Müller-Dietz, StVollzG, § 160 Rn. 1.

74 Callies/Müller-Dietz, StVollzG, § 160 Rn. 2.

75 Feest in: AK-StVollzG, § 160 Rn. 4.

76 Wydra in: Schwind/Böhm/Jehle/Laubenthal, StVollzG, § 160 Rn. 11; für den Freizeitbereich auch Feest in: AK-StVollzG, § 160 Rn. 4.

Dadurch, dass sich die Angelegenheiten von gemeinsamem Interesse ihrer Eigenart und der Aufgabe der Anstalt nach für die Mitwirkung der Gefangenen eignen müssen, beschränkt das Gesetz den Umfang der Teilnahme an der Verantwortung im an sich weit gefassten Feld der gemeinsamen Angelegenheiten. Diese Beschränkung der Teilnahme trägt dem Umstand Rechnung, dass die Gefangenenmitverantwortung in einem Spannungsfeld zwischen der Rechtsstellung des einzelnen Gefangenen und der hoheitlichen Verantwortung der Amtsträger für den Vollzug angesiedelt ist. Beide Aspekte begrenzen die Ausgestaltung der Gefangenenmitverantwortung. Nicht als Gegenstand der Mitverantwortung werden Angelegenheiten geeignet sein, bei denen die Intimsphäre des einzelnen Gefangenen sowie seine persönlichen und wirtschaftlichen Verhältnisse betroffen sind. Ungeeignet sind von der Aufgabe der Anstalt her verwaltungsinterne Vorgänge sowie Funktionen, durch die Letztentscheidungsrecht, Disziplinarbefugnis, Außenvertretung oder die Sicherheit der Anstalt betroffen sein können.[77]

23 Im Rahmen der gesetzlichen Vorgaben und ihrer Konkretisierung im Verwaltungswege hat die Vollzugsbehörde die Gefangenen beratend und konfliktlösend am Anstaltsleben teilnehmen zu lassen sowie ihre **Vorschläge** anzuhören und entgegenzunehmen.[78] Die „Teilnahme" an der Verantwortung bedeutet jedoch nicht die Übertragung von Entscheidungsbefugnissen im Sinne einer rechtlichen Mitbestimmung. Teilnahme ist nicht in dem Sinne zu verstehen, dass ein Teil der Entscheidungsgewalt in den Anstalten den Gefangenen übertragen werden soll. Die Anstaltsleitung ist lediglich verpflichtet, sich mit den Vorstellungen, Anregungen und Vorschlägen der Gefangenen in einem gemeinsamen Gespräch auseinanderzusetzen und gegebenenfalls die gemeinsam gefundene Lösung in ihre Entscheidung einzubeziehen. Die Verantwortung für den gesamten Vollzug als hoheitliche Aufgabe verbleibt zumindest in Form des Letztentscheidungsrechts bei der Anstaltsleitung sowie den mit der Durchführung der Vollzugsaufgaben befassten Vollzugsbeamten.[79] Die Gefangenenmitverantwortung kann im Unterschied zum Anstaltsbeirat nicht als institutionalisiertes Organ der Anstalt bezeichnet werden.[80] Ist eine Gefangenenselbstverwaltung einmal eingerichtet, so unterliegen Art, Umfang und Verfahren der Teilnahme einschließlich der sie begründenden Verwaltungsvorschriften der gerichtlichen Kontrolle. Dieses gilt auch für die Wahlen zu den Mitverantwortungsgremien und deren Modalitäten.[81] Zu berücksichtigen ist für den Bereich des Untersuchungshaftvollzugs allerdings, dass die Mitverantwortung hier aufgrund der überwiegend kurzen Verweildauer besonderen Herausforderungen und Schwierigkeiten ausgesetzt ist. Da die Mitwirkung der Gefangenen auf von der Anstaltsleitung abgeleitetem Recht beruht, ist diese befugt, Kandidaten von einer Wahl oder Mitglieder der Gefangenenmitverantwortung von der weiteren Mitwirkung auszuschließen.[82] Die Voraussetzungen eines solchen Eingriffs müssen aber eng und klar umschrieben sein, um den Eindruck eines willkürlichen Eingriffs zu vermeiden. Ausschließungsgründe können dabei sein die Sicherheit und Ordnung der Anstalt oder Befürchtungen, die Teilnahme dieses Gefangenen übe einen negativen Einfluss auf andere Gefangene aus.[83]

77 Callies/Müller-Dietz, StVollzG, § 160 Rn. 4.
78 KG NStZ 1993, 427.
79 Callies/Müller-Dietz, StVollzG, § 160 Rn. 5.
80 Feest in: AK-StVollzG, § 160 Rn. 3.
81 KG NStZ 1990, 208; OLG Koblenz ZfStraVo 1981, 315.
82 OLG Koblenz NStZ 1991, 511.
83 Wydra in: Schwind/Böhm/Jehle/Laubenthal, StVollzG, § 160 Rn. 10.

8. Hausordnung

24

Länder	Aufbau der Anstalt – *Hausordnung*
12er-Regelung: Berlin Brandenburg Bremen Hamburg Hessen Mecklenburg-Vorpommern Rheinland-Pfalz Saarland Sachsen Sachsen-Anhalt Schleswig-Holstein Thüringen	**§ 84 12er-Regelung: Hausordnung**[84] **(1) Der Anstaltsleiter erlässt eine Hausordnung. Die Aufsichtsbehörde kann sich die Genehmigung vorbehalten.**[85] **(2) In die Hausordnung sind namentlich Anordnungen aufzunehmen über die** **1. Besuchszeiten, Häufigkeit und Dauer der Besuche,** **2. Arbeitszeit, Freizeit und Ruhezeit sowie** **3. Gelegenheit, Anträge und Beschwerden anzubringen oder sich an einen Vertreter der Aufsichtsbehörde zu wenden.** **Abweichende Regelungen:** ***Hamburg, § 84 Abs. 3 HmbUVollzG, zusätzlich:*** (3) Die Untersuchungsgefangenen erhalten einen Abdruck der Hausordnung. ***Hessen, § 70 HUVollzG: Hausordnung*** (1) Die Anstaltsleitung erlässt eine Hausordnung. (2) In die Hausordnung sind insbesondere Regelungen aufzunehmen über Besuchszeit, Häufigkeit und Dauer des Besuchs sowie Ausbildungs- und Arbeitszeit, Freizeit und Ruhezeit.
Baden-Württemberg	***§ 15 JVollzGB I: Hausordnung*** **(1) Die Anstaltsleiterin oder der Anstaltsleiter erlässt mit Zustimmung der Aufsichtsbehörde eine Hausordnung. Dabei soll die Gefangenenmitverantwortung gehört werden. In die Hausordnung sind insbesondere Regelungen aufzunehmen über** **1. die Besuchszeiten, die Häufigkeit und Dauer der Besuche,** **2. die Arbeitszeit, die Freizeit und Ruhezeit sowie** **3. die Gelegenheit, Anträge und Beschwerden anzubringen oder sich an einen Vertreter der Aufsichtsbehörde zu wenden.** **(2) Die Hausordnung ist den Gefangenen in geeigneter Weise zugänglich zu machen.** **(3) Die Hausordnung oder zumindest wichtige Auszüge aus ihr sollen in den Muttersprachen der wesentlichen Gefangenengruppen der Justizvollzugsanstalt vorliegen.**
Bayern	***Art. 42 BayUVollzG i.V.m. Art. 184 BayStVollzG: Hausordnung*** **(1) 1Der Anstaltsleiter oder die Anstaltsleiterin erlässt eine Hausordnung. 2Sie bedarf der Zustimmung der Aufsichtsbehörde.** **(2) In die Hausordnung sind insbesondere die Anordnungen aufzunehmen über** **1. Besuchszeiten, Häufigkeit und Dauer der Besuche,** **2. Arbeitszeit, Freizeit und Ruhezeit,** **3. auf der Grundlage dieses Gesetzes besonders auferlegte Pflichten sowie**

84 In Hamburg: § 94 HmbUVollzG.
85 In Hamburg, § 94 Abs. 1 HmbUVollzG, abweichend: „[...] Sie bedarf der Zustimmung der Aufsichtsbehörde.“

Länder	Aufbau der Anstalt – *Hausordnung*
	4. die Gelegenheit, Anträge und Beschwerden anzubringen, oder sich an Vertreter der Aufsichtsbehörde zu wenden. (3) Gefangene erhalten einen Abdruck der Hausordnung.
Niedersachsen	*§ 183 NJVollzG: Hausordnung* (1) Die Anstaltsleiterin oder der Anstaltsleiter erlässt eine Hausordnung. (2) In die Hausordnung sind namentlich Regelungen aufzunehmen über 1. die Besuchszeiten, Häufigkeit und Dauer der Besuche, 2. die Arbeitszeit, Freizeit und Ruhezeit sowie 3. die Gelegenheit, Anträge und Beschwerden anzubringen, oder sich an eine Vertreterin oder einen Vertreter der Aufsichtsbehörde zu wenden. (3) Ein Abdruck der Hausordnung ist allgemein zugänglich auszuhängen und auf Verlangen auszuhändigen.
Nordrhein-Westfalen	*§ 63 UVollzG NRW: Hausordnung* Die Anstaltsleitung erlässt eine Hausordnung. Die Hausordnung enthält namentlich Regelungen über Besuchszeiten, zur Häufigkeit und Dauer der Besuche und zur Arbeitszeit, Freizeit und Ruhezeit sowie Hinweise zu den Möglichkeiten, Anträge und Beschwerden anzubringen oder sich an eine Vertreterin oder einen Vertreter der Aufsichtsbehörde zu wenden.

25 Die Ländernormierungen enthalten ausnahmslos Bestimmungen zur Schaffung einer Hausordnung, die an § 161 StVollzG angelehnt sind. Unterschiedlich geregelt ist die Frage nach der Zustimmung der Aufsichtsbehörde. Teils ist vorgesehen, dass sich die Aufsichtsbehörde die Zustimmung vorbehalten kann,[86] teils ist die Zustimmung verpflichtend.[87] Manche Länder normieren zusätzlich, in welcher Weise die Hausordnung öffentlich zu machen ist.[88] Besonders positiv sticht insoweit § 15 Abs. 3 JVollzGB I Ba-Wü heraus, der vorsieht, dass die Hausordnung oder zumindest wichtige Auszüge aus ihr in den Muttersprachen der wesentlichen Gefangenengruppen der Justizvollzugsanstalt vorliegen sollen. Zur entsprechenden Aushändigung s. § 2 Rn. 5. Weiter ist zu begrüßen, dass nach § 15 Abs. 1 S. 2 JVollzGB I Ba-Wü die Gefangenenmitverantwortung gehört werden soll.

26 Nach den Länderregelungen besteht die Pflicht, von der Ermächtigung Gebrauch zu machen und eine **Hausordnung** zu erlassen.[89] Die Bestimmungen stellen aber keine selbstständigen Eingriffsermächtigungen dar,[90] die in der Hausordnung genannten Beschränkungen müssen durch andere Vorschriften begründet sein. Aus Gründen der Rechtsklarheit sind in den Vorschriften bestimmte Bereiche aufgeführt, über die Regelungen aufzunehmen sind.

Die Hausordnung hat die Aufgabe die Rechte und Pflichten des Gesetzestextes näher zu konkretisieren und somit eine Überfrachtung des Gesetzestextes zu vermeiden. Sie enthält die örtlichen Sonderregelungen. Soweit dadurch gesetzlich eingeräumtes Ermessen konkretisiert wird, kann dieses zu einem Anspruch des Gefangenen im Rahmen der Selbstbindung

86 § 84 Abs. 1 S. 2 UVollzG Sachsen, § 84 Abs. 1 S. 2 UVollzG Brandenburg, § 84 Abs. 1 S. 2 UVollzG SH, § 84 Abs. 1 S. 2 UVollzG Sachsen-Anhalt, § 84 Abs. 1 S. 2 UVollzG Rheinland-Pfalz, § 84 Abs. 1 S. 2 UVollzG M-V, § 84 Abs. 1 S. 2 UVollzG Bremen, § 84 Abs. 1 S. 2 UVollzG Saarland, § 84 Abs. 1 S. 2 UVollzG Berlin, § 84 Abs. 1 S. 2 UVollzG Thüringen.

87 § 94 Abs. 1 S. 2 UVollzG Hamburg, § 15 Abs. 1 S. 1 JVollzGB I Ba-Wü.

88 § 183 Abs. 3 NJVollzG, § 94 Abs. 3 UVollzG Hamburg, § 15 Abs. 2 JVollzGB I Ba-Wü.

89 Arloth, StVollzG, § 161 Rn. 1.

90 BVerfG NStZ 1998, 103; KG NStZ 1989, 445.

der Verwaltung führen.[91] In der Hausordnung sollten die Rechtsnormen für Laien verständlich formuliert werden, es sollte auf Rechte der Gefangenen hingewiesen und Ratschläge für ihre Verwirklichung erteilt werden. Es sollte durch die Anstaltsleitung sichergestellt werden, dass die Gefangenen tatsächlich mit den wichtigsten Vorschriften der Hausordnungen vertraut gemacht werden, beispielsweise durch ergänzende mündliche Information in kleinen Gruppen im Anschluss an die Aufnahme.[92] Dieses trägt der Tatsache Rechnung, dass die Hausordnung von den meisten Gefangenen nicht gelesen wird.[93]

Die Hausordnung als solche ist nicht anfechtbar, sie stellt keine Regelung einzelner Angelegenheiten dar.[94] Die gerichtliche Überprüfung ist aus diesem Grunde nur im Zusammenhang mit der Anfechtung einer konkreten Maßnahme möglich, die auf die Hausordnung gestützt wird.[95]

Ein Verstoß gegen die Hausordnung kann Disziplinarmaßnahmen zur Folge haben. Um die erforderliche Kenntnis der Pflicht nachzuweisen, sollte die Hausordnung in jedem Haftraum ausliegen.

91 Arloth, StVollzG, § 161 Rn. 1.
92 Wydra in: Schwind/Böhm/Jehle/Laubenthal, StVollzG, § 161 Rn. 1.
93 Feest in: AK-StVollzG, § 161 Rn. 1.
94 Callies/Müller-Dietz, StVollzG, § 161.
95 Arloth, StVollzG, § 161 Rn. 2.

§ 12 Datenschutz

Spezielle Literatur: *Auernhammer, H.*, Bundesdatenschutzgesetz, 3. Aufl., Köln 1993; *Bast, M.*, Die Schweigepflicht Die Schweigepflicht der Ärzte, Psychologen und Sozialarbeiter im Strafvollzug – Eine Untersuchung der innerbehördlichen Schweigepflicht nach §§ 182 StVollzG, 203 StGB, Hamburg 2003; *Bergmann, L./Möhrle, R./Herb, A.*, Datenschutzrecht – Kommentar, Stuttgart; *Böllinger, L.*, Ein Schlag gegen das Resozialisierungsprinzip – Offenbarungspflicht der Therapeuten im Strafvollzug, Zeitschrift für Sexualforschung, 12. Jahrgang, 1999, H. 2, S. 140-159; *Böllinger, L.*, Offenbarungspflicht der Therapeuten im Strafvollzug – ein Schlag gegen die forensische Psychotherapie, MschrKrim 2000, 11-22; *Bung, J.*, Informationelle Selbstbestimmung im Strafvollzug: Anspruch des Gefangenen auf Einsichtnahme in seine Krankenakte Zugleich Anmerkung zu KG HRRS 2010 Nr. 370, HRRS 2010, 251-253.; *Däubler, W./Klebe, T./Wedde, P./Weichert, T.*, Bundesdatenschutzgesetz, 3. Aufl., Frankfurt am Main 2010; *Deutsche Gesellschaft für Sexualforschung*, Stellungnahme zur Offenbarungspflicht der Therapeuten im Strafvollzug, MschrKrim 1999, 340; *Dieterich, T./Müller-Glöge, R.* Erfurter Kommentar zum Arbeitsrecht, 11. Aufl., München 2011; *Gola, P./Schomerus, R.*, Bundesdatenschutzgesetz, 10. Aufl., München 2010; *Hartmann, T.*, Paradigmenwechsel im Strafvollzug!?, ZfStrVo 2000, 204-231; *Hinne, D.*, Das Einsichtsrecht in Patientenakten, NJW 2005, 2270-2273; *Jarass, H./Pieroth, B.*, Grundgesetz für die Bundesrepublik Deutschland, 11. Aufl., München 2011; *Preusker, H./Rosemeier, D.*, Umfang und Grenzen der Schweigepflicht von Psychotherapeuten im Justizvollzug nach dem 4. Gesetz zur Änderung des Strafvollzugsgesetzes, ZfStrVo 1998, 323–328; *Rossnagel, A./Pfitzmann, A./Gastka, H.*, Gutachten zur Modernisierung des Datenschutzes – Gutachten im Auftrag des Bundesministeriums des Innern, 2001, abrufbar unter: http://www.bmi.bund.de/cae/servlet/contentblob/150740/publicationFile/13712/Gutachten_zur_Modernisierung.pdf; *Rotthaus, K.*, Unzulänglichkeiten der heutigen Regelung der Untersuchungshaft, NJW 1997, 2269-2273; *Scheiwe, K.*, Informationsrechte von Patienten hinsichtlich der medizinischen und psychiatrischen Dokumentation – Eine Diskussion der Grenzen des vertraglichen Einsichtsrechts nach der BGH-Rechtsprechung im Verhältnis zu datenschutzrechtlichen Auskunftsansprüchen, KritV 1998, 313-335; *Schöch, H.*, Zur Offenbarungspflicht der Therapeuten im Justizvollzug gemäß § 182 II StVollzG, ZfStrVo 1999, 259-266; *Seebode, M.*, Einsicht in Personalakten Strafgefangener, NJW 1997, 1754-1757; *Simitis, S.*, Bundesdatenschutzgesetz, 6. Aufl., Baden-Baden 2006; *Volckart, B.*, Schweigen und Offenbaren der Therapeuten im Strafvollzug gesetzlich geregelt, R&P 1998, 192; *Weichert, T.*, Akteneinsicht im Strafvollzug, ZfStrVO 2000, 88-89; *Wulf, R.*, Innerbehördliche Offenbarungs- und Schweigepflichten psychotherapeutischer Fachkräfte im Strafvollzug – Offenbaren und Schweigen, Sexualstraftäter, Freiwilligkeit und Zwang, R&P 1998, 185-192.

I. Das Grundrecht auf informationelle Selbstbestimmung

Spezifische Vorgaben für den Bereich des Datenschutzes sind in den Landesgesetzen zum Vollzug der Untersuchungshaft im jeweiligen Abschnitt „Datenschutz“ enthalten.[1] Die Vorschriften entsprechen dabei in großen Teilen den Datenschutzregelungen der Jugendstrafvollzugsgesetze, so dass sich in den Gesetzesbegründungen oftmals lediglich Verweise finden.[2] Die Jugendstrafvollzugsgesetze wiederum übernahmen im Wesentlichen die Systematik der §§ 179 ff. StVollzG. Gleichwohl finden sich an einigen Stellen Abweichungen, um den besonderen Anforderungen des Untersuchungshaftvollzugs Rechnung zu tragen. 1

Als eine Besonderheit gilt in Berlin seit dem 1.7.2011 das „Gesetz zum Schutz personenbezogener Daten im Justizvollzug und bei den Sozialen Diensten der Justiz des Landes Berlin“, d.h. ein eigenes Justizvollzugsdatenschutzgesetz (JVollzDSG Bln).[3] Das Gesetz enthält einheitliche Bestimmungen zum Datenschutz für den Vollzug von Freiheitsentziehungen durch Justizvollzugsbehörden, den Vollzug des Jugendarrestes in der Jugendarrestanstalt sowie in gewissem Umfang für die Bewährungshilfe, die Gerichtshilfe und die Führungsaufsicht (§ 2 JVollzDSG Bln). Mit dieser Neuregelung notwendigerweise einhergehende Änderungen des Berliner Untersuchungshaftvollzugsgesetzes sind in § 79 JVollzDSG Bln aufgezählt: Insbesondere wird Abschnitt 14 (§§ 88-97 UVollzG Bln), der bislang wie in den anderen Gesetzen der 12er-Regelung die Bestimmungen zum Datenschutz für den Vollzug der Untersuchungshaft enthielt, vollständig aufgehoben. Dasselbe Schicksal ereilt die Vorschriften zu den erkennungsdienstlichen Maßnahmen (§ 45 UVollzG Bln) sowie zur Videoüberwachung und zu den Lichtbildausweisen (§ 46 UVollzG Bln). Obwohl es sich derzeit um das einzige Gesetz seiner Art handelt, deutet einiges darauf hin, dass andere Bundesländer dem Berliner Beispiel folgen und ebenfalls die jeweiligen Abschnitte ihrer Vollzugsgesetze zu einem Justizvollzugsdatenschutzgesetz zusammenfügen werden.

Die Vorschriften entsprechen der vom Bundesverfassungsgericht mit seinem grundlegenden Volkszählungsurteil vom 15.12.1983 erhobenen Forderung einer **bereichsspezifischen Ermächtigungsgrundlage für Eingriffe in das Grundrecht auf informationelle Selbstbestimmung.**[4]

Das informationelle Selbstbestimmungsrecht wurde als eine Ausprägung des allgemeinen Persönlichkeitsrechts aus Art. 2 Abs. 1 i.V.m. Art. 1 Abs. 1 GG als „Datenschutzgrundrecht“ erstmals vom Bundesverfassungsgericht im genannten Urteil etabliert und in der folgenden Rechtsprechung zunehmend dessen Eigenständigkeit betont.[5] Das Grundrecht soll vor allem die Befugnis des Einzelnen gewährleisten, grundsätzlich selbst über die Preisgabe und Verwendung seiner persönlichen Daten zu bestimmen; seine zentrale Bedeutung liegt damit in der Beschränkung und Bindung der Datenerhebung, Datenverarbeitung und des Informationsflusses zwischen verschiedenen Stellen der Verwaltung.[6] Erfasst sind nur **personenbezogene Daten**, also Daten zu den persönlichen oder sachlichen Verhältnissen einer bestimmten Person, in Abgrenzung zu anonymisierten Daten, denen es an einem solchen Personenbezug fehlt – ob es sich dabei um sensible Daten handelt, ist für den Anwendungsbereich grundsätzlich unerheblich.[7] Das informationelle Selbstbestimmungsrecht soll aber nicht nur vollzugsbehördliche Eingriffe abwehren, sondern dem Betroffenen gleichzeitig Einfluss- und Mitgestaltungsmöglichkeiten eröffnen und seinem **Informationsbedürfnis** Rechnung tragen.[8]

---

1 14. Abschnitt (§§ 88 ff.) 12er-Regelung.
2 S. Begründungen der Entwürfe von Berlin und Thüringen zu §§ 88 ff.
3 Abrufbar unter: http://gesetze.berlin.de/?vpath=bibdata/ges/BlnJVollzDSG/cont/BlnJVollzDSG.htm&mode=all&page=1, zuletzt abgerufen am 9.9.2011.
4 BVerfGE 65, 1.
5 Jarass in: Jarass/Pieroth, Art. 2 Rn. 39; BVerfGE 103, 21 (32 f.); 120, 352 (360).
6 Schmidt in: Erfurter Kommentar zum Arbeitsrecht, Art. 2 GG, Rn. 45 f.
7 Jarass in: Jarass/Pieroth, Art. 2 Rn. 45.
8 Calliess/Müller-Dietz, StVollzG, § 179 Rn. 1; Weichert in: AK-StVollzG, Vor § 179, Rn. 4.

2 Einschränkungen des Selbstbestimmungsrechts sind nur aus überwiegendem Allgemeininteresse zulässig und bedürfen einer verfassungsgemäßen und hinreichend bestimmten gesetzlichen Grundlage, die im Einzelnen Voraussetzungen und Umfang der Beschränkungen regelt.[9] Der Umgang mit personenbezogenen Daten unterliegt demnach einem **Verbot mit Erlaubnisvorbehalt**, wobei sich eine Erlaubnis entweder aus der Einwilligung des Betroffenen oder aus einer Rechtsnorm ergeben kann, die auf Basis einer verfassungskonformen Abwägung zwischen dem Selbstbestimmungsrecht und den Allgemeininteressen erlassen worden ist.[10] Der Erlaubnis kraft Rechtsnorm kommt dabei in Haftsituationen eine besondere Bedeutung zu, da Datenerhebungen hier regelmäßig im Rahmen von Zwangssituationen erfolgen.[11]

Durch vollzugsbehördliche Eingriffe sind darüber hinaus regelmäßig weitere Grundrechte mit datenschutzrechtlichem Bezug betroffen, etwa im Rahmen kontrollierter Besuche der Schutz der Familie aus Art. 6 Abs. 1 GG oder das Brief-, Post- und Fernmeldegeheimnis aus Art. 10 GG bei Anordnung der Kommunikationsüberwachung.[12]

3 Im Hinblick auf die Intensität möglicher Eingriffe ist zu berücksichtigen, dass es sich bei den im Rahmen des Untersuchungshaftvollzuges erhobenen oder verwendeten personenbezogenen Daten regelmäßig um solche mit hoher Sensibilität handelt. Angesichts der oftmals als hilflos empfundenen Lage des Untersuchungsgefangenen, der abrupt aus allen privaten und sozialen Bezügen gerissen und der von einem Augenblick zum nächsten jeder Möglichkeit einer autonomen Lebensgestaltung beraubt wird,[13] ist das Informationsbedürfnis des Gefangenen in verständlicher, angemessener Weise und möglichst frühzeitig zu befriedigen und seine Rechtswahrnehmung gegebenenfalls durch Auskünfte und Merkblätter zu unterstützen.[14] Für die handelnden Behörden gilt es dabei, im **Spannungsfeld zwischen der effektiven Wahrnehmung ihrer Vollzugsaufgaben und dem Schutz des informationellen Selbstbestimmungsrechts** der Gefangenen einen angemessenen Ausgleich zu finden.[15] Vielmehr noch als im Strafvollzug zwingt dabei die Unschuldsvermutung, abgeleitet aus Art. 6 Abs. 2 EMRK, als eine Besonderheit der Untersuchungshaft zu einer sorgfältigen und zurückhaltenden Herangehensweise bei Entscheidungen über die Erhebung, Speicherung und Verwertung personenbezogener Daten.

II. Datenschutzrechtliche Grundbegriffe

4 Die Vorschriften zum Datenschutz der Vollzugsgesetze enthalten keine eigenen Definitionen der datenschutzrechtlichen Grundbegriffe. Stattdessen werden die allgemeinen Definitionen der Landesdatenschutzgesetze vorausgesetzt, welche ihrerseits weitgehend mit denen des Bundesdatenschutzgesetzes (BDSG) übereinstimmen.

5 **Personenbezogene Daten** sind entsprechend § 3 Abs. 1 BDSG Einzelangaben über persönliche oder sachliche Verhältnisse einer bestimmten oder bestimmbaren natürlichen Person.

6 **Betroffener** im Sinne des Datenschutzrechts ist derjenige, dessen personenbezogene Daten berührt sind. Bestimmbar ist eine Person, wenn sie direkt oder indirekt identifizierbar ist, wobei es genügt, wenn der Personenbezug mit mehreren Zwischenschritten hergestellt werden kann, z.B. durch Zuordnung einer Kennnummer.[16] Hierbei wird es sich in der Regel um den Gefangenen selbst handeln, jedoch können auch andere Personen erfasst sein, deren Daten aus vollzuglichen Gründen relevant werden.[17] Von der Betroffeneneigenschaft sind zahlreiche Rechte abhängig, ein Betroffener kann über seine Daten etwa durch Einwilligung

9 BVerfGE 65, 1 ff.
10 Däubler/Klebe/Wedde/Weichert, BDSG, § 4 Rn. 1; Calliess/Müller-Dietz, StVollzG, § 179 Rn. 1.
11 Weichert/Goerdeler in: Ostendorf, Jugendstrafvollzugsrecht, 12. Abschnitt Rn. 3.
12 Weichert/Goerdeler in: Ostendorf, Jugendstrafvollzugsrecht, 12. Abschnitt Rn. 3.
13 Schlothauer/Weider, Rn. 2; s. auch § 1 Rn. 27.
14 Vgl. Weichert/Goerdeler in: Ostendorf, Jugendstrafvollzug, 12. Abschnitt Rn. 4.
15 Vgl. Arloth, StVollzG, Vor § 179 Rn. 1.
16 Däubler/Klebe/Wedde/Weichert, § 3 Rn. 2; Art. 2 a EG-Richtlinie.
17 Vgl. Weichert/Goerdeler in: Ostendorf, Jugendstrafvollzugsrecht, 12. Abschnitt Rn. 10.

gegenüber Dritten verfügen und hat Ansprüche auf Auskunft, Datenkorrektur, Benachrichtigung, Folgenbeseitigung, Schadensersatz oder das Recht zur Anrufung der Datenschutzkontrollinstanz.[18]

Erheben meint entsprechend § 3 Abs. 3 BDSG das Beschaffen von Daten über die oder den Betroffenen, wobei es auf die Art und Weise der Beschaffung nicht ankommt. Voraussetzung ist stets ein gezieltes Handeln der erhebenden Behörde, die zufällige Wahrnehmung oder die aufgedrängte Information durch einen Dritten fallen nicht darunter.[19] 7

Nutzen ist gemäß § 3 Abs. 5 BDSG jede Verwendung personenbezogener Daten, soweit es sich nicht um eine Verarbeitung handelt; **Verarbeitung** wiederum meint das Speichern, Verändern, Übermitteln, Sperren oder Löschen (§ 3 Abs. 4 BDSG). Die Landesdatenschutzgesetze fassen im Gegensatz zum BDSG zu einem großen Teil auch die Begriffe des Erhebens und des Nutzens unter einen weiten Verarbeitungsbegriff, ohne dass dieser terminologische Unterschied jedoch eine wesentliche materiell-rechtliche Bedeutung entfaltet.[20] 8

Speichern meint das Erfassen, Aufnehmen oder Aufbewahren personenbezogener Daten auf einem Datenträger zum Zwecke ihrer weiteren Verarbeitung oder Nutzung, wobei schon das Festhalten auf einem Notizblock ausreichen kann; **Verändern** bedeutet inhaltliches Umgestalten, **Sperren** das Kennzeichnen gespeicherter Daten, um ihre weitere Verarbeitung einzuschränken, und schließlich **Löschen** jede Form der Unkenntlichmachung. **Übermitteln** ist das Bekanntgeben gespeicherter oder durch Datenverarbeitung gewonnener Daten an Dritte in der Weise, dass die Daten durch die verantwortliche Stelle weitergegeben werden oder der Dritte zur Einsicht oder zum Abruf bereitgehaltene Daten einsieht oder abruft. Da der Empfänger ein Dritter sein muss, ist ein Übermitteln innerhalb der speichernden Stelle nicht möglich.[21] 9

Auch in Hinblick auf die Voraussetzungen einer Verarbeitung verweisen die Landesgesetze zum Untersuchungshaftvollzug auf die entsprechenden Vorschriften der Landesdatenschutzgesetze, welche wiederum ausgehend vom umfassenden Verarbeitungsbegriff die Verarbeitung von einer rechtlichen Ermächtigung abhängig machen, die sich aus der **Einwilligung** des Betroffenen oder aus einer **gesetzlichen Ermächtigungsgrundlage** ergeben kann. Voraussetzung für die Einwilligung ist in jedem Fall die Einwilligungsfähigkeit. Entscheidend hierfür ist, ob der Betroffene Bedeutung und Tragweite des Eingriffs und die damit verbundenen Vor- und Nachteile einschätzen kann. Auf die zivilrechtliche Geschäftsfähigkeit kommt es hingegen nicht an.[22] Der Betroffene ist zudem in geeigneter Weise über die Bedeutung der Einwilligung, insbesondere über den Verwendungszweck der Daten aufzuklären. Die Einwilligungserklärung bedarf dabei grundsätzlich der Schriftform, soweit nicht wegen besonderer Umstände eine andere Form angemessen ist. Kennzeichen der Schriftform ist nach § 126 BGB die eigenhändige Namensunterschrift. Die Unterschrift muss grundsätzlich den Text räumlich abschließen und den Aussteller erkennen lassen.[23] Ein Fax oder eine E-Mail genügen nach allgemeiner Auffassung nicht.[24] Genügt die Erklärung nicht den Anforderungen des § 126 BGB, so ist sie gemäß § 125 S. 1 BGB nichtig. Eine trotzdem vorgenommene unberechtigte Verarbeitung kann für den Verarbeitenden nach den jeweiligen Bestimmungen der Landesdatenschutzgesetze eine Schadensersatzpflicht auslösen oder sogar Geldbußen oder Strafen nachsichziehen.[25] Eine andere Form als die Schriftform kann ausnahmsweise dann angemessen sein, wenn der Betroffene hinreichend über Zweck und Umfang der Verarbeitung seiner Daten aufgeklärt ist und die Einhaltung der Schriftform wegen einer besonderen Eilbedürftigkeit zu einer Erschwerung, Verzögerung oder Verhinderung 10

18 Däubler/Klebe/Wedde/Weichert, § 3 Rn. 9.
19 Gola/Schomerus, § 3 Rn. 24; Dammann in: Simitis, § 3 Rn. 108 ff.
20 Däubler/Klebe/Wedde/Weichert, § 3 Rn. 25.
21 Gola/Schomerus, § 3 Rn. 34; Däubler/Klebe/Wedde/Weichert, § 3 Rn. 25.
22 Däubler/Klebe/Wedde/Weichert, § 4 a Rn. 5.
23 BGHZ 113, 48 (54); Einsele in: MüKo-BGB, Bd. 1/1, 5. Aufl., § 126, Rn. 9.
24 Simitis in: Simitis, § 4 a Rn. 34.
25 Simitis in: Simitis, § 4 a Rn. 68.

der Einwilligungserklärung führen würde – in diesen Fällen kommt auch eine mündliche, unter keinen Umständen jedoch eine konkludente Einwilligung in Betracht, da an die Stelle einer klaren Äußerung des Betroffenen keine von ihm nicht beeinflussbare Interpretation seines Verhaltes treten darf.[26]

III. Datenerhebung

11 **Erhebung** von Daten meint das Beschaffen personenbezogener Daten über den Betroffenen durch die dazu berechtigte öffentliche Stelle. Voraussetzung ist immer ein **zielgerichtetes Vorgehen,** so dass etwa bei zufälliger Wahrnehmung von Tatsachen und Informationen kein Erheben vorliegt (s.o.). In zeitlicher Hinsicht ist die Erhebung als erster Schritt der Speicherung, Verarbeitung oder sonstigen Nutzung vorgelagert.

12 Die Gesetze enthalten entsprechend den Landesgesetzen zum Jugendstrafvollzug eine Generalklausel für die Erhebung personenbezogener Daten für Vollzugszwecke.[27] Hiernach dürfen die Anstalt und die Aufsichtsbehörde personenbezogene Daten erheben, soweit dies für den Vollzug erforderlich ist. An den Begriff der Erforderlichkeit sind hierbei strenge Anforderungen zu stellen; jede Datenerhebung, -verarbeitung oder –nutzung ist einem **grundsätzlichen Verbot** unterstellt, welches den Ausgangspunkt der Auslegung datenschutzrechtlicher Bestimmungen bildet.[28] Öffentlichen Stellen sind im Allgemeinen nur diejenigen Daten zuzubilligen, die sie zur Erfüllung ihrer Aufgaben unbedingt benötigen.[29] Erhoben werden dürfen mithin nur solche Daten, ohne die die Anstalt und Aufsichtsbehörde ihre gesetzlichen Aufgaben nicht, nicht vollständig oder nicht in rechtmäßiger Weise durchführen könnten. Eine Festlegung der Vollzugsaufgaben findet sich in den Landesgesetzen[30] und umfasst regelmäßig die sichere Unterbringung der Untersuchungsgefangenen zur **Gewährleistung der Durchführung eines geordneten Strafverfahrens, konkretisiert durch die im Haftbefehl angegebenen Haftgründe.**[31]

13 Ein großer Teil der Datenerhebung findet zu Vollzugsbeginn im Verlauf der Aufnahme der Untersuchungsgefangenen in der Anstalt statt. Die Gesetze der 12er-Regelung geben dabei zur Wahrung der Privatsphäre der Untersuchungsgefangenen und aus Gründen des Datenschutzes in der Regel vor, dass andere Gefangene beim Aufnahmeverfahren nicht anwesend sein dürfen (s. näher § 2 Rn. 4). Die erhobenen Daten sollen neben Grundinformationen insbesondere auch erste Erkenntnisse über die aktuelle Lebenssituation, die psychische Verfassung und akute Probleme der Untersuchungsgefangenen liefern, um gegebenenfalls sofort reagieren zu können. In dieser frühen Lage ist besondere Sensibilität gefordert, da dieser Zeitpunkt gerade bei Erstinhaftierten eine Phase hoher Labilität ist.[32] Aber auch im weiteren Verlauf des Vollzuges wird die Erhebung personenbezogener Daten erforderlich, z.B. bei Entscheidungen über Außenkontakte, zur Aufrechterhaltung der Sicherheit und Ordnung, zur Durchführung der Gesundheitsfürsorge und sozialen Hilfen oder schließlich zur Entlassungsvorbereitung.[33]

Die **Erhebung von Daten auf Vorrat** ist mit dem Erfordernis nach stets aktueller Erforderlichkeit nicht vereinbar und daher generell unzulässig.[34] Erhebungen ohne nähere Zweck-

26 S. Schmid in: Schwind/Böhm/Jehle/Laubenthal, StVollzG, § 187 Rn. 13.

27 Weichert/Goerdeler in: Ostendorf, Jugendstrafvollzugsrecht, 12. Abschnitt Rn. 16; s. § 88 UVollzG der 12er-Regelung; Art. 41 UVollzG i.V.m. Art. 196 StVollzG Bayern; § 31 JVollzGB I Ba-Wü; § 54 Abs. 1 HUVollzG; § 190 NJVollzG; vgl. § 7 Abs. 1 i.V.m. § 66 JVollzDSG Bln.

28 Sokol in: Simitis, § 13 Rn. 25.

29 Wedde in: Däubler/Klebe/Wedde/Weichert, § 13 Rn. 15.

30 Einzige Ausnahme ist das UVollzG NRW, in dem keine Aufgaben- bzw. Zweckdefinition vorgegeben wird, s. § 1 Rn. 7.

31 S. hierzu § 1 Rn. 8. Die Regelungen in Baden-Württemberg und Hamburg enthalten zudem die Aufgabenzuweisung, den Untersuchungsgefangenen vor den Übergriffen anderer Gefangener zu schützen.

32 Begründung Entwurf des UVollzG Berlin, zu § 7.

33 Arloth, StVollzG, § 179 Rn. 2; Weichert/Goerdeler in: Ostendorf, Jugendstrafvollzugsrecht, 12. Abschnitt Rn. 18.

34 Sokol in: Simitis, § 13 Rn. 26.

bestimmung für eventuell später anfallende Aufgaben sind somit nicht möglich. Schon bei der Erhebung muss klar sein, für welchen Zweck die Daten letztendlich genutzt werden.[35]

Bei der Datenerhebung gilt der **Grundsatz der Direkterhebung,**[36] das heißt, personenbezogene Daten sind vorrangig bei den Betroffenen selbst zu erheben. Im Einzelfall kann es jedoch notwendig sein, Informationen auch bei anderen Personen oder Stellen zu erheben.[37] Gemäß § 88 Abs. 2 Nr. 1 der 12er-Regelung sind daher Ausnahmen zulässig, wenn eine Rechtsvorschrift dies vorsieht oder zwingend voraussetzt. Eine solche gesetzliche Ausnahme findet sich etwa für Stellen, die Aufgaben der Jugendhilfe wahrnehmen, zur Ermittlung eines Förder- und Erziehungsbedarf junger Untersuchungsgefangener in § 69 Abs. 3 der 12er-Regelung. Des Weiteren ist eine Erhebung bei anderen Personen oder Stellen zulässig, wenn die zu erfüllende Verwaltungsaufgabe sie nach Art oder Geschäftszweck erforderlich macht. Das ist insbesondere dann der Fall, wenn der Gefangene nicht selbst über die entsprechende Information verfügt oder Zweifel an Richtigkeit und Vollständigkeit der von ihm angegebenen Daten bestehen.[38] § 190 Abs. 2 S. 4 NJVollzG stellt darüber hinaus klar, dass eine Datenerhebung durch den **verdeckten Einsatz technischer Mittel** grundsätzlich unzulässig sein soll. Gleichwohl wird es gestattet, kurzzeitig Bild- und Tonaufzeichnungen gemeinschaftlich genutzter Räume der Anstalt verdeckt anzufertigen, wenn andernfalls die Aufgabenerfüllung erheblich gefährdet würde oder eine Rechtsvorschrift dies vorsieht oder zwingend voraussetzt. 14

Schließlich kommt nach § 88 Abs. 1 S. 2 Nr. 2 b der 12er-Regelung eine Erhebung bei anderen Personen oder Stellen in Betracht, wenn die Erhebung bei den Betroffenen einen unverhältnismäßigen Aufwand erfordern würde und keine Anhaltspunkte dafür bestehen, dass überwiegende schutzwürdige Interessen der Betroffenen beeinträchtigt werden. Letzteres dürfte nur selten der Fall sein, es gelten insofern die Grundsätze des § 179 Abs. 2 StVollzG:[39] An den unbestimmten Rechtsbegriff des unverhältnismäßigen Aufwands sind hohe Anforderungen zu stellen.[40] Erforderlich ist eine summarische Abwägung zwischen dem Interesse der Vollzugsbehörde an der Erhebung der Daten ohne die Mitwirkung des betroffenen Häftlings und dessen entgegenstehenden Interessen.[41] 15

Eine Erhebung von Daten über **Personen, die nicht selbst Untersuchungsgefangene sind,** ist naturgemäß nur unter engeren Voraussetzungen zulässig (§ 88 Abs. 4 der 12er-Regelung[42]); sie dürfen ohne Mitwirkung nur erhoben werden, wenn sie für die Sicherhalt der Anstalt oder die Sicherung des Vollzugs unerlässlich sind und die Art der Erhebung schutzwürdige Interessen der Betroffenen, also Gefangener und Dritter, nicht beeinträchtigt.[43] Da eine Erhebung bei Dritten stets nur als ultima ratio in Betracht kommen kann, ist der Begriff der „Unerlässlichkeit" noch strenger als derjenige der „Erforderlichkeit" zu handhaben.[44] 16

Eine effektive Rechtswahrnehmung durch den Gefangenen setzt als ersten Schritt voraus, dass er auf die ihm zustehenden Möglichkeiten hingewiesen wird. Bei der Erhebung personenbezogener Daten beim Betroffenen bestehen daher umfassende **Aufklärungs- und Beleh-** 17

35 Weichert/Goerdeler in: Ostendorf, Jugendstrafvollzugsrecht, 12. Abschnitt Rn. 20.
36 § 88 Abs. 2 UVollzG der 12er-Regelung; § 31 Abs. 2 JVollzGB I Ba-Wü; Art. 41 UVollzG i.V.m. Art. 196 Abs. 2 StVollzG Bayern; § 55 Abs. 1 UVollG Hessen; § 190 Abs. 2 NJVollzG; § 14 JVollzDSG Bln.
37 Ausnahmen vom Grundsatz der Direkterhebung enthalten: § 88 Abs. 2 UVollzG der 12er-Regelung; § 31 Abs. 3 JVollzGB I Ba-Wü; Art. 41 UVollzG i.V.m. Art. 196 Abs. 2 StVollzG Bayern i.V.m. Art. 16 Abs. 2 DSG Bayern; § 55 Abs. 1 S. 2 HUVollzG i.V.m. § 12 Abs. 2 und 3 DSG Hessen; § 190 Abs. 2 S. 2 NJVollzG i.V.m. § 9 Abs. 1 S. 3 Niedersächs. DSG; § 15 JVollzDSG Bln.
38 S. Begründung zu § 88 JStVollzG Thüringen.
39 S. Begründung zu § 88 des 12er-Entwurfes mit Verweis auf die entsprechende Bestimmung der Jugendstrafvollzugsgesetze bzw. s. auch deren Begründung.
40 Arloth: StVollzG, § 179 Rn. 6.
41 Schwind/Böhm/Jehle/Laubenthal, StVollzG, § 179 Rn. 10 f.
42 Vgl. § 16 JVollzDSG Bln und ähnliche Regelungen in den übrigen Ländern: § 31 Abs. 4 JVollzGB I Ba-Wü; Art. 41 UVollzG i.V.m. Art. 196 Abs. 3 StVollzG Bayern; § 55 Abs. 2 HUVollzG; § 190 Abs. 3 NJVollzG.
43 Arloth, StVollzG, § 179 Rn. 9.
44 Weichert/Goerdeler in: Ostendorf, Jugendstrafvollzugsrecht, 12. Abschnitt Rn. 29.

rungspflichten (§ 88 Abs. 3 der 12er-Regelung[45]). Insbesondere muss offengelegt werden, welche Stelle die Daten erhoben hat, zu welchem Zweck dies geschah, für wen sie bestimmt sind und welche Folgen sich bei einer Verweigerung ergeben können, da nur so der Betroffene bewusst über eine Freigabe der Daten entscheiden kann.[46] Besteht die gesetzliche Verpflichtung zur Preisgabe der Daten, so ist dies genauso verständlich darzulegen wie die Freiwilligkeit der Offenlegung in den übrigen Fällen.

Ein Verstoß gegen die Hinweis- und Aufklärungspflichten hat regelmäßig die Rechtswidrigkeit der weiteren Datenverarbeitung zur Folge, soweit der Gefangene geltend macht, im Falle einer Aufklärung seine Zustimmung verweigert zu haben und ihn auch keine Auskunftspflicht traf.[47]

Auch bei Erhebung ohne Kenntnis des Untersuchungsgefangenen sind die Betroffenen zwingend zu unterrichten, soweit dadurch nicht der Vollzugszweck gefährdet wird. Erst hierdurch kann die Ausübung des Auskunfts- und Akteneinsichtsrechts (vgl. § 95 der 12er-Regelung) gewährleistet werden.[48] Sind die Daten nicht beim Betroffenen selbst, sondern bei anderen Personen oder Stellen erhoben worden, darf eine Unterrichtung nur aufgrund überwiegender Geheimhaltungsinteressen oder unverhältnismäßigem Aufwand unterbleiben, wobei wiederum keine Anhaltspunkte für überwiegende schutzwürdige Belange vorliegen dürfen (§ 88 Abs. 5 der 12er-Regelung).

IV. Verarbeitung und Nutzung

18 **1. Zulässigkeit.** Für die Verarbeitung und Nutzung der Daten findet sich in § 89 der 12er-Regelung eine zentrale Rechtsgrundlage.[49] Vorangestellt ist zunächst eine **Verarbeitungs- und Nutzungsgeneralklausel**, wonach die Anstalt und die Aufsichtsbehörde personenbezogene Daten zu **vollzuglichen Zwecken** nutzen und verarbeiten dürfen. Für den Vollzug erforderlich ist die Nutzung bzw. Verarbeitung, wenn ohne sie die Vollzugsaufgaben nicht, nicht rechtzeitig oder nicht ordnungsgemäß erfüllt werden können.[50] Die vollzuglichen Zwecke zur Verarbeitung und Nutzung sind somit identisch mit dem Erhebungszweck.[51] Wichtig ist, dass nur rechtmäßig erhobene Daten auch verarbeitet werden dürfen.[52] Dabei ist, wie auch sonst, stets der **Grundsatz der Datenvermeidung und Datensparsamkeit** zu berücksichtigen, wonach sich die Gestaltung und Auswahl von Datenverarbeitungssystemen an dem Ziel auszurichten haben, keine oder so wenig personenbezogene Daten wie möglich zu erheben, zu verarbeiten oder zu nutzen (§ 3 a BDSG). Die Speicherung spezieller personenbezogener Hinweise, etwa einer besonderen Gefährlichkeit oder Gewalttätigkeit, muss durch konkrete Anhaltspunkte gerechtfertigt sein, da ihnen zugleich eine große Diskriminierungsgefahr innewohnt.[53] Gleichwohl kann dem Hinweis auf eine bestehende oder sich andeutende Suizidgefahr des Häftlings im Hinblick auf die erhöhte Suizidrate[54] im Bereich der Untersuchungshaft eine große Bedeutung zukommen.

19 § 89 Abs. 3 der 12er-Regelung normiert darüber hinaus, welche sonstigen Zwecke den vollzuglichen gleichzustellen sind. Insofern kann von einer **„gesetzlichen Fiktion der Zweckidentität“**[55] gesprochen werden. Hierzu gehört zunächst einmal der gerichtliche Rechts-

45 S. auch § 14 Abs. 2 JVollzDSG Bln; § 31 Abs. 5 JVollzGB I Ba-Wü; Art. 41 UVollzG i.V.m. Art. 196 Abs. 4 StVollzG Bayern; § 55 Abs. 3 HUVollzG i.V.m. § 12 Abs. 4 und 5 DSG Hessen; § 190 Abs. 4 und 5 NJVollzG.
46 Weichert in: Däubler/Klebe/Wedde/Weichert, § 4 Rn. 11.
47 Weichert in: Däubler/Klebe/Wedde/Weichert, § 4 Rn. 19.
48 Schwind/Böhm/Jehle/Laubenthal, StVollzG, § 179 Rn. 19.
49 Vgl. entsprechende Regelungen in: §§ 34 ff. JVollzGB I Ba-Wü; Art. 41 UVollzG i.V.m. Art. 197 StVollzG Bayern; § 54 HUVollzG; § 191 NJVollzG; § 7 Abs. 2-4 JVollzDSG Bln.
Arloth, StVollzG, § 179 Rn. 9.
50 Weichert/Goerdeler in: Ostendorf, Jugendstrafvollzugsrecht, 12. Abschnitt Rn. 34.
51 Vgl. Arloth, StVollzG, § 180 Rn. 3.
52 Schwind/Böhm/Jehle/Laubenthal, StVollzG, § 180 Rn. 3; OLG Koblenz ZfStrVo 1989, 182 (183).
53 Weichert/Goerdeler in: Ostendorf, Jugendstrafvollzugsrecht, 12. Abschnitt Rn. 37.
54 Rotthaus NJW 1973, 2269 (2272); s. Grdl. Rn. 21.
55 Weichert/Goerdeler in: Ostendorf, Jugendstrafvollzugsrecht, 12. Abschnitt Rn. 38.

schutz gegen Vollzugsmaßnahmen, darüber hinaus wird auf die jeweiligen Bestimmungen der Landesdatenschutzgesetze verwiesen. Hiernach sind weitere Zwecke im Sinne des Abs. 3 die Wahrnehmung von Aufsichts- und Kontrollbefugnissen, der Rechnungsprüfung oder der Durchführung von Organisationsuntersuchungen. Ferner ist auch die Verarbeitung zu Ausbildungs- und Prüfungszwecken zulässig, soweit nicht berechtigte Geheimhaltungsinteressen des Betroffenen überwiegen.

Während § 89 Abs. 1 der 12er-Regelung die Verarbeitung und Nutzung zu vollzuglichen Zwecken erfasst, sind in Abs. 2 und 4 enumerativ auch verschiedene **vollzugsfremde Zwecke** geregelt.[56] Erlaubte vollzugsfremde Zwecke sind nach Abs. 2 insbesondere die Abwehr von Gefahren für höherwertige Rechtsgüter (§ 89 Abs. 2 Nr. 1–3), die Verhinderung und Verfolgung von Straftaten (§ 89 Abs. 2 Nr. 4) und schließlich Zwecke der Strafvollstreckung (§ 89 Abs. 2 Nr. 5). Zwar ist auch hier allgemein die Verarbeitung und Nutzung benannt, jedoch dürfte in der Praxis im Regelfall die Zulässigkeit der **Übermittlung** personenbezogener Daten im Vordergrund stehen.[57] Hierbei ist auch ohne ausdrückliche Regelung stets der allgemeingültige Grundsatz der Verhältnismäßigkeit zu berücksichtigen.[58] Höherwertiges Rechtsgut meint in diesem Zusammenhang die Abwehr von sicherheitsgefährdenden oder geheimdienstlichen Tätigkeiten, erheblichen Nachteilen für das Gemeinwohl oder einer Gefahr für die öffentliche Sicherheit sowie schwerwiegenden Beeinträchtigungen der Rechte anderer Personen. Sofern sich die in der Ziffer 1 genannten Bestrebungen gegen die freiheitlich demokratische Grundordnung oder den Bestand bzw. die Sicherheit des Bundes oder eines Landes richten, sind diese Begriffe in § 4 BVerfSchG[59] näher beschrieben. Die Schwelle, ab der das Drohen eines erheblichen Nachteils für das Gemeinwohl anzunehmen ist, ist hoch anzusetzen. Ist sie jedoch erreicht, muss das individuelle Recht auf informationelle Selbstbestimmung gegenüber den schützenswerten Rechtsgütern der Allgemeinheit zurücktreten.[60] Bei der öffentlichen Sicherheit steht im Gegensatz zum Gemeinwohl die auf das Individuum bezogene Gefahrenabwehr im Vordergrund.[61] Zur Abwehr einer schwerwiegenden Beeinträchtigung der Rechte einer anderen Person gehört die Übermittlung von Daten an Polizei, Gesundheits- oder sonstige Gefahrenabwehrbehörden, die entsprechende Beeinträchtigungen verhindern sollen,[62] aber auch Opfer von Straftaten und Angehörige der Opfer. Erfasst sind sämtliche gesetzlich geschützte Rechtspositionen, insbesondere auch die Grundrechte.[63] Interessen der Verhinderung und Verfolgung von Straftaten stehen unter dem Vorbehalt, dass Ordnungswidrigkeiten die Sicherheit oder Ordnung der Anstalt gefährden müssen. Durch Aufnahme der Zwecke der Strafvollstreckung wird berücksichtigt, dass auch die Strafvollstreckungsbehörde sowie die zuständigen Gerichte zur sachgerechten Erfüllung ihrer Aufgaben auf die Übermittlung personenbezogener Daten angewiesen sind.[64] 20

Zu den nach § 89 Abs. 4 der 12er-Regelung erlaubten vollzugsfremden Zwecken gehören Maßnahmen der Gerichtshilfe, Jugendgerichtshilfe, Bewährungshilfe oder Führungsauf- 21

56 Vgl. zur Verarbeitung und Nutzung bzw. Übermittlung zu vollzugsfremden Zwecken: § 7 Abs. 4 JVollzDSG Bln; §§ 35 ff. JVollzGB I Ba-Wü, insbesondere § 41 enthält besondere Übermittlungsbefugnisse und -einschränkungen bei Untersuchungsgefangenen; Art. 41 UVollzG i.V.m. Art. 197 Abs. 2 und 4 StVollzG Bayern; § 191 Abs. 2 bis 4, 192 Abs. 2 NJVollzG; § 54 HUVollzG enthält diesbezüglich nur eine sehr „dünne“ Regelung und sieht vor, dass neben vollzuglichen Zwecken eine Verarbeitung und Nutzung dann in Betracht kommt, wenn „eine Rechtsvorschrift dies vorsieht oder zwingend voraussetzt oder die Betroffenen ohne Zweifel eingewilligt haben“.

57 Schmid in: Schwind/Böhm/Jehle/Laubenthal, StVollzG, § 180 Rn. 11.

58 BVerfGE 65, 1 (46).

59 Gesetz über die Zusammenarbeit des Bundes und der Länder in Angelegenheiten des Verfassungsschutzes und über das Bundesamt für Verfassungsschutz, BGBl. I, 2954, 2970, zuletzt geändert durch Art. 1 a G v. 31.7.2009, BGBl. I, 2499.

60 Wedde in: Däubler/Klebe/Wedde/Weichert, § 14 Rn. 18.

61 Schmid in: Schwind/Böhm/Jehle/Laubenthal, StVollzG, § 180 Rn. 14.

62 Arloth, StVollzG, § 180 Rn. 4.

63 Weichert/Goerdeler in: Ostendorf, Jugendstrafvollzugsrecht, 12. Abschnitt Rn. 43.

64 Weichert/Goerdeler in: Ostendorf, Jugendstrafvollzugsrecht, 12. Abschnitt Rn. 43.

sicht, um deren sachgerechte Entscheidungen zu ermöglichen. Des Weiteren ist eine Mitteilung von Daten an Gnadenbehörden und Träger des Gnadenrechts gestattet sowie für gesetzlich angeordnete Statistiken der Rechtspflege, welche über die den vollzuglichen Zwecken dienenden Geschäftsstatistiken hinausgehen.[65] In Abweichung zu § 180 Abs. 4 Nr. 4 StVollzG wird diese Bestimmung im Jugendstraf- und Untersuchungshaftvollzug auf sämtliche Maßnahmen der Sozialbehörden erweitert, da im Zusammenhang mit einer Inhaftierung eine Vielzahl von sozialrechtlichen Entscheidungen zu treffen sind, wobei es sich zumeist um die Gewährung von Leistungen der Sozialversicherung, etwa Arbeitslosengeld oder Rente handeln wird.[66] Außerdem darf die Anstalt die Hilfsbedürftigkeit von Angehörigen eines Gefangenen iSd § 11 Abs. 1 Nr. 1 StGB den für die Hilfeleistung zuständigen Behörden mitteilen, sofern der betreffende Personenkreis nicht in der Lage ist, die notwendigen Mitteilungen selbst vorzunehmen.[67] Schließlich kann eine Mitteilung auch an Stellen der Bundeswehr, Ausländerbehörden sowie die Finanzverwaltung zur Durchführung der Besteuerung erfolgen. Nach § 89 Abs. 4 S. 2 der 12er-Regelung ist ansonsten eine Übermittlung für andere Zwecke auch dann zulässig, wenn eine andere gesetzliche Bestimmung dies vorsieht und sich dabei ausdrücklich auf personenbezogene Daten über Untersuchungsgefangene bezieht.

Im Unterschied zu den Jugendstrafvollzugsgesetzen bestimmt § 89 Abs. 4 S. 3 der 12-er Regelung, dass eine Übermittlung unterleiben muss, wenn für die übermittelnde Stelle unter Berücksichtigung der Art der Information und der Rechtsstellung der Untersuchungsgefangenen ein **schutzwürdiges Interesse am Ausschluss der Übermittlungen** erkennbar ist.[68] Hierbei handelt es sich um eine notwendige Sonderregelung, um den Eigenheiten des Untersuchungshaftvollzugs im Hinblick auf die zu berücksichtigende Unschuldsvermutung Rechnung zu tragen.[69]

22 Unter bestimmten Voraussetzungen darf die Anstalt **öffentlichen oder nichtöffentlichen Stellen auf schriftlichen Antrag mitteilen, ob sich eine Person in der Anstalt im Untersuchungshaftvollzug befindet.**[70] Auch hier finden sich bereichsspezifische Abweichungen im Vergleich zum Straf- und Jugendstrafvollzug: Die Angabe des voraussichtlichen Entlassungszeitpunktes ist hinsichtlich des zu diesem Zeitpunkt noch unklaren Verfahrensausgang nicht möglich. Auch das Erteilen von Auskünften über die Entlassungsadresse oder die Vermögensverhältnisse des Gefangenen, um die Feststellung oder Durchsetzung von Rechtsansprüchen im Zusammenhang mit einer Straftat zu erleichtern (vgl. § 180 Abs. 5 S. 2 StVollzG) kommt nicht infrage, da für den Untersuchungsgefangenen die Unschuldsvermutung gilt.[71] Nichtöffentliche Stellen haben zuvor bei Antragsstellung ein berechtigtes Interesse an der Kenntnis glaubhaft darzulegen, die Behörde muss in jedem Einzelfall die Interessen des Empfängers mit denen des betroffenen Gefangenen abwägen.[72] Berechtigt ist grundsätzlich jedes ideelle, soziale und wirtschaftliche Interesse, das auf sachlichen Erwägungen beruht und mit der Rechtsordnung in Einklang steht.[73] Da eine Glaubhaftmachung genügt, ist ein Nachweis des berechtigten Interesses nicht erforderlich.[74] Vor einer solchen Auskunft ist der Untersuchungsgefangenen anzuhören. Ist eine Anhörung unterblieben, weil hierdurch das vom Antragssteller verfolgte Interesse vereitelt oder wesentlich erschwert würde, ist der Betroffene nachträglich zu unterrichten.

---

65 Schmid in: Schwind/Böhm/Jehle/Laubenthal, StVollzG, § 180 Rn. 25.
66 S. Begründung zu § 89 Entwurf des JStrVollzG Thüringen.
67 Schmid in: Schwind/Böhm/Jehle/Laubenthal, StVollzG, § 180 Rn. 27.
68 S. auch § 88 Nr. 1 SächsUHaftVollzG.
69 S. Begründungen zu § 89 des 12er-Entwurfes; vgl. § 67 Abs. 1 JVollzDSG Bln.
70 S. § 89 Abs. 5 der 12er-Regelung; § 39 Abs. 1 JVollzGB I Ba-Wü; Art. 41 BayUVollzG i.V.m. Art. 197 Abs. 5 StVollzG Bayern; § 56 Abs. 3 HUVollzG; § 192 Abs. 3 NJVollzG; §§ 42, 46 JVollzDSG Bln. Arloth, StVollzG, StVollzG, § 179 Rn. 9.
71 Art. 41 Nr. 1 BayUVollzG stellt dies abweichend von der ansonsten gem. § 197 Abs. 5 S. 2 StVollzG Bayern zulässigen Auskunft über die Vermögensverhältnisse des Gefangenen an den Verletzten der Straftat fest.
72 OLG Hamm ZfStrVO 1989, 186 (187).
73 Schmid in: Schwind/Böhm/Jehle/Laubenthal, StVollzG, § 180 Rn. 27.
74 Wedde in: Däubler/Klebe/Wedde/Weichert, § 16 Rn. 9.

§ 89 Abs. 6 der 12er-Regelung gewährt dem Untersuchungsgefangenen das Recht, bei einer nicht nur vorläufigen Einstellung des Verfahrens, einer unanfechtbaren Ablehnung der Eröffnung des Hauptverfahrens oder einem rechtskräftigen Freispruch eine Benachrichtigung derjenigen Stellen zu verlangen, welche zuvor auf die oben genannte Weise von der Inhaftierung unterrichtet worden sind.[75] Mindestens genauso wichtig wie diese **Möglichkeit der Rehabilitation** ist jedoch, dass eine solche Mitteilung des Verfahrensausgangs nur unter der Voraussetzung eines **Antrags des Untersuchungsgefangenen** erfolgen darf. Denn würde sie automatisch erfolgen, ließe sich aus dem Ausbleiben einer derartigen Mitteilung zwangsläufig auf eine erfolgte Verurteilung schließen.[76] 23

2. Aktenüberlassung. Eine Aktenüberlassung an andere Anstalten oder Aufsichtsbehörden, innerhalb der Strafjustiz sowie an Strafverfolgungs- und Strafvollstreckungsbehörden ist nach § 89 Abs. 7 der 12er-Regelung ohne besondere Voraussetzungen zulässig.[77] An andere öffentliche Stellen kommt die Übersendung von Akten hingegen nur in Betracht, soweit die Erteilung einer Auskunft einen unvertretbaren Aufwand erfordert oder für die Erfüllung der Aufgabe nicht ausreicht. Der Übermittlung von Kopien oder Teilakten unter Schwärzung der nicht benötigten Abschnitte ist als milderes Mittel Vorrang gegenüber der Übersendung der Akten einzuräumen.[78] 24

Sind weitere, für sich genommen nicht benötigte Daten von Betroffenen oder Dritten mit relevanten Daten derart verbunden, dass eine Trennung nicht oder nur mit unvertretbarem Aufwand möglich wäre, ist auch die Übermittlung dieser Daten grundsätzlich zulässig, wenn dadurch keine offensichtlich überwiegenden berechtigten Geheimhaltungsinteressen verletzt werden, nicht jedoch deren Verarbeitung oder Nutzung (§ 89 Abs. 8 der 12er-Regelung).

3. Verarbeitungs- und Nutzungsbeschränkungen. In den Untersuchungshaftvollzugsgesetzen sind ferner Einschränkungen der Verarbeitungs- und Nutzungsmöglichkeiten normiert. So finden sich entsprechend § 180 Abs. 8 StVollzG Vorschriften, nach denen die bei einer **Überwachung der Besuche, des Schriftwechsels oder des Inhalts von Paketen** bekannt gewordenen Daten nur zur Verfolgung höherrangiger Rechtsgüter, für den gerichtlichen Rechtsschutz gegen Vollzugsmaßnahmen oder zur Wahrung der Sicherheit oder Ordnung der Anstalt genutzt und verarbeitet werden dürfen. Hintergrund ist die besondere Vertraulichkeit und Schutzbedürftigkeit dieser Außenkontakte.[79] Eine Weitergabe aus Sicherheitsgründen soll insbesondere notwendig sein, wenn Einzelheiten über Befreiungs- oder Fluchtversuche, Meutereien, Geiselnahmen oder Rauschgifthandeln bekannt werden.[80] Die Ordnung innerhalb der Anstalt ist wiederum etwa dann gefährdet, wenn links- oder rechtsextremistische Organisationen bei den Häftlingen Mitgliederwerbung betreiben[81] oder ansteckende Krankheiten bekannt werden.[82] Eine Verwendung und Nutzung zur Behandlung des Gefangenen nach erfolgter Anhörung ist hingegen im Untersuchungshaftvollzugsrecht naturgemäß nicht vorgesehen. 25

Die Gesetze der 12er-Regelung tragen über den Inhalt des § 180 Abs. 8 StVollzG hinaus den bereichsspezifischen Besonderheiten des Untersuchungshaftvollzugs dadurch Rechnung, dass sie zusätzlich eine Nutzung und Verarbeitung auch zur Abwehr von Gefährdungen der Untersuchungshaft (§ 89 Abs. 9 Nr. 4) und zur Umsetzung einer verfahrenssichernden Anordnung (§ 89 Abs. 9 Nr. 5) gestatten.

75 S. entsprechende Regelungen in Art. 41 Nr. 2 BayUVollzG; § 56 Abs. 3 S. 4 HUVollzG; § 192 Abs. 3 NJVollzG und § 39 JVollzGB I Ba-Wü enthalten keine solche Bestimmung.
76 S. Begründung zu § 89 Entwurf des UVollzG Thüringen.
77 Zur Aktenüberlassung: § 43 JVollzGB I Ba-Wü; Art. 41 UVollzG i.V.m. Art. 197 Abs. 6 und 7 StVollzG Bayern; § 56 Abs. 4 HUVollzG; § 192 Abs. 5 und 6 NJVollzG; § 41 JVollzDSG Bln.
78 Callies/Müller-Dietz, StVollzG, § 180 Rn. 39; Weichert/Goerdeler in: Ostendorf, Jugendstrafvollzugsrecht, 12. Abschnitt Rn. 55.
79 Arloth, StVollzG, § 180 Rn. 10.
80 Schmid in: Schwind/Böhm/Jehle/Laubenthal, StVollzG, § 180 Rn. 42.
81 Weichert in: AK-StVollzG, § 180 Rn. 54; BT-Drucks. 13/10245, S. 22.
82 Schmid in: Schwind/Böhm/Jehle/Laubenthal, StVollzG, § 180 Rn. 42.

Daten, die nach § 88 Abs. 4 der 12er-Regelung über Personen erhoben worden sind, die nicht Untersuchungsgefangene sind, dürfen nur zur Abwehr geheimdienstlicher Tätigkeiten oder staatsgefährdender Bestrebungen, zur Abwehr von Gefahren für das Wohl der Allgemeinheit oder von schwerwiegenden Beeinträchtigungen der Rechte anderer Personen oder der Verhinderung bzw. Verfolgung von Straftaten von erheblicher Bedeutung verwertet werden.[83] Überhaupt nicht übermittelt werden dürfen personenbezogene Daten, soweit sie dem besonderen Schutz von Berufsgeheimnisträgern (s. hierzu Rn. 33) unterfallen, wegen Zeitablaufs gesperrt oder unrichtig sind (s. hierzu Rn. 55 ff.) oder weitere gesetzlichen Verwendungsregelungen entgegenstehen. Zu diesen besonderen gesetzlichen Verwendungsregelungen gehören abschließende gesetzliche Zweckbindungsregelungen wie z.B. die Datenschutzkontrolle gemäß § 14 Abs. 4 BDSG oder nach Landesrecht.[84]

26 **4. Verantwortlichkeit für die Zulässigkeit der Übermittlung.** Die Verantwortung für die Zulässigkeit der Übermittlung trägt die übermittelnde Anstalt oder Aufsichtsbehörde. Erfolgt die Übermittlung jedoch auf Ersuchen einer öffentlichen Stelle, prüft die übermittelnde Anstalt oder Aufsichtsbehörde lediglich, ob das Übermittlungsersuchen im Rahmen des Aufgabenbereiches des Empfängers liegt und keine Übermittlungsbeschränkungen eingreifen, es sei denn für eine Überprüfung der Zulässigkeit der Übermittlung besteht ein besonderer Anlass.[85]

V. Zentrale Datei

27 Die Untersuchungshaftvollzugsgesetze enthalten überwiegend eine Bestimmung, die unabhängig von den jeweiligen Vorschriften der Landesdatenschutzgesetze die rechtliche Grundlage für eine zentrale Datei schafft, in welcher die wesentlichen Daten der Untersuchungshäftlinge sämtlicher Anstalten gespeichert werden, um vergleichbare Daten auch unabhängig vom Ort der Inhaftierung erlangen zu können.[86] Entsprechend den Vorschriften im Jugendstrafvollzug standen hierbei die Vermeidung von aufgabenhinderlichen Informationsdefiziten sowie das Schaffen der Grundvoraussetzungen für eine länderübergreifende Kooperation im Vordergrund.[87]

VI. Einrichtung automatisierter Übermittlungs- bzw. Abrufverfahren

28 Darüber hinaus enthalten die Gesetze Rechtsgrundlagen zur Einrichtung automatisierter Übermittlungs- und Abrufverfahren. Gemeint ist damit die Ermöglichung der **Übermittlung von Daten über Online-Anschlüsse** an bestimmte Empfänger, die diese zur Erfüllung dienstlicher Aufgaben benötigen. Der Zugriff kann dabei sowohl mit einem mobilen (Notebook, PDA, Handy) als auch einem stationären Endgerät (PC) erfolgen.[88] Welche Personengruppe zum Abruf welcher Daten berechtigt sein soll, ist in der Errichtungsanordnung festzulegen, wobei insbesondere auf die dienstliche Erfordernis Rücksicht genommen werden soll.[89] Eine Kontrolle der Zulässigkeit des Abrufverfahrens ist von den beteiligten Stellen zu gewährleisten. Insbesondere sind organisatorische Vorkehrungen zu treffen, um einen möglichen Missbrauch auszuschließen, da gerade der Online-Zugriff auf personenbezogene Daten hinsichtlich des informationellen Selbstbestimmungsrechts besondere Risiken für die Betroffenen birgt.[90] Die Notwendigkeit einzelner Zugriffe ist kaum nachprüfbar, vielmehr erfolgt

83 § 89 Abs. 10 der 12er-Regelung; § 16 Abs. 3 JVollzDSG Bln; § 31 Abs. 4 JVollzGB I Ba-Wü; Art. 41 UVollzG i.V.m. Art. 196 Abs. 3 StVollzG Bayern; § 55 Abs. 2 HUVollzG; § 190 Abs. 3 NJVollzG.

84 Weichert/Goerdeler in: Ostendorf, Jugendstrafvollzugsrecht, 12. Abschnitt Rn. 60.

85 § 89 Abs. 12 der 12er-Regelung; § 37 JVollzDSG Bln; § 44 Abs. 3 JVollzGB I Ba-Wü; Art. 41 UVollzG i.V.m. Art. 197 Abs. 11 StVollzG Bayern; § 56 Abs. 7 HUVollzG; § 192 Abs. 7 NJVollzG.

86 § 90 Abs. 1 der 12er-Regelung. Hingegen enthält das NJVollzG keine solche Regelung.

87 S. Begründung zu § 90 Entwurf des JStrVollzG Thüringen.

88 Wedde in: Däubler/Klebe/Wedde/Weichert, § 10 Rn. 4.

89 S. Begründung zu § 90 Entwurf des JStrVollzG Thüringen.

90 Wedde in: Däubler/Klebe/Wedde/Weichert, § 10 Rn. 3.

nur eine generelle Kontrolle: Es ist sicherzustellen, dass Übermittlungen „zumindest durch geeignete Stichprobenverfahren festgestellt und überprüft“ werden können.[91]

Die Ermöglichung dieser Kontrolle ist unterschiedlich ausgestaltet. Zum Teil haben die beteiligten Stellen selbst zuvor den Empfänger, den Zweck des Abrufs sowie die wesentlichen zu treffenden Kontrollmaßnahmen festzulegen,[92] zum Teil bestimmt die Landesregierung[93] oder das für den Justizvollzug zuständige Ministerium[94] die Einzelheiten der Einrichtung und Kontrolle durch Rechtsverordnung. Die dabei vorzusehenden Maßnahmen zur Datensicherung und Kontrolle müssen in einem angemessenen Verhältnis zu dem angestrebten Schutzzweck stehen. Entsprechend der hohen Risiken im Bereich automatisierter Abrufe muss jedoch auch hier insoweit ein strenger Maßstab gelten. 29

VII. Zweckbindung

Grundsätzlich dürfen übermittelte personenbezogenen Daten auch nur zu dem Zweck verarbeitet oder genutzt werden, für den sie ursprünglich übermittelt worden sind. Somit ist auch der Übermittlungsempfänger dem **Zweckbindungsgrundsatz** unterworfen. Eine Verwendung der Daten zu einem anderen als dem Übermittlungszweck kommt nur in Betracht, wenn auch zu diesem Zweck eine Übermittlung zulässig gewesen wäre. Für die Übermittlung an nichtöffentliche Stellen gilt als Besonderheit, dass die übermittelnde Anstalt oder Aufsichtsbehörde der Verwendung zustimmen muss. Um die Einhaltung dieser Voraussetzungen sicherzustellen, ist der Empfänger auf die Verbindlichkeit des Übermittlungszwecks durch die übermittelnde Stelle hinzuweisen (s. § 91 der 12er-Regelung). § 194 Abs. 2 NJVollzG enthält zusätzlich eine sinnvolle Bestimmung, wonach die Übermittlung an Stellen und Personen, die nicht dem Anwendungsbereich des Gesetzes unterliegen, nur zulässig ist, wenn im Rahmen der für diesen Bereich anwendbaren Bestimmungen die Einhaltung der Zweckbindung in vergleichbarem Maße gewährleistet ist. 30

VIII. Schutz besonderer Daten

Durch die Untersuchungshaftvollzugsgesetze werden bestimmte in erhöhtem Maße sensible personenbezogene Daten einem besonderen Schutz unterstellt.[95] 31

Bei diesen zumeist als „**besondere Daten**“ bezeichneten Informationen handelt es sich entsprechend der **EG-Datenschutzrichtlinie** um personenbezogener Daten, aus denen die rassische und ethnische Herkunft, politische Meinungen, religiöse oder philosophische Überzeugungen oder die Gewerkschaftszugehörigkeit hervorgehen, sowie von Daten über Gesundheit oder Sexualleben (vgl. § 3 Abs. 9 BDSG).[96] In der 12er-Regelung findet sich eine abgewandelte Umschreibung, wonach „das religiöse oder weltanschauliche Bekenntnis und personenbezogene Daten eines Untersuchungsgefangenen, die anlässlich ärztlicher Untersuchungen erhoben worden sind“ einer besonderen Handhabung bedürfen.[97]

Zum Teil wird zu dieser Hervorhebung von bestimmten, als besonders sensitiv bewerteten Daten kritisch angemerkt, sie entspräche zwar europäischen Standards, widerspräche jedoch den ursprünglichen Grundsätzen des deutschen Datenschutzrechts, wonach sich die Sensitivität des einzelnen Datums nur im Zusammenhang mit dem jeweiligen Verwendungszweck feststellen lasse, so dass gegebenenfalls auch außerhalb der festgelegten Bereiche liegende

91 Ehmann in: Simitis, § 10 Rn. 85, 92, s. § 90 Abs. 3 der 12er-Regelung.
92 § 193 Abs. 2 NJVollzG; § 52 Abs. 3 JVollzGB I Ba-Wü.
93 § 67 Abs. 4 UVollzG NJW; § 90 Abs. 4 BbgUVollzG.
94 § 90 Abs. 4 UVollzG Thüringen; § 90 Abs. 4 UVollzG SH.
95 § 92 der 12er-Regelung; § 13 Abs. 2 JVollzDSG Bln; § 47 JVollzGB I Ba-Wü; Art. 41 UVollzG i.V.m. Art. 200 StVollzG Bayern; § 57 HUVollzG; § 195 NJVollzG.
96 Art. 8 Abs. 1 der Richtlinie 95/46/EG des Europäischen Parlaments und des Rates vom 24.10.1995 zum Schutz natürlicher Personen bei der Verarbeitung personenbezogener Daten und zum freien Datenverkehr (ABl. EG Nr. L 281 S. 31); s. auch die entsprechende Begriffsbestimmung in § 3 Abs. 9 BDSG.
97 In Hamburg: § 106 Abs. 1 HmbUVollzG.

Informationen in Relation mit ihrem Verwendungsgrund eines besonderen Schutzes bedurft hätten.[98] Gleichwohl handelt es sich bei den dort umschriebenen Daten zweifellos um solche mit regelmäßig besonderer Sensibilität, so dass jedenfalls ein über die allgemeinen Vorschriften hinausgehender Schutz gerechtfertigt und erforderlich ist.

Die allgemeinen Zulässigkeitsvoraussetzungen zur Verarbeitung und Nutzung von Daten sollen hier gerade nicht ausreichen, um den Eingriff in das Recht auf informationelle Selbstbestimmung zu rechtfertigen,[99] weshalb den speziellen Vorschriften zu diesem Bereich mit ihren erhöhten Anforderungen Vorrang gegenüber den allgemeinen Vorschriften zur Verarbeitung und Nutzung zukommen muss.[100] Durch die einschlägigen Vorschriften der Landesregelungen wird zunächst die **allgemeine Kenntlichmachung** besonderer Daten eingeschränkt. Darüber hinaus wird die **Geltung der beruflichen Schweigepflichten** auch im Verhältnis zur Anstalt klargestellt und bestimmte **Offenbarungspflichten** normiert. Schließlich enthalten sie einen **Zweckbindungsgrundsatz** für offenbarte Daten und regeln die **Mitteilungsbefugnis für Ärzte oder Psychologen außerhalb des Vollzugs.**

32 **1. Einschränkung der Kenntlichmachung.** Religiöse oder weltanschauliche Bekenntnisse eines Gefangenen dürfen in der Anstalt nicht allgemein kenntlich gemacht werden. Dies folgt aus der **negativen Bekenntnisfreiheit aus Art. 4 Abs. 1, 140 GG i.V.m. Art. 136 WRV.**[101] Dasselbe gilt für Daten, die anlässlich ärztlicher Untersuchungen erhoben worden sind, was wiederum auf die **ärztliche Schweigepflicht** zurückzuführen ist.[102] Insbesondere sind daher Gesundheitsakten und Krankenblätter getrennt von anderen Unterlagen aufzubewahren. Nach § 195 Abs. 1 S. 1 NJVollzG soll dies darüber hinaus auch für Daten gelten, die im Rahmen der Überwachung der Besuche, des Schriftwechsels, der Telekommunikation oder des Paketverkehrs erhoben worden sind.

Nicht zulässig ist daher etwa das Anbringen von Namensschildern, aus denen sich die Religionszugehörigkeit des Gefangenen ergibt.[103] Zudem widerspräche es Sinn und Zweck der Vorschrift, wenn sonstige Umstände allgemein kenntlich gemacht werden, die in einem direkten Zusammenhang mit der Religionsangehörigkeit oder dem Gesundheitszustand stehen,[104] was zumindest der gängigen Praxis entgegenstehen dürfte, auf dem Namensschild an der Haftraumtür Besonderheiten für die Essensausgabe („Kein Schweinefleisch") zu vermerken.

33 **2. Geltung der beruflichen Schweigepflicht.** § 92 Abs. 2 der 12er-Regelung[105] trägt der strafbewehrten **beruflichen Schweigepflicht aus § 203 StGB** Rechnung für den Bereich des Untersuchungshaftvollzuges. Hiernach unterliegen personenbezogene Daten, die den zur Verschwiegenheit verpflichteten Personen von Untersuchungsgefangenen als Geheimnis anvertraut oder sonst bekannt geworden sind, auch gegenüber der Anstalt und der Aufsichtsbehörde der Schweigepflicht.

Teilweise wird hierzu auf § 203 Abs. 1 StGB verwiesen,[106] zum Teil wird anstelle der Verweisung dessen Wortlaut übernommen.[107] Regelmäßig wird auf § 203 Abs. 1 Nr. 1, 2 und 5 StGB Bezug genommen, ausdrücklich erfasst sind somit Ärzte, Zahnärzte oder Angehörige eines anderen Heilberufs sowie staatlich anerkannte Berufspsychologen, Sozialarbeiter oder Sozialpädagogen.

Auf Ehe-, Familien-, Erziehungs- oder Jugendberater sowie Berater für Suchtfragen oder Beratungsstellen im Sinne des Schwangerschaftskonfliktgesetzes nach den Ziffern 4 und 4 a

98 Gola/Schomerus, § 3 Rn. 56.
99 Schmid in: Schwind/Böhm/Jehle/Laubenthal, StVollzG, § 182 Rn. 1.
100 Schmid in: Schwind/Böhm/Jehle/Laubenthal, StVollzG, § 182 Rn. 1.
101 Callies/Müller-Dietz, StVollzG, § 185 Rn. 2.
102 Arloth, StVollzG, § 182 Rn. 2.
103 Schmid in: Schwind/Böhm/Jehle/Laubenthal: StVollzG, § 182 Rn. 2.
104 Weichert/Goerdeler in: Ostendorf, Jugendstrafvollzugsrecht, 12. Abschnitt Rn. 67.
105 S. hierzu auch die vergleichbaren Bestimmungen in § 51 Abs. 2 JVollzDSG Bln; § 47 Abs. 2 JVollzGB I BaWü; Art. 41 UVollzG i.V.m. Art. 200 Abs. 2 StVollzG Bayern; § 57 Abs. 2 HUVollzG; § 195 Abs. 2 NJVollzG.
106 § 195 Abs. 2 NJVollzG; § 69 Abs. 2 UVollzG NRW.
107 Z.B. § 92 Abs. 2 UVollzG Thüringen; § 92 Abs. 2 UVollzG SH.

wird hingegen nur vereinzelt abgestellt.[108] Auch diese Regelung greift die besondere Schutzbedürftigkeit dieser Daten auf, um den Anforderungen des informationellen Selbstbestimmungsrechts gerecht zu werden.

Hiervon nicht ausdrücklich erfasst werden hingegen Anstaltsseelsorger, für die speziellere Vorschriften eingreifen. Sie unterliegen jedoch einer allgemeinen Schweigepflicht kirchenrechtlicher Natur, insbesondere dem **Beicht- und Seelsorgegeheimnis.**[109] Sie sind zudem über §§ 53 Abs. 1 Nr. 1 StPO, 383 Abs. 1 Nr. 4 ZPO zur Verweigerung des Zeugnisses berechtigt. 34

Insbesondere zählt das BVerfG das Gespräch im Rahmen der Seelsorge zum **Kernbereich der privaten Lebensgestaltung**, also einem gegen staatliche Eingriffe absolut geschützten Teil der Intim- und Privatsphäre.[110] Der Schutz der Beichte und der Gespräche mit Beichtcharakter gehört damit zum verfassungsrechtlichen Menschenwürdegehalt der Religionsausübung.[111] Nicht zum Kernbereich privater Lebensgestaltung werden jedoch Informationen zugeordnet, die nicht im Rahmen des seelsorgerischen Gesprächs, sondern durch Tätigkeiten außerhalb dieses Dialoges erlangt worden sind.[112]

Wichtig ist, diesen Schutz nach seinem Sinn und Zweck auch ohne ausdrückliche Regelung auf **Hilfspersonen der genannten Berufsträger** auszudehnen,[113] um entsprechend § 53 a StPO eine Umgehung der Verschwiegenheitspflicht durch Heranziehung von zwangsläufig mit den sensiblen Daten in Berührung geratener Hilfskräfte zu vermeiden. 35

Die Geheimnispflicht muss sich neben objektiven Tatsachenangaben auch auf **Werturteile und persönliche Einschätzungen** erstrecken.[114] Denn genau wie jeder Tatsachenbehauptung ein Meinungskern innewohnen kann, können sich auch aus Beurteilungen sensible Informationen ergeben, da sie unter Umständen Rückschlüsse auf empfindliche Persönlichkeitsbereiche zulassen. 36

Kein Geheimnis liegt vor, wenn es ungeachtet des Interesses an seiner Vertraulichkeit bereits einer unbestimmten Anzahl von Menschen bekannt geworden ist, soweit mit der Bestätigung eines solchen bekannt gewordenen Geheimnisses nicht ein eigenständiger neuer Informationsgehalt verbunden ist.[115] **Offenbart** wurde ein Geheimnis nur dann, wenn es dem Empfänger zuvor nicht schon auf andere Weise bekannt geworden ist und er nicht demselben Vertraulichkeitsbereich zuzuordnen ist.[116] 37

3. Offenbarungspflichten. Gleichzeitig wird die auch im Verhältnis zur Vollzugsbehörde geltende Verpflichtung zur Verschwiegenheit zum Schutz höherrangiger Rechtsgüter durch Normierung einer Offenbarungspflicht gegenüber dem Anstaltsleiter eingeschränkt.[117] 38

Hiernach „haben" die genannten Berufsträger ihre Kenntnisse dem Anstaltsleiter zu offenbaren, soweit dies für die Aufgabenerfüllung der Anstalt oder der Aufsichtsbehörde oder zur Abwehr von **erheblichen Gefahren für Leib oder Leben von Gefangenen oder Dritten** erforderlich ist.[118] Adressat ist nach dem klaren Wortlaut somit allein der Anstaltsleiter, nicht jedoch die Aufsichtsbehörde.[119] Hierbei soll es sich um eine notwendige Folge seiner Ver-

108 S. § 57 Abs. 3 HUVollzG; § 92 Abs. 2 UVollzG Thüringen.
109 Arloth, StVollzG, § 182 Rn. 4.
110 BVerfG, 25.1.2007, 2 BvR 26/07.
111 BVerfGE 109, 279 (322).
112 BVerfG, 25.1.2007, 2 BvR 26/07.
113 S. Weichert/Goerdeler in: Ostendorf, Jugendstrafvollzugsrecht, 12. Abschnitt Rn. 72.
114 A.A. Schmid in: Schwind/Böhm/Jehle/Laubenthal, StVollzG, § 182 Rn. 7; Arloth, StVollzG, § 182 Rn. 4; Preusker/Rosemeier ZfStrVo 1998, 323 (326); Wulf R&P 1998, 185 (191); wie hier: Weichert in: AK-StVollzG, § 182 Rn. 20; Bast, Die Schweigepflicht der Ärzte, Psychologen und Sozialarbeiter im Strafvollzug, S. 91.
115 Schmid in: Schwind/Böhm/Jehle/Laubenthal, StVollzG, § 182 Rn. 7.
116 Weichert/Goerdeler in: Ostendorf:, Jugendstrafvollzugsrecht, 12. Abschnitt Rn. 77: Keine „Offenbarung" z.B. bei Mitteilung des Sachverhaltes durch einen Arzt an seine Helfer.
117 Callies/Müller-Dietz, StVollzG, § 182 Rn. 5.
118 S. § 92 Abs. 2 S. 2 UVollzG der 12er-Regelung; § 52 Abs. 1 JVollzDSG Bln; § 47 Abs. 2 S. 2 JVollzGB I BaWü; Art. 41 UVollzG i.V.m. Art. 200 Abs. 2 S. 2 StVollzG Bayern; § 57 Abs. 2 S. 2 HUVollzG („unerlässlich"); § 195 Abs. 2 S. 2 NJVollzG.
119 Bast, Die Schweigepflicht der Ärzte, Psychologen und Sozialarbeiter im Strafvollzug, S. 138.

antwortung für seine Anstalt und seiner Weisungsbefugnis handeln.[120] Andere Landesregelungen sehen hingegen lediglich eine Offenbarungsbefugnis vor,[121] zum Teil werden die erfassten Personen „befugt und verpflichtet“.[122]

39 Der betroffenen Bedienstete hat weder einen Ermessens- noch einen Beurteilungsspielraum, die Entscheidung über die Nichtoffenbarung offenbarungspflichtiger Kenntnisse ist gerichtlich voll überprüfbar, ein Verstoß gegen die Offenbarungspflicht kann auch dienstrechtlich geahndet werden.[123] Jedoch steht den therapeutischen Fachkräften eine sog. **Einschätzungsprärogative** zu: Sie haben zunächst in eigener Verantwortung zu prüfen, ob die gesetzlichen Voraussetzungen für eine Offenbarung vorliegen oder nicht, wovon sie auch durch dienstliche Weisungen nicht befreit werden können.[124] Bestünde die Verpflichtung, einen Sachverhalt zur Überprüfung auf das Eingreifen einer Offenbarungspflicht dem Anstaltsleiter vorzulegen, so begründete dies die Gefahr, sich wegen Verletzung von Privatgeheimnissen gemäß § 203 StGB der Strafverfolgung auszusetzen.[125] Aus dieser Gegenüberstellung von Schweige- und Offenbarungspflicht verdeutlich sich der **Grundkonflikt**, dem die Tätigkeit des Therapeuten im Vollzug ausgesetzt ist.[126] In Zweifelsfällen ist dem Therapeuten daher geraten, Rechtsrat einzuholen.[127]

Die Offenbarungspflicht zur Abwehr erheblicher Gefahren für Leib oder Leben von Gefangenen oder Dritten rechtfertigt sich aus der überragenden Bedeutung dieser Rechtsgüter, die gegenüber dem Schutz der informationellen Selbstbestimmung im Einzelfall höher einzustufen sind. Erforderlich ist jedoch stets das Vorliegen einer konkreten Gefahr von einigem Gewicht im Einzelfall.[128] Hieran fehlt es insbesondere bei länger zurückliegenden Straftaten ohne aktuellen Bezug oder rückfallindizierende Tatsachen, jedoch können Anzeichen einer Suizidgefahr, die auch anstaltsorganisatorische Maßnahmen nachsichziehen muss, eine Pflicht zur Offenbarung begründen.[129] Im Falle einer HIV-Infektion eines Gefangenen dürfte jedoch wegen der stark eingeschränkten Übertragbarkeit und zur Vermeidung von auf Unkenntnis beruhender Ausgrenzung eine Bekanntgabe der Diagnose nicht erforderlich sein.[130]

40 Bei der Offenbarungspflicht wegen Erforderlichkeit für die **Aufgabenerfüllung der Anstalt oder der Aufsichtsbehörde** handelt es sich um eine außerordentlich weit gefasste Einschränkung der Verschwiegenheitspflicht. Gerade im Hinblick auf den Personenkreis der behandelnden Therapeuten hatten schon die entsprechende Formulierung in § 182 Abs. 2 S. 2 StVollzG und später dann die Klauseln in den Jugendstrafvollzugsgesetzen zahlreiche (verfassungsrechtliche) Bedenken ausgelöst.[131] Kritisiert wird insbesondere, dass durch die Regelung eine Bedingung geschaffen werde, die den Aufbau eines vertrauensbasierten Bera-

120 Arloth, StVollzG, § 182 Rn. 5.

121 Vgl. noch § 93 Abs. 2 S. 2 UVollzG Berlin. Nach § 51 JVollzDSG Bln „haben“ jedoch nunmehr die in § 51 Abs. 1 JVollzDSG genannten Berufsgeheimnisträger der Anstaltsleitung ihnen bekannte Tatsachen von sich aus und auf Befragen zu offenbaren, soweit die Betroffenen einwilligen oder soweit dies auch unter Berücksichtigung der Interessen der Gefangenen an der Geheimhaltung der Tatsachen erforderlich ist - zur Abwehr einer Gefahr für das Leben eines Menschen, insbesondere zur Verhütung von Suiziden, zur Abwehr einer erheblichen Gefahr für Körper oder Gesundheit eines Menschen, zur Abwehr der Gefahr auch im Einzelfall schwerwiegender Straftaten, insbesondere infolge Befreiung, Entweichung oder Nichtrückkehr von Gefangenen. Nach § 52 JVollzDSG Bln besteht darüber hinaus eine Offenbarungsbefugnis, wenn ihnen die Tatsachen im Rahmen des beruflichen Vertrauensverhältnisses anvertraut wurden oder sonst bekannt geworden sind, soweit dies für die Erfüllung der Aufgaben des Justizvollzuges auch unter Berücksichtigung der Interessen der Gefangenen an der Geheimhaltung der Tatsachen unerlässlich ist.

122 § 61 Abs. 2 S. 2 HUVollzG.

123 Schöch ZfStrVo 1999, 259, (263).

124 Schmid in: Schwind/Böhm/Jehle/Laubenthal, StVollzG, § 182 Rn. 10.

125 Schöch ZfStrVo 1999, 259 (262); Preusker/Rosemeier ZfStrVO 1998, 323 (324).

126 Callies/Müller-Dietz, StVollzG, § 182 Rn. 6.

127 Arloth, StVollzG, § 182 Rn. 7.

128 Weichert/Goerdeler in: Ostendorf:, Jugendstrafvollzugsrecht, 12. Abschnitt Rn. 80.

129 Schmid in: Schwind/Böhm/Jehle/Laubenthal, StVollzG, § 182 Rn. 13.

130 Schmid in: Schwind/Böhm/Jehle/Laubenthal, StVollzG, § 182 Rn. 13.

131 Volckart R&P 1998, 192 (194); Hartmann ZfStrVo 2000, 204; Stellungnahme der Deutschen Gesellschaft für Sexualforschung ZfStrVo 1999, 239.

tungs- und Behandlungsverhältnisses verhindere.[132] Allein nach dem offenen Wortlaut der Vorschrift und vor dem Hintergrund der vielfältigen Aufgaben der genannten Berufsträger und der daraus resultierenden Vielzahl denkbarer Anwendungsfälle, genügt die Regelung nicht den Anforderungen des datenschutzrechtlichen Bestimmtheitsgebotes. Der zuvor noch ausdrücklich bestätigten Verschwiegenheitspflicht verbliebe kein angemessener Anwendungsbereich, wenn tatsächlich jede Aufgabenerfüllung die Preisgabe hierfür erforderlicher Geheimnisse rechtfertigen könnte.[133] Genau dies impliziert jedoch der Wortlaut. Die Bedenken bestehen naturgemäß erst Recht auch dort, wo die Landesregelungen zur Offenbarung nicht nur befugen, sondern verpflichten.

Soweit die Klausel nun auch ihren Weg in ein Landesgesetz gefunden hat, muss eine Ein- 41
schränkung im Wege einer **verfassungskonformen Auslegung**[134] vorgenommen werden, die dem Grundrecht auf informationelle Selbstbestimmung ausreichend Rechnung trägt. Am ehesten lässt sich dies über eine **restriktive Handhabung** des Merkmals der Erforderlichkeit[135] sowie einer Übertragung der (zumeist auch in den Landesgesetzen für die Alternative zur Abwehr von Gefahren für Leib oder Leben normierten) Erheblichkeitsschwelle erreichen.[136] Auch die hinter den Vollzugsaufgaben stehenden Rechtsgüter müssen daher das Geheimhaltungsinteresse **deutlich überwiegen** und die Gefahren sich anhand bestimmter Tatsachen konkretisieren lassen.[137]

§ 92 Abs. 2 S. 3 der 12er-Regelung stellt darüber hinaus bezüglich der Offenbarungspflicht 42
von Ärzten der ihnen im Rahmen der allgemeinen Gesundheitsfürsorge bekannt gewordenen Geheimnisse auf die Unerlässlichkeit für die Aufgabenerfüllung der Anstalt oder die Erforderlichkeit zur Abwehr von erheblichen Gefahren für Leib oder Leben des Gefangenen oder Dritten ab. Anders als nach dem Strafvollzugsgesetz oder etwa § 192 Abs. 2 S. 3 Niedersächs. JVollzG[138] sind damit auch Ärzte nicht nur zur Offenbarung befugt, sondern stets verpflichtet. Unerlässlichkeit meint dabei ein gesteigertes Maß an Erforderlichkeit im Einzelfall.[139] Eine **Privilegierung von Ärzten** gegenüber anderen Sachverständigen führte schon im Rahmen des § 182 StVollzG zu Kritik im Hinblick auf Art. 3 Abs. 1 GG,[140] ist jedoch wohl zugunsten des Arzt-Patienten-Verhältnisses geboten, da der Gefangene keine freie Arztwahl hat und er deshalb für die Erhaltung seiner Gesundheit auf den Anstaltsarzt angewiesen sein kann.[141]

Wie im Bereich des Jugendstrafvollzugs ist auch hier Grad der gewährleisteten Vertraulichkeit im Hinblick auf berufliche Verschwiegenheitspflichten in den einzelnen Bundesländern stark unterschiedlich ausgeprägt.[142] Bei einem Vergleich zeigen sich erhebliche Abweichungen im Schutzniveau. Beachtlich ist auch hier die Regelung in Schleswig-Holstein, wonach eine Offenbarungspflicht ausschließlich dann besteht, soweit dies zur Abwehr von erheblichen Gefahren für Leib oder Leben von Dritten erforderlich ist (§ 92 Abs. 2 S. 2). Eine Offenbarung zur Erfüllung der Vollzugsaufgaben scheidet aus, ebenso spielt es keine Rolle, ob Geheimnisse im Rahmen der allgemeinen Gesundheitsvorsorge oder in sonstigem Zusam-

132 Böllinger Zeitschrift für Sexualforschung 1999, 145 ff.
133 Weichert/Goerdeler in: Ostendort, Jugendstrafvollzugsrecht, 12. Abschnitt Rn. 81, 92.
134 Arloth, StVollzG, § 182 Rn. 5; Kaiser/Schöch, Kriminologie Jugendstrafrecht Strafvollzug, § 7 Rn. 229; im Ergebnis auch Callies/Müller-Dietz, StVollzG, § 182 Rn. 6; das BVerfG überließ die Klärung zunächst den Fachgerichten, vgl. BVerfG NStZ 2000, 55.
135 Preusker/Rosemeier ZfStrVo 1998, 323 (325 f.).
136 Schöch ZfStrVo 1999, 260 ff.; Callies/Müller-Dietz, StVollzG, § 182 Rn. 6; Arloth, StVollzG, § 182 Rn. 5; a.A. Schmid in: Schwind/Böhm/Jehle/Laubenthal, StVollzG, § 182 Rn. 12.
137 Schöch ZfStrVo 1999, 260 (263).
138 Vgl. § 92 Abs. 2 S. 3 der 12er-Regelung („sind [...] verpflichtet"); § 52 Abs. 1 JVollzDSG Bln („haben [...] zu offenbaren"); § 47 Abs. 2 S. 3 JVollzGB I Ba-Wü („haben sich [...] zu offenbaren"); Art. 41 UVollzG i.V.m. Art. 200 Abs. 2 S. 3 StVollzG Bayern („ist [...] befugt"); § 57 Abs. 2 S. 3 HUVollzG („sind befugt und verpflichtet"); § 195 Abs. 2 S. 3 NJVollzG („sind [...] nur befugt").
139 Arloth, StVollzG, § 182 Rn. 8.
140 Böllinger MschrKrim 2000, 11.
141 Schmid in: Schwind/Böhm/Jehle/Laubenthal, StVollzG, § 182 Rn. 15.
142 Vgl. Weichert/Goerdeler in: Ostendort, Jugendstrafvollzugsrecht, 12. Abschnitt Rn. 90.

menhang bekannt wurden. Als Gegenbeispiel lässt sich wiederum auch für den Untersuchungshaftvollzug das Justizvollzugsgesetzbuch in Baden-Württemberg anführen. § 47 Abs. 2 S. 2 JVollzGB II Ba-Wü lässt eine Erforderlichkeit für die sonstige Aufgabenerfüllung der Anstalt ausreichen und verzichtet darüber hinaus sogar auf die Voraussetzung einer Erheblichkeit der drohenden Gefahr.

43 **4. Sonstige Offenbarungsbefugnisse/–pflichten, Unterrichtungspflicht.** Von diesen Regelungen unberührt bleiben sonstige Offenbarungsbefugnisse oder -pflichten, etwa die bei Vernachlässigung strafrechtlich sanktionierbare Pflicht zur Anzeige der in § 138 StGB genannten Delikte. Ferner gehören hierzu Pflichten nach dem Infektionsschutzgesetz, dem Arbeitssicherheitsgesetz, dem Personenstandsgesetz oder den verwaltungsrechtlichen Vorschriften der Länder.[143]

Die Untersuchungsgefangenen sind zudem **vor der Erhebung der Daten** über bestehende Offenbarungsbefugnisse zu unterrichten, um das Vertrauensverhältnis zwischen den Beteiligten nicht unnötig zusätzlich zu belasten, indem man den Häftling über die Möglichkeit einer späteren eventuellen Weitergabe im Unklaren lässt.

44 **5. Zweckbindung.** Ferner enthalten die Gesetze Regelungen zur Zweckbindung bei Weiterverwendung der gegenüber der Anstaltsleitung offenbarten Daten.[144]

Die offenbarten Daten dürfen grundsätzlich nur für den Zweck verwendet werden, für den sie offenbart wurden oder **für den eine Offenbarung zulässig gewesen wäre.** Letzteres ist aus Gründen der Praktikabilität zulässig und um eine ansonsten notwendige mehrfache Offenbarung zu vermeiden.[145] Zudem kann auch der Anstaltsleiter die Daten nur unter den Voraussetzungen nutzen, unter denen auch die Berufsgeheimnisträger hierzu berechtigt gewesen wären.

45 **6. Mitteilungsbefugnis externer Ärzte und Psychologen.** Sind externe Ärzte und Psychologen mit der Untersuchung oder Behandlung der Häftlinge beauftragt worden, so sind auch diese gegenüber dem Anstaltsleiter, aber auch gegenüber den in der Anstalt tätigen Ärzten und Psychologen mitteilungsbefugt.

IX. Schutz der Daten in Akten und Dateien

46 **Bedienstete** dürfen sich von personenbezogenen Daten nur im Rahmen der Erforderlichkeit für die Erfüllung ihrer Aufgaben oder die Zusammenarbeit mit den im Vollzug tätigen Stellen verschaffen.[146] Die jeweilige Vorschrift der Untersuchungshaftvollzugsgesetze stellt somit als Sonderregelung die Grundlage für den Zugang zu personenbezogenen Daten in Akten und Dateien für Vollzugsbedienstete dar.

Auf diese Weise wird eine **eigenständige Verantwortung** des einzelnen Bediensteten begründet, deren Missachtung gegebenenfalls straf-, dienst- oder arbeitsrechtliche Folgen nachsichziehen kann.[147] Der Vollzugsbedienstete muss somit für die jeweilige Aufgabenerfüllung auch zuständig sein, was auf alle Bediensteten zutrifft, die mit der Behandlung des jeweiligen Gefangenen zu tun haben, selbst im Rahmen des allgemeinen Vollzugsdienstes.[148] Eine Weitergabe der Daten über die eigene Zuständigkeit hinaus kann sich aus der Verpflichtung zur Zusammenarbeit ergeben, beispielsweise bei der Aufstellung und Überprüfung des Vollzugsplanes oder zur Vorbereitung wichtiger Entscheidungen in Konferenzen.[149]

---

143 Schmid in: Schwind/Böhm/Jehle/Laubenthal: StVollzG, § 182 Rn. 17.
144 § 91 UVollzG der 12er-Regelung; § 54 JVollzDSG Bln; § 45 JVollzGB I Ba-Wü; Art. 41 UVollzG i.V.m. Art. 199 StVollzG Bayern; § 56 Abs. 5 HUVollzG; § 194 NJVollzG.
145 Vgl. BT-Drucks. 13/10245, S. 26.
146 § 93 UVollzG der 12er-Regelung; § 13 Abs. 1 JVollzDSG Bln; § 46 JVollzGB I Ba-Wü; Art. 41 UVollzG i.V.m. Art. 201 StVollzG Bayern; § 54 Abs. 4 HUVollzG; § 196 NJVollzG.
147 Callies/Müller-Dietz, StVollzG, § 183 Rn. 1.
148 Arloth, StVollzG, § 183 Rn. 2.
149 Weichert/Goerdeler in: Ostendorf, Jugendstrafvollzugsrecht, 12. Abschnitt Rn. 101.

Des Weiteren werden in den Gesetzen die Anforderungen an den Schutz personenbezogener Daten in Akten und Dateien näher bestimmt: Sie sind durch die erforderlichen technischen und organisatorischen Maßnahmen gegen unbefugten Zugang und unbefugten Gebrauch zu schützen. 47

Dateien in diesem Sinne sind gemäß § 46 Abs. 1 BDSG bzw. der entsprechenden Definition der Landesdatenschutzgesetze Sammlungen personenbezogener Daten, die durch automatisierte Verfahren nach bestimmten Merkmalen ausgewertet werden können, oder alle sonstigen Sammlungen personenbezogener Daten, die gleichartig aufgebaut sind und nach bestimmten Merkmalen geordnet, umgeordnet und aufgewertet werden können.[150] 48

Der Begriff der **Akte** ist in § 46 Abs. 2 BDSG bzw. in den insoweit ebenfalls übereinstimmenden Bestimmungen der Landesdatenschutzgesetze definiert. Eine Akte ist hiernach jede Unterlage, die amtlichen oder dienstlichen Zwecken dient und dabei nicht dem Dateibegriff unterfällt. Unterlage ist damit jeder Datenträger in schriftlicher oder elektronischer Form (Fotos, CD-Rom, DVD, Festplatte, Tonbänder).[151] Nicht hierunter fallen Vorentwürfe und Notizen, die nicht Bestandteil eines Vorgangs werden sollen, § 46 Abs. 2 S. 2 BDSG. 49

Die Datei unterscheidet sich demnach von der Akte nach Inhalt und Art der Datensammlung, nicht aber nach der Beschaffenheit des gewählten Mediums.[152]

Ferner finden sich in den Untersuchungshaftvollzugsgesetzen Vorschriften, wonach entsprechend Nr. 60 der Vollzugsgeschäftsordnung (VGO) vom 1.7.1976 Gesundheitsakten und Krankenblätter getrennt von anderen Unterlagen zu führen und besonders zu sichern sind. Dies gilt auch für die Zeit nach der Entlassung.[153]

Grundsätzlich sind alle Vorgänge zur Person von Gefangenen in die Gefangenenpersonalakten aufzunehmen. Betreffen die Unterlagen jedoch die **gesundheitliche Betreuung** von Gefangenen, sind sie gesondert und gegen unbefugte Kenntnisnahme sorgfältig gesichert aufzubewahren.[154] Dabei sind **Stigmatisierungen** durch besondere Aktenkennzeichnungen, etwa zum Hinweis auf eine HIV-Infektion, zu vermeiden.[155] 50

Bezüglich Art und Umfang der technischen und organisatorischen Schutzvorkehrungen wird auf die § 9 BDSG entsprechende **„zentrale Datensicherheitsvorschrift“**[156] der Landesdatenschutzgesetze verwiesen, wobei den vollzugsspezifischen Belangen Rechnung getragen werden muss. Der Schutz ist dabei gegen unbefugten Zugang gerichtet. Eine Gewährleistung hat z.B. bei schriftlichen Unterlagen durch die Verwendung verschlossener Umschläge bzw. besondere abgeschlossene Behältnisse und bei elektronischen Medien durch Kennwörter zu erfolgen.[157] Hinsichtlich der Vergabe von Zugriffsberechtigungen ist durch eine individuelle Zuteilung zu gewährleisten, dass im Nachhinein feststellbar bleibt, wer einen lesenden oder schreibenden Zugriff vorgenommen hat.[158] In organisatorischer Hinsicht muss der Zugriff durch **Zuständigkeitsabgrenzungen** geklärt sein.[159] Dabei hat der Aufwand der Maßnahme stets in einem angemessenen Verhältnis zum angestrebten Schutzzweck zu stehen, woraus jedoch nicht die Schlussfolgerung abgeleitet werden darf, dass im konkreten Einzelfall eine Minimalisierung bei der Festlegung der erforderlichen Maßnahmen erfolgen kann – vielmehr ist die Erfüllung der Mindestvorgaben der Vorschrift zwingend vorgeschrieben, offen ist lediglich die konkrete Umsetzung.[160] Bei der Verhältnismäßigkeitsbewertung geht es folglich nicht um die Frage des „Ob“, sondern einzig um Art und Umfang der Maßnahme.[161] Im 51

150 Laubenthal, Strafvollzug, Rn. 926.
151 Arloth, StVollzG, § 183 Rn. 3.
152 Laubenthal, Rn. 927.
153 Schmid in: Schwind/Böhm/Jehle/Laubenthal, StVollzG, § 183 Rn. 10.
154 Schmid in: Schwind/Böhm/Jehle/Laubenthal, StVollzG, § 183 Rn. 10.
155 Weichert/Goerdeler in: Ostendorf, Jugendstrafvollzugsrecht, 12. Abschnitt Rn. 109.
156 Wedde in: Däubler/Klebe/Wedde/Weichert, § 9 Rn. 1.
157 Callies/Müller-Dietz, StVollzG, § 183 Rn. 4.
158 Weichert/Goerdeler in: Ostendorf, Jugendstrafvollzugsrecht, 12. Abschnitt Rn. 110.
159 Schmid in: Schwind/Böhm/Jehle/Laubenthal, StVollzG, § 183 Rn. 10.
160 Wedde in: Däubler/Klebe/Wedde/Weichert, § 9 Rn. 22.
161 Ernestus/Geiger in: Simitis, § 9 Rn. 24.

Rahmen der Abwägung kommt es dann vor allem auf die Art der Daten, den Zweck ihrer Verarbeitung und das Gefährdungspotenzial hinsichtlich einer missbräuchlichen Datennutzung an,[162] wobei im Zweifel aufgrund des hohen persönlichen Schutzinteresses der einzelnen Betroffenen dem Recht auf informationelle Selbstbestimmung das größere Gewicht beizumessen ist.[163] Die Vollzugsbehörde ist gehalten, die jeweils zu treffenden Maßnahmen in einer Dienstanweisung zu regeln.[164]

X. Berichtigung, Löschung und Sperrung

52 Zur umfassenden Berücksichtigung datenschutzrechtlicher Belange gehört auch die Berichtigung, Löschung bzw. Sperrung **unrichtiger oder nicht mehr benötigter Daten**. Die Vorschriften differenzieren dabei zwischen Daten in Dateien und in Akten.

In Dateien gespeicherte personenbezogene Daten sind überwiegend spätestens fünf Jahre nach der Entlassung der Untersuchungsgefangenen oder der Verlegung in eine andere Anstalt zu löschen.[165] Die auffällige Verlängerung der Löschungsfrist gegenüber § 184 Abs. 1 S. 1 StVollzG (zwei Jahre) wird damit begründet, dass sie sich in der Praxis als zu kurz erwiesen und zu vermeidbarem Verwaltungsaufwand geführt habe.[166]

53 Daten gelten als **gelöscht**, wenn sie mit der heute verfügbaren sowie für die für die Daten relevanten Zeiträume zu erwartende Technik mit vertretbaren Kosten nicht wiederhergestellt werden können; unzureichend für die Löschung von personenbezogenen Daten ist es, sie lediglich als gelöscht zu kennzeichnen, vielmehr sind sie auch tatsächlich physisch zu löschen, wobei sich diese physische Löschung logischerweise auf sämtliche vorhandenen Kopien erstrecken muss.[167] Beispielsweise zu löschende Daten auf **magnetischen Festplatten** müssen mindestens zehnmal, solche mit besonderer Gefährdung mehrmals hundertfach mit Zufallsmustern überschrieben werden, in manchen Fällen kann sogar eine chemische Auflösung oder eine sonstige Zerstörung durch Schreddern, Verbrennen oder Entmagnetisieren erforderlich sein.[168] Das Löschen bei nicht automatisierten Daten umfasst jede Form der **Unkenntlichmachung**, z.B. das Überschreiben, Schwärzen, Radieren oder sonstige Vernichtung der Zeichen auf dem Datenträger sowie auch hier die **Zerstörung des jeweiligen Datenträgers** selbst, wobei in jedem Fall der Text unlesbar geworden sein muss.[169]

54 Bestimmte Stammdaten (Familienname, Vorname, Geburtsname, -tag, -ort, Eintritts- und Austrittsdatum) des Untersuchungsgefangenen können länger gespeichert werden, um der Praxis auch nach der Entlassung das Auffinden der Gefangenenpersonalakte zu ermöglichen.[170] Die Aufzählung ist grundsätzlich abschließend, jedoch ist auch die Erfassung von Aliasnamen und Künstlernamen zulässig.[171]

162 Callies/Müller-Dietz, StVollzG, § 183 Rn. 4.

163 Wedde in: Däubler/Klebe/Wedde/Weichert, § 9 Rn. 27.

164 So auch Callies/Müller-Dietz, StVollzG, § 183 Rn. 4; Weichert/Goerdeler in: Ostendorf, Jugendstrafvollzugsrecht, 12. Abschnitt Rn. 112; Arloth, StVollzG, § 183 Rn. 5: sinnvoll, jedoch nicht zwingend; Schmid in: Schwind/Böhm/Jehle/Laubenthal, StVollzG, § 183 Rn. 12: „sollte".

165 Vgl. § 94 Abs. 1 Gesetze der 12er-Regelung. Nach § 95 Abs. 1 UVollzG Berlin war eine Löschung bereits nach zwei Jahren vorzunehmen; nach § 61 Abs. 2 JVollzDSG Bln sind die vom Justizvollzug gespeicherten personenbezogenen Daten nunmehr spätestens fünf Jahre nach der letzten Entlassung zu löschen, soweit nicht andere Rechtsnormen die weitere Aufbewahrung gebieten; § 61 Abs. 4 HUVollzG sieht eine Löschung nach fünf Jahren vor; nach § 71 Abs. 1 UVollzG NRW hat eine Löschung erst nach zehn Jahren zu erfolgen.

166 S. etwa Begründung zu § 94 UVollzG LSA.

167 Roßnagel /Pfitzmann/Garstka, Gutachten zur Modernisierung des Datenschutzes, S. 99.

168 Roßnagel /Pfitzmann/Garstka, ebd.; Innenministerium BW, Hinweis Nr. 31 zur Vernichtung von Datenträgern, CR 1993, 496 ff.

169 Schmid in: Schwind/Böhm/Jehle/Laubenthal, StVollzG, § 184 Rn. 2.

170 Schmid in: Schwind/Böhm/Jehle/Laubenthal, StVollzG, § 184 Rn. 3.

171 BT-Drucks. 13/10 245, S. 27.

Anders als Daten in Dateien können Daten in Akten nicht ohne weiteres gelöscht werden. Statt einer Löschung ist überwiegend eine grundsätzliche **Sperrung** bzw. ein **Nutzungs- und Übermittlungsverbot** nach Ablauf von fünf Jahren nach der Entlassung vorgesehen.[172] 55

Zur Begründung einer solchen Differenzierung wird vorwiegend angeführt, Akten enthielten in aller Regel eine Vielzahl von Informationen und Schriftstücken, zudem hätten sie Urkundencharakter.[173] Der Grundsatz der Aktenklarheit und Aktenwahrheit verlange daher, dass die Akten nicht nur den jeweils aktuellen Informationsstand, sondern auch den gesamten Verfahrensablauf zuverlässig und nachprüfbar dokumentierten.[174] Die Pflicht zur wahrheitsgetreuen und auch vollständigen Aktenführung liege somit im Interesse der Gesetzmäßigkeit und Rechtsstaatlichkeit der Verwaltung.[175] Demnach sei eine Akte so lange aufzubewahren, wie sie ihrer Dokumentationsfunktion dienlich sein könnten.[176]

Demgegenüber werden an der Aufrechterhaltung der unterschiedlichen Behandlung von Dateien und Akten im Rahmen der Löschungsvorgaben auch berechtigte Bedenken geäußert: So steht die Notwendigkeit, dass sich aus der Akte (gerade auch zum Schutz des Betroffenen) sowohl die aktuellen Informationen als auch der Verfahrensablauf ergeben, einer vorzeitigen Löschung oder Vernichtung von Aktenteilen nicht zwangsläufig entgegen.[177] Vor allem aber beschreibt die Unterscheidung zwischen Dateien und Akten nicht die Grenze zwischen erforderlichem Schutz und irrelevanten Verhaltensweisen und führt damit gegebenenfalls zu unsachlichen Abgrenzungen.[178] Folglich sind auch personenbezogene Daten in Akten zu löschen, wenn ihre Speicherung unzulässig oder ihre Kenntnis für die verantwortliche Stelle zur Aufgabenerfüllung überhaupt nicht mehr erforderlich ist.[179] Dies muss erst Recht für Fälle gelten, in denen die Vollzugsbehörde aufgrund eines Folgenbeseitigungsanspruchs des Betroffenen zur Vernichtung von Akten oder Aktenteilen verpflichtet ist.[180] 56

Ausgenommen vom Nutzungs- und Übermittlungsverbot ist die Verwendung einzelner Daten zur Verfolgung von Straftaten, für die Durchführung wissenschaftlicher Forschungsvorhaben, zur Behebung einer Beweisnot oder zur Feststellung, Durchsetzung oder Abwehr von Rechtsansprüchen im Zusammenhang mit dem Vollzug der Untersuchungshaft, wenn dies unerlässlich ist. Teilweise erlaubt ist darüber hinaus auch die Verwendung zur Abwehr einer Gefahr für die Sicherheit der Anstalt.[181] Die Sperrung endet, wenn die Untersuchungsgefangenen erneut zum Vollzug einer Freiheitsentziehung aufgenommen werden oder die Betroffenen eingewilligt haben. In diesen Fällen wird die zwischenzeitlich gesperrte Akte wieder uneingeschränkt zu vollzuglichen Zwecken nutzbar.[182] 57

Die Gesetze der 12er-Gruppe sehen als **bereichsspezifische Besonderheit des Untersuchungshaftvollzugs** vor, dass sich die Fünfjahresfrist auf eine Frist von einem Monat ab Kenntniserlangung verkürzt, wenn die Anstalt von einer nicht nur vorläufigen Verfahrenseinstellung, einer unanfechtbaren Ablehnung des Hauptverfahrens oder einem rechtskräftigen Freispruch erfährt, da in diesem Fall das staatliche Interesse an einer Aufbewahrung der Daten hinter der Unschuldsvermutung unweigerlich zurücktritt.[183] 58

---

172 Nach § 197 Abs. 2 S. 1 NJVollzG bereits nach zwei Jahren.
173 Callies/Müller-Dietz, StVollzG, § 184 Rn. 2.
174 Arloth, StVollzG, § 184 Rn. 3; Schmid in: Schwind/Böhm/Jehle/Laubenthal, StVollzG, § 184 Rn. 4.
175 BVerwG NVwZ 1988, 621 (622).
176 BVerfG NJW 1983, 2135 f.; Callies/Müller-Dietz, StVollzG, § 184 Rn. 2.
177 Weichert/Goerdeler in. Ostendorf; Jugendstrafvollzugsrecht, 12. Abschnitt Rn. 116.
178 S. Roßnagel/Pfitzmann/Garstka, Gutachten zur Modernisierung des Datenschutzes, S. 99.
179 Vgl. Weichert/Goerdeler in: Ostendorf, Jugendstrafvollzugsrecht, 12. Abschnitt Rn. 116.
180 BVerfG NJW 1983, 2135.
181 S. § 197 Abs. 1 S. 1 Nr. 5 NJVollzG, § 48 Abs. 3 S. 1 Nr. 5 JVollzGB I Ba-Wü.
182 Arloth, StVollzG, § 184 Rn. 3.
183 § 94 Abs. 4 UVollzG der 12er-Gruppe; so auch § 61 Abs. 5 HUVollzG; keine entsprechende Regelung in § 61 JVollzDSG Bln, § 48 JVollzGB I Ba-Wü und § 197 NJVollzG; nach Art. 41 Nr. 3 BayUVollzG sind abweichend von Art. 202 Abs. 1 S. 1 StVollzG Bayern die über Untersuchungsgefangene in Dateien gespeicherten erkennungsdienstliche Daten spätestens einen Monat nach Entlassung, im Übrigen spätestens zwei Jahre nach Entlassung zu löschen.

59 Soweit die Landesgesetze eine **Videoüberwachung** für zulässig erklären, finden sich auch hier besondere Fristen, die jedoch höchst unterschiedlich ausgestaltet sind und von 72 Stunden nach Ende des Kalendertages, an dem sie angefallen sind[184] bis hin zu einem Monat[185] bzw. vier Wochen nach Erhebung[186] reichen. Zumeist sind sie jedoch **unverzüglich** zu löschen, immer dann wenn schutzwürdige Interessen der Betroffnen einer weiteren Speicherung entgegenstehen.

60 Schließlich sind für die Aufbewahrung von Akten, die gesperrte Daten enthalten, **maximale Höchstfristen** vorgesehen. Gefangenenpersonalakten, Gesundheitsakten und Krankenblätter dürfen demnach höchsten 20 Jahre, Gefangenenbücher maximal 30 Jahre aufbewahrt werden.[187] Ausnahmen sind möglich, wenn aufgrund bestimmter Tatsachen anzunehmen ist, dass die Aufbewahrung für die aufgezählten Zwecke weiterhin erforderlich ist. Die Aufbewahrungsfrist beginnt mit dem auf das Jahr der aktenmäßigen Weglegung folgenden Kalenderjahr, mithin bei Gefangenenpersonalakten das Jahr, in dem die letzte Verfügung in der Sache ergangen ist, bei Gesundheitsakten das Jahr, in dem die letzte personen- oder sachbezogene Eintragung erfolgte, und bei Gefangenenbüchern das Jahr, in dem der Vollzug hinsichtlich aller darin aufgeführten Gefangenen beendet ist.[188]

61 Stellt sich heraus, dass übermittelte Daten unrichtig sind, so ist dies allen Empfängern mitzuteilen und die Fehler zu korrigieren. **Unrichtig** sind personenbezogene Daten, wenn sie Informationen enthalten, die nicht mit der Realität übereinstimmen oder die nur ein unvollständiges und damit unzutreffendes Abbild der Wirklichkeit wiedergeben.[189] Unrichtig sind Daten auch dann, wenn sie an sich zutreffend sind, jedoch aufgrund eines bestimmten Kontextes ein falsches Gesamtbild erzeugen oder so aus dem Zusammenhang gerissen sind, dass sie mit hoher Wahrscheinlichkeit Fehlvorstellungen verursachen.[190] Hier muss berücksichtigt werden, dass Daten für bestimmte Zwecke erhoben werden und häufig im Hinblick auf einen bestimmten Gebrauch vorbestimmt sind; werden sie nun aus ihrem ursprünglich vorgesehenen Kontext herausgelöst, können Missverständnisse die Folge sein.[191] Unerheblich ist, ob die Unrichtigkeit schon bei der Speicherung vorlag oder erst später eingetreten ist.[192]

Diese Benachrichtigungspflicht soll jedoch nur bestehen, wenn dies zur Wahrung schutzwürdiger Interessen der betroffenen Person auch erforderlich ist, wovon jedoch im Regelfall auszugehen ist, sofern es sich nicht um unerhebliche Details wie Schreibfehler handelt.[193] Hingegen trifft etwa § 94 Abs. 5 S. 2 BbgUVollzG eine Formulierung, wonach die Unterrichtung unterbleiben kann, wenn sie einen unverhältnismäßigen Aufwand erfordern würde und nachteilige Folgen für den Betroffenen nicht zu befürchten sind. Wie in § 20 Abs. 8 BDSG n.F. wird hier die Erforderlichkeit aufgrund schutzwürdiger Interessen unterstellt, die Berücksichtigung entgegenstehender Interessen soll vielmehr verhindern, dass eine Benachrichtigung zu seinen Lasten erfolgt.[194]

Im Übrigen gelten die Vorschriften der Landesdatenschutzgesetze, aus denen sich insbesondere ein **Berichtigungsanspruch** des Betroffenen ergibt.[195] Hiernach sind die verantwortlichen Stellen zur Berichtigung unrichtiger Daten von Amts wegen, also unabhängig von einem

184 § 61 Abs. 2 HUVollzG.
185 § 94 Abs. 2 UVollzG SH.
186 § 44 Abs. 2 JVollzGB I Ba-Wü.
187 Z.B. § 94 Abs. 5 UVollzG SH und § 61 Abs. 3 HUVollzG; 30 Jahre sowohl für Gefangenenpersonalakten, Gesundheitsakten und Therapieakten als auch für Gefangenenbücher: § 88 SächsUHaftVollzG i.V.m. § 93 Abs. 3 JStVollzG Sachsen.
188 Callies/Müller-Dietz, StVollzG, § 184 Rn. 4; Arloth, StVollzG, § 184 Rn. 4.
189 Wedde in: Däubler/Klebe/Wedde/Weichert, § 20 Rn. 5; Mallmann in: Simitis, § 20 Rn. 11.
190 Däubler in: Däubler/Klebe/Wedde/Weichert, § 35 Rn. 5.
191 Mallmann in: Simitis, § 20 Rn. 12.
192 Auernhammer, § 20 Rn. 7.
193 Gola/Schomerus § 20 Rn. 38.
194 Mallmann in: Simitis, § 20 Rn. 97.
195 S. § 14 LDSG Thüringen; § 19 LDSG Rheinland-Pfalz; vgl. § 20 Abs. 1 BDSG.

Antrag des Betroffenen, verpflichtet. Auf diese Weise wird dem Betroffenen eine Möglichkeit an die Hand gegeben, die Korrektheit der ihn betreffenden Daten durchzusetzen.[196]

XI. Auskunft an die Betroffenen, Akteneinsicht

1. Grundrechtliche Gewährleistung. Das **Recht des Gefangenen auf unentgeltliche Auskunft**[197] gegenüber Anstalt und Aufsichtsbehörde ist ein für den Betroffenen **fundamentales Datenschutzrecht.** Es ist zugleich Voraussetzung und Ausprägung des Grundrechts auf informationelle Selbstbestimmung.[198] Die Gewährleistung eines Auskunftsrechts gegenüber den öffentlichen Stellen gehörte zu den zentralen Kernforderungen des Volkszählungsurteils des Bundesverfassungsgerichts. Wenn der Bürger „nicht mit hinreichender Sicherheit überschauen kann, welche ihn betreffende Informationen in bestimmten Bereichen seiner sozialen Umwelt bekannt sind“, führt dies regelmäßig auch zu Beeinträchtigungen seiner Handlungsfreiheit: Wer nicht in der Lage ist, das Wissen seiner Kommunikationspartner einzuschätzen, wird „in seiner Freiheit wesentlich gehemmt ..., aus eigener Selbstbestimmung zu planen oder zu entscheiden.“[199] Wer unsicher ist, ob bestimmte Verhaltensweisen jederzeit notiert und als Information dauerhaft gespeichert, verwendet oder übermittelt werden, wird versuchen, nicht durch abweichende Verhaltensweisen aufzufallen und sich in seinem Handeln einschränken.[200] Der Bürger muss daher wissen „wer was wann und bei welcher Gelegenheit“[201] über ihn weiß. Dies gilt umso mehr im Vollzug der Untersuchungshaft, bei dem der Einzelne abrupt aus seiner vertrauten Umgebung gerissen wird und sich einem undurchsichtigen Verwaltungsapparat ausgeliefert sieht. Gerade die im Hinblick auf eine Verdunklungsgefahr verhängte Haft führt zur gewollten Isolation des Gefangen, was Verunsicherung und Misstrauen auslöst. 62

Die Kenntnis der gespeicherten Daten dient jedoch nicht nur dem Abbau von Misstrauen, sondern ist zugleich unabdingbare Grundvoraussetzung für die Wahrnehmung weiterer Kontroll-, Abwehr- und Gestaltungsrechte, insbesondere des Rechtes auf Berichtigung, Sperrung und Löschung oder der Geltendmachung von Schadensersatzansprüchen.[202] Das Auskunftsrecht ist somit nicht nur Ausdruck des Art. 2 Abs. 1 i.V.m. Art. 1 Abs. 1 GG, sondern trägt auch dem Gebot der Gewährleistung des effektiven Rechtsschutzes aus Art. 19 Abs. 4 GG Rechnung.[203]

2. Auskunftsrecht. Dem Betroffenen steht daher ein **Anspruch gegen die Anstalt bzw. die Aufsichtsbehörde auf Auskunftserteilung** zu. Die Vollzugsbehörde hat ihm auf Verlangen mitzuteilen, welche personenbezogenen Daten über ihn gespeichert sind, zu welchem Zweck und auf welcher Rechtsgrundlage sie aufbewahrt, übermittelt bzw. verarbeitet werden sowie über ihre Herkunft und ihren Empfänger. Dabei wurde auf weitere inhaltliche Voraussetzungen verzichtet, es bedarf lediglich eines **formlosen Antrags** des Betroffenen, um das Verfahren in Gang zu setzen. An die Genauigkeit der Angaben zum Auffinden der begehrten Daten sind keine zu hohen Anforderungen zu stellen, da vom Betroffenen keine Konkretisierung erwartet werden kann, wo er über den Bestand gespeicherter Informationen nur sachlich begründete Vermutungen anstellen kann.[204] Kosten dürfen dem Betroffenen da- 63

196 Wedde in: Däublger/Klebe/Wedde/Weichert, § 20 Rn. 4; Mallmann in: Simitis, § 20 Rn. 9.
197 § 95 UVollzG der 12er-Regelung; § 28 JVollzDSG Bln; § 49 JVollzGB I Ba-Wü i.V.m. § 21 Abs. 1 S. 2 DSG Ba-Wü; Art. 41 UVollzG i.V.m. Art. 203 StVollzG Bayern i.V.m. Art. 10 DSG Bayern; § 60 HUVollzG i.V.m. § 18 DSG Hessen; § 198 NJVollzG i.V.m. § 16 Niedersächs. DSG.
198 Mallmann in: Simitis, § 19 Rn. 1.
199 BVerfGE 65, 1 (34).
200 BVerfGE 65, 1 (34).
201 BVerfGE 65, 1 (34).
202 Mallmann in: Simitis, § 19 Rn. 1; Weichert/Goerdeler in: Ostendorf, Jugendstrafvollzugsrecht, 12. Abschnitt Rn. 123.
203 Mallmann in: Simitis, § 19 Rn. 2.
204 Weichert in: Ostendorf, Jugendstrafvollzugsrecht, S. 698.

durch nicht entstehen. „**Betroffener**“ in diesem Sinne ist in der Regel der Gefangene selbst, kann aber auch ein Dritter sein, etwa der bevollmächtigte Verteidiger.[205]

64 Der Vollzugsbehörde steht **kein Ermessensspielraum** zu, vielmehr ist sie zur Erteilung der Auskunft rechtlich verpflichtet.[206] Sie hat jedoch ein Ermessen hinsichtlich der Ausgestaltung des Verfahrens und der Form der Auskunftserteilung.[207] Die Erteilung kann schriftlich, (fern-)mündlich, elektronisch oder schließlich durch Gewährung von Akteneinsicht gewährt werden, wobei sich die Art der Erteilung immer auch an der Art der Daten zu orientieren hat.[208] Dabei sind Wünsche des Betroffenen möglichst zu berücksichtigen, in jedem Fall muss sie jedoch für ihn verständlich sein.[209]

65 Der Behörde obliegt dabei die sichere Feststellung der Identität des Betroffenen sowie bei gemeinschaftlicher Unterbringung von Gefangenen die Sicherstellung, dass Mitgefangene keinen Zugriff auf die zur Verfügung gestellten Daten haben. Während es grundsätzlich Sache des Antragsstellers ist, dafür Sorge zu tragen, dass die Informationen innerhalb seines eigenen Bereiches nicht in unbefugte Hände geraten,[210] ist dies in der Haftsituation für Gefangene nicht immer möglich. **Fernmündliche Mitteilungen** sensibler Daten an Dritte außerhalb der Anstalt sollten wegen der nicht gegebenen Sicherheit über die Identität des Gesprächspartners nur in Ausnahmefällen erfolgen.[211]

66 Wurde eine Auskunft schon gewährt und geht ein neuer Antrag ein, ohne dass sich die Datenlage in der Zwischenzeit geändert hat, genügt grundsätzlich ein Verweis auf die vorangegangene Erteilung,[212] sofern nicht besondere Gründe eine erneute Erteilung erforderlich machen. Andererseits darf bei wiederholten Auskunftsersuchen die Auskunft ohne Einverständnis des Betroffenen nicht auf Veränderungen gegenüber der letzten Anfrage beschränkt werden: Die Unzulässigkeit einer solchen Beschränkung folgt zum einen aus dem Wortlaut der jeweiligen Vorschriften sowie aus deren Sinn und Zweck, dem Betroffenen ein aktuelles und vollständiges Bild über den gesamten erfassten Datenbestand zu liefern.[213] Ein Abgleich mit unter Umständen unübersichtlichen Informationen aus früheren Auskunftserteilungen ist ihm hingegen vor diesem Hintergrund nicht zumutbar, gegebenenfalls auch gar nicht mehr möglich.

67 **3. Akteneinsichtsrecht.** Wenn und soweit eine Auskunft für die Wahrnehmung berechtigter Interessen des Untersuchungsgefangenen nicht ausreicht, ist ihm Akteneinsicht zu gewähren. Dabei ist jedoch das Auskunftsrecht dem Akteneinsichtsrecht vorgelagert.[214] Im Gegensatz zum Auskunftsersuchen ist Voraussetzung für die Einsichtnahme, dass diese für die Wahrnehmung rechtlicher Interessen erforderlich ist. Der Gefangene muss daher ein **berechtigtes Interesse** glaubhaft machen und diejenigen Aktenteile oder Angaben näher bezeichnen, auf die es für die Wahrnehmung seiner Rechte gerade ankommt.[215] Das Auskunftsbegehren darf demzufolge nicht so allgemein gehalten werden, dass es faktisch auf die komplette Akteneinsicht hinausläuft.[216] Jedoch muss der Hinweis, das Recht auf informationelle Selbstbe-

205 Weichert ZfStrVO 2000, 100.
206 S. § 95 UVollzG der 12er-Regelung („erteilt [...] auf Antrag“); § 28 JVollzDSG Bln („haben das Recht, Auskunft [...] zu verlangen“); § 49 JVollzGB I Ba-Wü („erhalten [...] Auskunft“); Art. 203 StVollzG Bayern („erhalten Auskunft“), gem. Art. 41 Nr. 3 BayUVollzG ist allerdings vor einer Auskunft oder Akteneinsichtsgewährung dem Gericht und der Staatsanwaltschaft Gelegenheit zur Stellungnahme zu geben); § 60 HUVollzG („Die Betroffenen erhalten“); § 198 NJVollzG („Die Betroffenen erhalten“).
207 Wedde in: Däubler/Klebe/Wedde/Weichert, § 19 Rn. 10 f.; vgl. § 95 Abs. 2 S. 3 ThürUVollzG.
208 Weichert/Goerderler in: Ostendorf, Jugendstrafvollzugsrecht, 12. Abschnitt Rn. 127; Wedde in: Däubler/Klebe/Wedde/Weichert, § 19 Rn. 11.
209 Mallmann in: Simitis, § 19 Rn. 54.
210 Mallmann in: Simitis, § 19 Rn. 58.
211 Vgl. Wedde in: Däubler/Klebe/Wedde/Weichert, § 19 Rn. 11.
212 Schmid in: Schwind/Böhm/Jehle/Laubenthal, StVollzG, § 185 Rn. 6.
213 Mallmann in: Simitis, § 19 Rn. 57.
214 Callies/Müller-Dietz, StVollzG, § 185 Rn. 1.
215 Vgl. Seebode NJW 1997, 1754; OLG Dresden ZfStrVO 2000, 124 (125); OLG Hamm NStZ 2002, 615 (616); Artloth, § 185 Rn. 4, Schmid in: Schwind/Böhm/Jehle/Laubenthal, StVollzG, § 185 Rn. 8; Laubenthal, Rn. 931.
216 LG Hamburg NStZ 2002, 55; Callies/Müller-Dietz, StVollzG, § 185 Rn. 3.

stimmung wahrnehmen zu wollen, genügen, da an der Wahrnehmung dieses Rechts stets ein rechtliches Interesse besteht.[217]

Die besondere Bedeutung im Vergleich zur Auskunft besteht darin, dass nur durch Akteneinsicht auch der **Kontext der erfassten Information** erkannt werden kann, das heißt in welchem Zusammenhang die Information als vollzuglich relevant angesehen wird.[218]

Wie die Auskunftserteilung ist auch die Gewährung der Akteneinsicht eine rechtlich **gebundene Entscheidung**, der Vollzugsbehörde kommt daher kein Ermessensspielraum zu.[219] Als Art der Akteneinsicht kommt insbesondere die Zurverfügungstellung von Kopien in Betracht, wobei in Ausnahmefällen auch ein **Anspruch auf die Fertigung von Kopien** bestehen kann, wenn sich die Unterlagen durch einmaliges Lesen inhaltlich nicht ohne weiteres erschließen lassen.[220] Immer besteht ein solcher Anspruch bei der Einsichtnahme in psychologische oder psychiatrische Gutachten und Gerichtsurteile, da hier der genaue Wortlaut entscheidend ist.[221]

Das Akteneinsichtsrecht umfasst auch die Einsichtnahme in **Krankenunterlagen**, deren 68
Reichweite jedoch nicht einheitlich beurteilt wird. Zumeist wird die Einsichtnahme auf **objektivierbare Befunde**, wie z.B. psychiatrische oder psychologische Gutachte und Behandlungstatsachen, beschränkt.[222] Schriftlich fixierte **persönliche oder subjektive Eindrücke und Wertungen** des Arztes sollen nicht erfasst sein.[223] Eine solche Einschränkung erscheint vor dem Hintergrund des Rechts auf informationelle Selbstbestimmung jedoch mehr als bedenklich.[224] Vielmehr bedarf die bisherige Rechtsprechung angesichts neuerer Entwicklungen und zwischenzeitlich veränderter Anschauungen aus verfassungsrechtlicher Sicht der Weiterentwicklung in dem Sinne, dass die Persönlichkeitsrechte des Patienten höher zu gewichten sind.[225] Auch schriftlich festgehaltene subjektive Eindrücke des Arztes sind nicht notwendigerweise durchweg von der Art, dass sie Einblick in die Persönlichkeit des Behandelnden geben und ihre Offenlegung daher dessen Persönlichkeitsrecht berühren könnte.[226] Darüber hinaus ist zu berücksichtigen, dass es sich bei Dokumentationen in der Krankenakte um Aufzeichnungen handelt, die ihrer Funktion nach von vornherein auch an Dritte gerichtet sind. Doch selbst wenn es sich um eine ausschließliche Gedächtnisstütze handeln würde, wäre gleichwohl fraglich, ob nicht ein persönlichkeitsrechtlicher Schutz des Aufzeichnenden dieser Informationen schon deshalb ausscheiden muss, weil dieser entsprechende Dokumentationen in den Akten und Dateien ohne Beeinträchtigungen eigener oder fremder Belange insoweit beschränken kann.[227] Auch hat das BVerfG (allerdings zum Maßregelvollzug) betont, dass mit dem Recht des Arztes, nicht-objektive Befunde von der Akteneinsicht auszuschließen, eine gewisse Missbrauchsgefahr einhergeht.[228] Zugleich stellte es klar, dass „in einem Bereich, der wie der Maßregelvollzug – in einem gewissen Maße zwangsläufig – durch ein besonders hohes Machtgefälle zwischen den Beteiligten geprägt" sei, die „Grundrechte der Betroffenen naturgemäß besonderer Gefährdung ausgesetzt" sei-

217 Weichert ZfStrVO 2000, 88; a.A. OLG Hamm NStZ-RR 2002, 256.
218 Weichert/Goerdeler in: Ostendorf, Jugendstrafvollzugsrecht, 12. Abschnitt Rn. 126.
219 S. § 95 Abs. 8 UVollzG der 12er-Regelung („wird [...] gewährt").
220 Weichert/Goerdeler in: Ostendorf, Jugendstrafvollzugsrecht, 12. Abschnitt Rn. 127; LG Freiburg ZfStrVO 1996, 122.
221 Weichert/Goerdeler in: Ostendorf, Jugendstrafvollzugsrecht, 12. Abschnitt Rn. 127; OLG Koblenz NStZ 2004, 613.
222 OLG Hamm NStZ 1986, 47; OLG Nürnberg ZfStrVO 1986, 61; OLG Frankfurt NStZ 1989, 198; OLG Celle NStZ 1986, 284; Arloth, StVollzG, § 185 Rn. 6; Schmid in: Schwind/Böhm/Jehle/Laubenthal, StVollzG, § 185 Rn. 10; Callies/Müller-Dietz, StVollzG, § 185 Rn. 4.
223 Callies/Müller-Dietz, StVollzG, § 185 Rn. 4; a.A. Weichert in: AK-StVollzG, § 185 Rn. 7.
224 Bung, HRRS 2010, 251 (253); Scheiwe KritV 1998, 317 ff.; Weichert/Goerdeler in: Ostendorf, Jugendstrafvollzugsrecht, 12. Abschnitt Rn. 128.
225 Hinne NJW 2005, 2270 ff.; zum Maßregelvollzug, wo jedenfalls ein besonderes Interesse bestehe BVerfG, 9.1.2006, 2 BvR 443/02, Absatz-Nr. 31 = NJW 2006, 1116.
226 BVerfG, 9.1.2006, 2 BvR 443/02, Rn. 39.
227 BVerfG, 9.1.2006, 2 BvR 443/02, Rn. 40 f.
228 BVerfG, 9.1.2006, 2 BvR 443/02, Rn. 33.

en.[229] Ein solches **Machtgefälle** findet sich indes nicht nur im Maßregel-, sondern ebenso im Strafvollzug bzw. erst recht auch im Bereich des Untersuchungshaftvollzuges.

69 **4. Ausnahmen von der Auskunftspflicht.** Die Auskunftspflicht gilt nicht für personenbezogene Daten, die ausschließlich zu Zwecken der **Datensicherung** oder der **Datenschutzkontrolle** gespeichert sind (vgl. § 95 Abs. 1 S. 2 der 12er-Regelung).[230] Während erstere vorgehalten werden, um Fällen des Verlusts oder der Zerstörung zu begegnen, dienen letztere der Ermöglichung von Kontrollen und späterer Überprüfungen.[231] Darüber hinaus wird zumeist eine Ausnahme gemacht für sog. **archivierte Daten**, d.h. personenbezogene Daten, die nur deshalb gespeichert sind, weil sie aufgrund gesetzlicher, satzungsmäßiger oder vertraglicher Aufbewahrungsvorschriften nicht gelöscht werden dürfen.[232] Ein Beispiel für eine gesetzliche Aufbewahrungsfrist findet sich in § 140 AO, während vertragliche etwa aufgrund öffentlich-rechtlicher Verträge gemäß § 54 VwVfG in Betracht kommen.[233]

Diese Ausnahmen von der Auskunftspflicht haben lediglich zur Folge, dass die Verpflichtung zur Auskunftserteilung entfällt und die Entscheidung nunmehr im pflichtgemäßen, gerichtlich überprüfbaren Ermessen der Behörde steht. Die Auskunft kann demnach verweigert werden, ein Verbot der Erteilung besteht hingegen nicht.[234] Ein Anspruch des Betroffenen besteht folglich nur, wenn sich die Erteilung als einzige ermessensfehlerfreie Entscheidungsmöglichkeit darstellt.

70 **5. Zustimmungspflichtige Auskunft.** Da sich die Auskunftserteilung auch auf den Empfänger der Daten erstreckt, ist die Zustimmung bestimmter Behörden des jeweiligen Sicherheitsbereichs erforderlich, wenn sich die Auskunft auf die Übermittlung an diese Behörden bezieht. Hierzu gehören die Behörden der Staatsanwaltschaft, Polizeidienststellen, Verfassungsschutzbehörden, der Bundesnachrichtendienst, der militärische Abschirmdienst und andere Behörden des Bundesministeriums der Verteidigung, soweit die Sicherheit des Bundes berührt ist (vgl. § 19 Abs. 3 BDSG).

Die Vorschriften sollen der Wahrung von Geheimhaltungserfordernissen dienen, die sich aus der Erfüllung der gesetzlichen Aufgaben der genannten Behörden ergeben. Insbesondere soll verhindert werden, dass der Betroffene durch die Auskunft der übermittelnden Stelle indirekt über die Speicherung der Daten seitens der Sicherheitsbehörde erfährt.[235] Würde der Betroffene von entsprechenden Übermittlungen aufgrund der Auskunft der übermittelnden Behörde erfahren, könnte dies deren Aufgabenerfüllung beeinträchtigen.[236] Angesichts der auf die Grundsätze des Volkszählungsurteils zurückgehenden gesetzgeberischen Entscheidung, dass auch gegenüber Sicherheitsbehörden grundsätzlich ein Auskunftsrecht bestehen muss, ist eine Verweigerung der Zustimmung jedoch nur unter den Voraussetzungen zulässig, unter denen die Behörde nach der jeweiligen Vorschrift die Auskunft verweigern kann bzw. muss.[237]

71 **6. Unterbleiben der Auskunftserteilung.** Im Gegensatz zur bloßen Entbindung von der Auskunftspflicht hat die Auskunft zu unterbleiben, wenn einer der abschließend geregelten Ausnahmetatbestände einschlägig ist und das Interesse des Betroffenen wegen des überwiegen-

229 BVerfG, 9.1.2006, 2 BvR 443/02, Rn. 34.
230 S. auch § 49 JVollzGB I Ba-Wü i.V.m. § 21 Abs. 1 S. 2 DSG Ba-Wü; Art. 41 UVollzG i.V.m. Art. 203 StVollzG Bayern i.V.m. Art. 10 Abs. 1 S. 2 DSG Bayern; § 60 HUVollzG i.V.m. § 18 Abs. 4 DSG Hessen (erstreckt die Ausnahme zudem auch auf gesperrte, nicht mehr benötigte Daten, die aufgrund gesetzlicher Aufbewahrungsvorschriften nicht gelöscht werden dürfen); § 198 NJVollzG i.V.m. § 16 Abs. 1 S. 2 Niedersächs. DSG
231 Callies/Müller-Dietz, StVollzG, § 185 Rn. 4.
232 Mallmann in: Simitis, § 19 Rn. 63.
233 Bäumler/Möhrle/Herb, Datenschutzrecht, § 19 Rn. 26; Wedde in: Däubler/Klebe/Wedde/Weichert, § 19 Rn. 14.
234 Mallmann in: Simitis, § 19 Rn. 63.
235 Mallmann in: Simitis, § 19 Rn. 70.
236 Wedde in: Däubler/Klebe/Wedde/Weichert, § 19 Rn. 19.
237 Mallmann in: Simitis, § 19 Rn. 71.

den Allgemeininteresses zurücktritt (§ 96 Abs. 5 UVollzG der 12er-Regelung).[238] Ein Ermessen der verantwortlichen Behörde besteht dabei überwiegend nicht.[239]

Als **Ausnahmegründe** werden aufgezählt:

- Gefährdung der ordnungsgemäßen Erfüllung der in der Zuständigkeit der Daten verarbeitenden Stelle liegenden Aufgaben;
- Gefährdung der öffentlichen Sicherheit oder Ordnung bzw. Drohen von Nachteilen für das Wohl des Bundes oder eines Landes;
- überwiegende Geheimhaltungsinteressen aufgrund gesetzlicher Vorschriften oder berechtigter Interessen Dritter;
- Entgegenstehen oder Gefährdung der Umsetzung einer verfahrenssichernden Anordnung;
- Speicherung der Daten zur Entscheidung in Gnadensachen.

Die Berücksichtigung **verfahrenssichernder Anordnungen** trägt den Besonderheiten des Untersuchungshaftvollzugs Rechnung, wobei diese Einschränkungsmöglichkeit in der Praxis indes nur ausnahmsweise in Betracht kommen wird, da im Regelfall die Gefangenenpersonalakten und die übrigen Unterlagen der Vollzugsbehörde keine Informationen enthalten, die den Zweck der Untersuchungshaft gefährden könnten.[240] Hinsichtlich der Feststellung einer Gefährdung der ordnungsgemäßen Aufgabenerfüllung haben Gründe der **Arbeitsbelastung der verantwortlichen Stelle** oder einer gewissen Verfahrensverzögerung nach richtiger Auffassung außer Betracht zu bleiben.[241] Gegen die Berücksichtigung spricht insbesondere, dass der Wortlaut der Vorschriften abweichend von § 29 VwVfG darauf abstellt, ob die Aufgabenerfüllung gefährdet ist, jedoch hinsichtlich erhöhter Arbeitsbelastung der dem Gefahrbegriff immanente Unsicherheitsfaktor fehlt: Durch zusätzliche Arbeitsbelastung wird die Erfüllung der Aufgaben entweder beeinträchtigt oder nicht.[242] Vor dem Hintergrund der fundamentalen Bedeutung des Auskunftsrechts ist vielmehr eine restriktive Auslegung der Ausnahmetatbestände geboten. Kommt es infolge massenhafter Aufübung des Auskunftsrechts zu einer Überlastung der Behörde, hat diese somit die erforderlichen organisatorischen Maßnahmen zu ergreifen und sachgerechte zeitliche Prioritäten zu setzen; eine endgültige Verweigerung scheidet aus.[243] 72

Ist einer der Tatbestände einschlägig, ist eine den Vorgaben der Volkszählungsentscheidung entsprechende **Interessenabwägung** vorzunehmen.[244] Fallen die Voraussetzungen der Verweigerung nachträglich weg, so ist die Erteilung nachzuholen.[245] Die Auskunftserteilung unterbleibt außerdem nur „soweit" im Einzelfall ein Ausnahmetatbestand eingreift, im Übrigen bleibt die Auskunftspflicht bestehen. Gegebenenfalls besteht daher eine **Pflicht zur Erteilung einer Teilauskunft.**[246] Die Auskunftsverweigerung ist stets **schriftlich zu begründen.** 73

238 S. auch § 49 JVollzGB I Ba-Wü i.V.m. § 21 Abs. 5 DSG Ba-Wü; Art. 41 UVollzG i.V.m. Art. 203 StVollzG Bayern i.V.m. Art. 10 Abs. 5 DSG Bayern; § 60 HUVollzG i.V.m. § 18 Abs. 6 DSG Hessen (enthält statt einer Aufzählung nur eine unbestimmte Abwägungsklausel); § 198 NJVollzG i.V.m. § 16 Abs. 4 Niedersächs. DSG; § 29 Abs. 1 JVollzDSG Bln regelt die Möglichkeit, Akten in bestimmten Fällen mit Sperrvermerken zu versehen. Auf gesonderten Antrag ist gem. § 29 Abs. 3 JVollzDSG Bln trotz eines Sperrvermerkes Auskunft zu erteilen, soweit nicht eine Abwägung ergibt, dass auch die Auskunftsansprüche der Betroffenen hinter den in Abs. 1 genannten Interessen an der Geheimhaltung oder dort genannten überwiegenden Geheimhaltungsinteressen Dritter aus zwingenden Gründen zurücktreten müssen.

239 S. § 19 Abs. 4 BDSG; s. auch § 95 BremUVollzG i.V.m. § 21 Abs. 2 LDSG Bremen „unterbleibt, soweit und solange" hingegen Ermessen nach § 198 NJVollzG i.V.m. § 16 Abs. 4 Niedersächs. DSG „können abgelehnt werden, soweit und solange".

240 Begründung zum Entwurf der 12er-Regelung zu § 95.

241 So auch Gola/Schomerus, § 19 Rn. 26; Mallmann in: Simitis, § 19 Rn. 84; Weichert/Goerdeler in: Ostendorf, Jugenstrafvollzugsrecht, 12. Abschnitt Rn. 130; a.A. Auernhammer, § 13 Rn. 12; Arloth, StVollzG, § 185 Rn. 3; Schmid in: Schwind/Böhm/Jehle/Laubenthal, StVollzG, § 185 Rn. 19.

242 Mallmann in: Simitis, § 19 Rn. 84.

243 Mallmann in: Simitis, § 19 Rn. 84.

244 Vgl. BVerfGE 65, 1 (43 f.).

245 Wedde in: Däubler/Klebe/Wedde/Weichert, § 19 Rn. 22; vgl. § 95 BremUVollzG i.V.m. § 21 Abs. 2 LDSG Bremen („solange").

246 Mallmann in: Simitis, § 19 Rn. 78.

Einer Begründung bedarf es ausnahmsweise nicht, soweit bei Mitteilung der tatsächlichen und rechtlichen Gründe der mit der ablehnenden Entscheidung verfolgte Zweck nicht erreicht werden könnte. In diesen Fällen ist der Betroffene darauf hinzuweisen, dass er sich an den jeweils zuständigen Landesdatenschutzbeauftragten wenden kann, wobei diese Korrespondenz nicht überwacht werden darf.[247]

74 **7. Auskunft an den Landesdatenschutzbeauftragten.** Wird dem Betroffenen aufgrund besonderer Geheimhaltungsinteressen keine Auskunft erteilt, besteht die Möglichkeit, eine Auskunftserteilung an den Landesbeauftragten für Datenschutz zu erbitten, über die der Betroffene im Falle der Ablehnung belehrt werden muss. Es handelt sich dabei um ein **„Ersatzrecht für den Bürger"**, das heißt dem Bürger soll grundsätzlich die Möglichkeit zur Verfügung stehen, trotz Ablehnung seines Auskunftsersuchens eine Verletzung seines Persönlichkeitsrechts durch den Landesdatenschutzbeauftragten überprüfen zu lassen.[248]

Die Auskunftserteilung an den Landesdatenschutzbeauftragten erfolgt nur auf Verlangen, also nur mit dem Einverständnis des Betroffenen. Sie darf grundsätzlich nur unterbleiben, soweit die Aufsichtsbehörde eine Gefährdung der Sicherheit des jeweiligen Landes, eines anderen Landes oder des Bundes feststellt. Derartige Ausnahmeregelungen sind **als „Notstandsklauseln" eng auszulegen,** so dass im Regelfall eine Zustimmung zwingend ist.[249] Erhält der Datenschutzbeauftragte eine Auskunft, obliegt ihm die Kontrolle der Zulässigkeit der Auskunftsverweigerung an den Betroffenen sowie die Überprüfung der Einhaltung aller sonstigen Datenschutzvorschriften. Im Falle einer Verletzung der einschlägigen Vorschriften, hat er gegenüber der verantwortlichen Stelle auf eine Abhilfe hinzuwirken.[250] Eine Mitteilung des Ergebnisses der Überprüfung an den Betroffenen muss indes in allgemeiner Form erfolgen, ohne dass Rückschlüsse auf den Erkenntnisstand der verantwortlichen Stelle möglich sind, soweit diese nicht einer weitergehenden Auskunftserteilung ausdrücklich zustimmt.[251]

75 Die **Anschriften der Landesdatenschutzbeauftragten** finden sich auf der Homepage des Bundesdatenschutzbeauftragten auf der Startseite „Datenschutz" unter „Anschriften und Links" – „Landesdatenschutzbeauftragte".[252]

XII. Anwendung der Landesdatenschutzgesetze

76 Soweit in den bereichsspezifischen Vorschriften der Untersuchungshaftvollzugsgesetze zum Datenschutz keine besonderen Regelungen enthalten sind, gelten ergänzend die Landesdatenschutzgesetze.

Zur gesetzestechnischen Vereinfachung werden daher insbesondere die Regelungen über die Begriffsbestimmungen, die Einwilligung und Rechte des Betroffenen, das Datengeheimnis, die Durchführung des Datenschutzes, den Schadensersatz, die Straf- und Bußgeldvorschriften sowie die Bestimmungen über die Kontrolle durch den Landesbeauftragten für Datenschutz für entsprechend anwendbar erklärt. Soweit auf die **„unabdingbaren Rechte des Betroffenen"** Bezug genommen wird, so sind hierunter solche Rechte zu verstehen, die durch Rechtsgeschäft weder ausgeschlossen noch beschränkt werden können (z.B. Berichtigung, Sperrung und Löschung, schriftliches Einwendungsrecht, Anrufung des Landesdatenschutzbeauftragten, Schadensersatz).[253]

Neben Schadensersatzansprüchen aus den Landesdatenschutzgesetzen können finanzielle Schäden auch nach weiteren Anspruchsgrundlagen, insbesondere nach § 839 BGB i.V.m.

247 Weichert/Goerdeler in: Ostendorf, Jugendstrafvollzugsrecht, 12. Abschnitt Rn. 132.
248 Mallmann in: Simitis, § 19 Rn. 111.
249 Wedde in: Däubler/Klebe/Wedde/Weichert, § 19 Rn. 33.
250 Gola/Schomerus, § 19 Rn. 33.
251 Mallmann in: Simitis, § 19 Rn. 115.
252 Abrufbar unter: http://www.bfdi.bund.de/cln_134/DE/AnschriftenUndLinks/Landesdatenschutzbeauftragte/Landesdatenschutzbeauftragte_node.html (zuletzt aufgerufen am 29.8.2011).
253 § 97 S. 1 UVollzG Saarland, § 19 Datenschutzgesetz Saarland.

Art. 34 GG, vor den ordentlichen Gerichten (vgl. Art. 34 S. 3 GG) geltend gemacht werden. Zuständig in erster Instanz sind dann gemäß § 72 Abs. 2 Nr. 2 GVG ohne Rücksicht auf die Höhe des Streitwertes die Landgerichte.[254]

Von der Verweisung erfasst sind regelmäßig auch die Vorschriften über die Bestellung eines behördlichen Datenschutzbeauftragten. Die Bestellung ist teils zwingend,[255] teils fakultativ[256] vorgesehen. Der Beauftragte ist unmittelbar der Leitung der datenverarbeitenden Stelle unterstellt und überwacht und unterstützt weisungsfrei die Einhaltung der datenschutzrechtlichen Vorschriften, ohne dass ihm hierdurch Nachteile entstehen dürfen.

XIII. Auskunft und Akteneinsicht zu wissenschaftlichen Zwecken

Im Hinblick auf die Auskunft und Akteneinsicht zu wissenschaftlichen Zwecken wird 77
§ 476 StPO für entsprechend anwendbar erklärt, in den Vorschriften der 12er-Regelung mit der Maßgabe, dass auch elektronisch gespeicherte personenbezogene Daten übermittelt werden können.[257] Aus Art. 5 Abs. 3 GG ergibt sich kein verfassungsunmittelbarer Anspruch auf solche Übermittlungen, weshalb eine gesetzliche Regelung zwingend erforderlich ist, um einen angemessenen Ausgleich im **Spannungsverhältnis zwischen der Wissenschaftsfreiheit und dem informationellen Selbstbestimmungsrecht** der von der Übermittlung Betroffenen zu gewährleisten.[258]

§ 476 Abs. 1 StPO regelt die Grundvoraussetzungen für die **Übermittlung** personenbezoge- 78
ner Daten aus den Gefangenenakten zu Zwecken der wissenschaftlichen Eigen- oder Auftragsforschung an Hochschulen, andere Einrichtungen, die wissenschaftliche Forschung betreiben, und öffentliche Stellen. Eine Übermittlung ist demnach zulässig, soweit ein Erfordernis für die Durchführung einer bestimmten wissenschaftlichen Forschungsarbeit dargelegt (§ 476 Abs. 1 S. 1 Nr. 1 StPO), die Nutzung anonymisierter Daten nicht ausreicht oder die Anonymisierung mit einem unverhältnismäßigen Aufwand verbunden ist (§ 476 Abs. 1 S. 1 Nr. 2 StPO) und das öffentliche Interesse an der Forschungsarbeit das schutzwürdige Interesse der Betroffenen am Ausschluss der Akteneinsicht erheblich überwiegt (§ 476 Abs. 1 S. 1 Nr. 3 StPO). Aus der gewählten Formulierung geht hervor, dass die Stelle, die die personenbezogenen Informationen erbittet, das Vorliegen der gesetzlichen Voraussetzungen darlegen muss.[259]

§ 476 Abs. 1 S. 1 Nr. 3 setzt somit eine **Abwägung zwischen dem Recht auf informationelle Selbstbestimmung aus Art. 2 Abs. 1 i.V.m. Art. 1 Abs. 1 GG und der durch Art. 5 Abs. 3 GG geschützten Forschungsfreiheit** voraus. Dem Selbstbestimmungsrecht des Betroffenen wurde bei Ausgestaltung der Vorschrift grundsätzlich der Vorrang eingeräumt, was teilweise zur Beanstandung der Regelung als „schon im Ansatz nicht ‚forschungsfreundlich'" führte.[260] Demgegenüber ist zu berücksichtigen, dass die Sondervorschriften für die Verwendung personenbezogener Daten im Rahmen der wissenschaftlichen Forschung Ausnahmebestimmungen sind, die folglich möglichst restriktiv interpretiert werden müssen.[261] Erforderlich ist ein „**erhebliches Überwiegen**" des öffentlichen Interesses, wobei gemäß § 476 Abs. 2 S. 2 StPO das wissenschaftliche Interesse an dem Forschungsvorhaben besonders zu berücksichtigen ist. Niemals im öffentlichen Interesse liegen dabei naturgemäß Forschungsvorhaben, die methodisch unzulässig sind, bei denen der Verdacht besteht, dass sie der Ausspionierung

254 Weichert/Goerdeler in: Ostendorf, Jugendstrafvollzugsrecht, 12. Abschnitt Rn. 137.
255 § 19 a Datenschutzgesetz Berlin.
256 § 10 Landesdatenschutzgesetz SH.
257 § 96 UVollzG der 12er-Regelung; § 34 JVollzDSG Bln; anstelle eines Verweises wiederholt § 73 UVollzG NRW den Wortlaut des § 476 StPO; § 40 JVollzGB I Ba-Wü; Art. 41 UVollzG i.V.m. Art. 204 StVollzG Bayern; § 56 Abs. 8 UVollG Hessen; § 199 NJVollzG.
258 BVerfG NJW 1986, 1243; Hilger in: Löwe/Rosenberg, § 476 Rn. 1; Schmid in: Schwind/Böhm/Jehle/Laubenthal, StVollzG, § 186 Rn. 1.
259 Pfeiffer, § 476 Rn. 1.
260 Hilger in: Löwe/Rosenberg, § 476 Rn. 2, 6.
261 Simitis in: Simitis, § 40 Rn. 35.

personenbezogener Daten dienen sollen, oder die offensichtlich als Instrument im wirtschaftlichen Konkurrenzkampf gedacht sind.[262] Dass eine Akteneinsicht darüber hinaus stets zulässig ist, wenn alle Betroffenen **eingewilligt** haben, wird als selbstverständlich vorausgesetzt, wobei eine Einwilligung nicht von der Zweckbindung an reine Forschungsvorhaben befreit.[263] Besteht die Möglichkeit, Einwilligungen der Betroffenen einzuholen, ohne dass dadurch das Forschungsprojekt bedroht ist, so überwiegt das öffentliche Interesse nicht.[264] Die Entscheidung über die Erteilung trifft die speichernde Stelle. Ihr steht dabei ein Ermessensspielraum zu, insbesondere kann sie die Erlaubnis mit Auflagen zur Konkretisierung der gesetzlichen Datenschutzregelungen verbinden, ohne dass es hierzu einer besonderen Ermächtigungsgrundlage bedarf.[265]

79 Nach § 476 Abs. 2 StPO besteht ein grundsätzlicher **Vorrang der Auskunftserteilung vor der Akteneinsicht.** Diese kann nur gewährt werden, wenn durch die Auskunft der Zweck der Forschungsarbeit nicht erreicht werden kann oder die Erteilung nur mit unverhältnismäßigem Aufwand möglich ist. In Betracht kommt dann auch eine Übersendung der Akten.[266]

80 § 476 Abs. 3 StPO soll ferner sicherstellen, dass nur solche Personen zu Forschungszwecken Kenntnis von personenbezogenen Daten erhalten, die der **Geheimhaltung** unterliegen.[267] Ein Verstoß gegen die Geheimhaltung ist über § 203 Abs. 2 S. 1 Nr. 6 StGB strafbewehrt.

81 § 476 Abs. 4 StPO sieht eine **strenge Zweckbindung** der übermittelten Daten vor. Die Verwendung ist auf die Zwecke des konkreten Forschungsvorhabens beschränkt, für das die Auskunft oder Akteneinsicht gewährt wurde. Das gilt auch, soweit durch die wissenschaftliche Untersuchung neue personenbezogene Daten gewonnen werden.[268] Die Verwendung für andere Forschungsarbeiten und die Weitergabe an Dritte sind damit grundsätzlich ausgeschlossen, sofern nicht die Vollzugsbehörde zustimmt und hinsichtlich der Weitergabe oder anderweitigen Verwendung die Voraussetzungen der Absätze 1 bis 3 vorliegen.[269] Auf diese Weise kann vermieden werden, dass die gegebenenfalls umständliche Erhebung und Erfassung doppelt erfolgen muss.[270] Eine Verwendung für andere als Forschungszwecke ist hingegen absolut unzulässig, da diese nicht der mit Art. 5 Abs. 3 GG begründeten Forschungsprivilegierung unterfallen.[271]

82 Gemäß § 476 Abs. 5 StPO sind die übermittelten Daten **vor unbefugter Kenntnisnahme zu schützen.** Es dürfen folglich nur solche Personen Zugang zu den übermittelten Daten haben, die erklärtermaßen am Forschungsvorhaben mitwirken.[272] Werden etwa Fragebögen an Anstaltsinsassen verteilt, muss sichergestellt sein, dass Justizvollzugsbedienstete von deren Inhalt keine Kenntnis erlangen.[273] Außerdem hat nach S. 2 zur Wahrung der Zweckbindung die forschende Stelle sicherzustellen, dass die Verwendung der Daten räumlich und organisatorisch getrennt von anderen Aufgaben oder Geschäftszwecken erfolgt, für welche die Daten gleichfalls von Bedeutung sein könnten.

83 Nach § 476 Abs. 6 StPO sind entsprechend § 40 Abs. 2 BDSG personenbezogene Daten zum frühestmöglichen Zeitpunkt zu anonymisieren, also sobald es der Forschungszweck erlaubt. Hierbei handelt es sich um eine Konkretisierung des Verhältnismäßigkeitsgrundsatzes und des Grundsatzes der Datensparsamkeit.[274] **Anonymisieren** meint gemäß § 3 Abs. 6 BDSG

262 BT-Drucks. 14/1484, S. 27.
263 BT-Drucks. 14, 1484, S. 27; Hilger in: Löwe/Rosenberg, § 476 Rn. 8.
264 Weichert/Goerdeler in: Ostendorf, Jugendstrafvollzugsrecht, 12. Abschnitt Rn. 165.
265 Meyer-Goßner, StPO, § 476 Rn. 3; Pfeiffer, § 476 Rn. 1.
266 Arloth, StVollzG, § 186 Rn. 3; Callies/Müller-Dietz, StVollzG, § 186 Rn. 3.
267 Callies/Müller-Dietz, StVollzG, § 186 Rn. 4.
268 BT-Drucks. 13/10245, S. 29.
269 Schmid in: Schwind/Böhm/Jehle/Laubenthal, StVollzG, § 186 Rn. 8.
270 Weichert/Goerdeler in: Ostendorf, Jugendstrafvollzugsrecht, 12. Abschnitt Rn. 175.
271 Weichert/Goerdeler in: Ostendorf, Jugendstrafvollzugsrecht, 12. Abschnitt Rn. 176.; Weichert in: Däubler/Klebe/Wedde/Weichert, § 40 Rn. 7.
272 Callies/Müller-Dietz, StVollzG, § 186 Rn. 4.
273 Schmid in: Schwind/Böhm/Jehle/Laubenthal, StVollzG, § 186 Rn. 9.
274 Weichert in: Däubler/Klebe/Wedde/Weichert, § 40 Rn. 8.

das Verändern personenbezogener Daten derart, dass die Einzelangaben über persönliche oder sachliche Verhältnisse nicht mehr oder nur mit einem unverhältnismäßigen Aufwand an Zeit, Kosten und Arbeitskraft einer bestimmten oder bestimmbaren natürlichen Person zugeordnet werden können. Wie lange eine Identifizierbarkeit der hinter den Daten stehenden Person erforderlich ist, hängt von der Art der wissenschaftlichen Untersuchung ab, also z.B. davon, ob eine Langzeitstudie durchgeführt wird, die wiederholte personenbezogene Datenerhebungen benötigt.[275] Solange ein Personenbezug noch notwendig ist, sind die Merkmale, mit denen Einzelangaben über persönliche oder sachliche Verhältnisse einer bestimmten oder bestimmbaren Person zugeordnet werden können (**Identifizierungsmerkmale**) gesondert aufzubewahren (**File-Trennung**).[276] Eine Herstellung des Personenbezugs durch Zusammenführung getrennt gespeicherter Merkmale darf nur erfolgen, wenn und soweit der Forschungszweck dies erfordert. Zur Verstärkung der gesetzlichen Verpflichtung sinnvoll dürfte die Einholung einer schriftlichen Verpflichtungserklärung des Empfängers durch die übermittelnde Vollzugsbehörde sein, welche die Verpflichtung zur Zweckbindung, File-Trennung und endgültige Anonymisierung beinhaltet.[277]

Ist eine vollständige Anonymisierung erfolgt, bestehen gegen eine anschließende Veröffent- 84
lichung der Forschungsergebnisse keine datenschutzrechtlichen Bedenken.[278] Die Veröffentlichung personenbezogener Daten stellt hingegen einen gravierenden Eingriff in das informationelle Selbstbestimmungsrecht dar und ist somit nur in besonderen Ausnahmefällen gestattet, soweit dies aus Gründen der Darstellung von Forschungsergebnissen über Ereignisse der Zeitgeschichte unerlässlich ist (§ 476 Abs. 7 S. 1 StPO). Dabei ist zu berücksichtigen, dass der Europäische Gerichtshof für Menschenrechte in seiner Entscheidung vom 24.6.2004 die bislang von den deutschen Gerichten praktizierte Einschränkung des Schutzes der Privatsphäre bei **„absoluten" Personen der Zeitgeschichte** (vgl. § 23 Abs. 1 Nr. 1 KunstUrhG)[279] für nicht ausreichend erachtete, um dem Schutzgehalt des Art. 8 EMRK zu genügen.[280] Infolge dieses Urteils rückte der BGH von der bislang strikten Trennung ab, mit der Folge dass nunmehr (auch bei „absoluten" Personen der Zeitgeschichte) durch **Abwägung zwischen dem Informationsinteresse der Öffentlichkeit und dem Schutz der Privatsphäre** ermittelt werden muss, ob eine Abbildung als zeitgeschichtlich relevant gilt.[281] Personen, die allein aufgrund der (mutmaßlichen) Begehung einer Straftat öffentlich in Erscheinung getreten sind, sind regelmäßig ohnehin nur als „relative" Personen der Zeitgeschichte zu klassifizieren.[282]

Eine Veröffentlichung mit Einwilligung des Betroffenen ist unabhängig davon nach allgemeinen datenschutzrechtlichen Grundsätzen zulässig.[283]

§ 476 Abs. 8 StPO betrifft die Kontrolle der Datenschutzbestimmungen bei nichtöffentlichen 85
Stellen. Die Befugnisse der Datenschutzaufsichtsbehörde nach § 38 BDSG werden dahingehend erweitert, dass nunmehr auch Daten geprüft werden dürfen, ohne dass Anhaltspunkte

275 Schmid in: Schwind/Böhm/Jehle/Laubenthal, StVollzG, § 186 Rn. 11.

276 Callies/Müller-Dietz, StVollzG, § 186 Rn. 5; Weichert in: Däubler/Klebe/Wedde/Weichert, § 40 Rn. 10; Schmid in: Schwind/Böhm/Jehle/Laubenthal, StVollzG, § 186 Rn. 11.

277 Vgl. Schmid in: Schwind/Böhm/Jehle/Laubenthal, StVollzG, § 186 Rn. 13.

278 Callies/Müller-Dietz, StVollzG, § 186 Rn. 6.

279 S. BGH, 6.3.2007, VI ZR 51/06: Als „Relative" Person der Zeitgeschichte ist demnach eine Person anzusehen, die durch ein bestimmtes zeitgeschichtliches Ereignis das öffentliche Interesse auf sich gezogen hat. Ohne ihre Einwilligung darf sie nur im Zusammenhang mit diesem Ereignis abgebildet werden. „Absolute" Person der Zeitgeschichte ist hingegen eine Person, die sich aufgrund ihres Status und ihrer Bedeutung stets im Blick der öffentlichen Aufmerksamkeit befindet. Sie ist selbst Gegenstand der Zeitgeschichte, weshalb über sie berichtet werden darf.

280 Urteil vom 24.6.2004 – Beschwerde Nr. 59320/00 (Caroline von Hannover/Deutschland) = NJW 2004, 2647.

281 BGH NJW 2007, 1977.

282 Weichert in: Däubler/Klebe/Wedde/Weichert, § 40 Rn. 11

283 Gola/Schomerus, § 40 Rn. 16.

für eine Rechtsverletzung vorliegen müssen.[284] Zudem soll eine Kontrolle auch dann sichergestellt sein, wenn die übermittelten Daten beim Empfänger nicht in oder aus Dateien verarbeitet werden.[285]

284 Pfeiffer, § 476 Rn. 8.
285 Gieg in: KK-StPO, § 476 Rn. 7.

§ 13 Aufsicht, Beirat

1 Mit der Schaffung der gesetzlichen Grundlagen für den Vollzug der Untersuchungshaft wird jetzt auch die **Aufsicht über die Untersuchungshaftvollzugsanstalten** und die **Bildung von Anstaltsbeiräten** normiert. Bislang sah lediglich Nr. 14 UVollzO die Pflicht zur Erstellung eines Vollstreckungsplanes vor (s. Rn. 9 ff.). Weitere, für den Vollzug der Untersuchungshaft spezifische Regelungen der Aufsicht gab es nicht.

I. Aufsichtsbehörde

1. Die gesetzlichen Regeln

2

Länder	Aufsicht, Beirat – *Aufsichtsbehörde*
12er-Regelung Berlin Brandenburg Bremen Hamburg Hessen Mecklenburg-Vorpommern Rheinland-Pfalz Saarland Sachsen Sachsen-Anhalt Schleswig-Holstein Thüringen	*§ 85 12er-Regelung: Aufsichtsbehörde* *Berlin, § 85 UVollzG Bln:* Die Senatsverwaltung für Justiz führt die Aufsicht über die Anstalt. *Brandenburg, § 85 BbgUVollz:* Das für den Justizvollzug zuständige Mitglied der Landesregierung führt die Aufsicht über die Anstalt. *Bremen, § 85 BremUVollzG:* Der Senator für Justiz und Verfassung führt die Aufsicht über die Anstalt. *Hamburg § 95 HmbUVollzG:* Die Aufsichtsbehörde führt die Dienst- und Fachaufsicht über die Anstalten. *Hessen § 71 HUVollzG:* (1) Die Aufsicht über die Anstalten führt das für Strafvollstreckungs- und Strafvollzugsrecht zuständige Ministerium. (2) Die Aufsichtsbehörde bestimmt die Leitlinien des Vollzuges und sorgt in Zusammenarbeit mit den Anstalten für Qualitätssicherung. *Mecklenburg-Vorpommern, § 85 UVollzG M-V:* Das Justizministerium führt die Aufsicht über die Anstalt. *Rheinland-Pfalz, § 85 LU-VollzG:* Das für den Strafvollzug zuständige Ministerium führt die Aufsicht über die Anstalt (Aufsichtsbehörde). *Saarland, § 85 SUVollzG:* Das Ministerium für Justiz, Arbeit, Gesundheit und Soziales führt die Aufsicht über die Anstalt. *Sachsen, § 85 SächsUVollzG:* Aufsichtsbehörde für die Anstalt ist das Staatsministerium der Justiz. *Sachsen-Anhalt, § 85 UVollzG LSA:* Das für Justiz zuständige Ministerium führt die Aufsicht über die Anstalt. *Schleswig-Holstein, § 85 UVollzG SH; Thüringen, § 85 ThürUVollzG:* Das für den Justizvollzug zuständige Ministerium führt die Aufsicht über die Anstalt.

Länder	Aufsicht, Beirat – *Aufsichtsbehörde*
Baden-Württemberg	*§ 19 JVollzGB I: Aufsichtsbehörde* Das Justizministerium (Aufsichtsbehörde) führt die Aufsicht über die Justizvollzugsanstalten. [...]
Bayern	*Art. 42 Satz 1 BayUVollzG i.V.m. Art. 173 BayStVollzG: Aufsichtsbehörde* (1) Das Staatsministerium der Justiz führt die Aufsicht über die Justizvollzugsanstalten. (2) Soweit die Aufsichtsbehörde nicht über eigene Fachkräfte verfügt, ist fachliche Beratung sicherzustellen. Hierzu können Fachberater oder Fachberaterinnen bestellt werden.
Niedersachsen	*§ 184 NJVollzG: Aufsicht* (1) Das Fachministerium führt die Aufsicht über die Vollzugsbehörden. (2) Es kann sich Entscheidungen über Verlegungen vorbehalten oder solche Entscheidungen oder bestimmte Aufsichtsbefugnisse auf ihm nachgeordnete Stellen übertragen. Im Fall der Übertragung wird das Fachministerium oberste Aufsichtsbehörde. (3) Richterliche Entscheidungen im Rahmen des Untersuchungshaftvollzuges unterliegen nicht der Aufsicht.
Nordrhein-Westfalen	*§ 64 UVollzG NRW: Aufsichtsbehörde* Das Justizministerium führt die Aufsicht über die Anstalten.

3 **2. Erläuterungen.** Nunmehr ist in allen Ländergesetzen geregelt, dass die Justizvollzugsanstalt, in der die Untersuchungshaft vollzogen wird, der Aufsicht unterliegt.[1] Aufgrund der Organisationsvielfalt der Regierungssysteme und des Verwaltungsaufbaus in den einzelnen Bundesländern[2] ist in den jeweiligen Ländergesetzen unterschiedlich geregelt, wer die **zuständige Aufsichtsbehörde** ist. In den überwiegenden Bundesländern wird das Justizministerium[3] bzw. die Senatsverwaltung für Justiz[4], der Senator für Justiz und Verfassung[5] und das Staatsministerium der Justiz[6] als Aufsichtsbehörde bezeichnet, in den Ländern Brandenburg, Schleswig-Holstein und Thüringen das für den Justizvollzug[7] bzw. in Rheinland-Pfalz das für den Strafvollzug[8] zuständige Ministerium. Das ist ebenfalls das Justizministerium. In Hamburg stellt § 95 UVollzG Hamburg zwar klar, dass die Aufsichtsbehörde die Dienst- und Fachaufsicht über die Anstalt führt, eine Präzisierung der zuständigen Behörde enthält das Gesetz aber nicht. Gemäß § 184 Abs. 1 NJVollzG führt in Niedersachsen das Fachministerium die Aufsicht über die Vollzugsbehörden; wer das Fachministerium ist, wird nicht erläutert. In der Praxis führt in allen Bundesländern das Justizministerium die Aufsicht.

4 Die Ländergesetze machen **keine Vorgaben, in welcher Weise die Aufsicht ausgeübt werden soll.** In Hessen ist ausdrücklich erwähnt, dass die Aufsichtsbehörde die Leitlinien des Vollzugs bestimmt und in Zusammenarbeit mit den Anstalten für die Qualitätssicherung sorgt.[9] In den übrigen Ländergesetzen wird lediglich die zuständige Aufsichtsbehörde be-

1 Vgl. § 85 der 12er-Regelung (§ 95 UVollzG Hamburg, § 71 UVollzG Hessen), § 19 JVollzGB I Ba-Wü, Art. 42 UVollzG Bayern i.V.m. Art. 174 StVollzG Bayern, § 184 NJVollzG, § 64 UVollzG NRW.
2 Vgl. Steinhilper in: Schwind/Böhm/Jehle/Laubenthal, StVollzG, § 151 Rn. 4; Laubenthal, Strafvollzug, Rn. 252.
3 Vgl. § 85 UVollzG M-V; § 85 UVollzG Saarland; § 85 UVollzG Sachsen-Anhalt; § 19 JVollzGB I Ba-Wü; § 64 UVollzG NRW.
4 § 85 UVollzG Berlin.
5 § 85 UVollzG Bremen.
6 § 85 UVollzG Sachsen, Art. 42 S. 1 UVollzG Bayern i.V.m. Art. 174 StVollzG Bayern
7 § 85 UVollzG Brandenburg; § 85 UVollzG SH; § 85 UVollzG Thüringen.
8 § 85 UVollzG Rheinland-Pfalz.
9 § 71 Abs. 2 UVollzG Hessen.

nannt.[10] Niedersachsen führt zudem aus, dass richterliche Entscheidungen im Rahmen des Untersuchungshaftvollzuges nicht der Aufsicht unterliegen[11] und stellt damit klar, dass richterliche Entscheidungen aus Gründen der Gewaltenteilung nicht der Aufsicht durch das Fachministerium als Aufsichtsbehörde unterliegen.[12]

In den Begründungen der Gesetzentwürfe zu § 85 der 12er-Regelung wird auf die inhaltsgleiche Vorschrift des § 151 Abs. 1 S. 1 StVollzG und die entsprechenden landesrechtlichen Vorschriften der (Jugend-)Strafvollzugsgesetze verwiesen. In der Begründung des Gesetzentwurfes zu § 85 UVollzG Sachsen-Anhalt heißt es darüber hinaus, dass sich die Form der Aufsicht an den Zielen orientieren solle, die im Vollzug der Untersuchungshaft erreicht werden sollen, und nicht an Einzelvorgängen in der Anstalt.[13] Am weitreichensten sind die Gesetzesbegründungen zu § 71 UVollzG Hessen und zu § 19 JVollzG I Ba-Wü. Dort heißt es, dass die Aufsicht insbesondere auch die **Einheitlichkeit des Vollzuges im Land sicherstellen** solle und der **Sicherung der Qualität des Vollzuges** diene. Dies erfolge durch Rahmenplanung und Steuerung, etwa mittels Verwaltungsvorschriften, aber auch durch Einzelfallregelungen. Den Justizvollzugsanstalten solle jedoch ausreichend Raum für eigenverantwortliche Vollzugsgestaltung verbleiben.[14]

Der Aufsichtsbehörde obliegt die **Rechts- und Fachaufsicht.**[15] Sie übt nicht nur eine **Dienst- und Rechtsaufsicht** über die Anstalt aus, indem sie prüft, ob die Bediensteten in den Vollzugsanstalten gesetz- und rechtmäßig handeln,[16] auch die **Zweckmäßigkeit von Entscheidungen** wird im Wege der Fachaufsicht von ihr kontrolliert.[17] Insofern kann die Aufsichtsbehörde auch Ermessensentscheidungen durch Prüfung ihrer Zweckmäßigkeit beeinflussen. Die Aufsicht soll die Einheitlichkeit des Vollzuges gewährleisten. Durch sie soll sichergestellt werden, dass die Gefangenen in den verschiedenen Anstalten gleichmäßig nach Recht und Gesetz behandelt werden und auf diese Weise Willkür ausgeschaltet wird.[18] Die Ausübung der Aufsicht erfolgt vor allem durch Verwaltungsvorschriften und Zustimmungsvorbehalte als Mittel der Rahmenplanung und Globalsteuerung[19] sowie durch Weisungen im Einzelfall.[20] Diese Instrumente der Aufsicht unterliegen jedoch Beschränkungen aus Rechtsgründen und aus Zweckmäßigkeitserwägungen.[21] Auch im Rahmen des Untersuchungshaftvollzuges ist die Aufsicht so auszuüben, dass den Anstalten ein möglichst weiter Spielraum für die eigenverantwortliche Gestaltung des Vollzuges verbleibt. 5

Ein **allgemeines Selbsteintrittsrecht** der Aufsichtsbehörde, indem sie Entscheidungen aus der Zuständigkeit des Anstaltsleiters durch Erlass an sich zieht, **wird** heute für den Strafvollzug **überwiegend abgelehnt.**[22] Dies muss auch im Untersuchungshaftvollzug gelten. Die Aufsichtsbehörde darf damit auch im Vollzug der Untersuchungshaft grundsätzlich nur in den gesetzlich geregelten Fällen selbst entscheiden. So steht ihr die Entscheidungsbefugnis über 6

10 Vgl. § 85 der 12er-Regelung (§ 95 UVollzG Hamburg; § 71 UVollzG Hessen).
11 § 184 Abs. 3 NJVollzG.
12 Vgl. Arloth, StVollzG, 184 NJVollzG.
13 Begründung zu § 85 Gesetzentwurf der Landesregierung Sachsen-Anhalt, S. 91.
14 Vgl. Begründung zu § 19 Gesetzentwurf der Landesregierung Baden-Württemberg, S. 181; Begründung zu § 71 Gesetzentwurf der Landesregierung Hessen, S. 63, Calliess/Müller-Dietz, StVollzG, § 151 Rn. 2 m.w.N.
15 Vgl. nur Feest/Weichert in: AK-StVollzG, § 151 Rn. 3.
16 Koeppel, Kontrolle des Strafvollzuges, Individueller Rechtsschutz und generelle Aufsicht, Ein Rechtsvergleich, S. 102.
17 Kamann, Rn. 657; Feest/Weichert in: AK-StVollzG, § 151 Rn. 3.
18 Feest/Weichert in: AK-StVollzG, § 151 Rn. 2 m.w.N.
19 Vgl. Calliess/Müller-Dietz, StVollzG, § 151 Rn. 2.
20 Vgl. Arloth, StVollzG, § 151 Rn. 2.
21 Feest/Weichert in: AK-StVollzG, § 151 Rn. 3.
22 Vgl. Steinhilper in: Schwind/Böhm/Jehle/Laubenthal, StVollzG, Vorbem. zu §§ 151 ff. Rn. 2; anders Calliess/Müller-Dietz, StVollzG, § 151 Rn. 2, und Arloth, StVollzG, § 151 Rn. 3, die darauf abstellen, ob die Zuständigkeit des Anstaltsleiters im Einzelfall erhalten und lediglich von der Zustimmung der Aufsichtsbehörde abhängig gemacht wird, was zur Sicherstellung einer einheitlichen Handhabung zulässig sein könne.

Disziplinarmaßnahmen zu, wenn sich die Verfehlung gegen den Anstaltsleiter richtet.[23] Weitere Fälle des Selbsteintrittsrechtes der Aufsichtsbehörde sind in den Ländergesetzen zum Vollzug der Untersuchungshaft nicht vorgesehen.

7 Kein Selbsteintrittsrecht, sondern eine zulässige Form der Aufsicht sind hingegen **generelle und konkrete Weisungen und Zustimmungsvorbehalte,** die allerdings keine Außenwirkung haben.[24] Einzelhaft von mehr als einem Monat[25] bzw. zwei[26] oder drei[27] Monaten Gesamtdauer im Jahr bedürfen der Zustimmung der Aufsichtsbehörde ebenso die vorübergehende Überbelegung der Hafträume.[28] Darüber hinaus kann sich die Aufsichtsbehörde die Zustimmung zur Übertragung einzelner Aufgabenbereiche durch den Anstaltsleiter auf andere Bedienstete vorbehalten.[29] Auch hinsichtlich der vom Anstaltsleiter zu erlassenden Hausordnung besteht ein Genehmigungsvorbehalt der Aufsichtsbehörde[30] bzw. bedarf diese der Zustimmung der Aufsichtsbehörde[31].

8 Die Ausübung der Aufsicht setzt voraus, dass ein möglichst enger Kontakt mit dem Vollzugsgeschehen in den Anstalten besteht. Die Aufsichtsbehörde hat sich über den Vollzug auf dem Laufenden zu halten,[32] beispielsweise durch **Dienstbesprechungen.** Ein weiteres Mittel der Aufsicht ist die **Anstaltsbesichtigung,** die die Ländergesetze im Zusammenhang mit dem Beschwerderecht des Gefangenen erwähnen.[33] Besichtigen Vertreter der Aufsichtsbehörde die Anstalt, so ist zu gewährleisten, dass die Untersuchungsgefangenen sich in vollzuglichen Angelegenheiten, die sie selbst betreffen, an diese wenden können.[34] VV Nr. 1 zu § 151 StVollzG bestimmt, dass die Aufsichtsbehörden die Anstalten so häufig aufsuchen, dass sie stets über den gesamten Vollzug unterrichtet bleibt. Da die Begründungen der Entwürfe zu den Ländergesetzen zur Aufsichtsbehörde auf die inhaltsgleiche Vorschrift des § 151 Abs. 1 S. 1 StVollzG verweisen, ist auch für die Untersuchungshaftanstalten eine regelmäßige Besichtigung durch die Aufsichtsbehörde zu gewährleisten, bei der dem einzelnen Untersuchungshaftgefangenen ein **Gesprächs- und Anhörungsrecht** gegenüber den Vertretern der Aufsichtsbehörde zusteht. Um sich ein reales Bild von der Vollzugswirklichkeit zu verschaffen, sollten die Vertreter der Aufsichtbehörde darauf achten, auch hinter die Kulisse der ihnen von der Anstaltsleitung präsentierten Wirklichkeit zu schauen.[35] Auch im Untersuchungshaftvollzug besteht **kein Rechtsanspruch** des Gefangenen **auf aufsichtbehördliches Einschreiten,**[36] sondern lediglich auf Überprüfung der ihn betreffenden Maßnahme durch die Aufsichtsbehörde, weshalb sich der Untersuchungsgefangene mit Eingaben und Beschwerden an diese wenden oder sich für ein Gespräch mit deren Vertreter vormerken lassen kann.[37] Die Einholung, Überprüfung und Auswertung von **Berichten** zu allgemeinen Zuständen und Verfahrensweisen in den Anstalten sowie zu Einzelfällen wie Gefangenenein-

23 Vgl. § 63 Abs. 2 der 12er-Regelung (§ 67 Abs. 2 UVollzG Hamburg, § 41 Abs. 1 S. 3 UVollzG Hessen), § 84 Abs. 2 JVollzGB II Ba-Wü, Art. 28 Abs 1 UVollzG Bayern i.V.m. Art. 112 Abs. 2 StVollzG Bayern, § 97 Abs. 2 NJVollzG, § 46 Abs. 4 UVollzG NRW.

24 Vgl. Feest/Weichert in: AK-StVollzG, § 151 Rn. 14.

25 Vgl. § 50 S. 2 der 12er-Regelung (§ 54 Abs. 3 S. 2 UVollzG Hamburg).

26 § 50 S. 2 UVollzG Saarland.

27 § 48 Abs. 2 S. 1 JVollzGB II Ba-Wü, Art. 27 UVollzG Bayern i.V.m. Art. 97 Abs. 2 StVollzG Bayern, § 82 Abs. 2 S. 1 NJVollzG.

28 § 77 Abs. 3 der 12er-Regelung (§ 88 Abs. 2 UVollzG Hamburg, § 63 Abs. 2 S. 2 UVollzG Hessen), § 8 Abs. 1 S. 2 JVollzGB I Ba-Wü, § 62 S. 2 UVollzG NRW.

29 § 79 Abs. 1 S. 3 der 12er-Regelung (§ 79 S. 3 UVollzG Bremen); Art. 42 UVollzG Bayern i.V.m. Art. 177 StVollzG Bayern.

30 § 84 Abs. 1 S. 2 der 12er-Regelung.

31 § 95 Abs. 1 S. 2 UVollzG Hamburg.

32 Feest/Weichert in: AK-StVollzG, § 151 Rn. 12.

33 Vgl. auch Kaiser/Schöch, Strafvollzug, § 11 Rn. 7.

34 § 65 Abs. 2 der 12er-Regelung (§ 70 Abs. 3 UVollzG Hamburg, § 42 Abs. 2 UVollzG Hessen), § 68 JVollzGB II Ba-Wü, § 101 Abs. 2 NJVollzG, § 54 Abs. 2 UVollzG NRW.

35 AnwK U-Haft/*Linkhorst*, § 85 Rn. 5.

36 Steinhilper in: Schwind/Böhm/Jehle/Laubenthal, StVollzG, § 151 Rn. 8; Feest/Weichert in: AK-StVollzG, § 151 Rn. 16.

37 Arloth, StVollzG, § 151 Rn. 6.

gaben oder außerordentliche Vorkommnisse durch die Aufsichtsbehörde stellen zudem ein weiteres Mittel der Aufsicht dar.[38]

II. Vollstreckungsplan

1. Die gesetzlichen Regeln

Länder	Aufsicht, Beirat – *Vollstreckungsplan*	
12er-Regelung Berlin Brandenburg Bremen Hamburg Hessen Mecklenburg-Vorpommern Rheinland-Pfalz Saarland Sachsen Sachsen-Anhalt Schleswig-Holstein Thüringen	***§ 86 12er-Regelung: Vollstreckungsplan*** **Die Aufsichtsbehörde regelt die örtliche und sachliche Zuständigkeit der Anstalt in einem Vollstreckungsplan. Im Rahmen von Vollzugsgemeinschaften kann der Vollzug auch in Vollzugseinrichtungen anderer Länder vorgesehen werden.** **Abweichende Regelungen:** ***Bremen, § 86 BremUVollzG:*** Der Senator für Justiz und Verfassung regelt die örtliche und sachliche Zuständigkeit der Anstalt in einem Vollstreckungsplan. Im Rahmen von Vollzugsgemeinschaften kann der Vollzug auch in Vollzugseinrichtungen anderer Länder vorgesehen werden. ***Hamburg, § 96 HmbUVollzG:*** Die Aufsichtsbehörde regelt die örtliche und sachliche Zuständigkeit der Anstalten in einem Vollstreckungsplan. ***Hessen, § 62 Abs. 1 HUVollzG:*** (1) Die örtliche und sachliche Zuständigkeit der Anstalten wird im Vollstreckungsplan durch die Aufsichtsbehörde nach allgemeinen Merkmalen geregelt. ***Mecklenburg-Vorpommern, § 86 UVollzG M-V:*** Das Justizministerium regelt durch Rechtsverordnung die örtliche und sachliche Zuständigkeit der Anstalt in einem Vollstreckungsplan. ***Rheinland-Pfalz, § 86 LU-VollzG:*** Die Aufsichtsbehörde regelt die örtliche und sachliche Zuständigkeit der Anstalt in einem Vollstreckungsplan. ***Saarland, § 86 SUVollzG:*** Das Ministerium für Justiz, Arbeit, Gesundheit und Soziales regelt die örtliche und sachliche Zuständigkeit der Anstalt in einem Vollstreckungsplan. Im Rahmen von Vollzugsgemeinschaften kann der Vollzug auch in Vollzugseinrichtungen anderer Länder vorgesehen werden. ***Schleswig-Holstein, § 86 UVollzG SH:*** Die Aufsichtsbehörde regelt durch Verordnung die örtliche und sachliche Zuständigkeit der Anstalt in einem Vollstreckungsplan. Im Rahmen von Vollzugsgemeinschaften kann der Vollzug auch in Vollzugseinrichtungen anderer Länder vorgesehen werden. ***Thüringen, § 86 ThürUVollzG:*** Das für den Justizvollzug zuständige Ministerium regelt durch Rechtsverordnung die örtliche und sachliche Zuständigkeit der	9

38 Vgl. Koeppel, Kontrolle des Strafvollzuges, Individueller Rechtsschutz und generelle Aufsicht, Ein Rechtsvergleich, S. 103.

Länder	Aufsicht, Beirat – *Vollstreckungsplan*
	Anstalt in einem Vollstreckungsplan. Im Rahmen von Vollzugsgemeinschaften kann der Vollzug auch in Vollzugseinrichtungen anderer Länder vorgesehen werden.
Baden-Württemberg	*§ 20 JVollzGB I: Vollstreckungsplan* **Die Aufsichtsbehörde regelt die örtliche und sachliche Zuständigkeit der Justizvollzugsanstalten nach allgemeinen Merkmalen in einem Vollstreckungsplan. [...]**
Bayern	*Art. 42 Satz 1 BayUVollzG i.V.m. Art. 174 BayStVollzG: Vollstreckungsplan* **Die Aufsichtsbehörde regelt in einem Vollstreckungsplan für den Freistaat Bayern die örtliche und sachliche Zuständigkeit der Justizvollzugsanstalten nach allgemeinen Merkmalen.**
Niedersachsen	*§ 185 NJVollzG: Vollstreckungsplan* **Das Fachministerium regelt die örtliche und sachliche Zuständigkeit der Vollzugsbehörden nach allgemeinen Merkmalen in einem Vollstreckungsplan. [...]**
Nordrhein-Westfalen	*§ 60UVollzG NRW: Vollstreckungsplan* **Die Landesjustizverwaltung regelt die örtliche und sachliche Zuständigkeit der Anstalten in einem Vollstreckungsplan.**

10 **2. Erläuterungen.** Vor Inkrafttreten der Ländergesetze war die Aufstellung eines Vollstreckungsplanes in Nr. 14 UVollzO vorgesehen. Danach regelte ein Vollstreckungsplan, der von der Landesjustizverwaltung oder der sonst zuständigen Behörde aufzustellen war, in welche Anstalt ein Gefangener aufzunehmen ist. Im Einzelfall konnte der Richter aus besonderen Gründen Abweichungen vom Vollstreckungsplan anordnen.

11 Während es sich bei Nr. 14 UVollzO lediglich um eine bundeseinheitliche Verwaltungsvorschrift handelte, ist die **Pflicht zur Aufstellung eines Vollstreckungsplanes** nunmehr Gesetz geworden. Die einzelnen Ländergesetze sehen daher vor, dass die jeweilige Aufsichtsbehörde (s. Rn. 2 ff.) durch Aufstellung eines Vollstreckungsplanes die **örtliche und sachliche Zuständigkeit** der Anstalt, in der die Untersuchungshaft vollzogen wird, bestimmt.[39] Daneben ermächtigen die Ländergesetze von Berlin, Brandenburg, Bremen, des Saarlandes, Sachsen, Sachsen-Anhalt, Schleswig-Holstein und Thüringen ausdrücklich zur **Bildung von länderübergreifenden Vollzugsgemeinschaften**, was insbesondere für kleinere Bundesländer von Bedeutung ist.[40] Die Möglichkeit der Bildung von Vollzugsgemeinschaften ist allerdings auch ohne eine explizite Regelung gegeben, da entsprechende Vereinbarungen insbesondere im Vollstreckungsplan selbst aufgegriffen werden können.[41] Allerdings dürfen Vollzugsgemeinschaften nicht beliebig gebildet werden,[42] dies widerspräche dem verfassungsrechtlichen Grundsatz, dass es der Gesetzgeber sein muss, der die wesentlichen Merkmale der gesetzlichen Erlaubnis bestimmt; er darf dies nicht den Gerichten überlassen.[43]

12 Der Vollstreckungsplan trifft die aus **rechtsstaatlichen und organisatorischen Gründen** notwendige Regelung darüber, welche Anstalt für die Aufnahme des oder der Untersuchungs-

39 Vgl. § 86 der 12er-Regelung (§§ 96 UVollzG Hamburg, 62 UVollzG Hessen), § 20 JVollzGB I Ba-Wü, § 185 NJVollzG, § 60 UVollzG NRW.
40 Vgl. § 86 UVollzG Berlin, § 86 UVollzG Brandenburg, § 86 UVollzG Bremen, § 86 UVollzG Saarland, § 86 UVollzG Sachsen, § 86 UVollzG Sachsen-Anhalt, § 86 UVollzG SH, § 86 UVollzG Thüringen.
41 Vgl. Begründung zu § 178 Gesetzentwurf der Landesregierung Niedersachsen, S. 394.
42 AnwK U-Haft/*Linkhorst*, § 86 Rn. 5.
43 KG Berlin, 12.9.2008, 2 Ws 770/07 Vollz.

gefangenen zuständig ist.[44] Dabei machen die Ländergesetze keine Vorgaben, wie die sachliche und örtliche Zuständigkeit der Anstalt zu bestimmen ist, lediglich die Ländergesetze von Hessen[45], Baden-Württemberg[46], Bayern[47] und Niedersachsen[48] sehen vor, dass die Zuständigkeit nach **allgemeinen,** d.h. typisierten, **Merkmalen** zu bestimmen ist. Die Bestimmungen in den Ländergesetzen von Mecklenburg-Vorpommern[49], Schleswig-Holstein[50] und Thüringen[51] sind ausdrücklich als Verordnungsermächtigung gefasst, da in den jeweiligen Landesverfassungs- bzw. -verwaltungsgesetzen, die durch die Übertragung der Gesetzgebungskompetenz für den Vollzug auf die Länder Anwendung finden, geregelt ist, dass Organisation, Zuständigkeit und Verfahren der öffentlichen Verwaltung durch Gesetz oder aufgrund eines Gesetzes – mithin durch Rechtsverordnung – zu regeln sind.[52]

Die sich aus dem Vollstreckungsplan ergebende Bindung gilt grundsätzlich sowohl für die 13
Vollstreckungsbehörden als auch für den Betroffenen.[53] Ohne wichtigen Grund darf von der im Vollstreckungsplan auferlegten **Selbstbindung** der Verwaltung bei einer Zuweisung nicht abgewichen werden.[54] Ein subjektiv-öffentliches Recht auf Einweisung in eine bestimmte Anstalt gewähren die Ländergesetze dem einzelnen Gefangenen dabei aber nicht,[55] der Vollstreckungsplan als solcher ist nicht anfechtbar.[56] Die Gefangenen haben lediglich einen Rechtsanspruch auf Einweisung in die zuständige Anstalt.[57] Insofern können sie gegen die auf Grundlage des Vollstreckungsplans getroffene Entscheidung der Unterbringung in eine bestimmte Anstalt gerichtlich vorgehen, so dass das Gericht implizit auch den Inhalt des Vollstreckungsplans prüfen und gegebenenfalls für rechtswidrig erklären kann.[58] Ein wichtiger Grund, der in Einzelfällen zur Abweichung vom Vollstreckungsplan berechtigt, kann zum einen in der Person des Untersuchungsgefangenen liegen, z.B. um Mittäter zur Verfahrenssicherung zu trennen oder um bei Bandenmitgliedern deren Strukturen in der Untersuchungshaft nicht aufrechtzuerhalten.[59] Zum anderen kann auch bei mangelnder Eignung für eine bestimmte Anstalt, z.B. bei Umbaumaßnahmen oder Überbelegung, vom Vollstreckungsplan abgewichen werden.[60]

III. Anstaltsbeirat

1. Die gesetzlichen Regeln

Länder	Aufsicht, Beirat – *Beirat*	
12er-Regelung Berlin Brandenburg Bremen	*§ 87 12er-Regelung: Beirat*[61] **(1) Bei der Anstalt ist ein Beirat zu bilden. Bedienstete dürfen nicht Mitglieder des Beirats sein.**	14

44 Calliess/Müller-Dietz, StVollzG, § 152 Rn. 1; OLG Koblenz ZfStrVo Sonderheft 1977, 61 (explizit für Untersuchungsgefangene).
45 § 62 Abs. 1 UVollzG Hessen.
46 § 20 S. 1 JVollzG I Ba-Wü.
47 Art. 42 S. 1 UVollzG Bayern i.V.m. Art. 174 StVollzG Bayern.
48 § 185 S. 1 NJVollzG.
49 § 86 UVollzG M-V.
50 § 86 UVollzG SH.
51 § 86 UVollzG Thüringen.
52 Vgl. Art. 70 Abs. 2 S. 1 der Verfassung des Landes Mecklenburg-Vorpommern, § 25 Abs. 2 LVwG SH, Art. 70 der Verfassung des Freistaates Thüringen.
53 AK U-Haft/*Linkhorst*, § 86 Rn. 3.
54 Calliess/Müller-Dietz, StVollzG, § 152 Rn. 2; OLG Stuttgart NStZ 1996, 358; OLG Nürnberg, 5.5.2010, Ws 191/10.
55 OLG Nürnberg, 5.5.2010, Ws 191/10; Laubenthal, Strafvollzug, Rn. 306.
56 Feest/Weichert in: AK-StVollzG, § 152 Rn. 7; Arloth, StVollzG, § 152 Rn. 6.
57 Koepsel in: Schwind/Böhm/Jehle/Laubenthal, StVollzG, § 152 Rn. 12.
58 AK U-Haft/*Linkhorst*, § 86 Rn. 9.
59 Vgl. Wiesneth, Die Untersuchungshaft, Rn. 175.
60 Wiesneth, Die Untersuchungshaft, Rn. 175.

Länder	Aufsicht, Beirat – *Beirat*
Hamburg Hessen Mecklenburg-Vorpommern Rheinland-Pfalz Saarland Sachsen Sachsen-Anhalt Schleswig-Holstein Thüringen	**(2) Die Mitglieder des Beirats wirken bei der Gestaltung des Vollzugs und bei der Betreuung der Untersuchungsgefangenen mit. Sie unterstützen (die Anstaltsleiterin oder) den Anstaltsleiter durch Anregungen und Verbesserungsvorschläge.** **(3) Die Mitglieder des Beirats können namentlich Wünsche, Anregungen und Beanstandungen entgegennehmen. Sie können sich über die Unterbringung, Verpflegung, ärztliche Versorgung, Beschäftigung, Bildung und Betreuung unterrichten sowie die Anstalt besichtigen. Sie können die Untersuchungsgefangenen in ihren Räumen aufsuchen. Unterhaltung und Schriftwechsel werden vorbehaltlich einer verfahrenssichernden Anordnung nicht überwacht.** **(4) Die Mitglieder des Beirats sind verpflichtet, außerhalb ihres Amtes über alle Angelegenheiten, die ihrer Natur nach vertraulich sind, besonders über Namen und Persönlichkeit der Untersuchungsgefangenen, Verschwiegenheit zu bewahren. Dies gilt auch nach Beendigung ihres Amtes.** **Abweichende Regelungen:** ***Bremen, § 87 BremUVollzG: Beirat*** (1) Aus den Mitgliedern des bei der Justizvollzugsanstalt Bremen gebildeten Beirats sind Mitglieder in angemessener Zahl für den Untersuchungshaftvollzug zu benennen. Bedienstete dürfen nicht Mitglieder des Beirats sein. (2) Die Mitglieder des Beirats wirken bei der Gestaltung des Vollzugs und bei der Betreuung der Untersuchungsgefangenen mit. Sie unterstützen die Anstaltsleiterin oder den Anstaltsleiter durch Anregungen und Verbesserungsvorschläge. (3) Die Mitglieder des Beirats können namentlich Wünsche, Anregungen und Beanstandungen entgegennehmen. Sie können sich über die Unterbringung, Verpflegung, ärztliche Versorgung, Beschäftigung, Bildung und Betreuung unterrichten sowie die Anstalt besichtigen. Sie können die Untersuchungsgefangenen in ihren Räumen aufsuchen. Unterhaltung und Schriftwechsel werden vorbehaltlich einer verfahrenssichernden Anordnung nicht überwacht. (4) Die Mitglieder des Beirats sind verpflichtet, außerhalb ihres Amtes über alle Angelegenheiten, die ihrer Natur nach vertraulich sind, besonders über Namen und Persönlichkeit der Untersuchungsgefangenen, Verschwiegenheit zu bewahren. Dies gilt auch nach Beendigung ihres Amtes. ***Hamburg, § 97 HmbUVollzG Bildung der Anstaltsbeiräte*** (1) Bei den Anstalten sind Beiräte zu bilden. (2) Bedienstete dürfen nicht Mitglieder der Beiräte sein. (3) Das Nähere regelt die Aufsichtsbehörde. ***Hamburg, § 98 HmbUVollzG: Aufgabe*** Die Mitglieder des Beirats wirken bei der Gestaltung des Vollzugs und bei der Betreuung der Untersuchungsgefangenen mit. Sie un-

61 §§ 97-100 UVollzG Hamburg; § 72 UVollzG Hessen.

Länder	Aufsicht, Beirat – *Beirat*
	terstützen die Anstaltsleitung durch Anregungen und Verbesserungsvorschläge. ***Hamburg, § 99 HmbUVollzG: Befugnisse*** (1) Die Mitglieder des Beirats können insbesondere Wünsche, Anregungen und Beanstandungen entgegennehmen. Sie können sich über die Unterbringung, Beschäftigung, berufliche Bildung, Verpflegung, ärztliche Versorgung und Betreuung unterreichten sowie die Anstalt und ihre Einrichtungen besichtigen. (2) Die Mitglieder des Beirats können die Untersuchungsgefangenen in ihren Räumen ohne Überwachung aufsuchen. ***Hamburg, § 100 HmbUVollzG: Verschwiegenheitspflicht*** Die Mitglieder des Beirats sind verpflichtet, außerhalb ihres Amtes über alle Angelegenheiten, die ihrer Natur nach vertraulich sind, besonders über Namen und Persönlichkeit der Untersuchungsgefangenen, Verschwiegenheit zu bewahren. Dies gilt auch bei Beendigung ihres Amtes. ***Hessen, § 72 HUVollzG: Beirat*** (1) Bei den Anstalten sind ehrenamtliche Beiräte zu bilden. Vollzugsbedienstete dürfen nicht Mitglieder der Beiräte sein. Die für die Strafvollstreckungs- und Strafvollzugsrecht zuständige Ministerin oder der hierfür zuständige Minister wird ermächtigt, durch Rechtsverordnung die Bestellung, die Amtszeit und die Abberufung der Mitglieder zu regeln. (2) Der Beirat wirkt bei der Gestaltung des Vollzugs und bei der Betreuung der Untersuchungsgefangenen mit. Er unterstützt die Anstaltsleitung durch Anregungen. (3) Der Beirat kann insbesondere Wünsche, Anregungen und Beanstandungen entgegennehmen. Er kann sich über die Unterbringung, Verpflegung, ärztliche Versorgung, Betreuung, Bildung sowie Beschäftigung unterrichten. Hierzu können die Mitglieder des Beirats die Anstalt und ihre Einrichtungen besichtigen und die Untersuchungsgefangenen in ihren Räumen aufsuchen. (4) Die Mitglieder des Beirats sind, auch nach Beendigung ihrer Tätigkeit, verpflichtet, über alle im Rahmen ihrer Tätigkeit bekannt gewordenen Angelegenheiten Verschwiegenheit zu bewahren. Dies gilt nicht für Mitteilungen, die zur Erfüllung ihrer Aufgaben erforderlich sind, oder über Tatsachen, die offenkundig sind oder ihrer Bedeutung nach keiner Geheimhaltung bedürfen. ***Mecklenburg-Vorpommern, § 87 UVollzG M-V: Beitrat*** (1) Bei der Anstalt ist ein Beirat zu bilden. Bedienstete dürfen nicht Mitglieder des Beirats sein. Das Justizministerium wird ermächtigt, durch Rechtsverordnung das Verfahren der Bestellung des Beirats, seine Amtsdauer und die wesentlichen Punkte seiner Tätigkeit sowie die Anzahl und Entschädigung seiner Mitglieder zu regeln. (2) Die Mitglieder des Beirats wirken bei der Gestaltung des Vollzugs und bei der Betreuung der Untersuchungsgefangenen mit. Sie unterstützen den Anstaltsleiter durch Anregungen und Verbesserungsvorschläge.

Länder	Aufsicht, Beirat – *Beirat*
	(3) Die Mitglieder des Beirats können namentlich Wünsche, Anregungen und Beanstandungen entgegennehmen. Sie können auch über die Unterbringung, Verpflegung, ärztliche Versorgung, Beschäftigung, Bildung und Betreuung unterrichten sowie die Anstalt besichtigen. Sie können die Untersuchungsgefangenen in ihren Räumen aufsuchen. Unterhaltung und Schriftwechsel werden vorbehaltlich einer verfahrenssichernden Anordnung nicht überwacht. (4) Die Mitglieder des Beirats sind verpflichtet, außerhalb ihres Amtes über alle Angelegenheiten, die ihrer Natur nach vertraulich sind, besonders über Namen und Persönlichkeit des Untersuchungsgefangenen, Verschwiegenheit zu bewahren. Dies gilt auch nach Beendigung ihres Amtes. ***Sachsen, § 87 SächsUHaftVollzG: Beitrat*** (1) Bei der Anstalt ist ein Beirat zu bilden. Dem Beirat gehören zwei Abgeordnete des Sächsischen Landtages und mindestens ein Vertreter der Kommune oder des Landkreises sowie weitere Personen des öffentlichen Lebens an. Die Mitglieder werden von der Aufsichtsbehörde ernannt. Dies gilt nicht für die Mitglieder des Sächsischen Landtages, die von diesem benannt werden. Bedienstete dürfen nicht Mitglieder des Beirats sein. Die Amtszeit der Mitglieder des Beirats endet mit der Konstituierung des nach Ablauf der Legislaturperiode des Sächsischen Landtags neu zu besetzenden Beirats. (2) Die Mitglieder des Beirats wirken bei der Gestaltung des Vollzugs und bei der Betreuung des Untersuchungsgefangenen beratend mit. Sie unterstützen den Anstaltsleiter durch Anregungen und Verbesserungsvorschläge. (3) Die Mitglieder des Beirats können insbesondere Wünsche, Anregungen und Beanstandungen entgegennehmen. Sie können sich über die Unterbringung, Verpflegung, ärztliche Versorgung, Beschäftigung, Bildung und Betreuung unterrichten sowie die Anstalt besichtigen. Sie können die Untersuchungsgefangenen in ihren Räumen aufsuchen. Unterhaltung und Schriftwechsel werden nicht überwacht. (4) Die Mitglieder des Beirats sind verpflichtet, außerhalb ihres Amtes über alle Angelegenheiten, die ihrer Natur nach vertraulich sind, besonders über Namen und Persönlichkeit der Untersuchungsgefangenen, Verschwiegenheit zu bewahren. Dies gilt auch nach Beendigung ihres Amtes.
Baden-Württemberg	***§ 18 JVollzGB I: Anstaltsbeiräte*** **(1) Bei den Justizvollzugsanstalten sind Beiräte zu bilden. Das Nähere regelt die Aufsichtsbehörde.** **(2) Die Mitglieder des Beirats wirken bei der Gestaltung des Vollzugs und bei der Betreuung der Gefangenen mit. Sie unterstützen die Anstaltsleiterin oder den Anstaltsleiter durch Anregungen und Verbesserungsvorschläge und helfen bei der Eingliederung der Gefangenen nach der Entlassung. Im Jugendstrafvollzug sollen die Mitglieder in der Erziehung junger Menschen erfahren oder dazu befähigt sein.**

Länder	Aufsicht, Beirat – *Beirat*
	(3) Die Mitglieder des Beirats können namentlich Wünsche, Anregungen und Beanstandungen entgegennehmen. Sie können sich über die Unterbringung, Beschäftigung, berufliche Bildung, Verpflegung, ärztliche Versorgung und Behandlung unterrichten, die Justizvollzugsanstalt und ihre Einrichtungen besichtigen und die Gefangenen in ihren Räumen aufsuchen. Aussprache und Schriftwechsel werden nicht überwacht. (4) Die Mitglieder des Beirats haben über die ihnen in ihrem Amt bekannt gewordenen Angelegenheiten, soweit sie ihrer Natur nach vertraulich sind, Verschwiegenheit zu wahren. Dies gilt auch nach der Beendigung ihres Amts. (5) Vollzugsbedienstete dürfen nicht Mitglieder des Beirats sein.
Bayern	*Art. 42 Satz 1 BayUVollzG i.V.m. Art. 185 BayStVollzG: Beiräte* (1) Bei den Justizvollzugsanstalten sind Beiräte zu bilden. (2) Der oder die Vorsitzende und deren Vertreter werden aus der Mitte des Bayerischen Landtags gewählt. Vollzugsbedienstete dürfen nicht Mitglieder der Beiräte sein. (3) Die Mitglieder der Beiräte arbeiten ehrenamtlich. *Art. 42 Satz 1 BayUVollzG i.V.m. Art. 186 BayStVollzG: Aufgaben* Die Mitglieder des Beirats wirken bei der Gestaltung des Vollzugs und bei der Betreuung der Gefangenen mit. Sie unterstützen den Anstaltsleiter oder die Anstaltsleiterin durch Anregungen und Verbesserungsvorschläge und helfen bei der Eingliederung der Gefangenen nach der Entlassung. *Art. 42 Satz 1 BayUVollzG i.V.m. Art. 187 BayStVollzG: Befugnisse* (1) Die Mitglieder des Beirats können insbesondere Wünsche, Anregungen und Beanstandungen entgegennehmen. Sie können sich über die Unterbringung, Beschäftigung, berufliche Bildung, Verpflegung, ärztliche Versorgung und Behandlung unterrichten sowie die Anstalt und ihre Einrichtungen besichtigen. (2) Die Mitglieder des Beirats können die Gefangenen in ihren Räumen aufsuchen. Aussprache und Schriftwechsel werden nicht überwacht. *Art. 42 Satz 1 BayUVollzG i.V.m. Art. 188 BayStVollzG Pflicht zur Verschwiegenheit* Die Mitglieder des Beirats sind verpflichtet, außerhalb ihres Amtes über alle Angelegenheiten, die ihrer Natur nach vertraulich sind, besonders über Namen und Persönlichkeit des Gefangenen, Verschwiegenheit zu bewahren. Dies gilt auch nach der Beendigung ihres Amtes.
Niedersachsen	*§ 186 NJVollzG: Bildung der Beiräte* (1) Bei den Anstalten sind Beiräte zu bilden. (2) Das Nähere regelt das Fachministerium durch Verordnung. Die Verordnung enthält insbesondere Regelungen zur Anzahl der Beiratsmitglieder sowie über deren Berufung und Abberufung. Justizvollzugsbedienstete sowie Bedienstete des Fachministeriums dürfen nicht Mitglied des Beirats sein.

Länder	Aufsicht, Beirat – *Beirat*
	§ 187 NJVollzG: Aufgaben und Befugnisse der Beiräte (1) Der Beirat wirkt bei der Gestaltung des Vollzuges durch Anregungen und Verbesserungsvorschläge mit. Er kann Gefangene und Sicherungsverwahrte unterstützen, soweit dies mit den Zielen des Vollzuges oder dem Zweck der Untersuchungshaft im Einklang steht; er kann Strafgefangenen und Sicherungsverwahrten bei der Eingliederung nach der Entlassung helfen. (2) Der Beirat kann namentlich Wünsche, Anregungen und Beanstandungen entgegennehmen. Er kann sich über die Unterbringung, Beschäftigung, berufliche Bildung, Verpflegung, ärztliche Versorgung, Betreuung, Förderung oder Therapie der Gefangenen und Sicherungsverwahrten unterrichten sowie die Anstalt und ihre Abteilungen besichtigen. (3) Der Beirat kann gefangene und Sicherungsverwahrte in ihren Räumen aufsuchen. Aussprache und Schriftwechsel werden nicht überwacht. Der besuch der oder des Untersuchungsgefangenen, das Aufsuchen in ihren oder seinen Räumen und Telefongespräche mit ihr oder ihm bedürfen der Erlaubnis des nach den Vorschriften des fünften Teils zuständigen Gerichts. Dieses kann die Erlaubnis versagen, wenn der Zweck der Untersuchungshaft es erfordert. § 134 Abs. 3 Satz 1 gilt entsprechend. *§ 188 NJVollzG: Pflicht zur Verschwiegenheit* Die Mitglieder des Beirats sind verpflichtet, außerhalb ihrer Tätigkeit über alle Angelegenheiten, die ihrer Natur nach vertraulich sind, besonders über Namen und Persönlichkeit des Gefangenen und Sicherungsverwahrten, Verschwiegenheit zu bewahren. Dies gilt auch nach Beendigung ihrer Tätigkeit.
Nordrhein-Westfalen	*§ 59 UVollzG NRW: Beiräte* (1) Bei jeder Anstalt ist ein Beirat zu bilden. Vollzugsbedienstete dürfen nicht Mitglieder des Beirats sein. (2) Die Mitglieder des Beirats wirken bei der Gestaltung des Vollzuges und bei der Betreuung der Untersuchungsgefangenen mit. Sie unterstützen die Anstaltsleitung durch Anregungen und Verbesserungsvorschläge. (3) Die Mitglieder des Beirats können namentlich Wünsche, Anregungen und Beanstandungen entgegennehmen. Sie können sich über die Unterbringung, Beschäftigung, berufliche Bildung, Verpflegung und ärztliche Versorgung unterreichten sowie die Anstalt und ihre Einrichtungen besichtigen. (4) Die Mitglieder des Beirats sind verpflichtet, außerhalb ihres Amtes über alle Angelegenheiten, die ihrer Natur nach vertraulich sind, besonders über Namen und Persönlichkeit des Untersuchungsgefangenen, Verschwiegenheit zu bewahren. Dies gilt auch nach Beendigung ihres Amtes.

15 **2. Bildung des Beirats.** Die Ländergesetze sehen nunmehr auch für den Vollzug der Untersuchungshaft die gesetzliche **Verpflichtung zur Bildung von Beiräten** in den Anstalten vor.[62] Bis auf wenige Abweichungen sind die gesetzlichen Bestimmungen inhaltsgleich mit

62 § 87 der 12er-Regelung (§§ 97-100 UVollzG Hamburg, § 72 UVollzG Hessen), § 18 JVollzGB I Ba-Wü, Art. 42 UVollzG Bayern i.V.m. Art. 185-188 StVollzG Bayern, §§ 186-188 NJVollzG, § 59 UVollzG NRW.

den entsprechenden Vorschriften im StVollzG und den Ländergesetzen zum (Jugend-)Strafvollzug. Mit Ausnahme von Hessen und Baden-Württemberg wird daher in den Begründungen der jeweiligen Gesetzentwürfe auf §§ 162 ff. StVollzG und die entsprechenden Vorschriften der Länder-(Jugend-)Strafvollzugsgesetze verwiesen.

Die Ländergesetze zum Untersuchungshaftvollzug enthalten keine nähere Bestimmung über die **Zusammensetzung** des Beirats; diese wie auch die Bestellung, Amtszeit und die Abberufung der Mitglieder bleibt grundsätzlich der Regelung durch die jeweilige Aufsichtsbehörde vorbehalten.[63] Zur Vermeidung von Interessenkollisionen ist lediglich bestimmt, dass **Vollzugsbedienstete nicht Mitglieder des Beirats** sein dürfen. In Niedersachsen ist darüber hinaus explizit geregelt, dass auch Mitglieder der Aufsichtsbehörde nicht Beiratsmitglieder sein dürfen.[64] Dies sollte, auch ohne entsprechende gesetzliche Regelung, zur Vermeidung von Interessenkollisionen ebenso für die übrigen Ländergesetze zum Vollzug der Untersuchungshaft gelten. In Sachsen sieht § 87 Abs. 1 S. 2 UVollzG Sachsen darüber hinaus vor, dass dem Beirat zwei Abgeordnete des Sächsischen Landtages und mindestens ein Vertreter der Kommune oder des Landkreises sowie weitere Personen des öffentlichen Lebens angehören. Während die Mitglieder des Sächsischen Landtages von diesem benannt werden, werden die weiteren Mitglieder von der Aufsichtsbehörde ernannt. Auch die Beendigung der Amtszeit der Beiratsmitglieder unterliegt in Sachsen keinem Regelungsvorbehalt. Gemäß § 87 Abs. 1 Satz 4 UVollzG Sachsen endet die Amtszeit der Mitglieder des Beirats mit der Konstituierung des nach Ablauf der Legislaturperiode des Sächsischen Landtags neu zu besetzenden Beirats. In Bayern werden der oder die Vorsitzende und deren Vertreter aus der Mitte des Bayerischen Landtags gewählt.[65] Die parteipolitische Besetzung des Aufsichtsrates ist nicht unumstritten.[66] 16

Es besteht **kein Recht zur Aufnahme** in den Beirat, so dass bei der Beiratsbestellung übergangene Bewerber kein Klagerecht haben.[67] Die Zusammensetzung des Beirats ist allerdings an den gesetzlich beschriebenen Aufgaben auszurichten.[68] 17

3. Aufgabe des Beirats. Durch den Beirat soll die Öffentlichkeit institutionell am Vollzug beteiligt werden.[69] Die Mitglieder des Beirats haben die Verpflichtung, sowohl bei der **Gestaltung des Vollzuges** als auch bei der **Betreuung der Gefangenen mitzuwirken.**[70] Die Vollzugsgestaltung und die Gefangenenbetreuung stellen dabei nicht rein anstaltsbezogene Funktionen dar.[71] Die Anstaltsbeiräte sollen u.a. Vermittler zwischen der Anstalt und den Gefangenen sein, sie sollen vor allem als Brücke zwischen dem Vollzug und der Gesellschaft öffentlichkeitsbezogene Funktionen wahrnehmen, wozu beispielsweise die Gewinnung externer Partner und Ehrenamtlicher für die Arbeit der Anstalt und die Unterstützung bei der Ausgestaltung des Vollzuges im Allgemeinen gehören.[72] In ihrer Rolle als Mittler[73] unterstützen sie die Anstaltsleitung bei der Gestaltung des Vollzuges durch Anregungen und Verbesserungsvorschläge. „Eine wesentliche Aufgabe der Beiräte ist es, an der Planung und Fortentwicklung des Vollzuges beratend mitzuwirken sowie der Öffentlichkeit ein der Rea- 18

63 Vgl. § 97 Abs. 3 UVollzG Hamburg, § 72 Abs. 1 S. 2 UVollzG Hessen; § 87 Abs. 1 S. 2 UVollzG M-V, § 18 Abs. 1 S. 2 JVollzGB I Ba-Wü, § 186 Abs. 2 NJVollzG.

64 Vgl. § 186 Abs. 2 NJVollzG.

65 Vgl. Art. 42 UVollzG Bayern i.V.m. Art. 185 Abs. 2 S. 1 StVollzG Bayern.

66 Vgl. AnwK U-Haft/*Linkhorst*, § 87 Rn. 4, der eine parteipolitische Besetzung strikt ablehnt, während Wydra in: Schwind/Böhm/Jehle/Laubenthal, StVollzG, § 162 Rn. 6 meint, dass die Gesellschaft auf diese Weise durch ihre Repräsentanten Einblick in die verschlossene Welt des Vollzuges erhält.

67 Vgl. Arloth, StVollzG, § 162 m.w.N.

68 Vgl. § 87 der 12er-Regelung (§ 98 UVollzG Hamburg, § 72 Abs. 2 UVollzG Hessen).

69 Bammann/Feest in: AK-StVollzG, Vor § 162 Rn. 2.

70 Vgl. § 87 Abs. 2 S. 1 der 12er-Regelung (§ 98 S. 1 UVollzG Hamburg; § 72 Abs. 2 S. 1 UVollzG Hessen); § 18 Abs. 2 S. 1 JVollzGB I Ba-Wü; Art. 42 S. 1 UVollzG Bayern i.V.m. Art. 186 StVollzG Bayern; § 187 Abs. 1 NJVollzG; § 59 Abs. 2 S. 1 UVollzG NRW.

71 Calliess/Müller-Dietz, StVollzG, § 163 Rn. 1.

72 Begründung zu § 59 Gesetzentwurf der Landesregierung Nordrhein-Westfalen, S. 84.

73 Begründung zu § 72 Gesetzentwurf der Landesregierung Hessen, S. 163; Bammann/Feest in: AK-StVollzG, Vor § 162 Rn. 5.

lität entsprechendes Bild des Vollzuges und seiner Probleme zu vermitteln."[74] Insofern sollten nur solche Personen als Beiräte bestellt werden, die auch aufgrund ihres sonstigen Engagements in der Gesellschaft Kompetenz zur Wahrnehmung öffentlicher Belange für den Vollzug besitzen.[75]

19 Die Anstaltsbeiräte haben ein **Recht auf Mitwirkung**, welches auch die **Kontrollfunktion** umfasst, die der Beirat als Repräsentant der Öffentlichkeit gegenüber dem Vollzug auszuüben hat.[76] Die Kontrollfunktion ist allerdings nicht als zusätzliche Fach- und Rechtsaufsicht zu verstehen,[77] im Rahmen der Kontrollfunktion soll der Beirat vielmehr **etwaige Missstände im Vollzug aufdecken und Verbesserungsmöglichkeiten aufzeigen.**[78] Die durch die Arbeit der Beiräte erzielte Transparenz des überwiegend geschlossenen Systems Justizvollzug soll zum einen eine ständige kritische Überprüfung und Beobachtung staatlicher Macht über die Gefangenen gewährleisten und sich zum anderen als wichtiges Bindeglied zur Öffentlichkeit erweisen.[79] Dem Beirat kommt damit eine „Scharnierfunktion"[80] zwischen Öffentlichkeit und Vollzug zu.

20 **4. Befugnisse des Beirats.** Um die für die Erfüllung der dem Beirat obliegenden Aufgaben (Rn. 18 f.) notwendigen Informationen zu erhalten, stehen den Mitgliedern **umfassende Befugnisse zur Verschaffung der erforderlichen Kenntnisse** zu. Die Mitglieder des Beirats können Wünsche, Anregungen und Beanstandungen, sowohl der Bediensteten als auch der Gefangenen[81], entgegennehmen und sich über die Unterbringung, Verpflegung, ärztliche Versorgung, Beschäftigung, Bildung und Betreuung – somit über alle Belange der Untersuchungsgefangenen – unterrichten und die Anstalt besichtigen. Sie können die Untersuchungsgefangenen in ihren Räumen aufsuchen.[82]

21 In Hamburg[83], Sachsen[84], Baden-Württemberg[85] und Hessen[86] wird die **Aussprache** und der **Schriftwechsel** von Mitgliedern des Beirats mit Untersuchungsgefangenen **nicht überwacht.** Dies ist im Hinblick auf die Wahrung der Unabhängigkeit des Beirats gegenüber der Anstalt und zur Erfüllung der ihm obliegenden Aufgaben zu begrüßen. Während in Berlin[87], Brandenburg[88], Mecklenburg-Vorpommern[89], Rheinland-Pfalz[90], Sachsen-Anhalt[91], Schleswig-Holstein[92] und Thüringen[93] ein **unüberwachter Kontakt** mit den Untersuchungsgefangenen unter dem **Vorbehalt einer verfahrenssichernden Anordnung** steht, bedürfen in Niedersachsen[94] sowohl der Besuch als auch das Aufsuchen von Untersuchungsgefangenen in ihren

74 Begründung zu § 72 Gesetzentwurf der Landesregierung Hessen, S. 164.
75 Laubenthal, Strafvollzug, Rn. 293.
76 Calliess/Müller-Dietz, StVollzG, § 163 Rn. 1.
77 Arloth, StVollzG, § 163 Rn. 2.
78 Calliess/Müller-Dietz, StVollzG, § 163 Rn. 1.
79 Kaiser/Schöch, Strafvollzug, § 11 Rn. 27; Koeppel, Kontrolle des Strafvollzuges, Individueller Rechtsschutz und generelle Aufsicht, Ein Rechtsvergleich, S. 106; vgl. auch die Begründung zu § 18 Gesetzentwurf der Landesregierung Baden-Württemberg, S. 180.
80 Calliess/Müller-Dietz, StVollzG, § 164 Rn. 2; Bammann/Feest in AK-StVollzG, vor § 162 Rn. 7; Kamann, Handbuch für die Strafvollstreckung und den Strafvollzug, Rn. 385.
81 Begründung zu § 72 Gesetzentwurf der Landesregierung Hessen, S. 163.
82 Vgl. § 87 Abs. 2 S. 1 der 12er-Regelung (§ 98 S. 1 UVollzG Hamburg; § 72 Abs. 2 S. 1 UVollzG Hessen); § 18 Abs. 2 S. 1 JVollzGB I Ba-Wü; Art. 42 S. 1 UVollzG Bayern i.V.m. Art. 186 StVollzG Bayern; § 187 Abs. 1 NJVollzG; § 59 Abs. 2 S. 1 UVollzG NRW.
83 § 99 Abs. 2 UVollzG Hamburg.
84 § 87 Abs. 3 S. 4 UVollzG Sachsen.
85 § 18 Abs. 3 S. 3 JVollzGB I Ba-Wü.
86 § 72 Abs. 3 S. 4 UVollzG Hessen.
87 § 87 Abs. 3 S. 4 UVollzG Berlin.
88 § 87 Abs. 3 S. 4 UVollzG Brandenburg.
89 § 87 Abs. 3 S. 4 UVollzG M-V.
90 § 87 Abs. 3 S. 4 UVollzG Rheinland-Pfalz.
91 § 87 Abs. 3 S. 4 UVollzG Sachsen-Anhalt.
92 § 87 Abs. 3 S. 4 UVollzG SH.
93 § 87 Abs. 3 S. 4 UVollzG Thüringen.
94 § 187 Abs. 3 S. 2 ff. NJVollzG.

Räumen und Telefongespräche der **richterlichen Erlaubnis**. Auch in Bayern[95] und Nordrhein-Westfalen[96] kann es zu Einschränkungen des Kontaktes von Untersuchungsgefangenen mit Beiratsmitgliedern kommen. Ausweislich der Begründung des Gesetzesentwurfes zum UVollzG NRW soll „ein ungehinderter Zugang zu den Gefangenen dann nicht in Betracht kommen, wenn eine richterliche Anordnung dem entgegensteht. Im Übrigen wird der Zugang der Beiratsmitglieder ebenso wie bei Dritten vom Vorliegen einer Besuchserlaubnis abhängig zu machen sein, soweit er nicht ausschließlich Vollzugsangelegenheiten betrifft. Auch unterliegt der über bloße Vollzugsangelegenheiten hinausgehende Schriftwechsel der Beiratsmitglieder mit Untersuchungsgefangenen den bestehenden Beschränkungen. Die Anstalt hat daher entsprechend § 20 die Schreiben an die zur Textkontrolle zuständige Stelle weiterzuleiten."[97]

Das **Informationsrecht des Beirats** erschöpft sich nicht in der Befugnis, sich die notwendigen Kenntnisse und Informationen selbst zu beschaffen oder die vorhandenen Informationen zu nutzen, sondern dem Beirat ist vielmehr ein Anspruch auf sämtliche Auskünfte, die er objektiv zur Erfüllung seiner Aufgaben benötigt, zuzugestehen. Die Befugnisse des Beirats bestehen mithin in einem **umfassenden Informationsrecht.**[98] In Nordrhein-Westfalen beispielsweise wird dieser Notwendigkeit über die gesetzliche Regelung hinaus dadurch Rechnung getragen, dass das Informationsrecht des Anstaltsbeirats in der Allgemeinen Verfügung des Justizministeriums[99] dahingehend konkretisiert wurde, dass die Anstaltsleitung bestimmte Ereignisse von besonderer Bedeutung für das Anstaltsleben von sich aus dem Beiratsvorsitzenden mitzuteilen hat.[100] Umfang und Reichweite des Auskunfts- und Informationsrechtes ist von der Funktion und Aufgabe des Beirats her aus der „Gesamtbetrachtung der gesetzlichen Regeln"[101] zu bestimmen. 22

5. Pflicht zur Verschwiegenheit. Als Ausfluss ihrer Vertrauensstellung[102] und Korrelat zu ihren weitreichenden Informationsrechten[103] sind die Mitglieder des Beirats verpflichtet, außerhalb ihres Amtes und auch nach dessen Beendigung über alle Angelegenheiten, die ihrer Natur nach vertraulich sind, besonders über Namen und Persönlichkeit der Untersuchungsgefangenen, **Verschwiegenheit zu bewahren.**[104] Die Verletzung der Verschwiegenheitspflicht kann gemäß §§ 203 Abs. 2 Nr. 2, 204 StGB eine strafbare Handlung sein, sofern nicht ein Rechtfertigungsgrund greift (z.B. Güterabwägung bei § 34 StGB im Falle schwerwiegender Missstände).[105] Die Beiratsmitglieder haben im Übrigen die allgemeinen Datenschutzbestimmungen zu achten.[106] 23

95 Art. 42 S. 1 UVollzG Bayern i.V.m. Art. 187 Abs. 2 StVollzG Bayern („soweit Zweck und Eigenart der Untersuchungshaft nicht entgegenstehen").
96 § 59 UVollzG NRW.
97 Begründung zu § 59 Gesetzentwurf der Landesregierung Nordrhein-Westfalen, S. 84.
98 Wydra in: Schwind/Böhm/Jehle/Laubenthal, StVollzG, §§ 162 ff. Rn. 7.
99 AV d. JM vom 24.8.1998 – 4439 – IV A. 3 – in der Fassung vom 3.12.2007.
100 Vgl. Begründung zu § 59 Gesetzentwurf der Landesregierung Nordrhein-Westfalen, S. 84.
101 Calliess/Müller-Dietz, StVollzG, § 164 Rn. 4.
102 Vgl. Begründung zu § 72 Gesetzentwurf der Landesregierung Hessen, S. 164.
103 Kaiser/Schöch, Strafvollzug, § 4 Rn. 46, § 11 Rn. 26.
104 Vgl. § 87 Abs. 4 12er-Regelung (§ 100 UVollzG Hamburg; § 72 Abs. 4 UVollzG Hessen); § 18 JVollzGB I Ba-Wü; Art. 42 S. 1 UVollzG Bayern i.V.m. Art. 185 StVollzG Bayern; § 188 NJVollzG; § 59 Abs. 4 UVollzG NRW.
105 Vgl. Arloth, StVollzG, § 165.
106 Bammann/Feest in: AK-StVollzG, § 165 Rn. 1.

Teil 2 Anordnung und Vollzug der Abschiebehaft

Spezielle Literatur: *Alternativkommentar Kommentar zum Strafvollzugsgesetz*, 5. Auflage, Neuwied 2006, zitiert: Bearbeiter in: AK-StVollzG; *Babo, M.*, Abschiebungshaft – Eine Herausforderung für den Rechtsstaat, ZAR 2004, S. 359–367; *Babo, M.*, Abschiebungshaft und rechtsstaatliche Verantwortung in der Migrationspolitik, in: Perspektivwechsel im Ausländerrecht? – Rechtskonflikte im Spiegel politischer und gesellschaftlicher Umbrüche in Deutschland und Europa. 20 Jahre Hohenheimer Tage, hrsg. von Klaus Barwig, Baden-Baden 2007, S. 295–309; *Bader, V.*, Praktische Philosophie und Zulassung von Flüchtlingen und Migranten, in: Was schulden wir Migranten und Flüchtlingen? Grundlagen einer gerechten Zuwanderungspolitik, hrsg. von Alfredo Märker, Wiesbaden 2002, S. 143–167; *Baumgartner, A.*, Sozialethische Auseinandersetzung mit der Legitimität und Ausgestaltung der Abschiebungshaft, in: Studientag zur Abschiebungshaft, Dokumentation, hrsg. vom Bayrischen Aktionsbündnis gegen Abschiebungshaft, München 2005, S. 18–23; *Beichel-Benedetti, S./Gutmann, R.*, Die Abschiebungshaft in der gerichtlichen Praxis, NJW 2004, S. 3015–3020; *Beichel-Benedetti, S.*, Behördliches Festnahmerecht bei Abschiebungshaft? – Erwiderung auf Meyer-Mews JA 2006, S. 206-211, JA 2006, S. 450–451; *Beichel-Benedetti, S.*, Weshalb die Abschiebungshaft zu den Verwaltungsgerichten gehört, in: Perspektivwechsel im Ausländerrecht? – Rechtskonflikte im Spiegel politischer und gesellschaftlicher Umbrüche in Deutschland und Europa. 20 Jahre Hohenheimer Tage, hrsg. von Klaus Barwig, Baden-Baden 2007, S. 310-317; *Bericht des Sachverständigenrates für Zuwanderung und Integration*, „Migration und Integration - Erfahrungen nutzen, Neues wagen“, Ausgabe November 2004, Berlin 2004, zitiert: Sachverständigenrat für Migration und Integration, Bericht 2004; *Bericht der Unabhängigen Kommission „Zuwanderung“*, „Zuwanderung gestalten – Integration fördern“ – vom 4. Juli 2001, Berlin 2001, zitiert: Unabhängige Kommission Zuwanderung, Bericht 2001; *Deichmann, M.*, Anspruch auf anwaltlichen Beistand im Abschiebungshaftverfahren, MDR 1997, S. 16-17; *Europäisches Komitee zur Verhütung von Folter und unmenschlicher oder erniedrigender Behandlung oder Strafe (CPT)*, Die Standards des CPT, Jahresberichte, zitiert: CPT Standards (abrufbar unter: http://www.cpt.coe.int/lang/deu/deu-standards.pdf); *Gärtner, D.*, Aufenthaltsbeendigung und Abschiebungshaft, SchlHA 2006, S. 379–384; *Gensing, A.*, Abschiebungshaft in Deutschland, Forum Strafvollzug 2008, S. 123-125; *Göbel-Zimmermann, R.*, Grundzüge der rechtlichen Voraussetzungen für die Anordnung und den Vollzug der Abschiebungshaft, in: Ausweisung im demokratischen Rechtsstaat. Hohenheimer Tage zum Ausländerrecht 1995, hrsg. von Klaus Barwig und Gisbert Brinkmann, Baden Baden 1996, S. 75–94; *Göbel-Zimmermann, R.*, Die Anordnung und der Vollzug der Abschiebungshaft, ZAR 1996, S. 110–119; *Graebsch, C.M.*, Prävention für Gefangene? Überlegungen zum Stand bestehender Präventionsmechanismen für den Schutz der Gefangenen vor Gewalt am Beispiel von Abschiebehaft und Polizeigewahrsam, in: Strafvollzug in Deutschland, hrsg. von Jens Puschke, Berlin 2011, S. 157-178; *Graunke, M.*, Abschiebungshaft – Eine rechtssoziologische Untersuchung zur Umsetzung des Rechts der Abschiebungshaft, Aachen 2001, zitiert: Graunke, Abschiebungshaft; *Grimm, S.*, Die Rückführung von Flüchtlingen in Deutschland, Berlin 2007, zitiert: Grimm, Rückführung von Flüchtlingen; *Grotkopp, J.*, Die Abschiebungshaft – ein Stiefkind des Gesetzgebers, SchlHA 2006, S. 373-376; *Hagenmeier, M.*, Abschiebungshafteinrichtung in Rendsburg, NK 2003, S. 82–85; *Hagenmeier, M.*, Abschiebungshaft in Rendsburg – eine Zwischenbilanz, Forum Strafvollzug 2008, S. 27–29; *Hailbronner, K.*, Asyl- und Ausländerrecht, 2. Auflage, Stuttgart 2008, zitiert: Hailbronner, Asyl- und Ausländerrecht; *Hailbronner, K.*, Ausländerrecht, Kommentar, Ordner 2, Stand: 61. Ergänzungslieferung Dezember 2008, zitiert: Hailbronner, Ausländerrecht; *Heinhold, H.*, Abschiebungshaft in Deutschland: die rechtlichen Voraussetzungen und ihr Vollzug, Karlsruhe 2004, zitiert: Heinhold, Abschiebungshaft; *Heinhold, H.*, Aktuelle Rechtsprechung zur Abschiebungshaft, ZAR 2006, S. 360–366; *Heinhold, H.*, Recht für Flüchtlinge, Ein Leitfaden durch das Asyl- und Ausländerrecht, 6.Auflage, Karlsruhe 2007, zitiert: Heinhold, Recht für Flüchtlinge; *Hofmann, R./Hoffmann, H.*, Ausländerrecht: AufenthG, FreizügG/EU, AsylVfG, StAG Handkommentar, 1. Auflage, Baden-Baden 2008, zitiert: Bearbeiter in: Hofmann/Hoffmann; *Huber, B.*, Das Gesetz zur Umsetzung aufenthalts- und asylrechtlicher Richtlinien der Europäischen Union, NVwZ 2007, S. 977–985; *Huber, B./Göbel-Zimmermann, R.*, Ausländer- und Asylrecht, 2. Auflage, München 2008, zitiert: Huber/Göbel-Zimmermann, Ausländer- und Asylrecht; *Jöhnk, W.*, Aktuelle Probleme der Abschiebungshaft aus Sicht des Landesbeirats für den Vollzug der Abschiebungshaft in Schleswig-Holstein, SchlHA 2006, S. 390–393; *Jöhnk, W.*, Abschiebungshaft – keine Besserung in Sicht, Forum Strafvollzug 2008, S. 170-171; *Kluth, W./Hund, M./Maaßen, H.-G.*, Zuwanderungsrecht – Allgemeines Zuwanderungsrecht und Aufenthaltsrecht, 1. Auflage, Baden-Baden 2008, zitiert: Bearbeiter in: Kluth/Hund/Maaßen, Zuwanderungsrecht; *Knösel, P.*, Die Abschiebung im Lichte des Verfassungsrechts, ZAR 1990, S. 75–86; *Kommentar zum Zuwanderungsrecht*, Aufenthaltsgesetz und Freizügigkeitsgesetz/EU, 2. Auflage, Stuttgart/München 2008, zitiert: *Bearbeiter* in: Kommentar zum Zuwanderungsrecht; *MacLean, P.*, Anordnung und Vollzug der Abschiebungshaft – Aktuelle Rechtsfragen und Perspektiven, InfAuslR 1987, S. 69–73; *Meyer-Mews, H.*, Mandate in Abschiebungshaftsachen, AnwBl 1999, S. 317–325; *Melchior, K.*, Internet-Kommentar zur Abschiebungshaft (www.abschiebungshaft.de), Stand: April 2009 (weitergeführt von *Winkelmann, H.*, unter www.migrationsrecht.net); *Piorreck, K. F.*, Abschiebungshaft – Rechtsstaat ade?, DRiZ 1994, S. 157; *Piorreck, K. F.*, Abschiebungshaft: Wie die Praxis mit dem Gesetz umgeht, BewH 1995, S. 183-191; *Piorreck, K. F.*, Dauer der Abschiebungshaft, in: Neue Regierung – neue Asylpolitik? Hohenheimer Tage zum Ausländerrecht 1999, hrsg. von Klaus Barwig, Baden Baden 1999, S: 465–471; *Reichard, H.*, Gesetz über das gerichtliche Verfahren bei Freiheitsentziehungen, Köln 1956, zitiert: *Reichard*, FEVG; *Renner, G.*, Ausländerrecht in Deutschland, Einreise und Aufenthalt, 1. Auflage, München 1998, zitiert: Renner, Ausländerrecht in Deutschland; *Renner, G.*, Darstellung und rechtliche Kritik der real existierenden Abschiebungshaft, in: Studientag zur Abschiebungshaft, Dokumentation, hrsg. vom Bayrischen Aktionsbündnis gegen Abschiebungshaft, München 2005, S. 7–17; *Renner, G.*, Ausländerrecht, Kommentar, 9. Auflage, München 2011, zitiert: Bearbeiter in: Renner, Ausländerrecht; *Rethmann, A.-P.*, Asyl und Migration: Ethik für eine neue Politik in Deutschland, Münster 1996, zitiert: Rethmann, Asyl und Migration; *Rittstieg, H.*, Beendigung des Aufenthaltes im Rechtsstaat, NJW 1996, S. 545-551; *Rohfleisch, S.*, Eingesperrt zum Abtransport, Die Situation von Flüchtlingen in der Abschiebungshaft, FoR 1999, S. 51–54; *Sandersfeld, C.*, Abschiebungshaft – ein rechtsstaatliches Problem?, Stimmen der Zeit 2003, S. 397–406; *Sepke, B.*, Festnahmen zum Zwecke der Beantragung von Abschiebungshaft – (noch) ohne Rechtsgrundlagen?, SchlHA 2006, S. 376-379; *Sichel, C.*, Vom Hin und Her beim Richtervorbehalt – Gleichzeitig eine Auseinandersetzung mit der Rechtswegaufspaltung im Ausländerrecht, VBlBW 2005, S. 55–60; *Vitzthum, W. G.*, Völkerrecht, 4. Auflage, Berlin 2007, zitiert: Vitzthum-Bearbeiter, Völkerrecht; *Welte, H. P./Jakober, H.*, Aktuelles Ausländerrecht, Kommentar zum Aufenthaltsgesetz, Band 1, Stand: 115. Ergänzungslieferung Februar 2009, zitiert: Bearbeiter in: Welte/Jakober; *Wegener, J.*, Die Abschiebungshaft auf dem verfassungsrechtlichen Prüfstand, ZAR 1996, S. 77–85; *Will, A.*, Ausländer ohne Aufenthaltsrecht, 1. Auflage, Baden-Baden 2008, zitiert: Will, Ausländer ohne Aufenthaltsrecht; *Winkelmann, H.*, Freiheitsentziehung zur Sicherung von Zurückweisung oder Zurückschiebung – rechtliche Instrumentarien aus polizeilicher Sicht im Spannungsfeld von Rechtsprechung und Rechtssetzung, ZAR 2007, S. 268-274 (Aktualisierung des Beitrages aus den SchlHA 2006, S. 384-390, insbesondere zu § 62 Abs. 4 AufenthG).

§ 14 Grundlagen

I. Die rechtliche Qualität der Abschiebehaft

Aufgrund ihrer speziellen Funktion als präventive „Sicherungsmaßnahme des Verwaltungsvollzuges – nicht des Strafvollzuges“[1] ist die Abschiebungshaft seit jeher umstritten. In mehrfacher Hinsicht wird infolge der Inhaftierung des Ausländers in dessen (Grund-)Rechte eingegriffen, obwohl er mit seinem Aufenthalt dem Grunde nach[2] – im Gegensatz zur Straf- oder Untersuchungshaft – keine Straftat verwirklicht hat bzw. einer solchen hinreichend verdächtigt wird. Sinn und Zweck der Abschiebungshaft ist nicht die Bestrafung, sondern ausschließlich die Sicherung der Abschiebung, selbst bei einer möglichen Verwirklichung aufenthaltsrechtlicher Straftatbestände.[3] Die meisten Abschiebungshäftlinge können daher nicht verstehen, warum sie überhaupt in Haft verbracht wurden. Die Abschiebungshaft stellt für die Ausländer jedoch eine **Freiheitsentziehung** und nicht nur eine Freiheitsbeschränkung dar, da die körperliche Bewegungsfreiheit in umfassender Weise beeinträchtigt wird.[4] Während nämlich die Durchführung der Abschiebung als solche – allein durch Anwendung ein- 1

1 Babo ZAR 2004, 359; vgl. auch Gensing Forum Strafvollzug 2008, 123: eine „präventive Freiheitsentziehung“.
2 Gem. §§ 95 ff. AufenthG kann der Aufenthalt eines Ausländers unter bestimmten Voraussetzungen strafbar sein, so z.B. bei vorsätzlichem illegalen Aufenthalt gem. § 95 Abs. 1 Nr. 2 AufenthG.
3 Gärtner SchlHA 2006, 379 (384).
4 Knösel ZAR 1990, 75; Dienelt in: Renner, Ausländerrecht, AufenthG, § 62 Rn. 3.

fachen unmittelbaren Zwangs – keine Freiheitsentziehung darstellt,[5] ist die Inhaftnahme des Ausländers der schärfste von der Rechtsordnung vorgesehene Eingriff in dessen persönliche Freiheit. Aufgrund ihrer Länge und des Umfangs bedeutet die Abschiebungshaft daher „gegenüber der Direktabschiebung eine zusätzliche qualitative Stufe des Grundrechtseingriffs".[6] Hinzu kommt die subjektive Ungewissheit über den Ausgang des Verfahrens und die Verzweiflung, wo und wie das Leben in Zukunft gemeistert werden kann.[7] Faktisch wird die Dauer der Abschiebehaft entscheidend von der Zeit bestimmt, die für die Beschaffung eines Ersatzpasses benötigt wird. Trotz dieser in rechtlicher Hinsicht erheblichen grundrechtlichen Bedeutung wird der Abschiebungshaft bezüglich ihrer Anordnung und ihres Vollzuges schon seit Jahren vorgeworfen, „zu schnell, zu oft, zu lange und zum Teil ohne die erforderlichen gesetzlichen Grundlagen sowie oftmals unter unzumutbaren Bedingungen vollzogen" zu werden.[8] Dies wird nicht zuletzt – auch heute noch – dadurch begründet, dass in der Öffentlichkeit, der Politik bzw. bei den Gesetzgebern, aber auch bei den zuständigen Gerichten und Behörden ein erheblicher **„Mangel an Problembewusstsein"** besteht.[9] Hierauf machen auch immer wieder wissenschaftliche Abhandlungen oder Berichte von Organisationen, Rechtsanwälten und Seelsorgern aufmerksam, indem sie auf die zahlreichen problematischen Praktiken und Regelungen hinweisen.[10]

II. Die rechtliche Einordnung der Abschiebehaft

2 Der Aufenthalt von Ausländern[11] im deutschen Bundesgebiet unterliegt unterschiedlichen und besonderen aufenthaltsrechtlichen Anforderungen. Während sich die Bundesbürger aufgrund ihrer deutschen Volks- bzw. Staatszugehörigkeit prinzipiell ohne jegliche Beschränkungen im Bundesgebiet bewegen und aufhalten dürfen, bestimmt sich für Ausländer die Berechtigung zum Aufenthalt grundsätzlich nach den Regelungen des Aufenthaltsgesetzes und unter Umständen ergänzend des Asylverfahrensgesetzes. Eine Ausnahme hiervon ergibt sich für Ausländer bzw. Angehörige derjenigen Staaten, die aufgrund der Geltung eigener gesetzlicher Regelungen oder anderer spezieller Vereinbarungen nicht oder nur eingeschränkt den Bestimmungen des Aufenthaltsgesetzes unterfallen.[12] Hierzu gehören insbesondere Unionsbürger und ihre Familienangehörigen, für die prinzipiell das **Freizügigkeits-**

---

5 BVerwGE 62, 325; allerdings gilt dies nicht, wenn das für die Abschiebung erforderliche Maß der Einschränkung der Bewegungsfreiheit überschritten wird (BVerfG EZAR 048 Nr. 62).

6 Rittstieg NJW 1996, 545 (550); vgl. hierzu auch Wegener ZAR 1996, 77, mit der Bezeichnung der Abschiebungshaft als „schärfste Maßnahme des Ausländergesetzes" oder auch Rohfleisch FoR 1999, 51, die die Haft als „schärfste staatliche Waffe zur Abschottung und Abschreckung von Flüchtlingen" bezeichnet.

7 Vgl. Graebsch in: Strafvollzug in Deutschland, S. 157 (160).

8 So Göbel-Zimmermann in: Ausweisung im demokratischen Rechtsstaat, S. 75; ders. ZAR 1996, 110 (111); Piorreck, Dauer der Abschiebungshaft, S. 465; ders. BewH 1995, 183, auch mit dem Vorwurf von erheblichen Fehlern und Mängeln beim Verfahren zur Anordnung der Abschiebungshaft; so zuletzt auch noch 2007 Heinhold, Recht für Flüchtlinge, S. 277.

9 So Kessler in: Hofmann/Hoffmann, AufenthG, § 62 Rn. 1; vgl. auch Grotkopp SchlHA 2006, 373, der eine „augenfällige Diskrepanz zwischen den verfassungsrechtlichen Ansprüchen und der durch jahrelange gesetzgeberische Versäumnisse geprägten Rechtswirklichkeit" anführt.

10 Vgl. die neusten Abhandlungen der letzten Jahre: Babo, Abschiebungshaft und rechtsstaatliche Verantwortung, S. 295 ff.; ders. ZAR 2004, 359 ff.; Beichel-Bendetti in: Perspektivwechsel im Ausländerrecht, S. 310 ff.; Beichel-Bendetti/Gutmann NJW 2004, 3015 ff.; Gärtner SchlHA 2006, 379 ff.; Gensing Forum Strafvollzug 2008, 123; Graebsch in: Strafvollzug in Deutschland, S. 157 ff.; Grotkopp SchlHA 2006, 373; Hagenmaier Forum Strafvollzug 2008, 27 ff.; ders. NK 2003, 82 ff.; Heinhold, Abschiebungshaft, 2004; ders. ZAR 2006, 360 ff.; Jöhnk Forum Strafvollzug 2008, 171; ders. SchlHA 2006, 390 ff.; Winkelmann ZAR 2007, 268 ff.

11 Legaldefinition des „Ausländers" im aufenthaltsrechtlichen Sinne findet sich in § 2 Abs. 1 AufenthG; vgl. zudem Will, Ausländer ohne Aufenthaltsrecht, Kap. 1, Rn. 2 f.: „Ausländer ist dabei jeder, der nicht Deutscher ist" oder „Statusdeutscher" (§ 2 Abs. 1 i.V.m. Art. 116 GG), also „neben den Angehörigen fremder Staaten auch Staatenlose".

12 Vgl. § 1 Abs. 2 AufenthG; Heinhold, Recht für Flüchtlinge, S. 218; Will, a.a.O., Rn. 4 m.w.N.

gesetz/EU maßgeblich ist,[13] aber auch diejenigen Bürger eines Staates, denen auf der Basis völkerrechtlicher Vereinbarungen oder anderer Abkommen eine den EU-Bürgern vergleichbare Rechtsstellung zukommt.[14] Des Weiteren besteht eine Befreiung von den Bestimmungen des Aufenthaltsgesetzes für Diplomaten oder Konsuln, § 1 Abs. 2 Nr. 3 AufenthG.

Alle anderen Ausländer, die dem Geltungsbereich des Aufenthaltsgesetzes unterstehen, benötigen für ihren legalen Verbleib oder auch schon für eine (erlaubte) Einreise in die Bundesrepublik einen wirksamen **Aufenthaltstitel.**[15] Fehlt ein solch wirksamer Aufenthaltstitel, wird bzw. ist der Aufenthalt rechtswidrig und unter gewissen weiteren Voraussetzungen auch illegal.[16] Der rechtswidrige Aufenthalt eines Ausländers hat gem. § 50 Abs. 1 AufenthG die Folge, dass er ausreisepflichtig wird. Diese kraft Gesetzes (z.B. Ablauf des Aufenthaltstitels durch Befristung oder auflösende Bedingung, vgl. § 51 AufenthG) oder durch behördliche Entscheidung (z.B. Rücknahme, Widerruf, Ausweisung oder Abschiebungsanordnung) begründete Ausreisepflicht kann bei Vorliegen weiterer besonderer Voraussetzungen zwangsweise im Wege der Verwaltungsvollstreckung durchgesetzt werden, die sog. Abschiebung. Ein Ausländer wird daher aus dem Bundesgebiet **„abgeschoben"** (§ 58 AufenthG), wenn sein Aufenthalt nachträglich illegal wird und eine freiwillige Erfüllung der Ausreisepflicht nicht gesichert ist oder aus Gründen der öffentlichen Sicherheit und Ordnung eine Überwachung der Ausreise erforderlich erscheint. Will er bereits unerlaubt in die Bundesrepublik einreisen, so ist er schon an der Grenze **„zurückzuweisen"** (§ 15 AufenthG) oder bei erst später folgendem Aufgriff innerhalb der ersten sechs Monate seit Grenzübertritt nach Möglichkeit in den Staat, aus dem er eingereist ist, **„zurückzuschieben"** (§ 57 AufenthG). Eine Ausnahme hiervon ergibt sich aus dem Asylverfahrensgesetz (AsylVfG), wonach einem Ausländer trotz eines an sich fehlenden Aufenthaltstitels gem. § 55 während des laufenden und bestehenden Asylverfahrens ein Recht auf Aufenthalt in Form einer „Aufenthaltsgestattung" zu erteilen ist.[17]

Hat ein Ausländer jedoch weder einen der enumerativ genannten Aufenthaltstitel nach dem Aufenthaltsgesetz noch eine Gestattung zum Aufenthalt im Bundesgebiet[18] und liegen darüber hinaus konkrete Tatsachen vor, die eine Gefährdung der Abschiebung, Zurückweisung oder auch Zurückschiebung rechtfertigen, so kann er gem. § 62 AufenthG zur Sicherung einer (bereits verfügten) Abschiebung sowie bei einem derzeit noch rechtmäßigen Aufenthalt

13 Der EG-Vertrag und das sich darauf stützende EU-Recht vermittelt gem. § 2 FreizügG/EU ein unmittelbar vom Gemeinschaftsrecht verliehenes Aufenthaltsrecht, mit der Folge der Berechtigung zur Freizügigkeit innerhalb der EU-Staaten. Dies gilt gem. § 12 FreizügG/EU auch für Staatsangehörige der EWR-Staaten Island, Norwegen und Liechtenstein und deren Familienangehörige, umfassend hierzu Huber/Göbel-Zimmermann, Ausländer- und Asylrecht, Rn. 1403 ff.; nach § 11 Abs. 1 S. 1 und 5 FreizügG/EU sind nur bestimmte Paragrafen des Aufenthaltsgesetzes, oder insoweit sie eine günstigere Rechtsstellung vermitteln, entsprechend anwendbar; § 62 AufenthG ist dies nicht, vgl. dazu Kessler in: Hofmann/Hoffmann, AufenthG, § 62 Rn. 7.

14 Will, Ausländer ohne Aufenthaltsrecht, Kap. 1, Rn. 4; Heinhold, Recht für Flüchtlinge, S. 218 f.; die beispielsweise die Schweiz mit dem Freizügigkeitsabkommen von 1999 und das Assoziierungsabkommen mit der Türkei nennen.

15 Vgl. § 4 AufenthG (Erfordernis eines Aufenthaltstitels); zudem Hailbronner, Ausländerrecht, AufenthG, § 95 Rn. 7, 13 auch ein materiell rechtswidrig erteilter Aufenthaltstitel kann zu einem rechtmäßigen Aufenthalt führen, es kommt insoweit nur auf dessen gültigen Besitz und wirksame Erteilung an.

16 Will, Ausländer ohne Aufenthaltsrecht, Kap. 1, Rn. 173, der Aufenthalt eines Ausländers ist „illegal", wenn er neben dem fehlenden Aufenthaltstitel auch keine Duldung besitzt und vollziehbar ausreisepflichtig ist. Dies ist der Aufenthalt dann nicht, solange er behördlich ermöglicht wird, etwa durch eine Fristsetzung zur freiwilligen Ausreise gem. § 50 Abs. 2 S. 1 AufenthG, VGH Mannheim NVwZ-RR 1996, 356.

17 Vgl. auch §§ 15 Abs. 4 S. 2, 60 Abs. 1 AufenthG, mit dem Verbot einer zwangsweisen Beendigung des Aufenthalts während eines laufenden bzw. bestehenden Asylverfahrens. Die Aufenthaltsgestattung vermittelt den Ausländern vielmehr einen rechtmäßigen Aufenthalt in Form eines gesetzlichen Aufenthaltstitels, Huber/Göbel-Zimmermann, Ausländer- und Asylrecht, Rn. 1255; § 57 AufenthG findet daher aufgrund von § 55 AsylVfG auf Asylbewerber nur dann Anwendung, wenn dies im AsylVfG ausdrücklich angeordnet ist, Hailbronner, Asyl- und Ausländerrecht, Rn. 577.

18 Die Aufenthaltsgestattung erlischt bzw. wird nicht erteilt, wenn das Asylverfahren – als Grundlage des Aufenthaltstitels – entfällt, z.B. bei der Einreise aus einem sicheren Drittstaat gem. § 26 a Abs. 1 S. 1 AsylVfG oder der Zuständigkeit eines anderen EU-Staates für das Asylverfahren gem. § 27 a AsylVfG i.V.m. Art 16 a Abs. 2 S. 1 GG, mit der Folge, dass der Ausländer (wieder) ausreisepflichtig wird, Göbel-Zimmermann in: Ausweisung im demokratischen Rechtsstaat, S. 75.

auch zur Vorbereitung einer bevorstehenden Ausweisung in (Abschiebungs-)Haft genommen werden (vgl. die §§ 15 Abs. 5 S. 2, 57 Abs. 3 AufenthG, die auf die entsprechende Anwendung des § 62 (Abs. 3) AufenthG für die Zurückweisungs- oder Zurückschiebungshaft verweisen). Die Abschiebungshaft ist somit eine reine **Präventivmaßnahme** und dient nur dem Zweck, den Zugriff auf eine ausländische Person zu gewährleisten, deren Abschiebung – ohne ihre Inhaftierung – erschwert oder vereitelt würde. Sie setzt daher „kein Verschulden oder ein sonstiges vorwerfbares Verhalten des Ausländers voraus, sondern lediglich die Gefahrprognose hinsichtlich der Durchführbarkeit der Abschiebung“[19]. Als Verwaltungshaft stellt sie vielmehr eine Form der zivilrechtlichen Freiheitsentziehung dar, über deren Anordnung materiell-rechtlich nach den Bestimmungen des Aufenthaltsgesetzes entschieden wird. Bezüglich der Zuständigkeiten und dem Verfahren gilt seit dem 1.9.2009 das Gesetz über das Verfahren in Familiensachen und in Angelegenheiten der freiwilligen Gerichtsbarkeit (FamFG). Bis dahin galt das Gesetz über das gerichtliche Verfahren bei Freiheitsentziehungen (FEVG) und subsidiär das Gesetz über die Angelegenheiten der freiwilligen Gerichtsbarkeit (FFG).

III. Die rechtliche bzw. gesetzliche Entwicklung der Abschiebungshaft

3 Eine Kontrolle der Zuwanderung erfolgte in einem nennenswerten Umfang erst mit Beginn des 20. Jahrhunderts. Mit dem wirtschaftlichen Aufstieg des deutschen Reiches entstand eine zunehmende Entwicklung der Immigration anstatt der bis dorthin vorherrschenden Emigration.[20] Damit einhergehend waren die jeweilige Zuwanderungspolitik und deren Ausrichtung schon in der Weimarer Republik durch die jeweiligen Arbeitsmarktbedingungen geprägt.[21] Bereits vor der Gründung der Bundesrepublik kam es daher infolge der damaligen Weltwirtschaftskrise und vor allem aufgrund einer nun auf Abschreckung ausgerichteten Ausländerpolitik des aufkommenden Nationalsozialismus mit der gesellschaftlichen Umsetzung des Antisemitismus in den Ausländerpolizeiverordnungen (APVO) der Jahre 1932 und 1938 zur zunehmenden Verschärfung und Steuerung der Migration und der letztendlichen Regelung der Inhaftierung von Ausländern.[22] Für den Vollzug, aber auch die Anordnung der Abschiebungshaft, war damals jedoch allein die Polizei umfassend zuständig. Rechtsmittel gegen die Verhängung der Abschiebungshaft einzulegen oder eine gerichtliche Überprüfung ausländerpolizeilicher Angelegenheiten war nicht möglich (vgl. § 9 Abs. 2, § 11 Abs. 5 und 6 der APVO aus dem Jahr 1938).[23]

Letzteres änderte sich mit der Gründung der BRD und dem Inkrafttreten des Grundgesetzes im Jahr 1949, indem die Vorschriften über den Ausschluss des Rechtswegs ihre Gültigkeit verloren; allerdings galt die APVO von 1938 im Übrigen zunächst als Bundesrecht fort.[24] Eine Änderung der Zuständigkeit für die Anordnung und den Vollzug der Abschiebungshaft, aber auch deren materiell-rechtliche Neuregelung bezüglich der Anordnungsvoraussetzungen, erfolgte erst mit der Einführung des **Ausländergesetzes im Jahr 1965.**[25] In § 16 AuslG wurde seitdem die Unterscheidung von Vorbereitungs- und Sicherungshaft geregelt, in § 50 Abs. 2 AuslG erfolgte die **Verweisung auf das FEVG** für das Verfahren in Abschiebungshaftsachen.[26] Während es unterdessen im Zuge der **Reform des Ausländergesetzes 1990,** der Einführung und Änderung des Asylverfahrensgesetzes 1982 und 1992 und auch der letzten großen Novellierung des Asyl- und Ausländerrechts mit dem Zuwanderungsgesetz 2004,

19 So Dienelt in: Renner, Ausländerrecht, AufenthG, § 62 Rn. 3; vgl. auch Göbel-Zimmermann ZAR 1996, 110 (111).
20 Reinhardt in: Kluth/Hund/Maaßen, Zuwanderungsrecht, § 2 Rn. 2.
21 Renner, Ausländerrecht in Deutschland, § 5 Rn. 42.
22 Renner, Ausländerrecht in Deutschland, § 5 Rn. 44 ff. und insbesondere § 6, Rn. 50 ff.; § 7 Abs. 5 S. 2 AVPO 1938: „Zur Sicherung der Abschiebung kann der Ausländer in Abschiebehaft genommen werden.“
23 RGBl. I 1938, 1053, 1055; vgl. auch Piorreck BewH 1995, 183.
24 BVerwGE 3, 58 und 235; Renner, Ausländerrecht in Deutschland, § 7 Rn. 54; Heinhold, Recht für Flüchtlinge, S. 219.
25 BGBl. I 1965, 353.
26 Vgl. zur ersten Normierung des FEVG vom 29.6.1956, Reichard FEVG 1956, S. 37 ff.

dessen Hauptbestandteil das Aufenthaltsgesetz darstellt, zu etlichen Überarbeitungen und Neuregelungen gekommen ist,[27] hat sich die Regelung der Abschiebungshaft seit 1965 in ihrer grundlegenden Gestaltung mit der Differenzierung nach Vorbereitungs- und Sicherungshaft nicht bedeutend geändert. Sofern es seit damals zu Abänderungen der Regelung der Abschiebungshaft gekommen ist, handelte es sich um Ergänzungen; hinsichtlich einer immer mehr zunehmenden Steuerung und Kontrolle der Migration[28] waren dies nahezu ausschließlich Erleichterungen der Anordnungsvoraussetzungen bzw. Verschärfungen der Regelungen gegen den Ausländer. So bestimmte bereits die erste Novellierung des Ausländergesetzes im Jahr 1990 mit der Regelung der Abschiebungshaft in § 57 AuslG, dass für eine Anordnung der Sicherungshaft nunmehr nicht die Erforderlichkeit der Abschiebung wie noch in § 16 AuslG a.F. (1965) entscheidend ist, sondern schon der begründete Verdacht einer Entziehung von der Abschiebung, § 57 Abs. 2 S. 1 AuslG. Zudem wurde die maximale Dauer der Sicherungshaft von „einer Gesamtdauer von nicht mehr als 12 Monaten" (§ 16 Abs. 2 AuslG) mit der Möglichkeit der Verlängerung der Haft „um höchstens zwölf Monate" auf 18 Monate heraufgesetzt, § 57 Abs. 3 AuslG 1990. Im Jahr 1992 wurden überdies in § 57 Abs. 2 AuslG neben der Inhaftnahme bei begründetem Verdacht vier weitere Alternativen eingefügt, bei denen die Anordnung der Sicherungshaft dem Gesetzeszweck nach zwingend zu erfolgen hatte. Zu weiteren Verschlechterungen der Rechte des Ausländers kam es im Jahr 1997. Einerseits wurde die Dauer der „kleinen Sicherungshaft" von einer auf maximal zwei Wochen erhöht, welche bei feststehender Möglichkeit der Durchführung der Abschiebung angeordnet werden kann (§ 57 Abs. 2 S. 2 AuslG bzw. heute § 62 Abs. 2 S. 2 AufenthG), andererseits wurde mit der Einführung des Abs. 4 in § 14 AsylVfG 1997 (heute Abs. 3) die Möglichkeit der Freilassung nach einer Asylerstantragsstellung eines Ausländers „aus der Haft heraus" abgeschafft.[29]

Mit der Umsetzung des Zuwanderungsrechts wurde im Jahr 2004 dann schließlich das bis dahin bestehende Ausländergesetz durch das **vom 1.1.2005 an geltende Aufenthaltsgesetz** abgelöst. Die Regelung der Abschiebungshaft in § 57 AuslG wurde allerdings im Wesentlichen durch § 62 AufenthG übernommen.[30] Eine letzte Änderung erfuhr die Regelung der Verhängung der Abschiebungshaft mit dem „Richtlinienumsetzungsgesetz" vom 19.8.2007. Im neu eingeführten § 62 Abs. 4 AufenthG wurde der Ausländerbehörde das eigenständige Recht eingeräumt, einen Ausländer, unabhängig von einer vorherigen richterlichen Anordnung, festzuhalten und vorläufig in Gewahrsam zu nehmen. Zugleich wurde § 15 AufenthG u.a. um Abs. 5 ergänzt, indem nun die Zurückweisungshaft eigenständig normiert und als Regelfall vorgesehen ist. Im Gegensatz zu der ursprünglichen Verweisung auf eine entsprechende Anwendung des § 62 AufenthG (§ 15 Abs. 4 AufenthG a.F.) kommt es insofern zu einer gesetzlichen Verschärfung, als nur noch auf den Abs. 3 des § 62 AufenthG verwiesen wird. Die Anordnung von Zurückweisungshaft ist somit nicht mehr von den einzelnen Voraussetzungen des § 62 Abs. 2 AufenthG abhängig und dem Wortlaut nach im Grundsatz anzuwenden.[31]

Anforderungen für das Abschiebeverfahren und die Abschiebehaft ergeben sich aus der **Richtlinie 2008/115/EG des Europäischen Parlaments und des Rates vom 16.12.2008** über gemeinsame Normen und Verfahren in den Mitgliedsstaaten zur Rückführung illegal aufhältiger Drittstaatsangehöriger (Rückführungsrichtlinie).[32] Das Rückführungsverfahren, das zunächst auf eine freiwillige Ausreise ausgerichtet ist (Art. 7), ist vorrangig vor der Ab-

27 Eingehend zur grundlegenden Intention der jeweiligen Gesetzesänderungen: Reinhardt in: Kluth/Hund/Maaßen, Zuwanderungsrecht, § 2 Rn. 17 ff.; vgl. zudem auch Renner, Ausländerrecht in Deutschland, § 9 Rn. 90 ff.

28 Reinhardt in: Kluth/Hund/Maaßen, Zuwanderungsrecht, § 2 Rn. 42; Hecht in: Kluth/Hund/Maaßen, Zuwanderungsrecht, § 5 Rn. 254.

29 BGBl. I 1997, 2584 ff.; vgl. auch die Begründung in BT-Drucks. 13/4948, S. 10 f.

30 § 62 AufenthG wurde 2005 nur in Abs. 2 Nr. 1 a um den neuen Fall der Abschiebungsanordnung (§ 58 a AufenthG) durch die oberste Landesbehörde oder das Bundesinnenministerium ergänzt.

31 Huber/Göbel-Zimmermann, Ausländer- und Asylrecht, Rn. 63.

32 ABl. EU, L 348 vom 24.12.2008, 98-107.

schiebeanordnung (Art. 8). Für den Vollzug der Abschiebehaft ist das Kapitel IV. „Inhaftnahme für die Zwecke der Abschiebung" bedeutsam:

- Art. 15 Abs. 3: Überprüfung der Inhaftnahme „in gebührenden Zeitabständen"
- Art. 15 Abs. 5, 6: Maximale Dauer der Inhaftnahme: 6 Monate, in Ausnahmefällen: 12 Monate
- Art. 16 Abs. 1: Spezielle Einrichtungen für den Vollzug, zumindest ständige räumliche Trennung von gewöhnlichen Gefängnisinsassen.
- Art. 16 Abs. 2, 4: Ermöglichung der Kontaktaufnahme mit Rechtsvertretern, Familienangehörigen und den zuständigen Konsularbehörden sowie Besuchsmöglichkeiten von einschlägig tätigen nationalen und internationalen Organisationen und nicht-staatlichen Organisationen.

Ein besonderer Schutz wird Minderjährigen und Familien gewährt:

4 **Art. 17 RL 2008/115/EG – Inhaftnahme von Minderjährigen und Familien**

(1) Bei unbegleiteten Minderjährigen und Familien mit Minderjährigen wird Haft nur im äußersten Falle und für die kürzestmögliche angemessene Dauer eingesetzt.

(2) Bis zur Abschiebung in Haft genommene Familien müssen eine gesonderte Unterbringung erhalten, die ein angemessenes Maß an Privatsphäre gewährleistet.

(3) in Haft genommene Minderjährige müssen die Gelegenheit zu Freizeitbeschäftigungen einschließlich altersgerechter Spiel- und Erholungsmöglichkeiten und, je nach Dauer ihres Aufenthalts, Zugang zur Bildung erhalten.

(4) Unbegleitete Minderjährige müssen so weit wie möglich in Einrichtungen untergebracht werden, die personell und materiell zur Berücksichtigung ihrer altersgemäßen Bedürfnisse in der Lage sind.

(5) Dem Wohl des Kindes ist im Zusammenhang mit der Abschiebehaft bei Minderjährigen Vorrang einzuräumen.

5 Den Mitgliedstaaten war gem. Art. 20 der Richtlinie aufgegeben diese bis zum 24.12.2010 umzusetzen. Nur in Bezug auf die gerichtliche Kostenfreiheit nach Art. 13 Abs. 4 gilt noch eine Frist bis zum 24.12.2011. Ein entsprechendes Gesetzgebungsvorhaben zur Umsetzung der Richtlinie in nationales Recht befindet sich derzeit immer noch in der Vorbereitungs- bzw. Beratungsphase. So existiert bisher nur ein Entwurf der Bundesregierung (Entwurf eines Gesetzes zur Umsetzung aufenthaltsrechtlicher Richtlinien der Europäischen Union und zur Anpassung nationaler Rechtsvorschriften an den EU-Visakodex)[33], der in den Bundestag noch nicht eingebracht ist. Nach der Rechtsprechung des Europäischen Gerichtshofs gilt eine Richtlinie nach Ablauf der Umsetzungsfrist jedoch unmittelbar in den Mitgliedstaaten. Soweit die getroffenen Regelungen somit in der **„Rückführungsrichtlinie"** hinreichend konkret gefasst sind, ist die Richtlinie seit dem 24.12.2010 **unmittelbar geltendes Recht** in Deutschland, mit der Folge, dass entgegenstehendes nationales Recht nicht mehr anwendbar ist. Dementsprechend hat das Bundesministerium des Innern bereits mit Schreiben vom 16.12.2010 an die Innenministerien und Senatsverwaltungen der Länder, das Bundesamt für Migration und Flüchtlinge usw. „vorläufige Anwendungshinweise zur einstweiligen Umsetzung" erteilt.[34]

Während es somit über die Jahre bezüglich der Anordnungsvoraussetzungen für eine Verhängung der Abschiebehaft zu Gesetzesänderungen bzw. Ergänzungen gekommen ist, sind entsprechende gesetzgeberische Aktivitäten für gesetzliche Regelungen des Vollzugs der Abschiebehaft nicht festzustellen (s. hierzu im Einzelnen § 17 Rn. 2ff; § 18 Rn. 2 ff.).

33 Der Entwurf ist als pdf-Datei auf der Seite www.migrationsrecht.net (zuletzt besucht am 4.6.2011) abrufbar.

34 Das Schreiben des BMI vom 16.12.2010 ist als pdf-Datei auf der Seite www.migrationsrecht.net (zuletzt besucht am 4.6.2011) abrufbar.

§ 15 Anordnung und Verfahren

I. Die Voraussetzungen für die Anordnung der Abschiebungshaft, § 62 AufenthG

Die Voraussetzungen für eine Anordnung der Abschiebungshaft mit den unterschiedlichen „Haftarten" und deren jeweiliger Dauer sind in § 62 AufenthG geregelt. Ein Ausländer kann danach zur Vorbereitung einer bevorstehenden Ausweisung (Vorbereitungshaft, § 62 Abs. 1) oder zur Sicherung einer (bereits verfügten) Abschiebung (Sicherungshaft, § 62 Abs. 2) in Haft genommen werden. 1

1. Die Vorbereitungshaft nach § 62 Abs. 1 AufenthG. Die Vorbereitungshaft gem. § 62 Abs. 1 AufenthG dient dem alleinigen Zweck[1] der Vorbereitung einer beabsichtigten Ausweisung, wenn über diese nicht sofort entschieden werden kann *und* wenn die Abschiebung ohne die Inhaftnahme des Ausländers wesentlich erschwert oder vereitelt würde. Aus dem Wortlaut der Vorschrift ergibt sich somit, dass sie nur bei kumulativem Vorliegen der drei Voraussetzungen verhängt werden darf. Aufgrund ihrer engen Voraussetzungen wird sie daher in der Praxis selten angeordnet und ist von weit geringerer Bedeutung[2] als die Alternative der Sicherungshaft. Bei der Vorbereitungshaft soll der „rechtmäßige" Aufenthalt beendet werden, so dass diese nicht angeordnet werden darf, wenn dem Ausländer schon gesetzlich – etwa bei unerlaubter Einreise und Ablehnung eines Antrages auf Erteilung oder Verlängerung eines Aufenthaltstitels – eine unmittelbare Ausreisepflicht auferlegt wird.[3] Allein der Umstand, dass eine Ausweisung betrieben werden soll, rechtfertigt jedoch noch keine Anordnung der Haft.[4] Vielmehr muss nach der Sachverhaltsfeststellung einerseits der Erlass einer Ausweisungsverfügung rechtlich und tatsächlich möglich und mit hinreichender Wahrscheinlichkeit zu erwarten sein, andererseits muss sich für deren Erlass auch noch die Erforderlichkeit weiterer Ermittlungen ergeben.[5] Zudem muss zum Zeitpunkt der Antragsstellung für die Ausländerbehörde feststehen, dass eine Ausweisung innerhalb der maximalen Haftdauer von sechs Wochen möglich ist[6] und darüber hinaus müssen **konkrete Verdachtsmomente** bestehen, dass der Ausländer sich einer entsprechend folgenden aufenthaltsbeendenden Maßnahme entziehen oder diese vereiteln würde.[7] Eine „vorsorgliche" Haftanordnung oder deren Anordnung von Sicherheitshaft neben der Vorbereitungshaft ist demnach unzulässig. Die Haftzeit ist vielmehr nach den Umständen im Einzelfall konkret zu bestimmen.[8] Dennoch ist ein Übergang von der Vorbereitungs- auf die Sicherungshaft zulässig[9], wobei die Abschiebungshaft und deren Dauer jedoch nicht dazu bestimmt sind, die Tätigkeit der Ausländerbehörden zu erleichtern.[10] 2

2. Die Sicherungshaft nach § 62 Abs. 2 AufenthG. Nach Maßgabe des § 62 Abs. 2 Satz 1 AufenthG ist ein Ausländer zur Sicherung der Abschiebung auf richterliche Anordnung in Haft zu nehmen. Um eine **„Erleichterung"** der Anordnung der Abschiebungshaft herbeizuführen, wurde durch das Gesetz zur Neuregelung des Asylverfahrens im Jahr 1992 auch die 3

1 Zur strengen „Zweckbindung" bei der Anordnung von Abschiebungshaft, vgl. zuletzt BVerfG NVwZ 2007, 1296 f. m.w.N.

2 Renner in: Studientag zur Abschiebungshaft, S. 7 (8); Grimm, Rückführung von Flüchtlingen, S. 113.

3 Meyer-Mews AnwBl 99, 317 (319); Dienelt in: Renner, Ausländerrecht, AufenthG, § 62 Rn. 8.

4 Huber/Göbel-Zimmermann, Ausländer- und Asylrecht, Rn. 1251, also nicht bei einer noch „offenen Entscheidung" oder „nur nicht auszuschließenden Möglichkeit" einer Ausweisung.

5 Kessler in: Hofmann/Hoffmann, AufenthG, § 62 Rn. 15; Hailbronner, Ausländerrecht, AufenthG, § 62 Rn. 19.

6 BayObLG InfAuslR 1994, 144 (145) m.w.N; Dienelt in: Renner, Ausländerrecht, AufenthG, § 62 Rn. 10; Kessler in: Hofmann/Hoffmann, AufenthG, § 62 Rn. 15, eine Anordnung der Haft ist bei absehbarer Überschreitung der regulären Höchstdauer i.d.R. unverhältnismäßig und hat daher zu unterbleiben.

7 Rittstieg NJW 1996, 545 (551), die Gefahr der Entziehung bzw. Vereitelung muss „hinreichend schwerwiegend" sein, und zudem „mit einer höheren Wahrscheinlichkeit, als für die Anordnung der Sicherungshaft erforderlich" sein, vgl. hierzu OLG München v. 16.11.2005 bei Melchior, Abschiebungshaft, Anhang; diese entfällt daher nach dem OLG Oldenburg InfAuslR 2003, 294 im Falle einer nachträglichen Meldung des Ausländers bei der Ausländerbehörde.

8 Dienelt in: Renner, Ausländerrecht, AufenthG, § 62 Rn. 10; Kessler in: Hofmann/Hoffmann, AufenthG, § 62 Rn. 17.

9 Vgl. hierzu schon § 62 Abs. 3 S. 3, mit der Anrechnung der Haftzeit der Vorbereitungshaft.

10 BGHZ 98, 109; OLG Frankfurt, InfAuslR 1994, 239; Göbel-Zimmermann ZAR 1996, 110 (111).

Regelung der Sicherungshaft geändert[11] und § 57 Abs. 2 S. 1 Nr. 1 bis 5 AuslG um konkrete und enumerative Haftgründe – welche auch heute noch an gleicher Stelle in § 62 AufenthG zu finden sind – erweitert, die den Richter zwingend zur Anordnung der Sicherungshaft verpflichten sollten, soweit sich nicht nach den weiteren Sätzen des Abs. 2 etwas anderes ergibt.[12] Nach Ansicht des **BGH** waren die damals in § 57 Abs. 2 S. 1 Nr. 2 bis 4 AuslG aufgeführten Haftgründe tatsächlich als zwingend anzusehen. Im Gegensatz zu der bis dahin durchweg erforderlichen Gefahrprognose anhand konkreter Umstände des Einzelfalls hinsichtlich einer Entziehungs- bzw. Vereitelungsabsicht enthielten die besagten Haftgründe die „unwiderlegbare gesetzliche Vermutung" einer solchen Absicht.[13] Dieser Sichtweise ist das **BVerfG**[14] nicht gefolgt und hat daher im Hinblick auf den Verhältnismäßigkeitsgrundsatz für alle Haftgründe des Abs. 2 der Sicherungshaft festgelegt, dass eine Prüfung der Erforderlichkeit stets vorzunehmen ist. Die Inhaftierung ist deshalb nicht bereits dann erforderlich, wenn der Ausländer die Tatbestandsmerkmale eines Haftgrundes erfüllt hat. Dementsprechend ist auch **in jedem Einzelfall von Amts wegen zu überprüfen**, ob sich der Ausländer offensichtlich der Abschiebung entziehen will.

4 a) **Die einzelnen Haftgründe des § 62 Abs. 2 S. 1 Nr. 1 bis 5 AufenthG.** Neben dieser Beachtung des Grundsatzes der Verhältnismäßigkeit setzt die Anordnung der Sicherungshaft im Grundsatz zweierlei voraus; nämlich die Ausreisepflicht – gleichgültig, ob diese durch Verwaltungsakt oder einen sonstigen Umstand i.S.d. §§ 50, 51 AufenthG begründet wurde – und die Gefahr der Vereitelung bzw. Entziehung der Abschiebung. Sicherungshaft ist demnach gem. § 62 Abs. 2 S. 1 Nr. 1 bis 5 AufenthG anzuordnen, wenn ein Ausländer aufgrund einer unerlaubten Einreise[15] vollziehbar ausreisepflichtig ist (Nr. 1), eine Abschiebungsanordnung nach § 58 a AufenthG ergangen ist, diese aber nicht unmittelbar vollzogen werden kann (Nr. 1 a), die Ausreisefrist abgelaufen ist, aber der zuständigen Behörde der neue Wohnort nicht bekannt gegeben wurde (Nr. 2), der Migrant aus von ihm zu vertretenden Gründen nicht zu dem für die Abschiebung angekündigten Termin an dem von der Ausländerbehörde genannten Ort anzutreffen war (Nr. 3), er sich in sonstiger Weise der Abschiebung entzogen hat (Nr. 4) oder der begründete Verdacht besteht, dass er dies tun wird (Nr. 5). Die Haftgründe werden durch den Grundsatz der Verhältnismäßigkeit wie folgt beeinflusst:

5 Bei § 62 Abs. 2 S. 1 Nr. 1 AufenthG genügt nicht allein der Umstand, dass der Ausländer unerlaubt eingereist ist, vielmehr muss er noch aufgrund der unerlaubten Einreise unmittelbar seit seiner Einreise ins Bundesgebiet – und damit ununterbrochen – vollziehbar ausreisepflichtig sein.[16] Daher entfällt eine Anordnung der Sicherungshaft, wenn der Ausländer noch *vor* seiner möglichen Inhaftierung einen Asylerstantrag stellt, welcher ihm einen gesetzlichen Aufenthaltstitel nach § 55 AsylVfG in Gestalt einer Aufenthaltsgestattung erteilt.[17] Befindet er sich jedoch bereits in „Haft", steht dies der Aufrechterhaltung oder auch der Anordnung von Abschiebungshaft nach § 14 Abs. 3 S. 1 AsylVfG nicht entgegen. Somit lebt auch der bei der unerlaubten Einreise bestehende Haftgrund nach S. 1 Nr. 1 nicht wieder auf, wenn das Asylverfahren abgelehnt wurde.[18] Schließlich steht noch § 62 Abs. 2 S. 3 AufenthG der Anordnung nach S. 1 Nr. 1 entgegen, wenn der Ausländer glaubhaft macht,

11 Vgl. BT-Drucks.12/2062, Begründung, S. 26 und 45, wo die Fraktionen des deutschen Bundestages als Begründung für die Gesetzesänderung die erhebliche Zunahme der Zahl der Asylbewerber, der nur eine geringe Anerkennungsquote gegenüberstand, anführten.

12 BT-Drucks.12/2062, Begründung, S. 45: „In Satz 1 sind die zwingenden Haftgründe geregelt. Im Falle ihres Vorliegens muss Abschiebungshaft angeordnet werden, sofern die Haft nicht nach Satz 3 unzulässig ist."

13 BGH NJW 1993, 3069 (3070).

14 BVerfG InfAuslR 1994, 342 ff. = NVwz-Blg. 1994, 57; ablehnend auch OLG Karlsruhe NVwZ 1993, 813; OLG Köln NVwZ 1993, 707; vgl. zudem BayObLG InfAuslR 2001, 177.

15 Legaldefinition in § 14 Abs. 1 AufenthG; vgl. auch § 58 Abs. 2 Nr. 1 AufenthG.

16 BT-Drucks.12/2062, Begründung, S. 45; Göbel-Zimmermann ZAR 1996, 110 (112).

17 Vgl. BayOblG, 16.9.2004, 4Z BR 070/94, bei Melchior, Abschiebungshaft. Dies gilt jedoch nicht bei einem „Asylfolgeantrag" oder „Zweitantrag" gem. §§ 71, 71 a AsylVfG, es sei denn, es wird ein weiteres Asylverfahren durchgeführt, vgl. hierzu die §§ 71 Abs. 8 und 71 a Abs. 2 S. 3 AsylVfG.

18 OLG Celle Asylmagazin 3/2007, 38; OLG Frankfurt InfAuslR 1998, 459 (461).

dass er sich der Abschiebung nicht entziehen will, was ungeachtet des Wortlauts („kann") kein zusätzliches Ermessen eröffnet.[19] Insofern reicht im Einklang mit dem Verhältnismäßigkeitsgrundsatz für eine Anwendung des S. 3, dass sich der Ausländer den Behörden zur Verfügung hält, freiwillig bei ihnen meldet oder er ein stabiles Umfeld im Bundesgebiet, wie eine feste Wohnung oder einen Arbeitsplatz, nachweisen kann.[20] Aufgrund dieser notwendigen Beachtung ungeschriebener Tatbestandsmerkmale werden hinsichtlich der Bestimmtheit des Tatbestandes zu Recht verfassungsrechtliche Bedenken geäußert. Als unzureichend wird dabei die „nur" erforderliche Vollziehbarkeit der Ausreisepflicht angesehen, da diese selber schon Voraussetzung der Abschiebung ist, vgl. §§ 50, 58 Abs. 2 AufenthG.[21] Diesen Mangel an Tatbestandsvoraussetzungen kann auch kein gelegentliches Absehen von der Rechtsfolge der Anordnung der Haft nach Satz 3 beseitigen, was zudem am Hinweis auf die Unmittelbarkeit der unerlaubten Einreise zur vollziehbaren Ausreisepflicht ersichtlich ist. Denn obwohl die Voraussetzungen des Tatbestandes Nr. 1 dem Wortlaut nach in einigen Fällen eindeutig vorliegen, muss von einer Inhaftnahme, z.B. wegen § 55 AsylVfG, abgesehen werden.

Der Haftgrund des § 62 Abs. 2 S. 1 Nr. 1 a AufenthG wurde erst nachträglich mit der Einführung des Aufenthaltsgesetzes im Jahr 2005 wegen der nicht sofortigen Vollziehbarkeit einer Abschiebungsanordnung nach § 58 a AufenthG eingeführt. Gemeint sind damit technische Hindernisse wie beispielsweise die Organisation von Heimreisedokumenten oder eines Flugtermins, aber auch entsprechend des Verhältnismäßigkeitsgrundsatzes etwaige Abschiebungsverbote nach § 60 Abs. 1 bis 8 AufenthG, nicht jedoch die Aussetzung der Vollziehung durch eine gerichtliche Entscheidung.[22] Die Abschiebungsanordnung konzentriert vielmehr den Grund- und Vollstreckungsverwaltungsakt in einem einzigen Verwaltungsakt, der kraft Gesetzes sofort vollziehbar ist, aber auch den Rechtsschutz mit dem erst- und letztinstanzlich zuständigen Bundesverwaltungsgericht.[23] Auch wenn es sich bei § 58 a AufenthG um einen Sondertatbestand zur Abwehr der Gefährdung der BRD oder einer terroristischen Gefahr handelt, muss auch hier für eine Anordnung der Sicherungshaft der Grundsatz der Verhältnismäßigkeit gewahrt bleiben.[24] Unabhängig von den Voraussetzungen hat die Abschiebungsanordnung in der Praxis fast keinerlei Relevanz.[25] Daher wird die Einführung der § 58 a bzw. § 62 Abs. 2 S. 1 Nr. 1 a AufenthG als ausschließlich **politisch motivierte Reaktion auf die Terroranschläge in New York und Madrid** kritisiert. Sie werden als Fehlkonstruktion bezeichnet, die „symbolhaft für den Stand heutiger Gesetzgebungskunst" stehen und darüber hinaus auch „symptomatisch für das gesamte Phänomen der Abschiebungshaft" sind.[26] Dies wird nicht zuletzt dadurch deutlich, dass die Regelung der § 58 a, § 62 Abs. 2 Nr. 1 a AufenthG – trotz ihrer praktisch nicht vorhandenen Bedeutung – durch das Richtlinienumsetzungsgesetz 2007 unverändert geblieben ist, wie auch die anderen Haftgründe.[27] 6

In § 62 Abs. 2 S. 1 Nr. 2 AufenthG wird mit dem Tatbestandsmerkmal des „Ortswechsels" im Wesentlichen das „Untertauchen" des Ausländers erfasst[28], nachdem ihm die Behörde 7

19 Dienelt in: Renner, Ausländerecht, AufenthG, § 62 Rn. 15.

20 Kessler in: Hofmann/Hoffmann, AufenthG, § 62 Rn. 24.

21 Grotkopp SchlHA 2006, 373 (374).

22 Heinhold, Recht für Flüchtlinge, S. 219.

23 Hecht in: Kluth/Hund/Maaßen, Zuwanderungsrecht, § 5 Rn. 229.

24 Hailbronner, Ausländerrecht, AufenthG, § 62 Rn. 41.

25 Hecht in: Kluth/Hund/Maaßen, Zuwanderungsrecht, § 5 Rn. 230 ff., mit dem Hinweis, dass in 3 Jahren bis Ende 2007 nur ein Fall des § 58 a vorgekommen ist und daher aus heutiger Sicht auch kaum mehr zu erwarten ist.

26 So Grotkopp SchlHA 2006, 373; aber auch Hecht in: Kluth/Hund/Maaßen, Zuwanderungsrecht, § 5 Rn. 229 ff., mit dem Hinweis, dass selbst das BMI „nicht ohne Grund erwogen hat, § 58 a wieder abzuschaffen".

27 Schon Grotkopp SchlHA 2006, 373 hatte in Bezug auf die rechtliche Materie bei der Abschiebungshaft angemerkt: „Vom Gesetzgeber wird sie in stoischer Unbekümmertheit vernachlässigt."

28 Vgl. statt vieler Dienelt in: Renner, Ausländerrecht, AufenthG, § 62 Rn. 16; Grimm, Rückführung von Flüchtlingen, S. 113.

vergeblich eine Ausreisefrist gesetzt hat.[29] Infolge des stets zu beachtenden Grundsatzes der Verhältnismäßigkeit wird jedoch lediglich eine im Einzelfall widerlegbare Vermutung begründet, die auch nicht nur nach rein objektiven Umständen entkräftet werden muss.[30] Vielmehr liegt der Haftgrund erst vor, wenn der abzuschiebende Ausländer aktiv, zielgerichtet und vorsätzlich den Aufenthaltsort gewechselt hat, um sich dem Zugriff der Ausländerbehörde zu entziehen.[31] Die Behörde muss somit auch tatsächlich eine mit der Abschiebung in unmittelbarem Zusammenhang stehende konkrete Maßnahme durchführen, bei der der Ausländer nicht erreichbar ist.[32] Befindet er sich dagegen in öffentlichem Gewahrsam oder kennt die Behörde seinen Aufenthaltsort, muss eine Inhaftnahme jedenfalls unterbleiben.[33] Das gilt auch, wenn der Ausländer den Umständen nach nicht damit rechnen musste, dass die Ausländerbehörde seine Abschiebung betreibt oder betreiben wird.[34] Zudem muss ihn die Behörde auch ausdrücklich und nachweisbar auf seine Pflicht hinweisen, einen Ortswechsel mitzuteilen.[35] Die verfassungskonforme Auslegung des Tatbestandes mit der notwendigen Beachtung der subjektiven Komponente ist jedoch, wie schon zuvor beim **Haftgrund Nr. 1**, nicht aus dem Wortlaut ersichtlich. Somit werden auch hier verfassungsrechtliche Bedenken hinsichtlich der Bestimmtheit der Vorschrift geäußert.[36] Zumindest sollte im Sinne der Verständlichkeit eine Klarstellung im Tatbestand erfolgen, was bisher allerdings in den Novellierungen stets unterlassen wurde.

8 Mit dem Haftgrund des § 62 Abs. 2 S. 1 Nr. 3 AufenthG wird unter Berücksichtigung der Verhältnismäßigkeit nur derjenige Ausländer erfasst, der ein schuldhaftes, d.h. vorsätzliches oder zumindest grob fahrlässiges Verhalten für die Versäumung des Abschiebungstermins aufweist.[37] Für eine Anordnung der Haft muss daher bereits ein Versuch der Abschiebung erfolgt sein, bei welchem der Ausländer an einem ihm vorher ordnungsgemäß bekannt gegebenen Termin (Ort und Zeit) nicht nur kurzfristig nicht angetroffen werden kann.[38] An einem von ihm zu vertretenen Grund mangelt es, wenn der Ausländer wegen Krankheit oder aus einem ähnlichen wichtigen Grund verhindert war.[39]

9 Gleich gestellt als Haftgrund ist in § 62 Abs. 2 S. 1 Nr. 4 AufenthG jedes sonstige Verhalten des Ausländers, durch welches er sich seiner Abschiebung entzogen hat. Hierzu zählt nicht etwa die Ausschöpfung des Rechtsweges[40], sondern beispielsweise der Widerstand gegen Vollstreckungsbeamte, das Verstecken von Ausweispapieren oder auch falsche Angaben zur Staatsangehörigkeit bei den Heimatbehörden zur gezielten Verhinderung seiner Abschiebung.[41]

10 Als letzter Haftgrund nach § 62 Abs. 2 S. 1 Nr. 5 AufenthG erlaubt der begründete Verdacht der Entziehungsabsicht des Ausländers seine Inhaftierung, ob durch dessen Untertauchen oder sonstiges rechtswidriges Verhalten. Der Verdacht kann sich aus entsprechenden Erklärungen oder auch aus dem Verhalten des Ausländers ergeben, wobei jedoch insoweit nur auf den Willen und nicht auf die Realisierbarkeit abzustellen ist.[42] Dieser Wille muss sich dazu

29 Der Wortlaut ist insofern eindeutig, ein Untertauchen „vor" Ablauf der Frist rechtfertigt keine Haftanordnung, wohl aber den Verdacht der Nr. 5, vgl. dazu Heinhold, Abschiebungshaft, S. 300.
30 So aber Hailbronner, Ausländerrecht, AufenthG, § 62 Rn. 49; auch Dienelt in: Renner, Ausländerrecht, AufenthG, § 62 Rn. 16 mit der Ablehnung einer widerlegbaren Vermutung, a.A. OLG Karlsruhe NVwZ 1993, 813.
31 OLG Frankfurt InfAuslR 1998, 461 (462); zuletzt LG Nürnberg InfAuslR 2006, 227; Kessler in: Hofmann/Hoffmann, AufenthG, § 62 Rn. 24; Göbel-Zimmermann ZAR 1996, 110 (112).
32 Heinhold, Abschiebungshaft, S. 300 mit Bezug auf OLG Frankfurt NVwZ-Blg. I 1995, 39.
33 OLG Frankfurt InfAuslR 1994, 241; EZAR 048 Nr. 15. Es muss ausreichen, wenn der Ausländer seinen Ortswechsel zumindest einer Behörde anzeigt, vgl. Graunke, Abschiebungshaft, S. 20.
34 BayObLG EZAR 048 Nr. 36; vgl. AG Rottweil InfAuslR 2005, 40 (42) im Fall einer Duldung.
35 OLG Celle InfAuslR 2004, 118.
36 Grotkopp SchlHA 2006, 373 (374).
37 OLG Düsseldorf, 12.11.2003, I-3 Wx 313/03, bei Melchior, Abschiebungshaft.
38 Graunke, Abschiebungshaft, S. 21; Dienelt in: Renner, Ausländerecht, AufenthG, § 62 Rn. 17.
39 Heinhold, Abschiebungshaft, S. 301; Göbel-Zimmermann ZAR 1996, 110 (112).
40 Kessler in: Hofmann/Hoffmann, AufenthG, § 62 Rn. 24.
41 BayOblG InfAuslR 1998, 455; Krämer in: Welte/Jakober, Aktuelles Ausländerrecht, AufenthG, § 62 Rn. 25.
42 Dienelt in: Renner, Ausländerrecht, AufenthG, § 62 Rn. 19.

auf konkrete Tatsachen stützen, die einen solch begründeten Verdacht rechtfertigen.[43] Dementsprechend bestehen in der Rechtsprechung zum Teil unterschiedliche Auffassungen darüber, ob und wann bestimmte Verhaltensweisen des Ausländers oder auch Umstände die Annahme begründen, dass er sich der Abschiebung entziehen wolle. Eine Entziehungsabsicht wird grundsätzlich nicht angenommen bei bloß passivem Verhalten wie der Weigerung der freiwilligen Ausreise oder die unterlassene Mitwirkung bei der Beschaffung von wichtigen Dokumenten.[44] Anders verhält es sich, wenn der Ausländer beispielsweise mit einem gefälschten Pass einreist, den Besitz von heimreisetauglichen Dokumenten verheimlicht oder in sonstiger Weise über seine wahre Identität täuscht.[45] Das Fehlen eines festen Wohnsitzes oder der Mangel an sozialen Bedingungen wie auch die Straffälligkeit des Ausländers reichen jedoch – grundsätzlich[46] – nicht für eine Annahme der Absicht der Entziehung.

b) Der fakultative Haftgrund des § 62 Abs. 2 S. 2 AufenthG. Gegenüber den enumeratori- 11
schen Haftgründen nach § 62 Abs. 2 S. 1 enthält der § 62 Abs. 2 S. 2 AufenthG einen „fakultativen“ Haftgrund, wonach ein Ausländer für die Dauer von längstens zwei Wochen in Sicherungshaft genommen werden **„kann“**, wenn die Ausreisefrist abgelaufen ist und feststeht, dass die Abschiebung durchgeführt werden kann. Außer der Ausreisepflicht und deren Vollziehbarkeit innerhalb der nächsten zwei Wochen bedarf es somit – dem Wortlaut nach – keiner zusätzlichen Gründe mehr, um einen Ausländer in Haft zu nehmen, insbesondere nicht das Vorliegen einer der Haftgründe aus S. 1.[47] Der Haftgrund stellt daher einen weitreichenden Eingriff in dessen persönliche Freiheit dar. Unabhängig des dem Gericht zustehenden Ermessens bei der Entscheidung über eine grundsätzliche Inhaftierung darf diese somit auch hier aufgrund des stets zu beachtenden Verhältnismäßigkeitsgrundsatzes nur erfolgen, wenn hinreichende tatsächliche Anhaltspunkte gegeben sind, die für eine konkrete Gefahr der Entziehungs- bzw. Vereitelungsabsicht des Ausländers sprechen. Folglich wird als zusätzliche Voraussetzung des Haftgrundes immer öfter die „Absicht der Vereitelung der Abschiebung“ gefordert.[48] Diese Ergänzung als ungeschriebenes Tatbestandsmerkmal erweist sich unter verfassungsrechtlicher Sicht als zwingend. Zudem ist in diesem Hinblick noch darauf hinzuweisen, dass der Haftgrund nach der Gesetzesbegründung[49] hauptsächlich zur Verwaltungsvereinfachung bei Sammelabschiebungen beitragen soll, soweit „alle“ Voraussetzungen der Abschiebung erfüllt sind. Hierzu muss selbstverständlich auch die „bereits organisierte“ Abschiebung gehören, da eine Anordnung der Haft nicht „auf Vorrat“ bzw. zur Erleichterung der Tätigkeit der Behörden erfolgen darf. Folglich ist auch bei § 62 Abs. 2 S. 2 AufenthG eine Überarbeitung des Tatbestandes aufgrund der dargelegten Gründe erforderlich.[50]

c) Fortdauer der Sicherungshaft nach § 62 Abs. 2 S. 5 AufenthG. Verfassungsrechtlich be- 12
denklich erscheint auch die Einführung des **S. 5** in § 62 Abs. 2 AufenthG mit dem Richtlinienumsetzungsgesetz 2007, der eine Fortgeltung der Haftordnung bei einer verhinderten Abschiebung vorsieht, die der Ausländer zu vertreten hat. In der amtlichen Gesetzesbegründung[51] ist dabei der Fall angeführt, „wenn der Ausländer im Flugzeug randaliert und der

43 BGH FGPrax 2000, 130; BayObIG InfAuslR 2001, 174.
44 OLG Hamburg InfAuslR 2007, 76; OLG Düsseldorf InfAuslR 1997, 407; OLG Naumburg FGPrax 2000, 211 (212), nicht dagegen bei beharrlicher Weigerung BayObIG EZAR 048 Nr. 21.
45 Krämer in: Welte/Jakober, Aktuelles Ausländerrecht, AufenthG, § 62 Rn. 27 m.w.N; dies gilt allerdings nicht, wenn die illegale Einreise oder Täuschung mehrere Jahre zurückliegt, OLG Hamburg InfAuslR 2007, 74.
46 Vgl. zum Meinungsstand Hailbronner, Ausländerrecht, AufenthG, § 62 Rn. 55 ff.
47 So bestätigend OLG Karlsruhe FGPrax 1999, 79; diese Entscheidung lehnen explizit ab Heinhold, Abschiebungshaft, S. 307; Huber/Göbel-Zimmermann, Ausländer- und Asylrecht, Rn. 1262.
48 So zunächst OLG Hamburg, 3.2.2004, 2 Wx 128/02; OLG Frankfurt, 15.3.2004, 20 W 426/03, zuletzt OLG Oldenburg, 10.4.2006, 2 W 82/05, alle bei Melchior, Abschiebungshaft; gegen eine Ergänzung über das Ermessen hinaus jedoch OLG Hamm InfAuslR 2007, 159 (160).
49 BT-Drucks.12/2062, Begründung, S. 45.
50 Vgl. auch Grotkopp SchlHA 2006, 373 (374), der anführt, dass mit einer Ergänzung der Vereitelungsabsicht die Voraussetzungen § 62 Abs. 1 Nr. 5 AufenthG gegeben sind und daher fordert: „Nach der zweifellos gebotenen Korrektur könnte Satz 2 mithin bedenkenlos gestrichen werden.“
51 BT-Drucks. 15/5065, Begründung, S. 188.

Flug deshalb abgebrochen werden muss." Insoweit ist allerdings zu beachten, dass ein abgebrochener Abschiebungsversuch auch immer eine neue Sachlage herbeiführt und daher die Möglichkeit einer Abschiebung auch weiterhin – und zwar nach verfassungskonformer Auslegung binnen kürzester Zeit – bestehen muss. Ist dies nicht der Fall, z.B. bedingt durch Krankheit, erheblich organisatorischen Aufwand oder auch eine jetzige Weigerung des Zielstaates, ist eine weitere Inhaftierung vom Gesetz nicht gedeckt. Es müsste dann gegebenenfalls eine neue gerichtliche Entscheidung veranlasst werden.[52] Zudem könnte in der Praxis die Gefahr bestehen, dass infolge des Widerstands des Ausländers eine „Aufrechterhaltung" der Haft genutzt wird, um den Häftling „folgsam" zu machen.[53] Abschiebungshaft darf jedoch in keinem Fall eine Sanktionsfunktion im strafrechtlichen Sinn übernehmen oder generell als eine Art „Beugehaft" oder „Ersatzfreiheitsstrafe" für eine Abschreckung des Betroffenen oder anderer Ausländer missbraucht werden.[54]

13 **3. Die Dauer der Sicherungshaft nach § 62 Abs. 2 und 3 AufenthG.** Auch die **Dauer der Sicherungshaft** begegnet erheblichen rechtlichen Bedenken, sowohl hinsichtlich der tatsächlich vollstreckten als auch der gesetzlich erlaubten Höchstdauer von 18 Monaten. So wird in diesem Zusammenhang immer wieder von Überschreitungen und einem unverhältnismäßigen Gebrauch gesprochen.[55] Die in § 62 Abs. 2 S. 2, Abs. 3 S. 1 und 2 AufenthG vorgesehenen Fristen sind aber nicht als Regelhaftzeiten, sondern als Höchstfristen zu verstehen.[56] Im Hinblick auf die Verhältnismäßigkeit bestimmen nur die jeweiligen Umstände des Einzelfalls die Haftdauer, eine pauschale Anordnung der „regelmäßigen" Höchstgrenze von drei Monaten (vgl. dazu Abs. 2 S. 4) ist nicht erlaubt. Zulässig ist wegen des einschneidenden Eingriffs in das Freiheitsgrundrecht des Art. 2 Abs. 2 S. 2 GG immer nur die Haft, die unter Beachtung des aus diesem Grundrecht folgenden Beschleunigungsgebots unbedingt für die Behörde erforderlich ist, um die Abschiebung vorzubereiten und durchzuführen.[57] Die Ausländerbehörde muss folglich auch alle notwendigen Anstrengungen unternehmen, damit der Vollzug der Abschiebungshaft auf eine **möglichst kurze Zeit** beschränkt wird.[58] Dies gilt insbesondere für Kinder und Jugendliche in Abschiebehaft.

Zu bedenken ist weiterhin, dass „sich das Gewicht des Freiheitsanspruchs gegenüber dem öffentlichen Interesse an einer wirksamen Durchsetzung ausländerrechtlicher Vorschriften mit zunehmender Dauer der Haft vergrößern wird."[59] Unter diesem Abwägungsgebot und im Vergleich zur Untersuchungshaft ist daher eine maximale Haftdauer von 18 Monaten verfassungsrechtlich höchst zweifelhaft. Die Höchstdauer der Untersuchungshaft wegen derselben Tat, deren Anordnung einen dringenden Tatverdacht von einiger Bedeutung voraussetzt, ist aus Gründen der Verhältnismäßigkeit auf sechs Monate begrenzt (§ 121 StPO).[60] Somit kann ein Ausländer u.U. dreimal länger in Abschiebungshaft genommen werden, die keinen strafrechtlichen Charakter verfolgt, als ein Beschuldigter mit etwa einem dringenden Tatverdacht eines (schweren) Verbrechens. Im Hinblick auf ein zu beachtendes Beschleunigungs- und auch Kontrollgebot in Haftsachen sollten folglich die allgemeinen Zeiten der Haftdauer erheblich nach unten korrigiert werden.

14 **4. Die vorläufige Ingewahrsamnahme der Ausländerbehörde gem. § 62 Abs. 4 AufenthG.** Eine weitere Änderung des „Richtlinienumsetzungsgesetzes" im Jahr 2007 ist die Erweiterung des § 62 AufenthG um den Abs. 4. Hiernach hat nun auch die Behörde ein **Recht zur „vorläufigen Ingewahrsamnahme"** des Ausländers ohne vorherige richterliche Anordnung, sofern sie nicht dazu in der Lage ist, eine solche Anordnung vorher einzuholen,

52 Kessler in: Hofmann/Hoffmann, AufenthG, § 62 Rn. 38.
53 Huber/Göbel-Zimmermann, Ausländer- und Asylrecht, Rn. 1264 f.
54 OLG Köln InfAuslR 1987, 155; Beichel-Benedetti/Gutmann NJW 2004, 3015 (3016).
55 So Piorreck, Dauer der Abschiebungshaft, 465 ff.; zuletzt wieder Heinhold, Recht für Flüchtlinge, S. 277 und Jöhnk SchlHA 2006, 390 ff. mit Bezug auf die Verhältnisse in Schleswig-Holstein.
56 Hailbronner, Ausländerrecht, AufenthG, § 62 Rn. 38; Heinhold, Abschiebungshaft, S. 304.
57 OLG Köln, 2002, 101 (102); BayObLG 1998, 130 (132); auch BayObLG EZAR 048 Nr. 14.
58 Piorreck, Dauer der Abschiebungshaft, 465 (467).
59 So das BVerfG EZAR 048 Nr. 53; kritisch in gleichem Sinne schon Wegner ZAR 1996, 79 (83).
60 BVerfG StV 2007, 644 (646), eine Fortdauer gibt es nur in einem engen „begrenzten Umfang".

jedoch der dringende Verdacht für das Vorliegen der Voraussetzungen der Sicherungshaft besteht und zudem auch der begründete Verdacht vorliegt, dass sich der Ausländer der Anordnung der Haft entziehen will. Dem Zweck der Vorschrift entsprechend müssen die Voraussetzungen allerdings **kumulativ** vorliegen.[61] Ziel des Gesetzgebers war es nämlich, „eine ausdrücklich gesetzliche Grundlage für eine vorläufige Festnahme [...] aufzunehmen, um die richterliche Vorführung zur Anordnung der Sicherungshaft sicherzustellen".[62] Die Gerichte haben zuvor in ständiger Rechtssprechung festgestellt, dass aus § 62 Abs. 2 AufenthG keine entsprechende Befugnis der Ausländerbehörde abgeleitet werden könne.[63] So wird seit Jahren im Hinblick auf Art. 104 Abs. 2 GG darauf hingewiesen, dass es in der Praxis der Behörden immer wieder zum missbräuchlichen Umgang in Zusammenhang mit einer Ingewahrsamnahme der Ausländer gekommen ist.[64] Ob dieses Problem mit der Einführung des Abs. 4 beseitigt wurde, ist zu bezweifeln. Nach Art. 104 Abs. 2 S. 3 GG stellt eine (polizeiliche) Ingewahrsamnahme eine Freiheitsentziehung dar. Diese untersteht nach Art. 104 Abs. 2 S. 1 GG grundsätzlich dem verfahrensrechtlichen Vorbehalt einer richterlichen Entscheidung, der nicht zur Disposition des Gesetzgebers steht.[65] Eine nachträgliche richterliche Entscheidung (welche auch § 62 Abs. 4 S. 2 AufenthG vorsieht), deren Zulässigkeit in Ausnahmefällen Art. 104 Abs. 2 S. 2 GG voraussetzt, genügt nur, wenn der mit der Freiheitsentziehung verfolgte verfassungsrechtlich zulässige Zweck nicht erreichbar wäre, sofern der Festnahme die richterliche Entscheidung vorausgehen müsste.[66] Demnach kommt ein Recht zur Festnahme bei allen Fällen einer „planbaren bzw. vorhersehbaren" Festnahme nicht in Betracht, sondern grundsätzlich nur in den wenigen Fällen einer „wirklichen Spontanfestnahme".[67] Ist somit der Ausländerbehörde schon vorher bekannt oder zumindest vorhersehbar, dass Sicherungshaft beantragt werden soll, ist eine Festnahme im Hinblick auf Art. 104 Abs. 2 GG rechtswidrig. In den von der Rechtsprechung und Literatur gerügten Fällen verfügten die Behörden jedoch über eine solch zumindest vorhersehbare Kenntnis.[68] Demnach ist mit der Einführung des § 62 Abs. 4 AufenthG eher die Gefahr begründet worden, „die ohnehin bestehende Tendenz der Ausländerbehörden zur Missachtung des Richtervorbehalts noch zu verstärken und damit das verfassungsrechtlich gebotene Regel-Ausnahme-Verhältnis hinsichtlich des Richtervorbehalts zu unterlaufen. Die Vorschrift wäre somit schlichtweg verfassungswidrig."[69] Auch stellt sich die Frage, welcher Ausländer bei schwieriger Sachlage bei den Behörden noch freiwillig vorspricht oder sich meldet. Eine langfristige Reduzierung des illegalen Aufenthaltes von Ausländern wird daher mit § 62 Abs. 4 AufenthG kaum zu erreichen sein.

5. Verhältnis der Abschiebungshaft zur Untersuchungs- und Strafhaft. Grundsätzlich ist die **Abschiebungshaft** im „Verhältnis" zu anderen Haftgründen stets **nachrangig**. Solange gegen den Ausländer noch eine Freiheitsstrafe vollstreckt werden kann, ist eine Anordnung der Abschiebungshaft nur als sogenannte „Überhaft" nach dieser möglich, aber auch nur, wenn die Untersuchungs- oder Strafhaft voraussichtlich nicht länger als drei Monate dauern wird (vgl. § 62 Abs. 2 S. 4 AufenthG). Eine Untersuchungs- oder Strafhaft als Überhaft ist hingegen 15

61 Hailbronner, Ausländerrecht, AufenthG, § 62 Rn. 69; Huber NVwZ 2007, 977 (982).

62 BT-Drucks. 15/5065, Begründung, S. 188 f.

63 Vgl. statt vieler OLG Celle InfAuslR 2004, 210; OLG Hamburg InfAuslR 2003, 288 (291).

64 Sepke SchlHA 2006, 376 weist auf die „weit verbreitete" Praxis hin, dass Behörden Ausländer in Gewahrsam nehmen, um oft stundenlang die Voraussetzungen für eine Haftanordnung zu prüfen und erst dann bei Gericht einen Termin beantragen; vgl. zudem auch Heinhold ZAR 2006, 360 ff; Beichel-Benedetti in: Perspektivwechsel im Ausländerrecht, S. 310 ff. mit weiteren problematischen Fällen und Praktiken der Ausländerbehörde und Polizei, die in der Praxis oft das „Pferd von hinten aufzäumen".

65 BVerfGE 10, 302 (323).

66 BVerfGE 105, 239 (248 f.); 22, 311 (317).

67 Heinhold ZAR 2006, 360 (362); Winkelmann ZAR 2007, 268 (274); so auch Beichel-Benedetti JA 2006, 450, der anführt, dass es nur in „echten Eilfällen" eine solche Kompetenz gibt.

68 Vgl. BVerfG InfAuslR 2006, 462 (465 f.); OLG Köln, 29.6.2005, 16 Wx 76/05; OLG Oldenburg, 3.5.2004, 13 W 18/04, beide bei Melchior, Abschiebungshaft; des Weiteren BT-Drucks. 15/5065, Begründung, S. 188, wo im dritten Beispielsfall zu § 62 Abs. 4 AufenthG auch eine vorherige Kenntnis der Behörde besteht.

69 So Kessler in: Hofmann/Hoffmann, AufenthG, § 62 Rn. 47.

nach dem Freiheitsentziehungsrecht nicht vorgesehen.[70] Der Vorrang der strafprozessualen Maßnahmen ergibt sich aus dem höheren Bedürfnis zum Schutz der Allgemeinheit gegenüber bloßen Präventivmaßnahmen.[71] Eine Anordnung von Abschiebungshaft im Anschluss an Untersuchungs- oder Strafhaft ist allerdings unter Berücksichtigung der Verhältnismäßigkeit und dem Beschleunigungsgebot in Haftsachen nur zulässig, wenn die Behörde alle gebotenen und erforderlichen Maßnahmen ergriffen hat, um eine schnellstmögliche Abschiebung aus der Straf- bzw. Untersuchungshaft zu erreichen.[72] Dies muss das Gericht aufklären und bestimmen, welche zusätzliche Zeit die Ausländerbehörde noch benötigt, um die Abschiebung vorzubereiten und durchzuführen.[73] Eine Anrechnung der Zeit der Untersuchungshaft auf die Dauer der Abschiebungshaft erfolgt zwar nicht, doch muss die Dauer der Untersuchungshaft zumindest im Rahmen der Verhältnismäßigkeit berücksichtigt werden.[74] Wurde gegen den Ausländer andererseits ein Ermittlungsverfahren eingeleitet oder Anklage erhoben, kann eine Abschiebung gem. § 72 Abs. 4 S. 1 AufenthG nur im Einvernehmen mit der zuständigen Staatsanwaltschaft vollzogen werden, jedenfalls solange ein rechtskräftiger Abschluss des strafprozessualen Erkenntnisverfahrens noch nicht vorliegt. Nach § 26 FamFG (ehemals § 12 FGG) ist deshalb auch von Amts wegen zu prüfen, ob die zuständige Staatsanwaltschaft mit einer sofortigen Abschiebung trotz des laufenden Strafverfahrens einverstanden ist.[75] Verweigert sie jedoch ihre Zustimmung, scheidet eine Anordnung von Abschiebehaft aufgrund der in § 62 Abs. 2 S. 4 AufenthG vorgesehenen 3-Monats-Frist aus, es sei denn, das Strafverfahren kann ganz kurzfristig zu einem Abschluss gelangen.[76]

II. Das Abschiebungshaftverfahren

16 Das Verfahren bei der aufenthaltsrechtlichen Freiheitsentziehung der Abschiebungshaft mit dessen unterschiedlichen Zuständigkeiten richtet sich gem. § 106 Abs. 2 AufenthG ab dem 1.9.2009 nach dem FamFG.

Nach § 417 Abs. 1 FamFG hat daher zunächst die zuständige Verwaltungsbehörde einen **Antrag auf Anordnung der Haft** beim nach § 416 FamFG zuständigen Gericht zu stellen.[77] Während das Amtsgericht, genauer der Zivilrichter, nun über die Verhängung der Abschiebungshaft zu entscheiden hat, ordnet § 422 Abs. 3 FamFG an, dass für den Vollzug der Abschiebungshaft wiederum die Behörde zuständig ist, welche die Haft beantragt hat. Trotz der in § 427 FamFG und vormals in § 11 FEVG vorgesehenen Möglichkeit einer einstweiligen Freiheitsentziehung ist festzuhalten, dass das „Abschiebungshaftverfahren" grundsätzlich nicht als Eilverfahren ausgestaltet ist. Dennoch wird immer wieder darauf aufmerksam gemacht, dass es gerade in der Verfahrenspraxis zur Gefährdung eines „fairen" Verfahrens und damit zur Verkürzung der Rechte des betroffenen Ausländers kommt. So wird im Wesentlichen angeführt, dass sich das zuständige Gericht öfters nur unzureichend begründeten Haftanträgen und auch dem Fehlen von relevanten Akten gegenüber sieht. Auch mangelt es zum Teil an einer umfassenden, aber vorgesehenen mündlichen Anhörung des Ausländers oder auch anderer entscheidungserheblicher Personen, wie beispielsweise der erziehungsberechtigten Eltern oder des Ehegatten. Darüber hinaus gibt es für viele Ausländer nicht die Möglichkeit, sich anwaltlich beraten oder vertreten zu lassen, wodurch sie – auch teilweise infolge der Versäumnisse der Behörden und Gerichte – nicht umfänglich über ihre Rechte und Mittel aufgeklärt werden. Diese Defizite beeinflussen daher die grundsätzliche Ent-

70 OLG Frankfurt NVwZ-Blg. 1995, 8 = InfAuslR 1995, 12 (13).
71 So Hailbronner, Ausländerrecht, AufenthG, § 62 Rn. 107 mit Bezug auf die BayObLG 1973, 150.
72 OLG Oldenburg InfAuslR 2006, 281; Göbel-Zimmermann ZAR 1996, 110 (113 f.) m.w.N.
73 KG Berlin InfAuslR 1995, 359.
74 Göbel-Zimmermann ZAR 1996, 110 (114); bei der Strafhaft ist für eine Anrechnung Kessler in: Hofmann/Hoffmann, AufenthG, § 62 Rn. 60; dagegen OLG Zweibrücken FGPrax 2004, 253.
75 Hanseatisches OLG, InfAuslR 2006, 27 (28); Schleswig-Holsteinisches OLG, FGPrax 2000, 167, jeweils zu § 12 FGG.
76 OLG Düsseldorf FGPrax 2001, 130; OLG Zweibrücken InfAuslR 2003, 157 (158).
77 Zuständig sind nach § 71 Abs. 3 und 5 AufenthG auch die Bundespolizei oder die Polizeien der Länder.

scheidung über die Anordnung von Abschiebungshaft und sodann auch deren Dauer.[78] Deshalb soll im Folgenden noch einmal auf die wichtigsten Problempunkte beim Abschiebungshaftverfahren aufmerksam gemacht werden.

Im § 417 FamFG ist das Antragserfordernis der Behörde erfreulicherweise ausführlicher als bisher im § 3 FEVG normiert. Im neu eingeführten Abs. 2 des § 417 FamFG wird aber nun ausdrücklich eine **Begründungspflicht** der oben angeführten erheblichen Angaben geregelt. Zudem wird dort der Behörde aufgegeben, dass sie mit der Antragsstellung die Akte des betroffenen Ausländers bei Gericht vorlegen soll. Dies beruht wohl auf der Entscheidung des **BVerfG**[79], das die Behörde verpflichtet hat, „einen Haftantrag möglichst so rechtzeitig vor der geplanten Festnahme zu stellen, dass eine mündliche Anhörung des Betroffenen durchgeführt werden kann. Sie muss den Richter in die Lage versetzen, die vorgetragenen Haftgründe selbstständig und unter Beiziehung der Akten der Ausländerbehörde zu prüfen und gegebenenfalls Haft auf der Grundlage des § 11 FEVG vorläufig anzuordnen." Hiermit sind und werden sodann auch die weiteren Pflichten des nach § 416 FamFG zuständigen Gerichts (nochmals) vorgegeben. Die freiheitsichernde Funktion des Art. 2 Abs. 2 S. 2 GG fordert eine zureichende **richterliche Aufklärungspflicht** des Sachverhaltes, auch für Verfahren über die nachträgliche Feststellung der Rechtswidrigkeit einer Abschiebungshaft. Daher darf sich der Richter bei der Anordnung von Freiheitsentziehungen nicht auf eine Prüfung der Plausibilität der von der antragstellenden Behörde vorgetragenen Gründe für die Sicherungshaft beschränken, sondern muss eigenverantwortlich die Tatsachen feststellen, die eine Freiheitsentziehung rechtfertigen.[80] Hierzu gehört neben der Pflicht zur Heranziehung der Ausländerakte vor allem auch – hinsichtlich des Art. 104 Abs. 1 GG – die mündliche Anhörung des Betroffenen vor Anordnung oder Verlängerung der Abschiebehaft (§ 420 Abs. 1 FamFG), dessen Unterlassen die Rechtswidrigkeit der gleichwohl angeordneten Haft zur Folge hat. Eine rückwirkende Nachholung der Anhörung führt, außer in den eng begrenzten Fällen des § 427 Abs. 2 FamFG, nicht wieder zur Rechtmäßigkeit.[81] In gleicher Weise muss nach § 418 Abs. 2 FamFG auch der gesetzliche Vertreter angehört werden.[82] Darüber hinaus sollen gem. § 418 Abs. 3, § 420 Abs. 3 FamFG der Ehegatte oder Lebenspartner, wenn die Ehegatten oder Lebenspartner nicht dauernd getrennt leben, sowie dessen Eltern und Kinder, wenn der Betroffene bei diesen lebt oder bei der Einleitung des Verfahrens gelebt hat, die Pflegeeltern sowie eine von ihm benannte Person seines Vertrauens angehört werden.[83] Im Zweifelsfall ist zur tatsächlichen Aufklärung des Sachverhaltes ein Dolmetscher beizuziehen.[84] Zudem ist ein vom Betroffenen bevollmächtigter Rechtsanwalt vom Anhörungstermin zu unterrichten.[85] 17

Zwar hat der Haftrichter besonders sorgfältig die Tatbestandsvoraussetzungen für die Abschiebungshaft zu prüfen und insofern auch das öffentliche Interesse an der Sicherung der Abschiebung und den Freiheitsanspruch des Betroffenen sorgfältig gegeneinander abzuwiegen, dennoch ist umstritten, ob dem Haftrichter eine **umfängliche Prüfungskompetenz** zusteht. Die überwiegende Meinung geht von einer nur „eingeschränkten" Prüfungskompetenz der Zivilgerichte aus, welche an die verwaltungsrechtlichen Entscheidungen der Behörde hinsichtlich der Abschiebungsanordnung, asylrechtlichen Hindernisse oder auch Abschiebungshindernisse gebunden sind, außer die Verwaltungsakte sind offensichtlich nichtig oder unwirksam bekannt gegeben. Die Tätigkeit der Ausländerbehörden unterliegt insoweit allein 18

78 Auf die „verfahrensrechtlichen" Missstände weisen hin: Piorreck, Dauer der Abschiebungshaft, S. 465, (468 f.); Beichel-Benedetti in: Perspektivwechsel im Ausländerrecht, S. 310 ff.; Heinhold, Abschiebungshaft, S. 274 ff.
79 BVerfG, 2 BvR 129/04, InfAuslR 2006, 462 ff.
80 BVerfG InfAuslR 2006, 462 (463); NVwZ 2008, 304 (305).
81 BVerfG InfAuslR 1996, 198; InfAuslR 2006, 462 (464); zur unerlässlichen Anhörung des Betroffenen im Beschwerdeverfahren, zuletzt OLG München InfAuslR 2008, 87 (88).
82 LG Bremen InfAuslR 2004, 251; OLG Celle InfAuslR 2005, 423.
83 Vgl. hierzu OLG Celle InfAuslR 2005, 423, die nachträgliche Anhörung des Ehegatten in einem neuen Termin ist vielleicht ein „lästig zu empfindender Mehraufwand", reicht aber nicht aus.
84 BVerfG InfAuslR 2006, 462 (465).
85 OLG Rostock, 27.3.2006, 3 W 16/06, bei Melchior, Abschiebungshaft.

der Kontrolle der Verwaltungsgerichte.[86] Der rechtsstaatliche Verhältnismäßigkeitsgrundsatz entbindet den Richter allerdings nicht von seiner Verpflichtung zu prüfen, ob nicht nachträglich eingetretene Umstände seine Ausreisepflicht oder auch die Durchführbarkeit der Abschiebung entfallen lassen. Insofern hat der Haftrichter die Aufgabe, dem betroffenen Ausländer effektiven Rechtsschutz zu ermöglichen, indem er ihn über die Mittel des vorläufigen verwaltungsrechtlichen Rechtsschutzes belehrt und durch eine entsprechende zeitliche Gestaltung des Verfahrens (z.B. eine nur vorläufige Anordnung nach § 427 FamFG) seinen Grundrechten zur Geltung verhilft.[87] Daher muss er auch notfalls bei der Übermittlung der Eilanträge helfen, nur so lässt sich der „gespaltene Rechtsweg" im Hinblick auf Art. 19 Abs. 4 GG rechtfertigen.[88] Die Gegenansicht setzt genau hier an und bezweifelt einen effektiven Rechtsschutz für den betroffenen Ausländer in angemessener Zeit. Nach Art. 19 Abs. 4 GG gehört zur Wirksamkeit des gerichtlichen Rechtsschutzes eine hinreichende Prüfungsbefugnis über die tatsächliche und rechtliche Seite des Rechtsschutzbegehrens, um auch die bestehende Grundrechtsbindung nach Art. 1 Abs. 3 GG zu wahren.[89] Die Rechtsschutzgarantie des Art. 19 Abs. 4 GG ist als unmittelbar geltendes Verfahrensrecht nach Art. 1 Abs. 3 GG daher auch vom ordentlichen Gericht zu beachten. Eine nur „eingeschränkte" Prüfungskompetenz des Haftrichters führt ferner zu einer unzulässigen Verkürzung des aus Art. 104 Abs. 2 GG hervorgehenden Richtervorbehalts. Der Haftrichter müsste beispielsweise zunächst wegen Fluchtgefahr Abschiebungshaft anordnen, bevor später im Verfahren vor dem Verwaltungsgericht eine unrechtmäßige Abschiebung festgestellt wird. Im Vergleich zur Untersuchungshaft ist so eine Verfahrensweise aber kaum haltbar. Welcher Richter würde zunächst nur den Haftgrund der Fluchtgefahr nach § 112 Abs. 2 Nr. 2 StPO bestätigen, um dann von einem weiteren Gericht den dringenden Tatverdacht überprüfen zu lassen. Eine „Aufspaltung des Rechtswegs" erscheint hiernach in der Tat verfassungsrechtlich bedenklich.

Zur Wahrung eines effektiven Rechtsschutzes wird daher schon seit Langem eine Verlagerung der Zuständigkeit für die Abschiebungshaft zu den Verwaltungsgerichten gefordert,[90] was auch im Hinblick auf die größere Sachnähe in ausländer- und asylrechtlichen Fragen und Problemen als sinnvoll erscheint.

19 Weiterhin bedenklich erscheint die mangelnde Regelung zur **Bestellung eines Pflichtverteidigers**, was mit guten Gründen kritisiert wird.[91] Nach alter Rechtslage waren mittellose Ausländer, die für das Abschiebungshaftverfahren anwaltlichen Beistand benötigen, angewiesen, die Beiordnung eines Rechtsanwalts nach Maßgabe der gesetzlichen Bestimmungen über die Prozesskostenhilfe zu beantragen (vgl. §§ 106 Abs. 2 S. 1 AufenthG, 3 S. 2 FEVG, 14 FGG, 114 ff. ZPO). Nach § 114 ZPO steht die Bewilligung von Prozesskostenhilfe allerdings von Gesetzes wegen unter dem Vorbehalt, dass die beabsichtigte Rechtsverfolgung oder Rechtsverteidigung hinreichende Aussicht auf Erfolg bietet und nicht mutwillig erscheint. Angesichts der zumeist komplexen und schwierigen Sachlage im Abschiebungshaftrecht sind Beratung und Vertretung von Abschiebungshäftlingen durch Rechtsanwälte selten und im Hinblick auf die Prozesskostenhilfe unter wirtschaftlichen Gesichtspunkten nicht

86 OLG Stuttgart InfAuslR 2006, 89; OLG Frankfurt NJW 2004, 3050; OLG Hamm Asylmagazin 3/2004, 35 (36); OLG Köln InfAuslR 1994, 54; Hailbronner, Ausländerrecht, AufenthG, § 62 Rn. 84.

87 OLG Brandenburg InfAuslR 2002, 478 (480) mit Bezug auf BGHZ 78, 145 ff.; Kessler in: Hofmann/Hoffmann, AufenthG, § 62 Rn. 78.

88 Beichel-Benedetti in: Perspektivwechsel im Ausländerrecht, 310 (315).

89 Vgl. hierzu und zum Folgenden Knösel ZAR 1990, 75 (81 f.); McLean InfAuslR 1987, 69 (71 f.); Wegener ZAR 1996, 77 (80 ff.); Huber/Göbel-Zimmermann, Ausländer- und Asylrecht, Rn. 1277.

90 Für eine Verlagerung zum Verwaltungsgericht: McLean InfAuslR 1987, 69 (71 f.); Knösel ZAR 1990, 75 (81 f.); Rittstieg NJW 1996, 545 (550); Beichel-Benedetti in: Perspektivwechsel im Ausländerrecht, S. 310 ff. m.w.N; für eine Vereinigung zu den „ortsnäheren" Amtsgerichten, Sichel VBlBW 2005, 55 (60).

91 Piorreck, Dauer der Abschiebungshaft, 465 (468); Deichmann MDR 1997, 16 f.; Beichel-Benedetti in: Perspektivwechsel im Ausländerrecht, S. 310 (315 f.); Kessler in: Hofmann/Hoffmann, AufenthG, § 62 Rn. 91.

zumutbar.[92] Auch passt das Prozesskostenhilfeverfahren nicht zu dem auf Beschleunigung angelegten Abschiebungshaftverfahren.[93] Im neu geregelten FamFG wird die bestehende Rechtslage in § 76 Abs. 1 FamFG fortgeführt. Zwar gibt es in § 419 Abs. 1 FamFG zukünftig die Möglichkeit der Beiordnung eines „Verfahrenspflegers", jedoch wird dies in Abschiebungshaftsachen in der Regel nicht der Fall sein, da sich „die Betroffenen im Vollbesitz ihrer geistigen Kräfte" befinden.[94] Das ist allerdings im Hinblick auf „Traumatisierte" bzw. „Kriegsflüchtlinge" äußerst fraglich. Aufgrund der auch zukünftig nicht geregelten Pflichtverteidigung wird daher seit Langem vorgeschlagen, eine analoge Anwendung der Vorschrift des § 140 StPO für die Abschiebungshaft vorzunehmen.[95] Nach den §§ 140 Abs. 1 Nr. 4, 141 Abs. 3 S. 4 StPO sowie § 68 Nr. 5 JGG ist im Strafverfahren ein Pflichtverteidiger „unverzüglich" beizuordnen, wenn sich der Beschuldigte in Untersuchungshaft befindet. Warum eine derartige Regelung für die Abschiebungshaft nicht existiert, ist unverständlich. Die zum Teil komplexe Sach- und Rechtslage oder auch die Sprachunkenntnis der meisten Ausländer macht eine Normierung erforderlich. Die Abschiebungshaft ist mit der Untersuchungshaft zu vergleichen, da beide Formen der Haft jederzeit revidierbar und nur formeller, nicht materieller Rechtskraft fähig sind. Eine Pflichtverteidigung ist daher im Hinblick auf die Begrenzung der regelmäßigen Haftzeit von nicht mehr als drei Monaten in der Abschiebungshaft (§ 62 Abs. 2 S. 4 AufenthG) zumindest ab diesem Zeitpunkt für alle Ausländer geboten.[96]

Des Weiteren wird der **effektive Rechtsschutz** des betroffenen Ausländers bemängelt[97] und 20
auch durch die Neuregelung der Rechtsmittel im FamFG beeinträchtigt. Hatte der Ausländer bisher die Möglichkeit, die Entscheidung des Amtsgerichtes mit der sofortigen Beschwerde nach §§ 7 Abs. 1, 3 FEVG iVm. 20 Abs. 2, 22 FGG und darauf folgend mit der sofortigen weiteren Beschwerde nach § 3 S. 2 FEVG i.V.m. §§ 27 Abs. 1, 28 FGG anzugreifen, entfällt nun nach dem FamFG die letzte Instanz zum Oberlandesgericht.[98] Zwar gäbe es noch die Möglichkeit der Beschwerde beim Bundesgerichtshof, dies jedoch allenfalls unter sehr eingeschränkten Bedingungen (z.B. Zulassung des Rechtsanwaltes, Nichtzulassungsbeschwerde). Darüber hinaus ist für den betroffenen Ausländer der Wegfall des Haftaufhebungsantrages zu beklagen, welcher bislang in § 10 Abs. 2 FEVG geregelt war. Allerdings gibt es gem. § 424 FamFG für den Richter zukünftig die Möglichkeit, den Haftvollzug auszusetzen. Zudem zeigt die Systematik des § 422 Abs. 1 und 2 FamFG wie auch schon die Regelung in § 8 Abs. 1 S. 1 und 2 FEVG, dass in der Regel der „Beschluss" bzw. die „Entscheidung" über die Haftanordnung „erst mit Rechtskraft wirksam" wird, ausnahmsweise jedoch dessen „sofortige Wirksamkeit" angeordnet werden kann. Dieses Regel-Ausnahme-Verhältnis, welches grundsätzlich nicht den Sofortvollzug der Abschiebungshaft vorsieht und den Ausländer bis zur Rechtskraft der Haftanordnung in Freiheit belassen will, wird in der Praxis nur allzu oft umgekehrt.[99] Zwar ist zuzugestehen, dass bei einer Vielzahl von Fällen – beispielsweise wegen der Gefahr des Untertauchens – die Anordnung der sofortigen Wirksamkeit des Haftbeschlusses notwendig erscheint, jedoch muss im Hinblick auf die gesetzliche Ausgestaltung eine „generelle" Anordnung der sofortigen Wirksamkeit unterbleiben. Un-

92 Piorreck, Dauer der Abschiebungshaft, S. 465 (469); Beichel-Benedetti in: Perspektivwechsel im Ausländerrecht, S. 310 (316); Jöhnk, Forum Strafvollzug 2008, 170; vgl. auch die Argumentation von Heinhold, Abschiebungshaft, S. 286 f.

93 Deichmann MDR 1997, 16.

94 So jedenfalls die Begründung zu § 419 FamFG, vgl. BT-Drucks.16/6308, Begründung, S. 291.

95 Deichmann MDR 1997, 16 (17); Meyer-Mews AnwBl 1999, 317 (323); für eine Pflichtverteidigung, aber gegen eine analoge Anwendung OLG Frankfurt, 24.7.2000, 20 W 344/00.

96 Kessler in: Hofmann/Hoffmann, AufenthG, § 62 Rn. 91; Meyer-Mews AnwBl 1999, 317 (323).

97 Graebsch in: Strafvollzug in Deutschland, S. 157 (161).

98 Vgl. Jöhnk Forum Strafvollzug 2008, 170 (171), der einen „Abbau an Rechtsschutzmöglichkeiten" anführt, da es gerade die Oberlandesgerichte sind, die dem Ausländer zu seinem letztendlichen Recht verhelfen.

99 So vor allem Heinhold, Abschiebungshaft, S. 282 f., der zudem anführt, dass ihm „kein einziger Fall bekannt geworden" ist, „indem nicht der Sofortvollzug angeordnet worden wäre."

abhängig hiervon ist der Ausländer jedenfalls binnen möglichst kurzer Frist in einfacher, verständlicher Sprache über die rechtlichen und tatsächlichen Gründe der Verhängung von Abschiebungshaft zu unterrichten.[100]

100 EuGHMR InfAuslR 2009, 3.

§ 16 Vollzug

Für den „Vollzug" der Abschiebungshaft ist nach § 422 Abs. 3 FamFG wieder die Behörde zuständig, welche zuvor die Haft beantragt hatte. Diese kann die Haft entweder in eigenen „Abschiebehafteinrichtungen" oder im Wege der Amtshilfe (durch die Justizverwaltung) in Justizvollzugsanstalten vollziehen lassen. Im letzteren Fall bedarf es jedoch eines wirksamen Vollzugsersuchens der Innenbehörde an die Vollzugsanstalt,[1] und nach § 422 Abs. 4 FamFG sind die Bestimmungen der §§ 171, 173 bis 175 sowie 178 Abs. 3 StVollzG im Justizvollzug entsprechend anwendbar.[2] Für den Vollzug der Abschiebungshaft im Bereich der Innenverwaltung gelten dann – sofern vorhanden – eigene gesetzliche Regelungen. Dementsprechend richten sich die Rechtsschutzmöglichkeiten gegen die Art und Weise des Vollzuges, je nachdem wer den Vollzug übernimmt, nach den §§ 109 ff. StVollzG oder den §§ 40 ff. VwGO. 1

I. Die rechtlichen Grundlagen des Vollzuges in den einzelnen Bundesländern

Eine einheitliche Vollzugsregelung des Bundes zur Abschiebungshaft besteht nicht,[3] wodurch die **rechtliche Ausgestaltung** in den einzelnen Ländern **höchst unterschiedlich** ist. Auch die überwiegende Anzahl der Bundesländer verfügt über **keine spezielle landesgesetzliche Regelung zum Vollzug** der Abschiebungshaft. Zumeist dienen das **FamFG** und das **StVollzG** als rechtliche Vollzugsgrundlage. Während die Länder Niedersachsen, Nordrhein-Westfalen, Schleswig-Holstein, Sachsen-Anhalt und Thüringen den Vollzug noch durch verwaltungsinterne Richtlinien oder auch Erlasse des Innenministeriums näher ausgestalten, begnügen sich Baden-Württemberg, Bayern, Hamburg, Hessen, Mecklenburg-Vorpommern und Sachsen mit dem Verweis auf § 422 Abs. 4 FamFG bzw. der entsprechenden Anwendbarkeit einer Vielzahl von Vorschriften des Strafvollzugsgesetzes im Vollzug der Abschiebehaft. Nur die Länder **Berlin** (seit 1995) und **Brandenburg** (seit 1996) sowie die Hansestadt **Bremen** (seit 2001) haben **eigenständige Landesgesetze** zum Vollzug der Abschiebungshaft erlassen und in ihnen besondere Bestimmungen zur Durchführung der Haft getroffen. Zwar hat auch das Saarland seit 1994 ein „Gesetz über den Vollzug von Abschiebungshaft außerhalb von Justizvollzugsanstalten", allerdings weist dieses in seinem einzigen Paragrafen wieder nur auf eine entsprechende Anwendbarkeit der §§ 171, 173 bis 175 sowie 178 Abs. 3 StVollzG hin.[4] Ebenso ist auch im „Landesaufnahmegesetz" von Rheinland-Pfalz in § 5 Abs. 2 geregelt, dass „für den Vollzug der Abschiebungshaft in Abschiebungshafteinrichtungen [...] die §§ 3 bis 108, 173 bis 175 und 179 bis 187 des Strafvollzugsgesetzes" gelten.[5] Die rechtlichen Grundlagen und Zuständigkeiten im Vollzug der Abschiebungshaft stellen sich im Einzelnen in den Bundesländern wie folgt dar: 2

Baden-Württemberg – Da die Innenverwaltung in Baden-Württemberg über keine eigenen Haftanstalten verfügte, wurde der Vollzug der Abschiebehaft per Kabinettsbeschluss am 2.9.1993 dem Justizvollzug übertragen. Die Unterbringung von Abschiebehäftlingen erfolgt somit im Wege der Amtshilfe in den Justizvollzugsanstalten des Landes Baden-Württemberg.[6] Spezielle Vorschriften zum Vollzug der Abschiebungshaft existieren nicht. Rechts- 3

---

1 VGH Baden-Württemberg, VBlBW 2007, 66; Wenger in: Kommentar zum Zuwanderungsrecht, § 62 AufenthG, Rn. 4.

2 Soweit im nachfolgenden Abschnitt § 18 Rn. 2 das FamFG und hierbei insbesondere der § 422 Abs. 4 FamFG angeführt werden, ist zu beachten, dass die für die einzelnen Länder in den Fußnoten angeführten Dokumente aufgrund ihres Datums nicht das FamFG, sondern noch überwiegend die vor dem 1.9.2009 entsprechend geltende Regelung im Freiheitsentziehungsgesetz (§ 8 FEVG) zitieren.

3 Eine Zuständigkeit könnte sich wegen des Sachzusammenhanges aus Art. 74 Abs. 1 Nr. 4 GG ergeben, die Bundesregierung verweist allerdings zuletzt in der Drucks. 16/11384 (17.12.2008), S. 2 auf die Zuständigkeit der Länder nach Art. 83 und 70 Abs. 1 GG für den Vollzug der Abschiebungshaft.

4 Verkündet als Art. 2 G v. 23.6.1994 (Amtsblatt S. 1214); zuletzt geändert durch Art. 5 Abs. 51 VerwaltungsstrukturreformG v. 21.11.2007 (Amtsblatt S. 2393).

5 Gesetz verabschiedet am 21.12.1993 (GVBl. S. 1214); zuletzt geändert durch Gesetz v. 16.12.2005 (GVBl. S. 627).

6 Drucks. 14/2870 (18.6.2008), Antwort des Justizministeriums auf eine Kleine Anfrage, S. 2; Drucks. 13/426 (7.11.2001), Antwort des Justizministeriums auf eine Kleine Anfrage, S. 3 f.

grundlagen sind nach § 422 Abs. 4 FamFG nur die entsprechend anwendbaren Vorschriften des StVollzG.

4 **Bayern** – Abschiebungshaft wird in Bayern in den Justizvollzugsanstalten vollzogen, die in Amtshilfe für die Ausländerbehörden tätig werden (§ 422 Abs. 4 FamFG in Verbindung mit den §§ 171, 173 bis 175 und § 178 Abs. 3 StVollzG). Zudem sind aus vollzuglicher Sicht die Bayerischen Verwaltungsvorschriften (BayVV) zum StVollzG zu nennen, die im Justizministerialblatt (JMBl. 2003, S. 4) veröffentlicht sind. Nach den BayVV zu § 1 StVollzG finden die bundesweiten VV zu §§ 3 bis 108, 141 bis 156 StVollzG, die bundeseinheitlichen Dienst- und Sicherheitsvorschriften für den Strafvollzug (DSVollz) vom 1.7.1976 (JMBl. 1976, 325) sowie die BayVV zu §§ 5 bis 116, 144 bis 175 StVollzG auf den Vollzug von Abschiebungshaft entsprechende Anwendung, soweit nicht Eigenart und Zweck der Abschiebungshaft entgegenstehen.[7] Bayern hat allerdings infolge der Föderalismusreform und im Zuge der notwendigen Normierung eines eigenen Jugendstrafvollzugsgesetzes von seiner (neuen) Kompetenz Gebrauch gemacht und zum 1.1.2008 ein „einheitliches" Landesstrafvollzugsgesetz verabschiedet. Hierzu wurden zwar bisher noch keine neuen BayVV erlassen, allerdings sind nach Art. 208 BayStVollzG die Vorschriften der §§ 171 bis 175 und § 178 Abs. 1 bis 3 StVollzG ausdrücklich von der Geltung des Landesrechtes nicht betroffen. Dementsprechend sieht auch der derzeitige Vollstreckungsplan nach Art. 174 BayStVollzG mit seiner Fassung vom 1.11.2010 weiterhin eine Unterbringung der Abschiebungshäftlinge in den Justizvollzugsanstalten vor.[8] Planungen zur Einrichtung einer eigenen zentralen Abschiebungshaftvollzugseinrichtung bestehen gegenwärtig nicht.[9]

5 **Berlin** – In Berlin ist die „Senatsverwaltung für Inneres" für den Vollzug der Abschiebungshaft zuständig. Dieser wird seit 1995 durch das „Gesetz über den Abschiebungsgewahrsam im Land Berlin" geregelt. Zusätzlich werden, wie im Gesetz in § 7 S. 3, § 8 Abs. 2 S. 3, § 9 Abs. 4 vorgeschrieben, die „Einzelheiten" und das „Nähere" in der Gewahrsamsordnung (Ordnung über den Abschiebungsgewahrsam im Land Berlin) festgehalten.[10] § 1 des Gesetzes über den Abschiebegewahrsam bestimmt daher ein Regel-Ausnahme-Verhältnis in der Weise, dass Abschiebungshaft „grundsätzlich in besonderen Einrichtungen (Abschiebungsgewahrsam)" und nach § 1 S. 2 Nr. 1 nur „aus besonderen Gründen" oder nach § 1 S. 2 Nr. 2 „zum Schutz des Abschiebehäftlings" in einer JVA vollzogen wird. Beim Vollzug in einer JVA kommen dann wieder nur die entsprechenden Vorschriften des StVollzG zur Anwendung.

6 **Brandenburg** – In Brandenburg liegt die Zuständigkeit für die Durchführung der Abschiebungshaft beim Landesinnenministerium. Die Abschiebungshaft ist ebenfalls gesetzlich durch das „Gesetz über den Vollzug der Abschiebungshaft außerhalb von Justizvollzugsanstalten" auf der Grundlage eines Abschiebehaftvollzugsgesetzes (AbschhVG) geregelt, wo in § 12 darauf verwiesen wird, dass die „Einzelheiten [...] in einer Gewahrsamsordnung" zu normieren sind.[11] Als zusätzliche rechtliche Grundlage ist daher der Vollzug „außerhalb von Justizvollzugsanstalten" noch näher im „Verfahren zur Durchführung der Abschiebungshaft im Land Brandenburg (Gewahrsamsordnung)" bestimmt.[12] Wie in Berlin bestimmt § 1 i.V.m. § 11 Abs. 5 des AbschhVG ein Regel-Ausnahme-Verhältnis zugunsten des Vollzuges in eigenen „Abschiebehafteinrichtungen".

---

7 Drucks. 15/1893 (19.10.2004), Antwort des Innenministeriums auf eine Interpellation, S. 6 und 8.

8 Vollstreckungsplan für den Freistaat Bayern v. 1.11.2010, S. 17, abrufbar unter: http://www. justizvollzug-bayern.de/JV/Anstalten/Zustaendigkeiten/vollstrpl.pdf. (zuletzt besucht am 4.6.2011)

9 Drucks. 16/2864 (17.12.2009), Antwort des Innenministeriums auf eine schriftliche Anfrage, S. 2, wo insofern auf den „noch ungewissen Inhalt des Bundesgesetzes" zur Umsetzung der Richtlinie 2008/115/EG und dessen Vorgabe in Art. 16 Abs. 1 Satz 2 verwiesen wird.

10 Gesetz verkündet am 21.10.1995 (GVBl. S. 657); zuletzt geändert am 8.4.2004 (GVBl. S. 175); Gewahrsamsordnung v. 15.10.2008 (Amtsblatt S. 2386ff).

11 Gesetz v. 19.3.1996 (GVBl. I S. 98), geändert durch Gesetz zur Änderung des Abschiebungshaftvollzugsgesetzes und des Landesorganisationsgesetzes v. 17.3.2005 (GVBl. I S. 131).

12 Verfahren zur Durchführung der Abschiebungshaft außerhalb von Justizvollzugsanstalten (Gewahrsamsordnung) v. 16.7.1998 (Amtsblatt S. 733), zuletzt geändert am 8.12.2005.

Bremen – In Bremen liegt die Zuständigkeit für die Durchführung der Abschiebungshaft beim „Senator für Inneres und für Sport". Wie in Berlin und Brandenburg ist der Vollzug grundsätzlich durch ein Gesetz und eine Gewahrsamsordnung geregelt. Rechtliche Grundlagen bilden daher das „Gesetz über den Abschiebegewahrsam vom 4. Dezember 2001" und der „Erlass über die Durchführung der Abschiebungshaft in Gewahrsamseinrichtungen des Polizeivollzugsdienstes (Gewahrsamsordnung)".[13] Zudem gibt es noch einen „Erlass zur Abschiebungshaft über Sonderregelungen für bestimmte Personengruppen" aus dem Jahr 2004.[14] Auch Bremen sieht in seinem Gesetz über den Abschiebegewahrsam in § 2 ein Regel-Ausnahme-Verhältnis für den Vollzug in eigenen „Gewahrsamseinrichtungen der Behörden des Polizeivollzugsdienstes" vor, wovon mit einer Unterbringung in einer JVA nur „in besonders begründeten Einzelfällen" abgewichen werden kann. Dort gelten dann nach Nummer 1.1. der Gewahrsamsordnung „die für diese Einrichtungen maßgebenden Vorschriften". 7

Hamburg – In Hamburg liegt die Zuständigkeit zur Durchführung der Abschiebungshaft bei der „Senatsverwaltung für Inneres". Spezifische landesgesetzliche Vorschriften, Erlasse oder Verordnungen des Senats für die Beantragung oder Durchführung der Abschiebungshaft bestehen in Hamburg allerdings ebenso wenig wie eigene Haftanstalten für den Vollzug. Die rechtlichen Grundlagen nach § 422 Abs. 4 FamFG sind die entsprechend anwendbaren Vorschriften des Strafvollzugsgesetzes.[15] Dies hat sich auch mit der Einführung eines einheitlichen landesgesetzlichen Strafvollzugsgesetzes seit dem 1.1.2008 nicht geändert, da die für die Abschiebungshaft für entsprechend anwendbar erklärten Vorschriften der §§ 171, 173 bis 175 und 178 Abs. 3 StVollzG weiterhin fortgelten. Nach § 131 Nr. 7 und 8 HmbStVollzG bleibt der Vollzug von Ordnungs-, Sicherungs-, Zwangs- und Erzwingungshaft (§§ 171 bis 175) sowie der unmittelbare Zwang in Justizvollzugsanstalten für andere Arten des Freiheitsentzugs (§ 178) von der Geltung des Landesgesetzes unberührt. 8

Hessen – In Hessen liegt die Zuständigkeit für die Durchführung der Abschiebungshaft im Wege der Amtshilfe beim Justizministerium. Rechtliche Grundlagen sind § 422 FamFG und die entsprechend anwendbaren Vorschriften des Strafvollzugsgesetzes. Beim Vollzug der Abschiebungshaft in Gewahrsamsräumen der Polizeibehörden des Landes gilt zusätzlich die Polizeigewahrsamsordnung.[16] Landeseigene Ausführungsvorschriften oder Richtlinien für die Abschiebungshaft sind nicht vorhanden, dafür wird ausdrücklich auf „bereits ausreichende bundeseinheitliche Verwaltungsvorschriften" zu den §§ 171 ff. StVollzG verwiesen.[17] 9

Mecklenburg-Vorpommern – Die Abschiebungshaft wird im Wege der Amtshilfe für männliche Häftlinge in der Justizvollzugsanstalt Bützow entsprechend der Vorschrift des § 422 Abs. 4 FamFG in Verbindung mit den §§ 171, 173 bis 175 und § 178 Abs. 3 StVollzG vollzogen. Weibliche Personen werden nicht in Mecklenburg-Vorpommern, sondern im Wege einer Verwaltungsvereinbarung in Brandenburg in der dortigen Abschiebungshafteinrichtung inhaftiert. Darüber hinaus existieren keine verwaltungsinternen Regelungen zur Abschiebungshaft oder deren Vollzug in Mecklenburg-Vorpommern.[18] 10

Niedersachsen – Die Vollziehung der Abschiebungshaft erfolgt in Niedersachsen im Wege der Amtshilfe für das Innenministerium für weibliche und männliche Häftlinge ausschließ- 11

13 Gesetz v. 4.12.2001 (BremGBl. S. 405 ff.), Gewahrsamsordnung v. 6.6.2002, zuletzt geändert durch Erlass v. 10.7.2008 – 124-71-51/010, abrufbar unter: http://www.inneres.bremen.de/sixcms/media.php/13/ GewahrsamsordnungNeufassung.pdf (zuletzt besucht am 4.6.2011).

14 Erlass v. 2.12.2004, abrufbar unter: http://www.inneres.bremen.de/sixcms/media.php/13/05-00-04_Abschie bungshaft.pdf (zuletzt besucht am 4.6.2011).

15 Drucks. 19/378 (4.9.2009), Antwort des Senats auf eine Große Anfrage, S. 7.

16 Hessischer Staatsanzeiger, 16/2002, S. 1513.

17 Drucks. 16/20 (10.7.2003), Antwort des Ministers der Justiz auf eine Kleine Anfrage, S. 1.

18 Drucks. 5/1422 (16.5.2008), Antwort der Landesregierung auf eine Kleine Anfrage, S. 2; Drucks. 4/2358 (27.6.2006), Antwort der Landesregierung auf eine Kleine Anfrage, S. 2 f.

lich in der Abteilung Langenhagen der Justizvollzugsanstalt Hannover.[19] Im Rahmen dieser Amtshilfe gelten durch § 422 Abs. 4 FamFG die §§ 171, 173 bis 175 und 178 Abs. 3 des StVollzG entsprechend. Als zusätzliche Rechtsgrundlage kommt allerdings noch die „Richtlinie über den Vollzug der Abschiebungshaft vom 5.8.1999" zur Anwendung.[20]

12 **Nordrhein-Westfalen** – Die Abschiebungshaft wird auch in Nordrhein-Westfalen in Amtshilfe für das Innenministerium unter Aufsicht des Justizministeriums in Justizvollzugsanstalten vollzogen.[21] Mit dem Vollzug in Justizvollzugsanstalten sind wiederum § 422 FamFG und die Vorschriften der §§ 171, 173 bis 175 und 178 Abs. 3 StVollzG entsprechend anwendbar. Daneben gibt es seit Anfang des Jahres 2009 „Abschiebungshaftrichtlinien (AHaftRL)", die die bis dahin geltenden „Richtlinien zur Vorbereitungs- und Sicherungshaft" ersetzt haben. Die AHaftRL sind ausdrücklich „auch dann anzuwenden, wenn Maßnahmen auf Ersuchen einer anderen Behörde durchgeführt werden."[22]

13 **Rheinland-Pfalz** – In Rheinland-Pfalz bestimmt § 5 Abs. 2 des Landesaufnahmegesetzes, dass „für den Vollzug der Abschiebungshaft in Abschiebungshafteinrichtungen [...] die §§ 3 bis 108, 173 bis 175 und 179 bis 187 des Strafvollzugsgesetzes" gelten. So ist für den Vollzug (von erwachsenen Häftlingen) grundsätzlich „allein" die eigene Abschiebehafteinrichtung in Ingelheim zuständig, soweit die Abschiebungshaft nicht ausnahmsweise im Wege der Amtshilfe in Justizvollzugsanstalten vollzogen wird.[23] Die Unterbringung minderjähriger Abschiebungshäftlinge erfolgt dagegen im Wege der Amtshilfe nach § 422 Abs. 4 FamFG in Verbindung mit den entsprechend anwendbaren Paragrafen des Strafvollzugsgesetzes sowie § 5 i.V.m. § 1 der Landesverordnung über den Vollstreckungsplan in den Jugendstrafanstalten des Landes. Eine Inhaftierung in der Abschiebehafteinrichtung zusammen mit erwachsenen Häftlingen erfolgt nur im Einzelfall.[24]

14 **Saarland** – Zwar gibt es auch im Saarland ein „Gesetz über den Vollzug von Abschiebungshaft außerhalb von Justizvollzugsanstalten", jedoch weist dieses in seinem einzigen Paragrafen ebenfalls auf eine entsprechende Anwendbarkeit der §§ 171, 173 bis 175 sowie 178 Abs. 3 StVollzG hin. Weitere und ergänzende landesrechtliche Vorschriften oder Erlasse existieren nicht.[25] Die Unterbringung von erwachsenen saarländischen Abschiebungshäftlingen (Frauen und Männer) erfolgt aufgrund einer Verwaltungsvereinbarung vom 20.4.1999 in der Abschiebehafteinrichtung des Landes Rheinland-Pfalz. Dort stehen für das Saarland im Rahmen eines bestehenden Staatsvertrages seit 2001 insgesamt 50 Haftplätze zur Verfügung. Für die Unterbringung von minderjährigen Abschiebungshäftlingen werden demgegenüber wieder die landeseigenen Justizvollzugsanstalten auf der Grundlage des § 422 Abs. 4 FamFG zur Durchführung der Abschiebungshaft genutzt.[26]

15 **Sachsen** – In Sachsen wird die Abschiebungshaft im Wege der Amtshilfe für das Staatsministerium des Inneren ausschließlich in Justizvollzugsanstalten vollzogen. Überlegungen zur Einrichtung einer eigenen zentralen Abschiebungshaftvollzugseinrichtung bestehen gegenwärtig nicht.[27] Die rechtlichen Grundlagen bilden nach § 422 Abs. 4 FamFG die entsprechend anwendbaren Bestimmungen des Strafvollzugsgesetzes.[28] Die sächsische Landesregierung betrachtet diese Grundlagen und die damit auch anwendbaren Verwaltungsvor-

19 Stellungnahme der Bundesregierung zum Bericht der CPT, veröffentlicht am 18.4.2007, S. 31 ff.; abrufbar unter: http://www.cpt.coe.int/documents/deu/2007-19-inf-deu.pdf (zuletzt besucht am 4.6.2011); vgl. zudem die Antwort von Innenminister Schünemann auf eine kleine Anfrage, Pressemitteilung Nr. 166 vom 19.8.2010, S. 3, abrufbar unter: www.interkultureller-rat.de/wp-content/uploads/Ni-Sa.pdf (zuletzt besucht am 4.6.2011).

20 Die Richtlinien sind abgedruckt bei Heinhold, Abschiebungshaft, S. 193 ff.

21 Ministerialblatt NRW, 5/2009, S. 84.

22 Ministerialblatt NRW, 5/2009, S. 84 ff., ihrer Begründung nach sind die neuen Richtlinien „überarbeitet und der Rechtsentwicklung sowie den Anforderungen der Rechtsprechung angepasst."

23 Drucks. 14/4447 (1.9.2005), Antwort des Innenministeriums auf eine Kleine Anfrage, S. 1.

24 Drucks. 14/3330 (4.8.2004), Antwort des Innenministeriums auf eine Große Anfrage, S. 5.

25 Drucks. 12/1190 (7.9.2004), Antwort der Landesregierung auf eine Anfrage, S. 3.

26 Drucks. 13/2330 (17.3.2009), Antwort der Landesregierung auf eine Anfrage, Vorbemerkung S. 1.

27 Drucks. 4/12622 (14.7.2008), Antwort der Landesregierung auf eine Kleine Anfrage, S. 2.

28 Drucks. 4/12622 (14.7.2008), Antwort der Landesregierung auf eine Kleine Anfrage, S. 2.

schriften des Strafvollzugsgesetzes als „ausreichend“. Zusätzliche landesspezifische Regelungen für den Vollzug der Abschiebungshaft bestehen nicht.[29]

Sachsen-Anhalt – Auch in Sachsen-Anhalt wird die Abschiebungshaft im Wege der Amtshilfe 16
für das Ministerium des Innern einzig in Justizvollzugsanstalten durchgeführt. Neben dem FamFG und den entsprechend anwendbaren Regelungen des Strafvollzugsgesetzes gibt es noch einen (nicht veröffentlichten!) Erlass des Innenministeriums zum Vollzug der Abschiebungshaft.[30]

Schleswig-Holstein – In Schleswig-Holstein nimmt die Durchführung der Abschiebungshaft 17
das Justizministerium im Wege der Amtshilfe für das Innenministerium wahr. Aufgrund einer fehlenden gesetzlichen Regelung bilden einmal mehr die rechtlichen Grundlagen § 422 FamFG und die hiernach entsprechend anwendbaren Vorschriften des Strafvollzugsgesetzes. Zusätzlich wird der Vollzug jedoch durch „Richtlinien für den Vollzug der Abschiebungshaft“, einen Erlass des Innenministeriums zur Durchführung von Abschiebungshaft sowie einen Erlass des Justizministeriums zum Vollzug der Abschiebungshaft an Minderjährigen in Rendsburg näher ausgestaltet.[31] Hiernach erfolgt eine Inhaftierung von männlichen Abschiebehäftlingen in der Außenstelle Rendsburg der JVA Kiel. Weibliche Abschiebehäftlinge werden dagegen nicht in Schleswig-Holstein, sondern aufgrund einer Verwaltungsvereinbarung mit dem Land Brandenburg in deren Abschiebungshafteinrichtung untergebracht.[32]

Thüringen – In Thüringen wird die Abschiebungshaft im Wege der Amtshilfe für das In- 18
nenressort allein in Justizvollzugsanstalten vollzogen, wobei die Abschiebungshaft weiblicher Häftlinge durch eine Verwaltungsvereinbarung in der Außenstelle Reichenhain der JVA Chemnitz im Bundesland Sachsen durchgeführt wird. Neben der Geltung des § 422 Abs. 4 FamFG i.V.m. den §§ 171, 173 bis 175, 178 Abs. 3 StVollzG wurden noch „Richtlinien zur Vorbreitungs- und Abschiebungshaft“ erlassen, die ergänzend im Vollzug zur Anwendung kommen.[33]

II. Verfassungsgemäßheit der rechtlichen Grundlagen des Vollzuges

Die Darstellung der rechtlichen Grundlagen zeigt, dass landesgesetzliche Vorschriften im 19
Vollzugsbereich bis auf wenige Ausnahmen nicht bestehen. Fraglich ist daher, inwieweit Erlasse der zuständigen Ministerien oder landesrechtlicher Richtlinien zur Abschiebungshaft unter verfassungsrechtlichen Gesichtpunkten ausreichend sind. Da die Abschiebungshaft eine Freiheitsentziehung darstellt, gilt unter Berücksichtigung der vom **BVerfG**[34] für den Strafvollzug entwickelten verfassungsrechtlichen Grundsätze, dass auch im Vollzug der Abschiebungshaft die Grundrechte nur aufgrund eines Gesetzes eingeschränkt werden können.[35] Aufgrund des fehlenden gesetzlichen Charakters **genügen landesrechtliche Richtlinien oder Erlasse der jeweiligen Ministerien einem solchen Gesetzesvorbehalt nicht** und der Vollzug der Abschiebungshaft ist insoweit **verfassungswidrig**. Allenfalls die entsprechend anwendbare Regelung des § 171 StVollzG, welche wiederum auf eine Anwendung bestimmter Vorschriften über den Vollzug der Freiheitsstrafe verweist, „soweit nicht Eigenart und

29 So die Landesregierung in der Drucks. 3/2816 (13.11.2000), Antwort der Landesregierung auf eine Kleine Anfrage, S. 2. Auch heute im Jahr 2011 gibt es diesbezüglich keine Änderungen.

30 Drucks. 4/1756 (13.8.2004), Antwort der Landesregierung auf eine Große Anfrage, S. 1 ff.; Erlass des Ministeriums des Innern v. 22.2.2001, 42.3-12230, zum Vollzug der Abschiebungshaft.

31 Alle rechtlichen Vorschriften sind auf der Internetseite des Flüchtlingsrats Schleswig-Holstein abrufbar: Richtlinien v. 1.1.2003: http://www.frsh.de/behoe/richt_absch.htm; Erlass des Justizministerium v. 27.12.2007: http://www.frsh.de/behoe/pdf/jumi_haft_27.12.07.pdf; Erlass des Innenministeriums v. 25.2.2008: http://www.frsh.de/behoe/pdf/imsh_abschiebehaft_25022008.pdf (zuletzt besucht am 4.6.2011)

32 Drucks. 16/11384 (17.12.2008), Antwort der Bundesregierung mit den seitens der Länder übermittelten Angaben auf eine Große Anfrage, S. 29.

33 Drucks. 4/4335 (11.8.2008), Antwort des Innenministeriums auf eine Kleine Anfrage 2422, S. 2 und 5, Abdruck der Richtlinien mit Stand vom 29.7.2003 als Anlage in Drucks. 4/407 (26.11.2004), Antwort des Innenministeriums auf eine Kleine Anfrage.

34 BVerfGE 33, 1 (10 f.); BVerfG NJW 2006, 2093.

35 Wegner ZAR 1996, 75 (78).

Zweck der Haft entgegenstehen", könnte daher eine ausreichende Rechtsgrundlage für den Vollzug darstellen. Jedoch kann auch diesem Ansatz in zweierlei Hinsicht nicht gefolgt werden. Einerseits erfordert die freiheitsentziehende Maßnahme des Vollzuges eine rechtsstaatlich hinreichend bestimmte gesetzliche Grundlage. **§ 171 StVollzG** mit seiner Generalverweisung und dem Hinweis auf die Eigenart und den Zweck der Haft lässt aber nicht klar erkennen, welche Vorschriften für welche Haftart gelten sollen. Eine sichere gesetzliche Grundlage ist darin nicht zu sehen.[36] Andererseits stehen vorliegend gerade auch die Eigenart und der Zweck der Abschiebungshaft entgegen. So ist „ein Gefängnis per definitionem kein passender Ort, um jemanden festzuhalten, der weder strafrechtlich verurteilt noch einer Straftat verdächtig ist".[37] Zwar ist nach § 422 Abs. 4 FamFG eine entsprechende Anwendung der Vorschriften der §§ 173 bis 175 und 178 Abs. 3 StVollzG vorgesehen, welche dem besonderen Charakter der zivilrechtlichen Freiheitsentziehung gerecht werden soll.[38] Die insofern abweichenden Bestimmungen zu den entsprechenden Regelungen bei Strafgefangenen gem. §§ 20, 22, 41, 100 Abs. 1 Nr. 3 StVollzG normieren deshalb, dass der Abschiebehäftling eigene Kleidung, Wäsche und Bettzeug benutzen darf (§ 173) und ein Einkauf von Nahrungs- und Genussmitteln sowie Mittel zur Körperpflege in angemessenem Umfang[39] erfolgen kann (§ 174). Ferner besteht keine Arbeitsverpflichtung (§ 175) und auch ein Schusswaffengebrauch zur Vereitelung einer Flucht oder zur Wiederergreifung ist untersagt (§ 178 Abs. 3). Trotz dieser gegenüber dem Vollzug der Freiheitsstrafe rechtlich milderen Gestaltung der Haftbedingungen passen die Vorschriften des StVollzG in ihrer Gesamtheit nicht zur Abschiebungshaft als Maßnahme der Verwaltungsvollstreckung. Dies wird nicht zuletzt durch die bundeseinheitliche Verwaltungsvorschrift (VV) zu § 171 StVollzG bestätigt. Grundsätzlich sieht Nr. 1 VV vor, dass im Vollzug über den bloßen Freiheitsentzug hinausgehende Beschränkungen nur angeordnet werden dürfen, soweit dieses zur Abwendung einer Gefahr in der Anstalt erforderlich ist. Nach Nr. 4 VV soll dies u.a. aber nicht für Häftlinge in Abschiebungshaft gelten. Hiernach bedeutet die Abschiebungshaft für diesen also einen stärkeren Eingriff als beispielsweise der Vollzug der Untersuchungshaft, vgl. § 119 Abs. 3 und 4 StPO. Dies ist verfassungsrechtlich nicht tragbar.[40] Wegen der mangelhaften rechtlichen Grundlagen im Vollzugsbereich der Abschiebungshaft sind nur die zur Gewährleistung des Zwecks der Abschiebungshaft und zur Aufrechterhaltung eines ordnungsgemäßen Anstaltsbetriebes unerlässlichen Grundrechtseingriffe zulässig.[41] Der Ausländer wird vielmehr durch die fehlende Gesetzesgrundlage in seiner Menschenwürde nach Art. 1 Abs. 1 GG und seinem Freiheitsgrundrecht nach Art. 2 Abs. 2 S. 2 GG verletzt.[42]

20 Der bzw. die Gesetzgeber sind somit angehalten, im Hinblick auf die Eigenart und den Zweck der Abschiebungshaft für eine hinreichend ausgestaltete und passende gesetzliche Grundlage zu sorgen. Diese besteht bisher nur in den Ländern Berlin, Brandenburg und Bremen; eine „gesetzliche" Normierung mit dem Verweis auf die entsprechende Anwendbarkeit der Vorschriften des StVollzG wie im Saarland und in Rheinland-Pfalz ist aus verfassungsrechtlicher Sicht nicht ausreichend.

III. Der Vollzug der Abschiebungshaft in der Praxis

21 **1. Die quantitative Entwicklung.** Während die Abschiebungshaft in der Bundesrepublik Deutschland vor Anfang der 90er-Jahre des letzten Jahrhunderts kaum eingesetzt bzw. ihr keine größere Relevanz beigemessen wurde, kam es gerade in den Folgejahren der jeweiligen Novellierung der ausländerrechtlichen Gesetze und der Anordnungsvoraussetzungen der

36 Feest in: AK-StVollzG, § 171 Rn. 2 auch in Bezug auf BVerfG NJW 2000, 273.
37 So CPT Standards, S. 44 (Rn. 28); vgl. zudem McLean InfAuslR 1987, 69 (73).
38 Feest in: AK-StVollzG, §§ 173, 174 und 175 jeweils Rn. 1.
39 Feest in: AK-StVollzG, § 174 Rn. 1, der anführt, dass bei einer Auslegung des unbestimmten Rechtsbegriffs „in angemessenem Umfang" in § 174 eine „großzügige Handhabung geboten" ist.
40 So auch Meyer-Mews Anwbl 1999, 317 (321 f.).
41 Göbel-Zimmermann ZAR 1996, 110 (119); Meyer-Mews Anwbl 1999, 317 (322).
42 Wegner ZAR 1996, 75 (79).

Abschiebungshaft zu einem sprunghaften Anstieg der Anzahl der Abschiebehäftlinge in den deutschen Justizvollzugsanstalten.[43] Gründe hierfür sind insbesondere, neben den Gesetzesänderungen der Abschiebungshaft selber, ein wachsender Zustrom von Asylsuchenden und die damit einhergehende Verschärfung der Asylpolitik.[44]

Obwohl statistisch gesehen seit 2001 ein konstanter Rückgang der Anzahl der untergebrachten Abschiebehäftlinge in den Justizvollzugsanstalten zu verzeichnen ist und im Jahr 1994 (2.600 Häftlinge) fast viermal so viele Häftlinge im Vergleich zu 2008 (701 Häftlinge) inhaftiert waren, lassen sich genaue Rückschlüsse über die Entwicklung und die umfängliche Situation im Vollzug der Abschiebungshaft durch die Strafvollzugsstatistik nicht ziehen. Zum einen handelt es sich hierbei um eine stichtagsbezogene Erhebung, die nicht die tatsächliche Anzahl aller Abschiebungsgefangenen pro Jahr in den Justizvollzuganstalten erfasst. Andererseits wird die Haft seit einigen Jahren nach und nach in einzelnen Bundesländern in selbstständigen „Abschiebehafteinrichtungen" vollstreckt (wie in Berlin, Bremen, Brandenburg, Rheinland-Pfalz und im Saarland), welche somit nicht von der Strafvollzugsstatistik erfasst werden.[45] Ein Vollzug in Justizvollzugsanstalten findet in den jeweiligen Ländern nur noch vereinzelt statt und das eventuell auch nicht am Stichtag der Erhebung (vgl. hierzu die Tabelle 17 Grdl. Rn. 44). In der Regel ist die Haftdauer der Abschiebungshaft nämlich relativ kurz mit durchschnittlich nicht mehr als ein paar Wochen, wobei viele Häftlinge nur wenige Tage in Haft bleiben, einige Ausländer sind dafür mehr als sechs Monate und vereinzelt auch mehr als zwölf Monate inhaftiert.[46] Zudem lässt sich keine genaue Angabe über eine restriktivere Handhabung bei der Verhängung von Abschiebungshaft machen. Soweit die vorhandenen Angaben der Länder und die Strafvollzugsstatistik einen kontinuierlichen Rückgang von Inhaftierungen bei der Abschiebungshaft im Laufe des jetzigen Jahrhunderts verzeichnen, ist des Weiteren zu beachten, dass mit der Osterweiterung der EU in den letzten Jahren etliche Abschiebungshäftlinge aus einer Vielzahl von Ländern, die bis dahin noch einen größeren Anteil im Vollzugsbereich ausmachten, nun nach § 1 Abs. 2 AufenthG aufgrund ihrer Unionszugehörigkeit nicht mehr den Regelungen der Abschiebung und Abschiebungshaft unterfallen. Auch gibt es nach dem Aufenthaltsgesetz erweiterte Möglichkeiten zur Erteilung eines Aufenthaltstitels. Diese Gegebenheiten müssen bei der Analyse der weniger werdenden Inhaftierungen berücksichtigt werden. Zeigt sich somit, dass die Strafvollzugsstatistik in ihrer Aussagekraft hinsichtlich der Entwicklung und Situation im Vollzug der Abschiebungshaft unzureichend ist, lässt sich auch mithilfe von anderen Daten zur Vollzugssituation **kein realistischer Überblick** verschaffen, da es insoweit an einer umfassenden Erhebung durch die jeweilig zuständigen Ministerien der Länder oder des Bundes[47] mangelt. Genaue Informationen und Statistiken lassen sich nur vereinzelt aus Anfragen von Abgeordneten an die Landes- bzw. die Bundesregierung entnehmen, wobei die Erhebung von Daten zur Vollzugssituation in den Bundesländern recht unterschiedlich ausfällt. So sind

43 Gensing Forum Strafvollzug 2008, 123 (124); vgl. hierzu auch die Tabelle 16 Grdl. Rn. 43.

44 Der erhebliche Anstieg der Asylbewerber ist wohl zumeist auf die kriegsbedingten Flüchtlingsströme (Ex-Jugoslawien, Tschetschenien, Kosovo) oder auch die Umbruchsituation im Osten ab 1990 zurückzuführen, vgl. hierzu Gensing Forum Strafvollzug 2008, 123 (124); Hagenmaier NK 2003, 82 führt an, dass es im Jahre 1992 viermal so viele Asylanträge gegenüber 1989 gab (438.191 zu 103.976), zudem spricht er infolge des Asylkompromisses 1993 von einer faktischen Abschaffung des Asylrechts, mit der Folge einer Vielzahl von „Illegalen" und der „Etablierung" der Abschiebungshaft.

45 Sandersfeld, Stimmen der Zeit 2003, 397 (398); trotz fehlender offizieller bundesweiter Zahlen schätzt der Jesuiten Flüchtlingsdienst (JRS), dass etwa 40000 Menschen pro Jahr in Deutschland in Abschiebungshaft kommen.

46 Vgl. hierzu die Drucks. 16/11384 (17.12.2008), Antwort der Bundesregierung mit den seitens der Länder übermittelten Angaben auf eine Große Anfrage, S. 3 ff. mit der Angabe einzelner Bundesländer zur Haftdauer der Häftlinge in den Jahren 2005 bis 2007; zudem Hagenmaier Forum Strafvollzug 2008, 29, der für die Abschiebungshafteinrichtung in Rendsburg seit ihrer Eröffnung 2003 eine Aufenthaltsdauer von 1 bis 216 Tagen, im Durchschnitt eine Haftzeit von 30 Tagen angibt.

47 Drucks. 16/8646, Antwort der Integrationsbeauftragten der Bundesregierung auf eine Kleine Anfrage, S. 6, wo sie darauf verweist, dass ihr u.a. zur Anzahl und Lage der Abschiebungshäftlinge in den deutschen Anstalten oder auch zu Suizidversuchen in der Zeit 2005 bis 2007 aufgrund der Kompetenzverteilung zwischen dem Bund und den Ländern „keine exakten Daten" vorliegen würden.

die Anfragen von einzelnen Parlamentariern oder Fraktionen keineswegs miteinander vergleichbar, da einerseits die gestellten Fragen (z.B. Statistiken zu einem bestimmten Stichtag oder über einen längeren Zeitraum) zum Teil sehr unterschiedlich sind und andererseits nicht selten auch eine Beantwortung der Anfragen in einzelnen Bereichen mit einem Hinweis auf Unmöglichkeit ausbleibt, da entweder keine Daten zum gestellten Themenkomplex erhoben werden oder auch die Auswertung der an sich vorhandenen Akten(!) einen nicht zu leistenden Verwaltungsaufwand erfordern würde. Demnach ist eine Darstellung der derzeitigen Vollzugssituation infolge der uneinheitlichen und zum Teil unvollständigen Angaben von Vollzugsdaten nur unter Einschränkungen möglich.

22 **2. Die Vollzugssituation in den einzelnen Bundesländern.** Aufgrund der jeweiligen sehr unterschiedlichen landesrechtlichen Bestimmungen und Regelungen für eine Durchführung der Abschiebehaft und der damit einhergehenden Anwendung der Vorschriften des StVollzG, eigener Verwaltungsvorschriften oder eigener Gesetze, ist die Vollzugssituation für die Häftlinge und deren Ausgestaltung, schon bedingt durch eine **Unterbringung in einer Justizvollzugsanstalt** oder auch **eigenen Abschiebungshaftanstalten** bzw. **im Polizeigewahrsam**, von Bundesland zu Bundesland verschieden (vgl. hierzu im Einzelnen § 18 Rn. 2 ff.). Hierzu gehören beispielsweise die Regelungen über die Unterbringung, den Besuch, den Schrift-, Telekommunikations- oder Paketverkehr, die Freizeitmöglichkeiten oder auch die Nutzung von Medien.

Der Vollzug der Abschiebungshaft erfolgt in den meisten Bundesländern ausschließlich in den jeweiligen Justizvollzugsanstalten, dort allerdings im Hinblick auf die Unterbringung der Gefangenen auch äußerst uneinheitlich. Die Abschiebehäftlinge werden zum Teil gemeinsam mit Untersuchungs- oder Strafhäftlingen (auf einer Zelle), zum Teil in eigenen Bereichen, Abteilungen oder Haftgebäuden innerhalb der JVA, aber auch in abgetrennten Hafthäusern bzw. Außenstellen außerhalb der JVA untergebracht. Selbstständige Einrichtungen bzw. Haftanstalten – speziell für die Abschiebungshaft – existieren in nur fünf Bundesländern, wobei der Vollzug in der Einrichtung in Rheinland-Pfalz und im Saarland unter dem Ausschluss von Jugendlichen und lediglich mit der entsprechenden Anwendung der Vorschriften über den Vollzug der Freiheitsstrafe erfolgt. Nur Brandenburg und die Länder Berlin und Bremen, wo die Abschiebungshaft unter der Zuständigkeit der jeweiligen Landespolizei im „Polizeigewahrsam" vollzogen wird, führen grundsätzlich die Abschiebungshaft für alle weiblichen und männlichen Häftlinge gemeinsam in einer „Abschiebehafteinrichtung" und auf gesondert gesetzlich geregelter Vollzugsgrundlage durch. Je nach Art der Unterbringung sind daher auch erhebliche Unterschiede bei den Freizeit-, Arbeits- und Ausbildungsangeboten sowie dem täglichen Auf- bzw. Umschluss oder auch der sozialen und medizinischen Betreuung gegeben. Wird die Haft zusammen mit Straf- und Untersuchungshaftgefangenen bzw. auf demselben Gelände einer Justizvollzugsanstalt vollzogen, werden die Besuchs- und Aufschlusszeiten, Telefoniermöglichkeiten sowie Sport-, Freizeit- und Arbeitsangebote z.T. erheblich eingeschränkt, wodurch die Abschiebehäftlinge teilweise gleich oder auch schlechter gestellt sind als verurteilte Straftäter.[48]

Beim Vollzug in den Abschiebungshafteinrichtungen der Innenverwaltung kommt es insoweit – auch unter der Berücksichtigung der speziellen Richtlinien und Gesetze – zu weniger Einschränkungen.[49] Gleiches gilt für die gesonderte Unterbringung der Abschiebungshäftlinge in separaten Außenstellen einer Justizvollzugsanstalt, wo insbesondere in Schleswig-Holstein in der Abschiebungshafteinrichtung in Rendsburg auch angemessene Bedingungen vorzufinden sind.[50] In Haft genommen werden neben Erwachsenen ebenso auch Minderjährige, schwangere Frauen, Eltern von hier lebenden Kindern und traumatisierte Flüchtlinge. Insofern kommt es vereinzelt, auch vor dem Hintergrund der mangelnden Kenntnis

48 Vgl. hierzu Rohfleisch FoR 1999, 51 (53 f.) mit einem sehr anschaulichen Beispiel aus der JVA Mannheim; zudem Sandersfeld, Stimmen der Zeit 2003, 397 (399); Babo ZAR 2004, 359 f. m.w.N.

49 Zu Verbesserungen in der Bremer Abschiebehaft, u.a. mit dem Recht auf freie Arztwahl s. Graebsch in: Strafvollzug in Deutschland, S. 157 (164 ff.).

50 Vgl. Hagenmaier NK 2003, 82 ff.; Hagenmaier Forum Strafvollzug 2008, 27 ff.

über ihre Situation, ihre Rechte oder Perspektiven, zu schweren psychischen Problemen bis hin zu Selbstverletzungen, Suizidversuchen und auch Suiziden.[51]

3. Forderungen. Trotz einiger Fortschritte bleibt festzuhalten, dass der Vollzug der Abschiebungshaft unter der Berücksichtigung des Übermaßverbotes noch restriktiver gehandhabt werden sollte. Gerade aufgrund der überwiegend mangelnden getrennten Unterbringung(smöglichkeit) und dem Fehlen spezieller Betreuungsangebote durch ein gesondert ausgebildetes Personal ist ein **Verbot des Vollzuges gegen (unbegleitete) Kinder und Jugendliche, traumatisierte Flüchtlinge sowie Eltern mit Kindern notwendig.**[52] Für einen verstärkten Schutz von Kindern in der Abschiebehaft kann tendenziell auch die Rücknahme der Vorbehaltserklärung hinsichtlich des Inkrafttretens der Kinderrechtskonvention der UN[53] durch die Bundesregierung am 15.7.2010 gewertet werden.[54] Zudem sollte in kürzeren Abständen eine Kontrolle über die Fortdauer der Haft erfolgen.[55] Bei Wegfall des Haftgrundes muss der betroffene Ausländer sofort entlassen werden.[56] Ansonsten sollte der Vollzug dem Ausländer eine weitgehende Freiheit innerhalb der Anstalt gewähren.[57] Schließlich sollte auch darauf geachtet werden, dass der Ausländer gegebenenfalls durch den Vollzug der Abschiebungshaft nicht mittellos gestellt wird. Derzeit steht zwar grundsätzlich jedem Abschiebungshaftgefangenen ein Geldbetrag zur Deckung persönlicher Bedürfnisse des täglichen Lebens gemäß § 3 Abs. 1 S. 5 des Asylbewerberleistungsgesetzes (AsylbLG) zu. Vorhandene Eigenmittel sind jedoch vorrangig einzusetzen. Zudem werden dem Häftling, der sich zumeist um einen eigenfinanzierten Rechtsbeistand bemühen muss, entsprechend der §§ 66, 67 AufenthG auch die Kosten für die Abschiebung und die Haft auferlegt (einzige Ausnahme: Mecklenburg-Vorpommern).[58] Da es für Abschiebehäftlinge keine politische und gesellschaftliche „Lobby" gibt, ist es umso wichtiger, den Alltag des Vollzugs öffentlich zu machen. Hierzu können insbesondere Anstaltsbeiräte beitragen.[59] 23

51 Vgl. hierzu – soweit vorhanden – die offiziellen Angaben der einzelnen Bundesländer in den Jahren 2005 bis 2007, Drucks. 16/11384 (17.12.2008), Antwort der Bundesregierung mit den seitens der Länder übermittelten Angaben auf eine Große Anfrage, Fragen 13-15, S. 44 ff.; zudem Heinhold, Abschiebungshaft, S. 50-57; und Graunke, Abschiebungshaft, S. 136-138.

52 Graunke, Abschiebungshaft, S. 164; Gensing Forum Strafvollzug 2008, 123; vgl. auch Jöhnk SchlHA 2006, 390 (391 f.) mit dem Hinweis auf die Rechtswidrigkeit des Vollzuges gegen Jugendliche gem. Art. 1 und 37 UN-Kinderrechtskonvention, auch unter Bezug auf OLG Köln InfAuslR 2005, 268.

53 Bekanntmachung über das Inkrafttreten des Übereinkommens über die Rechte des Kindes vom 10.7.1992, BGBl. II, 990.

54 So auch Bundesjustizministerin Leutheusser-Schnarrenberger, Süddeutsche Zeitung v. 16.7.2010.

55 Heinhold, Abschiebungshaft, S. 283 f.; Jöhnk SchlHA 2006, 390 (393).

56 OLG Düsseldorf NVwZ-Blg. 1996, 8; Göbel-Zimmermann ZAR 1996, 110 (119).

57 Graunke, Abschiebungshaft, S. 165 fordert ausdrücklich den „Wohncharakter" des Vollzuges.

58 Drucks. 16/11384 (17.12.2008), Antwort der Bundesregierung mit den seitens der Länder übermittelten Angaben auf eine Große Anfrage, Frage 12, S. 41 ff.

59 Ebenso Graebsch in: Strafvollzug in Deutschland, S. 157 (167 ff.).

Literaturverzeichnis

Ahlbrecht, H./Böhm, K. M./Esser, R./Hugger, H./Kirsch, S./Rosenthal, M., Internationales Strafrecht in der Praxis, Heidelberg 2007

Alternativkommentar zum Strafvollzugsgesetz, hrsg. v. Feest, J., 5. Aufl., Neuwied 2006 (zitiert: Bearbeiter in: AK-StVollzG, Paragraf und Randnummer)

Amelung, K., Die Entstehung des Grundrechtsschutzes gegen willkürliche Verhaftung, JURA 2005, S. 447 – 455

Amelung, K., Arbeitskreis Strafprozessreform, Die Untersuchungshaft, Heidelberg 1983

Anwaltkommenta,r Untersuchungshaft, hrsg. v. König, S., Bonn 2011, (zitiert: AnwK U-Haft/Bearbeiter, Paragraf und Randnummer)

Apel, E., Die Gaspistole – eine Schusswaffe?, GewArch 1985, S. 295 – 297

Arloth, F., Strafvollzugsgesetz, 3. Aufl., München 2011

Arloth, F., Statement (zur Zwangsbehandlung im Strafvollzug), in: T. Hillenkamp/B. Tag (Hrsg.), Intramurale Medizin – Gesundheitsfürsorge zwischen Heilauftrag und Strafvollzug, Berlin u.a. 2005, S. 239 – 246

Arloth, F., Die „beleidigungsfreie Sphäre" bei Briefen im Strafvollzug, ZIS 2010, S. 263-269

Auernhammer, H., Bundesdatenschutzgesetz, 3. Aufl., Köln 1993

Badura, P., Der Schutz von Religion und Weltanschauung durch das Grundgesetz: Verfassungsfragen zur Existenz und Tätigkeit der neuen „Jugendreligionen", Tübingen 1989

Bast, M., Die Schweigepflicht der Ärzte, Psychologen und Sozialarbeiter im Strafvollzug – Eine Untersuchung der innerbehördlichen Schweigepflicht nach §§ 182 StVollzG, 203 StGB, Hamburg 2003

Baumann, J., Entwurf eines Untersuchungshaftvollzugsgesetzes, Tübingen 1981

Bennefeld-Kersten, K., Suizide von Gefangenen in der Bundesrepublik Deutschland in den Jahren 2000 bis 2008, BewH 2009, S. 396 - 406

Beck'scher Online-Kommentar GG, hrsg. v. V. Epping/ C. Hillgruber, Edition 10, Stand 1.4.2011 (zitiert nach Bearbeiter, Paragraf und Randnummer)

Beck'scher Online-Kommentar Sozialrecht, hrsg. v. C. Rolfs/R. Kreikebohm./R. Giesen/P. Udsching, Edition 21, Stand: 11.3.2001 (zitiert nach Gesetz, Bearbeiter, Paragraf und Randnummer)

Beck'scher Online-Kommentar StGB, hrsg. v. von B. Heintschel-Heinegg, Edition 14, Stand 1.2.2011, (zitiert nach Bearbeiter, Paragraf und Randnummer)

Beck'scher Online-Kommentar StPO, hrsg. v. J. P. Graf, Edition 10, Stand. 15.4.2011 (zitiert nach Bearbeiter, Paragraf und Randnummer)

Beck'scher Online-Kommentar VwGO, hrsg. v. H. Posser/H. A. Wolff, Edition 17, Stand 1.4.2011 (zitiert nach Bearbeiter, Paragraf und Randnummer)

Beck'scher Online-Kommentar VwVfG, hrsg. v. J. Bader/M. Ronellenfitsch, Edition 11, Stand 1.4.2011 (zitiert nach Bearbeiter, Paragraf und Randnummer)

Bemmann, G., Über die Befugnis zur Anordnung des Arrestes im Strafvollzug, NJW 2000, S. 3116 – 3117

Bergmann, L./Möhrle, R./Herb, A., Datenschutzrecht – Kommentar, Stuttgart 1991

Bernsmann, K., „Der wohnungslose Gefangene“ – Anmerkungen zu einem fast vergessenen Problem, in: Festschrift für Professor Hans-Dieter Schwind zum 70. Geburtstag, hrsg. von T. Feltes/C. Pfeiffer/G. Steinhilper, Heidelberg 2006

Beulke, W., Strafprozessrecht, 11. Aufl., Heidelberg 2010

Bittmann, F., Gesetz zur Änderung des Untersuchungshaftrechts, NStZ 2010, S. 13 - 17

Bleckmann, A., Verbotene Diskriminierung von EG-Ausländern bei der Untersuchungshaft, StV 1995, S. 552 – 555

Blumenberg, F.-J., Jugendliche in der Untersuchungshaft, ZfStrVo 1978, S. 139 – 145

Böhm, A., Strafvollzug, 3. Aufl., Neuwied 2003

Böllinger, L., Ein Schlag gegen das Resozialisierungsprinzip – Offenbarungspflicht der Therapeuten im Strafvollzug, Zeitschrift für Sexualforschung, 12. Jahrgang, 1999, H. 2, S. 140-159

Böllinger, L., Offenbarungspflicht der Therapeuten im Strafvollzug – ein Schlag gegen die forensische Psychotherapie, MschrKrim 2000, S. 11 - 22

Brune, U./Müller, S., Wohin geht der Untersuchungshaftvollzug? Ein Vergleich der (beabsichtigten) landesrechtlichen Regelungen, ZRP 2009, S. 143 – 146

Brunner, R./Dölling, D., Jugendgerichtsgesetz, 11. Aufl., Berlin 2002

Bundesminister der Justiz (Hrsg.), Schlußbericht der Jugendstrafvollzugskommission, 1980

Bundeszusammenschluss für Straffälligenhilfe, Fachausschuss I „Strafrecht und Strafvollzug“, Reform der Untersuchungshaft, Heft 31, Bad Godesberg 1983

Bung, J., Informationelle Selbstbestimmung im Strafvollzug: Anspruch des Gefangenen auf Einsichtnahme in seine Krankenakte Zugleich Anmerkung zu KG HRRS 2010 Nr. 370, HRRS 2010, S. 251 - 253

Calliess, R.-P./Müller-Dietz, H., Strafvollzugsgesetz, 11. Aufl., München 2008

Callies, R.-P., Strafvollzugsrecht, 3. Auflage, München 1992

v. Campenhausen, A./de Wall, H., Staatskirchenrecht, 4. Aufl., München 2006

Czerner, F., Vorläufige Freiheitsentziehung bei delinquenten Jugendlichen zwischen Repression und Prävention, Berlin 2008

Däubler, W./Klebe, T./Wedde, P./Weichert, T., Bundesdatenschutzgesetz, 3. Aufl., Frankfurt/Main 2010

Deckers, R., Verteidigung in Haftsachen, NJW 1994, S. 2261 – 2266

Deutsche Gesellschaft für Sexualforschung, Stellungnahme zur Offenbarungspflicht der Therapeuten im Strafvollzug, MschrKrim 1999, S. 340

Diepolder, O., Disziplinarmaßnahmen im Strafvollzug, ZfStrVo 1980, S. 140 – 146

Dieterich, T./Müller-Glöge, R., Erfurter Kommentar zum Arbeitsrecht, 11. Aufl., München 2011

Dünkel, F., Zur Situation und Entwicklung von Untersuchungshaft und Untersuchungshaftvollzug in der Bundesrepublik Deutschland, ZfStrVo 1985, S. 334 – 345

Dünkel, F./Vagg, J., Untersuchungshaft und Untersuchungshaftvollzug, München 1994

Dünkel, F./Lang, S. in: M. Bereswill/T. Höynck, Jugendstrafvollzug in Deutschland. Grundlagen, Konzepte, Handlungsfelder: Beiträge aus Forschung und Praxis, Mönchengladbach 2002

Eberle, H.-J., Überlegungen zum Unterricht für Jugendliche in der Untersuchungsanstalt, ZfStrVo 1978, S. 74 – 81

Eicher, W./Spellbrink, W., SGB II Grundsicherung für Arbeitsuchende, 2. Aufl., München 2008 (zitiert nach Bearbeiter, Paragraf und Randnummer)

Eisenberg, U., Jugendgerichtsgesetz, 13. Aufl. (Vorauflage), München 2009

Eisenberg, U., Jugendgerichtsgesetz, 14. Aufl., München 2010

Enzmann, D./Greve, W., Soziale und individuelle Bedingungen von Delinquenz und Sanktionierung, in: M. Bereswill/W. Greve (Hrsg.), Forschungsthema Strafvollzug, Baden-Baden 2001, S. 109 – 145

Feest, J./Pollähne, H., Haftgründe und Abgründe, Eine Zwischenbilanz zur Untersuchungshaftgesetzgebung, in: Forum Strafvollzug 2009, S. 30 - 32.

Fischedick, W., Die Zeugnisverweigerungsrechte von Geistlichen und kirchlichen Mitarbeitern, Frankfurt a.M. 2006

Fischer, T., Strafgesetzbuch und Nebengesetze, 58. Aufl., München 2011

Flügge, C./Maelicke, B./Preusker, H. (Hrsg.), Das Gefängnis als lernende Organisation, 1. Auflage, Baden-Baden 2001

Fluhr, H., Die Pfändbarkeit der Forderung eines zum Freigang zugelassenen Strafgefangenen, NStZ 1994. S. 115 - 118

Foucault, M., Überwachen und Strafen – Die Geburt des Gefängnisses, Berlin 1976

Franke, J., Aus der Rechtsprechung in Strafvollzugssachen 1984 – 2. Teil, NStZ 1985, S. 349 – 356

Friedrich, K. J., Die Normierung des Untersuchungshaftvollzuges, Berlin 2004

Gagel, A., SGB II/III, 40. Ergänzungslieferung Nov. 2010 (zitiert nach Bearbeiter, Paragraf und Randnummer)

Geiter, H., Untersuchungshaft in Nordrhein-Westfalen. Eine empirische Bestandsaufnahme zur Beurteilung der Chancen einer Haftvermeidung durch Sozialarbeit, Berlin 1998

Gensen, M., Die Hauptverhandlungshaft (§ 127 b II StPO): eine rechtsdogmatische Erörterung der Vorschrift sowie eine Untersuchung ihrer Anwendung in der Praxis, Göttingen 2004

Giebels, H., Redemanuskript des rechtspolitischen Sprechers der CDU-Landtagsfraktion NRW Giebels vom 7.10.2009, www.nrwcdu-fraktion.de/news-anzeige0.pdf?tx_ttnews[pS]=1255540609&tx_ttnews[tt_news]=9546&tx_ttnews[backPid]=429&cHash=dd48921e3 b

Giemulla, E./Barton, D., Die Untersuchungshaft bei Jugendlichen und Heranwachsenden aus verfassungsrechtlicher Sicht, RdJB 1982, S. 289 – 294

Goerdeler, J., Verkehr der JGH mit den Jugendlichen in der U-Haft, hier Überwachung des Schriftverkehrs, StV 2005, S. 103 – 105

Goerdeler, J./Walkenhorst, P., Jugendstrafvollzug in Deutschland, Merching 2008

Gola, P./Schomerus, R., Bundesdatenschutzgesetz, 10. Aufl., München 2010

Gramm, C., Schranken der Personalprivatisierung bei der inneren Sicherheit, VerwArch 1999, S. 329 – 360

Gröschner, R., Die Gaspistole – eine Schusswaffe?, GewArch 1984, S. 372 – 376

Grommek, S., Unmittelbarer Zwang im Strafvollzug, Köln u.a. 1982

Grube, C./Wahrendorf, V. (Hrsg.), SGB XII Sozialhilfe mit Asylbewerberleistungsgesetz, 3. Aufl., München 2010 (zitiert nach Bearbeiter, Paragraf und Randnummer)

Grunau, T., Zur Versagung einer Einzelfernsehgenehmigung, JR 1983, S. 437 – 438

Gusy, C., Arbeit – Zwangsarbeit – Strafvollzug – BVerfGE 74, 102, JuS 1989, S. 710 - 717

Hadeler, H., Besondere Sicherungsmaßnahmen im Strafvollzug, Aachen 2004.

Harms, S., Der Entwurf für ein Gesetz zur Änderung des Untersuchungshaftrechts, Forum Strafvollzug 2009, S. 13 – 17

Hartmann, T., Paradigmenwechsel im Strafvollzug!?, ZfStrVo 2000, S. 204 - 231

Hassemer, W., Die Voraussetzungen der Untersuchungshaft, StV 1984, S. 38 – 42

Hauck, P., Lauschangriff in der U-Haft, NStZ 2010, S. 17 – 22

Heghmanns, M., Die Anhörung des Gefangenen im vollzugsrechtlichen Disziplinarverfahren, ZfStrVo 1998, S. 232 – 235

Heidelberger Kommentar zur Strafprozessordnung, 4. Aufl., Heidelberg 2009, hrsg. v. M. Lemke (zitiert: Bearbeiter in: HK-StPO, Paragraf und Randnummer)

Heinz, W., Recht und Praxis der Untersuchungshaft, BewH 1987, S. 5 – 31

Hennerkes, B.-H., Die Grundrechte des Untersuchungsgefangenen, Freiburg 1966

Henninger, S., Nichtdeutsche Beschuldigte im Jugendstrafverfahren, Pfaffenweiler 2003

Hillenkamp, T., Der Arzt im Strafvollzug – Rechtliche Stellung und medizinischer Auftrag, in: T. Hillenkamp/B. Tag (Hrsg.), Intramurale Medizin – Gesundheitsfürsorge zwischen Heilauftrag und Strafvollzug, Berlin u.a. 2005, S. 11 – 30

Hillgruber, C., Der Schutz des Menschen vor sich selbst, München 1992

Hinne, D., Das Einsichtsrecht in Patientenakten, NJW 2005, S. 2270 - 2273

Hintz, S., Untersuchungshaft und Erziehung, Herbolzheim 2004

Höflich, P., Die Entwürfe von Untersuchungshaftvollzugsgesetzen, NK 2009, S. 132 – 136

Höflich, P./Schriever, W., Grundriss Vollzugsrecht, 3. Aufl., Berlin (u.a.) 2003

Hoffmann, V./Wissmann, A. C., Zur Fesselung von Untersuchungsgefangenen oder: Wann dürfen die Handschellen tatsächlich klicken?, StV 2001, S. 706 – 708

Hosser, D., Die Drogenproblematik im Jugendstrafvollzug, Sucht Aktuell 2003, 57 - 62

Ipsen, J., Staatsrecht II Grundrechte, 13. Aufl., München 2010

Isensee, J./Kirchhof, P., Handbuch des Staatsrechts der Bundesrepublik Deutschland, Band 6 Bundesstaat, 3. Aufl., Heidelberg 2008 (zitiert: Bearbeiter in: HStR Bd. VI)

Jarass, H./Pieroth, B., Grundgesetz für die Bundesrepublik Deutschland, 11. Aufl., München 2011

Jehle, J. M., Entwicklung der Untersuchungshaft bei Jugendlichen und Heranwachsenden vor und nach der Wiedervereinigung, hrsg. vom BMJ, 1995

Jung-Pätzold, U./Pruin, I./Jetter-Schröder, M., Heranwachsende, Untersuchungshaft und Baden-Württemberg, ZJJ 2010, S. 301 – 308

Kaiser, G./Schöch, H., Strafvollzug, 5. Aufl., Heidelberg 2002

Kamann, U., Handbuch für die Strafvollstreckung und den Strafvollzug, 2. Aufl., Münster 2008

Karlsruher Kommentar zur Strafprozessordnung, hrsg. v. R. Hannich, 6. Aufl., München 2008 (zitiert Bearbeiter in: KK-StPO, nach Paragraf und Randnummer)

Kasseler Kommentar zum Sozialversicherungsrecht, hrsg. v. Leitherer, S., 68. Ergänzungslieferung, Dez. 2010.

Kazele, N., Untersuchungshaft, Berlin 2008

Kazele, N., Änderungen im Recht der Untersuchungshaft, NJ 2010, S. 1 – 6

Kazele, N., Anmerkung zu OLG Celle, Beschl. v. 9.2.2010 – 1 Ws 37/10, StV 2010, S. 258 – 261

Kerner, H.-J./Stroezel, H./Wegel, M., Erziehung, Religion und Werteorientierungen bei jungen Gefangenen, ZJJ 2003, S. 233 – 240

Kindhäuser, U., Strafprozessrecht, 2. Aufl., Baden-Baden 2010

Kippes, L., Arbeitspflicht für jugendliche Untersuchungsgefangene?, RdJB 1967, S. 243 – 244

Kirschke, B./Brune, U., Der gemeinsame Gesetzentwurf der länderübergreifenden Arbeitsgruppe zum Untersuchungshaftvollzugsgesetz, Forum Strafvollzug 2009, S. 18 – 20

Koch, R., Zur Ausübung von Notwehrrechten im Rahmen der Anwendung unmittelbaren Zwangs gemäß §§ 94 ff. StVollzG, ZfStrVo 1995, S. 27 – 32

Koeppel, T., Kontrolle des Strafvollzuges, Individueller Rechtsschutz und generelle Aufsicht, Ein Rechtsvergleich, Mönchengladbach 1999

Köhne, M., Menschen(un)würdige Unterbringung von Strafgefangenen, StV 2009, S. 215 – 218

Köhler, D., Psychische Störungen bei jungen Straftätern, Hamburg 2004

König, S., Zur Neuregelung der haftrichterlichen Zuständigkeiten in § 119 StPO, NStZ 2010, S. 185 – 190

Kotz, P./Ralf, J., Betäubungsmittelrechtliche Entscheidungen des BVerfG sowie der Ober-Instanzgerichte in der Zeit vom 1.7.1997 - 30.6.1998, NStZ-RR 1999, 65 - 77

Koop, G., Untersuchungshaft – eine vergessene Reform?, Lingen 1998

Koop, G., Untersuchungshaft im Wandel?, Forum Strafvollzug 2009, S. 6

Kopp, F./Schenke, W.-R., Verwaltungsgerichtsordnung: Kommentar, 16. Aufl., München 2009

Kreuzer, A./Buckolt, O., Mit Entkleidung verbundene körperliche Durchsuchung Strafgefangener – zugleich Besprechung des Beschlusses des OLG Celle v. 19.5.2004, StV 2006, 163 - 168

Kruis, K./Cassardt,G., Verfassungsrechtliche Leitsätze zum Vollzug von Straf- und Untersuchungshaft, NStZ 1995, 521 - 525

Lackner, K./Kühl, K., Strafgesetzbuch, Kommentar, 27. Aufl., München 2011

Laubenthal, K., Strafvollzug, 6. Aufl., Heidelberg 2011

Laubenthal, K., Sucht- und Infektionsgefahren im Strafvollzug, in: T. Hillenkamp/B. Tag (Hrsg.), Intramurale Medizin – Gesundheitsfürsorge zwischen Heilauftrag und Strafvollzug, Berlin u.a. 2005, S. 195 – 212

Laue, C., Zwangsbehandlung im Strafvollzug, in: T. Hillenkamp/B. Tag (Hrsg.), Intramurale Medizin – Gesundheitsfürsorge zwischen Heilauftrag und Strafvollzug, Berlin u.a. 2005, S. 217 – 238

Leipold, K., Menschenrechtliche Grenzen der Untersuchungshaft, NJW-Spezial 2005, S. 567 – 568

Linck, J., Zulässigkeit und Grenzen der erzieherischen Gestaltung der Untersuchungshaft bei Jugendlichen nach Art. 6 GG, ZRP 1971, S. 57 – 59

Listl, J./Pirson, D. (Hrsg.), Handbuch des Staatskirchenrechts der Bundesrepublik Deutschland, Band 1, 2. Aufl., Berlin 1994 (zitiert: Bearbeiter in: HStKiR I)

Listl, J./Pirson, D. (Hrsg.), Handbuch des Staatskirchenrechts der Bundesrepublik Deutschland, Band 2, 2. Aufl., Berlin 1995 (zitiert: Bearbeiter in: HStKiR II)

Löwe, E./Rosenberg, W., Die Strafprozessordnung und das Gerichtsverfassungsgesetz. Großkommentar, 26. Aufl., Berlin 2008 (zitiert nach Bearbeiter, Paragraf und Randnummer)

Lohmann, H. C., Arbeit und Arbeitsentlohnung des Strafgefangenen, Frankfurt/Main 2002

Lübbe-Wolf, G., Strafen ist tragisch – „Man muss bemüht sein, diese Tragik zu reduzieren – auch im Vollzug", in: ZRP 2009, 93 - 94

von Mangoldt, H./Klein, F./Starck, C., Kommentar zum Grundgesetz, Band 1: Präambel, Art 1 bis 19, 6. Aufl., München 2010 (zitiert: Mangoldt/Klein/Starck–Bearbeiter)

Maunz, T./Dürig, G., Grundgesetz: Kommentar, Band 2: Art. 6 bis 15, 60. Ergänzungslieferung Okt. 2010 (zitiert nach Bearbeiter, Paragraf und Randnummer)

Maurer, H., Staatsrecht I, 6. Aufl., München 2010

Merzbacher, F., Strafjustiz in alter Zeit, Bd. III der Schriftenreihe des mittelalterlichen Kriminalmuseums Rothenburg ob der Tauber, Neustadt an der Aisch 1980

Meyer-Goßner, L., Strafprozessordnung. Mit GVG und Nebengesetzen, 53. Aufl., München 2010

Michael, L./Morlok, M,. Grundrechte, Baden-Baden 2008

Michalke, R., Reform der Untersuchungshaft – Chance vertan?, NJW 2010, S. 17-20

Mößle, T./Kleimann, M./Rehbein, F., Bildschirmmedien im Alltag von Kindern und Jugendlichen, problematische Mediennutzungsmuster und ihr Zusammenhang mit Schulleistungen und Aggressivität, Baden-Baden 2007

Mößle, T./Kleimann, M./Rehbein, F./Pfeiffer, C., Mediennutzung, Schulerfolg, Jugendgewalt und die Krise der Jungen, in: ZJJ 2006, S. 295 - 309

Molketin, R./Jakobs, M. C., Arbeitspflicht jugendlicher und heranwachsender Untersuchungsgefangener aus erzieherischen Gründen?, ZfStrVo 1982, S. 335 – 339

Mroß, A., Realität und Rechtswidrigkeit der gegenwärtigen Transporthaft, StV 2008, S. 611 - 615

Mrozynski, P., Verfassungsrechtliche Probleme der Untersuchungshaft in Jugendstrafsachen, RdJB 1973, S. 326 – 329

Mückenberger, U., Ernst Theodor Amadeus Hoffmann (1776 - 1822) „Das Literarische macht frei…", in: Streitbare Juristen, hrsg. von Kritische Justiz, Baden-Baden 1998, S. 19 - 32.

Müller, T., Behandlung – Reformnotwendigkeit des Strafvollzuges, in: H. Preusker/B. Maelicke/C. Flügge (Hrsg.), Das Gefängnis als Risiko-Unternehmen, Baden-Baden 2010, S. 74 - 88

Müller-Dietz, H., Problematik und Reform des Vollzuges der Untersuchungshaft, StV 1984, S. 79 – 87

Münchener Kommentar zum Strafgesetzbuch, hrsg. v. W. Joecks/K. Miebach, Band 2/2: §§ 80 -184 f, 2. Aufl., München 2005 (zitiert Bearbeiter in: MüKo-StGB, nach Paragraf und Randnummer)

Münchener Kommentar zur Zivilprozessordnung, hrsg. v. T. Rauscher/P. Wax/J. Wenzel, Band 2: §§ 511 - 945, 3. Aufl., München 2007 (zitiert Bearbeiter in: MüKo-ZPO, nach Paragraf und Randnummer)

Münchhalffen, G./Gatzweiler, N., Das Recht der Untersuchungshaft, 3. Aufl., München 2009

Nestler, N., Zum „Recht des Untersuchungshaftvollzugs" i.S.v. Art. 74 Abs. 1 Nr. 1 GG, HRRS 2010, S. 546 – 550

Ollinger, T., Die Entwicklung des Richtervorbehalts im Verhaftungsrecht von den Anfängen bis zur Paulskirchenverfassung, Berlin 1997

Oppenborn, D./Schäferskupper, M., Das „Recht des Untersuchungshaftvollzugs" in Niedersachsen, Forum Strafvollzug 2009, S. 21 – 24

Ostendorf, H., Jugendgerichtsgesetz, 8. Aufl., Baden-Baden 2009 (zitiert nach Paragraf und Randnummer)

Ostendorf, H., Handbuch zum Jugendstrafvollzugsrecht, Baden-Baden 2009 (zitiert nach Bearbeiter, Abschnitt und Randnummer)

Ostendorf, H., Jugendstrafrecht, 6. Aufl., Berlin 2011

Ostendorf, H., Die Praxis des U-Haft Vollzugs – Daten und Fakten, NK 2009, S. 126 – 131

Ostendorf, H., Das Verbot einer strafrechtlichen und disziplinarischen Ahndung der Gefangenenbefreiung, NStZ 2007, S. 313 – 317

Ostendorf, H., Das Recht zum Hungerstreik, GA 1984, S. 308 – 329

Ostendorf, H., Das Recht zum Hungerstreik: Verfassungsmäßige Absicherung und strafrechtliche Konsequenzen, Frankfurt/Main 1983

Ostendorf, H., Wie viel Privatisierung verträgt die Strafjustiz, Zeitschrift für soziale Strafrechtspflege (Nr. 43) 2007, S. 4 – 6

Ostendorf, H., Die strafrechtliche Rechtmäßigkeit rechtswidrigen hoheitlichen Handelns, JZ 1981, S. 165 – 175

Ostendorf, H./Rose, F., Der Gesetzesentwurf der Landesregierung "Gesetz über den Vollzug der Untersuchungshaft in Schleswig-Holstein – eine kritische Bewertung", SchlHA 2009, S. 203 – 210

Otto, M./Pawlik-Mierzwa, K., Kriminalität und Subkultur inhaftierter Aussiedler, DVJJ-Journal 2001, 124 - 132

Pachmann, C., Zum mehrfach aufeinanderfolgenden Ausspruch von zeitlich begrenzten Disziplinarmaßnahmen, ZfStrVo 1981, S. 86 – 93

Paeffgen, H. U., Vorüberlegungen zu einer Dogmatik des Untersuchungshaftrechts, Köln 1986

Paeffgen, H. U., § 119 StPO soll reformiert werden!? Anmerkungen zum U-HaftRÄG-Entwurf BT-Drs. 16/11644 vom 21.1.2009, GA 2009, S. 450 – 468

Paeffgen, H. U., Das Niedersächsische Justizvollzugsgesetz vom 14.12.2007, StV 2009, S. 46 – 53

Palandt, O., Bürgerliches Gesetzbuch, 70. Aufl., München 2011

Pfeiffer, G., Strafprozessordnung und Gerichtsverfassunggesetz – Kommentar, 5. Aufl., München 2005

Piel, M./Püschel, C./Tsambikakis, M./Wallau, R., Der Entwurf eines Untersuchungshaftvollzugsgesetzes NRW – Ein rechtliches und politisches Ärgernis, ZRP 2009, S. 33 – 37

Pieroth, B./Schlink, B., Staatrecht II: Grundrechte, 26. Aufl., Heidelberg 2010

Preusker, H./Rosemeier, D., Umfang und Grenzen der Schweigepflicht von Psychotherapeuten im Justizvollzug nach dem 4. Gesetz zur Änderung des Strafvollzugsgesetzes, ZfStrVo 1998, S. 323 – 328

Radbruch, G., Die Psychologie der Gefangenschaft, ZStW 32 (1911), S. 339 – 354

Radtke, H./Bitz, G., Zur Anwendbarkeit unmittelbaren Zwangs durch Vollzugsbeamte zur Vorbereitung der Entnahme einer Speichelprobe im Rahmen von § 2 DNA-Identitätsfeststellungsgesetz, ZfStrVo 2001, S. 134 – 138

Ramsauer, U./Stallbaum, M./Sternal S., BAföG, 4. Aufl., München 2005 (zitiert nach Paragraf und Randnummer)

Riekenbrauck, W., Statement (zu: Der Arzt im Strafvollzug – Rechtliche Stellung und medizinischer Auftrag), in: T. Hillenkamp/B. Tag (Hrsg.), Intramurale Medizin – Gesundheitsfürsorge zwischen Heilauftrag und Strafvollzug, Berlin u.a. 2005, S. 31 – 34

Rieker, P., Rechtsextremismus bei Jugendlichen und die Entwicklung von Prävention und Intervention: Wie passen sie zusammen?, ZJJ 2010, S. 130 - 135

Rossnagel, A./Pfitzmann, A./Gastka, H., Gutachten zur Modernisierung des Datenschutzes – Gutachten im Auftrag des Bundesministeriums des Innern, 2001, abrufbar unter: http://www.bmi.bund.de/cae/servlet/contentblob/150740/publicationFile/13712/Gutachten_zur_MModernisierun.pdf

Roth, B., Aus der Rechtsprechung zum StVollzG – Entscheidungen aus den Jahren 2008 und 2009, NStZ 2010, 436 - 441

Rotthaus, K. P., Unzulänglichkeiten der heutigen Regelung der Untersuchungshaft, NJW 1973, S. 2269 – 2273

Rusche, G./Kirchheimer, O., Sozialstruktur und Strafvollzug, Leipzig 1981

Sachs, M., Grundgesetz Kommentar, 5. Aufl., München 2009 (zitiert nach Bearbeiter, Artikel und Randnummer)

Sahlfeld, K., Aspekte der Religionsfreiheit im Lichte der Rechtsprechung der EMRK-Organe, des UNO-Menschenrechtsausschusses und nationaler Gerichte, Zürich u.a. 2004

Schaaf, F., Zum Problem des mehrfach aufeinanderfolgenden Ausspruchs von zeitlich begrenzten Disziplinarmaßnahmen, ZfStrVo 1980, S. 146 – 147

Schoch, F./Schmidt-Aßmann, E./Pietzner, R. (Hrsg.), Verwaltungsgerichtsordnung, 20. Ergänzungslieferung, Mai 2010, (zitiert nach Bearbeiter, Paragraf und Randnummer)

Scheiwe, K., Informationsrechte von Patienten hinsichtlich der medizinischen und psychiatrischen Dokumentation – Eine Diskussion der Grenzen des vertraglichen Einsichtsrechts nach der BGH-Rechtsprechung im Verhältnis zu datenschutzrechtlichen Auskunftsansprüchen, KritV 1998, S. 313 - 335

Schellhorn, W./Schellhorn, H./Hohm, K.-H., SGB XII: Kommentar zum Sozialgesetzbuch XII – Sozialhilfe, 18. Auflage, Köln 2010 (zitiert nach Bearbeiter, Paragraf und Randnummer)

Schild, W., Alte Gerichtsbarkeit: Vom Gottesurteil bis zum Beginn der modernen Rechtsprechung, 2. Aufl., München 1985

Schlothauer, R./Weider, H.-J., Untersuchungshaft, 4. Aufl., Heidelberg 2010

Schneider, H., Grund und Grenzen des strafrechtlichen Selbstbegünstigungsprinzips, Berlin 1991

Schneider, H., Telefonieren ohne Grenzen?, ZfStrVo 2001, S. 273 - 277

Schneider, R., Überlegungen zu einem Bayerischen Untersuchungshaftvollzugsgesetz, Forum Strafvollzug 2009, S. 24 – 26

Schöch, H., Zur Offenbarungspflicht der Therapeuten im Justizvollzug gemäß § 182 II StVollzG, ZfStrVo 1999, S. 259 - 266

Schriever, W., Ist es zulässig, einen Strafgefangenen zwangsweise zur Teilnahme an einer gegen ihn gerichteten Disziplinarverhandlung vorzuführen?, NStZ 1993, S. 103 – 104

Schütze, G., Jugendliche und Heranwachsende in der Untersuchungshaft, MschrKrim 1980, S. 148 – 153

Schwerhoff, G., Köln im Kreuzverhör. Kriminalität, Herrschaft und Gesellschaft in einer frühneuzeitlichen Stadt, Bonn 1991

Schwind, H.-D./Böhm, A./Jehle, J.-M./Laubenthal, K., Strafvollzugsgesetz – Bund und Länder, 5. Aufl., Berlin 2009 (zitiert nach Bearbeiter, Paragraf und Randnummer)

Schwirzer, S., Jugendstrafvollzug für das 21. Jahrhundert, Frankfurt/Main [u.a.] 2008

Seeboode, M., Gesetz- und Verfassungsmäßigkeit einer Arbeitspflicht für junge Gefangene, JA 1979, S. 611 – 615

Seebode, M., Anmerkung zu OLG Celle, Beschluss vom 23.2.1984 – Az. 3 Ws 41/84, NStZ 1984, S. 335 - 336

Seebode, M., Der Vollzug der Untersuchungshaft, Berlin/New York 1985

Seebode, M., Einsicht in Personalakten Strafgefangener, NJW 1997, S. 1754 - 1757

Seebode, M., Untersuchungshaft und ihre Reform an der Schwelle zum 21. Jahrhundert in: Untersuchungshaft – eine vergessene Reform?, hrsg. von Koob/Klappenberg, 1998, S. 14 – 42

Seebode, M., Härtere Untersuchungshaft / Paketempfang und Rechtsstellung inhaftierter Verdächtiger bei hoher Belegung der Vollzugsanstalten, StV 2006, S. 552 – 556

Seebode, M., Das „Recht des Untersuchungshaftvollzugs" im Sinne des Art. 74 GG, HRRS 2008, S. 236 – 241

Seebode, M., Wer regelt den Justizvollzug?, Forum Strafvollzug 2009, S. 7 – 12

Simitis, S., Bundesdatenschutzgesetz, 6. Aufl., Baden-Baden 2006

Skirl, M, Zur Zulässigkeit von Disziplinarmaßnahmen nach Drogenkonsum eines Strafgefangenen, ZfStrVo 1995, S. 93 – 96

Stab, U., Forum des Deutschen Anwaltsvereins: Das Recht der Untersuchungshaft, NJW 1983, S. 1039

Staudinger, I., Untersuchungshaft bei jungen Ausländern, Mönchengladbach 2001

Streng, Ein Beitrag zur Entwicklung der Freiheitsstrafe in Deutschland, ZStW 2 (1882), S. 215 – 231

Systematischer Kommentar zur Strafprozessordnung und zum Gerichtsverfassungsgesetz, Loseblattkommentar bis zur 46. Aufbaulieferung; ab 2010 4. Aufl. (gebunden) Köln (zitiert: Bearbeiter in: SK-StPO, nach Paragraf und Randnummer)

Tierel, S., Vergleichende Studie zur Normierung des Jugendstrafvollzugs, Berlin 2008

Tolzmann, Anm. zu OLG Hamm, Beschluss v. 30.1.2001 – 1 Vollz (Ws) 131/2000 NStZ 2003, S. 55 - 56.

Triltsch, C., Die Zwangsmittel des § 230 Abs. 2 StPO unter besonderer Berücksichtigung des Haftbefehls, Bonn 2009

Veith, J., Sicherungsmaßnahmen und Resozialisierung im Erwachsenenvollzug, Bonn 1993.

Villmow, B./Savinsky, A. L./Woldmann, C., Praxis des Vollzugs der Jugenduntersuchungshaft – eine erste Bestandsaufnahme, in: Dokumentation des 28. Dt. Jugendgerichtstages, 2011

Volckart, B., Schweigen und Offenbaren der Therapeuten im Strafvollzug gesetzlich geregelt, Recht&Psychiatrie Bd. 16, 1998, S. 192

Volk-Eisemann, D., Mobbing-Intervention und Mobbing-Prävention in der Untersuchungshaftanstalt Freiburg, ZJJ 2010, S. 202 - 206

Vosgerau, U., Freiheit des Glaubens und Systematik des Grundgesetzes. Zum Gewährleistungsvorbehalt schrankenvorbehaltsloser Grundrechte am Beispiel der Glaubens- und Gewissensfreiheit, Berlin 2007

van der Vyver, J./Witte, J. (Hrsg.), Religious Human Rights in Global Perspective, Den Haag 1996

Walter, M., Strafvollzug, 2. Aufl., Stuttgart 1999

Walkenhorst, P., Bestandsaufnahme und Perspektiven zur Schule im Jugendstrafvollzug, DVJJ-Journal 2002, S. 404 - 416

Weber, H., Die Religionsfreiheit im nationalen und internationalen Verständnis, ZevKR 2000, S. 109 – 156

Weichert, T., Akteneinsicht im Strafvollzug, ZfStrVO 2000, S. 88 - 89

Weider, H.-J., Das Gesetz zur Änderung des Untersuchungshaftrechts, StV 2010, S. 102 – 109

Wiesneth, C., Die Untersuchungshaft, Stuttgart 2010

Winkelmann, M./Engsterhold, O., Einbringung technischer Geräte in die Untersuchungshaft, NStZ 1993, S. 112-117

Winzer, S./Hupka, J., Das neue niedersächsische Justizvollzugsgesetz, DRiZ 2008, S. 146 – 148

Wirth, W., Das Drogenproblem im Justizvollzug, BewH 2002, 104 - 122

Wössner, G./Vogt, H., Die Bedeutung von Störungen durch psychotrope Substanzen bei jugendlichen Strafgefangenen, MschrKrim 2010, S. 382 – 391

Wulf, R., Innerbehördliche Offenbarungs- und Schweigepflichten psychotherapeutischer Fachkräfte im Strafvollzug – Offenbaren und Schweigen, Sexualstraftäter, Freiwilligkeit und Zwang, Recht&Psychiatrie 1998, S. 185 - 192

de Wyl, J. E., Die Untersuchungshaft bei Jugendlichen und Heranwachsenden, 1957

Zender, A., Untersuchungshaft an weiblichen und männlichen Jugendlichen und Heranwachsenden, Bonn 1998

Stichwortverzeichnis

Fette Zahlen bezeichnen die Kapitel, magere die Randnummern.

FSC
www.fsc.org
MIX
Papier | Fördert gute Waldnutzung
FSC® C083411

Kolibri 360 GmbH
Ferdinand-Jühlke-Straße 7
99095 Erfurt, Deutschland
produktsicherheit@kolibri360.de